金融学译丛
FINANCE

个人理财（第11版）

Personal Finance (11e)

E. 托马斯·加曼（E. Thomas Garman）
雷蒙德·E. 福格（Raymond E. Forgue）／著
李义超／译

中国人民大学出版社
·北 京·

出版说明

作为世界经济的重要组成部分，金融在经济发展中扮演着越来越重要的角色。为了加速中国金融市场与国际金融市场的顺利接轨，帮助中国金融界相关人士更好、更快地了解西方金融学的最新动态，寻求建立并完善中国金融体系的新思路，促进具有中国特色的现代金融体系的建立，中国人民大学出版社精心策划了这套“金融学译丛”，该套译丛旨在把西方，尤其是美国等金融体系相对完善的国家最权威、最具代表性的金融学著作，被实践证明最有效的金融理论和实用操作方法介绍给中国的广大读者。

该套丛书主要包括以下三个方面：

（1）理论方法。重在介绍金融学的基础知识和基本理论，帮助读者更好地认识和了解金融业，奠定从事深层次学习、研究等的基础。

（2）实务案例。突出金融理论在实践中的应用，重在通过实务案例以及案例讲解等，帮助广大读者将金融学理论的学习与金融学方法的应用结合起来，更加全面地掌握现代金融知识，学会在实际决策中应用具体理论，培养宏观分析和进行实务操作的能力。

（3）学术前沿。重在反映金融学科的最新发展方向，便于广大金融领域的研究人员在系统掌握金融学基础理论的同时，了解金融学科的学术前沿问题和发展现状，帮助中国金融学界更好地认清世界金融的发展趋势和发展前景。

我们衷心地希望这套译丛的推出能够如我们所愿，为中国的金融体系建设和改革贡献一份力量。

中国人民大学出版社

序 言

致学生们

在2007年和2008年，全球股票市场、房地产市场、信贷市场普遍遭遇了萧条。《个人理财》（第11版）正是在这样的背景下为读者提供了成功理财的保障。虽然现在的经济复苏十分缓慢，但金融专家们依然相信人们可以在个人理财方面大有作为。不过，仅有美好的愿望是不够的，学生们需要更多的理财知识。为此，《个人理财》为你展示了详尽的理财清单。“做什么、何时做以及怎样做”是本书的主线。我们在个人理财方面为你出谋划策，指引你迈向成功。

《个人理财》时刻提醒学生记住一句至理名言：努力工作、学习、储蓄和投资，并且按自己的规划生活。本书的每个章节都力图阐述一些理财基本准则，以帮助你在有生之年更好地进行个人理财。

事实上，个人理财不是一个复杂的科学，甚至可以说很简单。为自己和爱的人做出正确的个人理财决策，只需要做出明智的选择即可。学习个人理财领域的词汇，考虑我们给出的建议，然后把这些准则应用到每天的决策制定中去。忽视这些建议，你就会自食其果，因缺乏理财知识而直接导致理财的失败。我们的目标是提供知识、工具、态度和技能，这些是你必须掌握的。在每章的最后，我们提供了丰富的网站链接，你可以尽情畅游，建立自己的个人理财规划。

致教师们

《个人理财》（第11版）进行了大量的修正，在这一领域建立了一个更高的标准。

本书包括了需要学生努力学习的内容，特别是通过专栏新增信息，升级了每章之后的实践，以及添加了作者的创新性建议。本书的两个作者是具有丰富经验的个人理财专家，他们拥有 80 年的教学经验、40 年的大学教材编著经验并撰写了 200 多篇研究论文。本书不仅是理财基础知识的汇编，而且融会了两个作者多年的理财经验。新版本强调了个人理财的正确选择以及如何理财。

为什么要强调如何理财？因为现在的学生比以前的学生更需要精准的指导，特别是在这个极具挑战性的经济时期。本书的许多章节均提供了大量标准化、有价值的理财建议，让读者在个人理财方面先人一步。

每章都给出了作者的理财建议。每章开头都有“你的未来五年”专栏，每章还包括大量的“理财要点”，你可以直接在理财实践中应用；在“把坏习惯变成好习惯”中列出了一系列具体的好习惯和坏习惯。“肖恩的成功故事”会出现在每一章；肖恩是一个虚拟的人物，因为他在个人理财中把一切都做到了完美。每章都以“付诸行动”结尾，强调了三个关键的个人理财行为，聪明的学生应该马上采取行动。

《个人理财》（第 11 版）将理财规划的各个要点进行了重新安排。除了更新和升级教材内容的质量之外，还通过各种新方法激发学生的学习兴趣。本修订版每章章末都安排了实践活动。本书新增了朱莉娅的一系列理财故事，她的成功理财故事贯穿整个颇具挑战性的经济时期；在其故事的尾声，留给读者一个具有挑战性的任务：根据她的想法，提出你的建议。本书中的每一章包括 3～7 个案例。“自我理财”是本书的新专栏。这些安排虽不繁重，但都需要读者应用从本书中学到的知识。所有的网上学习活动都经过重新设计，用以指导读者阅读有价值的材料，并与他们现阶段的个人理财活动进行联系。

《个人理财》（第 11 版）包括 30 多个新主题，新增 100 多个专栏、数十个新的名词以及海量的新扩展信息。新版本把个人理财中的各个知识碎片有机地连接起来，形成了一个具有全局性的知识体系，向学生展示了个人理财知识之间的内在联系，并且要求他们对理财知识进行实测。最后，预祝所有的学生都获得成功！

□ 新版变化

● 第 5、6、7、13、14、15 章进行了更新，以反映 2010 年《多德-弗兰克金融监管改革法案》对法律和规章所产生的影响。

● 第 4 章进行了更新，以反映 2010 年《税负减免、失业保险再授权和就业创造法案》对法律和规章所产生的影响。

● 第 11 章进行了更新，以反映 2010 年《病人保护和平价医疗法案》对法律和规章所产生的影响。

● 第 5、6、7 章进行了更新，以反映 2009 年《信用卡责任和披露法案》对法律和规章所产生的影响。

● 每章都有一个新的专栏——“肖恩的成功故事”。这个专栏概括出了一个成功的理财规划师应该做什么，而且会围绕每章主题展开，反映该章的具体内容。

● 每章有一个全新的课后练习——“自我理财”。这项练习要求学生完成一些工作表或者数学计算，从而切实地着手自己的理财管理工作。加曼/福格（Garman/Forgue）

合作网站提供了很棒的支持这项练习的Excel电子表格。

- “付诸行动”是一个新增的课后练习。这项练习要求学生浏览后面章节的内容，并试着跟朋友、家人和相关的理财专家就相关主题进行交流。
- 在每章的“理财规划案例”一栏中，我们讲述了朱莉娅等的案例，朱莉娅是一个成功的理财人士，我们主要关注她的理财决策。每个案例描述了与该章相关的理财话题。最后，这项练习要求学生就朱莉娅的想法发表意见。

新版专题

为了便于教师使用本教材，我们对所有教材内容进行了精心安排。目录中依次排列的18章可以分为五个部分。我们又一次安排了有关“职业规划”的一章，以便为学生提供21世纪成功规划职业生涯的步骤。此外，在相关章节中，我们还结合现实经济背景安排了具有挑战性的阅读材料。

特色

为了激发学生的学习兴趣，我们巧妙地设计了特色教学专栏。每个特色专栏都经过了精心设计，以便学生主动交流重要信息、始终保持学习兴趣。下列特色专栏有助于学生的理解和记忆。

你在开玩笑?

如果你喜欢跳过开篇案例，现在是时候改变这个习惯了。在每章中，该专栏将描述一个理财话题，并给出四个可能的答案。出人意料的答案（有时很有趣）经常能让学生迅速形成一个概念。这对理解该章的内容至关重要。

你在开玩笑?

对于那些没有良好的信用记录或者过去的还款状况较差的人，他们经常怀疑自己是否能获得信用贷款，特别是在经济不景气的时候，人们本来就难以获得信贷。简单地说，出借人为什么要相信他们？为处于这种情况下的人提供贷款，以下哪个选项是正确的？

A. 没有人会向他们提供贷款；

B. 如果他们等几年，这种情况可能会改变；

C. 如果他们继续寻找，他们会找到一个相信他们就像相信其他人的出借人；

D. 即便是在今天，信贷也是相对比较容易获得的。

答案是B。当信贷紧缩时，对于信用较差或者没有信用的人来讲，取得信贷是困难的。当信贷变得宽松时，某些出借人愿意提供贷款，但是他们会收取较高的利率。建立和保持良好的信贷历史会让你获得利率较低的贷款。

你有何建议?

每章开篇都有一个简明、真实的案例。作为热身测试，这个案例针对该章重要的基本概念设置了一些启发性提问。之所以将这个案例称为热身测试，是因为如果学生没有认真阅读该章的内容，则只能给出一些简单的、基于经验的答案。这将使学生了解到在教师主导的课堂讨论中需要掌握哪些知识。与此相对应，在每章结尾都有一个章末测试——“现在你有何建议?”在这个阶段，学生的答案可能五花八门：全面的、片面的和行动导向的。(更多讨论参见章末测试。)

你的未来五年

“你的未来五年”专栏列举了与本章相关的学生在理财起步阶段所应采取的重要举措。这些小窍门非常详细，足以马上付诸行动。只要学生付诸行动，他们就会在未来五年的理财中获得成功。

立刻行动!

每章的“立刻行动!”专栏列举了关键的个人理财行动，聪明的学生应该立刻行动。这个专栏重点关注“你的未来五年”中迫在眉睫的需要实施的项目。

理财要点

对新版本而言，这是一个新的专栏。“理财要点”专栏会就当前各种理财问题和机会提供简洁而实用的信息。

计算工作表

该专栏旨在指导学生按部就班地做出最佳个人理财决策，或者进行日常理财选择。

你知道吗?

该专栏利用有趣且吸引眼球的标题来鼓励学生真正阅读这些信息，课堂教学研究表明这个方法十分有效。

概念测试

在每章各节的后面，我们提出了一些与该部分主要内容有关的概念测试题目。这些题目可用于课堂讨论或者作为学生的作业，还可以作为学生对本部分内容是否全面掌握的一个审查。

专家建议

这个具有特色的专栏是由美国国内最好的个人理财专家撰写的。它提供了一些权威且实用的建议，如摆

> **你的未来五年**
>
> 在未来的五年中，通过如下有关建立和保持良好信用的事项，你可着手进行成功的理财：
>
> 1. 你要像小心保护自己的个人信誉一样保护你的信贷信誉。
> 2. 在决定负债之前决定好你自己的债务上限，而不是依赖于借款人。
> 3. 定期获取你的信用局报告复印件，并且要质疑所有你发现的错误或遗漏。
> 4. 永远不要为任何人担保贷款，包括你的亲属。
> 5. 及时偿还债务。

> **立刻行动!**
>
> 通过阅读本章，你知道了更多关于个人理财的知识，那么通过下述举措开始行动吧：
>
> 1. 从三家国家信用局中的一家免费获取一份信用报告(www.annualcreditreport.com)复印件。
> 2. 要确保报告的准确性，如果有错误或遗漏，要对所有三家信用局提出质疑。
> 3. 每四个月重复以上步骤2～3次，要错开申请报告的信用局以确保每份报告都是免费的。

> **理财要点**
>
> 债务削弱了你储蓄和投资的能力
>
> 长期进行储蓄和投资是积累财富的关键。在年轻的时候过多地承担债务会严重削弱你的理财目标。

计算工作表

在经销商提供的低息贷款和折扣之间做选择

在新车的广告中，经销商常常会提供一个低利率汽车贷款。1 000～3 000 美元（或更多）的价格折扣和低息汽车贷款不可兼得。如果你打算付全款买车，那么选择现金折扣会明显实惠一点，但假如你能够从银行贷到款，哪一种选择会比较好？

为了准确比较两种平均利率，你必须将放弃折扣的机会成本加在经销商提供的融资的月供上。下面这个计算表为这一过程提供了一个例子。假设经销商提供一个利率为 2.9%、期限为 3 年、每月还款额度为 907 美元的汽车贷款；另一种选择是你自己集资付全款并且你能得到 3 000 美元的价格折扣。折扣前这辆车的价格是 22 000 美元。假设你能支付的首付是 2 000 美元，而且你能得到利率为 6.5% 的银行贷款。这张表单能在加曼/福格合作网站上找到，或者你也能在 www.bankrate.com 和 www.kiplinger.com 上找到相似的表单。

从步骤 3 和步骤 4 得到的较小值就能选择出买车的更好的那种方式。在这个例子中，自己筹集资金比较划算。实际上，你自己筹集资金的利率只要低于 12%，你自己筹集资金都会比从经销商那里贷款更实惠。

步骤	例如	你的数据
1. 确定折扣金额	3 000 美元	________
2. 折扣金额加上每月还款额	+907 美元	________
3. 将第七章中的计算法则运用到式（8.1）中来计算一个经过调整的经销商融资利率。		

$$APR=\frac{Y(95P+9)F}{12P(P+1)(4D+F)} \qquad (8.1)$$

其中，

APR=年利率；

Y=每年付款次数；

F=每次支付金额；

D=负债总额；

P=付款总次数。

$$APR=\frac{12\times[(95\times36)+9]\times(3\,000+907)}{12\times36\times(36+1)\times[(4\times20\,000)+(3\,000+907)]}=12\%$$

4. 记下你自己贷款的平均年利率。 6.5% ________

脱信用卡负债、网上购物、购买二手车、分期预付退休金等。

现在你有何建议？

每章开篇案例中所提的问题会在这里重新被讨论。然而，由于此时学生已经阅读了本章的主要内容，并在教师的引导下进行了课堂讨论，所以教师可以期盼更高水准的答案和更深层次的理解。

本章要点

依据每章的学习目标，用三四句话回顾该章内容。

讨论

通过强调这些问题，让学生有机会讨论与本章知识相关的生活经验。大多数问题都经过了重新修订。

计算

这些问题需要利用在个人理财决策领域广泛运用的量化计算。本书配套网站为这些练习准备了 Excel 形式的计算器。这里的大部分内容也是新的。

理财规划案例

当案例中的个人或者夫妇遇到典型的个人理财问题、困境和挑战时，学生需要利用学到的关键概念来分析它们。由于一些案例被设计成与其他章节的内容既有关联又是独立的，所以对每个案例可以进行独立分析。一个连续案例是关于朱莉娅的，她在经济不景气时依然获得了个人理财上的成功；她的案例最终以一个任务结束：根据她的想法，提出你的建议。新版本中每章有一些案例。一系列案例的问题需要数据分析和批判性思考，这项工作也会加强学生对于本章内容的掌握。

专家建议

什么时间出售投资?

当你面临以下条件之一时，是时候考虑出售你的投资了：

- 自从你购买该公司的股票以来，某些关于公司的业务或盈利已经发生了显著而引人注目的恶化。
- 这只股票表现得很好以至于它已经超出了本身的价值，或者每股价格已经远远高出你所认可的公司价值。
- 该投资表现很差，并让你过分焦虑。伟大的金融家伯纳德·巴鲁克曾建议，“减持到你能好好睡觉的水平。”
- 你因一个有价值的目的而需要现金，而这项投资正好可以提供这笔钱。
- 这项投资已经不再适合你的情况或目标，你有一个更有前途的地方来投资你的钱。

黛安·穆尔曼
佐治亚大学

现在你有何建议?

现在你已经在本章中了解到如何建立和保持良好的信誉，你会建议卡丽·沙瓦林做什么：

1. 关于她承担额外负债的能力，她应该考虑哪些因素?
2. 现有负债对她获得汽车贷款的能力有什么影响?
3. 她应该去哪里获得汽车贷款?
4. 贷款对她的总体理财计划有什么影响?

自我理财

这个部分是本版的首次尝试。这个课后部分向学生提供具体而又个性化的活动，促使学生建立起属于自己的理财计划的部分内容。在合适的时候，这些练习是网上“我的个人理财规划师”工作表的关键，可以通过交互式的电子表来完成。

网络资源

所有的“网上”练习都经过细心修改，引导学生阅读一些十分重要并且与他们现阶段理财需要相适应的网络材料。现在，每章包括一些基于网络的练习题或者活动，通过这些问题来扩展学生的学习范围，并允许学生在寻求答案的过程中研究和利用本章学到的概念。

付诸行动

这部分是本版的创新部分，它不是可有可无的作业。每个章末测试均旨在教会学生如何更好地应用每章学到的知识，特别是对他们个人理财的观念形成冲击。

教学支持

- **教师手册。**这本辅导用书由本书的主要作者雷蒙德·E. 福格编写，它包括很多有用的部分：建议的课程总结，强调对个人理财常见的、保险的投资方法；学习目标；全书的总结，用来作为讲课的纲要；教学建议，包括学生的应用练习和把网络引入课堂的提示。这些内容可以在教师资源 CD 和教师网站上找到。

- **解决方案手册。**由本书的主要作者雷蒙德·E. 福格编写，肯塔基州立大学的琳达·布拉德利校正，包括了所有章末测试的答案和解决方法。这些内容可以在教师资源 CD 和教师网站上找到。

- **幻灯片。**幻灯片包括书中章节的大纲、图形和表格，由本书的主要作者雷蒙德·E. 福格编写。电子版讲课材料可以在幻灯片中得到。

- **教师资源 CD。**教师的辅助 CD 提供了**教师手册**、**解决方案手册**和**幻灯片**的电子材料。另外，这张 CD 还包括**软件题库**，包含超过 3 100 道题。大约 30%的题目是新的或者是为本版重新修订的，并且由本书的主要作者雷蒙德·E. 福格认真审查。这个软件用起来很方便，允许进行文本问题和课堂测试的编辑。另外，对于答案是“错误”的判断题、需要数学计算的多选题以及比较难的多选题，都进行了详细的解答。

- **教师网站。**《个人理财》的教师网站提供了巩固学习的补充材料，旨在帮助课程安排。网站主要包括幻灯片、教师手册的下载、解决方案手册的文件、试题库和 DVD 向导。

- **教师 DVD。**这张 DVD 主要包括与吉普林（Kiplinger）公司个人理财专家的讨论内容。讨论的内容有个人理财的提示以及相关主题的解释，如求职、所得税、学生贷款、抵押贷款等。

学生支持

- **《我的个人理财规划师》**是学生在计划和总结自己的个人理财时所用的一本手册。这本小册子包括超过 60 个工作表、计划表以及理财计划。这些工作表不是学生的额外负担。一些工作表模拟了书中的计算和规划练习；还有一部分工作表在学生建立自己的理财计划和行动时可能会用得上。如果学生能很好地利用这本小册子，那么他的个人理财行为会有很好的改变，最终会取得成功。

- **学生网站**不用密码就可以免费登录。在其他资源中，学生可以在那里进行快速的交互式测试。

- **金融中心高级学生网站**包括电子材料描述、计算器和工作表，用来完成章末练习、测验、网上专业术语、游戏和抽认卡。这部分内容可以通过可选的打印好的访问卡访问该内容。通过 iChapters. com 也可以对其进行即时的独立访问。

致 谢

我们想要感谢评论者和其他专家，他们提供了有益的建议和批评。这本书也是他们的成果。我们特别感谢为我们提供帮助的下列各位：

Tim Alzheimer, *Montana State University*
Gary Amundson, *Montana State University–Billings*
Dori Anderson, *Mendocino College*
Robert E. Arnold, Jr., *Henry Ford Community College*
Bala Arshanapalli, *Indiana University Northwest*
Hal Babson, *Columbus State Community College*
Anne Bailey, *Miami University*
Rosella Bannister, *Bannister Financial Education Services*
Richard Bartlett, *Muskingum Area Technical College*
Anne Baumgartner, *Navy Family Service Center–Norfolk*
John J. Beasley, *Georgia Southern University*
Kim Belden, *Daytona Beach Community College*
Pamela J. Bennett, *University of Central Arkansas*
Daniel A. Bequette, *Hartwell College*
Peggy S. Berger, *Colorado State University*
David Bible, *Louisiana State University–Shreveport*
George Biggs, *Southern Nazarene University*
Robert Blatchford, *Tulsa Junior College*
Susan Blizzard, *San Antonio College*
Karin B. Bonding, *University of Virginia*
Linda Bradley, *California State University–Northridge*
Dean Brassington, *Financial Educator Services*
Anne Bunton, *Cottey College*
Bruce Brunson, *Tidewater Community College*
Paul L. Camp, *Galecki Financial Management*
Chris Canellos, *Stanford University*
Sheran Cramer, *University of Nebraska–Lincoln*
Ellen Daniel, *Harding University*
Joel J. Dauten, *Arizona State University*
Carl R. Denson, *University of Delaware*
Dale R. Detlefs, *William M. Mercer, Inc.*
A. Terrence Dickens, *California State University*
Charles E. Downing, *Massasoit Community College*
Alberto Duarte, *Access Counseling*
Sidney W. Eckert, *Appalachian State University*
Marc Eiger, *Standard & Poor's*
Gregg Edwards, *Monroe Community College*
Jacolin P. Eichelberger, *Hillsborough Community College*
Gregory J. Eidleman, *Alvernia College*
Richard English, *Augustana College*
Evan Enowitz, *Grossmont College*
Don Etnier, *University of Maryland–European Division*
Judy Farris, *South Dakota State University*
Vicki Fitzsimmons, *University of Illinois*
Fred Floss, *Buffalo State College*
Paula G. Freston, *Colby Community College*
H. Swint Friday, *University of South Alabama*
Caroline Fulmer, *University of Alabama*
Wafica Ghoul, *Davenport University*
Joel Gold, *University of South Maine*
Elizabeth Goldsmith, *Florida State University*
Joseph D. Greene, *Augusta State University*

Andrew Cao, *American University*
Diana D. Carroll, *Carson–Newman College*
Gerri Chaplin, *Joliet Junior College*
Steve Christian, *Jackson Community College*
Ron Christner, *Loyola University*
Charlotte Churaman, *University of Maryland*
Carol N. Cissel, *Roanoke College*
Thomas S. Coe, *Xavier University of Louisiana*
Edward R. Cook, *University of Massachusetts–Boston*
Patricia Cowley, *Omni Travel*
Kathy Crall, *Des Moines Area Community College*
Jeanne Hilton, *University of Nevada*
Laura Horvath, *University of Detroit Mercy*
David Houghton, *Northwest Nazarene College*
George Hruby, *University of Akron*
Samira Hussein, *Johnson County Community College*
Roger Ignatius, *University of Maine–Augusta*
James R. Isherwood, *Community College of Rhode Island*
Naheel Jeries, *Iowa State University*
Karen Jones, *SWBC Mortgage Corporation*
Marilyn S. Jones, *Friends University*
Ellen Joyner, *Liberty National Bank–Lexington*
Virginia W. Junk, *University of Idaho*
Peggy D. Keck, *Western Kentucky University*
Dennis Keefe, *Michigan State University*
Jim Keys, *Florida International University*
Haejeong Kim, *Central Michigan University*
Jinhee Kim, *University of Maryland–College Park*
Karen Eilers Lahey, *University of Akron*
Eloise J. Law, *State University of New York–Plattsburgh*
Andrew H. Lawrence, *Delgado Community College*
David W. Leapard, *Eastern Michigan State University*
Hongbok Lee, *Western Illinois University*
Charles J. Lipinski, *Marywood University*
Janet K. Lukens, *Mississippi State University*
Kenneth Marin, *Aquinas College*
Kenneth Mark, *Kansas Community College*
Julia Marlowe, *University of Georgia*
Allen Martin, *California State University–Northridge*
Lee McClain, *Western Washington University*
Billy Moore, *Delta State University*
John R. Moore, *Navy Family Services Center–Norfolk*
Diane R. Morrison, *University of Wisconsin–La Crosse*
Steven J. Muck, *El Camino College*
Randolph J. Mullis, *WEATrust*
James Nelson, *East Carolina State University*
Donald Neuhart, *Central Missouri State University*
Oris L. Odom II, *University of Texas–Tyler*
William S. Phillips, *Memphis State University*
John Piccione, *Rochester Institute of Technology*
Carl H. Pollock, Jr., *Portland State University*
Paul Gregg, *University of Central Florida*
Jeri W. Griego, *Laramie County Community College*
Michael P. Griffin, *University of Massachusetts–Dartmouth*
Richard C. Grimm, *Grove City College*
David R. Guarino, *Standard & Poor's*
Hilda Hall, *Surry Community College*
Patty Hatfield, *Bradley University*
Andrew Hawkins, *Lake Area Technical Institute*
Janice Heckroth, *Indiana University of Pennsylvania*
Diane Henke, *University of Wisconsin–Sheboygan*
Roger P. Hill, *University of North Carolina–Wilmington*
Angela J. Rabatin, *Prince George's Community College*
Gwen M. Reichbach, *Dealers' Financial Services*
Mary Ellen Rider, *University of Nebraska*
Eloise Lorch Rippie, *Iowa State University*
Edmund L. Robert, *Front Range Community College*
Clarence C. Rose, *Radford University*
David E. Rubin, *Glendale Community College*
Michael Rupured, *University of Georgia*
Peggy Schomaker, *University of Maine*
Barry B. Schweig, *Creighton University*
Elaine D. Scott, *Bluefield State University*
James Scott, *Southwest Missouri State University*
Wilmer E. Seago, *Virginia Tech University*
Kim Simons, *Madisonville Community College*
Marilyn K. Skinner, *Macon Technical Institute*
Rosalyn Smith, *Morningside College*
Horacio Soberon-Ferrer, *University of Florida*
Edward Stendard, *St. John Fisher College*
Mary Stephenson, *University of Maryland–College Park*
Eugene Swinnerton, *University of Detroit Mercy*
Lisa Tatlock, *The Master's College*
Francis C. Thomas, Port Republic, *New Jersey*
Stephen Trimby, *Worcester State College*
John W. Tway, *Amber University*
Shafi Ullah, *Broward Community College*
Dick Verrone, *University of North Carolina–Wilmington*
Jerry A. Viscione, *Boston College*
Stephen E. Wagner, Attorney at Law, Blacksburg, *Virginia*
Rosemary Walker, *Michigan State University*
Grant J. Wells, *Michigan State University*
Jon D. Wentworth, *Southern Adventist University*
Dorothy West, *Michigan State University*
Gloria Worthy, *State Technical Institute-Memphis*
Rui Yau, *South Dakota State University*
Alex R. Yguado, *L.A. Mission College*
Robert P. Yuyuenyongwatana, *Cameron University*
Martha Zenns, *Jamestown Community College*
Larry Zigler, *Highland College*
Virginia S. Zuiker, *University of Minnesota*

美国一些最好的个人理财专家也为新版（第 11 版）做出了重要贡献，他们通过“专家建议”专栏分享自己的专业知识：

Dennis R. Ackley, *Ackley & Associates*
Jan D. Andersen, *California State University, Sacramento*
Sophia Anong, *Virginia Tech*
William Dean, *Southern University*
Lorraine R. Decker, *Decker & Associates Inc.*
Karen Drage, *Eastern Illinois University*
Patti Fisher, *Virginia Tech*
Jonathan Fox, *The Ohio State University*
Carol S. Fulmer, *The University of Alabama*
Jordan E. Goodman, *MoneyAnswers.com*
Holly Hunts, *Montana State University*
Alena C. Johnson, *Utah State University*
Hyungsoo Kim, *University of Kentucky*
Joan Koonce, *University of Georgia*
Frances C. Lawrence, *Louisiana State University*
Irene Leech, *Virginia Tech*
Dana Wolff, *Southeast Technical Institute*
Lorie Broberg, *Oglala Lakota College*
Anthony J. Campolo, *Columbus State Community College*
Brenda J. Cude, *University of Georgia*
Lori Lothringer, *Metropolitan Community College*
Allen Martin, *California State University–Northridge*
Diann Moorman, *University of Georgia*
Aimee D. Prawitz, *Northern Illinois University*
Kathleen Prochaska-Cue, *University of Nebraska–Lincoln*
Ann Ranczuch, *Monroe Community College*
Jamie Richter, *Northern Illinois University*
Michael Ruff, *Monroe Community College*
Michelle Singletary, *The Washington Post*
Donald Stuhlman, Wilmington College, *Delaware*
Sherry Tshibangu, *Monroe Community College*
Robert O. Weagley, *University of Missouri–Columbia*
Jon Wentworth, *Southern Adventist University*

我们十分感谢那些有机会阅读、指正并为《个人理财》提供各种建议的学生。请大家继续向我们发送电子邮件。

《个人理财》的这一版本得益于克拉拉·戈斯曼的编辑工作。另外，作为一名优秀的经理和编辑，她为这一版提供了许多见解，富有创造性和智慧。琳达·布兰德利的校对工作也是无与伦比的。霍利·亨杰姆和迪万南德负责监督本书的出版流程和版式。

对于这种多元化的项目，如果在本书的创作、修订和生产过程中没有朋友和家人的耐心、支持、理解及奉献，将是不可能完成的。E. 托马斯·加曼，一名荣誉退休教授，也是弗吉尼亚理工大学的研究员，目前居住在佛罗里达的乡村，他与自己的孩子及爱人关系亲近，当然还包括一些重要的朋友：达娜、朱莉娅、汤姆、斯科特、戴维、阿利乌、伊莎图、昆巴、阿利玛迪和奥斯曼。要把感谢送给他们。托马斯十分信任自己生命中的良师益友——罗恩·韦斯特、比尔·博斯特比尔·麦克迪维特和约翰·宾尼恩，这些朋友用自己的同理心、诚信和优点指导了他的人生轨迹。他同样非常感谢格里·钱伯斯的笑容、关爱和支持，这些保证了他在人生的第四个阶段受到开心的眷顾。雷蒙德·E. 福格，已从肯塔基大学退休，与他的妻子斯诺琪和儿子斯图尔特居住在南卡罗来纳州的伊斯利。他很骄傲地看到自己的儿子马修和女儿艾米，以及斯诺琪的孩子德鲁和赛斯继续自己的职业生涯。雷蒙德想要感谢自己的母亲玛丽和兄弟鲍勃、格雷、乔以及戴夫，这些亲人在这些年给了他极大的耐心。特别要感谢斯诺琪，她对于《个人理财》初版的帮助在本版中依然熠熠生辉。

最后，对于世界各地无私分享自己观点的个人理财教师们，无论是以线下的方式还是通过信件和邮件，我都想衷心地说声感谢，他们的观点都融入了高质量的课本和辅助材料中。有人仔细地写了五六次。在此我想对他们说：“你们为你们的学生们提出了最棒的需求，而我们在用心聆听。《个人理财》就是你们的杰作！我们两个人以及整个优秀的团队在尽最大的努力通过各种方法来达到你们的需求。我们希望自己超过了你们的预期。为什么？因为我们都坚信：学生需要全面地学习个人理财的概念，只有学好了这些，才有可能在以后的个人理财上获得成功。”

E. 托马斯·加曼 **雷蒙德·E. 福格**

ethomasgarman@yahoo. com perfinypm@yahoo. com

备注：亲爱的学生，如果你想要收藏一些大学教材，请保存这一本，因为这些基本的个人理财准则是永远有用的。另外，你还可以把这本书作为礼物送给重要的人，如配偶、兄弟姐妹或者父母。

目　录

第一部分

第二部分

第三部分

第四部分

第五部分

第一部分

第一章　理解个人理财

第二章　职业规划

第三章　财务报表、工具与预算

第一章

理解个人理财

你在开玩笑？

劳伦·克劳福德每月在其 401（k）退休账户中投资 250 美元，其年化收益率为 8%。35 年后，她在该账户的财富将比其存入总额多多少？

A. 105 000 美元；　　B. 210 000 美元；

C. 468 000 美元；　　D. 573 000 美元。

答案是 C，468 000（＝573 000－105 000）美元。劳伦累计存入 105 000 美元[＝3 000(＝250×12)×35]。通过“利滚利”，劳伦赚了一大笔钱（468 000 美元），而不只是她每月存入的那笔钱（105 000 美元）。这就是复利的魅力！

学习目标

在学习完本章后，你应当能够：

1. 成功搭建个人理财的基石。
2. 理解经济形势对个人理财的影响。
3. 利用经济学原理进行理财决策。
4. 在个人理财决策中计算货币的时间价值。
5. 正确地选择你的员工福利。
6. 识别理财顾问的专业水平。

你有何建议？

朴世莉，23 岁，刚刚获得她图书馆学与信息科学的学士学位。她将作为一名档案管理员就职于一家大型土木工程公司，该公司地处加利福尼亚州一个急速扩张的地域。朴世莉在校期间做过兼职，每年大约能挣 8 000 美元。在过去的两年里，她每年都将 1 000 美元投入一个个人退休基金账户。世莉所负担的 15 000 美元的学生贷款也已开始偿还。她的新工作能够收入 55 000 美元。世莉可能会立即参与其雇主的 401（k）退休计划，而且她每年要将工资的 6%投入该计划。世莉每投入 1%的工资，她的雇主会付出 0.5%。

就个人理财的重要性而论，你向世莉推荐以下哪种：

1. 参与雇主的 401（k）退休计划？
2. 理解边际税率对其理财决定的影响？
3. 在其个人理财规划中考虑当前的经济状况？
4. 使用货币的时间价值理念估算，当她 63 岁时其个人退休基金账户的价值？
5. 使用货币的时间价值理念估算，如果她充分地参与 401（k）计划，那么在她 63 岁时该计划可能的价值是多少？

2007—2009 年房地产市场、信贷市场、股票市场的崩溃，导致了经济危机的发生。纽约 900 万人失去了工作。与你父母年纪相仿的很多人眼睁睁地看着他们房子的价值下降了 25%～50%，与此同时，他们的退休基金也在缩水。消费者信心低到了前所未有的程度。如今的缓慢复苏满载着对个人理财的恐惧和焦虑。

在这样一个经济动荡的年代，你能够成功地进行个人理财吗？是的。然而，这件事很有挑战性。当今的很多专家指出我们应该减少消费，归还信用卡贷款，做更多的储蓄和投资，以便从经济泥潭中解救自己。这是对未来有益的建议。你能够并且需要学习如何做这些事情，因为长期的成功需要它的帮助。在未来的几年里，经济依然起伏不定。然而，如果你能采取明智的行动，则很多有助于未来成功理财的机会也会出现。如果你在看这本书，那么你很幸运，因为这本书为你今后实现成功理财的每一步都提供了周全的指导。

你的**理财知识**（financial literacy）是你为了能够合理管理金钱而具备的关于事实、概念、原理以及技术工具方面的知识。理财知识能够赋予你力量。它能

你的未来五年

在未来的五年中，通过做以下理解个人理财的事，你有可能获得理财上的成功：

1. 时时关注经济现状。
2. 在做理财决定前，使用边际成本、机会成本和货币的时间价值等进行估算。
3. 为了实现远期目标，每个月储蓄一笔钱，进行多样化投资组合。
4. 对自己的理财负责。
5. 利用雇主的津贴项目合理减免所得税。

理财知识

理财知识是你为了能够合理管理金钱而具备的关于事实、概念、原理以及技术工具方面的知识。

够提升你处理日常生活中出现的有关财务事件的能力，帮助你避免错误理财决策的出现，从而不至于要花费很多年来承受其带来的不良后果，并帮助你做出有理有据并让人有信心的资金使用决策。

个人理财（personal finance）是为实现成功理财而对个人及家庭的重要资源进行的研究，它涵盖了人们怎样消费支出、储蓄、规划以及投资金融资源等方面。个人理财的主题包括理财和职业规划、预算编制、税收管理、现金管理、信用卡、举债、主要的支出、风险管理、投资、退休计划和遗产管理。当面临理财挑战、生活责任及机遇时，若对个人理财主题有一个可靠的认识，则取得成功的可能性会增大。这样做的收益可能包括能够支付最小的信贷成本、合法地减少所得税、低价购车、以优惠条款购房、购买合理公正定价的保险、成功地选择投资项目、选择一个舒适的退休计划以及以最小的转移成本传承你的遗产。在所有这些收益中，最好的就是通过有效地理财而使自己从财务焦虑中解放出来的自由感。

> **个人理财**
> 这是为实现成功理财而对个人及家庭的重要资源进行的研究，它涵盖了人们怎样消费支出、储蓄、规划以及投资金融资源等方面。

金融责任（financial responsibility）意味着对自身未来良好的经济状况负有责任，为此，你应力争做出明智的理财决策。学习个人理财能避免犯错，并且能帮你抓住金融机会。成功理财的最大障碍是在你真正富有之前就富有地生活。

> **金融责任**
> 它意味着对自身未来良好的经济状况负有责任，为此，你应力争做出明智的理财决策。

在每一章的开始，我们插入了一则简短的案例，并命名为“你有何建议?”每一则故事均聚焦于那些没有学习本章内容的人可能会碰到的金融问题。当你在学习该章时，你会被要求思考你能给这些人提什么样的建议。然后，在每一章的末尾，你会被要求在所学知识的基础上提供更有意义的建议。届时，你能变得更为明智。

本书的目的是为大家提供获得新信息的途径和合理的建议，使大家在消费支出、管理金钱、维持信用、购买保险、储蓄和投资上做出有理有据的决策。良好决策的制定意味着你能够掌控自己的财务人生并获得成功。

成功搭建个人理财的基石

在当今市场上，持续不断的大量信息建议我们通过消费和借款来获得成功理财、安全和财富。这些信息对那些刚在理财生涯中起步的人有极大的诱惑力。事实上，过度支出和过度使用消费信用严重阻碍了理财成功的实现。

> **学习目标 1**
> 成功搭建个人理财的基石。

许多人认为，富有取决于挣钱或继承的多少。事实上，财富在很大程度上与你产生财富的权衡和决策的能力相关。**权衡**（trade-off）是指为了另一事物而放弃某一事物。例如，为了在今后开自己想开的车、享受梦寐以求的休假，以及安享无忧无虑的退休时光，为了未来经济上的无忧无虑而放弃目前的一些消费是很明智的。

> **权衡**
> 权衡是指为了另一事物而放弃某一事物。

你必须在理财生涯中做对一些事情，而不是做太多的错事。个人理财并不是深不可测的事情。你可以通过制订合理的计划，并且采取明智的行动来实施这些计划，以此获得在个人理财上的成功。

□ 从少消费做起，多储蓄多投资

先要认识到，若没有放弃或牺牲当前**消费**（consumption，商品和服务上的支出），理财目标很少能达成。这一克制通过将金钱变成**储蓄**（saving，那些没有花费在当期消费上的收入）来达成未来的目标。一些储蓄实际上是**投资**（investment，带着从资产自身获得额外收入的目的所购买的资产）。通过储蓄和投资，人们更有可能为未来的消费储备资金。如果你为明天储蓄，那么你在今天和明天都会更开心。

> **储蓄**
>
> 储蓄是指那些没有花费在当期消费上的收入。
>
> **投资**
>
> 投资是指带着从资产自身获得额外收入的目的所购买的资产。

有效的资金管理通常把富人和穷人分开管理。弗吉尼亚理工大学的教授西莉亚·海霍发现，富人是那些生活支出少于其收入的人，他们是社会上的储蓄者和投资者。穷人是那些依靠工资度日、通常背负着高额消费贷款的消费者。为了在个人理财上获得成功，你应该恪守“花一些并存一些”的格言。

为未来消费而储蓄是人们渴望达到某一**生活标准**（standard of living）的一个很好的例证。这一标准是个人或一个团体热切渴望并寻求达到的，达到后试图维持它，若受到威胁则试图保护它，若丢失则试图重新获得的东西。我们的标准包括我们的欲望和需求，同时也包括捐赠和奢侈品。在任一时刻，事实上个体都在体验其**生活水平**（level of living）。从本质上说，你的生活标准是自己想要达到的位置，而你的生活水平是自己实际所处的位置。

> **生活标准**
>
> 生活标准是个人或一个团体热切渴望并寻求达到的，达到后试图维持它，若受到威胁则试图保护它，若丢失则试图重新获得的东西。
>
> **财务成功**
>
> 财务成功是指所渴望的、所计划的、所争取的财务愿望的实现。何谓成功，则取决于寻求成功的人。
>
> **财务安全**
>
> 财务安全是指你所拥有的财务资源能够在最大限度上满足个人需求所带来的愉悦感觉。
>
> **财务上的愉悦**
>
> 财务上的愉悦是当你对自己的收入满意时的一种体验，它在一定程度上是践行良好理财行为的结果。

□ 为财务成功及财务上的愉悦做规划

财务成功（financial success）是指所渴望的、所计划的、所争取的财务愿望的实现。何谓成功，则取决于寻求成功的人。一些人认为财务上的成功就是可以按照自己的生活标准生活。许多人寻求**财务安全**（financial security），财务安全是指财务资源能够在最大限度上满足个人需求所带来的愉悦感觉。另一些人想要变**富有**（wealthy），并且持有许多钱、财产、投资和其他资源。

财务上的愉悦（financial happiness）包括许多东西，而不仅是挣钱。它是当你对自己的收入满意时的一种体验。那些对其财务表示开心的人很可能在其预算之内进行支出，并且逐步达到自身目标，而这种快乐会在其摸索生活乐趣的过程中逐步绽放。财务上的愉悦在一定程度上是践行良好理财行为的结果。这些行为包括准时还债、量入为出、知道钱花在何处以及为未来投资一部分钱。你践行的良好理财行为越多，所能获得的财务上的愉悦也越多。事实上，仅简单地制定好理财目标也会对财务上的愉悦做出一定的贡献。

□ 奠定成功财务的基石

要弥补生活水平和所期望的生活标准之间的缺口，就要学习怎样获得财务成功。图 1-1 展示了那些有助于在生活中获得财务成功的要素互相之间怎样配合。财务成功和财务上的愉悦来自使用个人理财中的要素，比如在固定收入的基础上保障基本的生活方式和储蓄水平，使用雇员津贴以及支票和储蓄账户创建一个财务基础。其他要素包括确立理财目标、控制支出、管理所得税、掌控信用卡以及互助基金和退休计划投资。所有这些要素都会在以后的章节中被检验。

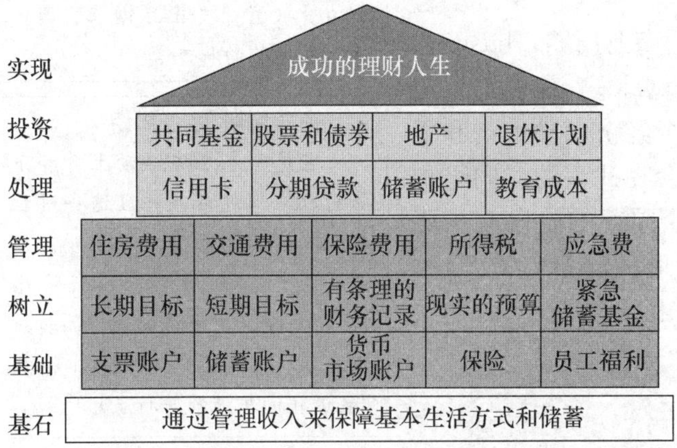

图 1-1　构造成功理财的基石

> **理财要点**
>
> 做祖父母所做的事，获得财务成功
>
> 今天，为了在生活中取得财务成功，人们可以仿效其祖父母所做的事。这包括了推迟满足的意愿、为未来投资、比后继者更努力以及坚持对孩子的高期望。

> **你知道吗?**
>
> 在理财规划过程中的五个基础步骤
>
> 在个人理财过程中有五个基础步骤：(1) 针对你的学历和职业选择评估你的财务现状；(2) 确定你的理财目标；(3) 为达到目标设定计划；(4) 实施你的计划；(5) 回顾你在财务上取得的进步并做出合理的调整。正如第五步所表明的那样，这一过程要阶段性地回顾，最好是每年回顾，以及当你的人生有重大转折时回顾，比如换了新工作、结婚、生孩子，或者是离婚、家庭成员逝世等悲伤的事情发生时。

概念测试 1.1

1. 描述财务成功。
2. 财务上的愉悦是什么?
3. 达到财务成功的基石有哪些?

经济状况影响了你在个人理财上的成功

你在个人理财上的成功部分地取决于你对经济环境、商业周期的现状以及未来经济、通货膨胀和利率走向的理解程度。

> **学习目标 2**
>
> 理解经济形势对个人理财的影响。

□ 怎样分辨我们在商业周期中所处的位置

一个**经济体**（economy）是合理配置一国、一个州或一个社区所有生产性和可用资源的一种体系。美国联邦政府为了维持稳定的物价（低通货膨胀）和稳定的就业水平（低失业率），试图调控整个国家的经济。通过这种方式，政府寻求实现一个经济体得以持续稳定的增长，这也是产出（商业活动）和消费（消费支出）增长的条件——从而使得国民收入也达到可持续的**经济增长**（economic growth）状态。政府政策同样影响了经济。例如，减税让钱留在消费者的口袋里，消费者就有花钱的可能性；相反，加税使消费需求减少。

你知道吗?

你在理解个人理财中最大的失误

与他人的财务问题一样，你也可能犯个人理财的错误，当你：

1. 面临财务问题时只考虑钱的问题。

2. 入不敷出。

3. 相信并且按照业余者的理财建议行事，而不相信专业理财者。

经济增长

它是经济体产出（商业活动）和消费（消费支出）增长、国民收入也增长的状态。

□ 商业周期

美国经济的增长时刻在变化。**商业周期**［business cycle，又称**经济周期**（economic cycle)］是一个经济交替增长和紧缩的过程。它是一个经济活动上升和下降的波浪形过程，并且这一过程会在此后的时间里重复出现。正如图 1－2 所示，商业周期的阶段有扩张（经济增长）、峰顶（扩张转向衰退的转折点）、收缩（经济衰退）、谷底（衰退转向扩张的转折点）。

商业周期/经济周期

它是一个经济活动上升和下降的波浪形过程，并且这一过程会在此后的时间里重复出现。商业周期的阶段有扩张（经济增长）、峰顶（扩张转向衰退的转折点）、收缩（经济衰退）、谷底（衰退转向扩张的转折点）。

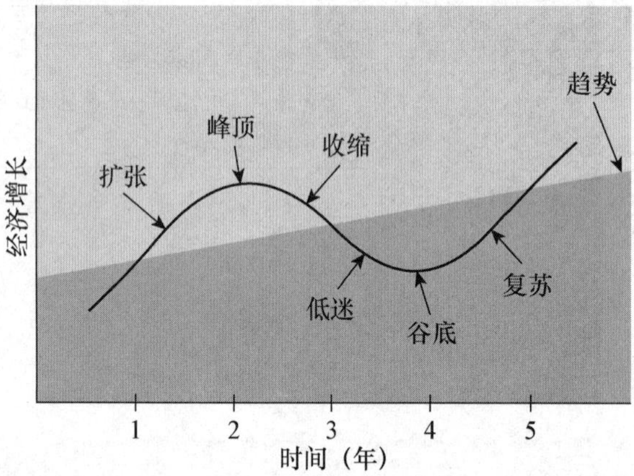

图 1－2　商业周期的阶段

商业周期中较为理想的阶段是**扩张阶段**（expansion phase），在这一阶段，生产容量大、失业率低、零售销售额高、价格和利率较低或者正在下降。在这些情况下，消费者发现购房、购车以及通过信用卡购买贵重物品都变容易了，为了满足增长的消费者需求，通过借债来扩张商业活动也受到了鼓励。股票市场也因投资者期望能在未来获得高利润而呈增长状态。

随着信贷需求的增长，由于更多的借款者需要资金，因此短期利率上升了。消费者和商业活动都需要更多的物品，从而给物价造成了上涨的压力。最终，价格和利率都上升到一定的程度以致压制了消费和商业借贷，使得股价下跌，并扼杀了经济的扩张。其结果可能是在一段时期内微不足道的经济增长，也可能是一个轻微的衰退，或者是经济活动的紧缩。

□ 大萧条

在这样的情况下，经济通常是收缩并转向**萧条**(recession)。在经济不景气时，消费者对他们今后的购买计划持悲观态度。典型的美国大萧条中就出现了在持续10个月里，经济出现了平均2%的衰退，平均失业率超过6%。自1980年以来共出现了5次萧条。美国联邦政府国家经济研究局商业周期测定委员会（Business Cycle Dating Committee of the National Bureau of Economic Research）将萧条官方定义为“整个经济体中的经济活动在一段时间内持续下降的过程，通常表现为国内生产、收入、就业、制造业、批发及零售业的衰退”。该委员会将众所周知的大萧条定为始于2007年12月，止于2009年6月，从2009年6月起经济开始复苏。大萧条持续了18个月，这次大萧条是自第二次世界大战以来持续时间最长的萧条。

> **萧条**
> 总产出、收入、就业及贸易持续下降的阶段，通常持续6个月到1年，并且表现为所有经济部门活动的收缩。

自1929—1933年的大萧条以来，2007—2009年的大萧条是情况最不乐观的，在此期间的经济增长出现了5.1%的衰退。美国经济出现了高失业率（超过10%）、可怕的股市下跌（超过50%）以及急剧下降的房地产价格（25%～65%）。经济混乱的一个影响是**去杠杆化**（deleveraging），即与正常经济状态中信用扩张不同，在经济混乱中信用处于收缩状态。当商业活动和消费者减少负债时，房地产销售、汽车销售以及就业就会减少。

> **去杠杆化**
> 与正常经济状态中信用扩张不同，在经济混乱中信用处于收缩状态。

美国大萧条使得900万成年人失业，其中减少的50%工作岗位源自制造业和建筑业。一半的美国工人承受了失业、工资降低、减少工时，或者被迫从事兼职的痛苦。研究显示，超过60%的年龄在50～61岁的人不得不推迟退休。研究表明，大萧条使美国财富减少了20%（例如，房地产价值和投资价值）。在全国范围内，住房价值下降了35%。为了减少另一次灾难性大萧条的出现，政府出于干预的目的新建立了金融稳定监督委员会（Financial Stability Oversight Council），其任务是建立一个风险预警系统来识别那些可能破产或对美国经济产生负面影响的公司。

二次经济衰退

来自工资和需求下降的恐惧给价格造成了向下的压力，这种恐惧有可能导致**二次经济衰退**（double dip recession）。这种衰退会使经济萧条伴随一个短暂的复苏和增长，但很快就会再度陷入萧条。

> **二次经济衰退**
> 这种衰退会使经济萧条伴随一个短暂的复苏和增长，但很快就会再度陷入萧条。

经济在未来……最终……会扩张

尽管任何萧条均有持续时间和严重性，最终经济收缩会结束，消费者和商业活动会变得乐观积极。经济开始从谷底转向复苏和扩张，产出水平、就业率、零售销售额开始增加，整个经济从此前的弱势转向增长。这个典型的完整商业周期会持续约6年。

政治家和经济学家为寻求经济增长之路苦苦探索。自20世纪30年代以来，世界上很多国家都遵循凯恩斯经济理论，用刺激消费支出的方法增加需求，即使这会增加当时的赤字。这种方法的逻辑是当消费者和商业活动的消费支出很少时，除非政府的消费支出增加，否则经济就会萧条。这种消费支出所创造的额外经济增长势必会导致税收增加，由此创造的预算盈余能被用来偿还负债。① 如今国家和政治领导者在如何处理当下经济问题中的做法不同，一些人主张削减公共开支。针对这种紧缩政策的担忧是这种政策会导致需求低迷、增长减缓、税收减少、股市下跌以及高的国债水平，正如出现在希腊、意大利、葡萄牙、西班牙和英国的情况一样。

要使美国经济回到大萧条刚开始时的状态，需要创造超过1 100万个工作岗位。美国国会预算办公室（Congressional Budget Office）认为美国经济每月至少需要创造150 000个新的工作岗位，或者每年超过100万个工作岗位来维持稳定的失业率。2007—2009年的大萧条会在未来几年对美国经济产生严重的后果，包括低的就业增长、微薄的薪水、稀少的信用卡数量、低水平的消费支出以及高的储蓄率。

然而，对于那些失业的人（约1 200万人），约900万人因找不到全职工作而不得不做兼职，以及250万人已经放弃寻找工作，大萧条似乎从未结束。这些人描述的都是事实，因为大多数美国人的生活并没有变好。许多有工作的人仍在担心会失业。这些人甚至加倍节俭，但在需求和经济实现增长之前，现状并不会改变。

美国国会预算办公室指出，考虑到大萧条的严重性，可能要到2016年或2017年，失业率才会回到典型的5%或6%的水平，经济才会回归每年3%以上的正增长。美国经济必须实现每年2.5%的增长才能紧跟生产力和人口的增长，抑制失业率的增长。历史经验表明，每年经济增长额外的2个点才能使失业率下降1个百分点。联合国表示在欧洲和亚洲的工业化国家需要真实的经济增长创造1 400万个新的工作岗位，以使就业率回到大萧条发生前的状态。目前还没人见证这一切。

> **理财要点**
>
> **金融市场中持续的不稳定性**
>
> 在经济低迷时期，消费者信心可能会衰退，失业率会上升，而股市可能会在一周或仅仅一两天内下跌5%；然而，这并不意味着人们不应该为自己的未来储蓄和投资。每一代人都面临相同的不确定性。你应该对经济的长期发展持乐观态度，并且做出最好的理财决定。

□ 怎样识别经济发展的未来方向

要做出一个良好的财务决定，你需要知道我们所处的商业周期、经济景气度以及经济未来的走向。通过关注新闻以及商业节目中播报的经济统计数据可以做到这些。你的知识可以帮助你做出长期的理财策略。**经济指标**（economic indicator）是指经济统计数据，比如失业率、国内生产总值或通货膨胀率（在接下来的段落中会介绍），经济指标表明了目前以及今后的经济运行情况。

> **经济指标**
>
> 经济指标是指经济统计数据，比如失业率、国内生产总值或通货膨胀率，表明了目前以及今后的经济运行情况。

① 美国最近一次预算盈余是在总统克林顿任期的最后两年（1999年和2000年），原因是所得税和收入增加使开支受到限制。从那之后，国会批准的开支都超过收入。

关注顺周期指标

顺周期（procyclic/procyclical）经济指标是指那些与经济同方向变动的指标。因此，如果经济景气，顺周期指标也增长；然而，如果我们处在经济萧条中，顺周期指标也呈下降状态。顺周期指标有零售销售量（消费支出总计占美国经济的70%）、工业产量、耐用品（家居用品）、非农就业者的数量以及国内生产总值。

最易理解的顺周期经济指标是**国内生产总值**（gross domestic product，GDP），由于该指标反映了在美国境内共有多少经济活动（所有商品和服务）发生，因而它是对一国经济健康程度最广泛的度量。政府会定期宣布GDP在过去三个月内的增长程度（www.bea.gov/newsreleases/rels.htm）。在美国，2%或更少的年增长率被认为是很低的（甚至不够为新毕业的大学生创造就业机会），而3%被认为是一个无须削减额外通货膨胀的安全增长率。4%或更高的增长率则会引起经济学家和投资者的担忧。美国需要约2.6%的GDP增长率来压制失业率的上升，促进经济增长，而4%或5%的GDP增长率可以使失业率显著下降。

> **国内生产总值（GDP）**
> 该指标反映了在给定时期内共有多少经济活动（所有商品和服务）发生，因而它是对一国经济健康程度最广泛的度量。

关注逆周期指标

逆周期（countercyclic/countercyclical）经济指标是指那些与经济反方向变动的指标。例如，失业率会随着经济形势的恶化而上升，是逆周期指标。同样，黄金和白银的价格也会随着经济形势的恶化而上升。

关注领先指标

领先经济指标（leading economic indicator）是指那些在经济形势改变之前就变化的指标，因此它们能够帮助预测经济未来的走势。股票市场是经济的领先指标，因为股票市场总是在经济下跌之前就开始下滑，然后股票市场会在经济开始从萧条复苏之前就开始复苏。其他经济领先指标的例子有新的建筑许可证数量、现房销售、房屋价格、申请失业救济的人数（每周第一次申请失业救济的平均人数）、标准普尔500指数以及消费者信心指数。

> **领先经济指标**
> 领先经济指标是指那些在经济形势改变之前就变化的指标，因此它们能够帮助预测经济未来的走势，如股票市场、新的建筑许可证数量以及消费者信心指数。

消费者信心指数（consumer confidence index）是一个被广泛关注的经济领先指标，该指数测量了消费者对经济以及其自身财务的态度，它给出了消费者的消费意愿（www.conference-board.org）。增长的信心表明消费支出的增长。消费者担忧未来并推迟了购买，而减少的消费支出拖延了经济增长。

领先经济指标指数（index of leading economic indicator，LEI）是一个每周由世界大企业联合会（Conference Board）公告的综合指数，该指数表明了美国经济未来的方向（www.conference-board.org）。LEI计算了来自经济不同增长部分的10个要素的平均值，比如建筑许可证、工厂订单以及新建私人住房。领先经济指标对投资者来说非常重要，因为这些指标可以帮助投资者预测经济的未来走向。

> **领先经济指标指数（LEI）**
> 领先经济指标指数是一个每周由世界大企业联合会公告的综合指数，该指数表明了美国经济未来的方向。

□ 通货膨胀、物价以及利率的未来走向

> **通货膨胀**
>
> 通货膨胀是一般物价水平的持续增长。通货膨胀常用一户家庭在一段时间内购买“一篮子”商品和服务的成本变动量来衡量。

通货膨胀和利率通常同方向变动。**通货膨胀**（inflation）是一般物价水平的持续增长。通货膨胀常用一户家庭在一段时间内购买“一篮子”商品和服务的成本变动量来衡量。通货膨胀常在货币（或信用）供给超过可购买的商品和服务数量时出现。通货膨胀也可能是由过度的需求或急剧增加的生产成本导致的。

通货紧缩是事实

> **通货紧缩**
>
> 通货紧缩是指商品和服务的价格广泛、持续的下跌，以及货币供给总量的不断收缩。通货紧缩导致企业利润下降、房屋价值下跌、失业率上升以及收入下降。

一旦通货膨胀的预期变得很低，人们就会预测物价将下降。**通货紧缩**（deflation）是指商品和服务的价格广泛、持续的下跌，以及货币供给总量的不断收缩。通货紧缩通常发生在消费者拒绝消费、企业实施现金延迟支付计划以及推后投资、银行宁愿保有大量资金也不愿借贷的情况下。这一崩溃的需求导致企业利润下降、房屋价值下跌、失业率上升以及收入下降。资产的价值下降使得负债偿还变得困难。如今，通货紧缩的压力出现在美国以及其他国家。在 20 世纪 90 年代，日本经济（世界第三）经历了长达 10 年的通货紧缩和萧条，而 20 年后，日本再次经历了通货紧缩。

自 2009 年以来发生在美国的通货紧缩使得物价在一年里下降了 0.34%，而且物价在 2010 年的几个月里持续下降。在美国，持续的通货紧缩也是可能的。面对通货紧缩，政府政策制定者总是采用大量的支出项目来刺激经济增长。支出的缺乏引发了经济的不景气，可怕的高失业率、没有为毕业生新创造的工作岗位以及政治不稳定伴随着国民动荡。当然，赤字支出创造了高额的国民负债。历史表明，减少赤字最有力的是国内生产总值的大幅增加，因为这意味着生产的增长伴随着税收的增加。

通货膨胀是更具代表性的经济状况

通货膨胀是更为典型的经济状态，适度的通货膨胀是有利的，因为它对工作岗位创造和经济增长有激励作用。工人可能会要求更高的工资，由此增加了生产成本。鉴于劳动力和原材料成本的增加，生产方会对他们的产品要求一个更高的价格。与此相对应，贷款者会对其融出的资金要求更高的利率来对冲损失的购买力。消费者会减少他们对价格增加的阻力，因为他们害怕未来的价格会更高。在高通货膨胀时期，购买力急剧下降，固定收入者承受了更多损失。[通货膨胀的一大并发症是**滞胀**（stagflation），在滞胀的经济形势下，高失业率与高物价水平同时存在。]

下面展示了通货膨胀是如何影响收入和消费的

> **购买力**
>
> 购买力是对一个人的收入能够支付得起的商品和服务的度量。

当物价上涨时，个体的收入必定要求同步上涨以维持其**购买力**（purchasing power），购买力是对一个人的收入能够支付得起的商品和服务的度量。对收入而言，通货膨胀起到了重大的作用。思考芝加哥一名单身汉斯科特·米歇尔身上所发生的事，他三年前就以每年 50 000 美元的薪水从事零售管理。自那时起，虽然斯科特每年薪水的上涨分别为 1 000 美元、1 200 美元和 1 500

美元，但因为通货膨胀他仍不能使收支相抵。尽管斯科特每年的薪水都在提高，但他目前 53 700（=50 000+1 000+1 200+1 500）美元的收入并不能赶上每年 3%的通货膨胀率［50 000×1.03=51 500（美元）］；［51 500×1.03=53 045（美元）］；［53 045×1.03=54 636（美元）］。如果斯科特的生活成本与一般物价水平同步上涨，在第三年为了弥补通货膨胀，他就会缺少 936（=54 636−53 700）美元。在第三年，他需要额外的 936 美元以维持他在第一年中所享有的购买力。

个人收入很少能与通货膨胀率同步上涨。你的**实际收入**（real income，以基期不变价格计算的收入）才是最重要的，它反映了**名义收入**（nominal income，又称货币收入）实际的购买力。在通货膨胀时期增加名义收入会给人造成收入上涨的假象，也许收入实际上是下降的。

> **实际收入**
>
> 实际收入是以基期不变价格计算的收入，它反映了名义收入实际的购买力。
>
> **名义收入**
>
> 名义收入又称货币收入，是指没有根据通货膨胀和递减的购买力调整的收入。

为了比较在同一时期你每年的工资增长与通货膨胀率的水平，应该先将收入增长额转化为一个百分比，即

$$\text{百分比变动}=\frac{\text{上涨后的名义收入}-\text{上年名义收入}}{\text{上年名义收入}}\times 100\% \qquad (1.1)$$

例如，假设作为单身父亲的查理·古斯曼是佛罗里达州温德米尔一家便利店的副经理，他原定的薪水为 37 000 美元，现上涨了 1 600 美元，现在他每年的薪水为 38 600 美元。使用式（1.1），查理如下计算其收入增长的百分比：

$$\frac{38\,600-37\,000}{37\,000}\times 100\%=0.043\times 100\%=4.3\%$$ ①

一年后的通货膨胀率变为 4%，他 4.3%的工资上涨率高于通货膨胀率。在考虑实际情况后，查理的收入真正上涨了 0.3%（=4.3%−4.0%）。上涨后的真实收入可以通过新的名义收入除以 1.0 加上之前的通货膨胀率之和计算得到，其计算公式如下：

$$\text{真实收入}=\frac{\text{上涨后的名义收入}}{1.0+\text{此前的通货膨胀率}} \qquad (1.2)$$

$$\frac{38\,600}{1+0.040}=37\,115(\text{美元})$$

显然，查理上涨的 1 600 美元薪水有很大一部分被

> **专家建议**
>
> **富裕人生的 7 条咒语**
>
> 1. 如果你穿着它，它就不是一种资产！
> 2. 它是一种需求还是一种欲望？
> 3. 忘记小钱。
> 4. 现金总比信贷好。
> 5. 保持简单。
> 6. 优先权能带来繁荣昌盛。
> 7. 适可而止。
>
> **米歇尔·辛格尔特里**
>
> 《华盛顿邮报》“钱的颜色”专栏的全国联合专栏作家以及《好好消费会变富有：如何用你拥有的钱得到你想要的》的作者，引用得到了作者的允许。

① 这个式子显示了对于两个测量值之差的百分比变化如何计算。将测量值 2 和测量值 1 之差除以测量值 1。例如，在 1 月 1 日以每股 65 美元的价格出售的股票，在 12 月 31 日以每股 76 美元的价格出售，在这一年中上涨了 16.92%［=(76−65)÷65］。

用于弥补通货膨胀。对查理来说，只有 115（=37 115－37 000）美元代表了真实的经济绩效，而 1 485（=1 600－115）美元则被用于弥补上涨的商品和服务的价格。115 美元真实的薪水上涨等于查理此前收入的 0.31%（=115÷37 000），这反映了查理名义收入变动的百分比与通货膨胀率之间的差额。

通货膨胀如何衡量

美国劳工统计局每月用**消费者物价指数**（consumer price index，CPI）计算通货膨胀。消费者物价指数是被广泛用于衡量城市居民消费的所有商品和服务价格变化的工具。美国国内销售的 400 多种商品和服务（“一篮子”）的价格被监测、记录、赋予假定预算中的权重并加总。实质上，消费者物价指数就是生活成本指数。该指数有一个基准时期，或者说有一个参照点，以该点做比较。1982—1984 年这段时期代表了基准时期，设为 100。例如，2012 年 1 月 1 日的 CPI 是 221，与基准时期相比，生活成本会从基期上涨 121% [=(221－100)÷100]。同样，如果 2013 年 1 月 1 日的指数从 221 变为 225，那么生活成本将会增长 1.8% [=(225－221)÷221]。

> **消费者物价指数（CPI）**
>
> 消费者物价指数是被广泛用于衡量城市居民消费的所有商品和服务价格变化的工具。

当物价上涨时，美元的购买力则下降，但两者的变动不是同一比例。相反，美元购买力下降的数值为价格增长的倒数（生产单位量对应的比例）。在前文的阐述中，从 2012 年到 2013 年价格上涨了 1.8%，而美元的购买力在同一时期下降了 1.78% [=1－（221÷225)]。

通货膨胀推高了我们消费的商品和服务的成本。例如，如果汽车的价格在过去的 5 年里上涨了 20%，那么曾经一辆售价为 24 000 美元的汽车现在的售价为 28 800 美元。相反，用来买车的美元的购买力则下降到了 5 年之前购买力的 83.3%(=24 000÷28 800)。如果你购买的商品和服务与用来计算 CPI 的商品和服务的种类不同，那么你就会有一个与众不同的**个人通货膨胀率**（personal inflation rate，特定个体所购买商品和服务的价格上涨率）。通货膨胀也推高了借贷成本，所以当通货膨胀升高时，购车和购房的每月按揭贷款也上涨。

你可以通过监测联邦基金利率来预测利率和通货膨胀率

联邦储备委员会（Fed，联邦政府的一个机构，通常被称为“美联储”）的其中一项职责就是“促进就业最大化和物价稳定”。你可以通过关注**联邦基金利率**（federal funds rate）来预测利率和通货膨胀率，联邦基金利率是存款机构将存于联邦储备的资金隔夜拆借给其他存款机构的短期利率。因为联邦基金利率由美联储制定，在各媒体上播报，因此联邦基金利率是商业和消费信贷以及未来美联储政策的基准。当经济增速缓慢、通货膨胀率很低时，美联储就降低联邦基金利率；相应地，贷出方就会降低短期贷款利率，这降低了信贷和消费的成本。实际上，美联储刺激了经济，鼓舞了商业活动的开展。美联储要求最理想的通货膨胀率处在 2%或稍低的水平。美联储预测，最近几年会是低通货膨胀率和高失业率相伴随。

> **Fed**
>
> Fed 是联邦储备委员会，它是联邦政府的一个机构。
>
> **联邦基金利率**
>
> 联邦基金利率是存款机构将存于联邦储备的资金隔夜拆借给其他存款机构的短期利率。

当美联储认为经济增速太快时，就会提高联邦基金利率来增加信贷成本，以减少信贷量。这一举措通常能够削减通货膨胀压力、降低经济增速。

通货膨胀如何影响你的借贷、储蓄和投资

> **利息**
> 利息是借入货币的价格。

利息（interest）是借入货币的价格。在高通货膨胀时期，购车贷款、购房贷款以及信用卡贷款的利率上涨。即使针对存款人的名义利率也上涨了，但在通货膨胀率高于存款利率和定期存款的利率时，存款利率的上涨并不带来真正的收益。

因为涉及的时间越长，评估通货膨胀的错误率就可能越高，因此聪明的投资者认识到长期借款（如 5 年或 20 年）的通货膨胀风险高于短期借款（如 1 年）。因此，长期利率一般高于短期利率。同样，股票市场也受到通货膨胀率的负面影响，考虑到通货膨胀增加了借贷成本，也就是减少了利润，降低了股票价格。当每年的通货膨胀率在 5%的水平时，公司一年 1 美元的利润在如今就只值 95 美分。如果通货膨胀率只有 2%，那么原先 1 美元的利润就值 98 美分。在很多年后，将这些差额合计起来就是一个大数目。在你的理财生涯中，你将愿意把通货膨胀对财务决定的影响考虑进去，以减少其负面影响。

总之，评估美国的经济前景要关注以下指标：①工作（失业率的变动）；②房屋销售（新房和二手房）；③消费支出（零售和汽车）；④商业支出（资本投资）；⑤通货膨胀（消费者物价指数的变动）。

在做财务决定时使用经济信息

在经济衰退的低谷点可能是投资股市的最佳时间，因为经济很快会扩张，股票价格会上涨。如果经济指标显示经济运行稳健，这可能是投资普通股和共同基金的最佳时间，因为它们的价值会持续增长。如果经济开始表现出明显的下行，这可能是投资固定利率证券的好时机，因为当政府降低利率以刺激经济时，利率肯定会下降。当然，此时也是卖出那些价值可能下跌的股票的好时机。

概念测试 1.2

1. 总结商业周期的各个阶段。
2. 描述帮助预测经济未来运行方向的两个统计指标。
3. 举例说明通货膨胀如何影响收入和消费。

你知道吗？

把坏习惯变成好习惯

你会这样做吗？	你应该这样做！
忽视经济新情况；	在有线电视上关注商业新闻；
购买许多额外的商品；	在做出购买决定时运用边际成本；
只关注扣税后的实得工资；	报名参加雇员税前储蓄计划；
不知道应为退休存多少钱；	计算未来价值；
到目前还没开始为退休储蓄；	尽快开始投资；
不将健康支出列入预算；	使用雇主的自助福利计划来获取费用；
从朋友那里获得财务上的建议。	从免费的理财规划师处获得建议。

当你做财务决定时要像经济学家一样思考

理解并运用基础经济学原理有助于取得财务成功。最重要的原理有机会成本、边际效用和边际成本以及边际税率。

> **学习目标 3**
>
> 利用经济学原理进行理财决策。
>
> **机会成本**
>
> 机会成本是必须放弃的次优选择的价值。

□ 当做财务决定时考虑机会成本

一个决定的**机会成本**（opportunity cost）是必须放弃的次优选择的价值。个人的机会成本有时间、努力和健康，财务上的机会成本有利率、安全和流动性。在个人理财方面关于机会成本的一个简单例子是若将钱花在当前的生活支出上，势必会减少储蓄和投资的数量。同时，用贷款购买会带来此后每月的还款，这减少了今后可用来花费和储蓄的收入数量。

在思考的过程中使用机会成本的概念有助于衡量每一个决定的后果，因为每一个决定都不可避免地涉及权衡。例如，如果不看书，你就可以去看电影或看电视，但你最想睡觉。当你选择看书时，你所损失的睡觉（次优选择）的好处就是选择看书的机会成本。了解各种选择的机会成本有助于衡量你所做的决定是不是最优选择。

在个人理财方面，机会成本反映了个体除了选择支出、储蓄或投资之外所能做的最优选择。例如，决定将 2 000 美元投入股票共同基金，以便用于退休，而不是将这些钱放在存款账户里，这一决定损失了使用这些钱购买一辆新车的机会。将钱存放在存款账户中则损失了投资于股票共同基金所能带来的高收益。当考虑低风险投资时，这样的高收益率是最优的决定。

> **理财要点**
>
> **由于此前没有每天存 1 美元，现在每天要存 4.66 美元**
>
> 如果你想在 63 岁时退休，那么你必须从 40 岁开始每天存约 4.66 美元，以此来弥补你没有从 20 岁开始每天存 1 美元。

其他有挑战性的机会成本决策包括租房还是买房、买新车还是二手车、买车还是租车、工作还是借钱上学、买不买人身保险以及何时开始为退休储蓄和投资。另一个机会成本的决策通常是是否返校读书以获得大学学位。

如果这些成本被低估，那么决策就会基于一些错误的信息，并且判断也会出错。合理评估各种选择的成本和收益是理性决策的关键步骤。我们会在第九章中阐述租房和购房的机会成本。

□ 在决策中识别边际效用和边际成本

效用（utility）是一件商品或服务满足人们需求的能力。在个人理财中，一个很重要的任务就是识别在某一决策中你所能获得的效用有多少。例如，你决定花 90 美元购买一张音乐会门票，那么你要开始考虑这笔支出能给你带来多少效用。也许你能从中享受一个美好的夜晚、享受音乐等。

边际效用（marginal utility）是额外增加一单位商品或服务所能享受到的满足感。**边际成本**（marginal cost）是额外增加一单位某商品或服务的成本。我们都知道，边际成本可以与边际效用相比较。考虑边际成本和边际效用可以帮我们做决定，因为这提醒了我们只需比较两个最重要的变量。它要求我们考虑这笔额外的花费能获得什么效用。

> **边际效用**
> 边际效用是额外增加一单位商品或服务所能享受到的满足感。
>
> **边际成本**
> 边际成本是额外增加一单位某商品或服务的成本。

为了阐明这种想法，假设你决定为了音乐会中靠前的座位花 150 美元而不是 90 美元（多花 60 美元）。从这一决定中你能获得怎样的边际效用？也许是看得更多听得更多的能力，或是轻而易举获得一个最好位置的满足感。你应该扪心自问这些额外的收益是否值得额外花费 60 美元。在实践中，只要边际效用超过边际成本，人们就趋于追求额外的边际效用。

在另一个例子中，假设密歇根州芬代尔的一家代理商有两辆新车出售，化学工程师沙琳·希克斯要做一个购买决定。这两辆车是同款，但出自不同的制造商。第一辆车的标价为 29 100 美元，有适度的买卖特权；第二辆车的标价为 30 800 美元，有很多买卖特权。边际分析表明，沙琳在比较这两辆车时不需要考虑所有的买卖特权。相反，边际成本的理念在这个事例中要求比较 1 700（＝30 800－29 100）美元的额外成本所带来的额外收益。沙琳只需要考虑这些额外的特权是否值得她多花 1 700 美元。

□ 做出财务决定时将边际所得税率考虑在内

当你做财务决定时，要考虑所得税的经济影响。**边际税率**（marginal tax rate）的影响尤为显著，边际税率是指收入中最后一美元所纳税的比率。随着收入增加，纳税人的边际税率显著提高。财务上成功的人总是需要支付 25%或者更高的美国联邦所得税税率。例如，胡安妮塔·马丁内斯，未婚，是一位在佐治亚州亚特兰大工作的业务经理，她的应税收入为 66 000 美元，雇主给她的津贴为 1 000 美元，她要为这 1 000 美元津贴支付 250（＝1 000×0.25）美元的税。胡安妮塔还要支付 6%的州所得税，即 60（＝1 000×0.06）美元，以及 7.65%的社会保险税，即 76.5（＝1 000×0.076 5）美元。因此，胡安妮塔的边际税率接近 40%（25%＋6%＋7.65%＝38.65%），即为了这额外的 1 000 美元要支付 386.50 美元的税。

> **边际税率**
> 边际税率是指收入中最后一美元所纳税的比率。

那些支付高边际税率的人可以做一些免税的投资，比如可以购买州政府机构和市政当局发行的债券。例如，塞丽娜·米勒，已婚，有两个孩子，是亚利桑那州普雷斯科特的一位脊椎按摩师，目前她有价值 5 000 美元、收益为 5%的公用事业股票，即每年收入 250（＝5 000×0.05）美元。她要为这笔收入支付 25%的税率，即 62.5（＝250×0.25）美元的所得税，也就是税后她只剩下 187.5 美元。作为一种选择，将 5 000 美元投资于免税且收益率为 4%的国债能使塞丽娜有 200 美元而不是 187.5 美元的税后收益，这种选择更佳。也就是说，与 187.5（＝250－62.50）美元的税后股票收益相比，她能从国债中得到 200（＝5 000×0.04）美元的免税收益。

最好的收入形式是免税收入

正如前面的讨论中所暗示的那样，**免税收入**（tax-exempt income）永久免税。通过合法地免除所得税，你就获得了无须缴纳的税款，就能把这笔钱用作他途。

> **免税收入**
> 免税收入永久免税。

同时，你也无须再为缴税而挣钱。

次优的收入形式是延期纳税收入

次优的个人收入形式为**延期纳税收入**［tax-sheltere, income，又称**递延纳税收入**（tax-deferred income）］，即收入在当年不用纳税，但在以后的纳税年度需要纳税。图 1－3 表明储蓄和投资中的延期纳税收入比需要即刻纳税的收入更好，因为延期纳税能让更多的资金用来投资。除此之外，延期纳税基金用复利（下一章的主题）计算的财产会增长得很迅速，尤其是在一项投资的后期阶段。当然，我们必须认识到现在推迟的纳税收入在今后还是要纳税的。

延期纳税收入/递延纳税收入

延期纳税收入在当年不用纳税，但在此后的纳税年度需要纳税。

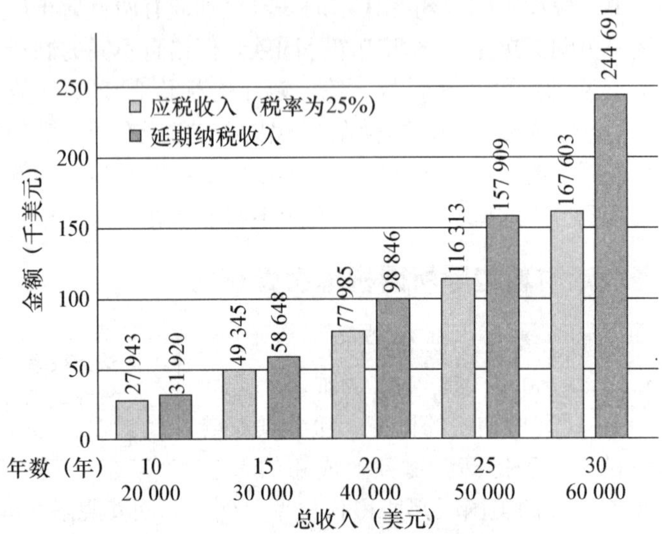

图 1－3　延期纳税优于应税收入

在图中，年收益率为 8%，年收入为 2 000 美元。

概念测试 1.3

1. 什么是机会成本？请举例说明机会成本是怎样影响你的财务决策的。
2. 请解释并举例说明为什么边际分析有助于更容易地做出一些财务决策。
3. 请描述并举例说明所得税是怎样影响财务决策的制定的。

进行货币的时间价值的计算

今天你口袋里的一美元在五年后就不止一美元了。为什么？因为时间就是金钱。

货币的时间价值（time value of money，TVM）可能算是个人理财中最重要的概念。货币的时间价值是

学习目标 4

在个人理财决策中计算货币的时间价值。

借入或借出资金的成本，通常是指利息。货币的时间价值证明了今后收到或支付一笔资金与当前收到或支付一笔资金的价值不同。这一点很容易理解，因为你现在拥有的一美元可以用来储蓄或投资，能够赚取一些收入（比如利息），因此在五年后这一美元就不止一美元了，所以现在的一美元显然比五年后你获得的一美元价值更高。货币的时间价值包括了两个部分：未来的价值和现在的价值。幸运的是，货币的时间价值的计算只需要基础的数学公式，任何人都能运用。

> **货币的时间价值（TVM）**
> 根据这一方法，我们可以比较跨时间的现金流，比如未来的某现金流在当下的价值（现值）是多少，或者现在做的某投资在未来价值多少（未来值）。除此之外，它也表示了借入或借出资金的价值。货币的时间价值通常是指利息，并且证明了今后收到或支付一笔资金与当前收到或支付一笔资金的价值不同。

□ 关于资金的两个常见问题

为了阐明货币的时间价值，在个人理财中，有两个问题比较常见：

（1）在一段时间后，该项投资（或一系列投资）的价值是多少？这个问题是关于用复利计算终值的问题。

（2）为了在未来获得一定数目的资金，今天应该储存多少（或做一系列的投资）？这个问题是用折现的方法计算现值的问题。

从这两个问题可以看出，如果不对资金的价值进行调整，就无法在不同的时期进行比较。相应地，货币的时间价值之所以能够在未来值和现值之间进行比较是因为将利率（或投资收益率）和时间考虑在内。

单利

利息的计算包括：①美元的数额，被称为**本金**（principal）；②本金的利率；③本金用于投资的时间长度。计算利息的其中一种方法是**单利**（simple interest），从以下**单利计算公式**（simple interest formula）可以看出：

> **本金**
> 本金是指初始投资的金额。

$$i=prt$$

其中，

p＝本金；

r＝利率；　　(1.3)

t＝资金投入的时间(年)。

如果某人以8%的利率将1 000美元储蓄或投资四年，四年后他能收到320（＝1 000×0.08×4）美元的利息。

复利是货币的时间价值的计算基础

在单利计算中遗漏了某些东西。单利计算公式假设每年都将利息取出，在这四年里只有1 000美元本金一直在账户中，因此利息并没有被加到本金中。大多数人都不按照这种方法投资，相反，他们把赚取的利息留在账户中，让利息再产生利息。**复利利息**（compound interest）

> **复利利息**
> 复利利息是利息产生的利息。复利计算中将利息加入本金，所以从利息被加至本金起，利息自身也开始产生利息。

是利息产生的利息。复利计算是将利息加入本金，所以从利息被加至本金起，利息自身也开始产生利息。这种将利息加至本金的方法就是**复利**（compounding）。复利的效果取决于利息的流动性和所使用的定期利率。复利是货币的时间价值计算中的先决条件。

> **复利**
> 复利是将利息加在本金里。复利的效果取决于利息的流动性和所使用的定期利率。

复利是计算投资的时间价值的最好方法。当来自投资的收入被留在账户中时，通过复利，资金会增长得特别快。事实上，在上例中，1 000 美元的存款在 20 年后会变为 4 661 美元（计算过程会在下文中展现）。本书中很多积累财富的手段都是基于复利计算的。积累财富的方法就是让你的钱生钱，而不只是存钱。当然，你需要先存钱，但复利才是真正积累财富的手段。

复利是所有货币的时间价值的计算基础。为了让大家明白复利的原理，我们再次来看这个例子，1 000 美元以 8%的利率投资四年。下面是这笔钱（本金）复利增长的过程：

第一年年末，这 1 000 美元会变为 1 080（=1 000+1 000×0.08）美元。

第二年年末，这 1 080 美元会变为 1 166.40（=1 080+1 080×0.08）美元。

第三年年末，这 1 166.40 美元会变为 1 259.71（=1 166.40+1 166.40×0.08）美元。

第四年年末，这 1 259.71 美元最终会变为 1 360.49（=1 259.71+1 259.71×0.08）美元。

根据复利计算的结果，投资者能够额外赚取 40.49（=360.49－320）美元。虽然这笔资金看起来不多，但如果将 1 000 美元本金投资更长时间，比如 40 年，按 8%的利率，最终会变为 21 724.52 美元，在此期间产生了 20 724.52 美元的利息。而用单利计算最终只有 3 200（=1 000×0.08×40）美元的利息。在这段时间内因为复利计算而带来的额外利息收益有 17 524.52（=20 724.52－3 200）美元。

如果每一年的年末投资 1 000 美元，共 40 年，结果更加难以想象。在第 40 年年末，本息合计为 259 056 美元，其中 219 056 美元代表本金所产生的利息。这表明了个人理财中一个重要的规则：变富有与投资一大笔钱并无函数关系。变富有是在长期的过程中进行规律性投资的结果。所有的投资策略中最好的就是复利。只有通过复利，你才能在一段时间内获得财富的巨大增长。

货币的时间价值的计算只有两种类型

货币的时间价值的计算只有两种类型：①将现值转化为终值（如前文中的案例）；②将终值转化为现值。这两种方法的计算差异很小，取决于案例中是一次性付款还是一系列未来的支付［**年金**（annuity）］。

> **年金**
> 年金是未来能获得的一系列现金流。

□ 计算终值

终值（future value，FV）是一种资产在未来某一时期末的价值。你可以计算一次性付款的终值或一系列存款的终值。

> **终值（FV）**
> 终值是一种资产在未来某一时间段末的价值。

一次性付款的终值

式（1.4）可以用来计算一次性付款的终值：

$$FV=\text{总金额的现值}\times(i+1.0)^n \tag{1.4}$$

式中，i 为利率；n 为时间长度。将式（1.4）用到前文的案例中，即 1 000 美元本金、以 8%的利率投资 4 年，可得：

$$1\,360.49(\text{美元})=1\,000\times(1+0.08)^4$$

或者

$$1\,360.49(\text{美元})=1\,000\times1.08\times1.08\times1.08\times1.08$$

从数学的角度讲，若涉及的时间较长，计算会很烦琐。表 1-1 提供了快速计算某一投资终值的简易方法。在前文的案例中，也可以下列方式使用表 1-1：在最顶端那一行中找到利率为 8%的那一列。在这一列中垂直找到年限为 4 年所对应的那个值 1.360 5（在深色行与列的交叉点）。用这个值乘以现金资产的现值（1 000 美元）即可得到未来值（1 360.50 美元）。

表 1-1　　在经过给定时期后 1 美元的终值

时期	1%	2%	3%	4%	5%	6%	7%	8%	9%	10%
1	1.010 0	1.020 0	1.030 0	1.040 0	1.050 0	1.060 0	1.070 0	1.080 0	1.090 0	1.100 0
2	1.020 1	1.040 4	1.060 9	1.081 6	1.102 5	1.123 6	1.144 9	1.166 4	1.188 1	1.210 0
3	1.030 3	1.061 2	1.092 7	1.124 9	1.157 6	1.191 0	1.225 0	1.259 7	1.295 0	1.331 0
4	1.040 6	1.082 4	1.125 5	1.169 9	1.215 5	1.262 5	1.310 8	1.360 5	1.411 6	1.464 1
5	1.051 0	1.104 1	1.159 3	1.216 7	1.276 3	1.338 2	1.402 6	1.469 3	1.538 6	1.610 5
6	1.061 5	1.126 2	1.194 1	1.265 3	1.340 1	1.418 5	1.500 7	1.586 9	1.677 1	1.771 6
7	1.072 1	1.148 7	1.229 9	1.315 9	1.407 1	1.503 6	1.605 8	1.713 8	1.828 0	1.948 7
8	1.082 9	1.171 7	1.266 8	1.368 6	1.477 5	1.593 8	1.718 2	1.850 9	1.992 6	2.143 6
9	1.093 7	1.195 1	1.304 8	1.423 3	1.551 3	1.689 5	1.838 5	1.999 0	2.171 9	2.357 9
10	1.104 6	1.219 0	1.343 9	1.480 2	1.628 9	1.790 8	1.967 2	2.158 9	2.367 4	2.593 7

附录表 A-1 给出了计算一次性付款终值的更详细的表格。图 1-4 通过展示 10 000

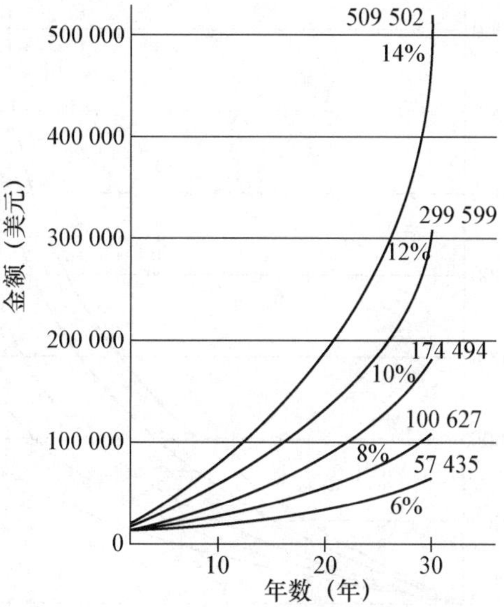

图 1-4　更高的收益率和更长时期的重要性（一笔 10 000 美元投资的终值）

美元投资额在不同收益率和期限下的收益，向我们说明了收益高和期限长的重要性。10 000 美元在利率为 6%、期限为 30 年的情况下将增长到 57 435 美元。10 000 美元在利率为 10%、期限也为 30 年的情况下经复利可得到 174 494 美元；若在利率为 14%的情况下，则能得到 509 502 美元！你可以根据附录表 A-1 自行计算确认这些结果。

一系列支付（年金）的终值

通过放弃一系列支付，人们经常为了达成长期目标而储蓄。附录表 A-3 提供了根据一系列存款额（年金）计算终值的完整表格。一个简便的计算本金翻番所需年数的方法为 72 法则（见图 1-5）。图 1-6 生动展示了在每年末投资 2 000 美元，根据复利计算所带来的不同结果。在 8%的利率水平下，每年年末投资 2 000 美元在 20 年后会变为 91 524 美元（在附录表 A-3 中找到利率为 8%的那一列，然后找到这一列与期限 20 年的交点，得到数值 45.762，用该值乘以 2 000 美元），在 30 年后则会变为 226 566 美元。在 10%的利率水平下，每年年末投资 2 000 美元在 20 年后会变为 114 550 美元，30 年后则会变为 328 988 美元；在 14%的利率水平下，每年年末投资 2 000 美元在 30 年后会增长为

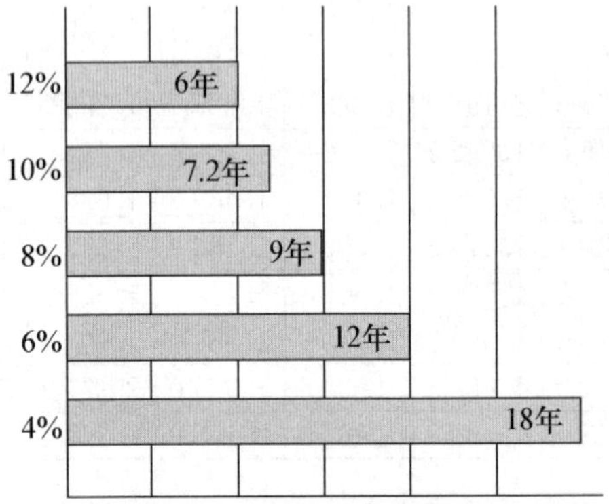

72 法则

72 法则是一个简便方法，用于计算在复利下本金翻番所需的年数。你只需要简单地将 72 除以复利利率即可。

图 1-5　72 法则示意图

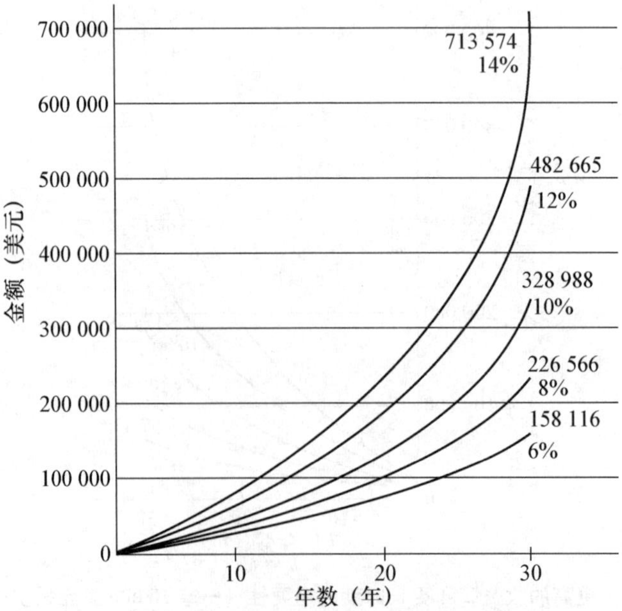

图 1-6　每年 2 000 美元投资的终值

713 574 美元！你可以根据附录表 A－3 自行计算确认这些结果。

□ 计算现值的方法称为折现

现值［present value，**又称折现值**（discount value)］是未来能够获得的一种资产（或一系列资产）在当前的价值。**折现**（discounting）是将未来值折算为现值的过程。你可以计算未来能获得的一笔支付的现值，或者计算未来能获得的一系列支付的现值。

> **现值/折现值**
>
> 现值是未来能够获得的一种资产（或一系列资产）在当前的价值，又称折现值。

一次性支付的现值

一次性支付的现值是未来能获得的某种资产在当前的价值，或者可以认为，它是你为了在未来能够获得所需的金额而在今天以某特定利率和特定期限存储的金额。假设你要在 10 年里获得 20 000 美元作为新房的预付定金。假定你可以将自有资金进行投资，并且有 7％的收益率，为了达到这一目标，现在你要存多少钱？使用附录表 A－2，找到利率为 7％的那一列，再找到它与期限为 10 年那行的交点，得到 0.508 3。将 20 000 美元乘以 0.508 3，得到 10 166 美元，即现在存储 10 166 美元才能达到上述目标。（这里要关注与 72 法则的联系：72 除以 7％约等于 10.28，这意味着初始投资额在 10.28 年里会翻倍。事实上，10 166 美元在 10 年里几乎能变为 20 000 美元。）

一系列支付（年金）的现值

年金的现值是未来能获得的一系列支付在当前的价值。或者可以认为，为了在未来获得这样的现金流，在今天你以特定利率和特定期限需要存储的金额。假设你想在退休开始的 20 年里，每年获得 30 000 美元。假定你可以进行自有资金投资且收益率为 7％，为了在退休时达到这一目标，你现在需要投资多少？使用附录表 A－4，找到利率为 7％的那一列与期限为 20 年那一行的交点，得到数值 10.594 0。将 30 000 美元乘以该值得到 317 820（＝10.594 0×30 000）美元，即现在需要存 317 820 美元才能在退休时获得目标现金流。请关注复利计算在这一结果中的贡献。要在退休后每年获得 30 000 美元并持续 20 年，如果你能在养老金上获得 7％的收益率，那么现在只需要投资 317 820 美元，而不是 600 000 美元。①

> **理财要点**
>
> 网络计算器
>
> 现值和终值的计算在网络上是现成的。比较好的计算器可以参见以下这些网址：
>
> **USA Today**（www.usatoday.com/money/perfi/calculators/calculator.htm）；
>
> **Financial Calculators**（www.fincalc.com/）；
>
> **KJE**（www.dinkytown.net/）；
>
> **Bankrate.com**（www.bankrate.com/calculators.aspx）；
>
> **CNNMoney**（http://cgi.money.cnn.com/tools/）；
>
> **Moneychimp**（www.moneychimp.com/calculator/compound_interest_calculator.htm）。

概念测试 1.4

1. 请解释单利和复利的差别，并描述为什么两者的差别如此显著。

---

① 如果你能使用金融计算器进行货币时间价值的计算，参见加曼/福格合作网站上的“如何使用金融计算器”，或者你也能使用在加曼/福格合作网站上找到的现值和终值计算器。

2. 货币的时间价值的两个组成部分是什么？

3. 使用表1-1计算以下终值：①2 000美元以5%的利率投资4年；②4 500美元以9%的利率投资8年；③10 000美元以6%的利率投资10年。

在工作中做出明智的理财决策

> **学习目标5**
> 正确地选择你的员工福利。

对你的员工福利做出明智的决策，每年可以为你增加成千上万美元的实际收入。为此，你可以选择雇主赞助的自选福利计划，卫生保健，弹性的支出账户，人寿、残疾及长期护理保险，以及退休。这些决策要求你估算员工福利中延期纳税的方面。你的福利待遇可能也会包括牙科和视力保健、幼儿保健、老年保健、补贴食品服务、教育资助计划，这些当然也要求你做出明智的理财决策。

> **员工福利**
> 员工福利是对雇佣做的补偿，这种补偿不以工资、薪金、佣金或其他现金支付的形式表现。

员工福利（employee benefit）是对雇佣做的补偿，这种补偿不以工资、薪金、佣金或其他现金支付的形式表现。例如，带薪休假、健康保险以及退休计划。员工福利的价值往往占到了个人工资的30%或更多。有一些员工福利是延期纳税，比如弹性的支出账户和退休计划。**延期纳税**（tax sheltered）在这里是指雇员受益于雇主提供的福利而不用在当下支付所得税。这些税收会被延期或推迟，直至在一个较晚的时刻（通常是一个理想的时刻）——也许直至退休，那时个体的所得税税率可能很低。

□ 选择免税的自选福利计划

> **自选福利计划（弹性福利计划）**
> 自选福利计划是一种员工福利计划，职工可以从应税现金以及一种或多种合理免税的收益所组成的“菜单”中选择其福利，因此假设有一种筹资机制，雇员可以通过该筹资机制在税前为自选的福利支付一定的费用。

自选福利计划（cafeteria plan）是一种员工福利计划，职工可以从应税现金以及一种或多种合理免税的收益所组成的“菜单”中选择其福利，因此假设有一种筹资机制，雇员可以通过该筹资机制在税前为自选的福利支付一定的费用。例如，雇主可能每年为每位雇员所享受的福利支付4 000美元。这一计划可能会提供健康保险、人寿保险、病假、残疾补助、医疗费用报销、假期、护理、养育资助以及牙齿矫正。职工可以自主选择需要的福利；因此，他们在设计自身福利待遇时可以选择不同的福利种类或者不同的福利水平，这些选择都由雇主免税提供资金。自选福利计划有时又称弹性福利计划。

□ 考虑雇主资助的医疗保健计划

> **医疗保健计划**
> 医疗保健计划是为职工支付全部或部分医疗费用的一种福利。

许多雇主为职工提供了一种**医疗保健计划**（health care plan）的选择。当职工的家庭境况发生变化时，比如结婚，职工通常在一年内有一次机会调整自己的医疗保健计划。一名未婚的职工每年可获取约 5 000 美元到 10 000 美元的保费，而具体金额则取决于保险项目的规模。幸运的是，职工的保费往往由雇主全部支付或者给予补贴。例如，一些雇主每年为职工的医疗保健计划费支付 3 000 美元，而剩余的部分则由职工自己支付。

出于高额的医疗保健计划费考虑，雇主往往会提供多种选择。这些选择可能包括传统的高额医疗计划，这种医疗计划可能需要每年支付 9 000 美元，但覆盖范围广，而且职工只需支付小额的自有资金。另一种较为低廉的**高免赔额医疗保健计划**（high-deductible health care plan，HDHP）也较为常用，这种医疗保健计划与传统的医疗保健计划相比，其费用较低、免赔额高。这是重病保险的一种形式。每年支付 3 500 美元保费的政策可能要求职工从自己的口袋中掏出更多的钱来支付医疗保健费用。免赔额是指在福利开始前支付的费用。

> **高免赔额医疗保健计划（HDHP）**
> 这种计划要求职工本人在保费用支出之前支付较高的医疗费用；这是一种节省年费的选择。

年轻的职工，尤其是那些身体健康的人往往选择高免赔额的医疗保健计划以节省每年的保费。例如，如果雇主每年只为职工的医疗保健计划支付 3 000 美元的补贴，那么选择费用高的医疗保健计划的职工每年就需要支付 6 000 美元（9 000 美元的费用减 3 000美元的雇主补贴），或者每个月支付 500 美元的费用。与此相比，选择高免赔额医疗保健计划的职工每年只需支付 500 美元的费用（3 500 美元的年费减 3 000 美元的雇主补贴）。高免赔额的医疗保健计划最大的自费限额是每人 5 950 美元，每个家庭 11 900 美元，而这些费用已经覆盖了医疗保健计划的所有费用。

一些雇主也会提供**健康储蓄账户**（health savings account，HSA）。这种特殊的储蓄账户是为那些参与高免赔额医疗保健计划的人设计的（每人每年的扣除额最小为 1 200 美元，最大为 3 050 美元；每个家庭的免赔额最小为 2 400 美元，最大为 6 150 美元）。职工储蓄账户中的合理花费可以扣除税收。雇主也是如此。职工投资 HSA 基金，这些在账户中的钱就免税了。从 HSA 中取钱来支付医疗费用，每人每年为 3 050 美元，每个家庭每年为 6 150 美元。即使在某段时间内你没有使用账户中的钱，这些钱仍会保存在该账户中。

> **健康储蓄账户（HSA）**
> 一种为那些参与高免赔额医疗保健计划的人设计的特殊储蓄账户（对个人来讲，每年至少扣除 1 000 美元；对家庭来讲，每年至少扣除 2 000 美元。）

美国国税局（Internal Revenue Service，IRS）的监管规则允许一定数量的**税收优惠**（tax advantage）。这是法律对一些鼓励行为给予的优惠。例如，雇员参与雇主的自选计划、健康储蓄账户以及退休计划。因为很多职工的边际税率接近 40%，而这一比例的金钱由于要向政府纳税而不能储蓄或花费。例如，某职工向健康储蓄账户中存入 3 050 美元就可以节省约 1 220（=3 050×0.40）美元，进而减少了他或她的医疗保健费用。

> **税收优惠**
> 这是法律对一些鼓励行动给予的优惠。例如，雇员参与雇主的自选计划、健康储蓄账户以及退休计划。

□ 考虑雇主的弹性支出账户

弹性支出账户（flexible spending account，FSA）是由雇主补贴的账户，该账户允许雇员以税前收入而非税后收入支付医疗或护理的费用。在典型的 FSA

> **弹性支出账户（FSA）**
> 弹性支出账户是由雇主提供的账户，该账户允许雇员以税前收入而非税后收入支付医疗或独立保健的费用。

中，雇员同意从薪水中扣除一定的金额，然后这笔资金会被存入一个独立的账户（即弹性支出账户）。当发生了合理费用时，雇员可以要求从该账户中获得赔偿。

你知道吗？

好的理财行为举例

好的理财行为有以下这些：

1. 设定计划。
2. 开始或增加储蓄。
3. 遵守预算或支出计划。
4. 使负债保持最小。
5. 每个月偿付信用卡账单。
6. 控制并且/或者减少生活成本。
7. 货比三家。
8. 如果负债难以管理，则咨询贷款或预算顾问。
9. 思考经济大事件对理财决策的影响。
10. 当面临复杂的财务决策时咨询理财规划师。
11. 留存足以生活 3～6 个月的应急资金。
12. 投资弹性支出账户。
13. 计算退休后需要多少资金。
14. 签署并加入雇主提供的退休计划。
15. 为退休储蓄和投资足够的资金。

独立的 FSA 中的基金可以为年龄小于 13 岁的个体，以及居住在纳税人家里且生理或精神上无法自立的个体支付保健费用。用于医疗保健的 FSA 中的基金可用来支付为了医疗保健而产生的合理的、未偿付的费用；但是，该基金不能用于支付个人自己去外面购买药物而带来的费用，除非是医生特殊要求的。

FSA 的税收优势体现在从职工薪水中直接扣除的金额避免了联邦所得税、社会保障税以及在很多州施行的州所得税。既然每个职工都有近 40％的边际有效税率，也就意味着他能有 40％的比例可以不用缴税。例如，某人有 50 000 美元的年薪，如果他把 3 000 美元存入 FSA，那么他就能少缴税 1 200（＝3 000×0.40）美元。

税前收入

税前收入是指被政府征税前的收入。

以**税前收入**（pretax dollar，被政府征税前的收入）支付 FSA 降低了税后收入，减少了扣税后的实得工资，但它实际上通过补偿这种形式增加了扣税后的有效收入。尽管很多雇主将金额限定在 5 000 美元以下，但实际上并没有一个标准的限定。自 2013 年起，由于每年通货膨胀率的提高，FSA 的资助会被限定在每年 2 500 美元。

在参加 FSA 之前，你需要仔细地评估支出，这样才不会使你在 FSA 的花费超出预算费用。根据美国国税局被称作“不用就失去”的原则，没有被使用的资金会被没收或者不会再回到职工手中。然而，雇主会很仁慈地提供 2.5 个月的时间让职工继续使用之前在 FSA 中的基金。许多职工会提供借记卡以直接从 FSA 中取钱。尽管参加弹性支出账户更节省资金，但只有约 20%的合格职工会参与。

□ 考虑参加雇主提供的保险计划

人寿、残疾以及长期护理保险的费用通常会由雇主支付。而针对雇员群体人寿保险的保费很少会像市场上那么高。一些雇主会为雇员支付部分或全部的保费。保费实际上是职工工资的一到两倍。因此，雇员在工作时应该常去报名参加免费的或有资助的人寿保险。通过雇主购买残疾或长期护理保险往往比个人直接在市场上购买要便宜。详情可见第十章、第十一章以及第十二章。

□ 考虑参与雇主提供的退休计划

超过一半的职工能够享受由雇主赞助的固定缴款退休计划，即**延期纳税退休计划**（tax-sheltered retirement）。这些计划包括了 401（k）计划以及相似的 403（b）计划和 457 计划，这些计划都会在第十七章中讨论。雇主赞助的退休计划有 4 个显著的优势。

> **延期纳税退休计划**
>
> 延期纳税退休计划是由雇主赞助的固定缴款退休计划，包括了 401（k）计划，以及相似的 403（b）计划和 457 计划。

第一个优势：免税的贡献

与普通的储蓄及投资计划相比，延期纳税退休计划有极大的税收优惠。因为该计划在税前缴款，降低了收入，即当年的税收负担被降低了。在纳税时节省下来的资金可以用作部分投资，这将会带来更大的收益。401(k) 计划让美国国税局帮助职工采用节省所得税的方式为退休计划提供资金。

如表 1－2 所示，只需稍稍减少每个月的实得工资，就可以为退休储蓄一大笔钱。例如，伊利诺伊州麦科姆的已婚男子李鸿博，其边际税率为 25%，每月应纳税收入为 4 000 美元，他每月放弃一部分消费，将 500 美元投入延期纳税退休计划，使得其实得工资从 3 175 美元减少至 2 800 美元，或者说减少了 375 美元，这当然算不得一笔大数目。这实际上是每个月花费了 375 美元来做 500 美元的退休计划。当下的投资收益竟然有 25%（=125÷500）。其实，纳税人投资退休计划 375 美元，同时政府补贴 125 美元。（若没有该退休计划，纳税人就会直接将 125 美元交给政府。）边际税率越高的纳税人越能获得好处。因为本应纳税的大量资金被投资于延期纳税退休计划，这使你花费更少而储蓄更多。

> **理财要点**
>
> 每个人都能有美好的财务前景
>
> 对近期股市的悲观情绪已经破灭，经济混乱的局面也已经结束。身处学校的你们还有很多年时间可以为自己储蓄，慎重地使用贷款，为自己的未来做些明智的投资。不要让过去几年的经济冲击改变你们的未来。通过对本书的学习和运用，你可以在今后的理财中胜出。

表 1－2　每月为退休仅花费 375 美元（或总计 4 500 美元），每年可储蓄 6 000 美元　单位：美元

月薪	4 000	月薪	4 000
税前退休计划的贡献	0	税前退休计划的贡献	500
应纳税收入	4 000	应纳税收入	3 500
联邦税[a]	682	联邦税	557

每月实得工资	3 318	每月实得工资	2 943
		每月储存 500 美元的成本 （2 943 美元减 2 800 美元）	245
为退休储蓄的金额	0	每月为退休储蓄的金额	6 000

a. 参见第四章；统一个人所得税税率为 25%。

第二个优势：雇主配套资金的贡献

为了鼓励职工为退休储蓄，许多雇主提供了配套的资金。这是雇主为职工的退休账户提供的资金。雇主通常会提供所有或者部分资金，可能最高有薪水的 6%左右。每个月储蓄 375 美元的职工有可能从他（她）的雇主那里另行得到 375 美元。对于雇员投入的 375 美元来说，这是 100%的收入！

第三个优势：递延纳税款的增长

某投资项目的利息、分红以及资本利得都会在该项目扣除费用后征税，而投资于免税的退休计划却是不用纳税的。延期纳税带来的好处是真实的。

例如，假设一个税率为 25%的人在每年年底投资 2 000 美元、持续投资 30 年，该投资每年的税前收益率为复利 8%，在第 30 年年底，该投资的价值为 158 116 美元。如果每年均投资 2 000 美元、持续投资 30 年，而该投资是投资于免税项目，则该投资的最终价值会达到 226 566 美元！额外增加的收益来自 8%的复利以及不缴纳所得税的待遇。（图 1－6 阐明了这些区别。）的确，如果纳税是发生在取得资金的若干年后，那么纳税人的边际税率就会降到一个更低的税率档次。

第四个优势：早投资的收益良多

回顾一下 72 法则，该法则可用来计算要使一笔投资翻番需要使用的年数。在 9%的收益率下，每 8 年可以使投资翻番。等待 8 年（从 31 岁而不是 23 岁开始）才开始储蓄就会损失一次翻番的机会。遗憾的是，正如表 1－3 所示，损失的是最后一次翻番的机会。在这个例子中，因为对是否做出 3 000 美元的投资踟蹰不定而损失了 48 000（＝96 000－48 000）美元。等待 8 年才开始储蓄显然承担了极大的机会成本。

表 1－3　较早储蓄和较晚储蓄的区别

较早开始		较晚开始	
年龄（岁）	价值（美元）	年龄（岁）	价值（美元）
23	3 000	23	0
31	6 000	31	3 000
39	12 000	39	6 000
47	24 000	47	12 000
55	48 000	55	24 000
63	96 000	63	48 000

假设在 9%的复利增长率下，提早 8 年开始储蓄 3 000 美元（从 23 岁而不是 31 岁）能使投资者多赚 48 000（＝96 000－48 000）美元。

你知道吗？

肖恩的成功故事

肖恩在本书的每一章中都会出现。肖恩在个人理财方面总是会做一些好的决定，并且他乐在其中。毕业后的第一年，作为一名公共关系分析师，他年薪 60 000 美元，并且参与了雇主提供的低费用、高扣除的医疗保健计划。肖恩从雇主提供的自助福利计划中选择了免税的美好的假期、最大期限的病假和残障福利以及医疗费用偿付的限额计划。肖恩对自己用于退休的费用做了终值估算，随后填写了参与 401（k）退休计划最高可能档次的表格（3 000 美元）。由于他的税率是 25%，因而他每年可以少纳税 750（=3 000×0.25）美元。他的雇主也帮他向其退休计划中投资 3 000 美元，这样他就获得了 6 000 美元。肖恩预计在未来几年里经济将要扩张，这将是投资股市的大好时机，因此他将这 6 000 美元投资于股市。肖恩决定当退休账户的资金达到 50 000 美元时（也许以 8%的增长率，同时持续投资，需要五年），他将向只收费的理财规划师寻求投资建议。

不要拖延，而是早早开始做规律的、持续的投资，那么收益将是惊人的。例如，一个工人从 23 岁开始每周向适当的退休计划中储蓄 25 美元，假定年收益率是 9%，则他在 65 岁时就有约 616 390 美元。若不是从 23 岁而是从 33 岁开始储蓄，其退休基金只有约 242 230 美元。早投资的收益是 374 160（=616 390－242 230）美元。早投资 10 年所需的额外资金只有 13 000 美元！而将这 13 000 美元早点投资带来的收益竟有 374 160 美元。出现这一效果的原因在于复利计算往往使后面几年的增长更为迅速。

概念测试 1.5

1. 归纳参与高免赔额医疗保健计划所具有的好处。

2. 举例说明，为什么很多员工都参与健康储蓄账户、401（k）计划等延期纳税的员工福利计划。

3. 列举两种通过延期纳税退休计划以最大化收益的途径。

你知道吗？

不良理财行为举例

需要避免的不良理财行为包括：

1. 购买那些想要却不适用的贵重物品。
2. 最大限度地使用信用卡。
3. 入不敷出。
4. 钱花完后去贷款。
5. 钱花完后透支信用卡。
6. 透支信用卡来偿还另一张信用卡。
7. 从贷方那里收到催还通知。
8. 拖欠偿还信用卡。
9. 因为拖欠公用事业账单而支付服务费。
10. 拖欠偿还车贷/租金。

11. 拖欠支付租金/按揭款。
12. 向同事借钱。
13. 从雇主处提前支取薪水。
14. 在工作时从401（k）退休计划中借款。
15. 在换工作时从原雇主的401（k）退休计划中取钱。
16. 在资金不足的情况下使用借记卡（或开支票），导致巨额透支费。

如何寻求专业的理财建议

> **学习目标6**
> 识别理财顾问的专业水平。

在人生的不同时刻，许多人依赖专家的建议来做理财规划和理财决定。这种咨询往往局限于理财的某一方面。专业的理财顾问（如家庭律师、税务筹划师、保险经理、信贷顾问或股票经纪人）都很有帮助。然而，在很多时候，这些人并不是公正无私的，因为他们都是特定理财服务的推销员。我们要清楚地意识到，与其说他们将我们的利益时刻放在心上，不如说他们更想向我们出售某些东西。

> **理财规划师**
> 理财规划师是一种投资专家，他们能评估个人或家庭的金融情况，并给出达到长期理财目标的建议和策略。

通常人们可以发现，若能从更大范围的合格理财专家那里获得建议将更有帮助。**理财规划师**（financial planner）是一种投资专家，他们能评估个人或家庭的金融情况，并给出达到长期理财目标的建议和策略。一位好的理财规划师应能分析家庭在各种领域（如投资、纳税、保险、教育以及退休方面）的总需求，并将所有的信息归总以得出周密的规划。规划师会帮助当事人选择并明确目标的优先程度，然后在此基础上调整资产和负债，以适应当事人的生活模式、生命周期中的阶段和理财目标。在适当的时候，规划师应该与外面的顾问做一个交接，如律师、会计师、信托官、房地产经纪人、股票经纪人和保险代理人。有效的理财建议可以帮助你做出越来越有效的理财决定，这样你就有更多的资金进行消费、储蓄、投资以及捐赠。

对于你正在考虑的规划师，应该对他的背景进行考察。一些自律组织和政府机构可以为你提供帮助。

注册理财规划师标准委员会（[888] 237-6275；www.cfp.net）在接受投诉的同时也协助投诉人寻求注册理财规划师（CFP）的帮助。

美国保险监督官协会（[816] 842-3600；www.naic.org）向相关的国家机关查询，你可以在那里查询保险产品的策划人。

金融业监管局（[301] 590-6500；www.finra.org）规范美国的证券公司。

全国个人理财顾问协会（[847] 483-5400；www.napfa.org）为自称免费的理财规划师设定标准。

证券交易委员会（[800] 732-0330；www.sec.gov）规范投资顾问和所有证券经纪人的行为。

专家建议

需要向理财规划师咨询的问题

理财规划师将对你的人生和未来产生影响，所以有必要向他们询问下列问题：

1. 你有什么经验，比如工作经历以及你曾与哪些公司合作过？

2. 我是否能够享受免费的初始咨询服务？时间是多久？

3. 你从事理财规划的资质是什么，比如学历、正规培训、执照以及证书；与此同时，谁（包括老客户）可以为你的专业名望做担保？

4. 在我们合作的过程中，是只有你与我接洽，还是会有一位助手参与评估以及调整你的建议？对客户进行正式评审的频率是什么？

5. 你怎样评估投资效益，并且多久进行一次评估？

6. 你怎样逐步识别客户的理财目标？我能否看看有代表性的理财规划案例、检查报告样本以及相关客户的投资组合或实例？

7. 费用如何？你的收费结构是什么？报酬怎样？如果收取佣金，佣金是多少以及由谁承担？

8. 如果我要投诉，应该向谁投诉？

9. 在与客户合作时，你是否遵守信托标准？

10. 关于上述几点和我所享有的服务能否给我一份书面合约？

琼·库恩斯
佐治亚大学

你知道吗？

你想从理财顾问那里获得什么？

你与理财顾问是什么关系，应在一开始时就加以明确。这一点应该付诸书面合约，并且你们人手一份。这就是众所周知的**投资政策声明**（investment policy statement），它详尽地表明了你的投资理念、财务状况、所愿意承担的风险以及你能从理财顾问那里获得的服务。它就像是路线图，指明了他（她）引导你投资的道路。

□ 理财规划师如何得到报酬

投资政策声明

投资政策声明是一份书面合约，这份合约中明确了投资者与理财顾问的关系，以及理财顾问对资金的使用方向；合约中应该详细地描述投资者的投资理念、财务状况、所愿意承担的风险水平以及理财顾问所承担的义务。

不管怎样，你需要为得到理财建议支付费用——佣金、费用，或者两者都要——因此，我们要评估机会成本和支付费用的总和。理财规划师从下述四种途径之一获得收入。

（1）**只收佣金的理财规划师和经纪人**（commission-only financial planner and broker）仅仅靠从卖给当事人的金融产品（如投资产品和保险产品）中收取佣金为生。在这样的情况下，规划是免费的，但佣金其实是由金融产品的提供方支付，比如保险公司和共同基金。优势：如果你只做有限的几笔交易就可以节省资金。

（2）**浮动收费理财规划师**（fee-based financial planner）在提供服务时收取预付费用，并且在其依据你的习惯安排的证券交易及保险购买中收取佣金。优势：提供无限制的咨询服务。

(3) **费用抵销的理财规划师**(fee-offset financial planner)按年或小时计费。这种费用可以从其卖给客户的理财产品的佣金中扣除。优势:费用可以在你进行投资交易时扣除。

(4) **只收费的理财规划师**(fee-only financial planner)不收取佣金,只收取基于服务的费用——也就是说,他们从提供的服务中收取特殊的费用(通常每小时50~100美元,或者每年收取当事人资产1%的费用)。他们通常需要5个或者更多的一小时会面来分析当事人的财务状况,以此来提供一个全面的计划。只收费的理财规划师不销售诸如股票或保险等金融产品。因此,他们不像其他理财规划师/经纪人一样推荐一些可以使自己收取佣金的产品。要找到一位真正的只收费的理财规划师是有难度的。优势:可以获得无偏见的建议。

立刻行动!

通过阅读本章,你知道了更多关于个人理财的知识,那么通过下述举措开始行动吧:

1. 通过互联网了解现在所处的商业周期阶段。

2. 浏览 www.bls.gov,了解现在的通货膨胀率。

3. 浏览 www.conference-board.org,了解未来12个月的经济增长形势。

表1-4列出了理财规划师的几种专业证书。

表1-4　理财规划师的专业证书

证书	描述	信息链接
合格房地产策划师	房地产策划	(866) 226-2224 www.naepc.org
注册理财规划师(CFP®)	最著名的理财规划证书	(800) 322-4237 www.cfp.net
特许理财顾问(ChFC®)	保险理财规划	(888) 263-7265 www.theamericancollege.edu
特许人寿保险师(CLU®)	人寿保险	(888) 263-7265 www.theamericancollege.edu
注册会计师(CPA)	所得税和房地产策划	(888) 777-7077 www.aicpa.org
个人理财专家(PFS)	用于注册会计师个人理财凭证	(888) 777-7077 www.aicpa.org
注册信托和财务顾问(CTFA)	信托和税收	(202) 663-5092 www.aba.com
合格金融咨询师(AFC)	理财咨询及资金管理	(614) 485-9650 www.afcpe.org
特许共同基金顾问(CMF®)	共同基金	(800) 237-9990 www.cffp.edu
注册投资顾问(RIA)[a]	投资建议	(202) 551-6999 www.sec.gov
个人财务咨询师全国协会	综合性,只提供收费服务	847-483-5400 www.napfa.org

许多理财规划师接受过专业的训练并拥有各种特殊的专业资格证书。相关的工作经历通常也是必不可少的。

a. 由于投资顾问受到证券交易委员会的监管,因此注册投资顾问不得不"为客户的最大利益而行动"。针对其他所有股票经纪人和理财顾问的、与众不同的严格标准产生了。随后,举个例子,虽然其他的选择可能更好或更便宜,但有可能被推荐的某些股票或共同基金投资更为合适或者恰当。

记住，这是你的钱，是你自己财务状况的未来。因此，当你在使用理财规划师提供的服务时千万不要害怕。你可以向他们询问最难的问题，并且在你真正理解之前不要放弃询问。

概念测试 1.6

1. 理财规划师获得报酬的四种途径是什么？
2. 说出针对理财规划师的两个专业认证项目。

现在你有何建议？

现在，你已经阅读了关于个人理财的重要章节，你将向本章前面提到的朴世莉推荐什么：

1. 参与雇主的 401（k）退休计划？
2. 理解边际税率对其理财决定的影响？
3. 在其个人理财规划中考虑当前的经济状况？
4. 使用货币的时间价值的理念估算，当她 63 岁时其个人退休基金账户的价值是多少？
5. 使用货币的时间价值的理念估算，如果她充分地参与 401（k）计划，那么在她 63 岁时该计划可能的价值是多少？

本章要点

1. 成功搭建个人理财的基石。

理财上的成功和愉悦来自对这些个人理财基础成分的使用，比如拥有一份规律的基本收入来提供基本的生活方式和储蓄，并利用员工福利和支票储蓄账户来建立理财基础。其他的基础成分包括制定理财目标、控制支出、管理所得税、合理使用信用卡以及投资共同基金和退休计划。

2. 理解经济形势对个人理财的影响。

对所处商业周期的理解程度以及追踪经济指标会引导你在长期财务策略上做出合理的调整。同时，我们应该清楚通货膨胀和通货紧缩同样会影响你的财务状况。

3. 利用经济学原理进行理财决策。

理解和运用这些基本的经济原理（如机会成本、边际效用和成本以及边际所得税税率）将会影响到个人理财的成功与否。一个决策的机会成本是必须放弃的次优选择的价值。边际成本是增加一单位某商品或服务而附加（边际）的成本。我们都知道边际成本可以与获得的边际效用相比较。一个人的边际税率是最后一美元应税收入所承受的税率。

4. 在个人理财决策中计算货币的时间价值。

在未来能够收到或需要支付的金钱并不等同于今天能收到或需要支付的金钱。今天能够获得的一美元远比一年后能够获得的一美元要值钱，因为今天收到的一美元可以进行储蓄或投资；到下一年，你可以预计它会比一美元要多。货币的时间价值包括两个部分：终值和现值。

5. 正确地选择你的员工福利。

明智的决策每年可以为你增加成千上万美元的实际收入。你需要在雇主赞助的自选计划，医疗计划，弹性支出账户，人寿、残疾和长期护理保险，以及退休计划中做出明智的选择。这些决策往往需要你计算免税带来的收益。

6. 识别理财顾问的专业水平。

在选择理财规划师时，要知道很多专业职称（如 CFP®、ChFC®等）在这一领域的含义。建议的成本可能会通过只收费、只收佣金、浮动收费或者费用抵销进行收取。

讨论

1. 经济增长。联邦政府近期刺激经济增长的各种努力可能会对消费者产生怎样的影响?

2. 商业周期。美国现在处于经济周期的哪一个位置？今后它将向哪个方向前进?举出能表明其前进方向的若干指标。

3. 大萧条。你认为 2008—2009 年的大萧条对消费支出、储蓄率以及就业的影响如何?

4. 个人理财上的错误。在个人理财中常见的错误有哪些？哪三种可能是最糟糕的错误？为什么?

5. 联邦储备系统。描述在怎样的经济环境下有可能使联邦储备系统提高短期利率。

6. 机会成本。人们往往在有机会成本的个人理财中做决定。以你最近做的三个理财决策为例，指出每个理财决策的机会成本。

计算

1. 终值。堪萨斯州曼哈顿的高校毕业生格温·库莫拉渴望进入职场并获得年薪 34 000 美元。假设平均通货膨胀率为 3%以及以同等速度增长的生活成本，那么 10 年后格温的年薪应该是多少？20 年后呢?（提示：使用附录表 A-1，或者加曼/福格合作网站上的计算器。）为了获得真实的经济增长，在下一年格温应该多收多少美元?

2. 现值和终值。蕾切尔·贝里是明尼苏达大学园艺专业的新生，针对自己未来的学业及发展，她有若干理财问题。这些问题的答案可以通过运用附录 A 或者加曼/福格合作网站获得。

(a) 如果蕾切尔今年的学费、杂费以及书本费共计 12 000 美元，假设这些费用以每年 4%的速度增长，在她毕业的那年（三年后），这些费用会是多少?（提示：使用附录表 A-1 或者加曼/福格合作网站。）

(b) 蕾切尔正在申请现值为 5 000 美元的奖学金。如果她在第二年年底获得这笔奖学金，并且假设通货膨胀率是3%，那么这笔奖学金的现值是多少？（使用附录表A-2或者加曼/福格合作网站。）

（c）蕾切尔打算在毕业后就业，并且她想毕业后不久就买一辆新车。如果毕业后她每年将2 400美元投资于年收益为6%的投资项目，那么三年后这笔资金的价值是多少？（提示：使用附录表A-3或者加曼/福格合作网站。）

（d）蕾切尔的阿姨卡罗尔告诉她，在接下来的三年中，每年年底会给她1 000美元来支付学费。假设年利率为2%，这笔现金流的现值是多少？（使用附录表A-4或者加曼/福格合作网站。）

3. 现值和终值。使用附录中的现值和终值计算表，或者加曼/福格合作网站上的计算器，或者财务计算器计算下列问题：

（a）400美元，收益率为5%，求2年后的终值。

（b）每年储蓄1 200美元，收益率为7%，求10年后的终值。

（c）为了在3年后获得2 000美元，某人在当前需要以5%的利率储蓄多少钱？

（d）为了在10年内每年从账户中获取6 000美元，假设利率为6%，某人需要在当前储蓄多少钱？

（e）某人现在面临两种选择：马上得到5 000美元，或者5年后得到8 000美元。假设在未来5年的收益率为8%，以上哪种选择更好？

（f）某人希望在4年后获得3 000美元用于出国旅游。如果收益率为7%，现在应该一次性投资多少钱？

（g）某人每年投资1 200美元，他面临两种选择：一种选择的年收益率为9%，另一种选择的年收益率为10%。如果投资15年，这两种方式的收益会有差异吗？

（h）某人以6%的收益率投资50 000美元。如果每年取出6 000美元，多少年可以取完？

4. 通货膨胀。金妮一年前的收入是42 000美元，如果这一年的通货膨胀率为3.5%，她的实际购买力下降了多少？如果发生1%的通货紧缩，她的实际购买力会怎样？

5. 员工福利决策。雷蒙首先签署了雇主提供的自选计划，因为通过该计划，他可以为自己和残疾的儿子支付未偿付的医疗费用。雷蒙的所得税税率为25%，那么他今年将3 000美元投资于该计划在所得税方面为他节省了多少税？

6. 使用72法则。使用72法则，分别在利率为2%、4%、6%、8%及10%的情况下计算1 000美元迅速地翻番成2 000美元所需的最短时间。

理财规划案例

□ 案例1　学习个人理财的原因

伊利诺伊州迪卡尔布的林德赛·贝利沃是一位主修社会学的大学高年级学生。她计划在毕业后一年结婚。林德赛只剩下一个选修课机会，需要在高级社会学和个人理财之间选择。作为林德赛的朋友，你想说服她选择个人理财。用一些例子说明她在学习个人理财后的可能利益。

□ 案例2 深入理解成功理财

你被要求做一个关于如何实现成功理财的简短演讲。定义成功理财和幸福理财，同时总结成功理财的基本要素。

□ 案例3 朱莉娅·普赖斯对经济的思考

在本书中，我们会持续提出关于朱莉娅·普赖斯的案例。下面是一个关于她的简短描述。六年前，朱莉娅以航空工程学位毕业，并且想在亚拉巴马州做一位工程师。去年她搬到了华盛顿州西雅图，开始了一份新的工作，她成为一名喷气式飞机的中级系统工程师，其部分设计和分工涉及国防部的项目。朱莉娅担心在未来一至两年中经济形势将变差，可能带来薪资下降（通货紧缩）。对于她的担心，请给出你的看法。

自我理财

1. 就业实习决策。假设你每年获得40 000美元，并且雇主提供：(a) 一个弹性支出账户，今年你可以投入的最大额为3 000美元；(b) 401(k) 退休账户，你可以投入的最高额为3 000美元。假设你对401(k) 的投入将由雇主配套投入50%。你可以支付3 000美元就得到这些好处，解释你会用3 000美元做出什么。解释你的决定并使用类似表1-2的表格来支持你的想法。

2. 跟踪经济。完成《我的个人理财规划师》中的工作表1：追踪经济，详细记载你找到的当前数据，并且记下你对未来一两年的预测数据。

3. 一次性付款的终值。完成《我的个人理财规划师》中的工作表2：一次性付款的终值计算，完成以下三个问题：(a) 10 000美元，2年，6%；(b) 22 500美元，20年，8%；(c) 5 000美元，10年，7%。填写工作表时包括最后两列。

4. 年金的终值。完成《我的个人理财规划师》中的工作表3：年金终值的计算，完成以下三个问题：(a) 每年3 000美元，5年，6%；(b) 每年1 000美元，20年，8%；(c) 每年5 000美元，30年，7%。填写工作表，包括最后两列。

5. 一次性付款的现值。完成《我的个人理财规划师》中的工作表4：一次性付款的现值计算，完成以下三个问题：(a) 一次性付款需要10 000美元，5年，6%；(b) 一次性付款需要250 000美元，30年，8%；(c) 一次性付款需要30 000美元，10年，7%。填写工作表，包括最后两列。

6. 年金的现值。完成《我的个人理财规划师》中的工作表5：年金现值的计算，完成以下三个问题：(a) 在5年内，每年获取12 000美元，利率为6%；(b) 在15年内，每年获取2 000美元，利率为8%；(c) 在10年内，每年获取3 000美元，利率为7%。填写工作表，包括最后两列。

网络资源

登录指定网站，完成下列练习。

1. 通货膨胀。访问美国劳工统计局（Bureau of Labor Statistics）的消费者价格指数网站（www. bls. gov/cpi/），它链接到了国内各城市和地区的信息。描述你所在的地区和城市在过去一年的价格变动。

2. 未来的经济发展方向。访问世界大企业联合会网站（http://www. conference-board. org/data/consumerconfidence. cfm）对消费者信心指数和领先经济指标的最新信息，指标说明经济在未来六个月至一年将向什么方向发展？

3. 经济发展趋势。浏览经济政策研究所（http:www. epi. org）网站上的四大经济趋势，得到有关未来经济的见解。

4. 理财规划师的道德规范。访问金融规划协会的网站（www. fpaforfinancialplanning. org/AboutFPA/CodeofEthics/）。阅读组织成员的道德规范。这些道德规范告诉你有关成员的什么信息？

5. 理财规划职业生涯。访问注册理财规划师标准委员会的网站（www. cfp. net），浏览“成为注册理财规划师”并总结你的发现。

付诸行动

1. 面试一个理财规划师。利用互联网和/或黄页，在你的社区找到一个固定收费或浮动收费理财规划师，给他打电话，并询问他/她是否同意接受采访。采纳“专家建议”中需要向理财规划师咨询的问题，用它作为采访提纲。请他/她选择三个自认为最重要的问题。写下对你的调查结果的综述。

2. 工作中的聪明赚钱决策。调查在职的三个亲戚或朋友，确定他们在工作中是否拥有某些员工福利，如自选福利计划、医疗保健计划、高免赔额医疗保健计划、健康储蓄账户、弹性支出账户、人寿保险和延期纳税退休计划。书面总结你的调查结果。

3. 机会成本和边际成本。调查三个亲戚或朋友，问他们最近买车时的决策过程。查明他们在购买时是否考虑了机会成本，同时询问在他们那时是否考虑了边际成本。书面总结你的调查结果。

4. 研究经济的未来趋势。调查五个人，以确定他们对未来 12 个月经济趋势的意见。即使他们可能不知道这些精确术语的含义，询问他们对下述指标的看法：(a) 国内生产总值；(b) 消费者信心指数；(c) 通货膨胀和通货紧缩；(d) 利率；(e) 联邦基金利率。列表总结你的发现。

登录 www. cengagebrain. com 访问加曼/福格合作网站。

第二章 职业规划

你在开玩笑?

卡尔·斯普林斯汀正考虑去夜校学习，以获得硕士学位，这样他可以升职，并使工资超过现在的44 000美元。他是一家医疗机构的客户经理，他的职责是为各医务室和其他小型办事处维护水族箱。如果卡尔获得了升职，那么在未来40年的职业生涯中，他预期收入能增加多少?

A. 100 000美元；　　B. 300 000美元；

C. 600 000美元；　　D. 900 000美元。

答案是C，600 000美元。在40年的职业生涯中，获得硕士学位的人可期望获取超过300万美元的收入，这比拥有学士学位的人要多挣60万美元。获得高学历并不能确保增加收入，但其成为现实的可能性很大。

学习目标

在学习完本章后，你应当能够：

1. 识别出成功职业规划中的关键步骤。
2. 分析就业的财务和法律问题。
3. 练习有效寻找工作的策略。

你有何建议？

艾希莉·林克莱特今年21岁，明年春天将从大学毕业，并获得工商管理学士学位。艾希莉的学分大部分是B和A，她在自己的学生生涯中从事了兼职工作。在学校里，她还是学生营销协会的副主席。她希望获得大中型企业的管理或营销职位。由于她喜欢户外运动，所以艾希莉希望在西北部地区找一份工作，可能是加利福尼亚州的北部、俄勒冈州或华盛顿州。

> 就职业规划应考虑的重要方面，你对艾希莉的建议是：
> 1. 认清自身价值和生活方式的权衡？
> 2. 在毕业前提升职业相关的经验？
> 3. 创建职业计划和目标？
> 4. 理解自己的工作风格？
> 5. 识别工作机会？

借助于有效的职业规划，你可以控制自己未来的大部分财务状况。**职业**（career）是一个人利用自己的才能选择的毕生事业。**职业规划**（career planning）可以帮助你确定职业道路，使自己的能力和兴趣与雇主所要求的工作责任相符合。职业规划通常很重要，尤其是在当今失业高企、经济不景气的环境下，更是如此。你必须进行职业规划，而不是随波逐流。

> **职业**
> 职业是一个人利用自己的才能、教育和培训选择的毕生事业。
> **职业规划**
> 找到职业需要用到你的兴趣和能力，并且该职业能够支持你的开支。

你关注的不应只是一份“工作”，而是一种职业。一个人职业生涯的发展通常包含许多相关的工作。确实，美国工人从事一份工作的平均期限大概是三年。一种职业就意味着一个收入基础、雇员权益、额外的教育经历、提升的机会以及未来的金融保障。职业规划是第一位的，而且是需要自己亲自动手的工程，它能使你控制自己的前进方向以及如何实现自己的目的。

开展自己的职业计划

你的**职业计划**（career plan）可为你的短期目标、中期目标、长期目标以及未来教育和相关工作经历提供战略指导。不进行能带来充足收入的职业规划，你很难为你的理财生活订立长远计划。合适的岗位可以为你提供展示自己才华的机会，你发现自己在工作和私人生活之间获得了满意的平衡。

> **学习目标1**
> 识别出成功职业规划中的关键步骤。

在经济萧条时期，你可能需要调整任何过高的期望。也许开始工作的收入和工作地点并不如你所愿，但要知道，你的余生并非由你的第一份职业决定。不论你选择了哪种工作，将它当作锻炼机会，以便更好地了解自己和自己的职业领域。

> **职业计划**
>
> 职业计划是一种可以让你找到感兴趣职业的计划，它符合你的能力、技能、工作方式和生活方式，并且给你提供战略性指导，以帮助你达成职业目标。

当你选择了第一份工作后，职业规划并没有结束，它是一个持续一生的过程。每当工作环境发生变化时，就是要考虑再进行职业规划的时候。图 2－1 阐述了职业规划的步骤。职业规划从了解自己的个人价值取向和兴趣开始，然后选择与此价值取向和兴趣相适合的一个或多个职业领域，再审视与此领域相关的能力、经验、教育的要求，明白自己所需获得的经验和教育。随着教育的进行，你要利用网络优势，列出未来的职业发展趋势。在毕业后，你就可从容地开始自己的职业生涯。

1. 评估自己的价值取向和兴趣。
2. 明确一个或几个合适的和有意向的职业领域。
3. 使自己的能力、经验和教育与所选的职业相契合。
4. 利用网络优势。
5. 列出未来的职业发展趋势。
6. 完成职业计划，开始自己的职业生涯。

图 2－1　职业规划的步骤

□ 明白自己的价值和兴趣

思考和发现自己想要的生活，可以指导你为了获得想要的生活方式需要怎么做。理解自己，才能更好地选择合适的岗位。

> **你的未来五年**
>
> 在未来的五年中，通过做好下述职业规划方面的事情，你可以逐渐获得理财成功：
>
> 1. 制订职业计划，设定职业升迁的基准点。
>
> 2. 确立你的职业规划的价值观，并在选择职业和从事具体工作时，努力实现它。
>
> 3. 不断加强教育和职业培训。
>
> 4. 寻求前辈的帮助和指导。
>
> 5. 积极参加与职业相关的协会活动。

价值观（value）是你认为理想的原则、标准或品质。价值观为选择何种生活提供了判定基准，也是自己行动方向的指南。有价值的事物一定是被社会认同的、珍视的，并且人们不断重复和持续地按其行事。价值观不是对与错，它是个人的偏好。

人们可能重视家庭、朋友、帮助他人、宗教信仰、诚实、愉悦、健康、物质财富、经济保障以及令人满意的职业。价值观冲突的案例包括家庭与工作、隐私与社交网络、物质财富与经济保障等。当做出重要抉择的时候，在采取行动前，考虑并列出自己最重要的十个价值观。先仔细思考自己的价值观是明智的。

你的**职业兴趣**（professional interest）是你感觉好奇或关注的主题和行为。兴趣吸引你的注意力，反映你的行为倾向。兴趣，包括职业兴趣，通常因时而异。

> **价值观**
>
> 价值观是你认为理想的原则、标准或品质。

你有可能考虑将自己的十个兴趣列入一张表，其中可能包括一些你喜欢但现在还没做的事情。由于兴趣与你的可用时间的矛盾，你不可能追寻自己的所有兴趣。在职业规划中权衡自己的各种兴趣十分重要，如果在进行职业规划时考虑了自己的兴趣，你有可能增加职业满足感。

兴趣调查表（interest inventory）是帮助人们对能够向自己提供满足感的兴趣和行为进行评估及分析的一些措施。它可被用于比较你的兴趣与各行业成功人士的兴趣之间的相同点或不同点。隐藏在这些兴趣调查表背后的理论是拥有相同兴趣的人通常被相同的工作吸引。这些调查表可以帮助你实现与自己兴趣最契合的职业目标。

> **职业兴趣**
>
> 职业兴趣是你感觉好奇或关注的主题和行为。兴趣吸引你的注意力，反映你的行为倾向。
>
> **兴趣调查表**
>
> 兴趣调查表是帮助人们对能够向自己提供满足感的兴趣和行为进行评估及分析的一些措施。

最强兴趣调查表的评估要考虑许多职业发掘工具的黄金标准。许多高校或政府资助的职业咨询机构会提供一个或几个职业调查表评估，而且通常是免费的，或只收取成本价。这些评估也可在网上免费获取。（例如，参见 www. discoveryourpersonality. com/Strong. html 和 www. careercc. com/career_assessment. shtml。）

□ 确立一个或几个有意向的职业领域

工作方式已发生了显著的变化。此前，人们通常选择一个固定的职业工作到老。现在，人们在职业生涯中通常会更换 5～10 次工作。人们已经不愿意从事同一工作达 10 年之久，更不用说一生了。你或许会改变 2～3 次工作。

思考**职业目标**（career goal）有助于你集中注意力于如何谋生。职业目标可以是一项具体工作（如成本会计、教师、人力资源管理等）或某特定的行业（如医疗保健、通信、建筑等）。这有助于指导你在人生中从事某类喜欢的工作，而非不停地跳槽。你应该关注构成职业阶梯的一系列工作。**职业阶梯**（career ladder）是描述从入门级收入、技术、职责、权力到高级岗位的有代表性的过程。建立职业目标需要考虑自己的兴趣、技能、经验，并了解不同职业和就业的趋势。建立职业目标的过程会促使你考虑多种职业方向，包括自己之前未曾考虑过的职业。

> **职业目标**
>
> 职业目标可以确定你希望用一生做什么，是从事特定的工作还是某就业领域。
>
> **职业阶梯**
>
> 职业阶梯是描述从入门级收入、技术、职责、权力到高级岗位的有代表性的过程。

为了建立职业目标，搜寻工作、职业以及与自己兴趣和技能相符的就业市场趋势，你可以向信任的人咨询他们的职业。访问（一些杂志）网站，如《职业前景手册》(*Occupational Outlook Handbook*，www. bls. gov/oco/）和《职业前景季刊》(*Occupational Outlook Quarterly*，www. bls. gov/opub/ooq/ooqhome. htm)。搜寻（这些职业）对教育方面的各种要求。

选择职业是一个过程。选择职业领域需要考虑成本和收益以及进行生活方式的权衡。

成本和收益

在选择职业时，你必须权衡它的成本和收益。收益包括年薪、个人发展和工作晋升的机会、较高的工作满足感。对某些人来说，它还包括一份高收入的体面工作带来的精神收益。成本有可能包括不合意的工作地点和气候、远离家人和朋友、整天坐在办公桌前、工作时间较长、出差较多等。

生活方式的权衡

> **生活方式的权衡**
> 生活方式的权衡是将工作的特定需求与自己的社交和文化偏好进行权衡。

生活方式的权衡（lifestyle trade-off）是将工作的特定需求与自己的社交和文化偏好进行权衡。在选择职业时，考虑一下什么样的生活方式对你很重要。例如，如果你认为能接触到知名的娱乐活动、博物馆、艺术表演等是十分重要的，那么住在乡村就不合适了。如果你喜欢游览新地方，那么选择出差机会较多的职业就比较合适。

在做决定时，考虑如下生活方式的选择：

- 城市/农村的环境；
- 工作地点的远/近；
- 买/租房；
- 城市/郊区的生活；
- 气候的冷/暖；
- 离亲属的远/近；
- 气温的稳定/变化多端。

另外，某些特定行业的雇主会给夫妻职员提供更多的帮助。雇主资助的儿童看护以及弹性的工作时间可在“适合家庭”的职业中获得。

决策工作表

职业领域调查

选择职业领域需要扎实的调查基础。它有助于对一系列问题进行事前准备。使用本表可搜集一个或多个职业领域的数据，并将其与自己价值观和兴趣相符的职业进行比较。本章提供各种调查数据供读者研究。

职业领域	调查结果
工作的总体性质	
工作的条件，如工作时间、所需的行程、体力、工作地点和环境	
进入某行业所需的基本教育水平、证件和培训	
标准的职业阶梯（包括职业晋升所需的工作地点变更）	
职业晋升所需的教育水平、证件和培训	
初始的收入水平以及随后的收入水平	
提供的标准员工福利	
从行业发展和科技进步角度观察的职业前景	

这些是关于生活质量（你的生活质量）方面的问题。对于双职工家庭来说，这些挑战更为严重，因为他们在做职业规划时必须考虑到对对方的影响。（第五章提供一些沟通技巧方面的秘诀。）请记住，只要了解了自己和职场，你就有选择生活和职业目标的自由。

□ 审视自己的能力、经验和学历

审视自己的能力、资质、经验和学历是进行职业规划的一个关键步骤。其目的是要准确判断它们是否与自己的职业兴趣相互契合。

能力和资质

职业能力（professional ability）是从事该职业所要求的个人体力、智力、技艺、性能、财务状态。许多人将能力简单认为是从事某项工作所需的效率、灵敏度、技术，尤其是需要依靠手、脑或身体的劳动。除此之外，工作能力还包括协调合作、社交沟通、劝说引导等方面。

> **职业能力**
> 职业能力是从事该职业所要求的个人体力、智力、技艺、性能、财务状态。

雇主调查表明，在21世纪，职业成功所需的最重要的职业能力是计算机技能。此外，排名居前的还有沟通能力、诚实正直。考虑列出你的前10项能力。

资质（aptitude）是个人拥有的天赋和才能。资质表明你有学习和发展某些技能或能力的倾向或爱好。你的数学好吗？你觉得公开演讲容易吗？你擅长解决问题吗？你的天赋才能是什么？考虑列出你的前10项资质。

> **资质**
> 资质是个人拥有的天赋和才能。资质表明你有学习和发展某些技能或能力的倾向或爱好。

经验

对大学毕业生来说，他们需要的不仅是一个学位和一系列的兼职工作经验。审视个人的经验是职业规划的一个重要环节。评估自己人生中干过的事情，包括工作和实习，在大学生组织、社区、教会团体的兼职，以及在学校项目和志愿者活动中展现出的领导能力。

在校生应该更多地参与俱乐部或其他学生组织（包括志愿参与委员会和校园项目），参加团队研发项目，出席校外的与自己专业相关的学术会议，这样可为自己的个人简历添上浓墨重彩的一页。雇主通常要求员工擅长写作、拥有公众演讲能力、掌握娴熟的计算机技术、能讲流利的第二外语、对全球商业和工业有深刻的领悟。对求职者来说，运用和开发这些特质的经验是十分重要的。

教育和职业训练

大学的学习经历对个人的职业和生活是一个良好的基础，但它无法提供被顺利雇用所需的全部能力和技术。对个人教育、经验和能力的了解，可能将指明你需要的额外教育和职业培训。

了解自己偏好的工作风格

每项工作都要求你在不同的环境和公司文化中分析数据、处理事情、与人沟通等。

你的**工作风格**（work-style personality）就是你对工作要求、环境、员工等表现出的一套特定的工作以及响应方式。在选择职业时，你必须将自己的工作风格与工作环境的要求进行平衡。

> **工作风格**
> 工作风格就是你对工作要求、环境、员工等表现出的一套特定的工作以及响应方式。

你可以根据后文的决策工作表“你的工作风格是什么”开始评估每份工作的价值。然后，在表上圈出自己最想去做的活动。在掌握这些信息后，现在你才能对何种职业适合自己做出清晰的判断。

专家建议

成功人士的能力

在某一领域有所成就且经济宽裕、生活幸福的人们，通常展现出以下的一些才能：

1. 对生活的方方面面设立目标，并努力追求这些目标。
2. 利用组织工具（如表格）和时间管理技巧。
3. 表现出诚实。
4. 目标明确，锲而不舍。
5. 每项工作尽力而为。
6. 广纳良言。
7. 掌握良好的写作和沟通技巧。
8. 有娴熟的计算机技术。
9. 思想开放。
10. 容易适应变化。
11. 分享知识，帮助和指导他人。
12. 接受先进的教育、技术训练且终生学习。
13. 用学习的新技能来承担新任务。
14. 可以预见到问题，并主动解决问题。
15. 善于团队合作，明白何时应领导、何时应服从。
16. 与组织的价值观相一致。
17. 理解公司的操作程序、公司结构和公司文化。
18. 对公司或雇主忠诚。

卡洛琳·S. 富尔默
亚拉巴马大学
智越公司认证的领导力培训师

□ 利用网络优势

专业网络（professional networking）就是在进行职业规划时，建立和运用关系（如个人、集团、机构），用以获得和交换信息的过程。使用社交网站，如Facebook和LinkedIn。你认识或见过的每个人都可能是有用的联系人。

> **专业网络**
> 专业网络就是在进行职业规划时，建立和运用关系（如个人、集团、机构），用以获得和交换信息的过程。

网络要求你有意识地与自己认识或见过的人进行联系，以最大化你的求职范围。它包括利用自己的社交网络、利用偶遇、请求推荐。你的大多数联系人可能并不会雇用你，但他们会向你推荐可能的机会，并可能会向你提供有用的关于潜在雇主的信息。

维持联系人名单的不断增长，包括亲戚、邻居、朋友、大学组织、同事、前领导、老师、专家、校友、业务联系人，以及你通过社会和社区组织（如教会、商业、社会团体等）认识的其他联系人。注意这些联系人在哪儿工作，从事何种工作。向他们请教10～20分钟可使你获得有用的信息或建议。或许你们会在他们的工作地点见面（或许你会在此遇到潜在的其他联系人），而后记住向他们写封感谢信。

由于多达四分之三的职位空缺可能没有发布招聘广告，所以这些联系人是十分重要的信息来源。基于这个原因，广交朋友是很大的优势。你认识的联系人也会向你介绍他们的联系人。网络是人们成功求职的首要方式。

决策工作表

你的工作风格是什么?

在选择职业时，对你来说很有用的事情是仔细考量一些工作价值观（尤其是工作条件、工作目的、工作关系等），这是十分重要的。针对你选择的职业，请分三个程度（非常重要、重要、不重要）评价以下的一些工作价值观。

工作方式因素	你对其重要性的评价		
	非常重要	有些重要	不重要
1. 工作条件			
独立自主			
时间弹性			
变动及多样性			
变动及风险			
稳定及安全性			
身体压力			
各项身体要求			
心理压力			
压力及时间期限			
精确工作			
抉择			
2. 工作目的			
事实及知识			
专业及权威			
审美需求			
社会地位			
物质利益			
成就及认可			
伦理及道德			
精神及超越自我			
3. 工作关系			
独自工作			
社会联系			
亲密的友谊			
团队成员			
互助			
互相影响			
监督			
控制			

如需获取其他的价值判断，从表中圈出自己经常想做的。其目的是尽量使个人的工作价值观与工作所需的条件达到最大的契合度。

资料来源：D. C. Borchard, J. J. Kelly, and N. P. K. Weaver, *Your Career: Choices, Chances, Changes* (Dubuque, IA: Kendall/Hunt, 1990), Chapter 11.

□ 使自己与未来的就业趋势相适应

目前，你可能关注的焦点是学校——毕业并获取一份好工作。然而，你还要弄清未来的工作机会是什么。由于经济下滑、行业的变迁、公司的裁员、全球化等，如今的就业市场变化巨大，你正在考虑的职业道路，在不远的将来可能并非一个好的选择。

那么，未来的就业趋势是什么？美国人口的老龄化将在金融服务业、保险、医疗保健、娱乐、旅游等行业创造就业机会。工作机会正在转向人口中心，特别是在交通发达的气候温和地区。由于美国就业市场的主要需求为服务业的高技能员工，故制造业的工作岗位正大量转移到国外，如墨西哥、亚洲国家、欧洲国家以及其他国家。

进入21世纪，预期的工作增长机会将会出现在计算机技术、商业服务、社会服务、保育、批发和零售、食品、医疗、养老设施、卫生保健、旅游、人力资源等行业。这些行业都需要良好的沟通技巧。需求旺盛的行业会给员工提供很高的薪酬以及良好的发展机遇。它们通常要求良好的计算机技术。表2－1展示了美国预期的高薪酬、高增长的职业。

表2－1　　美国预期的高薪酬、高增长的职业

工作类别	预计2014年的从业人数（人）	平均年收入（美元）
会计师/审计师	1 440 000	76 000
广告促销经理	77 000	95 000
航空管制员	28 000	153 000
公司运营专家	396 000	79 000
保育及社会工作者	324 000	51 000
薪酬福利经理	70 000	100 000
计算机系统分析员	640 000	100 000
总经理和业务经理	2 100 000	115 000
人力资源经理	72 000	122 000
工程师	205 000	98 000
市场调查分析师	227 000	81 000
市场销售经理	228 000	153 000
媒体和通信	46 000	61 000
医疗/健康服务经理	305 000	102 000
房地产协会经理	454 000	60 000
公共关系专家	231 000	66 000
销售经理	403 000	122 000
技术文档工程师	62 000	81 000
培训和运营专家	261 000	74 000

资料来源：美国劳工统计局的数据表15。高薪酬、高增长职业按教育和收入划分；作者对2014年的收入预测。

□ 完成你的职业计划并开始职业生涯

在临近毕业的时候，你应该准备好一份正式的职业计划。图2－2展示了一份职业规划的范例。你的职业计划应该贴近实际且不死板。随着时间的变化，你的职业兴趣和哈利·约翰逊在大学毕业后被一家小型室内设计公司聘用，开始了自己的职业生涯。他获取了某大学被美国室内设计师学会认可的学士学位。他为自己的首份工作能与本专业相关而高兴。

初期的职业目标：成为室内设计师。能够设计、组织、监督商业的合同设计项目。

长期的职业目标（20 年）：拥有或合伙成立一家大中型的商业室内设计公司。

职业起步阶段的短期计划和目标（3～6 年）：通过当前的工作获取工作经验；工作的质量能被雇主认可；争取有利于职业发展的教育机会；确保更高层次的设计责任，如领导团队进行高级别设计；主动承担地方或全国职业协会的安全委员会职责；薪酬大幅增加；升职；学习公司的运营。

职业成长阶段的中期规划和目标（7～12 年）：晋升到高级的设计师职位；考虑转而跟随高级的设计师，如果有必要，可以搬到其他社区；主动承担职业协会的高级服务；获取室内设计的艺术专业硕士学位；成为公司主管的助手。

职业深化阶段的远期规划和目标（13～20 年）：成为商业化设计公司的总经理；寻找潜在的合伙人和充足的资金来收购或建立一个中型的设计公司。

图 2-2　哈利·约翰逊的职业目标和计划

目标也会做出相应的调整，尤其是随着你不断学习和积累工作经验以及看到你的朋友们是如何对待他们的工作和业余爱好的。音乐教学或许是你的首份工作，但最终你会发现它的薪水只会使自己一直处在经济拮据的状态。这种情况会促使你做出改变职业的决定，比如做音乐行业或相关行业薪资较高的销售工作。

一些人的做法与此背道而驰。例如，某人当了多年的会计之后决定转而从事薪水较低但一直很感兴趣的园艺工作。你的兴趣也会与时俱进。还有人不改变职业却改变具体工作。例如，一些医院护士在工作多年之后发现自己选择了一个错误职业，尽管其薪酬颇丰，但工作时间长且需要轮班。那些希望留在护理职业的人可能会决定离开医院，转而从事家庭护理或者去大学的医疗机构工作。

> **理财要点**
>
> 职业成功的三条法则
>
> 如人所说，高尔夫球手在击球时需要关注 48 件事。职业建议也是五花八门，或有千言万语。但专家认为，你只需关注三点：
>
> 1. 能力：将工作做到最好。
>
> 2. 信心：善于用一种激励的方式与他人进行表达或沟通。
>
> 3. 关心：将公司、同事、客户的利益置于个人利益之上。

科技进步使得在家上网工作成为可能，大约 1/15 的工作可在家进行。一些人借助远程办公（或电子办公）为雇主工作，可能每两周只需去一次办公室。另一些人成了从事个体经营的企业家。功能良好的计算机和软件就能让此成为现实。这样，很多好的工作机会就涌现了出来，寻找此类机会可参见小企业管理局（www.sba.gov）、美国个体经营者协会（www.nase.org）、退休高管服务公司（www.score.org）。

每隔几年重新评估自己和职业规划对获取工作期间的成功是十分重要的。你觉得满意和不满意的地方是什么？诚实的回答有利于自己的发展，尤其是在你的兴趣发生改变的时候。你的工作经历为自己磨炼了能力、提升了技能。在工作中学到新技能很常见，若

> **你知道吗？**
>
> 职业规划中最严重的财务错误
>
> 基于他人的财务困境，你将制定错误的职业规划，当你：
>
> 1. 在面试前没有对该公司进行全面详细的调查。
>
> 2. 没有考虑此工作的要求是否与自己的兴趣和偏好的工作方法相符。
>
> 3. 不重视联络，没有积极参与和职业相关的行业协会。

非如此，则是考虑换个雇主甚至是职业的时候了。

概念测试 2.1

1. 区分工作和职业。
2. 你的价值观如何影响自己对各种职业的权衡？
3. 在工作场所之外如何提升自己的能力和经验？
4. 职业规划和职业目标的组成部分有哪些？

就业的财务及法规问题

学习目标 2

分析就业的财务和法律问题。

本节将研究在分析职业规划时，应考虑的与就业有关的薪酬及法规方面的内容，其中包括运用数字工作表“评估次要收入的好处”。

□ 员工福利的货币价值

员工福利

员工福利是由雇主向雇员支付的一些报酬形式，其结果是雇员无须用自有资金支付某些费用；又称非薪金福利。

对雇员来说，员工福利非常重要，特别是在进行不同工作对比时，更是如此。**员工福利**［employee benefit，又称**非薪金福利**（nonsalary benefit）］是雇主向雇员支付的一些报酬形式，其结果是雇员无须用自有资金支付某些费用。例如，员工福利包括假期、卫生保健、带薪病假、儿童护理、学费补助、财务策划服务。

第一章讨论了关于“在工作中做出明智的理财决策”话题。它提供了在各种员工福利中进行选择的细节，诸如医疗保健计划（如健康储蓄账户）、弹性支出计划（包括独立的医疗保健 FSA）、保险（如人寿保险、伤残保险、长期护理保险）、员工退休计划。在适当的时候复习这一节的内容。

你可以对能获得的所有员工福利进行价值判定。一些薪金福利可能你无法享受，如单身就无法享受保育费，其他的员工福利就很有价值，比如医疗保健计划，因为在自由市场上购买同样福利的保费为每人每年 5 000 美元。为了给各项福利赋予市场价值，你可能需要：①使用该福利的市场价值；②计算该福利的未来价值。

评估员工福利的市场价值

如果没有特定的员工福利，你必须自费购买，这样很容易判断其市场价值，你所在社区的私人保育可能每周需要花费 300 美元。因此，若保育费是由你的雇主免费提供的，也就是每年能节省 15 000（＝300×50）美元的巨额花销。实际上，这笔花销可能更多，因为你也许要赚取 22 000 美元，才能在支付了 7 000 美元的所得税和社会保费之后剩余 15 000 美元。一项由雇主支付的人寿保险政策的面值为 50 000 美元，若个人购买，可能需花费 600 美元。

你知道吗?

附加教育的价值

收入随生命周期的变化而变化。更高的收入通常属于那些接受了更多教育和更专业教育的人。据美国劳工统计局的报告，拥有学士学位的成人的平均收入为 56 000 美元，高中毕业的人为 34 000 美元，更高学历的人则为 82 000 美元。

这些收入差异与时俱增。最近高中毕业生的年收入为 27 000 美元，在其 40 年的职业生涯中将获得共计 2 036 000 美元的收入。现在年收入 44 000 美元的新毕业大学生，其 40 年的总收入将达到 3 300 000 美元。现今年收入为 52 000 美元的新毕业硕士生，其 40 年的职业生涯收入共计 3 900 000 美元。(该数据基于 3%的年收入增长率，见附录表 A-3。)

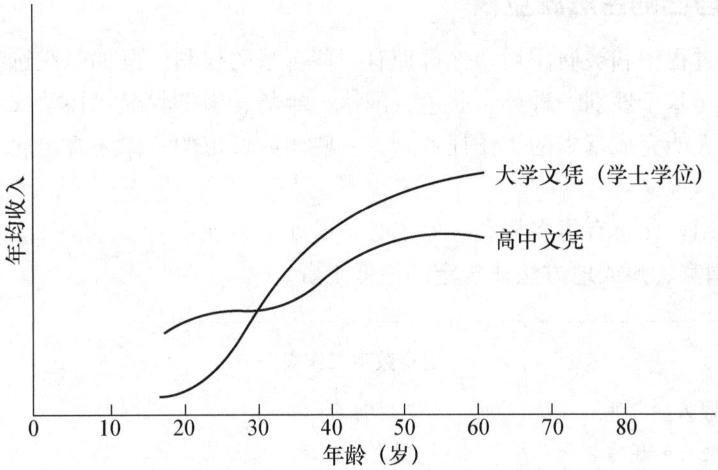

根据年龄和受教育程度绘制的生命周期收入

你知道吗?

在跳槽时，如果将 401 (k) 账户的资金全部套现，你将损失 200 000 美元

当改变工作时，近半数的人会不明智地将雇主提供的退休计划里的资金全部套现，并将其转至新雇主的 401 (k) 计划，或者转至个人退休账户。如果个人套现 401 (k) 账户中的资金 50 000 美元，他将在未来 20 年损失 233 050 美元。

	若套现 50 000 美元	若转存 50 000 美元
20%的联邦个人所得税	−10 000 美元	
5%的附加税（处于 25%的税级）	−2 500 美元	
10%提前支取的罚金	−5 000 美元	
5%的州/地方个人所得税	−2 500 美元	
税收总计	−20 000 美元	+50 000 美元
购置新车、电视、房屋维修等	−30 000 美元	投资于其他年收益为 8%的免税退休账户
总计	−50 000 美元	+50 000 美元
其他投资活动	无	无
20 年后的投资收入	0 美元	233 050 美元

计算员工福利的未来价值

最好的收入是不用缴税的收入，被称为免税收入。第一章讨论了这个话题。许多员工福利都属于这种类型，这从个人理财的视角来看非常有利。在评估一项免税员工福利的价值时，需要将其未来价值计算在内。这种收入在当前是免缴个人所得税的，但以后需要缴税。

雇主提供的401（k）退休计划是一种有价值的福利。如果雇主为员工每年均缴纳1 200美元，那么这1 200美元最终会落在员工的手里。并且该项收入不用缴纳所得税，除非它被提取。在20年后，由雇主每年提供的1 200美元最终的累计额远超44 000美元（利用附录表A-3）。这是一项非常好的员工福利。

□ 了解自己的合法就业权

在求职的过程中和被雇用后，你都拥有一些合法的权利。例如，在选择雇员时，雇主不得有歧视［基于性别、种族、肤色、国籍、年龄、婚姻状况、怀孕或者精神和身体残疾（如果此人能完成基本的工作任务）］。一些州或城市的法律还规定雇工时禁止歧视同性恋者。

一旦被雇用，你享有很多权利。雇主必须做如下事项：

1. 支付国家、州或地方法律规定的最低工资。

运用数字工作表

评估次要收入的好处

次要收入也许只能增加一点额外收入，因为存在与之相关的一些成本。在下例中，一对不工作的夫妻正在考虑一份年收入为30 000美元的工作。这份额外收入的净价值总计9 205美元，即每月767（=9 205/12）美元。

单位：美元

1. 次要收入	
年收入	30 000
福利的价值（人寿保险）	300
总计1	30 300
2. 支出	
联邦所得税（25%×30 000美元）	7 500
州（或地方）所得税（6%×30 000美元）	1 800
社会保险税（7.65%×30 000美元）	2 295
交通通勤费（50周×40美元）	2 000
保育（仅8个月课后）	3 200
外出午餐（50周，每周两次，每次10美元）	1 000
工作服（包括干洗）	1 200
其他与工作相关的支出（杂志、应付款、礼物）	300
晚餐外卖（每月100美元，用于因太累无法做饭的情况）	1 200
亲情弥补（用于弥补与其他亲人减少的相聚时间）	600
总计2	21 095
3. 次要收入的净价值	
总计1	30 300
减总计2	21 095
次要收入精确的净价值	9 205

2. 提供失业保险。

3. 为雇员提供与工作相关的伤害或疾病补偿。

4. 向政府缴纳社会保险税，此税将划入由社会保障局（Social Security Administration）管理的该雇员的终生储蓄账户。

法律规定，对于小时工，除标准的每周40小时工作外，雇主需要为额外的工作时间支付报酬。（拿薪水的员工没有加班费，绝大多数大学毕业生都拥有带薪工作。）另外，不能强制辞退怀孕员工，除非她自己愿意辞职。你有不被歧视或侮辱的权利，且有权获得安全的工作场所。

你知道吗？

当你失业时，应该怎么做？

即使在经济繁荣时期，也有5%～6%的失业率。当失业率达到8%～9%时，寻找另一份工作变得异常困难。如果被辞退，你应该如何做？

1. 自认为工作的重担仍在肩上。你的工作就是去求职。自行制订工作计划表，然后在其中找到某项并开始执行。

2. 规划好自己的财务。厘清自己的收入以及可能获得的收益水平，并计算其能供自己开支多久。

3. 与朋友联系。让他们知道你在求职。如有必要，创建自己新的社交网络。与其他失业的同业朋友联络，这样你能分享到成功或失败的策略。

4. 仔细观察，搜寻行业复苏可能带来的就业机会。在经济动荡中，某些岗位的丢失是由于某行业暂时性萧条的结果，而另一些岗位的丢失则是永久的。

5. 接受再培训。当你所在行业出现持续的用工水平减少时，这就变得尤其重要。地方社区大学比较关注此类再培训计划，并提供经济支持。

6. 准备转移。并非一国的所有地区都与遭重创的地区相同，某些地区的复苏较快。那些拥有强大的公立学校和大学、受过高等教育的工人以及新兴高技术和信息产业的地区将率先复苏。

7. 不要惧怕临时工作。许多公司都会先聘用临时工，以便在必要时迅速裁员。当经济复苏时，他们会首先考虑雇用原来的临时工。

你有权因个人或家庭的医疗问题（包括怀孕、流产）而请假。在这类私人问题上，你同样拥有隐私权。当你离开雇主时，你有权继续享受健康保险，最长可达18个月，但需自己支付保费。若发现自己的权利被侵犯，你有权维护自己的权利。

概念测试 2.2

1. 总结受教育水平和年龄如何影响收入。

2. 哪两项技术被用来为员工福利估值？

3. 选择三种职业晋升策略，并解释各策略如何被用于某人所处的情况。

有效的寻找工作策略

一旦你开始进行某些职业规划，将倾向于在自己偏好的职业领域寻找一份工作。这个过程需要很多努力。成功的工作搜寻通常每周需要花费25～30个小时。你的**简历**（résumé）、求职信、面试技巧等必须将自己营销为适合该工作的最佳人选。有效的工作搜寻策略如下：

> **学习目标3**
> 练习有效寻找工作的策略。

□ 创建有吸引力的简历

> **简历**
> 简历是关于自己的教育、培训、经验及其他资格证书的总结。

对于职业规划的方方面面，包括制作简历，互联网都是一个有价值的来源。简历是关于自己的教育、培训、经验及其他资格证书的总结。简历通常附在求职信后面。简历通常为一到两页，应仔细写作，并在信息、内容和外观等方面不能出现任何差错。对一些高管的调查显示，75%的雇主不会考虑在简历中出现1～2个拼写错误的求职者。

它的主要功能是筛选竞争工作职位的求职者。简历在某种程度上就等于提供了自己对某些未知标准的主观评价。许多雇主、招聘主管在网络上筛选简历，他们通常会用到计算机软件，而非亲自筛选。他们使用关键词（如“微软办公室”）进行筛选。

你的简历应该重点关注与所求职位高度相关的个人经验。若需要在求职过程中用技术实现某种要求，可以将简历调整为特定格式，以适应特定环境。简历通常按**时间格式**（chronological format）、**功能格式**（functional format）、**技能格式**（skills format）等编写，见简历标准样式图2-3、图2-4、图2-5。在编写简历时最常见的错误就是通篇充斥着对个人在此前工作中所表现出来的能力和责任心的夸夸其谈，却没有提供这些特定成就令所在公司发生改变的证据。

大学都设有就业辅导中心，可以提供简历样本，并配有专业人员提供个性化建议。你也可在网上找到简历样板。Monster.com有500 000份网上简历，ResumeMailman.com提供简历给注册者。仅简单地将自己的简历上传到网上或寄出，其效用微乎其微。当然，你要认识到，如果你将简历传到了网上，那么你现在的雇主也能看到它。

> **你知道吗?**
>
> 潜在雇主会查询你的信用报告
>
> 大约13%的雇主会获取潜在求职者的信用报告。糟糕的信用历史提示此人难以胜任此岗位。美国联邦法律规定：①个人要意识到消费者信用记录在求职时会被对方参考，且必须同意对方此行为；②如果该记录对本人不利，他有权被第一时间告知。超过20%的州法律禁止雇主在招聘员工时使用此报告。

> **时间格式简历**
> 时间顺序简历是将个人信息按倒序填写，最新的写在前面。
>
> **功能格式简历**
> 功能格式简历是强调与此职业相关经验的简历。
>
> **技能格式简历**
> 技能格式简历是强调自己的品质和能力的简历。

克里斯托弗·戈登

学校地址：
西街 2824 号
艾奥瓦州艾姆斯市 50211
(401) 555-1212
电子邮件：cgordon@yahoo.com

家庭地址：
瓦列霍街 3055 号 12 室，
科罗拉多州丹佛市 80303
(303) 333-4141

求职目标	初级冶金工程师
教育程度	理学学士，冶金工程，艾奥瓦州立大学，艾奥瓦州艾姆斯市，2010 年 7 月； 准文学学士，基什沃基社区学院，马耳他，伊利诺伊州，2006 年 6 月
工作经历	2008 年 8 月—2010 年 5 月（学年，兼职），艾奥瓦州艾姆斯市，艾奥瓦州立大学，作为约翰·宾尼恩教授在金属和塑料方面的研究助理，开展研究，进行统计分析，撰写报告和管理实习生小组。 2007 年和 2008 年夏季（全职），EMD 电动机部门，冶金工程部，伊利诺伊州芝加哥市，实习生（有偿），检测原材料，准备报告，参与团队工作； 2004 年 9 月—2005 年 4 月，作为志愿者，参与了科罗拉多州丹佛市的“乡村护理之家”活动，更新了部分居民活动，组织了周末的志愿者
校园活动	2008—2010 年作为大学新闻的副主编，艾奥瓦州普罗格雷斯；2008 年，ISU 冶金协会副主席；2006—2008 年，西班牙俱乐部；2006—2008 年，大学合唱团的歌手；2006 年，工程学院计算机实验室的助教；2007—2008 年，出席了两次美国国际金属协会的国际会议
荣誉	埃塔·梅·约翰逊奖学金（2008 年）；工程学院学术奖学金（2007 年）；最有价值成员，ISU 冶金协会（2007 年）；朱莉·林恩·马歇尔奖学金（2005 年）
参考资料	可根据要求提供

图 2-3　时间格式简历

詹妮弗·伊丽莎白·安科琳
西南第 174 号环路 12144 室
密西西比州图珀洛 38803
学校电话：(662) 844-5698
家庭电话：(662) 921-1213
Eanklin@hotmail.com

求职目标

能在公共关系或通信部门得到学习的机会。

教育

理学学士，佐治亚大学，消费经济与住房专业，辅修传播学，阿森斯，佐治亚州，2010 年 5 月；准文学学士，密西西比河谷社区学院，布恩维尔，密西西比州，2007 年 8 月。

与职业相关的经验

管理早餐会，监督新成员，更新会员记录，组织年度拍卖，创建行政程序，商会，阿森斯，佐治亚州，兼职，2008 年 10 月。

维护了库存记录，监控记录系统，彭妮公司，阿森斯，佐治亚州，兼职，2007 年 8 月。

更新了销售记录，重新设计了销售层的布局，布恩维尔，密西西比州，兼职，2005 年 7 月。

国外经验包括在博茨瓦纳建造了一所学校。

为亚特兰大翻译服务公司翻译西班牙语和法语资料。

在校园中与职业相关的活动

副主席，销售与推销俱乐部；财务主管，王牌合唱团俱乐部；秘书，国家荣誉协会；秘书，阿尔法·卡帕·阿尔法妇女联合会；协调员，演讲者委员会及消费者俱乐部；参加辩论俱乐部；在亚特兰大出席了 SOCAP 会议；参加校内曲棍球运动；参加校园教堂唱诗班。

荣誉

汉娜·帕格罗西学术奖学金；莫杜·萨米加-詹尼服务奖，家庭与消费科学学院，佐治亚大学；每月最高销售奖，彭妮公司；月度最佳员工（两次），彭妮公司。

参考资料

可根据要求提供。

图 2-4　功能格式简历

约书亚·弗雷德里克森
南 141 街西 2122 号 340 室
圣安东尼奥市，得克萨斯州 78204
学校电话：(210) 207-5454
家庭电话：(210) 419-1445
JFredrickson@hotmail. com

求职目标

有关人事发展及行政管理的职位。

教育

理学硕士，2010 年，位于圣安东尼奥市的得克萨斯大学，人事发展，圣安东尼奥市，得克萨斯州；理学学士，2007 年，位于圣安东尼奥市的得克萨斯大学，教育和人事发展，圣安东尼奥市，得克萨斯州；准文学学士，2005 年，圣安东尼奥学院，圣安东尼奥市，得克萨斯州。

与职业相关的领导经验

- 在全国家庭关系会议中组织和协调了学生会工作；
- 在得克萨斯州家庭关系会议中主持了学生会工作；
- 领导了本系研究生学习委员会；
- Kappa Omicron Nu 荣誉协会的财务主管；
- 为 Kappa Omicron Nu 组织了演讲人系列活动；
- 主持了研究生招生委员会；
- 圣安东尼奥学院研究机构的副主席；
- 社区流动送餐志愿者协调员。

与职业相关的工作经验

- 在人道家庭中心管理进食程序；
- 为人道家庭中心更新了记录系统；
- 为冈萨雷斯儿童中心安排了各种学习活动；
- 为冈萨雷斯儿童中心确保家长的行为安全；
- 在得克萨斯州的家庭关系会议上提交研究报告；
- 出席了两次得克萨斯州的家庭关系会议；
- 出席了犹他州有关人类发展的夏季研讨会；
- 规划了阿拉莫老人中心的课程更新；
- 在校园家庭辅导中心培训和管理实习生。

与职业相关的计算机技能

Word，Excel，Corel Graphics，Adobe Acrobat，SPSS，SAS。

荣誉

亨利·B. 冈萨雷斯公共服务奖学金；莱恩·B. 约翰逊纪念奖学金；Kappa Omicron Nu 的优秀会员。

图 2-5 技能格式简历

□ 锁定意向雇主

寻找工作的关键一步是考虑清楚自己想从事的行业以及哪个雇主最适合你。例如，如果想从事医疗保健行业，你必须浏览医疗行业协会和各种医疗保健公司的网站，尽可能多地了解医疗保健行业。该行业的领域有多广？哪些类型的公司处在零售级别？哪些为批发公司？哪些公司为该行业提供服务？哪个公司的规模最大？哪个公司的增长率最高？哪个雇主在你感兴趣的地点拥有就业条件？该行业的龙头公司是谁？在便于照顾家庭和待遇优厚两者中，雇主会选择哪个？不同公司的员工福利有何不同？了解行业以及雇主的兴趣，可以使自己在职业道路上选定目标雇主。

你知道吗?

简历的注意事项

在编写简历时，对于技术、个性、专业技能等潜在雇主想了解的东西，一定要注意自己的措词。在雇主利用计算机软件筛选简历时，这显得尤为重要。然而，有些措词已变得十分普通，失去了其吸引力。以下是一些过时短语的范例，以及现在应如何表述：

- 具有组织能力：描述一次你是如何提高效率的特定案例。
- 注重效益或利润：提供一次个人主导的为公司省钱的例子。
- 具有团队精神：描述自己领导或参与的团队成功做出的一项团队成就。
- 以结果为导向：叙述自己解决的一个难题。
- 有效的表达和沟通技巧：描述你成功的书面或口头交流，并在面试时举个例子。
- 强烈的工作责任感：描述自己业余时间的活动或兴趣爱好。
- 达到或超过预期：描述人们对自己工作成绩的肯定，以及获得的赞赏和奖励。
- 勇于接受挑战：阐述一个你能帮助公司走向成功的路径。

专家建议

职业晋升的窍门

职业晋升的本质在于通过学习为今后自己的发展积累与工作相关的知识和技能。不要落伍，因为同事或同行就是你在未来就业市场上的竞争对手。如果确信能够获得有利于职业晋升的不同或更好的岗位，或者认为有必要改变行业，那就跳槽吧！为了获得职业晋升，考虑以下几点：

- 导师：请求一个人或两个人作为自己的导师，经常与其讨论自己的职业经历。导师的经验丰富，通常是同事。他能提供有帮助的建议、指导，辅导没什么经验的人。
- 特点：展示工作积极性、自律、自信力以及承担日常责任的决心。每天早到或晚走10～15分钟。
- 志愿者：自愿参与新任务。
- 培训：报名参加雇主组织的研讨会、培训班等。
- 自信力：参加工作领域的会议和论坛。成为本地职业协会的成员，并积极参与它的组织领导。
- 大学课程：积极进修，完成学业。
- 专业阅读：通过阅读专业或商业性出版物，对本行业的新鲜事物保持关注。
- 时事：通过浏览网站以及阅读报纸、杂志和商业期刊，对即时的事件以及商业或经济信息保持关注。
- 非工作活动：积极参与业余活动，如辅导儿童运动会、打垒球、在合唱团中歌唱或者为成人扫盲等。

达纳·沃尔夫
西南技术学院

□ 识别具体的工作机会

下一步是识别那些符合自己的技能并提供职业晋升机会的公开招聘。利用下列资源并使用决策工作表，对工作岗位保持跟踪。回想一下，人际关系网在早些时候曾被认定为职业规划中的一个重要步骤。人际关系网也是发现工作机会的最佳途径，因为很多工作并没有通过报纸公布出来。

互联网

如果在求职过程中不使用互联网，你很难找到适合自己才能的最好工作。你可以使用互联网获得职业建议、机构和公司对工作机会的评价以及实施具体的求职活动。你也可在网上参考简历、创建自己的简历或求职信并寄出。互联网允许你查阅薪酬信息、计算不同社区的生活成本、搜索招聘会。你在互联网上搜集的所有信息都可以存储下来，以备日后使用。

对求职者来说，互联网为他们提供了有用的资源。参考以下网址：

www. jobbankinfo. org；

www. careerbuilder. com；

www. careerjournal. com；

www. flipdog. com；

www. getthejob. com；

www. jobster. com；

www. monster. com；

www. nationjob. com；

www. Plaxo. com；

www. resumemachine. com；

www. rileyguide. com；

www. Twitter. com。

招聘会

招聘会（career fair）是由大学、社区、企业赞助的专为求职者与数百家甚至成千上万家潜在用人单位提供的会面机会，通常进行一天或多天。在招聘会上，你可一天内与十多个筛选出的主要雇主进行沟通。招聘会会在当地报纸、电视和互联网上发布广告。在互联网上或者 CareerBuilder. com 和 NationalCareerFairs. com 上搜寻“招聘会”。

> **招聘会**
>
> 招聘会是由大学、社区、企业赞助的专为求职者与数百家甚至成千上万家潜在用人单位提供的会面机会。

分类广告

报纸和专业及商业出版物（像互联网一样）上的广告在求职过程中一直都很重要。然而，它们不应是你唯一关注的东西。大型报纸，如《亚特兰大宪法报》和《芝加哥日报》，都在广大的地理范围内发布招聘广告。其他的报纸，如《纽约时报》和《华尔街评论》，在全国范围内发布招聘信息。此外，类似《金融时报》这样的报纸还提供海外的工作机会。专业的商业出版物和网站，比如《广告时代》和《会计杂志》，列出了多个公开招聘的工作岗位。其他领域的招聘信息，参见 http//dir. yahoo. com/News_and_Media/Journals/。

职业介绍所

职业介绍所（employment agency）是专门为特定种类求职者（如秘书、销售员、工程师、管理人员和计算机操作人员）提供岗位信息的公司。大部分职业介绍所向委托其寻找新雇员的各种组织收取费用，另一些则向求职者收取费用，有时这笔费用极高。政府也设有州或城市的职业介绍所并提供免费服务。

> **职业介绍所**
>
> 职业介绍所是专门为特定种类求职者提供岗位信息的公司。

决策工作表

记录求职过程

寻找工作的过程包含大量细节。下面用工作表的形式列出了一张任务表，你可以用该表记录自己的求职过程。完成此表的右栏，以便录入重要的信息，比如完成各项工作的时间。

	完成日期	后续工作日期
1. 分析个人价值		
2. 权衡经济状况、精神状态、生活方式		
3. 明确职业兴趣		
4. 判断个人能力、经验和教育		
5. 研判就业趋势		
6. 建立职业目标和规划		
7. 锁定潜在雇主		
8. 分析个人工作特性		
9. 比较不同城市的薪酬和生活成本		
10. 为员工福利估值		
11. 建立广泛的社交联系网		
12. 获取优秀的推荐信		
13. 编制个人经历		
14. 编写个人简历		
15. 编写求职信		
16. 识别工作机会		
a. 招聘会		
b. 分类广告		
c. 职业介绍所		
d. 互联网		
17. 面试		
a. 调研公司		
b. 对预测的面试问题准备好回答		
c. 设法对负面问题进行正面回应		
d. 评估你的面试表现		
18. 寄出致谢信		
19. 获得工作		

□ 编写有效的求职信

求职信（cover letter）是送交潜在雇主并用于向其表达个人有兴趣获得一个工作面试机会的介绍信。有效的求职信将有助于介绍自己并使潜在的雇主雇用你。求职信要就你申请的每一个工作岗位专门编写，见图 2-6 的示例。简历可以扩展一些细节，阐述个人的才能和经验如何使雇主受益。你要表达出对这份工作的热情。在适当的时候，提及有关的联系人。

> **求职信**
>
> 求职信是送交潜在雇主并用于向其表达个人有兴趣获得一个工作面试机会的介绍信。

2010 年 6 月 23 日

胡安妮塔·M. 佩娜女士，董事长
佩娜公共关系代理公司
纽约林荫大道 4235 号
佐治亚州亚特兰大 30303

亲爱的佩娜女士：

我们曾在去年 1 月份的亚特兰大商务消费专业协会的午餐会上短暂碰面。那时，我的导师朱莉娅·玛洛薇曾经介绍我们彼此认识，而且她说您的公司无疑是亚特兰大地区最有创造力的机构之一。

我在公共关系代理及销售上的经验、在消费者经济学和交流上的学术背景以及对您的公司的调查研究，已经使我对在您的公司寻求一份工作有了很大兴趣。除此之外，现在供职于海威特广告公司的您的前任雇员阿曼达·阿莱森告诉我，您是一个非常棒的老板，并且他还鼓励我加入您这个迅速成长的公司。

我的调查、组织、沟通和领导能力可以为佩娜公共关系代理公司提供一个能够适应快速变化需求的复合型人才。我的强项包括能熟练使用三种语言、有扎实的计算机技能、可进行专业写作、有良好的沟通疏导能力，并且能在会见陌生人时表现自如。求学于两所高校并在三个州生活过的经历拓展了我的眼界，同时也使我可以从消费者的视角去研究公共关系。请从随附的简历中察看更多的细节。

我期待着与您见面的机会，以便更好地交流关于我的资格，并且评估一下那些能力将如何用于佩娜公共关系代理公司。您可以拨打电话（662）921－1213 或者发邮件到 Eanklin@hatmail.com 与我联系。此外，我会在两周内给您打电话。

真诚地，

詹尼弗·伊丽莎白·安科琳
西南 174 号环路 12144 室
密西西比州图珀洛 38803
附件

图 2－6　求职信示例

将求职信用高档纸书写并寄给关键的人，同时请求获得见面机会。如果招聘启事中没有招聘主管的姓名，可打电话到公司相关部门咨询。信里应要求获得见面机会，以获取更多信息和留下良好印象。求职信的结尾要说明自己将在两周内通过电话或邮件与其联系，并重申对该工作的兴趣。然后，就这么办！

如果没有收到回应，可再寄出简历和求职信，并手写“第二次申请，我非常在意此岗位”。

□ 获得有力的推荐信

大学生通常是简单地请求自己欣赏的几位教授为自己写推荐信。教授们通常在信里给他们做最好的评价。若推荐信中能包含某些缺点则更好。如果大学生向不了解自己的老师寻求推荐信，那么很可能得到的是平淡无奇的样板式推荐。因此，最好先向给你写推荐信的老师提供个人简历和意向岗位的描述。

仅向了解自己并且自己功课较好的课程教授寻求

你知道吗？

肖恩的成功故事

肖恩毫无目的地开始了自己的大学生涯，尽管他知道自己对与人合作感兴趣。在二年级时，肖恩选修了公共关系课程，他非常喜欢此课程，并且意识到这个领域适合自己的能力、兴趣和禀赋。他申请了交流课程，并同辅导员谈及哪些工作能够使自己加深对该领域的理解，且对未来发展大有裨益。肖恩成了本地商会的志愿者，并且在大四时，他与一家公关公司签约实习。在毕业后，他制订了个人的职业计划，而且很快就在一家小型公关公司谋得职位。这使得他能够掌握此类公司运作的方方面面。在工作两年后，他被提升为项目经理。肖恩的远期目标是在将来拥有自己的公关公司。

推荐。通过各种方式与教授联系，并提出请求，类似“您愿意给我一个良好的推荐信吗？我需要一封正确描述我在校园生活中所展示出来的品质和表现的推荐信”。如果导师犹豫很久或做出负面的反馈，则应考虑寻求其他导师的帮助。如果你的推荐人愿意给出不同的推荐，那么可以将其放入你的私人文档中以备后用。

□ 正式申请工作

不申请，就无法获得工作。让自己的求职信和简历个性化，并满足自己感兴趣的工作的需求。将其寄给有希望的雇主。许多大公司的雇主倾向于从网上获得职位申请，通常是经过其公司的网站。如果是这样，只需按照申请指南对求职信的要求做。其他雇主喜欢手写的简历和求职信。聪明的做法是两者都做。

如果在寄出简历后两三周还没有收到回应，那么寄出另一份求职信（在其上附有自己添加的简短询问语句）和一份重新修改过的简历。如果雇主对你表现出肯定的兴趣，他会要求你填一份正式的申请表。你的回复要准确。

□ 成功的面试

面试是整个求职过程中最重要的环节。**求职面试**（job interview）是一个评价求职者的任职资格与该岗位适应性的正式会谈。若接到面试通知，就要做好准备。留下良好印象是很有帮助的。面试中不要提及可能有损自我形象的事物，但要准确回答相关问题。歪曲事实，哪怕是细微的编造，都将使简历和在面试中你所说的一切事情的可信度大大降低。《决断两秒间》（Blink）的作者马尔科姆·格拉德威尔说：当你与他人首次见面时，用两秒就会对他做出评价。这不是直觉或瞬间判断，而是快速的理性思考。你的外表、微笑、握手、开场白、语调等向雇主传达了重要的信息。在每次面试之前练习自己的“决断”。（参见 www. gladwell. com/blink/。）

> **你知道吗？**
>
> 如何在萧条的就业市场中保持优势
>
> 对许多人来说，财政紧张导致了就业市场的疲软以及职位升迁的推延。它对于人们的心理也有影响。以下策略有助于你进行有效应对：
>
> 1. 坚持运动并且健康饮食。运动有益于身心健康。
> 2. 将焦虑、压力、挫折和恐惧甩在身后。经常与他人进行交流。
> 3. 保持积极心态，相信糟糕的情况只是暂时的、市场会复苏的。
> 4. 继续参与你的专业网络。
> 5. 既参与自己愿意从事的志愿活动，也参与专业网络可能提供的志愿活动。

在面试前做些调研

在面试前，应对该公司进行研究，努力比面试考官知道得更多。了解该公司靠何盈利，它的运作及历史、盈利情况、发展计划和最近的一些发展。此外，还要调查它的竞争对手及相关行业。你可以从网络搜寻详细信息，因为大多数公司都有网站。明白该公司的优势所在以及个人的技能与此优势如何相关。熟悉该工作岗位的描述。在具体的公司中找出该工作如何做。在进行公司背景调查的时候，你可能从现在或此前的员工那里获得关于薪酬、公司文化以及糟糕的老板等信息。然而，你要对无事实根据的信息保持怀疑。参见 Jobster（www. job-ster. com）、LinkedIn（www. linkedin. com）和 Vault（www. vault. com）。

对预测的面试问题提前做好回答准备

在面试过程中要保持平静，展现个性，诚实，显示自己最好的性格，恰当地处理问题，表达对工作的

> **求职面试**
>
> 求职面试是在雇主与雇员之间讨论任职资格与适应性的正式会谈。

热情。在回答时注意保持节制。在整个面试过程中，要确信自己就是最合适的人选，并恰如其分地展示自信。

求职面试似乎都要回答类似的问题。对以下问题可提前准备一个清晰的回应：

1. 介绍自己。
2. 你的老师和此前的雇主如何评价你？
3. 对于大学，你最喜欢什么？最不喜欢什么？
4. 告诉我，你对本公司有何了解？
5. 你为何对本公司感兴趣？
6. 你有何符合此工作岗位的独特能力或经验？
7. 描述你的一些优点和缺点。
8. 你从团队合作中获得了什么经验？你如何协调它们？
9. 你碰到过哪种道德难题？你是如何处置的？
10. 叙述一次面对巨大困难的经历，你是如何处置的？
11. 评价激励自己做出最好表现的上级。
12. 你在上一次工作里做得最好的和最坏的方面是什么？
13. 你在闲暇时间中做什么？
14. 描述未来 5～10 年你的职业计划。

对否定式疑问做出正面的回答

在面对这类问题时，要随时准备做出正面的回答。当然，一个常见的否定式疑问是“你的缺点是什么?”考官提出此类问题，其目的主要是考察对方是否诚实、自知、谦虚、真诚、热情以及拥有自控的能力。否认缺点或避开话题意味着你不会得到此工作。

事先练习面试技巧。练习你的反应能力，尤其是对否定式问题的回答。或者，录制模拟面试的录像，然后评估自己的表现，重复此过程。

编写自己的真实故事

编写一些能展示个人良好品格的事。在面试时，你可能要面对 5 个或更多的考官，并被要求介绍自己。因此，事先通过写下一些自己的简短故事和表述进行准备，可能是关于在母亲住院时照顾弟妹，在学生会里成功地解决内部成员的矛盾，辅助高中教师协调和管理 20 多个学生的实地考察活动，当天气灾害发生时在沃尔玛连续工作 14 小时。这些故事都会展示自己积极的一面，而不是简单地说一句“我能行”。每个人都会说这句话。你要在举例说明自己的优良品格时将这个信息包含其中。

准备问题并向面试考官提出

面试成功的关键是向对方展示自己对此岗位和机构的兴趣及热情。在对公司做了充分调研的基础上，可在面试时对该公司进行称赞。准备一些问题并进行提问，问题可能是关于公司的未来计划、公司的规章制度、员工待遇、特殊职责、工作预期等。你也许还会对公司的文化感兴趣。可事先写下这些问题，以保持思路清晰。

个性测试

三分之一的雇主会对求职者进行个性测试，以评估对方的团队精神、工作优点、情商、动机、真正的工作风格。不要试图迎合考官从而试图给出对方期待的“正确”答案。要诚实地回答，用以证实雇主先前对你的了解。本章的前面已经建议你列出自己的个性清单。早期的充分准备对回答此类问题十分有效。

你知道吗？

在就餐时如何进行面试？

与正式的面试相比，更多的人是在午餐时让面试失败的，因为他们没有意识到午餐是面试的延续，而不是社交。雇主通常希望员工品味高雅，能与同事及主管和睦相处。当然，在就餐谈话时，侃侃而谈固然重要，但注意倾听更为重要。良好的礼仪诀窍如下：

- 所点餐品的价格不要超过主人。
- 保持手肘不沾桌子。
- 涂黄油前撕开（而非切开）面包。
- 使用面包小刀（碟子左边的小刀）。
- 首道菜要使用离碟子最远的小叉子。
- 未经尝试不要匆忙在肉上撒盐和胡椒粉。
- 在切肉时，一次切一小口的大小。
- 不要边咀嚼边谈话。
- 不要点啤酒、果酒或白酒。
- 避免点汤或意大利面，因为显得杂乱。
- 对服务生要十分礼貌和尊敬。
- 永不抱怨餐食。
- 让主人召唤服务生。
- 如果有所困惑，就耐心地跟从主人的引导。
- 中途离席，要把餐巾留在椅子上。
- 在就餐结束后，要向主人致谢，并表达自己渴望得到此职位。

时刻准备接受电话面试

在接电话或进行面试时要表现出自己的专业。手边要备好笔和纸。注意周围环境中的干扰，如交通噪声。如有必要，告诉对方自己会找个清静的地方。回答要吐字清晰，不要用“嗯”“呃”等回应。面试考官将会注意到你是否正在咽下一口咖啡或咀嚼面包。尽量减少令人烦恼的东西，用以改善你获得这份工作的机会。据专业的招聘者估算，仅有20%的应届生对校园招聘的面试做好了充分的准备。

理财要点

常见的面试错误

1. 表现出对该公司的肤浅认识。

2. 对于讨论能力、技术和经验准备不充分。

3. 没有做出长远的职业规划和设定职业目标。

4. 没有表现出对该职位的热情。

5. 没有眼神交流。

在面试后进行自我表现评估，并寄出致谢信

在面试后，花一点时间客观地评估自己的表现。记下你被问过的任何问题，它们与你所预测的问题的不同之处，并记下在下一次面试中改进的方法。你参加的面试越多，表现可能会越好。此外，立即回信对此面试机会表达感谢，并且再一次表达自己对该岗位的兴趣。若使用电子邮件致谢，要考虑对方是否接受这种方式。

□ 谈判并接受此工作

等到正式获得工作后，才能讨论薪酬。不要询问具体数额，而要咨询该岗位的薪资范围。你的商谈目标是争取较最高额高出20%，因为你是最优的候选人，并且你的表现是最佳预期水平。不要低估自己的价值。

需要同时关注总收入和净收入。总收入37 000美元，扣除联邦所得税、社会保险税、医疗保险税，最后可能只剩下30 000美元。其他的抵扣有医疗费、退休金以及弹性福利，它们会将净收入降到27 000美元，或每月2 250美元。然后，你可以将雇主支付的福利（如退休计划）的货币价值计入。

比较不同城市雇主提供的薪酬水平是比较棘手的，因为缺乏不同社区类似生活成本的有效信息。有时，这些成本的差异巨大。例如，互联网上的信息显示，生活成本最高的城市（如西雅图）与最低的城市（如波特兰和俄勒冈）相差巨大。这种数据以指数形式发布，将“平均成本”社区的指数值设为100。

下面例示了如何对比两个不同城市的薪酬水平。假定西雅图（城市1）的指数为138，波特兰（城市2）的指数为114. 我们来比较不同薪酬地区的购买力。假定在西雅图一份工作的薪酬为65 000美元，在波特兰一份工作的薪酬为52 000美元。这两种成本可通过式（2.1）和式（2.2）进行比较。

> **你知道吗？**
>
> 被拒绝怎么办？
>
> 被拒绝是求职过程中的家常便饭。在获取某工作之前，你被潜在雇主拒绝的概率为5%，甚至为50%。不要因此丧失自信，或错误地以为自己存在某种缺陷。拒绝仅意味着通过面试让对方感觉到你不能完全胜任此岗位。
>
> 如果落选，那么尽可能向对方咨询自己在面试中的优点和不足之处。为了下一次面试，努力加以改进。重整旗鼓，继续前进在求职的征途上。

$$\text{城市 1 的薪酬}\times\frac{\text{城市 2 的指数}}{\text{城市 1 的指数}}=\text{城市 2 相应的薪酬} \qquad (2.1)$$

$$\text{西雅图的薪酬 65 000 美元}\times\frac{114}{138}=\text{波特兰的购买力 53 695 美元}$$

因此，在西雅图65 000美元的薪酬相当于在波特兰购买53 695美元的产品和服务，这比波特兰52 000美元的薪酬要高。在其他条件相同的情况下（它们都是好城市），西雅图的薪酬要高出1 695（=53 695−52 000）美元。

若要从另一个城市来计算购买力，只需将公式颠倒：

$$\text{城市 2 的薪酬}\times\frac{\text{城市 1 的指数}}{\text{城市 2 的指数}}=\text{城市 1 相应的薪酬} \qquad (2.2)$$

$$\text{波特兰的薪酬 52 000 美元}\times\frac{138}{114}=\text{西雅图的购买力 62 947 美元}$$

因此，在波特兰52 000美元的薪酬在西雅图只能购买价值62 947美元的产品和服务，比西雅图65 000美元的薪酬要低。在其他条件相同的情况下，西雅图的薪酬更高。

为了公平比较，需要将员工福利的价值加入，再重新计算。需要注意的是，学士学位职工的非薪酬待遇通常相当于薪酬的25%～30%。

比较下面网址中不同社区的薪酬和生活成本，参见：

- CityRating. com（www. cityrating. com/cost-ofliving. asp）；
- CNNMoney. com（http：//cgi. money. cnn. com/tools/costofliving/costofliving. html）；
- Moving. com（www. moving. com/find_a_place/relosmart/rs. asp）；
- Realtor. com（www. homefair. com/homefair/readart. html? art=bc_research）；
- Salary. com（http://swz. salary. com/costofliving-wizard/layoutscripts/coll_start. asp）。

平静地等待回复。如果对方提供的不如你的预期，要解释原因。立场坚定，但态度要友善。这会提高对方对你的敬意。告诉雇主，你不愿意接受底层或中层的薪酬。你可以重新强调两三点优势。这些要事先准备好。如果对方说这是最后的定价，你可请求思考一两天再回复。绝不要草率地放弃一个岗位，除非你绝对肯定必须这么做。

如果各项条件适合，那么就接受此工作。口头告知或书面通知你的新雇主自己的答复，并要求获得书面聘书，其中载明双方同意的薪酬水平以及一些待遇，如差旅费、灵活的工作时间、额外的假期等。

你知道吗？

如何获得加薪？

向同行咨询其薪酬，也可参考公开发行的出版物以及相关的网站，如Glassdoor. com、vault. com、payscale. com、salary. com和HotJobs. com。然后，与老板商谈，写下明确、可实现、可测的具体工作目标。这也可在正式的年度总结上进行。以书面形式记录你的工作业绩。每年如此，或每季度进行，与雇主就此商谈。它不是简短的走廊对话，而是小型的会谈。

在进行年度个人总结之前，与老板进行约谈。其中，要避免提及自己希望大幅加薪，而要多谈自己的工作成绩。如果雇主不能满足要求，那么也可要求提高奖金、退休金、医疗保险金等，或者要求更有弹性的工作安排，改变工作时间，允许工作期间偶尔在家办公，或者要求更多的休假时间。

你知道吗？

为了工作迁居到哪里或是否迁居的抉择

在你可能工作的各城市间进行薪酬的比较只是迁居到哪里或是否迁居的考虑因素之一。这里提供了一些有关该抉择的其他重要因素：

住房成本——www. domania. com和www. zillow. com；

生活质量——money. cnn. com/best/bplive和www. homefair. com；

教育质量——www. schoolmatters. com；

迁居成本——www. relocation. com/library/moving_calculator. html。

你知道吗?

把坏习惯变成好习惯

你会这样做吗?	你应该这样做!
对你的教授不了解;	定期在他/她的办公室与其会面;
忽视学生专业协会;	参加并领导至少一个学生专业协会;
依然使用旧的简历;	每年更新自己的简历;
仅改变他人求职信的地址或姓名并自用;	对每个工作岗位的申请,需要重新编写求职信;
在毕业后,计划回家乡;	在几个陌生城市寻找就业机会;
在选择工作机会时主要考虑总收入。	在选择工作机会时综合考量净收入、员工福利和生活成本。

□ 定期更新自己的职业规划

获取首份工作并不意味着职业规划的结束,相反,这只是开始。我们知道,雇主会对员工的工作进行定期的正式评价。你也要对职业规划进行定期的自我评价,看看自己是否朝着预定的职业目标顺利前进。这个进程可能因个人的某些改变而受到影响,如你被要求实现的工作职责、你所选行业的类型、市场中呈现出的新机遇。你每年至少要将本章前面所列的六个步骤重新完成一遍。

立刻行动!

通过阅读本章,你知道了更多关于个人理财的知识,那么通过下述举措开始行动吧:

1. 准备好或更新自己的简历。
2. 联系学校的就业指导部门,搜索本领域的岗位。
3. 拜访某个教授,以寻求建立指导关系。

概念测试 2.3

1. 解释将社交圈用于个人职业规划的积极作用。
2. 你对编写简历和求职信有何建议?并解释两者的区别。
3. 解释如何比较不同城市的薪酬和生活成本。
4. 对选择工作机会的最佳方式进行总结。
5. 列出成功面试的五条建议。

现在你有何建议?

现在你已读完本章,知道了职业规划的重要性,那么你对本章开头提及的艾希莉有何建议:

1. 认清自身价值和生活方式的权衡?
2. 在毕业前提升职业相关的经验?
3. 创建职业计划和目标?
4. 理解自己的工作风格?
5. 识别工作机会?

本章要点

1. 识别出成功职业规划中的关键步骤。

职业规划就是根据个人的兴趣、能力而设定的职业道路，并且预期的职业规划可以提供自己想要的生活方式和工作方式。它包括确定个人的价值、权衡生活方式、辨别工作兴趣、审视个人才能、了解就业趋势、建立职业目标和锁定意向企业。

2. 分析就业的财务和法律问题。

职业规划的财务方面包括不同城市的薪酬和生活成本的比较，以及评估员工福利的货币价值。

3. 练习有效寻找工作的策略。

精明的搜寻岗位策略包括社交圈、获得优秀的推荐信、编写展示自己的故事、编写个人简历和求职信、识别工作机遇以及成功面试。

讨论

1. 面试技巧。在经济萧条时，向刚毕业、正在求职的大学生推荐3个面试技巧。

2. 面试错误。考虑人们在面试时常犯的错误，以及其中最糟的5种情况。列出10个改善面试成功概率的因素。

3. 职业权衡。在进行职业规划的时候，人们通常要进行权衡。列出3个人们可能会遇到的职业决策，分析各种职工决策对经济、精神和生活方式的权衡。

4. 记录求职过程。在决策工作表“记录求职过程”中，重新审视任务部分，识别出其中你认为可能是最难实现的五项任务。对其中的每一项任务，提出可能有助于人们完成该任务的建议。

计算

1. 继续学习的经济权衡。德洛雷斯·瑟图马耶想通过参加夜校学习获得硕士学位，以便在未来的40年职业生涯中获得额外的600 000美元。假设她的收入预测准确，也就是每年平均多收入15 000美元。德洛雷斯的雇主愿意支付60 000美元学习成本中的45 000美元，因此她自己需要支付剩余的15 000美元。

(a) 如果按年利率6%计算，学费15 000美元在未来40年里损失的资金未来价值是多少？（提示：参见附录表A-1。）

(b) 如果她需要支付所有的学习费用60 000美元，她损失的资金未来价值是多少？（提示：参见附录表A-1。）

2. 薪酬比较。如果芝加哥的生活成本指数为132，圣安东尼奥的生活成本指数为

114，利用式（2.1）或式（2.2），比较芝加哥 50 000 美元的薪酬和圣安东尼奥 47 000 美元的薪酬的实际购买力。

3. 雇主匹配的未来价值。约翰·温克的雇主向他的 401(k) 退休账户每年支付 1 200 美元。如果按年利率 4%计算，20 年后此雇主向该账户支付的总价值是多少？（提示：参见附录表 A-1。）

4. 套现 401(k) 账户。贝蒂·阿玛瑞达接受了一份新工作，正考虑将其雇主支付的 401(k) 账户中的 30 000 美元提出，用以购买一辆新车。如果她将资金留在该账户，并且按年利率 7%计算，则在 30 年后，她的该账户金额将是多少？（提示：参见附录表 A-1。）

理财规划案例

□ 案例 1　哈利和贝琳达·约翰逊正在考虑通货膨胀和孩子

在本书中，我们将持续记录哈利和贝琳达·约翰逊。以下是关于这对夫妻生活的简要描述。

哈利去年春天毕业于家乡附近规模很大的中西大学，获得内部设计专业学士学位。贝琳达毕业于西海岸的一所大学，其专业为信息技术，现受雇于一家中型公关公司。在大学三年级时，他们都参加了学生新闻报的工作，并在一次会议上认识。他们在去年 6 月结婚，住在堪萨斯城的一所公寓里。在未来 20 年里，他们将面对许多的财务挑战，如购买首套房、确定人寿保险需求、组建家庭、改换工作、为退休而投资。

（a）哈利继承了由其亡父的财产建立的信托基金每年 3 000 美元的收益。此数据永不改变。如果年通货膨胀率为 3%，那么这 3 000 美元在 10 年后的购买力是多少？（提示：利用附录表 A-2。）

（b）贝琳达和哈利决定，可能要等五年之后职业走上正轨并规划了他们的财务状况后再组建家庭。他们也知道养育孩子的花费巨大。他们预计，直到孩子高中毕业，每年孩子的额外花销为 5 000 美元。如果通货膨胀率为 3%，那么在 18 年里他们总共要为孩子支付多少？（提示：利用附录表 A-3。）

□ 案例 2　维克托和玛丽亚·埃尔南德斯考虑改行

在本书中，我们将持续记录维克托和玛丽亚·埃尔南德斯的故事。下面是对这对夫妻生活状况的简要描述。

维克托和玛丽亚都已年近 40，育有两个孩子：约翰（13 岁）和约瑟夫（15 岁）。维克托长期从事家电零售店的推销工作。玛丽亚从事医药记录助理的临时工作。尽管对本行还比较满意，但维克托总是向往公立学校教师的职业。为此，他必须停职一年去大学学习以获得教师资格，这意味着他要放弃 43 000 美元的年薪。他预期公立学校教师的年薪与此相当。

（a）如果工资年增长率为 5%，那么在 20 年后他作为教师获得的年薪是多少？（提示：利用附录表A－1。）

（b）维克托每年能够获得暑期补课费4 000美元。如果年增长率为5%，那么在20年后，这些收入累计的未来价值是多少？（提示：利用附录表A－3。）

□ 案例3　朱莉娅·普赖斯职业规划的改变

朱莉娅最近正面临严重的职业危机。在专业工程师岗位工作近10年后，由于未成功赢得一份政府合同，她从此工作岗位被淘汰，被调至市场部。新的岗位要求她与本公司的当前及潜在客户——各公司的采购代理打交道。虽然此岗位的薪酬较高，但需要经常出差。她在工作中可利用自己的工程师背景，但最重要的是如何向其他公司尽可能最好地展示自己和推销公司产品。朱莉娅考虑暂时接受此岗位并决定先做一年，如果一年后她不能真正喜欢此工作，就在本公司或其他公司寻找新的工程师工作。对于她的这种想法，你有何建议？

□ 案例4　将个人情况与工作进行匹配

吉米·杰克逊4个月前从肯塔基州亚什兰的一所社区大学毕业，获得文学学士学位。他咨询了很多岗位并参加了几次面试以寻求一份销售工作，但均告失败。吉米没有从事过销售工作，仅在大学修了一些商务课程，包括“个人推销”。在经过几次面试后，吉米打电话咨询了这些潜在的雇主，仅发现：尽管他们都喜欢他，但他们通常聘用的是此前有工作经验或拥有某种潜质的求职人员。

（a）如果吉米实际上非常适合销售工作，在诸多的工作价值和工作方式的因素中，你认为哪个对他最重要？

（b）关于如何激发吉米对销售工作的兴趣，你对他有何建议？

（c）假设吉米具有成功销售所必需的个人潜质和知识储备，那么为更好地推销他自己，你认为哪些辅助策略应加以考虑？

□ 案例5　职业晋升机会

尼娜和郭汀住在俄亥俄州的利马，他们自大学毕业之后就结婚了，至今一起生活了8年。尼娜一直从事保险代理工作。郭汀自去年获得咨询专业硕士学位后，开始在伊利诺伊州从事家庭咨询师工作。最近，尼娜的老板私下提及将推荐她作为下一个晋升人员，薪酬上涨约15 000美元，并搬至公司总部（密苏里州的圣路易斯）工作。尼娜考虑到，如果确如其言，她将接受此职位，尽管这要求郭汀要辞职。

（a）当尼娜下班回家与丈夫讨论她可能要得到职业晋升时，你有何建议？

（b）哪些生活方式因素及成本和福利问题是他们可能要考虑的？

自我理财

1. 工作风格。你知道自己的工作风格吗？花时间完成前面的决策工作表“你的工作风格是什么？”

2. 价值观辨析。到网上搜索“价值观辨析”，列出一系列辨别可能价值观的练习。完成一次或多次练习，然后将结果与自己的大学专业和可能的职业进行比较。

3. 行业调研。访问行业指导网站 www. bls. gov/oco/cg，考察自己感兴趣的行业的薪酬、福利及就业前景。完成《我的个人理财规划师》中的工作表 7：行业调研，写下你的结论，包括评估自己的工作风格和价值观与何种行业契合。

4. 比较薪酬水平。基于不同的生活成本来比较自己选定的两座城市的真实薪酬和期望薪酬。使用正文中的两个城市薪酬的比较作为指导来分析。

5. 评估次要收入的价值。利用真实或案例的数据，评估不超过你薪酬范围的双职工家庭一份次要收入的价值。利用前文提供的案例或《我的个人理财规划师》中的工作表 9“评估次要收入的好处”进行评估。

网络资源

进入提供这些练习的网页，你也可以登录 www. cengagebrain. com 访问加曼/福格合作网站搜寻这些练习的扩展表。在“一般业务”（General Business）栏下查找本书。点击与本章有关的练习链接。

1. 搜索职业前景手册。在 www. bls. gov/oco/home. htm 中寻找《职业前景手册》（*Occupational Outlook Handbook*）。选择自己感兴趣的两个行业，调查它们的起薪、职业发展方向、预期的未来薪酬和适合该职业的职员的技能。

2. 调查全国失业率。访问美国劳工统计局估计美国就业市场的相关数据（www. bls. gov/bls/employment. htm)。浏览此网站提供的关于全国失业率的信息，或者你感兴趣的某个地区或城市的失业率信息。将当前的统计数据与一年前的统计数据进行比较，以此预测未来 5 年和 10 年的趋势。

3. 调查自己感兴趣的行业。访问美国劳工部行业职业指南（www. bls. gov/oco/cg)，了解自己感兴趣行业的薪酬、福利、学历要求、行业前景等。对自己的调研进行总结。

4. 调查收入水平。你对不同行业的一般收入水平的当前观念正确吗？访问 www. payscale. com 并调查 5～7 个行业（包括你所在的行业）的薪酬水平。

付诸行动

1. 拜访人力资源主管。使用网络和（或）公司黄页，寻找正在招聘的自己可能就业领域的当地企业。请求与人力资源主管会谈，咨询有关的薪酬水平、员工福利、职业晋升途径。对自己的发现做小结。

2. 准备好简历和求职信。通过报刊招聘广告或者 Monster. com 寻找属于自己职业领域的工作列表。为了找到工作准备好简历和求职信。将工作列表和相关信息文件交给老师，获取他或她的建议。

3. 你想在哪儿生活？ 在你毕业后，最好的工作机会很可能远离你的家乡和（或）自己求学的城市。而新的工作地点现在是未知的，你最好事先考虑好自己需要或想在哪儿生活。访问前面专栏中给出的网址，针对 5 个不同的城市回答专栏中概括的 4 个问题。将自己的调查结果列表。

登录 www. cengagebrain. com 访问加曼/福格合作网站。

第三章

财务报表、工具与预算

你在开玩笑?

美国家庭的净资本中位数是 95 000 美元，平均金额是 453 000 美元（高的净资本使得平均值高于中位数）。对于主要家庭成员低于 35 周岁的家庭来说，净资本的中位数和平均值又是多少?

A. 17 000 美元和 90 000 美元；　　B. 31 000 美元和 130 000 美元；

C. 48 000 美元和 180 000 美元；　　D. 61 000 美元和 199 000 美元。

答案为 A，中位数为 17 000 美元，平均金额为 90 000 美元。因为净资本中位数随着年龄的增长而增加，年龄在 35～44 岁的家庭为 85 000 美元，45～54 岁的家庭为 18 000 美元，55～64 岁的家庭为 160 000 美元。随着时间的推移，家庭都在储蓄金钱、积累财富。

学习目标

在学习完本章后，你应当能够：

1. 确定你的理财价值观、理财目标和理财策略。
2. 利用资产负债表和现金流量表来衡量你的财务状况和进展。
3. 使用财务比率来评价你的财务实力和进展。
4. 收集和整理个人理财所需的财务记录。
5. 利用预算实现你的财务目标。

你有何建议?

罗伯特和妮可·帕特森都是26岁，如今已结婚四年了，但仍未育。罗伯特是一个年薪4.6万美元的普通电工，妮可则是年薪4.1万美元的中学教师。罗伯特想用一半的时间去工作然后运用业余时间学习，他需要一年的时间才能完成他的工程学士学位。罗伯特每年用于学习的费用约为1万美元，这笔学费可能要部分依赖于助学贷款。他尚未与妮可商量这一计划。罗伯特和妮可最近已开始为退休进行储蓄了，同时他们还为以后的突发状况分出了一部分储备金。他们有一大笔信用卡账单需要偿还，而且他们还要偿还他们的助学贷款。这对小夫妻租了一个两居室的公寓。罗伯特总觉得保存他们所有的收据、银行对账单以及其他的金融文件是明智的做法。罗伯特搜集各种记录的方法很简单，他在每个月将所有的东西都放入一个马尼拉纸做的信封里，然后在年底的时候将12个信封都放入一个盒子。罗伯特知道，他的求学计划会对他们的财务状况造成一定的影响。他想把这些金融问题分解成一个个具体的因素，再与妮可讨论他的计划。就这一点来说，他们从没有制定任何财务报表或明确的理财目标。

关于罗伯特与妮可要商讨的财务计划问题，你有什么建议：

1. 确定他们所拥有的以及他们所欠的?
2. 更好地理解他们的家庭收支模式?
3. 运用罗伯特最新准备的财务报表中所提供的信息来总结该家庭的财务状况?
4. 设立理财目标?
5. 估计他们的理财进展?
6. 设立一个更好的记录跟踪系统以更好地满足他们的需求?
7. 设立一个预算流程用以指导储蓄及消费?

有一半成年人说他们没有预算，40%的人说他们自己是在负债生活，并且他们自认为不善于理财。为了保持一种理想的生活方式，他们会花掉自己挣到的每一分钱。他们生活在各种支票当中，并且经常使用信用卡。这些人都是不善理财的人，他们的选择永远只会让他们成为社会上“一无所有”之徒而不是“应有尽有”之人。显然，像上面那样生活会让你年纪轻轻就陷入财务危机。然而，这不一定会发生在你身上!

本章将对如何进行成功理财的细节进行详细的阐述。通过设立与自身价值相符的理财目标及策略，可以让你在经济拮据期也能实现自己的理财目标。沿着这条路径，你可以遵循自己的支出计划，然后采取适当的措施来实现这些结果，并且定期估计你的财务状况及改善的空间。无论你以前的经济条件及经历如何，运用本章所学的知识将能帮助你享受制订理财计划以及成功理财的乐趣。

理财价值观、理财目标及理财策略

> **学习目标 1**
> 确定你的理财价值观、理财目标和理财策略。

确定你的理财价值观及设立理财目标是通向成功理财的一个阶段。理财价值观及理财目标能够让支出与储蓄达到平衡，并能帮你致力于自己的各种理财计划。一旦确定了理财目标，你就会想出达成这些目标的必要策略。**理财规划**（financial planning）就是一系列相互协调的具体理财计划的形成及实施过程，它能帮助你实现财务成功。通过规划财务状况，你要争取管理个人的收入及财富，进而实现你的理财目标。

图 3-1 提供了一份有效的个人理财计划的概述图，表 3-1 展示了一对夫妇的全部理财计划。你的各种管理将会使你理财成功。这对夫妇的计划包含 15 个特定的领域，横跨三个大类：①消费；②风险管理；③资本积累。

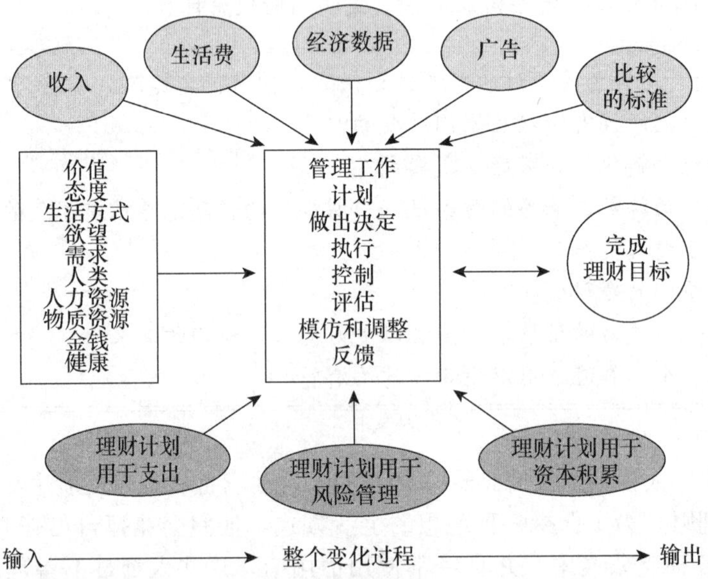

图 3-1　如何达成财务目标

表 3-1　2012 年 2 月，哈利（23 岁）和贝琳达（22 岁）的理财计划、理财目的及理财目标

理财计划的领域	长期目的和目标	短期目的和目标
关于消费		
评估和计划主要的消费	在两年内购买一辆新车	为新车的首付，每个月存 200 美元
管理债务	将分期付款债务保持在实得工资的 10%以下	每月月底支付所有的信用卡债务，并且不再购置这类或其他相似的用品
关于风险管理		
医疗费用	避免大额医疗费用	每月缴纳 135 美元；用于维持雇主资助的医疗保险政策

续前表

理财计划的领域	长期目的和目标	短期目的和目标
财产和意外损失	一直拥有承租人保险或房主保险； 一直拥有最大保险责任范围的汽车保险	每半年缴纳 220 美元以满足承租人保险政策； 缴纳 440 美元以满足汽车保险政策
责任保险	最终购买 100 万美元的责任保险	从依靠签发汽车保单的同一家保险公司处购买 10 万美元保单
过早死亡	有针对两个人的足额人寿保险和大量的金融投资，这样幸存者就不会有任何经济上的担忧	保持为贝琳达购买雇主资助的人寿保险； 为哈利购买一些人寿保险，开始一些投资
因伤残导致收入减少	购买足够的伤残保险	依靠病假以及通过私人保险公司购买伤残保险
关于资本积累		
税收基金	由双方雇主从月工资里扣除足额（但不要太多）资金来纳税以便履行纳税义务	确认雇主扣缴了足额的税款。需要有额外的钱去支付由于哈利已去世父亲的信托收入而产生的附加纳税责任
循环储蓄基金	在本地账户总有足额的现金以满足每个月及每年的预期消费	创建现金流量日历以确定需求、投入一些钱到循环储蓄基金中，以使其更快地构建适当的平衡
应急基金	建立相当于三个月实得工资的货币性资产	每个月存 150 美元到应急基金中，直到它达到一个月的实得工资
教育	保留教育技能和学历以保持竞争力； 获得雇主的资助，为贝琳达获取一个工商管理硕士（master of business administration，MBA）学位； 哈利完成艺术硕士（master of fine arts，MFA）的学习，可能获得一个室内设计的博士学位	双方每学期都参加一个研究生班
储蓄	总是保持一个较好规模的储蓄平衡； 进行规律性的储蓄以达到目标； 储蓄任何额外的收入或礼物的一部分； 为未来五年之内要买的房子储蓄 26 000 美元的首付	为购买一个高质量的 DVD 播放器储蓄足额现金； 尽快偿还维萨信用卡的欠款 390 美元； 为了新房子的首付，现在开始每个月储蓄 400 美元
投资	持有一只保守的共同基金的大量份额，它在你年满 45 岁时的分红相当于家庭收入的 10%左右； 持有一些不动产和普通股	在下一年开始之前投资于共同基金
退休	在 60 岁时退休或更早，当收入与退休前的实得工资一样时退休	在下一年之前为哈利和贝琳达建立个人退休账户； 贡献最大可能的数额到雇主提供的退休账户
遗产规划	提供给幸存配偶	每一个配偶都准备一份遗嘱

□ 价值观定义了你的财务成功

价值观（value）为个人的理财目标和生活目标提供了最基本的支撑和原理，价值观是有关什么是重要的、可取的、有价值的基本信念。它们是所有个人目标的基础。我们对教育、精神生活、健康、工作、信用使用、家庭生活以及其他众多因素的价值评判都是不一样的。个人理财目标的确定就是源于这些价值观，因为我们必然会认为一些事物比其他一些事物更重要或更有价值。我们在某种程度上会通过支出、储蓄、投资以及捐赠的方式来表达我们的价值观。

理财规划的一个主要好处就是明智地使用资金。那些在个人理财方面十分明智的人通常很重视储蓄他们的一部分收入。他们坚持“首先付钱给自己”的个人理财原则，如果你能赚钱了，难道你不应该首先被“支付”吗？成功的资金管理者会储蓄一部分钱而不是花掉所有的收入，也不会更糟糕地通过信用方式透支消费。他们会设立一个基于生活必需品的消费水平。他们还会留下一部分资金供未来消费，如购买车、房子、孩子的教育、家庭旅游以及退休后的生活开销。

> **价值观**
>
> 价值观是有关什么是重要的、可取的、有价值的基本信念。

> **你的未来五年**
>
> 在未来的五年中，你可以运用下述有关的财务报表、工具和预算来完成你的理财目标。
>
> 1. 制定理财目标，并且每年完善和修正它。
>
> 2. 每月制作现金流量表和支出计划，确保实际的花费少于你制订的计划。
>
> 3. 每年跟踪记载净资本和财务比率，用以评价你的理财进度。
>
> 4. 使用一个简单但有效的个人财务簿记系统。
>
> 5. 定期与重要的亲人开诚布公地谈论关于钱的种种问题。

□ 理财目标跟随你的价值观

成功的理财计划源于你的价值观。**理财目标**（financial goal）就是由各种特定的长期、中期及短期目标组成的，这些目标可以通过理财规划及各种管理而达到。理财及生活的目标应与你的价值观相符。为了给理财行动奠定一个理智的基础，这些理财行动应该明确地表明用途、资金数量以及具体的实现日期。

设立具体的目标

目标的设立能够让你意识到你现在的财政状况与你未来预期状况之间的差距。把你的所有目标列在表上。例如，常见的理财目标包括完成大学教育、偿还债务（包括教育贷款）、应付财务突发状况、旅游支出、买房、积累小孩完成大学教育的基金、创业支出、修身养性、维持家庭和谐、退休后保持经济独立。

然而，在这些目标中，没有一个目标可以具体到指导你的理财行为。具体的目标应该具有可测量性、可获得性、相关性以及时效性。为退休金进行的储蓄，你应先确定需要多少退休金（详见第十七章），而且为退休金进行的储蓄应从你获得第一份全职工作后不久就开始。为孩子教育进行的储蓄应该从第一个孩子出世时开始，如果更早也可以。

> **理财目标**
>
> 理财目标是通过计划和管理财务来实现的具体目标。

> **理财要点**
>
> **将你的目标变为现实**
>
> 将愿望变为现实的途径始于把目标写下来。如果你的目标是买一套公寓，那么就把一张漂亮的公寓照片贴在冰箱上，然后将你的目标告诉其他人。持续不断的提醒有助于你实现该目标。

为你的理财目标设立具体日期

> **理财要点**
>
> 生活准则
>
> 为了实现长期目标，至少储蓄收入的15%。

为理财目标设立具体日期对你实现理财目标十分重要。以伊利诺伊大学香槟分校的赫瑟·威格老师为例，赫瑟刚付清了为期四年的购车贷款的最后一期——347美元。她不喜欢欠债的感觉，所以她不想继续债务缠身。因此赫瑟想要把过去的还款额定期存入储蓄账户，以便在五年后更换一辆新车。赫瑟预计五年后买一辆类似的车需要花费约2.25万美元。假设她每年获得大约2%的存款利息，通过附录表A-3可知，她需要每年储蓄4 323（=22 500÷5.204 0）美元，共5年，年利率为2%，或每月储蓄360美元。

赫瑟的想法为理财目标如何发挥作用提供了很好的范例。她意识到甩掉债务包袱的价值，并着手为实现购买新车的目标而行动。一旦确定了所需的大致金额，她就应当将其分摊到每年乃至每月。为此她只需要每月多付13（=360－347）美元，就能如期购买车。为了避免贷款买车，这是她必须做出的牺牲。

确定目标的优先顺序

一旦制定了清晰的理财目标，你就该确定哪个是最重要的。你只需权衡在短期和更远的将来你能用这些资金做什么来确定目标的先后顺序。

□ 实现理财目标需要遵循积累财富的准则

下面是一些财富管理准则，它们有助于实现理财目标：

1. 短期和长期都要制定清晰的理财目标。
2. 通过预支工资来省钱。
3. 每月付清信用卡款项。
4. 支出不要大于收入。
5. 工作时就要为退休金进行储蓄。
6. 充分利用雇主应付的退休金储蓄。
7. 通过购买住宅获得税收优惠。
8. 在退休前付完房贷。
9. 在进行长期投资时要有耐心。
10. 要清楚远期财务状况是可控的。

□ 财务策略通往理财成功

> **财务策略**
>
> 事先确定好并在特定情形下实施的计划。

财务策略（financial strategy）是事先确定好并在特定情形下实施的计划。赫瑟在还清车贷后，开始实施与还款额相等的储蓄计划，这就是一项非常有效的财务策略。如果赫瑟定期存入部分薪水到储蓄账户中，存钱将变得更容易。另一个有效的储蓄策略是在你适应额外收入之前，把每一次加薪的一半都存起来。

赫瑟的理财行为跟她收入水平的提高没有任何关联。许多人误以为财富基于高额收入或遗产。其实不然，积累财富更多地取决于你能否在目前和将来的欲望之间做出权衡，并且要为了储蓄和积累财富做出牺牲。在赫瑟的例子中，她所做的就是将策略付诸行动，然后每年审视她的策略并且在必要的时候进行调整以适应环境的变化。

你知道吗？

和你的伙伴讨论关于钱的话题

个人理财就已经够复杂了，当两个人进行共同理财时，事情会变得难上加难。当你找到另一半时，以下是明智的做法：

变更受益人。人寿保险、退休账户和共同基金都会指定受益人（当你去世后拿到这笔钱的人）。（详见第十二章、第十五章、第十七章和第十八章。）

协调双方的员工福利。如今，夫妻双方一般都有经济收入，各有各的员工福利。因此，避免选择重复的福利是一个不错的做法。例如，如果一方选择了免费或低价的家庭健康险，另一方就可以放弃这一选项，选择其他方面的福利，如教育补贴。你的员工福利官可以在类似的选择上提供更多建议。

更新人寿保险保障范围。根据你的主要需求来关注保险条款。（详见第十二章。）

检查汽车和房屋保险保障范围。同时清点你的个人资产。（详见第十章。）

在政府机构更新姓名。如果你因为结婚导致一方的姓名改变，你需要在社会保障局和驾照管理局做相应的登记，并且出示结婚证作为依据。

注销多余的银行账户。减少夫妻双方婚后的银行账户数量能节省账户费用。明确哪些账户是你的，哪些是对方的，哪些是共有的。（更多有关账户管理的内容详见第五章、第六章）

还清负债。双方都有可能给新家庭带来债务。由于夫妻共同生活会比两人单独生活节省成本，可以有更多的资金用来支付信用卡欠款、孩子的学费和其他贷款。减少负债的另一个好处是它能为你申请房贷提供便利。（详见第六章、第七章和第九章。）

确定如何管理财务。明确开销的划分，做投资决定的人选。确定双方对某些资金是否有支配权、谁支付婚前债务、谁支付礼品费用。规定你们婚后要完成的理财任务，比如订立每年的理财目标、谁来贷款采购物品、哪类开支（例如金额大于300美元的开支）需要双方共同决定。（关于如何高效地讨论财务问题，详见第五章。）

各自为退休存钱。当你们结婚后，生活开支将会日益减少，利用省下来的钱为个人储蓄更多的退休金。（详见第十七章。）

更新房产转让计划。随着你的人生中出现了新的最重要的东西，你就要改变你的遗嘱、代理委托书和医护代理。（更多关于这方面文件的信息，详见第十八章。）

概念测试 3.1

1. 总结理财规划过程。
2. 解释理财价值观、理财目标和理财策略之间的关系。

通过财务报表衡量你的财务状况和进展

财务报表（financial statement）是个人财务数据的汇总，能反映个人或家庭的经济条件。它们不仅能呈现个人或家庭的收入支出概况，还体现了资产债务情况。其中最有用的就是资产负债表和现金流量表。

资产负债表［balance sheet，又称**资产净值**（net worth statement）］通过展现资产、负债、净资产来描述个人或家庭在特定日期（通常是1月1日）的资金状况。它报告了你目前的财务状况，包括你拥有什么、欠了什么、还清债务后的净资产额等信息。它回答了“你此刻的财务状况怎么样?”这一问题。

现金流量表［cash-flow statement，又称**收入支出表**（income and expense statement）］列举和总结了一段特定时间（如一个月或一年）内的收入和支出交易情况，它告诉你，你的钱从哪里来、到哪里去。它回答了“你的钱去哪儿了”这一问题。

学习目标2

利用资产负债表和现金流量表来衡量你的财务状况和进展。

财务报表

个人或家庭目前的财务状况的简述

资产负债表/资产净值

给特定日期的资产、负债和净资产做一个简述。

现金流量表/收入支出表

总结一段特定时间内的所有收入和支出交易情况。

□ 资产负债表是你财务状况的一个缩影

通过净值，可以测量你所处的财富阶层。如果你确实很想取得经济上的成功，那么你要赶快拿上纸笔，或者在电脑旁坐下来，好好算算你的财务状况。你需要制定一份资产负债表，这个表可以简明地呈现出你的资产减去负债后还剩下多少。你的资产负债表应该至少每年更新一次，这样你才能准确估计财务进程。净值增长缓慢，但是它不会停止增长。如果你事业有成并且遵循本书中列出的基本原则，那么在不久之后你肯定能够拥有100万美元、200万美元甚至更多的净值。净值一般在人们60多岁的时候达到峰值，随后缓缓下降，因为他们在退休后依靠存款维持生活。

资产负债表的组成

资产负债表由三部分组成：资产、负债和净值。**资产**（asset）包括你所有能够用货币衡量的东西。**负债**（liability）是指你的债务——你欠别人的数额。**净值**（net worth）是指扣除你欠其他人的价值后余下的价值，也就是把资产变卖、还清负债后剩余的金额。净值就是你实际拥有的财富。

资产

所有能够用货币衡量的东西。

负债

也就是你所欠的。

净值

资产扣除负债后的余值。

货币资产/流动资产/现金等价物

可用作现金的资产。

拥有什么——资产是“自己拥有的东西”

资产负债表的资产部分通过**市场公允价值**（fair market value）来衡量，即买方当期支付给卖方的金额，而不是它的初始价格，也不是一年后可能的价值。以这种方法来衡量货币、有形资产或投资的价值是非常有用的。

货币资产［monetary asset，又称**流动资产**（liquid asset）或**现金等价物**（cash equivalent）］包括现金和可随时在低损失条件下转换为现金的准现金项目，如支票和储蓄账户。它们主要被用于日常花销、紧急需要、储蓄和支付账单。

有形［tangible，又称**使用**（use）或**生活方式**（lifestyle）］**资产**是指那些主要被用于提供维持个人日常生活的财产。有形资产包括家具、车辆等，这些资产通常会随着时间推移而贬值。

有形/使用资产

用来维持自己生活方式的个人财产。

投资资产［investment asset，又称**资本资产**（capital assets)］包括有形资产和无形资产，这类资产通常期限较长、成本较高，并被要求产生货币收益，如分红和升值（即价值的增加）。这类例子有股票和债券。投资资产一般会升值并且给未来生活提供保障。

投资/资本资产
能够产生货币利润的有形和无形的物品。

以下是各种资产的一些例子。

货币资产

- 现金（包括持有的现金、支票账户、储蓄账户、储蓄债券、定期存款和货币市场账户）；
- 应退税款；
- 别人对你的欠款。

有形资产

- 汽车、摩托车、船只、自行车；
- 房屋、公寓、拖车房；
- 家具和家电；
- 个人财产（珠宝、皮制品、器械、衣物）；
- 其他贵重物品。

投资资产

- 股票、债券、共同基金、黄金、合伙企业、艺术品、个人退休账户；
- 人寿保险和年金（只有现金价值）；
- 房地产（以及所有不动产）；
- 个人或者职工退休账户。

欠了什么——负债是指“你所欠的钱”

资产负债表的负债部分包括所有你所欠的债务，包括个人债务和企业债务。债务可能是一个**短期**［short-term，又称**流动**（current)］**负债**（liability），即需要在一年之内偿还的负债，也可能是**长期**［long-term，又称**非流动**（noncurrent)］**负债**，即无须在一年之内还清的负债。为了确保精确，负债记录应以当前所欠金额为准（不包括未来支付的利息）。以下是一些关于资产负债表中负债项目的例子。

短期/流动负债
一年内必须偿清的负债。
长期/非流动负债
期限超过一年的负债。

短期/流动负债

- 个人借贷；
- 信用卡和费用账户余额；
- 其他开放式信贷债务；
- 未支付的专业服务费用（看医生费用、看牙医费用、脊椎指压治疗、律师费）；
- 未支付的税款；
- 逾期租金、水电费、保费。

长期/非流动负债

- 汽车贷款；
- 房地产按揭；
- 房屋净值贷款（二次抵押贷款）；
- 消费者分期付款贷款和租赁协议（尽管从理论上来说租赁并非债务）；
- 教育贷款；
- 证券保证金贷款。

净值——剩下的部分就是“财务价值的衡量值”

净资产是资产和负债的差值，如式（3.1）所示，净资产公式如下：

资产－负债＝净资产　　　　(3.1)

或

总资产－总负债＝净资产

该公式假设你将所有资产变卖并还清所有负债，剩下的现金就是你的净资产。例如，假设你的物品的公允价值为 8 000 美元，你对别人的欠款总和为 4 500 美元，那么你的净资产就是 3 500（＝8 000－4 500）美元。图 3－2 展示了以年龄分组的家庭净资产，计算出你的净资产能让你了解自己所处的财务状况并发现资产负债表中的任何问题。大学生的债务通常超过资产，因此从技术层面讲他们是**破产的**（insolvent），因为他们的净资产为负。在毕业和承担全职工作几年后，他们的资产负债表会发生巨大的变化。

> **破产**
> 负债大于资产，即净资产为负。

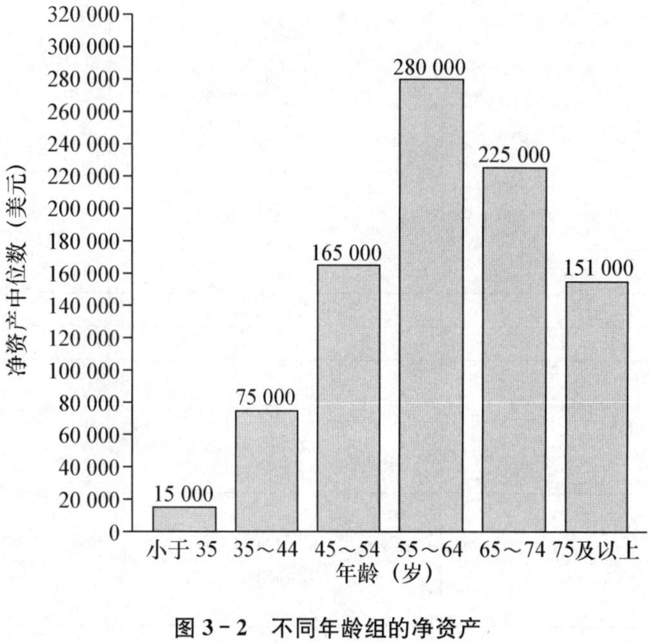

图 3－2　不同年龄组的净资产

资料来源：基础数据来自消费者财务状况调查，为作者于 2012 年估计所得。

资产负债表样本

资产负债表上的所有资产必须等于所有负债加上净资产。各部分平衡正是资产负债表的名字来源。你可以自行决定资产负债表的详细程度，以反映某一时期的财务状况。表 3-2 反映了有两个孩子的一对夫妻（维克托和玛丽亚・埃尔南德斯）的资产负债表的详细和复杂程度。

> **理财要点**
>
> 收入不会创造财富
>
> 人们不是靠赚钱致富的。真正的财富来源于资产价值的增长，例如 401（k）退休计划的投资增长。

表 3-2　一对有两个孩子的夫妻的资产负债表——维克托和玛丽亚・埃尔南德斯（2012 年 1 月 1 日）

	总额（美元）	占比（%）
资产		
货币资产		
现金	260	0.07
储蓄账户	1 500	0.40
维克托的支票账户	2 700	0.72
玛丽亚的支票账户	3 300	0.89
应得退税	700	0.19
应收租金	660	0.18
货币资产总和	9 120	2.45
有形资产		
房屋	176 000	47.23
私人财产	9 000	2.42
汽车	11 500	3.09
有形资产总和	196 000	52.73
投资资产		
富达基金	4 500	1.21
斯卡德共同基金	5 000	1.34
福特汽车公司股票	2 800	0.75
2018 年纽约债券	1 000	0.27
人寿保险现值	5 400	1.45
个人退休账户	34 300	9.21
房地产投资	114 000	30.59
投资资产总和	167 000	44.82
总资产	372 620	100.00
负债		
短期负债		
应付牙医账单	120	0.03
信用卡债务	1 545	0.41
短期负债总和	1 665	0.45
长期负债		
金融销售公司：汽车	7 700	2.07
储蓄银行：房地产	92 000	24.69
长期负债总和	99 700	26.76
总负债	101 365	27.20
净值	271 255	72.80
总负债与净值总和	372 620	100.00

□ 增加资产净值的策略

你可以通过增加资产、减少负债或者双管齐下来增加资产净值。减少支出是增加资产和净值的一个有效方式。任何减少开销的行为都可以省下一笔钱从而增加银行存款，例如，你可以放弃每天上课时买的那杯咖啡或者苏打水。减少住房或交通等高成本项目支出能对资产产生更大的影响。另一个增加资产的办法是通过增加收入来增加资产或偿还债务，例如，当你挣更多钱时，你或许可以考虑把这笔新增收入的一部分存起来，而不是进行更多消费。偿还债务特别是高息信用卡账单有助于增加净资产。

□ 现金流量表记录着钱的来源和去处

现金流量表（收入支出表）囊括了在一段时间内，一般是一个月或一年，你收入或者支出的钱。它反映出在那段时间内你能否依靠自己的收入生活下去。它反映了资金的流进和流出。

现金流量表包括三部分：**收入**（income，所有收到的进项）；**支出**（expenses，所有花销）；**盈余**［surplus，又称**净收益**（net gain）或**净收入**（net income）］，即总收入大于总支出，或者**赤字**［deficit，又称**净损失**（net loss）］，即总收入小于总支出。现金流量表通常基于**收付实现制**（cash basis）①，即该表记录的项目都直接涉及现金的收入和支出。

> **收入**
>
> 现金流量表中记录的所得总收入。
>
> **支出**
>
> 现金流量表中记录的在一段特定时间内的总支出。
>
> **盈余/净收益/净收入**
>
> 现金流量表中记录的总收入超过总支出的值。
>
> **赤字/净损失**
>
> 现金流量表中记录的总支出超过总收入的值。
>
> **收付实现制**
>
> 只有涉及实际发生收支的交易才会被记录。

收入/现金流入：钱来自何处

你也许会简单地以为收入来自工资，但还有许多其他收入方式应该被记入现金流量表，例如，

- 奖金和佣金；
- 抚养费和赡养费；
- 公共援助；
- 社会保障福利；
- 养老金收入和分红；
- 奖学金和助学金；
- 收到的利息和股息（来自储蓄账户、投资、债券或贷款）；
- 出售资产所得；
- 其他收入（赠与、退税、租金、版税和资本收益）。

支出/现金支出：钱去了哪里

支出项目应该包括现金流量表所列期间的所有花销。每个个人和家庭有不同的支出数目和种类。一些人按照是否可变的标准对支出进行分类。**固定支出**（fixed expense）

① 另一种方法是**权责发生制预算**（accrual-basis budgeting），只要收入和支出发生了就确认，而不关心何时才会真正收款和付款。

在每一期支付的数量是相同的；这类支出不具弹性且通常是合约性的。例如租金支付和汽车分期贷款。想要减少一项固定支出一般很难。

可变支出［variable expense，又称**弹性支出**(flexible expense)］是指那些能较好控制的花销。例如，食物、娱乐和衣物都是可变支出。有些类别，例如储蓄，既可以被列入固定支出也可以被列入可变支出。以下是能够被列入现金流量表固定支出项目和可变支出项目的例子：

> **固定支出**
> 定期循环发生的消费。
> **可变支出**
> 你可以控制的消费。

固定支出

- 储蓄和投资；
- 退休金缴费（雇主计划、个人退休账户）；
- 住房（房租、按揭、贷款支付）；
- 汽车（分期付款，租赁费）；
- 保险（生命、健康、责任、残疾、承租人、房产、汽车）；
- 分期付款（家电、家具）；
- 税款（联邦收入、州收入、地方收入、房地产、社会保险、医疗保险、个人财产）。

可变支出

- 正餐（在家或者外出）；
- 日常使用（电费、税费、煤气费、电话费）；
- 交通费（汽油和保养费、证件费、登记费、公共交通费、通行费）；
- 医药费用；
- 婴童护理（托儿、保姆）；
- 衣服和配件（珠宝、鞋、手袋、旅行箱）；
- 零食（糖果、软饮料、其他饮料）；
- 教育（学费、杂费、书本费、其他物资费）；
- 家用设备（家具、家电、窗帘）；
- 有线电视（除基本服务外）；
- 个人护理（美容店、理发店、化妆品、干洗店）；
- 娱乐消遣（爱好、社交、健身俱乐部、下载/磁带/CD、电影租借、电影）；
- 慈善贡献（礼品、教堂、学校、慈善机构）；
- 订阅杂志；
- 假期和长周末；
- 信用卡支付；
- 储蓄和投资；
- 杂项（邮票、书籍、杂志、报纸、个人津贴、政府援助、会费）。

> **你知道吗？**
>
> 你在财务报表、工具和预算上犯的最大的财务错误
>
> 基于他人的经验教训，你可能会在下列情形中犯理财错误：
>
> 1. 没有为偶然发生的不规律支出提前计划；
> 2. 低估了每月的花销额；
> 3. 使用信用卡来“平衡”你的账目。

支出部分通常没有标准的分类科目，但是你确实需要以某种方式对支出进行分类。除了按照固定和可变支出分类外，你也可以把支出分为储蓄/投资、负债、保险、税费和日常支出。你分得越细，对支出的了解就越深刻。

现金盈余（或赤字）

盈余（赤字）部分反映收入扣除支出后剩下的金额，可以使用盈余/赤字公式(3.2)进行计算。(企业会把这部分计入净利润或净亏损。)

$$盈余(赤字)=总收入-总支出 \tag{3.2}$$

或者

1 100 美元盈余＝12 500－11 400

(800 美元赤字)＝14 900－15 700

盈余表明你成功管理了财务资源，不动用储蓄或借款就能达到收支平衡。当计算显示有盈余时，就表明你可以使用该笔钱（在你的支票或者储蓄账户上）去消费、储蓄、投资或者捐赠。盈余并不是放在餐桌上的实实在在的现金，而是反映在你资产负债表上的现金价值。图 3－3 以美元现值表示了一个人从开始财富积累到退休的生命周期中典型的财务状况。

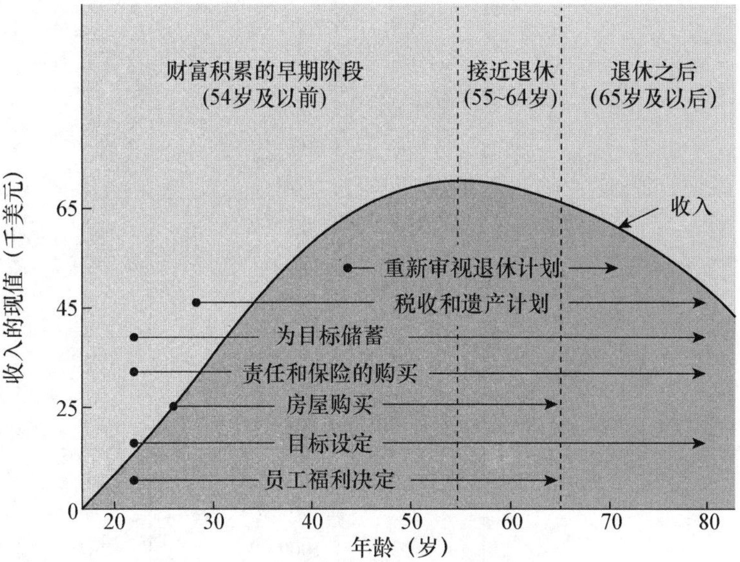

图 3－3　整个生命周期中个人的财务状况

现金流量表样本

表 3－3 展示了一对有两个孩子的夫妻（维克托和玛丽亚·埃尔南德斯）的现金流量表。该表形象地表明抚养孩子所需的额外收入，以及家庭（而不是个人）生活方式所特有的各种支出增长。一个人收入越多，现金流量表的内容就越复杂和详细。

表 3－3　一对有两个孩子的夫妻的现金流量表——维克托和玛丽亚·埃尔南德斯 (2011 年 1 月 1 日—2011 年 12 月 31 日)

	金额（美元）	占比（%）
收入		
维克托工资总额	63 180	70.99
玛丽亚工资总额	15 500	17.42

续前表

	金额（美元）	占比（%）
利息和股利收入	1 800	2.02
奖金	600	0.67
退税	200	0.22
净租金收入	7 720	8.67
总收入	89 000	100
支出		
固定支出		
偿付抵押贷款	14 400	16.18
房地产税	2 400	2.70
房屋保险	1 200	1.35
偿付汽车贷款	4 400	4.94
汽车保险和登记	2 190	2.46
人寿保险保费	1 200	1.35
医疗保险（员工部分）	2 980	3.35
应急基金	2 400	2.70
循环储蓄基金	1 800	2.02
联邦所得税	11 300	12.70
州所得税	4 200	4.72
城市所得税	1 600	1.80
社会保障税	6 020	6.76
私有财产税	950	1.07
个人退休账户	6 000	6.74
总固定支出	63 040	70.83
可变支出		
食物	4 900	5.51
公用事业	2 100	2.36
汽油和保养	3 100	3.48
医疗	3 400	3.82
药物	1 750	1.97
衣服和保养	1 950	2.19
教会	2 400	2.70
礼物	1 400	1.57
个人津贴	2 400	2.70
儿童津贴	2 080	2.34
杂项	480	0.54
总可变支出	25 960	29.17
总支出	89 000	100.00
盈余（赤字）	0	0.00

概念测试 3.2

1. 区别资产负债表和现金流量表。
2. 在资产负债表中资产和负债应该如何估价?
3. 区别固定支出和可变支出。

使用比率来追踪你的财务实力和进展

财务比率（financial ratio）是一种计算数值，旨在简化评估财务实力和进展的过程。比率是一种工具，它帮助你建立与目标保持一致的储蓄、消费和信贷使用模式。在加曼/福格合作网站上能够找到这些比率的计算器。

学习目标 3

使用财务比率来评价你的财务实力和进展。

□ 流动比率：我有足够的流动资产来应付突发事件吗?

流动性（liquidity）是指将资产转变为现金的速度和难易程度。你可以使用**流动比率**（liquidity ratio）来算出当所有收入终止时，只使用货币资产能够维持你几个月的日常开支。保持高流动比率是可取的。例如，运用式（3.3）把表 3－2 里维克托和玛丽亚·埃尔南德斯的资产负债表中的货币资产（9 120 美元）与他们在表 3－3 中的月支出［89 000/12=7 417（美元）］进行比较：

基本流动比率=货币(流动)资产/月支出 (3.3)
=9 120/7 417
=1.23
=1.23∶1 或者 1 又 2/10 个月

这个财务比率表示埃尔南德斯夫妇没有足够的货币资产，如果面临收入停止，他们只能维持一个多月（1.23 个月）的生活。专家建议人们持有相当于 3～6 个月应急现金储备开支的货币资产。有一半的美国家庭表示，如果不卖掉一些财产就不能拿出 2 000 美元。确切的货币资产数额取决于你的家庭状况和工作。如果你通过员工福利计划获得了足够的收入保障，从事一份绝对不会失业的工作，或者你的伴侣以收入导向参加工作，那么少量的货币资产也足够满足你的需要。收入不稳定的个体户家庭需要更多的应急现金储备。

资产负债比

比较总资产和总债务。

财务比率

旨在简化财务实力和进展评估的计算。

流动性

将资产转变为现金的速度和难易程度。

流动比率

在停止收入时能仅用货币资产维持开支的月份数。

□ 资产负债比：我有足够的资产来偿还我的负债吗？

资产负债比（asset-to-debt ratio）把总资产和总负债相比较。它给你的财务流动性提供了一个大概的衡量标准。如式（3.4）所示，这个比率考察的是偿债能力。高的资产负债比是很好的。根据维克托和玛丽亚·埃尔南德斯的资产负债表（表3-2）中的数据计算，这对夫妇有充足的资产来与负债相抵，因为他们拥有的价值超过他们欠债的价值三倍。（反过来算，他们欠债的价值还不到他们所拥有价值的三分之一。）

资产负债比＝总资产/总债务 （3.4）
＝372 620美元/101 365美元
＝3.676或3.7∶1

如果你的负债超过你的资产价值，那么从理论上说你是资不抵债的。尽管你目前的收入可能足以偿还账单，你仍然没有足够的资产来偿还全部的负债。

□ 债务收入比：我的总债务负担是否太高？

> **债务收入比**
> 比较在每年总债务上的开支。

债务收入比（debt service-to-income ratio）通过比较每年债务还款（包括租金或抵押付款）和每年的总收入，提供一个衡量债务负担的视角。建议将债务收入比控制在0.36以下。使用表3-3的数据，由式（3.5）可知埃尔南德斯夫妇每年偿还18 800美元的贷款（其中抵押贷款14 400美元，汽车贷款4 400美元），相当于他们89 000美元年收入的21.12%。他们的债务收入比表明他们的总收入足以偿还包括房屋成本在内的债务，并指出他们在其他开支的预算上有一定的灵活性。该比率应该会随着年龄的增长而降低。

债务收入比＝年度偿还债务/总收入 （3.5）
＝18 800美元/89 000美元
＝21.12%

□ 债务支付-可支配收入比：我的非抵押债务是否压力太大了？

> **债务支付-可支配收入比**
> 将每月可支配个人收入分摊到每个月的债务支付中。
> **可支配收入**
> 扣缴税款和费用后的收入余额，估计可供偿还债务的资金。

债务支付-可支配收入比（debt payment-to-disposable income ratio）是把每个月的可支配个人收入（不是总收入）分摊到每个月的债务支付中（除去抵押贷款债务）。**可支配收入**（disposable income）是除去税款和保险、工会会费等费用后的剩余收入。它是评估可用于支付债务的资金。14%或更低的比率是可取的。16%或更高的债务支付-可支配收入比被认为是有问题的，因为这个人在偿还高额债务，如果收入发生中断，他很快就会陷入财务危机。

在埃尔南德斯夫妇的例子中，根据表3-3，他们每月的可支配收入是5 743［＝89 000－11 300（联邦所得税）－4 200（州所得税）－1 600（城市所得税）－2 980（医疗保险保费）/12］美元，表3-3中他们每月的债务支付是366.67（＝4 400/12）美元，使用式（3.6）为埃尔南德斯一家算出的债务支付-可支配收入比非常小，为6.38%。注意，他们的信用卡债务为0。

$$债务支付\text{-}可支配收入比=每月非抵押债务支付/每月可支配收入 \tag{3.6}$$
$$=366.67/5\,743$$
$$=6.38\%$$

□ 投资资产-总资产比：我的储蓄/投资足够多吗?

> **投资资产-总资产比**
> 把投资资产和总资产价值相比较。

投资资产-总资产比（investment asset-to-total asset ratio）把你的投资资产和总资产价值相比较。这个比率揭示了个人或家庭为了积累资本而实现他们的理财目标，尤其是与退休相关的进展情况。50%或更高的比率是可取的。10%的比率可能适合二十几岁的人，11%～30%的比率适合三十几岁的人，30%以上的比率适合四十几岁的人。将表3-2中资产负债表的数据代入式(3.7)可知，埃尔南德斯一家的投资资产-总资产比为0.448或44.8%。如你所看到的，他们的资产有近一半是投资资产（包括维克托母亲去世前留给他们的租赁资产），这个比率是在他们这个人生阶段中很典型的。

$$投资资产\text{-}总资产比=\frac{投资资产}{总资产} \tag{3.7}$$
$$=\frac{167\,000\text{ 美元}}{372\,620\text{ 美元}}$$
$$=0.448\text{ 或 }44.8\%$$

□ 评价财务进度的其他方法

你可以利用资产负债表和现金流量表中的其他数据来分析你的财务状况。想一想表3-2中维克托和玛丽亚·埃尔南德斯的资产负债表中列出的资产。与有形资产和投资资产相比，他们的货币资产是否太少了？专家建议，你15%～20%的资产应该以货币形式持有，并且当你接近退休时这个比例还应增加。你是否对一项资产投资过多，还是像埃尔南德斯一家那样分散投资？自去年以来你的资产负债表中数据是否朝着有利的方向改变？你收入中越来越多的部分来源于你的投资吗？你的财务目标有进展吗？如果没有，那么问问自己：我是否把钱花在了真正想花的地方？我可以在哪些方面减少开支？我能让收入增加吗？

概念测试3.3

1. 区别流动比率和资产负债比。
2. 区别债务收入比和债务支付-可支配收入比。
3. 随着时间的推移，你的投资资产-总资产比发生的改变，能告诉你在实现财务目标方面取得了哪些进展？

你知道吗?

把坏习惯变成好习惯

你会这样做吗?	你应该这样做!
将收入花光;	节约10%或更多支出;
超支;	制定预算来控制开支;
长期没有财务记录;	创建一个记录系统;
不知道欠多少债;	制定资产负债表;
没钱支付汽车保险保费或度假;	节省大量不定期支出;
每隔几个月钱就花光了。	制定现金流日历。

收集与组织你的财务记录来省时省钱

学习目标 4

收集和整理个人理财所需的财务记录。

财务记录

证明资金交易的文件。

财务记录（financial record）是证明资金交易的文件，如账单、收据、信用卡收据和对账单、银行记录、纳税申报单、佣金记录、工资存根。你的财务记录会帮你确定你现在、过去、将来的财务状况。它也能帮你省钱和赚钱。好的记录能让你评价资金交易的结果，并允许其他家庭人员在紧急情况下找到它们。系统化的记录会帮你在申报所得税时利用所有的税收减免，让你有更多的钱来消费、储蓄、投资或捐赠。

表3-4显示了财务记录的分类和包含在每个类别里的具体内容。有些记录可以安全地保存在家里的防火文件柜或者保险柜中，其他记录应该放在银行的**保管箱**（safe-deposit box）。保管箱是银行提供的有安全锁的箱子，可以在银行租借（每年50～250美元）。打开这种箱子要用两把钥匙。顾客持有其中一把，银行持有另一把。许多人把重要文件的副本放在办公室或者亲戚家，因为两个地方的记录同时被偷或毁坏的可能性很小。当你不再使用某些记录的时候你可以销毁它们，如超过一年的非涉税支票和信用卡收据、过期的担保、过期的保单，你不再拥有的汽车记录，以及更新重要信息后的财务报告。

表3-4　财务记录：记录内容与保存地点

类别	内容	
	放在家里的防火文件柜或保险柜中	放在银行保管箱中
理财计划/预算	理财计划； 资产负债表和现金流量表； 当前预算； 银行保管箱文件清单； 财务顾问的姓名和联系方式	财务顾问的姓名和联系方式； 书面财务计划、目标和预算的副本

续前表

类别	内容	
	放在家里的防火文件柜或保险柜中	放在银行保管箱中
职业和就业	当前简历； 大学成绩单； 推荐信； 员工福利说明； 职业生涯规划书	雇主退休计划； 通讯录
银行和金融服务	支票簿、未使用的支票和注销的支票； 所有银行的地址和账户的账号列表； 支票及储蓄账户对账单； 银行保管箱的地址和编号； 账户交易收据	金融机构名单和账户号码列表； 存款凭证
税务	在过去三年里州和联邦的所有收入、纳税申报，包括所有证明文件的副本； 所有现金或财产捐赠的证明； 义工费用记录； 房地产税的收据	过去三年里州和联邦的所有收入、纳税申报的副本； 购买和出售的证券记录
信用	日常使用费及电话费账单； 每月信用卡对账单； 信贷付款收据； 报告丢失/被盗信用卡的账户和电话号码清单； 未使用的信用卡； 信用报告和评分	报告丢失/被盗信用卡的账户和电话号码清单贷款结清说明； 七年内的信用卡账单（如果支持税收减免）
房屋、车辆和消费	法律文件副本（租赁、抵押、契约、产权证）； 财产评估和检验报告； 上门维修/家装收据； 担保； 业主的采购手册； 汽车登记记录； 车辆服务和维修收据； 重要的购买收据	原始法律文件（租赁、抵押、契约、产权证）； 房屋估值报告副本； 购车合同（直到车辆被出售为止）； 贵重财物的照片或者视频
保险	原始保单； 保险清单，包括保费金额及到期日； 保险缴费收据； 寿险需求的计算； 保险索赔表单和报表； 家庭医疗记录，包括免疫记录和处方药清单	记录所有保单、公司和代理人的名称和地址、保单编号的列表； 附有清单的个人财产的照片或录像

续前表

类别	内容	
	放在家里的防火文件柜或保险柜中	放在银行保管箱中
投资	股票、债券和共同基金交易记录和证书号码； 共同基金报表； 经纪人的报告； 理财师的报告； 公司年报； 退休计划金的季度和年度报告； 商业利益上的文件； 书面的投资理念； 书面的投资策略	所有投资需要的联系方式； 股票和债券证书； 珍稀钱币、邮票和其他收藏品
退休	退休金及退休计划信息； 退休报表； 所有退休计划交易的副本； 备用社会保障卡； 信托协议； 社会保障信息	所有退休计划交易和报表的额外副本； 社会保障报表（最新的一份）
遗产规划	遗嘱副本； 预先指示的副本（遗嘱、生前遗愿、医疗授权书、持久授权书，原件来自医生/律师）； 信托文件的副本（来自遗嘱执行人、受托人/律师）	遗嘱的副本（所有财产规划文件原件应放在律师办公室）
个人信息	出生证和结婚证复印件； 宗教档案； 离婚判决书，财产清算书和监护协议的复印件； 赡养费和子女抚养费的收据； 你的孩子、亲戚和/或老年父母的监护信息	不被使用时的护照； 军事和领养文件； 出生、婚姻、死亡证明的原件； 社会保障卡原件； 离婚判决书、财产清算书和监护协议的原件； 所有重要文件和它们位置的主目录； 载有许多财务记录（每年更新一次）的闪存驱动器或CD

概念测试 3.4

1. 列出一些保持良好财务记录的好处。
2. 说出三份最好放在保管箱里的财务记录。

专家建议

用强硬的方式削减支出

如果你总是在月底前把钱用完，你需要采取一些有力的措施来控制你的财务状况。考虑以下几点：

1. 通过维持最低结余及消除透支避免支付银行手续费。

2. 停止使用 ATM 取款。

3. 停止从借记卡或信用卡中提取现金作为零用钱。

4. 只花现金，把借记卡和信用卡留在家里。

5. 停止使用信用卡。

6. 在信用联盟为信用卡债务再融资。

7. 不在外面吃饭。

8. 减少过度使用电话。

9. 不要为娱乐付费，除非活动是免费的。

10. 减少或停止购买奢侈品，如服装、电影、娱乐、会员服务、爱好、CD 光盘、DVD 光盘、有线电视频道订购。

11. 放弃座机电话服务，只使用手机。

12. 寻找更便宜的汽车保险。

13. 增加你的 401（k）退休金，因为它减少了所得税。

14. 更改扣缴所得税，增加实得工资。

15. 在购物时使用清单，并坚持下去。

16. 远离商场和折扣商店。

17. 出售资产，尤其是需要额外开支的资产，如船或第二辆车。

18. 建立一个应急储蓄基金，即使这意味着暂时降低退休计划供款。

19. 只购买有用的物品。

20. 让圣诞节成为“无花费”假日。

21. 搬到成本较低的住房去住。

22. 通过加班或第二份工作增加收入。

阿勒纳·C. 约翰逊
犹他州州立大学

通过预算，达到你的目标：你的消费/储蓄的行动计划

学习目标 5
利用预算实现你的财务目标。

成功理财在很大程度上是选择的问题而不是运气的问题。你的预算就是制定和实施这些选择，也就是你花钱和存钱的计划。预算迫使你考虑什么是最重要的、什么是你想拥有的、你想过上怎样的生活、需要怎么做，更普遍地说，你想要在生活中实现什么。预算能让你控制自己的财务状况，它能让你在实现财务目标的同时，成功地应对任何不可预见的事件。总之，预算回答了一个问题：“我的消费/储蓄计划是什么?”预算的一个优点在于它减少了压力，因为制定和遵守预算可以帮你得到更多你想要的东西。

理财要点

预算成功的秘密

如果你有一些应急储蓄，可能高达 500 美元或 2 000 美元，你就有足够的资金来支付车辆维修和说走就走的旅游，所以你永远不必使用信用卡支付超出预算的消费。

有些人能够成功地在脑子里做好所有的预算，他们太棒了！然而，我们中的许多人，需要根据纸上或电脑屏幕上的实际数字做预算。**预算**（budget）是一种纸质或电子文件，用来记录一段时间内计划的和实际的收入与支出。预算是执行财务计划和实现财务目标的主要机制。图 3－4 说明了如何看待财务报表和预算。现金流量表关注的是你过去的财务状况，资产负债表显示的是你目前的财务状况，而预算则表明你未来的财务规划。制订和执行支出计划有三个阶段：之前、期间和之后。

> **预算**
> 用来记录一段时间内计划的和实际的收入和支出的纸质或电子版文件。

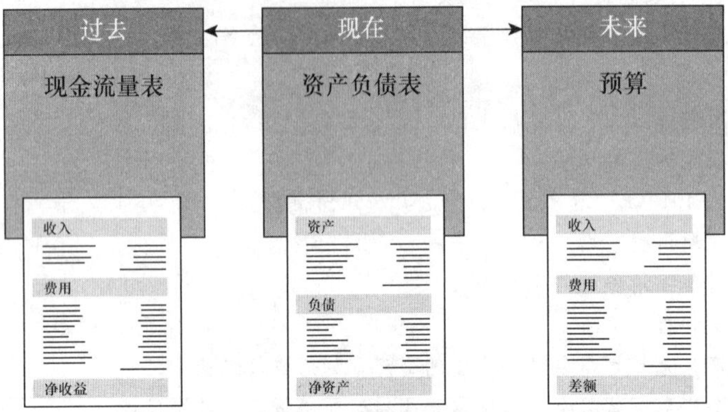

图 3－4　关于财务报表和预算

□ 行动之前：设定财务目标

在制定预算之前，先设定财务目标。**长期目标**（long-term goal）是个人或者家庭想要在未来五年以上实现的理财目标。这些目标为整体财务规划以及短期预算提供了指导。一个长期目标的例子是在 60 岁前建立一个 100 万美元的退休基金。目标必须包含具体金额及实现目标的时间。

> **长期目标**
> 在未来五年以上实现的理财目标。

如果你拥有较少的收入或巨额债务，在解决当前的财务困难之前去考虑长期目标是不太现实的。你除了购置一些生活必需品，如住房、食物和水电之外，别无他法。在这种情况下，你需要专注于短期的努力以改善你的财务状况。你可能需要注重债务偿还，而不是增加债务。

设立不现实的短期目标会增加失败的可能性。因此，你需要设立一些容易实现的财务目标。例如，你可能想每个月储存 350 美元，作为 5 年后买房的首付。这似乎是一大笔钱，但在开始的几个月里每个月存 100 美元就会好过很多，之后两个月每月存 150 美元，之后每个月存 200 美元，再之后是 250 美元、300 美元，最终每个月存 350 美元，这样第一年年底你就能达成目标。

中期目标（intermediate-term goal）是指能够在一年到三至五年之间实现的理财目标。举几个中期目标的例子：在四年之内创立一个相当于三个月工资的应急基金；在三年之内储蓄 22 500 美元作为房子的首付；

> **中期目标**
> 可在一到五年内实现的理财目标。

在两年之内完成预算为4 000美元的中国旅行；在一年半之内偿还8 000美元的信用卡债务；在五年之内偿还12 000美元的助学贷款。**短期目标**（short-term goal）是指可以在一年之内实现的理财目标，如上完大学、还清汽车贷款、增加储蓄、购置资产（如车辆、家具、电视、音响、服装等）、减少高息贷款、每年旅游、参加婚礼、购买人寿保险，还有为退休做打算。

> **短期目标**
> 可在一年内实现的理财目标。

你需要尽可能清楚地知道你的理财目标。图3-5给出了为达到长期、中期、短期目标需要存储多少钱的例子。大家可以把这种储蓄看作一项固定支出（比如从薪水中拿出一部分用作退休储蓄或者转到储蓄账户）。其他的存储方式比较灵活，比如在所有的支出都完成后，把剩下的钱都存起来。

将你的目标按主次排列是有道理的。但最重要的目标是什么？很确定的一项目标就是尽快还清高息信用卡。另外一项目标是尽你所能为你的退休计划注资。许多大学毕业生用买车来庆祝他们成功找到了人生的第一份工作。在你受到接下来买西装的诱惑前，你应该仔细考虑优先目标，并牢记你的每次举动产生的后果不仅是这次花了多少钱，还包括放弃其他选项的机会成本。为了实现你的长期目标，你必须牺牲一些眼前的欲望。

这些是进行成功预算的建议：（1）保持简单，（2）私人化，（3）保持灵活，（4）保持乐观。一项明智的举动是列出在达成一些特定财政目标时可能会给你带来的好处。当你确信这是你的目标时，当你对目标产生情感共鸣时，当你的短期目标可发展为长期目标时，又或者当你能预判到你的目标能给你带来的好处时，你就极有可能会实现你的理财目标。

表格建立日期：2012年1月

1 长期目标	2 所需资金（美元）	3 所需时间	4 存储月数（月）[a]	5 开始时间	6 每月存储金额（美元） （=2÷4）
欧洲度假	3 000	至2015年8月	30	2013年2月	100
新车首付	5 000	至2016年10月	45	2013年1月	111

表格建立日期：2012年1月1日

1 中期目标	2 所需资金（美元）	3 所需时间	4 存储月数（月）[a]	5 开始时间	6 每月存储金额（美元） （=2÷4）
住房首付	18 900	至2017年12月	60	2012年1月	315

表格建立日期：2012年1月1日

1 短期目标	2 所需资金（美元）	3 所需时间	4 存储月数（月）[a]	5 开始时间	6 每月存储金额（美元） （=2÷4）
住房基金	3 600	至2012年12月	12	2012年1月	315
节假日度假	1 200	至2012年12月	12	2012年1月	100
夏天度假	1 200	至2012年8月	6	2012年3月	100
周年晚宴	500	至2012年6月	5	2012年1月	50

图3-5 哈利和贝琳达·约翰逊的目标工作表

a. 需要5年及以上时间达成的目标，要求我们考虑投资收益率及税后收益率，详见第四章。

□ 行动之前：制定和调整预算

在行动之前，你先得了解你是如何用钱的，以此来制定和调整收支预算。此时你将和需求、欲望做斗争，因此你要坚信预算是有必要的。要知道尽管你非常想要那些东西，你不可能拥有生活中的一切，特别是在这个月内。

进行预算估计

预算估计（budget estimate）是在预算期间内一个人预计得到或花费的金额。先估算来自各种渠道的总毛收入，接着评估实得收入，再确定可支配收入。例如，强尼·德普的年收入为 6 万美元，扣除个人所得税、保费和工会会费后，他的**实得收入**［take-home-pay，也称**可支配收入**（disposable income）］为 4.8 万美元。这些钱可以用来消费、储蓄、投资以及捐赠。**可自由支配收入**（discretionary income）同样需要重视，这部分钱是支付生活必需开销，如房款、食物花费和其他必需品花费后的剩余。通常这部分钱是可支配的，这也构成了可变支出的主要部分。在强尼支付了房租、食物花费、日常使用费、汽车费用后，他的可支配收入为 1.8 万美元。

> **预算估计**
> 在预算期间内得到或花费的预计金额。

> **实得收入/可支配收入**
> 在雇主预提税收、保险和工会会费之后的收入。

> **可自由支配收入**
> 支付完住房和食物等必需品的费用之后剩下的收入。

表 3-5 是一个大学生、一个单身工作者、一对年轻夫妇、一对有两个年幼孩子的夫妇和一对有两个大学生孩子的夫妇的预算估计。大学生的预算要求他每个月从之前的储蓄中提款以维持收支平衡。单身工作者的预算允许有汽车贷款，但是其他开销所剩不多。接着看这对年轻夫妇的预算，其中包括汽车贷款、一项投资、向退休账户注资，还有相当大部分的食物和娱乐开销。尽管这对有两个年幼孩子的夫妇的其中一方有兼职工作来增加收入，但是他们的预算中只允许支付一笔不贵的汽车贷款。家中有两个大学生孩子的夫妇，他们的预算可支付房屋抵押贷款、拥有两辆汽车、进行储蓄和投资项目，还有为孩子长期准备的大学费用。

制定合理的预算估计是很重要的。如果你要买 7 份节日礼物，并且每份花费 50 美元，那么很容易得出总价为 350 美元。如果你想每周和朋友出去吃顿饭，这顿饭的价格为 50 美元，那么每月将花费 200 美元。避免使用不现实的低价，而应该在制定你自己的预算时公正、诚实，然后把所有开销加总。

表 3-5　不同家庭单位的每月预算样本　　单位：美元

分类	大学生	单身工作者	年轻夫妇	有两个年幼孩子的夫妇	有两个大学生孩子的夫妇
收入					
工资 1	300	2 800	2 200	3 500	4 400
工资 2	0	0	2100	860	1600
利息和分红	5	15	15	15	80
贷款/奖学金	300	0	0	0	0
储蓄提款	570	0	0	0	500

续前表

分类	大学生	单身工作者	年轻夫妇	有两个年幼孩子的夫妇	有两个大学生孩子的夫妇
总收入	1 175	2 815	4 315	4 375	6 580
消费					
固定支出					
退休基金	0	20	360	180	340
个人退休账户	0	20	160	180	200
储蓄（代缴）	0	20	20	10	100
房产	350	750	900	1 100	1 300
健康保险	0	0	60	150	140
人寿和伤残保险	0	0	20	60	40
房主或租客保险	0	0	40	60	80
汽车保险	0	80	90	60	140
汽车支付	0	280	345	220	0
贷款 1（电视和立体声）	0	80	80	40	0
贷款 2（其他）	0	40	40	0	50
联邦税和州税	30	455	715	600	710
社会保障税	23	210	330	305	385
不动产税	0	0	0	0	40
投资	0	0	60	100	300
总固定支出	403	1 955	3 220	3 065	3 825
可变支出					
其他储蓄	0	60	150	0	0
食物	180	230	270	340	350
水电费	40	80	90	140	145
汽车尾气税、油、保养	0	90	110	90	100
医疗	10	30	40	70	50
婴童看护	0	0	0	260	0
衣物	20	50	60	50	40
礼物和捐款	10	20	40	60	80
津贴	20	75	60	100	180
教育	400	0	0	0	1 500
家具和电器	10	10	30	20	20
个人护理	10	45	25	30	30
娱乐	40	120	100	60	120
度假	17	30	40	30	60
杂项	15	20	80	60	80
总可变支出	772	860	1 095	1 310	2 755
总支出	1 175	2 815	4 315	4 375	6 580

> **你知道吗?**
>
> **通过财务软件工具来管理你的钱**
>
> 财务软件和财务规划工具包括很多互联网上的工具，能让理财变得轻而易举。财务软件提供了很多好处，烦琐的计算大大减少，财务记录可以随着银行交易自动更新。资产负债表和现金流量表会在交易发生的时候自动更新。
>
> 这里有一些针对个人理财的综合门户网站：雅虎理财（www. finance. yahoo. com）、MSN 货币中心（http://money. msn. com//），还有 Quicken. com(www. quicken. intuit. com/)。你会发现各种简单易用的财务工具，包括账单支付、银行业务、汽车贷款利率对比、分期付款购物、网上报税、股票筛选、股票报价、在线经纪商、退休计算器和突发性新闻报道。其他优秀的网站还有：Money（http://money. cnn. com/)、The Money Fool（www. Fool. com)、Kiplinger's personal Finance Magazine（www. Kiplinger. com)、USA Today（www. USAToday. com）和雅虎（www. Yahoo. com)。

复核预算估计以达到收支平衡

虽然你很努力地想让自己跟着预算目标走，但有时你会发现这些数学运算让人头疼。当初始开销超过收入预算时，你有三个选择：(1) 增加收入；(2) 缩减开支；(3) 尝试增加收入和减少支出的组合。协调需求和欲望的过程是一种很好的锻炼。这样能排出主次，告诉你当前生活中重要的东西，也决定了你应该在哪些方面牺牲一下。复核你的短期财务目标也是必要的。

为了调整预算你必须解决需求的冲突，直到支出不超过收入。你也没有选择！或许你可将一些必要的东西改成明年可能的购买。或许你可以保留一些高质量消费但是要减少数量。例如，与其和你的朋友每个月都去餐厅花费 200 美元吃 4 顿饭，还不如改为每个月 2 次，每顿饭花 60 美元，每个月可以节省 80 美元并且仍然有 2 顿美餐。在钱的问题上，行动重于言辞，所以采取相应的行动吧。

最终，你会确保收入大于支出，来实现收支平衡预算。

对哈利和贝琳达未完成的商业评估

表 3-6 呈现了哈利和贝琳达的年度预算，并反映了他们如何努力协调预算评估。他们认为“储蓄优先”，他们打算每月在储备基金中存 100 美元，并存 300 美元来买房子和作为退休计划。但约翰逊夫妇总是无法实现预算，因为他们的总计划支出比他们的总计划收入多 1 310 美元，约翰逊夫妇要实现预算收支平衡还要做更多事。

> **理财要点**
>
> 削减大额开支而不是小额消费
>
> 专家们说你不应该为了更好地理财不去偶尔喝一杯咖啡。与其节省这些小钱，不如享受咖啡，然后在其他大额消费方面做一些削减，例如房产、汽车、幼儿保育、医疗保健等，并且削减信用卡收费。其他一些专家则不这么认为，他们建议若想真的通过预算来管理资金，就要削减所有杂项。

□ 行动之前：规划现金流

在每个月初，你需要规划好你的现金流或者货币流向，每个月的收入通常会固定在某一水平上，但支出却经常变化，有时变化甚至很剧烈。因此，人们有

表 3-6 **2012 年哈利和贝琳达的预算评估** 单位：美元

	1月	2月	3月	4月	5月	6月	7月	8月	9月	10月	11月	12月	年总计	月总计
收入														
哈利的工资	3 250	3 250	3 250	3 250	3 250	3 250	3 250	3 250	3 250	3 250	3 250	3 250	39 000	3 250.00
贝琳达的工资	4 750	4 750	4 750	4 750	4 750	4 750	4 750	4 750	4 750	4 750	4 750	4 750	57 000	4 750.00
利息	12	12	13	13	14	14	15	15	15	16	16	16	171	14.25
信托	0	0	0	0	0	0	0	3 000	0	0	0	0	3 000	250.00
总收入	8 012	8 012	8 013	8 013	8 014	8 014	8 015	11 015	8 015	8 016	8 016	8 016	99 171	8 264.25
支出														
固定支出														
租金	1 100	1 100	1 100	1 100	1 100	1 100	1 200	1 200	1 200	1 200	1 200	1 200	13 800	1 150.00
健康保险	200	200	200	200	200	200	250	250	250	250	250	250	2 700	225.00
人寿保险	15	15	15	15	15	15	15	15	15	15	15	15	180	15.00
购房基金	300	300	300	300	300	300	300	300	300	300	300	300	3 600	300.00
租客保险	0	0	0	0	0	220	0	0	0	0	0	0	220	18.33
汽车保险	0	0	0	0	0	850	0	0	0	0	0	850	1 700	141.67
汽车贷款	497	497	497	497	497	497	497	497	497	497	497	497	5 964	497.00
助学贷款	300	300	300	300	300	300	300	300	300	300	300	300	3 600	300.00
储蓄/应急基金	100	100	100	100	100	100	100	100	100	100	100	100	1 200	100.00
哈利的退休计划	195	195	195	195	195	195	195	195	195	195	195	195	2 340	195.00
贝琳达的退休计划	190	190	190	190	190	190	190	190	190	190	190	190	2 280	190.00
有线电视和网络	120	120	120	120	120	120	120	120	120	120	120	120	1 440	120.00
联邦所得税	1 210	1 210	1 210	1 210	1 210	1 210	1 210	1 210	1 210	1 210	1 210	1 210	14 520	1 210.00
州所得税	400	400	400	400	400	400	400	400	400	400	400	400	4800	400.00
社会保障	535	535	535	535	535	535	535	535	535	535	535	535	6420	535.00
汽车注册	0	0	0	0	0	0	0	0	0	0	300	0	300	25.00
总固定支出	5 162	5 162	5 162	5 162	5 162	6 232	5 312	5 312	5 312	5 312	5 612	5 162	65 064	5 422.00

续前表

	1月	2月	3月	4月	5月	6月	7月	8月	9月	10月	11月	12月	年总计	月总计
可变支出														
储蓄/投资	0	0	0	0	0	0	0	2 000	0	0	0	0	2 000	166.67
循环储蓄基金	250	250	250	250	250	0	240	0	200	190	0	0	1 880	156.67
食物（杂货）	440	440	440	440	440	440	440	440	440	440	440	440	5 280	440.00
食物（外出就餐）	300	300	300	300	300	300	300	300	300	300	300	300	3 600	300.00
日常使用	125	150	150	150	100	100	100	100	100	125	125	150	1 475	122.92
电话	75	75	75	75	75	75	75	75	75	75	75	75	900	75.00
汽油和保养	120	120	120	120	120	120	120	120	120	120	120	120	1 440	120.00
医生和牙医账单	100	100	100	100	100	100	100	100	100	100	100	100	1 200	100.00
药物	60	60	60	60	60	60	60	60	60	60	60	60	720	60.00
衣服和保养	170	170	170	170	170	170	170	170	170	170	170	170	2 040	170.00
教会和慈善机构	100	100	100	100	100	100	100	100	100	100	100	100	1 200	100.00
礼物	80	80	110	75	140	20	20	60	60	50	400	300	1 395	116.25
公共交通	60	60	60	60	60	60	60	60	60	60	60	60	720	60.00
个人津贴	720	720	720	720	720	720	720	720	720	720	720	720	8 640	720.00
娱乐	150	150	150	150	150	150	150	150	150	150	150	150	1 800	150.00
假日旅行	0	0	0	0	0	0	0	0	0	0	0	600	600	50.00
夏天旅行	0	0	0	0	0	0	0	1200	0	0	0	0	1 200	100.00
周年纪念晚会	0	0	0	0	0	500	0	0	0	0	0	0	500	41.67
杂项	100	75	46	81	67	67	48	48	48	44	44	39	707	58.92
总可变支出	2 850	2 850	2 851	2 851	2 852	2 982	2 703	5 703	2 703	2 704	2 864	3 384	37 297	3 108.08
总支出	8 012	8 012	8 013	8 013	8 014	9 214	8 015	11 015	8 015	8 016	8 476	9 546	102 361	8 530.08
误差项（可用于消费、储蓄和投资）	0	0	0	0	0	−1 200	0	0	0	0	−460	−1 530	−3 190	
循环储蓄提款	0	0	0	0	0	1 200	0	0	0	0	460	220	1 800	
缺口	0	0	0	0	0	0	0	0	0	0	0	1 310	1 310	

时会抱怨“身无分文，没必要做预算”。这个困扰可以用现金流量表来预测，并通过储备金来消除。

哈利与贝琳达的现金流量日历

> **现金流量日历**
> 每月的收入和支出的预算。

表 3－6 中关于每月收入和支出的预算在表 3－7 中以摘要形式重新列出，为约翰逊家提供了**现金流量日历**（cash-flow calender），这是一个非常有用的预算工具，年度收入与预算支出被记录在表里，以确定盈余或赤字的情况。在约翰逊家的例子中，年度计划支出超过了收入，这对夫妇前 5 个月的收支能够维持平衡，但在剩下的月份中将面临“赤字”。

在入不敷出时缩减开支和提高收入才是有效的，也可以利用储备和借贷。但如果你利用借贷来支付，那么借贷成本将进一步增加你下一个月的支出。

表 3－7　哈利和贝琳达的现金流量日历　单位：美元

月份	估算收入	估算支出	盈余/赤字	累计的剩余/赤字
1月	8 012	8 012	0	0
2月	8 012	8 012	0	0
3月	8 013	8 013	0	0
4月	8 013	8 013	0	0
5月	8 014	8 014	0	0
6月	8 014	9 214	−1 200	−1 200
7月	8 015	8 015	0	−1 200
8月	11 015	11 015	0	−1 200
9月	8 015	8 015	0	−1 200
10月	8 016	8 016	0	−1 200
11月	8 016	8 476	−460	−1 660
12月	8 016	9 546	−1 530	−3 190
总计	99 171	102 361	−3 190	

为约翰逊家庭准备的储备基金

> **循环储备基金**
> 灵活的预算工具，为支付紧急或偶然的高支出建立各种各样的储备基金。

对一个家庭来说，利用**循环储备基金**（revolving savings fund）“向自己借钱”无疑是明智的，循环储备基金是你平时努力节省下来的钱，可以用来保持预算平衡，从而避免资金耗尽。建立这样的基金需要提前计划——就像一个大学生在暑假攒钱（建立一个循环储蓄基金）以便开学使用一样，建立储备基金往往有两个作用：（1）积累资金以备某个月非常规的大额支出，如汽车保险、医疗费用、节日礼物和度假等；（2）防备有时因为收入波动而导致的入不敷出。

表 3－8 显示了约翰逊家庭的循环储备基金，在制定预算时，他们发现他们在 6 月、11 月和 12 月将会出现显著的“赤字”。因此，他们决定每个月节约 250 美元来弥补 6 月的不足，那么到 6 月的时候，他们的储备基金里将有 1 250 美元。他们可以继续利用储备基金来弥补 11 月的赤字。

表 3-8　　哈利和贝琳达的循环储备基金

月份	大额支出	所需总额（美元）	存入资金（美元）	从基金中抽出（美元）	基金余额（美元）
1月		0	250	0	250
2月		0	250	0	500
3月		0	250	0	750
4月		0	250	0	1 000
5月		0	250	0	1 250
6月	晚会和保费	1 200	0	1 200	50
7月		0	240	0	290
8月		0	0	0	290
9月		0	200	0	490
10月		0	190	0	680
11月	节日礼物	460	0	460	220
12月	节日礼物和度假	1 530	0	220	0
总计		3 190	1 880	1 880	−1 310

哈利和贝琳达对预算选择的讨论

约翰逊夫妇在12月的时候仍将面临1 530美元的缺口。缺口如此之大，夫妇二人有一些选择：（1）减少一些之前计划的支出；（2）使用哈利的信托基金利息来填补赤字；（3）在12月动用应急储备；（4）利用信用卡来支付年末支出。约翰逊夫妇希望在年末有足够的应急基金，以便在接下来的12个月建立他们的循环储蓄基金。

约翰逊夫妇对于预算的优先次序存在着争议，贝琳达希望减少外出就餐的费用并开立信用卡账户以应对年末的赤字，而哈利希望减少服饰以及娱乐支出，并取消计划好的周年纪念晚宴。他们两个都在担心如何才能赚那么多的钱，也在烦恼为什么还有这么多的预算问题。约翰逊夫妇可能会根据第五章中提出的建议明白这其中的原因。约翰逊夫妇需要讨论一下他们的支出优先次序并做出决定，这样他们就可以调整今年的预算了。

□ 预算期间：控制花销

预算控制（budget control）是保持对个人开支的控制以保证不会超支的技巧，预算控制可以提供支出是否达标，并且提供如超支、错误、紧急以及异常或遗漏等信息。以下是几种预算控制的例子。

制定购物预算

为每一次购物制定预算，不要多花一分钱。

记录支出的目的

账单要有一定的空白处用以记录支出的目的，账单或者登记簿还需要提供一定的空白来记录支出说明。如果你使用自动取款机（automatic teller machine，ATM）取现或者信用卡支付日常开支，要立马登记在登记簿上，保留账单并在背后注明用途。保留所有的支票账单，如果你需要现金，那就写一张支票或去ATM取现。如果你用信用卡取现，别忘了在收据上记录原因。

> **你知道吗?**
>
> **超级储蓄者的秘密**
>
> 一些人如何在享受好的生活的同时，又可以把 20%～30%或者更多的收入储蓄起来？和大多数人一样，这些超级储蓄者也有住房抵押贷款，要交学费，也要旅游。然而，他们对自己的财务状况心安理得，因为他们有相当多的储蓄和投资缓冲。他们遵循下面几条规则进行严格的储蓄：
>
> - 有目的性地进行储蓄和投资。
> - 克制冲动消费（“我真的需要这件东西吗?”）并选择推迟几个月再去买任何昂贵的东西。
> - 避免借债（如汽车贷款以及分期付款去买电脑、电视机和家具），避免使用信用卡，这样你就不会花掉你本没有的钱。
> - 减少在贵重物品上的开支，如买房（不选附近最大的）、买车（开旧的），并且不要进行太贵的旅游。
> - 通过购物时比较价格、利用优惠券，买便宜的商品和服务，以及谨慎对待娱乐消费等方式。
> - 选择明智的消费，写下每一次购买记录来追踪支出。
> - 通过尽可能多地把钱转移进雇主的退休计划中来实现自动储蓄，并签订自动转账协议，把钱从支票账户转移到储蓄账户、经纪人账户、529 计划和罗斯个人退休账户。
> - 随着收入的增加储蓄更多的钱。

追踪信用交易

人们通常不会在收到追缴通知之前记录他们的信用交易。这容易导致人们进行信用交易而没有意识到自己的债务量，直到他们收到催款单。当发生现金和信用支付时你应该记录下来。如果你用信用卡花 40 美元买了一件衣服，把这笔消费记录为衣服支出，并在这类支出中减少你这个月的剩余支出。

控制非预期的支出来控制超支

控制超支的首要方法是在你的每一个分类预算中控制你的非预期支出。你可以通过保持支出下降的预算设计来完成这个任务，像图 3-6 中的（a）部分和（b）部分所示的那样。其他预算设计像图 3-6 中（c）部分和（d）部分所示的那样，需要以不同方式加以监控。像这个图中（c）部分和（d）部分所示的那样，只需在每月预算期间，根据需要每周加总小计即可。你也可以在网上记录你的消费。

对例外进行调整以避免欺骗自己

当各种预算估计与真实消费不同时，**预算例外**（budget exception）就会发生。例外经常以超支的形式出现，但是也可能出现收入过高或过低的情况。简单地消费额外的收入而不把它记录下来是一种自我欺瞒。通过写下几个字来记录例外，重新整理事实能给你提供控制个人财务的信息。如果例外发生在消费方面，那么立即决定如何通过减少你的支出计划中的其他支出来弥补超支。

> **预算例外**
>
> 预算估计与真实消费不同。

> **从属预算**
>
> 在单一预算分类内计划支出的详细清单。

(a) 食物预算：90 美元			
日期	项目	金额（美元）	结余（美元）
2 月 6 日	杂货	20	70
2 月 9 日	外出晚餐	18	52
2 月 14 日	杂货	11	

(b)

日期	项目	预算金额（美元）	消费（美元）	结余（美元）
2 月 1 日	估计预算	90		90
2 月 6 日	杂项		20	70
2 月 9 日	外出晚餐		18	52
2 月 14 日	杂项		11	41
2 月 20 日	杂项		25	16
2 月 28 日	2 月总计	90	74	16

(c)

日期	项目	食物预算：90（美元）	衣服预算：30（美元）	汽车预算：60（美元）	房租预算：275（美元）	储蓄预算：60（美元）	公用事业预算：40（美元）	总预算：680（美元）	备注
2 月 1 日	汽油			10				10	
2 月 6 日	杂项	20						20	有朋友拜访
2 月 8 日	汽油			17				17	价格合适
2 月 9 日	晚餐	18						18	
2 月 14 日	杂项	11						11	百事可乐促销
2 月 15 日	小计	/49		/27				/76	

(d)

			收入（美元）			消费（美元）							备注
			工资	其他	总计	食物	衣物	汽车	房租	储蓄	公用事业	总计	
估计			700	40	740	90	30	60	275	60	40	680	
1 月结余			—	—	—	6	—	14	—	—	2	28	
总计			700	40	740	96	30	74	275	60	42	708	
日期	项目	收入（美元）											
2 月 1 日	工资支票	700	700										
2 月 1 日	出租车汽油							10				10	
2 月 6 日	西夫韦杂货					20						20	有朋友拜访
2 月 8 日	7/11 汽油							17				17	价格合适
2 月 9 日	晚餐：比萨					18						18	
2 月 14 日	巨人杂物					11						11	百事可乐促销
2 月 15 日	小计	/700				/49		/27				/76	
2 月 16 日	电话										41	41	
2 月 28 日	总计	700		40	740	83	28	27	275	60	41	660	这个月很棒

图 3-6　记录格式示例

运用从属预算

从属预算（subordinate budget）是指在一个单独的预算分类下列出详细的消费清单。例如，估计度假要花费 1 200 美元，能够列出下面的从属预算：汽车旅馆，700 美元；餐馆，300 美元；娱乐，200 美元。

运用信封系统进行最强的控制

为了进行严格的预算控制，**信封系统**（envelope system）预算需要把准确金额的钱放入信封。在预算编制开始时，将相当于各种支出分类的预算值的钱放在信封里，在每个信封上写下每种分类的名字和预算金额。当发生消费的时候，在对应的信封上记录下来并取走适量的现金。当信封空了，那个分类的资金也就用完了。当然，你得保管好你的现金。

> **信封系统**
> 为每一个预算目的将确切的金额放入不同的信封内。

□ 行动之后：评估预算进度并做出必要的改变

> **理财要点**
>
> **移动应用程序和在线个人理财软件工具**
>
> 你可以通过上网或使用智能手机来完成你的个人理财。试试用这些优秀的移动应用程序来管理你的支出、银行卡和信用卡：EasyMoney（www. handy-apps. com/main/EasyMoney. aspx）、Mint（www. mint. com/features/anywhere/）、Pageonce（www. pageonce. com）、PocketMoney（http://pocketmoney. com/）以及 ProOnGo（http://proongo. com/）。最好的一些在线软件工具包括 Buxfer（www. buxfer. com/）、Mint（www. mint. com）以及 YodleeMoneyCenter（www. yodlee. com）。

在每个预算周期结束时进行评估，以此来判断你预算的前几步是否奏效，并且给你提供下一个预算周期所需的反馈。通过比较实际金额和预算金额，评估你的目标是否实现、整个过程是否成功以及短期和长期目标的进程。评估工作能够帮助你做出必要的改变。

在某些预算支出分类中，预算评估很少与实际支出相符——尤其在可变支出方面。**预算差异**（budget variance）是指在预算收支与真实收支之间的差额。在图 3-6 中的（c）部分和（d）部分的备注栏可以帮助解释为什么会发生差异，少量超支可能不会引起关注，但是巨大的差异就会阻止你实现预算平衡，此时就应该采取一些措施。你需要采取更加严格的预算控制，或加紧现在的控制。

不管你的目标是什么，朝着目标前进都会让你感觉良好，这鼓舞你去行动。如果你没有实现你的目标，你就可以知道原因从而调整你的预算和目标。修改你的计划是没有问题的。假设杰基·陈在月末发现他不能完成每个月储蓄 250 美元的计划，通过评估他的预算，也许杰基会发现，修理坏掉的窗户这一紧急事件导致他这个月的花费多于预算。由于杰基知道了目标没有实现的原因，他就可以将目标放在下一个预算期内。

> **预算差异**
> 预算收支与真实收支之间的差异。

> **理财要点**
>
> **在你买之前**
>
> 如果你想在今年存 1 000 美元，在你买东西之前问问自己这些问题：
>
> 1. 这是我计划购买的吗？
> 2. 我买来以后还会喜欢它吗？
> 3. 如果我不买会怎么样？
> 4. 我真的需要或想要这个吗？
>
> 资料来源：由 LFE 学院创建，LFE 学院是一家以企业技能为基础的金融素养课程开发机构。Copyright © LFE Institute，www. lfeinstitute. com。

> **你知道吗？**
>
> **在购物时使用优惠券、Facebook、Twitter和智能手机应用来省钱**
>
> 通过充分利用优惠券、打折和手机应用，你每年可以节省数百美元。获得一张“周二红宝石日25美元优惠券”、一张“沃尔格林日百事可乐5美元优惠券”或一张“智能手机50美元优惠券”是没什么问题的。获得折扣有很多种途径，所以可尝试以下方法：
>
> - 利用Facebook或者Twitter的链接获得你最喜欢的一些品牌的优惠券。
> - 在Groupon.com和Livingsocial.com上接收本地交易和每日折扣信息。
> - 用你的智能手机去浏览ShopSavvy的手机应用，通过扫描条码看看谁的售价更低，并且定位这些卖家。除此之外，这个软件还可以在你已经看过的商品的价格降价时给你发送提示。
> - 利用谷歌买家手机应用，使用手机摄像头通过产品封面、条码扫描、声音和文本来识别产品，然后提供评价和规格。你也可以用你的安卓手机或苹果手机试试夏尔巴优惠券手机应用。
> - 在Promotional/Codes.com或者CouponWinner.com上寻找机票、租车和酒店优惠券代码。
> - 试试“比价”搜索引擎，如PriceGrabber.com和Nextag.com。
> - 试试周日报纸上的优惠券，它们提供上百件商品的折扣。
> - 如果你要从一个地址搬到另一个地址，你就要停止使用美国邮政局提供的优惠券信封。
> - 使用附在产品上、便签上、瓶口上或是收银员在找零时给予的杂货店优惠券。
> - 上网获得优惠券，先为优惠券专门注册一个独立的电子邮箱账户，然后在网站上注册。例如，Restaurant.com、Coupons.com、CoolSavings.com、SmartSource.com、GroceryCoupons.com、CouponMom.com、RetailMeNot.com以及GrocerySmarts.com。
> - 去当地电台的网站，它们可能会提供当地的餐厅和娱乐场所的优惠券下载。
> - 在eBay上购买有效的优惠券，每节省1美元只需花费10美分或25美分。

保留记录

> **保留记录**
>
> 记录收入和支出的来源和金额。

在预算进程中，**保留记录**（record keeping）是记录收入和支出的来源和金额的过程。记录估计的和实际的收入和花销总额能够帮助你监控资金流向。保持追踪收入和支出是为估计目标进程而收集信息的唯一方法。对于那些将记录保留在纸上的人，图3-6展示了四个不同的自我准备的记录样本。许多人在挣钱或消费发生的时候会做记录，当填写“活动”和“备注”栏时，要描述性地填写，因为以后可能会用到这些信息。

加总实际的收入和支出

当预算期结束之后——通常是在下一个月的开始——你需要将发生在那一时期的实际收入和支出加总起来。如图3-6中（a）部分和（b）部分所示，在表单上对每一个预算项目进行计算，或者如图3-6中（c）部分和（d）部分所示，在一个包含所有收入和支出项的表单上进行计算。这样的计算方式可以显示出你的哪一预算项目超支了。如果你刚开始做预算，不要太担心超支，它几乎总是发生在一些项目中，只是被其他科目的支出不足所调平。使用这些信息来完善你未来的预算。在三四个月之后，你就能更加准确地评估你的开支了，加曼/福格合作网站上提供了预算软件以及其他众多模板、计算器和工作表，你可以将其用于自己的个人理财规划中。

如何利用每个月末剩余的预算资金？

在预算期末，有一些预算项目可能有结余，比如也许你估计电费是 100 美元，但是实际上只有 80 美元。你可能会问，“我该用这剩余的 20 美元干什么？”你也可能会问，“超支的预算分类怎么办？”

人们通常通过下面这些方式来处理**净盈余**（net surplus，所有盈余预算项目扣除赤字后的余额）：

- 将盈余带入下一个预算；
- 将盈余存入循环储蓄基金；
- 通过将盈余存入储蓄账户来建立一个现金储备；
- 偿还信用卡债务；
- 将盈余用于抵押贷款或其他贷款；
- 投资于退休账户；
- 将盈余花在任何你想买的东西上。

图 3-6 中（d）部分的预算编制形式允许将结余带入下一个预算期，有些人将赤字带入下一个预算期，然后将下个月预算项目中的可用资金减少一些，从而促使他们保持低消费。由于对可变支出的估计通常是用平均值，所以最好不要根据仅仅一两个月的变化来改变估计。如果估计量过高或过低持续了较长时间，那么你就要做出一些调整了。

运用财务软件来做预算可以减轻制订和运用支出计划的负担。并且在几个月之后会（让理财）变得简单。预算能够帮助你在理财上获得成功。

概念测试 3.5

1. 提出在制定预算之前应该执行的两个行动。
2. 什么是预算估计？就如何对各类费用进行预算估计提供一些建议。
3. 区分现金流量日历和循环储备基金，并且论述它们的重要性。
4. 为有效的预算控制提出三点建议。

你知道吗？

肖恩的成功故事

肖恩从三年前开始为现在的雇主工作时就开始了不错的理财。除了获得高于平均水平的薪水之外，他每年还能得到 3 000 美元的奖金。肖恩的主要人生目标之一就是提前退休，也许从 55 岁开始。他每年都会制作财务报表来查看他的进程。肖恩现在的净资产超过 2.5 万美元，因为他把每笔税后奖金（2 500 美元）储蓄起来，并按最高标准存入雇主的 401（k）退休计划（3 000 美元），包括了 100%的匹配额（3 000 美元/年）。肖恩用 Quick 软件来管理个人财务，他的实际生活水平低于他的收入水平，每个月要为应急、不定期支出、偶尔的购物储存 300 美元。

净盈余

所有盈余预算项目扣除赤字后的余额。

立刻行动！

通过阅读本章，你知道了更多关于个人理财的知识，那么通过下述举措开始行动吧：

1. 在你的钱包里放一个记事本，来记录一个月内的每一美元或更多的支出。
2. 在月末编制现金流量表。
3. 为了至少完成一个储蓄目标，为下一个月制订一个消费计划。

现在你有何建议？

现在你已经阅读了本章关于理财规划的内容，关于财务计划问题，你对于罗伯特和妮可的交流有什么好的建议：

1. 确定他们所拥有的以及他们所欠的？

2. 更好地理解他们的家庭收支模式？

3. 运用罗伯特最新准备的财务报表中所提供的信息来总结该家庭的财务状况？

4. 设立理财目标？

5. 评估他们的理财进展？

6. 设立一个更好的记录跟踪系统以更好地满足他们的需求？

7. 设立一个预算流程用以指导储蓄及消费？

本章要点

1. 确定你的理财价值观、理财目标和理财策略。

通过确定你的理财价值观、理财目标及理财策略，你就可以始终在消费和储蓄之间保持平衡，并致力于你的理财成功。你可以在三个方面制订理财计划：消费计划、风险管理计划和资产积累计划。

2. 利用资产负债表和现金流量表来衡量你的财务状况和进展。

财务报表是个人财务数据的汇编，提供财务方面的信息。资产负债表提供了你拥有什么、欠了什么，以及如果你还清债务之后的净资产。现金流量表列出了在一段特定时期的收入和支出，例如过去的一个月或一年。

3. 使用财务比率来评价你的财务实力和进展。

财务比率是为了简化评估财务实力和财务进展过程进行的数字计算。作为工具或尺度，比率使你的储蓄、消费和信用卡使用更符合你的目标。

4. 收集和整理个人理财所需的财务记录。

你的财务记录将在理财上帮助你决定你在哪里、你曾经的位置，以及你将如何发展。它们也会帮助你挣钱。

5. 利用预算实现你的财务目标。

预算是关于你的财务状况的逻辑思考。预算迫使你考虑生活中什么是重要的、你想要拥有的是什么、你将如何去实现它，更普遍地说，是你想要达到什么样的理想生活。预算在一段时期内记录一个人的预期收入、实际收入和支出的过程。它代表了执行理财计划和实现理财目标的主要机制。

讨论

1. 家庭。在经济萧条时期，联邦政府的预算优先选择的是财政扩张而不是紧缩。这将会对家庭产生什么样的影响？为什么会产生这样的影响？

2. 个人价值观。列举你认为最重要的三种个人价值观，举例说明这些价值观是如何影响你的理财计划的。

3. 现金流。大学生通常收入较少而花销较大，这是否降低或增加了编制月度现金流量表的重要性？请陈述相关理由。

4. 财务比率。在本章节讨论的所有财务比率中，哪两项对于典型的大学生最有启示意义？而对退休人员哪两个比率最重要？

5. 为什么需要预算。你是否进行过财务预算？请阐述你做预算或不做预算的理由。你认为人们不做预算的主要原因是什么？

6. 控制支出。一个人应该如何控制其支出从而更好地实现理财成功？

7. 预算错误。你曾经做出过的最大预算错误是什么？你从中吸取了什么教训？

计算

1. 为维克托和玛丽亚进行财务比率分析。查看维克托和玛丽亚·埃尔南德斯的财务报表（表 3-2 和表 3-3）并回答以下问题：

(a) 运用埃尔南德斯夫妇资产负债表中的数据，计算净资产投资价值比率。你如何解读该比率？埃尔南德斯夫妇所拥有的货币性资产相比于有形资产和投资性资产来说要少许多。你该如何建议他们在未来几年内改善这一状况？

(b) 就他们的投资性资产的多样性进行评论。

(c) 计算维克托和玛丽亚的资产负债率。这些比率是如何帮你理解他们的财务状况的？他们的总资产与总负债相比如何？

(d) 埃尔南德斯夫妇的大部分收入来自薪酬而不是投资收益。你将建议他们在未来几年内采取什么样的措施来纠正这种收入来源的不平衡性？

(e) 埃尔南德斯夫妇计划在下个夏天进行一次长达两周的旅行，而他们只有 8 个月的时间来积累所需要的 2 400 美元。你认为他们应该如何在支出上进行合理化调整，从而可以每个月节省下 300 美元？

2. 财务比率分析。运用以下的资产负债表和现金流量表来回答下面的问题。流动性资产：10 000；房屋价值：210 000；每月按揭抵押贷款：1 300；投资性资产：90 000；私人财产：20 000；总资产：330 000；短期负债：5 500（250/月）；长期负债：170 000（2 100/月）；总负债：175 500；每月总收入：9 000；每月可支配收入：6 800；每月支出额：6 000。计算以下问题：

(a) 流动比率；

(b) 资产负债比；

(c) 债务收入比；

(d) 债务支付-可支配收入比；

(e) 投资资产-总资产比。

3. 现金流盈余/赤字。约翰·塞巴斯蒂安年收入 4 万美元。他总收入的 30%被用于缴纳联邦税收、州税收和地方税收。除了缴纳税款，他每个月还有 1 200 美元的固定支出和 900 美元的可变支出。请问他每年的净现金流（盈余或赤字）是多少？

4. 构造财务报表。约翰·格林当了 6 年的零售店员。35 岁时，他离婚了并抚养一个名为阿曼达的 7 岁孩子。约翰的年薪是 3.6 万美元。他每个月会从孩子母亲那里收到

400 美元抚养费。约翰每个月会投资 100 美元（50 美元到他的共同基金，50 美元到美国储蓄债券）。利用以下信息，为约翰编制资产负债表和现金流量表。

资产	总额（美元）
既得退休福利（无雇员供款）	3 000
货币市场账户（包括去年所得的 150 美元利息）	5 000
共同基金（包括去年所得的 200 美元股息收入）	4 000
支票账户	1 000
私人财产	5 000
汽车	3 000
美国储蓄债券	3 000
负债	**余额（美元）**
牙科账单（包括每个月 25 美元的未投保医疗/牙科）	450
签证（每个月支付 100 美元）	1 500
助学贷款（每个月支付 100 美元）	7 500
年均消费	**总额（美元）**
汽车保险	780
房租	9 100
公用事业	1 200
电话	680
网络	360
食物	3 000
未投保医疗/牙科	1 000
干洗	480
个人护理	420
汽油、保养、驾照	2 120
衣服	500
娱乐	1 700
旅游/探亲	1 300
保育	3 820
礼物	400
杂项	300
税	6 400
健康保险	2 440

5. 预算和收入预测。来自美国科罗拉多州莫纽门特的莎伦和迪克·德瓦尼计划在明年组建一个家庭，所以他们在考虑他们的预算（如表 3-5 中的“年轻夫妇”那样）。莎伦认为她可以在宝宝出生后的 18 个月内当一名半薪的助教（以每月 1 050 美元代替每月2 100 美元的收入），之后再恢复全职工作。

(a) 浏览德瓦尼现在每个月的预算，找出他们 4 315 美元的预算中哪些是他们可以减少的 1 050 美元预算。（提示：当他们的收入下降时联邦所得税和州所得税将减少 290 美元。）

(b) 假设可以说服莎伦和迪克，等两到三年后莎伦从学校毕业了再组建家庭。那么你对于他们解决以下问题有什么建议：(1) 他们的固定支出；(2) 为 18 个月预期收入减少 1 050 美元提前做准备，以及为宝宝的开销而产生的可变支出？

(c) 如果未来德瓦尼夫妇的总收入每年增长 3%，那么他们的收入在五年后是多少？(提示：参见附录表 A-1 或者加曼/福格合作网站。)

理财规划案例

□ 案例 1　哈利和贝琳达的财务报表揭示的预算问题

去年春天，哈利在家乡附近的一所大学获得了室内设计学士学位。贝琳达获得了一所西海岸大学的信息技术学位，并在一家中型公关公司工作。哈利和贝琳达都曾为学校的校报工作，并在大学三年级的一次会议上相识。他们于去年六月结婚并居住在堪萨斯城的一间公寓里。在未来的 20 年里，他们将面临许多财务方面的挑战，因为他们需要购买两人的第一套房子、考虑人寿保险的需求、共同抚养小孩、更换工作并为退休做准备。哈利在一家中等规模的室内设计公司工作，2011 年下半年，他的月收入为 3 100 美元。

他每年从已故父亲设立的信托基金中获得 3 000 美元的利息收入，该信托基金会在 2020 年之前持续支付这笔钱。贝琳达在一家地区股票经纪公司做销售。2011 年贝琳达的月薪为 4 750 美元，她单位的福利包括人寿保险、医疗保险、退休计划和共同基金。哈利从下个月开始薪水会上涨 150 美元。由于经济不景气，贝琳达不能成功涨薪。约翰逊夫妇住在他们工作单位的一间公寓里。然而，从下一个七月开始，他们的月租将增加 100 美元。哈利到单位大概有 10 分钟车程，贝琳达坐公交到位于市郊的单位则需要 15 分钟。哈利和贝琳达的公寓很漂亮但是很小，家中的家具是父母资助的。开始第一份工作后不久，哈利和贝琳达准备开始他们的理财计划，但是很可惜他们在大学期间都没有上过与个人理财相关的课程。经过初步的决定之后，他们终于用两个晚上的时间做出了下面展示的两个报表。

(a) 简要描述哈利和贝琳达如何确定他们的债务和投资的市场公允价格。

(b) 用现金流量表中的数据计算流动比率、资产负债比、债务收入比、投资资产-总资产比。这些比率告诉你约翰逊夫妇的财务状况如何？哈利和贝琳达应该增加负债吗，例如信用卡或汽车贷款？

(c) 约翰逊夫妇由于都有相当可观的工资，因此他们的收入很高。他们花费了几个晚上来讨论他们的理财价值观和目标。正如图 3-5 所示，他们有 3 个长期目标：2015 年去欧洲旅游一次，预算为 3 000 美元；2016 年 10 月买一辆 5 000 美元的汽车；2017 年花 18 900 美元购置一间房产。如下面的表格所示，为了实现他们的长期目标，两个假期以及一个纪念日派对，约翰逊夫妇计算出了他们下一阶段需要分别为每个目标存多少钱。在得出资产负债表和现金流量表（如下）后，约翰逊夫妇为这一年做了一份预算（如表 3-6 所示）。他们考虑了许多相互冲突的需要，明确了怎样平衡他们的收支。接下来，他们组建了一个储蓄基金（如表 3-8 所示）以使得他们的月收入能够满足短期目标。当规划这一年的现金流时（如表3-7所示），他们发现年底将会出现暂时性的资金紧张。为了解决这个问题，他们并没有想办法提高收入，而是修改他们的预算以减少开支。他们该怎样减少预算？请你为约翰逊夫妇提出准确的建议。该建议不能严重影响他们的新生活。

哈利和贝琳达的资产负债表

2012年1月1日	金额（美元）	占比（%）
资产		
流动资产		
现金	1 178	5.48
储蓄（第一联邦银行）	890	4.14
储蓄（远西储蓄银行）	560	2.60
储蓄（家园信贷协会）	160	0.74
支票（第一联邦银行）	752	3.50
流动资产合计	3 540	16.45
固定资产		
汽车（使用了3年的本田）	11 000	51.13
个人财产	2 300	10.69
家具	1 700	7.90
固定资产合计	15 000	69.72
投资资产		
哈利的养老金账户	1 425	6.62
贝琳达的养老金账户	1 550	7.20
投资资产合计	2 975	13.83
资产合计	21 515	100.00
负债		
流动负债		
维萨信用卡	390	1.81
Target 信用卡	45	0.21
账单	400	1.86
流动负债合计	835	3.88
长期负债		
汽车贷款（第一联邦银行）	3 800	17.66
学生贷款（贝琳达）	8 200	38.11
长期负债合计	12 000	55.78
负债合计	12 835	59.66
净资产	8 680	40.34
负债和净资产合计	21 515	100.00

2011 年 7 月 1 日—12 月 31 日哈利和贝琳达的现金流量表（婚后的 6 个月）

现金流	金额（美元）	占比（%）
收入		
哈利的收入（3 100×6）	18 600	37.11
贝琳达的收入（4 750×6）	28 500	56.86
储蓄账户利息	24	0.05
哈利的信托基金	3 000	5.99
总收入	50 124	100.00
支出		
固定支出		
租金	6 600	13.17
承租保险	220	0.44
汽车贷款应付款	2 980	5.95
汽车保险	850	1.70
医疗保险（从工资中扣除）	1 200	2.39
学生贷款应付款	3 600	7.18
人寿保险（从工资中扣除）	90	0.18
电视和网络	720	1.44
健康俱乐部	420	0.84
紧急支出	600	1.20
哈利的养老金计划（工资的 6%）	1 115	2.22
贝琳达的养老保险（工资的 4%）	1 140	2.27
联邦所得税（从工资中扣除）	4 600	9.18
州所得税（从工资中扣除）	1 600	3.19
社保（从工资中扣除）	3 600	7.18
汽车登记	300	0.60
固定支出合计	29 635	59.12
可变支出		
食物（在家）	2 600	5.19
食物（外出就餐）	1 800	3.59
公用事业	750	1.50
电话	450	0.90
煤气	700	1.40
医生和牙医	710	1.42
药品	350	0.70
衣服	1 200	2.39
礼拜和慈善	1 200	2.39
礼物	1 070	2.13
公交	720	1.44
个人免税额	4 160	8.30
娱乐	960	1.92
假期（节假日）	600	1.20

续前表

现金流	金额（美元）	占比（%）
假期（暑天）	1 200	2.39
杂项	480	0.96
可变支出合计	18 950	37.81
总支出	48 585	96.93
盈余（赤字）	1 539	3.07

□ 案例 2　维克托和玛丽亚·埃尔南德斯

维克托和玛丽亚已经 30 岁了，有 2 个小孩，分别是 13 岁的约翰和 15 岁的约瑟夫。维克托许多年来一直经营着一家零售商店，玛丽亚则兼职病例登记助理。埃尔南德斯一家拥有两辆汽车和一套没还完贷款的房子。在未来的 20 年里他们将面临很多的财务挑战，他们的孩子开始开车、上大学、离开家前往世界各地。维克托和玛丽亚也意识到需要为未来的退休和老年生活做准备。

维克托和玛丽亚花一些时间做出了他们的第一张资产负债表，如表 3－2 所示。维克托和玛丽亚正因各种各样的财务影响而担忧。

（a）假设他们的房子现在的估值为 192 000 美元，他们的汽车价值跌到了 9 500 美元。利用资产负债比计算并描述这些变化对他们净值的影响。

（b）假如维克托和玛丽亚从银行贷款 1 545 美元，并且还清了他们 1 545 美元的信用卡债务，这些变化对他们的净值有什么影响？

（c）假如维克托和玛丽亚卖掉了纽约 2018 债券，并且将现金存入银行账户，这将对他们的净值和流动比率有什么影响？

□ 案例 3　朱莉娅·普赖斯考虑到财务报表、工具和预算

朱莉娅 6 年前毕业于航空工程学院并且曾经换过一次工作。她的收入超过她的需求。朱莉娅将大部分钱存入退休账户，她还每个月额外节省 400 美元。她每个月只有 1 000 美元的信用卡债务和 520 美元汽车贷款。她认为，她财务状况这么好，编制财务报表和财务计划就是浪费时间。谈谈你对该观点的看法。

□ 案例 4　应届毕业生的预算控制

来自马萨诸塞州伍斯特的政治科学家迈克·斯塔顿 8 个月前刚刚大学毕业，刚毕业时他的手头比较紧。迈克的月工资不是很高，但他很喜欢花钱。他每个月都入不敷出，并且信用卡债务一直在增加。你有什么控制预算的方法推荐给迈克？并说明每个方法可以怎样帮助他控制自己的财务。

□ 案例 5　一对夫妇的教育储蓄计划

来自科罗拉多州南公园的斯坦利·马什和温迪·特斯伯格育有两个年幼的孩子，生活预算一直很紧张。他们每月的预算见表 3－5“有两个年幼孩子的夫妇”。温迪和斯坦利为没有给孩子准备教育储蓄而担忧。温迪最近刚刚开始在当地的一家会计公司工作，

每月收入约为 860 美元；这一收入反映在夫妻共同预算中。他们已经决定每月为孩子的教育储蓄 200 美元，但温迪不愿意从事离家远且工作时间较长的工作。

(a) 审查家庭预算并对如何修改预算给出建议，以便他们能节省下 200 美元教育储蓄。

(b) 简要描述该建议对他们一家的生活方式带来的影响。

自我理财

1. 理财计划。利用表 3-1，制订你的理财计划、理财目标和支出、风险管理、资本积累的目的，并写出你的发现。

2. 资产负债表。利用表 3-2 来创建一个资产负债表或者完成《我的个人理财规划师》中的工作表 10：我的资产负债表，来创建你详细的年度资产负债表，并写下你的发现。

3. 现金流量表。利用表 3-3 来创建一个现金流量表或者完成《我的个人理财规划师》中的工作表 11：我的现金流量表，来创建你自己的现金流量表，并写下你的发现。

4. 评估你的财务比率。利用财务比率表来评估你的个人财务状况或者完成《我的个人理财规划师》中的工作表 12：我的财务比率表，来记录你的财务比率。

5. 对你的财务记录进行分类。利用表 3-4 “财务记录：记录内容与保存地点”来建立你自己的财务记录或者完成《我的个人理财规划师》中的工作表 13：我的财务记录，来记录被放置在你的家庭档案、保管箱或其他地方的文件。

6. 为达成目标的每月储蓄。利用图 3-5 “哈利和贝琳达·约翰逊的目标工作表”来建立你的个人储蓄目标，或者完成《我的个人理财规划师》中的工作表 14：为达成目标的每月储蓄，来记录金额、时间和临时的短期目标。

7. 非每月费用。完成《我的个人理财规划师》中的工作表 15：为我的每月不确定支出决定预算金额，来仔细计划你今年的每月不确定支出。

8. 周转储蓄资金。利用表 3-8 “哈利和贝琳达的循环储备基金”来建立你的计划，或者完成《我的个人理财规划师》中的工作表 16：我的循环储备基金，记录你怎样省钱来支付一年的意外花销。

9. 创建你的预算。利用表 3-6 或者完成《我的个人理财规划师》中的表 17，来创建下一年的预算。

10. 利用预算表控制支出。完成《我的个人理财规划师》中的表 18——我的预算分类账目表，来建立一个管理、监控支出的系统。

11. 组织你的财务记录。使用表 3-4 来帮助你整理财务记录。写下一些你可能需要的财务记录并保管好它们。

网络资源

登录指定的网站去完成这些练习。你也可以登录 www. cengagebrain. com 访问加曼/

福格合作网站获取更多的练习。在“一般业务”栏下，选择本节，点击任务链接就可去完成任务。

1. 在线计算器。访问《吉普林个人理财》杂志网站：www.kiplinger.com。在那里你会找到一个链接，链接到一串很长的计算器列表，这些计算器可以进行各种各样的现值和未来价值的计算。选择四个本章讨论的你认为在个人理财方面特别有用的计算器。

2. 其他家庭预算。访问经济政策研究所的网站 www.epi.org/content/budget_calculator/，你可以找到美国各地家庭预算的实例。选择你感兴趣的区域对预算进行计算。你认为这样的计算器对一个有兴趣制定自己预算的家庭有帮助吗？

3. 输入你的预算并与预期支出进行比较。访问网站 www.kiplinger.com/tools/budget/，使用预算表，在各分类中输入你的每月预计生活成本。先在“计划”栏输入你的估算并打印出来。在接下来的一个月，你可以在一个小笔记本上记录下你在这些方面的支出，然后在工作表上重新输入两组数字，并将你的预算与实际支出进行比较。

4. 你能坚持一个月吗？《挣扎》（Spent）是一个模拟无家可归生活的在线游戏。花**10**分钟去挑战《挣扎》（http://playspent.org/）。

付诸行动

1. 有关金钱的讨论话题。使用“你知道吗？与你的合作伙伴讨论关于钱的话题”中的列表来访问3对已婚夫妇，询问他们在结婚第一年中与自己的配偶讨论了哪些话题。列一个表格来总结你的结果。

2. 理财错误。调查5个人，了解他们生活中的理财过失。要求每个人列举他/她犯过的两个理财错误，制作一个表格来总结你的结果。

3. 短期理财目标。调查5个人，确定他们的理财目标。向每个人提问：“你最重要的两个短期理财目标是什么？”制作一个表格来总结你的结果。

4. 长期理财目标。调查5个人，确定他们的理财目标。向每个人提问：“你最重要的两个长期理财目标是什么？”制作一个表格来总结你的结果。

登录 www.cengagebrain.com 访问加曼/福格合作网站。

第二部分

第四章 管理所得税

你在开玩笑?

去年，巴拉特·佩尔绍德的老板给他发了 2 000 美元的奖金。当他填写自己的联邦所得税表格时，他发现其中 1 000 美元的边际税率从 15%变到了 25%。请问对这 2 000 美元的奖金，巴拉特·佩尔绍德应缴多少税?

A. 150 美元； B. 180 美元； C. 250 美元； D. 400 美元。

答案是 D。联邦边际税率适用于你的最后收入。巴特第一个 1 000 美元奖金的税率是 15%（150 美元），但第二个 1 000 美元奖金的税率为 25%（250 美元）。因此要关注你的边际税率。

学习目标

在学习完本章后，你应该能够：

1. 解释累进所得税和边际税率的性质。
2. 区分计算联邦所得税的八个步骤。
3. 利用适当的策略降低所得税税负。

你有何建议?

汤姆·埃德加和格里·斯潘卡计划在两年后结婚。汤姆经营一家快餐店，每年收入 44 000 美元。同时，他还在周边城市每月举行的展会上出售自己设计的珠宝，这项收入约有每年10 000美元。汤姆准备结婚后重新回到大学继续完成他的本科最后一年学业。格里是一家保险公司的机构销售代表，每年收入58 000美元。两人每个月分别向自己的401（k）养老金账户存入100美元。汤姆几乎没有储蓄，而格里有18 000美元的储蓄，她想用这笔钱来支付房子的首付。同时，格里还拥有一家石油公司300股的股票。这些股票是她四年前继承的，当时股票价格为每股90美元。现在这些股票的价格为每股130美元。汤姆和格里居住地的所得税税率为6%。

依据所得税管理原则，你会向汤姆和格里提供哪些建议：

1. 使用税收抵免来帮助支付汤姆的大学花费？
2. 假设格里需要支付25%的联邦所得税，她出售股票将得到多少钱？
3. 买一套房子？
4. 增加对他们雇主提供的退休计划的缴款？
5. 使汤姆的珠宝生意成为一项副业？

努力避免向政府缴纳不必要的税费是高效理财的重要一环，你可以使用合理避税节省下来的钱去做更多自己想做的事。经济学家约翰·梅纳德·凯恩斯曾经说过：“唯有避税是一本万利的明智选择。”

公民应当履行足额缴纳所得税的义务，但在此基础上，无须再多交一分。为了实现这一目标，你需要通过**税收筹划**（tax planning）来减少、推迟或免除所得税。先要了解的是，你只需为自己的**应税收入**（taxable income）支付所得税。应税收入金额需要在总收入的基础上考虑各种除外项目、调整项目、免税项目以及扣除项目后计算得到。稍后我们再讨论具体的计算方法，现在，你只要记住一个宗旨，即在确保维持高水平的总的前提下，尽可能地降低自己的应税收入，从而同步降低实际税负。基于自己的情况仔细分析和管理各个所得税项目，就能有效避免缴纳额外的所得税。当然，这会使你每年有更多可自由支配的钱来消费、储蓄、投资或捐赠——本书其余章节将聚焦这些行为。

你的未来五年

在未来5年中，通过以下方式管理你的所得税，开启你的成功理财之路：

1. 向公司申请税收优惠员工福利。
2. 向401（k）养老金计划存入不少于雇主匹配额的资金。
3. 通过买一套房来降低所得税。
4. 填写自己的纳税申报表，学会减少自己的所得税税负。
5. 保持良好的纳税记录。

税收筹划

寻求合法的途径来减少、消除或推迟你的所得税。

应税收入

应该缴纳所得税的那部分收入。

累进所得税和边际税率

学习目标1

解释累进所得税和边际税率的性质。

税收（tax）是政府强制对市民和他们的财产征收的费用。美国国税局是基于国内税收法规来收取联邦所得税的机构。

税收

政府强制对市民和他们的财产征收的费用。

□ 联邦所得税的累进性质

税收可以分为累进税和累退税。联邦个人所得税是一种**累进税**（progressive tax），因为这种税的税率随着纳税人应税收入的增加而增加。更高的收入就意味着更强的支付能力。如表 4-1 所示，在联邦所得税体系下，随着纳税人的应税收入不断增长，高收入部分的税率也高于低收入部分。**累退税**（regressive tax）的情况则相反，即随着应税收入的增长，高收入部分的税率反而会较低。累退税的典型代表就是消费税，无论纳税人的收入是多少，消费税税率都是相同的 5%。

表 4-1　　联邦所得税的累进性

应税收入范围	边际税率[a]（%）
不超过 8 500 美元部分	10
超过 8 500 美元少于 34 500 美元部分	15
超过 34 500 美元少于 83 600 美元部分	25
超过 83 600 美元少于 174 400 美元部分	28
超过 174 400 美元少于 379 150 美元部分	33
超过 379 150 美元部分	35

a. 单一纳税者的税率。

□ 边际税率适用于最后一美元收入

> **边际税率区间（MTB）**
> 将个人收入划分为六档，按递增的税率计算税额，其中任一档即为边际税率区间。
> **边际税率**
> 每个边际税率区间对应的税率。
> **指数化**
> 根据通货膨胀的影响对每档税率进行年度调整。

个人收入可由低到高被划分为六档，按递增的税率计算税额，其中任一档即为**边际税率区间**（marginal tax bracket，MTB），每个边际税率区间对应的税率也称作**边际税率**（marginal tax rate）。这一税率仅适用于在对应边际税率区间内的这部分收入。我们曾在第一章提到过，边际税率适用于你的最后一美元收入。纳税人的收入将匹配到某一边际税率区间（如表 4-1 所示），并根据相应的边际税率计算所得税：10%、15%、25%、28%、33%或 35%。如果政府税收政策不变，这些税率适用于 2011 年和 2012 年。边际税率区间的具体数字每年都会调整，以减少通货膨胀对纳税人的影响，这一过程叫作**指数化**（indexing）。这使得纳税人免于为通货膨胀带来的收入增长承担额外的税负。在任何时候，更高的收入总是件好事，即使我们说的是应税收入。

边际税率也许是你个人理财中最重要的概念。它代表着你需要为任何应税收入的增长所支付的所得税——来自工资增长、投资回报或者副业收入。相应地，它也可以衡量那些减少应税收入的开支能带来多少税收减免收益。我们可以看看苏珊·巴塞特的例子，她来自纽约的锡拉丘兹（见图 4-1）。苏珊的总收入是 60 000 美元，根据所得税法规，其中的 9 500（=3 700+5 800）美元不需要缴税，接下来的 8 500 美元的税率是 10%，再接下来的 26 000 美元的税率是 15%，最后剩下的 16 000 美元的税率是 25%。因此我们可以说，苏珊的边际税率是 25%，因为她的最后一美元收入正处在这个边际税率区间。苏珊应为自己 60 000 美元的总应税收入缴纳 8 750 美元的所得税。

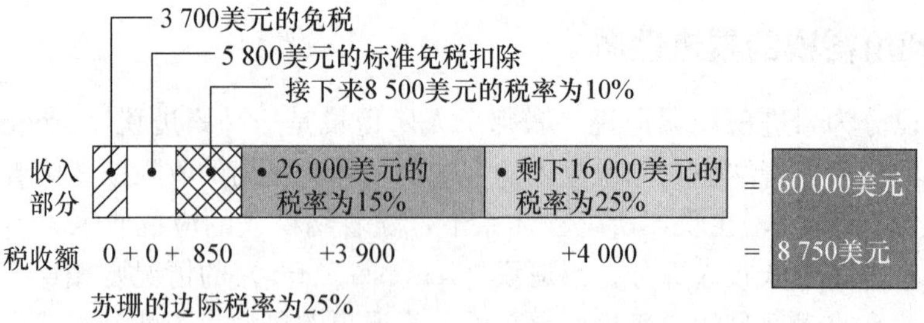

图 4－1 你的收入到底是怎么征税的（例子：苏珊·巴塞特的总收入为 60 000 美元）

本章中引用的所有税务信息都来自 2012 年的税务表格，除非另有说明，该表格适用于 2011 年税务年度。图 4－1 所示的数字是基于美国**国税局税务表**（IRS tax table，适用于收入不高于 100 000 美元的纳税人）或**税率计划**（tax-rate schedule，适用于收入高于 100 000 美元的纳税人）。

□ 利用你的边际税率做理财决策

边际税率会影响你的很多理财决策。举例来说，假设你的边际税率为 25%，当你向慈善机构捐助了 100 美元，那么慈善机构将收到 100 美元，而你的应税收入也将减少 100 美元，这可以使你少支付 25（＝100×25%）美元的联邦所得税。事实上，你只捐了 75 美元，政府则"捐"了 25 美元。

> **有效边际税率**
>
> 总的边际税率代表基于纳税人收入的所有税负，包括联邦、州和地方政府的所得税，还有社会保障和医疗卫生税。

□ 你的有效边际税率比看起来更高

有效边际税率（effective marginal tax rate）描述一个人收入的总边际税率，包括联邦、州和地方政府的所得税，还有社会保障和医疗卫生税。把这些税负加总到你的联邦所得税税率上，才能得到你的收入有效边际税率。举例来说，一个纳税人的应税收入如果在 34 500 美元和 83 600 美元之间，他要支付的联邦边际税率为 25%，社会保障税率和医疗卫生税率为 7.65%，州所得税税率为 6%，地方所得税税率为 4%。所有这些税率加总得到的有效边际税率为 43（25＋7.65＋6＋4＝42.65，约为 43）%。事实上，很多纳税人都支付 43%的有效边际税率。

> **你知道吗？**
>
> 怎样确定你的边际税率
>
> 你能按下面的例子来确定你的边际税率。
>
> 1. 罗伯特·希瑟顿是单身，他的应税收入为 27 825 美元，参见税率表说明（见后文的表 4－3），他发现他的应付税额为 3 749 美元。
>
> 2. 在他的应税收入中加上 100 美元，那么他的应付税额就变成了 3 764 美元。
>
> 3. 比较两个税额的差额（3 764－3 749＝15），这 15 美元的差额就是由 100 美元应税收入差额引起的，表明联邦边际税率为 15%。

□ 你的平均税率比边际税率更低

很多人都想知道他们负担的税负占他们收入的比例。你的**平均税率**（average tax rate）可以回答这一问题。举例来说，苏珊·巴塞特的总收入（图 4－1）对应的平均税率为 14.5%（＝8 750/60 000）。这比所有

> **平均税率**
>
> 税收占总收入的比例。

美国纳税人 9.2%的平均税率要高一些（接下来我们要学习如何减轻你的税收负担）。美国是世界上平均税率最低的几个国家之一。

概念测试 4.1

1. 区分累进所得税和累退所得税。
2. 什么是边际税率区间？它现在如何影响纳税人？
3. 解释为何有些纳税人的边际税率会高达 43%。

计算所得税的八个步骤

> **学习目标 2**
> 区分计算联邦所得税的八个步骤。

计算联邦所得税有八个基本的步骤如下：

1. 确定你的总收入。
2. 确定并报告除外项后的毛收入。
3. 减去收入调整项。
4. 减去美国国税局规定的标准扣除，或者减去分项扣除。
5. 减去个人豁免部分的价值。
6. 确定你的基础税负。
7. 减去你有资格取得的税收抵免。
8. 计算美国国税局的应税余额或你的退税金额。

图 4－2 生动地描述了上述计算联邦所得税的八个步骤。这里的主要思想是减少你的应税收入，从而减少你的纳税额。要实现这一目标，你需要通过先扣除免税部分收入，再减去各种除外项、扣除项、豁免项和税收抵免项，如图 4－2 所示。

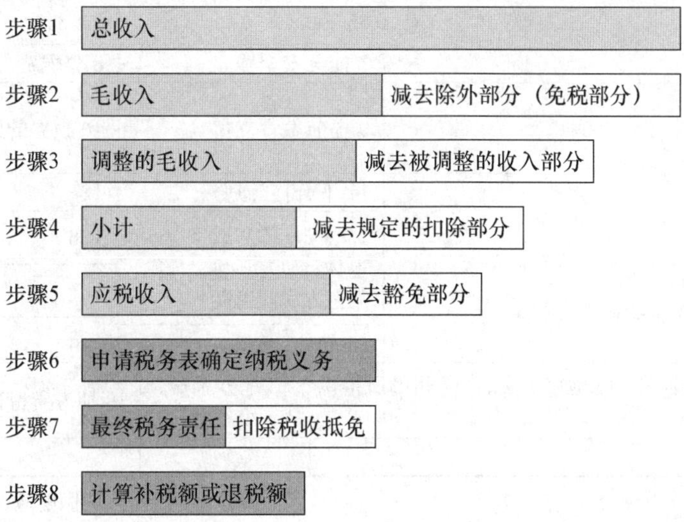

图 4－2　计算所得税的步骤

□ 1. 确定你的总收入

事实上，因你的工作或服务而得到的一切东西和出售资产得到的利润都被认为是收入，无论是以现金、资产还是服务的形式支付。列出所有这些收入将会得到你的**总收入**（total income）——从所有收入来源取得的收入之和——其中的大部分，但不是全部都需要缴纳所得税。

对大多数人来说，**劳动所得**（earned income）是指因提供个人服务取得的收入。个人的劳动所得将会在每年的 W-2 报税表汇总并呈现给个人。雇主们必须在 1 月 31 日之前提供上一年收入的报税表信息（见图 4－3）。如果你还从利息、红利或其他途径获得收入，那么你也将收到 1099-INT 或 1099-DIV 表格，说明这部分收入的具体税负。美国国税局也将收到 1099 表格中的信息，用来核查你的纳税申报情况。

总收入

从所有收入来源取得的收入之和。

劳动所得

提供个人服务的收入。

工资代扣

美国国税局要求雇主从雇员的收入中截留一部分用以预付其本年度的个人所得税。代扣款将直接上缴美国国税局并记录在相应纳税人的个人账户上。

预估税

美国国税局要求自雇者，或受雇于无须代扣雇员所得税的雇主者（如律师、租赁财产的所有者）预估自己的税负并一年分四次提前缴付。

税收支付

联邦所得税是一种一次性的税。通过**工资代扣**（payroll withholding），雇主将从雇员的收入中截留一

a 控制编号	2222	美国行政管理和预算局 NO. 1545-0008
b 雇主识别号（EIN） 37-12345678	1 工资、小费、其他收入 65 000.00	2 联邦所得税 10 400.00
c 雇主的姓名、地址和邮政编码 金融知识通信，橡树街 1245 号橡树公园，1L60302	3 社保工资 65 000.00	4 社保扣缴税款 4 030.00
	5 医疗保险工资 65 000.00	6 医疗保险扣缴税款 94.25
	7 社会安全费	8 分配费
d 员工的社会安全号码 123-45-6789	9 提前教育支付	10 独立的保健福利
e 雇员的姓名 福田科乐美	11 不合格计划	12a
	13 法定员工______ 退休计划______ 第三方病假工资______	12b
f 雇主地址和身份证号码		12c
	14 其他	12d

15 州雇主的身份证号码 1L/37-14119877	16 国家工资、小费等	17 州的所得税 1 950.00	18 地方工资、小费等	19 地方所得税	20 地点名称

W-2 报税表　　　　美国财政部——国税局

副本给州、城市或地方政府

图 4－3　W-2 报税表

部分用以预付其本年度的个人所得税，这些钱被直接交给美国国税局，并记录在相应纳税人的个人账户上。自雇者或受雇于无须代扣雇员所得税的雇主者，例如律师、会计、咨询顾问和租赁财产的所有者，需要预估自己的税负并在一年内分四次支付，支付日期分别在 4 月 15 日、6 月 15 日、9 月 15 日和次年的 1 月 15 日之前。

收入包含项

当向国美国国税局申报个人收入时，下列这些都应包括在内：

- 工资；
- 佣金；
- 奖金；
- 专业佣金收入；
- 业余收入；
- 小费收入；
- 遣散费；
- 易货交易取得财物的公允价值；
- 注销债务（除非借款人破产）；
- 收到的赡养费；
- 用于房子、路费和其他生活花费的奖学金收入；
- 用于支付教育和其他服务的津贴或学费减免；
- 年金和养老金收入；
- 退休账户的提款和垫付，如个人退休账户或 401（k）退休计划（将会在第十七章中提到）；
- 退伍收入；
- 社会保障收入（超过一定征税门槛的部分）；
- 无需支付额外费用也能领取的残疾抚恤金；
- 从人身伤害诉讼中获得的补偿支付（仅惩罚性赔偿）；
- 雇主提供的供个人使用的汽车的价值；
- 州和地方政府的所得税返还（仅针对纳税人在上一年的税收扣减）；
- 雇员生产绩效工资；
- 因艺术、科学和慈善的成就而获得的收入，除非都捐给了慈善机构；
- 奖励、比赛奖金和其他奖金；
- 赌博、彩票奖金；
- 各种非法的收入；
- 作为陪审员或选举工作人员提供服务而获得的收入；
- 失业补助；
- 净租金收入；
- 专利版税；
- 投资、商业和农业利润；
- 利息收入（包括信用社股息）；
- 股息收入（包括共同基金资本收益分配，即使它们是用于再投资）。

对资本利得和损失征收的税率特别低

资产（asset）是归纳税人所有并由个人使用的财产或有货币价值的投资。资产包括股票、共同基金、债券、土地、艺术片、珠宝、邮票、钱币、车辆和房子。因资产售价高于它的成本而获得的净收益就是**资本利得**（capital gain）。当资产的售价低于它的成本价时就会出现**资本损失**（capital loss）。因投资行为产生的资本利得或损失必须在你的纳税申报表中报告。因出售或交易个人使用的财产——比如车辆或度假屋——而获得的收益必须报告，但交易损失并不会被扣除。股票、债券、共同基金、实物资产或其他投资类资产仅当被出售时才需承担资本利得税负。出售持有期小于等于一年的资产时产生的利得或损失被称为**短期收益（或损失）**［short-term gainx or loss］，这种收益将和普通收入按同样的税率征税，而非按照资本利得征税。当你出售持有期超过一年（至少为一年零一天）的资产时，就会产生**长期收益（或损失）**［long-term gainx or loss］，这种收益将按特殊低税率征税。如果出售资产的长期收益率低于25%，税率为0；如果收益率高于或等于25%，将征收15%的税。

> **资本利得**
> 因资产售价高于它的成本而获得的净收益就是资本利得。
>
> **长期收益/损失**
> 出售持有期超过1年的资产取得的收益或损失。

资本损失将优先被用于冲抵资本利得。如果没有资本利得，或资本损失大于利得，你可以从你的其他收入中扣除这种损失，但一年的扣除额度不得超过3 000美元。如果你的净损失超过3 000美元，超过的部分可以从下一个税务年度的收入中扣除，额度同样也是3 000美元。

股利收入的税率特别低

从公司的当期或累计收入中获得的股利同样也要纳税，并且股东每年要报送报税表说明哪些收入是要缴税的、哪些不用。以股票形式支付的股利收入通常是不用纳税的。

来自大多数国内公司和很多国外公司的股利被视为“限制股利”，表示它们缴纳的税率和资本利得的税率一样。收益率低于25%将免税，如果资本收益率高于25%，将征收15%的税。1099-DIV表将在第二年的1月送到纳税人手中，应税额将出现在1b中。

> **理财要点**
>
> **抵押债务减免**
> 法律规定，如果你在2012年年底之前以低于成本的价格出售房屋，重组你的抵押贷款或提前止赎你的房屋而使部分债务被免，产生的收入都不计入应税收入。

纳税人来自下列金融机构的股利收入应报告在1099-INT表中：来自信用合作社、合作银行、储蓄和贷款协会、建设和贷款协会、互助储蓄银行的股利收入。这些税都属于普通所得税。从人寿保险单中得到的股利实际上是你保费的退款，是不收税的。

□ 2. 确定并报告除外项后的毛收入

毛收入（gross income）是指在不考虑除外项和扣减项时，以货币、物品、服务、财产形式获得的所有收入组成（不论是自己赚得的还是通过其他方式获得的），纳税人需要将毛收入报告给美国国税局。为了确定毛收入，你需要确定哪些收入不

> **毛收入**
> 以货币、物品、服务、财产形式获得的所有收入。

属于联邦应税收入，这部分是不用报告的。这些就是所谓的**除外项**（exclusion）。

需要除外的收入

主要的常见除外项包括（有些是有限制的）：

> **除外项**
> 收入中非联邦应税收入的部分。

- 赠品；
- 继承的钱或财产；
- 拼车赚来的收入；
- 出售旧货的收入（如果比成本低）；
- 购买新车或其他产品的现金返还；
- 学费减免（如果不是来自教育或服务的补偿）；
- 联邦所得税的退税；
- 州和地方政府所得税的退税中属于标准扣除项的部分；
- 花费在课程费、学费、书本费、学习用品上的奖学金收入（只有学位候选人才行）；
- 提取国家529计划资金用于教育的部分；
- 因认可其在艺术、民间、慈善、教育和类似方面的成就而获得的奖励；
- 收回过去的借款；
- 从医疗储蓄账户中提取的用于受限制消费的部分；
- 来自年金的收入、以金钱衡量的人寿保险政策、系列EE债券以及合格的退休账户上的累计收益；
- 来自州、县、市、区免税政府债券的利息收入；
- 人寿保险的收益；
- 战区给军事人员的付款；
- 因黑肺病、工伤、军人退伍而得到的福利；
- 食品券；
- 主要住宅的出售获得的前50万美元（如果是单身，则为25万美元）；
- 残疾保险福利（如果你支付了保费）；
- 社会保障福利（除了高收入的纳税者）；
- 度假屋租期不超过14天的租金收入；
- 用人单位支付给劳动者受益人的死亡抚恤金的前5 000美元；
- 雇主报销的旅行和路费（如果纳税人之前没有扣除）；
- 雇主提供的仅适用于用餐和杂费的每日津贴；
- 由雇主支付的用于缴纳医疗保险、工伤、健康和长期护理保险的保费；
- 从雇主处收到的搬迁报销款；
- 雇主为免费停车、通行证、拼车通行费用支付的款项，每月230美元，以及雇主为自行车成本提供的报销款，每月20美元；
- 雇主提供的前50 000美元保额团体人寿保险的保费；
- 雇主为孩子和父母看护服务支付的费用（最多5 000美元）；
- 雇主提供的少量、小额福利，比如加班得到的餐补和出租车补贴、公司聚会、假日礼物（非现金）和偶尔的戏剧或体育赛事费用；
- 雇主替雇员支付的教育费用（最高可达每年5 250美元；适用于2011年和2012

年)、长期护理费用、搬迁费用、退休金、领养费、医疗保健费、人身和伤残保险保费、健康和医疗储蓄账户的费用；

- 雇员在医保灵活开支账户缴纳的金额；
- 从医保灵活开支账户中得到的报销款；
- 从系列EE债券和系列I债券中得到的用于大学学杂费的利息；
- 收到的子女抚养费；
- 离婚时的房地产结算；
- 人身伤残时得到的赔偿金。

□3. 减去收入调整项

> **收入调整项**
> 允许从总收入中扣除的一部分。

> **调整后的毛收入（AGI）**
> 毛收入减去除外项和调整项。

在确定应税收入的过程中，需要进行很多调整，即**收入调整项**（adjustment to income）。这些调整项被允许从毛收入中减去，例如，因转移到新的工作地点而发生的费用（包括大学刚毕业的学生，只要他们的第一份工作的地点离他们的居住地有50英里远）；大额的学杂费（最高4 000美元［截至2011年］）；高等教育学生贷款利息，包括由父母支付的（最多2 500美元）；预备役兵员的差旅费用（大于100英里）；对个人合格退休账户［个人退休账户和401（k）账户］和健康储蓄账户的支付；赡养费；因提前退出储蓄存单而产生的利息罚款；教师和其他学校人员因买书、供给品、电脑设备、教室辅助材料的花费［最多250美元（到2011年年底）］；自雇者的某些费用（健康保险保费）。这些调整的部分要从毛收入中扣除从而确定**调整后的毛收入**（adjusted gross income，AGI）。从毛收入中减去调整的部分得到收入小计。

为了说明这些收入调整项的价值，我们以来自南卡罗来纳州哥伦比亚的约翰·爱德华为例，他的总收入为50 000美元。过去的这一年，他为了新的工作，花费1 200美元搬到田纳西州的纳什维尔，同时他为高等教育的在职研究生学位支付了2 000美元。减去这3 200美元调整费用，他的毛收入变为46 800美元，因为他的边际税率为25%，所以约翰节约了800美元的税费。

> **经常项目扣除**
> 不管纳税人是否申请扣除，调整项都会从总收入中扣除。

调整项也被称为**经常项目扣除**（above-the-line deduction），因为即使没有申请，它们也会被从毛收入中减去。无论纳税人一一列举以上扣除项还是以特定扣除标准（稍后会讨论）来计算，这些调整项都将被扣除。

> **专家建议**
>
> 副业能减少你的所得税
>
> 一个副业可以打开许多税收减免的大门。我们从不推荐为了减税而花钱；但是，如果你无论如何都要花这笔钱，你应该尽量花在减税的项目上。
>
> 通过拥有自己的副业，你为争取盈利所花费的每一美元都可以获得税收减免。一般的个人开支是不能扣除的，但是开展副业时的汽车、旅游、办公室和办公用品（比如桌子、椅子、电脑）

的花费，自建的退休账户，健康保险保费，教育费用，娱乐费用，商务礼品费用等都可以扣除。员工工资也可以扣除，即使他们是你的孩子、其他亲戚或是朋友也可以。

这种业务不一定是你的主要工作。如果你的业务产生亏损，你可以从你的其他收入中扣除这些损失。美国国税局认为你必须如同理性人一样追逐利润。如果你不符合这个条件，美国国税局将把你的这种行为归类为业余爱好，这样你就仍需报告你的收入，并且不能免税。

安东尼·坎波罗

哥伦布州立社区学院

□ 4. 减去美国国税局规定的标准扣除，或者减去分项扣除

> **分项扣除**
> 可扣除的费用。
> **标准扣除**
> 一个固定的数额，如果不是分项扣除，所有纳税人都能从经其调整后的毛收入中扣除该金额。
> **申报纳税身份**
> 申报纳税年度最后一天纳税者的婚姻状况描述。

纳税人可能通过适用标准扣除额来进一步降低自己的应税收入，也可以选择**分项扣除**（itemized deduction)，也就是能直接减少应税收入的具体项目。你可以使用任意一种方法，但不能同时使用两种。你当然想使用扣除额更多的那种方法。**标准扣除**（standard deduction）对所有纳税人（除了一些自雇者）都是一个固定的金额，无论这些纳税人的实际花费是多少，只要他们没有列出具体扣除项目，都可从自己的总收入中扣除。实际上，标准扣除相当于政府对纳税人可能的可免税费用的一种合理估计。三分之二的纳税人采用这种标准扣除。

标准扣除额取决于**申报纳税身份**（filing status)，即你在本年最后一天的婚姻状况。个人状态可以填单身、已婚（单独申请或一起申请)、户主、寡妇或鳏夫。每一种身份都有特定的税收优惠（见表 4-2)。比如，单身纳税人的标准扣除额为 5 800 美元，已婚夫妇的标准扣除额是单身者的两倍，为 11 600 美元。

表 4-2　　税率表

单身		
如果应税收入超过	但不高于	税额为：
0 美元	8 500 美元	总额的 10%
8 500 美元	34 500 美元	850 美元加上超过 8 500 美元部分的 15%
34 500 美元	83 600 美元	4 750 美元加上超过 34 500 美元部分的 25%
83 600 美元	174 400 美元	17 025 美元加上超过 83 600 美元部分的 28%
174 400 美元	379 150 美元	42 449 美元加上超过 174 400 美元部分的 33%
379 150 美元	无上限	110 016.5 美元加上超过 379 150 美元部分的 35%
已婚		
如果应税收入超过	但不高于	税额为：
0 美元	17 000 美元	总额的 10%
17 000 美元	69 000 美元	1 700 美元加上超过 17 000 美元部分的 15%
69 000 美元	139 350 美元	9 500 美元加上超过 69 000 美元部分的 25%
139 350 美元	212 300 美元	27 087.5 美元加上超过 139 350 美元部分的 28%
212 300 美元	379 150 美元	47 513.5 美元加上超过 212 300 美元部分的 33%
379 150 美元	无上限	102 574 美元加上超过 379 150 美元部分的 35%

某些特定人群还可适用四个**额外标准扣除**（additional standard deduction）。他们可以扣除部分或全部的标准扣除额。例如年龄在 65 岁或以上的人或者盲人可以在标准扣除额之外再申请额外的扣除额（单身者为 1 450 美元，已婚夫妇为 1 150 美元）。

如果纳税人分项列出的扣除的税收减免额超出标准扣除额，那么他们会选择分项扣除而不是采用标准扣除。例如，一个单身者列出所有能减税的开支，并发现这些扣除项加总达到 6 000 美元，这比单身人士的标准扣除额即 5 800 美元要多。税收表格列出了以下六类扣除项。

（1）医疗和牙科费用；

（2）你支付的税；

（3）你支付的利息；

（4）慈善捐款；

（5）意外事故及盗窃损失；

（6）工作费用和大多数其他杂项扣除。

下面是每一种税收扣除类别的例子：

（1）医疗和牙科费用（非保险支付部分）超过调整后毛收入 7.5%[①]**的部分。**

- 治疗费和药费；
- 医疗保险、长期护理和隐形眼镜；
- 医疗服务（医生、牙医、护士、医院、长期护理）；
- 绝育手术和避孕处方；
- 医师处方减肥治疗的成本；
- 医师处方的戒烟药/计划；
- 医疗设备和器材（隐形眼镜、眼镜、听力设备、矫形鞋、假牙、轮椅电梯）；
- 产前培训班的费用；
- 身体或精神缺陷人士在特殊学校的费用；
- 残疾人员住宅改善的费用（坡道、扶手、扩建大门）；
- 家长为了了解孩子的疾病而花费的旅行和会议注册费用；
- 来往医疗服务所在地的交通费用，以某个标准津贴费用为限。

（2）你支付的税。

- 房地产税（如房子或土地）；
- 个人财产税（如对汽车或轮船征收的基于资产价值的税）；
- 州、地方和国外的所得税；
- 代替州或所得税分项扣除的州或地方销售税（2011 年）。

（3）你支付的利息。

- 支付的房贷利息；
- 购买主要住宅而支付的一种预付利息；
- 房屋抵押贷款再融资时支付的费用；
- 房屋净值贷款的利息支付；

① 2013 年由 7.5%上调至 10%。

● 投资贷款的利息支付；

● 当购房者支付的首付款低于 20%时，所支付的抵押贷款保险费（2011 年）。

（4）慈善捐款。

● 给合格组织的现金捐款，比如教堂、学校和慈善机构（250 美元及以上金额需提供收据）。

● 以**公平的市场价值**（fair market value，买者愿意支付给卖者的价格）计算的非现金捐赠；依美国国税局要求，该类个人财产必须保持良好的使用条件。

● 志愿者活动的交通津贴和现金支出。

● 通过工资扣除的慈善捐款。

● 70 岁半或以上年龄的纳税人从个人退休账户（IRA）中支付的累计捐款达到 100 000 美元（在 2011 年底到期）。

> **你知道吗？**
>
> 长时间保持你的税务记录
>
> 记得不要扔掉与房屋购买、退休账户支付和投资有关的记录。因为你有责任证明你提供给美国国税局的数据的准确性，当你对保留税务记录有怀疑时，记得不要扔掉它们。能证明减税的合法性对于保留更多财富来说是至关重要的。如果美国国税局怀疑你存在欺诈，会在第二年或未来的任何时间要求你来证明。

（5）意外事故及盗窃损失（非保险支付部分）超过调整后毛收入 10%的部分。

● 意外事故损失（如来自风暴、破坏公物和火灾）超过了 100 美元；

● 钱财或财产被盗窃超过 100 美元；

● 因意外或特殊事件所造成的财产损失（如因钻戒被车门夹住而遗失钻石）。

（6）工作费用和大多数其他杂项扣除超过调整后总收入的 2%（部分列示）。

> **你知道吗？**
>
> 最好的税务指导和软件
>
> 《你的联邦所得税：个人版》（第 17 版）这本 100 多页的书是由美国国税局编制的，详细地提供了准备个人所得税申报的指引。所有联邦所得税的形式、法规、指南以及经常被问到的问题的答案都可以致电（800）TAX-3676 获得或在 www.irs.gov 中找到。美国国税局的咨询热线是（800）TAX-1040。大多数纳税者能从志愿者所得税援助计划［www.vita-volunteers/index.htm，或致电（800）906－9887］中得到免费的税务准备服务。
>
> 你可以在网上或者书店找到那些能向你提供减少应税收入建议的税务指导以及可以帮你填报申请的计算机软件。每年出版的 J.K. 拉瑟的《你的所得税》是一本不错的税务指导（www.jklasser.com/WileyCDA/Section/id-310351.html）。
>
> 主流的计算所得税返还的计算机软件包括 H&R Block 的 TaxCut（www.hrblock.com/tax-software/index.html）、Quicken 的 TurboTax（http://turbotax.intuit.com/）以及 TaxACT（www.taxact.com）。有 60%的纳税人会雇人来准备税收收入申报。

● 工会或专业协会会费；

● 商业或专业用途的杂志、期刊和报纸的订阅费；

● 商业或专业用途的书本、软件、工具及其他用品的成本；

● 因工作所需产生的电脑和手机费用；

● 在非工作情景下不会使用的服装和配件（防护鞋、帽子、安全护目镜、手套、制服），以及相应的洗衣或清洁费；

- 不可报销的员工业务费用（仅为用餐和娱乐费用的一部分），包括长途电话费、清洁和洗衣费用、洗车费用（仅限商务用车）；
- 投资相关的花费（如电脑软件、在线交易费用、顾问费用、投资俱乐部花费、IRA 的费用、保险箱租金、订购投资杂志的费用、预缴税费）；
- 有关离婚或离婚赡养费的税务咨询法律费用；
- 两份工作之间的交通费用，使用一般里程津贴；
- 与工作相关的汽车费用（不是正常上下班的费用），使用一般里程津贴或准确的花费；
- 临时工作地点的往返路费；
- 出于商务或教育目的的往返费用；
- 为获得或保持工作而参加用人单位要求的体检；
- 慈善捐款或意外损失的资产价值评估费用；
- 为了保持工作或改善工作或为了获得专业技能的教育费用（但并不是为了获取新工作）；
- 找工作过程中的花费，包括打印、复印、简历建议、职业咨询、招聘广告、电话费、邮件费、就业安置机构费用、在你当前工作区域找工作的路费；
- 在你当前职业领域中找工作时花费的 50%的食品费、100%的交通费和娱乐费用；
- 100%的赌博损失，用于抵销已申报的赌博盈利（不受调整后收益总额 2%的约束）；
- 100%的为残疾人支付的业务费用（不受调整后收益总额 2%的约束）。

考虑到这里所提供的可扣除项目和其他一些你可能适用的项目，它们值得你花一些时间来估计自己在这些项目中能得到的扣除额。如果这些分项扣除额超过了标准额或者仅仅是接近它，那就重新仔细地算一算，选出使扣除额更大的那种方法来。

□ 5. 减去个人豁免部分的价值

豁免 [exemption，又称**个人豁免**（personal exemption）] 是法律允许从你的调整后毛收入中减去的一定额度，这个数字取决于由纳税人收入供养的受赡养者人数。**受赡养者**（dependent）是指亲戚或家庭成员。因此，纳税人或合格的受赡养者可以申请豁免，例如配偶（如果共同申报）、孩子、父母和其他收入少于特定数额的受赡养者，纳税人会为他们提供一半以上的财务资助。例如，一对有两个孩子的夫妇享有 4 份豁免。

> **豁免/个人豁免**
> 基于由个人收入供养的人数，法律允许从你的调整后毛收入中减去的一定额度。
> **受赡养者**
> 指亲戚或家庭成员，纳税人可以针对受赡养者申报税收豁免。

一个人的纳税豁免只能申报一次——他或她自己的，或是其他人的（通常是一个家长的）。每份纳税豁免可从应税收入中减去 3 700 美元。豁免额将随着收入的提高逐渐下降。如果你被申报为父母的受赡养者，你将不能为自己申请税收豁免，因为一个人只能得到一次豁免。

□ 6. 确定你的基础税负

到目前为止，我们已经用详细的步骤解释了怎样确定你的应税收入。应税收入是以纳税人的毛收入计算的，减去调整的部分、被允许豁免的部分，再减去标准扣除额或分项扣除额。

通过税务表或税率表，我们可以基于纳税人的个人情况（例如单身或已婚），用他的应税收入来确定纳税人的基础税负。下面的例子将说明这一过程。表 4-3 显示的是税务表的一部分。

表 4-3 **税务表** 单位：美元

如果应税收入		你应纳税	
大于	但少于	单身	夫妇共同申报
20 200	20 250	2 609	2 183
20 250	20 300	2 616	2 191
23 550	23 600	3 111	2 686
23 600	23 650	3 119	2 694
26 050	26 100	3 486	3 061
26 100	26 150	3 494	3 069
26 300	26 350	3 524	3 099
26 350	26 400	3 531	3 106
27 100	27 150	3 644	3 219
27 150	27 200	3 651	3 226
27 750	27 800	3 741	3 316
27 800	27 850	3 749	3 324
27 850	27 900	3 756	3 331
27 900	27 950	3 764	3 339
33 950	34 000	4 671	4 246
34 000	34 050	4 679	4 254
39 900	39 950	6 106	5 139
39 950	40 000	6 119	5 146
41 300	41 350	6 456	5 349
41 350	41 400	6 469	5 356
49 100	49 150	8 406	6 519
49 150	49 200	8 419	6 526
49 450	49 500	8 494	6 571
49 500	49 550	8 506	6 579
53 000	53 050	9 381	7 104
53 050	53 100	9 394	7 111
53 100	53 150	9 406	7 119
60 000	60 050	11 131	8 154
60 050	60 100	11 144	8 161
74 100	74 150	14 656	10 781
74 150	74 200	14 669	10 794

续前表

如果应税收入		你应纳税	
大于	但少于	单身	夫妇共同申报
90 200	90 250	18 880	14 806
90 250	90 300	18 894	14 819

这部分的税务表来自美国国税局税率表。

（1）一对共同申报的夫妇总收入为 50 000 美元，调整项为 4 700 美元，有两份豁免额（每份 3 700 美元），分项扣除额为 8 285 美元。他们选择了标准扣除额 11 600 美元，因为分项扣除额没有超过这一金额。

毛收入	50 000 美元
减去调整额	—4 700 美元
调整后的毛收入	45 300 美元
减去已婚夫妇的标准扣除额	—11 600 美元
小计	33 700 美元
减去 2 份豁免额	—7 400 美元
应税收入	26 300 美元
应缴税额（来自表 4-3）	3 099 美元

（2）一个单身纳税人总收入为 56 000 美元，调整项为 4 050 美元，有一份豁免额，分项扣除额为 8 400 美元。他会选择分项扣除额，因为这一数额超过了标准扣除额 5 800 美元。

毛收入	56 000 美元
减去调整额	—3 950 美元
调整后的毛收入	52 050 美元
减去分项扣除额	—8 400 美元
小计	43 650 美元
减去 1 份豁免额	—3 700 美元
应税收入	39 950 美元
应缴税额（来自表 4-3）	6 119 美元

（3）一对已婚夫妇总收入为 137 000 美元，调整项为 4 000 美元，有 2 份豁免额，分项扣除额为 9 800 美元。他们选择标准扣除额，因为这比分项扣除额多。

毛收入	137 000 美元
减去调整项	—4 000 美元
调整后的毛收入	133 000 美元
减去标准扣除额	—11 600 美元
小计	121 400 美元
减去 2 份豁免额	—7 400 美元
应税收入	114 000 美元
应缴税额①	20 750 美元

① 应缴税额是根据表 4-2 的税率表计算而来，因为应税收入超过了 100 000 美元。根据应税收入计算应缴税额的过程如下：114 000－69 000＝45 000（美元），45 000×0.25＝11 250（美元），11 250＋9 500＝20 750（美元）。

> **你知道吗？**
>
> 关于替代性最低税
>
> **替代性最低税**（alternative minimun tax，AMT）是1969年被提出的，能够有效地从高收入纳税人群体那里收回一些税收减免优惠，这些人经常能通过合法工具完全逃避所得税税负。当他们申报了超额的分项扣除额、免税利息及大量的豁免额，这些高收入纳税人将被要求支付较高的替代性最低税而非常规的税负。如果所有这些税收福利的价值被加回到个人的收入中，将导致AMT计算的结果超过个人的正常税负。大约400万个纳税人会支付税率为26%～28%的AMT，这大概会为他们额外增加3 900美元的应缴税额。

□ 7. 减去你有资格取得的税收抵免

> **税收抵免**
> 从你的税负中等额减除；也称减免。

通过**税收抵免**（tax credit），你也许可以进一步减少基础税负。税收抵免将减少你负担的税额。不同于从应税收入中减去的扣除项，税收抵免是直接从你的纳税额中减除的。如果你的税率为25%，那么1 000美元的税收扣除项会让你节省250美元，而1 000美元的税收抵免将为你节省1 000美元。

> **不可退还的税收抵免**
> 税收抵免只能减少个人的税收至零；如果抵免额超过了你的纳税额，超过部分是不会退给你的。

> **可退还的税收抵免**
> 税收抵免可以减少个人的纳税额至零以下，超过部分将退还给纳税人。

不管你是否选择分项扣除，你都可能会享受税收抵免。**不可退还的税收抵免**（nonrefundable tax credit）能减少你的税负至零，但不会低于零。因此，如果税收抵免额超过了你的税额，你就可以不用付这笔税了。而**可退还的税收抵免**（refundable tax credit）不仅能减轻你的税负至零，多余的金额还将被退回。抵免额经常会受到收入的影响，这意味着高收入的纳税人可能无法获得一个特定的抵免额。下面描述的税收抵免，除非特别指出，可以适用到2012年年底。当然，国会可以再延长它们的适用时间。

美国机会税收抵免

> **美国机会税收抵免**
> 每年提供高达2 500美元来帮助纳税人降低大学四年高等教育的费用。

> **终身学习抵免**
> 这是一种不可退还的税收抵免，每年都能申请，用来支付学费和相关的高等教育费用，进而获得或提升工作技能。

美国机会税收抵免（American Opportunity Tax Credit）为每位学生提供了一个高达2 500美元的税收抵免，以帮助他们降低大学四年高等教育的费用。这项税收抵免针对纳税人在应税年度里支付的不超过2 000美元的100%的规定的学费、学杂费、书本费、课程材料费，以及之后2 000美元中的25%。抵免的最高限额为2 500美元。这些钱必须用在规定的学费、书本费、供给品、设备和学生活动费上，这些都是入学的必需品。对于每年在学时间超过一半的个人，入学税收抵免可以在两个应税年度中申请。这项抵免的40%是可退还的。

终身学习抵免

终身学习抵免（lifetime learning credit，不可退还）每年都能申请，用来支付学费和相关的高等教育费用，进而获得或提升工作技能。这些课程的花费可以用于你自己或你的配偶及其他受赡养者，学生无需获得学位或其他被承认的证书。这一抵税项的金额可达到 10 000 美元之内花销的 20%，但一个家庭中所有符合条件的学生的最大抵免额为 2 000 美元。学生申请终身学习抵免没有年数的限制。同一学生不能在同一纳税年度同时申请美国机会税收抵免和终身学习抵免。

劳动所得税收抵免

劳动所得税收抵免［earned income credit，EIC，或称**所得税减免**（earned income tax credit，EITC）］是可退还的，不仅是拥有合格子女的工作者可以申请，在特定情况下，没有孩子的工人也可以申请。对于没有孩子的工作者，最高抵免额为 464 美元，如果有一个孩子则为 3 094 美元，有两个孩子则是 5 112 美元，有三个或更多孩子则是 5 751 美元。如果一对夫妇有一个孩子，但他们的调整后总收入达到或超过 36 052 美元，他们将没有资格申请该项抵免。

> **理财要点**
>
> **不要拖欠美国国税局税款？报税来获得税收抵免返还**
>
> 申请税收抵免可能会让你从政府那里取得金钱，即使你今年并不需要交所得税。为了得到可退还的税收抵免，你必须报税。再三确认你是否有资格获得劳动所得税收抵免、儿童额外税收抵免、美国机会税收抵免。

> **劳动所得税收抵免（EIC）**
>
> 拥有合格子女的工作者，或者没有孩子的工作者在特定情况下，申请的一种可退还税收抵免。

孩子及受赡养者照料费税收抵免

如果家里有小于 13 岁的孩子或其他需要照料的受赡养者，而付费请人照料使得你可以自由去工作，那么你可以申请**孩子及受赡养者照料费税收抵免**（child and dependent care credit，不可退还）。抵免额取决于你的收入，最高可达到一个受赡养者（最多 3 000 美元）或两个及以上受赡养者（最多 6 000 美元）照料费的 35%。如果你的抵免额超过你的纳税额，那么抵免额就是你的纳税额，但是部分或全部抵免额可以作为“儿童额外税收抵免”而返还，这将在后面讨论。

> **孩子及受赡养者照料费税收抵免**
>
> 这是一种不可退还的税收抵免，如果为小于 13 岁的孩子或其他家属支付照料费以使自己自由去工作、找工作，或全日制进校园学习，则可申请该项抵免。

儿童税收抵免

纳税者可以申请**儿童税收抵免**（child tax credit，CTC），一个 17 岁以下的孩子最多 1 000 美元。这一可退还的抵免也被称为**儿童额外税收抵免**（additional child tax credit）。如果申请孩子及受赡养者照料费税收抵免的纳税者发现其上述抵免额超过他们的纳税额，可以通过 8812 表格申请 1 000 美元或更高的 CTC 抵免额。有 1 100 万个家庭可适用这一抵免。

收养税收抵免

收养税收抵免（adoption tax credit，可退还）针对收养所产生的花费，抵免额最高可达 13 360 美元。

抵押贷款利息抵免

支付抵押贷款利息的人可以获得最高 2 000 美元的**抵押贷款利息抵免**（mortgage interest tax credit，不可退还），这项抵免可以在特定的州和地方政府申请，他们给购买主要住宅或借款改善他们住房的人提供“抵押信贷证书”。房屋的花费应不超过当地平均购买价格的 90%～110%。

> **你知道吗?**
>
> 近一半的家庭不支付所得税
>
> 税收政策中心报道，在最近一年中有47%的家庭没有支付任何联邦所得税，以前这一数字通常是38%。因此，数以百万计的美国人没为美国的国防、铁路或联邦公园支付任何东西。他们的收入不是太低，就是本身符合足够的税收抵免、豁免和扣除，从而减少了他们的应缴税额。当然，他们中的大部分人还是支付了其他的税种，包括为社会保障和医疗保险基金而支付的联邦政府的工资税；联邦和州的对于汽油、电话服务、轮胎、航空、酒和烟的消费税；还有州或地方政府的所得税、财产税和销售税。

退休储蓄计划抵免

不可退还的**退休储蓄计划抵免**［retirement savings contribution credit，又称**存款人抵免**（saver credit）］最高可达到1 000美元。对单身的个人来说，如果调整后的毛收入不超过17 000美元，他可以申请所交退休计划储蓄金额的50%（最多2 000美元）；如果超过17 000美元而没到18 250美元，可以申请20%；如果超过18 250美元而没到28 250美元，可以申请10%。对已婚人士来说，三档门槛收入分别为34 000美元、36 500美元和56 500美元。

老年人或残疾人税收抵免

这是达到60岁或更大年龄的人，或永久并完全残疾的残疾人可以申请的不能退还的联邦税收抵免，最高可达到1 125美元。

节能汽车税收抵免

这一最高750美元的不可退还的抵免，专门被提供给那些购买特定充电汽车的纳税人，截至2011年年底皆有效。一些州还提供了额外的抵免额。

家庭节能改进税收抵免

如果你买了或改进了房屋中的节能设备，例如供暖和供冷设备、窗户、太阳能电池板、天窗、太阳能热水器、燃料电池设备或绝缘设备，你可以申请高达500美元的不可退还的税收抵免。

> **你知道吗?**
>
> 肖恩的成功故事
>
> 肖恩是个聪明人。在学习了很多关于避税的知识后，他采取了行动。肖恩支付首付买了一套房子，并以6.25%的利率借了120 000美元抵押贷款。将近9 000美元的利息（见后文的表9-4）和1 500美元的财产税，使他的分项扣除额远超标准扣除额5 800美元。因此，他可以申报各种额外的税收扣除，比如现金和非现金的慈善捐款、志愿者慈善工作的开销和路费津贴、为汽车和轮船支付的个人财产税、为了更好地管理他的投资而在商务杂志和报纸上的花费，以及为准备报税购买软件的花费。他开始每年为自己的养老金账户支付最高的3 000美元。肖恩在查询各项税收抵免政策以确定他是否符合条件。

□ 8. 计算美国国税局的应税余额或你的退税金额

> **退税**
>
> 如果你被代扣的税款加上估计支付的税款超过你的应缴税额，美国国税局应把钱款退还给你。

如果你的被代扣税款（见你的 W-2 报税表）加上估计支付的税款超过你最终的应缴税额，那么你就有权获得**退税**（tax refund）。如果这些税款低于你的应缴税额，那么你就有**应付纳税余额**（tax balance due）。如果没有现金，你也可以用支票、汇票、信用卡支付。美国国税局会对信用卡支付征收 2.5%的手续费。

□ 你需要递交哪种税收表格？

你应在相应的税收表中记录你所有的税务信息，通过邮件或在线递交给美国国税局，以完成自己的报税。记得选择适合自己的美国国税局报税表：

- **1040EZ 表。**你是单身或已婚，65 岁以下，并且没有受赡养人；你来自工资、薪水和消费的总收入不到 100 000 美元，来自利息的收入不到 1 500 美元；并且你没有申请任何税收抵免、税收调整以及分项扣除。
- **1040A 表。**你的收入少于 100 000 美元，采用标准扣除额，并有税收调整项或税收抵免。
- **1040 表。**你可能支付或不支付一个合格的退休计划，有税收调整项或税收抵免，采用分项扣除。图 4－4 中是一份已经填写完成的 1040 表。
- **1040X 表。**你有资格获得退税或可退还的税收抵免，或你想纠正任何纳税申报错误，或申请过去三年中任何被遗漏的扣除额。

Form 1040 Department of the Treasury—Internal Revenue Service
U.S. Individual Income Tax Return (99) IRS Use Only—Do not write or staple in this space.

For the year Jan. 1–Dec. 31, 2010, or other tax year beginning , 2010, ending , 20 OMB No. 1545-0074

Name, Address, and SSN (See separate instructions.) PRINT CLEARLY

Your first name and initial: Yasuo — Last name: Konami — Your social security number: 123 45 6789

If a joint return, spouse's first name and initial — Last name — Spouse's social security number

Home address (number and street). If you have a P.O. box, see instructions: 3333 Third Avenue — Apt. no.: 12 — Make sure the SSN(s) above and on line 6c are correct.

City, town or post office, state, and ZIP code. If you have a foreign address, see instructions: Oak Park, IL 60302 — Checking a box below will not change your tax or refund.

Presidential Election Campaign ▶ Check here if you, or your spouse if filing jointly, want $3 to go to this fund ▶ □ You □ Spouse

Filing Status (Check only one box.)
1 ☒ Single
2 □ Married filing jointly (even if only one had income)
3 □ Married filing separately. Enter spouse's SSN above and full name here. ▶
4 □ Head of household (with qualifying person). (See instructions.) If the qualifying person is a child but not your dependent, enter this child's name here. ▶
5 □ Qualifying widow(er) with dependent child

Exemptions
6a ☒ Yourself. If someone can claim you as a dependent, do not check box 6a — Boxes checked on 6a and 6b: 1
b □ Spouse
c Dependents: (1) First name, Last name; (2) Dependent's social security number; (3) Dependent's relationship to you; (4) ✓ if child under age 17 qualifying for child tax credit (see page 15) — No. of children on 6c who: • lived with you • did not live with you due to divorce or separation (see instructions); Dependents on 6c not entered above
If more than four dependents, see instructions and check here ▶□
d Total number of exemptions claimed — Add numbers on lines above ▶ 1

Income (Attach Form(s) W-2 here. Also attach Forms W-2G and 1099-R if tax was withheld. If you did not get a W-2, see page 20.)
7 Wages, salaries, tips, etc. Attach Form(s) W-2 — 7: 65,000 —
8a Taxable interest. Attach Schedule B if required — 8a: 200 —
b Tax-exempt interest. Do not include on line 8a — 8b
9a Ordinary dividends. Attach Schedule B if required — 9a
b Qualified dividends — 9b
10 Taxable refunds, credits, or offsets of state and local income taxes — 10
11 Alimony received — 11
12 Business income or (loss). Attach Schedule C or C-EZ — 12
13 Capital gain or (loss). Attach Schedule D if required. If not required, check here ▶ □ — 13
14 Other gains or (losses). Attach Form 4797 — 14
15a IRA distributions 15a — b Taxable amount — 15b
16a Pensions and annuities 16a — b Taxable amount — 16b
17 Rental real estate, royalties, partnerships, S corporations, trusts, etc. Attach Schedule E — 17

图 4－4 联邦所得税表 1040 表

Enclose, but do not attach, any payment. Also, please use **Form 1040-V.**

Line	Item	Box	Amount	Line	Amount
18	Farm income or (loss). Attach Schedule F			18	
19	Unemployment compensation			19	
20a	Social security benefits 20a	b Taxable amount		20b	
21	Other income. List type and amount			21	
22	Combine the amounts in the far right column for lines 7 through 21. This is your **total income** ▶			22	65,200 —

Adjusted Gross Income

Line	Item	Box	Amount	Line	Amount
23	Educator expenses	23			
24	Certain business expenses of reservists, performing artists, and fee-basis government officials. Attach Form 2106 or 2106-EZ	24			
25	Health savings account deduction. Attach Form 8889	25			
26	Moving expenses. Attach Form 3903	26			
27	One-half of self-employment tax. Attach Schedule SE	27			
28	Self-employed SEP, SIMPLE, and qualified plans	28			
29	Self-employed health insurance deduction	29			
30	Penalty on early withdrawal of savings	30			
31a	Alimony paid b Recipient's SSN ▶	31a			
32	IRA deduction	32	4,000 —		
33	Student loan interest deduction	33	1,100 —		
34	Tuition and fees. Attach Form 8917	34			
35	Domestic production activities deduction. Attach Form 8903	35			
36	Add lines 23 through 31a and 32 through 35			36	5,100
37	Subtract line 36 from line 22. This is your **adjusted gross income** ▶			37	60,100

减去收入调整额

For Disclosure, Privacy Act, and Paperwork Reduction Act Notice, see separate instructions. Cat. No. 11320B Form **1040**

Form 1040 (2010) Page **2**

Tax and Credits

Line	Item	Box	Amount	Line	Amount
38	Amount from line 37 (adjusted gross income)			38	60,100 —
39a	Check if: ☐ **You** were born before January 2, 1946, ☐ Blind. ☐ **Spouse** was born before January 2, 1946, ☐ Blind. } **Total boxes checked** ▶ 39a ☐				
b	If your spouse itemizes on a separate return or you were a dual-status alien, check here ▶ 39b ☐				6,950 —
40	**Itemized deductions** (from Schedule A) **or** your **standard deduction** (see instructions)			40	53,150 —
41	Subtract line 40 from line 38			41	
42	**Exemptions.** Multiply $3,650 by the number on line 6d			42	3,700 —
43	**Taxable income.** Subtract line 42 from line 41. If line 42 is more than line 41, enter -0-			43	49,450 —
44	**Tax** (see instructions). Check if any tax is from: a ☐ Form(s) 8814 b ☐ Form 4972			44	8,494
45	**Alternative minimum tax** (see instructions). Attach Form 6251			45	
46	Add lines 44 and 45 ▶			46	
47	Foreign tax credit. Attach Form 1116 if required	47			
48	Credit for child and dependent care expenses. Attach Form 2441	48			
49	Education credits from Form 8863, line 23	49			
50	Retirement savings contributions credit. Attach Form 8880	50			
51	Child tax credit (see instructions)	51			
52	Residential energy credits. Attach Form 5695	52			
53	Other credits from Form: a ☐ 3800 b ☐ 8801 c ☐	53			
54	Add lines 47 through 53. These are your **total credits**			54	
55	Subtract line 54 from line 46. If line 54 is more than line 46, enter -0- ▶			55	

Standard Deduction for—
- People who checked any box on line 39a, 39b, or 39c **or** who can be claimed as a dependent, see page 34.
- All others:

Single or Married filing separately, $5,800

Married filing jointly or Qualifying widow(er), $11,600

Head of household, $8,450

减去分项扣除项或标准扣除项

减去豁免额

应税收入

累计应缴税额

报告税收抵免

扣除税收抵免

Other Taxes

Line	Item	Box	Amount	Line	Amount
56	Self-employment tax. Attach Schedule SE			56	
57	Unreported social security and Medicare tax from Form: a ☐ 4137 b ☐ 8919			57	
58	Additional tax on IRAs, other qualified retirement plans, etc. Attach Form 5329 if required			58	
59	a ☐ Form(s) W-2, box 9 b ☐ Schedule H c ☐ Form 5405, line 16			59	
60	Add lines 55 through 59. This is your **total tax** ▶			60	

Payments

Line	Item	Box	Amount	Line	Amount
61	Federal income tax withheld from Forms W-2 and 1099	61	10,400 —		
62	2011 estimated tax payments	62			
63	Making work pay credit. Attach Schedule M	63			
64a	**Earned income credit (EIC)**	64a			
b	Nontaxable combat pay election 64b				
65	Additional child tax credit. Attach Form 8812	65			
66	American opportunity credit from Form 8863, line 14	66			
67	First-time homebuyer credit from Form 5405, line 10	67			
68	Amount paid with request for extension to file	68			
69	Excess social security and tier 1 RRTA tax withheld	69			
70	Credit for federal tax on fuels. Attach Form 4136	70			
71	Credits from Form: a ☐ 2439 b ☐ 8839 c ☐ 8801 d ☐ 8885	71			
72	Add lines 61, 62, 63, 64a, and 65 through 71. These are your **total payments** ▶			72	10,400

If you have a qualifying child, attach Schedule EIC.

Refund

Line	Item	Box	Amount	Line	Amount
73	If line 72 is more than line 60, subtract line 60 from line 72. This is the amount you **overpaid**			73	
74a	Amount of line 73 you want **refunded to you.** If Form 8888 is attached, check here ▶ ☐			74a	1,906 —
b	Routing number ▶ c Type: ☐ Checking ☐ Savings				
d	Account number				
75	Amount of line 73 you want **applied to your 2012 estimated tax** ▶	75			

Direct deposit? See instructions.

累计欠税或退税

Amount You Owe

Line	Item	Box	Amount	Line	Amount
76	**Amount you owe.** Subtract line 72 from line 60. For details on how to pay, see instructions ▶			76	
77	Estimated tax penalty (see instructions)	77			

Third Party Designee

Do you want to allow another person to discuss this return with the IRS (see instructions)? ☐ **Yes.** Complete below. ☐ **No**

Designee's name ▶ Phone no. ▶ Personal identification number (PIN) ▶

Sign Here

Joint return? See page 12. Keep a copy for your records.

Under penalties of perjury, I declare that I have examined this return and accompanying schedules and statements, and to the best of my knowledge and belief, they are true, correct, and complete. Declaration of preparer (other than taxpayer) is based on all information of which preparer has any knowledge.

Your signature	Date	Your occupation	Daytime phone number
Yasuo Konami	04-15-12	Media Specialist	630 555-1234
Spouse's signature. If a joint return, **both** must sign.	Date	Spouse's occupation	

不要忘了签名

Paid Preparer Use Only

Print/Type preparer's name	Preparer's signature	Date	Check ☐ if self-employed	PTIN
Firm's name ▶			Firm's EIN ▶	
Firm's address ▶			Phone no.	

Form **1040**

Printed on recycled paper

图 4-4 联邦所得税表 1040 表（续）

□ 及时上交表格并检查你的退税状态

你应该及时递交你的所得税申报表以避免罚款——通常在 4 月 15 日之前提交。如果你有欠税情况并且破产了，你可以借钱来支付税款，或者和美国国税局联系，申请在未来三年以分期付款的方式偿还债务。

如果你没有在表格上签字、忘了在报税表附上 W-2 报税表、出现计算错误或者错误申报了税项，纳税人将会在三个星期内收到美国国税局的通知。一旦纳税人递交了他们的联邦所得税申报表，他们可以借助一种叫"我的退款在哪里?"（Where's My Refund?）的工具来跟踪自己的退税状态，这个工具可以在 www. irs. gov 的首页下载。

□ 线上免费递交你的所得税申报表，可在十天内收到退款

超过 70%的纳税人在线上递交所得税申报表。如果要自己在网上递交所得税申报表，你需要访问美国国税局的网站（www. irs. gov）并点击"IRS E-file"。另外，你也可以选择点击"IRS Free File"，它为纳税人提供了免费的品牌税务软件的选项或是在线免费填写的表格。线上递交的纳税人可以要求将退税款直接汇入银行账户，并通常在递交申请后的十天内收到汇款。

概念测试 4.2

1. 列举 5 种必须包括在给美国国税局的报告中的收入。
2. 长期和短期资本利得在所得税中有何区别?
3. 列举 5 种不包括在美国国税局报告中的收入。
4. 列举收入调整项的 3 个例子。
5. 区别标准扣除额和个人豁免额。
6. 如果某人去年没有递交所得税申报表或是过去三年都没有递交，你会如何建议他递交 1040X 表?
7. 列举 5 种税收抵免的例子。

减少所得税的策略

尽管美国税收法律关于合规问题是严格和苛刻的（虽然美国国税局只会审计不到 0.5%的税收申报），但它对纳税人是否利用各种漏洞来避税保持中立。本书提供的策略将帮助你减少你的税负。

学习目标 3

利用适当的策略降低所得税税负。

逃税

蓄意对美国国税局隐瞒收入，谎报税收扣款，或以其他方式欺骗政府来减少税负。

□ 实践合法避税，不是逃税

逃税（tax evasion）包括蓄意隐瞒收入、谎报税收

扣除，或以其他方式欺骗政府来减少税负。这是不合法的。服务员没有上报小费、保姆没有上报收入都属于逃税行为。一个人申报了150美元的慈善捐款扣除，但事实上并没有捐款，也是逃税行为。

避税指的是通过合法的途径来减少税负。这包括应用税法和法规的知识来做个人所得税的税收筹划。逃税会招致处罚、罚款、利息费用，甚至至可能被判刑。相反，避税会提高你的收入，因为你支付了较少的税收；你将通过避税获得更多的钱来消费、储蓄、投资和捐赠。

> **避税**
> 通过合法的途径来减少税负。

□ 要意识到从税收中节约1美元相当于实际上的2美元——或者更多

下面的三种原因应该会激励你寻找合法的方法来减少你的税收责任。

1. 机会成本。如第一章中我们所提到的，**机会成本**（opportunity cost）是指为了得到某种东西而要放弃的另一些东西的最大价值。机会成本是以所要放弃的东西的最大价值来衡量的，它反映在你可以买到的其他东西的价值上。在税收上支付1美元，你就失去了用这1美元做其他事情的机会。

2. 多赚1美元来弥补交给美国国税局的1美元。如果你支付了1美元的税，你就需要再赚1美元来弥补它。如果在税收中节省了1美元，就相当于你口袋中多了2美元。

3. 用避税省下的钱再去赚钱。如果用节省的这2美元投资，从中赚得的钱会进一步增加你的储蓄。

> **理财要点**
>
> **递交1040X表来获得前几年的退税**
>
> 任何有资格申请可退还税收抵免的人都可能通过1040X表来填写**修正后税款申报书**（amended return），来取得前3年的退税。你可以利用这些简单的表格来获得应得的退款或修正原始报税表中的错误及之前的退税表。

> **修正后税款申报书**
> 一种特殊的退税申请表（1040X表），可以用来申请获得应得的退税，或修正原始报税表中的错误，或修正之前3年的退税表。
>
> **机会成本**
> 指为了得到某种东西而放弃的另一些东西的最大价值。

□ 策略：通过你的雇主来减少你的应税收入

要减少税负，你应当减少自己的收入，这听起来似乎是个不合逻辑的建议。但情况的确如此，我们的目标就是要减少收入，当然我们指的是应税收入。减少你的联邦所得税应税收入同样也可以减少你在州和地方政府的个人所得税。这里有三种有效的方法来做到这一点：保险计划、受赡养者照料费灵活支出账户和固定缴款养老金计划。雇员们通常自己用税后收入来支付这些开支；因此，在这些无论如何都要花钱的项目上，参与能减少税负的支出计划是一个明智之举。

在以上这些雇主提供的计划中的资金投入通常是免缴联邦所得税、州所得税、社会保障税和医疗保障税的。这类福利的预缴资金会在计税之前从工资中扣除。实际上，这相当于美国国税局为你的这些支出提供了一些补贴。如果你的有效边际税率是43%，而你每年在税前支付5 000美元参加一个或多个雇主支付计划，你立刻就能从所得税中节省下2 150（=5 000×0.43）美元。

保险计划

很多大企业都提供**保险计划**（premium-only plan，POP），该计划允许雇员从他们的税前工资中预缴一部分钱来支付雇主提供的医疗福利的费用。这些福利一般包括健康、牙科、视力和残疾保险。保险计划中预缴的钱将不会作为应税收入报给国税局。举个例子，仁努是一个位于达拉斯的餐厅的经理，每月通过雇主为健康保险计划支付 40 美元（每年 480 美元），他每年可以因这项计划减少 206 ［＝480×0.43（边际税率）］美元的税负。

交通补助报销计划

交通补助报销计划（transportation reimbursement plan）是一个与保险计划类似的税前项目。这一雇主计划允许员工在税前工资中提前扣款来支付工作相关的交通费用，比如过境通行证费、面包车往返费用和停车费，进而帮助员工减少税负、节约税费。如果仁努在税前收入中支付了 600 美元给他的雇主交通计划，他可以省下 258（＝600×0.43）美元。

灵活支出账户

对支付儿童或家属健康护理费用的雇员来说，**灵活支出账户**（flexible spending account）是一项很有吸引力的税前薪资扣减计划，又称**费用报销账户**（expense reimbursement account）。灵活支出账户允许雇员税前支付特定的医疗和牙医支出，用来覆盖保险不能报销的医疗健康（马上会被限定在 2 500 美元/年）和受赡养者照料费（每年不超过 5 000 美元）等自付费用，例如，年度扣除、共担医疗费用、牙齿矫正费、医药处方费和医生开的非处方药费。这项扣除计划不包括在个人报告在 W-2 报税表中的应税收入中，并且这个账户收到的报销款也是免税的。

> **灵活支出账户/费用报销账户**
> 美国国税局批准的雇主计划，允许雇员税前支付特定的医疗和牙医支出，用来覆盖保险不能报销的医疗健康和受赡养者照料费等自付费用。

考虑前面仁努的例子，他每年通过雇主预付 1 200 美元用于自费的医疗费用（比如眼镜费、按摩疗法费、医师负担额），另外预付 3 000 美元来支付自费的子女照料费。仁努在灵活支出账户中扣缴的 4 200 美元，使他减少了 1 806（＝4 200×0.43）美元的税收支出。

灵活支出账户适用**过期作废规则**（use-it-or-lose-it rule），这意味着在年底如果账户中还有没花的钱，那么它将被没收并不会返还给雇员。但美国国税局允许雇主给予雇员 2 个半月的宽限期。因此，你需要对自己在灵活支出账户中的花费做个保守的估计。例如，你预缴了 1 000 美元的医疗健康费用，但你本年度只用了 700 美元，那么剩下的 300 美元就会被返还给你的雇主，而不再返还给你自己。

> **过期作废规则**
> 美国国税局规定，如果纳税人灵活支出账户到年底还有余额，那么这些钱将被没收，除非雇主允许一个两个半月的宽限期。

固定缴款养老金计划

在雇主提供的养老金计划中缴款也可以减少所得税。**固定缴款养老金计划**（defined-contribution retirement plan，在第一章和第十七章中都有讨论）是一项美国国税局批准雇主提供的养老计划，使雇员可以用

> **固定缴款养老金计划**
> 美国国税局允许雇主提供的一种退休计划，使雇员通过用税前收入缴款来减轻税负。

税前收入向账户缴款，从而减轻其税负。尽管市面上有很多形式的养老金计划，但最受欢迎的还是**401（k）养老金计划**［401（k）retirement plan］。

雇员在个人养老金账户中的部分缴款不会作为应税收入显示在W-2报税表中。例如，如果你为自己的养老金计划缴款2 000美元，并且你的税率为25%，这将立即为你节省下500（=2 000×0.25）美元。

固定缴款养老金计划的另一个好处是，雇主通常也会在账户中提供等额或部分**对等缴款**（matching contribution）。例如，如果你投资2 000美元到你的401（k）养老金计划中，你的雇主再支付这个金额的一半，这就意味着你的投资马上就产生了50%的收益！雇主的对等缴款部分可以看作一种免费的午餐。

> **对等缴款**
>
> 雇主以雇员对401（k）计划缴款的一个特定比例向雇员的401（k）账户缴款。

在这种养老金计划中的资金就像是在共同基金中的投资一样，是不需要交所得税的。但当你最终把钱取出来时，还是要支付所得税，但一般来说退休期间的边际税率会远远低于工作期间的税率。

□ 策略：减少应税投资

如果你有一笔投资已经亏损，你可能希望在报税年年底之前卖掉它们。这样你就可以利用这笔损失来抵销当年从其他投资中获得的资本利得。如果你没有收益可以抵销，你也可以从自己的应税收入扣除不超过3 000美元。另一个策略是把有资本增值的股票捐给慈善机构。这样做除了可以获得大量的慈善扣除额外，还可以避免为资本利得支付税收。

□ 策略：进行避税投资

我们往往将**税后资金**（after-tax dollar）用于投资，这意味着我们先用赚得的收入支付了所得税，然后用税后剩下的钱来做投资。而这些投资的收益还要再次纳税。本书在第十三章到第十六章中也提到了这些投资。

> **税后资金**
>
> 雇员已经支付过税收的收入。
>
> **避税投资**
>
> 产生的收益享有税收优惠的投资。

税法会对一些特定的投资或者纳税人的某些其他活动给予特别的税收优惠政策。也就是说，**避税投资**（tax-sheltered investment）是大量存在的。近些年来，我们的税法将一些特定的收入列为豁免项，或者允许纳税人调整、扣除、递延或减除一些应缴税额。当做投资决策时，投资者应当考虑这些避税投资。

一类相当好的避税投资机会是为那些希望储蓄并为自己的退休计划投资的人保留的。退休账户本身并不是一种投资，而更像是避税投资的一个“仓库”。除此之外，你还可以找到很多其他的避税投资机会。

用税前收入来投资

用**税前收入**（pretax income）来投资意味着你不必为今年的收入缴税。例如，伊丽莎白·约翰逊给她的个人退休账户缴款1 000美元，这可以算作是收入的调整项。今年这1 000美元将不会算作应税收入，假设她的所得税税率为25%，这将为

> **税前收入**
>
> 工人的工资中还没扣除税收的数额。

她节约 250（=1 000×0.25）美元。她可以将退休账户中的这 1 000 美元投向股票型共同基金（将在第十五章中讨论），而不用支付这 1 000 美元收入带来的 250 美元的税收。伊丽莎白的 1 000 美元中当然包括这 250 美元没有以税收形式交给政府的资金。大部分退休账户都提供这种避税功能。实际上，用税前收入来投资是一种不收利息的税收递延，在这个例子中，递延的 250 美元可以用来投资基金。

让你的投资增值享受税收递延

当收入、股利或资本利得是**税收递延**（tax deferred）的时，投资者不需要在当年支付所得税，而可以把相应的收入和税负转移至下一年。例如，如果亚当·雷诺兹从他的房地产投资中获得了 10 000 美元的净利润，假设他的边际税率为 25%，那么他今年就需要支付 2 500 美元的税收。如果他投资于其他享受税收递延的替代品，或是通过税收递延账户进行投资，法律就会允许他在以后的某一时间支付（或永远也不用支付）这笔税负。这带来的好处是显而易见的。因为钱没有落入政府手中而是继续在投资账户中积累，你的投资将能更快地增值。这种投资带来的免税增值部分被称为**延税复利**（tax-deferred compounding）。

> **税收递延**
>
> 可以等到收益分配时才计税的收入、股利或资本利得。

假设凯尔·布拉夫斯基的联邦和州的复合所得税税率为 30%，他开了两个共同基金账户：一个普通应税投资账户和一个退休计划避税投资账户。凯尔在每个账户中投入 1 000 美元。一年后，每个账户都价值 1 090 美元。这额外的 90 美元代表来自利息、股利和资本利得的投资增值。在普通应税投资账户中的 90 美元增值将被视为应税收入。如果凯尔从中取出 27 美元来支付税收，那么他的账户中只留下 1 063 美元的净额。相反，在避税投资账户中全部 90 美元增值都得以保留，并以税前而非税后年化收益率持续增长。这意味着凯尔在避税账户中额外的 27 美元将在很长时间内不会回到政府手中，而可以继续用作再投资。当这部分收入的所得税最终必须被支付时——可能是在退休期间——凯尔很可能已经处于一个较低的税率水平了。实际上，这相当于政府为凯尔的退休计划提供了一笔免税贷款。

> **你知道吗?**
>
> 收入最高的 1% 的人群在这方面都做得很好
>
> 美国国税局的数据显示，收入最高的 1% 的人群赚取了 20% 的总收入，并且他们支付了 38% 的联邦个人所得税。

> **理财要点**
>
> 用退税创造未来的免税收入
>
> 你可以要求美国国税局将你的退税直接存到罗斯个人退休账户中。个人退休账户不需要初始存款就可以在网上开通，这只需要几分钟。该账户中所有的投资增值都将免税，并且将来提取时也是免税的。

避税投资的七个例子

税法允许许多种避税投资，我们在下面列举七种比较常见的。

（1）个人退休账户。

给**个人退休账户**（individual retirement account，IRA）的缴款（每年最多 5 000 美元）是一种收入调整项，可以减少你当年的所得税。在个人退休账户中的投资（比如股票和股票共同基金）是累计税收递延的。任何最终的提款都需要支付所得税，但通常是在退休期间。这种个人退休账户也称为传

> **个人退休账户**
>
> 减少当年应税收入的投资账户，在账户中的资金是累计免税的。

统个人退休账户。

(2) 罗斯个人退休账户。

对**罗斯个人退休账户**（Roth IRA，每年最多 5 000 美元）的缴款是累计免税的并且提取时也是免税的。这种缴款本身是不享受减税的，因为它们来自纳税人的税后资金。这对有长期投资眼光的人来说是个极好的投资工具，他们希望能在雇主提供的退休计划基础上存下更多的钱。个人退休账户的例子会在第十七章中讲到。

(3) 卡沃德尔教育储蓄账户。

你每年可以用税后收入向你的**卡沃德尔教育储蓄账户**［Coverdell education savings account，又称**教育储蓄账户**（education savings account）］存入不超过 2 000 美元来支付将来的教育费用。这部分收益享受累计递延，并且在最终提取用于特定消费时也是免税的。这些钱可以用于公共的、私人的或宗教学校的费用，覆盖从幼儿园到职业学校或大学，包括学费、学杂费、住宿费、车费、辅导费、制服费、家庭电脑费、互联网费和相关的技术费用、交通费和日托延长费用。

> **罗斯个人退休账户**
>
> 用税后的钱来缴款的一种个人退休账户；在这种账户上的投资是允许增值免税的，并且提取也是免税的。
>
> **卡沃德尔教育储蓄账户/教育储蓄账户**
>
> 这是一种美国国税局批准的方式，用来支付小于 18 岁的孩子的未来教育费用，其中收益是累计免税的并且提取用于合格的消费也是免税的。

(4) 合格学费项目。

共有两种类型的**合格学费项目**（qualified tuition program），它们被称为 **529 计划**（529 plan）。在**预付费教育服务计划**（prepaid educational service plan）下，你可以因将来的支出而在现在享有税收抵免。这一计划也被称为由各州发起的**预付学费计划**（prepaid tuition plan），允许家长、亲属和朋友以今天的价格支付孩子未来的教育费用，并承诺这笔预付款将来会用于支付特定州的特定高等教育机构的费用。然而，这一计划只是用来支付学费——不包括住宿费、车费或其他学习用品的费用。

第二种合格的学费项目被称为**大学储蓄计划**（college savings plan），是为指定受益人设置的。你可以每年用税后资金为每个孩子的大学储蓄计划缴款不超过 12 000 美元。如果是为了支付特定的教育费用，从中提款是免税的，比如学费、住宿费和车费。如果有一个孩子没上大学，这个基金可能转移给另一个亲属。你可以同时为同一受益人在 529 计划和卡沃德尔教育储蓄账户中缴款。

(5) 政府储蓄债券。

系列 EE 和系列 I **政府储蓄债券**（government savings bond）是联邦政府发行的一种期票。这种债券的收益可以免征州和地方政府税。你可以将债券投资的所得税递延至借款期限到期（30 年）或选择每年申报债券利息。一般我们建议以孩子的名义申报利息，因为这可以使收入与孩子的标准扣除项完全抵消。当你赎回债券用于支付孩子的教育费用，债券累计利息的所得税也可以被相应免除。（关于这种债券或其他相似债券的详细信息可以参见第十四章。）

(6) 免税市政债券。

免税**市政债券**（municipal bond 或 munis）是地方政府和它们的机构发行的长期债券，一般被用于资助公共设施改善项目。如果当地居民购买了这种债券，债券利息将免征联邦和州的税。高边际税率的纳税人常常会采用这种投资避税（见第十四章）。聪明的投资者会选择税后收益更高的债券。专栏“如何比较应税收益率和税后收益率”中的公式可以帮助你决定应税投资和免税投资哪一种更好。

税后收益率

应税投资收益扣除联邦所得税后占投资额的一个百分比。

我们可以举个例子来说明市政债券的优势。假设劳伦·里德是一个居住在内布拉斯加州林肯市的退休人员，目前她有 10 万美元的存款，每年的利息为 2.5%（或每年 2 500 美元）。她的联邦边际税率为 25%，因此她需要为这些收入支付 625 美元的税，留下 1 875 美元的税后净收益。而投资 10 万美元收益率为 2%的免税市政债券，可以给她带来更高的税后收益。她将从市政债券中得到 2 000（＝100 000×0.02）美元的免税收益。与存款相比她多得 125（＝2 000×1 875）美元的税后收益。

你知道吗？

如何比较应税收益率和税后收益率

投资者可以选择投向提供应税收益的投资工具，比如股票、公司债券和股票共同基金；同样也可以通过投资于能够降低他们的税负的投资工具，比如免税市政债券、投向免税市政债券的货币市场基金以及其他一些免税的风险投资。（这些投资替代品将在第十四章中讨论。）

由于它们的免税特性，这些投资通常提供比应税投资更低的名义收益率。然而，考虑税收的影响后，免税投资的实际收益率可能比应税公司债券更高。

为了比较应税投资是否比免税投资提供更高的税后收益，投资者必须确定他们各自的**税后收益率**（after-tax yield）。税后收益率是收益扣除联邦所得税后占投资额的一个百分比。免税投资的税后收益率与名义收益率是一样的，因为这种投资的收益是不需要支付税收的。因此，现在的问题是：“投资者如何计算应税投资的税后收益率？”

当已知应税收益率，可以用式（4.1）确定应税投资的等效税后收益率。只有这样你才能确定哪种投资更好。举个例子，博比支付的联邦和州混合边际税率为 35%，他正在考虑投资收益率为 3.5%的市政债券或收益率为 5.7%的应税公司债券。式（4.1）计算了公司债券的等效税后收益率。

税后收益率＝应税收益率×(1－联邦边际税率)＝5.7×(1－0.35)＝3.71　　(4.1)①

答案是 3.71%。因此，5.7%的应税收益率等价于 3.71%的免税收益率。现在博比知道他应该购买收益率为 5.7%的公司债券，因为它的税后收益率为 3.71%，高于市政债券的 3.5%。这一差别可能看起来很小，但他们是会随时间累计的。例如，对 20 000 美元的债券投资来说，额外的 0.21%（＝3.71%－3.5%）的收益率，累计 20 年后将相差 840（＝20 000×0.002 1×20）美元（债券利息不是按复利计算的）。这可是实实在在的钱!②

你的联邦税率越高，与应税投资相比，免税市政债券就更划算。然而，市政债券的免税性质并不适用于资本利得。当你以高于买入价的价格出售你投资的债券时，你仍需向政府支付资本利得的所得税。

①这个式子和其他一些相似的式子可以在加曼/福格合作网站上找到。

②这一式子可以逆向使用，来求得已知免税收益率时等效的应税收益率。继续上面的例子，与博比 3.71%的免税收益率等效的应税收益率为 5.7%［3.71/(1－0.35)＝5.7］。如果博比找到一个收益率高于 3.71%的免税投资，他就应该考虑购买它。

你知道吗?

关于平头税、增值税和税收改革提案

政治家和专家们正在谈论税收改革，他们当中的许多人想要取消一些税收减免并简化税法。这实施起来会相当困难，因为获得减免的既得利益者一定会努力保留这些优惠。他们希望国会继续允许一些项目的减免，比如房屋贷款的利息支付、投资贷款的利息支付、财产税的支付、退休计划的缴款、从雇主那得到的交通报销、照料孩子和亲属的税收抵免、灵活支出账户的扣除等。谁会想放弃他们的税收减免?

一些人呼吁用**平头税**（flat-tax）代替我们当前的税收系统。这种所得税对所有纳税人来说都采用单一税率，而不管他们的收入水平和收入类型如何。经济学家建议用22%的单一税率替代目前的多种税率。对大多数人来说，这将增加他们的税收负担。

另一种经常被提及的建议是在现有税收系统中增加联邦**增值税**（value-added tax，VAT），一种联邦零售税。这一税种，可能税率为10%，是以产品或原料在每个生产或销售的阶段中价值的增加值为基础估计的；因此这其实是一种消费者支付的消费税。尽管增值税是由把产品从原材料加工成成品的厂商支付的，厂商事实上并没有支付任何费用，因为它们从供应商那里得到了所有增值税的税收抵免。超过40%的工业化国家有增值税。

(7) 在房产上的资本收益。

这是当房主出售他们的房子时可以享受的一项高额避税工具。当出售已经增值的主要住房时，已婚夫妻可以共同申报不超过50万美元的免税资本利得，单身纳税人的上限则为25万美元。然而，在出售前5年的至少2年中，该房屋应当为纳税人所拥有并且是他们的私人住宅。

□ 策略：延迟收入

减少税负的另一个重要途径是延迟收入。你在12月31日之后取得的收入在未来15个月内将不需要支付所得税。你可以通过故意将一些今年的收入算到明年来实现这一目标，那时你的税率可能会比现在更低，也许是25%而不是现在的28%。税率变低3个百分点，对2 000美元的收入来说就是省下60美元，足够在饭店吃顿好的了。你的雇主可能也会愿意在1月而不是在12月发放奖金和销售佣金，而那些自雇者可以选择让客户等到1月再支付账款。

平头税

一种对所有纳税者来说都采用单一税率，而不管他们的收入水平和类型的所得税。

增值税

一种以产品或原材料在每个生产或销售的阶段中价值的增加值为基础估计的联邦零售税。

专家建议

购买一套房屋来减少所得税

汉娜，纽约人，两年前在零售连锁商店得到一份销售工作，在那里她获得的总收入为46 736美元。汉娜明智地给她的个人退休账户缴纳了1 000美元。她的分项扣除额只有3 800美元，因此她选择标准扣除额和个人豁免额。最终她的税负是5 525美元。汉娜为自己今年支付了这么多的税而感到沮丧。

毛收入	46 736 美元
减去收入调整额	−1 000 美元
调整后的毛收入	45 736 美元
减去 1 份豁免额（旧数据）	−3 650 美元
小计	42 086 美元
减去标准扣除额（旧数据）	−5 700 美元
应税收入	36 386 美元
应缴税额（根据旧的税务表）	5 525 美元

去年汉娜没有得到加薪。尽管如此，她依旧给她的个人退休账户缴纳了 1 000 美元。为了减少她的税负，她用原始积蓄作为首付购买了一套公寓，成为了一个房屋拥有者。在这一年中，她支付了 9 126 美元的贷款利息和 1 995 美元的房产税。在阅读了大量的税收杂志之后，当考虑利息和房产税后，汉娜确定她还有另外 3 814 美元的分项扣除额，总计达 14 935 美元。这些扣除显著地减少了汉娜的应缴税款。

毛收入	46 736 美元
减去收入调整额	−1 000 美元
调整后的毛收入	45 736 美元
减去单项扣除额	−14 935 美元
小计	30 801 美元
减去 1 份豁免额	−3 700 美元
应税收入	27 101 美元
应缴税款（根据表 4-3）	3 651 美元

汉娜总结道，因为她不必向政府支付这笔税费，相当于美国国税局为她购买的公寓和生活费支出“支付”了 1 874（=5 525−3 651）美元。对汉娜来说，另一个好处是她拥有了一套未来可能会升值的公寓。买一套房子能减少一个人的所得税。

弗朗西斯·C. 劳伦斯

路易斯安那州立大学

你可能预期自己来年的税率会更低，因为你预期销售佣金会变少或是知道你将不会全职工作了（例如，当你重新回到学校、生了孩子或决定去旅行）。退休的人可能推迟从他们的退休计划中领取退休金，企业家可能延迟客户的计费工作。

□ 策略：加速扣除

> **加速扣除**
>
> 一种通过提前一年支付可抵扣税款的费用来节省所得税的技术，从而使一个人的项目增加到比标准扣除临界值更高的水平，并在下一年进行标准扣除。

这一策略帮助你更早地降低自己的应税收入，而这通常都是个好主意。很多人经常发现他们的分项扣除额没有超过标准扣除额，而通过改变一些扣减项目的支付日期，你将能增加自己的分项扣除额。例如，一个单身纳税人今年有 5 500 美元的扣除额，她可以在 12 月提前支付一些项目，以使她的总扣除额超过 5 800 美元这一临界值，从而从超额扣减中得到更多税收优惠。在下一年中，她就进行标准扣除。

这一过程就被为**加速扣除**（accelerating deduction）。可以被提前支付的项目包括医疗费用、牙医费用、房产税、州和地方政府的所得税、1 月支付的预估州所得税、已经支付的个人财产税（比如车、船）、专业协会的费用，还有慈善捐款。你可以在 12 月 31 日之前通过邮件和信用卡支付和收取这些钱。

□ 策略：获取所有合法的税收减免

尽管你不会仅仅是为了税收扣减而花钱，但我们鼓励你去获取所有可能的税收减免。例如，通过抵押贷款买一套房子可以有效地增加扣除额。房主为利息和房产税支付的大量资金是可以扣除的。在此基础上，如果你的财产税和利息超过了标准扣除额，这样你就得到了之前因为没达到临界值而没有资格获取的额外的扣减额。

你知道吗？

考虑所得税管理的税务后果

这个专栏将说明一对夫妇——典型的纳税人——如何获取大量的税收减免来减少他们的所得税。居住在科罗拉多州朗蒙特的罗恩和玛丽莲·韦斯特有很复杂的所得税退款，因为他们都已形成学习节省税务策略的习惯并且随时都准备好利用它们。他们有一个上小学的儿子和一个读大学的女儿；罗恩的残疾的母亲需要家庭护理，也居住在他们家里。因为玛丽莲高中毕业后就直接参加工作，她最近刚开始在晚上学习大学的课程。去年她在夜校学费上花费了 1 000 美元。

他们的部分收入来自免税项目。以下表格显示了他们的总收入和示范了他们如何达到一个非常小的最终税负。这对夫妇利用了适用的除外项目、调整项目、扣除项目、豁免项目和抵免项目。他们的扣除额和抵免额对有三个受赡养者的夫妇来说是典型的，仅仅产生 2 789 美元的税负。他们家的边际税率是 15%。他们所有收入的平均税率为 2.8%（=2 789/100 550）。对有这么多收入的家庭来说，他们在降低他们的税负方面做得很成功。

总收入	**金额（美元）**
罗恩的工资（自雇者）	54 200
玛丽莲的工资	35 570
玛丽莲的年终奖金	1 000
州所得税的退款（去年的项目）	180
储蓄账户的利息	350
免税州债券利息	2 000
来自玛丽莲母亲的赠与	2 500
拼车的收入	250
来自活期支出账户的退款	4 500
总收入	100 550
减去除外的收入（2 000+2 500+250+4 500）	−9 250
毛收入	91 300
调整收入	
缴款——罗恩的个人退休账户	4 000
缴款——玛丽莲的个人退休账户	2 500
健康护理的活期支出账户	500

续前表

总收入	**金额（美元）**
受赡养者照料的活期支出账户	4 000
大学学费和学杂费（女儿）	3 000
减去调整收入	−14 000
调整后的毛收入（AGI）	77 300
扣除额	
医疗费用（包括长期护理保险保费）	6 900
除外额（AGI 的 7.5%）	−5 798
总医疗费用	1 102
税收	
不动产	2 800
个人财产（交通工具）	210
总税收扣除额	3 010
利息支付	
住房抵押贷款利息	10 800
房屋净值贷款利息	460
利息扣除总额	11 260
捐款	
教堂	1 200
其他合格的慈善组织	486
慈善旅行	90
捐款扣除总额	1 776
伤亡或盗窃	
丢失钻石戒指（没有保险）	8 100
保险退款	−0
减少额	−100
除外额（AGI 的 10%）	−7 730
伤亡损失扣除总额	270
杂项	
工会会费（罗恩）	480
保管箱	30
没有退款的工作费用	460
罗恩找新工作花费的钱	900
投资出版物	60
财务规划税收建议	150
税收出版物	40
小计	2 120
减去 AGI 的 2%	−1 546
净杂项扣除总额	820
总扣除额	−17 746
减去豁免额（5×3 700）	−18 500

续前表

总收入	金额（美元）
应税收入	41 300
税负（参见表 4-3）	5 349
税收抵免	
希望奖学金税收抵免额（玛丽莲）	－1 000
受赡养者照料费税收抵免额（罗恩的母亲）	－960
孩子税收抵免额（儿子）	－600
减去总的抵免额	－2 560
最终的税务负担	2 789

这里还有其他一些可以增加扣除额和降低税负的方法。假设你的边际税率为 15%并采用分项扣除，在挨家挨户募捐或是节假日的商场募捐中的现金捐款都是可减免的，尽管这些捐款并没有收据。50 美元的捐款扣除额能让你节省 7.5 美元的税款。如果要扔掉你的旧电视，那你应该把它捐了。捐一个 80 美元的电视，能让你节省 12 美元的税款。这点儿金额可能听起来很小，但是积少成多，很快就能超过 100 美元，这可是实实在在的钱。

商务旅行的费用也是一个很好的税收扣除额来源。如果你的税率为 15%，并且每年都有一次商务旅行，可能花费了 400 美元，那么你将省下 60 美元的税款。假设你的杂项扣除额已经超过你的调整后收入的 2%，美国国税局同样允许对正式的求职旅行费用进行税收减免。换句话说，根据你的税率，美国政府会退还你这些费用的 15%～25%。

□ 策略：把收入转移给孩子

一位经营自己生意的家长可以用收入给他的孩子支付高达 9 500［＝3 700（豁免额）＋5 800（标准扣除额）］美元的资金，假设在孩子应当缴纳所得税之前，孩子并没有其他收入。因此，家长可以把给孩子的这笔支付看作商业开支，而孩子不需要为这些收入缴税。

家长同样也可以把盈利的投资资产转移到孩子的名下，一个孩子可以有 950 美元免税投资收益［美国国税局称之为**非劳动收入**（unearned income）］，而下一个 950 美元将以孩子的税率支付税收。如果孩子是小于 19 岁的（或小于 24 岁的），全职学生超过 1 900

你知道吗？

你在管理所得税中最大的金融决策失误

根据他人的理财教训，你可能在个人理财时做出如下错误决定：

1. 把所有的所得税筹划交给别人。

2. 代扣过多所得税而在明年获得退税。

3. 忽视所得税对他们个人理财计划的影响。

立刻行动！

通过阅读本章，你知道了更多关于个人理财的知识，那么通过下述举措开始行动吧：

1. 测算你的应税收入和今年的代扣代缴金额。

2. 使用今年的税务表，根据你的收入测算，估计联邦所得税税负。

3. 如果你预估自己的税负更高，那就和你的雇主一起修改你的 W-4 报税表、代扣更多的所得税，或者如果你预估可以获得退税，那就让雇主少代扣税款而立即提高自己的到手工资吧。

美元的部分会按照父母的收入来征税，这被称为**儿童税**（kiddie tax）。

> **非劳动收入**
> 以租金、股利、资本利得、利息或版税形式获得的投资收益。

□ 策略：购买并管理房地产投资

> **税收损失**
> 税收损失可能并不代表真实的损失，当来自投资的扣除额超过投资的收益时，税收损失就会产生。

税收损失（tax loss）是一种账面损失，它并不一定代表真实的现金损失。当投资减值（包括折旧和净投资损失）超过投资收益时，税收损失就会产生。

纳税者同样被允许将一定的房地产投资损失从普通应税收入（比如工资、利息、股利和自营利润）中扣除。以下这些房地产投资者可以使用扣除额：(1) 调整后的收入为 15 万美元或更少；(2) 积极地管理他们的物业财产的人。这些投资者能从他们被动投资的净损失（比如房地产）中获得最高 25 000 美元的扣除来冲抵主动收入，比如工资。例如，一项住宅投资每年能产生比相关花费多 1 000 美元的现金收入；然而，当房屋折旧费用被当作税收减免后，产生的 1 500 美元税收损失还可以被用来冲抵其他收入。随着纳税人收入的增加，这项税收优惠也会逐渐不再适用。（在第十六章“房地产与高风险投资”中有更详细的说明。）

你知道吗?

把坏习惯变成好习惯

你会这样做吗?	你应该这样做!
● 以为雇主已经预缴了足够税款而没有提交自己的所得税申报表；	● 递交报税表来获得超额预缴部分的退款；
● 支付过多的所得税；	● 使用本章中的策略来减少你的税款；
● 期望你能用分项扣除来代替标准扣除；	● 买一套房，你就可以在其他扣除之外再获得抵押贷款利息和财产税的扣除；
● 在过去的三年中忘了领取税收抵免；	● 递交 1040X 表修订过的退税表，申请税收抵免并获得退税；
● 忽视为退休储蓄；	● 通过给特定的退休计划缴款来储蓄；
● 每年都让报税员帮你填写报税表格。	● 在减少税负方面多动脑子，使用软件来自己填写报税表。

概念测试 4.3

1. 区分两种类型的避税投资收益。
2. 解释如何通过你的雇主来减少你的所得税，并列出三个可以实现这一目标的由雇主提供的计划。
3. 概括个人退休账户和罗斯个人退休账户的区别。
4. 列出三个能避免过多支付所得税的策略（与上述不同），并概括每种策略的核心。

现在你有何建议？

现在你已经阅读完关于管理所得税的章节，你能给本章开头时汤姆和格里的例子提供什么建议：

1. 使用税收抵免来帮助支付汤姆的大学花费？
2. 假设格里需要支付25%的联邦所得税，她出售股票将得到多少钱？
3. 购买一套房？
4. 增加对他们雇主提供的退休计划的缴款？
5. 使汤姆的珠宝生意成为一项副业？

本章要点

1. 解释累进所得税和边际税率的性质。

联邦个人所得税是累进所得税，随着个人应税收入的提高，税率也会随之提高。边际税率适用于你赚取的最后一美元。你的有效边际税率也许是43%。

2. 区分计算联邦所得税的八个步骤。

计算所得税有八个步骤。特定的收入可能被排除在外。在确定你的最终税负之前，法规允许你减去收入的调整项、豁免项、扣除项和税收抵免。

3. 利用适当的策略降低所得税税负。

你可以通过以下特定的避税策略来减少你的税负，例如投资于免税投资工具，通过雇主计划减少应税收入，用税前资金进行税收递延投资。其他策略包括延迟收入、加速扣除、获取所有合法的税收减免以及购买并管理房地产投资等。

讨论

1. 在经济萧条时期。美国国会最近减少了中高收入纳税者的税负，希望他们能将这些钱用于消费以帮助经济增长。这是好主意吗？为什么？

2. 递交报税表。很多大学生都没有递交联邦所得税的报税表，而假设雇主代扣的所得税已经覆盖了他们的税收。这种假设正确吗？雇主代扣太多的所得税有什么消极影响？雇主没有代扣足够所得税有什么消极影响？是否有税收抵免会被遗漏？

3. 资本利得的公平性。长期资本利得的税率为15%、5%或0。与资本利得的低税率相比，雇佣收入的边际税率高达35%，你认为这公平吗？

4. 报告现金收入。一些大学生的收入以现金方式支付，他们在递交报税表时没有把这些钱包括在内。这些做法的利弊是什么？

5. 副业业务。确定一个能让你降低税负的副业。

6. 税收抵免。列举三种在校大学生或毕业第一年内的纳税人可以使用的税收抵免。

7. 减轻税负。列举五个可能用到的减轻税负的策略。

计算

1. 计算税负。拥有 29 700 美元总收入的单身纳税人的税负是多少？（提示：使用表 4-3，不要忘记先减去标准扣除的价值和一份豁免额。）

2. 边际税率。应税收入为（a）20 210 美元、（b）27 800 美元、（c）26 055 美元、（d）90 230 美元的单身者的边际税率分别为多少？（提示：使用表 4-2。）

3. 计算税负。计算拥有以下应税收入人群的税务：（a）已婚夫妇，收入为 74 125 美元；（b）已婚夫妇，收入为 53 077 美元；（c）单身者，收入为 27 880 美元；（d）单身者，收入为 53 000 美元。（提示：使用表 4-3。）

4. 使用税务表。约瑟夫·阿代确定下列税务信息：工资毛收入，59 550 美元；利息收入，90 美元；个人退休账户缴款，1 000 美元；个人豁免额，3 700 美元；分项扣除额，3 950 美元。计算约瑟夫的应税收入和作为单身纳税人的税负。（提示：使用表 4-3。）

5. 使用税率表。安东尼·克拉克确定下列税务信息：工资，144 000 美元；利息收入，2 000 美元；合格的退休计划缴款，7 000 美元；个人豁免额，3 700 美元；分项扣除额，9 000 美元。他是单身人士，计算他的应税收入和税负。（提示：使用表 4-2。）

理财规划案例

□ 案例 1　约翰逊一家想计算他们的所得税

距离哈利和贝琳达从学校毕业并开始工作已经过去好几年了。他们现在的工资都挺不错。他们现在觉得自己支付了太多的联邦所得税。约翰逊一家去年的总收入包括哈利的工资 63 000 美元和贝琳达的工资 84 000 美元。贝琳达给她的 401（k）退休计划缴款 3 000 美元，从她的储蓄和支票账户中赚取了 400 美元的利息，从信托账户中赚取了 3 000 美元，这和从储蓄和支票账户中赚取利息的征税方式一样。哈利给传统的个人退休账户缴款 3 000 美元。

（a）在约翰逊一家的联合报税中，他们的毛收入为多少？

（b）他们调整的毛收入为多少？

（c）他们豁免的总价值是多少？

（d）约翰逊一家的标准扣除额是多少？

（e）约翰逊家买了一套房子，需要支付的房贷为每月 3 000 美元或者每年 36 000 美元。就这一部分，他们需要支付的利息和财产税为 32 800 美元。他们有额外的 14 000 美元的分项扣除额。使用这些数据和表 4-3，计算他们的应税收入和税负。

（f）假设他们被代扣了 18 000 美元的联邦所得税，约翰逊一家能收到多少的退款？

（g）他们的边际税率？

（h）以毛收入为基础，他们的平均税率是多少？

(i) 列举三种传统的方式使约翰逊一家可以在明年降低税负。

□ 案例 2　维克托和玛丽亚想减少他们的所得税

前年，维克托从他的零售管理工作中赚取了 51 000 美元的收入，玛丽亚开始作为牙科保健员全职工作，赚取了 45 000 美元。在他们选择标准扣除额并申请四份豁免额（他们自己的和他们的两个孩子的）后，他们的联邦所得税大约为 12 000 美元。他们从朋友那听说自己支付了太多的税，这对夫妇发誓要努力减少税负。因此埃尔南德斯一家开始了长达一年的筹划来减少他们的税收。今年他们寻找了所有可能的分项扣除项，并且他们都在雇主处给自己的退休计划缴款。

(a) 埃尔南德斯夫妇共同申报收入，试计算他们的所得税（使用表 4-3），已知下列信息：毛工资收入（维克托为 56 000 美元；玛丽亚为 51 000 美元）；州所得税退款（400 美元）；支票和储蓄账户的利息（250 美元）；从玛丽亚的雇主那得到的假日奖金（375 美元）；退休账户缴款（5 000 美元）；分项扣除额（房产税为 2 600 美元，抵押贷款利息为 6 300 美元，慈善捐款为 2 500 美元）；豁免额（每人 3 700 美元），包括他们的和他们的两个孩子的。

(b) 再列举五个其他的策略，帮助维克托和玛丽亚在明年通过税收筹划减轻税负。

□ 案例 3　朱莉娅·普赖斯想减少自己的所得税

朱莉娅的财务状况很好，因为她作为工程师赚取很高的工资，生活比较节俭，并向她的雇主退休计划支付最高额缴款。在了解到一些能降低所得税的方式后，她有了些新的想法。买房是一种选择，但朱莉娅担心房价会下跌。作为一个成功的雕塑艺术家，她考虑做一份副业来出售她的作品，并把一些日常费用算进营业费用。她正在考虑做一次可税前扣除的求职旅行，然后进一步把行程延长成一次度假。她同样考虑开始攻读她的工程研究生学位来增强自己的能力。最后，朱莉娅想到还可以给罗斯个人储蓄账户每月缴费 200 美元。关于她的想法，请提出你的观点。

□ 案例 4　一个新的家庭想计算应税收入和税负

格里·尼克尔斯和她的两个孩子，奥斯丁和亚历山德拉，刚刚搬到她的新丈夫格伦·桑德勒在艾奥瓦州艾姆斯的家。格里是一名工会组织者，管理一个素食品商店。他们一家的收入组成如下：格里的工资为 40 000 美元；格伦的工资为 42 000 美元；从已故的姑妈那得到的人寿保险收益为 10 000 美元；存款中得到的利息为 140 美元；从格里前夫那得到的赡养费为 4 380 美元；从格里前夫那得到的子女抚养费为 14 200 美元；从格伦父母那得到的圣诞礼物为 500 美元；从搭格里的车去上班的朋友那得到的车费为 90 美元；格里在去年业余时间去上大学得到的学费和书本费奖学金为 1 600 美元。

(a) 桑德勒家庭应报告的毛收入为多少？

(b) 在他们去年给自己的退休计划中缴款 5 600 美元后，他们的调整后的毛收入是多少？

(c) 这个家庭可以申请多少份豁免？这些豁免的总价值是多少？

(d) 这个家庭允许的标准扣除是多少？

(e) 他们的分项扣除额是 13 100 美元，因此他们应该选择分项扣除还是标准扣除？

(f) 他们共同申请的应税收入是多少？他们的边际税率是多少？

(g) 他们的最终联邦所得税是多少？

(h) 格里和格伦的雇主帮他们代扣了 6 300 美元所得税，他们是欠政府钱还是应该从政府那得到退款？金额是多少？

□ 案例 5　应税债券与免税债券

阿特·威廉姆斯是新泽州西富兰克林县的电台经理，他的联邦边际税率是 25%，还需给新泽西州额外支付 5%的税。阿特通常有 20 000 多美元的钱投资于公司债券，他购买有不同期限和不同应税利息的债券：10 000 美元投资于 ABC 公司，赚取 5.9%的利息；5 000 美元投资于 DEF 公司，赚取 5.5%的利息；3 000 美元投资于 GHI 公司，赚取 5.8%的利息；还有 2 000 美元投资于 JKL 公司，赚取 5.4%的利息。这些投资的税后收益各是多少？要计算上述结果，可以使用税后收益率公式（或它的逆公式），或使用加曼/福格合作网站。

□ 案例 6　应税与免税收入

拉戴尼安·汤姆森和梅根·史密斯菲尔德是来自圣迭戈的一对夫妇。试分辨他们的下列应税收入中，哪些是属于豁免的、调整的或允许免税扣除的。

(a) 汤姆森每年赚取 45 000 美元；

(b) 汤姆森从他的雇主那里收到 1 000 美元的奖金；

(c) 梅根从她的工作中获得 40 000 美元的佣金；

(d) 梅根每个月收到 300 美元的孩子抚养费；

(e) 汤姆森每月支付 200 美元的赡养费；

(f) 汤姆森给他的退休账户缴费 2 000 美元；

(g) 梅根从她的姑姑那继承了一辆价值 3 000 美元的汽车；

(h) 梅根出售了这辆车然后给她的姑姑的教堂捐款 1 500 美元；

(i) 汤姆森从她的母亲那收到 5 000 美元的赠与。

自我理财

1. 记录你的收入来源。完成《我的个人理财规划师》中的工作表 19：了解你的应税收入来源，从而记录应税年中的所有收入来源，这样报告给美国国税局的时候就不会遗漏。在相应地方记录收入来源的名称和收入的金额。

2. 估计你的税负。完成《我的个人理财规划师》中的工作表 20：估计你的所得税，来确定你的所得税税负（去年或下一年都可以）。

3. 你应该递交退税申请吗？完成《我的个人理财规划师》中的工作表 21：确定自己是否需要递交退税申请。即使你的收入还没有达到递交报税表的要求，如果你将有退税——这是说如果从你的工资中预扣的税款比你最终的税款多，也应该递交退税申请。按照我们提供的步骤来做出决定。

4. 减少你的所得税的策略。完成《我的个人理财规划师》中的工作表 22：了解减少所得税的策略。这里有几种途径来减少你的所得税。你可能对每个策略都有不同的偏好，做一些标记来确定你喜欢的每个策略的特点，然后决定在你的纳税生活中使用哪种策略。

网络资源

登录互联网来完成这些练习。你也可以登录 www. cengagebrain. com 访问加曼/福格合作网站进行扩展练习。在"一般业务"（General Business）菜单中，选择这一章的标题。点击进入这一章的网络练习。

1. 《美国国税局指南》（第 17 版）。去国税局的网站 www. irs. gov/publications/p17/index. html。在这里你可以找到完整的《美国国税局指南》（第 17 版）。这是美国国税局关于联邦所得税所有方面的详细的解释，在这里你可以找到几乎所有有关税收的问题。总结你看它的心得。

2. 估计你的退税。在 http://turbotax. intuit. com/tax-tools/calculators/taxcaster/?s=1 网站上找到退税软件，使用"TaxCaster"这个工具来估计你的退税。填入一些数字，然后得到答案。

3. 估计你的所得税。浏览由 KJE 计算机解决方案提供的金融计算器网站，该网站由 DinkyTown 计算者提供，网址为：www. dinkytown. net/java/Tax1040. html。在你进入并填好婚姻状况、收入、扣除项和抵税信息后，你就可以估计你的所得税了。

4. 检查你所在州的税率，确定你的有效税率。访问 Bankrate. com 的网址：www. bankrate. com/finance/taxes/check-taxes-in-your-state. aspx。这里你可以找到各个州的地图。如果可以用，点击找到你的州所得税。你的联邦和州的联合边际税率是多少？再加上另外 7.65％的社会保障税和医疗税来确定你的有效边际税率。

5. 没有所得税的州。点击美国国税局的网址 www. irs. gov/efile/article/0,,id=130684,00. html，看看哪个州是没有所得税的。你觉得这些州会用什么税来筹集用于学校、警察、法院和其他州政府服务的开支？

付诸行动

1. 打电话给国税局。拨打 1（800）TAX-3676［或 1（800）829-3676］，对美国国税局热线提问。在你拨打之前先想好问题。这可能和你是否有资格申请一个特定的税收抵免有关，比如因副业而扣除的开支，或给罗斯个人储蓄账户的缴款。写下你的问题提纲。

2. 税收制度改革提案。在你的浏览器中输入"税收制度改革"，然后浏览你感兴趣的三个网站。总结你的发现，包括你对改革的观点。

3. 谁支付所得税？在你的浏览器中输入"谁支付所得税？"，然后浏览你感兴趣的三个网站。你将发现大概一半的美国公民没有支付任何联邦所得税，并且收入最高的5％的人支付了所有所得税的一半以上。总结你的发现。

4. 20 世纪 50 年代以来最低的税收。阅读《今日美国》中关于美国税收的文章，可以在网站 www. usatoday. com/money/perfi/taxes/2010－05－10_taxes_N. htm 上找到。另外，在网上搜索关于这个问题的更新的报道，然后总结你的发现。

5. 世界范围内公司和个人的税率。在世界范围内比较公司和个人的税收是个极大的挑战。一些国家有消费者支付的增值税，许多国家给公民提供医疗护理，而另外一些国家的公民需要支付医疗保险保费。在 www. worldwide-tax. com/＃partthree 上查阅 Worldwide-Taxes. com 提供的表格，并简短地总结你的读后感。

6. 企业避税。搜索网站，发现在美国的大型跨国企业支付或没有支付多少亿美元的税收。记得搜索格伦·贝克和乔恩·斯图尔特。总结你的发现。

登录 www. cengagebrain. com 访问加曼/福格合作网站。

第五章

支票账户与储蓄账户管理

你在开玩笑?

两周前，帕蒂·帕特森发现她找不到自己的信用卡了。她一开始并不担心，认为信用卡在家里的某个地方。上星期她收到了储蓄账户的清单，而今天她浏览对账单时发现信用卡有五笔取款记录，每次 200 美元（共 1 000 美元）。她马上向银行说明了这一情况。在这非法的现金取款中，帕蒂·帕特森损失了多少钱?

A. 0 美元；　　B. 50 美元；

C. 500 美元；　　D. 1 000 美元。

答案是 C，500 美元。因为帕蒂·帕特森是在信用卡丢失后超过两天的时间才向其所属金融机构汇报的，联邦法律规定，她需要对非法使用的 500 美元负责。如果她在意识到信用卡丢失的两天内提醒银行，那么她的损失只有 50 美元。如果她在信用卡丢失的 60 天内提醒银行，那么法律规定她将损失所有被提走的现金。因此，在信用卡丢失时立马向银行汇报情况是理智的行为。

学习目标

在学习完本章后，你应该能够：

1. 认识货币资产管理工具并了解这类金融服务的来源。
2. 在不支付或支付少许费用的情况下，利用支票账户赚取利息。
3. 充分利用储蓄账户。
4. 了解将富余资金存入货币市场账户的重要性。
5. 了解电子货币管理，包括电子货币的法律保护。
6. 与亲人一起讨论你的个人理财计划。

你有何建议?

马克·罗森伯格和蒂娜·亚当斯将在两个月内结婚。两个人都有全职工作，各有一间公寓。因为蒂娜的公寓比较大，结婚后他们会搬到蒂娜的公寓住，并且把马克的房子出租，租金储存起来作为四五年后买房的首付。马克在他公司旁的区域性商业银行内有一个活期账户，并且把工资存在这个账户中。此外他还有三个储蓄账户，一个在银行，另外两个小的账户在他大学附近的储蓄贷款协会。马克每月支付30美分作为账户管理费用。另外他通过遗产继承获得了一张10 000美元的存单。这张存单将在5个月内到期。蒂娜直接将她的工资存到她所工作的信用合作社的股金提款账户中。蒂娜在信用合作社中有一个储蓄账户，而且在几年前她父亲给她300股时，她在证券公司设立了一个货币市场账户。另外，在个人退休账户中她还有9 300美元，这笔钱被投资于共同基金。

> 对于蒂娜和马克的现金和储蓄账户的管理，你有何建议：
> 1. 他们可以在哪里获得其所需的货币资产管理服务?
> 2. 在开始为家庭存钱时，他们应该如何充分利用支票账户和储蓄账户?
> 3. 如何通过货币市场账户来管理货币资产?
> 4. 如何利用电子银行?
> 5. 他们应如何对资金和财富的管理进行讨论?

你在金融方面的成功部分取决于你对货币资产的管理。**货币资产**（monetary asset）在第三章中被定义为现金以及低利率、能快速兑换成现金而价值没有损失或损失极少的近似现金项目。如果你是个典型的大学生，那么货币资产就组成了你资本净值的绝大部分，并且你所认为的个人理财就会成为你关注的焦点。不过，由于美国人多年来借钱消费的思想和随后的经济大萧条，情况已经发生了改变。在这个社会中，我们似乎正在进入一个紧缩时代，我们更谨慎地花钱，节省更多的钱。在这样的时代中，货币资产的管理变得更加重要。美国的个人储蓄率在衰减至1%以下多年以后，现在终于超过了6%。

人们有三种货币资产的管理方式。第一，消费。人们购买食物、衣服、娱乐，以及一系列的产品和服务。消费需要使用现金、支票或借记卡以便从活期存款账户中取款。（信用卡的使用将会在第六章和第七章中提及。）把在未来三到六个月将要使用的钱存放

> **货币资产**
> 现金以及低利率、能快速兑换成现金的近似现金项目。

> **你的未来五年**
>
> 在未来五年中，通过如下支票账户和储蓄账户的管理，你可着手成就一番金融事业：
>
> 1. 使用免费的、有利息收入的支票账户来满足你日常开支的需要。
> 2. 从现在开始建立一个足以支付三个月生活费用的应急基金。
> 3. 运用储蓄优先的方法通过高利息账户进行储蓄。
> 4. 为实现五年或五年后的目标进行投资。
> 5. 合理使用你的支票账户和储蓄账户，避免透支，并且每月进行对账。

在支票账户中是合适的选择。第二，留出一笔钱来满足将来六个月到五年的需要。你可以把这笔钱存入支票账户，但储蓄账户能获得更多利息。储蓄账户的关注点在于在低风险情况下持有资金直到你未来需要的时候。然而，无论是支票账户还是储蓄账户中的钱都会受到联邦政府的保护。第三，投资。其目的是希望货币资产在长期来看能够获得更好的回报。投资是你对未来5年、10年甚至20年都不需要的钱最好的使用方法。投资的魔力就是通过很长的一段时间，你非常有可能将你原始的资金扩大三倍甚至四倍。(投资将会在第十三章至第十七章中讲到。)

什么是货币资产管理?

货币资产管理(monetary asset management)包含了你对所有的货币资产的处理，包括留存现金、支票账户、储蓄账户、存单、货币市场账户。其目的是在保证资金安全和不妨碍生活消费、紧急需求和储蓄投资机会的前提下达到利息的最大化和费用的最小化。成功的货币资产管理会使你在保持合理的流动性和安全性的前提下获得最多的利息。**流动性**(liquidity)是指资产变现的速度和难易程度。当你的资金远离金融风险时是安全的。

学习目标1

认识货币资产管理工具并了解这类金融服务的来源。

货币资产管理

如何运用货币资产。

流动性

资产变现的速度和难易程度。

□ 货币资产管理的三种工具

如图5-1所示，货币资产管理依赖于三种主要工具：

1. 低成本有利息的支票账户，被用于支付目前所需的生活花费。

2. 地方金融机构有利息收入的储蓄账户，其存款被用于未来消费或积累资金用于未来投资。

3. 地方金融机构或其他金融机构的货币市场账户。这类账户比支票账户和储蓄账户支付更多的利息。其拥有有限的支付权限，因而介于支票账户和储蓄账户之间。

理财要点

金融服务账户能为你省钱

那些经济独立于其父母的大学生有资格获得低成本的金融服务账户。

支票账户	储蓄账户	货币市场账户
NOW账户(支付利息)	结单储蓄[+(1/4)%] 存单[+(1/3)%~+2%]	货币市场存款账户[+(1/3)%] 超级NOW账户[+(2/5)%] 货币市场共同基金[+(1/2)%~(3/4)%] 资产管理账户[+(1/2)%~+(3/4)%]

图5-1　三种货币资产管理工具(除支票账户以外的储蓄资金获得的利率)

□ 谁提供货币资金管理服务？

> **金融服务机构**
> 提供货币资产管理和其他相关服务的公司。

金融服务机构（financial services industry）包括提供支票服务、储蓄服务、货币市场服务、信贷服务、保险服务、投资服务、财务规划服务的各类公司。这类公司包括银行、信用社、证券公司、共同基金、金融服务公司、保险公司等存款机构。表5-1列出了各类公司所提供的金融产品及服务。正如你看到的那样，有很多产品和服务是重叠的。比如说，州立农业保险公司（State Farm）是众所周知的保险公司，但它也拥有自己的共同基金和银行。

表5-1　货币资产管理服务的提供者

提供者	产品	公司举例
储蓄机构（银行、互助储蓄银行、信用合作社）	支票、储蓄、贷款、信用卡、投资、投资建议	花旗银行、摩根大通银行、美国银行、富国银行
共同基金	货币市场共同基金、短期免税基金、债券型基金、股票型基金	富达银行、T.罗维·普赖斯、先锋
证券公司	证券投资（股票和债券）、共同基金、不动产投资信托	富达银行、嘉信
金融服务公司	支票、储蓄、贷款、信用卡、证券投资、不动产投资信托、保险、会计和法律建议、理财规划	美国运通公司、A.G.爱德华兹、雷蒙德·詹姆斯
保险公司	财产和责任保险、人寿和健康保险、信用卡服务、理财规划服务	好事达保险、安泰保险、州立农业保险

存款机构

> **存款机构**
> 获得批准的、能够吸收存款和发放贷款的组织。

存款机构（depository institutions）是指获得批准的、能够吸收存款和发放贷款的组织。它们都能为消费者的储蓄存款提供某种形式的账户保险，并且受政府监管。它们提供广泛的金融服务，如存款机构可以是商业银行、储蓄银行或信用合作社。尽管它们都是不同类型的机构，但人们统称其为银行。

商业银行（commercial bank）是在联邦和州政府监管下特许经营的公司。它们提供大量的消费者服务，如支票、储蓄、贷款、安全信托柜、投资服务、金融咨询、自动支付账单服务。**储蓄银行**（savings bank，又称**储贷协会**（savings and loan associations，S&Ls)〕侧重于接受存款以及提供抵押贷款和消费贷款。它们通过自动生息的转让支付命令账户来提供活期存款（本章后边将会提到）。储蓄银行向储蓄者提供比商业银行高0.10%～0.20%的利率。联邦特许商业银行和储蓄银行账户由**联邦存款保险公司**（Federal Deposit Insurance Corporation，FDIC）的**存款保险基金**（Deposit Insurance Fund，DIF）来保证以应对损失。这些银行的监管机构实质上就是**美国货币监理署**（Office of the Comptroller of the Currency）。

信用合作社（credit union，CU）也接受存款和发放贷款。CU由所有成员共同拥有且不以营利为目的。信用社的成员共同拥有普通股，就像人们共同拥有教堂、工会、共济会或邻里。其成员的亲人也有权利加入。联邦许可信用合作社设立的账户受**国家信用合作社保险基金**（National Credit Union Share Insurance Fund，NCUSIF，由全国信用合作社管理局管理）的保护。国家授权的信用合作社受到国家信用合作社保险基金的保护，而其他则只能加入个人保险项目。信用合作社通常比商业银行和储蓄银行收取更低的费用，支付更高的利息。

> **信用合作社（CU）**
>
> 向成员提供支票、储蓄、贷款服务的共同所有、非营利、受保护的金融机构。

互助储蓄银行（mutual savings bank，MSB）在接受存款和发放住房及消费贷款方面与储蓄银行是类似的。国家法律允许这些银行在17个州（主要在美国东部）中存在。互助储蓄银行由存款人共同所有并分享收益。在一般情况下，互助储蓄银行受到联邦存款保险公司的存款保险基金的保障。跟储蓄银行一样，MSB提供生息活期账户。

用存款保险来保护你的钱

存款机构的存款（包括本金和利息）由各类保险基金保证应对损失。自19世纪30年代经济大萧条时期实施初始存款保险以来，没有一个储户损失其保险金。**联邦存款保险**（federal deposit insurance）的工作方式如下：

> **联邦存款保险**
>
> 对大多数账户中的本金和累计的利息进行保护，最高可达250 000美元。

1. 你所有的单一所有权（个人）账户（只保存在你的名下）最大保险额是250 000美元。

2. 你所有的联合账户（与其他个人共同持有）最大保险额是250 000美元。

3. 你所有的退休账户的最大保险额是250 000美元。

4. 每个保险受益人可在死亡账户（账户是为了账户持有人死后可以将基金转给指定的人而设立的）中最多获得250 000美元。

因此，在任何一个机构中，账户资金都会受到多重保护，基金存入其他机构也将有这些相同的措施。因此，如果你在两个不同机构的个人账户里分别有140 000美元，那你总共有280 000美元的存款保险。

其他金融服务机构

存款机构并不是唯一的货币资产管理服务提供者。共同基金、股票经纪公司、保险公司也提供一些现金管理服务。它们不提供有政府保证的支票账户和储蓄账户。然而，许多的这类公司同时还拥有银行，并且通过它们的实体银行提供有担保的存款。

> **共同基金**
>
> 通过向公众出售股票来筹集资金然后将这些资金投资于一个多样化的投资组合的投资公司。

共同基金（mutual fund）是通过向公众出售股票来筹集资金然后将这些资金投资于一个分散化的投资组合的投资公司。大多数共同基金通过创建现金管理账户来提供一个方便、安全的地方把钱存起来以等待其他投资机会。存入共同基金的钱不由联邦政府担保，尽管一些共同基金为不进行投资的部分客户的账户购买保险。共同基金是第十五章的主题。

> **理财要点**
>
> 使用借记卡时利用“贷方”按钮
>
> 如今，在使用借记卡购物的情况下，对借记卡收取费用是很常见的。而当你按下“贷方”按钮、在收据上签名时将是免费的。

股票经纪公司（stock brokerage firm）是被授权专门从事买卖股票、债券和其他投资，为投资者提供建议的金融机构。它们通过协助股票买卖赚取佣金。股票经纪公司通常提供现金或共同基金账户，客户可以把钱用于投资于此。账户中不投资的部分（例如，在投资前的现金持有账户）是由证券投资者保护公司（一个非政府实体）所保护。

保险公司（insurance company）提供财产、责任、健康生活和其他保险产品。许多保险公司也提供资产服务，如货币市场账户，有些还提供汽车贷款和信用卡等。

概念测试 5.1

1. 确定货币资产管理的主要目标。
2. 解释在什么情况下适合将资金存在支票账户、储蓄账户或进行投资。
3. 描述存款机构和其他金融服务提供者之间的主要区别。
4. 当你有资金存在存款机构时，请描述您的保险保障。

工具 1——生息支票账户

> **学习目标 2**
> 在不支付或支付少许费用的情况下，利用支票账户赚取利息。

> **支票账户**
> 在储蓄机构中，允许储蓄者以存款为基础开具支票，把资金转给其他人或机构的账户。

在储蓄机构中的**支票账户**（checking account）允许你在该账户下开具支票。开具支票会将你存入的资金转移到其他个人和组织。支票存款账户也可以通过使用**借记卡**［debit card，又称**支票卡**（check card）］在自动取款机（ATM）或在零售商店的销售点（point-of sale，POS）终端来使用。每当你存钱进账户、提款或使用支票存款账户做出任何付款行为时，请记住交易的日期、金额和用途，并在**支票登记簿**（check register）计算新的余额。本节探讨支票账户的种类、支票账户的费用和处罚。

□ 活期账户的类型

> **生息支票账户**
> 既可以开具支票又能够获得利息的账户。

> **分层利率**
> 由一种常见的 NOW 账户所支付的利率，对存款余额少的支付低利率，对存款余额多的支付高利率。

活期账户可能会支付利息，也可能不会支付利息。付息账户可能不收取费用，或收取非常低的费用，因为所有的存款机构都提供某种形式的**生息活期账户**{interest-earning checking account，也称**可转让支付命令（NOW）账户**［Negotiable order of withdrawal (NOW) account］}。**股金提款账户**（share draft account）是由信用社发放的生息支票账户，股金提款账户的成本通常低于银行或储蓄银行的支票账户。NOW 账户和股金提款账户在存款余额较大（如超过 1 000 美元）时需支付更高的利率。这种基础利率和更高水平利率的结合就叫作**分层利率**（tiered interest）。例如，一个账户可能对最初的 2 000 美元支付 0.30%，但对账目上超过 2 000 美元的资金需支付 0.50%。

生命线银行账户（lifeline banking account）是忽略消费者收入水平、向消费者提供其所需要的琐碎的金融服务的账户。申请人的收入及资产净值决定其是否能加入生命线方案。生命线银行账户的成本是非常低的，约为每月 5 美元，并且不需要支付利息。

□ 支票账户的最低余额要求

大多数生息支票账户有最低余额要求。如果不满足，则会对账户收取月服务费。此外，当生息支票账户余额低于最低要求时，所赚取的利息将不会按照月度支付。没有最低余额要求的账户是更加可取的，但该类支票账户的用户应该考虑利息的损失和将被征收的费用。

当机构提供了一种将最低余额要求和平均余额要求相结合的生息账户时，决策将会变得更加困难。**最低余额账户**（minimum-balance account）要求，在一个指定的时间周期（通常是一个月或一个季度）内，客户账户中必须保持一定量的资金（可能是 500 美元或 700 美元），以避免服务费的增加（通常是 5 美元到 15 美元）。然而，当发生触发事件，也就是说当余额下降到低于规定的最低值时，账户的费用将会被重新估算。**平均余额账户**（average-balance account），只有当在指定时间（通常是一个月或一个季度）内账户中的资金日均余额低于一定水平（可能是 800 美元，也可能是 1 000 美元）时才会进行费用的重新估算。

最低余额账户

要求客户账户的余额在一定时期内保持最低要求，以避免服务费用的增加的支票账户。

平均余额账户

在一定时期内，客户账户的日平均余额低于一定水平时会收取服务费的支票账户。

理财要点

免费支票也不是真正免费的。

很多银行都提供“免费”支票账户。这意味着该类账户没有**最低余额要求**（minimum-balance requirement）或月服务费，签发支票也不收取费用。然而，当账户余额不足而使用另一闲置账户进行取款或其他活动时，该类账户会收取一定的费用。如果你被收取了一个意想不到的费用，可以考虑改变它。告诉银行你对此感到不满意，并考虑换一家银行。

你知道吗？

当你开立一张支票时，会发生什么事？

在你签发支票时，可以通过制作一个支票的副本或者在支票登记簿中做记录，作为你签发支票的证明。当你在银行兑现支票的时候，银行已经在进行支票**清算**（clear）了。支票本身可以通过以下两种方式进行处理：一种是传统方法，只要将**已付支票**（canceled check）拿到银行（无论支票是开给谁的），银行就会兑现支票；另一种是现在最常用的方法，收到支票的银行（或有业务往来的公司）会对支票进行检测，并制作一张电子**替代支票**（substitute check）传送给银行。因此，银行可以在短短的几分钟或几个小时内对支票进行结算。你的支票账户定期报表会指出哪些支票是通过电子替代支票进行清算的。使用替代支票是一种替代客户所签发的原始支票的可行方式。面向 21 世纪的支票结算方式，如果银行对替代支票和原始支票都进行了兑现，它必须能迅速纠正支票清算过程中的任何错误。你需要每月对你的账户进行对账，以确保没有发生这种类型的错误。

停止支付命令

通知银行当有人想兑现支票时，不要进行支票兑现。

停止支付命令（stop-payment order）要求你的银行在被要求付款时不兑现支票。为了发出这样的命令，你可以通过打电话给你的银行要求其停止支付支票来完成。在任何情况下，只有在支票清算前，停止支付命令（又称止付令）才能生效。随着电子技术的发展，支票清算也可以像借记卡交易一样在几分钟内进行。注意，如果只有口头止付令，而没有向银行提供书面指示，签发支票的商家或个人仍能够在14天后兑现支票。即使有书面要求，除非更新止付令，否则支票也能够在6个月后被兑现。

你知道吗？

关于支付工具的特殊需要

以下为四种常用的支付工具：

旅行支票。旅行支票（traveler's check）是由大型金融机构（如美国运通公司、维萨公司以及全权委托公司）发行并通过各种渠道销售的支票。它们几乎在哪里都能使用。各种旅行支票均有不同的固定面额，如10美元、20美元、50美元、100美元、500美元、1 000美元等面额的旅行支票。买家通常支付相当于票面金额1%的手续费来购买旅行支票。旅行支票有不同的币种。所有旅行支票公司保证，如果支票的序列号可识别，那么公司会替换丢失的支票。

汇票。汇票（money order）是一种有固定金额的支付工具，其费用根据汇票金额进行估计。许多金融机构，包括零售商如沃尔玛和美国邮政总局都会销售汇票。

保付支票。保付支票（certified check）是由金融机构在你的个人支票上印上"保付"二字，代表你的个人账户有足够金额来付款。同时金融机构会对账户余额进行关注直到支票清算为止，开立保付支票的费用是5美元到15美元之间。

银行本票。有些收款人坚持要以金融机构自身账户开立的**银行本票**（casher's check）作为支付方式，因此这类支票是以金融机构为财务支持的。为了获得这类支票，你需要支付5～15美元给金融机构作为开立银行本票的费用。

除了月服务费，机构可能会收取其他费用。喜欢把钱存在银行的人要注意尽可能避免在表5-2中列出的费用。

表5-2　　支票及储蓄账户产生的费用

账户交易类型	产生费用原因	是支票账户还是储蓄账户产生费用
自动取款机交易	消费者每次使用自动取款机进行交易时，通常会收取1美元到3美元的费用；在使用非本金融机构的自动取款机进行交易时会额外收取一定费用	支票账户、储蓄账户
电话、电脑、人工费用	通过电话、电脑或人工获得账户的交易信息，需要支付一定的费用（通常每笔交易2美元）	支票账户、储蓄账户
最低余额账户的维持费	当账户余额小于最低余额要求（如300美元）时，每月需收取10美元到20美元的费用	支票账户
平均余额账户的维持费	在账户当月的日平均余额小于一个固定值（如500美元）时，收取的费用通常以账户余额为基准进行估算。账户余额相对于平均余额要求的金额差距越大，收取的费用越多	支票账户
停止支付命令	当消费者要求金融机构不要兑现支票时，需要对每张支票支付25美元到30美元的费用	支票账户

续前表

账户交易类型	产生费用原因	是支票账户还是储蓄账户产生费用
资金不足导致的费用	当账户资金不足而开立支票时需支付25美元到40美元或者更多的费用	支票账户
新设立账户的注销	当消费者注销在一个月内注册或在一个季度内注册的账户时需支付10美元到20美元的费用	支票账户、储蓄账户
资金的延迟使用	通过支票存入账户中的资金，在规定期限内不可取出	支票账户、储蓄账户
闲置账户	对闲置账户（在六个月到一年的时间内没有交易行为的账户）收取一定的月服务费，通常为每月10美元	支票账户、储蓄账户
超额提取	当每月取出的资金超过储蓄机构规定的金额时会收取一定的费用（通常为2美元到5美元不等）	储蓄账户
提前取款惩罚	在一个季度结束前取款，取出的资金不计算当季利息	储蓄账户
存款费用	当季存入的存款只有到下一季度才会计算利息	储蓄账户

概念测试 5.2

1. 区分生息支票账户和生命线银行账户。
2. 什么是免费支票?
3. 列出三个你可采取措施避免的支票账户费用或罚款。

理财要点

如何获得免费支票?

新的联邦法律使银行通过透支费用和其他费用获得高额利润变得越来越困难，因此银行通过削减免费支票账户来获取利润。然而，如果你将薪水直接存入账户，大多数银行将对你提供免费的支票账户。

专家建议

尽可能对支票进行背书

背书（endorsement）是指在依法转让支票所有权（通常指支票的票面金额）时，在票据背面签名的过程。选择恰当类型的背书可以防止你的支票被他人盗用。

空白背书（blank endorsement）支票是指在支票背面只需要收款人签名的支票，这样的支票是不记名票据。这意味着任何人都可以兑现它，当支票丢失或被盗时，获得支票的人就可以兑现它，所以千万不要在存钱或兑现支票之前做空白背书。

特定背书（special endorsement）可以用来限制谁可以兑现支票，持票人会在支票背面写“将款项支付给××”并签章。在你将支票签发给另一个人时，你可以加上这种特定背书。相对于在金融机构的账户中储蓄，这样的“双面支票”更难被其他人兑现。

限制性背书（restrictive endorsement）支票背面有语句“仅限转账”以及签名，使金融机构只能给指定的人兑现，其他人都不能兑现支票。邮寄支票存款应该一直用这种方式进行背书。此外，你还可以把金融机构的名称和账户号码等作为背书的内容写在支票背面，这使得背书更加严格。

凯瑟琳·普罗查斯卡-库埃
内布拉斯加大学林肯分校

工具 2——储蓄账户

> **学习目标 3**
> 充分利用储蓄账户。

第二个货币资产管理工具是**储蓄账户**（savings account）。储蓄账户是一个可以提供紧急现金的账户，它是一个临时储存除日常生活开支以外的资金的地方。储蓄账户被认为是定期存款而不是**活期存款**（demand deposit，支票账户的另一个名字）。**定期存款**（time deposit）指的是将长时间存在金融机构中的存款。金融机构规定储蓄账户所有者需在提款前 30～60 天给机构一个提款通知，即便如此，这条规定也很少被执行。有些定期存款是**固定期限定期存款**（fixed-time deposit），即在指定期限内必须把存款放在储蓄账户内。如六月期或三年期的定期存单。虽然储蓄账户的利率很低，但好处是账户中的钱是相对安全的（即避免了金融风险）。你可以得到的利息取决于复利的频率、储蓄账户中的存款金额以及利率。当其他条件相同时，复利的频率最高的账户能够获得最多的利息。

□ 结单储蓄账户

> **理财要点**
>
> 在预算中使用支票账户
>
> 复印你所签发的支票、你的支票登记簿和你的借记卡收据是非常有用的。这可以作为你在编制预算时的消费凭证。对支票的签发进行记录，保留借记卡收据直到在账目报表中证实其准确性。

存款机构提供的典型的储蓄账户是**结单储蓄账户**（statement savings account；又称存折储蓄账户）。结单储蓄账户允许频繁存入或提取资金。当存款余额维持在最低额度（25～100 美元）时不收取费用。结单储蓄账户持有人通过提供收据来记录他们的账户交易，而这类交易通常可以通过自动取款机在网上进行。开立结单储蓄账户的过程和开立支票账户的过程是类似的。

□ 存单

> **存单**
> 一种买入的固定期限的生息储蓄工具。

存单（certificate of deposit；CD）是一种买入的固定期限的生息储蓄工具。所需的存款金额从 100 美元到 100 000 美元不等，而存款期限从 7 天到 8 年不等。购买存单后的利率在整个储蓄期限内通常是固定不变的，在存单到期时储户获得本金和利息。长期存单的利率通常高于短期储蓄工具。通过储蓄机构购买存单会受到 FDIC 和 NCUSIF 的保护。

并不是所有的存单都是相同的

不同的存单的运行原理在细节上是有区别的。**可变利率定期存单**［variable-rate certificate of deposit，又称**可调整利率存单**（adjustable-rate CD）］也是存在的。这些存款工具的利息可进行周期性调整（向上或向下）。在通常情况下，在存单到期前储户可以将利率“锁定”，或固定在任意一点。我们可以预测，这种可变性会减少固定利率存单的优点。最好的浮动利率存单是有一个最低的固定利率保障。**浮动利率存单**（bump-up CD）允许储户将利率提高到高于市场利率的水平，如果有可能，甚至可以把初始保证金提高到百分之百。要注意的是一些所谓的存单，尤其是那些有高利率的，实际上是“投资证书”。它们并未投保，并且可以被金融机构撤销，在到期前可以以一个较低的利率补发。当你被问到“这是一张存单还是投资证书?”时，如果这是一张存单，那么你就可以通过验证这些信息来核实。

你没有理由限制自己去附近的机构寻找高收益率的存单。存单收益率每周在 www. bankrate. com 更新。你可以向你的股票经纪人询问你的**经纪人存单**（brokered certificate of deposit）的信息，因为存单偶尔会支付很高的利息。大多数存单享受联邦存款保险的保护。

在到期前把钱从存单中取出会被罚息。对于持有不到一年的存单，储户可能会失去多达三个月的利息；对于那些超过一年的存单，储户可能会失去超过六个月的利息。如果罚息超过利息金额，你取回的本金将会减少。因此，在将钱存进存单之前，要确保资金可被用于购买存单。如果你觉得可能会提前需要一些资金，则考虑阶段性地买入几个较小的存单而不是仅仅购买一张存单。

阶段性购买存单以降低利率风险

大多数人喜欢将钱存入存单，因为存单有保险，没有风险，但这并不完全正确。当你把钱放在存单中并进行了利率锁定，如果利率上升而你的钱是在存单中，这就存在了风险。为什么？因为你被困在利率较低的收入水平中。或者说在利率下降时，你将不得不在存单到期时以较低的利率续签。这种利率调整的不确定性被称为**利率风险**（interest-rate risk）。阶段性购买是一种抚平利率波动的影响并降低利率风险的技术。

现在来说阶段性购买是如何进行的。如果你有 10 000 美元并想买入一张存单。先登录 www. bankrate. com 并找到在期限内利率最高的存单。然后你购买了五种存单：存单一：期限为一年的 2 000 美元存单；存单二：期限为两年的 2 000 美元存单；存单三：期限为三年的 2 000 美元存单；存单四：期限为四年的 2 000 美元存单；存单五：期限为五年的 2 000 美元存单。如果你想要更少阶段，只需将你的初始资金分成三份或四份而不是五份。

随着存单到期，你可以续订一张期限为五年的存单。五年后，每一年你都有一张存单会到期，你可以换一张在当前市场利率上利率最高的存单（你没有留在同一个金融机构）。随着时间的推移，利率不断波动，你总是有一些存单处在较低的利率水平，也会有一些存单处在较高的利率水平。因此，你总是获得平均利率，从而避免了将你所有的钱都存入低利率存单的可能性，并且在短期内你都能够取出一部分钱。

> **理财要点**
>
> 如何找到一个更好的银行?
>
> 最大和最著名的全国性银行可能会收取更多的费用。而当地的小银行、信用合作社和那些通过 www. icba. org、www. creditunion. coop、和 www. bankrate. com 等网站满足你的需要的网上银行也能提供受联邦机构保护的账户。

□ 如何存钱?

虽然在大萧条开始后美国的个人储蓄存款有了大幅增加，但是在世界各主要国家中美国的储蓄率仍然是最低的。当被问到这个问题时，美国人通常会说：“这很简单，因为没有钱会留到月底。”从某种意义上说，这样的评论是正确的，但是这些人储蓄的方式是错误的。

明智的人会采取完全不同的方法。他们遵循的格言是**“储蓄优先”**（pay yourself first），这意味着在得到报酬之后甚至在得到报酬之前，他们都会将储蓄作为第一开支。明智的人从一开始就将储蓄归入自己的预算中。通过这种方式，你可以设立一笔资金以用于大额的不定期的支出、不可预见的支出、短期投资目标的支出、为退休储蓄、支付房屋的首付、支付孩子的教育基金等。储蓄并没有很大的吸引力，慢而稳才能赢得胜利。

> **储蓄优先**
> 把储蓄放在第一位，在得到报酬之后甚至在得到报酬之前就储蓄，而不只是将月底剩下的钱存起来。

> **理财要点**
>
> 成为一个定期储蓄者
>
> 在你年轻时就开始储蓄是明智的，并且把长期目标和短期目标区分开。当积累了足够的资金时，可以将资金从储蓄转化为高利率的储蓄或进行投资。

你储蓄的第一个目标是积累足够的钱来支付三至六个月的生活消费支出（大概占收入总额的70%）。这笔钱将作为遇到公司裁员、长期患病或严重的金融危机时的**应急基金**（emergency fund）。对于年收入总额达60 000美元的人来说，其三个月的应急基金大概是10 500（=60 000÷12×0.70×3）美元。那些考虑储蓄更多可用基金的人——大概储蓄可以支付六个月到一年的生活费——都是那些严重依赖于提成和奖金或拥有自己企业的人。

大多数人并没有足够的应急储蓄基金，相反，当发生紧急情况或出现不可预见的需要时，他们更多地依靠信用卡。这是一个不明智的方法。你可以通过减少每月的消费需求节省资金，来建立一只应急储蓄基金，直到达到储蓄目标为止。其他的储蓄目标可以通过第三章中讨论的技术达到。如果你有两个以上的目标，你可以为每个目标都设立一个投资账户，通过这种方式，你可以记录你的进步，并把钱分开保管。

> **你知道吗？**
>
> 如何核对银行账户？
>
> 保存你的各个银行账户的交易记录是一种明智的做法。当发生支票签发、借记卡交易、在支票登记账户存款这些行为时，你应该记录下所有的交易。每隔几天就去网上查询存款和取款记录也是一个好方法。
>
> 你也应该对你的记录和银行记录进行**对账**（account reconciliation），检查两组记录的准确性，发现错误的地方。当你收到每月的银行账户对账单时就是最好的对账时间。账户对账可分为三个步骤：
>
> 1. 带上你自己最近的交易记录。
> 2. 带上银行最近的交易记录。
> 3. 对两份交易记录进行核对。
>
> 如果你的记录的结余和银行账户中的结余不同，那么你需要找到错误所在。首先，检查你的记录中的加法和减法是否使用正确。其次，确保在你的记录中的所有条目都正确地被记录在银行对账单中。
>
> 当步骤1和步骤2的余额不同时，找出错误所在是乏味但非常必要的工作。幸运的是，因为电子银行的存在，这一步骤变得没有那么重要了。很多人会经常去网上检查他们账户交易的准确性。通过这种方式，他们可以更早发现错误并能确信银行对账单的余额和自己记录的余额是匹配的。下面的内容可以指导你进行账户对账工作。

步骤 1：带上你自己最近的交易记录。 **金额（美元）**

（1）输入你支票登记账户的结余。

（2）加上你未记录的存款。

（3）减去你未记录的支票和其他取款。

（4）扣除银行费用，包括在月结单中有记录的和没有记录的。

（5）加上利息收入。

调整支票登记簿的余额。

步骤 2：带上最近的银行交易记录。 **金额（美元）**

（1）输入银行对账单的期末余额。

（2）加上银行对账单截止日期前获得的存款。

（3）减去在银行对账单截止日期前签发的未兑现的支票。

调整银行对账单余额。

步骤 3：比较调整过的支票登记簿的余额和调整过的银行对账单的余额，如果两个余额不匹配，那么找出错误所在。

你知道吗?

为孩子的教育储蓄的税收后果

很多家庭的长期目标是为孩子的大学教育进行储蓄。以下是五个最好的储蓄方案：

把钱存在 529 大学储蓄计划。529 大学储蓄计划以其在美国国税局法规中的条款编号而命名，许多州已经建立了 **529 大学储蓄计划**（Section 529 college savings plan）。存入 529 大学储蓄计划的资金除了作为教育资金外是不能用于其他用途的，但合格的教育费用的支取是免税的。529 大学储蓄计划为你提供了两种选择：预付学费或投资计划。国家资助的预付学费计划允许父母、亲戚、朋友以现在的价格支付孩子的未来大学教育，并保证今天的付款将被用于未来的学费支付（由经批准的高等教育机构执行）。529 大学储蓄计划是国家提供的一个投资计划，通常是投资于共同基金以获得资金，用于支付孩子的大学费用。

把钱存入 Coverdell 教育储蓄账户。Coverdell 教育储蓄账户（education savings account）每年获得的捐款最多可达 2 000 美元，用于为小于 18 岁的孩子支付教育费用。账户上的资金和利润可以免税取出以支付公立、私人或教会学校、K-12（2011 年到期）以及职业学校或大学的费用，包括学费、杂费、辅导费、制服费、家用电脑费、教育计算机软件费和食宿费。

把钱存入学校的托管账户。根据《未成年人统一礼物法案》的规定，这类账户是以未满 14 岁孩子的名义开立的。这些资金可以用于支付大学费用。纳税等级在 10%和 15%的纳税人能够出售资产，如股票或共同基金，而无需支付任何资本利得税。

需注意，所谓的**儿童税**（kiddie tax）规则适用于未成年子女的非劳动所得（如利息和股息）。这条规则限制了孩子以低税率（大概比父母亲的税率低）将他们的非劳动所得纳税的能力。对于年龄小于 18 岁的孩子，其通过托管账户所赚取的第一笔 950 美元的非劳动所得（收入来自投资）是免税的。接下来的 950 美元按孩子的税率水平收取费用。当非劳动收入超过 1 900 美元时则会被收取和父母一样的税率（可能更高）。在孩子到达 18 周岁之前，通过托管账户持有的资产不会被售出。当孩子年满 18 周岁时，他们将根据自身的所得税税率来支付税收。此时儿童税规则将不再适用。假设孩子处在最低税率水平，因此，他或她将有零资本利得税率，从而让其利润免缴联邦所得税。

贴现债券［discount bond，又称**零息债券**（zeroes or zero coupon bond）］是无需支付年利息的市政债券、公司债券和政府债券。贴现债券是以远低于票面价值的价格出售给投资者，并在到期时以票面价值赎回的债券。例如，一只100美元**EE系列储蓄债券**（Series EE savings bond）由联邦政府以50美元出售，价格只有其票面金额的一半。而该类债券的利息，通常是每半年计算一次，会积累到债券本身，在债券到期赎回时一起付给债券投资者。

父母可以通过托管账户持有贴现债券用于未来支付孩子的大学教育费用。这些为孩子支付的虚拟收入一般都很少，如果有，每年到期的所得税可作为应计利息。EE系列储蓄债券的优势是，每年产生的利息税是可以推迟到债券赎回时支付的。而且如果所得款项被用于支付孩子大学教育费用，则利息是可以免税的。

把钱存入罗斯个人退休账户。把钱存入罗斯个人退休账户，通过退休账户获得的累计收入是免税的，而且在59岁半后取出资金是完全免税的，但在59岁半前取款会受到美国国税局10%的罚款。在59岁半以前，存入罗斯退休账户的钱（不包括账户赚取的利润）可被用于支付大学费用（或任何目的）而不会被罚款。传统的个人退休账户也可以提取存款以支付大学费用而不会受到10%的罚款，但对取出的资金要收取所得税。

□ 储蓄账户利息

金融机构支付给储蓄者的利息的计算基于以下四个变量：

1. 存入银行的钱的金额；
2. 确定账户余额的方法；
3. 适用于余额的利率；
4. 计算利息的频率（例如，每年、每半年、每季度、每月或每天）。

美国《诚信储蓄法》要求存款机构披露一个统一的、标准化的利率以便储户可以比较各支票账户和储蓄账户的利息并做出选择。

这种利率被称为**年收益率**（annual percentage yield，APY），是一年期限的、通过单利或复利计算获得的年收益与100美元存款的比。复利计算越频繁，储蓄者获得的利息越多。储蓄机构必须将年收益率作为对外公布的利率和向储蓄者提供的其他披露信息。

> **理财要点**
>
> **使用一个储蓄计算器**
>
> 你可以在 http://cgi.money.cnn.com/tools/moneygrow/moneygrow_101.jsp 找到一个非常易于使用的储蓄计算器。你可以确定为了你的目标应存入多少钱，或者找出你的储蓄的未来价值。

> **年收益率**
>
> 它是一年期限的、通过单利或复利计算获得的年收益与100美元存款的比。

聪明的基金经理会选择那些年收益率高的储蓄账户，避免那些会收取额外成本和费用的机构。在年收益率相等的情况下，储蓄者会选择每天计息的储蓄机构。货比三家能够让你在一个有1 500美元余额的储蓄账户中每年多获得10美元到20美元。在考虑去哪个机构开立储蓄账户时，聪明的储蓄者会仔细考虑表5-2中的费用和罚款。

一个有宽限期的账户会为储蓄者提供少量的经济利益。**宽限期**（grace period）是指储蓄者存款和取款而不会被罚款的时期（以天为单位）。例如，如果存款是在一个月的第十天存入银行，那么利息是从这个月的第一天开始计算的。如果取出存

> **宽限期**
>
> 储蓄者存款和取款而不会被罚款的时期（以天为单位）。

款，则其宽限期一般是三天到五天。因此，如果一个储户在一个利息期的最后三天到五天取出存款，则仍可以按照这个利息期来计算利息。

概念测试 5.3

1. 讨论把钱存入储蓄账户而不是支票账户的原因。
2. 区分结单储蓄账户和存单。
3. 描述“储蓄优先”方法的优点。
4. 描述如何充分使用年收益率。

工具 3——货币市场账户

> **学习目标 4**
> 了解将富余资金存入货币市场账户的重要性。

大多数人使用支票账户和储蓄账户作为货币资产管理的基础工具。当收入开始超过支出（可能每个月 300 美元或 500 美元）时，大量的超额资金可以被快速储蓄。虽然这种情况很好，但是从货币资产管理的角度来看，应该将超额资金存入能获得更高利息的账户。

> **货币市场账户**
> 那些（比定期储蓄账户）支付更高利息并提供受限的签发支票权的各类生息账户。

货币市场账户（money market account）是那些（比定期储蓄账户）支付更高利息并提供受限的签发支票权的各类生息账户。货币市场账户相对于其他账户，是能提供更高利率的支票和储蓄工具。这类账户一般由银行、储蓄银行、信用社、股票经纪公司、金融服务公司或共同基金提供。货币市场账户的类型现在有超级 NOW 账户、货币市场存款账户、货币市场共同基金和资产管理账户。

> **理财要点**
>
> 利息是要缴税的
>
> 你通过支票账户和储蓄账户获得的收入都会记入联邦和州的所得税申报表的收入栏。你所在的金融机构会发给你一份报告你前一年利息收入的 **1099 表格**（Form 1099），这些信息也会发送给美国国税局。未能收到 1099 表格并不能免除你报告收益的义务。

□ 超级 NOW 账户

超级 NOW 账户（super NOW account）是由存款机构提供的受政府保护的货币市场账户。其形式为拥有有限签发支票权（通常是每月最多签发六张支票）的高利息 NOW 账户。初始最低存款通常从 1 000 美元到 2 500 美元不等。如果平均余额低于指定的金额（如 1 000 美元），则账户所能获得的利息就会恢复到普通 NOW 支票账户的较低的利率。储蓄者可以在任何时候取回他们的资金（通过支票、借记卡或电子账户）而不受到任何惩罚。

> **专家建议**
>
> 不要让账户透支
>
> 当你使用空头支票或使用借记卡而账户中没有足够的存款时，就会**透支**（overdraft）。如果不

及时用资金填补透支额度，银行就会收取你 25～49 美元的费用，而商家签发**空头支票**（bad check）也会收取相似的费用。银行对透支或签发空头支票最多可收取高达 80 美元的费用！

如果你不注意就很有可能被收取这些费用。其原因之一是银行可以选择处理支票或借记额的顺序。比如你在某一天签发了一张支票，而第二天用借记卡为三次购物进行了支付而支票账户显示你签发的支票在银行兑现。可能你的银行账户中有足够的钱支付三笔购物款项，但不足以支付支票，此时银行可以选择先支付支票。因此你现在有一笔支票的透支以及三笔借记卡的透支，一共四笔透支。而如果银行先支付三笔购物款项，则你只有一笔支票的透支。

近年来银行收取了近 400 亿美元的透支费用，透支费用已是银行最大的盈利点之一，你不要成为其中的一部分。银行提供了三种避免透支的方法：

1. **自动资金转账协议。**当需要资金来支付透支金额时，只要你储蓄账户中有足够的资金，就会自动将资金从你的储蓄账户转到支票账户。自动资金转账协议是三个方案中最贵的。

2. **自动透支贷款协议。**如果你有一个透支信用额度，则所需透支金额将自动由你所在银行借给你或作为你维萨卡或万事达卡的信用卡提现。需要注意的是贷款可以以每次 100 美元增加。如果你只需要支付 10 美元，那么你要为多余的那 90 美元支付利息。信用卡公司会收取 10 美元或更多的信用卡提现费用。

3. **"选择"透支或空头支票保护。**银行会通过借款给账户持有人将透支额控制在一定额度之内，比如 1 000 美元。作为回报，客户必须为每笔透支额支付 25～40 美元的费用，并且客户需要在不到一个月的时间内偿还借款。而按照计划这笔钱一被存入账户就会被用于偿还借款。新的《多德·弗兰克华尔街改革和消费者保护法》要求你选择这种保护，在此之前你要三思。许多支票账户的新用户废除了这种高费用的保护，因为他们实在不能理解这种保护。不选择透支保护意味着当你签发支票或是用借记卡而账户中没有足够金额时，银行不会停止或改变支付。使用借记卡支付 3.5 美元的饮料或其他琐碎的钱而引发的费用可能是付款金额的 10 倍。你必须知道自己的账户余额并确保在每一次使用账户时都有足够的资金在其中。你应该能够在上述两种方法之间做出选择。如果你要做出选择，那么在选择之前仔细阅读相关规定。

每年数十亿美元的透支费，大多数都来自年轻人和低收入客户。你会成为受害者吗？这取决于你的选择。在情况变得更糟之前你可以考虑用下述方法来处理账户透支。

处理透支的方法	**每一笔透支可能的费用。你应该知道你所在银行收取了哪些费用**
良好的账户管理	0 美元；你没有透支
自动资金转账协议	0～5 美元的转账费
透支信用额度	15 美元的年费＋ 18%的年利率
自动从信用卡透支贷款	3～10 美元现金透支手续费＋ 18%的年利率
"选择"透支/空头支票保护	20～30 美元
空头支票	40～60 美元（25～40 美元的银行手续费＋20～30 美元商户收费）

帕蒂·费希尔、索菲娅·阿侬、艾琳·利奇
弗吉尼亚理工大学

你知道吗？

把坏习惯变成好习惯

你会这样做吗？	你应该这样做！
忽略你的账户报表；	检查账户报表的完整性和准确性。
只在遇到问题时才来谈论钱；	与你的家人定期讨论钱的问题；
每个月支付支票账户的费用；	在信用合作社中找出免费或只收取低费用的账户；
透支你的支票账户	通过网上银行关注账户余额并每月进行对账；
把你大部分的钱存在你的支票账户里；	通过储蓄账户、存单或货币市场账户获得更高的回报。

□ 货币市场存款账户

货币市场存款账户（money market deposit account，MMDA）也是一个储蓄机构提供的政府担保的货币市场账户。它有最低余额要求并且根据账户余额多少进行利率分级。机构可以对交易和账户维护进行收费并且储户通常被限制每月只能进行三到六笔交易。在通常情况下，客户自由存入超过1 000美元才能开立账户。如果每月平均余额低于一定金额，如2 500美元，那么整个账户获得的利息将低于普通NOW账户。MMDA通常比超级NOW账户支付更高的利率。

理财要点

任命一个财务后备人员

如果你是单身者，那么让一个亲密的家庭成员或朋友了解你的财务状况的基本信息。这样，当你发生什么事时，有人可以对你的财务进行必要的处理。

货币市场存款账户

由政府担保的、有最低余额要求的且使用利率分级支付的账户。

□ 货币市场共同基金

货币市场共同基金（money market mutual fund，MMMF）是共同基金投资公司（而不是在一个储蓄机构）中的货币市场账户。它把成千上万名投资者的资金投资于短期债券（通常小于1年）并赚取相对安全的、高回报的收益。其利息是按日计算的，并且投资者可以随时撤回资金。通常，货币市场共同基金支付的收益率是小额投资者每天可以获得的最多的利润。

MMMF的最低存款要求从500美元到1 000美元不等。许多共同基金公司提供无限的支票签发权，而对支票金额没有最低限制。电子转账是被允许的，但自动取款机转账是不被允许的，因为货币市场共同基金（MMMF）不是存款机构。虽然MMMF未受任何联邦机构保护，但它们被认为是非常安全的。有些基金只购买美国政府债券，因此几乎没有风险。如果要开立货币市场共同基金账户，你可以联系一个共同基金公司，更多细节将在第十五章中讲到。

货币市场共同基金

是共同基金而不是在一个储蓄机构中的货币市场账户。

理财要点

寻找一个货币市场共同基金很容易

你可以轻松地通过网络找到货币市场共同基金（MMMF）。其中的一些MMMF是由美国世纪（www.americancentury.com）、德雷福斯（www.dreyfus.com）、富达（www.fidelity.com）、先锋（www.vanguard.com）、普信集团（www.troweprice.com）管理的。

□ 资产管理账户

> **资产管理账户**
> 是一种多用途的、可协调的账户，它把客户的大部分货币资产管理工具合并成了一个统一的账户，并且只有一份月账单。

资产管理账户［asset management account，AMA，又称**一本通账户**（all-in-one account）］是一种多用途的、可协调的账户。它把客户的大部分货币资产管理工具合并成了一个统一的账户，并且只有一份月账单。它包括在货币市场共同基金的交易和支票、信用卡、借记卡、贷款和股票经纪账户中的交易。AMA［也被称为**中央资产账户**（central asset account）］是由存款机构、股票经纪公司、金融服务公司和共同基金提供的。这样的账户使你所有的金融业务都能在同一机构内进行。通常，达到10 000美元（包括你所有子账号）则需要开立一个AMA。一些AMA的年费通常是100美元。注意，你10 000美元的手续费是1%（=100÷10 000），即你的收益将减少1%。AMA还有其他吸引投资者的功能——例如，免费的借记卡和信用卡、用信用卡购物会有1%的折扣、免手续费的旅行支票、低价的定期人寿保险以及投资咨询通讯。

概念测试 5.4

1. 解释开立货币市场账户的好处。
2. 区分超级NOW账户和货币市场账户。
3. 描述不适用于货币市场共同基金的储蓄机构账户的特征。
4. 列举一些资产管理账户的好处。

你知道吗？

如何确定账户（或其他资产）的所有权？

当你开立一个新的账户时，你将被要求签署一份签名卡以便用来验证账户所有者的签名。账户可以分为个人账户或联名账户。

个人账户（individual account）只有一个所有者，他单独对账户及其活动负责。当个人账户所有者死亡时，该账户会作为遗产，按照账户持有人的意愿转给继承者。如果有需要，个人账户可以设立一个死亡后指定付款账户，在账户持有人死亡后，将账户资金支付给指定收款人。这使得受益人在账户持有人死亡后能够快速获得资金，而在账户持有人死亡前对账户没有任何支配权。

联名账户（joint account）有两个或两个以上账户所有者，每个账户持有人都对账户中的资金有合法权益，这里所讨论的联名账户适用于任何形式的资产，包括汽车和房屋，以及支票账户和储蓄账户。有三种形式的联名账户：

1. 尚存者的联权共有［joint tenancy with right of survivorship，又称**联权共有**（joint tenancy）］是最常见的共同拥有的形式，特别是在丈夫和妻子之间。在这种情况下，各方都可以对所有资产进行处理而无需经过对方批准。金融机构可以通过这类账户承兑支票或取款而无需账户所有者的签名。联名账户的优点是在账户持有人之一死亡时，账户中的资金仍然属于幸存的其他账户所有者。

2. 按份共有（tenancy in common）是指两个或两个以上所有者共同拥有财产，但每个人只对财产的一部分拥有控制权。除非另有规定，在很多州该类账户是按份共有的。然而当账户持有人死亡时，他或她账户中的资产份额将根据遗嘱的条款转到他或她的继承人那里（或者没有遗嘱的将按照国家法律处理），而不是转给账户的共有人。

3. 共同所有（tenancy by the entirety），这是在30个州内都公认的，仅限在丈夫和妻子之间的财产。该账户规定任何一方都不能在没有另一方许可的情况下处置或出售对方的财产。这项规定可以防止账户所有者在另一方不知情的情况下转移财产。

有双份收入的夫妻都喜欢共同拥有一部分财产，而把另一部分财产各自分开所有。例如，如果你拥有一份事业并且拖欠贷款，那么你的债权人不能对你的房屋进行任何处理，因为这份财产是在你配偶的名下的。然而，人们应该将没有工作的配偶的名字记入所有的投资和契约中；当夫妻离婚时，法官会把财产判给能合法拥有财产的人。在**夫妻共有财产的州**（community property state），婚姻期间获得的大部分金钱和财产在法律上被视为夫妻双方的共有财产，丈夫和妻子的权利都受到同等保护。（这些地区包括亚利桑那、加利福尼亚、爱达荷、路易斯安那、内布拉斯加、内华达、新墨西哥、波多黎各、得克萨斯、华盛顿以及威斯康星）。

电子货币管理

学习目标5

了解电子货币管理，包括电子货币的法律保护。

货币资产管理可以概括为"纸币、信用卡和其他货币资产"。"纸币"包括传统的现金和支票系统。"信用卡"是通过借记卡或其他类型的卡片使用你账户里的资金。"其他货币资产"是通过电脑或智能手机访问和使用你的账户资金。智能手机的使用在银行业中正在迅速增加，消费者在使用智能手机交易或传递信息时应该非常小心，因为交易和其他信息传输很容易受到黑客和电子窃听者拦截。

电子资金转账（EFT）

资金通过电子网络（而不是支票和现金）在你的各种账户和其他人或企业的账户间转移。

现在大多数银行都能够通过网络提供银行服务。网上银行可以完全在线操作，但是一般会支付最高的利率。当交易非纸质化时，**电子货币管理**（electronic money management）就产生了。这些交易大多数涉及**电子资金转账**（electronic funds transfer，EFT），即资金通过电子网络（而不是通过支票或现金）在你的各种账户和其他人或企业的账户间转移。

□ 电子货币管理可以很简单但并不总是免费的

网上银行的使用是有成本的。

在使用自动取款机（ATM）时会产生**ATM交易费**（ATM transaction fee）。当你使用美国国内网点的ATM时，提供ATM的机构和金融机构都会收取费用。例如，你可能需支付1～3美元给你所属的金融机构，且还需支付1～3美元或更多给机器供应商。频繁地小额取款，其费用也是非常贵的：比如2美元的ATM交易费是200美元的百分之一，却是20美元的十分之一。

你知道吗？

在货币资产管理中使用“信用卡”

有许多类型的信用卡工具可以被用来估计你的资产。

1. **ATM 卡（ATM card）** 允许你通过自动取款机从支票账户和储蓄账户中取钱或在支票账户和储蓄账户间进行转账。你在使用 ATM 卡时必须使用密码。

2. 借记卡比 ATM 卡更好的一点是，你也可以通过销售（point-of-sale，POS）终端在零售网点购买商品。一旦使用借记卡进行购买，资金就会从你的账户转出。在使用借记卡时，你通常需要密码或提供签名。现在超过一半的卡类交易都使用借记卡。当你使用借记卡而非信用卡时，一些商家会提供一定的折扣。这值得一提！

3. **储值卡**（stored-value card）通过磁条或条形码对其卡内金额进行加密。一些储值卡可以提供额外的资金。学校经常使用这种类型的卡用于学生校内校外的膳食计划和其他费用的支出。在能够使用它的地方，储值卡很像迷你的支票账户。礼品卡就是一种储值卡。然而，礼品卡也存在风险，因为以下几种情况可能发生：（1）许多礼品卡有一个到期日（在 2010 年 8 月后购得的礼品卡，其有效期不得少于 5 年）；（2）如果 12 个月内没有产生消费会有闲置费；（3）零售公司倒闭或在你所在的区域关闭而无法赎回卡内资金。

4. 电子福利转账卡是政府用于支付军事人员工资、提供社会保障和其他政府福利的卡。它就像一张储值卡，但持有人无需为持有该卡付费，而是由发卡人支付并将卡寄送给持卡人。

5. 你可以使用信用卡买东西，或从发卡银行和发卡的零售商处提取现金，但你必须及时偿还由此产生的债务，并支付利息。在一些州，当信用卡被用于购物（比如汽油）时，允许商家收取较高的利率。

无论你正在使用哪种类型的卡，你总是应该保留一份你的卡的正反两面的复印件，以防什么时候你的卡丢失或被偷。

当你通过 POS 终端在零售商店购物时，交易费用是 1 美元到 3 美元不等。当你使用密码进行交易时也存在这类费用。这种交易方法被称为在线交易，当你在设备终端按下“借方”按钮时，这个交易就会发生。如果你按下“贷方”按钮，你通常可以避免这个费用，而线上交易会成为线下交易。相对于用密码进行支付，通过签名付款更好。交易仍然是借方交易但被处理的方式会使你的交易费用减少。而线下交易还会受到额外的法律保护，这在后文中会讲到。

理财要点

减少和避免使用 ATM 而产生费用

进行大笔资金提取，而不是经常提取小额资金可以最小化你的 ATM 费用。使用你自己对应的银行的 ATM 来避免所有的费用。

电子货币账户在其他方面的使用也会产生费用。一些银行对网上的银行服务如账单支付和余额查询等收费。通常这些服务费用的收取是固定的，每月收取一次，而且可能比开立支票和邮寄的费用便宜。那些涉及纸的服务通常是免费的。只要你根据账户使用习惯来运用账户，这些费用几乎都是可以避免的，否则你会把钱浪费在不必要的银行费用上。

□ 安全使用电子银行

联邦和州政府的有关规定为借记卡的使用和其他电子银行业务提供了保护。《电子资金转账法》是一种政府颁布的法律条款，并且联邦储备委员会的惯例 E 对 ATM 和借记卡的责任有具体的说明。各类卡只有在通过验证且告知使用者未经授权使用信用卡而产生的责任以及其他条款和条件后才能使用。当你为电子银行服务注册时，储蓄机构必须在**书面公开声明**（disclosure statement）中披露你的权利和义务。

当用户使用 ATM 或 POS 终端时，必须给用户提供书面收据。这些收据会显示交易金额、交易日期、其他相关信息。一般通过**定期报表**（periodic statement）对客户的账户进行保护。这类定期报表是由金融机构提供的，显示了电子转账的账户、费用及余额。聪明的网上银行服务和电子资金转账的使用者会对定期报表和他的书面收据进行比较。

> **定期报表**
>
> 显示资金转账的往来账户、费用及余额的月账单。

> **理财要点**
>
> 使用直接存款来节省资金和时间
>
> 许多金融机构向那些通过电子**直接存款**（direct deposit）把工资存入银行的客户提供免费的支票账户。此外，对那些直接使用存款的人，该机构会对其贷款和信用卡账户收取较低的利率。

修正错误

如果你在你的定期报表中发现错误，应尽快通知寄送定期报表的机构，使用定期报表公开说明中的通知程序。如果该机构需要超过十个工作日调查和纠正问题，一般来说，在进行调查时必须将问题资金返回到你的账户中。

如果错误发生了，该机构必须立即永久性地纠正它。如果该机构认定没有出现错误，它必须书面解释其决定并让你知道它已扣除其在调查期内存入的金额。在这种情况下，银行必须给你五天时间，让你有足够时间把这笔调查资金存入账户。如果你认为银行弄错了，质疑其调查结果，那么你必须取得记录银行调查结果的文件的复印件。

> **你知道吗?**
>
> 肖恩的成功故事
>
> 肖恩通过每月储蓄 300 美元或更多建立了一只储备资金超过 14 000 美元的应急基金。一开始时他把资金存在支票账户和储蓄账户中，但他发现这样做的收益率是非常低的，而且总是存在各种诱惑来动用这笔资金。因此他买了两张 5 000 美元的存单，一张是一年期存单，另一张是两年期存单。他开立了一个 2 000 美元的货币市场账户，而剩下的 2 000 美元作为应急资金存在储蓄账户中。

信用卡丢失保护

你越早挂失丢失的 ATM 卡或借记卡，你越可能在有人未经你的许可使用信用卡时规避责任。如果持卡人在信用卡或密码丢失或被偷的两个工作日内向办卡公司挂失，则其只需对未经授权使用的第一个 50 美元负责。注意，使用密码并不能避免欺诈性的网上信用卡交易。如果在信用卡丢失的两天内未向办卡公司挂失，持卡人则需对未经授权使用的 500 美元负责。一些信用卡发行商，包括维萨和万事达，自愿放弃这种

> **理财要点**
>
> 使用复杂的密码
>
> 在使用个人密码开启账户时，最好把密码记下来以防你忘记密码，但是不要把记密码的东西和卡放在一起。不要使用简单的密码，如你的生日（112391）或重复的数字（444333）。在银行允许的情况下，使用一个复杂的密码。

权利。然而，如果发卡机构向你寄送了你的财务报表，而你在 60 天内未向机构报告这类未授权的资金转账或撤回，那么你就要承担无限责任。因此，你可能失去你账户中所有的钱。这些规定适用于进行电子资金转账（EFT）行为的借记卡和其他卡。注意，对信用卡欺诈的防护比对冒用信用卡的防护更弱。你必须确定进行信用卡支付（尤其是网上支付）的交易的真实性。国家法律可能会对消费者进行的电子转账交易提供额外的保护。

> **信用卡登记服务**
> 当你丢失信用卡时通知所有相关的机构。

大多数房主和租客的保单（详见第十章）已经包括了信用卡被偷时的责任和权利。如果你现在还未受到相关保护，那么你可以将这样的保险条款加上去。许多公司把类似的保险作为一个单独的商品，而每年需缴纳 30～60 美元的费用。此外，一些公司有**信用卡登记服务**（card registration service），即当你丢失信用卡时帮你通知所有相关机构。只需每年支付 30～60 美元的费用，你就可以通过一个电话报告信用卡的丢失。当然，你也可以自己通知借记卡和信用卡公司而不花费任何资金。

保护你自己的隐私

尽管电子或网上银行实用性非常强，但需要有相关的法律和保险对你进行保护，最好在交易的最初就不要让问题发生。大多数资料被盗的受害者年龄在 20～29 岁之间。这里有一些方法可以帮助降低风险：

- 研究你的报表。检查任何看起来不寻常的或有一点儿小错误的地方。在借记卡或信用卡中 1 美元的额外支出也是一个预警，因为这意味着可能有人在希望不引起你注意的情况下检测这个账号是否有效。之后，大额资金将会被取走。
- 不要在他人的电脑上通过无线系统存钱。只有在家里的无线系统受到彻底的保护时，才用无线系统进行交易。
- 要小心社会网络和工作网络。你会把个人信息留在除家之外的地方吗？不要这样做，因为整个世界都能通过网络看见信息。
- 如果你收到一封来自银行主动提供的邮件，不要提供自己的个人信息。因为这可能来自一个骗子而不是银行。
- 当你通过电脑完成交易以后，要记得点击页面上方的退出按钮，并关闭浏览器窗口。
- 在对你的账户进行管理时避免使用别人的电脑。如果你这样做了，在完成后记得关闭电脑。
- 经常改变你的密码并只让你自己知道密码。
- 让你的金融资料远离你的室友和朋友。
- 购买一个碎纸机并使用它。
- 保存好你所有电子交易的纸质副本直到你可以在账户报表中验证其准确性。

> **你知道吗？**
>
> 你在通过手机进行资金管理时，如何保护你的隐私？
>
> 现在，越来越多的人通过他们的手机和个人数字助理进行资金管理和提交财务信息。现在甚

至可以通过手机的应用程序和手机摄像头功能进行付款。然而许多人认为数据储存工具的防盗设备是不成熟的。当手机遗失、被盗或简单地被取代时，手机中的资料可能会落入他人之手。这里有一些保护自己的建议。

1. 不要把用户名和密码存在电话中。

2. 使用复杂的密码，为八位数或更多，包括符号、数字、大小写字母并且每隔几个月更换一次密码。

3. 使用锁定设备，例如，对你的设备设定密码（并把密码设得复杂点）。

4. 删除影像记录，当丢弃、交易或回收电话时使用重置功能（破坏芯片和/或 SIM 卡）。

概念测试 5.5

1. 区分信用卡、借记卡和储值卡。

2. 如果你发现在你的月度账单中记录的电子交易存在差错，列出你应该采取的措施。

3. 如果你丢失你的 ATM 卡或借记卡，它们在未经你授权下被使用，总结相关规则。

资金管理的心理

> **学习目标 6**
>
> 与亲人一起讨论你的个人理财计划。

人际关系的紧张比金钱更具斗争性。在金钱管理方面（如核对支票账户、创建一个可行的预算、准时付款），很多人似乎不能够和他人一起完成。通常夫妻中的一方会带来大量的债务关系。另一些夫妻因为经常使用信用卡而陷入财务困境。在金钱方面相互信任可能或一定会带来快乐的人际关系和财务的成功。

□ 资金管理和理财决策是不同的

资金管理包括支票处理、监督预算、家庭日常购物。夫妻应该决定由谁来做这些日常琐事并负起责任。金融专家建议每个人都应该拥有自己的钱。对于双方都有收入的夫妻来说，他们可以设立三个账户：每个人各拥有一个独立账户，并共同拥有一个共同账户。然后清楚地说明每个账户中相关的预算类别。每一方都应该能够感到资金是可得的且是不受对方控制的。这种自主权促使双方独立自主，而不是依附于对方。

家庭资金的管理是一项重要的工作，而在决策中也容易引起分歧。在制定目标和进行财务预算时，在考虑主要开支如买房买车时，在协商一些重要问题如保险、房地产规划和投资、长期财务计划时，共同决策是最好的方法。

□ 异性相吸

在个性领域，异性相吸的古老谚语似乎并不符合现实，但这个谚语似乎适用于金融问题。这个理论是，人们寻找那些不展示自己理财目标的人，因为他们对自己存在的理财问题感到羞愧。消费者知道他们过分信赖这种倾向，也知道这是有害的，并寻找那些节俭的人。关键是要把这种模式公开且在没有责备、没有埋怨的情况下诚实地讨论。双方在自己的目标上各让一步，都向中间靠拢，那么就能够获得一个双方都能够接受的资金管理模式。

> **你知道吗？**
>
> 从理财方面提出问题
>
> 在你求婚之前或回答“是”之前，先思考一下以下问题。如果你还未讨论过或者已经害怕，在你前进一大步之前，也许是时候后退一大步了。
>
> 1. 你知道你的爱人欠了多少钱吗？欠了谁的钱？他/她计划什么时候支付债务？
> 2. 你见过彼此的信用报告，知道彼此的信用评分吗？
> 3. 你知道你自己喜欢（且你爱人也喜欢）什么类型的婚礼吗？婚礼要花多少钱？这些钱从何而来？
> 4. 你有关心过你的爱人如何花钱吗？你们有讨论过相关问题并满意地解决它吗？
> 5. 你有预算吗？你的爱人有预算吗？你们讨论过你们的预算吗？
>
> 那些计划在婚前同居而认为这些问题并不重要的人，也请三思而后行。对于新婚夫妇或同居夫妇来说，钱都是第一位的问题。

□ 人们对金钱有强烈的感情

人们经常将一些情绪附加在金钱上，包括自由、信任、自尊、内疚、冷漠、嫉妒、安全、舒适、权力和控制等。家庭渊源会形成他们应对金钱的信仰、模式和态度。我们要认识到这种感情的重要性。许多人都希望保留他们的财政自主权，他们可能觉得不好意思询问别人（包括爱人）花了多少、赚了多少或欠了多少钱。对许多人来说，金钱是一个怀疑自己能力的区域。作家朱迪思·维奥斯特说过，能够对自己负责并妥善进行资金管理的人才是一个真正的成年人。这涉及是否能够与他人在钱财问题上进行有效的沟通。公开、冷静地处理问题，会使你保持情绪平静。分别写下以下问题的答案然后把答案列在一张表中观察，可能是一种有效的讨论钱财问题的方法。

> **你知道吗？**
>
> 你在支票账户和储蓄账户管理中最大的问题
>
> 基于别人的金融困境，你会在个人理财中犯错误，当你：
>
> 1. 将太多的钱存在一个利息收入很少的支票账户中。
> 2. 无法定期对你的账户进行对账。
> 3. 把金钱看得太重要，并时刻都在担忧。

1. 我现在最大的资金问题是什么？
2. 我在哪些资金管理方面做得不错？
3. 在理财方面，我是否有需要进一步了解的地方？
4. 如果我们需要削减开支，哪三个部分是不能削减的？哪三个部分是可以削减的？
5. 我们需要避免哪些资金方面的问题？应该如何避免？

你知道吗？

如何让孩子建立金钱意识？

本章的主题是，支票账户和储蓄账户以及投资是达到你的理财目标的不可分割的一部分。通过逐步构建储蓄资金，你可以实现理财目标。父母可以在孩子还小时通过对孩子提供理财机会并指导其进行正确理财来帮助孩子建立金钱意识。因此，在理财方面没有才能的父母，其孩子在理财方面也比较迟钝。不要让自己成为这样的人。通过采取以下方法可以增强你孩子的理财能力。

1. **给孩子零用钱。**即便是一个只有5岁的孩子也应该有自己的钱。零花钱是孩子在青春期的资金来源。孩子零花钱的水平应该符合家庭收入水平。给孩子零花钱是一种教孩子进行资金管理的方法。

2. **鼓励工作。**孩子在进入青春期后，他们有很多通过自己的努力赚钱的机会。当孩子知道如何赚钱以后，他们就更容易知道花钱的成本（钱来之不易）。

3. **设定合理的限制。**应该对孩子设定一个与其年龄相符的消费支出限制并要求孩子进行储蓄（可能占其零花钱的一半）。然而，父母不应该阻止孩子们"浪费钱"或防止孩子犯错误。我们并不能从他人的告诫中学到东西，而是从错误中积累经验，并从中学到东西。

4. **教他们在日益复杂的活动中做出选择。**随着孩子年龄的增加，其零花钱和可自由支配的开支领域都会增加。一个7岁大的孩子可能会被允许把自己的钱花在玩具、零食和礼物上。一个14岁的孩子可能被允许买食物和衣服。只有在孩子表现出能够处理少量的复杂任务时，才能给孩子更多的责任和自主权。

5. **帮助他们学会等待。**孩子至少应该对他们自己的一些钱拥有自主权。然而，应该让孩子把钱的一半用于储蓄。当孩子渴望一些高成本的东西时，他们可以看到储蓄可以帮助他们实现目标。

6. **与孩子谈论家庭财务状况。**在许多家庭中，钱的问题是一个禁忌的话题。孩子们需要看到，父母必须通过工作来维持家庭开支。他们应该知道如何养家糊口。否则，孩子在长大后会有不切实际的期望和行为，还会传递给他们的孩子。

7. **成为一个榜样。**孩子从父母的行为中而不是父母的言语中学到更多的东西。不要向孩子借钱，他们会认识到，贷款是很容易的。当然，如果你向孩子借了钱，请准时归还。否则，孩子会认为借钱是不用归还的。你自己要进行储蓄并告诉孩子，储蓄意味着你不能马上获得你想要的东西。

□ 如何谈论理财问题？

讨论钱的问题是不容易的。一些在其他方面完全理性的人对于金钱问题可能是不可预知的，甚至是粗心的。成年人需要知道人们对诚实的认知是有差异的并且我们要尊重这些价值观。下面的方法会帮助你更自信和坦诚地讨论关于钱的问题。

认识自己

学习与他人交谈理财问题的第一步是了解自己对待钱的方法。考虑前面描述的情绪可以帮助你。对你自己认为的你和你同伴眼中的你进行对比是有建设性意义的，并且要把两者间的区别写下来。

注意沟通

对钱的问题进行成功的沟通需要我们致力于找到我们的共同目标，并在不损害他人目标的情况下达成共识。

学会处理理财方面的分歧

在讨论理财问题时，给所有的家人足够的时间表达自己的观点。每个人还需要仔细聆听别人的观点和感受。如果不能进行很好的交谈，那么每个人分别写下他或她的想法。通过交换笔记，可以共享想法。安排一个时间和地点进行交流，做出决定，避免冲突发生。

记得在第三章中，哈利和贝琳达有一个重要的分歧，即如何安排他们的预算以便在年底留出庆典和节日礼物的支出。结果，他们最终的预算草案没能在全年平衡，计划费用超过了预期收入。他们打算推迟做出如何弥补差额的艰难决定，因而他们在未来需要做得更好。

充分利用“我……”

使用“我……”的语句表现了你处理问题的行为以及你的态度。例如，你的配偶可能会说：“当我使用信用卡时我会感到沮丧，因为我不知道我们可以从哪里找到资金来支付月底的账单。”“我……”的语句告诉了我们三件事：什么（行为）、我的（感觉）、因为什么（原因）。使用“我……”这类句子有助于建立更牢固的关系，因为这告诉对方“我信任你的决定”——关于哪些行为的变化是必要的。注意那些“我需要你……”，以及“你总是……”“你从来不……”“如果你不……，我会……”这类责备的句子，这些语句很有可能使对方陷入困境，这意味着他们需要的和想要的并不重要，重要的是你需要的和你想要的。

诚实地进行定期交谈

在讨论理财问题时只有每个人都诚实地面对理财问题才能达到最终的共识。更进一步就是要求夫妻能够经常性地谈论理财问题。也许，一开始讨论问题的时间只有10分钟，你也要为此准备妥当。当你们一起做出决定，一定要付诸行动。集中精力于当前的理财活动和问题，如同面对的是长期财务规划一样。通过这种讨论方法制订整体长期计划来应对你的家庭财务状况。只有打好基础，才能更好地实现短期目标。

□ 再婚使情况变得更复杂

再婚会把金融历史、价值观、习惯以及家庭合并在一起。一些再婚夫妇——和那些在结束一段关系后选择生活在一起的人——可能会因为子女抚养费而从前配偶那里得到大量共同收入。在许多情况下，至少有一个人需支付（而不是获得）赡养费和子女抚养费。当“他的”“她的”“我们的”孩子是家庭的一员时，生活费用可能会变得很紧张。需要对混合家庭进行特别关注，包括：决定由谁承担子女和继子女的经济责任；对赡养费和子女抚养费的不满；对不平等资产、收入、责任和债务的管理。甚至送一份礼物就会使其陷入窘境。进行有效的沟通可以缓解这些问题。

许多再婚的人会使用对方的资金。而对前妻及孩子在法律上有支付义务的人要用自己的钱进行支付。

> **立刻行动！**
>
> **避免透支费**
>
> 通过阅读本章，你知道了更多关于个人理财的知识，那么通过下述举措开始行动吧：
>
> 1. 找出在你的支票账户中采取了哪种类型的透支保护。
>
> 2. 注册自动资金转账协议，并在透支时首先使用。
>
> 3. 确保在你账户资金不足时，你的银行将限制你使用借记卡。

犹他州州立大学教授琼·劳恩建议，“当夫妻双方达成共识时就是最好的情况”。

概念测试 5.6

1. 解释为什么对于许多在恋爱中的人谈论钱的问题是困难的。
2. 识别你可以更加有效地传达关于钱的问题的四个方面。
3. 列举父母能做的能够帮助他们的孩子成为更好的资金管理者的四件事。

现在你有何建议?

既然你已经看完了本章对支票账户和储蓄账户的管理，针对以下几点，你会对本章开头关于马克和蒂娜的例子给出什么相关建议:

1. 他们可以在哪里获得其所需的货币资产管理服务?
2. 在开始为家庭存钱时，他们应该如何充分利用支票账户和储蓄账户?
3. 如何通过货币市场账户来管理货币资产?
4. 如何利用电子银行?
5. 他们应如何对资金和财富的管理进行讨论?

本章要点

1. 认识货币资产管理工具并了解这类金融服务的来源。

在使用支票账户和储蓄账户进行货币资产管理时，尽量做到利润最大化和成本最小化。五个主要提供货币资产管理服务的机构包括存款机构（如银行和信用合作社）、股票经纪公司、共同基金公司、金融服务公司和保险公司。

2. 在不支付或支付少许费用的情况下，利用支票账户赚取利息。

你的第一个用来支付每月生活费的货币资产管理工具是生息支票账户。在开立该账户时，你要考虑相关的费用和罚款。

3. 充分利用储蓄账户。

你的第二个货币资产管理工具是储蓄账户。你可以将未来六个月到五年内的闲置资金存入储蓄账户。如果你愿意放弃资金的流动性，一些长期储蓄工具如存单等可以让你在相对安全的情况下获得较高的利息收入。

4. 了解将富余资金存入货币市场账户的重要性。

你的第三个货币资产管理工具是货币市场账户。当你的收入开始超过支出时，把超出的部分存入一个能获得高收益的账户是明智的。你也可以把资金存在账户中等待其他投资机会。货币市场账户包括超级 NOW 账户、货币市场存款账户、货币市场共同基金和资产管理账户。

5. 了解电子货币管理，包括电子货币的法律保护。

当银行交易是通过电脑而不是纸质文档进行的时，就需要电子货币管理。电子银行业务包括使用ATM、在POS终端使用借记卡和储值卡。《电子资金转账法》保护了使用电子货币管理工具的消费者。

6. 与亲人一起讨论你的个人理财计划。

要认识到金钱的心理和情感方面，以及自身对于金钱的态度。要开诚布公地交流关于钱的问题，经常用“我……”语句。

讨论

1. 银行账户费用。讨论一些会引起相关费用和罚款的支票账户和储蓄账户交易行为。哪些收费少或可以避免？

2. 避免透支费。你知道有些人可能会为了最近三笔款项很少的借记卡交易而支付90美元的透支费。向他解释这么少的一笔交易为何会导致如此高的费用，并向其说明相对于自动透支贷款协议和透支保护，自动资金转账协议的优点。

3. 账户所有权形式。在什么情况下你适合使用个人账户、联名账户或共同所有账户？

4. 选择性加入。许多人渴望保护自己的支票账户免受透支的困扰。银行通过提供透支保护使得问题变得简单。解释各种透支保护如何运行，并解释为什么选择性加入的真正成本超过了收益。

5. 获得更高的存款利息。在什么时候相对于货币市场账户，存单更适合你？

6. 丢失的/被盗的借记卡。当你的ATM卡或借记卡丢失或被盗时，你应该怎么做？为什么？

7. 谈论钱的问题。在钱的问题上，你是否与你的家人或朋友存在分歧？你与他们的沟通方式有什么改变？

8. 年轻夫妇如何应对钱的问题。回顾那些为打算结婚的人设置的问题，讨论这些问题的重要性。大多数夫妻在结婚前都不讨论这些问题。为什么你认为是这样的？当你应对这些挑战时你会如何做？

计算

1. 现在投资还是未来投资？双胞胎芭芭拉和玛丽都是27岁。从27岁开始的十年里，芭芭拉每年投资2 000美元，而在身边不留一点儿应急资金。而玛丽在从37岁开始的三十年里，每年投资2 000美元。假设收益率都是7%，她们每个人在67岁时能赚多少钱？（提示：使用附录表A-1和表A-3或登录加曼/福格合作网站。）

2. 高年收益率的好处。18岁的卡伦·桑顿最近从她祖母那里获得一笔50 000美元的遗产。她打算把这些钱作为其毕业以后购买房子的首付。现在这笔基金存在储蓄账户中，其年收益率是1%。如果她用这笔钱购买年收益率为4%的十年期存单，她可以多获得多少收益？（提示：使用附录表A-1或登录加曼/福格合作网站。）

3. 支票账户的对账。安德鲁·帕克在隶属于他的大学的信用合作社中有一个支票账户。下表是他的支票登记簿和账户的月结单。对其活期账户进行对账并回答以下问题。

(a) 一共有多少未兑现支票?

(b) 共有多少未存入的存款?

(c) 为什么未修正的支票登记簿和月结单的余额不同?

(d) 对支票登记簿进行更新,并计算出正确的余额。

账户名称	安德鲁·帕克	交易期限	2011年11月2日—2011年12月1日
账户编号	123—45678		
该月所有交易			
日期	交易类别	金额(美元)	余额(美元)
11月2日			412.66
11月4日	借记卡 POS 交易	17.46	395.20
11月9日	支票#237	33.33	361.87
11月12日	直接存款	W	1 238.86
11月13日	借记卡 POS 交易	84.56	1 154.30
11月13日	EFT	22.00	1 132.30
11月15日	支票#238	645.00	487.30
11月23日	借记卡 POS 交易	68.87	418.43
11月27日	借记卡 POS 交易	43.00	375.43
11月28日	存款	200.00	575.43
11月30日	支票#239	125.00	450.43
11月30日	服务费	4.50	445.93
11月30日	ATM 取款	100.00	345.93
12月1日	支票#240	46.00	299.93

日期	支票#	收款人/付款人	目的	金额(美元)	余额(美元)
11月1日					412.66
11月3日	借记卡	CVS	冷盘肉	17.46	395.20
11月5日	237	大学书店	《人鼠之间》	33.33	361.87
11月12日	存款	PNC 银行	发薪日	876.99	1 238.86
11月12日	238	ABC 物业	租金	645.00	593.86
11月13日	借记卡	克罗格超市	杂物	84.56	509.30
11月13日	电子转账	梅斯维尔水务	水费	22.00	487.30
11月23日	借记卡	克罗格超市	杂物	67.88	419.42
11月23日	借记卡	Applebee 餐厅	与卡伦的晚餐	43.00	376.42
11月27日	存款	妈妈	公用事业	200.00	576.42
11月27日	239	杜克电力	电/暖气费	125.00	451.42
11月27日	240	康诺克公司	煤气	46.00	405.42
11月30日	借记卡	ATM 取款	随身携带现金	100.00	305.42
12月1日	241	康卡斯特公司	有线电视费	53.88	252.54

4. 为大学存款。你想为一个3岁的孩子建立一只大学基金。在15年后基金需要达到30 000美元。如果现在有一个年收益率为6%的投资机会，你现在需要存入多少资金，使得15年后资金可以达到30 000美元？（提示：使用附录表A-2或登录加曼/福格合作网站。）

5. 为退休储蓄。你计划在40年内退休，并且为退休做准备，你购买了一只年收益率为7%的4 000美元的基金。在40年后你的退休基金将达到多少？（提示：使用附录表A-3或登录加曼/福格合作网站。）

理财规划案例

□ 案例1 约翰逊应该如何管理他的现金？

今年1月，哈利和贝琳达有3 540美元的货币资产：1 178美元的现金；890美元的联邦银行的储蓄账户资金，其每天收益率为1.0%；560美元的远西储贷机构的储蓄账户资金，其半年期利率为1.1%；160美元的史密斯信用合作社的股份，每季度赚取1.3%的股利；752美元的普通支票账户资金非利息收入。

(a) 你会对约翰逊支票和储蓄账户的选择提供什么具体的建议，使他们能够有效地使用货币资产管理的第一种工具和第二种工具？

(b) 他们的年度预算、现金流量表和循环储蓄资金（见表3-6、表3-7和表3-8）表明，约翰逊在来年将有额外的资金入账。你对约翰逊一家使用货币市场账户有什么建议？为什么？

(c) 为实现他们购买新家而进行储蓄的目标，你会推荐什么储蓄工具？解释你的答案。

(d) 如果约翰逊把他们的大部分手头现金（1 000美元）存到货币市场账户赚1.4%的利率，那么在一年后他们能赚多少？

(e) 记得在第三章中，哈利和贝琳达对他们的周年晚宴和节日礼物支出有重大分歧，最终没有一个让双方都满意的预案。向这对夫妇提供一些如何解决该问题的建议，或防止将来发生同样分歧的建议。

□ 案例2 维克托和玛丽亚需要快速存钱

埃尔南德斯一家正面临一些金融压力，尽管这对夫妇的总收入有66 000美元。同时，他们的长子约瑟夫在三年后要上大学了。玛丽亚正在考虑要全职工作以使家庭的年收入增加约25 000美元。

(a) 收入的增加将如何影响这个家庭的应急资金需求？

(b) 假设年收益率为3%并忽略利息税，如果他们想为约瑟夫设立一个在三年后能达到20 000美元的大学基金，那么他们每年应该存多少资金（提示：使用附录表A-1或登录加曼/福格合作网站。）

(c) 如果边际税率为25%，那么埃尔南德斯家的税后收入是多少，这将会对他们每年进行的储蓄行为带来什么影响？

（d）对于埃尔南德斯家来说有哪些能够减少或消除税收的储蓄方案可供其选择？

□ 案例 3　朱莉娅对支票账户和储蓄账户的管理

朱莉娅六位数的薪水使得她能够建立超过 20 000 美元的现金储备。她拥有最基本的支票账户和储蓄账户。她也有一张银行信用卡，用于支付其经常性的购物，从而赚取积分。她每月都会注意账户余额。随着时间的推移，她购买了一些存单。大约在三年前，她还在银行开了一个货币市场存款账户，并使账户资金保持在 10 000 美元左右。上周她接到银行打来的电话说建议她开立一个现金管理账户，用于协调她的各种账户并使其总体收益最大化。她犹豫着是否要这么做，因为她觉得她现在的安排符合她的需要。针对她的想法，提供你的意见。

□ 案例 4　使用网上银行服务

特伦特·瑟尔是爱达荷州莫斯科服务站的老板，他每月向家庭银行支付 10 美元的月费，因此他可以通过网上银行免费支付所有的账单。他的朋友斯科特·辛普森觉得特伦特为这些服务付钱是一种浪费。特伦特在服务站的收入是每月 3 000 美元，再加上其他一些投资收益。此外，他是一个公寓的部分所有者（股东），这给了他大约每月 1 000 美元的收入。他总是试图把他的超额收益投入固定投资中以便带来更多的未来收益和更好的未来保障。

（a）哪些网上银行服务可以帮助类似特伦特的人？

（b）为特伦特每月对网上银行服务支付 10 美元月费的行为进行辩护。

□ 例 5　一个说客在考虑她的支票账户选项

李姝丹住在得克萨斯州理查森，是纺织行业的一个说客，她在一个商业银行有三年期的无息支票账户。银行有一个 500 美元的最低余额要求，并且要一直保持这种余额，用于支付账户费用。最近，她听说附近的储蓄和贷款协会提供一种 NOW 账户，平均每天支付账户余额 1.5%的利息。这个机构要求的最低余额为 300 美元，但当账户余额少于最低余额要求时就没有利息收入。考虑到她过去在商业银行的习惯，李姝丹觉得 300 美元的余额要求很容易维持。她正在认真地考虑是否将她的钱存入 NOW 账户。

（a）李姝丹应该转移她的支票账户的主要原因是什么？

（b）李姝丹应该了解不同金融机构的 NOW 账户之间的哪些区别？

（c）如果李姝丹把 NOW 账户中的资金保持在 1 000 美元以赚取 1.5%的利息收入，一年后她将获得多少利息收入？（提示：使用附录表 A－1 或登录加曼/福格合作网站。不要忘记计算李姝丹最初的整存整取的定期储蓄。）

（d）如果李姝丹决定投资于 2%利率的货币市场共同基金而不是 NOW 账户，那么她可以多赚多少利息？（提示：使用附录表 A－1 或登录加曼/福格合作网站。）

□ 案例 6　在各种货币资产管理工具之间做出选择

夸库·阿多是密苏里州哥伦比亚的一位注册营养师，他每个月挣 4 200 美元的实得工资，并将这笔资金直接存入其支票账户。他每月大约只花费 3 500 美元，而多余的资金则存入其已开立了一年的账户中。

(a) 夸库·阿多还可以选择哪种其他类型的账户？

(b) 他将如何管理他的账户，使其在资金相对安全的情况下获得更多利息？

(c) 他将如何通过电子货币管理来完成这些任务？

自我理财

1. 支票账户和储蓄账户。创建一个表来列出你的支票账户和储蓄账户的利率、规则和费用。使用表 5－2 对信息进行整理。评估账户的适用性，如果有必要，开立更合适的账户。可以利用工作表 23：选择一个满足我需要的支票账户，作为你选择过程的指南。此表出自《我的个人理财规划师》。

2. 保管好你现有的账户。每隔几天就上网查看支票账户的动向。使用“你知道吗?”专栏或《我的个人理财规划师》中的工作表 24：核对我的支票账户，每月对支票账户进行对账。

3. 保护你的隐私。当你收到你的支票账户和储蓄账户的报表时，立即确认每笔账户交易的资金及账户余额。如果存在任何差异，立即向有关机构报告。

4. 为可能的盗窃做准备。创建一个表来列出你所有的活期、储蓄、信用卡账户。对每个账户，列出账户号码和客户服务的地址和电话号码。把文件存储在一个你可以找到的安全的位置，以便在发生任何未经授权使用、信用卡丢失或被盗时使用。

5. 讨论钱的问题。如果你已婚或已同居，安排一个时间，定期与你的伴侣讨论理财问题。把正文中的材料作为你们讨论的指南。在你们的谈话开始后，你可能会面临以下问题：如果意外收到了 10 000 美元的免税收入，应该怎么办？如果不得不削减 10% 的开支，将在哪些地方削减开支？

网络资源

登录指定网站，完成下列练习。

1. 浏览美国联邦储备委员会的网站 www. federalreserve. gov/consumerinfo/bankaccountservices. htm，你会找到很多有关对账的文章。浏览这些文章，然后找出五点能让你在对账时充分利用的技巧。

2. 浏览 Bankrate 网站 www. bankrate. com/brm/rate/chk_sav_home. asp 得到关于对账的信息。用搜索框找到有关“Check 21”的文章，这些文章规范着票据结算和处理。“Check 21”的规则会如何影响你对对账单的使用？

3. 浏览 Bankrate 网站 www. bankrate. com/brm/rate/deposits home. asp。你能找到有关存款单的收益率的相关信息。看看在你家附近的一个大城市里，一年期存单和五年期存单的最高利率是多少。这个利率与美国全国平均利率以及全国最高利率相比怎么样?

4. 浏览联邦存款保险公司的网站 www. fdic. gov/。用搜索框找到有关“网上银行”的文章。阅读题为《安全的网上银行》的文章。读完后，列出网上银行的优缺点。你认为网上银行适合你吗?

付诸行动

1. 核查你所住区域的账户。选择五家位于你社区的银行、储蓄银行或信用合作社，一一联系，收集有关它们提供的支票账户的类型以及这些账户的基本规则，包括透支保护、费用、利率等信息。制作一张表格来总结你的发现，并确定哪家机构能最好地满足你的需求。

2. 账户监控。调查你的五个朋友对于支票账户和储蓄账户的监控模式，比较他们的做法与你的做法。

3. 借记卡和 ATM。调查你的五个朋友使用借记卡和 ATM 的模式和数量，将其与你的模式以及书中推荐的模式做比较。

4. 讨论钱。调查五对有长期关系的夫妻或情侣，确定他们讨论关于钱的问题的模式。向他们询问以下问题：“你财务的哪个领域最先被讨论?”“哪个领域是最困难的?”“你们如何解决分歧?”制作一张表格总结你的发现，并确定哪家机构能最好地满足你的需求。

登录 www. cengagebrain. com 访问加曼/福格合作网站。

第六章

建立和保持良好的信用

你在开玩笑?

对于那些没有良好的信用记录或者过去的还款状况较差的人，他们经常怀疑自己是否能获得信用贷款，特别是在经济不景气的时候，人们本来就难以获得信贷。简单地说，出借人为什么要相信他们？为处于这种情况下的人提供贷款，以下哪个选项是正确的？

A. 没有人会向他们提供贷款；

B. 如果他们等几年，这种情况可能会改变；

C. 如果他们继续寻找，他们会找到一个相信他们就像相信其他人的出借人；

D. 即便是在今天，信贷也是相对比较容易获得的。

答案是B。当信贷紧缩时，对于信用较差或者没有信用的人来讲，取得信贷是困难的。当信贷变得宽松时，某些出借人愿意提供贷款，但是他们会收取较高的利率。建立和保持良好的信贷历史会让你获得利率较低的贷款。

学习目标

在学习完本章后，你应该能够：

1. 解释支持和反对信贷使用的原因。
2. 设定你自己的债务上限。
3. 获得良好的信贷信誉。
4. 描述消费者信贷的一般来源。
5. 识别过度负债的标志，并描述可用于债务减免的选择。

你有何建议？

25 岁的卡丽·沙瓦林是一名在宾夕法尼亚州费城的当地卫生部门工作的护士。她每年赚 65 000 美元，其中有 9 000 美元是加班费。她的可支配收入大约是每月 3 300 美元。她的雇主提供了一份合理避税的退休计划。在这份计划中，她自己拿出薪水的 4%。与之匹配地，她的雇主也拿出 4%。（她可以将份额增加至 6%，那么她的雇主也要提供相等的份额。）卡丽有 19 000 美元的优秀学生贷款，为此，在未来 5 年里，她每个月都要偿还 354 美元；同时，她总共有 3 000 美元的信用卡债务，每月要偿还 120 美元。除此之外，她没有别的债务。卡丽想买一辆新车或新款的二手车来代替她从高三一直开到现在的这辆车，她有 2 000 美元能用来支付首付款。

对于建立和保持良好信用，你对卡丽有什么建议：

1. 关于她承担额外债务的能力，她应该考虑哪些因素？
2. 现有的债务对她获得汽车贷款的能力有什么影响？
3. 她应该去哪里获得汽车贷款？
4. 贷款对她的总体理财计划有什么影响？

你理财的成功很大一部分在于要能做出必要牺牲，使你的支出少于你的收入。这也意味着你必须明智地使用信贷。你应该在必要时才使用信贷，支付低利率，及时还款，同时尽快偿还债务。在经济不景气的时期，当信贷供不应求、就业机会有限时，这将是一大挑战。然而，无论环境好坏，这个建议是合理的。

信贷（credit）描述的是一个合约，在这个合约中，以接受商品、劳务或货币来换取在未来某一时期偿还的一个承诺。最常见的，消费信贷采用**贷款**（loan）的形式，在特定的时间内偿还等额的借款；或是采用**信用卡**（credit card）的形式，只要保持每月定期偿还贷款，就能重复使用信用。

在 2007 年，美国家庭债务达到收入的 130%，这是历史最高点。5 年之后的现在，消费者已经通过削减信贷的使用以及偿还现有债务的方式去杠杆化了。他们增加了储蓄，现在的储蓄率已超过 6%。无论经济是否景气，这种去杠杆化的行为对每个人来说都是明智的，我们应该推崇这种行为。经济陷入困境的一个好处是它会发出一个信号——对于个人和家庭而言，过多的债务会很危险。

你的未来五年

在未来的五年中，通过如下有关建立和保持良好信用的事项，你可着手进行成功的理财：

1. 你要像小心保护自己的个人信誉一样保护你的信贷信誉。
2. 在决定负债之前决定好你自己的债务上限，而不是依赖于借款人。
3. 定期获取你的信用局报告复印件，并且要质疑所有你发现的错误或遗漏。
4. 永远不要为任何人担保贷款，包括你的亲属。
5. 及时偿还债务。

信贷

是一个合约，在这个合约中，以接受商品、劳务或货币来换取在未来某一时期偿还的一个承诺。

只有当你能非常明智地处理信贷时，你才有正当的理由使用它。如果你对信贷的性质没有充分的理解，那么当事情不按照计划发展的时候，它就会反过来困扰我们。为自己设定一个合理的债务上限以及知道信贷最好的来源是两个关键。这样做可以防止未来的债务危机。

贷款

一种消费信贷，在特定的时间内偿还等量的金额。

信用卡

只要消费者每月定期偿还，信用卡就允许重复使用信用。

支持与反对使用信贷的原因

信贷代表借款人和出借人之间建立的一种信用形式。如果出借人相信借款人有能力和意愿来偿还借款，那么他们就会提供贷款。出借人希望借款人通过偿还债务来履行信用。为了获得贷款，借款人要支付利息，有时候还有另外的费用。

学习目标 1

解释支持和反对信贷使用的原因。

你可以区分好的与坏的信贷使用。购房抵押贷款、创业贷款、学生贷款都是好的信贷使用。这些用途都是有益的，因为这些投资的资金有长期的收益。不好的信贷使用包括用信用卡来支持你所不能承担的生活方式、日常支出或是过于昂贵的、难以承受的汽车贷款或房贷。

□ 良好的信贷使用

以非常积极的方式来使用信贷能强化个人理财规划。以下是人们使用信贷的一些好的原因：

1. 方便。使用信用卡能简化很多购买过程。它能提供购买记录，并且，如果日后有纠纷，它能被用作证明手段。信贷方便使用的例子很常见。例如，现在我们很多人都在杂货店和加油站使用信用卡。然而，只有当每月的信用卡债务都被足额偿还时，它才是方便使用的。你不会想在未来几个月或几年才来支付今天去饭店的钱。

2. 急用。消费者使用信贷来支付意料之外的花费，如紧急医疗服务和汽车修理。

3. 预订。大部分汽车旅馆、酒店和汽车租赁机构都要求以保证金的形式来保留预约。信用卡号能充当保证金，确保电话预订的成功。在很多情况下，为了收取预期总金额，宾馆将会通知信用卡发行机构暂停你的账户。这种常见的做法被称为信用卡冻结。

4. 更快地拥有昂贵的产品。赊购诸如房屋、汽车这些高价商品可以让消费者即刻享受这些产品。如果没有延时支付的机会，人们不会购买很多昂贵的商品（或者只有在多年储蓄之后才会买）。产品的预计寿命应该至少与债务的偿还期限相同。

信用卡冻结

酒店或其他服务提供者使用信用卡来确保预订以及收取服务的预期费用。

5. 利用免费信贷。有时候商家为了刺激购买而提供一段时间的免费信贷。然而，免费信贷不应该被用于购买超出你承受范围的高价货品。为我们所熟悉的“现金等价物”或“零利息”计划这些项目允许购买者延时支付而不用承担财务费用。这种免费信贷持续规定的一段时期，然而，如果购买者哪怕是在规定期限结束后一天偿还，该消费者就要支付一整段时期产生的利息。

6. 有利于防止敲诈和欺骗。在《公平信用记账法案》（Fair Credit Billing Act，FCBA）的指导方针下，用信用卡进行网络或电话购物可能会受到信用卡发行机构的质疑。我们会在第七章中更全面地讨论 FCBA。这种由 FCBA 提供的保护在借记卡的使用中是不提供的。

7. 获得教育。教育的高花费迫使许多学生使用学生贷款。这可能是借贷的一种比较好的使用，因为借款人是在投资自己以获取未来的生活品质或收入。然而，债务水平应该与通过教育所获得的预计额外收入相匹配。

□ 信贷的缺点

尽管使用信贷有很多好处，但它也有缺点。消极方面包括利息支出、潜在的超支、信贷对你财务灵活性的负面影响和隐私隐患。

> **理财要点**
>
> **债务会削弱你储蓄和投资的能力**
>
> 长期进行储蓄和投资是积累财富的关键。在年轻的时候过多地承担债务会严重削弱你的理财目标。

1. 使用信贷会降低财务灵活性。使用信贷的最大的缺点来自个人理财的财务灵活性的丧失。正如德国的一句古老谚语所言："借款的人卖了他的自由。"你每月在债务上支付的钱本来是可以用在其他机会上的。信贷使用也会降低你的未来购买力，因为你在债务上所支付的钱包括财务费用和本金。事实上，信贷可以看作你在未来为了偿还债务而为债权人工作的一个承诺。很少有人不依靠时不时的借贷生活，但把债务带入退休生活并不是一种明智的行为。担保债务严重降低了灵活性，而这种灵活性是你在那时所需要的，所以在退休之前还清你的房屋贷款是至关重要的。

2. 诱惑你花更多的钱。信贷的一个主要的缺点是导致超支。使用信用卡购买一件价值 425 美元的新衣服，你每月要支付 25 美元，一共偿还 20 个月（总计 500 美元：425 美元+75 美元利息费用）。这似乎比用现金购买只要 300 美元的衣服更不让人心疼。问题是：一旦你开始有信用卡债务，你可能更容易用信贷资金购买物品。特别是如果你有不少于三四张信用卡——正如典型的美国信用卡持有者，这种花更多钱的趋势正是卖家会利用赊购来进行大力促销的原因。

3. 避免成为一个"在财务上捉襟见肘"的美国人。如果消费者每月的无担保负债偿还额占税后工资的 15%或更多，那么他们被认为是债务不稳定的。他们处于灾难的边缘。如果不及时支付账单，将很容易使他们有较差的信用、损害他们的就业前景、使他们的保险费率增加、使他们失去已购买的物品。在最近的经济崩溃中，许多债务不稳定的人不能平安渡过因下岗而丧失收入的危机并无法应对其他的金融挫折。如果贪婪的或有欺骗性的出借人利用借款人对信贷事项的不理解，那么这些借款人就会成为**掠夺性贷款**（predatory lending）的受害者。例

> **理财要点**
>
> **大学生是信用卡的使用大户**
>
> 在 6 个大学生中平均有超过 5 个至少有一张信用卡，而且他们会使用它们。一般的学生到他或她毕业时都会有超过 4 000 美元的负债。这样的债务水平会阻碍未来几年的财务增长。

如，许多房屋购买者因为令人困惑和误导性的条款或条件，以及明目张胆的欺诈行为而结束了他们无法负担的按揭付款。掠夺性抵押贷款导致很多房子被卖给那些无法真正负担每月偿还额的人。这会导致随之而来的抵押品赎回权丧失的国家危机。

4. 利息本身是昂贵的。利息（interest）代表信贷的价格。它是你使用别人的钱时所支付的“租金”。当以美元计算时，利息是信贷费用的组成部分，是使用信贷所需支付的总额（包括利息和任何其他所需的费用，如贷款申请费用）。《诚信贷款法案》（Truth in Lending Act，TLA）要求出借人以美元和年利率计算**财务费用**（finance charge）。**年利率**（annual percentage rate，APR）是以百分比表示的每年的信贷成本。例如，一次性贷款一年期贷款1 000 美元，年利率为 14%，财务费用为 140 美元。

利息

在本书中，利息是你使用别人的钱时所支付的“租金”。

财务费用

使用信贷所需支付的总额。

年利率（ARP）

指以百分比表示的每年的信贷成本。

理解年利率能简化合约之间的比较。年利率越低，信贷的实际成本就越低。年利率可以用来比较不同时期的贷款合约。许多州都有**高利贷法律**［usury law，有时被称为**小额贷款法律**（small loan law）］，它针对不同来源的各种类型的贷款设定了最高贷款额度、利率以及贷款相关的费用。这些最高利率为 18%到 54%不等。其适用贷款机构所在州的法律，而非借款人所在州的法律。这些条款适用于年费、滞纳金和其他的银行信用卡费用。

概念测试 6.1

1. 哪两个使用信贷的好处对你来说是最合理的？哪些是不合理的？
2. 解释一下最让你担忧的两个信贷的缺点。
3. 区分债务的年利率和财务费用。

设定你自己的债务上限

你应该设定你的**债务上限**（debt limit）。债务上限是指以你的偿债能力，你认为你能够欠的全部债务的最大额度。大多数人的债务上限是且应该是，比出借人愿意提供的额度低。出借人愿意冒有些借款人不能偿还的风险，因为他们知道，其他借款人支付的一些利息将会抵偿坏账损失。事实上，这是导致最近信贷危机的问题之一。这几年来，出借人很乐于提供贷款。很多人认为，如果出借人认为他们可以偿还债务，那么他们实际上就能偿还。事实上他们错了，你不应该在做自己的信贷决定的时候冒这种风险。

学习目标 2

设定你自己的债务上限。

债务上限

债务上限是指以你的偿债能力，你认为你能够欠的全部债务的最大额度。

专家建议

捍卫你的隐私

身份盗窃（identity theft）是在美国常见的消费者欺诈形式。无论何时，其他人用了你的个人信息，如信用卡号，从店家、信用卡公司或直接从你儿那偷钱，这时欺诈就发生了。由于个人信息很少受到保护，一个聪明的小偷能借某人的信贷身份迅速积累成千上万的债务。为了保护你的隐私，你可以按以下指导方针去做：

- 除了配偶或父母外，账户的个人信息要对家庭成员保密。很多身份盗窃事实上是家庭成员做的，或者是经常潜入暴露在视线中的文件的访客或顾客做的。
- 当你使用信用卡时，不要向店员提供个人信息（如你的地址、电话号码或者社保账号）。如果店员要求除了信用卡以外的身份证明（如驾驶证），你不要允许这样的信息被记录下来或拍照下来。
- 保存好所有购买收据和 ATM 收据，定期与出借人和卖方的账单进行核对。
- 不要在电脑上给任何陌生人你的信用卡或检查账单的号码，也不要亲自直接打电话。
- 不要通过电话或网络把**卡片认证值**（card verification value）给店员，除非是你主动与商家联系的，这是信用卡背面签字条中的三位或四位密码。
- 通过网站 www.annualcreditreport.com 检查你的信用局报告，每年至少检查一次。
- 及时报告丢失或被偷的信用卡信息和可疑账单信息，特别是如果你在网上购买了东西。
- 如果你的信用卡丢了或被偷了，或者如果你曾经怀疑账户被冒用，那就联系一家国家信贷局，因为其中的任何一家信贷局都会在三家中的你的文件中放上一个“欺诈警告”。欺诈警告信息提醒潜在信贷授予人在以你的名义放贷之前要验证你的身份。
- 告诉所有你的金融服务公司（银行、贷款人、保险公司）你要退出与附属公司或外部公司保持的所有信息共享项目。
- 永远不要回复从你的银行寄来的说你的账户可能有危险、需要你提供账户信息（如账户号码和密码）的邮件，尽管这些邮件的信息看起来像是真的。你的银行是永远不会要求你在邮件中提供这类信息的。
- 如果你结婚、分居或是离婚了，立马修改与你的信用卡账户相关联的材料。
- 撕毁所有与你账户号码相关的信用卡声明。
- 在你的信贷报告上设定一个**安全冻结**（security freeze），这是防止以你的名义开设未授权信贷账户的一个有效的方法。有了这个冻结方法，你可以要求信用局不要向任何未经你同意的人发布你的财务记录。你会被授予一个个人身份号码作为你的授权的凭证。在大多数州中，这项服务只象征性地收取费用。

卡伦·德雷奇

东伊利诺伊大学

当考虑一笔新的贷款时，很多人仅仅看到了他们每月所需还款的金额。这是非常狭隘的，而且显示出对信贷如何运作的重大误解。举个例子，通过延长贷款还款期限，你能很容易地得到一笔月还款额较低的贷款。你应该在借额外债务之前评估一下你整体的债务。你有三种方法来决定你的债务上限：

1. 可支配收入的债务偿还法；
2. 负债权益比法；
3. 持续债务法。

□ 方法 1： 可支配收入的债务偿还

> **可支配收入的债务偿还**
> 可支配收入中可用于除了规定的义务之外的定期债务偿还的比例。
>
> **可支配收入**
> 扣除税款以及保险和工会会费等留存部分之后，剩下的收入金额。

为了使用**可支配收入的债务偿还**（debt payments-to-disposable income method），你先要决定你的个人可支配收入中可用于定期偿还债务的比例。其中，债务包括房屋首付款和每个月足额支付的信用卡费用。**可支配收入**（disposable income）是指扣除税款以及保险和工会会费等留存部分之后，剩下的收入金额。表 6-1 显示了一些被表示成个人可支配收入比例的月债务偿还上限。正如表中所示，当月偿还额占个人可支配的月收入的 15%～18%时，借款人处于不稳定的过度负债和债务扩张阶段，承担额外的债务是不明智的。这意味着有着昂贵汽车贷款且收入一般的人可能不能承受任何月复一月延续着的信用卡债务。

表 6-1　　作为个人可支配收入的一部分债务偿还上限[a]

比例	债务现状	借款人的感受	承担额外的债务?
0	无任何负债	对个人财务没有压力	承担一些消费贷款没有问题
10%及以下	几乎无债务	借款人对债务偿还没有压力	能谨慎地承担更多债务
11%～14%	安全的债务上限，但已达到充分融资	借款人对债务偿还有适度的压力	不应该有更多的债务，从信用合作社取得的债务整合贷款可能是个好选择
15%～18%	不稳定的过度负债	借款人对债务开始感到有很大的压力，希望不要有紧急状况发生	完全不应该承担更多的债务
19%～28%	严重的过度负债	借款人感到有巨大的压力，并且对债务绝望了	联系一个非营利的借贷咨询公司
29%及以上	极度的过度负债	借款人感到没有希望，或者知道他或她的债务是如此庞大，以至于他或她注定要理财失败了	联系破产律师

a. 不包括房屋抵押贷款支付和在当月账单寄到时需全额偿还的信用卡购买账单。

一旦你决定了一个适合你的比例，你可以与在第三章中讨论的债务支付-可支配收入比做比较。在那一章中，我们计算出埃尔南德斯家的债务支付-可支配收入比为 9.32%。根据表 6-1，他们能承担新的债务——但是只有在谨慎的情况下才可以。

表 6-2 显示了增加债务预算的影响。在该表中，在扣除了一些项目之后，个人可支配收入每月共计 2 200 美元，现预计的费用（共计 2 200 美元）被分配到了不同类型的样本分布中。正如你所见的那样，每月增加 0 美元至 550 美元的债务偿付（例如，贷款买新汽车或家庭娱乐系统）对这种预算有显著的影响。

一个负责任的理财经理必须决定削减哪里的资金以满足每月的债务偿还。随着债务负担的增加，每增加 5 个百分点会使得“筹钱”和减少开支变得越加困难。在这种情况下，借款人应该立即减少储蓄和投资上的开支，最后在这类开支上的金额减少至 50 美元。食物上的花费减少了，但只减少一点点。公用事业费用、汽车保费和租金是相对固定的支出，因而不搬家或不买较便宜的车而想要减少这些费用是很困难的。要稳步减少娱乐费用，也要取消订阅报纸和杂志。

你将减少哪部分的开支？花几分钟时间改变表 6－2 中的数据将会给你关于优先考虑事项和你可能设立的债务上限的一点建议。注意可支配收入的债务偿还法强调的是每月要偿还的债务金额，而不是总的债务量。因此，仔细考虑由高债务偿付引起的严峻财务形势可能会持续的时间是明智的做法，否则你可能会使自己陷入财务困境很多年。

表 6－2　债务偿付增加对预算的影响[a]　单位：美元

毛收入	34 000
扣减的税、401（k）、保险	7 600
个人可支配收入	26 400
每月可支配收入	2 200

	无债务	10%的债务	15%的债务	20%的债务	25%的债务
租金	700	700	700	700	700
储蓄和投资	250	180	120	80	50
食物	280	250	240	220	210
公用事业（电话、电、暖气）	130	130	130	120	120
保险（汽车、租赁、人寿）	80	80	80	80	80
交通费	100	90	90	80	80
慈善捐款	60	50	50	40	40
娱乐	140	120	110	100	80
衣服	50	40	30	20	20
假期和长周末	60	50	40	40	30
医疗/牙科费用	60	50	50	50	50
报纸和杂志	40	30	30	30	0
有线电视	50	50	40	40	30
个人护理	30	20	20	20	20
礼物和度假	40	30	30	30	30
健身俱乐部	60	60	60	60	60
杂项	70	50	50	50	50
债务偿还	0	220	330	440	550
总计	2 200	2 200	2 200	2 200	2 200

a. 这是为了偿付增加的债务，某人对削减项目的决定。

□ 方法 2：负债权益比

> **负债权益比**
> 你的消费债务与资产之比。

另外一个决定你债务上限的方法是计算你的消费债务与资产的比率。在第三章中，我们计算了埃尔南德斯家的资产负债比，以此来进行分析。**负债权益比**（debt-to-equity ratio）除了它用资产中的**权益**（equity，扣除负债的资产价值量）来计算，其他都是类似的，它不包括主要居住地价值和房屋首次抵押的价值。这个比率认为抵押负债不会使人们陷入麻烦。事实上，抵押负债是由理想的抵押品——某人自己的房屋作为担保的。

从表 3-2 中，我们看到埃尔南德斯家有 196 620 美元的资产（9 120 美元——货币资产；20 500 美元——他们的有形资产减去房屋价值；167 000 美元——投资资产）。他们的债务（不包括住房抵押）总计 9 365（=120+1 545+7 700）美元。埃尔南德斯家有 9 365 美元的债务和 196 620 美元的资产，那么他们的权益为 187 255（=196 620—9 365）美元，或者说，负债权益比为 0.05（=9 365÷187 255）。

负债权益比法可为财务偿付能力提供快速的建议。负债权益比越大，还款的风险可能性越大，超过 0.33 被认为是高的。与计算其可支配收入的债务偿还所得到的结论不同，埃尔南德斯很好地将其控制在上限以下。这种反差的发生主要是因为他们没有负债的房地产投资资产。

□ 方法 3：持续债务

另一种决定你的债务上限的方法是**持续债务法**（continuous-debt method）。如果你不能每四年摆脱一次债务（除了抵押贷款之外），你或许就是太依赖债务了。你可能形成了一种信贷方式，在这种方式里你将永远也摆脱不了债务，而且你将持续地用随后的收入来支付财务费用——可能是一年为 1 200 美元或者更多。那就好像每月白白地扔掉 100 美元！

> **理财要点**
>
> 你担心你的债务吗？
>
> 如果你担心你的债务，那么你就应该注意一下了。你自己的直觉往往是你有太多债务的最好指示器。

□ 双薪家庭应该设立一个较低的债务上限

一个家庭有两份收入有好处。两个人，每人每年赚 36 000 美元，那么总共赚了 72 000 美元，个人可支配收入大概一年有 54 000 美元，或者一个月有 4 500 美元。这对夫妻似乎可以负担比收入合并之前更高的债务水平。尽管表 6-1 所给出的指导原则是现实的，但如果增加了第二个赚钱的人后，加倍了他们的家庭收入，那么他们的债务偿付可以翻一番。

很多年轻的夫妻都选择一种基于双收入的生活方式，而花费也随着收入的增加而同步增加。不久他们的支出与借款达到上限。当然这种情况不会永远持续下去。最终他们可能会开始感到有财务上的压力，并怀疑“我们赚这么多钱，我们怎么会这么穷困潦倒？”这时候若生个孩子或是一方失业或没有加班工资了，他们可能就会很快陷入巨大的财务困难之中，因为靠两份收入支付的债务马上会变得令人不知所措。经济不景气对债务较多的家庭财务有极大的消极影响。夫妻比较明智的做法是以两份收入中较高的那份为基础设立债务上限，然后用第二份收入开立储蓄账户，趁年轻一起做些投资。那样做将会真正保障他们未来的财务安全。一对夫妻最聪明的财务行为之一是在结婚头几年储蓄和投资多余的钱。

> **理财要点**
>
> 有多少学生贷款债务才是过多的债务？
>
> 你应该将你的总学生贷款债务限制在不比你计划的毕业后第一个 10 年的年均税后工资高的水平。那样，你可以每年用大约 10% 的收入在 10 年内轻松地还清贷款。

你知道吗?

怎样处理学生贷款债务?

如今总的学生贷款债务明显超过了 85 000 万美元，远远超过所有信用卡债务的总和。平均一个有贷款债务的学生在毕业时会欠下 24 000 美元的债。巨大的学生贷款债务使其他的财务目标，如买房和存退休金，更具有挑战性。这里是处理你积累的学生债务的一些建议。

1. 选择最有利的偿还方式。标准的偿还学生贷款债务的计划要求在 10 年里每月偿付相等的份额，但是为了更快地还清债务，你可以建立一个有层次的还款计划——前几年支付得少点，但随后几年增加支付。

2. 电子支付。安排每月的偿付，以电子的方式转出你的支票账户，这样利率可以小幅度地降低。

3. 每次及时偿付债务。在一些程序中，如果你及时偿付前 48 次，那么利率将会降低 1 个或 2 个百分点。不及时偿还会有可怕的后果，包括没收联邦和州所得税退税以及社会保险和退伍军人的津贴。

4. 巩固你的学生贷款。巩固你的教育贷款意味着你所拥有的所有贷款均被还清了，同时一个新的贷款被建立起来了。这个策略考虑到一个更加方便的偿付计划。利率可能会更低，而且偿还期限可能会更长，这样，新的贷款使每月偿付额更低。你可以通过私人银行或通过两个政府项目——学生贷款市场协会（www. salliemae. com）或联邦直接巩固贷款（www. loanconsolidation. com）的其中之一来巩固贷款。

5. 如果有需要，参加联邦政府的基于收入的还款计划。如果你的学生贷款债务相较于你的月薪非常高，那么你可能有资格参加一个计划，在这个计划中支付额低，而且在 25 年之后，如果你持续偿付到达某个点，那么剩余的债务就被减免了。详见 http://studentaid. ed. gov/。如果你从事公共服务工作、低端服务工作，或者为国家服务组织，如美国服务队工作，你同样有资格减少支付的债务。请访问 www. finaid/loans/forgiveness. phtml。

概念测试 6.2

1. 区别用于设立债务上限的可支配收入的债务偿还、负债权益比和持续债务这三种方法。

2. 表明一个人有过多负债的可支配收入的债务偿还和负债权益比的临界值是多少?

3. 讨论一下双薪家庭应该如何看待它们承担额外债务的能力。

你知道吗?

把坏习惯变成好习惯

你会这样做吗?	你应该这样做!
忽视你信用卡账户报表里的交易清单；	检查你的报表是否有身份盗窃的迹象；
假设你的信用局文件是正确无误且经常更新的；	每四个月换一个信用局检查该局文件；
当你需要新的信贷时，从你自己卡所在的银行借；	货比三家，找出最好的信贷条件和最低的年利率；
假设每个月都能支付债务，你就已经做得很好了。	每年至少用适当的比率计算一次你的债务上限。

获得信贷且建立良好的信贷信誉

> **学习目标 3**
> 获得良好的信贷信誉。

信贷已经广泛地为现今大多数人所用。消费者在塔吉特或家得宝这样的零售商店使用信用卡消费是再寻常不过的事了。

然而，如果信贷申请人之前未用过信贷（没有信用），或者开过很多空头支票，又或是之前违反信贷协议（信用差），那么信贷通常不会再被提供下去。你能否成功地获得信贷的关键在于对信贷审批程序的理解和有无良好的信贷信誉。

□ 你的信贷审批程序

为了得到信贷，你必须先完成信贷申请。出借人会基于申请中的信息对你的信用历史进行调整，之后出借人会评估这些信息（有时通过电脑即刻评估），并决定是否提供信贷。如果申请被批准，那么账户的规则会被包含在信贷协议之中。

你的信贷申请

> **信贷申请**
> 提供你偿还债务的能力和意愿的信息的申请表格或会谈。

信贷申请（credit application）是对你所要求的、阐明你偿还债务的能力和意愿的信息的申请表格或会谈。这种信息有助于出借人对借款人是否会偿付债务做出明智的判断。在申请表上和会谈（如果真的有）中全面而诚实地回答问题是十分重要的。如果申请人信息与出借人随后调查所得的信贷历史不符，那么出借人就会拒绝贷款申请或是收取更高的利率。在申请期间，最好索要一份包含年利率和各种支付条款的账户管理规则的复印件。然而，这些不是最终的条款，在做实际决定时是可以改变的，这就是你应该在签订合约之前阅读所有合约内容的原因。

> **信贷历史**
> 一个人信贷使用和债务偿还的持续记录。

申请贷款的人之中大约有 15%会被拒绝。失败的申请人之中有一半是因为没有建立**信贷历史**（credit history，一个人信贷使用和债务偿还的持续记录）或者他们的信贷历史中有不良记录。不良信贷记录就像有高血压——直到你有坏事发生，比如当你的贷款申请被拒绝，否则你可能还不知道你有问题。

> **你知道吗?**
>
> 不公平的信贷歧视是非法的
>
> 《平等信用机会法案》(Equal Credit Opportunity Act，ECOA）禁止在信贷发放时存在没写类别的**不公平歧视**（unfair discrimination，基于不公平的标准，区别对待不同个体）。在这个法案下，出借人必须在 30 天内告知申请人其贷款申请通过与否。《平等信用机会法案》也规定了如果申请人有要求，出借人要向其提供具有拒绝贷款的详细理由的书面声明，因为较差的信贷历史而拒绝信贷申请是合法的。相反，由于性别、种族、年龄、国籍、宗教或者接受社会保险金或公共援助而拒绝信贷申请是不合法的。信贷申请书不能询问一些易产生偏见的信息，如生活物质状况和生育计划（但是，申请人可能自愿提供这样的信息)。如果歧视被法院证实了，那么出借人可能会被罚

款 10 000 美元。你需要向拒绝你的出借人索要给你信用评分的信用局名称。

出借人不能要求申请人披露来自离婚赡养费、分居赡养费或是子女抚养费的收入。如果借款人想让这部分收入计入出借人申请评估中，那么出借人可以考虑这部分收入是否持续。除非夫妻俩或前夫妻俩使用联名账户，或债务偿付依赖于配偶的收入或其他的财务支持，否则不需要配偶或前配偶的信息。这个法案规定获得的信贷要以夫妻的名义建立一个夫妻共同、同时也是个人的信贷历史记录。

出借人获得你的信贷报告

一旦收到你的完整的信贷申请书，出借人就着手做**信用调查**（credit investigation）了，并把调查结果与你申请书上的信息做比较。调查的目标是评估申请人的信誉。出借人想要知道申请人先前的信贷使用情况和支付方式、收入、工作年限以及房屋所有权情况。

> **信贷报告**
>
> 信用局利用从商家、公用事业公司、银行、法院和出借人那得到的关于你的支付历史，编制而成的信息。
>
> **信用局**
>
> 收集并保存很多借款人信贷历史记录的公司。

为了进行调查，出借人从保存有许多借款人信贷历史记录的**信用局**（credit bureau）得到**信用报告**（credit report）。出借人要为每一份所需的信贷报告支付一定的费用。信用局把从商家、公用事业公司、银行、法院和出借人那得到的信息进行汇编。在美国，2 000 多家地方性信用局中的大部分隶属于国家性集团，这些集团能得到超过 17 000 万名成人的信贷历史记录。有三家主要的国家信用局：益百利、环联和艾可飞。当你申请贷款时，出借人可能会咨询一家或所有的信用局。

出借人同样也能得到你的信用评分

三个主要的信用局也计算并且向出借人报告信用评分。贷款人都使用**信用评分**［credit score，又称**风险评分**（risk score)］，在这种评分中，在与良好信誉和支付可能性相关的众多因素的基础上，用一种统计方法来评估申请人。你可能需要支付一定费用，但是你有权知道你的信用评分。最有名的评分是 FICO 评分，这是由费埃哲公司开发的。这个 FICO 评分分数范围从 300 分到 850 分不等。另外一个常用的评分是由三家国家信用局开发的 Vantage 评分。Vantage 评分分数从 501 分到 990 分不等，且也包含有字母等级 A 到 E 的评级。评分在 C 及以上的借款人被认为是值得获得信贷的。出借人可以免费使用他们喜欢的评分系统。

> **信用评分/风险评分**
>
> 在与良好信誉和支付可能性相关的众多因素的基础上，用一种统计方法来评估申请人。

你知道吗？

理解信用评分

尽管当今使用的评分系统有很多品牌，但是使用最广泛的是由费埃哲公司（www.myfico.com）开发的 **FICO 评分**（FICO score）。由于三家信用局所使用的计算分数的信用文件和方法可能不同。你的信用评分十分重要，因为它决定了你是否能获得贷款，以及以什么利率获得。根据 2003 年《公平和准确信用交易法案》，如果消费者有需要，信用局必须向其提供信用评分。信用评分报告要收取工本费（8～12 美元）。然而，如果你的信贷申请被完全拒绝了，或者不是以你满意的利率提供的贷款，机构必须告诉你是什么原因，而且，如果这是由信用评分导致的，你可以要求免费获取一份信用评分报告。

信用评分是用与还款可能性相关的还款人特征建立的复杂的统计模型而得出的。在模型中使用了精确的类似的方法，能较相近地反映出机密。费埃哲公司在其网站上公开分享FICO评分系统中使用的因素：

1. **还款历史。**你还款迟了吗？迟多久？多频繁？其金额占你账户的多少？

2. **欠款金额。**你每笔信贷的负债有多少？（即使你每月全额偿还，在给定日期内也有可能有负债。）欠款金额在众多账户类型中，如信用卡与贷款中有什么不同？有多少账户有债务？你不顾债务金额而刷爆或是几乎刷爆了你的信用卡吗？（如果你的卡债超过该卡信贷上限的30%，那么对信用评分就会有消极的影响。）你还欠着多少原始贷款？

3. **信贷历史长度。**你拥有各个账户已经多长时间了？自从你使用账户至今已经有多久了？

4. **承担更多的债务。**你有多少个新账户？你开立上一个新账户距离现在有多久了？

5. **使用信贷的类型。**根据信贷的功能而使用多种信贷类型，你是否有一个良好的信贷使用组合（如不会使用信用卡买船）？你总共有多少个账户？

大约有1/4的消费者的FICO评分低于620分，这样他们几乎不可能从所有出借人那里获得贷款，只能从利率最高的出借人那里获得。FICO的网站有提供如何提高FICO评分的建议。例如，如果你刷爆了2张信用卡，而其他的卡负债较低，你可以移一些大额债务到其他卡上，这样就不会欠信用卡债务上限的30%以上了。**信贷利用率**（credit utilization ratio）在你信用评分中的比例为1/3。如果你有很多不用的账户，那么你可以消除一些账户。如果你打算在下一年申请抵押贷款，或是类似于抵押贷款这样的贷款，那么这么做是尤为重要的。下图反映了在提高FICO评分的5个因素中各个因素的相对重要性。

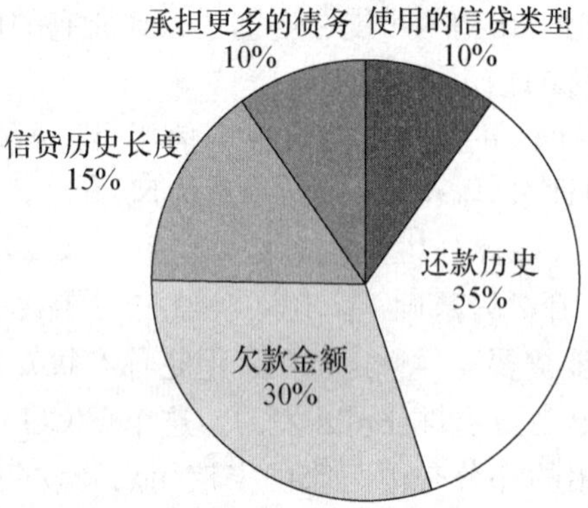

出借人决定是否接受以及以什么样的条款接受申请

> **信贷协议**
> 规定信用卡还款条款的合约。
> **本票/票据**
> 规定贷款还款条款的合约。

同意或拒绝贷款取决于出借人对申请人还款意愿和能力的判断。如果申请被接受了，那双方签订具有管理账户原则的合同。对于信用卡来讲，这个合同就是**信贷协议**（credit agreement）。对于贷款来讲，这个合同就是一张**本票**［promissory note，或简单地说，**票据**（note）］。

实际出借人总是在做是否要提供贷款的决定。贷款评分仅仅帮助出借人根据风险认知水平将贷款使用者进行分类。在分级定价的概念下，对于信用评分高的申请人，出借人给予较低的利率，而对于风险高的申请人收取较高的利率。除了信用评分在620分以下的借款人之外，其他人的利率差异不大。信用评分低的人也经常能找到愿意贷款给他们的出借人，但是利率会很高。为了尽可能以最低利率得到贷款，在申请贷款之前，你应该总是确保你的信用局文件是正确的。

□ 你的信誉

信用局文件中包含的关于你的信息是你财务生涯中最重要的方面之一。它不仅在出借人审核你的信贷申请中能用到，而且在你找工作、申请保险以及租房中也能用到。因此，建立一个良好的信誉以及确保你文件中的信息尽可能准确和及时更新是非常重要的。

> **理财要点**
>
> 注销账户对你的信用评分没有帮助
>
> 很多人认为，注销信用卡会对信用评分有帮助。除非你有许多不用的账户，否则，这样做是没有好处的。你注销一些账户，那么，你欠下的可供使用的总贷款金额与所有信用卡的比例将下降。同时，可使用的信贷额减少会降低你的信用评分。而且，你开立的账户时间越长，你的信用评分就越高。因此，如果你一定要注销某些账户，那你就注销最新的账户，而非最老的账户。而且一定要小心，确保在注销账户后，你的信贷利用率不会上升到超过30%。

建立一个良好的信用历史

一些信贷界的新人怀疑他们是否会在需要贷款的时候能够得到贷款。如果他们建立了一个良好的信用历史，他们会如愿的，这就被认为是具有“良好信用”的。

1. **同时建立一个支票账户和储蓄账户。**出借人认为能处理这些账户的人更有可能合理地使用信贷。

2. **以你的名义拥有电话以及其他公用事业的账单。**保持一个良好的支付公用设施账单的方式，这意味着你能够明智地花钱，且会同样地处理你的信贷支付。

3. **申请、获得并使用石油公司的信用卡。**这些卡是很容易获得的。如果一家公司拒绝，那就申请另一家。因为公司之间的评分系统是不一样的。要谨慎地使用信贷，准时地偿还债务。

4. **申请一张银行信用卡。**你自己的银行是开始申请信用卡的最佳地方。如果那里拒绝你，那你可以找某个会发卡给你的银行（搜索 www.bankrate.com）。信贷上限很可能会很低（或许是500美元），且年利率较高（或许是27%），但是至少你有机会建立信贷历史。之后，你可以要求提高信贷上限、降低年利率。

5. **向银行申请一笔小额的短期现金贷款。**将这些借来的资金放入在该银行的储蓄账户中，这样做几乎保证了三四个月所需的偿付。此外，部分贷款利息还能被储蓄所赚的利息抵消。

6. **还清学生贷款。**一些人的第一次信贷是上大学用的学生贷款，每月定期偿还，迅速地还清这些贷款，这样给予潜在出借人一个信息——你是一个负责任的借款人。

免费获取你的信用局文件

联邦法律要求信用局向有需要的消费者提供他们的信用报告，你每年可以从每家国家信用局免费获取一份报告。此外，如果商家向信用局反映消费者的坏信息，那么消费者一定要被通知到。你应该定期（每年）查看报告，无论何时你搬家了，家庭状况发生变化了（结婚、离婚，或者配偶去世），你要解决所有的信贷账单的错误和纠纷（确保在你的文件中没有负面信号，或者计划在接下来的几个月中申请新的贷款）。

只有一个网站是真正免费的

要获得一份免费的信用报告，只要访问 www.annualcreditreport.com。这是你得到免费报告、直接与商家联系的唯一网址。

> **理财要点**
>
> 你的信用评分是以你的信用报告为基础的
>
> 由于你的信用评分仅仅取决于你的信用局文件里的信息，所以信息的准确性是非常重要的。要确保你的信用局文件是准确的，且要像关注你的平均绩点一样关注你的信用评分。

回避其他网站

如果你使用类似的名称联系网站或直接联系三家信用报告局的其中之一，你会被**信用报告服务**（credit reporting service）所吸引。这样的服务或许在一两个月内会让你每天都能免费获取报告以及信用评分。然而，这些服务都是**消极的选择计划**（negative option plan），除非你觉察到并要求在免费期结束时取消注册。你可能会为一个每年花费 100 美元甚至更多的计划而自动被注册，你的会员资格也会自动更新。这是一个糟糕的交易，特别是当你可以免费获取文件中的信息的时候。

事实上，每四个月你就可以得到一份免费报告

免费年信用报告的相关法律允许你每四个月免费查看信用。怎么做？错开对三家国家信用局的信用报告请求。① 例如，1 月，你可以通过 www.annualcreditreport.com 向益百利索要一份报告。之后，在 5 月你可以从环联获得一份报告，在 9 月你可以从艾可飞得到一份报告。然后在 1 月，再回到益百利。因为信用局收集的信息都来自本质上相同的资源，所以你可以放心，在一份文件上出现的信息也会在另外几份上呈现出来。如果你发现一处错误，你可以三份一起更正。

如何修正你报告中的错误？

当你获取报告时，你应该彻底检查是否准确。如果你发现一处错误，**《公平信用报告法案》**（Fair Credit Reporting Act，FCRA）允许你质疑这项错误，因为 FCRA 要求报告中的信息是准确的。同时，它也要求，只有善意的使用者以能被接受的目的才能去审查文件。FCRA 同时管理出借人和信用局。

> **《公平信用报告法案》（FCRA）**
>
> 它要求信用报告包含准确的、相关的以及近期的信息，且仅允许善意的使用者以能被接受的目的去审查文件。

如果你发现某家信用局的信用报告有错误或遗漏，你应该立即采取措施改正信息，因为 FCRA 是由消费者部分强制执行的。以下是如何坚持你的权利的方法：

1. 同时关注信用局和原始出借人的错误，并且确认。表明你希望在 FCRA 下行使你的权利去重新调查。特别地，你应该要求信用局“重申”这个项目。

2. 信用局和出借人必须在 45 日之内重新调查信息。如果信用局不能在 45 日之内完成重新调查，那就必须把信息从你的信用文件中删除。

3. 如果信息有误，那就必须改正。如果在 6 个月之内有错误的报告被贷款人用于调查你的申请，那么改正的报告必须被送去给贷款人。

---

① 主要的信用局常常为信用卡市场出售其文件中的消费者名单（但不卖每个人的具体信用历史）。为了防止你的名字在 2 年内在这样的行为中泄露，请拨打（888）567-8688，或者登录 www.optoutprescreen.com。

4. 如果信用局拒绝修正（也许是因为信息是“技术正确”的），你可以在信用局文件上加**消费者声明**（consumer statement）表达你对信息的异议（100字以内）。这份声明会被加到该信用局的任何信用报告中。

> **消费者声明**
> 如果信用局拒绝发布异议声明，你对信用问题的说法就会出现在你的信用报告上。

5. 同时要取消其他两家信用局的报告，以确保同样的错误不在它们的文件中出现。如果也有错误，从第二步开始修正。

6. 你文件中的负面信息的报告时限是7年（除了破产数据，它的报告时限是10年）。

> **你知道吗？**
>
> **离婚对你信用的影响**
>
> 婚姻失败会影响双方的信用值。联邦贸易委员会（Federal Trade Commission）为离婚的人提供以下建议。
>
> 要高度关注共同持有的信用账户，包括抵押、二次抵押和信用卡。只要账户是以双方的名义持有的，那么离婚后一方的行为会继续影响另一方，一方可以改变信用卡，如拒绝支付债务，把财务负担留给另一方。如果有可能，可以要求贷款人关闭共同账户，重新开立个人账户。不要接受出借人通过电话做出的或口头做出的关闭账户的保证。坚持索要书面凭证，包括关闭账户的有效时间。
>
> 如果债务是以双方的名义积累的，那么离婚判决书对于谁欠下的债务没有法律效应。出借人可以依法向离婚双方收款。如果离婚判决书免除债务责任的一方被出借人要求付清账款，那么他必须到法院寻求执行离婚判决书，并且向前任配偶收取赔偿款。
>
> 在离婚之前和之后，都要获取每家信用局的信用报告的复印件，检查它们的正确性，并且要质疑任何问题，例如，存在仍然是以双方名义持有的账户。

概念测试 6.3

1. 总结申请信贷的基本步骤。
2. 信贷历史是什么？信用局在你的信贷历史发展中扮演什么角色？
3. 信用评分是什么？计算信用评分的五个主要因素是什么？
4. 列出你可以用来建立良好信誉的五个措施。
5. 总结《公平信用报告法案》提供的保护。

消费者信贷的来源

现在的消费者有许多可供选择的消费者信贷来源，大部分消费者信贷来自存款机构如销售信贷公司。另外的来源包括消费者信贷公司、股票经纪人以及保险公司。表6-3显示了收取的利息以及列举的各种消费者信贷来源的支付金额和财务费用。

> **学习目标 4**
> 描述消费者信贷的一般来源。

表 6-3 贷款费用的估计值

出借人	年利率（%）	两年期贷款（美元）		五年期贷款（美元）	
		月支付额	财务费用	月支付额	财务费用
人寿保险公司	4	43.42	42.19	18.42	104.99
销售信贷公司	6	44.32	63.68	19.33	159.80
信用合作社	8	45.23	85.52	20.28	216.80
商业银行	10	46.14	107.36	21.25	275.00
互助储蓄银行	10	46.14	107.36	21.25	275.00
储蓄和贷款协会	10	46.14	107.36	21.25	275.00
银行信用卡	18	49.92	198.08	25.39	523.40
消费者信贷公司	24	52.87	268.88	28.77	726.20

信贷有费用。从这里可以看出不同来源、不同利率的两年期和五年期的 1 000 美元贷款所需的费用。

□ 存款机构贷款给它们的客户

存款机构包括商业银行、互助储蓄银行、储蓄银行和信用合作社（详细内容见第五章）。它们倾向于贷款给自己的顾客和有良好信贷历史的非客户。存款机构的利率极具竞争性，部分原因是贷款资金主要来自它们的存款人。利率一般从 9%到 18%不等。有调查表明很多去其他机构贷款的人事实上有资格获取存款机构贷款，然而他们最终却支付了较高的利息。

□ 销售信贷公司贷款给购买产品的消费者

销售信贷公司（sales finance company）是卖方相关的出借人（如通用汽车公司的 GMAC 金融服务公司和福特汽车信贷公司）。它们的主要业务是为母公司的产品销售提供融资，这样的公司专门为购买提供贷款，通常以所购货物作为抵押。由于销售者的工作通常与销售信贷公司有密切联系，所以信贷可以立即获批。

> **销售信贷公司**
> 销售信贷公司是卖方相关的出借人，它们的主要业务是为母公司的产品销售提供融资。

销售信贷公司要求有担保，且只与有中小风险的客户打交道。因此它们的利率较低，往往与存款机构有较大的竞争。如果销售方想用低利率来鼓励销售，它们的利率可能比其他机构的更低。例如，它们为新汽车提供年利率很低的贷款。现今，大多数新车贷款都是由销售信贷公司提供的。

□ 消费者信贷公司发放小额现金贷款

消费者信贷公司（consumer finance company）专门发放相对较小金额的贷款，因此也被称为**小额贷款公司**（small-loan company）。这些出借人包括众所周知的花旗信贷公司和有益金融公司，也包括很多当地的社区银行。这样的公司发放有担保贷款和无担保贷款且要求按月分期付款。它们主要

> **消费者信贷公司**
> 专门发放相对较小金额的有担保贷款和无担保贷款的公司，并要求按月分期付款。

关注次级贷款市场，这个市场主要贷款给在一般情况下 FICO 评分在 620 分以下的、没有资格获取信贷的人。它们收取的利率要高于存款机构所提供的利率，因为消费者贷款公司侧重于低信用评分的借款人。

> **你知道吗？**
>
> 关于可供选择的出借人
>
> 获取信贷的途径有很多，它也可能看起来并不像信贷。信贷的来源可以不寻常，包括发薪日贷款、先租后买商店和当铺。
>
> **发薪日贷款**（payday lender，在某些州是非法的）是指当它们愿意承兑个人支票但不同意把支票存入一个星期以上时，所发放贷款的业务。支票兑现的费用有时是支票金额的 20%甚至更多，使用年利率（如果这张支票是为以后的存款而持有的）会达到百分之几百甚至更高。
>
> **先租后买项目**（rent-to-own program）使商家用很少或不用首付款购买商品，租一段时间后再归自己所有。家具、家用电器和电子娱乐物品一般就是通过这种先租后买的方式销售的。认为自己没有资格赊购的人经常使用这种信贷形式。这些项目对消费者来说有两大缺陷。第一，直到支付最后的款项，租赁者才能拥有商品。如果支付晚了或停止支付，商品会被收回，且对于先前支付的租金没有任何补贴。第二，租用商品的实际费用往往是非常高的。例如，一台价值 300 美元的电视机可能要租一年，每个星期租金为 15 美元，产生的财务费用是 480（$=52\times15-300$）美元。
>
> 在借款人把某样个人财产交给**当铺**（pawnshop）之后，当铺提供 100～500 美元的短期贷款，金额通常只有被当物品价值的三分之一甚至更少。在大多数州中，借款人只要转交物品、出示身份证以及在虚线上签名即可获得贷款。如果借款人不能在规定的时间内支付约定的金额及利息以赎回物品，那么当铺所有者可以依法卖掉物品，当铺一般收取 5%的月利率，加上 2%的月仓储费用；因此，总的年利率为 84%［$=(5\%+2\%)\times12$］。显然，当铺对于借款人来讲是最后出借人。

消费者信贷公司发放的贷款中大约有 1/5 是为了债务巩固。其他的贷款一般是用来旅行、度假、教育、购买汽车以及购买家具。一些小额贷款公司专注于用邮寄的方式发放贷款。它们在报纸、杂志以及网上做广告以吸引借款人，借款人通过邮寄的方式完成信贷申请以及获得贷款批准。

> **你知道吗？**
>
> 关于《信用卡责任和披露法案》
>
> 2009 年美国国会通过了《信用卡责任和披露法案》（Credit Card Accountability，Responsibility，and Disclosure Act，又称为《CARD 法案》），该法案规定出借人使用的规则以及他们如何必须向借款人披露这些规则。它覆盖消费者产品，如信用卡、抵押贷款，包括什么费用、惩罚和利率是公平的。《CARD 法案》不适用于由企业持有的信用卡。

□ 股票经纪人贷款给他们的客户

人们大量增加投资账户中的资产，专门用于子女的大学教育、养老或其他之用。如果你有一个保证金账户（参见第十四章），那么你就可以用你的投资作为担保以获得股票经纪人的贷款。尽管许多家庭不直接利用这些投资资金，但还是有可能要向这些账户借款。此外，也有可能根据退休计划要向特定的雇主承担的避税退休账户借款（参见第十七章）。必须确保债务和利息的偿付，这样才能达到储蓄的目标。如果不偿还退休账户贷款，那么就会产生税收影响（参见第十七章）。

□ 保险公司贷款给它们的保险客户

如州立农业保险公司或好事达保险公司这样的保险公司给它们的保险客户提供汽车贷款和信用卡。它们可能不用自己的资金来发放贷款，也不会建立银行子公司来控制这些贷款。保险公司只贷给它们信用分数高的客户。它们是低成本的贷款来源。

拥有现金价值的人寿保险保单的客户可以基于他们保单中建立的现金价值获得贷款（此主题可参见第十二章）。即使保险客户事实上是在借他们自己的钱，但是也要向有现金价值的人寿保单借款，因为利率很低，只有4%～6%。很多人都不偿还这样的贷款，因为没有固定的偿还计划，而且保险公司也不对还款施加压力。如果保险人在偿清贷款之前死亡，那么保险公司会从保单上规定支付的全部金额中扣除贷款金额。

明智地选择你信贷的来源

在你读了以上内容之后，你会有很多借款的来源。大多数申请贷款的借款人都想尽快得到满意的答复，向愿意贷款给几乎每个人的出借人申请贷款更容易达到目的，但是这并不是最明智的方法，原因有两点。第一，较容易提供贷款的出借人收取更高的利率。第二，这样的出借人贷款给信用分数低的人，如果你向这样的出借人借款，那么信用评分系统会认为你这么做的原因是你不能从较高水平的出借人那里取得信贷。如果你向消费者信贷公司、债务巩固者以及发薪日贷款机构借款，那么结果就是你的信用评分会下降。图6-1用图形展示了金字塔顶端的那些高水平出借人以及在金字塔底部的低水平出借人。在给定信用评分的情况下，你要尽可能向金字塔高处的出借人借款。

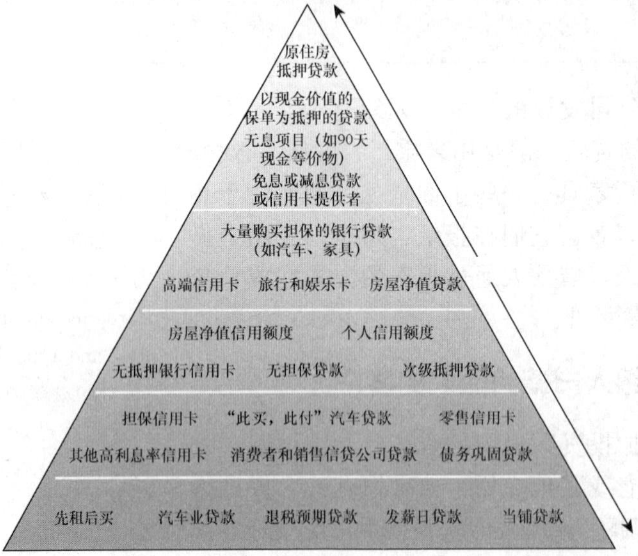

表6-1　信贷金字塔

资料来源：Michael Rupured，© 2008佐治亚大学合作推广。经允许后使用。

概念测试 6.4

1. 列举4种为消费者贷款的存款机构类型。
2. 区分销售信贷公司和消费者信贷公司。
3. 总结股票经纪人和保险公司怎样充当消费者信贷的来源。
4. 解释一下你将去哪里取得费用最低的信贷。

你知道吗?

肖恩的成功故事

作为一个个人理财经理，肖恩的成功反映在他的债务情况上。在大学的时候，肖恩做兼职来赚取生活费，而学生贷款只是用来支付学费。他有一张带来现金回馈奖励的信用卡。他所有的花销都是用这张卡，并且每个月都还清欠债余额。在春假期间，他用每年的现金返利去公路旅行。大四的时候，肖恩查看了三家国家信用局的信用报告。他发现在每份报告中都有一两个错误，并将错误修正了过来。现在，他每四个月就检查其中一份文件。肖恩在考虑买一辆新车，所以他购买了FICO评分文件，并且很满意地看到分数超过700分，这说明他有资格以尽可能低的利率获得贷款。他打算在拜访汽车经销商之前寻找至少三家贷款机构的重新核定，其中包括信用合作社。在接下来的几年里，肖恩将受益于他建立和保持良好信用的方法。

解决过度负债

当人们偿还过度的个人债务有困难、引起财务危机时，他们就是**过度负债**（overindebted）的。

> **学习目标5**
> 识别过度负债的标志，并描述可用于债务减免的选择。

> **过度负债**
> 当人们偿还过度的个人债务有困难、引起财务危机时，他们就是过度负债的。

□ 过度负债的十大标志

1. 不知道自己欠了多少钱。你忘记自己欠了多少钱吗？你不加总债务以逃避现实吗？你害怕把债务加总吗？

2. 花完所有的钱。你以前用现金，而现在偶尔会用信用卡吗？你会借钱来支付保费、税或其他大额的可预见的账单吗？你会借钱来支付常规支出，如食物或汽油吗？你尝试着向朋友或亲人借钱度日吗？

3. 只缴纳最低还款额。你只缴纳信用卡的最低还款额——或是比最低还款额多一点儿——而非大量偿付以快速减少所欠债务余额吗？

4. 超过债务上限或信贷上限。你用大于你税后收入的14%来偿付无抵押信贷吗？你有时会达到信用卡的最大信贷上限吗？

5. 申请新的信用卡并增加信贷上限。你会申请额外的信用卡以增加贷款额吗？你要增加你现有信用卡的信贷上限吗？

你预支一张信用卡的现金来偿还另一张信用卡的债务吗？

6. 晚支付或不支付信贷。你一年不止一次晚支付抵押贷款、租金、汽车贷款或生活账单吗？你经常晚支付费用吗？你兼顾生活账单、租金或是抵押贷款还款吗？出借人发出过催款通知单吗？

7. 借附加贷款。借附加贷款（add-on-loan/flipping），是指在你还清旧债之前再融资或重新借一笔更大金额的贷款。假设你有一笔 1 000 美元的在你还清旧债之前的贷款，且已经偿还至剩余 400 美元。你决定再融资 2 000 美元以偿还 400 美元的债务余额，将剩下的 1 600（＝2 000－400）美元用于其他目的。

8. 使用债务巩固贷款。你借新债还旧债吗？这样的做法可能暂时缓解你的预算压力，但同时也表明你过度负债了。

9. 经历扣发。扣发（garnishment）是指由债务人的雇主将债务人的一部分工资用于支付债务的一种法院批准程序。所有的工资和薪金收入，包括军人的，都可以被扣发。《诚信贷款法案》禁止一个人有超过两次的扣发。在支付期间，扣发的总金额不得多于债务人可支配收入的 25%或者周可支配收入高于联邦最低薪的 30 倍（取金额较少者）。此外，该法案禁止以扣发作为解雇的理由。

扣发

由债务人的雇主将债务人的一部分工资用于支付债务的一种法院批准程序。

收回/丧失抵押品赎回权

出借人因债务人不偿还贷款而获得一项资产的法律程序。

不足额抵销

当收回抵押品卖得的钱不足以偿还所欠下的债务和债权人支付的收回费用时，不足额抵销就发生了。

10. 经历收回或丧失抵押品赎回权。收回（repossession）是指贷款人因债务人不偿还贷款而获得一项资产的法律程序［如果该财产是房屋，则称之为**丧失抵押品赎回权**（foreclosure）］。出借人收回该项财产，借款人也可能仍然欠债，因为该财产不足以抵销该债务。当收回抵押品卖得的钱不足以偿还所欠下的债务和债权人支付的收回费用（催收费、律师费和诉讼费用）时，**不足额抵销**（deficiency balance）就发生了。

想一想贝蒂·彼得森的故事，她是加利福尼亚州圣迭戈陆军上士，她的丈夫失去了他的平民工作。为了减少开销，贝蒂自愿将她的雪佛兰 HHP 汽车抵押给信贷公司，但是仍然欠了 1 100 美元。一个月以后，她被告知，她的汽车以 7 800 美元的价格被拍卖了，但是由于有 500 美元的催收费及销售费用和 200 美元的律师费，最低收益只有 7 100 美元。贝蒂要支付不足额抵销的 3 900（＝11 000－7 100）美元。她最好自己卖车，因为汽车的拍卖价格往往会低于其账面价值。

理财要点

旧债永远不会消亡

一位信贷催收人与认为债务已被贷款人核销的人联系并要求偿还债务，这很正常。要坚持获得债务的书面证据。在支付之前也要查明国家法律规定的期限是否已到期。支付一美元就会再一次开启危机，因为如果你支付了一部分贷款，你将重申债务有效。

□ 联邦法律对追债行为的规定

联邦《公平追收债务法案》（Fair Debt Collection Practices Act，FDCPA）禁止第三方债务催收机构使用暴力、欺骗以及不公平的手段去催收过期债务。

《公平追收债务法案》（FDCPA）

禁止第三方债务催收机构使用暴力、欺骗以及不公平的手段去催收过期债务。

债务［debt，**或信贷**（credit）］**催收机构**（collection agency）是专门从事催收原始贷款不能回收的款项的公司。有时候它们帮原始贷款人催收（收费）；有时候，它们接手（购买）贷款，变成出借人。如果债务人偿还好几份债务，那么 FDCPA 要求所偿还的金额必须可用于支付债务人所要求的任何债务。银行、牙医、律师或者其他人都自己催收（第二方催收人），那么就不受 FDCPA 条款的限制。然而，很多州已经颁布类似的法律来管理这些第二方催收人了。

> **债务催收机构**
> 专门从事催收原始贷款不能回收的款项的公司。

债务催收机构被禁止在非寻常时间打电话给债务人，也不能在一天内大量重复地打电话，不能要求支付尚有纠纷的款项，不能使用欺骗的手段（如谎称它们的代理人是律师或政府官员），不能威胁他人，也不能使用辱骂性语言。它们也不能打电话给债务人的雇主。即使有这些限制，催收机构也恼人地坚持催收过期债务。如果催收不成功，万不得已，出借人可能会将债务人告上法庭，寻求法律的判决，这种判决可能是收回债务人的一些财产或是扣发其工资。

□ 摆脱过度负债的步骤

即使是收入良好的贷款使用者也可能因为生病、失业或者离婚而过度负债。如果你意识到你过度负债了，你应该怎么做？

1. 决定你的账户余额和所需支付额。找出确切偿清债务余额的方式。其金额与你剩余支付总额不一样，可能包括处罚费用。如果你不能按时偿还债务，你还需支付逾期费。同时也要求你的出借人给你一个月所需支付金额，在先前协定的日期前还清债务。

2. 关注你削减债务的费用。计算你所需预算经费的比例以偿还你的债务，然后在此基础上加 5%。把这笔额外的钱用于偿还提供最高年利率的出借人。所做的牺牲将会得到长期的收益。记住，还清债务的“收益率”比储蓄和投资的更高，所以先把你的钱“投资”给债务偿付。

3. 联系你的贷款人。试着和你的出借人一起找出一种新的偿还方案。很多出借人包括那些给汽车融资的，可能不要求你偿还。他们想要看到你解决财务问题，这样你才不至于破产。出借人会尽可能地与先来找他们的人合作，而非那些在催收开始之后来的人。

> **债务巩固贷款**
> 用若干个小额负债来清偿大额负债。

4. 不要再增加新的负债了。把你的信用卡还给发行机构或者冻结它们，来防止你再用它们。有条理地削减债务的行为在几个月内就会有效果。如果没有进步，那么向专业人士寻求帮助。

> **信用修复公司/信用诊所**
> 有偿帮助人们提高或修复其信用历史的公司。

5. 再融资。确定一些贷款是否能再融资，以此来获取更低的利率，特别是抵押贷款（详见第九章）。即使你再融资，你也要保持偿还相同的金额，这样你就能更快地还清你的新债了。还款有困难的客户可能会求助于**债务巩固贷款**（debt-consolidation loan），通过它，债务人可以把一个单独的大债务转换成若干个期限不同、利率不同的小额债务。对于有太多债务的人来说，债务巩固贷款是更加合适的，但是你不应该仅为了减少每月偿还金额而使用这个贷款。然而，使用债务巩固贷款来降低已有债务的年利率，这是很明智的行为。

6. 避免不好的帮助。很多公司宣称，它们想要帮助有债务的人。**信用修复公司**[credit repair company，又称**信用诊所**（credit clinic）]是有偿帮助人们提高或修复其信用历史的公司。专家表明这些公司没有一个是有信誉的。点击 bbb.org 来看任意一家你在考虑的信用修复公司的信誉。信用修复公司不能收取费用，除非你的负债削减了、解决了或被重新商定了。

事实上，没有公司能消除或"修正"任何人的信用历史中的准确无误的负面信息。你可以通过准时还款来改变你未来的信用记录，而且你可以不费力地修正你信用局文件的错误。

7. 寻求良好的帮助。你可能可以从雇主、信用合作社或工会那获得免费的预算估计和信贷建议。同时，很多银行和消费者信贷公司提供建议来帮助陷入财务困境的债务人，如非营利的**信用咨询机构**（credit counseling agency，CCA）。这样的机构和无担保债权人一起做安排以获得过度负债的客户的债务偿还，并且可以向个人提供信贷咨询，帮助其解决财务问题，提供信贷和预算的教材以及**债务管理计划**（debt management plan，DMP）。DMP 是指将客户每月所支付的金额（一般稍比以前信贷支付总额少一点儿）分配给所有的出借人。出借人的让步，比如低利率，也可能让借款人更快地还清欠款。这是通过其他途径无法实现的。信贷咨询服务费用适当，有面对面、网上或电话服务的形式。找一家在美国国税局评级为 501(c)3 级的非营利机构，这家非营利机构会为你做全面的预算审查。要确保这个机构是独立消费者贷款咨询机构协会（[800] 450-1794；www.aicca.org）或全国消费者贷款基金会（[800] 388-2227；www.nfcc.org）的成员，同时，也要从美国商业促进局（Better Business Bureau）得到信誉报告。

> **信用咨询机构（CCA）**
> 与无担保债权人一起为过度负债的客户安排还款计划以及向个人提供信贷咨询的机构。

> **理财要点**
>
> 信用管理计划和你的信用分数
>
> 进行债务管理计划不会降低你的信用评分，但是出借人在判断信贷价值时，信用评分并不是唯一因素。一些出借人并不看好债务管理计划，并且拒绝向有这个计划的人贷款或者向这些人收取更高的年利率，从而迫使这些人在更大范围内寻求好的信贷条件。

> **债务管理计划（DMP）**
> 它是将客户每月所支付的金额（一般稍比以前信贷支付总额少一点儿）分配给所有的出借人。

□ 破产作为最后的手段

过度负债让生活似乎非常没有希望——这种情况可能会因为近期的失业、生病、伤害、家属死亡、离婚或是小企业经营失败而发生——很多人想向法院提交请愿书来宣布破产。**破产**（bankruptcy）是宪法保证的权利，允许人们（和企业）请求法院正式判定他们无偿还能力。联邦法律允许消费者两种形式的破产：《破产法》第十三章和第七章。在这两种情况下，法院会指定一些债务作为**清偿债务**（discharged debt）被免除。一些债务永远不能通过破产

> **破产**
> 破产是宪法保证的权利，允许人们（和企业）请求法院正式判定其无偿还能力。
>
> **清偿债务**
> 因为破产而被免除的债务（或固定收入计划）。

被免除，这些债务包括前几年已经到期的教育贷款、罚款、赡养费、子女抚养费、最近三年的所得税，以及由于酒驾或药后驾驶而造成伤害的债务。破产并非自己一个人就可以完成的，你要雇一位专攻消费者破产的律师。

在第七章或第十三章的条件下，你在申请破产之前，必须向没有破产受托人部分授权的机构进行信贷咨询。本次咨询是为了给你一个建议，来确定你是否真的需要申请破产，或是提供一份帮你重振旗鼓的债务偿还计划。一旦你的破产案结束，你必须参加另一个咨询会，这次你要学习的是个人理财。只有向法院提供你满足破产条件的证据，你才能得到破产债务免除。

> **《破产法》第十三章/工薪阶层/固定收入计划**
>
> 它是为在法院保护下可能还清部分或全部债务的、有定期收入的个人设计的。

《破产法》第十三章——定期收入计划

《破产法》第十三章［chapter 13 of the Bankruptcy Act，又称**工薪阶层**（wage earner）或**固定收入计划**（regular income plan）］是为有固定收入的在法院的一定保护下有可能还清部分或全部债务的个人设计的。在这个计划下，借款人向法院提供一份债务偿还计划，这份计划一般是在 3 到 5 年内为偿还尽可能多的债务而设计的。在借款人提交破产申请之后，法院发布自动冻结命令——法院命令所有的出借人在进行破产程序之前暂时不能向借款人索赔。这种行为防止出借人向借款人催收债款，包括代扣。一般地，在冻结之后，借款人不能出售资产，出借人也不能收回资产。

> **你知道吗？**
>
> 在建立和保持良好信誉中最严重的理财错误
>
> 基于其他人的理财问题，在个人理财中，当你如此做时，你会犯错：
>
> 1. 没有定期地检查信用局的文件的准确性。
> 2. 让出借人愿意向你提供贷款成为你能偿还债务的指示器。
> 3. 用大于可支配收入 14%的资金去支付无抵押债务。

在法院通知所有出借人这份破产申请之后，一场听证会就被安排了下来。在**破产受托人**（bankruptcy trustee，破产法院的机构）的帮助下，法院对所提出的支付计划进行审核（如果必要，进行修改）并最终核准。破产受托人对破产申请书的准确性进行核实，依据法院指定的计划对资产进行分配，并且借款人在偿还债务时必须严格按照预算安排进行。在这期间，在没有受托人的允许下，破产人不能获得任何新的贷款。如果借款人如期付款了，那么他/她的那些在偿还期内不能偿还的剩余到期债务就会被免除。

> **你知道吗？**
>
> 由于宣布破产事关重大，以至于很多寻求破产保护的人等了太长的时间。《破产法》第七章和第十三章允许借款人破产后保留一部分资产。例如，在破产中，401（k）退休账户是受到保护的。如果债务人面对日益攀升的债务而开始从退休计划中取钱，并且最终必须宣告破产，那么借款人可能已经用完了受 100%保护的资产，这使得他/她不得不尽快申请破产。如果唯一支付欠款的方式是提取养老金，那么你就该咨询一下律师是否到了寻求破产保护的时候了。

《破产法》第七章——立即清算计划

《破产法》第七章（chapter 7 of the Bankruptcy Act），又称**直接破产**（straight bankruptcy），可以对流动资产进行立即清算。当借款人不太可能进行后续的偿还债务时，这些是被允许的。申请《破产法》第七章的申请人必须通过个人收入调查。那些不能通过调查的人是因为他们的收入太高而应申请《破产法》第十三章。

《破产法》第七章/直接破产

它规定清算资产，所得款项尽可能用于偿还可免除债务。

立刻行动!

通过阅读本章，你知道了更多关于个人理财的知识，那么通过下述举措开始行动吧：

1. 从三家国家信用局中的一家免费获取一份信用报告（www. annualcreditreport. com）复印件。

2. 要确保报告的准确性，如果有错误或遗漏，要对所有三家信用局提出质疑。

3. 每四个月重复以上步骤2～3次，要错开申请报告的信用局以确保每份报告都是免费的。

当《破产法》第七章被允许进行时，大部分破产人的资产由破产受托人接管。任何为贷款做抵押的资产均被适当的担保出借人接管。大部分剩余资产都被出售了，而卖得的收入被分配给破产人的无担保出借人。借款人可以选择签订重申协议，再次依法偿还所有或部分在破产案中已经被免除的债务，如汽车贷款。当借款人摆脱破产危机，法院一般会免除任何剩下的债务。州和联邦法律控制借款人所能保留的资产。一般地，破产的人被允许保留一小部分家庭净资产、一辆便宜的汽车以及有限的个人财产。

破产应该是万不得已的手段而非过度使用信贷的快速修复方式或万灵药。由于雇主、房东和贷款人都会查看信用报告，所以宣告破产的人一般在几年内都有租房、获取住房贷款和获取信用卡的困难，被免除债务的人一般有很少或没有债务、得到很大改善的资本净值以及较低的信用分数。他们至少在六年内不能再使用《破产法》第七章申请破产保护了。因此，一些出借人会借钱给这样的人，但是要收取比平时高出很多的利息。

概念测试 6.5

1. 识别过度负债的四个标志。
2. 列出《公平追收债务法案》的主要条款。
3. 信用咨询机构提供什么服务？债务管理计划怎样为有债务问题的人提供援助？
4. 区分《破产法》第七章和第十三章，并解释谁被迫使用第十三章而非第七章。

现在你有何建议?

现在你已经在本章中了解到如何建立和保持良好的信誉，你会建议卡丽·沙瓦林做什么：

1. 关于她承担额外债务的能力，她应该考虑哪些因素？
2. 现有的债务对她获得汽车贷款的能力有什么影响？
3. 她应该去哪里获得汽车贷款？
4. 贷款对她的总体理财计划有什么影响？

本章要点

1. 解释支持和反对信贷使用的原因。

人们有很多借款的理由——例如，解决财务危机、立即拥有商品以及在未来获得折扣。然而，使用信用卡的最大缺点是随之而来的在个人理财中丧失财务灵活性，年利率（APR）是真实的信贷成本的最佳近似值。

2. 设定你自己的债务上限。

设定你自己的债务上限非常重要。能用三种方法来设定：可支配收入的债务偿还、负债权益比以及持续债务。

3. 获得良好的信贷信誉。

在开立信用卡账户的过程中，出借人会调查你的信用历史，并从信用局获取你的信用分数（如FICO评分），然后才决定是否授予贷款以及以什么样的条件授予。

4. 描述一下消费者信贷的一般来源。

消费者信贷的主要来源包括存款机构（商业银行、储蓄和贷款协会、信用合作社）以及销售信贷公司和消费者信贷公司，保险公司和股票经纪人也提供贷款。尽管销售信贷公司有时会为了增加产品的销量而提供较低利率的贷款，但是存款机构一般提供最佳的利率贷款。在任何情况下，只有那些信用评分高的人才有资格从任何贷款机构获得最优利率贷款。

5. 识别过度负债的标志，并描述可用于债务减免的选择。

过度负债的标志包括超过信贷上限和频繁地花光所有的钱。有严重财务困难的人可以得到非营利咨询机构或破产律师的专业帮助。

讨论

1. 好的债务与坏的债务。如果有好的债务，那么什么样的债务你认为是好的？什么样的债务你认为是坏的？

2. 你的信用价值。什么样的理财生活会使你变得有信誉？什么样的理财生活会使你难以获得信贷？

3. 评价你的负债。学生应该怎样判断他们是否有过高水平的学生贷款债务？

4. 我能从哪里贷款买车？如果你想借钱买一辆新汽车或二手车，要去哪里借？为什么？

5. 你的隐私。你关心过主要国家信用局可能有包含你信息的文件吗？你认为修正这些文件中的错误的必要程序是什么？

6. 宽松信贷。对于大学生来讲，获得信用太容易了吗？你知道有人因为过度使用信用卡而陷入财务困境吗？

7. 破产感想。你对破产有什么感想？你认为什么时候破产是合理的？什么时候是不合理的？

计算

1. 申请摩托车贷款。马丁·琼斯目前单身，他刚毕业于法律学院。他每个月赚9 000美元，这对于26岁的人来讲是一笔很可观的收入。然而，他每月要缴纳1 400美元的联邦所得税、540美元的州所得税、686美元的社会保险税以及230美元的健康保险。他有差不多80 000美元的学生贷款，为此他每月要还900美元；在读书期间，他用贷款买了一辆全新的雪佛兰Cobalt，为此他每月要偿还300美元的汽车贷款。他正在考虑申请贷款购买一辆宝马摩托车。

(a) 马丁的可支配收入的债务偿还是多少？

(b) 根据(a)的答案，关于这个计划，你要给马丁什么建议？

2. 购买度假屋。卡门和胡安·蒙托亚的三个女儿都已经大学毕业了，作为空巢父母，他们正在考虑在湖边买一个度假屋。因为度假屋的价格已下跌，而且这个度假屋可作为他们12年后退休之后的家。蒙托亚夫妇的净资产为283 000美元，包括做了第一次抵押的房屋价值约265 000美元，那个房屋目前还欠了143 000美元。他们庞大的债务，除了房屋抵押贷款之外，还包括12 500美元的汽车贷款、13 700美元的二手车贷款以及25 500美元的第二次房屋抵押贷款（当时是为了支付大学费用）。

(a) 计算蒙托亚夫妇的负债权益比。

(b) 为在这个时候贷款买度假屋提出明智的建议。

3. 刚毕业的学生的债务状况。卡拉·门肯刚毕业于食品科学系，现在就职于一家主要的消费者食品公司，年收入为43 000美元，大约有36 000美元的税后工资。她租了一个每月1 040美元的公寓。在学校的时候，她积累了38 000美元的学生贷款债务，为此她每个月要支付385美元。在她最后的一个秋季学期期间，她在一个离校100英里远的城市找了一份实习。她用信用卡支付额外的费用，并且有一笔8 000美元的短期债务。她已偿还了最低支付额320美元。她有14 000美元的资产。

(a) 计算她的可支配收入的债务偿还。

(b) 计算她的负债权益比。

(c) 评价一下卡拉的债务状况以及在校期间的学生贷款和信用卡使用状况。

理财规划案例

□ 案例1　约翰逊夫妇想要解决他们的信贷和现金流问题

哈利和贝琳达每年都有一大笔收入——事实上多于95 000美元。然而，在未来一年的几个月中他们仍然面临现金流短缺的问题（参见表3-6和表3-7）。

为了解决这个问题，他们正在考虑开立一个信用卡账户，用它来专门解决会引起现金流短缺的那些支出。他们也可以开立一个信用限额，以便在网上借钱并将钱存放在支票账户上。

（a）约翰逊夫妇开立这些账户的优缺点是什么？

（b）哈利和贝琳达应该做什么理财计算以明白他们在这个时候是否能负担得起更多的贷款？

（c）在申请信贷之前，哈利和贝琳达应该做什么以确保支付尽可能低的利率？

□ 案例 2　维克托和玛丽亚给侄女建议

维克托和玛丽亚与侄女特雷莎的关系很密切。特雷莎毕业于药学系，她最近请玛丽亚帮忙，因为她的教育负债即将到期了。她有学生贷款 19 000 美元，每年有 44 000 美元的可支配收入。特雷莎想借额外的贷款来置办家具以及购买一辆较好的车。

（a）玛丽亚可能会给特雷莎什么建议来处理她的学生贷款？

（b）如果下一年特雷莎将她的贷款调整成一个 8%利率的贷款，那么根据可支配收入的债务偿还和持续债务，玛丽亚对特雷莎的总债务上限有什么建议？（提示：利用表 6－3 或者访问加曼/福格合作网站来计算各时间段的月支付额。）

□ 案例 3　朱莉娅・普赖斯考虑贷款买快艇

朱莉娅已经考虑买艘快艇。在十几岁时，在父母的避暑别墅中，她曾是一个狂热的滑水运动员。现在她已经搬走了，她想在湖的附近重拾她的爱好。最近朱莉娅的工资每月总额为 200 美元，她打算去附近的快艇经销商看看以她的收入水平能买什么样的快艇。根据本章内容，包括表 6－3，请给她的想法提点意见。

□ 案例 4　为购买新车而减少花销

最近考特尼・班尼特大学毕业了，在堪萨斯州曼哈顿的公共图书馆做图书管理员助理。考特尼没有债务，她的预算见表 6－2 的第一列。她现在面临一个问题：是否要卖了旧车，贷款买辆月还款额为 330 美元的新车？作为考特尼的好友，你建议考特尼怎样削减开支，从而能够买得起新车？

（a）削减哪部分的开支？

（b）每部分能削减多少？

（c）在分析之后，你对考特尼购买新车有什么建议（可能的备用选择）？

□ 案例 5　信贷相关的演讲准备

亚拉巴马州奥本的雅各布・马基斯是区域百货商店连锁链的信贷经理。他被邀请参加社区委员会，并为高中应届毕业生做一次题为《明智地使用信贷》的十分钟演讲。雅各布已经准备好了以下提纲，请给他一些建议。

（a）消费者信贷是什么？

（b）毕业生为什么会使用信贷？

（c）毕业生要怎样明智地使用信贷？

□ 案例 6　作为债务削减策略的债务合并

贾斯汀·格拉诺夫斯基在密歇根州底特律的一家小零售店做经理助理。他欠一家银行 5 400 美元，欠一家服装店 1 800 美元，欠信用合作社 2 700 美元，还欠其他商店和个人几百美元。贾斯汀为了还清两年内到期的那三笔重要的债务，每个月要偿还超过 460 美元。他意识到 2 100 美元多一点儿的税后收入并没有剩余很多的现金。贾斯汀和他的银行信贷员讨论了处理他的主要支付的一种可替代的方法。信贷员建议他集合所有的债务，形成一笔 11 000 美元、利率为 14%的 7 年期债务合并贷款。因此，他每月应为他所有的债务支付 206 美元。贾斯汀似乎对这个主意欣喜若狂。

(a) 贾斯汀对债务合并贷款这个主意的热情合理吗？为什么？

(b) 为什么银行给贾斯汀提供这么“好的交易”？

(c) 为了每月只偿还 206 美元而非 460 美元，贾斯汀要付出什么样的代价？

(d) 如果你认为债务合并贷款付出的总利息较多，那么增加多少成本是合理的？

自我理财

1. 你的信用报告。访问 www. annualcreditreport. com 免费获得一份信用报告复印件。检查报告的准确性，根据所提供的指示修正错误。如果没有你的报告，那是因为你从未使用过信贷。如果你使用过信贷而没有报告，那么你应该把这个错误告知信用局。

2. 设定你的债务上限。根据你个人的资产负债表和现金流量表，计算你的可支配收入的债务偿付和负债权益比。根据这些计算，你认为你过度负债了吗？同时也要考虑持续债务法。使用《我的个人理财规划师》中的工作表 25：负担额外债务对我的财务比率的影响，来决定你是否能在这个时候承担任何债务。

3. 列出你未清偿的分期贷款。使用《我的个人理财规划师》中的工作表 26：我的分期贷款清单，列出你分期贷款的清单，包括每个贷款的目的、向谁贷的款每月偿还额、以及每月的到期日。

4. 保护你的隐私。借记卡或信用卡丢失或被偷都会花费金钱和时间。利用你的信用报告和各种明细单上的其他信息编制一张包含你的所有借记和贷记账户的清单，包括电话号码和（一旦卡丢失或被盗）寄送通知的地址。

5. 列出你的学生贷款清单。使用《我的个人理财规划师》中的表 27：我的学生贷款清单，列出你的学生贷款清单，包括来源、目前所欠金额、目前的年利率、何时必须开始偿还、每月大约的支付额，以及最多几年必须还清贷款。

网络资源

登录指定网站，完成下列练习。

1. 访问联邦储备委员会网站。从 www. federalreserve. gov/consumerinfo/default.

htm下载《信贷保护法案上的消费者手册》的网上复印件。找出一个在本书中未曾讨论的额外保护，但在以下法律中有所体现：《公平信用记账法案》《平等信用机会法案》《公平信用报告法案》。

2. 访问费埃哲公司网站。访问 www. myfico. com/CreditEducation/。阅读关于信用评分的内容。找出可以用来提高信用评分的措施。

3. 访问益佰利公司网站。访问 http://www. experian. com/consumer-products/vantage-score. html。阅读关于 Vantage 评分与其他信用评分如何不一样的内容。同时判定各种信贷历史条款的相对重要性。

付诸行动

1. **理解信贷申请。**造访一家当地的银行或信用合作社向其申请信用卡。阅读在申请书中所需的信息项。你认为出借人为什么会要求提供必要的信息？你认为出借人会查看你主动提供的信息吗？

2. **充分利用信贷。**调查你的五个朋友关于他们使用信贷的合适比例。把他们的观点与自己的观点进行比较。

3. **信贷的缺点。**调查你的五个朋友关于他们使用信贷的三个最不好的方面。把他们的三个方面与你自己认为的和本章所列的三个最不好的方面进行比较。

4. **破产保护。**调查你的五个朋友关于他们对破产的想法和理解。他们的想法与你的有分歧吗？他们对破产的理解准确吗？

登录 www. cengagebrain. com 访问加曼/福格合作网站。

第七章

信用卡与消费贷款

你在开玩笑？

那些拥有（大多数都有）信用卡的大学生在毕业时平均有大约 4 000 美元的债务。如果这样的债务他们保持了十年，他们在这十年里将要为此支付总共多少利息？

A. 4 800 美元；　　B. 6 000 美元；

C. 7 200 美元；　　D. 8 400 美元。

答案是 C。18%的信用卡年利率（例如大学生）转换为每月 1.5%（=18%/12）的利率。4 000 美元债务乘以 120 个月的利息等于 7 200 美元。你为了减少信用卡上的债务，必须支付高于每月最低要求还款额以及其他新的费用的金额。另外，你将年复一年地背负债务并且支付数千美元的利息！

学习目标

在学习完本章后，你应该能够：

1. 比较消费信贷的常见类型，包括信用卡和分期付款贷款。
2. 描述信用卡账户的类型和特征。
3. 管理你的信用卡账户以节省额外的费用和财务开支。
4. 描述消费者分期付款贷款的重要特征。
5. 计算消费贷款的利息和年利率。

你有何建议?

达雷尔·科克伦斯是佛罗里达州圣奥古斯丁的一个31岁的配镜师，去年赚了42 000美元。达雷尔直到他28岁因为滑水事故而错过3个月的工作才开始用信用卡，在此之前他一直没有用过。他获得了两张银行信用卡，这才使他收支相抵。由于他缺少信用历史，所以必须承受19.6%和24%的年利率。达雷尔现在有11个可用信用卡账户：5张银行卡和6张零售店卡。他经常使用这些卡，只要使用任何一张卡消费，那家商店就会对他表示尊重。他的年利率为24%的卡欠了13 000美元，年利率为19.6%的卡欠了4 400美元。他的另外3张银行卡的年利率分别是11%、12%和15%，并且每一张卡都欠了500美元到700美元不等。在过去的一年里，达雷尔的所有银行卡加起来仅产生了最小的支出。他的零售店卡都承受了超过21%的年利率。虽然他在大多数月份里都无法使这些卡收支平衡，但这些账户偶尔也会平衡。

在下面这些关于信用卡和消费贷款的主题中，你对达雷尔有什么建议：

1. 他使用信用卡的方法，包括他拥有卡的数目如何?
2. 估计他每月支付的信用卡利息是多少?
3. 他应该如何降低每月的利息?
4. 应该把他所有的信用卡债务并入一个分期付款贷款吗?

在生活中，你无法借鉴理财上的成功之路。为了证明如此，去看看数百万由于美国经济的衰退和失业而无力支付信用卡账单或失去房屋赎回权的美国人。因此，使用任何种类的信用卡都需要慎重思考和计划。你需要先考虑你借用资金的原因是否合理并且提前决定以后如何偿还债务。这尤其适用于信用卡类的信贷使用。信用卡的使用能被控制，只要你全额支付余额，你就可以不支付剩余的利息。计划如何偿付分期信用贷款同样是重要的，因为你必须为今后1年到7年甚至更多年制订一系列的每月支付计划。明智的借款人懂得隐藏在这些分期贷款财务费用计算背后的一些数学问题。在比较多种信用来源时，明智的借款人总会把注意力集中在年利率（APR）上。年利率是在一年基础上表示的百分比形式的信用成本。

你的未来五年

在未来五年中，你可以通过下列关于信用卡和消费贷款的行为取得理财成功：

1. 每个月都全额支付你的所有信用卡余额，不要拖延到2个月或3个月之后。
2. 转移你承担较低利率账户上的信用卡余额，并且不再用你已经结清了余额的账户消费。
3. 每个月都对照着消费收据来检查你月账单的准确性，并质疑存在的任何一处不一样的地方。
4. 仅仅用学生贷款来支付教育开支而不是去获得更好的生活。
5. 选择基于最低年利率的分期付款贷款而不是基于月支付额和偿还年份来选择。

消费信贷的类型

> **学习目标 1**
> 比较消费信贷的常见类型，包括信用卡和分期付款贷款。

消费信贷（consumer credit）是消费者用来消费的非商业债务而不是房屋抵押贷款。（房屋贷款投资方面会产生如第九章讨论的不同分类。）

有两种消费信贷：分期付款信贷和一次性付款信贷。

> **分期付款信贷/封闭式信贷**
> 在信贷协议中，借款人必须偿还所欠的金额加上等额支付的特定数额的利息。
>
> **开放式信贷/循环信贷**
> 在协议中，信贷扩张超过了所有交易，以至借款人不需要每次在他们需要信贷的时候重新进行申请。
>
> **信贷限额**
> 在开放式信贷账户中，借款人将允许的最大未结债务。

- 对于**分期付款信贷**［installment credit，又称**封闭式信贷**（closed-end credit）］，借款人通常每月必须偿付所欠的金额以及明确额度的利息。例如，一笔18 000美元的汽车贷款在7%的利率下连续支付60个月，需要每月支付356美元。
- **一次性付款信贷**（noninstallment credit）包括一次性支付贷款、开放式信贷和劳务信贷。**一次性支付贷款**（single-payment loan）是3种信贷中最容易理解的一种。例如，某个借款人有一笔年利率为12%、总额为2 000美元的贷款。在这种情况下，在年末一次性支付2 240（=2 000+240；或=2 000×0.12%）美元将会是合理的。

随着**开放式信贷**［open-ended credit，又称**循环信贷**（revolving credit）］的发展，信贷扩张超过了任何方式的交易从而在借款人需要信贷时不需要重新申请。信用卡是开放式信贷的一个例子。所欠的金额需要一次性全额偿还、一系列等额偿还或非等额偿还，通常是按月偿还。只要总负债不超过他或她的**信贷限额**（credit limit），借款人就可以使用资金。这个信贷额度是出借人设计的，也是信用账户所允许的最大债务额。信贷限额会随着借款人信誉的变化而变化。

开放式信贷能用来购物，在某些情况下，可以获得现金预付款。这是信贷最方便的类型，它也是最容易被滥用的。许多开放式信贷账户持有人——不全都会——使用信用卡。**信用卡**［creditcard，又称**借记卡**（chargecard）］是能识别持有人是否作为赊账计划参与者的一张塑料卡，例如零售商或金融机构的卡。

可以从发行那些正在被使用的卡（美国电话电报公司信用卡、万事达信用卡、发现卡等）的金融机构处获取**现金预付款**（cash advance）。现金预付款是从信用卡账户中得到的现金贷款。在大多数情况下，借款者可以从如ATM里提取现金。此外，资金也可以通过电子支付方式转入信用卡持有人的支票账户。

个人信贷额度（personal line of credit）是一种使借款人获得出借人提供的预定循环信贷额度的开放式信贷（出借人通常是商业银行、储蓄银行、信用合作社或经纪公司）。信用额度的本质是当借款人在他们需要钱的时候无需重新申请贷款就可以获得现金预付款。像信用卡账户一样，一个人的信用额度包括信贷限额和灵活的还款时间表。

有些人还用房屋净值作为信用贷款的抵押。这种类型的安排被称为**房屋净值信贷额度**（home-equity line of credit）。

> **学习目标 2**
>
> 描述信用卡账户的类型和特征。

服务信贷（service credit）由在提供服务时不需要全额支付的公用事业公司、内科医生、牙科医生和其他服务提供者们向消费者提供。举个例子，你的电力公司允许你整个月都用电，但可能不会在 10～15 天内发给你账单。服务信贷通常不承担利息，但如果付款迟了可能还是会产生罚款和利息。如果持续地延期支付或者不支付债务，最终服务可能被终止。

概念测试 7.1

1. 区分分期付款信贷和开放式信贷。
2. 理解循环信贷的基本特征。
3. 描述一个人要如何使用个人信贷额度。

信用卡账户提供即时信贷

> **最低还款**
>
> 每月必须对信用卡账户进行支付以结清利息并偿还一部分本金。
>
> **本金**
>
> 扣除利息之后的信用卡账户欠款总额。
>
> **银行信用卡账户**
>
> 金融机构的开放式信贷账户，允许持卡人在几乎任何地方都进行支付。

信用卡账户一旦开启便可随时使用。信用卡账户允许借款人随时全额还款或按月平均还款（旅游和娱乐卡除外）。如果要按月平均还款，则需要每月进行一项**最低还款**（minimum payment）以结清当月利息并偿还一笔**本金**（principal）。如果在**到期日**（due date，是指信用卡公司应该收到付款的截止日期）没有收到最低还款，那么持卡人就必须支付**滞纳金**（late pay fee）且收到**违约通知**（default）。当借款人不能支付本金或利息或者无法满足其他信贷协议要求时，违约就发生了。

大约三分之二的美国成年人拥有信用卡账户，但是每个月都能全额支付欠款的仅为一半多点儿。那些能保持账户平衡的人，即使另外的费用被加进相同账户依然可以长期保持下去。只要总负债仍然低于信贷限额，用户就可以继续使用账户资金。如果有需要，借款人还可以向出借人申请增加他（或她）的信贷限额。

□ 信用卡账户的类型

信用卡账户包括银行信用卡、零售商信用卡以及旅游和娱乐账户（如美国运通公司的常用的“绿卡”）。

银行信用卡

银行信用卡账户（bank credit card account）在金融机构中是一种开放式信贷账户，

它授权持有人在几乎任何地方都可以用信用进行消费。维萨信用卡、万事达信用卡、发现卡和运显卡是最普遍认可的银行信用卡的名字。然而，商业银行、储蓄银行或信用合作社通过提供信用卡成为真正的出借人。美国电话电报公司信用卡、万事达信用卡和同一类的卡是通过通信交易维持的电子网络的简单服务提供者。参与商家向这些公司支付的交易费一般基于要价金额一定比例（通常是1.25%～5%）。实际上，所有的金融机构都提供银行信用卡，大量消费品公司也是如此，例如美国电话电报公司、好事达保险公司和威瑞森公司。这些公司与维萨信用卡、万事达信用卡和某家银行签订协议来提供这些**联合品牌的信用卡**（cobranded credit card）。

> **你知道吗？**
>
> **你的卡里马上会有一台计算机**
>
> 信用卡发行商正在优化技术，这些技术会赋予信用卡计算能力。这些卡内嵌入了一小块芯片，当你使用你的卡时会给你更多的选择。举个例子，你可以选择交易是被直接从你的支票账户如借记卡中收取费用还是从你的信用卡中收取。这些新的卡与今天的信用卡相比可能在海外使用的过程中不太会遇到问题。这些卡新增的优势是增强了身份防盗保护，因为它们被某些不是真正的账户所有者的人所使用时会更难。

> **现金预付款/便捷支票**
>
> 用支票等价物的方式在信用卡上预付现金。
>
> **余额结转**
>
> 一张信用卡余额的全部或部分支付是用另一张信用卡现金预付款实现的。

许多银行信用卡发行商定期向它们的持卡人发放**现金预付款**［cash advance，又称**便捷**（convenience）］**支票**（check）。当然，这些工具不是真正的支票，仅仅是能够获得现金预付款的支票等价物。消费者可以用这些“支票”来为他人或为他们自己支付。如果这些被用来支付另外一张信用卡，则表现为一种**余额结转**（balance transfer）。现金预付款和余额结转对出借人来说是非常划算的。他们能要求一笔机会借款金额的最初的预付费用。那时利息的时钟已经开始在贷款日期内运转起来，其利率通常比常规用途的信用卡利率高，例如购物。如果你收到便捷支票但不想使用它们，要么把它们放在一个安全的地方，要么立即销毁它们，因为它们很容易被别人用来诈骗。

一些银行信用卡是**信誉卡**（prestige card）的一种形式，通常商标里拥有贵金属如“金”“银”“白金”。这些账户要求用户拥有更高的信用资格并且能够提供增强功能，例如，免费旅游支票和更高信用额度。但信誉卡需要用户承担更高的年费。

一些维萨信用卡和万事达信用卡被定义为**亲和卡**（affinity card），换句话说就是在卡的正面有赞助机构盖章的标准银行卡。发行金融机构通常把年费的一部分和收取的金额中的一小部分（或许是0.25%、0.5%或1%）捐赠给赞助机构。赞助机构可能包括慈善、政治、体育或其他组织群体，例如，塞拉俱乐部或母亲反对酒后驾车协会。赞助机构的支持者可能有使用亲和卡的动机，因为机构可以从每一笔交易中收到钱。出借人因为能够正确计算出在某些特殊群体中会发生更少的违约，所以他们能够转移一些资金给特定的组织。

零售信用卡

零售信用卡（retail credit card）授权消费者在任何特定的零售经销店或零售连锁店

凭信用进行消费。信用卡账户在零售店进行消费的例子包括杰西潘尼、百思买和壳牌石油等。许多零售商已经与金融机构合作提供有零售商标志的银行信用卡，那些卡也可以在能够使用银行信用卡的任何地方使用。

> **零售信用卡**
> 该类卡允许消费者在特定零售商的任何经销商中凭信用进行支付。

一些较小的零售商提供开放式账户，那些账户不以信用卡作为使用账户的媒介。对于这些零售费用账户，消费者只需用他们的账户资金购买并在规定的日期内偿还即可。还款需要按月全额支付或者分期支付。

旅行和娱乐卡

旅行和娱乐卡（travel and entertainment card，T&E 卡］和银行卡相似，它们都能让持卡者在交易中进行购买支付。然而，其总余额必须在 30 天内进行偿付以达到收支平衡。最著名的 T&E 卡是美国运通和大来卡国际发行的。在旅行时，商界人士吃住会用这些卡进行消费。它们比银行卡更难获取，因为申请人必须拥有高于平均收入的资格才能获取账户。此外，申请人必须支付 150 美元或更多的会员年费。T&E 卡不像银行信用卡那样容易被接受，因为银行信用卡有许多网点。

> **你知道吗?**
>
> **如何正确注销信用卡账户?**
>
> 信用卡账户是开放式信贷，因此，在你没有使用这张卡或当某个时刻你决定停止使用时，它也能保持开卡状态数十年。如果你把卡剪破，账户也不会关闭。在账户被正式关闭之前，你必须正式通知出借人你的要求。你可以按照下面的步骤去做：
>
> 1. **全额偿还你的欠款。**直到所有欠款被还清账户才会真正关闭。然而，你可以向发行商申请纪念卡。
>
> 2. **获取消费者服务号码。**从最近月度报表中为出借人得到该号码。如果你没有一份最近的账单，那么获取一份能为出借人列出联系人信息的信用报告副本。
>
> 3. **联系出借人**并且向他索取地址，这样你就可以向他发送注销申请。这个地址和你发送的每月支付的地址不相同。当一个账户被付清的时候，一定要保证账户没有未清偿余额，哪怕还清的账户仍可能存在上个月产生的利息。
>
> 4. **发送一份书面请求**来关闭账户并要求出借人发回账户被真正注销的证明。
>
> 5. 在 90 天后，如果需要，从三家国家信用局中的一家**获取一份你的信用报告**。如果账户显示为关闭，下次有机会时从另外两家获取免费副本作为证明。如果在第一家中账户依然显示开放，请求其重新调查，并且从另外两家获取副本来确保账户是否显示为关闭。
>
> 需要注意的是，你不能关闭一个当前收支不平衡的账户，但你可以要求出借人不再兑现这张卡。许多人认为，关闭一个信用卡账户将会为他们的信用加分。一般来说，这是不正确的，因为它提高了你可以承受的信用卡账户债务和你承担的金额的比率。

□ 信用卡账户中常见的（但并不总是有利的）方面

联邦法律要求信用卡的出借人在借款人签名登记任何卡之前必须向借款人披露所有条款。有些信息必须以相同的方式显示出来，例如图 7－1 所示的是样本信用卡的披露图。其余的信息要显示在信贷协议（合同）上。信用卡发行商在任何时候都可以改变账户上的一些规则，只要它们把变化提前至少 45 天通知账户所有者就可以了。这个通常需要作为插页包含在每月的账单中。根据新规定，你可以通过还清账户欠款或注销账户来避免承担任何责任。如果你不能全额支付账单，在你注销账户之前，你都必须遵守新的规定。这里概述了一些信用卡账户中更重要的方面。

利率和利息费用	
购买的年利率	前 6 个月的初始年利率为 2.9%。此后，你的年利率将会变成 19.2%。这个年利率会随着市场基准利率的变化而改变
余额结转的年利率	在开户的 6 个账单周期内需要 0 的初始年利率。 此后，你的年利率将会变成 19.2%。这个年利率会随着市场基准利率的变化而改变
现金预付款的年利率	21.99%； 这个年利率会随着市场基础利率的变化而改变
罚款的年利率和它适用的条件	根据你的信用价值，罚款的年利率可以高达 27.99%。 在出现如下情况时，你账户的年利率将会变成罚款的是年利率： 1. 逾期付款； 2. 超过了你的信用额度； 3. 支付一可被退回的款项； 4. 在你另一个在我们这儿的账户上操作上述任何一项。 这个年利率会随着市场基础利率的变化而改变。 罚款的年利率需要多久才能生效？当你的年利率因这些原因而上升了，如果你进行了接下来连续 6 个月应有的支付，那么罚款的年利率将不再适用于现有的余额。罚款的年利率将持续用于其他余额
如何避免购买的利息费用	你的到期日至少在关闭每个账单周期之后的 23 天。如果你在每月的到期日之前偿清了你全部的费用，我们不会向你收取购买利息
最少的利息费用	如果你被收取了费用，这笔费用将不会少于 2 美元
对于联邦储备委员会的信用卡费用	要了解更多关于申请或使用信用卡时需要考虑的因素，请访问联邦储备委员会的网站 http://www.federalreserve.gov/creditcard
费用	
年费	0 美元
交易费用： ● 余额结转 ● 现金预付款 ● 国外交易	 无论是 10 美元还是每次交易金额的 4%，以较高者为准。（在开户后的前 6 个账单周期内，无论是 10 美元还是每次交易金额的 3%，以较高者为准） 无论是 10 美元还是每次预付现金金额的 4%，以较高者为准 每次交易以美元结算的 3%
罚款费用 ● 逾期付款 ● 超过信用额度 ● 退回款项	 25 美元 收取的金额超出限制或 25 美元，以较少者为准 25 美元
我们将如何计算你的余额：我们使用一个被称作“日均余额（包括新的购买）”的方法。 初始年利率的损失：如果你逾期付款，我们可能结束你的初始年利率并且应用罚款的年利率。 每个账单期内的可变年利率是基于账单期内截止日前 2 天公布在《华尔街日报》上的基准利率。如果基准利率上升，可变年利率也将上升。在这种情况下，你可能需要支付更多的利息和更高的最低还款额	

图 7-1　样本信用卡披露图

联邦法律规定，当申请信用卡和账户规则改变的时候，关键信息应该在直邮广告中被披露。这是按这条规定披露的一个例子。要搜索最好的信用卡供应，你可以访问 www.bankrate.com 或 www.cardtrack.com。

一些信用卡可以提前核准

这是公司有意扩大它们的信贷客户基础从而提供的，有时支付信用部门会筛选它们的文件并确定那些通过某些信誉测试的人。一家公司可以发送信贷申请给那些被筛选出来的人。一些消费者会成为这一过程被预先批准的人，所以他们仅需要在通知上签字就可开户。被预先批准意味着你仅仅被授予了信用，明白这个很重要。在你申请了一个账户之后，信用卡债务上限和年利率都将被确定。

年费和交易费可以被避免

一些银行信用卡持有人需要交年费，**年费**（annual fee）从25美元到75美元（或更多）不等。此外，出借人可能还会收取一笔额外的**交易费**（transaction fee）（每次使用卡的时候会征收一小笔费用）。图7-1对持有现金预付款和余额结转的交易费进行了估计。一些持有人甚至需要交一笔打印每月信用账单的费用。大部分费用是不需要被列入年利率计算的，因为它们不能被提前预知。正如你能看到的那样，当所有费用都被考虑进去后，一张低利率的卡可能会变成一张高成本的卡。

年费

向持卡人收取持有账户权益的费用，但该费用不被包含在公布的年利率中。

交易费

向持卡人收取每次使用卡的费用，该费用不被包含在公布的年利率中。

卡丢失或被盗的责任是有限的

贷款行为的本质限制了持卡人丢失或被盗的**信用卡责任**（credit card liability）。根据法律，如果你在两天内通知发行商卡的丢失或被盗，对于卡的任何欺诈性使用你都没有法律责任。两天之后，对于卡（包括电话呼叫卡）的欺诈性使用，在你通知之前你的最大责任是需要支付50美元。在你把卡的遗失通知发行商之后，你将对卡的任何欺诈性使用都无需负责。虽然你的财务责任很低，但许多公司仍专注于销售信用卡保险（其每年保费在15美元到49美元之间），它们将为被保险人丢失或被盗的卡的未授权使用而向发行商支付最开始的50美元。这些保险对于卖家是有利可图的，但对于你是不必要的开支。如果你坚持并且与信用卡公司管理者交谈，他们大多数会做出一个善意的手势来告诉你应该为未授权的使用放弃50美元费用，这可以让你成为一个良好的客户。你也应该意识到，大多数房主和租客的保险单也会对信用卡遗失或被盗而未授权使用支付50美元的费用。

理财要点

选择退出以避免不需要的信用卡推荐信息

联邦法律声明，消费者有权拒收主动提供的信用卡推荐信息。为了停止使用官方系统邮件，你可以致电（888）5-OPT-OUT或者访问www.optoutprescreen.com。

你知道吗？

信用卡规则可以在任何时候被改变

当你开立了一个信用卡账户时，账户规则和利率就被确定。它们一般基于两个因素。第一个因素涉及你信用记录的项目和你申请表格中的信息；第二个因素涉及整体的经济条件和卡的发行者的政策。

随着时间的推移，这些信息可以被改变，因此，卡的发行者可能希望对利率、信用限额和其他卡的规则或功能做出修正。根据法律规定，需要提前至少45天通知卡的持有者。利率不能根据现有余额而改变；因此，发行者必须给你拒绝或接受改变的选择权。如果你拒绝改变，卡将会被锁定从而不能被使用，你可能需要根据旧的规定偿清所有余额。一旦你已经偿清了所欠的款项，你的卡就会被注销。如果你接受了改变，这些改变将会在通知后的45天内生效。

逾期付款、退款检查和超过信用额度的费用是非常高的

由信用卡发行商评定的费用总额每年都在上涨。当借款人没有在到期日前支付款项，一般会有高达25美元（6个月内的第二次违约金可高达35美元）的逾期付款费用。当你进行每月支付时，如果你签发了一张空头支票，大多数卡的发行商都会估计出类似的费用。当卡的持有者填写的金额超过了他或她的信用额度时，许多信用卡发行商将会收取一笔大额的超过信用额度的费用（同样也是高达25美元或6个月内第二次违约为35美元）。当且仅当持卡人同意让出借人接受超过信用额度使用，这些费用才能被评估。如果没有得到这个协议，超过信用额度使用将被停止。根据违反规定对出借人产生的实际成本，每一笔费用都比要求的高。实际上，这代表了信用卡发行商巨大的利润来源。图7-1所示的账户对这些违约进行评估的最大费用为25美元。

> **理财要点**
>
> **你使用的卡或许能帮你省钱**
>
> 当你支付现金或使用借记卡而不是使用维萨信用卡或万事达信用卡时，商家被允许给予折扣。如果这些折扣的有效性并不明显，你可以在购买时节省下2%到3%的资金。

> **理财要点**
>
> **奖金卡并不总是明智的**
>
> 奖金卡往往有更高的年利率，所以如果你正要结清这张卡上的余额，那么使用奖金卡是毫无意义的。

预期利率可能具有吸引力

一些卡具有暂时的**初始利率**［introductory rate，又称**预期利率**（teaser rate）］来吸引借款人申请账户。预期利率必须在开户后保持6个月有效，除非卡的持有者违反了账户规则，例如逾期超过60天付款。0到3.9%的预期年利率是很普遍的。在图7-1中，购买的初始年利率是2.9%，现金预付款的初始年利率是0。在预备期结束后，年利率通常恢复到一个更高的固定利率或浮动利率水平（图7-1的例子中为19.2%）。一些信用卡借款人充分利用了预期利率，尽管可能存在很高的余额结转费，他们依然会通过频繁地开新的账户从而把余额从其他账户转移到新的账户，由此从低预期利率中占到便宜。拥有良好信用记录的消费者可以连续多次地使用这个技巧。

> **初始利率**
>
> 用短期的低初始利率诱使借款人申请一张信用卡。

违约的费率是非常高的

如果借款人曾经在预备期内逾期付款，通常初始利率将被取消并对账户使用常规利率。一个对大多数信用卡账户更严重的负面影响是**违约利率**［default rate，又称**罚款的年利率**（penalty APR）］的评估。只要借款人未能遵守这些账户的规则，违约年利率将会是一个很高的利率，例如逾期付款60天或超过了规定的信用额度就会产生这种利率。图7-1中披露的公告显示，如果逾期付款出现在预备期内，你将不仅失去预期利率，而且还会面临年利率高达27.99%的违约年利率。根据法律规定，在6个月后必须复查违约年利率。如果你已经在规定时期内按时支付了所有款项，就可以对你的账户撤销违约年利率。

> **违约利率**
>
> 一项被评估的比较高的年利率，每当借款人无法遵守账户的某些条款，例如无法按时进行支付或保持在特定的信贷限额内时将发生。

浮动利率会很容易地上涨

信用卡账户（和分期还款贷款）具有固定利率或浮动利率。**浮动利率**（variable interest rate）上涨和下降通常是按月或按年的，一般会随着整个经济中的利率改变而改变。图 7-1 中的例子显示了用最优利率的浮动利率作为基准利率。**最优利率**（prime rate）是衡量经济中利率的核心尺度，它的波动带动了各类浮动利率信贷的利率变化。在最近几年里，最优利率在 3%和 4%之间波动。如图 7-1 所示，信用卡公司采用《华尔街日报》公布的最优利率来决定购买、现金预付款和余额结转的利率。

> **理财要点**
>
> 大约每 20 个信用卡账户中就有 1 个是违约的
>
> 由于它们使用方便，信用卡是消费者债务而不是住房抵押贷款的主要来源。通常，大约有 5%的信用卡账户逾期超过 30 天。

> **浮动利率**
>
> 根据整个经济中的总体变动而按月或年变动的利率。

信用卡保险价格被高估

许多出借人鼓励借款人签署**信用人寿保险**（credit life insurance）合同，信用人寿保险合同在借款人死亡时会把未支付的贷款余额支付给出借人。信用人寿保险被严重高估（并且有利可图），而且信用人寿保险也是一项可避免的成本。对于如果借款人变残疾（通常被定义为狭义上的“残疾人”），偿还大额贷款余额的**信用伤残保险**（credit disability insurance）和信用失业保险也是如此。

> **你知道吗？**
>
> 担保信用卡是一笔非常不划算的交易
>
> **担保信用卡**［secured credit card，又称**抵押信用卡**（collateralized credit card）］以在发行信用卡的金融机构开户的储蓄账户为抵押品。银行提供担保信用卡通常要收取一笔申请费并要求申请人在储蓄账户中存入 500 美元到 1 000 美元不等的保证金。随后申请人会得到银行信用卡相同账户中的信贷限额。只要卡还能继续使用，储蓄余额就不能被提取出来。当信用卡余额被偿清并且账户被注销时，就可以退还保证金（和一小笔利息）。大多数人都不需要一张担保信用卡，但那些没有选择的人可以考虑从有信誉的机构获取一张担保信用卡，因为这个市场上存在着许多诈骗。开设这些账户的费用可以高达信用额度的 50%。

概念测试 7.2

1. 指出银行信用卡、零售信用卡以及旅行和娱乐卡之间的区别。
2. 在使用银行信用卡时，现金预付款和余额结转的区别与相似之处分别是什么？
3. 解释信用卡浮动利率的正面效用和负面效用。
4. 什么是违约金利率？信用卡持有人应该如何来支付它？
5. 简单描述信用卡账户中评定的 5 种常见的费用并且说明如何避免它们。

> **专家建议**
>
> 控制和减少你的信用卡债务
>
> 如果你的信用卡债务上升到难以控制的水平，请考虑以下建议：

1. **立即停止**使用你的信用卡，并且不要开设新的信用账户或接受任何新的信贷优惠。

2. **收集你最近的信用卡账单**，坐下来用铅笔和纸写下每一笔债务的余额和利率。然后你可以使用一个类似于网站 www.bankrate.com 或 http：//money.cnn.com 上的计算器来确定一个偿还日期并计算每月的还款额，你需要在那个日期前偿清债务。

3. **考虑**把高利率账户上的**当前余额转移到**低利率账户上，但请谨慎使用这个方法，因为在短暂的初始期，交易费用和罚款可能耗尽你所有潜在的储蓄。

4. **支付最低还款额到**你的低利率卡上，并尽可能支付更多到高利率卡上。

5. **评估**所有你预算支出并计划为偿清信用卡余额而投入的最大可能额。

6. **加班**或从事另外的工作。为偿清债务投入所有额外收入，例如退税。

7. 如果在3～6个月之后对于偿清信用卡余额你依然没有明确的进展，那么**考虑**向一个非营利信用咨询机构**寻求帮助**。它可以与你的债权人进行沟通，以降低你的付款额和利率，减少或消除滞纳金和超过信用额度的费用。

洛里·布罗伯格

奥格拉拉·拉科塔学院

你必须明智地管理你的信用卡

学习目标3

管理你的信用卡账户以避免额外的费用和财务开支。

只有在使用得当时，信用卡在个人理财中才是一个积极的工具。为此，你必须了解和监控你的信用卡，纠正对账单上的任何计费错误，并核准所有财务费用错误的结果。你的目标应该是以一种可以避免所有费用的方法来使用信用卡，包括财务费用。这意味着每个月都得全额偿清你的欠款。否则，信用卡债务将会是大多数人所有的债务中最贵的一种。正如一位专家所指出的，“你想要从你的钱中赚取21%的无风险收益？还清你的信用卡吧。”

信用对账单

信用卡账户上的月账单显示了产生的费用和支付、所需最低还款额和其他信息中的截止日期；也称定期对账单。

如果你没有明智地管理你的信用卡，你每年将会在利息、罚金和费用上支付数百美元或数千美元给信用卡公司。这也可能会影响你的信用评级，结果将会是你将在包括购买车和房子在内的信用交易中支付比普通利率更高的利率。你甚至可能会错过一个好的工作机会，因为一些雇主会拒绝雇用那些有着不良信用记录的申请人。

□ 信用对账单

活跃收费账户持有者每月都会收到一份**信用对账单**［credit statement，又称**定期对账单**（periodic statement)］，它总结了费用、支出、财务费用和账户上的其他活动。信用对账单的一个显著的特点是能获取出账日期、截止日期、交易和发布日期、宽限期、最低还款额、商品的信用收益和账单错误。你还需要知道如何在你的信用对账单上纠正存在的一些错误。图 7-2 是一个信用卡每月对账单的例子。

×××银行信用账户说明
账号××××××××××××××××
2012 年 2 月 21 日—2012 年 3 月 22 日

账目活动总结	
上期账户余额	535.07 美元
支出	—450.00 美元
其他信贷	—0 美元
购买	529.57 美元
余额转移	785.00 美元
现金垫款	318.00 美元
逾期金额	0 美元
收费	**69.45 美元**
利息费用	**11.05 美元**
本期余额	1 798.14 美元
信用额度	2 000.00 美元
截止日期	2012 年 3 月 22 日
计费周期	30 天

有疑问请咨询：
电话客户服务：1-×××-×××-××××
信用卡丢失或被盗：1-×××-×××-××××

支付信息：

当期余额	1 798.14 美元
最低还款额	53.00 美元
到期还款日	2012 年 4 月 20 日

逾期还款警告：如果在上面列出的日期前没有收到你的最低还款，你可能需要支付 25 美元的滞纳金，并且你的年利率可能增至 28.99%的惩罚的年利率。

最低还款额警告：如果你每期只支付了最低还款，你将支付更多的利息，并且会让你花更多的时间来还清你的借款。

如果你用信用卡时，无额外还款费用，每个月你需要支付：	还清账单的余额将需要的时间（年）	你为此支付的预计总额（美元）
最低还款额	10	3 284
62 美元	3	2 232 节省了 1 052

如果你想咨询相关信息服务，
请拨打：1-800-×××-××××

请发送账单和通信到：邮政信箱×××，某城镇×××，某州×××

你的利率变化的通知
你已触发 28.99%的惩罚的年利率，这种变化会对你的账户产生如下影响：
在 2012 年 4 月 9 日当天或之后进行的交易：截至 2012 年 5 月 10 日，惩罚的年利率将适用于这些交易。我们会在这个级别无限期保留惩罚的年利率。
在 2012 年 4 月 9 日之前进行的交易：当前的利率将继续适用于这些交易，但是如果你的账单超过 60 天的延迟，惩罚的年利率将同样适用于这些交易。

你的账户条款的重要变化
以下是你的账户正在做出的变化的概要，有关详细信息，请参阅附带的说明册。
这些变化会对你的账单产生如下影响：
在 2012 年 4 月 9 日当天或之后进行的交易：截至 2012 年 5 月 10 日，任何的如下表所述的更改年利率将适用于这些交易。
在 2012 年 4 月 9 日之前进行的交易：当前年利率同样适用于这些交易。
如果你的购买的惩罚的年利率已经变得更高：在这种情况下，任何对下面的年利率的更改在此时不会起作用。当惩罚的年利率不再适用于你的账户时，这些更改将开始生效。

修改后的条款，截至 2012 年 5 月 10 日	
购买的年利率	16.99%

序号	交易日期	发布日期	交易信息说明	金额（美元）
5884186PS0388W6YM	2 月 22 日	2 月 22 日	存款 1	146.19
854338203FS8OO0Z5	2 月 25 日	2 月 25 日	小费	—
564891561545KOSHD	2 月 25 日	2 月 26 日	存款＃2	247.36

图 7-2　银行信用卡账户示例

1542202074TWWZV48	2月26日	2月26日	预付款	318.00
4545754784KOHUIOS	2月27日	3月1日	余额转移	785.00
2564561023184102315	2月28日	3月1日	存款3	34.32
045148714518979874	3月4日	3月5日	存款4	29.45
0547810544898718AF	3月15日	3月17日	存款5	72.25
		费用		
9525156489SFD4545Q	2月23日	2月23日	滞后费用	25.00
84151564SADS874H	2月27日	2月27日	余额转移费用	23.55
256489156189451516L	2月28日	2月28日	现金预提费用	20.90
			当期费用总额	**69.45**
		利息费用		
			购买利息费用	6.40
			现金预提利息费用	4.65
			当期利息费用总额	**11.05**

2012年开始到当前的总额	
2012年的费用总额	90.14美元
2012年的利息费用总额	18.27美元

利率变化计算：

你的年利率即是你账户上规定的利率。

资产类型	年利率（%）	余额受利率限制（美元）	利息费用（美元）
购买	14.99（*V*）	512.14	6.40
现金预付款	21.99（*V*）	253.50	4.65
余额结转	0.00	637.50	0.00

（*V*=可变利率）

图7-2 银行信用卡账户示例（续）

出账日期

出账/截止/结算日期

信用对账单上报告所有交易的最后一天。

出账日期［billing date，有时也称**结算日期**（statement date）或**截止日期**（closing date）］是每月的最后一天，所有交易都写在对账单上。在图7-2中，这个日期是2012年3月22日。在此日期之后任何交易或支付都会被记录在下一个月的信用对账单上。对账单会在某一天或出账日期之后被邮寄给卡的持有者。每个月的出账日通常是同一天，出账日期之间的时间段为账单周期。

到期日

到期日是信用卡公司从你那里收到付款的具体日期。在图7-2中，这个日期是2012年4月20日。处于出账日期和截止日期之间的时间段代表允许邮寄报表和支付的时间以及借款人安排支付的时间。联邦法律规定，账单必须至少在支付到期前的 21 天寄给持卡人。图 7-2 显示的账户具有一个长达 29 天的宽限期。如果是在到期日之后收到付款，那么信用部门可能会收到付款速度慢的通知。如果没有收到付款，公司可能会联系你，但通常公司仅仅会保持收支平衡直到下一个月。

根据法律规定，信用卡发行商可以收取一笔不超过 25 美元的滞纳金，如果逾期支付金额不超过 25 美元，则滞纳金不超过逾期支付金额。这个例子表明，25 美元的滞纳金是额外的。如果下个月也没有支付，那么会有更有力的催收工作。你每个月的截止日期必须是相同的，如果它正好是周末或节假日，你须在接下来的一个工作日支付。在截止日期的下午 5 点之前收到付款的都被认为是按时的。

交易日期和过账日期

信用卡持卡人进行购买（或收到一笔信贷，如在本章随后讲到的）的那天被认为是**交易日期**（transaction date）。在过去，在信用卡公司（在公布日期）被告知交易和费用被记入账户之前会有几天时间。随着零售商越来越多地使用磁条扫描仪，这些日期可能和店员或消费者用扫描仪刷卡的日期是相同的。利息会在过账日期被收取，除非具有一个宽限期；一些出借人在交易日期收取利息。

宽限期

宽限期（grace period）是交易的过账日期和截止日期之间的时间段，在那期间所有在账单周期内用新信用卡进行的购买都将免收财务费用（见图 7-1）。只要前一个月的总余额被全额按时支付，大多数信用卡都会有一个宽限期。大约三分之一的信用卡持有人在截止日期前全额偿清了他们的欠款，实际上是在他们下一个账单周期内的新购买上获得了一笔无息贷款。这是一项明智的财务举措，使用一张信用卡是为了方便每个月都全额支付，另一张信用卡让每月清偿余额成为可能。使用一张没有年费的卡是为了购买方便，使用低年利率的卡是为了使你在购买之后能达到收支平衡。注销那些不提供宽限期的卡。在图 7-2 中，持卡人有一笔 535.07 美元的未清偿余额，从它被记入账单的那天起，就会被收取和账单周期内新产生的费用一样的未付余额的利息。因此，在这个例子中没有宽限期，因为在上个月有未支付余额。

> **宽限期**
>
> 交易入账日期和支付截止日期之间的时间段，在那段时期内没有利息增加。

> **理财要点**
>
> 对申请信用卡年龄为 18～20 岁的客户的特别规定
>
> 根据 2009 年《信用卡责任和披露法案》的规定，当年龄在 18～20 岁的人想申请信用卡时，出借人必须能证明申请人有足够的独立收入或有连带保证人。

最低还款额

要履行责任，借款人必须每月支付不小于银行要求的**最低还款额**（minimum payment amount）。在图 7-2 中，信用卡持有人有两个选择：支付应还总额（1 784.53 美元）或者支付最低还款额 53 美元。如果借款人支付了全部欠款，财务费用在下一账单周期新的采购中一般是可以避免的。如果支付了部分付款如“合计最低还款额”53 美元，额外的财务费用将被评估，并且在下一个月需要支付。

> **最低还款额**
>
> 出借人所要求的最低月支付额。

《信用卡责任和披露法案》要求，如果你支付了没有额外费用的最低付款，信用卡账单中应该包括还清你的卡内余额需要的月数。在这个例子中，需要 10 年以最低还款额还清余额，导致近 1 500（≈3 284.00−1 784.53）美元的额外利息。相比之下，在每月支付 62 美元、没有额外费用的情况下将减少 3 年的投资回收期，节省利息费用 1 052 元。在 2010 年这方面的资料被列入信用卡对账单以来，信用卡余额中位数已下降了 20%以上，证明了那些了解这些潜在额外利息的人做出了更好的还款决策。当你决定了你的信用卡还款额时，你也应该密切关注这些信息。

> **理财要点**
>
> 你的信用卡支付是如何申请的?
>
> 根据《信用卡责任和披露法案》，无论何时你用信用卡账户进行大于最低还款额的支付，出借人均必须把所有超过最低还款额的支付应用到具有最高年利率的信用卡负债中。

交易费用

当信用卡被用于余额结转或现金预付款交易时，信用卡公司通常会收取交易费用。例如在图 7－2 中，这些费用都被评估，因为这些类型的交易在账单周期内发生了。交易费用是很少见的，但是如果卡在其他国家被使用，这就比较常见。

信用商品退货和错误

如果你退还赊购的商品，商家会发给你返回**信用收据**（credit receipt），上面记着返还商品具体的交易金额。从本质上讲，商品信贷金额将回馈到信用卡公司，并最终回馈给商家。当发生计费错误（在下一节中讨论）或发生未经授权的交易时，信用卡公司将登记信用事件。在当月获得的信用应该作为总欠款金额的扣除出现在下个月的账单上。图 7－2 显示了一个 13.45 美元的信贷账单。

> **信用收据**
>
> 所有返还条款的书面证据，上面均记录了特定金额和交易日期。
>
> **定期利率**
>
> 它等于赊账的年利率除以每年账单周期数（账单周期数通常是 12）。
>
> **日均余额**
>
> 在账单期间每天所欠的未结余额的总和除以期间内的天数。

□ 财务费用的计算

发行信用卡的公司必须告诉消费者合适的实际年利率以及计算财务费用所采用的方法。实际年利率会转化为一个**周期利率**（periodic rate），它是费用账单的实际年利率除以每年的结算周期数（通常为 12）。例如，18%的实际年利率会导致每月 1.5%的定期利率（实际上会高一点儿，因为是复利），这两个数字必须予以披露。在通常情况下，财务费用应先计算**日均余额**（average daily balance），即在计费期间，以期间内的天数划分的每日未清偿余额的总和。例如，一张具有 18%年利率的卡，周期利率为 1.5%，日均余额为 1 000 美元，财务费用为每月 15（＝1 000×0.015）美元。注意，在图 7－1 和图7－2的例子中，购买、余额结转及现金预付款的年利率是不同的。这是当前典型的信用卡的分类。

□ 如何计算信用卡日均余额

计算一张信用卡计费账单日均余额普遍使用如下三种方法：

1. 不包括新购买的平均每日余额。持卡人仅仅对那些前一个月遗留下来的未还款额支付利息。

2. 包括宽限期内新支付的日均余额。余额计算包括账单周期内上个月余额和任何新的支付。宽限期可以不包括在账单周期内的新的支付，但必须在之前账单周期内的余额为零的前提下才可以。

3. 包括没有宽限期的新支付日均余额。即便上个月的余额已经全额偿还，上个月的余额和账单周期内所有新的费用均会被包括在余额计算中。

下面的表格说明了在假设的情况下财务费用是怎么变化的，其中，一个借款人每月借款 1 000 美元并且仅偿还最低还款，除了每次全额支付余额的第三个月。一年四次执行这项计划将产生如下表所示的财务费用，它以两种最普遍的方法分别计算了日均余额，分别对应信用卡低、平均和高的利率。

	年利率（%）		
	12.0	17.3	19.8
日均余额（除了新的购买，美元）	40.00	57.60	66.00
日均余额（包括带有宽限期的新的购买，美元）	80.00	115.20	132.00

专家建议

避免最低还款额陷阱

你最近是否有信用卡未偿还的余额？如果有，这些未偿还的余额已经存在多久了？如果你在大学时期开立一个账户，并且在你 22 岁毕业之后还有 2 500 美元的未还余额，你可能会发现多年后余额并不会降到 2 500 美元以下。当你继续用信用卡支付，但是只支付最低还款额时就会出现上面这种情况。如果几年以后你仍然欠着 2 500 美元，那么在那之后你就背上了永久性债务。从本质上来说，这意味着你从来没有偿还过大学欠款。以 18%的年利率计算，2 500 美元余额在 15 年内的财务费用将高达 6 750（=0.18×2 500×15）美元，几乎是债务本身的三倍之多!

如果你不继续使用信用卡支付，但仍然偿还最低还款额，前景同样不容乐观。信用卡发行人通常要求一笔每月最低还款额，它是利率低至 3%或 3.5%的未偿还余额。然而，这小小的还款要求在数学意义上却能使用户在接下来的许多年都背上债务。举例说明，以 1.5%的每月周期利率计算，2 500 美元未偿还余额里有 75 美元（占 3%）的最低还款额，结果只有一半的支付 [37.50（=2 500×0.015）美元] 被用来偿付实际债务（即本金），其他 37.50 美元则被用于支付每月的利息。以这个还款利率来计算，偿还这 2 500 美元将需要超过 6 年的时间。

发卡机构经常使用的伎俩是允许持卡人“跳过付款”——从本质上来说，即所谓的“零美元最低付款”。在没有支付的时候，利息将保持每月增长。这种做法增加未偿还总额是因为未付的利息只不过是被添加到了未付的余额中。

这种提议例如“低”或“零美元”的最低还款额则是所谓的最低还款额陷阱。要避免在 6～10 年或在更长时间里支付信用卡费用，你必须增加每月还款额来使你的信用卡达到平衡。最好的是，多问问自己，“我真的需要支付吗?”记住，只关注最低还款额背后隐藏的数字真的很重要：背后隐藏的数字包括你欠了多少钱和以什么样的利率负债。

唐纳德·斯图尔曼
特拉华州威明顿大学

□ 如何纠正信用卡账单上的错误

《公平信用记账法案》(FCBA) 可以帮助那些希望纠正循环信贷账户账单上的错误的人。实际上,《公平信用记账法案》允许**退款**(chargeback);也就是说,交易金额被退回给交易开始的双方。当持卡人声称在计费账单中存在一个数字的错误时,或当信用卡好像存在欺诈性使用时,或当(在某些合理的限制内)**商品和服务纠纷**(goods and services dispute)发生时,如商品和服务存在故障、损坏、假冒、有瑕疵或质量差等问题,并且你竭尽全力去纠正交易者的问题,信用卡公司是可以阻止支付行为的。对于商品和服务纠纷,FCBA 仅适用于在你的国家或当前邮件地址 100 英里以内超过 50 美元的费用相关的问题。大多数出借人把 FCBA 的规则用于解决任何商品和服务纠纷,却不考虑所涉及的地理距离。

> **《公平信用记账法案》(FCBA)**
> 它可以帮助那些希望纠正循环信贷账户问题的人。
>
> **退款**
> 在交易过程中,信用卡持有人存在争论或质疑被退回给交易者的交易金额。

> **理财要点**
>
> **计费错误太普遍了**
> 密歇根大学的消费者调查显示,几乎每 6 个中就有 1 个家庭报告称其信用卡账单上有错误。

> **催款信**
> 紧急要求偿还的公告。

你的时间限度

你必须在存在问题的账单发出之后 60 天内进行计费错误投诉。出借人有 30 天时间确认你的通知,并且在 90 天内,必须永久性地更正错误并返回任何超额支付(如果需要),或提供证据(例如,你认为签署的收费单副本)证明为什么账单是正确的。

出借人的责任

虽然纠纷正在被调查,但出借人不能评估利息并对有争议的拖欠金额处以罚款,发送**催款信**(dunning letter,紧急偿还要求的通知)或在没有说明"有些项目还在纠纷中"的情况下发送你账户的负面信息给其他信用部门。出借人在不遵循程序的情况下,就无法拿到纠纷金额的最开始的 50 美元,即便该账单是正确的。如果处于纠纷的项目被证明是合法的,则可返还利息及罚款。

你可以采取的步骤

当对计费账单的内容产生纠纷时,你可以采取以下步骤:

1. 通知有错误的商家。虽然 FCBA 并不适用于商家,但这往往是商家造成的错误,所以商家最适合去解决存在的问题。请务必告诉商家,根据 FCBA 你正在与信用卡发行商沟通来维护你的权益。

2. 发送书面通知给信用卡发行商。通知必须是书面形式的,使其有资格获得 FCBA 的保护。但并不是发送通知到通常汇还款的那个地址,先彻底检查账单,然后寻找标题为"发送调查"或类似的地址进行发送。如果存在的问题是"未经授权的",请确保你指示的这一点已被保护。

3. 提供任何必要文件的复印件(非原件)。保留原件来应对公司有关没有发生错误的任何声明。

4. 对纠纷项目暂不付款。如果可能,支付所欠的全部剩余金额来搁置纠纷。在

FCBA 的保护下，信用卡发行商必须立即为你账户里处于纠纷中的相关金额授信。

5. 在纠纷得到解决后重新审查你的信用部门文件。确保它不包含关于你拒绝偿还纠纷款项的相关信息。

概念测试 7.3

1. 解释通常是如何计算信用卡账户上的财务费用的。
2. 有宽限期的信用卡主要存在什么优势？
3. 请简要阐述在你发现信用卡账单上有错误时应该采取的步骤。

你知道吗？

肖恩的成功故事

肖恩自他毕业后在营销公司工作以来，对信贷的使用向来非常小心。他在工作后不久就购买了一辆用了两年的二手车。他用最低年利率的信用卡小心翼翼地购物，到目前为止，他都按时偿还余额。他有三张信用卡，其中一张是主要用于日常开支的奖金卡，他每月都对卡的余额进行全额还款。他用他的奖金买了他爱好的摄影中需要使用的相机。肖恩的第二张卡是他在谈生意中使用的。同样这也是一张奖金卡，它可以在私人旅游时提供飞行里程积分。他的旅行补偿支票可以向他的雇主申请报销从而偿清此卡。他不太使用第三张卡，因为他估计这张卡一般的费用在收到每月账单时可能无法被全额偿还。肖恩会确保在他下一次支付前清偿余额。他一般不随身携带这张卡，这样他只能先回家，再决定是否要承担更多的债务，而这些债务在他收到账单时是无法全额偿还的。

理解消费者分期付款贷款

> **学习目标 4**
>
> 描述消费者分期付款贷款的重要特征。

> **本票**
>
> 阐明贷款期限的书面分期付款贷款合同。

消费者有两种方式来获得分期付款贷款。**现金贷款**（cash loan）是借款人收到现金然后使用它进行购买、偿还其他贷款或进行投资。**购买贷款**［purchase loan，也称**销售信贷**（sales credit）］，指消费者凭信用进行购买，这样从出借人到借款人之间没有现金转移。反之，资金会直接从出借人到达销售者。例如，汽车购买者可能从福特汽车信贷公司获取一笔购买贷款来购买一辆新的福特 Edge。根据这些购买贷款，出借人也是销售者。对于所有的购买贷款，借款人都会签署一份明确说明贷款相关条款的**本票**（promissory note，一份书面分期付款贷款合同）。

□ 分期付款贷款可以是无担保的或有担保的

信贷可以是无担保的或有担保的。**无担保贷款**（unsecured loan）被授予完全是基于借款人良好的信用。有时没有担保的贷款被称为**不需抵押品的贷款**（signature loan），因为它们只需要由借款人签名备份。无担保贷款比有担保贷款有着更高的风险，因此利率也更高。

无担保贷款/不需抵押品的贷款

仅仅基于借款人的良好信誉而发放的贷款。

有担保贷款

基于抵押物或担保人发放的贷款。

有担保贷款（secured loan）需要担保人或担保物。如果初始借款人无力偿还债务，**担保人**（cosigner）就需要支付债务。担保人承担了主要的责任，因为担保人与最初借款人承担了与偿还债务相同的法律义务。一旦发生违约，出借人可以要求双方之一还款——借款人或担保人——取决于从哪一方更有可能收回资金。记住，当人们需要担保人的时候，这意味着出借人认为借款人的信誉并不是很好，所以需要担保人的做法是相当正确的。生活中的一个好建议就是永远不要对贷款担保，即使是亲戚也不要为其担保。

留置权

通过扣押和处置（通常是变卖）财产来获得优先受偿的合法权利。一旦贷款被偿还，留置权就归于消灭。

提前支付条款

信贷合同的一部分指出，在特定数额（通常是一个）的支付未被完成后，贷款就被认为是违约的，基于出借人的要求，所有剩余的分期付款就是到期的和应支付的。

一笔有担保的贷款意味着出借人在财产中有例如担保物保证的担保权益。例如，车辆本身就是对汽车贷款的担保物。担保物不一定必须是用贷款来购买的财产。在通常情况下，出借人在县级法院记录留置权从而使公众了解相关的担保权益。**留置权**（lien）是一项通过扣押和处置（通常是变卖）财产来获得优先受偿的合法权利。当偿还贷款时，留置权将被撤销。（借款人应仔细检查，以确保此撤销生效。）

如果借款人未能偿还贷款，出借人可以通过收回担保物行使留置权，有时不会另行通知。几乎所有的信贷合同均包含**提前支付条款**（acceleration clause），表明特定数额（通常只有一个）的付款未被偿付后，这笔贷款则被认为是违约的，基于出借人的要求，所有剩余分期付款就是到期的和应支付的。这些条款保护了出借人的利益但同时对借款人来说是比较烦琐的。如果你错过了付款并且出借人没有立即行使提前支付条款，这时候要小心：因为提前支付条款可以在发生违约后的任何时间被执行。因此，不要忽略一个出借人的警告信！

□ 购买贷款分期付款合同

下面是以分期付款贷款购买物品时使用的两种合同：

- 分期付款购买协议［installment purchase agreement，又称**担保分期付款贷款**（collateral installment loan）或**动产抵押贷款**（chattel mortgage loan）］，在其中当合同签订时财产被移转到买方。
- **有条件销售合同**［conditional sales contract，又称**融资租赁**（financing lease）］，在其中直到上一期的分期付款被偿清，协议才会转移给买方。

分期付款购买协议提供给借款人一个保护措施，例如当收回财产时，出借人必须遵循所有法律程序。某些州的法律允许当买方未能付款时，出借人可以收回担保财产，甚至可以采取从公路上直接拦截下车的方式来收回担保财产。

概念测试 7.4

1. 解释现金贷款和消费贷款有何不同。

2. 列举有担保贷款和无担保贷款之间的区别。

3. 阐述何时出借人可能需要履行一项贷款的提前支付条款，解释出借人这种行动的影响。

4. 区别分期付款购买协议和有条件销售合同。

计算消费贷款的利息

> **学习目标 5**
>
> 计算消费贷款的利息和年利率。

> **《诚信贷款法案》(TIL)**
>
> 它要求出借人向信贷申请人像披露年利率和财务费用那样披露利率。
>
> **浮动利率贷款/可调整利率贷款**
>
> 利率随着每月支付上升或下降而变动的贷款，允许贷款在最初的截止日期前被偿清。

联邦《诚信贷款法案》(TIL) 要求出借人向信贷申请人像披露年利率和财务费用那样来披露利率。当年利率不是显而易见的时，你需要频繁地查询年利率，并且比较其他贷款利率从而获得最佳的交易。财务费用是用美元表示的信贷成本。财务费用加上借入的初始金额必须被支付。曾有人说，做起来最困难的事是“进行 12 次简单支付”。

□ 计算分期付款贷款支付

分期付款贷款通常附带**固定利率** (fixed interest rate)，这意味着利率在整个贷款周期内不会改变。出借人通常向借款人提供**浮动利率贷款** [variable-rate loan，又称**可调整利率贷款** (adjustable-rate loan)]。当贷款利率发生变化时，每月的支付将会上升或下降，允许贷款在最初签订合同上的相同日期之前还清。

为了帮你找出不同贷款金额的每月所需偿付额，表 7-1 显示了在用常见的年利率和时段来偿还 1 000 美元贷款的情况下，各种分期付款的月支付金额。对于其他金额的贷款，把贷款金额除以 1 000 并乘以表中相应的数字。例如，12 000 美元、10%利率的汽车贷款，可能以 387.24 (=32.27×12) 美元的 36 个月等额支付来偿还。3 550 美元、16%利率的贷款，会要求 24 个月每月支付 173.81 (=48.96×3.550) 美元。

财务费用必须包括借款人支付的所有强制性费用。除了利息之外，出借人可能收取信用调查、贷款申请、信贷周期、残疾信贷或失业信贷保险相关的费用。当需要收取费用时，出借人必须把它们作为计算的年利率包括在财务费用里。当借款人自愿选择了这些选项时，费用就不被包括在财务费用和年利率的计算中，即使他们提升了贷款的实际成本。

计算消费贷款的财务费用是很容易的。首先，每月支付乘以月数再减去借入的初始金额。在前面给出的 36 个月汽车贷款例子中，财务费用是 1 940.64 [=(387.24×36)−12 000] 美元。其次，再加上所有其他强制性收费。

表 7-1　　需要偿还 1 000 美元时每月分期付款的支付额（本金和利息）[a]

年利率[b]（%）	每月的支付额（美元）						
	12 个月	24 个月	36 个月	48 个月	60 个月	72 个月	84 个月
5	85.61	43.87	29.97	23.03	18.87	16.10	14.13
6	86.07	44.32	30.42	23.49	19.33	16.57	14.61
7	86.53	44.77	30.88	23.95	19.80	17.05	15.09
8	86.99	45.23	31.34	24.41	20.28	17.53	15.59
9	87.45	45.68	31.80	24.88	20.76	18.03	16.09
10	87.92	46.14	32.27	25.36	21.25	18.53	16.60
11	88.38	46.61	32.74	25.85	21.74	19.03	17.12
12	88.85	47.07	33.21	26.33	22.24	19.55	17.65
13	89.32	47.54	33.69	26.83	22.75	20.07	18.19
14	89.79	48.01	34.18	27.33	23.27	20.61	18.74
15	90.26	48.49	34.67	27.83	23.79	21.14	19.27
16	90.73	48.96	35.16	28.34	24.32	21.69	19.86
17	91.20	49.44	35.65	28.85	24.85	22.25	20.44
18	91.68	49.92	36.15	29.37	25.39	22.81	21.02
19	92.16	50.41	36.66	29.90	25.94	23.38	21.61
20	92.63	50.90	37.16	30.43	26.49	23.95	22.21

a. 为了说明，假设有一笔 14 000 美元、贷款利率为 8%的五年期汽车贷款。为了偿还 1 000 美元，每月的支付是 20.28 美元；因此，20.28 美元（8%的行和 60 个月的列相交处）乘以 14 得出的每月支付额为 283.92 美元。对于不是精确的 1 000 美元增量，就使用小数。对于 14 500 美元的贷款，乘数将会是 14.5。

b. 对于 5.5%、6.5%、7.5%等这些非整数利率，只需在全部年利率支付之间进行每月支付。例如，48 个月 9.5%利率的支付额是 25.12 美元［25.36－24.88＝0.48；0.48/2＝0.24；0.24＋24.88＝25.12（美元）］。

□ 财务费用和分期付款贷款年利率的计算

利息占了财务费用最大的比重。计算分期付款和一次性付款信贷的利息有三种方法：余额递减（有时也叫作单利）法、附加利息法和贴现法。附加利息法在银行、储蓄银行以及为汽车、家具和其他信贷需求担保物进行分期付款的消费金融公司中占据主导地位。余额递减法被信用合作社广泛使用来计算贷款利息。余额递减法通常被信用卡和大多数家庭抵押贷款所使用。下面的讨论阐述了分期付款贷款年利率的计算如何使用这三种方法。

余额递减法对贷款人和借款人都是公平的

根据**余额递减法**（declining-balance method），每个支付期间（通常是每个月）的利率评估是基于当前分期付款贷款未偿还的余额。出借人开始计算清单（如表 7-2 所给出的）使得几个月之后能全额偿还余额。借款人可以通过支付比清单上所列的更大付款额来改变偿还的利率，或可以在任何时候全额偿还贷款。

> **余额递减法**
>
> 在每个计费期间（通常是每月）基于分期付款贷款的未结余额计算利息的计算方法。

表 7-2　1 000 美元本金加上利息的样本偿还清单使用的是余额递减法（月利率为 1.5%）

月份	未结余额（美元）	支付（美元）	利息（美元）	本金（美元）	余额（美元）
1	1 000.00	91.68	15.00	76.68	923.32
2	923.32	91.68	13.85	77.83	845.49
3	845.49	91.68	12.68	79.00	766.49
4	766.49	91.68	11.50	80.18	686.31
5	686.31	91.68	10.29	81.39	604.92
6	604.92	91.68	9.07	82.61	522.31
7	522.31	91.68	7.83	83.85	438.46
8	438.46	91.68	6.58	85.10	353.36
9	353.36	91.68	5.30	86.38	266.98
10	266.98	91.68	4.00	87.68	179.30
11	179.30	91.68	2.69	88.99	90.31
12	90.31	91.66	1.35	90.31	0.00

这里有一个分期付款贷款余额递减法的例证。如表 7-2 所示，在第一个月月末，1 000 美元初始余额适用 1.5%（即每年 18%除以 12 个月）的定期利率（适用于贷款未偿还余额的月利率），因此有一笔 15 美元的利息费用。第一个月 91.68 美元的分期付款，包含 15 美元的利息支付和 76.68（=91.68−15）美元的本金支付。

对于第二个月，未偿清余额减少到 923.32（=1 000−76.68）美元。自从余额减少了 78.68 美元，支付的利息部分减少到了 13.85（=0.015×923.32）美元。因为余额递减法对未偿清贷款余额应用的是定期利率，除非费用（如申请费用）提高了财务费用，否则年利率和单利率相等。[当我们检查住房抵押贷款的时候，偿清贷款的这种方法被称为**摊销**（amortization），也在第九章中被讨论。] 注意，余额递减贷款不会承担预付罚款。

分期偿还

部分支付用来支付利息和部分用来偿还本金的贷款偿还法。对本金的额外支付缩短了贷款期限，并减少了支付利息的总金额。

附加利息法

通过运用利率借入的金额乘以年数计算利息。

附加利息法有利于出借人

附加利息法是一项在计算分期付款贷款利息时被广泛使用的手段。用这种方法，利息被计算出并加入借入的金额中，以决定需要支付的总金额。式（7. 1）是用来计算利息金额的。注意，在这个等式中，对于附加利息法使用的利率是一种附加利率，不应该和年利率相混淆。

根据**附加利息法**（add-on interest method），通过运用利率借入的金额乘以年数计算利息。式（7.1）中给出的附加利息公式如下：

$$I=PRT \tag{7.1}$$

其中，

I=利息或财务费用；

P=借入的本金；

R=利息费率（单利率、附加利率或贴现率）；

T=若干年贷款的时间。

例如，假设纽约市的梅根·布鲁曼先生借了期限为2年、附加利息为9%的2 000美元贷款，这笔贷款需要按月进行分期偿还。根据式（7.1），她的财务费用的金额是360（=2 000×0.09×2）美元。把财务费用（360美元）加入借入的金额（2 000美元）中，产生了一笔需要偿还总金额为2 360美元的款项。当这笔金额除以按期付款的月数（24个月）时，我们发现梅根必须进行每个月98.33美元的24个月支付。

你知道吗?

你最坏的财务错误在于信用卡和消费贷款

基于其他的财务困境，你可能会在个人财务上犯错，若你：

1. 没有在购物时使用信用卡和消费贷款上的最低年利率。

2. 信用卡账户经常留有余额。

3. 使用一张信用卡而不是低利率分期付款贷款来进行大额消费。

使用附加法计算年利率

附加利率和年利率是不相等的。这是因为附加的计算假设原始债务在整个贷款期间都是欠着的。但随着债务被不断偿还，债务额肯定会下降。在刚刚给出的例子中，梅根没有在整整2年的时间里使用借入的全部金额。式（7.2）显示了在她的附加贷款上估计年利率的n-比率法。

提前偿付罚款

对借款者提前全额偿清贷款而评估的特殊费用。

$$APR=\frac{Y(95P+9)F}{12P(P+1)(4D+F)} \qquad (7.2)^{①}$$

$$=\frac{12\times(95\times24+9)\times360}{12\times24(24+1)\times[(4\times2\,000)+360]}$$

$$=\frac{12\times2\,289\times360}{288\times25\times8\,360}$$

$$=\frac{9\,888\,480}{60\,192\,000}$$

$$=16.4\%$$

其中，

APR=年利率；

Y=一年内的支付额；

F=财务费用的金额（信贷的成本）；

D=债务（借入的金额或收益）；

P=定期付款的总数。

根据式（7.2），年利率是16.4%。注意，年利率近似是附加利率的两倍，因为平均来说，梅根在整个贷款时期内仅仅使用了借入金额的一半。

78法决定了当附加贷款被提前偿还时的提前偿付罚款

大多数使用附加法的分期付款贷款合同包括**提前偿付罚款**（prepayment penalty）——为借款人提前偿清贷款而确定的一笔特殊费用。考虑到提前偿付罚款这样一个现实：借款人在期初支付更多的利息，因为他们有更多的钱可以使用，而随着时间推移，债务会逐渐减少，利息也越来越少。然而根据附加法贷款，利息均匀地分布在整个

① 涉及式（7.1）、式（7.2）的计算可以在福格/加曼合作网站上进行。

支付过程中，而不是随着贷款余额的下降而递减。如果附加法贷款被提前偿清，则出借人将会用一些罚款的方式来补偿前几个月使用的低利息部分。

你知道吗？

把坏习惯变成好习惯

你会这样做吗？	你应该这样做！
草草阅读你的信用卡账单；	完整和准确地阅读每份账单；
用从你皮夹或钱包中取出的第一张卡来进行支付；	当你打算用还有债务的信用卡支付时，停止购买；
用你的信用卡只支付最低还款额；	为全额偿清那张卡的余额设定一个日期并且进行符合你目标的支付；
忽略用你信用卡赚取收益的潜在可能；	开启一个可以提供收益的账户并且在出账时进行逐日购买，全额支付余额；
当你申请贷款时注重于月支付额的大小。	关注年利率和贷款期限。

78 法［rule of 78s method，又称**数字总和法**（sum of the digits method）］的规则是计算提前偿付罚款时使用最广泛的方法。它名字的起源是，对于一年的贷款，从 1 到 12 每个月份的数字加总为 78（＝12＋11＋10＋9＋8＋7＋6＋5＋4＋3＋2＋1）。对于两年期贷款，就把位于 1 和 24 之间的数字加起来，对于更长时期的贷款也如此。

78 法/数字总和法（用来计算提前偿付罚款的规则）

一个计算贷款提前偿付罚款的常用方法，使用附加法计算利息。

立刻行动！

在阅读了这一章之后你知道了更多关于个人理财的内容，所以通过下述举措开始行动吧：

1. 制作一份你当前所有未结清负债、欠谁金额以及利率为多少的清单。

2. 计划你将在现在和毕业之间借的所有钱。

3. 如果你要在毕业后的 3 年、5 年和 10 年内偿清所欠的全部债务，使用 www. bankrate. com/brm/popcalc2. asp 上的计算器决定你的月支付额。

为了说明 78 法的使用规则，现在来看看印第安纳州西拉菲特市的德温·格里格斯比的情况。他借了期限为 12 个月、额度为 500 美元的钱加上额外的 80 美元财务费用，并且要定期每月支付等额的 48.33（＝580/12）美元分期付款。假设德温想只需要 6 个月就偿清贷款。然而，在 6 个月还请贷款、每个月偿还 48.33 的情况下，他的假设可能不正确，他还欠了额外的 250 美元，因为在 6 个月后他已经偿还了借入的 500 美元中的 250 美元（一半）和 40 美元的财务费用，总计支付 290（＝48.33×6）美元。确切地说，德温仍然欠了 268.46 美元，包括 18.46 美元的提前偿付罚款。要使用 78 法计算这笔金额，出借人把 12 和 7（12 对应第一个月，11 对应第二个月……7 对应第 6 个月）之间的所有数字加总：12＋11＋10＋9＋8＋7＝57。出借人假设在前 6 个月收到德温所欠的 290 美元财务费用中的 58.46［＝(57/78)×80］美元——不是 40 美元的支付。[1] 结果，仅仅偿还了 500 美元借款中的 231.54（＝290.00－

① 如果贷款在一个月之后被还清，假设 80 美元财务费用支付的利息额为（12/78）×80 美元或 12.31 美元。对于 2 个月后全额偿还的贷款，假设总共支付的利息额为（23/78）×80 美元［第一个月的（12/78）×80 美元加上第二个月的（11/78）×80 美元］，或 23.59 美元。

58.46）美元，仍然欠着剩下的 268.46（500.00－231.54）美元，产生了 18.46（＝268.46－250）美元的提前偿付罚款。

根据贴现法，利息被提前还清

贴现法有时被债权人用来计算分期付款的利息。根据**贴现法**（discounting method），利息是基于乘以借款时间和乘以偿还年数的贴现率的。再把利息从贷款金额中减去，与我们前面涉及梅根·布鲁曼的例子唯一的区别是我们在贷款期初只会收到 1 640［＝2 000－(2 000×2×9%)］美元。他的每月支付额是 83.33（＝2 000/24）美元。使用式（7.2），年利率将会是 19.8%（年利率上升是因为当偿还 2 000 美元时只获取了 1 640 美元）。

> **贴现法**
>
> 利息的计算是基于贴现率乘以借入的金额和偿还的年数。再从贷款金额中减去利息，把差额给借款人。在这个方法中，利息是在每一个支付部分被支付给本金之前支付的。

概念测试 7.5

1. 解释如何使用余额递减法计算消费贷款的利息。
2. 概括如何使用附加法计算消费贷款的利息。
3. 当借款人提前偿还附加利息法贷款时，78 法有什么作用？
4. 解释如何使用贴现法计算消费贷款利息。

> **现在你有何建议？**
>
> 现在你已经阅读了关于信用卡和消费贷款的这一章，关于下面这些情况，你对达雷尔·科克伦斯有什么建议：
>
> 1. 他使用信用卡的方法，包括他拥有卡的数目如何？
> 2. 估计他每月支付的信用卡利息是多少？
> 3. 他该如何降低每月的利息？
> 4. 应该把他所有的信用卡债务并入一个分期付款贷款吗？

本章要点

1. 比较消费信贷的常见类型，包括信用卡和分期付款贷款。

借款人可以使用分期付款和一次性付款信贷。开放式信贷是一次性付款信贷的一个例子。它允许消费者在借钱的时候，没必要每次都填写一份新申请来重新获得信贷。消费者可以选择一次性偿还贷款或进行一系列金额不等的支付。银行信用卡以及旅游和娱乐信用卡是最常用的开放式信贷账户。

2. 描述信用卡账户的类型和特征。

信用卡借款人必须遵守账户的所有规则或者承担被处以大额金额罚款的风险，例如逾期付款费用和空头支票费用。出借人也需要对违约率保持谨慎，在违反账户规则的情况下，违约率的提高可能会提高贷款的年利率。如果借款人逾期支付其他账户，即使借款人在出借人自己的账户上保持良好的信誉，一些出借人也会根据违约率来提高贷款利率。

3. 管理你的信用卡账户以节省额外的费用和财务开支。

如CARD法案要求的，信用卡账单提供了账户一个月内动态的概括，包括任何财务费用的计算以及在你仅仅支付最低还款额的情况下偿清信用卡的余额需要的时间。信用卡发行人根据定期利率，将其乘以平均每日余额来计算财务费用。

4. 描述消费者分期付款贷款的重要特征。

消费贷款也称分期付款贷款，有几个区别于信用卡账户的特征。贷款通常有一个对固定月份的固定支付。一旦贷款被还清，账户就被关闭了，如果那个人想要进行另一笔贷款，就需要开启一个新账户。

5. 计算消费贷款的利息和年利率。

余额递减法和附加利息法被用来计算分期付款贷款的利息，尽管年利率（APR）公式在任何情况下都给出了合适的利率。根据余额递减贷款，利息金额产生于每月的支付中，它随贷款余额下降而下降。

讨论

1. 在经济困难时期借钱。由于高债务负担，2007年9月的大衰退给许多人造成了更大的困难。对于今天疲软的经济，你对承担信用卡债务、学生贷款和其他变动的借款有什么看法？

2. 什么类型的贷款是最好的？如果你想要借钱出国学习半年并可以在回国后的两年内还清，你更倾向于一次性支付贷款、分期付款贷款还是信用卡预付现金？为什么？

3. 折扣是一个好主意吗？一些信用卡为所有用信用卡的购买提供了1%或更高的折扣。在每月需要全额偿清余额的情况下，对于使用这么一张卡来获得这些折扣，你怎么认为？

4. 违约率。如果你没有按时偿还一张信用卡，你觉得更高的违约利率是合理的吗？如果因为你曾经在另一个账户上违约而产生了违约记录，对于上述情况，你是否有不同的意见？

5. 余额递减法。对于在余额递减贷款的开始几个月利息成本会比后面几个月更高这个事实，你怎么认为？

6. 78法。应用78法进行提前偿付罚款合理吗？为什么？

计算

1. 月支付和财务费用。来自明尼苏达州曼凯托的金伯利·詹森和丽贝卡·帕克都是单身人士。两个人依靠有限的资源共用一间公寓，他们通过金伯利的社会保障残疾支票和丽贝卡在一家食品杂货店的兼职收入为生。他们两个越来越厌倦他们的旧家具，于是去购物。一家当地商店提供了一份年利率为 16%、最长期限为 4 年的信贷。他们想要购买的家具价格为 2 800 美元，且没有首付要求。使用表 7－1 或加曼/福格合作网站，进行以下计算：

（a）如果他们贷款 4 年，他们每月支付的金额是多少？

（b）4 年期的总财务费用是多少？

（c）如果金伯利和丽贝卡把贷款期缩短为 3 年，支付将如何变化？

（d）3 年期的总财务费用是多少？

（e）如果他们能够支付 4 年贷款的 500 美元首付，支付将如何变化？

（f）有 500 美元首付的 4 年期总财务费用是多少？

（g）如果他们能够支付 3 年贷款的 500 美元首付，支付将如何变化？

（h）有 500 美元首付的 3 年期总财务费用是多少？

2. 日均余额和财务费用。塔莉卡·桑普森是一个来自北卡罗来纳州威尔明顿的古董交易商，她收到了万事达信用卡 4 月份的账单。账单显示她有 600 美元的期初余额，第 5 天她取出了 150 美元，第 12 天她取出了 300 美元，第 15 天她进行了一笔 200 美元的支付。出于好奇，塔莉卡想要确认账单周期的财务费用是否正确。

（a）在没有新的购买的情况下，塔莉卡 4 月份的日均余额是多少？

（b）如果年利率是 19.2%，在（a）的情况下她余额的财务费用是多少？

（c）在有新的购买的情况下，她 4 月份的日均余额是多少？

（d）如果年利率是 19.2%，在（c）的情况下她余额的财务费用是多少？

3. 日均余额。伊丽莎白·蒙巴顿是肯塔基州列克星敦的一位生物学家，她对最近信用卡账单上的利息费用是否正确感到好奇，信用卡账单如图 7－2 所示。使用所提供的日均余额来重新计算利息费用并与账单上所示金额进行比较。

4. 比较年利率。内华达州埃尔科的蒂莫西·斯普拉特曾经进行了一笔贷款来购买一辆新轿车。他想要借为期 4 年或 5 年的总额为 18 000 美元的贷款。蒂莫西的信用合作社提供了一份为期 48 个月、利率为 9.1%的余额递减贷款，产生了一笔 448.78 美元的每月支付。但信用合作社没有提供金额小于 20 000 美元的 5 年期汽车贷款。如果蒂莫西借了 18 000 美元，这笔支付将会拉紧他的预算。一家当地银行向当前存款人提供了一笔年利率为 9.34%、月支付为 376.62 美元的 5 年期贷款。这笔信贷不是余额递减贷款。因为蒂莫西不是这家银行的储户，他将会被收取 25 美元的信用审查费和 45 美元的申请费。蒂莫西喜欢较低的支付，但也知道年利率是信贷的真实成本，所以他打算在做决定前为两笔贷款确定年利率。

（a）信用合作社贷款的年利率是多少？

（b）使用 n－比率公式来确定向存款人报出的银行贷款的年利率。

（c）银行贷款的附加利率是多少？

（d）如果蒂莫西没有开户来避免信用审查费和申请费，则银行贷款的真实年利率是多少？

5. 78 法。堪萨斯州海斯的亚伦·卡森在 8 个月前获取了一份两年期 1 500 美元的分期付款贷款来购买一些家具。贷款具有 12.6%的年利率和 204.72 美元的财务费用。

他的月支付是 71.03 美元。亚伦已经进行了 8 次月支付，现在想要还清贷款的剩余部分。借款人将使用 78 法来计算提前偿付罚款。

(a) 亚伦需要支付多少来偿清贷款?

(b) 这笔贷款的提前偿付罚款金额是多少?

理财规划案例

□ 案例 1　约翰逊的信用问题

哈利和贝琳达需要回答一些关于信用方面的问题。他们用了 3 年的汽车在近期被检测出了机械问题。相反，他们并不计划在 3 月买一套新的轮胎，而是考虑卖出这辆汽车换一辆较新的二手车，以便哈利去上班时能拥有稳定的交通工具。这对夫妇仍然因这辆车欠银行 3 600 美元，要为 48 个月贷款中剩下的 18 个月每月支付 285 美元。这辆车的折价价值加上哈利从一个自由室内设计工作赚的 1 000 美元应该可以满足他们偿清汽车贷款并且把剩余 1 250 美元作为新车首付的要求。约翰逊已经同意了新汽车 14 250 美元的销售价格。为轮胎计划的花费将会被用来支付其他的附加税和购买产生的附带费用。

(a) 向哈利和贝琳达提建议：应该去哪里寻求融资和能接受的年利率是多少。

(b) 使用加曼/福格合作网站或表 7-1 中所示的信息，计算贷款期为 3 年、4 年和 5 年，年利率为 8%的月支付额。

(c) 哈利和贝琳达今年有若干个月的预期现金流赤字（见表 3-6 和表 3-7）。建议如何、什么时候和什么地方他们可能会因借款产生赤字。

□ 案例 2　维克托和玛丽亚有一笔账单纠纷

玛丽亚·埃尔南德斯正在复查她当前的银行信用卡账单，她发现有两笔她和维克托并没有进行的消费。费用是在一个遥远的城市里被用来支付酒店房间的租金和在同一天被用来购买食物的。这笔费用总计 219.49 美元，并不属于这对夫妇该月 367.89 美元的余额。

(a) 玛丽亚应该在账户上进行什么样的支付?

(b) 她应该如何将未经授权的使用通知她的信用卡发行商?

(c) 一旦问题得到解决，玛丽亚应该怎么做来保证她的信用记录没有因这个记录而产生负面影响?

□ 案例 3　朱莉娅考虑她信用卡的使用

朱莉娅已经考虑过如何使用她的信用卡。她有两张银行卡和三张商店卡。卡的年利率变动范围从 10.5%到 24.9%不等，商店卡的年利率是它们当中最高的。她经常使用她钱包里取出的第一张卡。在大多数月份中她全额偿清了一张或多张卡的余额。然而，有时她无法偿付一张或多张卡的余额，所以她仅仅支付了最低还款额。朱莉娅正竭尽全力管理她的信用卡，但是她想要做得更好。她正在考虑只使用她银行卡中的一张来进行所有支付，她认为她将无法在月底对那张卡进行支付。对于她的想法给出你的建议和看法。

□ 案例4　一份被偷信用卡的延期报告

阿拉斯加州费尔班克斯的安吉拉·克雷克拉夫特带着她的嫂子玛丽·詹森出去吃了一顿昂贵的午餐。当到了结账的时候，安吉拉注意到她的维萨信用卡丢了，所以她用她的万事达信用卡支付了账单。当开车回家的时候，安吉拉想起了她最后一次使用维萨信用卡大约在一个星期前。她开始担心售货员或其他人可能已经拿到它并且欺诈性地使用她的卡进行了消费。

(a) 简述安吉拉在这种情况下的合法权利。

(b) 讨论安吉拉必须支付账户的所有非法费用的可能性。

□ 案例5　汽车购买合同中的条款

弗吉尼娅·罗兰是密西西比州杰克逊的一名牙医，她最近涉及一份关于购买一辆新汽车的合同。在签字并获取 18 000 美元贷款之后，她带着她的合同复印件匆忙离开了销售借贷公司的办公室，并注意到有些条款不应该和她有关。

(a) 弗吉尼娅应该关心这些条款吗？为什么？

(b) 考虑 78 法，如果弗吉尼娅在规定的截止日期前还清了贷款，将会发生什么？

(c) 如果弗吉尼娅已经获得了为期 4 年的年利率为 7%的 18 000 美元融资，她的月支付将会是多少？使用表 7-1 所示的信息或加曼/福格合作网站。

自我理财

1. 列出你的信用卡账户。完成《我的个人理财规划师》中的工作表 28：我的卡的清单，它要你制作一份信用卡清单，包括：卡的名字（维萨信用卡、发现卡等）；发行者（银行、零售商等）；账户号码；当前购买年利率、余额结转和预付现金；未结余额（如果有）；通常的截止日期；使用的电话号码，如果卡丢失/被盗或出现计费错误可以使用。

2. 选购一张新的信用卡。完成《我的个人理财规划师》中的工作表 29：比较我的信用卡供应，它要你从两个不同的来源选购一张新的信用卡。如果你已经有一张信用卡，在工作表中第三列填入那张卡上的信息。决定你当前的卡是否为三张卡中最优的，或如果你当前没有卡，在你已经研究过的这两张中进行选择。

3. 监视你的信用卡账单。回顾你最近的信用卡账单是否准确。如果你在账单中发现了一个错误，列出你将会采取的步骤。

4. 比较假设车辆贷款。假设你已经决定通过借入 6 000 美元买一辆二手车，并且你付得起利率为 6%、8%和 10%的分别对应 3 年期、4 年期、5 年期的贷款。完成《我的个人理财规划师》中的工作表 30：按月分期付款支付的计算，从中决定 6 个月中每个月的月支付。哪项贷款最能吸引你？为什么？

网络资源

登录指定网站完成下列练习。

1. 回顾当前的市场利率。登录网站 www. bankrate. com，在这里你将会发现全美银行信用卡利率的信息。为离你最近的大城市中的出借人观察这些信息。如何将信息和你自己信用卡账户上的利率相比较？在你选择的城市中利率如何与那些在美国其他任何地方的利率相比较？

2. 研究变动利率的影响和贷款支付金额期间。登录网站 www. interest. com/auto 访问 Interest. com。在那里你会发现汽车贷款计算器，可利用计算器确定所有给定时间段、利率和贷款金额的余额递减贷款的月支付。假设你想要借 12 000 美元来购买一辆汽车。改变贷款期间和利率来观察这些变动是如何影响你的月支付的。

3. 偿清你的信用卡需要多久？你在一张或多张信用卡上欠钱了吗？登录网站 www. bankrate. com 访问 Bankrate. com，并且点击“更多计算器”找出一个将会告诉你需要多久才能偿清你的变动月支付余额的计算器。

付诸行动

1. 比较信用卡的供应。选择两家当地零售商、一家当地银行和一张当地信用卡并申请信用卡。比较申请它们要求的信息的不同。比较这些卡和别的你可能已经拥有的卡的年利率。制作一张概括你的发现的表格，并且对你的发现写下一些简要的反应。

2. 信用卡还款模式。向 5 个你的朋友调查他们使用信用卡账户的模式，包括他们进行最低还款额支付的选择而不是每个月都全额偿清余额。把他们所做的和你自己的模式相比，把你的发现写成一段总结。

3. 信用卡账单错误。向 5 个你的朋友调查他们曾经担心他们信用卡账单错误的经历。比较他们消除错误的步骤和在这一章中的那些建议。把你的发现写成一段总结。

4. 分期付款贷款利息法。访问你社区里的一家银行和信用合作社以及你自己的银行家。告诉它们你正考虑申请一笔贷款来购买汽车。询问它们能否提供余额递减法或附加法贷款，并且它们推荐什么方法。比较它们对于这一章中所提供的信息所做出的反应，并把你的发现写成一段总结。

登录 www. cengagebrain. com 访问加曼/福格合作网站。

第八章

车辆与其他大件商品的购买

你在开玩笑？

多拉·马克斯在三年前从大学毕业时，非常想买一辆设备齐全的本田思域。但这样一来，她得月供350美元，超出自身预算70美元。为了符合多拉的预算，经销商建议她租借这辆车，并为她提供了一个租借期为42个月、每月租金270美元、每年最大行驶12 000英里的租赁合约。合约规定租借结束时超出的里程按0.3美元/英里收费。到目前为止6个多月的租借期，多拉已经比合约限定里程42 000（=3.5×12 000）英里超出了1 500英里。在此情况下多拉的最佳选择是什么？

A. 归还车辆并为超出限定里程的1 500英里支付450（=1 500×0.3）美元；

B. 尝试少开车从而使超出的里程费用降到最低，否则如果她还像以前那样开车，她的超出里程费用会超过2 500美元；

C. 停止驾驶这辆车并在租借期结束时为超出的里程支付450美元；

D. 继续驾驶这辆车并在租借期结束时通过支付双方满意的剩余价值来购买这辆车。

答案是D。其他选项在经济上都没有实用性。多拉从中可以学到，租借可能带来较少的月支出，却常隐藏着只有租借期结束时才会被发现的成本。

学习目标

在学习完本章后，你应该能够：

1. 描述你在和经销商接触之前，你的计划性购买过程中的三个步骤。
2. 描述比较购物的过程。

3. 当购买大件商品时要进行有效协商及明智决定。

4. 利用有效的投诉程序。

你有何建议?

华盛顿州塔科马的戴维和莉萨·科斯格罗夫夫妇40岁出头，他们有三个孩子。他们有三辆车，莉萨开的是一辆几乎全新的丰田凯美瑞；戴维开的是一辆已使用五年的福特皮卡；他们的长女，17岁的安伯，开的是一辆已使用十年的道奇。最近，科斯格罗夫家车库中的一场大火烧毁了道奇和凯美瑞。莉萨的凯美瑞的贷款额是22 800美元，但科斯格罗夫一家收到的这辆车的保险赔偿只有21 900美元。安伯的道奇没有购买防火险。目前科斯格罗夫夫妇想要换和被烧毁的那两辆车差不多的车。

> 就车辆和其他大件商品购买而言，你对戴维和莉萨有什么建议：
>
> 1. 如何寻找两辆车来替换被烧毁的那两辆车?
> 2. 莉萨是应该换一辆新车还是应该换一辆二手车?
> 3. 租车还是买车?
> 4. 如果他们决定为莉萨买一辆新车，在折扣和低息贷款之间应该如何抉择?
> 5. 怎样和汽车经销商协商?

计划性购买（planned buying）需要考虑包括从最初的购买欲望到购买后的满意程度这一过程中的许多购买细节。任何时候都应该遵守计划性购买原则，并且在买车或者购买其他大件商品时，这些原则尤为重要。如图8-1所示的7个步骤包括了计划性购买的全过程。步骤1、步骤2、步骤3发生在你和经销商接触之前：确定你的必需品和非必需品，做一个消费前期调查，进行符合你的预算的购买。在购买过程中参照步骤4进行商品之间的比较以及经销商行为的比较。步骤5和步骤6是和经销商协商然后做决定。步骤7是对你所做的决定进行评估。在读完本章之后，你就会充分了解计划性购买过程在你购买大件商品时，不仅替你省钱还符合你对必需品和非必需品的需求。

> **你的未来五年**
>
> 在未来五年中，通过研究车辆与其他大件商品购买相关的以下要点，你可以在理财上获得相应的成功：
>
> 1. 当你决定要买车时，仔细检查由《消费者报告》在4月发布的汽车修理评级历史状况。
> 2. 购买新款、高质量二手车并在www.carfax.com和www.autocheck.com上获取二手车的历史记录报告，以及在www.nhtsa.gov上获取召回记录报告。
> 3. 从至少三个来源获取价格信息，为了购买大件商品，要努力和商家协商价格以及贷款条款。
> 4. 永远不要告诉经销商你能买得起什么。
> 5. 当你对购买的商品或服务不满意时，要果断要求赔偿。

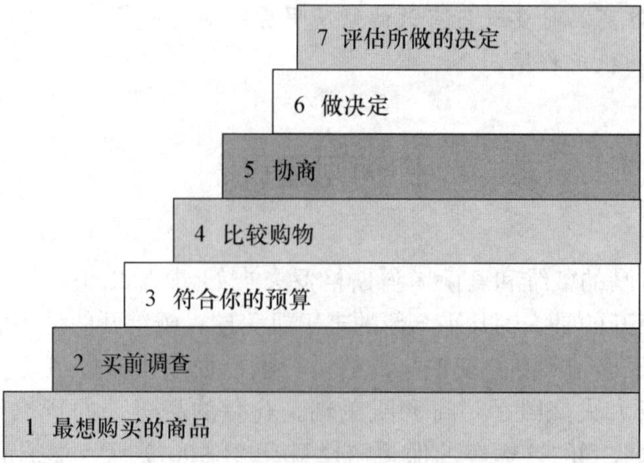

图 8-1　计划性购买的步骤

购买前要做家庭功课

现在让我们来看一下前 3 个步骤，它们都应该发生在你和经销商交涉之前，从某种程度上来说，它们实际上是你准备去购买前应该要做的家庭功课。

□ 区分必需品和非必需品

> **学习目标 1**
> 描述你在和经销商接触之前，你的计划性购买过程中的三个步骤。

> **必需品**
> 生活必需的商品。
> **非必需品**
> 不是必需但是你想要的商品。

必不可少的东西叫作**必需品**（need），渴望得到而非必需的东西被认为是**非必需品**（want）。事实上，真正的必需品是很少的，然而在日常生活中，人们常常称某些非必需品为必需品。最好不要称某件物品为必需品，因为这样你就会不假思索地把它买下了，而是应该把所有购买选择都当作欲望驱使而非因为是必需品，即使有些非必需品比其他必需品更重要。最重要的物品可以通过非必需品的重要性来排序。这种方法需要对每件非必需品的利润和成本进行考虑。如果一件特定的非必需品是令人满意的，那么通过其他非必需品来计算机会成本就会比较困难，因为上述成本就包括这个机会成本。例如，买一辆装有可伸缩开窗的车，就意味着你没有钱再买一辆带远程启动功能的车。

当决定变得复杂时，设置优先选择就会很困难，如买车或买房。看看来自明尼苏达州圣保罗的理疗师莎伦·威尔逊的情况。由于莎伦已经买了 12 年的旧车存在太多机械故障，所以在过去几个月她总是迟到。莎伦不想迟到，她该怎么办？她是该买一辆新车还是二手车？是租一辆新车还是修好现在这辆旧车？还是她应该乘公交车去上班？在考虑了这些问题之后，莎伦决定买一辆新车。现在她必须决定车子各种配置优先权的高低。这样一来，莎伦列了一张如图 8-2 的图。这张图可以让她更容易买到她想要的车。

车辆配置	优先等级 1	2	3
自适应巡航控制系统（使用雷达保持安全距离）		√	
空调	√		
铝合金车轮		√	
自动变速器	√		
后置岔路监控器		√	
盲点监控器			√
无盖加油装置	√		
4 轮防抱死制动系统		√	
4 轮驱动器		√	
无钥匙启动系统			√
车道偏离警报			√
真皮座椅	√		
“我的福特”娱乐系统		√	
行人检测系统			√
电动车窗	√		
后座椅折叠开关		√	
卫星收音机	√		
刹车自动收紧安全带		√	
天窗			√
顶级音响系统	√		

图 8-2　（莎伦的）优先选择表

□ 买前进行信息搜索会让你做出更明智的决定

聪明的买家在购买之前总会对商品或服务做详细的了解。这个过程的第一个步骤就是**买前搜索**（pre-shopping research）——和经销商正式沟通之前的信息搜索。厂商、经销商和中介服务者都是产品和服务的重要信息来源。其他两个来源就是你的朋友和消费者杂志。如果你知道某人开的车正是你考虑的那辆，去问问他对这辆车的看法。

理财要点

避免冲动型购买

快速购买而没有考虑产品的优先选择和其替代品就叫作**冲动型购买**（impulse buying）。冲动型购买浪费钱，并且买者买到的产品常常不是他们想要的。

冲动型购买

快速购买而没有仔细考虑产品的优先选择和其替代品。

买前搜索

在和经销商正式沟通之前搜索商品信息。

关于产品你最想知道的是什么？

你可以在《消费者报告》上看到与车辆相关的信息，这本杂志会客观地检测产品并给出产品信息报告。《消费者报告》每月出版，它通常会提供一份 2～5 页的产品状况分析以及图表形式的信息概括。每年 12 月出版的《消费者报告购买指南》列出了各种商品的实际情况和数据。每年 4 月出版的《消费者报告》是完全针对汽车购买的。以上所说的这些以及更多的信息都能在 www.ConsumerReports.org 上找到。

检测环境影响

许多产品都会对环境造成影响，如汽车、电子设备和家用电器这类产品。这种影响也会影响人们的购买决定，而且产品的这类影响通常是公开的。例如，政府要求从2013年生产的新车开始，车窗标签需要包括每年大概的燃料成本和汽车对环境的总影响。通过这个标签可比较同一级别的车辆，可使潜在的买家做出明智的决定。

你希望支付的价格是多少?

广告通常是价格信息的关键来源。你也可以通过商品目录、电话咨询和互联网来获取价格信息。对于不同的大件商品，情况是不同的。虽然商家可能会公布家具、家用电器、汽车等商品的价格，但这个价格一般不会是你希望支付的最低价。这是因为，在必要时，商家为了做成一笔交易，通常需要协商一个更低的价格。在经济低迷时期，你可以和商家讨价还价。在走出店铺之前，你要明确你所希望支付的价格，否则，你谈下来的价格就有可能比最低价高。

打破经销商在新车价格上的规则

当你走进商家展销室的时候，你可能会看到两个不同的价格：（1）厂商建议零售价和（2）商家发票价。这两个价格都是人为规定的，因此你的协商并不是努力去逼近商家发票价格，而是你可以决定更低的真实价格。**厂商建议零售价**（manufacturer's suggested retail price，MSRP）是由厂商设定的零售价，并张贴在政府要求的车窗标签上。商家想让你支付全额的MSRP以及其他杂费。

商家发票价［dealer invoice price，又称**基本发票价**（base invoice price)］是汽车制造商在经销商买入新车时向代理商收取的价格，这个价格不含经销商从制造商那里所得到的折扣。发票价通常包含一些由经销商所添加的额外的费用，以此来获得额外的收益。

寻找有关新车和二手车真实的价格信息

Edmunds. com报告说新汽车和新卡车的平均价格超过了29 000美元。聪明的购买者可以通过Edmunds网站（www. Edmunds. com）、凯利蓝皮书网站（www. kbb. com）或者国家汽车经销商协会网站（http://www. nadaguides. com）来查看有关新车和二手车的平均零售价和批发价。

> **理财要点**
>
> 在线阅读产品评论
>
> 花时间去网上查看产品和服务的评论，这种行为对做购买决定会有很大帮助。批评性的评论可以作为你想要避开的产品特性的指导。花时间去经销商的网站和博客上查看那些匿名的好评和差评。某些极端的好评有可能是公司雇用的“托儿”伪造的，而有些非常恶劣的差评则可能是那些无道德竞争者评论的。最好的方法就是忽略那些极端的评价。

> **厂商建议零售价**（MSRP）
>
> 由厂商制定的零售价格，被政府要求张贴在车窗上。
>
> **商家发票价/基本发票价**
>
> 汽车制造商在经销商买入新车时向代理商收取的价格，这个价格不包含经销商从制造商那里得到的折扣。

知道你旧车的折旧价格

在购买新车时，以旧换新常常会比较优惠，但也不总是这样。对于任何以旧换新的旧车，买主应该知道它的价值。利用以上给出的那些网站，你可以查到你旧车的合适的折旧价格（批发价）以及你自己能卖到的价格（零售价）。有了这些信息，你就能和经销商协商出一个好价格来贴补你想买的新车。如果你没有从经销商那里得到一个理想的折旧价格，那就换一家店购买，或者你可以考虑自己去卖你的旧车。

□ 我买得起吗?

当想买一件很贵的商品时，人人都会考虑“我买得起吗?”一项难以承受的消费可能会破坏你一两个月的资金预算。然而，一个冲动的信贷合同或租赁合同所带来的负面影响却可能会持续好几个月的时间。

购买实例

检测一项大额消费成本的一个方法就是考虑使用产品时的单次成本。举一个例子来说，保罗·伦兹是亚拉巴马州多森的一名汽车工人，他正在考虑购买一部高质量的摄影机。在 700～750 美元价格范围内他搜索了几款摄影机。保罗估计他每年将会使用摄影机 20 次，同时他也知道每部摄影机的平均寿命是 7 年，也就是说总共可以使用 140 次左右。用价格除以使用次数就得到每次使用摄影机的成本是 5（=700/140）美元，这个成本不包括录影带和维护摄影机相关的费用。这样来看，保罗在需要使用时去租或借一部摄影机或许更省钱，或者他可以买一部便宜一点儿的。

> **你知道吗?**
>
> 人们以旧车换新车的时间
>
> 调查显示大约 15%的车主在汽车行驶满 100 000 英里后会换车，50%以上的车主在汽车行驶了 100 000～250 000 英里后会换车，大约 25%的车主直到行驶了 250 000 英里或超过 250 000 英里后才会换车。

为了在大件商品购买中能仔细分析这一过程，先来分析莎伦·威尔逊要怎样做才能合乎预算地购买新车（见表 8-1）。她估计她想购买的这款车的商家发票价大约是 28 000 美元，28 000 美元仅仅是车的价格，而不包括她最想要的车内配置的费用。如果加上这些配置的费用，这个价格很可能会比商家发票价高出 3 300 美元，包括：空调，700 美元；自动变速器，600 美元；真皮座椅，700 美元；无盖加油装置，100 美元；电动车窗，400 美元；顶级音响系统，600 美元；卫星收音机，200 美元。因此，要购买一辆带有上述装置的车将花费 31 300（=28 000+3 300）美元。她打算用她的储蓄账户支付 3 500 美元的首付，同时以旧车抵扣可以得到 2 000 美元，剩余款项则通过贷款来支付。她对这辆车支付的实际价格取决于她能从商家发票价上砍下的价格。通过消费前期调查，莎伦知道最后的合约价应该会比商家发票价低 12%左右。莎伦算出她应该能把购买价格谈到比原来便宜 10%，即不超过 28 170［=31 300×(1−0.1)］美元。

表 8-1　使买车开销符合每月预算支出（莎伦·威尔逊的可支配收入为 2 440 美元） 单位：美元

	当前预算	可削减	新预算
食物	350	−30	320
服装/洗熨	120	−50	70
汽车保养/维修/换胎	80	−30	50
汽车保险	80		80
汽油	160	−20	140
家用	800		800
公用事业	150		150
电话费	70		70
休闲娱乐	150	−50	100

续前表

	当前预算	可削减	新预算
送礼	50	−10	40
教堂和慈善	60		60
个人护理	100	−20	80
储蓄	200	−100	100
其他杂项	70	−20	50
合计	**2 440**	**−330**	**2 110**
汽车支付			707
加上汽车支付的总和	**2 300**	**−330**	**2 887**

莎伦的最后花费将取决于以下几个方面：（1）她买车实际的花费；（2）首付金额；（3）还款期限；（4）旧车所抵扣的金额；（5）汽车贷款利率。假设汽车价格为28 170美元，销售税和汽车过户费用为830美元，莎伦一共需要支付29 000（=28 170+830）美元。在8%的车贷利率下，48个月每月还款金额为707.89（=24.41×29）美元，见表7-1，还款期约为48个月。

理财要点

这件商品将耗费你多少时间?

当你购买新车、电脑、电视或者其他贵重商品时，将这些商品的价格用你每小时的工资来进行划分。例如，你将一台个人电脑的价钱1 100美元用一小时10美元（即15美元减去个人所得税）工资来表示，这就意味着你必须工作110小时才能买得起这台电脑。

使买车开销符合月预算

下一个难题就是看这笔汽车支付莎伦是否能够负担得起。莎伦尽量让这笔707.89美元的汽车支付符合她的预算，如表8-1所示。表8-1是莎伦的每月支出预算。实际状况是她能保证每月的税后实际收入有2 440美元，其中包括200美元的每月储蓄存款。为了了解自己能否支付新车的月供，她对这些数据进行了分析，却发现她只能从中节省出330美元，但是这330美元远远不够偿付707.89美元的车贷月供。然而，如果采取一个更长期的，比如60个月，且利率为8%的贷款，她的月供就能减少到588.12（=29×20.28）美元，见表7-1。当然，莎伦还有其他选择，比如削减平时开支，还可以加班、兼职。否则，她只能彻底放弃购买那辆新车而去买一辆她能买得起的新车。

你知道吗?

怎样购买一辆安全的汽车?

以下几点可以帮助你购买一辆安全的汽车：

- **查看政府安全性实验结果。**联邦政府通过汽车碰撞实验来分析汽车的安全性。对于不同品牌不同型号汽车的安全性实验结果，通过拨打国家公路交通安全管理局的“汽车热线”(800) 424-9393或者通过访问www.safercar.gov可以查到。
- **考虑带有额外安全气囊的汽车。**几乎所有汽车都有司机和乘客前座安全气囊。若需要额外的保护，可以考虑那些带有头部气囊、侧边钢管气囊、膝部气囊、后帘气囊、安全带式气囊以及后座中心安全气囊的车。
- **检查召回情况。**当买二手车时，去网站www.nhtsa.gov上看看这款车是否被召回过。如果是，那你就要确定你所考虑的这辆车已做过相应修理；如果没有，那你需要去别家买。经销商被要求免费修理那些因安全性问题而被召回的车辆。

概念测试 8.1

1. 什么是计划性购买?

2. 区分必需品和非必需品，并解释为什么在不考虑购买必需品的情况下，计划性购买更好?

3. 描述一下当你购买大件商品时，你自己需要去搜索的信息类型。

4. 概括一下你是否支付得起一项特定购买的确定过程。

使用比较购物进行最佳购买

比较购物（comparison shopping）就是通过对商品或服务进行比较来找到最佳购买的过程。对于买主来说，**最佳购买**（best buy）表示在可接受的同一质量水平上，产品或服务的价格更合理或更低。以最低价格购买商品不一定就是最佳购买，因为要考虑商品的质量和性能。大件商品，比如汽车、家具、家电、电子装备，在不同的商店、不同的时间，它们的价格是不同的。你可以在网上对商品进行比较，但是你最好去不同的商店看一看这些商品。专家建议消费者在商店购买时使用**“三比较法则”**（rule of three)，也就是说，在做购买决定前，至少要对商品做三个方面的比较。

□ 融资方式的比较

> **学习目标 2**
> 描述比较购物的过程。

> **比较购物**
> 对商品和服务进行比较并找到最佳购买的过程。
> **最佳购买**
> 就买主而言，在可接受的同一质量水平上，产品或服务的价格更合理或更低。
> **本末倒置**
> 由于车主买车贷款所欠金额大于车子的价值，从而导致车主权益为负的情况。

最低的贷款利率和最少的支付额并不是最佳的信贷计划。好的信贷项目通常很容易在银行获得而又与卖家无关。你可以通过银行或信用合作社贷款来买车和家用电器。当然你也可在 bank. com 或 interest. com 上查看。

谨慎，再谨慎

在你买车时你要当心长期贷款，比如五年以上的贷款，因为你的车子的总价值有可能低于你的欠款总额。这就是所谓的**“本末倒置”**（upside down)，因为这样一来你的权益就为负的了。如果你拖欠贷款或者卖掉你的车，你也必须补缴差额。这个负权益若是延续到你下一辆车的汽车融资，那就意味着这个差额会被加在你的下一辆新车的买价上。

当你和商家协商时，不要忘记家具、家电及电子产品购买时提供的“类现金”，它会帮你延迟利息或货款的支付，通常可延迟 90 天到 1 年。如果在这段时间内付清货款，你就不用支付任何融资费用。如果在这段时间内没有付清全款，那你就要小心了，因为这样一来你需要补缴这段时间的所有利息。

你在买车时，不要将你的社会安全号告诉经销商，也不要在试驾前给经销商复印你的驾照。因为一旦经销商有了这些信息，他就能查到你的信用记录并估计你能支付的金额以及你从其他地方能借到的总额。

怎样的利率是合理的？

一个信用评分较高的借款者，在期限超过 48 个月、本金为 15 000 美元的贷款中能得到 1%的利息减免，从而可以为他的贷款节省几百美元的利息。各种各样的贷款利率，包括汽车贷款利率，都可以在 www. bankrate. com 上找到。买主应该从银行和信用合作社获取多方面的信息。如果你要购买贵重商品，在你去见商家前，请让当地银行或者信用社给你一个**贷款预先批准**（loan preapproval）。这一买前步骤可以让你了解你能以多少利率借到多少钱。

> **贷款预先批准**
> 获取银行或信用合作社同意为你的购买提供贷款的口头承诺；让买主知道他们能以多少贷款利率借到多少钱。

> **理财要点**
> 人们浪费了折扣
> 只有大约一半的人在购买打折商品时会花时间去完成折扣表单并把它寄给厂商从而获得折扣退款。折扣在商品价格低于 50 美元时会变得更低。作者的建议是：买好商品回家后尽快完成折扣单并把它寄给厂商。

在低息贷款和折扣之间做选择

有一种汽车贷款是由厂家或经销商提供的，当厂家和经销商想要增加销量时，车贷的利率往往很低。

许多商家也会提供一些折扣来刺激消费。所谓**折扣**（debate），指无论通过一次性直接支付还是分期付款，商家都会退还商品价格的一部分钱给买主（通常是以礼品券的形式）。汽车厂商通过提供 1 000～5 000 美元的买车折扣来刺激更多的销量，或者通过这一折扣对滞销车辆进行促销。在大多数情况下，买主要在折扣和低息贷款之间进行选择。许多人选择从别处借钱并获得这家店的现金折扣。实际上，这一方式意味着他们将要借比车子实际价格更多的钱。除此之外，这些买主也会失去获得低息贷款的机会。

> **折扣**
> 在商品促销时，厂家会将商品购买价格的一部分退回给消费者。

专栏“计算工作表”可以让我们估算出折扣和低息贷款哪一个选择更好。如果你决定接受买车折扣价，那么你就应该支付买车的首付或第一个月的月供。购买像汽车、手机、电脑这样的产品，一般都会有折扣。有关厂商对消费者和对经销商折扣的最新信息都能在 Edmunds. com 网站（www. Edmunds. com）上找到。

□ 租和买的比较

对于那些想要拥有一辆车的人来说，租车变得越来越有吸引力。每年“卖出”的新车中大概有 20%实际上都是被租出去的，甚至可能租的是二手车。租比买好吗？除非你了解租车的一些基本知识和租车的风险，否则你将无法回答这个问题。

> **租**
> 对商品进行租借，商品的所有权仍然属于租赁公司。

当你“**租**”（leasing）车或租用其他产品时，实际上你只拥有这个产品的使用权，而其所有权依然是归出租者所有。这些租赁合同是受到美国联邦储备局颁布的条例 M 约束的。这一条例强制要求公开消费者所关注的租赁信息。这些公开信息中必须包括**出租人**（lessor，租赁公司）对**租借人**（lessee，消费者）的租赁价格。应该把这种公开方式下的信息和签约前的合同内容进行比较，以确定合同内容和口头上的约定是相符的。

计算工作表

在经销商提供的低息贷款和折扣之间做选择

在新车的广告中，经销商常常会提供一个低利率汽车贷款。1 000～3 000 美元（或更多）的价格折扣和低息汽车贷款不可兼得。如果你打算付全款买车，那么选择现金折扣会明显实惠一点，但假如你能够从银行贷到款，哪一种选择会比较好？

为了准确比较两种平均利率，你必须将放弃折扣的机会成本加在经销商提供的融资的月供上。下面这个计算表为这一过程提供了一个例子。假设经销商提供一个利率为 2.9%、期限为 3 年、每月还款额度为 907 美元的汽车贷款；另一种选择是你自己集资付全款并且你能得到 3 000 美元的价格折扣。折扣前这辆车的价格是 22 000 美元。假设你能支付的首付是 2 000 美元，而且你能得到利率为 6.5% 的银行贷款。这张表单能在加曼/福格合作网站上找到，或者你也能在 www.bankrate.com 和 www.kiplinger.com 上找到相似的表单。

从步骤 3 和步骤 4 得到的较小值就能选择出买车的更好的那种方式。在这个例子中，自己筹集资金比较划算。实际上，你自己筹集资金的利率只要低于 12%，你自己筹集资金都会比从经销商那里贷款更实惠。

步骤	例如	你的数据
1. 确定折扣金额	3 000 美元	______
2. 折扣金额加上每月还款额	+907 美元	______
3. 将第七章中的计算法则运用到式（8.1）中来计算一个经过调整的经销商融资利率。		

$$APR=\frac{Y(95P+9)F}{12P(P+1)(4D+F)} \tag{8.1}$$

其中，

APR=年利率；

Y=每年付款次数；

F=每次支付金额；

D=负债总额；

P=付款总次数。

$$APR=\frac{12\times[(95\times36)+9]\times(3\,000+907)}{12\times36\times(36+1)\times[(4\times20\,000)+(3\,000+907)]}=12\%$$

4. 记下你自己贷款的平均年利率。	6.5%	______

租赁术语

在租赁时要用到的五个重要的术语：

1. **总资本成本**（gross capitalized cost，gross cap cost）包括汽车价格加上承租人融资的费用，再加上租赁期内其他费用（保费、修理费等）。

2. **减少的资本成本**（capitalized cost reductions，cap cost reduction）是租赁初期的应付费用，包括首付、旧车以旧换新抵扣额以及折扣减价。

3. **调整资本成本**（adjusted capitalized cost，adjusted cap cost）是总资本成本减去减少的资本成本的结果。

总资本成本

汽车价格加上保费和修理费用等其他额外的费用。

调整资本成本

从总资本成本中减去减少的资本成本。

4. **剩余价值**（residual value）是出租物在租赁期结束时的估计价值。

5. **货币因素**［money factor，又称**出租率**（lease rate）或**租赁因素**（lease factor）］测量你支付的总费用中租车费用的比例。虽然货币因素有时是由经销商为了比较租赁而描述为数字形式，但是租赁表格必须披露下面的货币因素："这个比率可能不能用来测量融资租赁的总成本。"

剩余价值

租赁商品在租赁期结束时的实际价值。

在考虑租赁时的第一条规则是：在谈论租赁前要坚持协商购买的价格。租赁需要一个初始现金流支付第一个月的租金和押金。资本成本减去资本成本的减少，再减去剩余价值产生一个差额。这个差额体现了租赁期间对出租资产的使用成本，当按合同中的月数来划分时，它为设置月租金提供了基础。（一些新车采用的是一次性租赁支付，也就是说这些新车的资本成本和剩余价值的全部差额是预先支付的。）有了月付租金，同一时期的月付租金就会比贷款的月供低，因为你只是在支付资产价值减少的部分，而不是它的总价值。为了区别租赁成本和购买成本，我们可以使用专栏"计算工作表：汽车贷款和汽车租赁的比较"。也可以参考网站 www. leasecompare. com 网站。

开放式租赁和封闭式租赁

一个租赁可以是开放式租赁或是封闭式租赁。在**开放式租赁**（open-end lease）中，你必须在租赁期结束时支付汽车预计剩余价值和它当时实际市场价值的差额。当一辆车的贬值速度比预期快时，以开放式租赁方式租车的人就必须在租赁到期时支付一个差额，也就是汽车实际卖价与签约时预期卖价的差额。例如，一辆剩余价值（预期价）为 11 000 美元、市场价值（实际价）为 10 250 美元的汽车，在租赁期结束时租车者就需要额外支付 750 美元。《消费者租赁法案》（Consumer Leasing Act）将租赁末期的额外支付费用限制在每月租赁费用的三倍以下。

大多数汽车租赁都是封闭式租赁。在一个**封闭式租赁**［closed-end lease，又称**脱离租赁**（walkaway lease）］中，如果在租赁期结束时汽车的市场价值低于初始预期剩余价值，承租人不用支付上述差额费用。然而，封闭式租赁在租赁期结束时也可能会有一些费用，这些费用主要是由汽车严重磨损和超出里程产生的。例如，一个 4 年期的封闭式汽车租赁超出里程 55 000 公里，就可能需要为每公里支付 0.3 美元的**超出里程费**（excess mileage charge）。如果你在 4 年内实际开车 60 000 公里，你就可能支付 1 500［＝0.3×(60 000－55 000)］美元的额外费用。

封闭式租赁/脱离租赁

合约规定在封闭式租赁中，如果当租赁期结束时汽车的市场价值低于初始预期剩余价值，承租人不用支付差额费用。

超出里程费

在租赁期结束时，如果汽车行驶里程超出合同规定的里程数，需要支付的费用。

无论是在封闭式租赁中，还是在开放式租赁中，你都可以在租赁期结束时将车买下来。如果是在开放式租赁中，你买车支付的是实际价值，而在封闭式租赁中，你买车支付的是汽车剩余价值。

计算工作表

汽车贷款和汽车租赁的比较

这个工作表可以被用来比较汽车贷款和汽车租赁。切记信用成本就是融资成本——因为你借款而额外支付的费用。租赁也会带来成本，不过它是隐含在合同中的，有的成本要在租赁结束时才能被发现。这些成本用星号（*）标记，它们是可协商的，而且在文中都指出了其定义。你可以向经销商询问每一件商品的价格，因为这些价格都是由经销商公布的。完成这张表的计算，并比较同一时期贷款买车和租车的现金成本。

为了做准确的比较，你一定要知道你想买的车的潜在价格。通常在你的租赁计划中，你不会支付这个潜在的价格，所以在提到你感兴趣的汽车租赁之前，你应该仔细协商一下这个价格。

不同商家经营的租赁店铺和独立的租赁公司成本千差万别。这个工作表可以在加曼/福格合作网站上找到，你也可以在 www.bankrate.com 上（搜索“计算器”）或在 www.kiplingers.com/tools 上找到相似的工作表。

步骤	例如	你的数据
1. 按月支付的租金额（例如 36 个月，每月支付 375 美元）	13 500 美元	________
2. 加上购置费*（如果有）	300 美元	________
加上押金*（如果有）	300 美元	________
加上预计的超出里程费*（如果有）	0 美元	________
加上车辆估计的剩余价值	4 500 美元	________
3. 租赁中你所承担的费用总额	18 600 美元	________
4. 减去调整了的资本成本（总资本成本*减去减少的资本成本*）	16 000 美元	________
5. 与购买这辆车的贷款费用相比的租赁现金成本	2 600 美元	________

多种租赁费

与租赁有关的费用有很多。**购置费**（acquisition fee）是支付的现金，或是包含在总资本成本里。购置费中包括信用报告手续费、申请贷款手续费以及其他准备工作相关的手续费。**处理费**（disposition fee）是指当你在租赁期结束归还车辆时，商家对车辆进行处理以便再次出租所产生的费用。如果你提前终止租赁合同，那你就得缴纳**提前终止费用**（early termination charge）。你要额外小心终止费用，因为即使你不打算提前终止合同，但是一旦你租赁的这辆车被卖出去、严重损坏或是被偷了时，合同就会终止。在做决定之前，你要确保以上所有费用是书面公开的。**提前终止支付**（early termination payoff）是提前终止合同所支付的所有费用之和，它包括提前终止合同的费用和未付的租赁费用。在租赁时期的前几年，你的租赁在财务上有可能是亏损的，也就是说你的欠款会超过汽车的价值。

理财要点

不要仅仅为了开更好的车就去租一辆

租车对那些每年想开两三次新车的人最有益，因此这些人每年都会有租车费用。如果你打算租车，那么你的选择目标应该要低于你的每月支出，而不是再买一辆。否则，仅仅几年时间你就会发现你买车花了大价钱，你不得不回头或者花钱再买一辆二手车。

租赁注意事项

想要取得满意的汽车租赁还是比较烦琐的。因此，在整个协商过程中你都要时刻小心，要谈到最后时刻才接受租赁。因为租赁月供可能会比较低，所以可能你选择签订的合同的实际费用会比较高。另外，你要确保你和商家口头的所有约定——旧车的折旧价、超出里程费、折扣——都要包含在合同中。

避免气球型贷款

人们在租车时可能会选择气球型贷款方式。你可以通过银行或信用社来实现这种方式。通过**气球型汽车贷款**（balloon automobile loan），实际上就是说你用尾期应付款一次性偿还这辆车的贷款，这个尾期应付款相当于贷款期结束时汽车的剩余价值。这种方案实际上降低了除尾期以外的月供，这与每月支付大额月供的方式相比会更具有吸引力。当气球型贷款方式尾期应付款达到 1 000～7 000 美元时，借款人一般会有三种选择：

1. 卖掉车然后用卖得的钱来支付尾期应付款（如果幸运，车子会卖个好价钱）。
2. 支付尾期应付款，留下车。
3. 把车还给出租者，履行支付。

> **理财要点**
>
> **你可以早点结束租赁**
>
> 那些希望早点结束租赁的人可以考虑去租赁交换网看看，比如 leasetrader. com 和 swapalease. com。这些公司努力将想早点结束租赁的人与想进行短期租赁的人进行匹配，它们以收费形式提供信息，当然你的租赁公司也要向你收取转租费。

> **气球型汽车贷款**
>
> 气球型汽车贷款包括两个部分，一个部分是在数量上与出租汽车所需费用等值的很低的月供，另一个部分是在金额上与租赁期结束时汽车剩余价值等值的一笔大额尾期应付款。

小心“差距”保险

新车和低里程二手车在被购买后会快速贬值，通常相比于买入价会贬值 25%。如果你的贷款首付比较低，那么很可能你汽车贬值的速度会快于你的欠款增加的速度，从而导致你的欠款总额大于汽车的价值。这种情况就是所谓的“本末倒置”，这种情况一般是在首次付款后发生的，持续时间可长达两年。

当一辆新车在事故中报废时，这辆车的“本末倒置”问题就会成为大问题。在这种情况下，保险公司赔偿的是汽车的价值，而不是贷款金额。如果保险公司的赔偿不足以支付贷款，那些汽车经销商就会卖给买主**差距保险**（gap insurance），以此来支付剩下的贷款。虽然差距保险很有吸引力，但是它对经销商很有利却对买主并不那么有利。你可以将本末倒置发生的可能性作为一个标志来衡量你的首付金额是否过大，或者你的车是不是买贵了。

□ 比较保修卡

在比较购物中，保修卡是很值得考虑的。几乎所有的产品都有**保修卡**（warranty）——卖家担保产品质量并在产品出现质量问题时采取具体的措施来解决问题——即便只是以隐性保修卡的形式。产品保修卡保修的时间越长，保修的范围越广，保修卡就越好。

> **保修卡**
>
> 卖家担保产品质量并在产品出现质量问题时采取具体的措施解决问题。

隐性的产品保修卡和显性的产品保修卡

在**隐性的产品保修卡**（implied warranty）中，无论有没有书面的保修卡，被出售的产品都必须保证是适合出售的［**适销保修卡**（warranty of merchantability）］而且是能被正常使用的［**质量保修卡**（warranty of fitness)］。美国州法律要求产品必须有隐性的产品保修卡。为了绕开它，商家都会在产品上写上**“以实物为准”**（as is）。如果你买的产品标有“以实物为准”，当你买的产品不符合预期时，即便售货员对你做过口头承诺，你也没有权利要求商家对此负责。二手车的出售通常都是依照这种形式。

书面承诺或口头承诺都叫**显性的产品保修卡**（express warranty）。只要产品价格超过15美元，公司就必须按《马格纳森-莫斯保证法案》（Magnuson-Moss Warranty Act）的规定提供书面的显性的产品保修卡。这一法案规定任何书面保修卡都必须分类，或是完全保修卡，或是有限保修卡。

完全保修卡和有限保修卡

完全保修卡（full warranty）包括三项严格的要求：

1. 当买家抱怨产品损坏时，卖家必须在合理的时间范围内免费为买家修理。

2. 买家不必承担产品运回修理的不合理的责任（例如用船运冰箱回去修理的费用）。

3. 不合格产品必须换成新的，或者如果产品多次修理仍不能修好，商家必须将购买产品的费用退还买家。

有限保修卡（limited warranty）的要求比完全保修卡的要求低。例如，只对修理所需零件免费，人工费用仍需买家支付。注意产品的一部分可能是完全保修的（例如割草机的引擎），其余部分是有限保修的。仔细阅读所有的保修卡，注意完全保修卡和有限保修卡都只在特定的时期内有效。

> **以实物为准**
>
> 商家为了绕开保修卡的法律要求使用的一种方法；即便售货员对买家做过口头承诺，买家也得自己承担所有产品质量问题或其他问题的风险。
>
> **完全保修卡**
>
> 这类保修卡要满足三项严格的要求：在合理的时间范围内免费为买家修理有问题的产品；买家不必承担产品运回修理的不合理的责任；不合格产品必须换成新的，或者如果产品多次修理仍不能修好，卖家必须将购买产品的费用退还买家。
>
> **有限保修卡**
>
> 这类保修卡提供的保证要求比完全保修卡的要求低。
>
> **延期保修卡/服务合同/维护合约/买主保护计划**
>
> 卖家和买家之间的合约，合约承诺卖家会在指定的时间内修理产品或更换产品的零件；它是脱离产品本身单独购买的。

□ 延期保修卡（服务合同）价格太贵

延期保修卡［extended warranty，又称**服务合同**（service contract）］是卖方（经销商、厂商或独立公司）和买方之间的合约，合约承诺卖方会在指定的时间内修理产品或更换产品的零件。延期保修卡有时也被称作**维护合约**（maintenance agreement）或**买主保护计划**（buyer protection plan）。这些服务合同是脱离产品本身（比如汽车、家电、电子设施）单独购买的，购买费用一次付清，或按月支付。

延期保修卡不是保险，但它的作用和保险相似。例如，一台40英寸的高清电视机可能有一张延期保修卡——承诺买家在购买电视机后的第三年和第四年解决电视机出现的所有问题；前两年的保修是被包含在厂商提供的保修卡中的。这份延期保修卡的费用可能是每年120美元，也可能是每月10美元。

虽然买一份延期保修卡可能会带给你心理上的平衡，但是在理财上这并不明智，因为它对于百分之百抵抗风险没有什么经济意义，如果产品出现问题，可以用现金或储蓄来支付这些修理费用。额外购买延期保修卡是极其昂贵的。80%以上的服务合同从来都没有被使用过，并且产品所需总的修理费用一般都少于延期保修卡费用的10%。许多电子产品经销商的盈利超过一半都来自延期保修卡收入，而不是产品本身的利润。

在购买电子产品时购买延期保修卡是不明智的，因为在产品的保修期外，产品很少会出问题。频繁出故障的产品一般是手机、笔记本电脑、跑步机和椭圆训练机。除了产品的制造商或经销商外，其他地方是买不到这个产品的延期保修卡的。这种服务合同在汽车、家电、电子等市场上是很普遍的，因为它不仅能为商家带来高额利润，也能给那些口齿伶俐的销售人员带来提成。

除了汽车生产商和经销商提供服务合同外，许多独立的租赁公司对新车也提供服务合同。每使用一次服务合同大概消耗 100 美元。服务合同通常包括修理，也可能包括零件的预防性维护。每一份延期保修卡的平均成本为 1 800 美元，而经销商从中获得的利润为 800 美元，售货员从中获得的提成为 250 美元。如果卖家知道服务合同的大部分成本能够被赚回来，卖家就可能将服务合同卖得便宜一点。大约三分之一的买主会给他们的新车买延期保修卡，这些买主中的四分之三会在买延期保修卡时砍价。

概念测试 8.2

1. 比较购物的目标是什么？
2. 解释为什么一辆新车的租赁费用会比购买费用低。
3. 阐述租赁中的资本成本、资本成本的减少和剩余价值之间的关系。
4. 阐述隐性的产品保修卡和显性的产品保修卡的区别。它们与“以实物为准”有何关系？
5. 什么是延期保修卡？这种合同有什么弊端？

专家建议

网络购物的几点提示

对于在网上购买家电、汽车、家具和其他大件商品的人来说，以下几点有助于你变成一个网络购物高手。

1. **只使用安全网址。**一个安全的网址会使用密钥、验证码或者一个以“https”开头的 URL 地址（加“s”是为了更安全）。

2. **只和查到完整联系信息（包括邮寄地址和电话号码）的卖家交易。**尽量避免那些伪造的网站，要在公司总部官网上核实每一笔网上交易。

3. **在下单之前你应该查看配送方式**、运费以及退货方式。

4. **不要使用你常用的邮箱。**在雅虎、谷歌或其他网站单独申请一个邮箱，专门用于网上交易。这就可避免你每天被那些营销的垃圾邮件烦扰。

5. **不要使用借记卡进行在线交易。**因为借记卡在完成支付后，钱会立即从你的账户转入卖家的账户。使用信用卡可以让你向信用卡公司申请延迟付款。

6. **只使用一张特定的信用卡来进行在线支付。**当你的账号被盗时，这会让你免去许多麻烦。当你的账号被盗时，你只需告知信用卡发行机构你的信用卡被盗，同时也能在不影响你其他账户的情况下暂停这张卡的使用。

7. **打印并保存**所有交易记录、保修卡、信用卡授权以及物流信息的副本。

8. **检查网站地址隐私政策。**那些显示 TRUSTe 符号或 Better Business Bureau Online 认证标志的网址已经符合必要的隐私标准。

9. **选择退出**任何你的卖家和其他商家可能共享的名单。

布伦达·库德
佐治亚大学

进行有效协商

在以下比较购物的购买过程中做出有效协商及明智决定。如果你太快通过这些步骤，即便你在消费前期研究及比较购物中做了许多工作，你也可能会买得过贵。那些卖家每天都在销售商品，它们的销售技巧娴熟；相反，在购买商品时消费者却很外行。聪明的顾客要学着去和商家谈判。

> **学习目标 3**
> 在购买大件商品时要进行有效协商及明智决定。

□ 成功的协商需要了解充足的信息

协商［negotiating，又称**砍价**（haggling）］就是买家与卖家间就合约事项的商议过程。消费者在日常购买中往往跳过这个步骤，因为在大多数商场，商品的价格是固定不变的。而对于那些大件商品——尤其是家电、家具、汽车、珠宝等——通常买卖双方在达成最后交易前会协商价格。

> **协商/砍价**
> 在购买通常是昂贵商品时，买家与卖家间就合约事项的商议过程。

在买车时和商家协商对消费者来说是一个挑战，因为要考虑的变量太多，比如汽车的价格、以旧换新时（如果有）旧车的抵扣额、有无折扣、过户价格、贷款利率以及是否需要购买延期保修卡。经销商可能在某个方面同意给你优惠，而在其他方面却不同意。成功协商的关键在于你对所有变量都充分了解，尤其是价格、利率、旧车抵扣额以及经销商从制造商那里得到的折扣。

了解经销商返还

消费者通常只关注新车的销售价，现在我们来看看**经销商发票价**［dealer invoice price，又称**卖方价**（seller's cost）］，这个价格反映经销商从制造商进货的价格。但这个价格却不一定就是经销商卖出汽车实际支付给生产商的价格。这是因为生产商通常会给经销商一个**经销商返还**［dealer holdback，又称**经销商折扣**（dealer rebate）］。经销商所获得的返还一般是厂商建议零售价基础上的一个百分比，厂商一般按年或按季度支付给经销商。潜在客户通常不知道经销商会有这个回扣。经销商可以从厂商那里获得（不是支付）一大笔折扣，这样一来就给经销商带来卖车收入的额外收益。

> **经销商发票价/卖方价**
> 反映经销商从厂商进货的价格。
>
> **经销商返还/经销商折扣**
> 厂商按年或按季度返还给经销商的一笔回扣，金额一般为厂商建议零售价基础上的一个百分比。

因为有了折扣的激励，经销商即使以低于经销商发票价出售汽车，仍然能获取丰厚的利润。例如，一辆汽车标价为 27 890 美元，经销商发票价为 24 600 美元，经销商的折扣比率为 5%（即 1 230 美元）。即便最后买卖双方的协议价格为 24 500 美元，经销商也能获得 1 130 ［=1 230−(24 600−24 500)］美元的净利润。要知道厂商建议零售价和经销商发票价都只是厂家和经销商设定的虚假数字，以便留给买家足够的砍价空间从而达到可获益的成交价。基于以上这个理由，所以要毫不犹豫地把价格砍到低于经销商发票价的价格。在 www.edmunds.com 和 www.truecar.com 上可以查到目前各种品牌的各种款式汽车的经销商折扣列表。

价格协商

> **新车购买服务中心**
> 一个免费机构，这个机构专门为想砍价的新车买家与卖家进行价格协商，以达成一个有一定折扣的价格。

买车时价格协商的复杂性和不确定性促使一种特殊服务的产生，以帮助买家进行价格协商。**新车购买服务中心**（new-vehicle buying service）是一个免费机构，这个机构专门为想砍价的新车买家与卖家进行价格协商，以达成一个有一定折扣的价格。在你和新车购买服务中心签约之后，会有当地经销商给你打电话，为你提供一个不能还价的服务价格，这个价格通常不超过经销商发票价的 4%。购买服务中心靠从经销商那里获得介绍费盈利。基于经销商发票价赚取费用（一般为 150～450 美元）的**专业购物者**（professional shopper）会为你从附近经销商那里找到最便宜的价格并敲定买卖。还有一种购车服务，收取的费用较低（一般为 100～200 美元），会为你获取报价，但由你自己和商家敲定买卖。下面这些网站可以提供更多以上服务相关的信息：

- www.autobytel.com；
- www.autos.msn.com；
- www.carbargains.com；
- www.carsala.com；
- www.carsdirect.com；
- www.autoadvisor.com。

在讨论交易的其他事项之前，买车协商的一个关键在于为汽车和你所选择的必要配置获取一个实价。汽车购买的第一条法则是：除非你和销售员把价格谈下来了，否则你最好不要提贷款和折旧的事情。从你的消费前期调查和比较购物中你就知道买车的关键在于一个优惠的价格。

按照比经销商要价或经销商发票价更低的价格进行砍价。你要从三个以上的经销商那里获取价格，并让这些经销商都知道你要买车，询问其能否比别家便宜。经销商可能为了和别家竞争而降低要价。这个聪明的策略在于给经销商压力迫使其满足你的要价，而不是让你满足于要价。

协商你的贷款利率

协商你的汽车贷款年利率不仅是可能的，而且对于以更优惠的价格进行购买很有必要。大多数汽车贷款者都认为经销商融资是经销商能找到的最好的融资方式，但他们却不知道经销商会从贷款者支付的高利息中获利。这个过程是这样的，经销商先让买主填好贷款申请，再把这个申请提交给经销商预先联系好的一个或多个银行，银行再对这个申请进行评估，如果评估申请通过，银行会给出一个年利率。然而，如果经销商建议银行让买家支付一个更高的年利率（它们一般会说买家的信用积分很低），那么经销商（和销售员）就可以从这个高利率贷款中获得更高的佣金。通过这种方式，即便卖车的利润是极少的，经销商也能赚钱。这也是贷款者拥有良好的信用记录的很重要的原因。因此，你一定要了解你的信用积分，并进行最佳融资。只有在经销商融资比你的融资划算时才接受经销商融资。

你知道吗？

你的车不需要那些被强制推销的东西

许多经销商有时会不经过买主同意，通过附带出售其他配置来提高最后交易价格以获利。这些配置通常是和买主的汽车配套的，所以如果你不想要这些配置，那你一定要回去把它们退掉。你不想要的这些其他配置包括底部防锈保护、布座椅表面防护、导航系统、蓝牙、外层密封胶、升级影响系统、卫星接收器、后置电视、CD换碟机、警报装置、外饰件包、车窗ID蚀刻以及延期保修卡。给你一个好的建议，那就是“坚决说不”。即使你想要其中的一两个配置，也要拒绝经销商的强制性销售，因为你可能从别的渠道买得的会更实惠。

协商你的旧车折旧价格

优惠的汽车购买交易通常需要更进一步的协商——就是折旧。即便你买车价格很低，贷款利率也很低，但如果你没有获得一个有价值的折旧，你的交易仍然不是最优惠的。成功获取有价值的折旧取决于你在消费前期调查中了解的汽车折旧价值。你过去获取信息的相关网站上也有个人销售这些汽车的平均价格信息。虽然经销商给的折旧价通常确实低于自己出售的价格，但如果你不接受经销商的出价，你自己出售旧车也会有出售成本以及时间的投入。

经销商赚钱的另一种途径就在这其中。在这种被叫作**打高球**（high-balling）的普通销售技巧中，经销商提供的折扣补贴高出旧车价值很多。这种明显的慷慨可能看起来对买家是非常有利的，但注意，经销商会在其他地方弥补回来，比如经销商可能以高出必要价格很多的价格将车卖给买主。除非你知道你的旧车的折旧价，否则你不清楚是否被打高球了。

打高球

它是一种销售策略，在这个策略中，经销商给买主的折扣补贴高出旧车价值很多。

在购买汽车时“唱红脸-唱黑脸”

许多人觉得和卖家协商很不自在，卖家很明白这一点，所以他们很容易以友好的谈话和友善的语调将买家拉拢，但私底下，他们只是在做买卖。那么，你要怎么来玩这个游戏？如果你擅长协商，就带上你的朋友让他唱红脸，然后你就唱黑脸专注于砍价，并向卖主发难。如果你讨厌协商，那你就唱红脸，让你的朋友唱黑脸。

□ 使用决策卡在家做决定

在零售店或展厅里对一个贵重商品的购买做决定是不明智的。因为当你回到家再做决定时，你就不会有来自销售员以及你自己“冲动消费”的压力。你应该理性地考虑好购买的所有后果，才可以回零售店完成你的买卖。

决策卡（decision-making grid）会帮你从视觉上和数学上评估你所做的决定。表8-2

为想要在这三种不同的洗衣机中做选择的人搭了个框架。搭这个框架的首要任务就是要确定应对哪些因素做决定。表 8-2 中的因素包括价格、耐用性、外形等。每一个因素都被给定一个权重，来反映买主考虑这些因素的重要性。被考虑的每一个选择都会被给出一个分数（此例中是 1～10 分）来反映买主对这个因素的偏好程度。

表 8-2　决策卡（以洗衣机为例）

因素	权重 W（%）	选择 A		选择 B		选择 C	
		得分 R^a	加权得分 $W\times R$	得分 R^a	加权得分 $W\times R$	得分 R^a	加权得分 $W\times R$
价格	30	9	2.7	7	2.1	5	1.5
耐用性	25	6	1.5	8	2.0	10	2.5
性能	20	6	1.2	8	1.6	10	2.0
保修卡	15	6	0.9	10	1.5	8	1.2
外形	10	10	1.0	6	0.6	8	0.8
总计	**100**		**7.3**		**7.8**		**8.0**

a. 使用 10 分制，10 为最高分。

得分乘以所占权重就得到加权的等级得分，再将每一个选择的加权得分和其他选择的加权得分做比较，就能得出哪个选择是最优选择。在表 8-2 中，选择 C 的总得分为 8.0，是最高的得分。这类框架可以帮助你客观地做决定，从而对你购买贵重商品非常有利。另外，在你的决定中，借助这种数字评估你也能考虑到其他因素，比如卖家的信誉。

□ 完成汽车交易

在谈好协议之后做出最后的决定，如果你能简单地回头来和经销商把合同签好，那你的交易将是非常顺利的。即便是在将要签约时经销商也有机会再多赚你一点儿钱。

> **打低球**
>
> 卖家使用的一种销售技巧，销售虚报低价和买家达成口头协议，而到最后签约时又企图提高之前协商好的价格。

这里被用到的一个技巧叫作**打低球**（low-balling）。经销商虚报低价和买家达成口头协议，而到最后签约时又企图提高之前协商好的价格。例如，一个经销商在和买家谈好价钱之后对买家说，在形式上这个价格需要得到经理的同意。正当买家在梦想着将车开回家时，销售和经理却正在讨论怎样能再多加一点钱。当销售人员再回来时，他/她会说出了一点小问题，比如折旧贴补的价格过高、发票价的折扣不能这么低，或者那些谈好的配置价格需要提高。当然，打低球实际只是商家为了多赚钱的一种骗术。聪明的买家会坚定自己的立场并坚持之前谈好的价格，不然他们就会放弃买车直接离去。

> **付款合同**
>
> 标有车辆信息及各项费用的书面报价文件；当销售人员和经理签字之后你才签字。

最后，该是签约的时候了。这时经销商会把你交给销售团队的另一拨人，他们主要负责和买主签订所有的合同，包括购车合同、贷款合同、所有权转让合同、车辆登记合同。只签**付款合同**（buyer's order）以确定你买的那款车和你要付的所有费用，而且只有在销售人员和经理签完字后你才签字。

在确认合同各项内容和之前商定的一致时，你才能签上自己的名字，

□ 所谓的买家的悔恨——“合法权利”只是一个神话

买家的悔恨（buyer's remorse）是一个神话，意思是买家自以为在他们签订好购买合同之后，他们还有权利改变主意，把车退回去，这是一个很普遍的误解。因此，消费者一般会有一个为期三天的“冷静期”去决定是否要签这个合同。

> **买家的悔恨**
> 买家自以为在他们签订好购买合同之后，他们还有权利改变主意，把车退回去，但实际不是这样。

专家建议

怎样购买二手车?

大多数消费专家建议充分利用购车款来买最新款的二手车，但是在买二手车时要格外小心。下面几个基本步骤能够帮你用优惠的价格买到一辆好车。

1. **确定你能支付多少钱来买车。**提前决定好你能支付多少钱。

2. **你想要的性能和配置。**根据重要性来决定你要选择的配置。最重要的因素——安全、舒适、操作方便——你考虑到了吗? 按等级排列你考虑的配置，比如动力方向盘、空调、铝合金轮胎。这些配置你可以考虑买旧款车来获得而不必花太多钱。

3. **寻找可靠的品牌和车型。**网络是二手车价格信息很好的来源。你应该从最近的 4 月发布的《消费者报告》上查看二手车在不同价格范围内的记录清单。

4. **开始你的搜索。**利用网络资源、当地报刊的分类广告以及二手车宣传海报来搜集信息。

5. **选择高品质资源。**新车代理商提供的二手车往往更漂亮、更可靠、更贵。二手车代理商提供的车往往质量很差。而私人的二手车是值得关注的，因为只要他们不撒谎，你就可以从他们那里知道车子的详细历史情况。租赁公司（比如赫兹和安飞士）出售的二手车会是一个好的选择，因为它们的二手车都是定期维护的。

6. **迅速排除那些不值得的因素。**快速排除那些看起来就有问题的车和出现了你很介意的问题的车。也不要考虑那些看起来就凶巴巴的难缠的经销商。可供选择的车很多，所以不要为那些烂质量的车和那些难缠的经销商浪费时间。

7. **仔细检查你选好的车。**对你选好的车里里外外进行仔细检查。如果你对买车不够精通，那就带上一个懂行的朋友。向卖家索要车子旧主人的维护记录，这些信息要包括前车主的姓名、地址、联系方式，然后给前车主打电话咨询车子的具体情况。找技工来检查一下车子，虽然检查可能会花掉你 50～75 美元，但这样会帮你避免买到有问题的车，以免你买到问题车后再花大笔修理费。

8. **获取汽车历史记录报告。**一份列有所有权记录、里程表读数、事故记录、损坏记录、总遗失信息以及任何产权欺诈行为的汽车历史记录报告可以在 carfax.com 获得。当然，大多数卖家是免费提供汽车历史记录报告的。你也可登录 www.vehiclehistory.gov 查看在政府公布的信息中这辆车是否有诈骗和偷盗记录。

9. **协商和决定。**买二手车不要支付卖家的标牌价。要能得到卖家的各种许诺和保证并在合同上写下来，如果卖家不写在合同上，那就去别家买。最后，赶紧回到家中考虑你的选择并做决定。如果你还要再考虑考虑，你可以先交一小笔可退还定金，让卖家为你将车保留一两天。

艾梅·D. 巴维和杰米·A. 里彻

北伊利诺伊大学

□ 对你的决定进行评估

对你的购买决定做一个评估，也就是把这个购买的计划过程回忆一遍。做这一步的目的是为了思考哪里做得好、哪里还有欠缺。这样做对你以后买其他类似商品很有帮助。有时购买过程进行得太顺利了，以至你可能想要去称赞一下卖家。

> **理财要点**
>
> **购买一辆优质的二手车**
>
> 以最低成本购买汽车的方法就是买最新款的、能开 10 年以上或超过 200 000 公里的二手车，这样的车要优先考虑。因为新车在一年以后价值下跌 25%，在两年以后下跌 40%～45%。

概念测试 8.3

1. 列出一些购买汽车的复杂的地方，并就如何买到最划算的汽车给出你的建议。
2. 购买汽车应该从哪三个方面进行协商？以什么顺序？
3. 为什么你要在家里做重大购买决定？
4. 总结如何使用决策表。

> **你知道吗？**
>
> **肖恩的成功故事**
>
> 当肖恩在计划买车时，他分别对租和买他喜欢的那辆新车做了计算，却发现他都支付不起。因此他决定买一辆二手车。他找到一辆豪华的福特车，只开过两年，里程表的数字是 21 000 公里，商定的价格需 19 000 美元。因为是二手车，所以他避免了两年的严重折旧。肖恩在网上找到了贷款方式，然后他在附近的信用合作社找到了一个低利率贷款。他花了 5 美元成为信用合作社会员并花 5 美元开了一个账户，然后信用合作社给了他一个 36 个月期的贷款。肖恩觉得买一个延期保修卡太贵而且他也不清楚卖家的信誉怎么样，所以他没有购买。目前他买这辆车已经两年了，事实证明它的确是辆好车。

利用有效的投诉程序

> **学习目标 4**
>
> 利用有效的投诉程序。

尽管你努力想要顺利地购物，但不是所有购买结果都和你预期的那样好。你可以尝试将货物退回、不履行合同、投诉、使用替代性纠纷解决方案或小额索赔法庭来解决。

> **冷静规则**
>
> 美国联邦贸易委员会的规则，允许消费者在三天内取消在卖家非正规经营店的超过 25 美元的交易。

□ 使用冷静规则来取消合同

如果你在商店买了某件商品后你又不想要了，你可能退得掉也可能退不掉。如果你从上门推销者那里或在一个不是卖家日常经营点的地方购买了某件物品，你可能想要退掉。美国联邦贸易委员会的**冷静规则**（cooling-off rule）允许你在三天内取消你在卖家非正规经营店的超过 25 美元的交易。这一全额退款的退货权利可以一直持续到交易第三天后的夜里12点。

美国联邦贸易委员会的冷静规则适用于以下场所的交易：买家的家里（上门销售）、工作场所、宿舍、卖主临时或短期租用点（如宾馆、汽车旅馆、会展中心、露天市场、餐厅）。甚至你请销售人员去你家里做了产品介绍后你再买的商品，这个规则也是可用的。然而，这个规则不能被用于完全通过电子邮件或电话的交易中，不能被用于紧急购物中，也不能被用于房地产、保险和证券的交易。

> **你知道吗？**
>
> 汽车或其他大件商品购买中最严重的理财失误
>
> 根据他人的理财困境来看，当你出现以下情况时，你会在你的个人理财中犯错：
>
> 1. 告诉卖家你能支付多少钱。
> 2. 完全按照卖家给出的价格、融资条款、交易价值进行交易。
> 3. 当商品的表现未如预期时，没有去投诉。

这个规则要求销售员必须在买卖当时就告诉你你拥有这个退货权利。销售员也必须给你两份退货表格副本（一份由你保留，一份由卖家存档）以及一份合同或发票的副本。合同或发票需要标明日期，上面有卖家的姓名和地址以及你退货的理由。合同或发票需要使用和销售介绍相同的语言。避免退货的最好办法就是：在购买之前仔细阅读合同、仔细检查产品是否有破损、核实服务是否满意。各个国家都有这样的退货规则，有时对于特殊商品，退货期限还可以延长，比如舞蹈课、购买俱乐部、分时享用度假别墅。

有时你可能想去投诉某商品或某服务从而获得**赔偿**（redress）——补偿你的损失。这个过程需要先从实际卖家开始，如表8-3所示。通过表中所示的投诉的前三个渠道来寻求赔偿，可以处理几乎所有类型的消费者投诉。

> **赔偿**
>
> 补偿消费者不满意的过程。

表8-3　投诉过程（接受投诉的机构以及投诉过程）

接受投诉的机构	投诉过程
1. 当地商界	销售员→监督员→经理/老板
2. 制造商	消费者事务部→主席/行政总裁
3. 自律组织	商业改善局→贸易协会→调停小组/仲裁小组
4. 消费者行动机构	私人消费者行动组→媒体行动线→政府机构
5. 小额索赔法庭/民事法庭	小额索赔法庭→民事法庭

> **你知道吗？**
>
> 把坏习惯变成好习惯

你会这样做吗？	你应该这样做！
冲动购买；	写一个购物清单并坚定按此执行；
买太多的东西；	写下你的必需品和非必需品；
被广告诱惑而“立即消费”；	意识到你还在花钱；
借款购物时忽视利率高低；	以最优惠的借款方式来购买；
买车支付价钱过高；	要学着比较购物并获得折扣；
不能决定是否应该租车；	计算买车和租车各自的花费；
买过贵的延期保修卡。	避免购买不需要的产品。

□ 调解和仲裁

替代性纠纷解决方式（alternative dispute resolution programs）是由业界或政府发起的解决非诉讼纠纷的方式。汽车制造商利用这些方式作为其担保程序的一部分。在**调解**（mediation）方式中，中立第三方协调纠纷的双方当事人达成和解。**仲裁**（arbitration）是指由一个中立方在听取各方意见后，做出一个对各方有约束力的终局裁判。

> **替代性纠纷解决方式**
> 由业界或政府发起的解决非诉讼纠纷的方式。

> **柠檬法**
> 规定仲裁人可以要求厂商对法律认定的"柠檬"无条件退款或更换新品的法律——通常一辆因同一问题修理达四次的汽车被称作柠檬车。

> **小额索赔法庭**
> 解决民事纠纷的国家法庭，没有律师的参与。

□ 柠檬法和小额索赔法庭

所有的州都有新车**柠檬法**（lemon law），柠檬法规定仲裁人可以要求卖家对"柠檬车"无条件退款或更换新品。在柠檬法中，柠檬车的普遍定义为：购买一年以内因同一问题修理达到四次的车（从 www.carlemon.com 上可以查看你所在的州对柠檬车的特有定义）。要执行柠檬法，买方必须经过说明书中指定的保修流程。如果最后卖方没有解决问题，仲裁听证会可以要求卖方接受买方的退货。有的国家也执行了二手车柠檬法。

有时候你尽最大的努力索取赔偿未必有用，那么，你可以考虑利用**小额索赔法庭**（small-claims court）采取法律措施来解决。小额索赔法庭通常调解民事纠纷，它不需要律师参与（有些国家的小额索赔法庭禁止律师代表当事人参与案件）。小额索赔法庭通常设定赔偿的最高额，它一般可受理赔付额为500～2 500美元的民事案件。如果你想申请小额索赔法庭受理你的纠纷，你可以向当地的国家法院咨询哪个法庭受理小型民事纠纷。

> **立刻行动！**
>
> 通过阅读本章，你知道了更多关于个人理财的知识，那么通过下述举措开始行动吧：
>
> 1. 将你所有产品的保修卡和收据的保修信息归纳整理好。
> 2. 使用你的标准和权重做一个类似于表 8－2 的决策表来决定你想买的大件商品。

概念测试 8.4

1. 概括要求赔偿的步骤。
2. 概括解除合同的冷静规则。
3. 区分调解和仲裁。
4. 如何使用柠檬法？

> **现在你有何建议？**
>
> 你已经阅读过本章有关车辆和其他大件商品购买的相关内容，那么你对戴维和莉萨有什么建议：
> 1. 如何寻找两辆车来替换被烧毁的那两辆车？

2. 莉萨是应该换一辆新车还是应该换一辆二手车?
3. 租车还是买车?
4. 如果他们决定为莉萨买一辆新车，在折扣和低息贷款之间应该如何抉择?
5. 怎样和汽车经销商协商?

本章要点

1. 描述你在和经销商接触之前，你的计划性购买过程中的三个步骤。

在计划性购买的过程中，与卖家交涉前的三个步骤包括：区分想要购买的商品的优先次序，在消费前期调查中获取信息，使计划的购买符合预算。这些步骤是你在准备购买时需要做的家庭功课。

2. 描述比较购物的过程。

为了和卖家有效地交涉，你应该将各个商家进行比较，然后在最好的那家购买。车辆和其他大件商品的购买过程包括：价格比较、融资方案、租赁选择、选择保修卡、选择延期保修卡。

3. 当购买大件商品时要进行有效协商及明智决定。

与卖家协商的目的包括获得实惠的价格、低成本融资、以旧换新的高额补贴。与商家协商后应该回家做最后的决定。

4. 利用有效的投诉程序。

当购买进行得不顺利时，你可以使用一些有效的投诉程序来解决，包括美国联邦贸易委员会的冷静规则、调解、仲裁、柠檬法、小额索赔法庭。

讨论

1. 计划性购买的步骤。在购买简单的日常用品（如一个面包或半加仑牛奶）时使用计划性购买的全部步骤；只在购买大件商品时使用计划性购买。你怎样看待这两种意见?

2. 租赁的利和弊。租车给你带来了什么好处? 租车存在坏处吗?

3. 糟糕的购买决定。你曾经做过的最糟糕的购买决定是什么? 在那种情况下，采用计划性购买中的哪些步骤可以帮你做得更好?

4. 你投诉过吗? 你最近的一次非常不满意的购物是在什么时候? 你投诉了吗? 你投诉或者不投诉的原因分别是什么? 如果你投诉了，结果怎么样?

计算

1. 延期保修卡成本的未来价值。弗吉尼亚州黑堡的杰基·琼斯打算为家里的几个主要家用电器购买延期保修卡，每年支付的费用是150美元。如果预计这些家用电器的寿命为5年，并且她的储蓄利率是2%，那么她为这个延期保修卡支付的费用在五年后的未来价值是多少？

2. 精打细算购物的价值。得克萨斯州达拉斯市的吉米·约翰逊非常擅长购物。他总是会进行卖家比较并且他每周都会使用优惠券。吉米算得他这样做每个月至少可以节约40美元。假设利率是2%，吉米十年省下来的钱的未来价值是多少？

3. 买还是租。佛罗里达州坦帕市的阿曼达·福赛思必须决定对她心仪的车是买还是租。她和卖家协商好的购买价是24 700美元。选择一是：她能够在信用合作社贷款购买，首付为3 000美元，每月还款515美元，一共要还48个月，贷款年利率为6.5%。选择二是：她可以先租借这辆车48个月，每月支付310美元租金，租期结束时另外支付3 000美元的资本成本减值以及350美元的处理费，预计租赁期结束时这辆车的剩余价值是8 100美元。根据正文中的计算工作表来建议阿曼达是该买还是该租。

4. 折扣还是低利率。阿肯色州费耶特维尔的凯尔·帕克想买一辆新车，他已经计划好几周了。目前，他谈好了的价格为27 000美元的那款车有两项优惠：2 500美元的折扣和2%年利率的低息贷款，但二者只能择其一。经销商提供的这个低息贷款需要支付1 000美元的首付，还款期为48个月，每月还款564美元。凯尔自己从银行贷款的利率是7%。根据正文中的计算工作表，建议凯尔是应该接受经销商提供的低息贷款还是应该接受折扣并自己从银行贷款。

理财规划案例

□ 案例1　约翰逊一家决定买一辆车

乘公共汽车上班三年后，贝琳达发现，她再也不能这样做了，因为她的公司搬到了公共交通不方便的地方，因此约翰逊一家打算再买一辆车。哈利和贝琳达估计，他们能买得起一辆花费约10 000美元的较好的二手车，首付为2 000美元，剩余资金分24个月还清，每月还355美元。

(a) 对怎样在约翰逊一家的预算中削减某些支出来筹集355美元提出你的建议。

(b) 如果他们在每月预算中省不下355美元来还车贷，你会建议他们将贷款期限延长为36个月或48个月吗？你建议他们这样做或不这样做的原因是什么？

(c) 他们应该考虑哪种来源的二手车？为什么选这种来源的车？

(d) 假设约翰逊一家打算在两辆车中选择。第一辆车是一辆开过三年的雪佛兰美宜堡，它已经行驶的里程是24 000公里，一位私人车主打算以10 000美元出售它。这位车主有所有关于这辆车的维护和修理记录。第二辆车是一辆开过三年的福特福星，它已经行驶的里程是28 000公里，由一家二手车经销商出售。哈利联系到第一辆车的车主发现，这辆车被出售的原因是车主在三个月前换了另一辆车。这位车主说这辆车没有大的机械问题，他只是想换一辆大一点儿的车。第二辆车的经销商对零件提供为期30天的保修合同，并且经销商要求的价格是10 400美元。你建议约翰逊买哪一辆？

(e) 比起买一辆二手车，你会建议他们租或买一辆便宜的新车吗？你建议他们这样做或不要这样做的原因是什么？

□ 案例 2　维克托和玛丽亚要买第三辆车

埃尔南德斯家的大儿子赫克托已经到了该买辆车的年龄了。维克托和玛丽亚决定把玛丽亚的旧车给赫克托，再为玛丽亚买一辆较新款的二手车。

(a) 维克托和玛丽亚可以利用什么资源来获得各种品牌、各种型号二手车的价格信息和可靠性信息？

(b) 维克托和玛丽亚可以从哪些来源找到二手车？这些来源存在什么差别？

(c) 维克托和玛丽亚应该如何查找出他们最感兴趣的车？

(d) 当维克托和玛丽亚在为选中的车协商价格时，他们应该用什么策略？

□ 案例 3　朱莉娅·普赖斯想买一辆宝马

朱莉娅从航空工程专业毕业已经将近 15 年了，作为一家大型工程国防承包公司的中层经理，她收入颇丰。然而她不太节俭，喜欢消费，尤其喜欢买那些大件商品。朱莉娅最近比较了几款车：宝马 749I 系列、捷豹 XF、奥迪 S6、英菲尼迪 M56。她在《消费者报告》和其他杂志上看了这几款车，并且试驾了每一款车。当她决定买宝马后，她没有去社区经销商那里购买，而是通过网络购买。她认为如果她不在当地经销商那里买车，而是去离家 40 公里以外的经销商那里买车，她可以为买车和买延期保修卡节约 3 800 美元。她不能确定是该接受经销商提供的 3%的低息贷款还是该接受 4 000 美元的折扣，如果接受折扣，她能从附近的信用合作社以 6%的利率贷款。她也不能确定自己是该买车还是该租车。对她的疑问给出你的意见。

□ 案例 4　购买一台新冰箱

加里·约瑟夫是华盛顿斯波坎的一名财务顾问，他正在改装他的厨房。加里一个人住，他决定换一台更方便的新款冰箱。他将选择限定在两款冰箱上：第一款是一台 16 立方英尺的基本款的冰箱，带有底部冷冻室，价格为 799 美元；第二款是一台 25.4 立方英尺的带有侧柜的冰箱，价格是 999 美元，这款冰箱有制冰机、釉质网纹表面、冰水分配器。加里的信用合作社可以以 12%的利率贷给他所需的资金一年。下面是他的预算，每月实际支出为 2 140 美元。

食物	300 美元
娱乐休闲	120 美元
服装	60 美元
送礼	70 美元
做慈善	75 美元
打车费用	330 美元
个人护理	60 美元
汽车开销	120 美元
储蓄	130 美元

家用	825 美元
杂项	50 美元
总计	**2 140 美元**

(a) 为选择最佳品牌的冰箱，加里应该做些什么消费前期调查？

(b) 使用表 7－1 中的信息或者加曼/福格合作网站上的信息来决定加里在两台冰箱上每月支付的费用。

(c) 使两台冰箱的不同的每月支出都符合加里的预算。

(d) 给加里提意见来帮助他做决定。

□ 案例 5　关于新车修理的争议

克里斯托弗·哈迪森是俄克拉何马州俄克拉何马城一所高中学校的足球教练，他花 28 000 美元买了一辆 SUV。他经常性地使用这辆车；事实上，在不到 9 个月的时间内，他已经开了 14 000 英里了。一份 24 000 英里的为期两年的动力传动设备的保修单还在有效期内，不过克里斯托弗必须支付每一次修理费用的前 100 美元。在 11 月开到 16 500 英里后，车子的转动轴出现了一些严重的问题。克里斯托弗把车开到了经销商那里进行修理，一个星期后他取回了车，但是转动轴依然存在一些问题。当他把车开回经销商那里，经销商却说检查不出还有什么问题。克里斯托弗确定问题仍然存在，并且令他感到惊讶的是经销商根本不愿再进行修理，经销商告诉他这个问题不必再修理。

(a) 克里斯托弗有权将车开回经销商那里要求修理吗？为什么？

(b) 如果克里斯托弗仍然对经销商不愿意修理或无能力修理感到不满意，他应该怎样做？

(c) 克里斯托弗应该从法庭寻求帮助吗？如果应该，他要怎样做才能免付律师费？

自我理财

1. 你能负担得起一个大件商品吗？参照表 8－1“使买车开销符合每月预算支出（莎伦·威尔逊的可支配收入为 2 440 美元）”，看完之后想想你自己的财务状况是什么样的，对符合你的方法做上标记。

2. 优先工作表。参照图 8－2 中莎伦·威尔逊的优先工作表来帮助你思考你应该怎样选择想买的车。对你喜欢的那类车先初步选择五辆，然后进行比较并写下你得出的结果。或者完成《我的个人理财规划师》中的工作表 29——我的汽车配置的最优选择，来建立你的最佳选择。

3. 比较车辆购买合同。为了避免只关注买车的一两个方面，比如每月所需支付的费用或折旧换新价值，完成《我的个人理财规划师》中的工作表 30：比较车辆购买合同，来帮助你有效地比较对你来说最重要的事项。

4. 租还是买？参照计算工作表“汽车贷款和汽车租赁的比较”或者完成《我的个人理财规划师》中的工作表 31：我应该租车还是应该买车？以此帮助你决定哪一种选择更好。

5. 选择折扣还是低息贷款? 参照计算工作表“在经销商提供的低息贷款和折扣之间做选择”，或者完成《我的个人理财规划师》中的工作表32：我应该接受新车折扣价还是经销商提供的低息贷款，来帮助你决定在你可以自己贷款的情况下哪种选择更好。

6. 贵重商品购买决策卡。 参照表8-2“决策卡（以洗衣机为例）”来思考你打算进行的购买，然后完成《我的个人理财规划师》中的工作表33：购买大件商品的决策表，并将你认为合适的权重得分代入表中进行计算比较。

7. 投诉信样本。 参照表8-3“投诉过程（接受投诉的机构以及投诉过程）”，并参考《我的个人理财规划师》中的工作表34：产品或服务的投诉信样本，对以前你不满意的商品或服务写一封要求赔偿的投诉信。

网络资源

下面这些任务需要利用网络来完成。你也可以登录 www.cengagebrain.com 访问加曼/福格合作网站来找到更多的这类任务。在“一般业务”中，选择某一项任务，点击本章“网络练习”链接完成任务。

1. 租车的要点。 在美国联邦储备委员会的网站 www.federalreserve.gov/pubs/leasing 上你会找到一个叫作“租车要点”的链接，这个链接对这本书中的信息进行了扩展。利用这些信息可以得出租车和买车各自的利弊。通过点击网页上的“样本租车表格”，你可以浏览也可打印汽车租赁所需要的公开表格。

2. 买车建议。 在《消费者报告》杂志网站 www.consumerreports.com 上点击标签“汽车”就能看到“买车建议”。在这里你可以找到许多关于怎样买车以及许多可靠数据的信息。这些信息和本书中购买二手车的策略有哪些相似和不同?

3. 消费者权益保护协会。 消费者权益保护协会是受理消费者投诉的组织。用谷歌搜索“消费者权益保护协会”，建一个表来存放你搜索到的五个组织的信息，包括组织名称、电话、网址、组织目标以及受理问题的类型。

4. 浏览 Edmunds.com。 去网站 Edmunds.com 搜索店铺的详细地址，并记下来。

5. 二手车的价值。 在网站 www.kbb.com 上查看《凯利蓝皮书》来了解三辆你感兴趣的二手车的市场价格。了解这些二手车的“零售价”“以旧换新价”“私人自售价”。为什么它们有所不同?

付诸行动

1. 必需品和非必需品。 参照图8-2，在第一列中列出任何你想要的汽车配置，并意识到获得所有配置是不可能的，因为它们是非必需品。在最确定的选择下标上最优等级，在第二、第三选择下做备选标记。现在将你的必需品列于第一列中，将非必需品列于其他栏中。

2. 价格实惠的车。 给三家经销商打电话问它们是否有你感兴趣的那个品牌的那款车，比如一辆开过两年的丰田普锐斯。如果有，向它们询问车的库存、颜色、配置以及价格，将问到的信息列表整理好。

3. 比较融资。给两家经销商分别打电话来决定二手车的一些贷款细节。告诉经销商你的 FICO 信用评分超过 750 分，并且你想在支付 4 000 美元首付后贷款 12 000 美元。找出你的贷款利率、期限以及每月还款额，并将这些信息列表整理好。

登录 www. cengagebrain. com 访问加曼/福格合作网站。

第九章

购买有能力支付的房产

你在开玩笑?

霍斯特·布拉特最近购买了一套房产，贷款230 000美元，贷款期限为30年，年利率为5.75%，月供为1 342美元。一个朋友建议他应该很容易能获得年利率为5.5%、月供为1 306美元的购房贷款。霍斯特认为月供的细微差别无关紧要，所以置之不理。他的朋友提醒道："霍斯特，差别巨大的是利率，而非月供。"如果背负较高利率的贷款，霍斯特一生要多支付多少利息?

A. 3 000美元；　　B. 6 000美元；

C. 9 000美元；　　D. 13 000美元。

答案是D。在30年内，霍斯特每月将会支付较高的利息。尽管月供的差别看起来很小，但积少成多，最终一生将额外支付几千美元的贷款利息。这就是为什么在购房时选择低利率贷款是如此重要。

学习目标

在学习完本章后，你应该能够：

1. 判别租房与买房哪个对自己更有利。
2. 算清买房的首付和月供。
3. 描述买房的步骤。
4. 区分传统方式买房和其他方式买房的优点和缺点。
5. 明白卖房时要考虑的重要事项。

你有何建议?

莉比·克拉克自大学毕业后就开始为一家大型电子零售公司工作，这家公司业务遍布全国，在亚特兰大、丹佛、明尼阿波利斯和波士顿设有分部。她在亚特兰大安家立业已达三年，看见近期房价下降，开始考虑购房，不再租住公寓。上个月莉比被提拔为丹佛的副区域经理，这是未来四五年内晋升为总经理的关键，区域经理可能会从他们当前的区域提拔，也可能不会。

> 关于买房问题，你会给莉比提出什么样的建议：
> 1. 在丹佛买房还是租房?
> 2. 在努力寻找房源前应该怎么做?
> 3. 怎样找房子以及商议购买价?
> 4. 买房的结算过程如何进行?
> 5. 选择何种抵押贷款最适合她?
> 6. 如果她最终升职去了其他地方工作，在卖房时所要考虑的事项有哪些?

你可能正在租房住，就像90%的青年们做的那样。相反，拥有房产者的年龄近80%是55～64岁。鉴于此数字，似乎你应该慎重考虑买房。在这一点上，你应该计算清楚租房相对于买房的经济收益以及看清楚买房花费的真正成本。

房产是消费品还是投资品？一般房产的每年增值不超过4%，不及由证券和债券组成的投资组合收益的一半。自2006年以来，在许多市场上房价已经跌去20%～50%。

如果你决定买房，你将可能获得**抵押贷款**（mortgage loan）——一种将所购房产作为抵押的购买房产的贷款。有许多种抵押贷款可供选择，在背负上30年贷款前，你必须详细了解你所选择的抵押贷款。

近期有许多抵押房产被取消赎回权的事件发生，由此导致了房价的下降，部分原因就是数百万的美国人采用了他们所不理解的复杂的抵押贷款。随着月供的不断增加，有些贷款人们开始时能够支付，后来却支付不起，因为合同签的是浮动利率。月供的上涨和房价的下跌成为千百万房产所有者的灾难，尤其对于那些失业者更是雪上加霜。此外，还有那些在房价高涨的2000年前后参与房产投机的人，他们寄希望于房价的持续上涨，但是你应该明白一条投资规则：可观

> **你的未来五年**
>
> 在未来五年中，通过做以下与购买有能力支付的房产相关的事，你能获得理财成功：
>
> 1. 在署名前仔细阅读租约或其他购房合同。
> 2. 将首付存入避税账户。
> 3. 在买房前规划好收支，减少负债，注意任何会有损信用记录的行为。
> 4. 当满足购房的财力且为生活所需时，可立即购房，这样可享受所得税抵免以及房产增值的利益。
> 5. 如果你的首付低于20%，那么当清偿贷款使得你的贷款价值比降低至80%时，立即申请取消抵押贷款保险。

> **学习目标1**
>
> 判别租房与买房哪个对自己更有利。

> **抵押贷款**
>
> 贷款买房，且将所购房产作为抵押。

的收益不可能永远持续。甚至，许多想在揪心的房市中卖掉房产的人，结果承受了巨大的损失。因此，仅仅知道如何买房是不够的，你还必须清楚卖房的策略。

你应该买房还是租房？

买还是租，取决于你的偏好和支付能力。在短期内，租房比买房更划算，但长期则相反。

□ 开始或许租房较为便宜

人们选择租房可能有许多理由。巨额的首付和月供让一些想买房的人望而生畏。还有些人单是看好租房带来的便于迁移的好处，并且可以避免固定房产所带来的责任。有先见之明的房东必须考虑到房租、损坏押金、安全押金、租约条款以及租户的权责。

租金、押金和相关支出

租金（rent）是为了取得公寓或其他房产的使用权而支付的费用，通常将在每月的固定某一天支付，若逾期未付将会额外支付滞纳金。其他的一些费用需另外计算，如使用场馆、游泳池、健身设施、有线电视、储藏室、停车场。

损坏押金（damage deposit）是事先支付给房东的，用于补偿房产非正常的破损。一般在入住前支付，通常相当于一个月的租金，在租期结束后，若无损坏则返还给租户。你或许还要支付**安全押金**（security deposit），以防止你逃避租金而悄悄搬走。其金额相当于最后一个月的租金，且可退还。因此，一个月租金800美元的公寓，首月需支付2 400美元，包括租金800美元、安全押金800美元、损坏押金800美元。

签订租约保护双方

租约（lease）是一种标明租户和房东双方权责的合同，里面列出租金、安全押金、租期（通常一年）、设施的使用费和维护费、滞纳金、驱离拒交租金租户的程序、租约到期的程序。租约通常还说明安全押金是否付息，在租户离开后多久房东来检查房产是否清洁，以及何时返还押金。如果没有签订租约，这些事情会难以协调。

规范租户和房东权责的租约有两种。第一种是**按期租约**（periodic tenancy），它被（如按周或按月）定

> **租金**
>
> 为使用公寓或其他房产而支付的费用。

> **你知道吗？**
>
> 怎样确保安全押金被退还？
>
> 如果离开租住的房子时，将其清理干净，并保持原样而无损坏之处，你就有权要求退还安全押金。确保安全押金退还的要点：
>
> - 在首次入住前，列出房子损坏的地方，并让房东签字。
> - 保持房子的原貌，清理干净。
> - 若发生维修问题和故障应及时通知房东（如有必要，可书面通知）。
> - 若租期快到想搬走，需最少提前30天书面通知房东。
> - 在离开房子之前，将损坏之处列出，并交房东签字。
> - 用挂号信（带有回执单）通知房东返还安全押金，并告知你的新地址。
> - 使用小额索赔法庭。如有必要，通过小额索赔法庭索取押金。

> **租约**
>
> 在这里指标明房东和租户双方权责的合同。

立，如果提前（如一周或一月）给出合适的通知，双方中的任意一方均可结束租约，在没有这份通知的情况下，合约仍然有效，这种做法还通常适用于没有建立书面合同的情况。第二种类型的租约是**定期租约**（tenancy for a specific time），通常是一年，到期时合同终止，除非双方给出提前通知，合同重新成立。

租约会包含一些对租户的合法约束限制。例如，禁止养宠物，否则提高安全押金。私人娱乐设备或者聚会的巨大噪声也是被禁止的。为防止其他租户过度拥挤，将限制过夜客人的数量。

> **转租**
> 原租户将房产转交另外一个租户的协议。

另一个重要的限制是针对**转租**（subleasing，原租户把房子转租给另一个租户）的，在租约到期前，原租户搬离可能需要获得房东的许可，新租户接管房子也必须获得许可，原租户也依然要承担经济责任，直到原租约到期。

租户享有的权利（即使在没有签订租约时）

在大部分州和许多地区，租户拥有很多法律权利。一些重要的权利如下：

> **理财要点**
>
> 租房一定要签订租约
>
> 租房不签订正式的租约似乎是一种简单合意的方式，但其潜在的祸患无穷。在租房时，一定要签订书面协议，示例可在 Nolo. com 上找到。

- 禁止**骚扰**（harassment，如涨租金、驱离、关闭配套设施）举报违反建筑法规或以其他方式行使承租人合法权利的租户。
- 保证得到法律所规定的最基本的**适于居住**（habitability）的条件，如自来水、供暖、炉子以及可安全逃生的楼梯间。
- 对房屋进行小范围的维修，并将维修费从租户下次的租金中扣除。此权利受到一些限制，如须事先给房东详细的书面通知。
- 在扣除部分款项后，及时获得返还的安全押金，房东需说明扣除的原因，有些州法律还要求支付安全押金利息。
- 当房东不履行义务时，享有起诉的权利。这种起诉只需在小额索赔法庭进行。

> **独院住宅**
> 一种不与其他建筑相连的房屋。

> **公寓**
> 所有者对特定房屋拥有法定权利的所有权形式，包括对公共场所和设施（由开发商或业主委员会所有）的使用权。
>
> **共管房产**
> 业主持有公司份额，公司拥有并管理许多房产及公共场所和设施的所有权形式。

从长远考虑，买房或许更为划算

历史上，美国人通常选择独院住宅居住，以满足他们拥有房产的欲望。其他的形式也很普遍，如公寓、共管房产、预制房以及活动房。

独院住宅

独院住宅（single-family dwelling）是一种不与其他建筑相连的房屋。市场上为购买者提供了许多可供选择的各式户型的房产。一些人喜欢新房屋里的现代厨房等时尚元素，另一些人则更偏爱宽敞的房间、较高的阁楼以及饱览古建筑的完美视野。

公寓和共管房产

公寓（condominium/condo）和**共管房产**（cooperative/co-op）这两个词与其说是在描述不同式样的房屋，不如说是在阐明不同的房屋所有权。它们的价格比独院住宅更低，提供娱乐休闲设施，业主承担很少的维修责任。

公寓的所有者对整幢建筑的某一特定房屋拥有所有权，并享有公共场地和设施的使用权。整个楼盘由**业主委员会**（homeowners association）管理。除了支付月供，业主还要支付**物业费**（homeowners association fee），这些费用包括公共设施的管理费、建筑的保费。业主还要考虑潜在的费用上涨、限制转售的诉讼费。公寓的市场价格不如独院住宅的价格稳健，当年景好时，它的价格上涨幅度不如独院住宅的价格，当市场衰落时，它又跌得更多。

对于共管房产，业主持有公司份额，公司拥有并管理许多住房单元。业主所持股份的价值等于其业主所拥有的特定单元的价值，业主也享有相应的公共区域使用权。共管房产月费所涉项目与公寓住户一样，此外还要支付综合设施管理费和公司按揭费用。（按比例承担的公司负债利息和财产税可以从股份所有者的所得税申报表中扣除。）

> **理财要点**
>
> 清楚你的文契约束
>
> 大部分社区、新建筑、共管房产有**文契约束**（deed restriction），这些约束由当地分区法律、开发商或者房产所有者自己建立。这些约束规定着房子的最小区域面积、外部和内部环境、二级建造许可、机动车停放、其他方面的用处、房子的外观等，所以在购买之前你应该询问并且阅读文契约束。

预制房和活动房

预制房（manufactured housing）整个或部分由建筑公司设计并建造好，然后移至宅地，最后的组装和入住的准备在宅地进行。相反，**活动房**（mobile home）是完全由工厂组装好的房子，用挂钩连在框架上。像机动车一样，活动房随着使用时间的增加而贬值。

□ 谁的支出更多——买房者还是租房者？

根据过往经验，将各年的租房支出累计来看，买房较之租房有许多优势。通常租房者每年的现金流出较少，但买房者享有个人所得税方面的优惠，而且房价的上涨还可以改善他们的经济状况。然而，从过去几年的市场来看，房价并不一定每年都上涨，有时甚至会下跌。在有些市场上，房价充满泡沫。试试向你的房地产代理咨询一下当地的**房价房租比**（price-to-rent ratio），这个比率显示了当地房产的平均房价与年租金的比。这个比率较高（比如，高出全国平均值15），则意味着房价与租金费用高度相关。（第十六章将详细介绍房价与租金的比率。）

不要因经济利益的驱使而去购买居所。买房虽是明智之举，但是你必须完全明白它的合理价格，以及你的支付能力。你所要承受的不仅仅是每月的按揭，还有与房产所有权相关的其他费用（比如物业费）。

> **理财要点**
>
> 20多岁的青年应该买房吗？
>
> 在房价泡沫达到顶峰的2000年左右，最聪明的做法是，只要有可能，就尽快买房。许多20多岁的年轻人发现这样做并不明智。如今，年轻人在30岁以前更喜欢同居、晚婚、迁移、经常跳槽的生活方式。这些因素的任何一个都会让背负长期贷款变得很危险。首次购房的关键因素是他们的工作状况，在买房前你应该确保你的工作是安全有保障的，避免因被雇主派遣到另一个城市工作而必须卖掉刚刚购买的房产的情况，那会造成经济损失。

基于开始的现金流出，租房合算

下文的有关“你会租房还是买房?”问题的计算工作表显示了购买小型公寓与租住面积设施与之相近的套房的区别。套房的租金及费用总计将达到每月 1 000 美元。假设你购买价值 180 000 美元的公寓，贷款首付为 36 000 美元，按揭贷款为 144 000 美元，30 年期的年利率为 6%。如数据表所示，在扣除税后存款利息后，租房的现金流出是 11 640 美元。买房除了需要支付月供外，还包括如例子中所列的每月 150 美元的物业费(每年为 1 800 美元)。在本例中，买房的现金流出是 16 485 美元，比租房成本高出4 845 美元。

在纳税和升值之后，买房者合算

为更精确地比较，必须将税收和升值考虑在内。如果租房，须支付 180（=720×0.25）美元的利息税（本应用于首付的 36 000 美元存款）。如果购买公寓，每年按揭10 360 美元，每月按揭 1 768 美元，首年首月的按揭用于抵扣贷款本金，剩余的 8 592（=10 360−1 768）美元用于偿还利息。按揭的利息和房产税都可以从个人所得税中抵扣。如果你的边际税率的等级是 25%，你的按揭利息抵税为 2 148（=8 592×0.25）美元，房产税抵扣额为 750（=3 000×0.25）美元。实际上，每当你支付款项时，政府会返还其中一些给你。

计算工作表

你会租房还是买房?

下表可用来估算你是适合租房还是买房。如果你正租着一套住宅，且打算买房，有许多买房方式可供你选择。这张表主要关注买房的财务支出。同类的表格可在房利美的网站上找到，网址为 www.ginniemae.gov/rent_vs_buy/rent_vs_buy_calc.asp? Section=YPTH。

	例子中的数据（美元）		你的数据（美元）	
	租房	买房	租房	买房
每年估计支出				
每年租金（每月 1 000 美元）/抵押贷款（每月 863.35 美元）[a]	12 000	10 360	___	___
房产保险/责任险	360	725	___	___
私营抵押贷款保险	N/A	0	N/A	___
房产税	0	3 000	___	___
维护费	0	600	___	___
其他房产费	0	1 800	___	___
减首付本可获得的存款利息（按年利 2%计算）	720	N/A	___	N/A
每年税收的现金流成本和房产增值	11 640	16 485	___	___
减偿付的贷款本金[b]	N/A	1 768	N/A	___
加利息税（本应用于首付的存款，按 25%的边际税率计算）	180	N/A	___	N/A
减抵押贷款利息抵扣所得税[c]（按 25%的边际税率计算）	N/A	2 148	N/A	___
减房产税抵扣所得税（按 25%的边际税率计算）	N/A	750	N/A	___
减房产增值	N/A	1 800	N/A	___
每年净成本	11 820	10 019	___	___

a. 由表 9-4 的数据计算得来。

b. 根据表 9-2 的方式计算。

c. 抵押贷款利息税抵扣额等于贷款总额扣除已偿付的部分后乘以边际税率。

公寓的价格也有可能上涨，从而获得增值。保守估计，公寓的价值每年增长 1%。因此，价值 180 000 美元的房产一年后价值 181 800（=180 000×1.01）美元，增值收益为 1 800 美元。在本例中，买房较之租房的经济利益多 1 801（=11 820−10 019）美元。

注意上面表格比较的双方有相似的户型，权衡租房和买房两者的差别是个复杂的过程。你应该明确地计算，并且比较不同性能的房产。你很可能会发现在头几年买房的花费比租房高很多，但是过了五年到七年，你会发现买房者的经济状况会得到改善，特别是使用固定利率贷款的买房者。

那些在 2005—2006 年前后购买房产的人，以为可以迅速**抛售**（flip）获利，结果适得其反。当市场上充斥着各种各样的房产、供过于求、房价疲软时，他们不得不“割肉”卖出。同样的事情发生在那些购买超过自己承受能力的房产的人身上，他们以为可以从未来几年房价的上涨中再融资。最糟糕的是那些没有支付首付，或首付较少的人。当房价下跌时，他们发现自己**滑入深渊**（upside down/under water），意味着他们的负债远超过房产的实际价值，有的相差达到 50 000 美元、100 000 美元，或者更多。

你知道吗？

违约拒偿贷款不是个好主意

如今，经济处在困境之中，许多借款人打算采取**策略性违约**（strategic default），不再支付抵押贷款。这似乎很吸引人，因为抵押贷款是**无追索权的贷款**（nonrecourse loan）。当抵押的房产拍卖所得不足以补偿巨额负债的损失时，出借人不能追索违约者的其他财产。尽管如此，策略性违约不利于个人的信用记录，这也是个道德问题。

你知道吗？

关于购买法拍房

近些年房价下降主要归咎于大量的法拍房涌向市场。假如一个小区里现有四套房产出售，其中一套是法拍房，这样其他三套房产的价格也会被廉价的法拍房拖累。查询法拍房信息可登录 www.Foreclosure.com、www.Foreclosures.com 和 www.RealtyTrac.com，每月须支付数据库通行费。如果对此感兴趣，你需弄明白法拍房的流程。以下是法拍房的三个程序：

1. **提前止赎。提前止赎**（preforeclosure）时间是指从房主被出借人通知违约到出借人向房产所在地的县级委员会提前交止赎通知之间的时间。购买此种房产，你需直接与房主商谈，他可能已经知道房产面临不可赎回，或者还不知道。房主会愿意接受低于市场价的价格，特别是当出价高于起初抵押额时。这样房主就可以卸下巨大的负债重担，避免被止赎造成的损失，或许还可以收回一些成本。当实际取消抵押品赎回权发生在 30 天这样少的时间段里时，在此过程中时间至关重要。

2. **止赎拍卖。**一旦止赎开始，银行将会进行**止赎拍卖**（foreclosure auction），拍卖房产。大部分的竞标者是专业投资者，一旦竞标成功，需马上支付现金。许多时候，竞标价过低导致出借人不愿成交。

3. **亏损出售。**如果竞标价过低，不足以补偿其巨大的债务，出借人通常会将房产收归名下，然后出借人将试图自己或通过房产中介出售房产，这通常被称为**亏损出售**（short sale），因为出借人将接受少于全额贷款的金额，在亏损出售时购买一处房产要求出价征得出借人同意。当出借人要得到尽可能多的资产时，协商变得很困难，他们可能愿意承担部分损失，但也可能会要求房主进行一些支付或承担部分损失。

在购买法拍房时，要注意一些陷阱。或许房产需要维修，因此必须支付费用请专业人士检查。同样还要考虑税收、资产评估费等。你应该聘请一个房地产代理来帮助你定价和交易。

任何轻率的贷款买房都会导致**止赎**（foreclosure）。在这个过程中，出借人证实违约后会起诉借款人，并要求法院收回房产进行拍卖，用以归还贷款。具有讽刺意味的是，买房者这时却发现房价较过去几年降低了很多，因此这是想着该如何仔细选购适合自己的房产的时候了。

止赎

当借款人被证实违约时，出借人上诉，要求其将房产拍卖以偿还贷款的过程。

概念测试 9.1

1. 解释租约对双方的重要性，以及其订立的目的。
2. 区分按期租约和定期租约的差别。
3. 阐述买房时三种节省所得税的方式。
4. 说明为什么当考虑税收和房产增值时，买房者比租房者支付了更少的钱。

买房成本知多少？

学习目标 2

算清买房的首付和月供。

买房是大部分人一生中最大的开销，这些成本中的一些是预先产生的。其中最主要的部分是首付，其他的还包括月供。还有少部分款项在首次支付后要每月支付，比如房产税。表 9－1 列出了贷款购买价值 185 000 美元房产的支出情况，首付为 25 000 美元，贷款期限为 30 年，年利率为 6%。（例子中采用 6%的年利率，贷款利率的高低取决于你的信用和市场形势。）本章全部引用此例来说明买房的成本，因为这是大城市里首次贷款买房者所支付的平均成本。

表 9－1　贷款买房的预付款和月供示例

（在 7 月 1 日购买价值 185 000 美元的房产，首付为 25 000 美元）　单位：美元

购房成本	过户日	每月
预付款		
首付	25 000	
点数（1）	1 600	
律师费	500	
产权调查费	200	
产权保险（保护出借人利益）	320	
房产保险（保护购买人利益）	320	
贷款手续费	800	
信用报告费	75	
房屋检查费	400	
订立契约费	250	

续前表

购房成本	过户日	每月
估价费	250	
白蚁、氡检查费	130	
土地调查费	100	
房产转移费	1 600	
公证费	150	
每月必须支付的费用		
本金和利息（如表 9-3 中贷款为 160 000 美元，期限为 30 年，年利率为 6%）		959.28
抵押贷款保险		53.33
家居保证保险		30.00
预付或者月付的税收和保险		
房产税（每年总计 2 160 美元，第一个半年为 1 080 美元，之后每月为 180 美元）	1 080[a]	180.00
房主保险（每年总计 1 200 美元，第一个半年为 600 美元，之后每月为 100 美元）	600[b]	100.00
小计	33 375	1 322.61
减卖方所付	−1 080[a]	
合计	32 295	1 322.61

a. 代表可从卖方获得，因法律规定此项是由卖方所必须承担的。当年末支付税款时，此款将自动存入由第三方保管的账户。

b. 指在下一年支付保费后，会自动存入第三方保管账户的金额。

□ 过户时支付预付款

首套房购买者在买房时面临高额的初始成本，包括首付和过户费。**过户费**（closing cost）包括除首付之外的一些费用，这将达到抵押贷款额的 2%至 5%不等。首付和过户费将在**过户**（closing）时支付，之后房产的所有权会被转交到购买者手上。在过户时，银行、借款买房者、房产商三方都要到场。预付成本在表 9-1 中列示。

> **过户费**
>
> 过户费包括除首付之外的一些费用，这将达到抵押贷款额的 2%至 5%不等。

首付

首付（down payment）是指房产总价中由买房者自己支付而非银行贷款的部分。买房者通常通过签支票，从银行将资金存入售房者的账户里。在本例中，这位买房者的首付为 25 000 美元，借款 160 000 美元购得价值 185 000 美元的房产。

> **首付**
>
> 首付是指房产总价中由买房者自己支付而非银行贷款的部分。

点数

一个**点数**［point，**利率点**（interest point）］是指相当于总贷款 1%的费用。在买房时，所需支付的点数要全额付清，尽管有时点数的累计会与借款总额相当。出借人利用点数增加贷款的收益，例如，出借人会做

> **点数**
>
> 一个点数是指相当于总贷款 1%的费用。

广告，宣称会以低于普通利率 0.25%的利率贷款，但却收取 1%的手续费。实际上，所有的点数都是用来预付利息或者补偿低利率的损失。在本例中，出借人对总额为 160 000 美元的贷款收取 1 个点的费用，即 1 600 美元。根据法律，在贷款中计算 APR 时，必须包括点数，因为点数实际上就是利率。利率点数可抵扣联邦个人所得税。

律师费

买房者应该聘请律师帮他审查合同文件，提出建议，代表本人出席过户会。律师费通常为房价总额的 0.5%，有些律师收取固定金额（在本例中为 500 美元）。

产权调查和产权保险

对房产拥有**产权**（title）是房产所有者的法定权利。在房产交易中，产权会通过**契约**（deed）形式转让，这是一种标明房产的所有者的书面文件。有四种契约形式：

> **产权**
> 财产所有者的权利。
>
> **契约**
> 用以转让不动产所有权的书面文件。
>
> **产权保险**
> 在未来违约时，保护借款人的权益。
>
> **房产检查费**
> 旨在确保该房产状态良好、各项设施正常运转的检查费。

1. **担保契约**（warranty deed）是最安全的，用以证明该财产之前没有被抵押。

2. **特殊担保契约**（special warranty deed）仅保证当前的所有者没有将其做抵押。

3. **产权转让契约**（quitclaim deed）在没有保证金情况下，将当前所有者的财产（契约中所列的财产）转让给他人。

4. **议价销售契约**（deed of bargain and sale）在转让产权时，保证或没有保证出售者的所有权利益。

进行产权调查和产权保险可以保护购买者的财产权。你的律师或者产权公司会通过调阅法院档案来进行**产权调查**（title search），并且将此财产的所有权的历史详细记录下来交给你，卖方为此过程需要支付费用（在本例中为 200 美元），出借人通常要求借款买房者购买**产权保险**（title insurance），因为若今后发现此房产违约，这会保护出借人的利益。产权保险公司的保费参差不齐，过户时会一次性收取总贷款额的 0.20%作为保费［在本例中为 320（=160 000×0.002）美元］。房产购买人如果想保护自己的利益，必须另外单独购买一份财产保险。

各种费用

当潜在的客户来申请贷款时，出借人会要求客户在结算时支付贷款手续费。（在本例中为 800 美元，或贷款的 0.5%。）此外，还须在获取贷款前支付信用报告费（在本例中为 75 美元）。另一项重要的预先支付的成本是**房屋检查费**（home inspection，在本例中为 400 美元），以确保该房产状态良好、各项设施正常运转。在县级法院移交产权证时，要支付订立契约费（在本例中为 250 美元）。为获取由公正的第三方开展的对该房产的公平市场价值的估计，需支付**估价费**（appraisal fee，在本例中为 250 美元）。偶尔，地方法律要求房产所有者支付白蚁、氡检查费（在本例中为 130 美元），尽管有时不必要，但交付此费用也不失为一个好主意。有时需要支付土地调查费（在本例中为 100 美元），以确定产权地界。最后，必须

> **估价费**
> 为获取该房产在公平市场上客观合理的专业的估计支付的费用。

支付几项**公证费**（notary fee，在本例中为 150 美元），以验证署名的合法性。有些地区还要支付**房产转移费**（home title transfer fee），这只是一种税收，用以支持警察、消防、学校等公共服务。

□ 每月所需支付的本金和利息

一旦购房，每月支出将占你可支配收入的 30%～40%，这些支出被用于偿付贷款及利息，还包括抵押贷款保险、保证保险、房产税和房主保险。每月支出在表 9－1 中列出。

> **PITI**
>
> 指房地产贷款每月的支出项目，包括本金、利息、税收和房主保险。
>
> **贷款价值（LTV）比**
>
> 指原始贷款或者账面贷款余额占房产总价的比例。
>
> **抵押贷款保险**
>
> 首付低于银行所要求的固定值 20%，即贷款价值比高于通常的固定值 80%，买房者需要为此支付保费。
>
> **私营抵押贷款保险（PMI）**
>
> 指由私营公司提供的贷款保险。

抵押贷款本金和利息

买房者每月须支付贷款本金和利息，**PITI** 的头两个字母就来自它们。PITI 指房地产贷款每月的支出项目，包括本金、利息、税收和房主保险，这是房产经纪人和出借人经常用的术语。在本例中，如表 9－1 所示，贷款总额为 160 000 美元，贷款期限为 30 年，年利率为 6%，月供达 959.28 美元。（本章后面还将教你计算每月支付的本金和利息的金额。）

贷款价值比

如今，买房者可以从银行获得相当于房价总额 70%～80%的贷款。**贷款价值**（loan-to-value，LTV）**比**（ratio）是贷款额除以房产价值（最初购买的价格）的比。80%的 LTV 比意味着首付需要为购买价的 20%，这是令很多首套房产购买者感到为难的金额。

仅能支付较低首付者的特别保险项目

幸运的是，有很多首付较低的房产可供各样买房者来选择，尤其是首套房买房者。当借款人选择首付较低的项目时，LTV 比就高于出借人的期望，出借人会要求借款人购买抵押贷款保险。

抵押贷款保险（mortgage insurance）可以保证出借人实现理想的 LTV 比，避免较低首付造成的较高的 LTV 比。这样，当客户违约房产被以低于贷款额的价格拍卖时，出借人可以确保资产负债表中的收入。抵押贷款保险可从多种渠道获得，当客户偿还贷款后 LTV 比达到预期水平时，抵押贷款保险也可取消。可从如下方式获得抵押贷款保险：

- **私营抵押贷款保险。私营抵押贷款保险**（private mortgage insurance，PMI）是由私营公司提供的保险。其中最大的此类私营公司是**抵押贷款保险公司**（Mortgage Guaranty Insurance Corporation，MGIC）。PMI 的成本为贷款额的 0.25%到 2%不等，这取决于贷款价值比超过借款人所期望的比例。在本例中，贷款价值比是 86.5%（＝160 000÷185 000），而出借人要求的比为 80%（首付为 20%），因此，私营保险公司要求每年的抵押贷款保险额是贷款总额的 0.4%，相当于一年 640（＝0.004×160 000）美元，或者一个月 53.33（＝640÷12）美元。

相比于支付 PMI 月费，还可能获得出借人支付的抵押贷款保险。如果让出借人支付此保费，就要支付贷款利息溢价，或许达到额外的 0.25%至 0.75%。在这种方式里，抵押贷款保险溢价是可抵税的，因为它实际就是贷款利息的一部分。然而，即使当贷款价值比达到预期值时（贷款还未还清），也不能取消抵押贷款保险。

● **联邦房管局保险。**为鼓励贷款买房，美国住宅和城市发展局的**联邦房管局**（Federal Housing Administration，FHA）对符合条件的贷款提供保险。有了FHA担保的贷款，就可以在贷款买房时首付低至3.5%，预付低至1.75%。贷款的最高限额，各地区都不尽相同，但最低限额都一样，为275 000美元。要获得FHA的担保，借款人要有良好的信用记录而且所购房产要符合FHA所要求的最低质量标准。（有关美国住宅和城市发展局抵押贷款项目的更多信息，可访问www.hud.gov/buying/index.cfm。）FHA抵押贷款保险可首期一次支付，可末期一次支付，也可像私营公司的贷款保险一样按月支付。

> **联邦房管局（FHA）**
> 美国住宅和城市发展局下面的一个分支机构。它对符合条件的贷款提供保险，以鼓励买房。

> **理财要点**
>
> **夫妻购房，产权共有最合适**
> 在已婚夫妻或未婚的男女双方合作买房时，通常应该将房产署在双方名下，采用存活者共享此房产的方式。也就是说，如果双方其中有一人去世，那么整个产权将自动归尚在世的人所有。

● **退伍军人事务处贷款保险。**联邦**退伍军人事务处**（Department of Veterans Affairs，VA）为军队退役人员（包括现役、预备队和国民警卫队等符合条件的退伍人员）提供担保，以保证他们的房产所有权。实际上，退伍军人事务处（www.homeloans.va.gov）贷款保险和FHA、私营公司的贷款保险的最终目的差不多——确保在发生借款方违约而房产被拍卖时，贷款银行的损失能够获得一定比例的补偿。

● **州、地区抵押帮助项目。**许多州政府和地区政府通过各种房地产代理机构为首次购房者提供帮助。帮助的形式有：特低首付贷款、可免除贷款、有助放贷人接受较低首付款和抵押贷款利率的担保。首次买房者应该经常在社区寻找这样的机会，借款人会给有此类特殊需求的目标客户提供相关帮助项目的信息。若需要可在各州访问www.hud.gov/buying/localbuying.cfm打开相关项目的链接。

家居保证保险

所有待售的房产都附带一些形式的担保（见第八章）。许多州法律要求售房者签署证明，以说明在出售时房产及各项设施的状态。虽然故意隐瞒重大缺陷的售房者要承担相关法律责任，但是这需要买房者支付费用聘请律师来证明。许多建筑商在房产竣工时，会明确地保证一年内此房产质量可靠。

> **你知道吗？**
>
> 购房的现实情况
>
> 房价泡沫的破裂、2010年前两年的经济萧条以及政府为刺激经济而采取的低利率政策给首次购房者带来了史无前例的新形势。此形势对首次购房者有弊有利（包括两点好处，两点不利）。
>
> 1. **史无前例的低利率。**4.5%左右的贷款利率使得合格的借款人只需支付极低的月供。如果年利为7%，那么30年期、总额150 000美元的贷款月供（偿付本金和利息）需要998美元。同样的贷款，如果利率为4.5%，那么月供只要760美元。如今，房贷支出对许多首次购房者来说是有能力支付的。

2. **买方市场。**因为房产市场上供大于求，卖方只好降低房价，这对购房者大为有利。

3. **更严格的贷款条件。**对首次购房者提出的贷款申请，出借人相当谨慎。如今，出借人仅对有良好信用记录和之前经济状况较优的申请者发放贷款。如果之前你从未进行抵押贷款，出借人会要求你提供证明——保证有足够能力持续地支付房贷的证明。许多出借人要求客户有更高的前端比和末端比，而且有在同一岗位工作过一年甚至两年的经历。这对许多申请贷款的首次购房者造成了麻烦。

4. **更高的首付。**过去，首次购房者可轻易找到仅5%的首付贷款。如今，出借人会更谨慎，坚持要求预付通常为20%的首付。以前，首次购房者的主要麻烦是支付月供，如今变成了支付首付。

家居保证保险（home warranty insurance）——房产所有者的另一个选择，非常类似于服务合约（在第八章中讨论）。保险公司通过房地产代理或者建筑商来销售此类保险。在本例中，表 9-1 所列的每月的家居保证保费为 30 美元。通常，房产所有者要首次就支出 100～500 美元的维修费。

□ 预付或者月付的税收和保险

许多购房成本并未列入预付和月付的形式，因为它是按年支付的。房产税和房主保险是其中的两种，税收和保险构成了 PITI 的末尾两个字母。为确保客户能定期支付，银行要求客户每月将约定金额存入第三方保管账户。**第三方保管账户**（escrow account）是由金融机构提供的一种特殊账户，用于在支付给另一方之前保管资金。在每月到期时，它会自动代客户缴付资金。

> **第三方保管账户**
>
> 它是由金融机构提供的一种特殊账户，用于在支付给另一方款项之前保管资金。在每月到期时，它会自动代客户缴付资金。

房产税

房产税（real estate property tax）就是 PITI 中的 T，由当地政府征收，相当于房产价值的 1%～4%。每年房产税到期时，政府会寄发税单给房屋所有者（在本例中为 2 160 美元）。然而，如果是在税收年获得房产所有权，房屋所有者必须在房产税到期前很早就将支付款项存入第三方保管账户（在本例中为 1 080 美元）。之后，要通过第三方保管账户收回此项支付（在本例中为 180 美元）。（因为这实际上是卖房者在房产被卖之前六个月所应支付的税收，卖方会在过户日支付给买方 1 080 美元。）

房产税基于房产和土地的价值而征收。为计算税额，当地政府机构会预先调研该资产的**公开市场价格**（fair market value），再计算其**评估价值**（assessed value）。例如，公开市场上价格为 160 000 美元的房地产，或许评估价值为 120 000 美元。有些政府将公开市场价格作为评估价值。尽管你不能改变房贷利率，但有权为评估价值过高而申诉。如果胜诉，纳税就可以相应减少。在当今的市场上，此类诉讼有一半成功胜诉，从而获得较低的计税基础。

房主保险

（它是 PITI 中的第二个 I。）出借人通常要求房主确保房产免遭诸如火灾等灾害，通常房屋和内部物件都在保险范围内。（第十章将详细介绍这方面情况。）每年的房主保险在年初就要提前支付（在本例中为 1 200 美元）。银行要求客户在下一年之前将预计的房主保险费存入指定的第三方保管账户。在本例中，如表 9－1 所示，购房者要在过户日支付半年的保费（在本例中为 600 美元），这样 6 个月后当此保险到期时，就有充足的资金支付全年的保费。

□ 在做出抉择时，要考虑所有成本

有理财智慧的购房者会慎重地估计所有初始支出和每月支出。仅仅考虑贷款每月的本金和利息的支出是不够的。在本例中，购房者只需支付 13.5%（=25 000÷185 000）的首付，但是将点数和预付款计算在内，实际上过户时首付为 17.46%（=32 295÷185 000）。所以，过户成本接近房产总价的 4%（=17.46%－13.5%）。同样，名义上每月的本金和利息支出为 959.28 美元，实际上则为 1 322.61 美元，高出 39%［=（1 322.61－959.28）÷959.28］。这才是购买者应该考虑的实际成本。

概念测试 9.2

1. 抵押贷款的标准首付是多少？
2. 如果首付低于标准值，需要支付的额外成本有哪些？
3. 为什么贷款时出借人要求支付点数？谁承担此项支出？
4. 解释为什么名义上的首付和每月偿还的本金和利息低于实际支付的预付款和每月成本？
5. 在买房时从私营保险公司购买时所需支付的贷款保险什么时候可以取消？
6. 识别 PITI 中每个字母的含义。

买房的步骤

买房步骤非常类似于第八章所列的步骤。购房者需要花费几周或几个月的时间去寻找合适的房源。之后，再过 3～5 个月才能真正入住。图 9－1 列出了所要注意的七个步骤。

> **学习目标 3**
> 描述买房的步骤。

入住前 6 个月	1. 合理规划财务 ● 确定你的信用局报告的准确性，有必要的话可要求修改或更新。 ● 预计购房后每月的支出。 ● 调整自己的财务预算以符合购房的预期成本。
入住前 3～5 个月	2. 预先符合贷款的要求 ● 寻找利率最优的贷款。 ● 用前端比和末端比来估计自己的支付能力。 ● 咨询几个银行或抵押贷款经纪人。
入住前 2～4 个月	3. 从互联网或其他人处获取房源信息

图 9－1　购房的步骤

入住前 2 个月	4. 同意与卖方签订协议 ● 与卖方议价，并支付定金。 ● 将购房协议交律师审阅。 ● 在协议上签字。 ● 聘请专业人士检查房产。
入住前 1～2 个月	5. 选择最适合的贷款，获取贷款 ● 正式申请你所渴望的贷款。 ● 如果结算前利率有上升趋势，考虑议定利率。 ● 安排律师帮助自己仔细检查合同，并合理估计结算价。
入住前 2～4 周	6. 为过户做准备 ● 做好迁移安排。 ● 启动所有公用设施。 ● 开始搬家。
过户大喜之日	7. 出席过户会 ● 更正合同中的错误之处，双方统一结算报表。 ● 将自己的名字签在合同上，并开出支票。 ● 恭贺!!!

图 9-1 购房的步骤（续）

从开始决定购房到实际入住，可能要花 6 个月的时间。

□ 1. 合理规划财务

你在购房前先要做好财务上的准备，做好三件事：检查信用记录；准确预计购房的每月成本；将计划的购房成本列入预算。

清理不良的信用记录

你的不良记录会使购房梦泡汤。在购房前 6 个月，从三大信用报告代理机构处获取自己的信用记录报告和信用分数。在提出购房贷款申请前，清理不良记录。在第六章中我们介绍了免费清理不良记录的方法。大部分人可以通过纠正错误行为和重新安排信用账户来提高自己的信用分数。见 www.myfico.com/CreditEducation/ImproveYourScore.aspx 中的建议。

利用网络预计自己购房后的每月支出

准确预计此支出十分重要。仅仅估算每月的本金和利息支出是不够的，其他成本也要考虑。预算必须囊括所有的购房支出：本金和利息、财产税、房主保险、抵押贷款保险，或许还有家居保证费。你或许还要考虑房屋设备的维修费用。较之租房，暖气、空调、水电都是购房者支出较多的地方。做好支出上涨 50%的准备。网络上可获得很多估算房产成本的资源。见 www.bankrate.com、www.hud.com 和 www.realtor.com。

1. 选择你所喜欢的房产以及将来的邻居。

2. 打开网页 www.realtor.com 搜寻房源。比较房价与之类似的房源，估算扣除首付后你要获取的贷款额。

3. 打开网页 www.bankrate.com 估计市场上贷款现行利率。

4. 使用 www.bankrate.com 提供的计算器，按市场正常利率计算自己的每月支出。

5. 加上额外的 30%～40%的每月支出（表 9-1 中为 39%），用于支付诸如房主保险、房产税、维修费等款项。

将购房支出计入个人预算

估计购房成本及每月支出的增加额，规划好个人的财务以满足各项支付。如何合理预算使收入能满足购房支出，可按类似于第八章中所列的步骤进行。一些首付较低的贷款，可能会要求按计划每月增加支出（如浮动利率贷款）。这些因素也要考虑，因其可能会增加未来的支出。如果你的预算不能满足每月的支出，那么你可能需要改变你的目标，考虑选择较小面积的或者其他地段的房产。之后，计算其成本和每月支出，看是否能满足要求。

理财要点

合力购房

双职工年轻夫妇如果基于两份全职工作的收入来供房贷，那么他们将被限制在两人都是全职工作的生活方式中。家庭义务或失业等会让他们偿付贷款倍感辛苦。相比于此，应以一方的收入或者第二个人的兼职工作为基础来计算可负担的房贷金额。

□ 2. 预先符合贷款的要求

根据房价及首付来估计自己是否能获得相应的贷款是很明智的，同时，还要事先决定偿还房贷的时间、房贷的利率（是固定利率还是浮动利率，本章后面将做介绍）。其主要目的是寻找最低利率的贷款。首选是去自己存款的金融机构贷款，另外，还可在 www.bankrate.com 上搜寻利率最低的贷款。联邦住宅和城市发展局的网站（www.hud.gov/buying）和房利美的网站（www.homepath.com）会提供有帮助的信息。

你知道吗？

符合抵押贷款要求的收入水平

下表可以让你迅速地弄清楚购买房产所需的收入（设前端比为 28%）。例子中贷款的期限为 30 年期，首付为 20%。对应于每种收入，在同一利率下，第一行数字显示的是每月被用于支付本金、利息、房产税、房主保险等的支出。第二行数字显示的是贷款年总支出。例如，总价为 180 000 美元、年贷款利率为 6%的房产，每月需支出 1 088 美元，相应的年收入要达到 46 600 美元。假定税费和保费为购买价的 1.5%（在每月分摊）。访问加曼/福格合作网站计算在不同购买价和利率下购房所需达到的收入。

单位：美元

利率（%）	房价（美元）						
	120 000	150 000	180 000	210 000	240 000	270 000	300 000
4.5	636	795	954	1 114	1 272	1 432	1 591
	27 300	34 100	40 900	47 700	54 600	61 400	68 200
5.0	665	832	998	1 164	1 331	1 497	1 663
	28 500	35 700	42 800	49 900	57 000	64 200	71 300
5.5	695	869	1 043	1 216	1 390	1 564	1 737
	29 800	37 200	44 700	52 100	59 600	67 000	74 500
6.0	725	907	1 088	1 269	1 451	1 634	1 814
	31 100	38 900	46 600	54 400	62 200	70 000	77 700
6.5	757	946	1 135	1 324	1 514	1 703	1 892
	32 400	40 600	48 700	56 800	64 900	73 000	81 100
7.0	789	986	1 183	1 380	1 577	1 775	1 971
	33 800	42 300	50 700	59 200	67 600	76 100	84 500

如果想选择某种利率的贷款，你必须事先向出借人咨询，看自己的首付是否符合此贷款的要求。出借人通常采用两种经验法则来测算客户的最大房贷支付能力：前端比和末端比。

> **前端比**
> 将贷房每年所需的支出（每年的 PITI）与贷款申请者的年总收入相比去评估借款人支付贷款的能力。

> **末端比**
> 将贷房每月所需的支出（每年的 PITI）与月收入相比。

- **前端比**（front-end ratio）——检测能支付的最大限额的用于房贷的年支出，它是将购房每年所需的支出（本金、利息、房产税、保险等）与贷款申请者的年总收入相比。通常，出借人要求申请者预期贷款的年总支出不能超过年收入的 25%～29%。以前端比为 28%计算，一对共同年收入为 84 000 美元的夫妻能够承担每年支出低于 23 520（=0.28×84 000）美元或者月支出少于 1 960 美元的贷款。
- **末端比**（back-end ratio）——检测支付月供的最大能力，它是将贷房每月所需的支出（本金、利息、房产税、保险等）与月收入相比。通常，出借人要求申请者的末端比不超过 33%～41%。以末端比为 38%计算，这对夫妇可申请月支出不超过 2 660 美元的贷款［他们的月收入为 7 000（=84 000÷12）美元，再乘以 0.38］。在房价高峰的 21 世纪初的中期，一些银行允许客户的末端比最高可达 50%，此举酿成的灾难随后爆发。别轻信出借人的建议，为了不会在半夜难以入睡，应该选择成本较低的房产。

> **抵押经纪人**
> 介于出借人和借款人之间扮演中介角色的个人和公司。

如今，近 10%的抵押贷款是通过经纪人安排的。**抵押经纪人**（mortgage broker）是介于出借人和借款人之间扮演中介角色的个人或公司。换句话说，抵押经纪人的目的就是帮助出借人找到目标客户和帮助贷款申请者寻找合适的银行。出借人或者借款人支付费用给抵押经纪人。若是出借人支付，则抵押经纪人代表出借方；若是购房者支付，则抵押经纪人代表借款方。因此，如果想让抵押经纪人帮你寻找尽可能最低利率的贷款，你就要准备好支付此项服务费。

> **你知道吗？**
>
> 关于父母帮助支付首付
>
> 许多首次购房的年轻人在支付首付时会寻求家人（尤其是父母）的帮助。如果这是无偿帮助，那么出借人会要求客户提供书面证明，确定首付是无偿帮其支付的，且支付金额来自帮助人的账户。如果这是从父母处获得的贷款，情况就比较复杂了。出借人会要求客户提供此款项的书面证明，而且在考虑客户的贷款偿付能力时此项贷款也包括在内。这还会牵涉美国国税局。付给首付出借人的利息可抵扣所得税。如果贷款不需要付息，或者利率低于市场上的利率，且客户的纳税申报表可审计，美国国税局会给出**估算利息**（imputed interest）。除非首付的贷款由房产的留置权担保，否则利息是不可抵税的。然而，出借人很少同意另一个人共享此房的留置权。

□ 3. 从互联网或者他人处获取房源信息

搜寻房源需要花费大量时间，不要仓促决定这项巨额的支出。你可从许多渠道获得房产信息，但网络是最有用的资源。有了网络，你无须离开房间就能筛选出符合你意向的房产。你只需访问 www.realtor.com 就可找到合适的房产，可以看到地板、户型、楼层以及其他特点和价格方面的信息。如果想实地去看看，你需与售房者或其经纪人联系。

□ 4. 同意与卖方签订协议

如果已经做好买房的规划，并且确定符合抵押贷款的条件，你就可以开始仔细搜寻房源。卖方的要价通常高于自己期望值的5%～15%。因此，你应努力还掉部分价格。还价额度为 5 000～15 000 美元或更高。有些购房者出价很低，低于卖方开价的 20%～25%，并期望处在困境中的卖方成交。然而，你要知道通常开价和最后成交价只相差 5 000 美元左右。

> **理财要点**
>
> **购房前减少负债**
>
> 背负的学生贷款、汽车贷款、信用卡透支很容易使得你达不到末端比条件。如果想在今后哪天买房，在学校时或是毕业后不要轻易背负这些债务。

报盘

购买房产时的书面出价被称为**报盘**（purchase offer/offer to purchase）。当然，这里面有你所给定的购买价格，但其他方面的内容也包括在内，如一些附带条件：白蚁和氡检查；房屋管道、暖气、制冷、电力系统的检查；起居室的窗帘、厨房及其他设备。在出价时，需要支付一些**定金**（earnest money）来表明你的决心，通常为购买价的 1%～2%。如果卖方不接受此出价，会返还定金。

> **报盘**
>
> 购买房产时的书面出价被称为报盘。
>
> **定金**
>
> 在议定好价格并签订购房合同之前预付给卖方的金额。这是为了表示自己诚实的购买意向。

应付还盘

大部分卖方不会马上就接受潜在客户的报盘，通常他们会**还盘**（counteroffer）。卖方还盘价成为新的购房法定价格，可能会再附加一些条件。如果认为卖方会接受较此更低的价格，你会还价。如果你的还价合适，对方会成交。如果砍价过多，可能会使得对方直接离开谈判桌。

> **你知道吗？**
>
> 如何寻找合适的房产？
>
> 按下列提示去做，你会高效地完成此任务。
>
> - **列出清单。**标明对你新家的特殊要求、必备条件等。
> - **到实地考察。**在你去房产考察前，下车来听一听，注意附近有没有工业噪声及高速路上的汽车声的困扰、邻居是否有宠物。向房产经纪人或卖方了解任何你关心的方面，如邻里、公园和学校。
> - **一天最多看两到三套房子。**看太多会让你很疲惫和困惑。
> - **工具。**携带笔记本、录音器材、摄像机等设备。画出结构图。
> - **获取书面信息。**包括房屋的详细特点、内含设备的成本（可从设备公司获得证实）以及最近的更新和修复。
> - **检查水平度和垂直度。**可将橡皮球放地板上滚动来测试，包括地板、台面、门框等。
> - **到房产周围走走。**评估房产的外部环境（花园等），看园中下水道是否存在损坏和泄漏等问题。

你知道吗?

肖恩的成功故事

肖恩明白自己刚刚毕业参加工作没几年，没有能力购房。然而，为实现此目标，一毕业他就开始设立专门用于购房的账户，并定期将薪水的5%存入其中。每年他都会存款并将存款的到期日定为6年后。现今，6年过去了，账户资金超过20 000美元。肖恩开始筹划购买一套公寓。他第一步是获取自己的信用记录，确保其准确性，然后联系出借人商定贷款利率。他期望的房产价格大约为200 000美元。良好的信用状况使得他可以轻松地获得购房贷款，他重新估算他的预算看他能否负担得起带有房主保险和房产税的月供，他很高兴能负担得起，之后开始搜寻符合自己财务状况的房产（总价在180 000美元左右，使预算留有余地）。肖恩很高兴能买到自己的首套房产。

协商价格并签订协议

购房合同/售房合同（purchase contract/sales contract）是一种记录双方都同意的购买价以及其他协议的法律文本，包括最初的约定价格和一系列卖方需要接受的条件。在购房合同签订之后，买方之前支付的定金将作为购房款而不退还。如果此时你改变主意，决定不购买此房，那么定金会被没收，且面临赔偿卖方损失的诉讼。

> **购房合同/售房合同**
> 它是一种记录双方都同意的购买价以及其他协议的法律文本。

你知道吗?

房产代理机构的角色

房产经纪人（real estate broker/agent）就是指在房屋、土地的买卖、租赁、转让等交易活动中充当媒介作用，接受委托、撮合、促成房地产交易、收取佣金的自然人和法人代表。参加全国房产经纪人协会的房产经纪人通常用注册的商标**Realtor®**来称呼他们自己。房产经纪人赚取的费用通常在购买价的5%至7%不等。通常是卖方支付此项费用。房产市场上还存在**固定收费经纪人**（flat-fee broker），他们收取的费用固定，并不按成交价的一定比例收取，这在大部分房地产市场是普遍的。

几乎所有的代理机构都会向你展示房地产公司所列的**挂牌**（listed）房产（经卖方同意）。另外，许多地区有上市房地产综合信息网，这种经纪人网站允许**信息共享服务**（multiple-listing/open-listing service），一个特定的经纪人所列出的房产也可能由其他经纪人展示。

买房者要明白房产经纪人可能扮演的三种角色。**挂牌代理**（listing agent）帮助卖方签订上市协议，向客户推销房产，将房产展示给潜在客户，并帮助卖方进行谈判。接受卖方委托的任务后，要忠诚地为其服务。**卖方代理**（selling agent）帮助卖房者寻找买方。挂牌代理也会扮演此角色，几乎所有的各类房产经纪人都有此任务。

大部分买房者会雇用经纪人帮助他们寻找符合意向的房产。要明白，经纪人只维护付费方的利益（通常是卖方）。买房者要警惕其中利益纠葛，如有必要最好雇用自己的经纪人。这种代替买方进行议价、签订购房合同的经纪人被称为**买方代理**（buyer's agent）。你可从www. rebac. net或www. naeba. org寻找有名望的买方代理。

为什么区分此三种房产经纪人十分重要？举例说明，假如买房者让卖方代理帮助他寻找房产。在谈判时，这个潜在购房者就标价为189 000美元的房产出价175 000美元，同时告诉此人自己其实愿意为此房产支付180 000美元。显然，此代理会将其告知卖方。

作为潜在买方，你会想在购买合同中附上**意外条款**（contingency clause）以确保定金能返还。这些条款规定在特殊情况下，在履行合同之前必须满足的一些条件。一个值得推荐的条款是：当买方在一定期限（通常是30天）内无法筹足购房所需资金时，卖方应该将定金退还。另外一个重要的条款是在特定情况下允许买方退出协议，比如在房产的专业评估价格低于协议价格，或者检查房产时发现质量问题（如发现重大结构缺陷）时。

房产经纪人

房产经纪人就是指在房屋、土地的买卖、租赁、转让等交易活动中充当媒介作用，接受委托、撮合、促成房地产交易、收取佣金的自然人和法人代表。

意外条款

它指出了在履行购房合同之前必须满足特定的条件。

□ 5. 正式申请抵押贷款

只有当签订完购房合同时，才能正式就你所选中的房产申请抵押贷款。潜在出借人会在收到申请后数日内给予回复。

当你申请抵押贷款时，出借人会在三天内将**真实估价**（good-faith estimate）用邮件发给你，且所有银行都使用相同格式的文件，见 www. hud. gov/offices/hsg/ramh/res/gfestimate. pdf。真实估价表列出贷款的所有相关成本，包括年利率、申请费、处理费以及在交易合法完成后需要支付的其他费用。表9-1提供了真实估价中各项费用的实例。

真实估价

出借人提供的与购房贷款相关的费用，包括年利率、申请费、处理费、过户费以及其他在交易合法完成后需支付的费用。

你知道吗?

信用记录影响你的抵押利率

银行根据你的信用记录来确定抵押贷款的利率。下表鲜明地展示了FICO信用分和与之相应的贷款利率。

信用分	年利率
760～850分	4.8%
700～759分	5.0%
680～699分	5.2%
660～679分	5.4%
640～659分	5.8%
620～639分	6.4%
低于620分	可能无法获得贷款（在次级市场上也许可获得）

信用分低于620分的申请者不能获得贷款，此时他们或许可在次级市场上获得贷款。这种市场专门为信用分较低的高风险借款人服务。能在次级市场上获得贷款，借款人或许会很高兴，但这种贷款利率高于普通利率，且附加条款（可能导致今后的偿还困难）。许多次级借款人如果采取措施提高信用分，或者更仔细地去搜寻，其实可以达到标准利率贷款的申请要求。

你申请的抵押贷款的准确利率或许是提出申请时的市场利率，或许是过户时的有效利率。如果你期望的利率升至此二者之间，你或许会付费以获取**利率锁定**（mortgage lock-in）。这种协议规定借款人承诺在一定期限内（如60天）将贷款利率固定。这或许是**贷款承诺**［loan commitment，又称**贷款预先批准**（loan preappoval）］的一部分，但不尽然。

□ 6. 为过户做准备

在获取贷款后，你的工作还没有结束。当然，你会做一些搬迁工作：通知住址的变换；雇用搬家公司；处理旧的用具换上新家具等。然而，还有两件很重要的事等着你做（可节省几千美元，以及可省去今后的很多麻烦）：

> **贷款承诺/贷款预先批准**
>
> 出借人承诺当需要时向申请人提供贷款。

> **理财要点**
>
> 在等待过户的过程中保护自己的信用分
>
> 在过户的前几周，你或许想为新房购买家具、电器、户外设施以及其他一些大额开支的项目。请三思而后行，因为这会使得你的信用卡账户难以收支平衡。如果你的信用分在过户之前发生显著的变化，出借人或许会提高你的贷款利率。

雇用自己的房产检查师

记住根据购房合同的意外条款，如果房产检查发现问题，你可退出协议。专业的房产检查师会寻找是否有白蚁害虫和氡气的危害、木质材料的腐烂以及房产的现状（暖气、制冷、管道、电路等）。为此，你应支付检查师费用（通常为250～350美元），注意不要聘用卖方房产经纪人推荐的检查师。你应雇用独立的能维护你的利益的有资质的检查师。如果检查师发现问题，你可以与卖方商议调整购买价，或者（在个别情况下）依据意外条款退出购买协议。

聘请律师

你收到的真实估价表是一份列出你的所有预付款和每月购房支出的法律文件。聘请律师检查此估价表和购房合同，以确保所有事情均按计划进行并且各种费用支出合理。许多过户费用是可协商的，你的律师会建议你如何将这些成本降至最低。如果所购房产是之前的止赎房产，那么聘请在房产转移方面经验丰富的律师十分关键。许多购买了止赎房产的倒霉者，之后发现产权上的缺陷，还面临索回房产的诉讼。

□ 7. 过户日签字

在过户时，卖方、买方以及他们选择的代表通常聚集在出借人（贷款银行）的办公室。在过户时，所有的必需文件都要签字，相关支付要完成。有个关键的文件是**统一结算报表**（uniform settlement statement）。它列出了在过户日必须支付的所有成本和费用。你有权在过户日之前的某个工作日要求看这份报表，以有所准备。你还可将此报表与之前收到的真实估计表相比。就任何差异进行交涉。

> **统一结算报表**
>
> 它是在过户日所有的购房成本和费用的清单。

概念测试 9.3

1. 辨析出借人用以评估借款人的支付能力的两条经验法则。
2. 抵押贷款经纪人提供什么样的服务？
3. 房产经纪人可以为购房者提供什么样的服务？

4. 在购房时为什么不能对卖方代理推心置腹？

5. 解释在购房合同中附加意外条款的好处。

为购房融资

人们通常租房住 5 年或以上，等存够首付的钱再买房。为此，一些夫妇推迟生育，另一些人则减少娱乐休闲和度假并避免大的开支。在买房前，你要对贷款方面的知识了如指掌，并且知道它如何用来购房。

> **理财要点**
>
> 购房者拥有要求卖方完全披露过户成本的权利
>
> 在你申请抵押贷款时（至少在过户日的前一天），你有法定权利获取有关过户成本的信息披露。你应该就每项过户成本与卖方商议，因为就中等价格的房产，成本也达 4 000 美元。对信息披露的详细描述可在 www.hud.gov 找到，搜索关键词“RESPA”来了解更多你受《房地产结算程序法案》保护的权利。

> **学习目标 4**
>
> 区分传统方式买房和其他方式买房的优点和缺点。

□ 贷款计算

抵押贷款可从储蓄机构（第五章和第七章已介绍过）和抵押财务公司获得。出借人［**被抵押人**（mortgagee)］将房产的留置权作为贷款的交换，也就是说，一旦借款人［**抵押人**（mortgagor)］违约，出借人有权占有或出售此房产以补偿损失。

抵押一说来源于摊销的概念。摊销就是通过一系列定期支付的款项来渐渐偿还所有贷款的过程。每份支付分别偿付两部分：

1. **一部分**用于支付当月未偿债务的单利乘以定期（月）利率。

2. **剩下的部分**用于偿还部分本金，这是原始贷款金额的剩余部分。

随着本金的支付，月供中用于支付利息的份额越来越少，而本金的支付额越来越大。这种月供配置的变化在图 9－2 中显示。

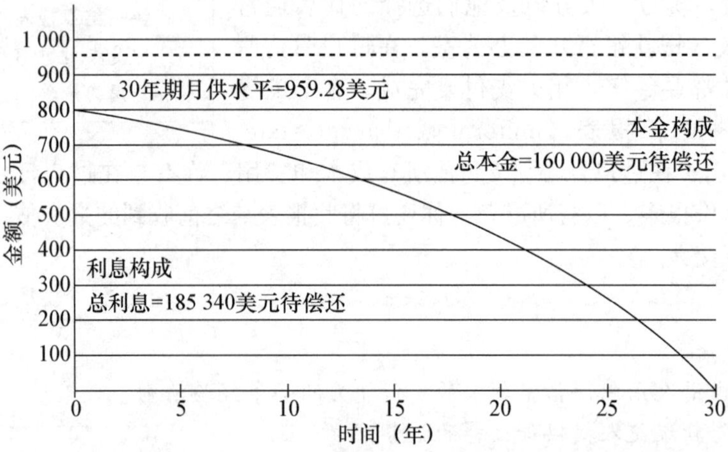

图 9－2　160 000 美元、年利率为 6%的 30 年期贷款，其支付的本金和利息组成不同

注意逐渐减少的用于支付利息的部分。在贷款早期，用于支付利息的部分较高。这是因为未偿付的贷款还很多。表 9－2 显示了贷款总额为 160 000 美元、年利率为 6%、30 年期的贷款头三个月的利息和本金的支付额。第一个月，支付利息 800 美元，支付本金仅 159.28 美元。表 9－3 提供了同样贷款的部分**摊销计划**（amortization schedule）。当背负了抵押贷款后，你将收到一份完整的摊销计划。它列出了每月所要支付的款项（支付利息的部分和支付本金的部分），以及待偿付的贷款余额。

> **摊销计划**
>
> 月付的款项清单，包括分别用于支付本金和利息的部分，以及贷款的余额。

表 9－2　160 000 美元、30 年期、年利率 6%的贷款，月供为 959.28 美元时的摊销计划

单位：美元

第一个月	160 000×6.0%×1/12＝800.00（利息支付）
	959.28－800.00＝159.28（本金支付）
	160 000－159.28＝159 840.72（余额）
第二个月	159 840.72×6.0%×1/12＝799.20（利息支付）
	959.28－799.20＝160.08（本金支付）
	159 840.72－160.08＝159 680.64（余额）
第三个月	159 680.64×6.0%×1/12＝798.40（利息支付）
	959.28－798.40＝160.88（本金支付）
	159 680.64－160.88＝159 519.76（余额）

表 9－3　160 000 美元、30 年期、年利率为 6%的贷款（分 360 个月偿还）的部分摊销计划

偿还期（月）	每月支付数额（美元）	支付利息部分（美元）	支付本金部分（美元）	总支付（美元）	未偿贷款的额度（美元）
1	959.28	800.00	159.28	959.28	159 840.72
2	959.28	799.20	160.08	1 918.56	159 648.94
3	959.28	798.40	160.88	2 877.84	159 472.20
12	959.28	791.02	168.26	11 511.36	158 035.18
24	959.28	780.64	178.64	23 022.72	155 949.18
60	959.28	745.50	123.78	57 566.80	148 886.97
120	959.28	670.93	288.35	115 113.60	133 897.16
180	959.28	570.34	388.95	172 670.40	113 678.15
240	959.28	434.65	524.63	230 227.20	86 405.74
300	959.28	251.63	707.65	287 784.00	49 619.34
360	959.28	4.77	954.51	345 340.80	0.00

想大幅度削减未偿贷款的额度需要经过多年月供的支付。在任何时点，已支付款项（包括首付）加上房产的增值部分（房产的市场价超过购买价）成为**房主的权益**（homeowner's equity）。图 9－3 显示了房主的权益的上升（由已偿付部分和房产增值部分导致）。注意，权益增值的大部分是由房产增值导致的。你买房或许是基于它的特点和位置，而不是当作投资。然而，长期权益的增长确实是可观的收益。如果愿意，可增加额外资金用于偿付贷款余额，这样增加了权益，还可减少以后的利息支付额度。抵押贷款的权益部分可以看作强制的存款，这也

> **房主的权益**
>
> 房产市场价格超过贷款余额的部分。

解释了为什么购房比租房通常有更高的净值。

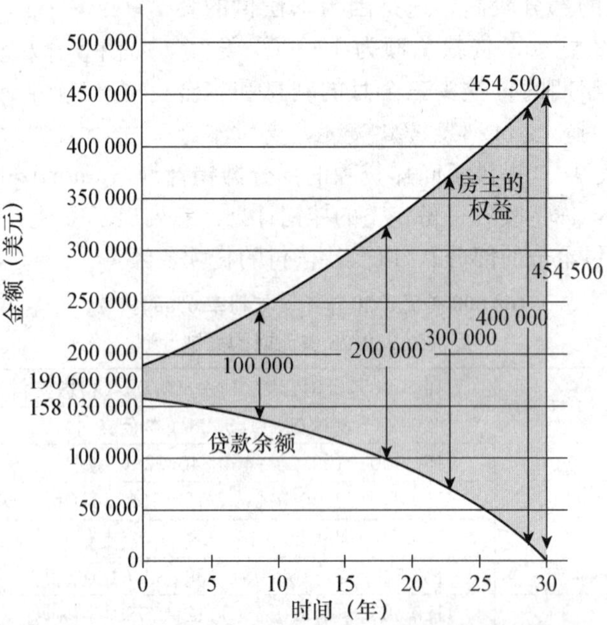

图 9-3　房屋购买价为 185 000 美元，在价格下降 25 000 美元后，年利率为 6%、30 年期的贷款的余额和房主的权益的改变（假设每年市场价格上升 3%）

□ 影响抵押贷款支付的三个因素

影响抵押贷款月供的三个因素为：贷款额、利率以及贷款期限。

1. 贷款额

表 9-4 列出了在不同利率下为每 1 000 美元的贷款每月的支出成本。从此表中，你可以计算出不同利率下为偿付每 1 000 美元贷款的不同的每月支出。例如，总额为 160 000 美元、年利率为 6%、30 年期的贷款，每 1 000 美元贷款每月的支出是 5.995 5 美元。因此，

表 9-4　估计抵押贷款支付的本金和利息（每 1 000 美元贷款每月的支出）

利率（%）	付款期（年）			
	15	20	25	30
4.0	7.396 9	6.059 8	5.278 3	4.774 2
4.5	7.649 9	6.326 5	5.558 3	5.066 9
5.0	7.907 9	6.599 6	5.845 9	5.368 2
5.5	8.170 8	6.878 9	6.140 9	5.677 9
6.0	8.438 6	7.164 3	6.443 0	5.995 5
6.5	8.711 1	7.455 7	6.752 1	6.320 7
7.0	8.988 3	7.753 0	7.067 8	6.653 0

注：此表列出贷款的每月支出，将贷款按每份 1 000 美元均分成若干等份，用不同利率、不同到期日计算每 1 000 美元贷款应支付的利息。例如，总额为 160 000 美元、30 年期、年利率为 6%的贷款，每月支付为 959.28 [=(160 000÷1 000)×5.995 5] 美元；如果是 20 年期，则需要支付 1 146.29 [=(160 000÷1 000)×7.164 3] 美元。更多信息，请访问加曼/福格合作网站。

160×5.995 5=959.28（美元）。

当首付高于必需的额度时，月供就相应下调。例如，首付为30%（或55 500美元）将降低月供至776.42［=5.995 5×(185 000—55 500)÷1 000］美元。如果贷款额较少，其相应利息支出也较少，或许利率也会相应降低0.5个百分点。在那种情况下，为相同贷款总额支付的费用仅为735.29［=5.677 9×(185 000—55 500)÷1 000］美元。

2. 利率

利率越高，贷款的每月支出也越多（见表9-4）。例如，总额为160 000美元、30年期、年利率为6%的贷款，每月的支出为959.28美元。如果利率为7%，月供则为1 064.48（=160×6.653 0）美元，增加额超过100美元。如果考虑月供的总计和利息的总计，其差额更多。这种年利率为6%的贷款的总支出将为345 340.80（=360×959.28）美元，利息总支出将为185 340.80（=345 340.80—160 000）美元。年利率若为7%，总支出为383 212.80（=360×1 064.48）美元，利息的总支出为223 212.80（=383 212.80—160 000）美元。因此，年利率为7%、30年期的贷款的额外总成本为37 872美元。

专家建议

如有可能，尽快取消私营抵押贷款保险

大部分首次购房者达不到80%的贷款价值比，从而必须支付私营抵押保险。经过一段时间的偿付，待偿本金逐渐降低，最终满足了这个比例。这时，出借人应该提醒借款人可退出私营抵押贷款保险（PMI）。而且，根据相关法律，在开始贷款时，依据市场价格计算，当贷款价值比达到78%时，出借人必须终止PMI，但无须等待这么长的时间。如图9-3所示，一个购房者的开始欠款为160 000美元，或者说是房价的86.5%。他需要经过5年半的偿还，才能达到80%的要求（148 000=0.80×185 000）。幸运的是，房价的上升远超过贷款本金的下降。在图9-3的例子中，由于房价的上涨，80%的临界值经过3年的偿付就可达到。当达到此临界值时，借款人可要求出借人取消PMI。在取消之前，出借人通常要求对方提供房产价值的评估报告。评估费或许为300美元，但支付这笔开支是值得的。提出这个要求是明智的，更明智的是在取消PMI后，继续保持同样的月供。额外的部分会被计入本金的偿还，这样就可以更快地偿还完贷款。

迈克尔·拉夫和谢里·茨班古

纽约罗彻斯特门罗社区学院

3. 贷款期限

表9-5显示了在不同利率、不同期限下，偿付100 000美元贷款的不同月供和利息成本。（在同一利率下）期限越久，月供就越少。尽管月供少了，但随着偿付时间变久，总共的利息支出却增加了。例如，当年利率为5.5%时，如果贷款期限为20年，月供是688美元；在同样的情况下，若期限变为30年，月供则为568美元。20年期的贷款，总共偿付利息的额度更少（仅为65 100美元，而不是104 400美元，节约了39 300美元）。

表 9－5　　偿付 100 000 美元贷款的月供和利息支付总额　　单位：美元

贷款期限（年）	利率（%）				
	5.0	5.5	6.0	6.5	7.0
30	537	568	600	632	665
	93 300	104 400	116 000	127 500	139 400
25	585	614	644	675	707
	75 500	84 200	93 200	102 500	112 100
20	660	688	716	745	775
	58 400	65 100	71 800	78 800	86 000
15	791	817	844	871	899
	423 00	47 100	51 900	56 800	61 800

注：数字为四舍五入的结果。每种期限的第一行是月供，第二行是贷款期限内的利息总支出。

可用此表估算不同贷款额、不同利率下的月供和利息总支出。只需将贷款额除以 100 000，再乘以表中的数字。例如，总额为 160 000 美元、30 年期、年利率为 6%的贷款，月供为 960（＝1.6×600）美元，利息总支出为 185 600（＝1.6×116 000）美元。注意由于取整，这些数字与贷款早期的略有差异。

一些借款人选择 15 年期的贷款，期限降低的好处包括权益的更快增加、更低的利息支付、更迅速的偿清贷款。同样的好处还可从其他方法获得，例如，当贷款期限为 20 年或 30 年时，在月供中可额外多支付本金。尽管你想在 15 年内（或更短的期限内）偿付完所有贷款，采用期限更久一点的贷款仍然是聪明的。正因为这样，早点偿付完贷款的做法是自愿的，而不是强制的。

□ 传统的抵押贷款和可调整利率抵押贷款

在传统的抵押贷款下，利率是固定的，期限是固定的，月供也是固定的。借款人喜欢传统的抵押贷款，因为它的可预测性。例如，总额为 160 000 美元、年利率为 6%、30 年期的贷款，其固定的月支出为 959.28 美元。这个月供一直相同，年复一年，月复一月。大部分的借款人将传统的固定利率贷款视作最好的选择，因为其将来的支出是可提前预知的。

在**可调整利率抵押贷款**［adjustable-rate mortgage，ARM，有时也被称作**浮动利率抵押贷款**（variable-rate mortgage)］下，随着经济活动中信用成本的上升和下降导致利率指数的变动，借款人的贷款利率也会变动。在浮动利率贷款下，利率变化的风险由借款人承担，而不是出借人。其结果是，月供会上升或下降，一般以年计，有时以月计。浮动利率借款人须对最坏情况做好准备，并计算可能出现的月供变化。

传统的抵押贷款

一种固定利率、固定期限、固定月供的抵押贷款。

可调整利率抵押贷款（ARM）/浮动利率抵押贷款

随着经济活动中信用成本的上升和下降导致利率指数的变动，借款人的贷款利率也会变动。结果，市场风险转嫁到借款人身上。

引逗利率

出借人有时使用低利率吸引借款人；这种贷款首年（或头几年）的利率较低，之后会上升，恢复到更现实的水平。

浮动利率抵押贷款利率通常会比传统抵押贷款低 1 至 3 个百分点。出借人有时也提供更低的**引逗利率**（teaser rate）以吸引借款人采用浮动利率。这种贷款首年（或头几年）的利率较低（或许低于普通浮动利率 1 到 3 个百分点）。采用引逗利率的借款人，要准备好将来利率上涨时支付更高的月供。如果你不允许此利率的丝毫上涨，你就不应该采用这种利率，或者类似的其他形式，它们易导致负摊销的抵押贷款。

大部分浮动利率都设有**利率上限**（interest-rate cap），以限制利率的上涨幅度（或许每年不超过 2%，或者全期限内不超过 5%）。这看似无足轻重，但是如本章的例子所示，年利率为 6%的贷款，如果由于通货膨胀的缘故 10 年后利率上涨了 5%，新的月供为 1 300 美元，较之原先的上涨了 35%（或者说较原来 959 美元的月供高出 340 美元）。虽说此种可能性较小，但根据协议，当发生此情况时，确是如此。然而，**支付上限**（payment cap）限制了这种支付的波动范围。如果对贷款的支出设有上限，却没有设立相应的利率上限，很容易导致**负摊销**（negative amortization，月供不足以偿还必要的利息支出）。这会导致贷款本金余额的上升，而不是下降。支付上限是金融危机的诱因之一。

理财要点

你应采用固定利率贷款还是浮动利率贷款？

在利率最低的年份里，选择固定利率的贷款是明智的。其中的关键是要知道利率的未来走向。如果上升，就选固定利率；如果下降，则选浮动利率。

负摊销

指月供不足以偿还必要的利息支出，这会导致贷款本金余额的上升。

市场上存在许多不同的浮动利率贷款。其中之一，**可选可调整利率抵押贷款**（option ARM）就是导致大量房产止赎危机的元凶。可选可调整利率抵押贷款给了借款人选择：标准的月供、仅付利息的月供、（更糟的）导致负摊销的较少付息的月供。许多人采用浮动利率，它在首年允许借款人按表面上很低的引逗利率支付利息。然而，或许过了 4 年，利率会被重设为市场利率，相应地，月供也较之前高出 200 美元或更多。数百万的抵押贷款开始时能被偿付，但当利率被重设后就走上了被止赎的命运。

□ 其他抵押贷款

大部分其他抵押贷款方式的主要目的是将月供降到尽可能低，尤其是在贷款的头几年，从而允许借款人购买按传统方式无法购买的更大、更贵的房产。除非确信能支付得起，否则不要轻易选择其他抵押贷款。记住，近些年，数百万的美国人错误地选择此类贷款，最后导致了违约的后果。

你知道吗？

买房的税务成本

房产可使你符合三项大额所得税减免条件。

1. **抵押贷款利息和房产税可从所得税报表中抵扣。**这些税款通常超过美国国税局的抵扣标准（见第四章）。你还可利用更多可获得的抵税机会。

2. **你可将购房资金存入避税账户。**个人可利用罗斯个人退休账户来存储退休金。通常在开通此账户 5 年后，假如一个合格的首次购房者用此账户支付购房款，最多可一次提取 10 000 美元，而不用支付税金和罚金。这个机制甚至允许父母或祖父母从罗斯个人退休账户取款帮助年轻的家庭成员进行首次购房。

3. **卖房的收益免税。**假如你的房产的出售价高于自己的支付额，就可获得**资本利得**（capital gain）。收益通常都要缴税，但房主可通过将卖房收益用于购买更贵的新房，以避免纳税。如果夫妻共同资本利得在 500 000 美元以内，或者个人的资本利得在 250 000 美元以内，都可免税。在被出售之前最后 5 年中的 2 年，此房产必须作为房主的主要住宅，才能符合此避税要求。在拥有房产的前几年，房产的任何增值很可能都会被预先的出售合同所抵消。这也是建议你为什么若不想住满 3 年，就不要买房的原因。

仅付息抵押贷款

在**仅付息抵押贷款**（interest-only mortgage）的情况下，你的月供只需支付特定利息就可以，没有支付贷款本金。在一定期限后，通常为5～7年，你可以再筹钱来一次性偿还贷款的余额，也可以开始提高月供以偿还本金。仅付息抵押贷款很明显的诱惑力在于其较低的月供。然而，如果房产的价值在下降，负摊销就会发生，很可能导致借款人陷入困境。

> **仅付息抵押贷款**
>
> 借款人在固定期限内仅支付利息，再对本金融资偿还本金，或开始偿还更高的月供以将本金支付包含在内。

渐进付款抵押贷款

在**渐进付款抵押贷款**（graduated-payment mortgage）的情况下，早些年只需支付比平常更低的月供，但随后逐渐增加到比平常更高的水平。其利率固定，但早期的月供很低，甚至比利息还低，可能导致负摊销。渐进付款抵押贷款对那些预期房产未来会大幅增值的购买者很有吸引力。在采取此贷款之前，你要确信房产将来会有大幅上涨。

> **渐进付款抵押贷款**
>
> 早些年只需支付比平常更低的月供，但随后逐渐增加到比平常更高的水平。
>
> **双周抵押贷款**
>
> 权益增长型抵押贷款的一种。每两周偿付一次，意味着每期支付只相当于普通贷款的一半。借款人每年要支付26次。等于每年多支付了一次相当于月供的本金。这样可将30年期的贷款缩短至20年。

出借人购买抵押贷款

在**出借人购买抵押贷款**（lender buy-down mortgage）的情况下，事先为贷款利率设定基点，或许高于传统贷款0.5个百分点。第一年，贷款利率低于基准利率2个百分点；第二年，贷款利率低于基准利率1个百分点；从第三年起，利率基准会发生变化。这种变化会提前通知并签订契约。首次购房者通常使用这种出借人购买抵押贷款，以利用其头几年月供较少的优势。借款人在考虑此种贷款前，应该确信其月供的上涨在自己的预算计划之内。

滚动抵押贷款/重议利率抵押贷款

滚动抵押贷款（rollover mortgage）由一系列2～5年的短期贷款组成，但总的摊销期限为25～30年。在此贷款到期时，可按当时市场利率进行续借。滚动抵押贷款以其较低的初期利率，欺诈性地吸引首次购房者。初期利率低于市场水平，那么在后期利率一定会上涨。

增值分享抵押贷款

在**增值分享抵押贷款**（shared-appreciation mortgage）的情况下，出借人提供比市场利率低三分之一的贷款，作为回报，当房产被出售时或贷款十年后，出借人有权获取房产升值部分的三分之一。

权益增长型抵押贷款

权益增长型抵押贷款（growing-equity mortgage，GEM）指在贷款期内利率固定不变但每次偿还金额按照一定比例递增的一种贷款方式。此种方式较传统方式，偿还本金更快。**双周抵押贷款**（biweekly mortgage）是此类贷款的一种。双周抵押贷款每两周偿付一次，意味着月供只相当于普通贷款的一半。因此，借款人每年要偿付26次。例如，总额为160 000美元、年利率为6%、30年期的贷款，每月的支出为959.28美元，每年的总支出为11 511.36（=12×959.28）美元。在采用双周抵押贷款的情况下，每两周须支付 479.64（=959.28÷2）美元，一年的总支出则为 12 470.64（=479.64×26）美元。二者相差 959.28（=12 470.64－11 511.36）美元，这相当于每年多支付了一笔月供（用来支付本金）。在双周支付的情况下，贷款可能要差不多 20 年偿还完，而不是月供计划下的 30 年。

若采用权益增长型抵押贷款，等于一开始就同意了额外支付。然而，几乎所有的抵押贷款都是根据贷款余额来计算利息的（见第七章）。这样，你可以自愿地额外偿付贷款余额，不至于像权益增长型抵押贷款那样被锁定。例如，在前面列举的例子中，哪怕每月额外偿付的贷款余额为 70 美元，就可使得偿还期缩短为 25 年，总共节约 36 000 美元的利息成本。

你知道吗？

把坏习惯变成好习惯

你会这样做吗？	你应该这样做！
认为口头租约就可以了；	将所有事项订立契约；
之前不检查就搬进公寓；	入住时和离开时都要将房屋的缺陷和损坏之处详细列出；
一次又一次迟付租金；	将所有费用及时支付，否则房东会向信用管理局报告；
梦想（而不是计划）买房；	在毕业参加工作后，立即开始为首付进行储蓄；
想要一套和父母的相同的房子。	认识到开始时买一套较小的房产是合理的。

可转让抵押贷款

在**可转让抵押贷款**（assumable mortgage）下，购买者支付给卖方首付（与卖方的权益相等），并且承担剩余期限内抵押贷款的偿付。购买者的目的是获取原始利率较低的贷款（比当前市场利率低）。仅当原始抵押贷款协议没有包括**出售即清偿条款**（due-on-sale clause）时才有效，它要求当出售房产时所有贷款必须立即清偿。这给想将抵押房产出售的人添加了一种负担，因为它阻止了房产被转让。

可转让抵押贷款

房产购买者支付给卖方首付（与卖方的权益相等），并且承担剩余期限内抵押贷款的偿付。

出售即清偿条款

它要求当出售房产时所有贷款必须立即清偿。这给想将抵押房产出售的人添加了一种负担，因为它阻止了房产被转让。

卖方融资

当房屋的出售者同意接受成交价（或其一部分）可以分期偿付而不是一次结清时，就成了**卖方融资**（seller financing）。然而，通常这只是一种偿付的短期安排。偿付额是基于多年（或许 20 年）的摊销和（或许）5 年后到期时激增的本金偿付而计算的。也就是说，在 5 年后到期时，所有未偿付的本金部分将被要求一次结清，在那时，买方可能会选择传统的贷款。

你知道吗？

关于二次抵押贷款

如果房产发生大幅增值，或者借款人已经偿还了大部分本金，基于此房产的权益，那么房主就可将此房产再抵押以获取贷款再买房。也就是说，此房产被同时作为两份贷款的抵押。二次抵押贷款是在原始抵押贷款之外的另一份抵押物相同的贷款。万一发生违约，应先偿付原始贷款。由于这是一种额外的风险，通常二次抵押的利率比当时市场上首次贷款的利率高出2到5个百分点。

曾经，人们用二次抵押贷款来偿付大型改造项目、为子女大学费用融资、支付医疗费用或者设立公司。如今，一些人用此贷款支付日常生活费用，这种不明智的做法也被称为“吃房子”。

市场上有两种二次抵押贷款：

- **房屋净值分期偿付贷款。**它是在一定期限内，月供固定的贷款。
- **房屋净值信用额。**以房屋的净值作抵押向银行贷款，此贷款就像账户的信用卡。它有不同的利率和较灵活的偿付计划。

二次抵押贷款的信用额度限制一般设定为房屋的评估价的80%～90%再减去首次贷款所欠贷款的余额。例如，某人有一套评估价为200 000美元的房产，其抵押贷款余额为100 000美元，他可以将此房产再次抵押获得的贷款为60 000［=(200 000×0.80)－100 000］美元。

在大部分的卖方融资里，当买卖双方成交并签订合同时，买方就获得此财产的所有权。相反，**土地合同**［land contract，又称**契约式合同**（contract for deed)］却会给购买者带来很大的风险，因为当条款里所有项目（包括债务的偿付）被满足时，此产权才能转移到购买者手上。其结果是，如果你没有履行完合同而终止偿付，之前你已经支付的所有分期付款和房产的增值部分都会被没收。也就是，在合同规定的义务履行完之前，你没有任何权益。

土地合同/契约式合同

它会给购买者带来很大的风险，因为当条款里所有项目（包括债务的偿付）被满足时，此产权才能转移到购买者手上。

反向抵押贷款/房产净值反抵押贷款

它指61岁以上的房主可将自己的房产（已完全偿付或快要完全偿付）作为抵押贷款，以用于生活所需。此贷款可以是一次支付，也可以是月付，期限通常为5～15年。

反向抵押贷款

反向抵押贷款（reverse mortgage）也被称为**房产净值反抵押贷款**（home-equity conversion loan），指61岁以上的房主可将自己的房产（已完全偿付或快要完全偿付）作为抵押向银行借款，此借款可以是一次支付，也可以是月付。该合约允许借款人住在此房屋里，直到他去世。重要的是，借款人可以用房屋的权益换取资金，最有可能申请此贷款的是一些有房产但生活拮据的老人。直到最后一个房产所有者去世，或被此房产出售，这笔贷款才能得到偿付。有关反向抵押贷款的更多信息，请访问 http://www.hud.gov/offices/hsg/sfh/hecm/rmtopten.cfm。

计算工作表

你什么时候应该为偿还抵押贷款进行再融资？

当市场利率下降时为现存的抵押贷款进行再融资是非常有利的，**抵押贷款再融资**（mortgage refinancing）就是用新获得的抵押贷款来偿还之前的贷款。这样，采用低利率的贷款可以减少月供。

下面的例子展示了怎样确定再融资是不是明智之举。这笔原始的总额160 000美元的贷款是7年前获得的，期限为30年，年利率为5.5%，月供为908美元。经过7年的偿付后，所欠本金余额为142 100美元。如果新的抵押贷款的利率为4.5%，借款人可能会以更低的利率获取新的抵押贷款，这样月供降为827美元。贷款额为142 100美元、23年期、年利率为4.5%的新贷款被用于偿还旧的贷款，每月可节省近 81（＝908－827）美元。然而，再融资可能需要一些提前支付的成本，包括可能的旧贷款提前支付的罚金和新贷款的结算费。这样问题就来了，这些成本会超过节省下来的月供吗？

下表提供了一些预测再融资是否划算的途径。它将未来节省的月付（第 5 项）与提前支付的成本（在这里估计为第 8 项的 2%）进行比较。房产所有者需要计算在再融资后需要多少个月才能偿还完贷款。假如需要 4 年，净节省额为 977 美元，这样再融资是有利的。在本例中，计划在此房产仅多住 3 年，从理财的角度看，这种再融资是不利的。相同的表格可见 http://www.bankrate.com/calculators/mortgages/refinance-calculator.aspx。

决定性因素	例子	你的数据
1. 当前月供	908 美元	
2. 新的月供	827 美元	
3. 每月节省（第 1 项减第 2 项）	81 美元	
4. 你想在此房屋再住多久	4 年	
5. 假如节省下来的资金以税后年利率 3%进行投资，4 年后它的价值	4 175 美元	
6. 旧贷款提前支付的罚金	0 美元	
7. 新贷款的点数和结算费用	2 842 美元	
8. 如果罚金和结算费用（4 263 美元）以税后年利率 3%进行再投资，4 年后它的价值	3 198 美元	
9. 48 个月后的净节省额（第 5 项减第 8 项）	977 美元	

或许也可能新贷款额超过贷款余额（利用累计的房产净值得到）。借款人的再融资额超过贷款余额，需明白重新将净值积累到原来的水平可能需要很多年。这是很危险的，因为如果房产价格下降，借款人的欠款会超过房产价值。

概念测试 9.4

1. 解释为什么月供中分别用于支付利息和本金的两部分会随着贷款的偿还而发生变化。
2. 区分传统抵押贷款和可调整利率抵押贷款的差别。
3. 认识房主的权益积累的两种途径。
4. 定义负摊销，并描述在浮动利率下负摊销发生的一种情况。
5. 详细说明仅付息抵押贷款的优缺点。

理财要点

慎重地将房产净权益进行抵押来借新债还旧债

一些房产所有者获取的再融资额超过自己所有的房产权益。他们用这多出的部分资金去购买汽车、偿付信用贷款或者换一台大屏幕电视机，当然这会降低自己所有的房产净值。如果未来房价下跌，它就会变成负的净值，此时若出售房产，就会资不抵债。由于许多人以房产净值作为抵押获取贷款，经过 2007 年房产市场的巨幅下滑（下跌了 35%），现在，五分之四的借款人资不抵债。从财务角度看，用房产净值抵押贷款来购买其他物品是相当危险的。

出售房屋

尽管本章大部分内容是讲述如何买房的，但是如何卖房同样重要。把房子挂出去之前的一些事是非常重要的，如粉刷、清理、修复等。根据法律规定，出售者还应该向房地产经纪人或者潜在购房者披露此房产的缺陷。

> **学习目标 5**
>
> 明白卖房时要考虑的重要事项。

□ 你应该聘请经纪人帮助上市，还是尝试自己卖房？

聘请经纪人销售一套价值 200 000 美元的房产，费用大概为 12 000 美元，这驱使一些房主考虑自己卖房。成功**自己售房**（for sale by owner，FSBO）的关键是如何报价。如果出价过低，损失将超过经纪人的佣金。如果出价过高，又使得购买者望而却步。

> **自己售房**
>
> 为节省经纪人的佣金而自己售卖住房。

许多房主事先会与几名房地产代理人联系，并向他们咨询房产价值几何。这些代理人是很乐意提出自己的意见的，因为如果此房产没有被快速出售，房主可能会寻求在他的帮助下挂牌。在院前的草坪上放置“待出售”的牌子，或者花 500 美元广告费，咨询电话会让你的电话响上几个月。[1] 如果这样你的房产还未卖掉，你或许会找个经纪人帮助一起挂牌。

> **理财要点**
>
> 在市场萧条时如何卖房？
>
> 当大量的止赎拍卖的房产涌向市场从而导致房价下滑时，你若想卖房该如何做？告知你的房产经纪人，你会出 8%～9%的佣金，而不是 6%。这样会激励代理人努力推销你的房产。经纪公司会要求由其公司所有的经纪人来出售此房产，因为这样可赚取更多利润。这额外支付的佣金（当房价为 200 000 美元时，此额外佣金为 4 000 美元），可能远低于你降价出售的损失。

经纪人会要求房主签订**挂牌协议**（listing agreement），以允许他们获得此房产上市的唯一代理权，或者允许多重挂牌服务。多重挂牌可能效果更佳，因为它允许此地区所有经纪人都展示和出售此房产。经纪人也会分析潜在买方，区分真诚的买家和过客（只是看看或没有能力支付的人）。如果你的经纪人在 60 天内没有卖掉房产，那么考虑与另一个经纪人签订代理协议，作者或许会更积极地寻找买方和宣传此房产。如果在此期限内房产被出售，你要支付经纪人佣金。

> **挂牌协议**
>
> 经纪人会要求房主签订挂牌协议，以允许他们获得此房产上市的唯一代理权，或者允许多重挂牌服务。

① 更多关于自己出售房屋的信息可访问 www.fsbo.com、http：//wiki.fool.com/Discount_broker 或 www.forsalebyowner.com。

□ 卖价包含出售成本

出售成本中最大的一笔支出是**经纪人佣金**（broker's commission），通常占出售价的6%。一些卖方不知道经纪人会就佣金进行商议。明智的卖方还会支付产权调查费、专业的估价费以及自己的房产检查费。

由于房主迁居并卖掉房产，大部分的抵押贷款会在到期前偿清。抵押贷款合同有时包含一项条约，规定提前清偿的费用或罚金，大约为原始抵押贷款的1%～3%。例如，一笔总额为160 000美元的抵押贷款，这项收费在1 200美元到4 800美元之间。通常，这种罚金仅发生在贷款的头几年。

地方政府可能会征收**房地产转售税**（real estate transfer tax），它可能由买方支付，也可能由卖方支付。税基是房产的成交价，或者是卖方所有的房产净值。这些税率会高达2%～4%。也就是说，对于成交价格为200 000美元的房产，要缴纳的房产转移税在4 000美元到8 000美元之间。这些如果由卖方支付，可能会影响房主原本的期望值。

□ 慎用卖方融资

尽管会引起一些麻烦，一些卖方还是会在出售房产不顺利的时候，成功地求助于各种卖方融资来出售房产。假设你拥有一套用抵押贷款所购得的房屋，贷款总额为200 000美元，现在其余额为90 000美元，房屋净值为110 000美元。购买者采用现行抵押贷款，支付40 000美元现金，从你这儿获取二次抵押贷款（5年期），来支付剩余的70 000美元。在结算时，经纪人获得佣金12 000美元，你仅得到28 000美元现金——仅可支付另购一套房产的首付。同样，卖方融资也存在风险，购买者可能无法支付二次贷款的月供给你，从而存在潜在的违约可能。

概念测试9.5

1. 列出自己售房的缺点。

2. 指出雇用房地产经纪人来出售住房的一个好处和一个弊端。

3. 描述除了经纪人佣金之外的另外两项售房成本。

经纪人佣金

卖房成本中最大的一笔支出，通常为出售价的6%。

房地产转售税

地方政府征收的以出售价（或者房主所有的房产净值）作为税基，对卖方（或者买方）征收的转售税。

你知道吗？

在购买可支付的房产时犯下的最大的错误

鉴于其他的财务问题，你会犯下的个人理财方面的错误有：

1. 采用自己没有能力支付的贷款。

2. 为房产花费太多，或贷款利率太高。

3. 当贷款价值比降到80%时，无法消除私人抵押贷款保险。

立刻行动！

通过阅读本章，你知道了更多关于个人理财的知识，那么通过下述举措开始行动吧：

1. 与已购买房产的家人或朋友交谈，引领他们深入理解购房过程，包括某些不愉快的惊讶之处。

2. 如果你在其他地区获得新工作，可在www.realtor.com寻找这个地区的房产信息。

3. 设定理智的首付目标，并计算出你每月将为此储蓄多少。见http://www.bankrate.com/calculators/savings/saving-goals-calculator.aspx。

现在你有何建议？

你已经阅读过本章有关买房知识的相关内容，关于下面所列的问题，你对莉比·克拉克有何建议：

1. 在丹佛买房还是租房？
2. 在努力寻找房源前应该怎么做？
3. 怎样找房子以及商议购买价？
4. 买房的结算过程如何进行？
5. 选择何种抵押贷款最适合她？
6. 如果她最终升职去了其他地方工作，在卖房时所要考虑的事项有哪些？

本章要点

1. 判别租房与买房哪个对自己更有利。

在选择租房时，应该考虑租房成本、安全存储和相关项目。购房者可选择独院住宅、公寓、共管房产、预制房、活动房等。在短期内，租房的现金流出较少；在长期内，买房则可享受避税和房价上涨的好处。

2. 算清买房的首付和月供。

购房者需要承担首付和之后一定期限内月供（偿还本金和利息）的支出。容易被大部分人忽视的是结算的点数和其他购买成本，它们通常使得预付款增加5%以上。类似地，还有每月用于私营抵押贷款保险的支出、房主保险、房产税等，它们使得用于偿付本金和利息的月供增加25%或者更多。

3. 描述买房的步骤。

买房的过程包括：(a) 合理规划财务；(b) 预先符合贷款的要求；(c) 从互联网或他人处获取房源信息；(d) 同意与卖方签订协议；(e) 正式申请抵押贷款；(f) 为过户做准备；(g) 过户日签字。

4. 区分传统方式买房和其他方式买房的优点和缺点。

抵押贷款是可摊销的，这是一个经过一系列一定周期逐渐偿还贷款的过程。每个周期的偿付分两部分，一部分用于偿付贷款本金余额，一部分用于偿付利息。传统抵押贷款和可调整利率抵押贷款是两种最常见的房产抵押贷款。市场上还存在许多其他的抵押贷款可供选择，这降低了那种长期固定利率抵押贷款的重要性，并使得较低月供变得可能。

购房的数学公式显示了贷款的支付额是如何计算的，以及为何当月供中用于支付利息的部分减少（由于利率的下降）时其用于支付本金的部分增加。

5. 明白卖房时要考虑的重要事项。

当要卖房时，明智的人会考虑清楚是雇用经纪人帮助挂牌交易，还是自己出售。算清房产转售的成本，警惕卖方融资的陷阱。

讨论

1. 房地产市场的衰退。当考虑买房时，最近的止赎危机和房产暴跌是如何影响你的抉择的？

2. 买房还是租房。你如何看待买房和租房两者各自的优势和劣势？未来（如在5年内）你的感觉会发生何种变化？

3. 长期负债的感觉。在标准30年期抵押贷款的头几年，月供中仅有10%用于偿还本金。结果是，在很多年后，贷款余额大幅下降。说一说承担这样长期负债的你会感觉如何。

4. 谁能帮助你。在买房和申请贷款的过程中，你会聘请什么样的专业人士来帮助你？你面临的最大困惑是什么？

5. 可选抵押贷款。传统的抵押贷款、可调整利率抵押贷款或者其他方式的抵押贷款，你更倾向于选择哪一种用于为购房融资？为什么？

6. 协商购买价。在购房时，一些过户成本是可协商的。进行这样的协商，你感觉如何？

计算

1. 决定购买。佐治亚州亚特兰大的沃尔特和马西·詹森都快30岁了，他们租住在一个两居室的公寓里，每月租金为880美元，另加130美元的设备租赁费、34美元的保费。他们发现可以获得首付为20%、年利率为5%、30年期的贷款来购买一套价值170 000美元的公寓。每月本金和利息的偿付估计为730美元，再加上每月150美元的房产税和每年720美元的房主保险保费。结算价估计为3 200美元。每月房主联合会的会费为275美元，家用设备每月的成本为160美元。他们夫妇俩的合计年收入为57 000美元，税后每月收入为4 100美元。他们的税级为15%，分期付款的每月支付为225美元（剩下10期）。他们在个人退休账户中有存款39 000美元。

(a) 詹森夫妇能买得起这套公寓吗？利用加曼/福格合作网站的数据或本书的信息来回答。同样，考虑购房对他们的储蓄和每月预算的影响。

(b) 沃尔特和玛西想让首年的购房成本低些，你赞同吗？提出你的意见。假设他们现有的可抵扣税收为7 000美元。

(c) 如果决定购买，那么他们得为迁居成本准备多少钱？

(d) 从理财信息获知，几个月后抵押贷款利率会下降。如果詹森夫妇等抵押贷款利率降到4%再购买，那么他们将在抵押贷款支付上每月节省多少钱？利用表9-4或加曼/福格合作网站来计算支出。

2. 抵押贷款偿还能力。塞斯和恺茜·摩尔夫妇俩住在马里兰州的巴尔的摩，年收入为78 000美元。最近他们想买房，当前抵押贷款利率为6%，他们想30年偿还完。

同类房产每年房产税估计为 4 800 美元，和他们预期的一样，房主保险保费为每年 1 500 美元。

(a) 若使用 28%的前端比，每年和每月的总支出为多少？

(b) 若使用 36%的末端比，考虑到他们每月正在偿付的汽车抵押贷款为 470 美元，助学贷款为 350 美元，信用卡贷款为 250 美元，那么他们每月的房产抵押贷款（包括税收和保险）的支付能力为多少？（提示：将由他们收入水平决定的每月最大偿付能力减去这些正在偿付的金额，剩下的就是可用来支付房贷的能力。）

(c) 如果抵押贷款利率为 5%左右，期限为 30 年，那么利用本章的“你知道吗?”里的信息来估算 [参照 (a) 的答案]，他们可以贷款多少？[提示：将 (a) 里的答案减去每月的房产税和房主保险保费。]

3. 买房还是租房。菲利普·瓜德住在路易斯安那州门罗，他租住一个两居室的小房子几年了。他每月支付租金 900 美元，每年支付财产保险和责任保险的保费 300 美元。房东想卖掉此房产，菲利普考虑出价将其买下，房东要价 130 000 美元，但是菲利普想出价 125 000 美元，并且使用快到期的存单来支付首付。菲利普同银行商议，银行同意提供 25 年期、年利率为 4.5%的抵押贷款帮他偿付剩余的购房款。银行建议贷款后的头一年就偿付本金 2 200 美元。房产税为每年 1 800 美元，且菲利普估计需要将财产保险和责任保险的保费提高到每年 800 美元，这会在偿贷第一年造成 1 500 美元的维持成本。附近房产的价格每年上升约 2.5%，菲利普的边际税级为 25%。

(a) 利用表 9-4，计算菲利普为此房产的抵押贷款每月的支付额。

(b) 第一年，菲利普需为此贷款支付多少利息？

(c) 利用计算工作表“你会租房还是买房?”来讨论菲利普适合买房还是租房。

4. 抵押贷款再融资。住在密歇根州罗切斯特山的凯文拥有一套房产已经 15 年了，他想在那里再住 5 年。在买此房产时，他的原始贷款总额为 105 000 美元，期限为 30 年，年利率为 6%。现在，此贷款余额为 65 750 美元，利率降低为 5%。凯文正考虑为此抵押贷款再融资 15 年。他将为新的贷款支付 2 个点数，无须支付提前偿付的罚金。

(a) 凯文当前的月供是多少？

(b) 凯文新的月供将是多少？

(c) 利用本章的“你什么时候应该为偿还抵押贷款进行再融资?”里你所填的表计算，就他是否应该再融资提出建议。

理财规划案例

□ 案例 1 约翰逊夫妇买房记

约翰逊·贝琳达的父母和祖母共同出资 35 000 美元帮助哈利和贝琳达夫妇买房。他们已经从一家新的房产开发商那里找到中意的房产，他们从开发商处借款，或者从三家抵押贷款公司的其中之一获取购房贷款。相关数据总结见下表。

(a) 哪种计划的预付款最低？哪种最高？

(b) 对于 PITI 和 PMI，每种选择的所有月供是多少？

(c) 如果约翰逊夫妇有足够的现金支付 20%的首付，你会建议选择出借人 1 还是出借人 2？为什么？

(d) 假设约翰逊夫妇需要 3 000 美元的迁居成本（除结算费外），你会建议他们选择哪种贷款？为什么？

房产融资细节

价格：190 000 美元。开发商 A 提供的贷款期限为 30 年，首付为 10%，年利率为 5%，另加 2 个点数。最初的用于偿付本金和利息的月供为 917.96（=171×5.368 2）美元（首付后的贷款余额为 171 000 美元）。一年后，利率升至 5.5%，月供为 961.15 美元。这时，根据抵押贷款的成本指数，年利率可能上升或下降 2%。在贷款期内，利率波动的界限为 5%。房产税预计为 1 800 美元，房主保险保费为每年 700 美元。当首付为 10%时，每月需支付的抵押保险保费为 88 美元。

住宅：房价为 190 000 美元；税收为 1 800 美元；保费为 700 美元

	开发商 A	出借人 1	出借人 2	出借人 3
贷款类型	30 年期 ARM[a]	30 年期 CON[b]	15 年期 CON	20 年期 REN[c]
利率（%）	5.0	5.5	6	5.5
首付（美元）	19 000	38 000	38 000	19 000
贷款额（美元）	171 000	152 000	152 000	171 000
点数（美元）	3 420	1 520	0	5 130
本金和利息（美元）	917.96	863.04	1 282.66	1 176.29
PMI（美元）	88	0	0	88

a. ARM：可调整利率抵押贷款。
b. CON：传统的抵押贷款。
c. REN：每五年重新协商的抵押贷款。

□ 案例 2　维克托和玛丽亚要了解房地产经纪人

维克托和玛丽亚一直想卖掉现在的房子，再买一套院子大一点的房子，以满足自己对花园的渴望。在做决定之前，他们想调查市场，以了解能支付什么样价格范围的房产。他们将请房地产经纪人帮助挂牌出售房产，并开始积极寻找新的房产。

(a) 房地产经纪人能为这对夫妇提供什么样的建议？什么样的经纪人可以代表他们出售此房产？

(b) 朋友建议他们在买房时寻求买方房地产经纪人的帮助。向埃尔南德斯夫妇解释卖方经纪人和买方经纪人的区别。

□ 案例 3　朱莉娅・普赖斯考虑买房

朱莉娅一直想买房。几个月来，她一直在电视上查看房源信息，或在当地实地去咨询观察。她认为，是时候投入钱来买一套自己能支付得起的大一点的房子了。她还认为未来 5 年，房价会大幅上涨。通过调查现行抵押贷款利率后，她认为自己的收入完全能满足贷款的偿付。她认为自己的下一步应该是找一名房地产经纪人。请就此提出你的意见。

□ 案例 4　迈克尔和乔纳森权衡买房和租房的利弊

迈克尔和乔纳森住在犹他州洛干，他们都正在考虑买房还是租房。他们都是单身。迈克尔偏好买房，乔纳森则倾向于租房。他们都各持己见。迈克尔认为买房可获得税收抵扣的好处，然而，乔纳森认为租房的现金流出更少。看看你能否帮助他们做出决定。

(a) 购房者能享受到税收方面的利益吗？并解释。

(b) 评论乔纳森的“现金为王”的观念。

(c) 指出在什么情况下迈克尔也会偏向租房？

(d) 指出在什么情况下乔纳森也会偏向买房？

(e) 在买房和租房之间存在确定的分界线吗？解释原因。

□ 案例 5　艾玛选择何种抵押贷款

住在加利福尼亚州长滩的艾玛正在考虑为自己的新房选择哪种抵押贷款。她倾向于选择其他方式的抵押贷款，因为它们的抵押贷款利率较低。

(a) 选择其他抵押贷款主要考虑哪些事项？

(b) 假设她可以满足任何贷款的申请条件，你会建议艾玛选择哪种贷款计划？为什么？

(c) 如果艾玛正考虑浮动利率抵押贷款，你有何建议？

□ 案例 6　杰里米决定自己将住房出售

杰里米住在亚利桑那州杜桑，他非常在意卖房的成本，所以决定自己将其出售，而不是聘请房产经纪人。

(a) 如果杰里米就是否聘请房产经纪人的问题向你征求意见，你会如何回答？

(b) 如果考虑到时间成本，他会决定自己售房吗？为什么？

(c) 如果杰里米决定聘请房产经纪人来处理，你会告诉他哪些可降低售房成本的方式？请解释。

自我理财

1. 你准备好买房了吗？复习“计算工作表——你应该租房还是买房？”对照此表，填上自己的情况。完成《我的个人理财规划师》中的工作表 37：我应该买房还是租房？

2. 为买房而储蓄。复习前面章节的内容，完成《个人理财规划师》中的工作表 14：为达到特定目标（这里为购房首付）的每月存储计划，以帮助你决定支付过首付后每月你应该存多少钱。

3. 你能支付得起抵押贷款吗？复习前面章节的内容，然后根据个人情况来完成《我的个人理财规划师》中的工作表 38：满足抵押贷款要求的收入水平。看看自己的收入情况可支付怎样价格范围的房产。

4. 选择抵押贷款。如果你决定买房，复习前面章节的内容，然后完成《我的个人理财规划师》中的工作表 39：选择抵押。

5. 你应该对抵押贷款进行再融资吗？你有没有正在背负着抵押贷款？复习前面章节的内容，然后根据自己的情况完成《我的个人理财规划师》中的工作表 42：我应该进行抵押贷款再融资吗？

网络资源

为完成这些练习，可登录 www.cengagebrain.com 访问加曼/福格合作网站。在“一般业务”中选择本课标题，点击本章的“网络练习”，回答网页上的问题。

1. 当前市场利率。访问 Bankrate.com 网站 www.bankrate.com/mortgage.aspx。在这里，你可以获得全美国的抵押贷款利率的信息。在附近大城市的银行咨询相关信息，将这些信息与你信用卡账户的利率进行比较，也将这座城市的抵押贷款利率同美国其他的抵押贷款利率进行比较。

2. 你有足够的偿付能力吗？访问美国住房和城市发展局的网站，在那里你将找到一个计算器（www.ginniemae.gov/2_prequal/intro_questions.asp?Section＝YPTH），它会帮助你计算购房的首付、结算成本和其他买房的成本，然后决定（根据你的收入以及可获得的贷款的情况）你能购买什么样的房产。将自己的现实情况按要求输入。这个计算器显示你的支付能力是多少？将来，如果你的经济状况发生好转，你可改变输入的数字，看看这个结果会发生什么样的变化。

3. 寻找房源。访问全国房产经纪人联合会网站 www.realtor.com，在这里你可以找到全美国的房源信息。在自己所在的城市栏找一找，看一看有没有适合自己的房产。在加利福尼亚州圣迭戈（高成本）和纽约州锡拉丘兹也搜寻相似房产的信息，将它们的成本与自己所在的城市进行比较。

付诸行动

1. 寻找房源。房产经纪人通常在星期日的下午向公众展示房源，花一个下午在校园附近寻找正在出售的房产，搜集信息并做好记录。将自己所了解到的所有房产的信息（价格、特点、地址等）进行总结归纳。

2. 比较租约。向正租房住的 5 个朋友调查签订租约的感觉，以及租约规定的租户的责任和权利。将自己的调查进行总结。

3. 评估房地产市场。与本地区的一个房产经纪人交谈，向他了解：现在房产是冷清还是热销；通常人们需要花多久才能找到理想的房产；房价会上升还是下降；房产经纪人给那些希望拥有自己房子的人在其相应情况下的建议。对以上信息进行总结。

4. 了解其他人是怎样购房的。向近些年买过房的朋友或亲戚了解相关的情况。向买房者当面咨询或通过电话沟通，谈谈为什么要买房，以及在买房的整个过程中的感受。将他们的买房经历和本章学习的内容进行比较。

登录 www.cengagebrain.com 访问加曼/福格合作网站。

第三部分

第十章 财产与责任风险管理

你在开玩笑?

蒂法妮·布莱克最近在高速公路上驰骋时发生了交通意外，修理蒂法妮汽车的费用是 13 200 美元，超过了该汽车在市场上的价值（12 500 美元）。其他两辆车的损失分别是 17 800 美元和 6 400 美元。幸运的是，没有人在车祸中受伤。根据她的保险代理人的建议，蒂法妮之前购买了一份汽车保险，其中有 500 美元的碰撞免赔额且责任限额为 25 000 美元/50 000 美元/ 15 000 美元。这份保险将替她承担多少损失?

A. 12 700 美元； B. 27 000 美元；

C. 36 200 美元； D. 37 400 美元。

答案是 B。对于蒂法妮的车辆损失，保险公司在扣除 500 美元碰撞免赔额后支付给她 12 000 美元。对于其他车辆损失，公司还将支付给她责任限额 15 000 美元。蒂法妮和绝大多数人一样，个人负担剩余的损失，她并不能享有充足的责任保护。

学习目标

在学习完本章后，你应该能够：

1. 用风险管理方法应对你的财产和收入中存在的风险。
2. 解释保险是如何降低风险的。
3. 设计房主或租户的保险计划，以满足你的需求。
4. 设计汽车保险计划，以满足你的需求。
5. 描述其他种类的财产与责任保险。

6. 总结如何进行保险索赔。

你有何建议？

最近，佐治亚州亚森斯的乔治和艾米丽·钱德勒夫妇的车库起了火，烧毁了他们的两辆车以及他们车库和房屋的外围，造成了巨大的损失。在收到房东和汽车保险公司的赔偿后，钱德勒夫妇意识到他们的保额太小了。一辆汽车并没有火灾保险，并且对于房屋的保险额度只有房屋现值的60%。

你对乔治和艾米丽的财产与责任风险管理有何建议：

1. 他们应该采取风险管理措施来扩大他们的保险范围吗？
2. 在决定是否购买保险时，损失的严重性与频繁性之间的关系如何？
3. 如何适当地对他们的房屋进行保险？
4. 在维持重要保险的情况下，如何使用免赔额和保险限额使其汽车保险保费位于可管理的程度内？

到现在为止，本书关注管理资金的方法和使用金融资源来达到个人目的的策略，但保护你的财产不受诸如车祸、自然灾害、疾病、死亡所造成损失也同样重要。未投保或者未足额投保带来的损失经常导致个人破产。未投保带来的损失会导致对信用的过度使用，这将如滚雪球一般变大，最终失去控制。如今，很多人在困难的经济时期中都经历着一些困境。你可以通过使用保险对损失的风险进行管理。本章将关注在车祸和自然灾害中造成的财产与责任损失。第十一章将关注疾病和受伤所造成的损失，第十二章将关注死亡所造成的损失。

你所进行的项目和你每天参加的活动都会使你暴露在两种不同类型的损失中。第一种，你的资产可能遭到损坏。**财产保险**（property insurance）能保护你免受由于资产遭到破坏而造成的财产损失。第二种，你可能需要对别人的资产受到的损失负责［**法律责任**（legally liable）］。**责任保险**（liability insurance）能保护你免受你所需要负责的他人资产损失的影响。大多数共同购买的财产与责任保险的形式是对你房屋及其附属

你的未来五年

在未来五年中，通过做到以下相关财产与责任管理，你可以实现理财上的成功：

1. 维持有适当限额和减免额的汽车保险以及未投保或未足额投保的驾驶员保险。
2. 购买与你财产的实际现金价值相联系的承租人限额保险。
3. 你一开始（如果不能更快）驾驶生涯，就购买最小限额为1美元的伞式责任保险。
4. 每一年，重新评估你需要的保险的种类和数量，在比较保险价格和保险范围后再购买。
5. 维持你所有保险物品的可核查清单，以便在损失发生时你能收到赔偿。

财产保险

对财产破坏所造成的财产损失的保护。

责任保险

当你需要对他人的资产损失负责时，对你的财产损失所给予的保护。

物的保险，以及对你使用和拥有的汽车的保险。

风险和风险管理

□ 人们经常误解风险的概念

学习目标 1

用风险管理方法应对你的财产和收入中存在的风险。

风险

对于事件结果的不确定性。

风险管理

确认和评估纯粹风险情形来确定和实施适当管理的过程。

风险（risk）是事件结果的不确定性。这是由结果不同于预期的可能性所引起的。在经济损失中，风险包含了经济损失是否会发生以及在多大程度上发生的不确定性。**投机风险**（speculative risk）发生在有潜在的收益或者损失的情形下。例如，发生在股票市场上的投资就包含了投机风险。**纯粹风险**（pure risk）发生在没有潜在的收益、只有损失的可能的情形下。火灾、车祸、疾病、偷窃就是包含纯粹风险的例子。保险解决的仅仅是纯粹风险。

很多人在听到风险这个词时，会想到“可能性”或者靠运气取胜的游戏。事实上，可能性和风险是不同的概念，二者之间的不同虽然微小但非常重要。有95%概率发生的事件是很有可能发生的，因此，不确定性和风险都很低。有0.000 001%概率发生的事件是很有可能不发生的，因此，不确定性和风险也都很低。当一个事件有中等可能性发生时，比如5%，不确定性和风险会相对很高，因为很难去预测一个20岁的人将会经历的事情。在这些情形下，保险代表了一种降低风险的明智选择。

□ 应用风险管理的五个步骤

风险管理（risk management）是确认和评估纯粹风险情形以确定和实施适当管理的过程。其目标是通过事前计划使风险或潜在风险最小化。风险管理必须在损失发生之前做出最有效的安排。风险管理是个人理财管理中必需的一部分，因为它保留了其他理财计划的优点。风险管理通常需要购买保险，尽管保险只是解决风险的一种方法，而且并不总是最好的选择。

风险管理包含五个步骤。表10－1概括了这些风险管理的步骤。

表10－1　　风险管理的过程

	个人财产	活动	伴随的危险
步骤1 确认风险的来源	汽车 房屋 珠宝	潜水 抽烟 旅游	事故 火灾 盗窃
步骤2 估计风险和潜在的损失	（a）确定暴露于风险中损失发生的频繁程度。 （b）确定暴露于风险中损失的潜在大小与严重程度		

步骤 3 选择如何应对风险	(a) 风险回避。 (b) 风险自留。 (c) 损失控制。 (d) 风险转移。 (e) 风险抑制
步骤 4 实施风险管理计划	(a) 不参与特定的活动。 (b) 采取额外的防护措施。 (c) 购买保险
步骤 5 评估和调整计划	

步骤 1：确认风险的来源

风险的来源，被称为**风险暴露**（exposure），发生在你拥有的东西和你所参与的活动中，这些东西与活动使你暴露在潜在的经济损失中。你拥有和/或驾驶汽车有共同的风险暴露。为了确定你的风险暴露，你应该盘点你所拥有的和你要做的。你的风险暴露归类为以下五种：

1. 你可能会遭受财产损失，比如在房屋着火期间发生的损失。
2. 你需要对别人所遭受的损失承担法律责任，比如你造成的交通事故。
3. 你可能生病或者受伤，需要支付与医疗有关的费用。
4. 你可能由于疾病或事故而遭受收入损失。
5. 你的家庭可能由于你的死亡发生支出并承受收入损失。

你也需要确定你所面对的危险。**危险**（peril）就是可能造成经济损失的事件。火灾、飓风、偷窃、汽车碰撞、疾病和死亡都是危险的例子。

> **危险**
> 损失的起因或来源。

步骤 2：估计风险和潜在的损失

一旦你确定了你的风险暴露，你需要估计损失发生的频率和损失额度。**损失频率**（loss frequency）是指损失在一段时间内可能发生的次数。**损失额度**（loss severity）描述潜在损失的大小。

当损失频率很低时，很多人对是否仍要购买保险感到困惑，比如你很年轻也很健康或者你生活在安全的环境中。这样考虑潜在的损失并不是一个很好的方法，因为它们仍然有可能发生，但是如果损失发生的频率很低，保费也会很低。图 10－1 说明了风险管理中损失额度和损失频率的关系。

	高损失额度	低损失额度
低损失频率	购买保险来覆盖潜在的高损失。低损失频率使你能够支付得起保费	考虑自留风险，因为损失频率和损失额度都很低
高损失频率	购买保险。损失控制能有效降低必要的高额保费	自留风险但也要对经常发生的损失进行预算

图 10－1　损失额度与损失频率的关系

损失额度是更加重要的。“我将损失多少?”是你应该问的问题。当考虑到可能的财产损失时，你需要简单估计一下财产的价值。责任损失相对比较复杂，因为损失额度取决于你所伤害的人的情况。举个例子，如果你引起的车祸造成拥有三个孩子的年轻人永久性的心脏损坏，你需要对心脏手术治疗负责，对他失去的未来的赚钱能力和未来的治疗以及孩子的教育负责。在这种情况下，损失几百万美元都是有可能的。

步骤 3：选择如何应对风险

应对风险的方法有以下五种：风险回避、风险自留、损失控制、风险转移、风险抑制。每种策略都适合于特定的情形，你的选择取决于风险的来源、潜在损失的大小、你对于风险的个人感受，以及你为损失支付的经济来源。

- **风险回避。**最简单的应对风险的方法是风险回避。用这种方法，你能够规避掉一些可能使你暴露于可能造成经济损失的风险中的持有物或活动。例如，不去拥有一架飞机或者不去跳伞将限制你的风险暴露。然而风险回避并不一定切合实际。

- **风险自留**（risk retention）。第二种应对风险的方法是保留或者接受它。你家周围的灌木在干旱的春天会死亡的风险就是一种风险自留。有意识的风险自留在风险管理中占据着重要的地位。例如，你能使用保险单中的**免赔条款**（deductible clause）来保留风险的初始部分。在这种情况下，在保险公司偿付损失之前，你只需支付最初的一小部分损失（可能是 200 美元或者 500 美元）。但由于疏忽和不作为而导致风险自留是不明智的。例如，很多人在他们有了孩子后愚蠢地拖延不去购买人身保险，因为他们认为这是一件恐怖的、不愉快的事。

> **风险自留**
>
> 接受一些生活中的风险，并有意识的保留这种风险。
>
> **免赔条例**
>
> 需要投保人支付损失的最初部分。

- **损失控制。**第三种应对风险的方法是损失控制，这是为了降低损失频率和减少损失额度。例如，安装重型的锁和房门来降低偷盗损失的频率。安装火灾报警器和烟检测器并不能阻止火灾，但能减少火灾中的损失。保险公司通常会对控制损失做出要求或者给予实施这些措施的投保人一些折扣。

> **损失控制**
>
> 它是指设计特殊的机制来降低损失频率和减少损失额度。

- **风险转移。**第四种应对风险的方法是转移风险。在风险转移中，保险公司同意补偿你的经济损失，例如，一个职业足球队的明星前锋为自己的腿进行了保险。在这个案例中，不确定性从这个前锋或他的球队转移到了保险公司。保险是转移风险的一种方法，尽管并不是所有的风险转移都能被归类为保险，这是因为保险不仅转移了风险，实际上还能降低风险。

- **风险抑制**（risk reduction）。第五种应对风险的方法是将风险降低到可接受的范围。当投保人希望他们的部分或者全部风险由保险公司来承担以降低个人风险时，他们就需要使用保险。

> **风险抑制**
>
> 它包含一些机制，例如保险，能够降低与损失大小有关的整体不确定性。

步骤 4：实施风险管理计划

风险管理的第四步是去实施你所选择的应对风险的方法。对大多数房主来说，这意味着购买保险来转移和降低风险，其中包括选择保险项目的种类、金额、保险保障的来源。

人们经常困惑要购买哪一种保险和如何选择保险金额。你应该选取最大可能损失来作为选择购买保险金额的参考。这种思考方法用到了**大额损失原则**（large-loss principle），该原则说明应该对我们难以承担的风险进行保险和保留我们所能承担的风险。换句话说，就是对那些小额损失买单，对那些能够导致你经济危机的大额损失进行保险。在前面的例子中，车祸导致的心脏手术使你陷入困境，因为你必须为你带来的损失负责，因此，你需要高额的责任保险合同。

> **大额损失原则**
> 它是风险管理的基本原则，鼓励我们对自己所不能承担的风险进行保险，对自己能够承担的风险进行自留。

步骤 5：评估和调整计划

风险管理中的最后一步是你需要定期检查你的风险管理计划。人们所遇到的风险在他们的一生中是不断变化的，所以没有一项风险管理计划是可以长期实施的。对于特定的风险暴露，例如汽车的所有权，每年的检查是合理的。对于包含人身保险的保险，需要 3～5 年进行一次复查或者是在家庭结构和就业情形发生改变时进行复查。应该进行必要的调整以反映你生命周期的变化。很多人愚蠢地保持着不再满足他们需求的保险合同（覆盖太少或太多），仅仅是因为他们购买过一次，然后就不再关注自己之后几年的保险需求。

> **理财要点**
>
> 主动而不是被迫购买保险
>
> 时刻记住你的目标是用公平的价格主动购买你需要的保险，而不是以较高的价格被迫购买超出你的需要的保险。一旦决定了要购买的保险种类，可登录 www.insquote.com 和 www.insure.com。

概念测试 10.1

1. 区分纯粹风险和投机风险。
2. 解释风险和可能性的区别。
3. 指出大部分人面对的五种常见的风险暴露。
4. 描述风险管理的五个步骤。
5. 在损失可能性和损失严重性的基础上，解释哪一个在决定是否购买保险时是最重要的。

理解保险是怎样运作的

> **学习目标 2**
> 解释保险是如何降低风险的。

保险（insurance）是降低和转移纯粹风险的机制，它把许许多多的人作为一个整体来分散需要承担的经济损失。保险能够通过替代不确定的或者确定的较大经济损失来保护整体中的每个人，每个人只需支付较低的费用。这个费用被称为**保费**（premium），由以下四个部分组成：

1. 整体损失中个人所占的份额。
2. 保险公司保留一部分资金支付未来的损失。

> **保险**
> 通过把许多人作为整体来分散需要承担的经济损失来降低和转移纯粹风险的机制。
>
> **保费**
> 个人和公司为了替代不确定性和可能发生的巨大的经济损失而制定的一笔相对小的、可预测的费用。

3. 管理保险计划的费用所对应的比例。

4.（当计划由追求利润的公司管理时的）利润补贴。

保费经常需要每年、每半年或者每季度进行评估，保费也需要提前支付。如果你选择每月支付，那么你通常需要支付一笔额外的费用。

保单（insurance policy）是购买保险的人［**投保人**（insured）］与保险公司［**承保人**（insurer）］之间的合约，它包含双方的责任与义务。大多数人并不会花费时间去阅读和理解保单，因此购买保险仍是购买者最不理解的一种购买。如果你能理解你所购买的保险中的基本项目和概念，你就能更好地管理你的风险。

> **保单**
> 购买保险的人（投保人）与保险公司（承保人）之间的合约。

□ 危险因素将使损失更可能发生

危险因素（hazard）能够增加损失发生的可能性。在酒精的影响下开车就代表了危险因素。危险因素有以下三种类型：

> **危险因素**
> 增加危险事故发生可能性的因素。

- **实质危险因素**（physical hazard）指被保险人或被保险财产的特殊特征会增加损失可能性的。实质危险因素的一个例子是一个患高血压的人购买健康保险。
- **心理危险因素**（morale hazard）存在于当人们对危险事故漠不关心时。例如，如果投保人知道盗窃险将会对被盗窃的损失进行赔偿，那么他就会对锁门和锁窗变得漠不关心，这种情况就叫作心理危险因素。
- **道德危险因素**（moral hazard）存在于当投保人希望危险发生的目的是他能够从保单中获益时。

保险公司经常限制和拒绝由于心理危险因素和道德危险因素产生损失的保单。

□ 只有特定的损失才是可投保的

损失需要满足最低要求才被认为是可投保的——必须是意外的、经济上的、个人的。**意外损失**（fortuitous loss）就其发生时间和损失大小而言是不可预测的。雷电和火灾对你的房屋造成的损失就是意外发生的；由你房屋价值贬值而造成的损失不是意外发生的，因为可以合理预测房屋价值随时间上升和下降。**经济损失**（financial loss）是收入或财产在现在或者在未来价值上的下降，经济损失能够用金钱来衡量。你生病了，会遭受由于不舒服、不方便、失去工资和支付医疗账单而引起的痛苦。保险仅仅能够帮助解决失去工资和支付医疗账单的损失，因为这些损失能够被客观衡量。最后，**个人损失**（personal loss）指损失能够直接被特殊的个人或组织承担而不是由整个社会承担。

> **理财要点**
>
> **你的信用报告影响你的保险费率**
>
> 保险公司一般会根据申请人的信用报告提供的信息来设定费率。这就是要保持良好信用和确保你的信用局文件准确的另一个原因！

□ 补偿原则限制了保险赔付

> **补偿原则**
> 保险支付不能超过遭受的实际经济损失。
> **保单限额**
> 保单中规定的支付的最高金额。

补偿原则（principle of indemnity）强调保险支付不能超过遭受的实际经济损失。例如，汽车保单支付的仅仅是被盗的车的实际现金流。这个原则阻止了人们从由于道德危险因素而受到的损失中得到经济补偿。补偿原则并不能保证投保人的损失被全额赔付。每一个保单都包含**保单限额**（policy limit），会规定支付的最高额度。因此保单购买者必须仔细选择保单限额来充分覆盖潜在的损失。

□ 如何选择支付更少的钱但仍然可维持足够的保险覆盖

一些保单的特点是减少你的保费而不显著减少提供的保护。这些特征包括免赔额、共同保险、危险减少和损失减少。

1. **承担你损失中最初的少量金额。**免赔额是指在保险公司支付前自己必须支付的损失的最初部分。例如，汽车碰撞险包含 500 美元免赔额，这意味着损失最先的 500 美元必须由投保人承担。保险公司支付余下的部分，最高到保单限额。你通常可以对免赔额进行选择，免赔额越高，你所节约的保费就越多。这是因为保险公司将承担更少的损失。

> **共同保险**
> 投保人和保险公司按比例共同分担损失的方法。

2. **承担你损失的份额。共同保险**（coinsurance）是投保人和保险公司按比例共同分担损失的方法。例如，健康保险需要投保人支付损失的 20%，保险公司支付损失的 80%。共同保险能够减少大量的保费，但是你必须承担损失中你的份额。当保单中包含免赔额和共同保险条例时，以下**免赔额和共同保险偿付公式**（deductible and coinsurance reimbursement formula）能计算保险公司偿付的损失额：

$$R=(1-CP)(L-D) \qquad (10.1)$$

其中，

R=保险公司偿付额；

CP=共同保险投保人需要支付的比例；

L=损失额；

D=免赔额。

> **理财要点**
> **完全覆盖是一个神话**
> 每一份保单都有限制。没有所谓的“全覆盖”保险，总是存在损失超过保单限额的可能。

作为例子，假设你有一份免赔额为 100 美元和共同保险支付比例为 20%的健康保险。如果医疗账单是 1 350 美元，则偿付额是 1 000 美元，计算如下：

$$\begin{aligned} R &=(1-0.20)\times(1\,350-100) \\ &=0.80\times1\,250 \\ &=1\,000(\text{美元}) \end{aligned}$$

3. **减少损失发生的概率。减少危险因素**（hazard reduction）是投保人采取的可用于减少损失发生可能性的举措。保险公司通常为那些较少实施危险行为的人提供低保费的保险，例如不吸烟的人。

4. **减少损失额。减少损失**（loss reduction）是投保人采取的行为，在危险发生时，尽量降低损失的严重性。火灾警报器和灭火器就是减少损失的工具。这些举措并不能阻止火灾的发生，但是能够降低损失的程度。很多保险公司对那些实施减少损失措施的投保人提供降低保费的待遇。

□ 保险公司通过大数定律降低风险

你知道吗?

如何阅读保单?

不能随意地阅读保单。这样做的结果是很多人都没有完全检查自己的保单，直到损失发生才发现误解了保单中的条例。在购买前，通过系统地阅读保单，你能够避免这些问题，重点在于这八条：

1. **承保的危险。**一些保单只列出承保的危险，另一些保单列出除此之外的全部危险。有些危险的定义可能与我们平常使用的不同。

2. **承保的财产。**正如危险一样，保单中可能只列出了个别的财产，或者只列举了除此之外的财产。当个别财产被列出时，任何新获得的财产都会被加入保单中。

3. **承保的损失种类。**三种财产损失有可能发生：(a) 财产本身的损失；(b) 财产在一段时间内无法使用所引起的额外费用；(c) 由于使用财产而占用投保人的工作时间所产生的工资的损失。

4. **承保的人。**保单可能只包含特定的人。这一信息有可能在保单的第一页出现，但是在接下来的部分可能会发生改变。

5. **承保的地点。**是否承保可能与损失发生的地点有关。清楚地知道在什么地点不被承保是很重要的。

6. **保险期限。**保单一般会写明保险期限。时间期限可能会排除一天中的特定时间，或者一周或一年中的某些日期。

7. **控制损失的要求。**保单可能规定投保人要采取一些控制损失的举措。例如，汽车保单规定汽车拥有者不得将车给没有驾照的人驾驶。

8. **投保额。**投保额是保单中订明的保险公司对各种各样损失的最高支付额。

这八条信息贯穿整个保单中。事实上，在某一情形下提供的条例可能在别的情形下并不适用。仔细审视这份保单将决定它所提供的保护。如果有必要，打电话给保险代理人或保险公司获取说明。

大数定律

随着团队成员人数的增加，对团队行为的预测会变得越来越准确。

保险包含了两个基本因素：风险的降低和损失的分担。当你购买保险时，你是将潜在的巨大经济损失的不确定性与固定保费的确定性进行交换，因此能降低你的风险。正如约吉·贝拉曾经说过："我们很难预测，尤其是对未来的预测。"然而，预测对保险公司而言要比个人容易得多。这是因为保险公司通过**大数定律**（law of large numbers）降低了风险。随着投保群体人数的增加，群体行为的预测将变得更加准确。更加准确的预测性降低了不确定性和风险。

为了能说明清楚，考虑一个有100 000个住户的城市，房屋火灾发生的概率是0.1%。因此每年可能有100个住户发生火灾。如果我们一次关注100个住户，我们并不能精确地预测某一个指定住户是否会发生火灾。一些家庭可能会发生2次或者3次火灾，而有些家庭可能不会发生。然而，如果我们把所有家庭看成一个整体，我们就能更准确地预测将会发生100次火灾。即使发生103次火灾，我们的预测也仅仅只存在很小的误差。保险公司拥有成千上万的客户，所以在预测时会更加准确。

理财要点

检查你的保险公司和代理人

保险公司必须有财力支付损失。你可以在www.standardandpoors.com上通过点击“评级”，再点击“保险”来评估你的保险公司的财务实力。要找一个专业的代理人——在人寿保险方面找特许人寿保险人（chartered life underwriter，CLU）以及在汽车和房屋保险方面找特许财产和灾害保险人（chartered property and casualty underwriter，CPCU）。

□ 每个人都会受益，即使个人并没有遭受损失

个人保险购买者将受益，不管他们是否遭受风险损失，因为风险降低了，这是保险的本质。降低的风险使投保人认识到未来不可预见的事件不会导致经济灾难，从而得以更自在地去驾驶车辆、拥有住房和在经济上对未来进行规划。

你知道吗?

保险公司如何筛选投保申请?

保险的购买者首先要提供给保险公司一份书面的或口头的保单申请。保险公司一般会发放一份临时的保险合约，叫作**临时契约**（binder），以后它将会被书面形式的保单所取代。然后这些申请将经过一个**承保**（underwriting）的过程——这就是一个保险公司决定接受哪些保险申请的程序。为了描述承保的过程，我们有必要先了解一下保险费率是如何确定的。

保险费率（insurance rate）是在每一单位保险金额上缴纳的费用。保险费率代表了提供保单给**各类投保人**（classes of insureds）的平均成本，这些分类是由拥有相似特征的投保人组成的。例如，对汽车投保人可按照年龄、性别、婚姻状况、驾驶记录和所开车的型号来进行分类。

当保险公司接到申请时，它们将申请人归类到合适的类别中。然后它们决定对于这一分类所构建的保险费率是否能给申请人提供保单。保险公司将保险申请人分成如下四类：

- 优先申请人的预期损失将低于平均值，并且会因为支付更低的保费而省钱。
- 标准申请人有和平均预期损失相同的损失，支付标准费率。
- 不合格的申请人有比平均预期损失更高的损失，可能需要支付更高的保费和对于他们购买的保单的种类与保险金额采取一定的限制。
- 不接受申请人的预期损失太高，无法被接受。

你可以通过和代理人确认自己是否被分到合适的保费类别来省钱。确认你被分到合适的分类是非常重要的，因为如果保费是基于不合适的分类，申请可能被拒绝。

□ 谁卖保险?

保险的销售者，被称为**保险代理人**（insurance agent），代表了一个或多个保险公司。他们有权代表保险公司签订、改变和取消保单。保险代理人存在两

保险代理人

保险公司授权销售、转移、服务和终结保单的代表人。

种类型：独立代理人和独家代理人。

独立代理人（independent insurance agent）是独立的商人，他们在联系投保人和保险公司中扮演第三方的角色，这些代理人从他们代表的保险公司中赚取手续费，并且为顾客搭配他们最信得过的保险公司来满足他们指定的需求。

独家代理人（exclusive insurance agent）代表一家保险公司销售特定种类的保险。他们是他们所代表的保险公司的雇员。例如，人寿保险经常通过独家代理人进行销售。

直销商（direct seller）是一家公司，通过带薪员工、邮购促销、报纸、网络甚至自动售货机来销售它们的保单。任何保单都能够被直接销售。

> **直销商**
> 通过带薪员工、邮购促销、报纸、网络甚至自动售货机来销售保单的公司。

每一种类型的销售都有利有弊。独立代理人能够提供更多的个性化服务，也能从众多公司中选出满足顾客需求的公司。独家代理人也能提供个性化服务，但是只能局限于他们所代表的公司提供的保单，他们的销售佣金也很低。对于那些了解自己需求的人来说，和直销商交易能得到最低的保费。

概念测试 10.2

1. 定义保险。
2. 对三种危险因素进行区分。
3. 为什么补偿原则对于保险销售者来说非常重要？
4. 阅读保单时审查四个重要的地方。
5. 总结如何使用免赔额、共同保险、减少危险因素和降低损失来降低保险成本。
6. 区分独立代理人、独家代理人和直销商。

房主保险

不论是自有的还是租来的房子，你都有遭受财产与责任损失的可能。**房主保险**（homeowner's insurance）将房主和租户需要承担的责任与财产保险整合成一个组合保单。有四种类型的保单适合拥有房屋的人，另一种保单适合拥有公寓的人，剩下的一种适合租房的人。

> **学习目标 3**
> 设计房主或租户的保险计划，以满足你的需求。

> **房主保险**
> 将房主与租户需要承担的责任与财产保险整合成一个组合保单。

□ 保单内容

标准的房主保单分为两个部分。

财产险承保范围

第一个部分提供了对各种各样资产损失的保护，损失包括：(1) 房屋损坏。(2) 其他资产结构的损坏——指的是**附属结构**（appurtenant structure）。(3) 个人财产和房屋里物品的损坏。(4) 由住房使用损失产生的花销（例如食物和借宿）。额外的内容通常还包含残余物清除和消防服务的支付。

关于保单第一个部分非常重要的变量包括造成损失的风险的数量。**指定危险保单**（named-peril policy）承保在保单中特别提及的危险所造成的损失。**一切险保单**（all-risk/open-peril policy）除去保单中明确指出的风险外，承保其他所有风险所造成的损失。一切险保单提供了更广的保险范围，因为成百上千的危险因素能造成资产损失，仅仅只有很少的被排除在外。通常被排除在外的风险因素包含洪水、地震和发霉，除非它们是由可排除的事件所引起的，例如水管爆裂。把排除在外的危险也覆盖在保单内需要附加额外的费用。在沿海和经常发生地震的国家，如果你遭受由这些危险引起的损失，保单需要制定更高的免赔额。

> **指定危险保单**
> 只承保保单中指定危险因素产生的损失。
> **一切险保单**
> 除去保单中明确指出的风险外，承保其他所有风险产生的损失。

责任险承保范围

保单第二个部分是关于处理责任保险的。如果房主疏忽或者在保护房客上不够细心，他将潜在地遭受责任损失。当你对别人的损失应负法律责任时，就会用到**房主的一般责任保护**（homeowner's general liability protection）。房主通常要对别人的损失负责，不管是否有法律责任。例如，一个房客的孩子由于烧烤被烧伤了。**房主的无过失医疗费用保护**（homeowner's no-fault medical payments protection）将对房客遭到的身体伤残损失进行赔偿，不管事故的责任方是谁。在上一个例子中，这样的保单就能够为那些被烧伤的房客支付医疗费用。**房主的无过失财产损失保护**（homeowner's no-fault property damage protection）能对你房屋的访客所遭受的损失提供赔偿。这种损失的一个例子是你的狗咬坏了你朋友的皮衣。

> **房主的一般责任保护**
> 适用于当你对另一个人的损失负有法律责任时，除了因使用车辆或由于你的责任而引起的损失之外。

□ 房主保单的种类

房主保单存在六种：HO-1～HO-4、HO-6、HO-8。每一种都是标准的保护协议的集合，涵盖了通常影响到房主和租户的危险。详细的描述见表 10－2，并在接下去的部分中有更加概括的描述。大多数保险公司通常使用相同的条款和识别号。

表 10－2　　房主保单总结

	HO-1（标准险）	HO-2（扩展险）	HO-3（特殊险）	HO-4（承租险）	HO-6（业主险）	HO-8（改进险）
承保的危险（见以下的举例）	危险 1～11	危险 1～18	除了那些特别排除在建筑物之外的所有危险；个人财产风险 1 ～ 18（除了玻璃破裂之外）	危险 1 ～ 9、危险 11～18	危险 1～18	危险 1～11

房屋及其他附属建筑物	金额以重置成本为基础，最低 15 000 美元	金额以重置成本为基础，最低 15 000 美元	金额以重置成本为基础，最低 20 000 美元	对房屋的个人财产保险的 10%	每一单元的增建和改建是 1 000 美元	金额取决于房屋实际现金价值
独立的建筑物（附属结构）	房屋投保额的 10%（最低）	房屋投保额的 10%（最低）	房屋投保额的 10%（最低）	不包括	不包括（除非由投保人单独持有）	房屋投保额的 10%（最低）
树、灌木、植物等	房屋投保额的 5% 且每一项最高是 500 美元	房屋投保额的 5% 且每一项最高是 500 美元	房屋投保额的 5% 且每一项最高是 500 美元	个人财产保险的 10% 且每一项最高 500 美元	个人财产保险的 10% 且每一项最高 500 美元	房屋投保额的 5% 且每一项最高 500 美元
个人资产	房屋投保额的 50%（最低）	房屋投保额的 50%（最低）	房屋投保额的 50%（最低）	房客反映物品的价值，最低 6 000 美元	房东反映的物品的价值，最低 6 000 美元	房屋投保额的 50%（最低额）
使用的损失或者额外的生活费用	房屋投保额的 10%	房屋投保额的 20%	房屋投保额的 20%	个人财产保险的 20%	个人财产保险的 40%	房屋投保额的 20%
信用卡、伪造物、假币	1 000 美元	1 000 美元	1 000 美元	1 000 美元	1 000 美元	1 000 美元

责任保险/限额（对于所有保单）		**责任的特殊限额**
综合性个人责任险	100 000 美元	对于以下个人资产的种类，适用在每一次事故中的特殊限额（例如每一次火灾和偷窃）为：钱、硬币、纸币和珍贵的金属（金、银等），200 美元；电脑，5 000 美元；有价证券、契约、股票、债券、邮票，1 000 美元；船只和拖车，包括里面的装备、器材和舷外发动机，1 000 美元；珠宝、手表、毛皮，1 000 美元；银器、金器等，2 500 美元；枪，2 000 美元
无过失医疗费用险	1 000 美元	
无过失财产损失险	500 美元	

承保危险举例

1. 火灾或雷电。
2. 暴风或冰雹。
3. 爆炸。
4. 暴动。
5. 飞行器损坏。
6. 车辆损坏。
7. 烟雾造成的损失。
8. 故意破坏或恶意损坏。
9. 盗窃。
10. 玻璃破碎。
11. 火山爆发。
12. 坠落物。
13. 冰、雪及雨夹雪的重压。
14. 建筑或建筑的一部分倒塌（仅承保特定的风险）
15. 水管、暖气或者空调中水或水蒸气的意外外溢或者外泄。
16. 蒸汽、热水器、空调、防火自动喷洒系统或烧水电器的意外破裂、断开、灼烧或膨胀。
17. 冻结管道、供暖、空气调节系统和家用电器。
18. 电器和设备由于短路或发生其他意外而损坏（不含管道、晶体管和类似的电子组件）

这一表格描述了标准保单。不同的保险公司和在不同州会有不同的特殊规定。当你需要一个超过标准限额的限额时，你通常需要支付一笔额外的保费。

标准险（HO-1）

标准险（HO-1）［basic form（HO-1)］是一种指定危险保险，涵盖了 11 种造成财产损坏的危险。HO-1 提供了相关责任保护的三个方面：个人责任、财产损坏

> **标准险（HO-1）**
>
> 指定危险保险，包括 11 种财产损坏导致的危险，提供了三个领域的相关责任保护：个人责任、财产损坏责任和医疗支付。

责任和医疗支付。通常会造成财产损失的危险有火灾、雷电、暴风雨、盗窃和烟雾，这些危险都包含在一般形式的房主保单中。那些建造地下室的人（可能是电视机房或者客房）都应该购买额外下水道回水保险，这并不在 11 种列明的危险中。

扩展险（HO-2）

扩展险（HO-2）［broad form（HO-2）］是一种覆盖 18 种造成财产损坏危险的指定危险保险，能对三种相关责任的风险暴露提供保护。

特殊险（HO-3）

特殊险（HO-3）［special form（HO-3）］是对 4 种财产损失提供一切险保险，这 4 种财产损失是房屋损失、其他建筑损失、园林绿化损失、产生额外基本生活费的损失。保单内容和个人资产都建立在列明的 18 种一般房屋危险中的 17 种（除了玻璃破裂之外）的基础。在责任保护和其他所有方面，HO-3 保单与 HO-2 保单所覆盖的相同。

> **特殊险（HO-3）**
> 对于 4 种类型的财产损失提供一切险保险（承保危险除去战争、地震和洪水之外）。

承租险（HO-4）

承租险（HO-4）［renter's contents broad form（HO-4）］是一种为保护投保人免受房屋设施而不是房屋本身损失的指定危险保险。它包含了 17 种危险因素并提供责任保险。HO-4 对于承租人来说是非常理想的，因为它对房屋内的东西以及个人财产的损失提供了保险，而且为房屋由于保单中包含的危险因素造成房屋无法居住所产生的额外生活费用的损失提供了保险。尽管保险相对并不昂贵，但是只有四分之一的承租人持有 HO-4 保单。

> **承租险（HO-4）**
> 是一种指定危险保险，保护投保人免受租赁的房屋设施造成的损失而不是房屋本身的损失。

业主险（HO-6）

业主险（HO-6）［condominium form（HO-6）］是一种指定危险保险，它保护业主免受他们所碰到的三种主要损失：房屋其他设施和个人财产的损失、由于保单中所包含的危险因素发生所增加的额外生活费用的损失、责任损失。HO-6 中包含了两种额外的项目，以满足业主的特殊需求。第一种是当业主改变自己的房屋结构时，为避免因房屋结构改变造成损失而提供的保险。第二种是在住宅没有得到充分的保险时，保护业主的住宅单元的补充保险。

改进险（HO-8）

老房屋的重置成本可能高于它的市场价值或实际折现值。**改进险（HO-8）**［older home form（HO-8）］是一种指定危险保险，以实际折现值为基准对房屋提供保险。它并不以重建相同风格和质量标准的房屋的成本作为基准，这些标准可能使房屋的价格比现在的市场价格更加昂贵。相反，这份保单只提供重建房屋使其可以使用所需的成本。

□ 购买房主保险

在购买房主保险时所要回答的四个疑问如下：

1. 你需要多少保险来替代住宅本身？

2. 你需要多少保险来对你的住宅设施和个人财产进行保护？

3. 对那些有着特殊限额的项目例如珠宝、钱、枪或者古董，你需要多少保护？

4. 对于责任保护你需要多少保险？

你的房屋真正需要多少保险？

如果你拥有房屋，你先要确定你房屋的重置成本。你可以询问专业的责任评估人或者向保险机构咨询来确定你的重置成本。注意，在美国超过一半的房屋的投保额是低于实际价值的。

房主保单通常包含**重置成本条件**（replacement-cost requirement），这一条件规定一个房屋必须以其重置成本的80%进行投保（有些公司规定为100%）。因此，一个重置成本为20万美元的房子要以16万美元的额度进行投保（或者可能是20万美元），这笔金额将是保险公司有义务支付的全部损失的最高金额（在投保人支付完免赔额之后）。如果你不能满足重置成本条件，那你不能进行一切险保险，还要共同承担部分损失。部分损失的赔付额计算需要使用**重置成本条件公式**（replacement-cost-requirement formula）：

> **理财要点**
>
> **房屋租户保险并不贵**
>
> 房屋租户保险每月只要20美元，并且如果你在购买汽车保险的公司购买该保险，还可以享有折扣。

> **重置成本条件**
>
> 明确规定房屋必须以其重置成本的80%进行保险（有些公司规定为100%），以完全覆盖任意损失。

$$R=(L-D)\times[I\div(RV\times 0.80 \text{ 或 } 1.00)] \quad (10.2)$$

其中，

R=赔偿额；

L=损失额；

D=免赔额；

I=实际持有的保险金额；

RV=房屋的重置成本。

考虑来自新墨西哥州拉斯克鲁塞斯的克里斯·希勒的例子，他拥有重置成本为20万美元以及免赔额为500美元的房屋。尽管保单要求对重置成本的80%进行投保，但他对房屋的投保金额为144 000美元。上个月一场火灾使他的房屋遭到了80 500美元的损失，通过式（10.2），计算如下：

$$\begin{aligned}R&=(80\,500-500)\times[144\,000\div(200\,000\times 0.80)]\\&=80\,000\times(144\,000\div 160\,000)\\&=80\,000\times 0.90\\&=72\,000(\text{美元})\end{aligned}$$

这一计算表明，希勒只能获得72 000美元的损失赔偿。他并没有对他房屋重置成本的80%或者160 000（=200 000×0.80）美元进行投保，这意味着他只投保了全部应投保价值的90%（=144 000÷160 000），因此他必须支付任何部分损失的10%——在这个例子中是8 000美元。在美国有四分之三的人投保不足额为房屋重置成本的35%。

投保80%重置成本的要求能使你避免小额损失中的共同保险，但是仍可能导致大额损失中的不充分保险，尽管大额损失很少发生，但是会超过保险限额。因此对你房屋重置成本的100%进行保险是很明智的。然而你也希望每年增加你的限额来跟上住房建设成本因通货膨胀而上涨。为此，你可以签订一个**通货膨胀保护协议**（inflation guard protection），使保险公司每年自动增加你的保险限额。

你的个人财产需要多少保险？

制作**个人财产清单**（personal property inventory）并列出房屋内所有的财产是一项耗时但很重要的任务。表10－3展示了一所典型住宅内的财产清单和资产的价值。你需要对每一个房间、地下室、车库、车棚和院子的财产进行盘点，根据这些财产加总起来后的总价值选择合适的保险限额。大部分的房主保单会自动承保房屋设施和个人财产，金额是房屋投保额的50%。例如，你房屋的投保额是240 000美元，就会有120 000美元的个人财产保险。如果你需要更多的投保额，只要告知你的代理人即可。

> **实际现金价值**
> 等于资产购买价格减去折旧。

表10－3　个人财产清单：客厅

项目	购买日期	购买价格（美元）	实际现金价值（美元）	重置成本（美元）
家具				
沙发	8月7日	750	375	950
椅子	11月5日	250	100	375
躺椅	12月8日	575	300	695
箱式凳	12月8日	100	50	120
书架	4月10日	275	225	300
茶几（2个）	7月11日	300	250	300
电器				
电视机	1月11日	550	500	600
DVD	6月10日	400	300	400
挂钟	7月5日	60	10	100
装饰				
地毯	6月4日	375	50	600
壁画	12月8日	125	225	225
落地灯	4月6日	150	50	225
艺术品（3件）	10月10日	600	600	800
桌灯	4月6日	75	40	100
桌灯	5月10日	125	100	135
抱枕	7月7日	45	20	60
总计		4 755	3 195	5 985

注意表 10－3 列举了房屋内财产的 3 种估计方法：购买价格、实际现金价值和重置成本。历史上，财产保险以实际现金价值来支付个人财产中的每一项，实际现金价值等于资产购买价格减去折旧。**实际现金价值（ACV）公式**［actual-cash-value（ACV）formula］是：

$$ACV=P-[CA\times(P\div LE)] \qquad (10.3)$$

其中，

P＝资产的购买价格；

CA＝资产的年限；

LE＝资产的预期寿命。

考虑一个来自奥兰治堡的音乐老师玛丽安娜·基纳德的例子，她的一个用了 9 年的空调设备被雷电击中了。这个设备全新时价值 2 400 美元，总的预期寿命是 12 年。它被雷击时的实际现金价值是：

$$\begin{aligned}ACV&=2\,400-[9\times(2\,400\div 12)]\\&=2\,400-(9\times 200)\\&=600(\text{美元})\end{aligned}$$

> **你知道吗？**
>
> 如何对贵重物品进行投保？
>
> 在标准的房主保单中，个人财产中的一些贵重物品有特殊的限额。例如，典型的保单对现金的最大保额是 200 美元，对个人计算机的最大保额是 5 000 美元，对珠宝的最大保额是 1 000 美元。这是因为绝大多数人并没有超过这些价值的财产，并不需要更高的保额。如果你的财产清单中有更贵重的物品，你只需要求你的保险公司给予额外的保额，并且支付更高的保费。让你的保单成为大额保单。

玛丽安娜不能用 600 美元替换掉这个设备，它真实的重置成本是更高的 3 000 美元。**内容重置成本保护**（contents replacement-cost protection）是房主保单提供的选择，它能对任何个人财产支付所有重置成本。如果购买内容重置成本保险，那么对房屋内财产的标准限额仍然起效（房屋投保额的 50%）。因为在使用重置成本评估时，房屋设施的价值很容易达到房屋投保额的 50%，所以对房屋内资产的总限额可能需要增加。

> **内容重置成本保护**
>
> 房主保单（包括租房者的保单）提供的选择，它能对任何个人财产支付所有的重置成本。

> **你知道吗？**
>
> 当你在大学时需要什么样的保险？
>
> 大学生经常为他们在离开家步入大学时需要购买什么样的保险而困惑。学生全年居住在租的房子中，因而需要购买他们自己的租户保险和汽车保险。这是因为家里的房屋和汽车保险只能适用于以下情况：(1) 居住在宿舍内或者兄弟会/女学生联谊会的房子里。(2) 因为有临时的安排而住在校外（在假期或者整个暑假回家）。
>
> 如果你只有家里购买的保险，你需要记住以下建议：
>
> 1. 离开家的财产投保额只能占家里财产投保额的 10%。如果家里财产的投保额为 150 000 美元，那么离开家的财产投保额为 15 000 美元，这对大多数学生都是适用的。然而，记住这是一个家庭财产总数。如果有三个家庭成员同时生活在学校，这可能并不适用。额外的保险可以通过你的房主保险代理人来购买。
>
> 2. 贵重物品在房主保险中有特殊的限额，例如珠宝、计算机。因此，如果有必要，应购买额外的保险。

3. 汽车保险费率是基于汽车在夜晚停放的位置的。保险公司应该知道承保的汽车是否在学校使用。由于错误的信息，支付稍高的保费比承保损失的拒付更好。在父母的保单中，如果学生们在学校没有车或者学校离父母家至少有 100 英里远，大学生保费通常会有折扣。

你的责任损失需要多少保险？

新的书面标准房主保单对个人责任提供 300 000 美元的保额（除非修订过，否则旧的保单是 100 000 美元），对无过失医疗费用的保额为 1 000 美元，对无过失财产损失的保额为 500 美元。运用大额损失原则增加这三种保险（或者考虑到后面介绍的伞形保单）的保单限额是明智的。由于大额损失发生的可能性很低，因此额外成本是很低的。

理财要点

远离狗舍

超过三分之一的房主保险责任索赔与狗咬人有关。要确保你的保险公司知道你有条狗，并且提高你的责任限额以得到更好的保护。

概念测试 10.3

1. 描述房主保险承保损失的种类。
2. 给出房主保险中责任保险的三个例子。
3. 举例说明房主保险的六个种类（HO-1～HO-4、HO-6 和 HO-8）。
4. 在标准房主保单下，指出承保损失有限定金额的四种个人财产。
5. 在决定房主保险的保单限额时，列出你需要询问的三个问题。

汽车保险

对于大多数美国人来说，开车有很大的风险，可能造成灾难性的损失。由于驾驶判断错误或者坏的运气等瞬间失误将导致数以万计美元的损失，这些损失是由车祸造成的财产损失和由人员受伤造成的损失。**汽车保险**（automobile insurance）将车主和司机需要的责任与财产保险整合成一揽子保单。你驾驶机动车辆却不对你可能造成的损失承担经济责任是非法的。因此，大多数国家需要车主购买汽车保险来承担相应的责任（尽管道路上仍然有几百万辆未投保的非法车辆）。

学习目标 4

设计汽车保险计划，以满足你的需求。

汽车保险

将大多数车主和司机需要的责任与财产保险整合成一揽子保单。

□ 承保的损失

汽车保险包含四种类型保单：（1）责任保险；（2）医疗费用保险；（3）未投保或者未足额投保的司机保险；（4）汽车损坏保险。每一种保单都有自己的限额、条件除外责任。表 10－4 总结了那些保单中没有指定除外责任的汽车保险所提供的承保内容。

表 10-4　汽车保险承保总结

类型	承保种类	被保险人	承保财产	赔付限额
	责任保险			
A	(1) 人身伤害责任	居住在被保险人家中、驾驶自己的或非自有汽车的亲属	不适用	法律上最低要求金额或者 250 000 美元/500 000 美元，取二者中的较大值
A	(2) 财产损失责任	居住在被保险人家中、驾驶自己的或非自有汽车的亲属	被投保的司机驾驶时对车辆及他人财产造成的损失	法律上最低要求金额或者 100 000 美元，取二者中的较大值
B	医疗费用保险	被投保车辆中的乘客或者是被投保家庭成员驾驶的非自有车辆中的乘客	不适用	50 000 美元或者更高
C	未投保或未足额投保的司机保险	任何被允许驾驶被投保车辆的人及被允许驾驶非自有车辆的被投保的家庭成员	不适用	50 000 美元/100 000 美元，或者更高
	汽车损坏保险			
D	(1) 碰撞	任何被允许驾驶被投保车辆的人	被投保车辆	实际现金价值减去免赔额
D	(2) 综合	不适用	被投保车辆及其附属物	实际现金价值减去免赔额

保单 A——责任保险

责任保险是被保险人依法对第三人的损失负赔偿责任时的保险。责任的两种类型来源于汽车的所有权和汽车的驾驶。**汽车人身伤害责任**（automobile bodily injury liability）发生在汽车驾驶者或者汽车所有者对他人造成人身伤害而承担法律责任时，包括对路人的伤害。**汽车财产损失责任**（automobile property damage liability）发生在汽车所有者或者汽车驾驶者因对他人财产造成损坏而承担法律责任时。这种损失包括对他人汽车、房屋、道路标志和电线杆的损坏。

> **汽车人身伤害责任**
> 指汽车驾驶者或者汽车所有者对他人造成人身伤害而承担的法律责任，包括路人所遭受的损伤。
>
> **汽车财产损失责任**
> 指汽车所有者或者汽车驾驶者对他人财产造成损失而承担的法律责任。

最普通的汽车保险是**家庭汽车保单**（family auto policy，FAP）。家庭汽车保单包括汽车所有者、和汽车所有者居住在一起的亲属以及被所有者同意驾驶承保车辆的人。此外，在车主同意下借到的车辆也有类似的家庭汽车保险。

FAP 的限额被称为**分离责任限额**（split liability limit）。通常该限额为 100/300/50，每一个数字都要乘以 1 000 美元（图 10-2）。第一个数字代表对事故中受到人身伤害的每一个人的赔偿限额（在这个例子中是 100 000 美元）。第二个数字代表对事故中受到人身伤害的所有人的总的赔偿限额（在这个例子中是 300 000 美元）。第三个数字代表对事故中财产损失的赔偿限额（在这个例子中是 50 000 美元）。

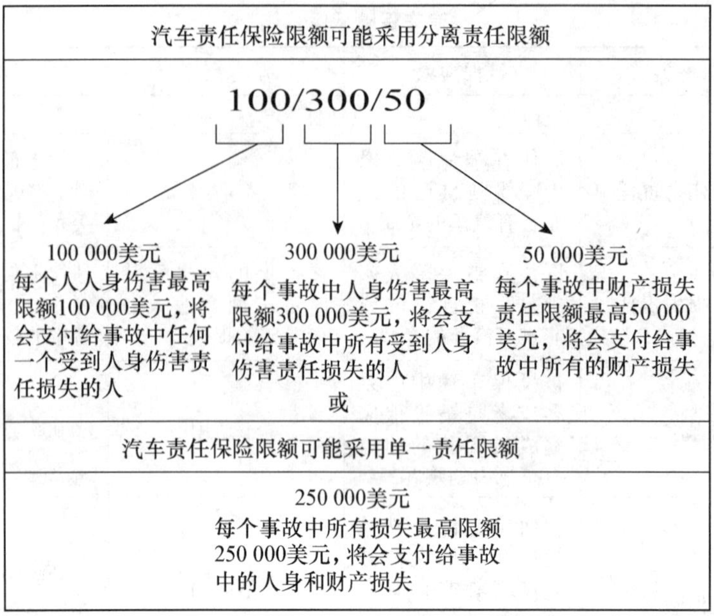

图 10－2　汽车责任保险保单限额

在一些保单中，责任限额也可能采用**单一责任限额**（single liability limit），例如 250 000 美元。在这些保单下，所有人身伤害和财产损失都会被支付直到达到这个限额。这些保单指的是**个人汽车保单**（personal auto policy，PAP），PAP 中是否包含汽车所有者的家庭成员取决于保单条例。

> **理财要点**
>
> **人身伤害损失可能非常高**
>
> 住院一天的医疗费用可能高达 50 000 美元。车祸造成的多人受伤损失可能超过 300 000 美元。当你购买保险时，记住尽可能选择责任限额较高的保险。

责任保险仅承保保险人对他人造成的损失，并不包括保险人自己的人身损伤和保险人汽车的损坏。由于司机的失误而受伤的乘客可在司机的责任保险中获得赔偿，但是只有在支付医疗费用（之后会讨论）后和在对别人的车中或者作为行人而受伤的人提供偿付后获得。驾驶租来的车也可能使你暴露在和驾驶自己的车一样的潜在风险中。如果你有汽车责任保险，驾驶租来的汽车时的责任也包含在保单内。在驾驶租来的车之前，检查你的保单，使你能够避免从租赁公司购买价格过高的保险。

保单 B——医疗费用保险

汽车医疗费用保险（automobile medical payments insurance）包含了投保车辆的驾驶者或任何乘客遭受的人身伤害损失，而不管是谁的过失。车祸直接造成的医疗损失赔偿额在一年内有一个限额。汽车医疗费用保险覆盖那些被保险人的家庭成员，他们在乘坐任一车辆时受伤或者他们在步行、骑车时被车撞伤都会被承保。医疗费用保险的覆盖范围受到单一保险限额的约束，对单个个人、单起事故适用。

> **汽车医疗费用保险**
>
> 该保险包含了投保车辆的驾驶者或任何乘客遭受的人身伤害损失，而不管是谁的过失。

在采用一些无过错汽车保险的国家中，被保险人由于车祸导致的人身伤害损失会先被偿付。在这些国家中，医疗费用保险通常被称为**个人伤害保障**（personal injury protection, PIP)，承保司机和乘客的人身伤害损失，以及对司机和乘客可能失去的工资和支付的医疗费用承保。在医疗费用或者 PIP 中，司机或者受伤的乘客能够从司机保险中直接挑选。如果司机并无过失，保险公司在支付赔偿后可对过失的第三方选择执行代位求偿权。**代位求偿权**（subrogation right）允许保险人取代被保险人就保险保障损失对疏忽的第三方进行追偿。代位求偿权只限于无过失事件中。

> **个人伤害保障**
>
> 在无过错车祸事件中，对司机和乘客的人身伤害损失以及对司机和乘客可能失去的工资和支付的医疗费用承保。
>
> **代位求偿权**
>
> 允许保险人取代被保险人就保险保障损失对疏忽的第三方进行追偿。
>
> **保单 C——未投保和未足额投保的司机保险**
>
> 被保险人能够购买并将其作为汽车保险的一部分。当未投保或未足额投保的司机作为事故的责任人时，这一部分保险将对事故进行赔付。

保单 C——未投保和未足额投保的司机保险

有时在车祸中，肇事的司机并未购买保险或者只有未足额的责任保险。为了保护那些未投保的损失，被保险人可以购买未投保和未足额投保的司机保险作为自身汽车保险的一个部分。在医疗保险部分赔偿完后，未投保和未足额投保司机保险将提供保护。**未投保的司机保险**（uninsured motorist insurance）对于因未投保司机造成的车祸产生人身伤害（和在一些情况下的财产损失）的被保险人和被保险人的乘客提供赔偿。它提供的偿付要高于汽车医疗费用保险。当肇事司机有保险但是保险额度并不能充分赔偿损失时，**未足额投保的司机保险**（underinsured motorist insurance）在肇事司机未足额投保时，保障被保险人和他的乘客免于人身伤害损失（和在一些情况下的财产损失）。

未投保的司机保险的限额表示方式和汽车责任保险相似。例如，未投保的司机保险的限额为 50/100，表示对任一受伤的人提供的最高赔偿额是 50 000 美元，对在同一起事故中所有受伤的人提供的最高赔偿额是 100 000 美元。很多国家要求保险人提供未投保和未足额投保的司机保险。这种保险是一项明智的风险管理选择，只需要支付很低的保费——通常每年低于 50 美元。

保单 D——汽车损坏保险

许多危险事件都能对被投保的车辆造成财产损失。**汽车损坏保险**（automobile physical damage insurance）对那些由于碰撞、盗窃以及其他危险事件造成的被投保车辆的损失提供保险。最常见的危险事件是和其他车辆或物体碰撞，次之为盗窃风险。

> **理财要点**
>
> 在汽车保险中节约钱的正确方法
>
> 在汽车保险中节约钱的两种方法是提高你的免赔额和降低你的责任限额。提高你的免赔额是更明智的行为。选择较低的责任限额是不明智的，因为如果超出限额，你就要自己承担责任。

碰撞保险（collision insurance）赔偿被保险人由于和他人汽车或其他物体的碰撞所造成的损失。保险人支付被投保车辆的维修成本或者替换成本，而不考虑是谁的过失。如果是其他司机的过失，代位求偿权允许保险人通过司机财产损失责任保险进行索赔。碰撞保险的免赔额通常从 100 美元到 1 000 美元不等。如果你对你的车投保碰撞保险，当你经过他人同意而驾驶他们的车时，你也在承保范围内。如果汽车保险中

> **碰撞保险**
>
> 赔偿被保险人由于和他人汽车或者其他物体碰撞所造成的损失。

的碰撞保险适用于你自己的车，它们大多数也适用于租赁的车。此外，在租车前，应与你的保险机构核对你的保险合约。

你知道吗？

把坏习惯变成好习惯

你会这样做吗？	你应该这样做！
假设你父母的房主保险覆盖了在学校的你；	确认你是被覆盖的，如果不是，购买你自己的租户保险；
将你的潜在汽车责任损失建立在你自己的财务状况上；	估计你造成的车祸会使他人遭受的最大损失；
将你的保险决定建立在保险成本上；	将你的决定建立在你会遭受的潜在损失上；
购买较低限额的责任保险；	购买较高限额或者伞形责任保险；
购买最低免赔额的保单。	提高你保单的免赔额，对较高限额的保单申请降低保费。

综合汽车保险（comprehensive automobile insurance）能够对除了碰撞和翻车事故以外的其他风险因素所造成的财产损失提供赔偿。承保的危险因素包括火灾、盗窃、故意破坏、冰雹、飓风等。综合汽车保险是建立在开放性风险基础上的，它的免赔额经常在100美元到500美元之间浮动。

当你的损失被认定在碰撞保险和综合汽车保险之内，就需要对车辆的维修费用进行估计。如果估计额超过保险公司赋予这辆汽车的价值，那么保险公司将支付二者之间的最低价减去免赔额。保险公司赋予汽车的价值是在损失发生之前，根据有同样品牌、型号、车龄、英里数的一类汽车的平均卖价计算的。

综合汽车保险

对除了碰撞和翻车事故以外的其他风险因素所造成的财产损失提供赔偿。

你知道吗？

你能在任何时间更换你的保险人

你并不需要等到更新时间到了才去更换你的保险公司。如果货比三家后显示，你更换新的保险公司能够节约钱和提高保单质量，那就考虑以正确的方式去做吧。你先要与新公司签订合约来确定你被公司所接受，接着你需要联系之前的公司。你将得到的资金是未使用的保费减去少量取消合同的手续费。

其他汽车保险

汽车保险的购买者能购买三种其他的低成本或者零成本但很有用的保单。**拖车险**（towing coverage）能够赔偿故障车辆的运输费用，它在每次事故中通常只支付最初的25美元或者50美元，但提供任何拖车需要——不仅是由于车祸而需要的援助。**租车补偿保险**（rental reimbursement coverage）在被投保的车辆由于事故正在维修或被偷时提供一辆出租的车。其每天的支付限额是20美元到30美元，因此只能提供替代交通工具的部分资金。你的狗或猫与你一起出游时被撞伤也能被一些公司承保，这类保险几乎没有成本。这类保险的最大赔偿额一般是每只动物500美元或者1 000美元。

你知道吗?

削减你的保险账单的简单又快捷的方法

购买过多没必要的保险是没有意义的。以下建议能帮助你达到只购买有必要的保险这一目标。

选择合适的保险和限额。只购买需要的保险，对于潜在的最大损失选择合适的保险限额。

保留能够承担的风险。保留你所能承担的风险——通过提高免赔额，例如只对经济上无法承担的损失进行保险。

利用折扣。大部分保险公司会对那些购买多样保单（例如，同时购买汽车和房主保险）的投保人提供保费折扣。

参与损失控制。很多保险公司对于那些主动降低损失可能性或者损失严重性的投保人收取较低的保费。例如，你在家里安装门锁或者放置灭火器。因此，询问你的保险公司你需要做什么以符合减免保费的要求。

购买最低成本的保险。一家保险公司的保费可能是同一保险的另一家保险公司收取的费用的两倍，因此，从多个代理商和直销商那里寻找报价能节约保费。为了得到报价，只需要向代理商或直销商打个电话和提供最基础的描述性信息。你也可以使用互联网报价服务，例如 www.insure.com 或者 www.insquote.com。

更加明智地购买保险。你所在国家的保险监管机构（可以访问 www.naic.org/state_web_map.htm 来查找）可能会发布有用的保险购买建议，这些建议是关于如何购买特定类型的保险和如何比较公司提供的保费与费率的。此外，定期出版的《消费者报告》杂志也会发布探讨保险的文章。

你知道吗?

将车辆记入名下的最好方法

夫妻可能会将大部分资产都放在他们共同的名下，有时这是个非常好的方法。然而对于汽车，这样的决定是复杂的。因为汽车的所有者需要对司机造成的车祸负责。如果夫妻共同拥有一辆车，两个人都可能被控告。因此，将车辆记入一个人的名下是非常明智的。对于有两辆车的夫妻，应分别拥有一辆车。

你知道吗?

只根据价格购买保险将后患无穷

保险公司有时会建议你只要告诉他们你想要支付的价格，就会为你量身定制保险计划。当然，这根本不能保证卖给你的保险能够满足你的需要，甚至不能保证这是个好的交易。最好的办法是先确定你需要的合约条例，然后对这样的合约进行货比三家来达成最好的交易。

□ 购买汽车保险

聪明的风险管理者对于汽车保险会货比三家，因为汽车保险有着较高的费用。在保费尽可能低的情况下，如何选择一款适合的汽车保险是一项挑战。因为汽车保险的合同内容是相对标准的，但保费的变化范围很广，因此对保费的货比三家能够节约很多钱。

首先，我们需要设计一份包含各种可能发生的损失的汽车保险。这个任务很简单，因为标准的保单包含大部分在拥有和驾驶车辆时可能面临的损失。

其次，你必须确定你需要的保险额度。至少，你必须遵循国家执行的财务责任要求。由于医疗费用和汽车修理费用通常很高，购买较高限额的保单是明智的。通常推荐的最少限额是 250 000 美元/500 000 美元/100 000 美元。同样，购买较高限额的未投保和未足额投保的司机保险也是明智的。另外，推荐的汽车医疗费用保险的最低限额是每人 100 000 美元。

通过缩小提供的承保范围来降低总的保费，这看上去挺吸引人。例如，取消碰撞保险来降低保费，因为对这一部分的收费占到整个汽车保费的 30%～40%。这种降低费用的策略仅适用于汽车净值小于 2 000 美元的情况。取消不重要的保险（例如，综合保险或者未投保和未足额投保的司机保险）几乎不能降低费用，尽管这显著地减少了保护。

概念测试 10.4

1. 指出汽车保险的四种类型。
2. 解释数字 100/200/75 的意思。
3. 指出医疗保障保险保护的人。
4. 区分碰撞险和综合险。
5. 解释为什么选择较高免赔额和较高限额的保险比选择较低免赔额和较低限额的保险要好。

对于其他损失购买特定的保险

一些人需要对房主保险或者汽车保险不包含的财产与责任损失进行保险。

> **学习目标 5**
> 描述其他种类的财产与责任保险。

□ 个人综合责任保险

你所面对的潜在责任并不仅仅来源于拥有房屋或者驾驶汽车。考虑威尔·克雷恩的例子，他是一位来自蒙大拿州密苏拉市的药剂师。当攀登限制区域时，他不小心踩到了疏松的岩石，岩石从山坡上滚了下来，砸伤了下面的行人。由于他是在限制区域中，并且没有提醒行人他在上面，因此他需要对行人的受伤负责，支付法院判决的 178 000 美元。回想之前标准房主保险中提供的个人综合责任险，它的特定限额通常是 100 000 美元。缺少这一保险的人可以购买分离的**个人综合责任险**（comprehensive personal liability policy）。那些需要较高限额的房主保险的人可以要求保险代理人提高他们已有保单的限额。

□ 洪水和地震保险

标准的房主保险中并没有包括由于洪水和地震造成的损失。这是因为这些类型的损失容易引起**逆向选择**（adverse selection）。这意味着那些越是容易遭到这些损失的人越是清楚他们的情况。其结果是，只有那些很大概率遭到损失的人才希望购买保险，因此违背了大数定律，但如果你生活在洪水或者地震多发区域，你发生损失的风险应该得以解决。**国家洪水保险计划**（National Flood Insurance Program）是联邦政府项目，旨在对洪水频发地带的人提供洪水保险。**地震保险**（earthquake insurance）可以从私人保险公司购买，作为分离的保险或者作为对

> **签注**
> 标准保单的补充，用以增加保险条款来满足某一特殊需要。

已存在房主保险或租户保险的**签注**（endorsement，标准保单的补充）。

□ 专业责任保险

外科医生、律师和会计等专业人士需要为病人或客户遭到的损失承担责任。**专业责任保险**［professional liability insurance，有时又叫**执业过失险**（malpractice insurance）］会在提供专业服务的人要为客户的损失承担责任时，为他们提供保障。保单的限额、免赔额、保费和保单的其他标的主要取决于所涉及的领域。专业责任保险的保单限额是 250 000 美元或更多。一个婚姻顾问的 1 000 000 美元的专业责任保险只需花费 300 美元/年；相反，一些外科医生一年需要花费 60 000 美元或者更多来购买专业责任保险。

> **专业责任险/执业过失险**
> 提供专业服务的人在为客户的损失承担责任时，这种保险可以为他们提供保护。

□ 伞形责任保险

一笔责任损失可能会让你失去一生的积蓄。**伞形/超额责任保险**（umbrella/excess liability insurance）是灾难性的责任保险，它承保的责任损失超过房主保险、汽车保险、专业保险所承保的范围。这种保险有两种好处：第一，承保的责任范围更加广泛；第二，提供大额保险金额，这一金额超过上述基础保险。为了得到超额责任保险，你也需要购买基础保险。

> **伞形/超额责任保险**
> 它是灾难性的责任保险，它承保的责任损失超过房主保险、汽车保险、专业保险所承保的范围。

图 10－3 展示了伞形责任保险是如何运作的。在这个例子中，被保险人购买了总责

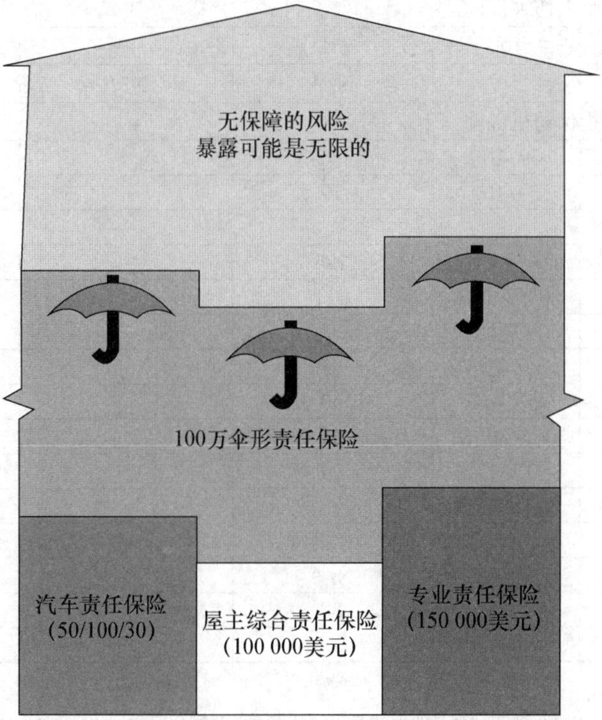

图 10－3　伞形责任保险如何运作

任限额为130 000美元（一起事故中单个身体伤害的责任限额100 000美元加上财产损失限额30 000美元）的汽车保险、一份责任限额是100 000美元的房主保险和一份责任限额为150 000美元的专业责任保险。如果被保险人购买了一份1 000 000美元限额的伞形责任保险，然后遭受了750 000美元的专业责任损失，伞形责任保险将对超过专业责任保险限额的600 000美元损失提供赔付。当购买互补基础保险时，伞形责任保险相对成本很低（1 000 000美元保额也许一年只需要150美元到200美元），而且能够对所有责任风险进行保险。

计算工作表

购买汽车保险

尽管汽车保险的保费在不同的公司每年都有数百美元的变化，但是只有十分之四的消费者会货比三家。在你出了车祸或者重新购买了汽车后，重新购买汽车保险是非常有必要的。保险公司的不同在于它们如何解决这些变化，新的保险公司可能对于你是更好的选择。

你能使用下面的工作表去记录保险公司报出的汽车保费。记得为先前的索赔和其他因素增加附加费，以及减去你可能符合条件的折扣。如果你想要加入组织（例如美国汽车协会）来得到保险人的保险合同，在最终的保费中需要加入会员费。

保险种类	覆盖[a]/免赔额	公司A的保费[b]（例子，千美元）	公司B的保费[b]（你的数据，千美元）	公司C的保费[b]（你的数据，千美元）
A. 责任保险				
人身伤害	250/500	132	___	___
财产损失	100	58	___	___
B. 医疗费用保障/个人伤害保险				
医疗费用	100	51	___	___
PIP（无过失事件）	N/A	N/A	N/A	N/A
C. 未投保/未足额投保司机保险				
未投保司机	50/100	28	___	___
未足额投保司机	50/100	17	___	___
D. 汽车损坏保障				
碰撞保险	100免赔额	126	___	___
	200免赔额	111	___	___
	500免赔额	88	___	___
	1 000免赔额	62	___	___
综合保险	无免赔额	59	___	___
	100免赔额	41	___	___
	200免赔额	34	___	___
	500免赔额	24	___	___
总保费		438	___	___
加上追加保费		N/A	___	___
减去折扣		33	___	___
最终保费[a]		405	___	___

a. 乘以1000美元。

b. 在中等城市里，中等车型的六个月的保费是以200美元的碰撞免赔额和100美元的综合免赔额为依据的。

你知道吗?

在事故中如何使用汽车保险?

如何将汽车保险中各式各样的条例应用到特定的事故中通常令人感到困惑。因此，在事故发生后，索赔的过程可能让人不满意。举一个例子，用下面的表来阐明各式各样的保险条例和限额的运用。去年9月，来自伊利诺伊州麦库姆的大学生唐娜·雷德曼在开车左转时，并没有对即将驶来的车辆做出避让，因此发生了严重的车祸。唐娜的手臂骨折，脸上有多道伤痕，她的医疗费用是1 254美元。她的乘客菲利普·温莎的头部和颈部都受到重伤，需要进行手术和两周住院恢复。菲利普的医疗费用是17 650美元。另一辆车的司机约翰的背部和内脏严重受伤，且有脸部烧伤，导致一定程度的毁容，他的医疗费用是22 948美元。这位司机的乘客安妮特有伤痕和淤青，医疗费用为423美元。

这两辆车都在车祸中毁坏，唐娜开了10年的别克价值2 150美元，约翰的马自达价值19 350美元，他的车受到外力的影响而旋转，以致毁坏了交通标志控制器（价值3 650美元）。

唐娜和约翰都拥有责任限额是20 000美元/50 000美元/15 000美元的家庭汽车保险，以及限额是每人5 000美元的医疗费用保险和100美元免赔额的碰撞险。唐娜需要支付11 048美元，正是约翰医疗费用和财产损失超过保单限额的部分。如果她购买了保额为65 000美元的单一限额的个人汽车保险(50 000美元的人身伤害责任和15 000美元的财产损失责任)，那么她就不必为责任损失自己付钱。

需要额外指出的一点是，事故受害人遭到严重、永久的伤害，而这些伤害不能由保单完全赔付。在这个例子中，约翰遭到巨大的伤害导致永久的毁容。他希望能控告唐娜，要求她对他遭受的疼痛和无法支付的医疗费用进行赔偿。如果他真的去状告她，那么唐娜将从她的保险公司得到法律援助，但任何超过保单限额的判决（已经达到唐娜的个人保险限额）都将由唐娜负责，唐娜和约翰都是未足额投保的。

唐娜的事故：谁在支付损失?

保单内容	唐娜的保单	约翰的保单
责任（限额）（乘以1 000美元）	(20/50/15)	(20/50/15)
人身伤害		
约翰	20 000美元	
安妮特	423美元	
菲利普	12 650美元	
财产损失		
约翰的车	15 000美元	
医疗费用（限额）	(5 000美元)	(5 000美元)
约翰	5 000美元[a]	
安妮特	5 000美元[a]	
唐娜	1 254美元	
菲利普	5 000美元	
碰撞险（限额）	（ACV，100美元免赔额）	（ACV，100美元免赔额）
唐娜的车	2 050美元	
约翰的车	19 250美元[a]	
唐娜的支出		
约翰的人身伤害	2 948美元	
约翰的车	4 350美元	
交通标志控制器	3 650美元	
碰撞险免赔额	100美元	
总计	11 048美元	

a. 因为约翰的保险公司通过行使代位求偿权向唐娜索赔，因此列在唐娜的列中。

你知道吗?

肖恩的成功故事

肖恩的个人理财的成功反映在他的有形资产上。他有一辆2年车龄的豪华汽车和一辆摩托车，他的公寓里有最新的全套休闲设施。他还有大量的钱币和邮票作为他的兴趣和投资。他最近通过风险管理过程来评估他的风险暴露头寸和评估管理风险的最好方法。结果，他购买了额外的保险来承保他个人的财产和钱币、邮票。他还增加他汽车保险的免赔额到1 000美元，用节约下来的钱去提高他的责任险限额到250/500/100。他还购买了2 000 000美元的伞形责任保险。肖恩现在感到很安全，并且计划每年重新评估他的风险管理情况。

你知道吗?

关于婚礼保险

一个大型婚礼的成本是30 000美元或者更多。许多金额需要预先支付。这时如果任一方违约，你就无能为力了。然而，如果发生了这样的事情婚礼就必须延后吗？有针对这种情况的保险。婚礼保险承保以下情形：(1) 直系亲属生病或者死亡（先前存在的疾病除外）；(2) 特邀嘉宾受伤；(3) 酒席承办人并没有提供服务；(4) 服装提供者和摄影师并没有提供相应服务；(5) 礼物被偷或者被损坏。使用信用卡支付是个好方法，因为信用卡购买提供争议保障（见第七章），而票据、支票和现金购买并没有这样的功能。

流动保单

> **流动保单**
>
> 对于因事故和偷窃而对动产（例如照相机、运动器具、MP3播放器和衣服）造成的损失提供一切险保护，而不管损失发生在何处。

流动保单（float policy）对于因事故和盗窃而对动产（例如照相机、运动器具、MP3播放器和衣服）造成的损失提供一切险保护，而不管损失发生在何处。对个人财产的流动保单是标准房主保单中的一部分，被用于经商用途的财产除外。这意味着，例如机器设备、律师的书和卡拉OK设备都不在承保范围中，因此需要分离流动保单。

个人财产中的很多物品都被放在汽车内或保存在临时的房子内，例如在汽车旅馆的房间内。汽车保险并不能承保可携带的个人财产。这些东西在家时就是房主保险承保的内容，然而在其他地方，房主保险提供的流动保单将承保这些个人财产。例如，一个CD播放器被永久地安装在车上就不能被认为是可携带的，因此是汽车保险的承保内容。如果它能移动并在室内使用，这个CD播放器将属于房主（或者租赁）保险的承保内容。

概念测试 10.5

1. 解释如何购买伞形责任保险以运用大额损失原则。

2. 你是否准备好应对职业生涯中可能会出现的责任损失？对于这些损失你应如何做好保护？

3. 给出两个可能购买流动保单的人的例子。

如何支付财产与责任损失

> **学习目标 6**
> 总结如何进行保险索赔。

拥有保险的直接好处是当损失发生时，我们能够得到索赔。当你在提出合法的索赔时，你可能会考虑你是否应该这么做。较小的索赔可能被忽略。

回忆一下，保险针对的是你无法承受的损失。频繁提出索赔（或通知代理人）会增加你的费率。一次索赔可能不会产生问题，在两年内提出第二次索赔可能会被无视。当然，如果你有大额的索赔，你需要提出申请。如果你有损失，以下是你需要执行的四个步骤。

> **理财要点**
>
> 开始使用你的个人财产清单
>
> 资产负债表中列出的有形资产能作为你列出个人财产清单的开始。之后对你的资产项目进行拍照，并且对购买价格和购买日期进行记录。

> **立刻行动!**
>
> 通过阅读本章，你知道了更多关于个人理财的知识，那么通过下述举措开始行动吧：
>
> 1. 了解你的风险暴露和可能发生的损失的程度。
>
> 2. 评估你的汽车保险的内容，并根据需要进行更改。
>
> 3. 如果你租房子，有必要购买租户保险。

□ 1. 联系你的保险代理人

在你决定最终提出索赔后，第一步是尽快联系你的保险代理人，你应该听从代理人提出的建议，这些建议关系到你接下来要联系谁（包括记录警方报告）和如何做能够使损失最小化，即使这需要每日或者每周联系直到索赔被解决。持久的索赔可能得到全额的损失赔偿。

□ 2. 记录你的损失

不管财产或责任损失何时发生，你都要承担举证责任。对发生的情况和损失的金额的适当记录是有必要的。没有这样的记录，保险公司通常会根据自己的立场来解释事件而不是根据你的立场。

最好的方法是附带图片来记录盗窃、火灾或者其他情况下的个人资产损失。当你购买珍贵的物品或为它们投保的时候，通过照相或者录影记录下来。在照片的背后或录像带中记录下你的购买日、购买价格、一般性描述、物品名字和数量以及一系列有关的数字。准备好没有照相或录影的任何一项物品的描述清单。将这些记录保存在银行的保管箱、档案柜或者相关地方。如果损失发生，将你记录的备份提供给保险公司。

如果你被卷入交通事故中，你需要经常记录警方的报道。被保险人应该准备关于整个事故的地点、行驶方向、车行驶的速度、路况、天气情况和所有涉事方的行为叙述。这包括事故的图像、在冲撞前后汽车的位置、交通灯和交通标记的位置以及任何路标的位置（例如，公路建设或者维修）。如果有可能，去得到证人的名字和联系方式。在申报任何类型的盗窃赔偿时，警方报告通常也是需要的。

□ 3. 提出索赔

保险索赔（insurance claim）是向保险公司提出索赔的正式请求。保险代理或者理

赔人（claim adjuster，保险公司任命来评估损失是否在承保范围中以及决定赔偿金额的人）会要求你提供所有有关的文件和信息。尽管理赔人可能帮助你完成必要的表格，但是保险公司需要你将索赔书面化。

保险索赔

向保险公司提出索赔的正式请求。

理赔人

被保险公司任命来评估损失是否在承保范围中以及决定赔偿金额的人。

协议

一份证明被接受的全额赔偿的损失金额，以及被保险人没有向保险公司追加索赔的权利的保险文件。

□ 4. 签订协议

解决索赔过程的最后一步是签订一份**协议**（release），这份协议是一份证明被接受的全额赔偿的损失的金额，以及被保险人没有向保险公司追加索赔的权利的保险文件。签订协议使保险公司免除额外的损失偿付责任。你在确保任何程度的损失都明确的情况下才能签订协议。

专家建议

将大额损失原理运用到财产与责任保险中

你应该根据可能发生的最高损失选择保单限额。尽管损失发生的概率很小，但是这样的损失能够摧毁你未来的财务状况。考虑先前提到的大额损失原理，下面介绍如何将这一原理运用到财产与责任保险中。

对于你个人财产的保险，你应该选择和涉及财产的价值相等的限额。对于一个 240 000 美元的房屋应该投保 240 000 美元。如果要更多，你可以加入**超额重置保险**（extended-replacement coverage)，它承保房屋重置价格超过房屋限额的差额。选择一切险保险而不是指定风险保险，当然成本可能非常高，但是如果不这样你财产的损失可能更多。

购买伞形责任保险是将大额损失原理运用于责任保险最好的方法。不要购买汽车保险的法定最低限额。当事故中撞坏了一辆新汽车时，损失可能会超过大部分国家规定的最低限额。

你可以通过使用较高的免赔额来运用大额损失原则。问问你自己："我能够承受的最大损失是多少?"然后选择最高的免赔额，这个免赔额不能超过你能承担的最大损失。通过选择较高免赔额而节约下来的钱能用来购买更高限额的保单。例如，在有 100 美元免赔额的 100/300/50 的汽车保单的例子中，通过提高免赔额至 1 000 美元，你每年能节约 300 美元的保费。你能用这 300 美元的一部分去购买保额为 1 000 000 美元的伞形责任保险以使你免受灾难性的损失。

简·D. 安德森博士
荣誉副教授
加利福尼亚州立大学萨克拉门托分校

你知道吗？

在财产与责任风险管理中最糟糕的错误

基于他人的财务困境，你可能在个人理财中犯错的一些情况：

1. 对你的车辆只购买法定最低限额的责任保险。
2. 没有做好用于证明被保险人财产损失的记录（例如，清单、照片、凭据）。
3. 因为你对你的房子和汽车选择较低免赔额的财产保险而支付高额的保费。

概念测试 10.6

1. 对你个人财产的潜在损失做记录的最好方法是什么?

2. 描述你应该如何对涉及汽车事故的损失进行最有效的索赔。

3. 描述协议内容和解释为什么快速签订协议可能会对你不利。

现在你有何建议?

在阅读了关于风险管理和财产责任保险的章节后，你需要对本章开头提到的乔治和艾米丽提出建议:

1. 他们应该采取风险管理措施来扩大他们的保险范围吗?

2. 在决定是否购买保险时，损失的严重性与频繁性之间的关系如何?

3. 如何适当地对他们的房屋进行保险?

4. 在维持重要保险的情况下，如何使用免赔额和保险限额使其汽车保险保费位于可管理的程度内?

本章要点

1. 用风险管理方法应对你的财产和收入中存在的风险。

个人理财经理从事风险管理，以保护他们现在以及未来的资产和收入。风险管理需要确认风险来源、评估风险和潜在损失、选择合适的风险处理机制、实施风险管理方案、定期评估和调整方案。

2. 解释保险是如何降低风险的。

保险是通过许许多多的人共同分担经济损失来降低纯粹风险的机制。它能够防范纯粹风险，但是不能防范同时具有潜在收益和损失的投机风险。同样，保险也不能对超过实际经济损失的部分提供赔偿。保险由两个部分组成：通过使用大数定律降低纯粹风险，以及共同分担损失。

3. 设计房主或租户的保险计划，以满足你的需要。

房主保险保护房主和租户免受财产与责任损失。房主保险有六种，其中包括一种面向租户保险。房主保险能够以指定风险或公开风险为基础被购买。

4. 设计汽车保险计划，以满足你的需要。

汽车保险是保护投保人免受由于汽车使用而引起的财产与责任损失。这种保险提供责任保险（人身伤害和财产损失责任）、医疗费用保障或者个人伤害保险、对车辆的财产保险、未投保和未足额投保的司机保险。通常购买的汽车保险种类是家庭汽车保险。汽车保险的保费取决于被投保司机的特征，包括年龄、性别、婚姻状况和驾驶记录。

5. 描述其他种类的财产与责任保险。

其他重要的财产与责任保险种类包括流动保单（保护个人财产而不管它所处的位置）、专业责任保险和伞形责任保险。

6. 总结如何进行保险索赔。

被保险人有责任记录和确认损失。在房主保险下提出索赔，对被保险人的财产进行拍照或者录影是合理的。警方报告是进行汽车保险索赔的最好记录。

讨论

1. 承保。你是如何看待在保险承保过程中将投保人进行分类的？你认为保险公司对所有投保人应该一视同仁吗？

2. 实际现金价值。很多人都抱怨保单的支付应该超过财产的实际现金价值，例如，对于处于几近完美状态的二手摩托车。你如何看待这件事？如果保险公司对于赔偿额更加慷慨，将会发生什么？

3. 汽车责任限额。你是否知道你的汽车保单的责任限额是多少？这些限额是否合适？

4. 个人财产保护。你的个人财产，例如家具和电脑，是否在你的房主或者租户保单的承保范围内？如果不在，为什么不在承保范围内？如果在，保单限额是多少？

5. 汽车保险的索赔。你或你的家庭成员对于汽车保单索赔过程有多少了解？如果任何步骤进行的不同或者更好又会怎么样？

计算

1. 多少火灾损失将会被投保？最近，俄亥俄州圣克拉斯维尔的图拉和伊恩·米勒的家里遭了火灾。这次火灾来自屋后面的槽隙，对房屋造成了 24 000 美元的损失。价值 8 400 美元的车库全部损坏了，好在着火时车库内没有汽车。房屋和车库内损坏的个人财产的重置成本总计 18 500 美元。此外，350 美元的现金和价值 3 215 美元的邮票付之一炬。当修复损坏时，米勒夫妇住在旅馆一星期，花费了 1 350 美元的住宿费。房屋价值 95 000 美元，在 HO-3 保单下投保了 68 400 美元，这份保单的免赔额为 250 美元。使用表 10－2 回答下面的问题。（提示：你必须先确定米勒夫妇是否有足够的房屋重置保险，如果没有，对于 80%的必要保险覆盖，他们拥有多少？答案需要确定被投保房屋损失所占的百分比，以及保险公司的合计赔偿额。）

a. 假设免赔额被运用于房屋的损失，计算投保额和米勒夫妇为以下损失的支付额：房屋、车库、现金、邮票和额外的生活费。

b. 保单承保的个人财产损失额是多少？米勒夫妇需要支付多少？

c. 假设他们有个人财产的内容重置成本保险，米勒夫妇需支付的损失额和其占总损失额的比例是多少？

2. 足够的房屋保险？亚当·巴罗拥有一个他使用了 10 年的房屋。当他以 178 000 美元购买它时，亚当又购买了保额为 160 000 美元的房主保险。尽管房屋现在的重置成本是300 000 美元，他仍然拥有这份保险。

a. 如果亚当遭受 20 000 美元的火灾损失，保险承保的损失金额和其所占比例是多少？

b. 为了在火灾中得到全额赔偿，亚当需要对房子投保多少？

3. 汽车事故保险。比尔的车从碎石路上滑下，撞到了树上。比尔的车遭受了 7 500 美元的损坏，该车的账面价值是 6 000 美元，比尔有免赔额为 500 美元的碰撞险。比尔从保单中得到的赔偿额是多少？

4. 保单承保多少重大汽车事故损失？阿什莉驾驶一辆车龄为 8 年的丰田车，该车价值 9 600 美元。她有保额为 75 000 美元的个人汽车保险，包含了 10 000 美元的每人医疗费用保障和碰撞险（200 美元免赔额）和综合险。戴维驾驶一辆车龄为 4 年的雪佛兰，价值 9 500 美元。他有 20/50/15 的家庭汽车保险，包含 20 000 美元的医疗费用保险和碰撞险（100 美元的免赔额）和意外保险。一天晚上，戴维从落基山脉中央公园开车过来，他的车在通过道路中心线时，撞到了阿什莉的车，把它撞入了沟内。戴维的车停在道路的左边，对路旁商店的前门造成了损失。下面的表列举了损失项和损失金额。

损失项	损失金额（美元）
阿什莉的人身伤害	6 800
阿什莉车内乘客弗兰的人身伤害	28 634
阿什莉的车	9 600
戴维的人身伤害	2 700
戴维车内乘客塞西莉亚的人身伤害	12 845
戴维的车	9 500
路边商店的损失	14 123

完成下表并回答下列问题：

(a) 阿什莉的保单将支付阿什莉和弗兰多少钱？

(b) 代位求偿权可否被实施？以何种方式实施？

(c) 戴维的人身伤害责任保险需要支付多少钱？

(d) 戴维的财产损失责任保险需要支付给谁以及支付多少？

(e) 戴维的医疗费用保障需要支付给谁以及支付多少？

(f) 戴维将因为他的汽车而收到多少赔偿额？

(g) 戴维需要自掏腰包支付多少钱？

单位：美元

保险	戴维的保单	阿什莉的保单
责任（限额）		
人身伤害		
阿什莉		
弗兰		
塞西莉亚		
医疗费用（限额）		

续前表

保险	戴维的保单	阿什莉的保单
戴维		
阿什莉		
弗兰		
塞西莉亚		
碰撞险（限额）		
戴维的车		
阿什莉的车		
戴维自掏腰包的支付额		
弗兰的人身伤害		
额外的财产损失		
碰撞险的免赔额		
总计		

理财规划案例

□ 案例1　约翰逊夫妇应该如何管理风险

约翰逊夫妇已经结婚6年了，他们的财务状况变得非常复杂。哈利和贝琳达从工作上赚取的钱增长了30%，他们购买了一个140 000美元的公寓，公寓增加了每月400美元的房屋支出。他们又用3 200美元买了一辆二手车。这些改变的结果是，他们意识到他们现在的财务面临更大的风险。他们决定从更加有效的管理风险视角来重新审视自己的处境。使用表10－1，关于他们的净值、收入和支出的阐述见第三章的最后，用本章的信息来回答下列问题：

（a）来自房屋和汽车所有权的风险的主要来源是什么？各自损失的潜在额度是多少？

（b）考虑表10－1的步骤3列举的选择，约翰逊夫妇应该如何处理（a）中列出的风险来源？

□ 案例2　埃尔南德斯夫妇考虑到额外的责任险

维克托和玛丽亚隔壁的邻居贾丝明·桑德斯因为一场交通事故被控诉，最终需要对437 000美元的损失负责。贾丝明的汽车保险限额是100/300/50。由于资金不足，她不得不卖掉她的房子，住进了公寓。维克托和玛丽亚现在担心同样的悲剧有可能发生在他们身上。他们有一个房主保险，包含100 000美元的综合个人责任险和限额是50/100/25的汽车保险。玛丽亚还对于她从事的口腔卫生工作有较小保额（100 000美元）的专业责任保险。

（a）维克托和玛丽亚应该如何通过房主保险和汽车保险来保护自己？

（b）他们能从购买伞形责任保险中得到多少额外的收益？

□ 案例 3　朱莉娅·普赖斯对她财产与责任风险的管理

朱莉娅经常通过购买低限额的保单来控制保险支出。现在她的收入和资产增加了，她开始考虑用更加明智的方法来购买保险。朱莉娅知道她存在财产与责任风险引发损失的可能。上周她与保险代理人讨论提高她房主保险和汽车保险的限额。保险代理人建议她考虑伞形责任保险。朱莉娅非常节俭，只希望能提高已有保险的限额而不是购买其他保险。对于她的想法提出你的观点。

□ 案例 4　普林斯夫妇的汽车保单并没有更新

马克和凯莉·普林斯碰到了危机。他们收到保险公司的通知：他们持有的保单将在 30 天后到期，将不能再续保。马克和他们的小儿子分别遇到了一起小事故，过失方是马克和他们的儿子。如果不是因为此事，他们的孩子将和他们一样是个很好的驾驶员。普林斯夫妇很困惑，因为他们知道他们的其他家庭成员有更加糟糕的驾驶记录，但是仍然能拥有保险。

（a）解释为什么他们的保单会被取消。

（b）用本章内容给马克和凯莉一点建议，让他们在购买新保险时能够省钱。

□ 案例 5　一个学生给他的旧车购买保险

岩波真纪子是来自日本大阪的学生。她正在考虑购买二手车，她被告知她必须购买汽车保险来注册汽车和得到车辆牌照。真纪子需要得到你的建议，你需要考虑汽车保险的三个方面。

（a）解释责任保险在美国是如何运作的，给予真纪子关于她应该选择何种保险限额的建议。

（b）真纪子对于汽车保险中包含医疗费用保障有深刻印象，因为他没有医疗保险。解释下医疗费用保障并不能解决她的医疗保险问题，描述这类保险提供的覆盖种类。

（c）真纪子打算用现金去买车，但她并不想支付超过 5 000 美元。概括碰撞保险提供的内容和哪些因素可能使真纪子选择这种保险。

□ 案例 6　关于保险价值的讨论

你可能会在聚会上与朋友讨论保险。一对年轻的夫妻认为保险真的浪费钱，他们认为坏事出现的可能性很低，因此不必担心。他们也认为购买保险就像把钱投进洞中，很少能最终得到回报。根据在本章中你学到的知识，你如何反驳这对夫妻的观点？

□ 案例 7　阿比盖尔在考虑新的房主保险

阿比盖尔·伊丽莎白购买了价值 200 000 美元的房子。房屋原来的所有者有一份对于财产的保额为 160 000 美元的 HO-1 保单。阿比盖尔可以只支付保费来维持同样的保险。她的保险代理人打电话给她并且劝告她最好将她的保单升级成 HO-2 保单或者 HO-3 保单。阿比盖尔向你寻求建议，使用表 10－2 的信息来给她建议。

（a）如果她购买了 HO-2 保单，阿比盖尔能得到什么样的额外财产保险？

（b）如果她购买了 HO-3 保单，阿比盖尔能得到什么样的额外财产保险？

（c）不论她购买的是 HO-1 保单 、HO-2 保单还是 HO-3 保单，什么样的财产保险是不变的？

（d）告诉阿比盖尔以上三种保单的责任保护的不同点。

自我理财

1. 财产损失风险。使用来自《我的个人理财规划师》的工作表 43：我的家庭财产清单，来得到你的个人财产清单，内容包括你在学校或者其他地方的财产，例如家庭成员的房子。使用表 3－2 和表 10－3 作为对包含进的信息种类的指导。对保护你的物品免受损失的保险的适用性进行评估。

2. 风险管理过程。根据你的财产损失风险清单，构建完整的风险管理评估。使用表 10－1 作为指引，再使用《我个人理财规划师》中的工作表 44：我的保险清单，来记录你的结果。

3. 评估你对房主保险和租户保险的需求。确定你是否在房主保险或者租户保险的承保范围内。如果是，确定这份保险是否满足你的需求。如果不是，确定你所需要的保险。

4. 评估你的汽车保险。如果你驾驶自己的或者家人的车，你就在该汽车保险的承保范围内。使用表 10－4 去评估该保险的内容。确认该保险是否能够充分地保护你免受损失。如果不能，确认你所需要做出的改变。

5. 购买汽车保险。使用本章的计算工作表或者《我的个人理财规划师》中的工作表 45：我对汽车保险提供者的比较，基于对上述第 4 题的分析选购汽车保险。使用你在公司 A 购买的现有的保单，接着联系另外两家公司得到相同内容保单的报价，来确定你是在现有的保单中能获益还是从更换保险公司中更能获益。

网络资源

在网上完成以下练习。你可以登录 www. cengagebrain. com 访问加曼/福格合作网站，得到一系列练习题。在“一般业务”下选择书名，点击进入与本章相关的练习题。

1. 责任限额最小化。访问国家保险协会委员会网站 www. naic. org/state_web_map. htm，在这里你能找到一张地图，通过地图你能联系到你所在州的协会。确定你所在州的汽车保险的最低限额。如果有人只持有最低限额的保单，你怎么认为？

2. 保险购买者指南。访问国家保险协会委员会网站，在 www. naic. org/state_web_map. htm 上找到地图，通过它来联系保险监管网站。如果可行，你能得到汽车保险和房主保险的购买指南，指南介绍了保单条款和保险费率。通过费率的比较从两家保险公司中筛选出满足你要求的保单。写信或者打电话给你的保险公司得到特殊要求的保险的保费报价。

3. 安全的车辆能够省钱。访问高速公路安全保险协会的网站 www. iihs. org/ratings/default. aspx。对于你自己的车和你想要拥有的一辆或两辆车，检查这些车辆如何在人身伤害保护方面具有竞争力。

付诸行动

1. 租户保险的好处。假设你有三到五名朋友住在出租房内，询问他们是否投保了租户保险。如果不，询问他们为什么不购买这样的保险。如果是，要求他们对保险的成本与收益进行评估。

2. 独立代理人和独家代理人。采访两位保险代理人，一位是独立代理人，一位是独家代理人。要求每一位描述一下从他们这里购买保险的顾客所能得到的好处。

3. 汽车保险索赔。采访三个或四个涉及汽车保险事故的人。要求他们概括他们所经历过的索赔过程，以及和他们希望的索赔过程相比较，他们是如何看待现实中的索赔过程的。

登录 www. cengagebrain. com 访问加曼/福格合作网站。

第十一章

医疗费用管理

你在开玩笑?

安伯·帕克是一个32岁的已婚母亲，她有两个孩子，一个3岁，另一个4岁。她曾在一家提供医疗保健计划的当地医院当医疗转录员。去年安伯在一场自行车事故中头部遭受重伤，现在伤势已经渐渐好转，能够重新说话，但是仍不能够走路，双手也没有完全恢复。安伯在家里需要一个保姆照顾她，她的两个孩子每天都去托儿所。她估计需要5年的时间才能重新开始工作。请问下列哪项费用在医疗保健计划的承保范围之内?

A. 她的住院费和手术费；

B. 保姆的看护费；

C. 孩子们的托儿所费用；

D. 她失去的工资。

答案是A。医疗保健计划虽然重要但并不是万能的，因为医疗保健计划并没有包含用于康复和监护的费用，以及由于不能工作而引起的潜在工资损失。

学习目标

在学习完本章后，你应该能够：

1. 学会如何化解疾病和受伤产生的经济负担。
2. 区分直接医疗支出的不同类型。
3. 描述医疗保健计划的优点与缺点。
4. 当你由于残疾而无法工作时，制订一个计划来保护你的收入。

5. 阐述如何保护自己免受长期护理费用的影响。

你有何建议？

丹妮尔·迪马蒂诺是一个36岁的单身母亲，她有两个孩子，一个10岁，一个14岁。她的小女儿从小染有耳疾，需要每年看4～5次医生。丹妮尔的母亲今年71岁，由于经济原因和她们生活在一起，有遗传性的高血压、高血脂和糖尿病。丹妮尔的母亲购买了医疗保险A部分和医疗保险B部分。

丹妮尔的老板为他的员工、员工的配偶和子女支付所有或部分的医疗保健计划成本。丹妮尔有四种选择：(1) 参加由当地医学院或医院管理的健康维护组织，除每月为小女儿支付122美元的费用外，无须承担额外的费用。(2) 参加由同一组织提供的优先医疗服务，每月支付额外的245美元。(3) 参加传统的医疗保险，该保险提供几乎所有的医疗保健计划，每月的费用为455美元。(4) 参加高免赔额方案，此方案提供5 000美元免赔额，不需要支付额外的费用。丹妮尔的老板不提供残疾人收入保障或长期护理计划。她每年有10天的病假，如果用不完可以累计。现她已经累计了30天的病假。

请你为丹妮尔·迪马蒂诺提供关于如何管理医疗费用的建议：

1. 这四种选择她应如何选？
2. 丹妮尔应为她母亲提供什么样的医疗保健？
3. 丹妮尔需要什么样的残疾收入保险？
4. 丹妮尔应如何应对长期护理风险？

对于一个人来说，没有什么比健康更重要。当疾病和伤害来临时，有三件事情可能会影响到你的经济状况：第一，直接医疗保健费用，例如手术费、住院费和挂号费。第二，康复护理的费用，例如疗养院的费用。第三，由于生病无法工作所造成的潜在收入损失。

本章会教你如何避免这三种经济损失。你不能对此掉以轻心。医疗保健费用可能会迅速使你散尽家财。医疗方面的债务很可能是使你破产的原因之一。

解决疾病与人身伤害的经济负担

每个美国人每年平均要支付超过8 000美元的医疗保健费用。85%的美国人都会加入医疗保健计划。医疗保健计划为他们支付一部分的医疗保健费用，从而为他们提供一些保护。**团体健康计划**（group health plan）是针对整个团体出售而非针对个人的医疗保健计划。例如，雇主提供的医疗保健计划以及为特殊大学的大学生提供的医疗保健计划。

学习目标1

学会如何化解疾病和受伤产生的经济负担。

团体健康计划

针对整个团体出售而非针对个人，例如，雇主提供的医疗保健计划。

多年前，很多公司的员工的医疗保健计划都依赖于他们的雇主。然而，每个员工的费用都超过 10 000 美元，这对于每个雇主来说是很高的成本，所以雇主们不得不缩减这类计划的支出，使得员工们自己还要支付医疗保健计划费用的 15%。这与五年前比上升了一倍。不仅如此，如果真的患病，医疗保健计划费用还会被进一步提高。

有很多方法可能被用于应对上述三类由于疾病和人身伤害而导致的经济损失。当然，你也能支付全额医疗费用，但很明显这并不是最明智的方法。我们把在面临三种经济损失时可以采用的方法进行了概括，详见表 11－1。

表 11－1　　医疗相关支出的种类

	直接医疗保健			康复护理	收入损失
合约的提供者	● HMO ●针对 65 岁以上人群的医疗保险 ●针对低收入/贫困人群的医疗补助计划	●传统的医疗保险 ●针对 65 岁以上人群的医疗保险 ●针对低收入/贫困人群的医疗补助计划	●消费中心医疗计划	●长期护理保险 ●针对低收入人群的医疗补助计划	●残疾收入保险 ●针对有资格的雇员及其家庭的社会保障
承保服务	提供住院、手术和医疗服务	对住院、手术、医疗和其他健康护理费用的补偿	对住院、手术、医疗和其他健康护理费用超过 5 000 美元的免赔额部分进行补偿	对康复护理费用进行补偿（不包括直接医疗护理费用）	提供月收入来弥补由于事故或受伤而造成不能工作的收入损失
支付方式	通过预付的形式每月付费	每月支付费用	每月支付费用	每月或每年支付费用	每月支付费用
购买人	个人或者雇主	个人或者雇主	个人或者雇主	个人	个人或者雇主

□ 1. 承保你的直接医疗保健费用

直接医疗保健费用可以由传统健康险、健康维护组织和高免赔额医疗保健计划来支付。这三种计划支付占个人平均医疗费用的比例高达 90%～100%，雇主提供的计划大多也是由这三种计划组成的。若个人购买，这些计划的费用是每人每月 600 美元甚至更多；若按家庭购买，则每个家庭每月将花费 1 200 美元甚至更多。

超过 5 000 万个 65 岁以上的人加入了**医疗保险**（Medicare）项目。这个项目是联邦政府为老年人准备的单一付款人医疗保险项目。医疗保险项目分为两个部分。**医疗保险 A 部分**（Medicare Part A）是住院保险，这一部分无须支付保费，多数人甚至无需月度费用，因为 A 部分拥有 40 个甚至更多个季度的雇佣周期。**医疗保险 B 部分**

> **你的未来五年**
>
> 在未来的五年中，如果你能做好医疗费用的管理，就能取得理财的成功。具体如下：
>
> 1. 签订雇主发起的保险转换计划和灵活支付的医疗保健计划，这样一来，可以节约税费。
>
> 2. 如果你没有能力支付健康维护组织或传统医疗保险的高额保费，可以考虑使用有较高免赔额的医疗保险，或者使用健康储蓄账户。
>
> 3. 如果换了工作，你应该使用《综合预算调节法案》，或者短期医疗保健计划，以保持直接医疗保健计划费用不变。
>
> 4. 如果条件允许，充分利用雇主赞助的长期残疾收入保险，否则就自己购买。
>
> 5. 定期重新评估你对于长期护理保险的需求。

(Medicare Part B) 为门诊、就诊或者其他医疗服务提供补充的医疗保险。需要每月支付额外的费用（将近 115 美元）。这两个部分都需要病人支付一部分开销。医疗保险在**医疗保险 D 部分**（Medicare Part D）下还覆盖可选择的处方方案。如果参保人在处方上花的钱超过 2 850 美元，那么他需要每年支付 310 美元加上每一项处方的共付额。

医疗优惠保险（Medicare Advantage Plan）由私人公司（保险人或者健康维护组织）提供，它将 A 部分和 B 部分整合成一个保险。选择医疗优惠保险可减少**自付费用**(out-of-pocket cost)。自付费用是医疗保健计划覆盖的人们必须自己支付的任何费用。

低收入的个人和家庭有资格申请**医疗补助计划**(Medicaid)，医疗补助计划是由联邦和各州政府联合出资成立的政府医疗保险计划。是否有资格申请医疗补助计划取决于家庭的收入和净资产。从 2014 年起，家庭收入低于贫困线 133%的家庭才有资格申请医疗补助计划。六分之一的美国人都在医疗补助计划或者 **S-CHIP 计划**（S-CHIP program）的承保范围内。S-CHIP 计划是一个类似于医疗补助计划的政府项目，不需要支付保费，其承保范围包含收入中等但是没有能力购买私人医疗保健计划家庭的孩子。

> **医疗保险**
>
> 联邦政府为老年人提供的医疗保健项目。
>
> **医疗补助计划**
>
> 由联邦及州政府共同为低收入人群提供的医疗保健计划。

□ 2. 承保你的康复护理费用

事故受害人、患有慢性疾病的人和老年人的保险需求通常超过直接医疗保健。在极端情况下，病人接受康复治疗可能有短期住在疗养院或者其他疗养中心的需求。在医疗保健计划中只包含必要的医疗项目，并不包含康复护理需求。**长期护理保险**（long-term care insurance）可赔偿在疗养机构或家中医疗护理的费用。医疗补助计划的主要特征是它可以承保长期康复护理的费用，它可以为那些在长期护理费用上掏空腰包的老年人承担一部分费用。对长期护理保险有很强需求的人主要是中等收入人群。他们缺少足够的经济基础去支付疗养院护理费用(可能每月为 6 000 美元)，同时由于较高的收入因而也没有资格申请医疗补助计划。

> **长期护理保险**
>
> 为在疗养院或家中疗养产生的费用提供的补助。

□ 3. 承保你的收入损失

人一旦生病或者受伤，可能会失去工作，从而没有收入。因此，许多雇主提供带病假，还有些雇主会提供**残疾收入保险**（disability income insurance）。它能补偿由于疾病或者受伤而不能工作所导致的损失。残疾收入保险分为短期与长期两种形式。**短期残疾收入保险**（short-term disability income insurance）在短期内适用，支付期为 2 年，由雇主支付。另一种是团体**长期残疾收入保险**（long-term disability income insurance）。支付期为 5 年甚至更多。

> **理财要点**
>
> **团体健康计划是最好的**
>
> 参与团体健康计划是很好的选择，有三点原因：第一，团体健康计划比个人医疗计划费用更低；第二，雇主将支付部分保费；第三，健康状况不太良好的人一般都不会因为身体原因而被拒保。

员工经常需要对这类保险支付全额保费。如果你的雇主不提供这种保险，则员工需要自行购买。如果员工全残（即无法承担任何工作），他们就能从**社会保障残疾收入保险**（Social Security Disability Income Insurance）中得到补偿。补偿的金额取决于员工的平均收入，还要扣除社会保障税，可能不够维持正常的生活。

残疾人收入保险

补偿由于疾病或者受伤而无法工作所产生的收入损失。

社会保障伤残收入保险

如果员工遭受全残（即无法承担任何工作），他们就能从社会保障残疾收入保险中得到补偿。

那些残疾的老年员工还有其他选择。他们可以将资金投入避税退休账户中，来补偿残疾后的收入损失。

理财要点

得到医疗保健计划好处的三种方法

有三种途径可以享受医疗保健计划：一是雇主给雇员提供的福利；二是有资格申请的政府项目；三是个人自己购买。

概念测试 11.1

1. 列举三点说明团体健康计划优于个人购买的计划的理由。
2. 说出五个支付直接医疗保健费用可行的方法。
3. 解释为什么有人想购买长期护理保险。
4. 解释如何去弥补由于疾病和受伤产生的收入损失。

直接医疗保健计划保护的来源

医疗保健计划（health care plan）是对所有直接医疗费用补偿项目的总称。若医疗计划是员工的一种福利，雇主要为员工购买低成本保险。员工能够选择更高费用的险种，或者将家庭成员加入保险中。新员工须在签约后的几天内在可选计划中选择一个。

学习目标 2

区分直接医疗支出的不同类型。

医疗保健计划

对直接医疗费用进行补偿的所有项目的总称。

健康维护组织（HMO）

一种可以提前支付服务费并提供范围较广的医疗服务的健康保险计划。

管理式医疗计划

在得到医疗的情况下尽量控制费用的医疗计划。

□ 健康维护组织

健康维护组织（health maintanance organization，HMO）提供范围较广的医疗服务，包括住院、手术和预防性医疗护理。一些健康维护组织计划只需很低的费用，平均每个处方费用从 5 美元到 25 美元不等。健康维护组织的目的是较早发现疾病，从而降低治疗成本。个人和团体都可以申请加入健康维护组织计划。

HMO 提供需要预付的医疗服务

HMO 的月费或保费被用于支付医疗费用，根据组织成员愿意为此医疗服务支付的平均价格而定，无上限限制。合同中会列举所提供的各种医疗服务。

HMO 的运行机制

HMO 会先为成员指派一名**社区医生**（primary-care physician）。社区医生为病人服务，可以批准病人转诊到更为专业的医疗处（例如，心脏病专家）。HMO 属于**管理式医疗计划**（managed care plan）中的一种。管理式医疗计划旨在在尽量控制成本的前提下寻求最好的医疗条件，包括对于预核准住院、限制医院或医生使用量、委任医生治疗特殊疾病。如果 HMO 无法诊治特殊疾病，社区医生会建议病人去当地医院或诊所接受治疗。HMO 的一个变种是个人执业组织（individual practice organization，IPO），这个组织是由个体医生组成的。这些医生有自己的办公室，提供与 HMO 聘请的专家相同的服务。

□ 传统健康保险

健康保险（health insurance）为伤病导致的直接医疗费用提供补偿，包含住院、手术和其他医疗费用。此保险可以按范围不同分开支付，但是很多人更愿意购买**综合健康保险**（comprehensive health insurance），因为它将保险打包成单一保险单。病人选取何种治疗方法取决于医生的建议，而对于 HMO 来说，提前支付的医疗费用是以损失的赔偿为基础的。因此，健康保险计划经常被称为**定额理赔计划**（indemnity plan/fee-for-service plan），因为它们对医疗费用提供补偿。

健康保险计划是一种**优先医疗服务提供者组织**（preferred provider organization，PPO）。PPO 是一个医疗保健提供者的团体，包括医生、医院与其他医疗提供者，可以通过与 PPO 签订合同得到医疗费用的折扣价格。如果病人选择优先医疗服务提供者组织下的医生或者医院，可以得到折扣，例如降低免赔额。

德鲁·卡梅伦从事国际营销工作，他的公司与 PPO 代表的当地大学附属医院签订了健康保险计划。德鲁的脚踝受伤，选择去大学医院治疗使他在得到 250 美元免赔额的基础上又少支付了 150 美元，同时也不用支付 20%的门诊费。他没有请家庭医生，因为家庭医生并不是 PPO 的成员。德鲁未来仍然能够选择其他治疗途径。

医疗护理提供者倡议网络（provider-sponsored network，PSN）也被称为**医疗护理提供者倡议协会**（provider-sponsored association），由外科医生和医院组成，它们联合起来提供健康保险合同。这一网络主要面向农村地区，因为在农村接触 HMO 存在一些限制。作为一个团体，PSN 的成员需要提供医疗服务与管理保险计划，但并不能通过组织中的成员与外界医疗服务提供者取得联系。

理财要点

健康保险与 HMO 的不同

健康保险对医疗费用进行补偿，而 HMO 提供医疗保健。

综合健康保险

对住院手术和医疗费用造成的经济损失提供保护的保险。

优先医疗服务提供者组织（PPO）

医疗服务提供者（医生、医院和其他医疗提供者）的团体，它通过与医疗服务提供者签订合同，以折扣价格为参保人员提供医疗服务。

你知道吗？

医疗改革的必要性

2010 年医疗改革法案正式通过，这一法案被称为《病人保护和平价医疗法案》，许多条款将在 2014 年以后逐渐生效。在 2011 年 9 月 31 日生效的条款都包含在本章中。表 11－2 总结了这些条款及其他在 2012 年 1 月之后生效的条款。要查看最新的法律规定，请见 www. healthcare. gov/law/introduction/index. html。

表 11-2　　《病人保护和平价医疗法案》条款介绍

主题	描述	生效日
覆盖无法得到保险的人	建立临时保险项目，以使雇主能为超过 55 岁且没有资格购买健康保险的退休员工提供健康保险。为那些已经至少 6 个月没有投保的个人建立临时保险项目。当 2014 年基本覆盖范围和联邦补助开始后，这些项目将逐步被淘汰	2010 年 6 月
覆盖的年轻人保险	同意子女在 26 岁之前享用父母的保单	2010 年 9 月
强制保险要求	需要保单包括大部分预防性治疗，而不必支付额外的费用。减少对于有过往病史的 18 岁及以下儿童的拒保情况。禁止非团体终止合约	2010 年 9 月
终身最大支付额	在新的医疗保健计划方案出台前，保险公司不能对终身保险金额设置上限	2010 年 9 月
雇员医保津贴的披露	雇主需要以 W-2 表格的形式报告医保津贴的金额（不是应税收入）	2011 年 1 月
长期护理保险	在社区生活援助服务和支持（Community Living Assistance Services and Support，CLASS）项目下，雇员和劳动适龄人员有机会通过他们的雇主加入长期护理计划	2012 年 10 月
过往病史	不得以投保人有过往病史为由拒保	2014 年 1 月
购买医疗保健计划	以州为基础的医疗保健交易将以市场价格进行，这一价格是保险公司和投保人货比三家的结果	2014 年 1 月
必要覆盖范围和联邦补助	大部分美国人需要购买医疗保健计划、支付 95 美元的罚款（一个家庭是 285 美元）或支付 1%的应税收入中的最大值。为了适应通货膨胀率，2015 年和 2016 年后罚款将会增加。 收入符合要求的人能申请联邦所得税信用卡来支付医疗保健计划的费用	2014 年 1 月
年度最大支付额	在新的书面医疗保健计划出台前，保险公司不能对每年支付额设定最高上限	2014 年 1 月

□ 消费者导向医疗计划

> **消费者导向医疗计划**
> 消费者能够挑选较高免赔额和较高保单限额的医疗保险。
> **高自付额医疗计划（HDHP）**
> 用于支付账户持有人及其家属的经许可的医疗费用免税账户。

消费者导向医疗计划（consumer-driven health care）是一种消费者能够挑选较高免赔额和较高保单限额的医疗保险。其原理是，当费用超过初始治疗费用时，病人会收到通知，这样他们就会更加小心翼翼地花费自己的钱。产品销售说此种计划给了个人管理医疗成本的机会和权利。消费者承担的较高的成本激励他们在购买贵重物品时货比三家，在不同选择中进行比较。作为回报，消费者将得到对于灾难性的、高成本的疾病和伤害的保护。

高自付额医疗计划

高自付额医疗计划（high-deductible health care plan，HDHP）是一个用来支付账户持有人及其家属医疗费用的免税账户。高自付额医疗计划对消费者和雇主有很强的吸引力，因为这一计划的费用比大多数综合计划的费用更便宜。在此计划下，个人每月支付较少的费用，但同时拥有高自付额和高现金成本的保单。这一计划的最低免赔额是每年 1 200 美元（家庭是 2 400 美元），最高可达每年5 000 美元。半数的雇员都可以从雇主手中得到高自付额医疗计划。

个人的高自付额医疗计划每年的费用限额是 5 950 美元，家庭的费用限额为 11 900 美元。高自付额医疗计划比其他计划保费更低，这是因为消费者需要支付医疗账单中更高比例的份额。那些必须购买医疗保险计划的人，尤其是更年轻的员工，经常会被高自付额医疗计划的低保费所吸引。该计划要求你建立健康储蓄账户，这一账户将在后面章节介绍。

健康储蓄账户

接下来的问题是当有必要的医疗费用时，如何承担较高的现金成本。答案是**健康储蓄账户**（health savings account，HSA）。健康储蓄账户是一个可抵税储蓄账户，个人和雇主能存入避税资金，在日后利用储蓄账户里的资金来支付医疗费用，包括高自付额医疗计划所要求的免赔额和其他自付现金成本。个人每年最高储蓄额为 5 950 美元，家庭最高储蓄额是 11 900 美元。

> **健康储蓄账户（HSA）**
>
> HSA 是一个可抵税储蓄账户，个人和雇主可以向其中存入避税资金，以便日后利用储蓄账户里的资金来支付医疗费用。
>
> **健康偿付安排（HRA）**
>
> HRA 由雇主留出的资金组成，对雇员合理的医疗支出进行偿付。

健康偿付安排

另一个消费者导向的医疗方案是**健康偿付安排**（health reimbursement arrangement，HRA）。健康偿付安排由雇主为偿付雇员的医疗费用而留出的资金组成。利用健康偿付安排，雇主可以帮助雇员支付医疗费用。健康偿付安排只由雇主出资建立，对于雇主的出资并没有限制，其资金不计算应税收入。

弹性消费安排

弹性消费安排（flexible spending arrangement，FSA）是雇主赞助的账户，在此账户下，雇员可以使用税前收入而非税后收入支付医疗费用。雇员同意扣除一部分薪水存入分离账户，此账户叫作弹性支出账户。当产生合理费用时，雇员便能从账户中收到赔偿。

以上三类计划由雇主提供，组合在一起将适用于各类雇员。雇员们可以选择高自付额医疗计划，可以建立健康储蓄账户，可以留出资金去支付健康储蓄账户要求的高额自付款，雇主也能向健康储蓄账户提供资金。

如果你无法得到雇主提供的医疗保健计划又该怎么办？如果是这样，你购买高自付额医疗计划，建立健康储蓄账户，留出足够的资金支付自付款和其他相关成本。

> **专家建议**
>
> **购买个人医疗计划时，要多动脑子思考**
>
> 购买个人医疗计划（这一计划并非通过团体获得）需要对所有选择进行比较。你需要专注三个方面：(1) 成本，(2) 保险公司，(3) 计划本身。注意保单中重点强调“有能力支付”的条款，这意味着这个合同可能是有限额的。

成本

非团体购买医疗保险计划很容易比典型的四人家庭的保费每月高出1 000美元。显而易见，挑选保险时有必要货比三家。当你申请个人医疗计划时，保险公司决定是否接受你取决于一些核心因素，包括你的年龄、性别、工作、家庭和个人疾病史以及身体状况。每一个因素都将影响相关医疗支出，也能影响到购买成本。可以登录www.healthcare.gov去评估在当地的个人计划的成本。

医疗信息局（medical information bureau，类似于信用局）保留了保险申请者的文件。这类文件包含了医疗和非医疗的信息。文件中的信息可能会使你支付更高的费用或者被保险公司拒绝。如果你被要求支付额外的费用或者被拒保，你有从医疗信息局得到报告的复印件来证明信息准确性的权利。

保险公司

从费用的角度去选取医疗保险是很重要的。明智的理财规划师经常向保险公司询问签单保费的百分比，这些保险公司之后将对参与者的损失提供赔偿。**赔付率**（claim ratio/payout ratio）公式是：

$$赔付率=\frac{已支付损失}{签单保费} \tag{11.1}$$

顶尖公司的赔付率超过90%。另一种极端是保险公司（尤其是通过邮箱、互联网、电话或报纸出售医院赔偿保险和重大疾病保险的公司）的赔付率低于25%。赔付率越低，对于承保人的回报（实际福利）越低。

计划

一个比较不同医疗计划的好办法是提前制定一些标准，并用这些标准来判断这个保单是否提供所需要的内容。对于不提供所需要内容（以及有较高的赔付率）的保险，可以比较它们的价格。如果保险公司不给你时间深入了解保单，那么就不要购买。不要仅仅依赖于保险公司的承诺。要仔细审核你的保单内容。

霍利·亨茨

蒙大拿州立大学

理财要点

检查医疗服务供应商的质量

国家质量保证委员会提供了关于HMO、医院、诊所和医生的评级（www.ncqa.org）。

你知道吗?

医疗保险和医疗补助计划的不同

医疗保险是针对老年人的保险，它通过工资税来筹集资金。大部分美国人的工资纳税额是劳动收入的1.45%，包括雇员和雇主都是。从2013年开始，高收入雇员将支付2.35%的医疗税收。这将影响收入超过20万美元的个人和收入超过25万美元的家庭。非劳动收入缴纳3.8%的税。医疗保险最初的受益人包括65岁以上的人，以及有资格申请社会保障退休福利的老年人。医疗保险分成两部分。A部分是计划的住院治疗部分，并不需要支付费用。B部分针对门诊、就诊或者其他医疗服务提供补充的医疗保险，需要每月额外支付费用。

医疗补助计划针对穷人，其申请资格取决于家庭收入和净资产。提供的医疗服务包括住院、手术和治疗。在一些国家中，儿童牙齿治疗也包含在内，这些成本由联邦和州政府共同承担。

概念测试 11.2

1. 说出健康维护组织（HMO）和传统的医疗保险的区别。
2. 指出在寻找医疗保健时选择优先医疗服务提供者组织的两个好处。
3. 解释高自付额医疗计划、健康储蓄账户和健康偿付安排的联系。

你的医疗计划的优点与限制

如果在疾病或伤害来临之前你能了解医疗计划的优点，那你就不会有那么多的困惑，也能减少时间成本以及费用成本。如果你有团体保险，将收到一份**保险证明书**（certificate of insurance），这份证明书中列示了你拥有的权利。如果你自己购买了个人保险，那么你应该熟悉这份医疗保险或者 HMO 合约。这里有一些你需要自己回答的问题以及一些背景知识，这些知识能使你了解你需要在这些保险相关的文件中得到什么内容。

> **学习目标 3**
> 描述医疗保健计划的优点与缺点。

> **保险证明书**
> 简要说明团体健康保险福利的文件。

□ 什么类型的医疗在承保范围内？

传统的医疗保健计划包含住院与伙食费用、手术费、处方药费、诊断检查费、门诊费和其他医疗护理费用。牙齿和视力的护理并不包含在内。可以购买独立的**牙齿费用保险**（dental expense insurance），这类保险能对你牙齿的护理费用提供补偿。正畸治疗并不包含在牙齿费用保险的承保范围内。较高的免赔额、共同保险要求和较低的限额让牙齿费用保险看上去并不是很吸引人。**视力护理保险**（vision care insurance）为视力检查、配近视眼镜和隐形眼镜提供偿付。视力护理保险一般以团体为基础作为雇员福利出现，但对于个人，它并不是很好的选择，这是因为视力护理的最高费用在基础医疗保健计划的承保范围内。

> **牙科费用保险**
> 对牙齿的护理费用提供补偿的保险。
>
> **已存在情况**
> 在合约生效之前的一段时间，计划的参与者了解或者已经诊断出自己的健康状况或者症状。

> **理财要点**
>
> 如果雇主并不提供医疗保险计划该怎么办？
>
> 有 2 000 万的员工并没有得到雇主提供的医疗保险计划，他们会选择高自付额医疗计划加上一个健康储蓄账户。每月的保费最低为 200 美元。

医疗计划包含排除**已存在情况**（pre-existing condition）的条款。在保险公司了解参保人的健康状况和症状或者在合约生效之前的一段时间（通常为 1 年或 2 年）内，参保人已经被诊断出来的疾病即为已存在情况。团体保险比个人保险的已存在疾病种类更少。2014 年正式开始的医疗改革法案和《平价医疗法案》中，有已存在情况的人不再被医疗保险拒绝。那些有健康问题的人和至少六个月没有保险的人都能通过联邦政府或所在州管理的高风险库得到健康保险（http://naschip.org/portal）。保险也许会指明不同类型费用的等待期，例如，生育保险的等待期为 1 年。

□ 哪些人在承保范围内？

医疗保险的被保险人可以是个人、家庭或者团体。当被保险人为个人时，通常没有什么误解，但是家庭保险更加复杂。一个家庭通常包含一个或两个家长及其孩子。当孩子出生后，仍有效的保险合约是否会自动承保刚出生的孩子？继子是否会被保险？孩子到什么年龄才不在承保范围内？必须解决这些问题来确保所有家庭成员都能得到合适的保护。

□ 合同何时生效与终止？

个人与团体医疗保健计划通常按年购买。一份整年的保险计划通常在 1 月 1 日上午 12:00 生效，在 12 月 31 日晚上 11:59 结束。在这一年中任何时间发生的疾病都在承保范围内，但如果当合同到期时你仍然在住院，保险合同是否承担你的医疗费用？答案是肯定的。与此相似的是，在合同到期后，合同有效期内开始的治疗和手术也在承保范围内。

> **你知道吗？**
>
> 毕业后你的医疗计划会发生什么？
>
> 在毕业前，大学学生可能会继续与父母使用同一份医疗保健计划合同。在《病人保护和平价医疗法案》下，不管他们是否还在学校，年轻人在 26 岁之前都在父母医疗保险计划的承保范围内。他们不必在经济上独立或者结婚。唯一的例外是，如果父母的医疗保健计划是在法案生效前签订的，那么子女不在承保范围内。

必须每年续保医疗保健计划。如果是团体保险，你能在计划申请开放期间续保。个人保险的续保有三种方法：**可选择续保保单**（optionally renewable policy）可由保单提供者在到期日和续保日取消或者更改保单。**保证续保保单**（guaranteed renewable policy）只要投保人支付必要的保费就强制续保，保费可以改变，但是保费的改变必须适用于整个参保团体而不是参保个人。推荐在医疗保健计划和长期护理保险上使用这种方法。**不可取消保单**（noncancelable policy），只要投保人支付足额保费，在 65 岁之前不需要更改保费就可以强制续保。不可取消保单最好在购买残疾收入保险时使用。

> **保证续保保单**
>
> 在投保人支付所需保费条件下就强制续保。

□ 你必须自付多少钱？

医疗保健计划包含一些指明可以投保的费用以及需由自己支付的费用比例的条款。

年免赔额

免赔额（deductible）是在医疗保健计划中的一项条款，它需要你在接受赔偿之前每年支付医疗费用的最初部分。例如，每年 200 美元的免赔额，意味着病人必须支付每年医疗费用最初的 200 美元。家庭保险包含每一个家庭成员的免赔额（可能是 200 美元/年）和最高的家庭免赔额（可能是 500 美元/年）。一旦家庭成员支付的免赔额达到最高家庭免赔额（例如，500 美元/年），个人免赔额将被免除。

> **免赔额**
>
> 医疗保健计划中的条款，规定在得到补偿前需要每年支付额外的医疗费用中的一部分。

你可以使用共付额

共付额（copayment）是免赔额的一种变形，需要你对于承保的每一项内容支付特定的费用。共付额经常被用于门诊费和处方药上。例如，你需要对每一个处方支付 25 美元，保险人支付剩余部分。共付额不同于免赔额的地方在于，在你支付完免赔额之后，你才需要支付 35 美元的就诊费。

> **共付额**
>
> 它是免赔额的一种变形，需要对于承保的每一项内容支付特定的费用。

共同保险中你需要支付的费用的比例

共同保险条款（coinsurance clause）需要你支付一定比例的损失。一般的支付比例是80/20，保险人支付较大的份额。共同保险额度将限制每年病人的自付额。下面的例子展示的是一个有250美元免赔额及80/20比例的共同保险条款（共同保险额为1 000美元）的保单如何决定一份8 760美元的医疗保健账单。由于免赔额由被保险人支付，支付最初的250美元。共同保险比例将被用于剩下的8 510（=8 760−250）美元，直到病人支付的份额达到共同保险额。其中1 000美元由被保险人支付，4 000美元由保险人支付，额外的费用为3 510（=8 510−1 000−4 000）美元，由保险公司全额承担，直到达到保单的总限额（可能是100 000美元）。在这个例子中，被保险人将支付1 250美元（250的免赔额加上1 000美元的共同保险额），保险人支付7 510美元（4 000共同保险额加上3 510美元的剩余费用）。

> **共同保险条款**
>
> 它要求被保险人支付损失的一定的比例。

> **理财要点**
>
> 对你的团体健康计划进行改变
>
> 当你的雇主提供一份团体健康计划时，你只能在下一个**申请开放日**（open-enrallment period）改变你的保险计划内容。申请开放日为每年的12月，持续将近一个月。申请开放日要求常因家庭生育、收养、离婚和结婚等变故而无效。

在达到保单限额后你需要支付剩余的部分

保单限额规定了保险将赔偿的最高金额。为了阐明医疗保单限额，请参考一个来自艾奥瓦州康瑟尔布拉夫斯的未婚医学技师卡尔·格伦菲尔德的案例。

> **你知道吗?**
>
> 双薪家庭应该协调它们的雇员医疗福利
>
> 双薪家庭的医疗福利经常会重复。例如，哈利和贝琳达·约翰逊的雇主提供部分家庭医疗保险补助作为员工福利。他们选择贝琳达的保单作为他们的保险，因为它提供更多的保护且更加便宜。贝琳达每月只要支付125美元就能将哈利加入保单中。
>
> 哈利的雇主为员工提供了一种灵活的保险。员工每月只需支付800美元，就可以从雇主提供的多种福利中选择其中一种。如果哈利选择了雇主的医疗保险，他就必须从800美元中拿出375美元支付医疗保险的费用，剩下的425美元可以购买人寿保险、牙齿保险、残疾收入保险或者额外购买401（k）计划。最终哈利放弃了他的医疗保险，支付额外125美元成为贝琳达的保单的承保对象。这样一来他就有675（=800−125）美元可用于购买其他保险。哈利决定购买残疾收入保险和牙齿保险，剩下的钱用来购买401（k）计划。
>
> 所有雇员都在团体保险的承保范围内，但是新员工在一段等待期后才能得到保险，正式员工和临时员工的保险不同。团体保险被保险人的家庭成员也在承保范围内，但是“家庭”的概念需要进一步明确。

> **你知道吗?**
>
> 你不需要购买意外险和重大疾病险
>
> 意外险和重大疾病险经常是由那些没有其他医疗保健计划的人，或者担心自己的医疗保健计划不能满足需求的人所购买。购买这样的保险是不明智的。**意外险**（accident insurance）每日支付指定的金额，例如，由于车祸产生的100美元的住院费，或由于身体受伤而产生的损失，如失去手指或手臂的赔偿是2 000美元。**重大疾病险**（dread disease insurance）提供对由指定疾病（例如癌症）产生的医疗费用的补偿。这些保险经常价格过高且福利过少。由于每天平均的住院成本超过1 200美元，这些保险能覆盖的费用很少。

● **项目限额**（item limit）指特殊医疗费用的最高赔偿额。在卡尔的保单中，每组X射线的最高赔付额为75美元。早在2011年卡尔接受了癌症治疗，同年又突发心脏病。这一年中他的X射线治疗费用是2 880美元（共24组X射线，每一组为120美元）。该保单支付了1 800（=24×75）美元的费用，卡尔必须支付剩下的1 080美元。

> **项目限额**
> 规定对于特殊医疗费用的最高赔偿额。

● **每日限额**通常出现在低成本和补充医院保险中，限额一般是每天1 000美元。虽然表面上看起来足够，但是实际上医院日均费用超过1 200美元，日均额外治疗费用为2 500美元，这些数字也仅仅包括了医疗总费用账单中的医院费用部分。

● **疾病限额**指对单一疾病的医疗费用的最高补偿，每一个病例都需要单独处理。卡尔的保单的疾病限额为600 000美元，这一限额针对所有承保费用。卡尔的癌症治疗费用超过了550 000美元（包含X射线的部分承保费用），他的保单将支付所有费用。2011年9月，卡尔治疗心脏病的各种医疗费用总计达到17 500美元。他的保单支付全额费用，因为心脏病是单例病例而不是初始病例的延续，这样保单的限额超过600 000美元。

> **你知道吗？**
>
> **健康的生活习惯能够降低医疗保健计划的成本**
>
> 医疗保健计划对那些有病史的人将收取更多的费用。现在，医疗保险收费也会给有良好生活习惯的人一定的折扣。
>
> 不吸烟的人的保费通常有一定的折扣。适度喝酒、定期锻炼并达到健康评估目标（包括良好的体重、血压和胆固醇指标）的人也可以得到一定的折扣。保持良好的身体状况可以降低慢性疾病的发生率，并容易有更长和更成功的职业生涯以及更健康的退休生活。

这可能会产生争议：疾病复发是否仍是单例疾病？**复发条款**（recurring clause）将疾病复发分为初始病例和单例病例两种情况。如果复发被看作单例病例，那么免赔额就需要被支付，但是赔偿额将会达到整个比例的限额。如果疾病复发被看作初始病例的延续，那么第二次免赔额将不再覆盖，被保人的损失会超过单例病例的限额。

● **年度限额**规定了一年承保费用的最高赔偿额。回到卡尔的例子，如果他的保单包括750 000美元的年度限额，而他已经使用了725 000（=550 000+175 000）美元，那么还余下25 000（=750 000−725 000）美元。在《平价医疗法案》中，在2012年每年的限额最低为200万美元，2014年之后所有这些限额将被禁止。

协调保险福利

协调保险福利条款（coordination-of-benefits clause）使被保险人得到的福利不能超过所承受的损失。这个条款指明当有很多保险都适用于损失赔偿时，哪一种保险将承担赔偿责任。初级保险先被用于赔偿损失。如果它不能补偿100%的损失，接着次级保险将生效，直到损失被全部补偿完为止。

> **协调保险福利条款**
> 使你不能得到超过所承受损失的赔偿。

> **你知道吗？**
>
> **管理健康支出的税收影响**
>
> 当你自费购买医疗保险和健康护理时，国内税收法规可以免除你的部分税负。

1. 当很多员工使用**保费转换计划**（premium conversion plan）支付医疗保费（在第一章中讨论过）时，可以少纳税。通过保费转换计划，保费可用雇员税前收入支付；当雇主向IRS提交雇员的应缴税报告时，保费可不包括在内。

2. 许多雇主提供**弹性消费安排**（flexible spending arrangement），同意雇员将他们部分工资存入用来支付医疗费用的账户中，医疗费用包括医疗保险费用。雇员要么“使用”弹性消费账户，要么“失去”这个账户。自2013年起该账户的缴存上限为2 500美元，因此你仅仅需要留出这笔肯定会用到的钱。

保费转换计划

通过保费转换，雇员用税前收入支付保费；当雇主把雇员的应税收入报告给IRS时，这笔金额不包括在内。

弹性消费安排

雇主同意雇员将他们的部分工资存入账户中，这个账户是用来支付他们的医疗费用的，包括雇员支付的医疗保险费用。

医疗费用支出（包括制定长期护理保险费用的一部分）在所得税申报表上列示为抵扣额。雇员能够在税收申报表上减去这部分医疗保费的成本。

专家建议

换工作也要保证医疗保险的延续性

当你不再为给你提供医疗团体保险的雇主工作时，如果还希望能延续保单该怎么做？你可以使用**COBRA权利**（COBRA right，名称来自1985年《加强综合保障协调法案》）。这一法案声明只要你为拥有20个雇员的雇主工作超过18个月，就可以保留医疗团体保险。COBRA权利适用于你和在你承保范围内的直系亲属。COBRA权利支持直系亲属保留保险的时间为36个月。这些权利在雇佣关系终止后的60天后会被强制执行，你必须支付全部的保费加上2%的管理费。

COBRA权利

1985年《加强综合保障协调法案》允许保留原来的医疗团体险，只要该员工为拥有至少20个雇员的公司工作超过18个月即可。

转换保证

同意你在COBRA权利到期的180天内将团体医疗保险转成个人医疗保险。

然而，就算有COBRA权利，上个雇主的保险也终会到期。联邦法律准许**转换保证**（guaranteed portability），转换保证赋予你在COBRA权利到期的180天内将团体医疗保险转换成个人医疗保险的权利。你的个人保险保费会更高，但是将不包含等待期和预存条件条款。

由于转换保单成本较高，你可能会在一段时间内没有保险。你需要尽快找到下一份工作，这样就延续了保险合约。还有一种可能是，仅仅因为你身体很健康就对是否有保险不太在意，但年轻人也会受伤或者生病。例如，年轻人有较高的车祸风险，而你的车险只承担一小部分医疗费用。如果在车祸中受了严重的伤，你应该怎么做？

答案是购买短期医疗保险。这一保险可以按月支付购买6个月或者1年，而且可以续保，保费是200美元/月。短期医疗保险并不是综合险，只包含基础赔付部分。要想获得综合险，可以选择那些限额高、免赔额高且承保各种疾病的保险。

没有医疗保险会承担额外的风险。在你处于未投保状态时，疾病将会使再次投保更加困难，或者根本不太可能在未来再次购买保险。你能在http://finder.healthcare.gov上查询一些与保险相关的政策。

威廉·迪安

路易斯安那州巴吞鲁日南方大学

概念测试 11.3

1. 已存在情况是什么？它如何影响医疗计划条款？

2. 区分免赔额、共付额和共同保险的不同。

3. 解释 COBRA 权利和转换保证的概念。当你拥有团体健康计划且辞去工作时，这些权利将生效。

4. 区分项目限额、每日限额、疾病限额与每年限额的区别。

5. 区分医疗保健计划中的可选择续保保单、保证续保保单和不可取消保单的区别。

6. 列举在购买医疗保健计划或医疗保险时节约税收的三种方法。

在残疾时保护收入

> **学习目标 4**
> 当你由于残疾而无法工作时，制订一个计划来保护你的收入。

当失去工作能力时，你有一系列保护收入的方法。许多美国的工人有带薪病假，这能帮助他们缓解短期内无法工作的压力。残疾收入保险对员工来说很重要，但却往往最容易被忽视。例如，一个 22 岁的人并不需要人寿保险，但是需要残疾收入保险来保障他们残疾时的权利。虽然基于雇主的退休计划可以为那些残疾但仍有雇佣关系的雇员提供补偿，但这一福利计划远远不能满足那些没有退休储蓄的员工的需要。

□ 你需要的是什么保险？

首要的问题是，你所考虑的残疾收入保险能在多大程度上满足你的需求。残疾收入保险的限额是每月以 100 美元为增量或按每月收入的一定比例计算。保单限额是被保险人税后收入的 60%～80%。社会保障残疾收入计划为残疾雇员家庭提供每年免税收入中的14 000～28 000 美元。如果想知道这些福利是如何计算的，请参看附录 B、查看加曼/福格合作网站或者访问 www.ssa.gov/top10.html。

确定额外保险的金额很有挑战性，因为一些保险资源并不是所有残疾人都能得到的。在计算工作表“确定残疾收入保险的需求”中完成计算是不错的选择。当购买残疾收入保险时，你可以从工作表中得到相关数据。

计算工作表

确定残疾收入保险的需求

确定残疾收入保险的需求的第一步是确定月税后收入。在下表中，从月税后收入中减去社会保障残疾和其他残疾收入，即可估计出所需的额外保险。

决定因素	例子（美元）	你的数据
1. 月税后收入	2 100	______

续前表

决定因素	例子（美元）	你的数据
2. 减去之前购买的残疾收入保险	+750	______
A. 每月社会保障残疾福利	______	______
B. 每月雇主提供的残疾保险福利	600	______
C. 每月的私人残疾保险福利	______	______
D. 每月的政府残疾保险福利	______	______
减项总额	−1 350	______
3. 每月需要购买的残疾收入保险	750	______

□ 什么样的残疾收入保单条款才能满足需求?

在估计出所需保险额度后，就可以开始查询残疾收入险的各项政策了。先查看保单中最主要的条款，这一点将在下面的篇幅中进行讨论。残疾收入保险非常复杂，不能只依赖于保险公司的口头承诺，需要自己去分析判断，并适当听取财务分析师的意见。

等待期

残疾收入保险中的**等待期**［waiting period，又称**剔除期**（elimination period）］指从残疾发生到残疾福利发放之间的一段时间。残疾收入福利按月发放，第一次核查从等待期结束后的 30 天开始。

给付期限

残疾收入保险中的**给付期限**（benefit period）指保单支付赔偿所需的最长等待时间，一般在剔除期结束后开始。给付期限对老年人有限制，很多保险指定了保单终止的年龄。大多数残疾收入保险规定对超过 65 岁的人不再进行赔偿。

残疾程度

有些保单政策是建立在“原本职业全残”和“任意职业全残”的基础上。**原本职业全残保单**（own-occupation policy）是指当因残疾而不能从事原本职业的工作时，就能得到赔偿的保单。**任意职业全残保单**（any-occupation policy）是指当因残疾不能从事任何职业的工作时，就能得到赔偿的保单。任意职业全残保单是一种收入替代险，能补偿正常工作的收入与残疾工作收入差额的一部分。原本职业全残保单更加常见，保费也更贵。一些保单在残疾的头两年提供原本职业全残保障，之后转换成任意职业全残保障。这种**分离定义保单**（split-definition policy）为残疾恢复和职业再培训提

> **等待期**
>
> 在残疾事故发生的时刻到残疾福利发放的时刻之间的时期。
>
> **给付期限**
>
> 保单支付赔偿所需的最长等待时间。

> **理财要点**
>
> **残疾收入保险比人寿保险更加重要**
>
> 在 22 岁时，一个人残疾三个月的可能性要比死亡的可能性高 7 倍。对年轻人和单身的人来说，残疾收入保险比人寿保险更加重要。

> **任意职业全残保单**
>
> 当因残疾不能从事任何工作时，你就可得到赔偿。

供赔付。

剩余条款（residual clause）是原本职业全残保单的特点，它对那些部分残疾即非全残人士提供相对较少的残疾收入补偿。以弗朗索瓦·拉迪克斯为例，他是罗得岛普罗维登斯的一名刑事律师，他购买了一份残疾险，每月提供 3 000 美元的给付额。他后来得了多发性硬化症，只能降低 50%的工作量，收入随之降低了 50%。他的残疾保单含有剩余条款，所以他在残疾期间得到每月 1 500（=0.5×3 000）美元的补偿额。

剩余条款

它是原本职业全残保单的一个特点，它对那些部分残疾而非全部残疾人士提供相对较少的残疾收入补偿。

社会保障附加条款

假如你的社会保障申请被拒绝（该申请 70%都会被拒绝），你将无法得到合适的保险。如果你没有资格申请社会保障残疾补偿，保单中可以加入社会保障附加条款，它能给你的保单提供额外的补偿。

社会保障附加条款提供额外的保险

如果你没有社保就无法购买所需要的残疾收入保险，那么在你社会保障申请被拒绝的情况下就可能没法获得足够的保险支持（该申请的 70%都会被拒绝）。如果你没有资格申请社会保障残疾补偿，你可以在保单中加入**社会保障附加条款**（social security rider），这样可以给你的保单提供额外的补偿。以来自伊利诺伊州厄巴纳的花商卡伦·吉福德为例，他认为如果他在残疾后得到 1 000 美元的社会保障，还需要每月 1 400 美元的残疾收入保险。他也可以购买每月 2 400 美元的保单来消除这些不确定性，但是保费可能超过他的能力范围。作为替代，他购买了 1 400 美元的保单和 1 000 美元的社会保障附加条款，从而节省了 30%的费用。

你知道吗？

肖恩的成功故事

在工作的前几年，肖恩认为想在经济上取得成功不仅需要赚更多的钱和购置更多的资产，而且需要通过购买保险保护资产与收入。肖恩身体很健康，但他知道疾病和意外事故随时可能发生。他第一步采取的措施是参加由他的老板提供的医疗保健计划。他选择了高自付额医疗计划来把保费控制在可控范围之内，并签订了健康储蓄账户来存储自付医疗费用。肖恩使用了保费转换选择权，用他的税前收入支付一部分保费，他也和雇主一起建立了弹性消费安排。肖恩还考虑到由于疾病和受伤可能会导致无法工作的风险。幸运的是，他的老板提供了团体残疾收入保险，肖恩选择了有 120 天等待期和 10 年给付期的保险。若他因生病或伤残无法工作，该保险将补偿他 60%的工资。

你知道吗？

在工作中受伤的员工可以得到的补偿

如果你在工作中受伤或者由于工作的原因而生病，联邦法律会要求你的雇主支付所有因工作而产生的医疗费用。**雇员补偿险**（workers' compensation insurance）承保雇员因工伤导致的责任损失。给雇员的给付额包含医疗费用、康复治疗费用、损失的收入和复原费用。因此，雇员补偿险承保所有与健康相关的损失。由于只承保这些由于工作事故而造成的损失以及有限的赔偿额，雇员补偿险能补充你的医疗保险。

生活成本调整

购买含有**生活成本条款**（cost-of-living clause）的保险是明智的，这个条款将根据通货膨胀来增加给付额。你也可以购买每月给付额限定为收入的一定百分比而非固定金额的保单。这份保单可以使每月的给付额随着收入的增加而自动增加。

你知道吗？

把坏习惯变成好习惯

你会样做吗？	你应该这样做！
假设你的医疗保险覆盖全部需求；	阅读保单文件，做出必要的修改；
用税后收入支付所有的医疗支出；	签订保费转换保单，弹性安排储蓄和健康储蓄账户来节约税收；
在生病或者受伤时忽略潜在的收入损失；	通过雇主或者自己购买残疾收入保险；
如果不能得到团体医疗保险，就不购买保险；	在未得到团队保险之前购买短期保险；
忽略了雇主的公开注册时期。	使用公开注册来重新评估你所有的给付额。

概念测试 11.4

1. 解释如何确定你对残疾收入保险的需要程度。
2. 当购买残疾收入保险时，如何思考保单的主要条款？
3. 区分原本职业全残保单与任意职业全残保单的不同。
4. 描述你如何通过调整残疾收入保险的等待期得到更长的给付期。

长期看护保单计划

学习目标 5

阐述如何保护自己免受长期护理费用的影响。

许多医疗案例包含一段病人不再需要专业医疗护理但需要在医院中分娩或在家接受特殊照顾的时期。一些岁数特别大的老年人和患特殊病症的病人，例如阿尔茨海默症患者会有这种需求。这些护理被看作“非必要医疗项目”，所以其费用并不在 HMO、健康保险或者医疗保险的承保范围内。那些没什么积蓄的老年人可能有资格从医疗补助计划中得到长期看护费用的补偿，但对于其他人，长期护理保险可能是医疗保险中最昂贵的部分。

你知道吗？

高免赔额和长等待期可以更好地保护你免受巨大损失

回顾第十章，我们知道最明智的做法就是对你无法承受的损失购买保险，自己处理能够承受的那部分损失。你也应该将这种大额损失原则用于与健康相关的风险。下面说明了如何运用这一原则：

1. 如果既在工作中没有购买医疗保险，自己购买保险又有许多限制，你可以使用高自付额医疗计划加上健康储蓄计划，以免除巨额直接医疗费用的影响。

2. 为残疾收入保险和长期护理保险选择较长的给付期。对于同等的美元金额，你可以通过延长你的等待期（如下图所示）来购买更长年限的保险。

你可用×美元购买一份等待期（waiting period，WP）和给付期（benefit period，BP）都很短的保险：

WP	BP	合约已经到期

更好的情况是，你可用同样的×美元购买一份有更长的等待期（WP）以及给付期（BP）的保险：

WP	BP	合约已经到期

若购买长期护理保险，则需要考虑以下因素：

1. **能够得到赔偿的最低损伤程度。**保险公司使用**日常生活能力表**（activities of daily living，ADL）来决定被保险人是否有资格申请长期护理保险。如果个人无法独立履行 ADL 中的两项或三项，可以得到赔偿。ADL 通常使用是否可以洗澡、膀胱控制、穿衣、无他人帮助下吃饭、上厕所（进入和离开厕所）和转移（上下床）作为判断标准。因为洗澡是 ADL 中的一项标准，所以那些没有把洗澡作为判断标准的保单将更难达到理赔的最低标准。

你知道吗？

在医疗费用管理中可能会犯的最糟糕的错误

与别人的经济困境一样，你会在个人理财中犯下错误，当

1. 你换工作时没有参加医疗保险。

2. 你和你的配偶使用同样的雇主提供的医疗保险。

3. 忽略了你对于残疾收入保险的需求。

2. **承保护理的级别。**疗养院护理被分为三个级别。**专业护理**（skilled nursing care）是为需要加强型护理的人准备的，在医生的指导下，注册护士要进行 24 小时监护与治疗。**中级护理**（intermediate care）适合于那些不需要 24 小时看护但是无法独立生活的人。**看护护理**（custodial care）适用于那些不需要专业护理但是需要监护（例如，在别人的帮助下吃饭或者打扫个人卫生）的人。保险公司对于护理级别的定义会有所不同。住院的长期护理费用非常昂贵，很多人仍然在护士、医师甚至管家的帮助下在家中理疗。长期护理保险承保这些家庭护理的费用。

日常生活能力表（ADL）

保险公司使用日常生活能力表（ADL）来决定被保险人是否有资格申请长期护理保险。

专业护理

专业护理是为那些需要加强型护理的人准备的，由在医生指导下的注册护士进行一天 24 小时的监护与治疗。

3. **年龄。**购买保险时的年龄越小，保费就越低。需要权衡购买年龄和保费之间的关系。如果在年龄较大时再买保险，就可能会由于年龄原因支付高额保费。

4. **给付额。给付额**（benefit amount）是长期护理保险每天提供的特定的金额。如果每日护理费用是 1 400 美元，则需要购买每日 110 美元的保险，来共同

给付额

长期护理保险每天提供的特定的金额。

担负部分费用。

5. **给付期。**尽管有可能对整个生命周期进行保险，但是费用可能非常昂贵。平均的住在疗养院的时间为2.5年。3年期保单的保费只有整个生命周期给付保单保费的三分之一。

6. **等待期。**保单可以从疗养护理的第一天起开始支付费用，也可以有一段等待期。选择30天或者90天的等待期能显著降低保费。

7. **通货膨胀保护。**如果在60岁之前购买保险，会有显著的通货膨胀风险，当最终需要护理时，保单提供的赔付额可能会不足。一些保单每年增加日给付额的4%～5%，以适应通货膨胀，但是这种通货膨胀保护会使保费增多。购险人年龄越低，就越需要通货膨胀保护。

理财要点

谁最需要长期护理保险?

在医疗补助方案中，低财富、低收入的个人也在长期护理保险的承保范围内。有能力把养老金积攒到500 000美元的人才能支付得起长期护理费用。比上不足、比下有余的人才是最需要长期护理保险的人。

立刻行动!

通过阅读本章，你知道了更多关于个人理财的知识，那么通过下述举措开始行动吧：

1. 认识到如何通过工作、学校和家庭得到团体健康计划。

2. 通过保费转换计划、弹性消费安排或者健康储蓄账户来降低所得税的支出。

3. 指出可能影响你健康问题的行为，以及如何减少这些影响的措施。

概念测试 11.5

1. 描述长期护理保险提供的保护。
2. 指出长期护理保险中给付期和等待期的区别。
3. 指出长期护理保险中影响保费的三个因素。

现在你有何建议?

你现在已经学习了有关医疗保健计划的章节，如何为本章开头的丹妮尔·迪马蒂诺推荐医疗保健计划：

1. 这四种选择她应如何选?
2. 丹妮尔应为她母亲提供什么样的医疗保健?
3. 丹妮尔需要什么样的残疾收入保险?
4. 丹妮尔应如何应对长期护理风险?

本章要点

1. 学会如何化解疾病和受伤产生的经济负担。

健康相关的损失包含直接医疗保健费用、康复护理费用以及由于疾病和受伤而失去的收入。医疗保险能提供直接医疗保健的保险。长期护理保险能为恢复和护理费用提供保护。残疾收入保险能对由于残疾而失去的收入进行补偿。

2. 区分直接医疗支出的不同类型。

HMO、传统医疗保险和消费者导向保险可以满足直接医疗护理的需求。HMO需要在预付的基础上提供医疗护理。医疗保险能够补偿或者支付你的直接医疗费用。消费者导向医疗保险需要消费者支付更高比例的自付额。健康储蓄账户提供避税的方法来节约成本。健康偿付安排同意雇主帮助雇员支付费用。

3. 描述医疗保健计划的优点与缺点。

医疗保健计划保单概括了保单主要内容，描述了决定保险条款的限额和条件。一些重要的保险条款包含承保哪些种类、哪类人在承保范围内以及保单持续时间。重要的限额包括免赔额、共付额、共同保险条款和保单限额。

4. 当你由于残疾而无法工作时，制订一个计划来保护你的收入。

残疾收入保险能够对由于残疾而不能工作所失去的一部分收入进行补偿。所需的金额等于每月税后收入减去有资格领取的赔偿（例如，社会保障）。通过选取各种保单条款来调整保单，可使它能填补你残疾保险中的差额。

5. 阐述如何保护自己免受长期护理费用的影响。

当被保险人必须待在疗养院中或者其他护理设施中时，长期护理保险能提供日度补偿额。它并不提供医疗保险，这些保险通常由 HMO、私人保险或者医疗保险/医疗补助计划来提供。医疗补助计划确实能提供长期护理补偿，但是医疗保险却不能。

讨论

1. 你的医疗保健计划保单。你是否在医疗保险的承保范围内？如果是，你是如何看待受伤造成的最大潜在损失的？你是如何理解这份保单的？

2. HMO 和医疗保险。HMO 和医疗保险有不同的医疗护理方法。这两种计划有什么主要的不同点？你更倾向于哪种计划？

3. 长期护理保险。你是否在长期护理保险的承保范围内？如果你失去工作能力需要护理，会发生什么？你将会怎么做？

4. 残疾收入保险。你是否在残疾收入保险的承保范围内？如果你由于疾病或者受伤有 2～3 年不能工作，你应该怎么办？

5. 《病人保护和平价医疗法案》。该医疗改革法案存在很多争议。很多条款都已经生效，还有很多即将生效。你是否支持这个法案？如果不支持，哪个条款（参见表 11－2）是你希望去除的？

计算

1. 医疗保险金额。克里斯蒂娜·海伦来自得克萨斯州圣马科斯，今年 61 岁。她最近得了严重的中风，进行了 12 天的强化护理，又住了 18 天院。在离开医院后，她又在疗养院中恢复治疗了 45 天。克里斯蒂娜从雇主处购买了综合医疗保险。这个保单有 1 000 美元的免赔额、50 000 美元的疾病限额、250 000 美元的每年限额以及 80/20 的共同保险条款，还有 2 000 美元的保单上限。克里斯蒂娜的保单承保基础医疗服务。她总共花费了 125 765 美元。

(a) 她的保单能支付多少医疗费用?

(b) 她自己需要支付多少?

2. 医疗保险金额。 迈克尔·哈维特最近刚刚切除了胆囊，总费用达到 13 890 美元。他的保单有每年 500 美元的免赔额和 80/20 的共同保险条款。迈克尔的自付额上限是 2 000 美元。

(a) 迈克尔需要为账单支付多少钱?

(b) 他的保险需要为这个账单支付多少钱?

理财规划案例

□ 案例 1　约翰逊夫妇考虑购买残疾险

尽管贝琳达的雇主提供员工福利项目，但这些福利并不包含残疾收入保险而是每年 8 天的带薪病假。如果贝琳达不使用带薪病假，病假最多可以累积到 20 天。哈利也没有残疾收入保险。他们俩的工作时间足够长，已经有资格得到社会保障残疾福利，贝琳达估计哈利可以得到 640 美元，她自己可以得到每月 800 美元。哈利和贝琳达意识到如果只有一份收入，是不能维持现在的生活水平的。尽管他们现在可能无法支付得起这份保险，但对于残疾收入保险的需求非常强烈。事实上，在购买人寿保险时，他们并没有选择购买残疾收入保险。建议他们做到以下几点:

(a) 使用本章的计算工作表中的数据决定哈利和贝琳达需要多少金额的残疾收入保险。使用表 3-6 的 12 个月的工资数据去计算税费和每人得到的社会保障金额，他们的工资占总收入的 40%，支付相应比例的税费。

(b) 使用本章信息给约翰逊夫妇一点儿建议，对保单中的主要条款进行选择，选择如下:

(1) 剔除期; (2) 给付期; (3) 剩余条款; (4) 社会保障附加条款; (5) 生活成本调整。

□ 案例 2　埃尔南德斯夫妇面对长期护理的可能

维克托·埃尔南德斯最近知道他叔叔得了阿茨海默症。当他和玛丽亚说起这个悲伤的事情时，他意识到，尽管没有正式的诊断，但他的祖父母也有可能得过这种病。结果维克托和玛丽亚对如何为长期护理费用进行投保产生了兴趣。

(a) 埃尔南德斯夫妇选购长期护理保险时需要考虑的因素有哪些?

(b) 维克托现在 40 多岁，年龄会如何影响他购买长期护理保险的决定?

□ 案例 3　朱莉娅·普赖斯评估她的健康险

朱莉娅想要换工作。她的新雇主给她提供了不同的医疗保险，包括传统的计酬医疗费保险以及 PPO、HMO 和高自付额医疗计划。不论她选择何种保单，她的雇主都会每月支付最初的 300 美元。这意味着朱莉娅不得不支付剩余的保费加上免赔额、共同保险额以及共付额。这个费用比她在前任老板那里的保险费用更高，所以她很在意附加费用的多少。在和新公司员工福利办公室交流后，她考虑选择高自付额医疗计划，建立健康储蓄账户和保费转换计划，以及使用弹性消费安排来降低费用。请为她的想法提供一些建议。

□ 案例 4　新雇员考虑残疾保险

吉姆·内皮尔最近得到一份新的工作：铝铸件公司的制造代表。他的员工福利中含有雇主提供的每年 10 天的病假，如果不使用这些带薪病假，可最高累积到 60 天的病假。此外，他的老板提供每月 1 000 美元的期限为一年的短期残疾保险。当他咨询员工福利办公室时，吉姆发现如果他因残疾而无法工作，他能从社会保障处领取每月 500 美元的补偿。吉姆的月基础工资是 2 000 美元，还能得到相等金额的佣金，平均税后收入是每月 3 100 美元。在了解到这些信息后，吉姆意识到残疾可能会使他未来的经济状况变得非常糟糕。

(a) 吉姆的期限为一年的短期残疾保险是什么级别的保险？

(b) 吉姆的长期残疾保险是什么级别的保险？

(c) 帮助吉姆选择残疾保险的主要条款来满足他的需求。

□ 案例 5　注册会计师选择医疗保险

你的朋友塔莉莎·杰克逊换了一份新工作，成了一家中等规模会计师事务所的注册会计师。她知道你在学习理财课程，询问你如何选择最好的医疗保险。她的雇主给她 5 个选择，此外她还建立了弹性消费安排和通过保费转换计划来支付保费。

选项 A：一个综合性的医疗保险，包含每年 500 美元的免赔额和 80/20 共同保险条款以及 2 000 美元的自付上限额。塔莉莎每月要支付 60 美元。

选项 B：除了增加了 PPO 外，其他与选项 A 相同。如果塔莉莎同意由 PPO 提供服务，她每年的免赔额降至 100 美元，共同保险条款会被删除。为了激励员工选择选项 B，雇主还提供了每月价值 400 美元的牙医保险。

选项 C：一个综合医疗保险，包含每年 200 美元的免赔额和 90/10 的共同保险条款以及 1 000 美元的自付额上限。整个生命周期的限额是 100 万美元。塔莉莎必须每月支付 150 美元。

选项 D：HMO 的会员。塔莉莎如果选择这一选项每月需要多付 40 美元。

选项 E：高自付额医疗计划，每月不需要支付费用。每年的免赔额是 3 000 美元，有 90/10 的共同条款。每年的自付额上限是 3 000 美元。她的老板提供 1 000 美元的健康补偿账户，如果她选择此方案，她能够建立 HSA 来帮助她支付保费。

(a) 帮助她做决定。列举出每个方案的两个优点与两个缺点。

(b) 为什么在选择选项 B 时她的雇主要提供牙医保险？

(c) 你建议她选择何种方案？为什么？

自我理财

1. 如何支付你的医疗保健计划费用？列举出你去年使用过的医疗服务，估计这些服务的费用成本。然后指出如何支付这些费用，哪些是你自己支付的，哪些是保单支付的，哪些是共付的。写下总结。

2. 分析你的医疗保健计划！拿到你的医疗保险保单的副本。用该保险的承保护理类型、被保险人、免赔额、共同保险、共付额、限额以及其他条款限制来分析保单。

3. 你能得到什么级别的社会保障残疾福利？查询社会保障管理网站，使用 www. ssa. gov/planners/benefitcalculators. htm 的网上计算器来测评如果发生残疾，你是否有资格接受社会保障残疾险。

4. 计算你所需的残疾收入保险。使用正文中的计算工作表和《我的个人理财规划师》中的工作表46：确定残疾收入保险的需求，来估计你所需要的保险额，以补偿你残疾时的损失。

5. 利用不同选择来节约保单的税收。你最近是否被雇用？你是否有资格参加雇主发起的保险计划？使用本章的材料评估你所使用的保费转换计划、弹性消费安排、高自付额医疗计划和健康储蓄账户，来降低你税后的医疗费用。

网络资源

在网络上完成练习。你能登录 www. cengagebrain . com 访问加曼/福格合作网站，这里面有更多练习题。点击关于本章的网络练习题。

1. 评估医疗保险的质量。访问美国国家质量委员会的网站 www. ncqa. org。如果你在保单的承保范围内，查询你保单的信息。如果你不在承包范围内或者保单已经过期，选择一个主要的城市并得到关于那个城市保单的信息。什么样的信息、标准或报告中的其他数据可以帮助你评估你的保险质量？

2. 理解医疗改革。访问美国健康和人文服务部网站 www. healthcare. gov/law/introduction/index. html，这里有关于医疗改革的信息。这些改革中哪些条款对你有利？当你毕业后，这些条款会如何影响你？

3. 长期护理保险的好处。访问美国健康和人文服务部网站中的 www. longtermcare. gov，阅读有关长期护理保险的信息。这些保险如何能与你的风险管理计划相匹配？

付诸行动

1. 关于医疗保健保护的观点。与五位没有听过个人理财课程的学生交谈。如果他们有医疗保健计划，让他们阐述他们对于其医疗保健计划的观点。然后询问他们医疗保健计划如何能满足他们的需求。制作一个表格来总结这些结论。

2. 如何从雇主提供的医疗保险中进行选择? 调查三位团体健康计划被保险人或其配偶。询问他们如何做出选择，当注册期开始时他们如何处理相同的决定。总结他们的反馈，以及他们的经历是如何影响你关于雇主提供保单的想法的。

3. 将大额损失原则运用在医疗保健计划上。 大额损失原则告诉我们，人们最好支付保单更高的初始部分，并拓展保单来承保巨额损失。在医疗保健计划中，这意味着为直接医疗费用选择高自付额医疗计划，且为残疾收入保险和长期护理保险选择更长的等待期和给付期。在你的个人理财课上询问三位学生关于此事的看法，也询问拥有医疗保险的三位课外人士的看法。总结这两组人的回答和这些观点如何影响你关于大额损失原则的观点。

4. 满足对于残疾收入保险的需求。 询问讨论过是否购买残疾收入保险的家庭，询问其最终购买或没有购买的原因。同样询问在这一决定过程中哪些方面最为困难。总结这些回答。

5. 对于长期护理的计划。 询问那些决定满足长期护理需求的家庭成员。询问在这一决定过程中哪些方面最难决定。询问他们的家庭成员经历的选择过程如何影响他们关于长期护理需求的观点。总结这些反馈，并总结他们的努力如何影响你对于长期护理的观点。

登录 www. cengagebrain. com 访问加曼/福格合作网站。

第十二章 人寿保险计划

你在开玩笑?

米歇尔和詹森·贝利都是三十来岁，他们正期待着下个月即将出生的孩子。这对夫妻的年收入均为40 000美元左右。目前，他俩都有一份20 000美元的人寿保险（以下可简称“寿险”）保单，并且将彼此指定为受益人。他们在几年前购买这些保单用来支付悲剧发生时与死亡相关的费用。随着孩子的到来，他们正在考虑每个人购买30 000美元的人寿保险，那样赔偿金就可以用来弥补其中一个人死亡时导致的收入损失。米歇尔和詹森每个人将会为这份额外的保障支付多少钱?

A. 每月约25美元； B. 每月约50美元；
C. 每月约100美元； D. 每月约200美元。

答案是A。人们在三十来岁时每1 000美元的定期寿险保额每年花费约1美元。因此米歇尔和詹森可以各自每年花费300美元或者每月25美元来购买这份保险——以一个很低的价格来支付所提供的安全保障。一直购买便宜的定期保险可以弥补你去世时你的家人所需要的损失的收入。

学习目标

在学习完本章后，你应该能够：

1. 理解为什么你会需要寿险，并且计算出合理的保险金额。
2. 区分不同类型的寿险。

3. 解释寿险保单的主要条款。

4. 应用循序渐进的策略实施寿险计划。

你有何建议?

28 岁的凯伦·布里奇曼计划明年和她 30 岁的丈夫威尔生下第一个孩子。他们两人都有小额现金价值的寿险保单（分别为 25 000 美元和 50 000 美元），那是他们年幼时父母为他们购买的。凯伦是一个房地产律师，每年的收入为 90 000 美元。她打算在有孩子之后继续工作。凯伦的雇主为其提供了 401（k）退休计划，凯伦最多投入她一年工资的 6%，加上她的雇主提供投入金额的一半。她的雇主不提供雇主支付寿险。威尔是一位高中教师和田径教练，年收入为 49 000 美元，他的雇主为其支付全部的养老保险费用。有一个可选择的补充养老金计划，需要威尔贡献其 5%的工资，但是他还没有这么做。威尔有雇主提供的、金额相当于他年薪两倍的寿险。除此之外，威尔和凯伦没有其他的寿险。

对于凯伦和威尔的寿险计划，你有什么相关的建议：

1. 一旦有了孩子，他们的寿险需要改变吗?
2. 他们应该考虑哪个保险险种？是否该购买多种保单?
3. 是否需要调整他们的退休储蓄及其他寿险计划的投资?
4. 是否要购买寿险?

乔治·伯恩斯曾经说过“如果你能活到一百岁，你就很幸运了，因为很少有人能活到那个年纪。”其实对我们大部分人而言，死亡会来得更早，即使我们不知道是什么时候。死亡发生的不确定性伴随着财务风险。因为不知道自己能活多久，这就导致了两个财务问题的发生。第一个问题是活得太久，退休期间的储蓄不足以支付日后的生活费。人寿保险不是解决活得太久这个问题的最佳途径。相反，你应该投资免税的养老金计划（将在第十七章讨论）。第二个问题是去世得太早，即你在能够为你的亲人（尤其是你的配偶和孩子）提供足够的财富保障之前就已经离开人世。**人寿保险**（life insurance）为你的亲人在你去世得太早这种可能性发生时提供了保障。你将会明白，定期寿险在这方面是做得最棒的。

大多数美国人不购买人寿保险，或购买不充分的保险。人们最需要寿险的时期是在抚养孩子期间，因为此时需要一个或更多个成人的收入来抚养一个孩子。

你的未来五年

在未来的五年中，通过做以下相关的寿险规划，你可着手获得理财成功：

1. 每隔三年或当重大生活事件发生时（例如生孩子）重新计算寿险需求。

2. 购买寿险时在网上进行价格比较以获得尽可能最低的费率。

3. 用“购买定期寿险，剩下的钱用于投资”的原则选择保证续保定期寿险。

4. 用购买定期寿险节省的资金投资免税的养老金计划而不是现金价值保险。

5. 通过选择保证续保定期保单和有保证选择的现金价值保险以避免和健康相关的保费增加。

这时通常需要购买 250 000 美元、500 000 美元甚至 1 000 000 美元的保险。随着孩子的长大，他们需要经济支持的年份减少，因此收入赚取者购买寿险的必要性开始下降，直至最后，孩子离开了家庭。在适当的时候，寿险的需求会消失，因为随着时间的推移而进行的储蓄和投资，已经可以为幸存者提供足够的资金，这主要通过养老金计划来实现。

> **人寿保险**
> 承诺在被保险人去世后支付资金给受益人的保险合同。

美国人易购买错误的寿险险种——现金价值保险——当定期寿险保单的花费比其少 80%时。最聪明的理财策略是利用购买定期寿险省下的钱去投资免税的养老金计划。这种方法被称为“购买定期寿险，剩下的钱用于投资”。

你需要多少金额的寿险？

购买寿险最主要的原因是使你的家人免于由于你的去世带来的财务危机，其所得可以供你的配偶和孩子继续生活。保险赔偿金可以保障人们自置居所。未来的大学或者其他教育计划可以维持不变。那么，底线是什么？你购买寿险是为了你的亲人，不是为了你自己。因此如果你还年轻、未婚、没有孩子，就不需要寿险。

> **学习目标 1**
> 理解为什么你需要寿险，并且计算出合理的保险金额。

□ 什么经济需求能够弥补你的去世？

去世太早带来的经济损失包括最终费用的支出、死者的收入损失、调整期费用、债务偿还，可能还有尚存配偶及子女的教育费用。

> **最终费用**
> 在被保险人去世之前或之后发生的一次性费用。

最终费用需求

最终费用（final expense）是在被保险人去世之前或之后的一次性费用。其中开支最大的是举办葬礼、埋葬或火化死者的费用，这笔费用可能只需要 1 000 美元，也可能高达 10 000 美元。家庭成员参加葬礼的旅行费用可能会非常高，送葬者的食宿费用也可能相当高。家庭生活严重中断的情况可能持续数月。此外，还有安排死者遗产的费用，这些都可以由寿险所得来支付。

> **理财要点**
> **购买寿险与投资**
> 大部分大学生可以活到 80 岁，20%的人将会在退休前死亡。利用寿险来防止过早死亡，利用投资为漫长的人生做好准备。

收入替代需求

一旦有人在经济上依赖你，你的收入将是你过早死亡的主要的经济损失，其中包括任何基本的员工福利，如你的家属的医疗保健福利。依靠双方的工资来维持生活所需的双职工家庭应该计划保护二者的收入来源。

> **理财要点**
> **丈夫和妻子需要各自的寿险计划**
> 丈夫和妻子应该整合他们的寿险计划，但是双方都需要有各自的保单。即便有一方的收入占整个家庭收入的大部分，仍应这么做。弥补全职配偶家务劳动的成本应该被包括在寿险计划中。

调整期费用需求

在有亲人去世后，家庭成员往往需要一段时间来调整。调整期会持续几个月甚至两年到三年，这可能会产生财务后果从而需要大量寿险赔偿金。例如，有幼童的父母的死亡可能需要尚存配偶放弃一段时间的工作。同样，尚存配偶可能暂时放下工作——也许一年或两年——去获得进一步的教育。

债务偿还需求

有些人想购买足够的额外人寿保险来还清所有分期贷款、信用卡和住房抵押贷款的余额。这个动机可以理解，但是为弥补收入损失购买了足够的人寿保险的家庭可能并不需要为偿还大部分债务而制定特定的保险条款。然而，为了减少幸存者的财务负担而购买少量的额外人寿保险来还清除了抵押贷款之外的所有债务有时是有用的。

大学费用需求

许多有孩子的家庭已经有了适当的大学储蓄计划。对收入损失应有足够的替代以保证计划的延续。大多数家庭用当前的收入来支付孩子上大学的费用，因此，家庭收入提供者的死亡会削弱满足这种需求的能力。解决方案是预留一笔金额的寿险收益作为未来的大学费用。建议其金额是目标院校当前四年的学费和食宿费用的总额。

其他特殊需求

许多家庭的寿险规划中有特殊的需求。例如，家庭中可能有一个在成年后需要医疗或监护的孩子。富裕的家庭可能需要额外寿险支付联邦遗产税和州继承税（将在第十八章讨论）。

□ 有三种方法满足你的需求

为防止前面所述损失，有三种方法能满足需求：现有资产、政府福利和寿险。

1. 现有资产可帮助你满足需求

随着时间的推移，个人和家庭通常至少会有少量的储蓄和投资。储蓄账户、存单、股票、债券和共同基金所持有的资金往往是为了一些特殊的目的，如退休、旅游或供孩子上大学。在过早死亡的情况下，它们可以被用来支付最终费用和调整期费用以及取代损失的收入，即使保留这些资金用于原定用途可能会更明智。死者的退休基金，比如401（k）退休计划和个人退休账户（将在第十七章讨论），是额外的资金来源。年轻的家庭在收入提供者去世后应谨慎地将退休账户的基金用于生活开支，因为这可能危及尚存配偶的退休生活。

2. 政府福利可能有助于满足某些需求

> **社会保障遗属津贴**
> 支付给尚存配偶和孩子的政府项目福利。

寡妇、鳏夫以及他们的家属可能符合领取各种政府福利——特别是**社会保障遗属津贴**（Social Security survivor's benefit）的条件，该津贴支付给有孩子的尚存配偶，或者如果没有尚存配偶的则直接支付给孩子。而津贴多少则取决于死者生前的收入水平（附录B和加曼/福格合作网站提供了估算社会保障津贴的详细过程）。如果符合条件，一个家庭每年可以领取多达28 000美元，不过这些福利一般在最年幼的孩子达到18岁后终止。每年大约有640万美国人领取社会保障遗属津贴，其中包括200万平均每月领取750美元的孩子。

3. 寿险可以关闭任何需求缺口

寿险是所有保险形式中最为简单的，因为它只防范一种危险——死亡。保单所支付的赔偿金是事先知道的。将死亡证书交给保险公司后，赔偿金在几天内就会支付给**受益人**（beneficiary，保单中指定的获得赔偿金的人）。保险赔偿金无须缴纳所得税并且受益人可以以他们所喜欢的任何方式来使用这笔资金。当然，如果资金是存放在银行或者用于投资的，那么所赚取的利息或股息就需要缴纳所得税。

> **受益人**
> 根据保单，获得寿险赔偿金的人。

雇主经常为其雇员提供寿险作为一项员工福利，寿险金额通常为员工工资的一倍或者两倍。此外，一些人现有的寿险是他们还是孩子时或者是以前购买的。这些保障会减少购买额外寿险的需求。

□ 你需要购买的寿险金额是多少？

确定过早死亡造成的损失程度可能很复杂，通常有两种方法：收益倍数法和需求法。其中，需求法更为准确，并且它能够反映家庭地位、收入、资产和在生命周期中所处年龄的变化。

收益倍数法存在逻辑缺陷

收益倍数法（multiple-of-earnings approach）通过将收入乘以一个数（比如5、7或10）作为需要的人寿保险的金额。因此，一个年收入为40 000美元的人需要金额为200 000美元到400 000美元的人寿保险。人寿保险代理人经常建议使用这种简单的方法。

另一种收益倍数法是使用附录表A-4中的利息因子来预测投资收益率以及给定一个需求年限。该方法的思路是，幸存者可以将因寿险投保者死亡而获得的赔偿金进行投资，从而得到所需的一定年数的收入流。例如，父母希望连续为家庭提供20年且每年为40 000美元的收入，收益率为3%（剔除了通货膨胀和税负的影响），那么他们需要金额为600 000（=40 000×14.877 5）美元的寿险来保障他们的生活。

收益倍数法有不足之处，它只涉及一个影响寿险需求的因素——收入替代需求——而没有考虑其他因素，如年龄、家庭情况以及其他可以弥补收入损失的资产。

需求法是最佳方法

需求法（needs-based approach）在估算寿险的需求时考虑了所有能够影响需求水平的潜在因素。它通过对收入替代需求以及使需求水平增加和减少的综合因素进行更准确的评估，改进了收益倍数法的运算。计算工作表“以需求法计算寿险”阐述了需求法的计算方法。如果你能够计算你目前的寿险需求，接下来要做的就是每过三年或者当你的职业、家庭情况、健康状况发生变化时对其进行重新估算。

> **需求法**
> 在估算人寿保险的需求时更好的方法，考虑了所有能够影响需求水平的潜在因素。

> **计算工作表**
>
> **以需求法计算寿险**
>
> 以下工作表为需求法计算寿险需求提供了参考。累加最终费用需求、收入替代需求、调整期需求、债务偿还需求、大学费用需求以及其他特殊需求，再减去政府福利、当前保险资产，得到的就是寿险需求。这张工作表也可在加曼/福格合作网站上找到。

影响寿险需求的因素	例子（美元）	你的数据（美元）
1. 最终费用需求		
包括葬礼、埋葬、差旅费用和其他项目的开支	12 000	______
2. 收入替代需求		
年收入的75%[a]乘以附录表A-4中对应的收入替代年数的利息因子，假定已剔除税负和通货膨胀的影响。[36 000×19.6004（连续30年3%的收益率）]	+705 614	+______
3. 调整期需求		
为尚存配偶及家属支付就业中断损失及潜在的教育费用	+19 000	+______
4. 债务偿还需求		
提供短期债务和分期付款债务的偿还，包括信用卡及个人贷款	+10 000	+______
5. 大学费用需求		
满足家属的大学费用的资金	+75 000	+______
6. 其他特殊需求	+0	+______
7. 小计（第1～6项的合计结果）	+821 614	+______
8. 政府福利		
社会保障遗属津贴和其他福利的现值 每月津贴乘以12，利用附录表A-4中年份所对应的津贴金额，利率与第2项中相同。 [2 725×12×11.937 9（连续15年3%的收益率）]	−390 369	−______
9. 当前保险资产	−98 000	−______
10. 寿险需求	333 245	______

a. 用75%是因为25%的收入要被用于个人需求。

计算有小孩的夫妻的寿险需求

现在请思考佐伊尔·雷蒙德的例子。佐伊尔，35岁，是一个来自马萨诸塞州霍利约克的工厂领班，他有一个配偶（30岁）和三个孩子（分别为8岁、7岁和3岁）。佐伊尔每年的收入为48 000美元，他希望万一他去世了，寿险能够弥补他30年的收入，那个时候他的配偶正好接近退休。计算工作表“以需求法计算寿险”中“例子”一栏为此刻佐伊尔所面临的情况的扩展。

1. 最终费用需求。佐伊尔估算他的最终费用（葬礼、埋葬和其他费用）为12 000美元。

2. 收入替代需求。将佐伊尔的收入48 000美元乘以0.75以及利息因子19.600 4，用这个因子的原因是佐伊尔认为它可以刚好替代他30年的收入损失或者直到他的妻子玛丽达到60岁并且度过了社会保障封锁期。佐伊尔和玛丽是风险中性投资者，并且他们认为玛丽可以赚取剔除税负和通货膨胀后3%的寿险收益。基于以上条件，收入替代需求为705 614美元。

> **理财要点**
>
> **人寿保险可以提供一系列未来收入**
>
> 拥有适当金额的寿险允许你的家庭对赔偿金进行投资继而提款，以此来取代你本可以为他们提供的收入。

3. 调整期需求。玛丽是当地一家报社的记者，年收入为 38 000 美元。此处分配 19 000 美元作为调整期需求，可以允许她请六个月假或者满足其他调整期需求。

4. 债务偿还需求。佐伊尔和玛丽在各种信用卡和汽车贷款上欠了 10 000 美元，此外，他们还欠 128 000 美元的住房抵押贷款。如果佐伊尔去世，玛丽愿意偿还除了住房抵押贷款之外所有的债务。如果佐伊尔的收入被充分替代，玛丽就负担得起住房抵押贷款。

5. 大学费用需求。佐伊尔估算他每个儿子参加当地公立大学目前所需要的成本为 25 000 美元。如果他去世，每个儿子能得到 25 000 美元的寿险赔偿金去投资。若投资得当，资金增长的速度应该足以跟上大学教育成本的提高速度。

6. 其他特殊需求。佐伊尔和玛丽没有任何与寿险计划相关的特殊需求，因此这项特殊需求为 0 美元。

7. 小计。雷蒙德夫妇从计算工作表的第 1～6 项中，确定佐伊尔的死亡所产生的经济需求为 821 614 美元。尽管这个数字看起来很庞大，有两种途径可以使其减少，就是第 8 项和第 9 项。

8. 政府福利。佐伊尔认为他的家庭符合领取社会保障遗属津贴的条件，并且每月可以领取 2 725 美元或者每年领取 32 700 美元。① 这些赔偿金将会连续支付 15 年，直到他最小的儿子长到 18 岁。这一串现金流的现值为 390 369 美元（根据附录表 A－4），假设 15 年的收益率为 3%。

> **理财要点**
>
> 社会保障遗属津贴有一段封锁期
>
> 一旦最年幼的孩子长到 18 岁，尚存配偶就进入**社会保障封锁期**（Social Security blackout period），没有社会保障遗属津贴。当尚存配偶 60 岁时，封锁期结束。尚存配偶可以领取遗属抚恤金到 62 岁，接着开始领取基于他（或她）自己的或者已逝配偶的退休福利，这取决于哪种福利更高。

9. 当前保险资产。佐伊尔有一份 5 年前购买的金额为 50 000 美元的寿险保单。他的雇主也为他支付一组相当于他年收入 48 000 美元的保单。佐伊尔的主要资产包括他的住宅和养老金计划。他不希望在去世后玛丽清算这些资产，因此在第 9 项中仅包括 98 000 美元的保险金额。

10. 寿险需求。从小计中减去计算工作表中第 8 项和第 9 项后，佐伊尔估算他需要一份额外的金额为 333 245 美元的人寿保险。这个数字很大，但是佐伊尔可以通过每月仅需支付 30 美元的定期人寿保险保费来满足这个需求。

因为玛丽的收入大约是佐伊尔的 80%，她的寿险需求大约也比佐伊尔低 20%。为了确定具体金额，他们同样需要为她填写一张工作表。接着，这对夫妻需要决定购买哪种类型的寿险，从谁那儿购买需要的额外人寿保险。这些话题将会在本章后面讨论。

计算一个年轻专业人士的寿险需求

来自弗吉尼亚州林奇堡的艾琳·利奇，最近毕业于旅游管理专业，并且接受了一份年薪 43 000 美元的工作。艾琳是单身，和她的妹妹住在一起。她欠了 14 500 美元的车

① 你可以通过向社会保障局（www. ssa. gov）要求一份社会保障声明来估算你的个人社会保障福利。附录 B 也可提供估算。

贷和 21 800 美元的教育贷款。艾琳在银行里有大约 7 000 美元的存款，她的员工福利是一份和她年薪等额的由雇主支付的定期寿险保单。

艾琳已经与一位寿险代理人接洽，代理人用收益倍数法建议她需要购买金额为 215 000 美元或者是她 5 倍收入的寿险。她需要购买这份寿险吗？如果你用需求法计算艾琳的寿险金额，你会发现：

- 艾琳估计她的最终费用为 10 000 美元，于是在第 1 项中填入 10 000。艾琳没有人需要抚养，因此不需要考虑收入替代需求、调整期需求、大学费用需求以及其他需求。
- 前文计算工作表中的第 2 项、第 3 项、第 5 项、第 6 项为 0，因为艾琳在这几方面没有需求。
- 艾琳的尚存家属没有资格申请任何政府福利，因此第 8 项也为 0。
- 艾琳希望在她去世后，14 500 美元的车贷和 21 800 美元的教育费用能得到偿还。如果她的妹妹能毫无负担地继承她的车，她会更加开心。因此在第 4 项她填了 36 300 美元。
- 艾琳的寿险和资产的总价值为 50 000 美元，她在第 9 项中填入该数字。

计算结果显示艾琳不需要购买任何额外的人寿保险［10 000＋36 300－50 000＝－3 700（美元）］。代理人建议她现在就购买寿险，因为她现在还年轻而且费率很低。但这不是明智的选择，不应仅仅因为费率低而购买保险。除非你有个人或家庭病史，这可能会影响寿险的购买。如果你像艾琳一样，就应该等到你真正需要寿险时再购买保单。

概念测试 12.1

1. 区分去世太早的问题和活得太久的问题，以及解决各个问题的最佳途径。
2. 列出五种可以通过寿险解决的需求类型。
3. 解释在计算寿险金额时为什么收益倍数法没有需求法准确。
4. 找出在一个典型的人的生命周期中的两个时期，哪个阶段对寿险的需求最低，哪个阶段最高。

寿险只有两种基本类型

很多人会被各种各样的寿险计划所混淆。然而事实上，寿险的类型只有两种：定期寿险和现金价值寿险。**定期寿险**（term life insurance）通常被描述为“纯粹的保护”，因为它只有被保险人在保单所覆盖的时期（期限）内死亡时才会支付赔偿金。如果覆盖的时间需要换成另一个时期，保单就必须被续保。由此，它的作用就像汽车或房屋的保险那样。所有其余的寿

> **学习目标 2**
> 区分不同类型的寿险。

> **定期寿险**
> 它提供“纯粹的保护”以防止过早死亡；只有被保险人在保单所覆盖的时期（期限）内死亡时才会支付赔偿金。

险都是各种各样的**现金价值寿险**（cash-value life insurance）。这些保单在被保险人死亡时支付赔偿金（就像定期保单一样），同时还包括一个储蓄/投资要素，它可以在被保险人死亡前支付给投保人。因此，它们包括**现金价值**（cash value），体现了寿险保单中的投资要素的价值。由于它的投资要素，很多人自然而然地认为现金价值寿险是最佳选择，但这种想法是错误的。现金价值寿险比定期寿险的成本更高，而且有很多比寿险更好的投资选择，这些你将会在随后的章节中学习。

> **现金价值寿险**
> 在被保险人死亡时支付赔偿金，同时包括一个储蓄/投资要素，可以在被保险人死亡前提供一份减少了的赔偿金给保单持有人。

□ 定期寿险是纯粹的保护

定期寿险的期限通常为1年、5年、10年，甚至20年。如果被保险人在指定的时期内存活下来，受益人就不能收到任何货币性福利。定期寿险购买的面值为1 000美元的倍数，通常最低面值为50 000美元。**面值**（face amount）是寿险保单上标明的美元价值，用于计算保费。寿险的种类包括递减定期寿险、保证续保定期寿险、可转换定期寿险以及信用和抵押定期寿险等。

> **面值**
> 寿险保单上标明的美元价值，用于计算保费。

除非原合同另有规定，否则要续保就必须申请一份新合同，而且可能需要进行体检。在每一次续保时，保费都会有所增加，这表明了随着投保人年龄的增长，死亡概率也随之上升。例如，一个25岁的年轻人的五年期金额为100 000美元的续保定期寿险每年的保费为100美元，35岁时的保费为135美元，45岁时的保费为220美元。定期保单比任何一份新的给定年数的现金价值保单都要便宜得多，因为它们不包括储蓄/投资要素。如果你有健康问题，在购买一份新保单时可能会被拒绝，或者被要求支付更高的保费。

> **理财要点**
>
> 工作中的人寿保险过于昂贵
> 不像健康保险，对于健康的人，团体寿险费率并不比个人的费率低。此外，如果你有健康问题，你的团体费率就会远远低于你自己所需支付的费率。

保证续保定期寿险

如果你在定期寿险有效期间健康有问题，那么要想续保可能会比较困难。为了避免这种困境的发生，定期寿险经常被设计为**保证续保定期寿险**（guaranteed renewable term insurance）。这就排除了你不可保的可能性。在没有续保证明时可续保的次数被限制为2次或3次，续保的最大年龄被这些续保保单所设定（通常为65岁或70岁）。除非你很肯定，认为自己不需要续保，否则保证续保定期寿险还是值得推荐的。

> **保证续保定期寿险**
> 它排除了被保险人不可保的可能性。

水平-保费定期寿险

水平-保费/保证水平-保费定期寿险（level-premium/guaranteed level-premium term insurance）的期限很长（也许为5年、10年或20年），可以通过购买它来避免定期寿险的保费随着年龄的增长而增长。有这样的保单，在其整个有效期内的保费就为一个常数。对于这样的保单，早些年支付的保费高于必要的支付，以平衡后期支

> **水平-保费定期寿险**
> 期限较长的定期保单，保费保持不变。它也被称为保证水平-保费定期寿险。

付的保费低于必要的支付。保单上所写的10年或者更长年限的保费通常为5年一个间隔保持不变，在另一个5年或10年可能增长到另一个常数。这种水平-保费保单可能包含**再进入条款**（re-enter provision），在每5年的初期需要健康证明。如果健康状况改变，被保险人必须以一个比原来预期更高的费率再进入。我们要尽量避免有这种条款的保单，特别是当你所需要的担保年限超出了最初的水平-保费间隔期限时。

递减定期寿险

递减定期寿险（decreasing term insurance）的保单面值逐年递减，而保费保持不变。保单持有人选择最初的面值和合同期限，之后保单的面值逐渐（通常为每年）递减到合同最后一年的最小值（比如50 000美元）。例如，一个35岁的女人购买一份30年期的递减定期寿险，面值为200 000美元，每年以5 000美元的额度递减。递减定期寿险的主要优点是，它更加适应保险需求的变化，通常随着一个人年龄的增加，需求会减少。

> **理财要点**
>
> **成千上万的家庭没有寿险**
>
> 最近的调查数据显示只有44%的家庭有个人寿险保单。大多数人认为寿险比较昂贵。相反，定期寿险是负担得起的，对于一份面值为500 000美元的保单，每月仅需支付40美元，100万美元的保单每月仅需支付70美元。

可转换定期寿险

可转换定期寿险（convertible term insurance）允许投保人选择将保单转换为现金价值寿险，无需可保证明。通常转换只允许在保单的前五年进行。还有一些保单被设计为过了一定年限后自动从定期寿险转换为现金价值寿险。

> **可转换定期寿险**
>
> 它允许投保人选择将保单转换为现金价值寿险，无需可保证明。

从定期保单转换为现金价值保单有两种方法。第一，可以简单地申请转换并开始支付现金价值保单所要求的更高的保费。现金价值保单的储蓄/投资要素从转换日便开始积累。第二，如果保单最初是以现金价值编制的，你可以向公司支付现金价值。即使这个总额可能是一个相当大的数字，它也代表着保单持有人的资产。此外，新的保费可能基于你最初购买定期保单时的年龄，那可能会使保费更低。

团体定期寿险

团体定期寿险（group term life insurance）被提供给团体中的成员而不是个人。这类保单大多数为大量员工而设计，由雇主支付全部或部分保费。团体定期寿险的保费是基于整个团体特征所决定的平均费率。若你在一个团体计划中投保，就不需要证明可保性，并且如果你离开这个团体，可将其转换为个人保单，此时同样不需要可保证明。这种转换对由于身体状况不佳而负担不起或无法实现个人寿险的人有极大的好处。

信用和抵押定期寿险

若被保险人在偿还债务前去世，**信用定期寿险**（credit term life insurance）将会支付贷款余额。**抵押定期寿险**（mortgage term life insurance）尤其侧重于抵押债务的偿还。本质上，这两种类型的定期寿险都是以债权人为受益人的递减定期寿险。这些产品的价格过高，唯一需要考虑购买的是那些因为严重不好的身体状况而确实不可保的人。大多数人是可保的，而且可以获得最低成本的定期寿险，因此他们并不需要信用或抵押定期寿险。

□ 现金价值寿险有储蓄要素

现金价值寿险在被保险人死亡后支付赔偿金，而且包含储蓄/投资要素，这个现金价值属于保单的持有人而不是受益人（二者可以为同一人）。当被保险人还活着时，保单持有人可以通过从保险公司借入或者放弃、取消保单来获得现金价值。现金价值寿险被认为是**永久性保险**（permanent insurance），因为它不需要续保，只要支付保费，保单就会覆盖被保险人的整个生命周期。现金价值保单的年保费通常保持不变。

新签订的现金价值保单的保费总是高于那些提供相同保险金额的定期寿险的保费。存在这种差异是因为现金价值保单中只有一部分的保费是用来提供死亡抚恤金的，其余被用于维持保费水平以及积累现金价值。图 12-1 阐述了现金价值寿险保单和定期寿险保单的保费差异。

现金价值寿险保单 保费的支付用于保险保障、销售佣金以及公司费用	保费用于现金价值的建立和相关的公司费用
定期寿险保单 保费的支付用于保险保障、销售佣金以及公司费用	钱不是花在寿险和投资上

图 12-1 现金价值寿险和定期寿险的保费比较

现金价值寿险表示一个由递减定期人寿保险和投资金额加起来达到保单面值的组合，图 12-2 阐述了这个概念。例如，最初你有金额为 100 000 美元的保险，并没有储蓄。几年后，你的保单里也许会有 2 000 美元的储蓄。如果你去世了，你的受益人可以领取 100 000 美元，其中 2 000 美元是属于你自己的钱。如果你活得足够久，现金价值可能等于甚至超过 100 000 美元。实际上，你的受益人将会领取你的储蓄金额，而不是保险赔偿金。

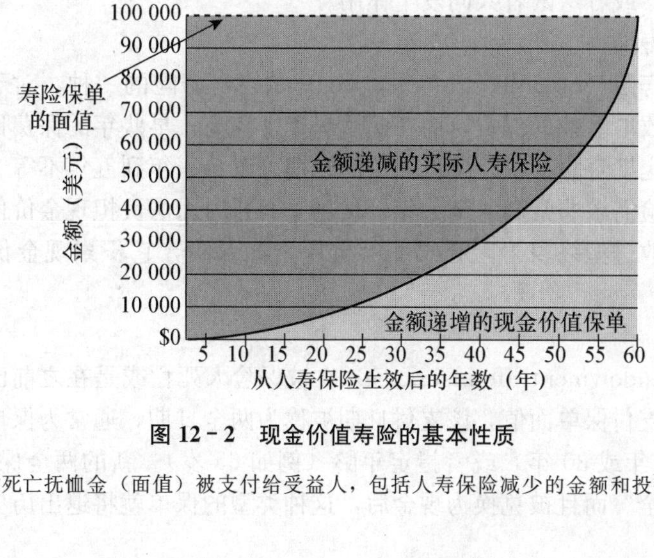

图 12-2 现金价值寿险的基本性质

100 000 美元的死亡抚恤金（面值）被支付给受益人，包括人寿保险减少的金额和投保人积累的现金价值收益。

即使有寿险保单中的现金价值在你生命周期中慢慢积累，当你死亡时保险人也只会赔付保单上的面值。通过许多途径，在购买寿险时，现金价值保单代表了一种允许资金积累的强制储蓄。

终身寿险

终身寿险（whole life insurance）是现金价值寿险中最常见的，只要被保险人活着，且每年支付保费，它就提供终身寿险。对于这类保险，只要每年按时支付保费，保单就会一直有效并且不需要续保。

> **终身寿险**
> 现金价值寿险的一种，提供终身寿险保护，被保险人需要终身支付保费。

有限-支付终身寿险

有限-支付终身寿险（limited-pay whole life insurance）是允许在100岁之前停止支付保费的终身寿险。两个常见的例子是**20年-支付人寿保单**（20-pay life policy），允许保费支付在20年后终止；以及**65岁-付清保单**（paid-at-65 policy），只需要被保险人支付保费到65岁。尽管保费只需要在特定的期限内支付，保险覆盖持续存在于整个生命周期。

> **有限-支付终身寿险**
> 允许在100岁之前停止支付保费的终身寿险。

有限-支付终身寿险保单每年的保费高于那些终身寿险保单的保费，因为保险公司收取保费的年份更少。当保单持有人可以停止支付保费时，有限-支付保单被认为是**已付清**（paid up）的。一种极端的有限-支付寿险的类型是**单一保费寿险**（single-premium life insurance），要求保费一次性付清。

> **已付清**
> 指终身寿险的持有人可以停止支付保费的情况。

可调整寿险

现金价值寿险的三个基本要素是保费、保单面值以及现金价值积累的利率。**可调整寿险**（adjustable life insurance）允许更改三个中的任何一个，其余两个则要发生相应的改变，且在更改时无须提供可保证明。例如，你认为更多孩子的出生会增加你对人寿保险的需求，可调整寿险就允许你增加保单的面值。相应地，保费会增加，现金价值的积累速度会减慢，或者这两者共同发生作用。

改进型终身寿险

改进型终身寿险（modified life insurance）是终身寿险的一种，对于这种寿险，保险公司在早些年收取缩减的保费，而在此后保费则较高。早些年的保费比较低是因为早期的一些保护由定期寿险提供。降低保费的时期可以从一年到五年不等。改进型终身寿险主要为那些寿险需求非常高（例如年轻父母）而暂时无法负担现金价值保单的保费的人而设计。因为改进型终身寿险在早些年运用定期保险，它积累现金价值的速度极其缓慢。

两全寿险

两全寿险（endowment life insurance）在被保险人死亡或是在之前已商定好的日期到来之时都需要支付保单面值。该支付日期被称为两全日期，通常为保单保险之后的指定年数（例如20年或30年）或者指定年龄（例如65岁）。新的两全保单不再被签订。在现有保单“两全”而且被兑换为现金后，这种类型的保单就将退出历史舞台。

□ 一些现金价值寿险保单赚取可变收益

现金价值保单的现金价值积累速度取决于获得的收益率，所有的现金价值保单均设定了保障最低收益率，通常为3%或4%，因此，它们是**固定利率保单**（fixed-rate policy）。尽管一些保单有保障的最低收益率，但要支付更高的**现行利率**（current rate）取决于保险公司的投资收益。表12-1阐述了这些利率。了解这些保单，包括保费的审查、保险保障条款的成本、投资于基金的收益率和公司收取的费用。

表12-1　现金价值积累——有保障与现行利率[a]

保单年份（年）	“有保障的”现金退还价值（利率为4.0%，美元）	“现行利率”现金退还价值（利率为7.6%，美元）
1	0	0
2	0	236
3	585	886
4	1 280	1 577
5	1 993	2 377
6	2 723	3 187
7	3 470	4 212
8	4 234	5 258
9	5 016	6 302
10	5 816	7 419
15	10 089	14 748
20	14 738	25 812
25	19 888	39 419

a. 表中介绍的为面值50 000美元的万能寿险；年费为684美元。

万能寿险

万能寿险（universal life insurance）提供定期寿险的纯粹保护和终身寿险现金价值的积累，并且可以改变保险的面值、现金价值积累的利率、保费和收益率。开始，购买者可以选择保单的面值，保险公司报出所需的保费。在保费中扣除保险保障费用和公司费用，剩余部分被计入现金价值。随着时间的推移，保单所有者可以自行决定减少或增加保费的支付额度，保险保障和现金价值将会相应减少或增加。如果保费支付的金额不能满足必要的保险保障和费用，将会从现金价值中提取资金以弥补差额。

> **万能寿险**
>
> 提供定期寿险的纯粹保护和终身寿险现金价值的积累，并且可以改变保险的面值、现金价值积累的利率、保费和收益率。

本质上，万能寿险在年度定期保险上结合了一个投资计划。万能寿险的面值通常为100 000美元或者更多，其收益率与金融市场上的一些利率绑定或者直接由保险公司决定。其收益率经常超过那些固定利率现金价值的保单。

专家建议

不要被"保费消失型"或者"保费退还型"保单愚弄

寿险代理人经常推荐**保费消失型寿险**（vanishing-premium life insurance），这类保单允许保险持有人在几年后停止支付保费。在这些保险计划中，积累的现金价值被用于支付那些不再必须缴纳的保费。乍一看这些保单很吸引人，其中却包含着重大的危险。如果积累的现金价值不足以支付保费，保单持有人就要为保费差额买单——他可能已经很多年没有支付保费了。他需要随时承担可能收取的任何寿险费用。

一种类似的寿险计划被称为**保费退还型保单**（return-of-premium policy）。这类保单承诺只要被保险人一直持有保单，并活过一定的年数——通常为30年，就会归还所有已缴的保费。这些保单花费更多，目的是用额外的资金投资以归还保费。保险公司以避免"浪费"你的资金的说法来促成这些保单。事实上，它们就是在怂恿你即使在不需要保险的情况下也仍然长时间持有保单。相反，你应该购买定期寿险并由自己决定什么时候舍弃一份保单。

金京索

肯塔基州列克星敦大学

可变寿险

可变寿险（variable life insurance）允许你根据现金价值积累选择投资并共担收益或损失。保单面值和现金价值随着投资的基金的收益率上下波动。在一般情况下，保单的面值不会低于原来协定的金额，相反，现金价值则会波动。如果对于公司股票、债券和共同基金不是很熟悉，则应尽量避免购买可变寿险。很多可变寿险保单包含要求投保人在分享任何投资收益之前支付费用和销售费用的条款。可变寿险很复杂，投保人在购买之前应仔细阅读和分析保单。

可变-万能寿险

可变-万能寿险（variable-universal life insurance）是万能寿险的一种，允许保单持有人选择将保单积累的现金价值进行投资，有时被称为**弹性-保费可变寿险**（flexible-premium variable life insurance）。它是一种比较受欢迎的现金价值寿险，因为它最深刻地体现了哲学上的"购买定期寿险，剩下的钱用于投资"。(事实上购买定期保单，并将保费储蓄进行投资更明智，因为交易成本要低得多。）因为你选择其他投资工具（由股票、债券或者货币市场共同基金构成的组合），可能会实现一个比其他现金价值寿险产品更高的收益率，当然，这也伴随着收益率会更低的风险。因此，可变万能寿险保单通常不提供最低保障收益率。表12-2概括了定期寿险、固定收益的现金价值寿险以及可变收益的现金价值寿险的特征。

> **可变-万能寿险**
>
> 万能寿险的一种，允许保单持有人选择将保单积累的现金价值进行投资。有时被称为弹性-保费可变寿险。

表12-2　三种常见的寿险保单的比较

特征	定期寿险	现金价值寿险	
		终身寿险	可变寿险
现金价值积累	无	固定的积累利率	随保费和利率变化
积累现金的收益率	无	固定	随市场利率变化或由公司指定

续前表

特征	定期寿险	现金价值寿险	
		终身寿险	可变寿险
面值	固定或者在保单有效期内递减；续保时改变	固定	可变
保费	低，续保时增加	高且固定	高，在一定范围内变化
死亡抚恤金部分的成本	低，续保时会产生利息	未知	已知，可以变化，可能隐藏一些费用
公司收取的费用	低，但未知；隐藏在保费中	未知；隐藏在保费中	未知；可能较高

可变万能寿险比其他类型的寿险需要缴纳更高的佣金和年费。2%的年费使收益率为5%的保单只剩下3%的净收益率。你应该将保单投资组合与另类投资进行比较。（投资将在第十三章至第十六章介绍。）

概念测试 12.2

1. 区分定期寿险和现金价值寿险。
2. 解释为什么定期寿险的保费远远低于现金价值寿险。
3. 描述购买保证续保寿险的好处。
4. 解释为什么现金价值寿险的保险金额会随着时间的推移而减少。
5. 区分固定收益的和可变收益的现金价值寿险。

了解你的寿险保单

寿险保单（life insurance policy）是保险人与投保人签订的合同，它包含了所有与协议相关的信息，被涉及的几方将会在寿险合同（保单）中被指定。保单**持有人/投保人**（owner/policyholder）享有所有保单上授予的权利和特权，包括修订保单和指定由谁接受赔偿金的权利。**被保险人**（insured）是生命被保险的人。除了受益人外，投保人会指定一个**第二顺位受益人**（contingent beneficiary），如果原受益人在被保险人之前去世，他就成为受益人。投保人和被保险人经常为同一人，但也可以由四个不同的人扮演这些角色。

学习目标 3
解释寿险保单的主要条款。

被保险人
生命被保险的人。

持有人/投保人
持有人/投保人享有所有保单上授予的权利和特权，包括修订保单和指定由谁接受赔偿金的权利。

□ 寿险保单的条款和独特性

寿险保单定义保单所使用的术语并概述这类保险的基本条款。这个信息有助于为保险人和投保人阐明保单的含义并对其提供保护。

> **你知道吗?**
>
> **保单是如何构成的?**
>
> 所有的保单都有五个基本部分，包括声明、保险协议、除外责任、条件以及背书。依据它们在保单中的顺序，对五个元素所包含信息的说明如下：
>
> 1. **声明**（declaration）提供了基本的描述性信息，包括被保险的人或财产、支付的保费、保单有效期以及保单限额，也可能包含被保险人对及时采取措施以控制特定危险所带来相关损失的承诺。例如，一个寿险购买者需要保证不抽烟以换取保费打折的机会。声明中的信息被用于帮助决定保费和鉴别目的。
>
> 2. **保险协议**（insuring agreement）是该保单下提供的广泛定义的保险范围。保险人许下承诺以换取被保险人支付的保费。例如，在人寿保险中，保险人承诺如果被保险人死亡，将会支付死亡抚恤金给受益人。在车险中，保险协议经常包括汽车或被保险前提来阐明所做的承诺。
>
> 3. **除外责任**（exclusion）是指不承担保险责任的范围，是对保险责任的限制。保险人不承诺在这些例外和特殊情况下支付赔偿金。例如，在寿险保单中前两年通常会排除自杀这种情况。如果车辆主要被用于商业目的，一般的车险会拒绝为家庭保单负责。人们如果不理解保单中的除外责任，会在遭受损失时认为可以得到赔偿，但其实得不到。
>
> 4. **条件**（condition）通过协议基本规则的建立，规定保险人和被保险人双方的义务。
>
> 5. **背书**［endorsement，或**附加条款**（rider）］是对基本保单的修改或添加，以满足扩大和限制特定的需求。当背书或者附加条款不同于基本保单的条款时，背书是有效的。可以通过背书在保单有效期间的任何时间要求扩大担保范围、提高保单限额以及做出其他更改。

申请

人寿保险申请（life insurance application）是投保人购买保单的申请，它提供具体信息并且成为保单（合同）的一部分。申请中的任何错误或疏忽都会使保险公司拒绝赔偿死亡抚恤金。

生命承保

大多数寿险保单只承保一个人的生命，然而，一份保单也可能承保两个人或更多人。**第一死亡保单**（first-to-die policy）承保多于一个人的生命，但是只有在第一个人死亡时才支付赔偿金。这些保单比只为一个人承保的保单便宜，但是在第一个人去世后，幸存者就不再被承保。另一种是**共同生存寿险保单**（survivorship joint life policy），只有在最后一个被保险人死亡时才支付赔偿金。

不可抗辩条款

寿险保单通常包括**不可抗辩条款**（incontestability clause），限制保险公司在一段时间内——通常为在保单签发后的两年内，不得否认其声明。这一条款解决了投保申请中由于错误语句引起的问题。

> **不可抗辩条款**
>
> 对保险公司行使否决被保险人声明的权利的时间限制。

自杀条款

寿险保单通常包括**自杀条款**（suicide clause），若被保险人在保单生效后的前几年内自杀，保险公司可拒绝赔偿。如果超过了规定的年数（通常为两年），保险公司就要支付全额赔偿；如果没有超过，则只需退还已交的保费。

现金红利

保险红利（insurance dividend）是由美国国税局界定的作为支付寿险保单保费的收益，不视为应税收入。它们代表了公司的总保费收入超过公司提供保险支出的收入剩余。支付红利的保单被称为**分红保单**（participating policy），不支付红利的保单被称为**不分红保单**（nonparticipating policy）。定期寿险和现金价值寿险都可以支付红利。分红保单的持有人可以接受现金支付，也可以把它们留在保险公司以赚取利息，或者用红利购买少量额外已付清的人寿保险。

> **保险红利**
> 公司的总保费收入超过公司提供保险支出的收入剩余。

> **分红保单**
> 支付红利的寿险保单。

死亡抚恤金

寿险保单中的**死亡抚恤金**（death benefit）将在被保险人死亡时支付。

> **死亡抚恤金**
> 被保险人死亡时支付给受益人的金额。

死亡抚恤金可能大于或者小于保单的面值，它可以因为像未领取的红利或提前交保费这样的条款而高于面值，也可以因为未偿还保单贷款或未支付保费而低于面值。例如，一份面值为100 000美元的分红终身寿险，每年的保费为1 380美元。如果被保险人在保险有效期内死亡，而此时他仍有未偿还的现金价值贷款5 000美元，已赚取但尚未分配的红利为4 000美元，则死亡抚恤金为99 690美元，计算过程如下：

100 000 美元	面值
4 000 美元	未分配红利
＋ 690 美元	提前交的保费(半年)
104 690 美元	小计
－ 5 000 美元	未偿还的现金价值贷款
99 690 美元	死亡抚恤金

宽限期

保费的立即支付对于任何保单的延续都至关重要。**失效的保单**（lapsed policy）是指因为未支付保费而终止的保单，有一半以上的终身寿险保单在其生效后的十年内终止。若寿险保单已终止，要想恢复其有效性，就必须证明可保性，并支付所有遗漏的保费外加利息，使其恢复原状。另外，也可以支付更高的保费来购买反映你当前年龄的新保单。

为了避免保单失效，法律一般要求现金价值保单和多年的定期保单包括**宽限期**（grace period），在此期间（通常为保费到期日后的30天）支付逾期保费，保单就不会失效。在宽限期内，保单的所有条款保持不变，只要在宽限期结束前支付保费。例如，保费缴纳日为1月1日，但投保人并未支付。被保险人在1月15日去世，若宽限期为30天，只要在1月30日前缴纳保费，保单就恢复有效。通过支付遗漏的保费和保单失效期间现金价值应有的积累，可以“买

> **宽限期**
> 在此期间支付逾期保费，保单不会失效。

回”本已失效的现金价值保单。

你知道吗?

把坏习惯变成好习惯

你会这样做吗?	你应该这样做!
设想你的父母为你购买寿险;	确认你被保险覆盖，金额为多少;
推迟考虑寿险，因为你还年轻;	决定所需保险的金额，购买保险以弥补任何不足;
认为现金价值寿险保单是最佳的寿险;	找出成本最低并提供最适当保障方式的定期寿险;
依赖寿险代理人决定购买寿险的金额和类型。	根据你的收入和家庭责任来进行评估。

倍数赔偿

倍数赔偿条款（multiple indemnity clause）是指在由某些指定的原因造成死亡时，保险公司须按照保单面值的双倍或三倍进行赔偿，在通常情况下意外死亡的赔偿金额为面值的两倍。这一条款经常被自动包含在保单中而无需额外的花费，但有时也会收取费用。如果你已充分投保，倍数赔偿条款就显得没有必要了。

□ 结算方式允许受益人决定以何种方式领取死亡抚恤金

> **结算方式**
> 寿险受益人或投保人决定获得死亡抚恤金的方式。

结算方式（settlement option）是指寿险受益人或投保人有权决定获得死亡抚恤金的方式。结算方式可以由被保险人在生前选择，也可由受益人在被保险人去世后决定。每一个选择的适宜性取决于受益人的财务情况。主要有如下五种结算方式:

1. **一次性。**死亡抚恤金可以在被保险人死后一次性结算。这通常是最好的方法，因为受益人可以将这笔资金进行投资并赚取比保险公司所提供的更高的收益。

2. **利息收益。**受益人可以把死亡抚恤金放在保险公司，每年获得利息。例如，受益人用 100 000 美元的死亡抚恤金获得年利率为 4%的收益，即每年可以获得 4 000 美元。100 000 美元的死亡抚恤金将保持不变并继续赚取利息，直到它成为受益人的资产。

3. **定额收入。**受益人每年可以通过死亡抚恤金获得收入。在这种方式下，直到死亡抚恤金和利息都被结清才停止支付。例如，100 000 美元的死亡抚恤金每年赚取 4%的利息，将会连续提供约 8 年的资金，且每年为 15 000 美元。①

4. **分期收入。**受益人可以在特定的年限获得死亡抚恤金。例如，一个有小孩子的寡妇可选择分 18 年获得死亡抚恤金。保险公司负责计算收入水平，使得受益人每年获得的收入相等，所有的资金，包括利息，将会在第 18 年年末被结清。

5. **终身收入。**受益人可以选择在生存期间一直获得收入。在这种情况下，保险公司会利用受益人的寿命期望来计算收入水平，使得每年的支付相等以使资金在受益人死

① 这种方法和第 4 项、第 5 项会随着年金变化而变化，将在第十七章进一步介绍。

亡预期日得到结清。如果受益人活的时间比预期久，那么收入的支付将继续。

□ 现金价值寿险保单的独特性

现金价值寿险保单所拥有的独特性均与保单中积累的现金价值有关。

保单说明

在去世之前，你可以将积累的现金价值兑现，那将会终止保险计划，或者你可以借入全部或部分现金价值。你必须偿还附带利息的金额，若当你去世时，债务仍没有偿付，债务将被从保单面值中扣除。

现金价值寿险保单通常提供一份**保单说明**（policy illustration），其中描述了预计现金价值在给定收益率情况下的增长。通常被使用的有两个比率：**最低保障收益率**（guaranteed minimum rate of return，通过合同，公司在法律上有义务支付的最小利率）和**现行利率**（current rate，公司近期支付给投保人的收益率）。代理人通常强调现行利率，他们经常通过提供一张表格来说明两个比率引起的现金价值的积累利率。表 12－1 列举了一个保单说明的例子。注意表 12－1 中两个现金价值列表的差异——你就会轻易理解为什么代理人强调现行利率。保单说明很容易被定制成看起来比合理预期乐观得多的样子。只有在保单生效 10 年至 20 年后，才能画出精确的图表。出于这个原因，定期向代理人询问能够说明现金价值情况的**有效说明**（in-force illustration），以及说明中在此刻给定现行收益率下对未来的预测（而不是保单中初始使用的利率）。

> **最低保障收益率**
> 通过合同，公司在法律上有义务支付的最小收益率。

> **现行利率**
> 公司近期支付给投保人的收益率。

保单说明在很多情况下是有用的，但是它们可以被写成比真实情况乐观许多的样子。问几个相关的问题可以帮助减少一些误解：

1. “现行利率”是由近期支付的利率来决定的吗？在过去的五年中，每年的现行利率是多少？

2. 对于公司费用、分红利率和保单的失效率做了什么假定？

3. 我所有的现金价值都会在现行利率下赚取到收益吗？（如果不是，现行利率具有误导性。）

4. 说明是基于“退保现金价值”的还是“现金价值”的？（退保现金价值通常是比较低的价值，反映保单被兑现时的支付。）

不丧失价值

不丧失价值（nonforfeiture value）是指倘若投保人选择不支付或未支付保费，寿险保单中规定的保护现金价值的金额。保单持有人可以选择以下三种方法获取积累的现金价值。第一，他或她可以退还保单，获得**退还现金价值**（cash surrender value），它等于现金价值减去解约手续费。第二，保单持有人继续以原来的面值持有保单，但是把有效期缩短。第三，在已付清保费的基础上继续持有保单，用积累的资金购买

> **不丧失价值**
> 倘若投保人选择不支付或未支付保费，寿险保单中规定的保护现金价值的金额。

> **退还现金价值**
> 等于现金价值减去解约手续费。

一份面值更低的新保单。表 12－3 阐述了一份 65 岁付清的现金价值保单的不丧失价值。除非已持有保单 10 年以上，否则现金价值保单有很少的退还现金价值。

表 12－3　　现金价值寿险的不丧失价值

投保人可以选择 A、B 或 C				
保单年度（年）	A	B		C
	现金或退保价值（美元）[a]	10 000 美元定期寿险的时期		定期寿险的面值（美元）[b]
		年数（年）	天数（天）	
0	0	0	0	0
2	0	0	0	0
3	60	2	81	240
4	190	7	35	720
5	310	10	282	1 140
10	1 000	19	351	3 160
15	1 790	22	346	4 900
20	2 690	23	122	6 410
30	4 350	21	228	8 260
35	5 390	20	286	9 140
40	6 520	终身	—	10 000
45	7 110	终身	—	10 000

这是一个 25 岁男人的现金价值保单，金额为 10 000 美元，65 岁付清，有限支付；每年的保费为 180 美元。

a. 这份保单有解约费，会减少早些年积累的现金价值。

b. 定期寿险保单倾向于收取低得多的手续费。

保单贷款

现金价值保单的持有人可以借入全部或部分已积累的现金价值，贷款利率范围从 2%到 8%，这取决于保单上的条款。此外，在贷款尚未偿还的情况下，剩余现金价值的利率通常会恢复为最低保障利率。因此，最终积累的现金价值可能显著降低。

如果积累了足够的现金价值或红利，**自动保费贷款**（automatic premium loan）条款允许宽限日到期却还未支付的保费自动由保单贷款来支付。在保单生效后的前几年，这个条款也许不能提供多少好处，因为现金价值和红利的积累速度很慢。最终这些资金可能增加到足以支付相当长时间的保费，因此有效地避免了保单的失效。

很多寿险公司提供**生存福利条款**（living benefit clause），允许被保险人在身染重病时，可提前领取部分或全部死亡抚恤金。这使得该保单实际上可以提供长期的医疗保障。这些早期的支付不是现金价值贷款，

你知道吗？

寿险规划中最严重的理财失误

基于别人的财务危机，你在个人理财上会犯错，当你

1. 让寿险代理人告诉你该购买多少金额以及哪种类型的寿险。

2. 对于大部分需求，只购买现金价值寿险而不是定期寿险。

3. 忽视你从青年时期到退休时对于寿险需求的改变。

自动保费贷款

如果积累了足够的现金价值或红利，该条款允许宽限日到期却还未支付的保费自动由保单贷款来支付。

所以可能获得的资金多于保单中积累的现金价值。此外，**保单贴现公司**（viatical company）从事以每 1 美元死亡抚恤金对应 0.5 美元到 0.8 美元的价格从被保险人手中购买寿险，以换取其被指定为保单中的受益人。

保费豁免

保费豁免（waiver of premium）条款使得在特定条件下，投保人虽未支付保费但保单仍旧保持完全有效。它经常被应用于保单持有人完全或永久残废的情况下，也可被应用于其他情况，这取决于保单的条款。实际上，保费豁免条款（需要额外的花费）防范了被保险人残疾以及无法支付保费的风险。这项条款可能比较昂贵，甚至占到了保单保费的 10%。如果你参加了充分的残疾收入保险（见第十一章），就不需要该条款了。

> **保费豁免**
>
> 在特定条件下，投保人未支付保费但保单仍旧保持完全有效。

保证可保

保证可保［guaranteed insurability，又称**保证购买**（guaranteed purchase）］条款允许现金价值保单持有人在未来没有可保证明的情况下，在规定时间购买额外定量面值的现金价值寿险。这项条款不同于定期寿险的保证续保条款，它允许投保人增加保单面值或购买额外的保单。保单可能允许被保险人到 30 岁、35 岁或 40 岁，又或者结婚或有了孩子时行使这些条款。这项条款所增加的成本显得微不足道，因此是值得加入的。

> **保证可保/保证购买**
>
> 允许现金价值保单持有人在未来没有可保证明的情况下，在规定时间购买额外定量金额的现金价值寿险。

概念测试 12.3

1. 区分寿险保单中的持有人、被保险人、受益人以及第二顺位受益人。
2. 简要描述所有保单中的五个组成部分。
3. 识别寿险保单支付赔偿金给受益人时的五种结算方式。
4. 除了一次性领取现金价值外，其余四种在取消保单时现金价值持有人领取赔偿金的方式是什么？
5. 区分寿险保单的自动保费贷款条款和保费豁免条款。
6. 解释定期寿险的保证续保条款和现金价值寿险的保证可保条款如何保护有严重健康问题的被保险人。

> **你知道吗？**
>
> **离婚后的寿险**
>
> 如果你通过赡养费和子女抚养费向前配偶获得收入，那么对方就非常需要寿险了。若保单是夫妻结婚时购买的，并一直有效，那么继续使它有效是不错的选择。法院指令和/或离婚法令中要求确认正确指定了受益人，并且要求保险公司的书面证明，证明受益人是被合理指定的。孩子父母中有监护权的一方应该被指定为保单持有人，从而避免无监护权的另一方修改保单。无监护权的父母也需要承保前配偶的寿险，因为如果前配偶去世，他们可能获得孩子的监护权，并且需要额外的收入来支撑更大的家庭。

购买人寿保险时应用循序渐进的策略

> **学习目标 4**
> 应用循序渐进的策略实施寿险计划。

在美国，每年有超过 1 500 亿美元新的寿险被购买。真的每个人都需要寿险吗？他们所购买的保单是合适的吗？他们是从信誉好的公司和代理人那里购买的吗？购买者支付的价格合理吗？

□ 在考虑寿险时，先看是否需要，再看需要多少

任何一个其死亡会给别人带来经济损失的人都需要寿险，除非其他资源足以弥补损失，损失至少包括最后的费用，如葬礼费用。除此之外，费用需求取决于死者的家庭状况，有未成年孩子的父母几乎都需要寿险。

通常不需要寿险的人包括孩子、没有亲属因此不需要留下遗产的人。有时没必要投保的人包括已经有足以提供存活者收入和最终费用的退休人员。了解你到底需要多少额外寿险的唯一方法是通过本章前面提到的需求法进行计算。这件事应该由你自己来做而不是依赖于寿险代理人，因为他们在卖给你保险时会有提成。

□ 接着，适当地把寿险整合到整个理财规划中

现金价值寿险的广告和促销通常会宣传这种类型的保险是很好的投资，适合作为退休储蓄工具。大多数有主见的个人理财专家强烈反对这种说法。与此相反，他们通常建议人们以更广阔的视角把寿险只当作理财规划的一个方面，就如本章开头所提到的，你应该考虑这两个寿命风险：活得太久的风险和去世太早的风险。通过免税的养老金计划，而不是购买昂贵的寿险保单，能够最有效地解决活得太久的问题。便宜的定期寿险能够最有效地解决去世太早的问题。

> **理财要点**
>
> 退休人员不需要寿险
>
> 在生命进程中，随着资产的增加，对于寿险的需求会显著减少。在某些时候，储蓄和投资会超过潜在的损失，从而消除了人们对寿险的需求——尤其在 60 岁以后，那时应停止支付保费，把钱花在其他地方。

在你的生命历程中，寿险需求会显著地发生改变。每过两三年或者当你的家庭、就业情况发生变化时，你需要评估寿险计划，不要忘记这些事实：

- 在儿童时期和单身时，你并不需要寿险或需求量非常小，因为没有人在经济上依赖于你。
- 婚姻的到来伴随着对另外一个人责任的增加，尽管如此，寿险需求可能依旧很小，因为如果另一半去世了，幸存的配偶通常具有养活自己的能力。
- 然而，孩子的到来会引起保险需求的急剧增加。孩子通常需要父母抚养 25 年。
- 随着孩子渐渐长大，他们需要父母抚养的时间减少，因此保险需求也减少。
- 当孩子已经长大不需要父母抚养时，父母就减少了对寿险的需求，因为此时他们的退休投资计划的资金已经足以弥补死亡带来的损失。

● 退休和寡居会减少寿险需求甚至将保单全部舍弃。

图 12-3 描述了一个人生命周期中的寿险和投资计划，该计划由两部分组成：(1) 通过购买定期寿险解决大部分寿险需求（因为定期寿险比现金价值寿险更灵活，而且每一笔保费提供更多的保障）；(2) 一个系统的、合理的投资计划。

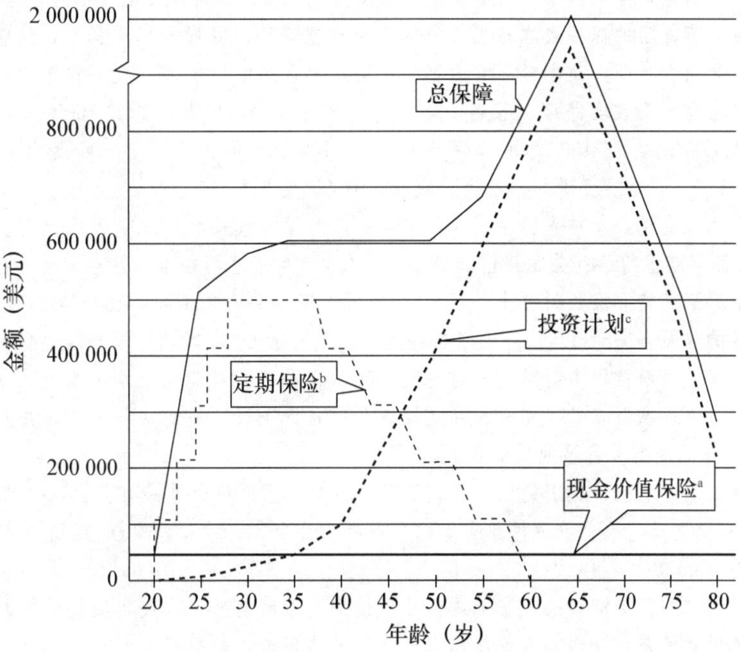

图 12-3　在整个生命周期中，明智地使用人寿保险和投资

a. 包含保证可保条款，在 65 岁时付清。

b. 定期保险保单。

c. 包括由雇主提供的养老金［如 401 (k)］计划（见第十七章）。

你知道吗?

人寿保险的税务后果

寿险保单的赔偿金不属于应税收入，因此，尚存者在从保险公司收到的 100 000 美元支票时可以留下所有钱。他或她可以选择将这笔钱花掉、储存、投资或者捐赠。一些人也许会被保险代理人说服，去考虑购买现金价值寿险，代理人通常称其为一种为了养老金的税收优惠的投资方式。然而寿险有一些税收庇护，因为保单中的现金价值不收所得税，现金价值寿险无法合理地与雇主提供的 401 (k) 退休计划或个人退休账户（在第十七章讨论）进行比较。

1. 支付于寿险保单的保费不能用于减少应税收入；然而个人退休账户和 401 (k) 退休计划却拥有这方面的显著优势。

2. 现金价值寿险中的收益率一直远远低于股票和债券共同基金的投资组合可达到的收益率（在第十三章至第十五章及第十七章讨论）。

3. 现金价值寿险的佣金和费用高于那些相关的开放式共同基金的费用，因此投资于共同基金的净成本远远低于购买现金价值寿险（见第十五章）。

结论：在你开始考虑购买现金价值寿险并将其作为储蓄养老金的方式之前，应该拿出最多的钱去购买延迟纳税退休计划。

专家建议

购买定期寿险，剩下的钱用于投资

很多人错误地把寿险当作一种投资而不是消费。这正是寿险行业所喜欢的。尽量花最少的钱来满足你的寿险需求，要做到这一点的一个方法就是“购买定期寿险，剩下的钱用于投资”。如果你投资于定期人寿保险的保费成本与更昂贵的现金价值寿险的保费成本不相等，你将在长期理财中小有成就。要明白原因，请思考下面的例子：塞斯·卡梅伦，30岁，是一位来自纽约的美术馆管理员，正在考虑购买人寿保险。塞斯可每年支付870美元的保费以购买100 000美元的终身寿险。另外，他也可以支付130美元的保费以购买100 000美元的五年-可续保定期寿险，将740（=870−130）美元投资于共同基金，赚取税后5%的收益。

如果塞斯明天去世，受益人将获得100 000美元的保险收益和740美元的储蓄。五年后（他35岁），塞斯每年储蓄的740美元将增加到4 293美元。如果塞斯在未来几年去世，由于账户中本金的增加，他的资产将会增长得更多。到60岁时，塞斯的共同基金投资已经增长到58 052美元。如果基金每年的收益率高于5%，总金额将会更大。到塞斯60岁时，定期寿险的保费会超过现金价值寿险的保费。然而在那个时点，他对定期寿险的需求极有可能已经消失或大大减小。如果塞斯的孩子能够自立，塞斯就可以完全放弃定期寿险保单。不过，他的共同基金账户上依然有养老储蓄金58 052美元或更多留给他的继承人。

利用“购买定期寿险，剩下的钱用于投资”的策略，塞斯将会被保险多于30年，总保费仅为7 350美元。相比之下，现金价值保单需要的总保费为26 100（=870×30）美元，在第30年保单的现金价值约为44 000美元。

然而，要想“购买定期寿险，剩下的钱用于投资”策略有效，就要定期投资定期保单保费与现金价值保单保费的差额。很多人说他们会投资这笔钱但未必能一直兑现这一承诺，你可以借助于一定的约束来实现它。确保你的钱用于投资的最简单的方法是建立一个自动投资计划，共同基金有权从你的支票账户中取钱（也许是每个月），以购买共同基金股份。当你同意自动投资“差额”时，这个策略就会有效。（见第十三章和第十五章。）

如果定期寿险购买者投资差额，资产就会逐步积累

年龄（岁）	五年-续保定期寿险（美元）	差额（未花费在终身寿险上，美元）	收益率[a]为5%时的总投资收益（美元）	总资产（美元）
30	130	740	740	100 740
35	150	720	4 293	104 293
40	180	690	9 657	109 657
45	210	660	16 328	116 328
50	240	630	24 668	124 668
55	590	280	35 139	135 139
60			58 082	58 052

a. 这个例证有如下假设：金额为100 000美元的终身寿险每年的保费均为870美元；购买者每年年初支付五年-续保定期寿险保单；那些全年储存在投资账户中的金额等于前一年的期末余额。投资可赚取税后的年收益率为5%的投资收益。当被保险人死亡时，受益人将会获得定期寿险保单的面值100 000美元以及投资账户中以5%收益率积累的金额。

资料来源：Jordan E. Goodman，“America's Money Answers Man”（www.MoneyAnswers.com），为*Everyone's Money Book*一书和*Everyone's Money Book*系列书的作者。

你的寿险需求在你的生命周期中会不断改变。有一些金额是固定的，可以提供火化、埋葬和其他最后的费用。这一需求与带有保证可保选项的永久现金价值保单十分吻合。一张价值 20 000～50 000 美元的保单已足够。其余的寿险应该包括多种定期寿险保单，从有需要供养的人起就应该开始购买，这些保单可以为五年或十年的水平-保费保证续保保单，在增量上可以有 100 000 美元或更多。这些保单应分层次购买，使得需求减少时就可以取消保单。当到达退休年龄时，应该取消所有定期寿险保单，现金价值保单可以留下来支付最终费用或兑现以提供一点退休收入。当然，在这种情况下，需要实施一个投资计划来为退休进行储蓄。第十三章至第十七章充分地介绍了投资和养老金计划，从而提供了构建这个计划的必要工具。

□ 决定在哪儿、如何购买人寿保险

对于任何保险公司，最重要的就是偿还债务的能力。你所选择的公司必须有足够的稳定性和经济实力来生存，使得你的保单多年仍能有效。A. M. Best 公司（www. ambest. com）和标准普尔公司（www. standardandpoors. com）会对保险公司的经济实力进行评级。

在网上购买寿险，你可以获得一个低廉的价格

> **保费报价服务**
> 提供了由计算机生成的 20～80 家公司间的保费比较。

聪明的个人理财者靠自己动手选择和购买寿险。他们定期计算自己的需求并决定购买哪种寿险以及取消增量。他们利用**保费报价服务**（premium quote service），该服务提供了由计算机生成的 20～80 家公司间的保费比较。保费报价服务可以在 www. insure. com、www. quotescout. com 以及 www. accuquote. com 三个网站中找到。这些网站还提供了在线寿险需求计算器和大量客观的寿险信息。此外，所有主要的保险公司均有网上购买系统。用这种方式购买定期寿险最为简单，现金价值寿险也可在网上购买，只是过程相对复杂一些。

> **你知道吗?**
>
> **如何将定期寿险保单分层为每月只需 60 美元保费**
>
> > **分层定期寿险保单**
> > 购买水平-保费定期寿险保单，保险覆盖要求在你需求增加时增加，当需求减少时也减少。
>
> 在整个生命周期中，仅仅用一两种寿险保单来满足人的寿险需求并不是获得保障的最佳方法。一生中的寿险需求会波动，因此需要灵活调整。你的寿险需求一直很低（葬礼和还款），直到你的第一个孩子出生或被你收养时，那时寿险需求就会轻易增长到 200 000 美元或 500 000 美元（或更多）的峰值。这个需求将会一直保持很高直到你最小的孩子成长到十来岁，继而降低直到你退休。你可以通过**分层定期寿险保单**（layering term insurance policy）来满足大部分的需求，这样保障会随着你的需求先增加后减少。
>
> 下表提供了一个例子。假设一个人在他的第一个孩子出生时为 25 岁，最后一个孩子出生时为 30 岁。在例子中，父母在第一个孩子出生时购买了几份水平-保费定期寿险保单，保单的年限各不相同。他们在最后一个孩子出生时购买了另一份保单，它的终止时间接近于第一个孩子开始上大学的时间。当孩子们自立时，一些最早期的保单到期，因此随着父母的需求减少，保险的总金额也减少。

年龄（岁）	购买	在每个年龄段有效的保单	在每个年龄段的总保障（美元）
25	保单 1，100 000 美元，30 年	#1，#2，#3	450 000
	保单 2，150 000 美元，25 年		
	保单 3，200 000 美元，20 年		
30	保单 4，150 000 美元，25 年	#1，#2，#3，#4	600 000
35		#1，#2，#3，#4	600 000
40	保单 5，50 000 美元，20 年	#1，#2，#3，#4，#5	650 000
45		#1，#2，#4，#5	450 000
50		#1，#4，#5	300 000
55		#5	50 000
60			0

或者你可以让本地保险代理人帮忙

保险代理人（insurance agent）是保险公司授权的代表，负责出售、修改、服务于和终止保险合同。在美国，寿险主要通过专属代理人出售，代理人通常只代表一家公司，也有一些独立代理人代表了超过一家公司。寿险代理人必须有资格根据你的具体需求制订寿险计划，并且能够理解家庭关系的动态变化，因为它影响整个寿险需求。代理人应该有专业职称，例如，特许人寿理财师（chartered life underwriter，CLU）。要成为 CLU，代理人必须有三年的工作经验，并且通过寿险咨询的十门课程。一些代理人还获得了国际金融理财师（certified financial planner，CFP）和特许财务顾问（chartered financial consultant，ChFC）的称号。

> **理财要点**
>
> 州保险部门是很好的消费信息来源
>
> 你可以通过你所在州的州保险监管机构（www.naic.org/state_web_map.htm）找到保险公司的信息。

> **保险代理人**
>
> 保险公司授权的代表，负责出售、修改、服务于和终止保险合同。

你的代理人应该愿意花时间提供个人服务，在购买保单前后回答你所有关于保单的问题。记得经常问代理人你正在考虑购买的保单第一年的佣金是多少。此外，要利用你所在州的保险和证券投资监管机构查看代理人的声誉。

> **你知道吗？**
>
> 肖恩的成功故事
>
> 肖恩一直认为寿险计划是他整个财务保障中重要的一部分。在大学毕业后，肖恩的第一份工作为他提供了定期寿险保单，金额相当于他一整年的工资。他计算了他的寿险需求，发现这个金额的保单已经足够。肖恩近两年一直处于稳定的关系中，于是开始考虑如果他结婚，寿险需求会如何变化。上周，肖恩接洽了一位寿险代理人，代理人建议他购买一份 50 000 美元的终身寿险作为保障的基础，而且可以通过它的保证可保条款增加额外的金额。肖恩拿到由另外两家公司所提供

的同样保单的报价，并决定按照代理人的建议实施计划。保单每年的保费为 587 美元，肖恩知道现金价值保障的额外增加需要花费同样的保费，因此，他计划在未来几年用定期寿险来满足他增加的需求。他计划购买多种保单，那样他就可以在保单分层过程中选择增加和放弃。肖恩购买定期寿险省下的钱将被投资于一个罗斯 IRA，那样他就可以用它支付孩子上大学的费用或者他自己的退休生活费了。

你知道吗?

关于寿险的销售佣金

销售佣金每年从有效保单的保费中被支付给销售保险代理人。定期寿险保单的销售佣金非常低——如果直接购买保单而不是通过代理人购买，通常不超过 10%。

相比之下，现金价值寿险保单第一年的保费中通常有 90%为销售佣金。随后几年的佣金大大降低（可能每年减少到 50%、40%、30%、20%，最终到 10%），因此每年会有更多的保费用于积累现金价值。

你可以用非常低的佣金在网上或者通过托管费理财规划师和服务费保险代理人购买各种类型的寿险保单。低佣金率的现金价值保单可能包含解约费用，是指保单持有人撤销一些或所有积累的现金价值时的费用。这项费用通常在早些年是保单中最高的，但是在随后几年里会减少或者被取消。例如，表 12－1 中所举例的保单中含有解约费用。无论何时购买寿险，都要问清楚佣金和解约费用是多少，谨慎购买具有高佣金和高解约费用的保单。

一个缺乏职业道德的寿险代理人的标志

1. 代理人迫使你用另一份保单替换已经有好几年历史的现金价值保单。
2. 代理人重点强调保单的净成本或它所谓的“消失”的保费，而不是保单如何真正地满足你家庭的需求。
3. 代理人保证高现行利率且它不可能降低。
4. 代理人认为从保单中借入资金并进行投资（如年金）是好主意。
5. 代理人在你未将保单带回家阅读的情况下就迫使你签名或支付保费。
6. 代理人说第一期保费向代理人支付而不是向保险公司。

如何比较保单间的成本?

人们所支付的寿险的价格取决于他们的年龄、健康状况及生活方式。年龄很重要，因为随着年龄的增长，死亡的概率也随之增加。一个有健康问题的人，例如心脏病或糖尿病，需要支付相当高的保费甚至可能以任何价格都无法获得保障。从事危险职业（警察）或有危险爱好（跳伞）的人也需要支付更高的保费。保险公司通常会向其“偏爱的”申请人提供最低价格，因为他们的健康状况和生活方式（例如不抽烟）表明他们会比较长寿。“标准的”和“受损的”申请人会支付更高的保费。因为公司之间对申请人的分类不同，应多加比较以获得最佳待遇。

理财要点

你有十天时间取消一份新保单

大多数国家要求寿险的销售方使消费者享有十天**免费审阅期条款**（free-look provision），允许人们在那期间研究新签的保单，若有需要，可以取消它并得到全额退款。登录网站 www. naic. org 查看你所在的州是否有这样的规定。

定期寿险保费通常以每1 000美元的保障所需支付的金额来报价。一般地，保单的面值越高，每1 000美元要支付的保费所占的比例越低。例如，一家公司所销售的定期寿险，若面值为100 000美元或更高，则对每1 000美元保障每年需要支付1美元，而若面值少于100 000美元，则对每1 000美元保障每年需要支付1.25美元。对于年纪小于35岁的人，面值为100万美元的保单，对于每1 000美元保障每年的支付少于0.5美元。

如果你购买定期寿险保单时没有进行比较，就容易花更多的冤枉钱。表12－4中的费率代表了定期寿险的公平价格。可以看出，抽烟的人要比不抽烟的人支付更高的保费，因为总的来说，抽烟者比不抽烟者的寿命短了十年。男性需要比女性支付更高的保费，因为男性的寿命平均比女性短三年。在表12－5中列出的年度保费近似于各种类型保单的平均值。

表12－4　　定期寿险的公平价格[a]

（基于网上主要的报价服务做出的估算）

年龄（岁）	不抽烟（美元）		抽烟（美元）	
	男性	女性	男性	女性
18～30	0.7	0.67	1.00	0.95
35	0.83	0.74	1.25	1.15
40	1.08	1.00	1.95	1.60
45	1.67	1.60	2.80	2.40
50	2.30	2.20	4.00	3.25

a. 用每1 000美元的保障所支付的费用乘以倍数，加上估算的管理费用60美元。例如，一个36岁不吸烟的男性，他的金额为50 000美元保单的保费为101.50（＝0.83×50＋60）美元。

表12－5　　各种类型寿险的标准保费[a]（面值为100 000美元）　　单位：美元

保单类型	保单时间							
	1年	2年	3年	5年	10年	11年	20年	65岁时
每年续保定期（保证续保到70岁）寿险	80	81	82	83	90	92	110	2 400
递减定期（超过20年）寿险	160	160	160	160	160	160	160	0
可转换定期（5年内）寿险	170	170	170	170	940	940	940	940
终身寿险	870	870	870	870	870	870	870	870
万能寿险	590	590	590	590	680	730	760	790
有限支付寿险（65岁付清）	920	920	920	920	920	920	920	0

a. 21岁不吸烟的男性的保费报价。

比较类似寿险保单的三种方法

在比较现金价值保险的条款或不同类型的现金价值寿险时，以每1 000美元保障的成本来进行衡量并不是很合适。有三种方法被用于比较类似的保单。

1. **净成本法。**寿险保单的**净成本**（net cost）是指所支付的保费加总减去积累的现金价值与应计红利。它通过在保单有效期中一个特定的时间点计算——例如第十年或者第二十年年末。净成本往往是负数，这给人一种保单会为自己买单的错觉，你应忽视寿险代理人提供的净成本值。

2. **利息调整成本指数法。成本指数**（cost index）是一个数值方法，被用于比较类似寿险计划的成本。**利息调整成本指数**（interest-adjusted cost index，IACI）衡量寿险的成本，其中考虑了保费如果用于投资而不是用于购买保险时赚取的利息。IACI 越低，保单的成本就越低。通常需要 5 年、10 年、20 年和 30 年的 IACI，因为公司知道如何去管理其红利和现金价值积累，尤其在 20 年的时点上。在购买保单前，你要坚持知道指数，如果代理人拒绝、抵抗或者暗示指数没有价值，就该选择去别处购买保单。

3. **利息调整净支付指数法。**IACI 假设保单会在有效期限结束时（通常为 20 年）被兑现或退还，而不是一直保持有效到被保险人死亡。如果保单一直保持有效到被保险人死亡，可用**利息调整净支付指数**（interest-adjusted net payment index，IANPI）去有效地衡量现金价值寿险的成本。IANPI 越低，保单的成本也越低。

> **立刻行动！**
>
> 通过阅读本章，你知道了更多关于个人理财的知识，那么通过下述举措开始行动吧：
>
> 1. 找出你目前有没有寿险，如果有，属于什么类型。
>
> 2. 利用需求法（本书提供的网站中可以找到计算器）决定你目前需要的额外寿险。
>
> 3. 与和你亲近的家庭成员讨论上述结果。

> **利息调整净支付指数（IANPI）**
>
> 如果保单一直保持有效直到被保险人死亡，该方法可有效地衡量现金价值的成本。IANPI 越低，保单成本也越低。

概念测试 12.4

1. 列举“购买定期寿险，剩下的钱用于投资”的好处。
2. 指出现金价值寿险作为一种养老金储蓄机制的弱点。
3. 解释一个人从年轻到退休时其寿险计划的形式有何不同。
4. 解释你如何从定期寿险的分层中受益。

> **现在你有何建议？**
>
> 既然你已经阅读过本章有关如何通过寿险保护所爱的人的内容，对于本章开头关于凯伦和威尔·布里奇曼的案例，你有什么建议：
>
> 1. 一旦有了孩子，他们的寿险需要改变吗？
> 2. 他们应该考虑哪个保险险种？是否该购买多种保单？
> 3. 是否需要调整他们的退休储蓄及其他寿险计划的投资？
> 4. 是否要购买寿险？

本章要点

1. 理解为什么你会需要寿险，并且计算出合理的保险金额。

寿险被用于保障死亡引起的经济损失，购买寿险的原因随着生命周期发生改变。对于孩子和单身人士而言，这类保障的需求不存在或者非常少。影响寿险需求的因素包括收入替代需求、最终费用需求、调整期需求、债务偿还需求、大学费用需求、政府福利、其他特殊需求。两种计算寿险需求的方法是收益倍数法和需求法，其中需求法更为准确，并且每过三年或者当家庭情况发生改变时应重新计算需求。

2. 区分不同类型的寿险。

两种基本的寿险类型是：定期寿险和现金价值寿险。定期寿险的种类包括递减定期寿险、保证续保定期寿险、可转换定期寿险、信用和抵押定期寿险。现金价值寿险包括终身寿险、有限-支付终身寿险、万能寿险和可变-万能寿险。

3. 解释寿险保单的主要条款。

寿险保单是保险购买者和保险公司之间所签订的合同，其中详细说明了条款内容。在购买寿险时，需要注意保单的一般条款和条件、现金价值寿险的特征以及结算方式。

4. 应用循序渐进的策略实施寿险计划。

购买寿险可解决去世太早的问题，投资可解决活得太久的问题。当你得抚养孩子或者用一个可靠的投资项目来准备你的退休生活费用时，你需要少量金额的现金价值寿险和大面值的定期寿险来解决这两个问题。在你已经决定好所要购买多少金额、寿险的类型并用成本指数对保费进行了合理比较后，再购买寿险。

讨论

1. 思考一下寿险。在你阅读本章前，你是如何理解寿险需求的？现在呢？它们有受到最近萧条的经济的影响吗？

2. 你有保险吗？你有寿险做保障吗？如果有，金额为多少？你认为自己是保险过度还是不足？

3. 定期寿险与现金价值寿险。在大多数情况下，为什么人们坚持购买现金价值寿险？倘若他们购买定期寿险并且把省下来的钱投资于免税的养老金账户是否会更好？

4. 已婚夫妻的寿险。在许多已婚家庭中，一方负责家庭的主要收入，另一方负责料理家庭事务。在你看来，这样的安排如何影响每个配偶选择寿险条款？

5. 未婚夫妻的寿险。如今，很多年轻人选择同居而不结婚（至少在某个时间段中如此）。这会影响他们对于寿险的考虑吗？

计算

1. 年轻单身人士的寿险需求。安德鲁·布莱克是来自亚拉巴马州塔斯卡卢萨的单身人士，他已经在一所大学担任了三年的招生顾问。安德鲁有一个价值 156 000 美元的房子，还欠 135 000 美元；他有一辆价值 12 500 美元的车，还欠 8 000 美元；此外，他还有3 800 美元的助学贷款。安德鲁养老金账户中的金额已经增加到 7 800 美元，还有一些价值 4 400 美元的股票。安德鲁没有寿险，现在正准备购买，他应购买多少金额的寿险？

2. 年轻夫妻的寿险需求。凯尔和劳拉·帕克来自密歇根州伊普西兰蒂，他们已经结婚三年了。最近这对夫妇购买了一套价值 212 000 美元的房子，其中 190 000 美元为抵押贷款，除此之外他们没有其他债务。凯尔的年收入为 42 000 美元，劳拉的年收入为 41 000 美元。两个人都有接近于 10 000 美元的养老金计划。他们最近接受了抵押贷款银行的邮件邀约，去申请面值为 190 000 美元的抵押寿险保单。他们目前唯一的寿险是价值 20 000 美元的现金价值共同生存寿险保单。如果其中一人死亡，他们俩都愿意为对方提供五年的资助。

（a）假设最终费用为 10 000 美元，还要支付 20 000 美元的抵押贷款，利用需求法计算这对夫妻需要多少金额的人寿保险。

（b）如果劳拉怀孕，他们的寿险需求会有何变化？

3. 从现金价值寿险保单中借钱。劳伦·克罗来自加利福尼亚州河滨，他有一份金额为 100 000 美元的现金价值保单。保单中积累了 4 700 美元的现金价值，劳伦已经从中借出了 3 000 美元。保单中还有积累的但未领取的红利为 1 666 美元。昨天劳伦支付的下一年的保费为 1 200 美元。目前这份保单中的死亡抚恤金为多少？

理财规划案例

□ 案例 1　约翰逊一家改变了他们的寿险投保范围

哈利和贝琳达·约翰逊每月支付 15 美元保费于 10 000 美元的人寿保险，其类型为 65 岁-付清现金价值保单，被保险人为哈利。贝琳达有一份来自其雇主的团体定期寿险保单，面值为 85 500 美元（相当于她年收入的 1.5 倍）。通过从员工福利的清单中选择团体寿险，哈利现在持有 39 000 美元（相当于他的年收入）的团体定期寿险。因为目前没有孩子，哈利和贝琳达决定减少寿险需求，仅保障对方 4 年的收入，因为他们假设幸存者在那之后有能力供养自己。他们还意识到他们的储蓄基金很低，以至于不会影响寿险需求。哈利和贝琳达的计算基于其对剔除税收和通货膨胀后要求的收益率，预计为 4%。此外，他们还估算了下列费用：最终费用为 10 000 美元，调整期费用为 6 000 美元，以及短期债务为 5 000 美元。

(a) 为了计算哈利的死亡所引起的收入损失，他从信托基金所赚取的 3 000 美元利息应该包括在其年收入中吗？（见第二章末关于约翰逊一家的讨论。）解释你的回答。

(b) 基于你对前面问题的回答，哈利还需要多少金额的寿险？运用本章的计算工作表来得到你的答案。

(c) 重复以上计算过程从而得出贝琳达所需的额外寿险。

(d) 你认为约翰逊一家如何能够最经济地满足他们所有额外的寿险需求？

(e) 除了他们的寿险计划外，你认为约翰逊一家应该如何开始为退休后的生活做准备？

□ 案例 2　维克托和玛丽亚·埃尔南德斯考虑更换寿险保单

维克托和玛丽亚·埃尔南德斯有总价值为 200 000 美元的寿险。在两人刚结婚时，维克托有 20 年前购买的金额为 50 000 美元的现金价值保单和一份由雇主提供的 100 000 美元的团体定期寿险。玛丽亚有雇主提供的 50 000 美元的团体定期寿险。这对夫妇与一位寿险代理人接洽，代理人认为他们需要改变保单组合，因为他们的保险不够充分。确切地说，代理人建议维克托兑现他的现金价值保单，再购买新的可变-万能寿险保单。

(a) 如果维克托兑现他的保单，在获得现金价值时，他有哪些结算方式可以选择？

(b) 如果维克托寿险保单中 16 000 美元的现金价值被进行了其他的年收益率为 8% 的投资，计算 20 年后它将价值多少。（提示：利用加曼/福格合作网站。）

(c) 兑现保单是明智的决定吗？为什么？

(d) 如果埃尔南德斯夫妇的孩子已经长大并自力更生，维克托和玛丽亚都有全职工作，给出维克托可能需要更多或更少保险的一般理由。

(e) 解释为何维克托购买新的可变-万能寿险保单是个坏主意。

□ 案例 3　朱莉娅开始考虑寿险

朱莉娅·普赖斯已经三十多岁了，一直想要个孩子，她已经决定收养来自海外的一对兄妹，一个 2 岁，一个 4 岁。朱莉娅很开心，因为她能够赚足够的钱来抚养这两个孩子，但是收养发起机构要求养父母购买足够的寿险。朱莉娅目前有她出生时父母为她购买的金额为 20 000 美元的已付清的现金价值寿险保单。此外，朱莉娅的雇主提供了与她的工资相匹配的员工福利——150 000 美元的定期寿险。机构通过与朱莉娅交流，建议她在目前工资为 150 000 美元的基础上，购买 450 000 美元的终身寿险保单，然而朱莉娅并不确定这是不是最佳的选择。首先，这份保单每年要支付 5 000 美元。其次，她意识到机构所要求的金额并不能长期维持孩子们的生活，也不足以支付他们的大学教育费用。朱莉娅认为保证续保定期寿险会是一个更好的选择。对于她的想法，请提供你的意见。

□ 案例 4　新婚夫妇的人寿保险

新婚夫妇有时会过量地购买人寿保险的种类和金额，而来自田纳西州莫夫里斯波洛的霍恩和尼科尔·格林伍德则采用不同的态度。夫妇两个人各自有工作，并且有由他们各自员工福利项目提供的少量金额的寿险，其中，霍恩的为 40 000 美元；尼科尔的为

50 000 美元。在讨论了寿险需求和相关费用之后，夫妻俩认为，如果尼科尔拿到她的工业心理学硕士学位，她就会有更好的就业机会。因此，他们决定用提供额外寿险的钱支付尼科尔的教育费用。然而，他们都不希望没有足够的寿险。

(a) 尼科尔回到学校将如何改变格林伍德夫妇的寿险需求？

(b) 你认为在尼科尔回到学校后，由格林伍德夫妇各自雇主提供的寿险金额足够吗？解释你的回答。

(c) 概括格林伍德夫妇的寿险需求如何随着生命周期而变化。

□ 案例 5　联谊会成员考虑终身寿险

扎卡里·陈是一名来自亚利桑那州普雷斯科特的大学生。扎卡里即将毕业，最近有一位寿险代理人与他接洽，这位代理人为他联谊会上的几位成员安排了一次小组会议。在会议期间，代理人提出了六个寿险计划，其中一个万能寿险计划提供的福利非常具有说服力，它们公司称之为 Affordable Life Ⅱ。根据该计划，这位未来的毕业生可以在前五年以非常低的保费获得金额为 100 000 美元的终身寿险，五年后，他的收入很有可能会增加，因此要求支付更高的保费。扎卡里在会后感到很困惑，作为他的朋友，你已经学习了本书中的知识，现在被请求回答他们的一些问题。

(a) 你认为对这些人来说，终身寿险是一个不错的选择吗？为什么？

(b) 如何确定联谊会中每个成员的寿险需求？

(c) 寿险不该像代理人所解释的那么令人困惑，你有什么更明了的解释来帮助联谊会成员？

(d) 你建议联谊会成员购买哪种类型的寿险？

(e) 他们如何知道寿险保单的价格是否公平？

□ 案例 6　一对有孩子的夫妇解决他们的寿险需求

约瑟夫和萨曼莎·汉斯莱是一对三十五岁左右的夫妇，来自密歇根州罗切斯特。这对夫妇有两个孩子，分别为 5 岁和 3 岁，而且萨曼莎已经怀上了他们的第三个孩子。萨曼莎兼职编辑图书索引，去年的税后收入为 15 000 美元。由于她大部分时间都在家里工作，在孩子出生后，她并不需要缩减工作。约瑟夫是一个家庭治疗师，去年的税后收入为 48 000 美元。因为约瑟夫和萨曼莎都是个体经营者，他们无法购买团体寿险，但每个人都有三年前购买的 50 000 美元的终身寿险。此外，约瑟夫还有一份价值 50 000 美元的五年保证续保定期保单，明年将会失效。目前汉斯莱一家正在重新评估他们的寿险项目。在分析的第一步，他们已经确定，如果萨曼莎去世，萨曼莎的社保账户上将会获得每月 1 094 美元或每年 13 128 美元的收益。对于约瑟夫的死亡，其社保金额则为每月 2 072 美元，或每年 24 864 美元。夫妇俩都愿意抚养每个孩子到 22 岁，但是至今，他们还没有能力开启大学储蓄基金账户。他们估算在现在在他们国家每个孩子上地区性大学所需的成本为 40 000 美元。他们预期每个人的最终费用为 12 000 美元，并希望能有 50 000 美元来帮助未亡配偶支付房屋抵押贷款。他们还希望，如果一方去世，另一方可以休假六个月。

(a) 基于已给信息，计算萨曼莎的寿险需求。利用本章的计算工作表或加曼/福格合作网站。假定剔除税负和通货膨胀的影响后收益率为 3%，以及收入需求为 22 年，因为未出世的孩子需要那么多年的经济支持。

(b) 基于已给信息，计算约瑟夫的寿险需求。利用本章的计算工作表或加曼/福格合作网站。假定剔除税负和通货膨胀的影响后收益率为 3%，以及收入需求为 22 年，因为未出世的孩子需要那么多年的经济支持。

(c) 如果萨曼莎和约瑟夫购买定期保险来满足额外的需求，根据表 12-4 的信息，每个人需要购买多少金额的定期寿险？

自我理财

1. **计算寿险需求。**复习本章的内容"你需要多少金额的寿险?"，然后用符合你个人情况的金额，完成《我的个人理财规划师》中的工作表 47：我的寿险需求。如果你目前单身、没有孩子，为了这个活动，假定自己现在 30 岁，有两个 5 岁以下的孩子，已婚，年收入为 60 000 美元，重新估算寿险需求。拥有一个家庭会如何改变你的寿险需求？

2. **回顾你的寿险计划。**回顾本章的内容"寿险只有两种基本类型"和"了解你的寿险保单"，然后检查你所有的寿险保单。鉴于你从那些保单中的所学和你自己在前面第 1 项中的寿险需求，决定你所需要额外寿险的金额和类型，以及保单的特征，例如，谁是保单持有人，谁是受益人。

3. **指定你的受益人。**回顾本章的内容"了解你的寿险保单"。然后重新指定你有效保单上的受益人，进行所有必要的修改。若你目前没有寿险保单，假定你在毕业后找到了工作，作为员工福利，雇主向你提供了一份免费的寿险保单。那么你将会指定谁成为受益人?

4. **寿险结算方式。**复习本章的内容"结算方式允许受益人决定以何种方式领取死亡抚恤金"。如果你是另一个人寿险保单的受益人，死亡抚恤金为 100 000 美元，你会选择以何种方式领取死亡抚恤金?

5. **生命-周期寿险计划。**回顾内容"接着，适当地把寿险整合到整个理财规划中"，包括图 12-3。为自己制订一个结合了寿险和投资的计划，该计划应能够帮助你防止本章中所说的去世太早和活得太久的风险。对你的婚姻、孩子等做出适当的假设，将该寿险项目计划到你 65 岁。

6. **建立一个分层的保险计划。**回顾本章的内容"如何将定期寿险保单分层为每月只需 60 美元保费"，然后完成在《我的个人理财规划师》中的工作表 48：将定期寿险分层，使你建立直到 60 岁的定期寿险计划。如果你目前有自己的家庭，就用你的个人情况，或者假定你 25 岁，年收入为 45 000 美元，并计划至少要两个孩子。

网络资源

在网络上完成这些练习。也可以登录 www.cengagebrain.com 访问加曼/福格合作网站进行扩展练习。在经济学和商业一栏中，选择“理财”，接着选“个人理财”，选择本章标题，点击网络练习的链接。

1. 获得你寿险的报价。访问 AccuQuote 网站 www. accuquote. com，获得金额为 200 000 美元的保证续保十年定期保单的保费报价。接着打电话给你社区的一个寿险代理人询问同一保单的报价。当地代理人的报价与你网上查到的报价相比如何？同样，询问金额为 100 000 美元的万能寿险保单的报价，该保单要包含保证可保条款和保费豁免条款。让代理人解释为何两种类型保单的报价不同。基于你在本章所学的内容分析他/她的回答。

2. 查看一家保险公司的经济实力。访问 A. M. Best 公司网站 www. ambest. com/ratings，检查由练习 1 中的代理人推荐的保险公司以及你在网上找到的保费报价最低的公司的评级。评级告诉你那些公司的相对优势是什么？

3. 确定你需要更多的人寿保险。访问生命与健康保险基金的教育网站 www. lifehappens. org/life-insurance-needs-calculator。计算你目前的寿险需求。接着，在给定你的收入和家庭环境的情况下重新计算从现在起五年内的寿险需求。

付诸行动

1. 复习寿险公司网站。访问四家主要的寿险公司的网站，着眼于它们告诉大家的有关人寿保险知识的方法与本章提供的信息有何相似与不同。关于你的发现，写一份总结。

2. 与寿险代理人交谈。拜访一位寿险代理人，给出你所处生命周期的阶段和情况，让他对你的寿险需求做出评估。将你所收到的信息与在本章所学的知识进行比较，写一份总结。

3. 其他人如何处理以满足寿险需求。与三位三十岁以下已婚的朋友或亲戚交谈，问问他们是如何满足自己的寿险需求以及如何建立寿险计划的。关于你的发现，写一份总结，并且将当你处于相似情况下的抉择与他们的进行比较。

4. 定期寿险与现金价值寿险。与三位从未购买过寿险的朋友或熟人交谈，向他们解释定期寿险和现金价值寿险的区别，然后询问他们更想购买哪种类型的寿险。

登录 www. cengagebrain. com 访问加曼/福格合作网站。

第四部分

第十三章　投资基本原理

第十四章　股票与债券投资

第十五章　投资共同基金

第十六章　房地产与高风险投资

第十三章

投资基本原理

你在开玩笑?

双胞胎姐妹劳拉和劳伦·杰克逊已经为同一雇主工作多年，她们在关于为退休后的生活做投资的问题上一直存在不同的观念。劳拉从 25 岁开始，每年投资 5 000 美元，一共投资了 10 年，而且不再增加投资金额。劳伦一直等到 35 岁时才开始为退休储蓄，每年也是投资 5 000 美元，一共投资了 20 年，同样也不再增加投资金额。假设她们赚取的年收益率都是 8%，那么当她们达到 65 岁时，劳拉为退休已经比劳伦多积累了多少财富？

A. 144 000 美元； B. 234 000 美元； C. 494 000 美元； D. 728 000 美元。

答案是 B，234 000 美元。预计劳拉的账户余额在她 65 岁时为 728 000 美元，而劳伦的账户余额为 494 000 美元。相较于劳伦储蓄 20 年，劳拉只储蓄了 10 年。劳拉的长期投资早在她职业生涯开始时就为退休而储蓄了。因此，劳拉比她的姐妹多积累了 47%（=234 000÷494 000）的财富。早一点开始自己的长期投资目标是一个赚钱的好方法！

学习目标

在学习完本章后，你应该能够：

1. 阐述怎样开始成为一个投资者。
2. 确定你的投资理念以及相应的投资。
3. 描述影响投资收益率的主要因素。
4. 从本章所提到的四种长期投资策略中选择你将利用的策略。
5. 创建你自己的投资计划。

你有何建议?

珍妮弗和珍妮是姐妹，她们都是20岁左右。珍妮弗开着一辆租赁的敞篷宝马车，她的收入大约是42 000美元，其中包括她在两家不同的饭店当兼职调酒师赚取的小费。虽然她没有任何员工福利，但是她喜欢拥有灵活的工作时间，这样她就可以去海滩和当地的夜店享受生活。目前，珍妮弗有10 000美元的信用卡债务，她在银行的储蓄账户有1 500美元。两年前，她开设了一个个人退休账户，并投资了1 000美元于一只共同基金。她的姐妹珍妮开的是购买的本田思域汽车，每个月用信用卡全额支付，同时，珍妮拿出了一部分工资，通过自己的401（k）退休账户，每月向她雇主的公司股票投入100美元。在过去的7年里，这只股票的价格从当初的大约40美元涨到了现在的将近70美元，而且珍妮的401（k）计划目前价值16 000美元，同时，珍妮还投资了大约14 000美元到一项积极成长型共同基金上，她计划将这笔钱用于支付购房首付。珍妮作为一家饭店的经理，收入为58 000美元，加上她每年1月用在墨西哥过春假上的2 000～4 000美元的年终奖，珍妮的雇主为其提供了很多员工福利。

你对珍妮弗和珍妮的投资有什么建议：

1. 应拿出更多的钱来储蓄与投资?
2. 珍妮弗投资的先决条件是什么?
3. 珍妮的投资组合分散化如何?
4. 珍妮弗的美元平均成本是多少?
5. 珍妮的投资选择有哪些?

在本书的很多地方，我们都鼓励你为未来预留一些资金，特别是通过定期的储蓄积累资金，运用此方法是明智的，但建立真正的财富需要考虑一个额外的因素——在你的资金上获得良好的收益率，收益上的差异是单纯的储蓄和投资之间的主要区别。

在过去的25年中，长期投资赚钱的最佳途径之一是投资股票、债券以及投资汽车类共同基金。无论对于近期发生经济危机和股市下跌以及随后的牛市，这仍然是最好的建议。美国和世界经济的收益能力，甚至在出现严重波动时，还能持续。这一章（以及接下来的三章）解释了为什么这么做是正确的，以及不管是在经济衰退时期，在低迷、疲弱的经济时代，还是在经济快速增长的过程中应如何获得成功。要想在理财上获得成功，对于投资一无所知可不行。

你的未来五年

在未来的五年中，你可以通过以下相关的投资来实现理财上的成功：

1. 为了未来，拿出一部分收入，并把一些现金投入一个分散化的投资组合中。
2. 当你进行长期投资时，要能承担重大风险。
3. 对你雇主提供的退休计划进行定期投资。
4. 在你的投资组合中，投资任何一家公司的股票不要超过5%或者10%，包括你雇主的公司。
5. 根据你选择的资产配置策略，至少每年调整一次你的投资组合。

开始你的投资计划

为了确保未来有一个理想的生活方式，不能把今天赚的每一块钱都花掉。相反，你必须通过预留一部分当前收入，将它用于投资。推迟此刻消费所带来的快乐，可以让你在未来收获更多的乐趣。为了取得理财上的成功，明智之举应该是在人生早期就开始投资，定期投资，并持续投资。为什么？这是因为每当你延缓一次五年投资，将需要付出双倍的投资额去达到相同的目标。记住：你——而且没有其他人——要为你自己的理财负责。

> **学习目标 1**
>
> 阐述怎样开始成为一个投资者。

□ 投资胜过储蓄

储蓄（saving）是故意花的比赚的少，并将多余的资金积累下来。**投资**（investing）是将储蓄的一部分钱取出，并将它拿来运作，这样就可以赚到更多钱。你的目标以及实现这些目标的时间决定了你所遵循的投资策略，以及你选择的投资方案。

人们最常见的投资方式是将资金投入被称为**证券**（security）的资产，如股票、债券、共同基金（经常通过雇主提供的退休账户购买），还有通过购买不动产来投资。**股票**（stock）是指公司所有权的股份，债券相当于贷款给企业和政府。你的所有投资资产使自己的**投资组合**（portfolio）集合多个不同资产的投资选择，以满足你的投资目标。

> **投资**
>
> 将储蓄的一部分钱拿来运作，以求赚取更多。
>
> **证券**
>
> 适合投资的资产，包括股票、债券和共同基金。
>
> **股票**
>
> 公司所有权的股份。
>
> **投资组合**
>
> 实现投资目标的投资资产的集合。

□ 对你投资准备的建议

以下这些是你准备开始你的投资计划的迹象。如果你现在完成了这些基本的个人理财工作，了解自己的财务状况，这样就能让你的投资计划顺利运行：

- **你靠收入而生存。**假如你时常发现当月底即将到来时，你的钱快要用完；或者你只能支付最低还款额来维持你的信用卡账户平衡，那么你需要学会控制预算，这样你才能靠着收入而生存下去。
- **你能够定期储蓄。**一个优秀的理财经理会放弃一些消费，定期储蓄以建立一只应急基金、获得商品和服务，并实现其他的目标。你必须在有能用于投资的储蓄资金后，才能开始投资。

> **理财要点**
>
> 财富的创造源于投资，而非工资
>
> 对大多数人而言，靠储蓄而不是盈利来积累财富是很难的。绝大多数财富来自投资的增长。为了创造财富，你要将储蓄用于投资股票、债券、共同基金、房地产，或者开始创业。

- **明智地使用信用卡。**还清高利息的债务，每月足额支付信用卡账单。拥有最高信贷限额以满足个人财务突发事件。
- **享有足额的保险。**在你遭受损失，或者被起诉之类的事件发生时，责任保险能保护你的资产和生活方式；健康保险是必备的；定期寿险能保障你的家人的生活。

□ 决定你为什么要投资

当你有理由去投资时，比如为了买房，或者为了计划一个经济上令人满意的退休生活，在你的预算中，你将更有可能考虑把投资当成一个高优先级的类别。人们参与投资的五大理由是：

- 为了实现财务目标，比如拥有一次度假，购买一辆新车，得到一套房屋的首付，筹集孩子的教育经费，筹集创业的启动资金。
- 为了获得财富和财务安全的感觉。
- 为了增加当下的收入。
- 为了满足退休后的收入需求。
- 为了最大限度地享受生活。

□ 你从哪里可以获得用于投资的钱？

你必须积攒资金用于投资，可以参考如下建议：

- **储蓄优先。**每次你收到收入时，制定财务预算，专款专用，把消费控制在力所能及的范围内，就可以节省预算。
- **储蓄——不消费——额外的资金。**当收到意外之财时，你要将它的一部分或者全部进行储蓄。意外之财的例子有雇主年终给你的奖金、佣金支票、加薪、礼金、继承所得、所得税退税。当然，当你在月度预算之外有盈余时，也把它存起来。
- **参与雇主提供的退休计划。**当你的雇主提供一个与你所做贡献相匹配的 401（k）退休计划时，你要去投资它，至少获得足够的收益，因为这是免费的。
- **自动储蓄。**将你的资金自动从银行转移到你的储蓄账户或者货币市场基金中，安排将薪水转移到退休计划中。
- **继续分期付款给自己。**如果你之前要分期付款来偿还债务或租赁，那么你可以在还清以后继续将这些付款（或部分付款）转入你的储蓄中。
- **打破习惯。**抛开你以前花钱的一些习惯，比如买彩票、在星巴克喝拿铁咖啡、去高档餐厅享受昂贵的午餐。
- **停止现金流失。**几乎每个人的预算中都会有一个或两个类别涉及超支。减少娱乐和食物或者其他的现金流失方式，可能会帮助你发掘一些资金用于投资。
- **找一份兼职。**将一份额外工作的税后收入存下来。
- **节约一个月。**想要成功，就要削减和审查每一项可能的花费。了解这种程度的节约将在 30 天后结束，这将激励你坚持下去。

□ 什么是可能的投资效益？

图 13－1 显示的是一些受欢迎的投资项目的长期收益率。尽管股票市场的长期收益率

平均都远超过10%，但是在2001—2010年这十年的收益率极低，而在过去的几年里又很高。当美国和世界上大多数国家的经济都在苦苦挣扎时，企业利润——投资者的收益——是很难获得的。在这个经济富有挑战性的时期，一个人从股票中获得的平均投资收益率更有可能是5%～6%。这个数据可能来自股票2%的股利率，以及4%左右的收益增长率。尽管有这些“半尺寸的收益”，这些投资在通货膨胀程度较低时仍然有较好的收益。

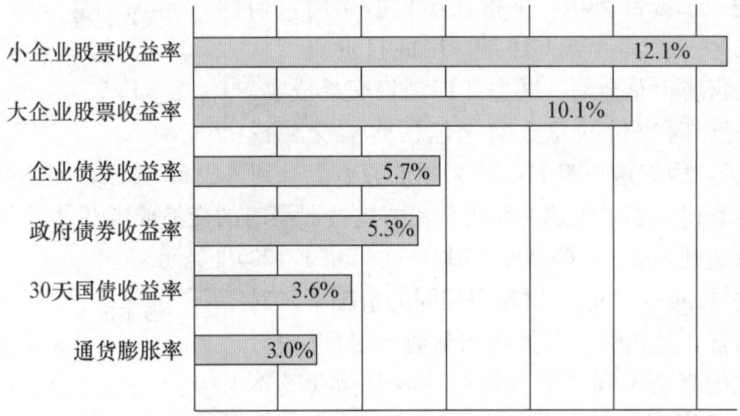

图13-1 各投资项目的长期收益率（1926—2011年的年均收益率）

自1927年以来，股票表现最差的20年的年收益率是3%，2000—2009年这10年的年均收益率是－1%，这主要是因为可怕的股市大萧条。在过去的80年里，任何一年在股票市场赚钱的机会都是66%，在未来的5年里，这个概率会增加到81%，而在未来的10年里，它将增加到89%。

在这样的情况下，对长期投资者而言，在美国可以预见的未来，这是不引人注意的平均股权收益，这主要是由需求疲软和经济增长乏力造成的，世界上的一些国家和地区将继续在经济增长上跑赢别人。在长期困乏的经济时期，总会有一段时间的增长。同时，也应意识到，美国和其他经济体将回到稳健的经济增长模式，典型的股票投资者可以重新期望每年收获超过10%的平均投资收益率。同时应当明白，股市的增长可以从经济的可观增长中预见，因此，如果等待时间过长，你将错过它的增长。

当人们用自己的钱投资时，他们就承受了**财务风险**[financial risk，又称**经营风险**（business risk）]，也就是说，这项投资可能不会给投资者带来任何收益。在极端情况下，一个公司的效益可能非常好，赚取可观的利润，它也可能破产，导致投资者失去所有的钱。在后面的章节中，我们将探讨投资是如何造成一些其他种类的风险的。

投资者希望他们的投资能获得一个正的**总收益**（total return），这是一项投资产生的收入，是本期收益和资本利得的总和。**本期收益**（current income）是指当你拥有这项投资而收到的钱，它通常是定期收到的利息、租金或股利。正如我们在书中其他地方所指出的，**利息**（interest）是借钱的费用，债券的投资者

财务风险

一项投资不会给投资者带来任何收益的可能性。

总收益

一项投资产生的总收入，包括本期收益和资本利得。

本期收益

当你拥有这项投资而收到的钱；通常是定期收到的利息、租金或股利。

利息

借钱的费用；债券的投资者们赚取的就是利息。

们赚取的就是利息。**租金**（rent）是收讫的付款，是让别人使用你的不动产，比如土地和建筑，而得到的回报。**股利**（dividend）是公司盈利的一部分，由公司支付给股东。举个例子，来自纽约州奥尼昂塔的妮娜·汉森去年购买了100股H&M公司的股票，每股45美元（共4 500美元）。这一年，该公司每股派付股利3美元，妮娜收到了作为本期收益的300美元的现金股利。

> **资本利得**
> 低买高卖资产获得的差价收益。

资本利得（capital gain）是指在出售股票时，初始投资价值的增长，其计算方法是，用此投资资产从较高的价格出售所得总金额（减去任何销售交易成本）减去购买该资产时支付的总金额（包括购买交易成本）。举个例子，假如这一年H&M公司的股价上升到每股52美元，妮娜可以将它出售从而获得资本利得。如果妮娜在购买和销售这些股票时的交易成本都是每股1美元，她的资本利得将达到500［=(5 200−100)−(4 500+100)］美元。

> **资本损失**
> 初始投资在纸面上减少的价值；只有在出售该投资资产时才会实现。
>
> **回报率/收益率**
> 总投资收益率/回报率以百分比表示的价格。

资本损失（capital loss）出现在相同的情况下。对大多数投资而言，是在资本利得和当前收入之间选择。一项具有潜在的高资本利得的投资往往收获微薄的本期收益，而一项能收获大量本期收益的投资通常拥有很少或者没有资本利得的潜力。长期投资者通常愿意放弃本期收益而支持未来可能赢得的可观的资本利得。

回报率/收益率（rate of return/yield）是总投资收益率/回报率以百分比表示的价格，它通常按年利率为基础来计算表示。举个例子，如果妮娜在一年后将H&M公司的股票以每股52美元的价格卖出，她将得到800美元（300美元的股利加上500美元的资本利得）的总收益，收益率为17.78%（=800÷4 500）。

概念测试 13.1

1. 在准备投资前，你会做些什么？
2. 确认三种你个人认为在未来五年能获得一些资金用于投资的方法。
3. 一个投资者获得的总收益的两大部分是什么？

确定你的投资理念以及相应的投资

> **学习目标 2**
> 确定你的投资理念以及相应的投资。

要实现理财上的成功，你需要了解你的投资理念，并在进行投资时坚持你的理念。因此，你也需要了解投资风险以及如何去应对它。牢记投资大师沃伦·巴菲特所提供的意见："投资的第一条规则是不赔钱，第二条规则是不要忘记第一条规则。"

□ 如何处理投资风险？

纯粹风险（pure risk）只有在没有任何潜在获利的情况下存在，它只有亏损的可能。这一点在第十章里已经讨论过了。相较而言，投资要受到**投机风险**（speculative risk）的支配。投机风险是在投资既有潜在获利又有亏损可能的情况下存在的。**投资风险**（investment risk）是指投资的收益率的不确定性，将使投资可能偏离你的期望。对于大多数投资，风险越大，意味着更高的潜在收益。如图 13-2 所示，这种潜在的收益促使人们能够接受越来越高的风险等级。尽管如此，仍然有很多人会认真地规避风险。

图 13-2 也提供了可能的投资选择。不要对这些选择有所困惑，因为这些投资将会在后面的章节中有所解释。你将学习如何由自己做出明智的投资决定。

存在无风险投资

如果你想要一个完全安全的投资，你可以投资美国国债（将在第十四章中讨论），这是由美国政府充分的信心和信用支持的。在这类投资中，你借钱给联邦政府，它以后连本带利返还给你。美国国债的形式之一是**国库券**（T-bill），这是一个一年或一年以内的政府借据。由于国库券是无风险的投资，对于大多数人来说，它们的报酬太低，也许只有 0.25%或 0.35%的收益率。然而，有些人投资于国库券，是为了保存他们的钱，直到在稍后的时间里将其投资出去。

投机风险

包括潜在的收益与亏损；在进行资本投资时任意一项都有可能发生。

投资风险

一项投资的收益率将偏离其预期收益率的可能性。

理财要点

做一个风险承受能力测验

选择以下几个网站中的一个来做一次风险能力测验，以此来发现自己能承受多大的风险：

- Bankrate. com：www. bankrate. com/brm/news/investing/20011127a. asp；
- MSN：www. moneycentral. msn. com/investor/calcs/n_riskq/main. asp；
- Kiplinger：www. kiplinger. com/tools/riskfind. html；
- Vanguard：https://personal. vanguard. com/us/FundsInvQuestionnaire。

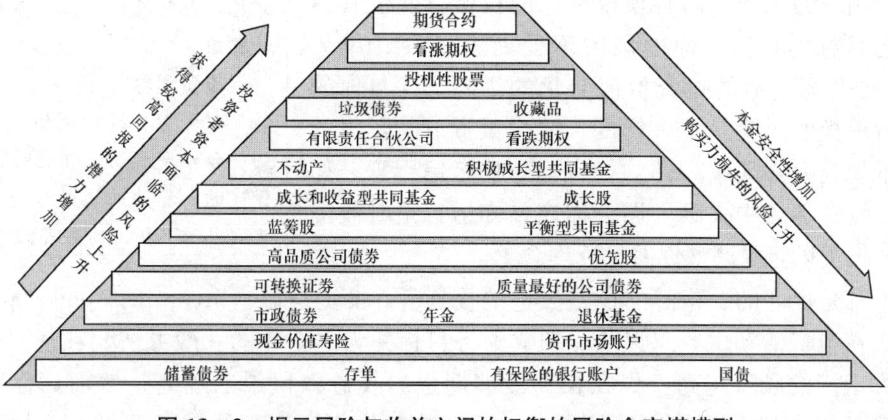

图 13-2　揭示风险与收益之间的权衡的风险金字塔模型

投资者需要风险溢价

投资者需要能获得高收益的承诺，这样才会将自己的资金放置于有风险的投资中。

当进行投资活动时，人们要求有**风险溢价/股票风险溢价**（risk premium/equity risk premium），这样他们才会愿意做没有未来一定能成功的保证的投资。这种风险溢价由高风险投资的预期收益率和完全安全的国库券收益率之间的差值得到。溢价是必要的补偿，可以鼓励风险厌恶型投资者投资股票，而不是把钱放在更安全的投资类别上，如国库券。

> **风险溢价/股票风险溢价**
> 由高风险投资的预期收益率和完全安全的国库券收益率之间的差值得到。溢价是必要的补偿，可以鼓励风险厌恶型投资者投资于股票，而不是把钱放在更安全的投资类别上，如国库券。

如果股票的预期收益率是8%，而10年期国债的预期收益率是3%，那么它的风险溢价是5%。业内专家认为，虽然长期投资者需要的风险溢价的平均水平为8%，但多数投资者需要的风险溢价为3%～5%。投资的风险越高，获得的风险溢价越高。

□ 极端保守的投资者只是储户

投资学提供了很多方式来保护资本，使得面临资本损失的风险比较弱甚至为零，同时还能赚取相当金额的收益——尽管有限。这些金融工具包括联邦保险储蓄账户、存单、EE债券，以及货币市场账户。极端保守的投资者，特别是那些认为自己的钱若存在风险晚上就无法入睡的人，就不要考虑将资金用于投资了，而应该选择最安全的方式来取代风险。在一年的时间里，一个极端保守的投资者，可以将他的1 000美元投入这些方式之一而不会损失一分钱，并可能会获得15～20美元的收益。事实上，极端保守的投资者不是真正的投资者，他们只是储户。因此，他们长期不能在理财上获得成功，因为税收和通货膨胀抵消了大部分利息。相反，当资产价值大幅下降时，极端保守的投资者仍然能拥有自己的钱！

□ 你的投资理念是什么？

投资者为了达到他们财务上的目标，必须承担相应的风险。投资者的任务就是找到二者的良好平衡，并做出相应的选择，你必须权衡你的投资可能没有达到你的目标的风险。你的**风险承受能力**（risk tolerance）是你忍受你的投资价值变化的意愿，这与你的资本所承担的风险是不一样的。要想投资成功，你的风险承受能力必须成为你的投资理念的考虑因素。如果你在投资活动中失眠，那么你应该知道，是时候降低你的投资风险并调整你的投资理念了。

> **风险承受能力**
> 投资者忍受证券价格波动的意愿，也就是说，抵御市场风险的意愿。
>
> **投资理念**
> 投资者在投资活动中对风险的综合承受能力，不论他或她是保守的、稳健的还是激进的投资者，并为其树立财务目标。

不管是保守的、稳健的还是激进的投资者，**投资理念**（investment philosophy）是一个人在投资活动中容忍风险、树立财务目标并为之奋斗的一般方法。在适当的范围内，你承担的风险越高，你在长期能够期望的收益和积累也越高。然而，你可以在有风险的投资组合面前安然处之，并不意味着你实际上真的需要这样一个风险。同样的道理，你仍然需要足够的进取心来追求你的财务目标。睿智的投资者会毫不动摇地坚持自己的投资理念；他们不会改变自己的航向，除非他们的基本宗旨已经改变。

你是一个保守的投资者吗？

如果你具有**保守的投资理念**（conservative investment philosophy），那么你所能接受的风险就很小；一般地，你获得的收益率也相对较低。你追求的是既获得稳健的本期收益又保全资本的双重目标。**资本保全**（preservation of capital）意味着你不想失去任何投资的钱。总之，你可以被描述为一个**风险厌恶**（risk averse）的投资者。风险厌恶的投资者往往厌恶风险，尽管他或她承受风险投资可能获得很高的收益率，也无法把钱投入到有风险的投资中。

> **保守的投资理念（风险厌恶）**
>
> 具有这种理念的投资者可接受的风险非常小，一般获得的收益率也相应比较低，追求的是既获得稳健的本期收益又保全资本的双重目标。
>
> **风险厌恶的投资者**
>
> 在投资活动中，倾向于厌恶风险，即使承受风险投资可能获得很高的收益率也无法把钱投入有风险的投资的一类投资者。

保守的投资者注重保护自己，他们小心地避免损失，并往往试图长时间（也许是 5 年或 10 年）保留那些被证明有收益的投资。在投资策略上，他们很少出售自己的投资。接近退休或正计划在不久的将来从他们的投资中取钱的投资者往往坚持保守的投资理念。

保守的投资者通常会考虑投资于由政府发行的债务，包括国库券、票据和债券（由美国政府担保按时支付本金及利息）、市政债券、高品质（蓝筹）公司债券和股票、均衡的共同基金（同时拥有股票和债券）、存单及养老金。**债券**（bond）本质上是一种投资者给政府或公司的贷款。因此，债券是一种发行人的债务。在一年的时间里，保守投资者的 1 000 美元可能会亏损 20 美元，也很可能获益 20～30 美元。

> **债券**
>
> 由机构发行的债务凭证，承诺在明确的时间和在生命周期内定期支付利息的债务工具。从投资者的角度来看，它是给政府或公司的贷款。
>
> **稳健的投资理念（风险冷漠）**
>
> 拥有这类理念的投资者可以接受一定程度的风险，来寻求其投资价值的资本利得的缓慢而稳定的增长，同时伴随一定的本期收益。

你是一个稳健的投资者吗？

拥有**稳健的投资理念**（moderate investment philosophy）的人寻求其投资价值的资本利得的缓慢而稳定的增长，同时伴随一定的本期收益，他们只承受了相当数量的资本损失的风险。大部分稳健的投资者都没有资金的迫切需求，而是专注于为以后的几年铺设投资基础，或者在此基础上继续添砖加瓦。稳健的投资者在上升和下降的市场条件下还算是舒适的。他们的长期投资受到保障。他们的策略可能是在选择的几只投资基金中布局，部分资产也许一年交易一次。

人们追求稳健的回报，可以考虑投资于派息普通股、成长与收益型共同基金、高品质公司债券、政府债券、不动产。在一年的时间里，一个稳健的投资者的 1 000 美元可能亏损 150 美元，也可能获益 40～60 美元。

你是一个激进的投资者吗？

若你为争取一个非常高的收益率而选择接受高风险水平，那么你就有**激进的投资理念**（aggressive investment philosophy）。正因为如此，你可能会被定性为风险追求者。激进的投资者主要寻求资本利得。很多这样的投资者采取短期投资的方法，他们有信心可以在重要的市场价格高涨时大幅获利。

> **激进的投资理念（风险追求）**
>
> 拥有这类理念的投资者主要寻求资本利得，通常具有短期性。

寻求非常高收益的人通常考虑投资于新的或快速成长的公司的普通股、高收益的垃圾债券和积极成长型共同基金。这类投资者可能把自己的钱投入有限责任的房地产合伙企业、未开发的土地、贵金属、宝石、商品期货、股指期货和收藏品。这种投资理念的爱好者有时不会将自己的资金分布在众多的投资方案里。而且，他们可能采取短期的策略，以获得资本利得。例如，激进的投资者可能将其大部分资金投资于单只股票中，希望它会在 90 天后升值 10%，给予的年收益率在 30%以上。然后，这些股份可能被出售，所得款项将被投资到其他地方。

激进的投资者的投资策略会在第十六章讨论。激进的投资者必须在精神和经济上能够经受大量的短期损失——如股票的价格下降 30%～40%——即使他们认为在未来股票的价格可能会回升。在一年的时间里，激进的投资者的 1 000 美元可能亏损 300 美元，也可能获益 100 美元、200 美元、300 美元，甚至更多。

□ 你应该采取积极还是消极的投资方式?

个人投资理念的另一个方面，是你投资的参与程度，也就是，你想成为一个积极的还是消极的投资者?

积极投资

积极投资者（active investor）会仔细研究经济市场趋势与投资方案；定期监控这些要素，做出买入卖出决定，也许是每年交易三次，或每年四次，甚至更多；也许会听取一个专业的意见后做出决定，也许会自己做出决定。此外，因为许多投资产品的价格变化与一些新闻事件有一定的关系，世界上发生的事情以及经济和政治变化都会影响它的价格，积极投资者对此保持警觉。掌握外在这个更大的世界将发生的事，有助于积极投资者很快明白该什么时候买入或者卖出，从而获利或减少损失。

> **积极投资者**
> 这样的投资者希望以这样的方式来操纵他或她的资金：仔细研究市场趋势和投资方案；定期监控这些要素，每年交易 3～4 次来重新调整他或她的投资组合。

有效市场的积极投资

市场有效性（market efficiency）与新信息在投资的价格上的体现速度有关。这个理论认为，投资价格反映证券价格；在任何时候，证券价格反映的都是它们真实的价值，因为公开可获得的信息已经将市场价格带回到正常的水平。

> **市场有效性**
> 新信息在投资的价格上的体现速度表明：在任何时候，证券价格反映的都是它们真实的价值，因为公开可获得的信息已经将市场价格带回到正常的水平。

因此，典型的这一类投资者面临的挑战是找到价值被低估的投资。当信息被财经媒体报道时，对于这类投资者来说，此刻采取行动并从中牟利已经太晚了。更何况，投资者并不能始终知道哪些信息是与之相关的。因此，个人投资者不能一味追求积极的投资策略来击败市场，因为他们也同样可能投资于一只价值被高估的证券，而不是一只价值被低估的证券。因此，典型的这类投资者的收入大大低于市场平均收益率。这并不奇怪，股票分析师和投资经理相信他们可以比部分一般投资者做出更好的选择，因为他们可以比其他投资者更快地就获得信息并做出行动。然而，现实是 60%～80%的投资经理达不到股票市场的平均收益率。

消极投资

消极投资者（passive investor）不会积极从事证券买卖，或者花费大量时间监视他或她的投资。这一类人在证券中可能做定期投资，如投资于共同基金（详见第十五章），他们很少会为了短期利润而出售资产。相反，消极投资者仅仅是为了获得与整个市场相匹配的收益，他们忽略小道消息以及那些每天在财经新闻上被吹捧的投资。他们维持自己的情绪，在长期中，他们也能比积极投资者赚取更高的收益。大多数长期投资者都采用消极投资方式。

> **消极投资者**
>
> 这样的投资者不会积极从事证券买卖，或者花费大量时间监视他或她的投资；其追求的是通过长期投资共同基金或其他管理的投资以获得与整个市场相匹配的收益。

□ 所以你应该怎么做?

一旦明确了你的投资理念，以及作为一个投资者你要如何参与到投资中，你将能够有信心和信念来做未来的投资决策。你将能够耐心地跟随自己长期的视角投资，而不是对你的钱做出感性和错误的决定。你选择的投资以及所赚取的收益很可能与你的投资理念相匹配。

你的投资目标的时间跨度也很重要。当你为了一个短期目标而投资时，你会想保守一些，以确保在市场有时间恢复之前，市场的突然下滑不会危及你达成目标。当你为了长期目标而投资时，你会更加积极。这就是为什么说股市是个为退休进行储蓄的好地方。当你退休时，你可以把投资组合中的一部分投资于股票，因为你可能仍将需要20～25 年的时光才能存下最后一笔钱。

□ 确定你要参与的投资种类

你选择的投资应该符合你的利益。在投资前，你要比较一下借出与持有、短期与长期，以及考虑如何选择那些可能提供你所期望的潜在总收益的投资项目。

你想要进行债权投资还是所有权投资?

你有两种投资资金的方式：借出或持有。当你借出你的资金时，你接受某种形式的借条和偿还借款及利息承诺。利息是你持有这项投资时的一种本期收益的形式。

你的资金的借出形式可以是在银行、信用社、储蓄与贷款协会的储蓄资金（通过储蓄账户和定期存单），或借钱给政府（通过中长期国债以及州和地方政府债券）、公司（公司债券）、抵押保证债券（如吉利美债券）、寿险公司（养老金）。这些借款投资或**债务**（debt），一般都提供一个固定期限和固定收益。**固定期限**（fixed maturity）就是借款人同意的向投资者偿还本金的一个特定的日期。**固定收益**（fixed income）就是借款人对使用本金而同意向投资者支付的特定的收益率。这样的投资给予出借人相当大的信心，他们将在指定期限后获得一定金额的利息收益以及最终收回借出的资金，因此他们的收益是确定的。无论借款人用你的资金收获多少利润，出借人只收获当初借出资金时承诺的固定收益。债权投资很少有资本利得。

> **债务**
>
> 典型的债权投资，有固定期限和固定收益。
>
> **固定期限**
>
> 借款人同意向投资者偿还本金的一个特定日期。
>
> **固定收益**
>
> 借款人为使用本金而同意向投资者支付特定的收益率。

另外，你也可以通过资产的所有权进行投资。所有权投资通常被称为**股权**（equity）投资。你可以购买上市公司的普通股或优先股（以获得公司的部分所有权），购买共同基金公司的股份（投资于企业的股票和债券），也可以把钱投入自己的生意，购买房地产，购买商品期货（如猪腩或橘子），或购买有投资意义的收藏品（如罕见的古董或邮票）。所有权投资有提供本期收益的潜力；然而，它通常强调的是实现实质性的资本利得。

股权

资本所有权，包括上市公司的普通股或优先股、共同基金公司的股份、不动产等，与本期收益相比，它更强调资本利得。

做短期、中期和长期的投资

如果你是在不到一年这样一个较短的时间跨度内投资，或者是在可能长达五年的时间里做中期投资，你会希望所拥有的资产能够保值。毕竟，你不希望当你为一个短期目的而需要用到这笔钱时，投资亏本，比如要支付大学学费时，或因为有急事需要现金而被迫出售一项投资时。做短期或中期投资的人，需要投资项目有一定的可预见性和稳定性。这样，这些投资者通常对本期收益比对资本利得更感兴趣。

如果你为一个长期目标而投资，相比之下，你希望你的钱能增长。因此，你可能会将你的钱投入一项长达10年或20年的投资中。长期投资者通常希望有更大的风险，以寻求资本利得和本期收益。表13-1概述了不同时间跨度的投资，表13-2则概述了可供选择的一些投资方式。

表13-1　　不同时间跨度的投资

时间跨度	可能的投资方式
少于2年	NOW支票账户
	储蓄账户
	货币市场账户
	存单
	两年内到期的国债/公司债券
2～5年	五年内到期的公司债券
	吉利美债券
	高股息股票
	平衡型共同基金
6～10年	高股利股票
	吉利美债券
	短期债券
	长期债券
	长期存单
	成长与收益型共同基金
	不动产
超过10年	成长股
	长期债券
	贵金属
	积极成长型共同基金
	不动产

表 13-2	投资方式概述

接下来的三章将介绍投资方式的细节，在学完这些章节后，你应该足够了解投资并做出正确的决定，而本章为有助于你对于可能最适合你需求的投资类型做出初步评估而提供背景信息。

- **股票**。资产的所有权份额和商业公司的收益。例子：蓝筹股（如陶氏化学、埃克森美孚和通用电气）、知名的成长股（如微软和麦当劳）、不知名的成长股（如 American Greeting and Healthdyne），还有收益股（如自来水和电力公司）。
- **债券**。由公司、地方政府（例如一个城市或州）或联邦政府发行的长期计息可转让证券。例子：美国储蓄债券、EE系列债券、公司债券、高收益公司债券、市政债券和零息债券。
- **共同基金**。一家投资公司，集体购买其股份的投资者的资金，然后将这些钱投资在一个由其他公司或政府发行的股票和债券组成的分散化的投资组合中。例子：富达成长基金、卡尔弗特社会投资基金以及先锋成长指数基金。
- **不动产**。包括土地资产；永久隶属于该土地的所有建筑及附属的权利与特权，如农作物与矿权。例子：住宅单元、商业物业、住宅用地、未开发的土地。
- **高风险投资产品**。这种投资在短时间（也许是几天或者几个星期）内的收益率有潜在的大幅波动。例子：收藏品（棒球卡、海报、运动衫、漫画、邮票、罕见钱币、古玩）、贵重金属和宝石、期权和期货合约。

长期投资者寻求其投资价值的增长能超过通货膨胀率的增长。换句话说，他们希望自己的投资提供了积极的**实际收益率**（real rate of return）。其收益率是剔除通货膨胀和所得税的影响后的收益率。

实际收益率

一项投资剔除通货膨胀和所得税影响后的收益率。

从总收益的组成角度选择投资项目

在投资时，要建立一个投资组合，它将给出一个本期收益和资本利得的比，从而给予你所期望的必要的潜在总收益率。一只股票可能会提供1.5%的期望现金股利和6%的预期年价格上涨，那么期望总收益率为7.5%。提供相同期望总收益率的另一个选择可能是一只预期年度现金股利为2.5%和资本利得为5%的股票。

你知道吗?

计算实际投资收益率（剔除税收和通货膨胀后）

1. 确定剔除所得税前的收益率。也许你会认为一只股票在一年内能给予你10%的收益率，包括本期收益和资本利得。

2. 剔除收益的边际税率的影响，获得税后收益率。如果你是在25%的联邦所得税税级，那么计算结果是7.5%[=(1−0.25)×0.10]。

3. 剔除税后收益中的通货膨胀影响，获得实际投资收益率。如果你估计每年的通胀率是4%，计算结果就是3.5%（=7.5%−4.0%）。因此，你的税前10%的收益率，变成了3.5%的剔除税收和通货膨胀影响后的实际收益率。

概念测试 13.2

1. 总结一下你的投资理念以及承受风险的一般方法。
2. 你认为自己是积极投资者还是消极投资者？并解释原因。
3. 总结一下为什么那么多人都是糟糕的投资者，并不是很成功。
4. 对于债权投资和所有权投资，总结一下你个人的看法。
5. 在本期收益和资本利得这两种投资收益中，哪一种对你更具有吸引力？为什么？

风险和其他因素影响投资者的收益

由于围绕着投资的不确定性，人们往往遵循一个保守的进程，以试图保持投资的低风险。过于保守的投资意味着，它们也可能伴随着达不到理财目标的风险。要成为一个成功的投资者，你必须了解影响投资收益率的主要因素。保持消息的灵通，在进行投资决策时，你就可以承担适当的风险。

> **学习目标 3**
> 描述影响投资收益率的主要因素。

□ 通过分散化降低随机风险

随机风险［random risk，又称**非系统性风险**（unsystematic risk）］是指只拥有一个特定类型的投资（如一家公司的股票），由于不可控的或随机的因素，如劳动力市场动荡、诉讼和相关产品召回等原因，可能使得投资结果非常糟糕的这样一类风险。如果你只投资于一只股票，其价值可能上升或下降，但如果你投资于两三只股票，它们的价格都下降的概率将会降低。这种**分散化**（diversification）——通过在几个投资机会中分散投资的过程来降低风险——为随机风险管理提供了一个有效的方法。它的原则是，当你在投资组合中拥有不同类型的投资资产时，一些资产正在贬值，另一些资产就应升值。它导致的结果是这个投资组合潜在的收益率会低于某个单一投资的潜在收益率，但这样的收益率是更可预测的，并且亏损的风险较低。分散化投资最终在高收益与低收益之间取得平衡。

> **随机风险/非系统性风险**
> 指只拥有一个特定类型的投资（如一家公司的股票），由于不可控的或随机的因素，可能使得投资结果非常糟糕，但却不影响其他市场的这样一类风险。
> **分散化**
> 通过在几个投资机会中分散投资的过程来降低风险。

研究表明，你只要将投资分散在 5 只股票或债券上，就可以减少一半的随机风险；通过持有 15 只或更多的股票或债券，就可以消除随机风险。理性的投资者让他的投资分散化，以减少随机风险，并长期（至少 10 年以上）坚持这样运作。

□ 市场风险和大萧条

股票和债券中的分散化并不能消除所有风险。即使你拥有市场上所有的股票，一些风险仍然存在，因为随着时间的推移，股票（和债券）的价格会上下波动，这种波动导致了**市场风险**［market risk，又称**系统性风险/不可分散风险**（systematic risk/nondiversifiable risk）］。在这种情况下，投资价值可能由于影响与其类似投资的事件的发生而下降。例如，经济、社会、政治或一般市场条件的变化；投资者偏好的波动；其他广泛的市场波动因素（如经济衰退或恐怖袭击）。你可以通过将投资组合分布于几个不同的市场来降低市场风险，尽管只能降低部分风险。在通常情况

> **市场风险/系统性风险/不可分散风险**
> 投资价值可能由于影响与其类似投资的事件的发生而下降的风险。

下，所有市场不太可能会同时经历衰退，但这也可能会发生，就像在2007年和2009年之间的金融危机时期那样。

经济学家普遍认为，所有的不确定性都可以降低到可观测的风险水平，并且不受管制的市场应该是稳定的。然而，世界范围内的大萧条表明，在逻辑学上始终存在有效市场出现系统性错误的可能性，也就是各类投资一起下跌。经济崩溃证明，一次百年不遇的金融灾难，不仅可以发生，还会持续下去，所以金融市场（例如，信贷、投资、房地产等）需要更好的政府监管。新创建的金融稳定监督委员会的使命是要建立一个预警系统，以确定在金融企业崩溃从而对美国经济造成负面影响之前，实施政府干预。

在当今困难的经济环境下，美国和世界市场将继续缓慢复苏。在短期内，分散化并不能保护你的投资，使其抵御市场下跌，但至少有一些投资将保持其价值或大部分价值。市场风险是指在一个特定的市场中，投资者的投资组合已经完全分散化而仍有残留的风险。多年来，市场风险的平均值是8%左右。这种风险的结果是，任何单一证券投资（如股票）的收益率，在其自身没有发生过意外的情况下，每年会有约8%的上下波动 。投资总风险包含随机风险和市场风险。

> **你知道吗？**
>
> **所有的钱发生了什么事？**
>
> 在2007年和2009年之间，上万亿美元的股票市值、401（k）退休账户和大学储蓄基金里的钱，以及住宅资产净值凭空消失了。股市大跌、房价下跌意味着很多钱不复存在，但说实话，它从来没有存在过，因为它压根儿就不是钱。钱是现金，而投资或住宅资产净值不是现金，除非这些资产被转换成了现金。潜在的钱并不等同于现金。

□ 其他类型的投资风险

以下是一些影响投资者收益的其他投资风险：

- **经营失败风险。经营失败风险**（business failure risk）也叫**财务风险**（financial risk），它是指一项投资会失败的可能性，比如破产，其导致的结果是一个人的投资资金的大部分或全部损失，因此在投资前应进行彻底调查。相关内容见第十四章至第十六章。

- **通货膨胀风险。**对于长期投资者而言，通货膨胀风险也许是最应该关心的。**通货膨胀风险**（inflation risk），也被称为**购买力风险**（purchasing power risk），是指钱的增长速度跟不上通货膨胀速度的风险，因此未来的钱将没有现在的钱值钱。从长远来看，美国每年通货膨胀率的平均水平为3.1%，所以，通货膨胀的累积效应削弱了你的投资收益。从历史上看，普通股和房地产会降低通货膨胀风险，它们的价值往往在几年内随通货膨胀上升。然而，不动产以及其他所有权投资也有**通货紧缩风险**（deflation risk），它是指投资的价值在整体价格下降时出现下降的可能性。在2007年和2011年之间，美国许多社区住房价格下跌了30%～50%。

- **时间跨度风险。**时间影响所有的投资，通常认为投资的钱越早返回手中——投资的**时间跨度**（time horizon）——出问题的可能性就越小。一笔钱处于投资中的时间越长，那么它处于风险中的时间就越长。在进行长期的风险投资时，投资者也通常期望能够获得更高的收益。

- **经济周期风险。**正如我们在第一章中所讨论的，经济增长通常不会以平稳的方式出现，而这影响了利润和投资收益，这就是所谓的**经济周期风险**（business-cycle risk）。相反，为期三年或四年的经济扩张，通常尾随着经济衰退，而经济衰退可能会持续一年或更长的时间。大多数行业的盈利遵循经济周期；也有一些企业不会经历经济周期风险，因为它们在经济衰退期间继续赚取利润，例如，汽油零售商、超市和公用事业公司。

> **经济周期风险**
> 经济增长通常不会以平稳的方式出现的现象，而这影响了利润和投资收益。

- **市场波动风险。**所有的投资都会由于某个事件影响了一个特定的公司或与其类似投资的整体市场而导致价格偶然性急剧变化，这就是**市场波动风险**（market-volatility risk）。举个例子，单只股票的价值，如微软这样的技术公司的股票价值，可能在一天内有10%甚至30%的波动。当然，如果有两个或者三个竞争者宣布盈利不佳，所有的科技股也可能会有2%或者5%的降幅。在平均的年份，一只典型的股票价格会上下波动约50%；所以，一只股票在1月出售的价格为每股30美元，在12月底之前它可能在15美元和45美元之间波动。在经济困难时期，整个股票市场的价格单日下跌（或上升）3%、4%或5%是很常见的，在经济动荡时期，可怕的日常波动可能仍然是一个常量，这种波动可能是今天的“新常态”，长期投资者不必过分关注短期波动，只需保持投资。

> **市场波动风险**
> 所有的投资都会由于某个事件影响了一个特定的公司或与其类似投资的整体市场而导致价格偶然性急剧变化的现象。

- **流动性风险。流动性**（liquidity）是资产可以转换为现金的速度和易用性。你可以立刻将储蓄转化为现金；也可以在某天出售你的股票和债券，其实它将花费你四天来得到所有现金款项。**流动性风险**（liquidity risk）是指指定证券或资产在市场上不能以足够快的速度交易来防止亏损（或获得所需利润）的风险。不动产**流动性不足**（illiquid），是因为它需要几个星期、几个月或者几年的时间来出售。

> **流动性**
> 资产可以转换为现金的速度和易用性。
>
> **流动性风险**
> 指定证券或资产在市场上不能以足够快的速度交易来防止亏损（或获得所需利润）的风险。

- **再投资风险。**再投资风险是指未来投资的收益率与初始投资的收益率不一致的风险。
- **市场性风险。**当你需要迅速出售某项资产时，它可能不会以市场价格或接近市场的价格出售，这种可能性被称为**市场性风险**（marketability risk）。举个例子，仓促出售不动产，可能需要出售者大幅降低其价格，来达到找到买家的目的。

□ 交易成本降低收益率

购买或者出售投资资产会导致一定金额的交易成本，例如，当你准备出售房屋时的“修理费”、收藏品评估费、贵金属储藏成本。**佣金**（commission）通常是投资中最大的交易成本，是购买或出售一项投资时支付给销售人员、代理人或为投资服务的交易公司的费用。购买一项投资的手续费（第

> **佣金**
> 购买或出售一项投资时支付给销售人员、代理人或为投资服务的交易公司的费用。

一笔佣金），以及出售该投资的手续费（第二笔佣金）部分是基于交易的价值来确定的。典型的佣金范围如下：股票为1.5%～2.5%（虽然交易可以在互联网上进行，花费不到20美元）；债券为0～2.0%；共同基金为0～8.5%；不动产为4.5%～7.5%；期权和期货合约为4.0%～6.0%；有限合伙企业为10.0%～15.0%；收藏品为15.0%～30.0%。长期投资者尤其能通过压制交易成本来充分增加他们的投资收益。

□ 杠杆增加收益

> **杠杆**
> 借来的资金被用于投资，目的是赚取的收益要超过税后贷款成本。

另一种可以在投资上影响收益率的因素是**杠杆**(leverage)。在杠杆效应过程中，借来的资金被用于投资，它的目标是赚取的收益要超过税后贷款成本。投资于房地产的租金收入为杠杆提供了一个例证，如表13-3所示。假设一个人买一个小型办公楼既可以选择首付30 000美元加贷款270 000美元，也可以选择支付300 000美元的现金。如果租金收入是每年30 000美元（每月2 500美元），而且这个人支付的所得税是25%，使用贷款购买该办公楼便可获得更高的收益，因为与现金支付的7.5%的收益率相比，贷款购买的收益率高达31.38%。

表13-3　　杠杆实例：购买不动产

	现金支付	使用贷款
办公楼的购买价格	300 000美元	300 000美元
贷款金额	0美元	−270 000美元
投资金额	300 000美元	30 000美元
租金收入（2 500美元/月）	30 000美元	30 000美元
减去可免税利息（6.5%、270 000美元的30年期贷款）	−0美元	−17 450美元
税前盈利净额	30 000美元	12 550美元
减去所得税	−7 500美元	−3 137美元
税后租金收益	22 500美元	9 413美元
	÷300 000美元	÷30 000美元
投资的收益率	7.5%	31.38%

杠杆能扩大资本利得

当产生巨大的资本利得时，可以证明杠杆起了很大的作用，它显著地增强了投资收益。假设在年末的时候，先前提及的例子中办公楼的价值增加了7%，你可以以321 000美元的价格（不包括佣金成本）卖掉它。如果你购买时花费了300 000美元现金，而现在以321 000美元出售，那么你此次销售的资本利得收益率会是7%（21 000美元的收益除以300 000美元的原始投资）。如果你以贷款的方式购买该建筑物，那么资本利得收益率将会是70%（21 000美元的收益除以30 000美元的原始投资，不考虑交易成本、税费以及通货膨胀率）。

杠杆会放大负收益

杠杆对于个体投资者同样有潜在的负面影响。在前面的例子中，如果你采用贷款的方式购买该资产，你可能需要 20 479 美元（参见表 9－4，30 年期贷款的利率是 6.5％）的最低租金收入，来支付抵押贷款。此外，当你利用杠杆时，任何价值的下降都会被放大。一个不容忽视的事实是，利用杠杆投资，你可能会财务超支。

概念测试 13.3

1. 识别随机风险和市场风险。
2. 总结三种影响投资收益的其他风险。
3. 解释交易成本、杠杆和所得税是怎样增加和减少投资收益的。

建立你的长期投资策略

投资不是高深的科学！读这本书并按照其建议进行长期投资的人可以成为一个成功的投资者。

学习目标 4

从本章所提到的四种长期投资策略中选择你将利用的策略。

□ 长期投资者要明白趁早投资的重要性

这本书的每一章都强调了货币时间价值的重要性。在人的一生中尽可能早地开始投资是明智的，在一个收益率为 10％的递延税收账户中推迟 10 年才开始储蓄 2 000 美元将会损失 500 000 美元！在 25 岁和 65 岁之间，每年储蓄 2 000 美元可以积累 885 000 美元，但是如果直到 35 岁才开始执行，只能积累 329 000 美元。因此，在 25 岁和 35 岁之间，不投资那 20 000 美元，你在达到 65 岁时将损失 556 000（＝885 000－329 000）美元。另一个在人生早期开始投资的极好的例子如表 13－4 所示，早期投资者在 30 岁时开始投资，但是只要投资 10 年，他或她的收益比直到 40 岁才开始投资的后期投资者投资 25 年的收益还要高。很明显，早期投资的小额资金，可以像滚雪球一样壮大成为一个大额投资账户。

表 13－4　在人生早期开始投资　单位：美元

年龄（岁）	早期投资者[a]		后期投资者[b]	
	累计投资	账户价值	累计投资	账户价值
30	2 000	2 180	0	0
35	10 000	13 047	0	0
40	20 000	33 121	2 000	2 180
45	0	50 960	10 000	13 047
50	0	78 408	20 000	33 121
55	0	120 641	30 000	64 007

续前表

年龄（岁）	早期投资者[a]		后期投资者[b]	
	累计投资	账户价值	累计投资	账户价值
60	0	185 621	40 000	111 529
65	0	285 601	50 000	184 648

结论：20 000 美元能给早期投资者带来 285 601 美元；50 000 美元只能给后期投资者带来 184 648 美元。

a. 早期投资者在 30 岁到 39 岁这段时间中，每年年初投资 2 000 美元（10 年累计的投资是 20 000 美元），资金按每年 9%的复利计算。

b. 后期投资者在 40 岁到 64 岁这段时间中，每年年初投资 2 000 美元（25 年累计的投资是 50 000 美元），资金按每年 9%的复利计算。

□ 长期投资者需要了解牛市与熊市

长期投资者需要了解**证券市场**（securities market，股票和债券交易的场所）是怎样作为一个整体在运行的。也就是说，这个市场是在上升、下跌，还是保持平稳？

> **证券市场**
> 股票和债券交易的场所（或者在电子交易的情况下，证券买卖的方式）。

> **你知道吗？**
>
> 肖恩的成功故事
>
> 肖恩的理财生涯成功延续。自大学毕业只过了 6 年，他就从工作中获得了一项退休计划，现在价值已经超过 90 000 美元。他继续保持着激进的投资理念，通过自己的工作投资了 6 只共同基金，这种投资理念与后文中的图 13-4 上排所示内容（“高风险/激进”）相似。在 3 年前还清车贷后，他继续还款给自己，因此建立了自己的储蓄账户，现在已经超过 20 000 美元。即使账户里的钱一直在增加，肖恩仍然在为自己的经济感到担忧，因此他决定让这笔钱远离股票市场。最近肖恩的雇主宣布，雇员们可以从他们的薪水中拿出 8%投入他们的退休计划，所以肖恩准备在这周末上网将自己的投入比例从 6%提高到 8%。

牛市让投资者有利可图

牛市（bull market）是指随着时间的推移，证券价格已经上涨了 20% 或者更高的市场。在历史上，已经出现过超过 20 次牛市，其平均升幅达 136%。20 世纪 90 年代的大牛市见证了年均收益率达 18%的情况。

> **牛市**
> 随着时间的推移，证券价格已经上涨了 20% 或者更高的市场。

熊市转为牛市

往往在几个星期或几个月的时段中，证券市场价格已经从前期高点下降了 20%以上，这被称为**熊市**（bear market）。自 1980 年以来，已经出现过 4 次熊市，而且 2007—2009 年的熊市紧随 2000—2002 年的熊市。从 2007 年 10 月开始的熊市让股票价值到 2009 年时下跌了 55%，接着由乐观的牛市买家接手，他们认为美国的经济已经达到最低点并且相信股票价格将会随着美国经济的复苏而上升。在随后的截至 2009 年 12

> **熊市**
> 往往在几个星期或几个月的时段中，证券市场价格已经从前期高点下降了 20%以上的市场。

月的9个月内，牛市股价创纪录地上涨了70%，其价值在2011年夏天之前继续攀升了30%。

21世纪初失去的10年

2000—2010年，股市收益惨淡，年均收益率为－1.7%。在历史上，当走出深层次的经济衰退后，股市在之后10年会表现强势。然而，这次的经济复苏一直很缓慢。

在市场上，牛是指预期市场证券价格会上涨的人，而熊则预计整体市场会下滑。这种说法的起源无从得知，但一些人认为，它们指动物的攻击行为：熊将它们的爪子用力下推，而牛将它们的牛角向上顶。从历史上看，熊市平均持续9个月；牛市平均持续长达3.8年。经济学家认为，最近的严重冲击应该不会改变投资者对于未来的信心。

□ 长期投资者要承受市场大幅波动

长期投资者必须有能力承受一些**市场波动**（market volatility），也就是他们所选择的证券价格出现大波动的可能性。一只典型的股票的价格上下波动近50%，这源于该公司的成功（或失败）以及各种市场条件。

> **市场波动**
>
> 公司的成功（或失败）以及各种市场条件引起的证券价格出现大波动的可能性。

本杰明·格雷厄姆，这位投资达人以及《聪明的投资者》一书的作者，认为投资者应该对从价格大幅波动中获得利润的可能性感兴趣。波动的机会是指，当股票价值被低估时明智地买入，然后在价格上升超出其价值时明智地卖出，这被称为**价值投资**（value investing，将在第十四章中介绍）。持续关注个别投资的价值比关注其价格更重要，特别是在市场动荡时期。若长期投资者在市场低迷的时候感到害怕，把他投资的钱大部分或全部撤回，就会错过随后的市场价格上扬。长期投资者必须学会接受市场波动，忽略短期市场的波动。

□ 长期投资者不实行市场择机

市场择机者（market timer）试图预测各类市场（或者细分市场）的短期波动，然后在那些预测的基础上，将资金从一个部分转移到另一个部分，以达到获得市场收益和避免市场损失的目的。从本质上讲，市场择机者尝试看透股价或其他价格趋势。举个例子，如果一个投资者对未来感到担忧，那么它可能会出售他或她的投资将其转换成现金。另外一个投资者如果预计未来股票价格会上升，会将100%的投资资金投入股市。

> **市场择机者**
>
> 这类投资者试图预测各类市场（或者细分市场）的短期波动，然后在那些预测的基础上，将资金从一个部分转移到另一个部分，以达到获得市场收益和避免市场损失的目的。

为了成功地预测市场，你需要了解买入和卖出的恰当时机，了解哪些信号在提醒你采取行动。市场择机者经常在困境初现端倪时卖出，让他们的资金远离市场，直到更好的机遇出现。如果你尝试去预测市场时机，你也同样可能错过回升，因为你要避免出现下跌。这里有一些给那些想要预测市场时机的人的建议：在预测到危机时将资金转移进入或离开你的股票基金，但如果这样做，一定要精准地与一般的基金投资者反向而行。

相对于试图预测市场时机，每个投资者应该实行资产配置，至少每年重新调整一次他或她的投资组合，这些内容将在本章后面解释。

研究表明，大部分市场的收益常常在几个交易日内实现。若市场择机者在那些日子里没有关注市场，那么他们就输了。在市场上涨的时候，市场择机者很容易把证券卖得太早，由此导致的结果是，他们错过了更多的利润，因为牛市继续将价格推向了更高。那些将价值突然下跌后的证券卖出的人，往往会被“下跌行情”套牢损失。如果股票市场进一步下跌，这类投资者该做些什么？其底线应该是：最有助于投资成功的不是择机而是时间。

理财要点

退出市场？你错过了45%的收益！

根据嘉信理财的说法，如果在过去的10年里，在市场最好的10天内退出股票市场，将会错过45%的收益。

个人投资者通常只能赚到大约股市平均收益的一半。Dalbar公司的研究文件指出，在过去的20年里，与标准普尔500指数的8.2%相比，一般股票基金投资者收获的年收益率只有3.2%。由此可见，胜过市场是比较艰难的。

那么，是什么导致了过低的收益率？一个原因是交易过多。你交易得越多，就越有可能犯财富破灭的错误。这类投资者也常常把盈利股卖得太快，而把亏损股握得太久。此外，男性是过于自信的投资者，他们的投资收益率落后于女性。

通常支配着投资决策的是情感，而不是逻辑。当投资者买入或卖出股票时，他们往往会反应过度，思想会在恐慌和兴奋之间交替数次。当投资组合价值暴跌，让投资者难以承受时，投资者只想结束痛苦，所以他们选择卖出，这想必意味着很大的损失。这就是“高价买入，低价卖出”，与投资者本该做的背道而驰。

在另一个极端上，当市场价格急速上升时，人们会愚蠢地以为扩大投资是安全的（“我得向这里投入更多的钱”），接着丧失了他们的警觉性，因为他们认为如果每个人都在买入，就肯定是安全的。人们观察行为并假设它是基于已有的知识的，但往往不是这样，这是**羊群行为**（herd behavior）的一个例证。当投资者模仿其他投资者的决策或根据观测到的市场变动做决定，而不是按照自己的信仰和信息做决定时，就会出现这种行为。

羊群行为

支配着投资决策的是情感而不是逻辑，投资者模仿其他投资者的决策或根据观测到的市场变动做决定，而不是按照自己的信仰和信息做决定。

羊群行为发生的部分原因是人们觉得有必要在每天的报纸上看看价格或听听24小时财经新闻，例如美国全国广播公司财经频道和美国有线电视新闻网，它们的节目里喷涌而出的是股票市场上每分钟都在更新的金融争议事件以及对每个信号的炒作。这种神秘有时又毫无意义的信息会让人产生焦虑或狂躁，从而导致错误的决策，如此获取更多的“事实”并不等同于获得知识或技能。专注于你的长期投资策略并相应地做出决定；否则，你的收益将会低于平均水平。

□ 对于长期投资者，这里只有4种策略

为了成功理财，你必须建立自己的长期投资策略。幸运的是，这很容易，因为总共只有4种策略可以遵循，它们都在这儿了。

策略 1：买入并持有预期长期经济增长

多年以来，股票带来了历史性的超过 10%的年均收益率。然而，我们也应当认识到，这种收益只有买入并持有的投资者能获得。他们通常在这一时期的开始时把钱投进去，并无论经济形势好坏均持有该投资。

长期投资成功的秘密在于良性的忽视。长期投资者需要有足够的信心去放松自己，以及进行定期投资而不是频繁交易的意识，这样，随着时间的推移，他们就能创造一个庞大的投资组合。长期投资者不会对市场上的日常变化感情用事，最好的建议就是忽略它们。因为大多数人都对短期损失感到敏感，每日的监控会促使人做出目光短浅的买卖决策。在熊市中出售优质资产是一个错误的决定，因为卖家会锁定其损失，加上他们没有认识到，熊市一般持续的时间较短。在股票价格较低的市场低迷时期买进更多的股票才是明智的，因为一个熊市后面总是跟着一个股价上涨的牛市。

大部分长期投资者遵循的投资策略是**买入并持有**[buy and hold，又称**为持有而购买**（buy to hold）]。也就是说，他们购买品种多样的股票和/或共同基金并将其进行搭配，将股利再投资，从而购买更多的股票和共同基金，且几乎无限期地持有这些资产。采取这种方式，从长远来看，投资者期望这些投资利润的增长会与美国和世界经济的增长串联在一起。同样，投资可能会付出一些当期收益。这类投资者的重点是无论在好的还是坏的经济时代，都坚持持有资产，并对其价值在长期将会增加有足够的信心。这是明智的策略。

> **买入并持有/为持有而购买**
>
> 在这种投资策略里，投资者购买品种多样的股票和/或共同基金并将其进行搭配，将股利再投资，从而购买更多的股票和共同基金，且几乎无限期地持有这些投资。

> **你知道吗？**
>
> **股市大跌影响买入并持有的投资者**
>
> 买入并持有的投资者知道股票市场的波动是正常的。他们在股票价格下跌时期继续持有，并自信能通过等待获得收益。所有的股票投资者都在近期的经济动荡中受到损失，但是买入并持有的投资者受到的负面影响比别人小得多。对于长期投资者而言，最好的投资时机是高品质企业的股价已经被打压到可以承受的水平的时候。

一些批评者认为，买入并持有这种观念并不可信，但他们错了，因为这对于超过 20 年或更长时间的投资来说仍是最佳方法。长期投资者必须有足够的耐心和毅力，能忍受熊市，无论其多么严重。

买入并持有并不意味着买入和忽视。投资者盲目地常年持有一项投资并不明智。相反，投资者要至少每年检查一次其持仓，以确保每一项仍然是很好的投资。需要提出的问题包括："估值过高了吗？""公司的基本前景已改变了吗？""这项资产还适合我的投资计划吗？""今天我要买入吗？"如果有必要，那就出售这项资产吧。

策略 2：在"低于平均水平"成本下，用平均成本法购买

美元成本平均法[dollar-cost averaging，又称**平均成本法**（cost averaging）]是一个系统的方法，是指无论投资的价格如何，仍定期向投资项目投入等额的钱。在这种方法中，投资者在很长一段时间定期以相同的固定金额投资于同一只股票或共同基金。由于投资普遍是上涨超过下跌的，"平

> **美元成本平均法/平均成本法**
>
> 无论投资的价格如何，仍定期向投资项目投入等额的钱的系统的方法。

均”的意思是当股价低时购买得更多，当股价高时买入得更少。因此，大部分股份的购买成本**低于平均成本**（below-average cost）。

> **低于平均成本**
> 当股价低时购买得更多、当股价高时买入得更少的这样一类投资的平均成本。

由于股票购买是定期（通常是每个月）进行的，无论其价格为多少，这样的策略均避免了预测购买股票的投资时机的风险和责任。同时，这种策略也忽略了所有外在的事件和短期的市场波动，向投资者提供了有规律的买入策略。一只充分分散化的股票型共同基金是平均成本法的一个很好的选择。

表 13 - 5 显示了不同市场条件下股票的平均成本（除佣金外）。举个例子，假设你每三个月向一只股票投资 300 美元，可以注意到美元平均成本法在所有的三种情景下都表明是成功的。

表 13 - 5　　美元成本平均法在股票或共同基金投资中的应用

	波动市场			下跌市场			上涨市场		
	定期投资（美元）	每股单价（美元）	收购股份	定期投资（美元）	每股单价（美元）	收购股份	定期投资（美元）	每股单价（美元）	收购股份
	300	15	20	300	15	20	300	6	50
	300	10	30	300	10	30	300	10	30
	300	15	20	300	10	30	300	12	25
	300	10	30	300	6	50	300	15	20
	300	15	20	300	5	60	300	20	15
总计	1 500	65	120	1 500	46	190	1 500	63	140
平均股价：13.00 美元（=65÷5）[a]				平均股价：9.20 美元（=46÷5）[a]			平均股价：12.60 美元（=63÷5）[a]		
平均每股成本：12.50 美元（1 500÷120）[b]				平均每股成本：7.89 美元（=1 500÷190）[b]			平均每股成本：10.71 美元（=1 500÷140）[b]		

a. 所有股价之和÷期间投资的次数。
b. 所有投资金额÷所有购得股份数。

（1）*波动市场中的平均成本法。*

为了说明平均成本法的作用，假设你在第一次投资基金时是在“波动市场”条件下进行的，如表 13 - 5 所示。因为初始价格是每股 15 美元，所以你从 300 美元的投资中获得 20 股。然后市场价格下跌了——一个极端但很容易理解的例子——跌到了每股 10 美元。当你现在购买价值 300 美元的股票时，可以得到 30 股。三个月后，市场价格回升到每股 15 美元，接着你投资了另外的 300 美元，收获了 20 股。然后它的价格继续下跌和上涨。

总投资为 1 500 美元，你现在拥有 120 股。**平均股价**（average share price）的计算是将投资所支付的金额平均化得到的：简单地将所有股价之和除以期间投资的次数。在这个例子中，平均每股价格是 13（=65÷5）美元。**平均每股成本**（average share cost）是一个更有意义的数据，它是用于所得税计算目的的实际成本基准，计算方法是所有投资金额除以所有购

> **平均股价**
> 股价之和除以期间投资的次数。
>
> **平均每股成本**
> 被用于所得税计算目的的实际成本基准，它的计算方法是所有投资金额除以所有买入股数。

得股份数。在这个例子中，平均每股成本是12.50（=1 500÷120）美元。在目前每股价格为15美元的基础上，你的120股中每股股票的价格比当初你购买时平均高出2.50（=15－12.50）美元。因此，你的收益是300（=120×2.50；或=15×120－1 500）美元。

（2）下跌市场中的平均成本法。

市场也可能在一段时间内处于下跌行情中。如表13－5所列的“下跌市场”所示，购买的190股的股价越来越低，最后达到商业周期的谷底价，即每股5美元。在下跌市场中，如果你采用平均成本法保持投资，那么你将购得大量的股份。假如你在市场大幅下跌时出售股份，你将无法获利。在这个例子中，你以每股7.89美元的平均成本购得190股，现在股价降到了每股5美元。在这个点出售股份会导致550［=1 500－(190×5)］美元的大额损失。如果长期前景表明价格最终会上涨，平均成本法要求你继续投资。

专家建议

在平均成本法中应用股利再投资计划

超过1 000家著名公司允许投资者不用经过股票经纪人而直接购买它们的股票，并且可以继续定期投资而不用支付经纪佣金。这被称为**股利再投资计划**（dividend-reinvestment plan，DRIP）。你只需要和公司签约，同意购买确定数量的股份，然后花费一点儿或不用花费任何交易费，即可用现金股利再投资更多的股份。投资者的账户也可以持有零星股份。

沃尔玛是个直观的例子。它要求250美元的投资最低限额，此后继续投资额要求50美元，注册费用是20美元加上每股0.1美元，大多数公司回购股份时只要10美元的交易费。提供股利再投资计划的公司有亚美达科、埃克森美孚、家得宝、天纳克、沃尔玛、麦当劳、西尔斯、罗巴克等。对于可供直接购买股份的一系列公司，你可以参考证券转让协会网站www.sharebuiler.com，或者访问直接股票购买计划票据交易所网站www.dripinvestor.com/clearinghouse/home.asp。

定期通过股利再投资计划购买股份是个使用平均成本法的典型的例子。它允许你在低于平均成本的基础上定期购入股份，从而利用波动的股票价格。

乔恩·温特沃斯

田纳西州科利吉德南方耶稣复临大学

（3）上涨市场中的平均成本法。

在表13－5所示的“上涨市场”中，你继续投资但购买更少的股份。在牛市期间，投资的1 500美元只能购买140股，平均每股成本为10.71美元。在这个上涨市场中，你可以获利，因为你的140股目前市场价是每股20美元，你的股票总价值2 800（=140×20）美元。

几乎任何一个人都可以在一个上涨市场中获利。如果你长期使用平均成本法进行投资，那么你将在上涨的、下跌的、波动的市场中继续买入。总的结果是，你在成本下降的时候买入更多的股份，从而你的平均每股成本将低于每股均价。根据表13－5的所有数据，举一个例子，总投资金额为4 500（=1 500+1 500+1 500）美元，共购买的股份数为450（=120+190+140）股，平均每股成本为10（=4 500÷450）美元。根据当前的市场价格是每股20美元，你可以获得长期投资收益4 500（=20×450－4 500）美元。

请注意，如果投资的时间间隔分别为每月、每季度甚至每半年，平均成本法仍然有效，这种效益源于定期投资。

(4) 平均成本法有两大优点。

第一，通过一段相当长时间的购买，它降低了股票的平均每股成本。利润将在投资的价格波动并最终上涨时出现。虽然这种方法不能消除亏损的可能性，但它限制了价格下跌时期的亏损；而且在上涨的情况下，利润加快增长。第二，平均成本法决定投资者的本金。这项投资策略并不是特别吸引人，但是它几乎是唯一能保证投资者获利的方法。它既不需要才智，也不需要运气，需要的仅仅是本金。人们投资个人退休账户(IRA)、员工持股计划以及 401 (k) 退休计划（这些都将在第十七章中讨论），他们喜欢从有规律的投资中通过平均成本法获得好处。平均成本法是一项系统性的策略，它会让你最终得到所希望的投资组合。

你知道吗?

投资基本面的税务影响

在投资时，有一些关于所得税的有利的方面值得考虑。

1. **税后收益**。在比较类似的投资时，你的目标是获得最好的税后收益，这类收益是投资赚取的收益缴纳所得税后的净额。

2. **当期收益与资本利得**。当期收益如股利和利息要纳税，税率由边际税率等级决定，可能为25%。资本利得税率特别低，可能是10%或15%。

3. **延迟纳税的投资**。从雇主提供的退休账户内获得的当期收益和资本利得不需缴纳所得税，直至取出资金时再缴纳。

4. **免税收益**。市政债券所得的收入免缴所得税。

5. **免税投资**。罗斯 IRA 内的投资当期收益和资本利得不需缴纳所得税，除非要在开户五年内从账户中取出资金。

策略 3：投资组合的分散化降低投资组合的波动

拥有过多的任何一项投资都会造成很大的财务风险。专家建议，永远不要在一项投资中保持你的资本超过 5%或 10%，包括你雇主公司的股票。许多人没有正视分散化投资，从而导致他们的退休基金价值消失，或因雇主公司的股票价格暴跌而导致价值急剧减少。

分散化投资是投资活动最重要的一个规则。**投资组合分散化**（portfolio diversification）是选择一些不同资产类别投资（如股票、债券、共同基金、不动产及现金）的实践活动，这么做不仅因为它们有潜在的收益，也因为它们有不同的风险-收益特征。

> **投资组合分散化**
>
> 选择一些不同资产类别的投资（如股票、债券、共同基金、不动产及现金）的实践活动，这样选择不仅因为它们有潜在的收益，也因为它们有不同的风险-收益特征。

投资组合分散化的目标是创建一个投资集合，这个投资集合能提供可接受的收益水平和风险。这一结果是可以实现的，因为资产类别通常会对经济和市场的变化做出不同的反应。拥有分散化的投资组合的一个主要好处是，当一类资产表现不佳时，另一类将有很好的机会表现良好，反之亦然。

举个例子，你可能会买一些共同基金，也许这里面包括平衡型基金、资产配置型基金、生命周期基金、积极成长型基金。同样，你可以在一个产业集群中投资三只或四只股票，而不是只投资一只，然后投资一些产业集群，再投资一只债券型共同基金和存单。

如图 13-3 所示，分散化可以通过取投资者的收益平均值来降低投资组合的波动。如果你完全投资于增长了 13%的项目，你当然会很高兴；而如果你是完全投资于下降了 10% 的项目，你也会很难过。相反，你的分散化投资组合的平均收益率为 7.1%，这是相当可观的收益率。分散化降低了赔钱的可能性，而增加了赚钱的概率。

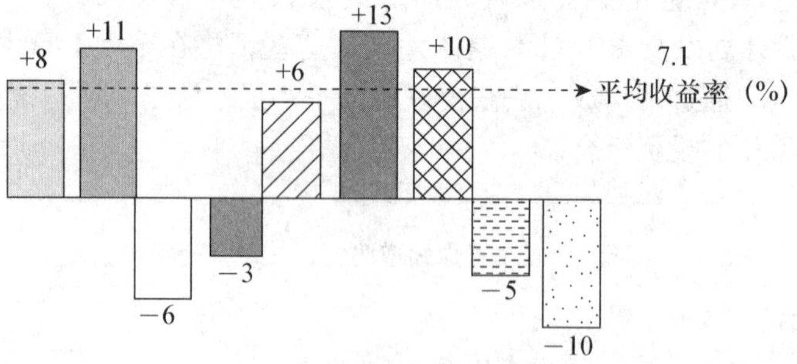

图 13-3　分散化平衡投资者的收益

该图是投资一年后混合有上涨和下跌的投资组合。假设一个投资者的一项投资价值增长了 8%，而另一项下跌了 10%。尽管一些投资项目有亏损，一年后，这些损失被其他投资的收益所抵消，最终这个组合获得的平均收益率是 7.1%。

考察表 13-6 中所示投资组合的最终总价值。这说明，在市场上涨时，在一个 200 000 美元的由比例均衡的债券和股票以及 10%的现金组成的投资组合中，股票部分的收益是适度的（高达 10%或 9 000 美元）。虽然在市场下跌时损失巨大（下降 50%或 45 000 美元），但这不是十分可怕，这与投资组合中太侧重于股票的情况（损失85 000 美元）不同。分散化避免了这种可怕的损失。

表 13-6　动荡股市下的分散化案例

投资组合的初始价值（各 200 000 美元）			投资组合的最终价值	
投资组合 A——债券与股票保持均衡			股票上涨 10%	股票狂跌 50%[a]
现金	债券	股票[b]		
10%	45%	45%		
20 000 美元	90 000 美元	90 000 美元	+9 000 美元	−45 000 美元
投资组合 B——少量债券与大量股票				
现金	债券	股票[b]		
5%	10%	85%		
10 000 美元	20 000 美元	170 000 美元	+17 000 美元	−85 000 美元

a. 在严重的经济衰退期间，股市价格从前期高点下降。
b. 投资组合中的股票随着股市价格的变化而上升或下降。

策略 4：资产配置让你在时间跨度内持有正确的投资类别

只要你的投资是明智的分散化，那么资产配置，而不是选择特定的证券，是你的理财表现中最重要的决定性因素。研究显示，长期投资者获得的超过 90%的收益是由于一个人的资产被分配到一个分散化的投资组合中而赚取的。因此，你必须努力让自己在正确的时间拥有正确的资产类别。

资产配置（asset allocation）是分散化的一种形式，致力于决定投资组合中各类资产的比例。资产配置有助于保护资本，通过选择有利条件来保障整个投资组合不受负面事件的影响，从而从积极的事件中保持获利。这种策略有助于控制你所承受的风险。

> **资产配置**
> 分散化投资的一种形式，致力于决定投资者的投资组合中各类资产的比例。

为了实现投资组合的增长，收益和稳定之间有恰当的分配，投资组合需要包含以下三种投资：（1）股票和/或股票型共同基金（权益）；（2）债券（债务）；（3）现金（或现金等价物，如国债）。资产配置需要将股票、债券以及现金长期维持在一个固定的比例上，偶尔重新调整分配，可选择每季度或每年，使其继续满足你的投资目标。

你的投资分配比例和投资选择需要能够反映你的年龄、收入、家庭责任、财力、风险承受能力、目标、退休计划和投资年限。你不需要改变自己的资产配置比例，除非再过五年或十年你的总体投资目标发生变化。投资目标发生变化，也许是因为婚姻、孩子的出生、孩子从大学毕业、失业、离婚或配偶死亡，这样你才可能需要改变你的资产配置。否则，坚持原来的。

（1）知道你的风险承受能力和投资期限。

图 13－4 表示的是反映不同程度的风险承受能力和时间跨度的投资组合模型。一个具有激进的投资理念、年轻的、冒险的长期投资者可能有 100%的股票的组合，因为股票的长期收益率最高。年轻的投资者也有充裕的时间渡过市场波动和弥补任何重大损失。在 6～10 年的时间跨度里，一个稳健的投资组合可能为：股票、债券、现金在组合中的比例分别为 60%、30%、10%。

> **你知道吗？**
>
> **资产配置的经验法则**
>
> 参考这两条经验法则来指引你投资组合中股票与债券的配置比例：
>
> 1. 投资股票的比例是 110 减去你的年龄，再乘以 1.25。举个例子，假设你 40 岁，计算过程如下：110－40＝70；70×1.25＝87.5。因此，一个 40 岁的投资者可以维持一个股票占 87.5%、债券（或者现金等价物）占 12.5%的投资组合。
>
> 2. 投资股票的百分比可以从 120 减去你的年龄得出。把这个计算出的数据代入你投资组合中股票的百分比，其余则为债券的比例。假设你的年龄是 30 岁，那么投资组合中股票占 90%，债券占 10%。每一年你都可以再次用 120 减去你的年龄来重新调整你所需要的投资组合。

0～5 年	6～10 年	11 年及以上	风险承受能力/投资理念
10%现金 30%债券 60%股票	20%债券 80%股票	100%债券	高风险/激进
20%现金 40%债券 40%股票	10%现金 30%债券 60%股票	20%债券 80%股票	适度风险/稳健
35%现金 40%债券 25%股票	20%现金 40%债券 40%股票	10%现金 30%债券 60%股票	低风险/保守

图 13－4　投资组合模型与其相应的时间跨度

(2) 至少每年调整一次你的投资。

投资组合的重新调整（portfolio rebalancing）是通过调整组合中一个或多个项目使其有一个显著的变化，从而使不同的资产类别回到适当的比例关系的一个过程。当它们不再符合你的计划时，你必须重新调整投资组合中股票、债券及现金的比例。以下就是原因所在。假设你有稳健的投资理念，并以 50%/40%/10%开始一个债券/股票/现金组合投资，如图 13－5 所示。一年后，股票价值占你的投资组合的价值比例上升到 49%，而债券下跌到 42% 。它的结果是：现在你的投资组合中股票所占的比例过大，而债券所占的比例过小，这样风险太大。如图 13－5 所示，对于这种情况的建议是出售一部分股票，然后用所得款项购买更多的债券。因此，重新调整投资组合是根据你先前决定的资产配置进行的。

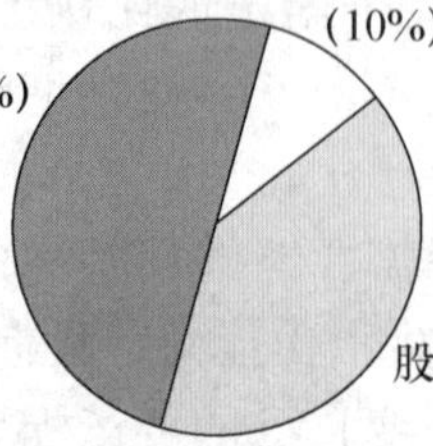

第一天——投资组合初始资产分配比例投资组合总价值：
债券为50 000美元，现金为10 000美元，股票为40 000美元，共计100 000美元。

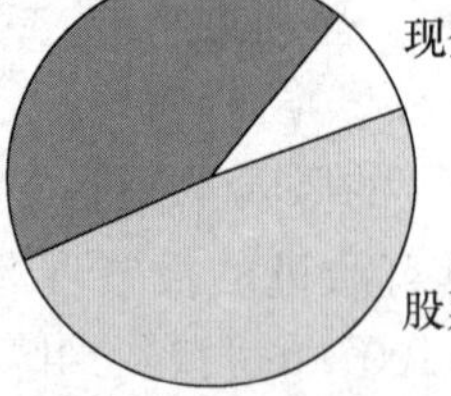

一年后——这个分配比例需要重新调整，以回到初始百分比投资组合总价值：
债券为47 500美元，现金为10 400美元，股票为55 000美元，共计112 900美元。

图 13－5　重新调整你的投资组合中的资产

当进行重新调整时，你将在高位卖出，在低位买入——这是每个投资者的目标。然而，投资者重新调整投资组合是相当困难的，因为在情感上他们不喜欢出售已经升值的资产，希望这些资产能继续升值。重新调整是一种预测市场时机的恰当方法，因为它提供了规避风险地预测市场时机的好处。

参加雇主提供的退休计划的员工可以利用服务来自动重新调整其退休资产。员工可以用一个**有限管理账户**(limit managed account) 来获得服务，而不用成为亲力亲为的投资者。你一旦决定了你的资产配置，经雇主批准与一个服务供应商签订合同，该公司就可以买卖你的共同基金资产，通常是每季度一次，公司会根据你的具

> **有限管理账户**
>
> 在一家投资公司中的账户，据此，投资公司买卖你的共同基金资产，通常是每季度一次，公司会根据你的具体要求调整投资组合。

体要求调整投资组合。这项服务是免费的，或者只象征性地收取一点儿费用。

你知道吗?

投资基本原理中最严重的理财失误

基于别人的财务危机，你会在个人理财上犯错误，当你

1. 买入和卖出多于你本应做的。
2. 分散化达不到你应有的程度。
3. 长期持有坏的资产，有证据表明这是一个糟糕的决定。

资产配置的复杂应用可以通过使用**现代投资组合理论**（modern portfolio theory，MPT）实现。在这里，目标是确定投资者可以接受的风险等级，然后找出一个最优资产投资组合，它可以降低整体投资组合的波动，同时提供该风险水平下的最高期望收益。现代投资组合理论中一种流行的方式是**蒙特·卡罗分析**（Monte Carlo analysis）。这项技术对某个投资组合进行了大量的试验运行，称之为模拟。可通过计算数百个甚至数千个可能的投资组合来确定一个特定投资组合能达成投资者目标的概率，如在未来某一时间点能得到的具体金额的退休金。这种现代投资组合理论的项目往往是由雇主提供的，作为401（k）退休计划的一部分，更多信息见第十七章。

现代投资组合理论（MPT）

其目标是确定投资者可接受的风险等级，然后找出一个最优资产投资组合，可以降低整体投资组合的波动，同时提供该风险水平下的最高预期收益。

蒙特·卡罗分析

这项技术对某个投资组合进行了大量的试验运行，称之为模拟，是为了找出与某一特定投资者的目标和风险承受能力相匹配的最优资产配置。

概念测试 13.4

1. 总结一下，为什么聪明人认为胜过股市的平均收益率是不可能的，注意为什么一些市场择机者总想设法胜过市场。
2. 总结什么是买入并持有策略。
3. 解释平均成本法的概念，包括为什么投资成本会低于平均成本。
4. 什么是资产配置？为什么它能起作用？
5. 投资组合分散化的目标是什么？怎样来完成它？

专家建议

什么时候出售投资?

当你面临以下条件之一时，是时候考虑出售你的投资了：

- 自从你购买该公司的股票以来，与公司的业务或盈利利益攸关的因素已经发生了显著而引人注目的恶化。
- 这只股票表现得很好以至于它已经超出了本身的价值，或者每股价格已经远远高出你所认可的价值。

- 该投资表现得很差，并让你过分焦虑。伟大的金融家伯纳德·巴鲁克曾建议，“减持到你能好好睡觉的水平”。
- 你因一个值得的目的需要现金，而这项投资正好可以提供这笔钱。
- 这项投资已经不再适合你的情况或目标，你有一个更有前途的地方来投资你的钱。

黛安·穆尔曼

佐治亚大学

创建你自己的投资计划

学习目标 5

创建你自己的投资计划。

投资计划

一份关于你的投资理念和达到具体目标的投资逻辑的说明。

创建一个**投资计划**（investment plan），这个计划需要反映你的投资理念和达到具体目标的投资逻辑，参见图 13-6 中杰米·里克特的投资计划案例。你可以通过确定你的理财目标以及解释投资理念开始创建自己的投资计划，如同图 13-6 所示的步骤 1 和步骤 2 那样。

经过思考与阅读，24 岁的杰米做了一些投资计划笔记。

1. 投资理念：
稳健；我愿意为实现投资目标而承受一些风险。

↓

2. 目标：
(a) 为退休而开始储蓄；(b) 为买辆新车的首付而储蓄。

↓

3. 每月投资额：
为退休投资 200 美元；为汽车首付投资 200 美元。

↓

4. 投资备选方案：
(a) 雇主的股票；(b) 卖方（富达）提供的 20 只共同基金，包括在雇主提供的 401 (k) 退休计划中；(c) 大的共同基金家族，如先锋和普信；(d) 区域性公司的股票；(e) 存单。

↓

5. 决定的依据：
从下个月开始，在我雇主的 401 (k) 退休计划中每月投资 100 美元，与之相匹配的是它给我 50%的即时收益（我自己的 200 美元加上雇主的 100 美元）。对于我投资的每 1 美元，都将获得 50%的即时收益，因为我的雇主对于我的 401 (k) 退休计划中前 6%的收益，每 1 美元会提供 50 美分。
额外的思考：(a) 雇主的股票可能有风险；(b) 对于当地股票了解不多；(c) 首付资金进入货币市场账户积累，并获得更高的存单利率。

↓

6. 主要的风险因素：
(a) 不需要 30 年甚至更久的退休基金，所以我能为更高的收益而承担更多风险；(b) 我预计在 3～4 年内需要首付资金，因此不能进行有风险的投资。

↓

图 13-6 杰米·里克特的投资计划

7. 期望收益：
(a) 希望退休投资获得7%～8%的收益率；(b) 为了首付，希望从货币市场账户获得1.5%至2%的收益率，也许从存单中能获得4%～5%的收益率。

↓

8. 采取的行动：
(a) 填写人力资源部的401 (k) 表格，每月代扣200美元，投资于一只共同基金，以达到中等到高速增长的投资目标；(b) 在一家大型共同基金公司开一个账户，每月自动从银行账户划出200美元到货币市场账户，直到积累足够购买定期存单的资金。

图13-6 杰米·里克特的投资计划（续）

你知道吗？

把坏习惯变成好习惯

你会这样做吗？	你应该这样做！
• 对雇主的退休计划只投资很少的资金；	• 最大化投资；
• 为退休而保守投资；	• 为长远目标而积极投资；
• 试图预测市场涨落，择机投资；	• 做长期投资；
• 忽视投资中的交易成本；	• 降低交易成本；
• 大量投资雇主公司的股票。	• 减少雇主公司的股票的持有量至约10%。

为了帮助你思考图13-6中的步骤3，我们回顾一下表13-1中关于各种投资的时间跨度的内容（新的概念将在后面的章节中为你解释）。你的投资目标的时间跨度是多少？你正在为房子的首付准备资金，为孩子准备大学教育基金，或者为退休存钱吗？所有的三个时间跨度相关吗？记住你为什么而投资并进行相应的处理。现在开始计算资金金额。你实现每个目标各需要多少钱？什么时候实现？你目前投资的总资产是多少？做一下计算。

图13-6中的步骤4讨论的是投资备选方案。回顾图13-1中关于各种投资的长期收益率的内容以及表13-2中的备选方案，然后查看图13-2，因为它表示的是投资备选方案的风险与收益之间的权衡。接下来拿一支铅笔，划去不适合你或不符合你投资理念的投资选择，你将得到剩下的更适合你的投资目标、理念和时间跨度的投资方案。现在你有了一个投资计划，所以记录你对步骤5、步骤6、步骤7的回答，然后以图13-4为模板，创建一个适合你生活的投资组合模型，剩下的工作就是把你的计划付诸行动。这意味着填写表格、开设投资账户、选择投资项目、为第一笔投资金额填写指标，以及监控投资项目。这些主题会在后面的章节中讨论。

理财要点

在网上创建你的理财计划

为了获得一个关于如何实现你理财目标的全面的评价和建议，你可能想要请教一下网上的理财顾问来建立理财计划，价格在250美元和500美元之间，或者更高。查看Fidelity. com、Schwab. com、TRowePrice. com、Vanguard. com。通过网络和电话得到一些来自公司的具体的理财问题答案可能需要50～100美元，例如在Myfinancialadvice. com上。

概念测试13.5

1. 回顾表13-1、表13-2、图13-1、图13-2，然后填写记录一个关于退休基金的投资计划，这大概会是你的长期目标之一。

立刻行动！

通过阅读本章，你知道了更多关于个人理财的知识，那么通过下述举措开始行动吧：

1. 根据储蓄优先原则进行储蓄，哪怕只是金额很小的一笔钱，例如，签订合同在每个发薪日自动将一部分钱转入储蓄账户。

2. 利用一种资产配置策略为退休生活确定你现在的投资中股票、债券以及现金等价物的分配比例。

3. 持续一个月每周一至周五都访问 www.finance.yahoo.com，从日常的股票市场动向中熟悉其怎样波动以及为什么会这样。

现在你有何建议？

现在你已经读过本章关于投资基本原理的内容了，那么关于这一主题对珍妮弗和珍妮有什么建议：

1. 应拿出更多的钱来储蓄与投资？
2. 珍妮弗投资的先决条件是什么？
3. 珍妮的投资组合分散化如何？
4. 珍妮弗的美元平均成本是多少？
5. 珍妮的投资选择有哪些？

本章要点

1. 阐述怎样开始成为一个投资者。

在投资前，想一想你的目标、为什么想要投资以及是否做好了投资准备。在你为投资筹集好资金后，思考一下你预期的收益类型。投资者希望他们的投资获得一个正的总收益，这是从投资本期收益和资本利得产生的收入。

2. 确定你的投资理念以及相应的投资。

要实现理财成功，你需要了解自己的投资理念，并在投资时坚持投资理念。投资理念是一个人在实现理财目标时承受投资风险的一般方法，不论是保守的、稳健的还是激进的。你还需要了解投资风险，以及如何应对它。在将你的钱用于投资之前，你需要考虑、比较债权投资和所有权投资，短线投资和长期投资，以及怎样选择投资项目，使其可能提供你所期望的潜在总收益。

3. 描述影响投资收益率的主要因素。

由于投资环境的不确定性，人们往往会遵循保守的态度来努力将他们的风险保持在一个较低的水平。在投资时太保守，也意味着他们冒着不能达到理财目标的风险。要想成为一个成功的投资者，你必须了解影响投资收益的主要因素，这样你就能在做投资决定时承担适当的风险。关键概念包括随机风险、市场风险和时间跨度。

4. 从本章所提到的四种长期投资策略中选择你将利用的策略。

要成为一个成功的投资者，必须建立自己的长期投资策略。大部分投资者接受这样一个现实：他们并不能准确预测市场。长期投资者是消极投资者，他们明智地忽略股票市场的上下波动以及商业周期，只是简单地应用 4 种投资策略：分散化、买入并持有、美元成本平均法和资产配置。

5. 创建你自己的投资计划。

一个投资计划是你的投资理念和达成特定目标的投资逻辑的说明。计划步骤包括确定目标、考虑最适合你投资目标的投资类型、表明你的投资理念、寻找与特定投资年限相匹配的可能投资项目、计算在适当时间跨度内的投资金额、学习投资备选方案以及缩小你的选择范围。

讨论

1. 你的投资成功。给定最近严重衰退的经济和股市，描述当前你关于自己长期投资成功的可能性的看法。

2. 为什么投资。人们为什么要投资？针对在校大学生、20 来岁刚毕业的大学生、有孩子的年轻夫妻以及 50 多岁的人，分别找出三个原因。

3. 市场风险。鉴于缓慢的经济增长，你认为可能是什么因素导致许多年持续高的市场风险和糟糕的股市收益？

4. 你认为在投资中你的风险承受能力是多少？这跟你班上其他同学一样吗？为什么？

5. 你的投资理念。你的投资理念是保守的、稳健的还是激进的？给出支撑你采纳这种理念的理由。与其他同学的投资理念相比，你怎么看？

6. 投资多少？假设你已经大学毕业，而且还有一份待遇不错的工作。如果你要从现在开始定期投资，每个月你准备拿出多少钱来投资？请解释原因。与其他同学的观点相比，你怎么看？

计算

1. 年度投资。住在加利福尼亚州弗雷斯诺的迈克尔和杰茜卡·麦克维奇有了一个新的投资目标，那就是帮他们刚出生的女儿建立一只大学教育基金，他们估计 18 年内共需要 200 000 美元。假设麦克维奇一家可以得到 6%的收益率，那么他们需要每年投资多少钱来达成这个目标？使用附录表 A-3 或访问加曼/福格合作网站进行计算。

2. 投资年限。迈克尔·玛丽昂的母亲住在佛罗里达州的新里奇港，她想帮忙为她的孙女支付教育费用，那么她将需要多少年来达成 30 000 美元的目标？假设她每年投资 1 000 美元，而收益率为 6%。使用附录表 A-3 或访问加曼/福格合作网站进行计算。

3. 未来花销。假设现在大学每年花费为15 000美元，那么乔书亚·斯平德刚出生的女儿塞雷娜在18岁上大学时需要花多少钱？假设每年通货膨胀率为5%。使用附录表A-1或访问加曼/福格合作网站进行计算。

4. 收益与行动。住在田纳西州科利吉德的萨曼莎·雷纳可在今年年初投资了50 000美元到投资组合中，该组合包含股票（40%）、债券（40%）和现金等价物（20%）。她在过去12个月获得的收益率分别为：股票13%、债券6%、现金等价物4%。

（a）萨曼莎这一年的平均收益率是多少？

（b）假如萨曼莎想要调整她的投资组合，使其回到初始比例，那么她应该采取怎样的特殊行动？

5. 早期的投资者胜利。埃里克和亚当是住在爱达荷州雷克斯堡的一对双胞胎，他们采取不同的投资方式。埃里克从23岁开始每年投资2 000美元，且每年不再增加投资额，这样一共投资10年。亚当则从35岁开始每年投资2 000美元，一样不增加投资额，但这样投资20年。假设这对兄弟每年可以获得8%的收益率，那么谁能在他们到达63岁时积累更多的钱？使用附录表A-1或访问加曼/福格合作网站进行计算。

6. 应税或免税。来自内布拉斯加州米尔福德的阿什利·里韦拉需要在两个投资项目中做选择：可以免税1 000美元的、利率为4.3%的市政债券，或者需要交纳1 000美元所得税的、利率为6.3%的公司债券。两种债券都是5年期。假设阿什利处于25%的所得税等级，她应该选择哪种债券？访问加曼/福格合作网站进行计算。

理财规划案例

□ 案例1　约翰逊一家着手一项坚实的投资计划

在结婚将近八年后，哈利和贝琳达的财务状况已经有所好转，虽然他们还承担汽车和公寓的贷款。因为他们每年没有对他们的退休计划贡献多少资金，因此哈利的账户现在只有28 000美元，贝琳达的账户有31 000美元，但是他们在雇主的退休计划之外还有12 000美元的投资。

约翰逊一家决定在接下来的三年中放弃当前的一些开支，并集中精力做一项坚实的投资计划，因为他们在建立家庭前仍然有两份可支配收入。他们愿意承受适度的投资风险，并预期在接下来的三年中每月投资600～800美元。回答下列问题：

（a）约翰逊一家可能会用第一笔2 000美元的资金来进行哪种类型的投资（只选择两种）？（回顾表13-1、表13-2和表13-6，得出想法和可用选项，并考虑每种选择的投资风险类型。）给出你的选择理由。

（b）他们可能会把接下来的4 000美元投资于什么类型的投资项目？为什么？

（c）他们应该把接下来的10 000美元投资于什么类型的投资项目？为什么？

□ 案例2　维克托和玛丽亚试图补上他们的投资

两个孩子的大学费用阻止了维克托和玛丽亚大幅增加投资计划的投入。现在，他们的小儿子布赖恩已经完成学业，并找到了全职工作，他们想要马上建立他们的投资。维克托现在47岁，他想要早点退休，也许是在60岁的时候退休。除了他工作享有的退休计划以外，维克托相信，他们目前价值70 000美元的投资组合在他退休时价值将是现在的三倍，达到210 000美元。他和玛丽亚意识到他们将不得不牺牲一大部分当前的花销来为退休后的生活进行储蓄和投资。

(a) 他们的价值70 000美元的投资组合需要怎样的收益率才能达到210 000美元的目标（假设没有额外的投入）？使用附录表A-3或访问加曼/福格合作网站进行计算。

(b) 维克托和玛丽亚认为他们的退休金总共需要400 000美元，因此，他们需要创建额外的投资从而获得总额为190 000美元的资金。假设该投资的年收益率为8%，那么埃尔南德斯一家为达到190 000美元的目标，每年需要投资多少钱？使用附录表A-3或访问加曼/福格合作网站进行计算。

(c) 假定他们有6%的年收益率，那么埃尔南德斯一家为达到190 000美元的目标，每年需要投资多少钱？使用附录表A-3或访问加曼/福格合作网站进行计算。

□ 案例3　朱莉娅的目标是购买豪华公寓

朱莉娅从航空工程专业毕业已经有近20年了，她现在有相当成功的事业以及良好的财务状况。因此，她想卖了房子再买一个豪华的公寓。她的储蓄有40 000美元，同时她提到，在为豪华公寓支付20%的首付前，她能继续进行超过三年的储蓄和投资。那套她想购买的房子目前价格是450 000美元。朱莉娅认为，在接下来的三年里，她应该把现在存着的40 000美元和额外储蓄的钱投资于债权投资产品，比如定期存单和债券，这要比投资股权或股票型共同基金更好。对于她的想法提出你的观点。

□ 案例4　首次投资者有个良好的开端

珍妮弗·马什毕业于宾夕法尼亚州印第安纳的近代牙科学校。她在考虑启动退休储蓄计划，通过将她年迈的叔叔送给她的50 000美元赠与投资出去，她也想在接下来的25年里每月为退休生活投资1 000美元。珍妮弗对投资学知之甚少，而且貌似没有什么意愿去学习投资学。

(a) 你可以给她什么建议来发现她的投资理念？（提示：在你的回答中提及图13-2的信息。）

(b) 你会建议她积极投资还是消极投资？为什么？

(c) 珍妮弗应该成为债权人还是所有权人？

(d) 向她明确三类在为退休计划投资中应规避的风险，以及说明她应该怎么做才能规避这些风险。

(e) 从前文提到的4种投资策略中选择2种建议给珍妮弗，并解释为什么她要遵循这些策略。

(f) 假设珍妮弗的50 000美元投资于一个标准投资账户，而她每月把1 000美元投资于一个延迟纳税账户，另外，每个账户在25年里的年增长率为8%，那么她将积累多少钱？（提示：调整为一次性投资的税。）

自我理财

1. 你个人的风险金字塔模型。回顾图 13-2“揭示风险与收益之间的权衡的风险金字塔模型”并记录你的观点：通过列出令你感到舒适的投资项目的名称，记下在接下来十年的投资时间中，你可能愿意接受的风险类型。

2. 投资准备。回顾本章中的“对你投资准备的建议”，完成《我的个人理财规划师》中的工作表 49：我的投资准备清单，在投资的各种先决条件上给自己打分，设定完成的日期。

3. 你的投资理念是什么？回顾本章中的“确定你的投资理念以及相应的投资”，完成《我的个人理财规划师》中的工作表 50：我的投资理念，记录投资方法的各个方面。

4. 你的长期投资策略。完成《我的个人理财规划师》中的工作表 51：我偏爱的长期投资策略，检查标记你偏爱的策略，以及你在投资生涯中可能遵循的策略。

5. 投资目标和时间跨度。回顾表 13-1“不同时间跨度的投资”，反映你对个人理财生涯的预期，并完成《我的个人理财规划师》中的工作表 52：我的投资目标和时间跨度。记录下你的短期理财目标和长期理财目标，以及你会考虑用哪些投资来帮助你实现这些目标。

6. 实际投资收益。回顾专栏“你知道吗？计算实际投资收益率（剔除税收和通货膨胀后）”，并完成《我的个人理财规划师》中的工作表 53：我的实际投资收益率，可以结合案例使用一些实际的数据进行计算。

网络资源

登录指定的网站完成以下练习。

1. 愚蠢的投资。访问 Motley Fool 网站 www.fool.com/how-to-invest/thirteen-steps/index.aspx?source=ifltnvsnv0000001。阅读文章并讨论“愚蠢投资的 13 个步骤”。这 13 个步骤中哪一些是你在阅读文章之前就已经意识到的？哪一些是在你阅读本章和这篇文章之后知道的？

2. 初学者投资。作为投资的初学者，访问 About.com 网站 http://beginnersinvest.about.com/od/assetallocation1/a/aa102404.htm，阅读关于资产配置的文章。识别你现在能感受到的最舒适的资产配置比例。5 年后你的观点可能会如何变化？20 年后呢？

3. 为什么投资？访问 John Hancock 网站 www.jhfunds.com/Article.aspx?ArticleID=%7B79432E5F-30DF-4624-94F8-FC319EA99D71%7D，并阅读文章《为什么投资？》比较该文章中和本章中的内容的异同。

4. 羊群行为。访问 Kiplinger.com 网站 www.kiplinger.com/magazine/archives/dont-trust-the-crwod-.html，并阅读文章《不要相信人群》。你从该文章中学到的与从

本章中学到的有什么不同？

5. 投资前先还清债务。访问 Bankrate. com 网站 www. bankrate. com/calculators/credit-cards/credit-card-payoff-calculator. aspx，查看你的信用卡债务，并找出偿还它们的方式。

付诸行动

1. 何时投资。本章对投资准备提出了一些建议。列出你认为你可以完成每一项的大致时间（也许是1年、2年或5年）。将你的结果做成一个表。

2. 你的投资策略。本章讨论了对于长期投资的4种策略。哪种最吸引你？为什么？

3. 风险承受能力测验。访问本章“理财要点：做一个风险承受能力测验”中列出的两个网站，并就它们的不同之处给出一些评论。

4. 本期投资杂志文章。获取新一期的《金钱》杂志或《基普林格的个人理财》杂志，并总结成一篇提供投资建议的文章。

登录 www. cengagebrain. com 访问加曼/福格网站。

第十四章

股票与债券投资

你在开玩笑?

里基和马文兄弟拥有不同的投资理念：里基激进；马文则坚持稳健的投资理念。10年前，父亲去世时留给他们各100 000美元。里基将其投资于普通股，而马文则将其投资于公司债券。10年后，里基账户里的钱可能比马文的账户多多少?

A. 35 000美元；　　B. 53 000美元；

C. 163 000美元；　　D. 216 000美元。

答案是B. 53 000美元。典型的投资者希望获得美国普通股年均8%的长期投资收益率，而不是寻求5%的公司债券年均收益率。年均收益率为8%、价值100 000美元的普通股资产组合10年后金额为216 000美元，而同期年均收益率为5%的债券组合只增长到了163 000美元。里基宁愿承担更高的风险去投资普通股，因而获得了比其兄弟高32%的巨额收益!

学习目标

在学习完本章后，你应该能够：

1. 理解如何将股票、债券用作投资工具。
2. 依据普通股的主要特征对其进行分类。
3. 描述股票定价的基本原理与基本方法。
4. 运用互联网进行普通股定价。
5. 概述如何买卖股票。
6. 描述如何投资债券。

你有何建议？

42 岁的凯特琳·迪亚斯是密歇根州兰辛一家通信公司的资深网络工程师。凯特琳的年薪为 92 000 美元。她每月从工资收入中拿出 200 美元转入自己的 401（k）退休账户。通过这种方式，她投资自己所在公司的股票。凯特琳已经离异，并且是三个孩子（10 岁的一对双胞胎和一个 12 岁的孩子）的监护人。其前夫每月支付 1 500 美元的抚养费。凯特琳和前夫每年还要为孩子们支付 3 000 美元的大学教育基金。在过去的 15 年，凯特琳从第一任丈夫死后的 50 000 美元寿险保单起步，已经构建了一个 300 000 美元的投资组合。目前，在她的投资组合中，40%为优先股（收益率为 4.5%）；30%为周期性、蓝筹普通股（市盈率为 14）；10%为国债（收益率为 3.2%）；10%为市政债券（收益率为 2.2%）；另外 10%为 AAA 级公司债券（收益率为 4.6%）。目前，同类公司债券收益率为 5%。近年来，凯特琳的综合收益率在 6%左右。她的投资目标是必须有足够的现金支付子女的教育支出，并保障自己 18 年后的退休生活。

对凯特琳的股票和债券投资，你有何建议：

1. 为了 18 年后的退休生活而投资？
2. 考虑到投资的时间跨度，凯特琳应持有蓝筹普通股和优先股而非其他普通股吗？
3. 持有市政债券而非公司债券是明智的吗？
4. 如果今天卖出，她持有的公司债券应该售价几何？
5. 何种投资适合为子女筹集教育基金？

为了获得比保守投资更高的收益，你必须承担更高的风险。以普通股为例，从历史上看，其收益往往是现金储蓄的两倍以上。当你投资股票、债券时，你只是稍微多承担了一些风险，但却显著地增加了收益。这些投资工具可能包含在各类投资组合中，因为它们为保守的、稳健的、激进的投资者提供同样的投资机会。在股票与债券之间进行选择就是要在安全与风险之间达成一种恰当的平衡。

的确，美国股市乃至全球股市正深陷危机。在经济危机时期，单一股票的价格可能在一天之内下挫 5%、10%甚至更多！此时，只要投资者及时出售其所持资产，便能锁定损失。然而，务必牢记，第二天、下周或下个月，资产价格很可能会反弹。长期投资是投资法宝。毕竟，随着时间的推移，跌宕起伏的股票、债券市场会归于平静并为投资者带来非常稳定的预期收益。事实上，投资的最佳时机是当优质公司股票价

你的未来五年

在未来五年中，通过如下股票、债券投资，你可以取得理财上的成功：

1. 在你的投资组合中加入股票、债券或基金（基金持有股票和债券）。

2. 在投资任意股票之前，运用基础分析决定公司的基本价值。

3. 拒绝在所谓的热门股票上投入资金。

4. 为了抵御通货膨胀，在投资组合中保有部分通货膨胀保值证券（Treasury Inflation-Protected Securities，TIPS）。

5. 如果你有孩子，投资零息债券以便为孩子们的教育储蓄。

格被打压到可接受水平之时。当股票市场下行时，这意味着股票在以低于正常水平的价格被甩卖。

你应当认识到，经济衰退总是蕴含着强有力的市场复苏。就股票市场而言，典型的衰后复苏是在随后的18个月中价格上涨50%。事实上，截至2009年3月，始于2007年10月的股票市场熊市使得股票价格下跌了55%。然而，在随后的牛市中，截至2011年夏，股票价格则几近翻番。进行投资需要对美国及全球经济充满信心。从历史的维度看，到现在的在校大学生退休时，股票市场价格将涨至原来的三倍，甚至翻两番。

股票与债券在投资中的角色

> **学习目标1**
> 理解如何将股票、债券用作投资工具。

> **私人控股公司**
> 公司股票持有人相对较少且其股票不能公开交易。

> **启动资金**
> 商业公司的初始投资。
> **证券**
> 可转让的所有权或债务工具，包括普通股、优先股和债券。
> **股票**
> 商业公司资产和盈余的所有权凭证。

投资者为公司提供用于促销和盈利的资金，并分享公司盈利。**公司**（corporation）是能够独立进行商业运作的具有法律意义的经济实体。**上市公司**（public corporation）可以发行股票供社会公众购买并在如纽约证券交易所这样的股票市场中进行交易。反之，**私人控股公司**（privately held corporation）的股票为相对较少的公司股东持有且不能在公开股票交易场所中交易。公司有销售作为所有权凭证的股份给投资者的能力，正是这种能力为公司创造了成长为一家具有相当规模的公司的机会。即便公司的股票所有权易手，公司也能持续存在。例如，AT&T已经发行了超过400万股股票。

公司资金需求会随着时间的推移而变化。一家新公司的正常运行需要**启动资金**（start-up capital，商业公司的初始投资）。在其生命周期内，一家公司可能需要额外发展资金。为了筹措资金，公司可以发行三类**证券**（security，可转让的所有权或负债工具）：普通股、优先股和债券。上述三种证券我们已在第十三章中提及。

□ 普通股

> **普通股**
> 最基本的公司所有权形式。
> **现金股利**
> 公司分配给股东的现金利润。
> **市场价格**
> 购买者愿意支付给出售者的当前价格。

股票是商业公司资产和盈余的所有权凭证。每个股票投资者都是一家公司所有者的一分子。**普通股**（common stock）是公司所有权的最基本的形式。对于投资者而言，股票代表着潜在收益，因为投资者拥有该公司未来利润的一部分。投资者通常有两大预期：(1) 公司具备足够的盈利能力以便使得收入超过支出，因而公司将支付**现金股利**（cash dividend，以现金分配的一部分利润）；(2) 股票**市场价格**（market price），即购买者愿意支付给出售者的当前价格，将随着时间的推移而增长。通常，投资股票有一个最低限额要求。普通股的年化收益率大约是优先股或债券的两倍。综合考虑资本利得和股利，普通股投资者可以获得8%或更高的年化收益率。

拥有股票的人被称为**股东/股票持有人**（shareholder/stockholder）。股东享有与其所有权对应的权利（通常是很小一部分），因而有权分享公司资产和收益。**剩余索取权**（residual claim）是指普通股持有人有权在更高级别的索取权得以满足之后分享公司收益和资产。更高级别的索取权包括支付给公司债券和优先股持有人的利息。

> **股东/股票持有人**
> 持有公司股票的人，享有与其所有权对应的权利（通常是很小一部分），因而有权分享公司资产和收益。
> **剩余索取权**
> 是指普通股持有人有权在更高级别的索取权得以满足之后分享公司收益和资产。
> **投票权**
> 就公司相关事宜发表意见或做出选择的相应权利。

股东承担**有限责任**（limited liability），即他们所承担的商业损失仅限于其所持股票的投资额。尽管其损失额或大或小，但股东损失的最大限额是其原始投资额。一旦公司破产，普通股股东的所有权价值将由所有债权人索取权得以优先满足之后的每股剩余价值构成。每个普通股股东均有**投票权**（voting right），即就公司相关事宜发表意见或做出选择的相应权利。股东投票选举**董事会**（board of director），董事会负责制定公司战略、任命公司主要**领导——管理层**（management）——管理层负责公司的日常运营。每个股东投票权的多少取决于其持有的股票数量的多少。股东有权出席股东大会，也可以通过书面授权的形式委托代理人代表其在股东大会上投票。

□ 优先股

优先股（preferred stock）是一种公司支付固定股利的固定收益所有权证券。优先股股东按股份数收到固定股利，公司在支付普通股股利之前支付优先股股利。除了固定股利，即使公司盈利再多，优先股股东也不会收到任何额外收益。固定股利支付适于那些希望获得可靠收入流的投资者，例如退休人员。鉴于其收入流特征，优先股股价对利率变化十分敏感。优先股股东一般不具有投票权。

> **优先股**
> 一种公司支付固定股利的固定收益所有权证券。

有时，公司会因为利润匮乏或仅仅因为要保留盈余并进行盈余再投资而决定不支付优先股股利。当董事会投票跳过（否决）向优先股股东支付现金股利时，在向普通股股东支付任何股利之前，必须先向**累积优先股**（cumulative preferred stock）股东支付尚未支付的股利。例如，假设公司跳过前两个季度每股支付2.25美元的优先股股利［预期每年收到9（=2.25×4）美元］。一旦公司盈利情况好转并决定在第三季度向普通股股东支付股利，则必须先向累积优先股股东支付跳过的4.5美元股利。而且，在普通股股东收到任何股利之前，通常应先向优先股股东支付2.25美元的现金股利。然而，如果是**非累积优先股**（noncumulative preferred stock），优先股股东则无权追索先前遗漏的股利。**可转换优先股**（convertible preferred stock）是公司偶尔发行的一种特殊证券，可以根据股东的选择交

> **累积优先股**
> 在向普通股股东支付股利之前，必须向其支付尚未支付股利的优先股。
> **可转换优先股**
> 可以根据股东的选择交换特定数量的普通股。

换特定数量的普通股。

□ 债券

意欲通过贷出资金投资的个人可通过购买债券变身（小型）商业放贷人。正如第十三章所言，**债券**（bond）是由公司、美国政府、市政当局（如城市或州）发行的可转让计息长期负债凭证。债券是一种典型的借款凭证（I owe you，IOU）。公司和政府常常通过发行债券为大型基建项目或昂贵的机械设备筹集资金。

通过债券，投资者向债券发行人借出一笔确定金额的资金——**本金**（principal）。债券投资者有两个预期：(1) 在随后的年份中按固定收益率定期收到利息支付；(2) 在未来某一时点，即**到期日**（maturity date），收回本金。这种定期支付利息的方式对那些希望获得可靠收入流的投资者很有吸引力。债券市场价格对利率变化很敏感。

本金

债券面值或最初支付的债券价格。

到期日

向债券持有人返还本金的截止日期。

□ 股票和债券实例：猫爪食品公司

为了更好地理解公司如何通过发行普通股、优先股为实现公司目标筹集资金（当然，必须向股东支付相应的收益），让我们来看看猫爪食品公司的例子。透过该例，你可窥斑见豹。只要在相关数字后面加上更多的0，你便可以想象谷歌、微软这类当量的公司的情况。

猫爪食品公司的组建

猫爪食品公司始于内布拉斯加州林肯的一家小型家庭作坊，其创始人为琳达·维特。她开发了一种很棒的猫粮配方，并在当地的杂货店销售自己的产品。随着销量的增加，琳达决定注册一家公司，扩大经营规模，并通过恳请人们投资公司的未来与社会公众分享公司所有权。猫爪食品公司以每股10美元的价格发行了10 000股普通股。三个朋友每人买了2 500股，琳达以猫粮配方和公司原有设备置换了剩余的2 500股。这样，公司就拥有了75 000美元的运营资金（每股售价10美元的7 500股股票）、机械设备、很棒的配方、四人组成的董事会。每个董事都为公司工作，尽管他们给自己支付很低的薪水。

猫爪食品公司的发展

像猫爪食品公司这样的公司，其销售收入通常被用于依次支付：(1) 日常开支；(2) 债券利息；(3) 各种税费；(4) 优先股现金股利；(5) 普通股现金股利。如果在支付上述 (1)、(2) 两个项目之后销售收入仍有结

你知道吗？

买了股票和债券，不必整天担惊受怕

由于股票、债券的价值和收益时常跌宕起伏，购买这些资产的投资者暴露在风险之中。投资专家彼得·林奇告诫我们：“在股票市场，赚钱的真谛在于不要担惊受怕。”依据近期的市场表现，投资就像开车紧紧盯着后视镜一样：愚蠢而危险！因此，投资股票要保持乐观的心态，在接下来10～20年的时间内每年获得7%～10%的收益率即可。除了直接持有股票外，许多投资者常常通过购买共同基金而间接投资股票和债券。我们将在第十五章讨论共同基金。

理财要点

假设投资收益率为5%～6%

在确定长期理财目标时，可以保守地估计你的投资每年将获得3%的收益率（在剔除通货膨胀因素后）或至少获得5%～6%的收益率。

余，其结余则构成公司**利润**（profit）。如果支付上述（3）之后仍有余额，则称公司拥有**税后利润**（after-tax profit）。一般而言，公司拿出税后利润的40%～60%向股东支付现金股利。剩余的部分，即**留存收益**（remained earning），被积累起来用于实现公司的扩张或成长目标。最初几年，猫爪食品公司保留了所有利润，没有派发任何股利。

> **利润**
> 公司在支付所有开支及债券利息之后所剩下的钱。
> **税后利润**
> 公司在支付日常开支、债券利息和税费之后所剩下的钱。
> **留存收益**
> 公司在支付日常开支、债券利息、税费、优先股股利和普通股股利之后所剩下的钱。

普通股股东，正如猫爪食品公司的股东那样，并不确保能够获得股利。然而，除非确保增量盈余能够支付更高的股利，多数公司会按季度向普通股股东支付一笔小额股利。假定猫爪食品公司保留所有盈余，你可能会问：为什么人们会投资这样的公司？两个理由可以解释你的疑问。首先，随着公司运营效率及盈利能力的提高，公司肯定会向普通股股东支付现金股利。其次，由于会有更多的投资者对成长型公司的未来盈利能力感兴趣，公司股票市场价格可能得以迅猛上涨。普通股代表公司所有权，因而其价格会随公司的成长而上升。

对于猫爪食品公司而言，销量增加意味着提高产量。不久，来自芝加哥的订单纷至沓来，甚至超出了公司产能。三年后，公司股东决定再次扩大产能。他们希望再借款100 000美元，但是他们的公司太年轻，公司的前景充满不确定性，以致放贷人提出极高的利率要求。为了筹集所需资金，股东们决定以每股20美元的价格发行5 000股优先股，并承诺每年每股支付1.8美元的股利，即年化收益率为9%。优先股被出售给外部投资者，因而原来的投资者仍然凭借其持有的普通股掌握公司控制权。

> **理财要点**
>
> **你的资产组合并非真实财富**
>
> 记住！你所投资证券的价格——你的投资组合今天的价值——并不等同于你的财富。包含在你的投资组合中的股票、债券、共同基金的价格不过是市场对其今天价值的“最好估计”。例如，持有一个价值为1 000 000美元的投资组合并不意味着你拥有如此多的真实财富。随着时间的推移，其既可能贬值，比如贬值到900 000美元，也可能升值，比如升值到1 100 000美元。就这种意义而言，除非你将其出售并变为现金，否则资产并非财富。

猫爪食品公司成长为全国性公司

随着市场的拓展，猫爪食品公司又开发了非常畅销的系列猫粮。随后，借助发行优先股，公司又在纽约的布鲁克林开办了分厂。经过4年的不懈努力，公司收入终于超越支出，并实现13 000美元的利润。董事会决定支付承诺的优先股股利9 000(＝5 000×1.80）美元，但未向普通股股东支付股利。在接下来的年度中，公司实现了28 000美元的税后净利润。董事会再一次向优先股股东支付了9 000美元的股利。然而，为了持续扩张和提高效率，公司保留了其余的利润。

此时，原始合伙人之一要求退出公司，因而需要出售其持有的25 000股股票，他曾经为这些股票支付过25 000美元。由于猫爪食品公司已经具备盈利能力，经当地经纪人推荐，另外两个个人投资者发出了购买要约。这些股票以每股16美元的价格成交，其中，1 500股被卖给了一个投资者，1 000股被卖给了另一投资者。这样，原始投资人获得了15 000(＝16×2 500－25 000）美元的溢价（在这笔交易中，公司并没有因此而获利）。现在，五个普通股股东（包括两个新股东）代表董事会投票，每股代表一份投票权。

第六年，公司销售额再度增长，实现净收益 39 000 美元。这次，董事会决定向优先股股东支付 9 000 美元，向普通股股东支付 5 000 美元（每股 0.5 美元），并保留其余的 25 000 美元。伴随 5 000 美元的分配，普通股股东终于开始收获现金股利了。

尽管猫爪食品公司运营成功，但公司仍面临另一问题。为了在全国范围内配送其产品，公司需要一笔 400 000～500 000 美元的扩展成本。经过反复讨论，董事会决定增发并发行一些债券。

公司计划以每股 25 美元的价格增发 10 000 股普通股。这将对半稀释股东的所有权比例。不过，在面向公众发行新股之前，普通股股东具有购买增发股票的**优先认购权**（pre-emptive right）。这种制度安排赋予每个现有股东通过购买更多股票维持其所有权比例的法定权利。

> **优先认购权**
>
> 在公司面向公众发行新股之前，普通股股东可优先购买增发股票的权利。

猫爪食品公司还发行了债券。[①] 猫爪食品公司发行了 200 份面值为 1 000 美元、票面利率为 8%的债券。数月之后，新股和债券售罄。扣除经纪费用之后，公司通过债券发行为业务拓展筹集了超过 190 000 美元的资金。就股票发行而言，各类股票经纪人拿走了16 000 美元的销售佣金，公司因此而筹集到 234 000 美元的发展资金。各类投资者将追踪猫爪食品公司运行情况、适时进行公司股票（债券）买卖。猫爪食品公司不会因上述交易而受益。猫爪食品公司及其股东将从股票价格上升中获利，因为成长型公司的股权会越来越值钱。如果猫爪食品公司经营持续向好，其董事会可能会努力推进公司股票在区域性股票交易所挂牌上市（本章随后予以讨论），以便便利股票交易并进一步提升公司形象。

> **理财要点**
>
> **股票还是债券?**
>
> 从历史的角度看，股票的长期收益大约是债券的两倍。然而，股票更易波动，因而很可能在短期内蒙受损失。如果你尚年轻，你便能容忍一定程度的股价短期下挫，迎来股票价格的复原甚至赚得盆满钵满。

概念测试 14.1

1. 区分普通股和债券。
2. 上市公司怎样利用股票和债券?
3. 个人为何投资股票和债券?

普通股的主要特征

要想投资股票，理解股票定价的两大关键信息至关重要：市盈率、β值。

> **学习目标 2**
>
> 依据普通股的主要特征对其进行分类。

① 需要启动或拓展资金的公司面向投资公众发行新股、债券，或者同时发行股票和债券。新股发行被称为**首次公开发行**（initial public offering，IPO）。**投资银行**（investment banking firm）作为中介为发行股票和债券的公司及投资公众提供服务。

□ 理解股票市盈率和 β 值

市盈率

市盈率［price/earning ratio，P/E ratio，又称**市倍率**（multiple）］是股票当前市价与过去四个季度每股盈余（earnings per share，EPS）之比。该比率是股票定价的主要指标。通过揭示你需要为 1 美元盈余支付多少钱，该指标说明了股票价格与最近财年报告盈余的相对高低。例如，如果每股猫爪食品公司股票的当前市价为 25 美元、公司 EPS 为 1.60 美元，其市盈率则为 16（25÷1.60＝15.6，约等于 16）。该数值也可被称为 16/1 的比率或倍率，或称 16 倍的市盈率。公司市盈率为互联网、报纸等新闻媒体的金融板块广泛报道。低市盈率股票具有高股利、低风险、低价格、慢成长等特征。

> **市盈率/市倍率**
>
> 股票当前市价与过去四个季度每股盈余（EPS）之比。它是股票定价的主要指标。

要评估公司的财务状况，你应该就类似公司的市盈率进行比较。典型公司的市盈率从 5 到 25 不等。尽管市盈率因行业而异，但其均值在 16 倍左右。历年都支付较多股利的绩优公司的市盈率通常为 7～10。快速成长公司的市盈率很可能介于 11 和 20 之间。投资型公司的市盈率可能高达 25～50，甚至更高，这是因为它们虽然现在盈利能力低，但却有着很高的预期未来盈利能力。预期盈利成长性很好的公司通常具有较高的股价和相应的高市盈率。市盈率随着未来盈利不确定性的上升而下降，反之亦然。

对于典型的 12 倍的市盈率而言，其倒数意味着股票**收益率**（earnings yield）为 8.3%。换句话说，每 100 美元的股票将获得 8.3 美元的预期收益。在低利率时代，收益率为 8.3%的股票看起来相当诱人。

> **收益率**
>
> 股票价格除以其每股盈余；市盈率的倒数；有助于投资者更清晰地预期投资收益。
>
> **动态市盈率**
>
> 通常用最近四个季度的报告盈余计算。
>
> **预期市盈率**
>
> 由于投资者需要展望未来而非回望过去，所以该指标由股票价格除以即将到来的四个季度的预期收益得到。该指标又被称为前瞻市盈率。
>
> **β 值/β 系数**
>
> 一个衡量股票波动性的指标，即股票价格相对市场其他股票的变化幅度。

动态市盈率和预期市盈率

事实上，标准市盈率被称为**动态市盈率**（trailing price/earnings ratio），因为其通常用最近四个季度的报告盈余计算。在分析股票价值时，投资者必须密切关注公司未来前景。**预期市盈率**（projected P/E ratio）或**前瞻市盈率**（forward P/E ratio）则是由股价除以即将到来的四个季度的预期收益计算而得，该指标的估计值通常可以经由在线股票价格提供商获得。收益率，即市盈率的倒数［猫爪食品公司的收益率为 6.4%（＝1.60÷25）］，有助于投资者更清晰地考虑预期投资收益。

利用 β 值进行同类股票比较

β 是投资者预期未来股价时广泛应用的指标。**β 值**［beta value，或 **β 系数**（beta coefficient）］被用于测量一项投资相对宽基市场指数的波动性，它随时间变化而变化。对于大公司股票而言，常常以标准普尔 500（S&P500）指数作为市场基准。市场中所有股票 β 值的均值为 1。资产的 β 值大于 1 表明其波动性高于市场波动性。回忆一下，我们曾假定市场风险为8%，这就意味着当市场整体上涨8%时，一只β值为1的股票很可能也上涨同样的幅度。β值反映了一项投资价格跌宕起伏的历史。

多数股票的β值介于0.5和2.0之间。β值小于1.0（为0～0.9），意味着股票价格相对市场而言缺乏敏感性。这是因为虽然股价变化方向与市场总体相同，但其变化幅度却存在差异。β值介于+1.0和+2.0之间（或更高）则表明证券价格对市场更敏感，这是因为其价格不仅与市场变化方向相同而且变化幅度更大。β值越高意味着相对市场而言风险越大。β值为0意味着股价变化独立于市场，这类似于无风险美国国债。你可以在Quote. com（www. quote. com/beta/chart. action）或雅虎财经（http://screen. yahoo. com/stocks. html）上查找股票的β值。

□ 周期股与逆周期股

> **周期股**
> 利润在很大程度上受商业周期影响的公司的股票。

周期股（cyclical stock）是指利润在很大程度上受商业周期影响的公司的股票。这类公司多处于消费依赖行业，例如，汽车、住房、航空、零售及重型机械。周期股的价格是经济总体运行情况的晴雨表，折射出商业周期的各个阶段。在经济扩张与繁荣期，公司盈利增加，利润增长，股价随之上升；在经济萧条期，上述指标则迅速下滑。许多贴有蓝筹、收益、成长、价值或投资等标签的公司股票可以归属于周期股。周期股的β值在1.0左右。

> **逆周期/防御股**
> 股票价格与商业周期呈相反方向变化的股票。

β值小于1.0的股票被称为**逆周期股**［countercyclical stock，或**防御股**（defensive stock）］，其价格与商业周期变化方向相反。这类股票在经济疲软、利率下滑的环境中表现良好。例如，在经济衰退期，吸烟者不会戒烟；人们照常看电影、喝饮料、买猫粮和狗粮、接受供电服务、到杂货店购物。在经济衰退期，逆周期股价格相对稳定。

□ 收益股

> **收益股**
> 成长并非很快但每年支付的现金股利均高于大多数公司所付股利的公司的股票。

一家成长并非很快但每年支付的现金股利均高于大多数公司所付股利的公司的股票被称为**收益股**（income stock）。之所以称之为收益股是因为公司不仅有着相当高的盈利水平，而且选择保留较小比例的盈余。要确保定期支付高额现金股利，公司必须拥有稳定的利润流。通信、电力、天然气行业的公司股票因符合上述要求而被贴上收益股的标签。投资这类公司的投资者通常并不特别关注市盈率或股票价格的成长潜力。这类股票的β值常常小于1.0。收益股通常会吸引那些希望从其投资组合中获取现金收入的个人投资者。

□ 成长股

> **成长股**
> 承诺以后实现高利润且在以往任何经济环境中其盈利均实现相对快速增长的公司的股票。

成长股（growth stock）是指承诺以后实现高利润且在以往任何经济环境中其盈利均实现相对快速增长

的公司的股票。成长股的投资者主要受益于股票价格的上涨。典型的成长股很少甚至从不支付股利，这是因为为了维持公司成长必须保留大部分公司盈余。

明星成长股

行业领袖、引领市场、连续数年盈利水平高于行业平均值的公司的股票被称为**明星成长股**（well-known growth stock）。这类公司广受投资者追捧，且很可能持续成长，其市盈率也往往较高。这类公司多数随着大盘的跌宕而起伏，其β值往往在1.5以上。典型的明星成长股不仅支付股利而且价格上涨的机会很多，因而常常受到投资者的追捧。就近期而言，明星成长股包括苹果（Apple，代码为AAPL）、基因科技（Genentech，代码为DNA）、谷歌（Google，代码为GOOG）、帕尼罗面包（Panera Bread，代码为PNRA）、城市户外（Urban Outfitters，代码为URBN）、富国银行（Wells Fargo，代码为WFC）等知名公司。

> **明星成长股**
>
> 行业领袖、引领市场、连续数年盈利水平高于行业平均值的公司的股票。

无名成长股

由于**无名成长股**（lesser-known growth stock）往往不为投资者熟知，相对于明星成长股，其市盈率也较低（尽管还是挺高）。这类公司属于区域性高盈利公司，其行业地位往往在第三、第四的位置。就近期而言，无名成长股包括阿拉莫集团（Alamo Group，代码为AG）、皇家加勒比（Royal Caribbean，代码为RCL）、比塞洛斯国际（Bucyrus International，代码为BUCY）、黑板（Blackboard，代码为BBBB）、玫顿芳（Maidenform Brands，代码为MFB）、契普多墨西哥烧烤（Chipotle Mexican Grill，代码为CMG）、水银资源（Quicksilver Resources，代码为KWK）、德雷克斯（Terex Corp，代码为TEX）等公司。这类公司的β值介于1.5和2.0之间，也可能更高。

> **你知道吗？**
>
> **投资支付股利的股票**
>
> 投资支付股利的公司，其胜算在于即使公司财务状况不佳，公司也会持续支付股利。典型的股利支付公司胜过其他公司，其收益远高于S&P500指数收益。典型的支付股利的公司每年会给投资者提供3.2%的收益。在低通货膨胀时期，2%～4%的股利是一个不错的收益。最后，支付股利的公司的股票价格更加稳定，其β值一般小于1.0。

□ 价值股

价值股（value stock）是指相对公司基本面（如股利、盈利、销售额等）而言价格处于低位的股票，价值投资者认为其价值被市场低估。价值投资者认为，市场并非总是有效的，投资者有可能找到价值被低估的公司。**价值投资者**（value investor）试图买进价格低于其公允价值的股票并在价格高于其公允价值时卖出。

> **价值股**
>
> 相对公司基本面（如股利、盈利、销售额等）而言价格处于低位的股票，价值投资者认为其价值被市场低估。

价值股常常出现在受益于经济发展的行业中。股利较高、市销率（price/sales ratio）较低、市盈率（P/E）较低的股票被称为价值股。价值股遭遇低定价常常是出现坏消息（糟糕的财报、负面新闻、法律纠纷等）的结果。尽管股价不断变化，但我们还是可以从历史数据中找到一些价值股的例子，具体包括：安进（Amgen，代码为AMGN）、美国电话电报（AT&T，代码为T）、易趣（eBay，代码为EBAY）、盖璞（Gap，代码为

GPS)、英特尔（intel，代码为 INTC)、塔吉特（Target，代码为 TGT）等。

□ 投机股

投机股（speculative stock）是指将来具有盈利潜力的公司的股票。之所以被称为投机股是因为其盈利可能永远也不会实现。投机股可能来自盈余记录时好时坏或是尚未找到盈利模式的新公司。投资这类公司的投资者之所以愿意承担一定风险是因为他们预计未来公司肯定会盈利。他们希望该公司发现一块新大陆、开发一种新产品，或者冒出一条能够推高股价的新消息，进而收获超乎想象的资本利得。

> **投机股**
> 将来具有盈利潜力的公司的股票，尽管其盈利可能永远也不会实现。

计算机绘图公司、网络应用公司、小型石油勘探公司、基因工程公司、一些制药企业的股票均属于投机股。这类公司的市盈率随公司的际遇变化而宽幅震荡，其 β 值突破 2.0 也是家常便饭。对于每个成功的投机公司而言，其背后有更多的公司早已破产或只能惨淡经营。阿里美亚科学（Alimera Sciences，代码为 ALIM)、丹德里昂（Dendreon，代码为 DNDN)、标图全球通信（ICO Global Communications，代码为 ICOG)、极地无线（Polar Wireless，代码为 BCDD)、明星科技（Star Scientific，代码为 CIGX）等公司都曾经是典型的投机股，尽管其股票价格可能已经变化。

细价股（penny stock）是指售价低于 1 美元的股票，大约有 5 000 家。典型的细价股由销售起伏不定、利润微乎其微、成功希望渺茫的新公司发行。细价股有时由高压推销员借助电话营销强力推销给单纯的投资者。不论其是否合法，这类证券均具有很强的投机性。

□ 科技股

科技股（tech stock）是属于科技板块的股票。科技公司是股票市场的主角，具体包括依托科学技术提供产品和服务的公司，例如，生物技术、网络服务、无线通信等。尽管科技股中不乏亚马逊（Amazon，代码为 AMZN)、微软（Microsoft，代码为 MSFT)、思科（Cisco Systems，代码为 CSCO）这样的大牌蓝筹股，但是多数科技股是规模较小的公司，例如，有限动态研究（Research In Motion Limited，代码为 RIM)、Tibco 软件（Tibco Software，代码为 TIBX)、晟碟（SanDisk，代码为 SNDK）以及威睿软件（VMware，代码为 VMW)。

> **科技股**
> 科技板块的股票。科技股依托科学技术提供产品和服务，例如，生物技术、网络服务、无线通信等。

□ 蓝筹股

蓝筹股（blue-chip stock）是指那些历史悠久、声誉卓著、引领行业的公司（公司利润常常高达 10 亿美元以上）。蓝筹股因可靠、安全而著称。典型的蓝筹股不仅有着良好的盈利记录、支付稳定的现金股利，而且有着与宏观经济近乎一致的成长性。蓝筹一词来自扑克游戏，游戏中面额最高的筹码

> **蓝筹股**
> 蓝筹股是指那些历史悠久、声誉卓著、引领行业的公司的股票。蓝筹股因可靠、安全而著称。

为蓝色。

蓝筹股为个人投资者、共同基金、养老基金广泛持有。作为高度稳定的行业领袖，蓝筹股公司（其股票通常被视为收益股或明星成长股）预期收益以一个波澜不惊的稳定速率增长。沃尔玛、可口可乐、吉列、伯克希尔·哈撒韦以及埃克森美孚均为蓝筹股的典范。投资这类公司的风险比投资其他公司的风险低很多。

□ 大盘股、小盘股和中盘股

> **大盘股**
> 股票市值超过100亿美元的公众公司。多数大盘股也是蓝筹股。

公司股票还可按其**市值**（market capitalization）进行分类。市值为按当前市场价格计算的公司普通股的总价值。**大盘股**（large-cap stock）是指市值超过100亿美元的公司的股票。多数大盘股也是蓝筹股，如固特异（Goodyear，代码为GT）、亨氏食品（HJ Heinz，代码为HNZ）、诺福克南方（Norfolk Southern，代码为NSC）、宝洁（Procter & Gamble，代码为PG）、维萨（Visa，代码为V）。然而，中小盘股的市场表现往往胜过大盘股。

中盘股（midcap stock）公司虽不在超大规模公司之列，但就市值而言其规模也相当可观——一般在20亿美元和100亿美元之间。例如，杜比实验室（Dolby Laboratories，代码为DLB）、价格线（Priceline.com，代码为PCLN）、瑞杰金融（Raymond James Financial，代码为RJF）以及格雷斯（WR Grace，代码为XNYS）。**小盘股**（small-cap stock）是指公司市值介于3亿美元和20亿美元之间的公司股票。例如，碧洁餐厅（BJ's Restaurants，代码为BJRI）、伊森·艾伦内饰（Ethan Allen Interiors，代码为ETH）、花花公子（Playboy Enterprises，代码为PLA）、乡村超市（Village Super Market，代码为VLGEA）等。**微盘股**（microcap）公司是市值在5 000万美元和3亿美元之间的公司。一旦小公司的销售或收益实现突破性增长，其股票价格便会飙升。例如，孚朗克石油（Frontier Oil，代码为FTO）、格尔马克离岸（Gulfmark Offshore，代码为GLF）、子午线生物科技（Meridian Bioscience，代码为VIVO）等。

概念测试 14.2

1. 简述市盈率（P/E）和β值。
2. 区分收益股与成长股。
3. 解释价值股与蓝筹股、科技股的异同。

股票定价

> **学习目标 3**
> 描述股票定价的基本原理与基本方法。

何时买入股票？何时卖出股票？要回答这些问题，首先要进行基本面分析而非技术分析。其次，要运用数值方法进行股票定价。最后，计算特定股票的潜在收益率。

□ 基本面分析

基本面分析（fundamental analysis）的前提假设是股票具有基于其预期未来收益流的内在（或真实）价值。多数职业股票分析师和投资者会在研究公司和行业财报基础上运用该投资方法。基本面分析认为在给定经济条件下，你可以甄别和筛选一些业绩优于其他公司的股票。基本面分析方法假设股票的内在价值由当前收益及其未来发展趋势、资产负债结构、产品质量、竞争能力以及反映其增长潜力的管理水平等因素决定。基本面分析的目的在于发现市场定价低于其应有的内在价值的稳健股——甚至可能是冷门股。

> **基本面分析**
> 一种市场分析流派，该流派认为股票具有基于其预期未来收益流的内在（或真实）价值。

就普通股定价而言，**技术分析**（technical analysis）支持者（常常是媒体记者）持相反观点（尽管是少数派）。这种定价方法分析市场交易活动产生的统计数据，如过往价格和成交量。技术分析并不试图测算证券的内在价值，而是利用图表、数学方法、分析软件来甄别、预测未来价格变化方向。尽管某些新手可能发现技术分析很有逻辑魅力，但实践已经证明技术分析几乎没有价值。

> **技术分析**
> 利用市场交易活动产生的统计数据（如过往价格和成交量）进行股票估值的方法，利用这种方法可以动态地确定何时买卖股票。

基本面分析认为人们应该投资那些行业领袖公司——不一定是最大的公司或增长最快的行业，但必须是盈利能力很强的领跑者。当你认为公司收益或盈利能力很好的时候，你就应当出手投资股票了。例如，公司新部门马上就要具备很强的盈利性；公司开始超越其竞争者；产品开发前景光明；公司是朝阳产业的领头羊。

公司盈余（corporate earning）是在特定时期内公司创造的利润。如果公司无法于现在或将来创造盈余，股票分析师和投资者就不会对其感兴趣。人们已经达成共识：对于无法盈利的公司的股票，抛售者的数量会迅速超过购买者，这会压低该股票的市场价格。公司盈余是基本面分析的核心指标。

> **公司盈余**
> 在特定时期内公司创造的利润，许多分析师借此决定是否买卖股票。

> **每股盈余**
> 公司年度盈余除以其发行在外的股票数量。

每股盈余

公司年度盈余除以其发行在外的股票数量即为**每股盈余**（earning per share，EPS）。它是按股计算的公司留存收益中可用于支付股利和再投资的收益。EPS 反映了公司普通股的盈利能力，投资者可用其比较各个公司的财务状况。许多新闻媒体的财经板块都会报告 EPS。

在我们的例子中，假设下一年猫爪食品公司在支付普通股股东股利后还有 32 000 美元净利润。对于其 20 000 股普通股而言，该公司的 EPS 为 1.60（=32 000÷20 000）美元。

> **市销率**
> 购买价值 1 美元的公司年度收入需要多少钱。P/S 可由公司总市值除以过去四个季度的销售收入计算而得。

市销率

市销率（price/sales ratio，P/S）是指购买价值 1 美元的公司年度收入需要多少钱。P/S 可由公司总市值除以过去四个季度的销售收入计算而得。例如，猫爪食品公司的普通股当前售价为每股 25 美元，其发行在外的股票为 20 000 股，则其公司总市值为 500 000 美元。如果过去一年公司收入（猫粮销售收入）为 750 000 美元，其股票的 P/S 则为 0.67（=500 000÷750 000）。股票分析师建议，远离那些 P/S 超过 1.5 的公司，亲近那些 P/S 小于 0.75 的公司。许多投资者忽视了P/S，但是，正如詹姆斯·P. 奥桑尼斯在《华尔街风云录》中所言，在预测哪些公司可以提供最好的收益方面，P/S 比高调的 P/E 更有效。

□ 股票定价的其他数值方法

还有几个可用于评估股票绩效的其他数值方法。投资者可以通过互联网获得运用这些方法评估未来股票价格所需的相关数据。

现金股利

股票通常支付股利。**现金股利**（cash dividend）是以现金形式向股票持有者进行的分配。它们是你在拥有公司股票时收到的当期收益。公司董事会通常每个季度发布一次股利公告（每个公司财年发布 4 次），一般是在 3 月、6 月、9 月、12 月的月末。股利一般用当期盈利支付，但当公司不赚钱（盈利很少或颗粒无收）时，支付股利的钱也可能来自公司的现金储备。为了维护稳定支付股利的良好声誉，公司偶尔也会借钱支付股利。之后，再用以后的利润支付因此而欠下的债务。

> **现金股利**
> 以现金方式向普通股及优先股股东进行的收益分配，典型的现金股利每年支付 4 次。

每股股利

每股股利（dividend per share）指将公司支付给普通股股东的现金股利总额转化为按股计量的数值。例如，猫爪食品公司可能宣布每年向普通股股东支付总额为 8 000 美元的现金股利。若果真如此，每股现金股利则为 0.4（=80 000÷20 000）。

> **每股股利**
> 将公司支付给普通股股东的现金股利总额转化为按股计量的数值。

股利支付率

股利支付率（dividends payout ratio）等于每股股利除以每股盈余（EPS）。它有助于我们判断未来支付股利的可能性。例如，假设猫爪食品公司盈利 32 000 美元（在支付优先股股东股利之后），支付普通股股东股利 8 000 美元，剩余的 24 000 美元作为留存收益用于维持公司发展后劲。在这种情况下，股利支付率为 0.25（=8 000÷32 000）。就该年度而言，猫爪食品公司股利支付为总收益的 25%。

> **股利支付率**
> 每股股利除以每股盈余（EPS）。有助于判断未来支付股利的可能性。

年轻的公司通常保留大部分（并非所有）利润以确保公司成长。因此，关注成长性的投资者应该努力搜寻股利支付率较低的公司。股利支付率越低，公司未来成长的可能性就越大，这会给投资者带来丰厚的资本利得。历史上，美国电话电报、雪佛龙（Chevron，代码为 CVX）、艾斯能（Exelon，代码为 EXC）、家得宝（Home Depot，代码为 HD）、英特尔（Intel，代码为 INTC）、默克（Merck，代码为 MRK）、辉瑞（Pfizer，代码为 PFE）以及威瑞森（Verizon，代码为 VZ）均是高股利支付率公司的典型代表。

股利收益率

股利收益率（dividends yield）是指支付给投资者的现金股利占股票当前市场价格的百分比。以猫爪食品公司为例，0.40美元的现金股利除以其25美元的当前股价，这意味着其股利收益率为1.6%。典型的成长性和投机性公司很少甚至根本不支付现金股利，因此其股利收益率受到限制。这类公司对于关注资本利得的投资者很有吸引力。

> **股利收益率**
> 支付给投资者的现金股利占股票当前市场价格的百分比。

账面价值

账面价值［book value，又称**股东权益**（shareholder's equity）］是指公司净值，即公司总资产减去总负债。它表示公司的理论价值。如果将公司资产出售，在还清负债之后的净收益属于持有流通在外的普通股的投资者。

> **账面价值/股东权益**
> 它是指公司净值，即公司总资产减去总负债。

每股账面价值

每股账面价值（book value per share）等于公司账面价值除以流通在外的普通股数量。猫爪食品公司净值为230 000美元，该值除以20 000股得到每股账面价值为11.50美元。每股账面价值与其盈利或股票市场价格常常没有相关性。股票价格通常高于其每股账面价值。股东之所以抬高股票价格是因为他们预期公司未来会盈利并支付股利，且期望市场价格会进一步攀升。如果每股账面价值超过其市场价格，股票价格可能确实被低估了。

> **每股账面价值**
> 公司账面价值除以流通在外的普通股数量。

价账率

价账率［price to book ratio，P/B，又称**市账率**（market to book ratio）］，可以识别出资产充裕的公司，如许多银行、经纪公司、保险公司。价账率（P/B）等于当前股票价格除以公司厂房、设备以及其他资产的每股净值（账面价值）。该指标告诉我们自己为公司净资产所支付的溢价。

> **价账率（P/B）**
> 当前股票价格除以公司厂房、设备以及其他资产的每股净值（账面价值）。

以猫爪食品公司为例，每股账面价值11.50美元除以其股票的最近售价（在此情况下股价为25美元），即猫爪食品公司的价账比为2.17。对于多数股票而言，其当前价账比介于2.1和1.0之间。该比率越低，则公司资产越未高估，则意味着当前股票可能被低估。如果该比率小于1，说明其资产可能未得以充分利用。在这种情况下，业绩不佳且价值低估的公司可能成为公司接管者的猎物。

□ 测算股票的潜在收益率

投资只有一个单纯的理由：获得正收益。那么，怎样确定投资股票的潜在收益？

找出α统计量

收益指标之一是投资者的**α统计量**（alpha statistic）。该指标定量地反映了给定风险条件下投资者的期

> **α统计量**
> 定量地反映了相对基准风险而言，在给定风险条件下投资者的期望收益与近期实际业绩（业绩出色或业绩欠佳）之间的差异。该指标为正，则意味着投资绩效好于预期。

望收益与近期实际业绩（业绩出色抑或业绩欠佳）之间的差异。股票或基金的 α 统计量为正，意味着相对基准风险而言，特定风险水平的公司业绩好于预期；α 统计量为负，则表明业绩欠佳。个股、基金以及其他投资的 α 统计量可通过在线经纪公司、咨询公司、基金公司获得。虽然 α 统计量是一个重要的指标，但它毕竟只反映了公司的过往业绩。对于未来的业绩，该指标仅起到指导作用而已。

测算潜在收益率的 5 个步骤

尽管你无法提前预知确切的投资绩效，但是给定潜在收益率，你肯定不愿支付高于“适当价格”的费用。测算投资潜在收益率可以分 5 个步骤进行。拥有下列数据，你会做出更明智的抉择。

（1）利用 β 值估计投资风险。

（2）估计市场风险。

（3）测算必要收益率。

（4）测算潜在收益率。

（5）比较必要收益率与潜在收益率。

（1）利用 β 值估计投资风险。

在你将自己的钱包置于风险中之前，要估计你所投资的股票、债券或共同基金的必要投资收益率。此时，β 值具有很高的信息价值。个股、共同基金以及其他投资的 β 值可以从经纪公司、咨询机构和投资类杂志处在线获取。

下例说明了如何使用 β 值估计投资组合的风险。假定你愿意接受比一般投资者更高的风险，并购买了 β 值为 1.5 的股票。在一段时间之后，如果所有股票的价格平均上涨 20%，你的股票可能上涨 30%（=1.5×20%），即 1.5 的 β 值乘以市场上涨幅度。如果所有股票平均下跌 10%，你的股票可能下跌 15%（=1.5×10%）。

（2）估计市场风险。

要估计投资的必要收益率，需要量化市场风险。**市场风险**（market risk），又称**系统风险**（systematic risk），在第十三章已经讨论过，是与整体经济对证券市场的影响密切关联的风险。即使决定证券价值的基本面没有任何变化，它也经常导致特定股票或债券的市场价格发生变化。历史数据表明，美国股票市场风险的合理估计值为 8%。在股市海啸期间，市场风险肯定会更高，且近期仍有进一步升高的趋势。

（3）测算必要收益率。

历史数据表明，美国短期国库券收益率略高于同期通货膨胀率。因此，若国库券支付 2%的利息，通货膨胀率可能徘徊在 1.7%左右。这意味着投资国库券几乎没有任何收益，因为扣除通货膨胀和所得税之后，收益大约等于 0。因此，投资者常常将国库券收益率作为**实际收益率**（real rate of return）的基准，即在扣除通货膨胀和所得税之后的收益率为 0。

一项投资的 β 值乘以市场风险定价，再加上无风险国库券利率即为该项投资的必要收益率，见式(14.1)。最新的国库券利率可以从以下网址获得：www.treasurydirect.gov/indiv/products/prod_tbills_glance.htm; www.treasurydirect.gov/RI/OFBills。运

> **投资的必要投资收益率估计值**
>
> 一项投资的 β 值乘以市场风险估值再加上无风险国库券利率，它表示投资者进行有风险投资所要求的收益率。

用式（14.1）可以得到投资的**必要收益率估计值**（estimate of the required rate of return on an investment）。

$$r_e = r_T + (\beta \times r_m) \quad (14.1)$$

其中，r_e 为投资的必要收益率估计值；r_T 为国库券利率；r_m 为市场风险。

例如，假设你要投资猫爪食品公司，公司β值为1.5。如果你认为市场风险为8%、最新国库券利率为2%，你投资的必要收益率则为14.0[=2.0+(1.5×8.0)]%。投资者需要一个比14%更高的承诺收益率才会进行该项风险投资。

（4）测算潜在收益率。

任何投资的**潜在收益**（potential return）都可以通过将预期收入（股利、利息、租金或其他收益）与该项投资未来价值相加然后再减去初始投资成本得到。偏好基础分析的投资者可以通过多种渠道获得构建公司预期未来收益流所需的数据，例如，价值线、标准普尔等大型数据公司，独立股票分析师的推测，公司自己公布的数据。你也可以创建自己的数据库。

> **潜在收益**
> 等于预期收入（股利、利息、租金或其他收益）与该项投资未来价值之和再减去初始投资成本。

加总预期收入和溢价。表14-1展示了怎样加总预期收入和溢价。运用式（14.2），通过计算近似复合收益率，你可以将这些数据转换为**潜在收益率**（potential rate of return）。该指标与其他投资收益具有可比性。

> **潜在收益率**
> 用预期收入与溢价之和计算的近似复合收益率，所得指标具有可比性。

表14-1　某投资者对猫爪食品公司收益及股利的预测

该年年末（年）	收益（美元）	股利（美元）
1	2.76	0.76
2	3.17	0.87
3	3.65	1.00
4	4.20	1.15
5	4.83	1.33
股利合计		5.11美元
年均股利（=5.11÷5）		1.02美元

案例：猫爪食品公司。依据其股票经纪人的推荐，住在西雅图的马丁·克兰正在考虑将猫爪食品公司列为潜在投资对象。马丁认为，未来5年，公司股票可能提供高于通货膨胀和所得税的收益。他已经获知该股的如下相关信息：该股市价为每股30美元，最近12个月的每股盈余为2.40美元，同期支付现金股利0.66美元。

马丁着手运用每股盈余（EPS）信息预测该股未来价值。首先，他测算公司市盈率（P/E）为12.5（=30÷2.40）。其次，如表14-1所示，他用15%的增速估计了未来5年的公司收益[2.40×1.15=2.76(美元)；2.76×1.15=3.17(美元)；依此类推]。使用12.5的市盈率（P/E，即当前市盈率），马丁估计第五年年末公司股票市场价格为每股60.38（=12.5×4.83）美元。这意味着投资该股5年的预期收益为

30.38(＝60.38－30)美元。

$$\text{ACY}=\frac{\text{年均股利}+\dfrac{\text{预期股价}-\text{当前股价}}{\text{预期投资年数}}}{\dfrac{\text{预期股价}+\text{当前股价}}{2}} \tag{14.2}$$

$$=\frac{1.02+\dfrac{60.38-30.00}{5}}{\dfrac{60.38+30.00}{2}}$$

$$=\frac{1.02+6.08}{45.19}=15.7\%$$

预测投资猫爪食品公司的未来收入——预期股利——表 14-1 表明马丁估计现金股利以 15%的速度增长[0.66×1.15＝0.76(美元)；0.76×1.15＝0.87(美元)；依此类推]。未来 5 年的现金股利之和为 5.11 美元。投资的未来价值（60.38 美元）减去原始投资（30 美元），再加上预期股利收入（5.11 美元），5 年后，从每股猫爪食品公司股票中马丁将会获得 35.49（＝5.11＋30.38）美元的潜在收益。因此，马丁预测投资的 30 美元的猫爪食品公司股票在 5 年后将获得 35.49 美元的总收益。

现在的问题是：投资收益率是多少？**近似复合收益率**（approximate compound yield，ACY）给出了一个长期投资的年化复合增长指标。利用式（14.2）可以计算其具体数值。计算 ACY 要求使用年均股利而非具体预期股利。在该例中，年均股利等于股利总额 5.11 美元除以 5 年。将表 14-1 中的年均股利数据代入式（14.2）就可以得到投资猫爪食品公司股票 5 年内的近似复合潜在收益率为 15.7%。（你可以在加曼/福格合作网站找到该公式。）

> **近似复合收益率**
>
> 以百分比表示的年化复合增长指标。

(5) 比较必要收益率与潜在收益率。

现在就是决策之时。你要对（在给定风险条件下）一项投资的估计的必要收益率与该项投资的潜在收益率进行比较。在猫爪食品公司案例中，给定风险的必要收益率为 14%，该项投资的预期收益率为 15.7%。对于马丁而言，这意味着当前售价 30 美元的猫爪食品公司股票物美价廉。换句话说，猫爪食品公司股票被市场低估了。一旦掌握了一项投资的潜在收益率信息，你便可以比较不同投资的收益率的高低。

> **你知道吗?**
>
> **投资者需要回答的 7 个问题**
>
> 在投资之前，投资者应该回答下列问题：
>
> 1. 我有投资经验吗？
> 2. 我的投资风格（保守、稳健或激进）是什么？
> 3. 我的投资目标是什么？
> 4. 我多大年纪了？我需要养家糊口吗？
> 5. 我的财产净额是多少？
> 6. 我的收入是多少？
> 7. 我的投资时间跨度有多长？

概念测试 14.3

1. 基础分析的关键内容有哪些？
2. 每股盈余（EPS）与市盈率（P/E）有哪些区别？
3. 股利支付率、每股盈余与股利收益率有何不同？

4. 为什么个人在考虑投资股票时应当了解美国国库券收益率?
5. β值为 1.0 的股票与β值为 1.2 或 2.5 的股票有何区别?
6. 计算股票投资潜在收益率应遵循哪5个步骤?

运用互联网进行股票估值与选股

> **学习目标 4**
> 运用互联网进行普通股定价。

投资股票需要海量信息。美国拥有 8 000 多家上市公司，其他国家还有 50 000 多家，因此，选择股票需要时间。获取投资信息的渠道十分广泛，包括电视、收音机、图书、网站、博客以及时事通讯等。你应选择哪种渠道？互联网是一个明智的选择，因为你所需要的各种信息都可以在线获得。互联网是一个即时、高效的投资信息源。

□ 着手设定你的股票投资标准

正如第十三章所述以及图 13－6 所示，设定股票投资目标一定要考虑你的投资计划。要想做出与自己的投资目标、投资理念、投资时间跨度相吻合的明智的股票投资选择，就必须着手设定自己的股票投资标准。

- 哪类股票最符合你的目标?
- 多大的市值能满足你的欲望?
- 你对β值、销售额、盈利能力、市盈率（P/E)、股利、股利支付率、市场价格有何具体要求?
- 你希望每股盈余（EPS）的增长率为多少?
- 你想投资行业领军企业吗?

□ 随处可见的投资者教育

综合投资网站提供实时更新的新闻提要，市场时评，市场交易数据，行业统计数据，行业走势，公司股票代码，当前股票价格，公司概况、历史、财报、价格和未来展望，资产组合指南，以及具有搜索功能的智能选股工具。下面是一些广受青睐的投资网站：

- 傻瓜投资(www. fool. com)；
- 晨星(www. morningstar. com)；
- 《吉普林个人理财》(www. kiplinger. com/personalfinance/)；
- CNN 财经(www. money. cnn. com/pf/index. html)；

> **你知道吗?**
>
> **怎样使用在线股票计算器?**
>
> 使用任何一种在线投资网站，你都可以进行几乎所有的投资所要求的计算。例如，在 WalletPop. com 网站（www. walletpop. com/calculators/stocks）上，你可以找到以下问题的答案：
>
> - 收益股与成长股哪类股票更好?
> - 我的股利收益率是多少?
> - 佣金和手续费对我的股票收益率有何影响?
> - 股价达到多少就能实现我的目标收益率?
> - 如果马上把我的股票卖掉，收益率是多少?
> - 是否应该明年再卖出我的股票?
> - 是否应该现在就卖出我的股票，并转投其他股票?
>
> 尽管年报包含一些重要信息，但许多年报主要是公司推销自我的手段。

- 雅虎财经(www. finance. yahoo. com/marketupdate?u)；
- 商业周刊(www. businessweek. com/finance)；
- 财智(www. smartmoney. com/personal-finance)；
- 美国在线理财基础(www. dailyfinance. com/? icid=navbar_Finance)；
- 纳斯达克(www. nasdaq. com)；
- 扎克斯投资研究(www. zacks. com)。

理财要点

在市场低迷时购买股票，以后会获得10倍的收益

如果在10年内你每年在收益为0的令人恐怖的股市中投资3 000美元，而不是投资其他资产，假定随后30年股票每年升值8%，到你退休时，你的30 000美元将变为302 000美元，10倍于你当初的投资。

□ 在线构建资产组合

你可以利用在线账户或网站构建资产组合。例如，吉普林(www. kiplinger. com/portfolio/portfolio. php)和雅虎财经(http://finance. yahoo. com/p?k=pf_1)。在上述网站中，你都可以输入自己的股票数量及价格，网站将自动跟踪股票报价，并动态更新你的资产组合的价值。

选股工具

能使你快速过滤数以千计公司的海量数据，并发现最符合自己投资意图的股票。

□ 选股

你可以借助在线**选股工具**（stock-screening tools）分析股票、债券以及共同基金。选股工具能让你迅速过滤大量公司的海量基础数据，发现最符合自己投资目标的股票。例如，使用吉普林选股工具，你可以设置27个选股条件来应对数以千计的股票。当然，你还可以使用吉普林或其他选股工具筛选支付股利股、小公司股和成长股。只要简单设置选股标准，例如，高市盈率（P/E），程序就会自动选出符合条件的股票，并同时给出由职业股票分析师预测的今后5年内的每股盈余（EPS）。你会吃惊地发现：原来选股这么容易！下列网址提供选股工具：

- 吉普林（www. kiplinger. com/tools/stockscreener/index. html)；
- 晨星（http://screen. morningstar. com/stockselector. html?hsection=toolcenter-stsel)；
- MSN 财富（http://moneycentral. msn. com/investor/finder/customstocksdl. asp)；
- 市场观察（www. marketwatch. com/tools/stockresearch/screener//)。

□ 了解股票历史

你可以研究不同时段（牛市、熊市）股票价格的变化轨迹，也可用其与各种基准（如S&P500指数）进行对比。具体参见市场观察（http://bigcharts. marketwatch. com/historical//)、MSN财富（http://moneycentral. msn. com/investor/research/welcome. asp)。

□ 利用公司信息

公司网站的投资者栏目含有丰富的信息，如历史数据、当前事件、未来措施以及最

新盈余情况等。公司必须定期向政府及社会公众报告其财务状况。这类信息可以在公司网站或从其他链接获得。

美国证券交易委员会（Securities and Exchange Commission，SEC）强制公布的各类公司文件可以在电子数据采集与检索（Electronic Data Gathering and Retrieval，EDGAR）项目网站（www. edgar-online. com）得到。晨星（www. morningstar. com）、彭博（www. bloomberg. com）是顶尖的股票、债券、共同基金在线信息公司。每家公司都有自己的网站，网站发布管理层对公司未来的看法，通过公司网站很容易得到其年报。

每个在SEC注册的公司，每年都要提交一次有关该公司当前情况的可靠信息，以确保公众可以利用相关信息。公司每年都要总结其财务活动。**10-Q报告**（10-Q report）包含本季度财务状况、管理层意见、重大事件以及已经发生的其他风险因素（如法律纠纷、大客户流失）、公司前景展望，以及发生在本季度的显著变化或事件。与10-Q报告类似，10-K报告需要每年提交一次。你可以在SEC网站（www. sec. gov）在线获得10-Q报告和10-K报告。此外，你还可以在DEF 14A表格中找到详细的管理者薪酬信息。

公司**年报**（annual report）看起来几乎就是一本免费的华丽营销杂志。尽管年报确实包括一些总结性财务信息，但它们更像是公司的宣传册。

公司发行新股时要向证券交易委员会提交一份**招股说明书**（prospectus）。招股说明书要披露公司管理层的经验、公司财务状况、任何公司可能的预期法律纠纷以及公司潜在投资风险。尽管说明书语言充满专业术语且符合法律规范，但感兴趣的投资者可能会发现深究其细节会有意义。

□ 利用证券分析师的研究报告

为独立股票咨询公司或股票经纪公司服务的股票分析师会撰写公司或行业研究报告，正如图14-1所示，这是一份来自标准普尔的报告。基于基础分析的研究报告拥有丰富的信息含量。报告的质量参差不齐，既有闪烁智慧的报告，也有一派胡言的分析。由于分析师具有从众倾向，其提出的投资建议往往雷同。他们常常建议购买某些股票，却很少建议出售股票。聪明的投资者会将“持有”建议解读为卖出信号。

理财要点

手机投资应用程序

在先锋集团的手机应用程序上，用户可以使用其股票账户和基金账户浏览市场消息、收听播客、收看视频。你可以找到各类投资应用程序的得分，包括大通银行（Chase）、CNBC时讯（CNBC Real-Time）、薄荷（Mint）、晨星（Morningstar）、彭博（Bloomberg）、福布斯（Forbes）、维基投资组合经理（Wikinvest Portfolio Manager）以及雅虎（Yahoo!）等提供的应用程序的得分。

10-Q报告

由公司按照SEC的要求编制的，包含本季度财务状况、管理层意见、重大事件以及已经发生的其他风险因素（如法律纠纷、大客户流失）、公司前景展望，以及发生在本季度的显著变化或事件。

年报

法律要求的有关财务绩效、活动与前景的年度报告，报告应提交给主要股东，并应使公众可以便捷地获得。

招股说明书

在发行新股时严格按照法律规范提交给证券交易委员会（SEC）和社会公众的信息。

理财要点

投资博客

有很多投资博客。许多写得很粗浅，有些写得似乎有理。确实也有一些写得很棒，例如：www. RandomRoger. blogspot. com；www. InventingMoney. blogspot. com；www. AllFinancialMatters. com。更多优秀股市博客参见股市博客资源主页（http://seekingalpha. com/article/3033）。

Stock Report | February 26, 2011 | NNM Symbol: **GOOG** | **GOOG** is in the S&P 500

STANDARD &POOR'S

Google Inc

S&P Recommendation BUY ★★★★

Price $610.04 (as of Feb 25, 2011) | **12-Mo. Target Price** $750.00 | **Investment Style** Large-Cap Growth

UPDATE: PLEASE SEE THE ANALYST'S LATEST RESEARCH NOTE IN THE COMPANY NEWS SECTION

GICS Sector Information Technology
Sub-Industry Internet Software & Services

Summary The world's largest Internet company, Google specializes in online search and advertising.

Key Stock Statistics (Source S&P, Vickers, company reports)

52-Wk Range	**$642.96–433.63**	S&P Oper. EPS 2011**E**	**32.53**	Market Capitalization(B)	**$153.040**	Beta	**1.20**
Trailing 12-Month EPS	**$26.31**	S&P Oper. EPS 2012**E**	**35.72**	Yield (%)	**Nil**	S&P 3-Yr. Proj. EPS CAGR(%)	**22**
Trailing 12-Month P/E	**23.2**	P/E on S&P Oper. EPS 2011**E**	**18.8**	Dividend Rate/Share	**Nil**	S&P Credit Rating	**NA**
$10K Invested 5 Yrs Ago	**$16,164**	Common Shares Outstg. (M)	**321.5**	Institutional Ownership (%)	**80**		

Price Performance

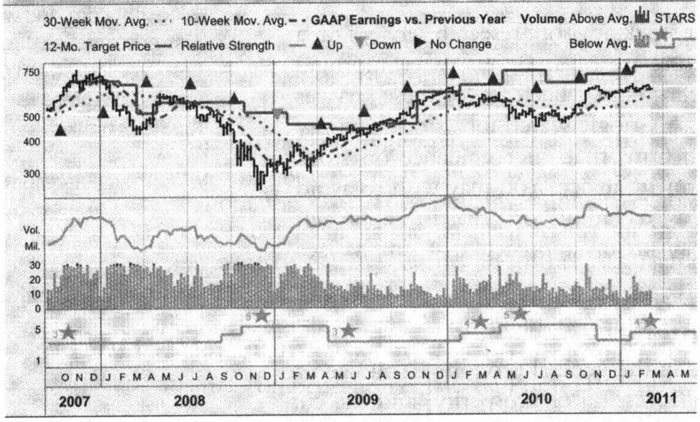

Options: ASE, CBOE, P, Ph

Analysis prepared by **Scott H. Kessler** on January 24, 2011, when the stock traded at **$ 609.94**.

Highlights

We believe gross revenues will rise 15% in 2011, benefiting from more spending on Internet advertising, the appeal of search advertising, international expansion, and increasing traction for display and mobile advertising. We think the company continues to face challenges in some businesses and we believe uncertain economies pose difficulties, but we see GOOG as relatively well positioned.

We expect largely flat pro forma operating margins from 2010 to 2012, reflecting less reliance on large content partners and a focus on cost containment, offset by growth investments and a less favorable revenue mix. Although revenues have been adversely affected by currency fluctuations, we believe a hedging program has aided profits.

Our EPS estimates include notable expenses related to stock-based compensation. In July 2010, GOOG announced the proposed acquisition of ITA Software, a provider of airline travel data, information and solutions, for $700 million, to enhance its travel search offerings, but this transaction is still pending, in light of governmental review.

Investment Rationale/Risk

We believe competitive pressures and concerns about GOOG's size/power could detract from revenue growth. Nonetheless, its business model has been resilient, in our view. We are constructive on efforts to broaden its offerings, especially with Web applications (Apps) and mobile services, but we believe that in some cases GOOG paid excessive amounts to do so. In November 2006, GOOG acquired YouTube for $1.8 billion in stock, and in March 2008 it purchased DoubleClick for $3.2 billion.

Risks to our opinion and target price include possible market share losses, new offerings or partnerships that do not succeed or continue as some expect, and challenges related to legal/regulatory issues.

Peer analysis involving P/E and P/E-to-growth considerations yields an average value of around $800. Our DCF model assumes a WACC of 10.8%, five-year average annual FCF growth of 15%, and a perpetuity growth rate of 3%, and yields an intrinsic value of about $650. Our 12-month target price, weighting these inputs, leads to our 12-month target price of $750.

Qualitative Risk Assessment

LOW | MEDIUM | **HIGH**

Our risk assessment reflects what we see as the emerging nature and relatively low barriers to entry of the Internet segment, significant and mounting competition, substantial and increasing investment and related new offerings, and our view of somewhat lacking corporate governance practices.

Quantitative Evaluations

S&P Quality Ranking **NR**

D | C | B- | B | B+ | A- | A | A+

Relative Strength Rank **MODERATE**

50

LOWEST = 1 HIGHEST = 99

Revenue/Earnings Data

Revenue (Million $)

	1Q	2Q	3Q	4Q	Year
2010	6,775	6,820	7,286	8,440	29,321
2009	5,509	5,523	5,945	6,674	23,651
2008	5,186	5,367	5,541	5,701	21,796
2007	3,664	3,872	4,231	4,827	16,594
2006	2,254	2,456	2,690	3,206	10,605
2005	1,257	1,385	1,578	1,919	6,139

Earnings Per Share ($)

	1Q	2Q	3Q	4Q	Year
2010	6.06	5.71	6.72	7.81	26.31
2009	4.49	4.66	5.13	6.13	20.41
2008	4.12	3.92	4.06	1.21	13.31
2007	3.18	2.93	3.38	3.79	13.29
2006	1.95	2.33	2.36	3.29	9.94
2005	1.29	1.19	1.32	1.22	5.02

Fiscal year ended Dec. 31. Next earnings report expected: Mid April. EPS Estimates based on S&P Operating Earnings; historical GAAP earnings are as reported.

Dividend Data

No cash dividends have been paid.

Please read the Required Disclosures and Analyst Certification on the last page of this report.

The McGraw·Hill Companies

图 14－1 股票分析师的报告

资料来源：Google report，February 26，2011. Reprinted by Standard & Poor's，a division of the McGraw-Hill Companies Copyright February 26，2011.

□ 解读研究机构

晨星（www. morningstar. com）和价值线（Value Line，www. valueline. com）是两个最著名的面向个人投资者的股票咨询研究服务机构。这些机构的服务费用每年只有几百美元。在谷歌搜索引擎中输入“股票咨询时讯”（stock advisory newsletters），会跳出很多提供选股指南、市场行情、投资咨询的公司。要尽可能避开那些使用技术分析或图表分析方法的公司，尽量选择那些强调基本面分析、使用主流方法的公司。

□ 把握经济走势

投资者要对宏观经济走势保持清醒的头脑。你要了解商业周期处在哪个阶段（衰退还是繁荣）以及当前的利率水平和通货膨胀程度。此外，你还要了解今后12～18个月经济环境将发生怎样的变化（参见第一章）。几乎所有媒体都会报道宏观经济信息：

- 搜索引擎：雅虎、谷歌等；
- 主要报纸：《今日美国》《洛杉矶时报》《华尔街日报》；
- 商业新闻：《商业周刊》《财富》《福布斯》《财经世界》；
- 个人理财：《金钱》、《吉普林个人理财》；
- 投资资源：《华尔街日报》《巴伦周刊》《投资者商报》《市场观察》；
- 新闻杂志：《美国新闻与世界报道》《时代周刊》。

> **理财要点**
>
> 业余投资者相比于大型股票研究机构的优势
>
> 早在股票分析师真正开始跟踪研究之前的3～5年，当地人可能早已预见到他们为之而工作的公司将要崛起。他们也会预见到周围公司美好的未来。

□ 关注股票市场指数

几乎所有媒体都会在整点报道股票市场指数。“今天道琼斯指数上涨300点。”“标准普尔500指数上涨168点。”当媒体报道“今天道琼斯指数上涨110点，且成交量巨大”时，这只意味着点位的变化，而非真实的股票价值变化。**股票市场指数**（securities market index）是反映市场行情的指标。为了更全面地反映市场总体情况，它是通过筛选样本股而计算得到的大样本指标股的平均价值。编制股票指数的目的在于提供一个反映更广泛市场情况的综合的、无偏的、稳定的经济指标。利用股票指数有助于投资者进行投资决策。著名的股票指数包括：

> **股票市场指数**
>
> 为了更全面地反映市场总体情况，通过筛选样本股而计算得到的大样本指标股的平均价值。

道琼斯工业平均指数

道琼斯工业平均指数（Dow Jones Industrial Average，DJIA）是被广为报道的指数。关注度最高的道琼斯工业平均指数（DJIA）只反映30只交易最活跃的蓝筹股价格行情，包括美国运通（American Express）、美国电话电报、卡特彼勒（Caterpillar）、雪佛龙

> **道琼斯工业平均指数（DJIA）**
>
> 所有股票市场指数中关注度最高的指数。该指数只反映30只交易最活跃的蓝筹股价格行情，包括美国运通、美国电话电报等知名公司。

(Chevron)、可口可乐、默克（Merck）、沃尔玛以及迪士尼（Disney）等知名公司。该指数是由这30只股票收盘价经股票分割、公司分立以及股利支付等因素调整后相加而得。[①] 道琼斯工业平均指数（DJIA）还包括基于20只股票的交通平均指数、基于15只股票的公用事业平均指数以及基于工业、交通、公用事业全部65只股票的综合平均指数。

标准普尔500指数

著名的**标准普尔500指数**（Standard & Poor's 500 Index）报告500家老牌大型上市公司的股票价格行情，具体包括400家工业公司、40家金融公司、40家公用事业公司和20家交通运输公司。那些市值最高的公司对该指数有着很大影响。

纳斯达克成分指数

纳斯达克成分指数（NASDAQ Composite Index）考虑了在全国证券交易商协会负责管理的自动报价系统进行场外交易的所有3 200多只股票。尽管该指数包括一些诸如思科、英特尔、微软等大公司，但不像在纽约证券交易所的那些知名公司或大公司，该指数反映了许多小公司甚至很多投机性公司的价格走势。该指数常常被视为判断高科技股票行情的基准。

道琼斯威尔希尔5000指数

道琼斯威尔希尔5000指数（Dow Jones Wilshire 5000 Index）代表所有在美国公开交易的股票的市场价值。该指数的一个点代表10亿美元。如果该指数为11 220，则意味着美国股票市场总市值超过11万亿美元。

罗素2000指数

罗素2000指数（Russell 2000 Index）是资本规模相对较小的公司的小盘股市场指数。该指数是反映中小盘股整体表现的最好指标。

境外证券交易所

证券交易所遍布世界主要城市，包括伦敦、悉尼、东京、吉隆坡。为了获取本国市场的相关线索，美国投资者常常彻夜关注这些交易所。

□ 证券交易所（股票市场）

> **证券交易所/股票市场**
>
> 通过提供一个有序的、开放的证券交易方案，买卖双方代理人可以非常容易地达成交易的市场。

正如第十三章所言，**证券交易所**［securities exchange，又称**股票市场**（stock market）］是股票交易场所。该市场通过提供一个有序的、开放的证券交易方案，使得买卖双方代理人可以非常容易地达成交易。每个交易所都接受政府监管，并有自己的规则。交易所还对交易活动提供全程监管，并进行严格自律。从历史上看，交易活动都是在一种有序的实体空间中进行的，例如纽约证券交易所（New York Stock Exchange，NYSE，又称“Big Board”）和美国证券交易所（American Stock Exchange，AMSE），两者均

---

① **股票分割**（stock split）是指将现有股东持有的股票分割成数量更多的股票。其原因可能是管理层预期公司未来盈利能力更强。许多公司向股东支付现金股利，有些公司则支付非现金股利，即**股票股利**（stock dividend）。这样，股东将得到更多的公司股票。

位于纽约。你可以想象熙熙攘攘的交易所随着闭市的铃声结束繁忙的一天的情景。然而，今天，绝大多数股票交易在一个由 50 个交易平台整合而成的系统中完成，且多数交易为电子交易。

纽约证券交易所 8 000 多家上市公司总市值超过 12 万亿美元。平均每天交易额达 1 500 亿美元。纽约证券交易所由德意志交易所负责运营管理，它是世界上两家最大交易所的联盟。

区域性股票交易所分布在波士顿、芝加哥、费城、旧金山。还有一些较新的交易所，如新泽西州泽西城的 Direct Edge、密苏里州堪萨斯城的 BATS。它们均属于有序的**场内市场**（organized exchange）。

> **场内市场**
> 市场具体交易场所，在这里，证券价格通过公开叫价而决定。

□ 场外市场与电信网络交易平台

场外市场［over-the-counter（OTC）marketplace］是一个远程电子交易网络，其目的在于通过做市商促成那些尚未在各大交易所上市的证券的买卖。**做市商**（market makers）是经纪公司的经销商，它们离交易市场数英里远，利用询价系统进行交易并收取佣金。至关重要的是，场外市场股票价格是通过纳斯达克（NASDAQ）而达成的。在 OTC 交易中，代表买方的经纪公司股票经纪人会与具有出售意愿的另一方经纪公司沟通。数以百计的经纪人或交易商通过 OTC 市场发布指令、进行交易、出清股票存货。

> **场外市场**
> 一个远程电子交易网络，其目的在于通过做市商促成那些尚未在各大交易所上市的证券的买卖。

前面谈到的经纪公司，确切地说，应为**经纪人/交易商**（broker/dealer），因为，除了提供常见的经纪服务外，经纪人还能为一种或多种证券“做市”。也就是说，经纪人或交易商既买又卖。所谓**做市**（market making）就是试图提供一个连续交易的市场。具体而言，就是指经纪人或交易商愿以市场价格持续地向其他经纪公司出售自己持有的特定证券，并时刻准备着以市场价格购买适当数量的该种证券。为了避免与委托人发生利益冲突，每当经纪人出售已经做市的证券时，都必须将相关情况通知买方。

电信网络交易平台（electronic communications network，ECN）是一个对场外股票交易活动进行匹配的计算机系统。由于 ECN 无需做市商和询价机制，其交易成本较低。ECN 大约占纳斯达克交易量的 30%。纽约证券交易所、美国证券交易所偶尔也使用 ECN 进行交易。由于 ECN 每天运行 24 个小时，因而人们还常常用其进行盘后交易。

> **经纪人/交易商**
> 代表买方与持有其所需证券的另一方经纪公司沟通的经纪公司，经纪人的活动有助于为一种或多种证券“做市”。
>
> **做市**
> 一个既买又卖的经纪人或交易商愿以市场价格持续地向其他经纪公司出售自己持有的特定证券，并时刻准备着以市场价格购买适当数量的该种证券。
>
> **电信网络交易平台**
> 一个对场外股票交易活动进行匹配的计算机系统。

□ 查找股票价格

供给与需求是影响股票价格的两大主要因素。购买股票的人越多，股票价格就会上升。出售股票的人越多，其价格就会下跌。如果你知道公司股票代码（用谷歌搜索“股票代码”便可找到），只要在谷歌或任何著名投资网站（如雅虎财经、MSN 财富、市场观察）输入公司代码，便可以找到其股票的最新价格。《华尔街日报》（美国最著名的财经报纸）每天都会汇总包括股票、债券、共同基金在内的海量交易数据。许多报纸还会以保留两位小数的形式简要地报道股票价格。沃尔玛，一个零售商，其股票报价出现在《华尔街日报》上的方式如图 14-2 所示。

> **你知道吗？**
>
> 2010 年的股市闪电崩盘
>
> 2010 年 5 月 6 日，美国股市经历了一次“闪电崩盘”。当时，道琼斯工业平均指数在 20 分钟内暴跌了 998 点，不过，随后又迅速收复了失地。这是至此的单日最大盘中跌幅。后来，调查者发现流动性不足和股票错误定价是由一次巨量证券销售所造成的计算机多米诺骨牌效应导致的。（销售人员错将代表百万股的“M”敲成了代表十亿股的“B”。）闪电崩盘成为投资者面临的一种新的风险因素。

第 1 列：**累积涨跌幅**（YTD%Change）。该列数据表明股票价格“年初至今（YTD）累计”涨跌百分比。图 14-2 中的数据表明，自当年 1 月 1 日以来，沃尔玛股票累计上涨了 8.6%。

1	2	3	4		5	6	7	8	9	10
YTD %CHG	52 WEEKS HI	LO	STOCK (SYM)		DIV	YLD %	PE	VOL 100S	LAST	NET CNG
+17.2	45.29	28.70	Walgreen	WAG	.14	.4	44	27540	39.45	+0.59
+ 3.7	20.56	14.00	WallaceCS	WCS	.66	3.4	17	714	19.70	+0.06
+ 0.1	34.50	23.00	WaddReed A	WDR	.35	1.1	25	2228	32.24	+0.04
+ 8.6	63.08	41.50	Walmart	WMT	.28	.4	42	104572	62.52	+0.82

+18.7	17.50	8.55♣	WacknhutCorr	WHC		...	18	448	16.45	−0.40
+ 0.1	34.50	23	WaddlReed A	WDR	.35	1.1	25	2228	32.24	+0.04
+17.2	45.29	28.70	Walgreen	WAG	.14	.4	44	27540	39.45	+0.59
+ 3.7	20.56	14	WallaceCS	WCS	.66	3.4	17	714	19.70	+0.06
+ 8.6	63.08	41.50	WalMart	WMT	.28	.4	42	104572	62.52	+0.82
+ 9.6	14.65	7.60	WalterInd	WLT	.12	1.0	12	1625	12.40	−0.10
+ 3.1	42.99	26.52	WashMut	WM s	1.00f	3.0	11	45891	33.71	−0.45
			WashMut	PIES	4.00	5.4	...	14	74.10	−0.40
			WashPost B	WPO	5.60	.9	25	51	596.90	−0.60
			WashREIT	WRE	1.33	4.9	20	590	26.99	−0.11
			WasteMgt	WMI	.01	...	34	15675	27.46	−0.52
			WtrPikTch	PIK		...	11	51	9.48	+0.38
			WatersCp	WAT		...	26	17787	32.76	+1.31
			Watsco	WSO	.12f	.7	19	3016	17.05	+1.46
			WatsnPharm	WPI		...	28	10379	30.22	+0.06
			WatsonWyatt A	WW		...	18	3106	26.45	+0.95
			WattsInd A	WTS	.24	1.5	16	3198	16.20	+0.45
			WausaMosin	WMO	.34	2.9	62	1503	11.87	...
			Weatherford	WFT		...	26	16527	46.09	−0.40
			WeiderNutrtn A	WNI	.15	8.6	dd	251	1.75	+0.01
			WeightWatchers	WTW n		...	...	1128	35.82	+0.62
			WeingtnRlty	WRI	3.33f	6.5	18	943	50.87	−0.04
			WeisMkts	WMK	1.08	3.8	18	121	28.09	−0.01
[illegible]	[illegible]	[illegible]	Wellman	WLM	.36	2.3	61	1194	15.90	−0.11
+ 3.2	131.25	81.65♣	WelptHlth	WLP		...	19	4837	120.59	+3.09
+12.8	51.71	38.25	WellsFargo	WFC	1.04	2.1	25	45366	49.05	+0.16
+ 1.0	25.75	24.75	WellsFargo QUIPS	WPF n		...	...	410	25.38	−0.27
+ 9.6	32.78	20	Wendys	WEN	.24	.8	19	5596	31.97	−0.44
+ 6.9	63.25	45.10	Wendys	TECONS	2.50	4.0	...	15	62.25	−0.55
+44.0	9.50	3.95	WescoInt	WCC		...	17	240	7.13	+0.37

图 14-2　股票如何报价

第 2 列和第 3 列：**52 周内的最高价与最低价**（52 Weeks，High and Low）。该列数据表明，在过去 52 周内（不含前一交易日），沃尔玛最高股价为 63.08 美元，最低股价为 41.50 美元。

第 4 列：**股票名称及其代码**（Stock and Sym）。该列给出了股票名称（例如，沃尔玛）及其缩写的交易代码（WMT）。

第 5 列：**股利**（DIV）。根据公司最新季报而估计的股利数额。以沃尔玛为例，将其最新季报股利转换为年度股利，其金额估计为 0.28 美元。

第 6 列：**收益率**（YLD%）。该列数据为以百分比表示的股利收益率。该值由最新预期股利支付除以当前股票价格而得。沃尔玛的股票收益率为 0.4%。

第 7 列：**市盈率**（PE）。该列数据表示基于当前价格的市盈率。计算市盈率，收益数据使用以往的，而价格数据要用最新的而非报纸上刊登的。当沃尔玛的最新或收盘价格为 62.52 美元时，其市盈率为 42。

第 8 列：**成交量**（VOL 100s）。该数据表示以手为单位的股票总成交量。如图 14-2 所示，当天沃尔玛股票成交量为 10 457 200 股。

第 9 列：**最新价**（LAST）。在当天闭市之前，沃尔玛股票最新成交价为 62.52 美元。

第 10 列：**涨跌额**（NET CNG）。涨跌额（+0.82 美元）表示当天（最新）收盘价与上一个交易日的收盘价之差。当天沃尔玛的（最新）收盘价为 62.52 美元，且其涨跌额为 0.82 美元，这意味着其上一个交易日的收盘价为 61.70 美元。

□ 利用投资组合跟踪仪记录你的投资价值变化轨迹

出于缴纳所得税的考虑，动态跟踪投资组合价值变化轨迹特别重要。利用计算机程序很容易进行投资组合价值动态跟踪。只要输入你所持股票的代码及其数量，**投资组合跟踪仪**（portfolio tracking）就会自动更新你的投资组合价值。在线投资组合跟踪仪还可及时向你警示影响股票价值的重大事件。动态跟踪有助于你灵活掌控自己的投资组合，随时掌握哪些股票表现较好、哪些表现欠佳、哪些最好适时出售。具体参见 MSN 财富（http://moneycentral.msn.com/investor/home.aspx）、E* Trade（https://us.etrade.com/e/t/home）、晨星（www.morningstar.com）以及 InvestorGuide.com。

> **投资组合跟踪仪**
> 只要输入你所持股票的代码及其数量，投资组合跟踪仪就会自动更新你的投资组合价值。

概念测试 14.4

1. 给出 3 个可以让投资者利用的网络资源实例。
2. 列出获取具体股票投资信息的 5 个途径。
3. 区分道琼斯工业平均指数与标准普尔 500 指数。
4. 从哪里可找到股票代码及股票价格？

买卖股票

证券交易需要执业经纪机构充当买卖双方中间人，且买卖双方都要缴纳手续费。**股票经纪人**［stockbroker，又称**账户管理人**（account executive）］有权代表经纪公司客户利益买卖证券。你可以通过在线或离线经纪人买卖证券。经纪人通常服务于一家可以进入债券市场的经纪公司，而经纪公司还会向投资者提供投资建议。

基于便利交易的考虑，投资者宁愿将证券交易执照保留在其经纪公司的名下，而不愿自己持有。这种以经纪公司名义而非以投资者个人名义持有证券的做

> **学习目标 5**
> 概述如何买卖股票。

> **股票经纪人/账户管理人**
> 有权代表经纪公司客户利益买卖证券的专业人员。
> **证券代持**
> 以经纪公司名义而非以投资者个人名义持有证券的做法。

法被称为**证券代持**（security's street name）。

经纪人有义务对客户是否适合某些特定投资项目进行评估。监管当局还要求经纪人实时披露出售其任职公司股票的信息。图 14－3 展示了证券交易流程。

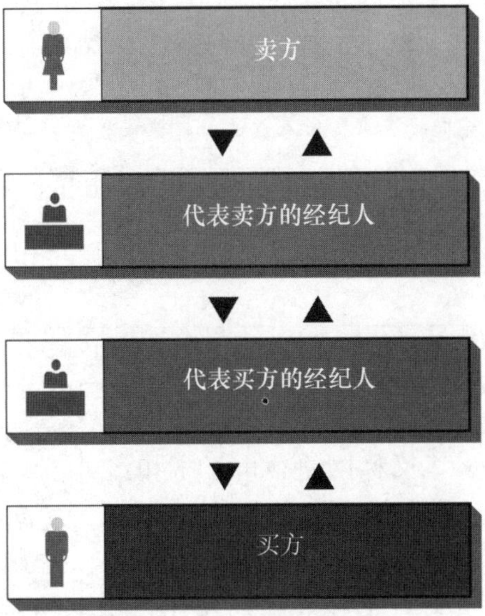

图 14－3　证券交易流程

□ 折扣经纪人、在线经纪人与全能经纪人

> **现金账户**
> 需要一笔初始资金（通常不低于 1 000 美元）并规定在买卖指令发出之后三个交易日内进行全额结算的经纪账户。

为了进行证券交易，你必须聘请一家经纪公司作为你的代理人。你既可以选择一家全能经纪公司开户，也可以选择一家折扣经纪公司。经纪公司会对基于你的利益而进行的每一笔交易收取佣金。你应当以书面形式向经纪公司清楚地表明自己的投资目标以及自己愿意承担怎样的风险。你可以在任意一家经纪公司轻松开户。**现金账户**（cash account）需要一笔初始资金（通常不低于 1 000 美元）并规定在买卖指令发出之后三个交易日内进行全额结算。每笔交易完成之后都会计入你的账户的借方或贷方，并立即进行书面确认。

折扣经纪人

> **折扣经纪人**
> 收取的代理交易佣金不到全能经纪人所收佣金的 30%～80%，但仅提供极少的服务。

许多投资者委托**折扣经纪人**（discount broker）进行交易，因为由于其日常管理费用较低，这些经纪人收取的佣金通常仅为全能经纪人的 30%～80%。多数折扣经纪人会提供很棒的研究报告和投资分析工具。交易活动既可以在线进行，也可以通过免费电话完成；投资者还可在线或电话进行询价、账户查询及转账。广受好评的折扣经纪人包括富达（Fidelity）、宏达理财（TD Ameritrade）、嘉信理财（Charles Schwab）、USAA 经纪服务（USAA Brokerage Services）以及先锋（Vanguard）。

> **专家建议**
>
> **了解投资顾问与股票经纪人的背景**
>
> 你可以通过美国金融业监管局（Financial Industry Regulatory Authority，FINRA）了解股票经纪人或经纪公司的背景（www.finra.org/Investors/%20ToolsCalculators/BrokerCheck/index.htm）。不少投资者忽视股票经纪人调查或经纪公司调查，结果造成了不必要的损失。经纪人既可能滥用投资者的资金，也可能向投资者提供愚蠢的投资建议。要切实避免上述情况发生！登录证券交易委员会网站（www.sec.gov/investor/brokers/htm），你会看到220 000多项有关投资顾问的刑事诉讼案件和监管问题。
>
> **纪念艾伦·马丁**
>
> 加利福尼亚州立大学北岭分校

在线经纪人

由于其商业活动主要是在线交易，**在线折扣经纪人**（online discount brokers，又称网络或电子折扣经纪人）已经普遍将执行交易指令的成本降到20美元以下，有的甚至将其降至10美元以下。所有知名折扣经纪人都是在线经纪人。广受好评的在线经纪人有：宏达理财、E* Trade、富达、斯科特交易（Scott Trade）以及先锋。

> **在线折扣经纪人**
>
> 由于其商业活动主要是在线交易，在线折扣经纪人已经普遍将执行交易指令的成本降到20美元以下，有的甚至将其降至10美元以下。在线折扣经纪人又称网络或电子折扣经纪人。

在线日内交易

在线**日内交易**（day trading）是指投资者一天之内快速买进并卖出的交易活动。在预期价格变动足以覆盖交易费用且有所盈余的情况下，投资者才会进行日内交易。日内交易者不会隔夜持有股票。由于这种交易佣金低、速度快，因而在线交易是日内交易的最好选择。日内交易有风险。亿万富翁沃伦·巴菲特的个人理财成功戒律之一便是："频繁交易肯定会亏本"。

> **日内交易**
>
> 是指投资者一天之内快速买进并卖出的交易活动。在预期价格变动足以覆盖交易费用且有所盈余的情况下，投资者才会进行日内交易。

全能普通经纪公司

经典的**普通经纪公司**（general brokerage firm）向客户提供全方位的服务，包括投资资讯与建议；公司、行业、宏观经济形势、世界热点问题的研究报告；投资时讯；买入、卖出、持有等操盘建议；由场内经纪人或在线经纪人执行证券交易；提供保证金贷款。投资者会按时收到有关账户交易、佣金收取、股利支付、利息收入的月度总结报告。尽管全能经纪公司收取更高的佣金及费用，但其客户可以与合格的专业投资顾问共同探讨投资方案。广受好评的全能经纪公司包括：爱德华·琼斯（Edward Jones）、雷蒙德·詹姆斯（Raymond James）、瑞士联合银行（United Bank of Switzerland，UBS）、摩根斯坦利美邦（Morgan Stanley Smith Barney）以及富国咨询（Wells Fargo Advisors）。

> **普通经纪公司**
>
> 经纪公司向客户提供全方位服务的经纪公司，包括投资建议与研究报告。

□ 经纪人佣金与费用

为了覆盖执行交易的直接与间接支出，经纪公司会就每笔交易收取佣金。除了大型优质客户之外，经纪公司已经形成一套适用于普通客户的收费方案。根据这一方案，佣金比率随交易规模的增大而下降。例如，作为最低收取 25 美元佣金的替代方案，经纪公司可能对小于 800 美元的交易收取 2.8%的佣金；对于 800～2 500 美元的交易收取 1.8%的佣金；对于 2 500～5 000 美元的交易收取 1.6%的佣金；对于超过 5 000 美元的交易收取 1.2%的佣金。

交易费用依据交易手数计算。所谓**手**（round lot）是指交易的标准单位。对于股票而言，一手为 100 股；对于债券而言，一手是面值为 1 000 美元或 5 000 美元的债券。对于特定证券而言，不足一个标准单位的证券被称为**零股**（odd lot）。以股票为例，通常认为不足 100 股的部分均为零股。经纪公司在代理买卖证券零股时，通常就零股部分收取每股 12.5 美分（即八分之一美元）的费用。就零股而收取的费用被称为差额。

> **手**
>
> 是交易的标准单位。对于股票而言，100 股为一手；对于债券而言，面值为 1 000 美元或 5 000 美元的债券为一手。
>
> **零股**
>
> 对于特定证券而言，不足一个标准单位的证券称为零股。以股票为例，通常认为不足 100 股的部分均为零股。

佣金的支付立刻会冲减投资收益。例如，2%的购买佣金加 2%的出售佣金意味着投资者必须盈利 4%才能覆盖交易成本。典型的经纪佣金介于 25 美元与交易额的 3%之间。降低交易成本的最简单方式便是找到一家佣金较低的经纪公司。

> **你知道吗?**
>
> 监管有助于防范投资欺诈
>
> 广泛的信任是证券行业得以健康发展的基石。一旦信任缺失，客户将会拒绝投资。证券市场监管旨在维护市场道德底线、向投资者提供准确而可靠的市场信息，进而预防欺诈。监管通常从以下五个层面进行：
>
> 1. **证券交易委员会（SEC）。**SEC 隶属联邦政府，其职责在于确保面向投资公众披露证券信息、审核证券交易所制定的各项规章制度。SEC 要求上市证券适时披露应当披露的信息。SEC 还禁止诸如出于个人私利利用内幕信息、发布虚假信息招致价格大起大落等人为操控市场的行为。各州都要求在其州内销售的证券必须进行注册，并对证券行业加以管控。
>
> 2. **行业自律组织。**金融业监管局（FINRA）和其他行业自律组织为其会员或会员机构制定行为准则。行业自律组织还颁布证券上市及交易规则。
>
> 3. **经纪公司。**个别经纪公司已经为其经纪人建立了行为准则以指引其妥善处理投资者关系。
>
> 4. **证券投资者保护公司（Security Investors Protection Corporation，SIPC）。**SIPC 是为了在 SEC 登记注册的经纪公司破产时保护投资公众而发起的一项有限保险计划。尽管无法完全覆盖投资损失，但是 SIPC 为经纪公司的每个投资者账户中的未偿还证券和现金提供总额不超过 500 000 美元的保护，其中，现金不超过 100 000 美元。
>
> 5. **金融服务业监督委员会（Financial Services Oversight Council，FSOC）。**FSOC 的使命是构建一个金融机构的预警识别系统，以便在其崩盘或对美国经济造成严重负面冲击之前及时进行政府干预。

□ 怎样下达股票交易指令?

在美国，股票市场每天都达成数亿股的交易。每笔交易都使买卖双方以给定的价格达成一致。

股票交易流程

假定你通知经纪公司A以指定价格购买确定数量的股票。公司会将买入指令传达给其负责达成交易的出市代表。由于经纪公司在交易所拥有席位，买入指令马上便会传给其在场内的联系人——**场内经纪人**(floor broker)。该经纪人则与**职业交易员**(specialist，为了保持市场公平有序而专门处理特定股票交易的交易所内部职员)联系。随后，职业交易员用自己的股票存货，或通过与其他投资者的卖出指令进行匹配来满足其接到的买入指令。

> **场内经纪人**
> 经纪公司的场内联系人。
> **职业交易员**
> 为了保持市场公平有序而专门处理特定股票交易的交易所内部职员。

股票价格匹配或协商

证券价格既可以匹配，也可以协商。

(1) 匹配价格。

在正规的股票交易所中，匹配必须在买入价与已经报出的卖出价之间进行。因此，在匹配达成之前，职业交易员可能会持有指令几分钟、几小时甚至一周。在交易活跃的情况下，一笔交易仅需几分钟便能完成。如果投资者愿意接受当前市场价格(随后将进行讨论)，一只原本销售较慢的证券很快便能成交。

(2) 协商价格。

在OTC市场中，由于买卖双方报价经常不一致，最终成交价格往往需要协商确定。**买入价**(bid price)是指人们愿意就某种证券支付的最高价。这样，其代表了一家经纪公司愿意为该种证券支付的价格。**卖出价**(ask price)是人们在特定时间就某种证券愿意接受的最低价。因此，它代表另一家经纪公司愿意以该价格出售该种证券。

> **买入价**
> 是指人们愿意就某种证券支付的最高价。
> **卖出价**
> 是人们在特定时间就某种证券愿意接受的最低价。

价差(spread)是指经纪人或交易员愿意支付的买入价与经纪人或交易员愿意接受的稍高一点儿的卖出价之间的差异。在OTC市场中，价差可能只有每股5美分，但也可能为每股10～20美分。除了支付卖出价外，在一般情况下投资者还需向负责执行交易的经纪人支付按名义销售额计算的佣金。

> **价差**
> 是指经纪人或交易员愿意支付的买入价与经纪人或交易员愿意接受的稍高一点儿的卖出价之间的差异。

如果购买者不愿支付卖出价，他可以通知经纪人报出一个更低的买入价(这个买入价有可能被接受，也有可能不被接受)。如果其报价被拒绝，购买者可以取消第一个指令，并在第二个指令中稍微提高一点儿报价，以期盼所有人愿意以此价格出售股份，否则，购买者可能不得不按原卖出价达成交易。通常，OTC成交价介于买入价与卖出价之间。

股票指令的类型

指令基本上可以被划分为两种类型——买入指令与卖出指令。在执行指令的过程中，股票经纪人将依据事先进程中的说明买卖证券，被称为执行指令。这些说明可以限制指令执行的价格。下面是股票指令的一些例子：

（1）市价指令。

市价指令（market order）要求经纪人以现行市场价格——股票当前售价——执行指令。在一般情况下，经纪人可以很快达成交易。场内经纪人努力在职业交易员给出的狭窄的价格范围内匹配大量投资者的指令。在经典的股票市场中，为了达成交易，交易池内的交易员高声叫价、手语不断。市场上大多数交易属于市价指令。

> **市价指令**
> 要求经纪人以现行市场价格——股票当前售价——执行指令。

（2）限价指令。

限价指令（limit order）要求经纪人按照特定价格买卖股票。限价指令包括在不超过特定限价前提下以最有利的价格买入股票，以及在不低于特定限价前提下以最有利的价格卖出股票两种类型。限价指令为投资者提供了一种保护，以防以过高的价格购买或以过低的价格出售股票。经纪人将限价指令传达给职业交易员。当约定的特定（或更有利的）价格出现时，职业交易员会在综合考虑所有前期指令的基础上执行指令。

> **限价指令**
> 要求经纪人以特定价格买卖股票。

对买方而言，限价指令的缺点在于其可能错过最佳购买时机。例如，假设你向自己的经纪人发出了一个以 60.50 美元或更低的价格买入 100 股猫爪食品公司普通股的限价指令。通过报纸，你获悉该公司股票近来一直徘徊在 61 美元与 61.5 美元之间，并且你希望每股节约 0.5 美元或 1 美元。恰在此时，公司首次宣布进军狗粮市场。投资者对公司业务拓展的信心将股价推高至 70 美元。如果向你的经纪人下达的是市价指令而非限价指令，你就有可能以 61.50 美元的价格买到 100 股猫爪食品公司的股票。这将使你立刻从 6 150(＝61.50×100)美元投资中获得 850[＝(70－61.5)×100]美元的利润。

对卖方而言，限价指令的不足在于一旦由于负面消息导致股价下跌，出售可能无法实现。假设你以 50 美元买进的股票现在售价为 58 美元，且为了锁定利润，你已经下达了以 60 美元出售股票的限价指令。然而，股价可能只升至 59 美元便掉头下跌至 48 美元。在这种情况下，由于限价过高，你将无法出售股票，且股票市值将低于你为此而付出的代价。限价指令常常被用在预期股价将会大幅波动之时和并不经常买卖的场外市场交易之中。使用限价指令的交易仅占所有交易的三分之一左右。

（3）终止指令（止损指令）。

终止指令（stop order）是指一旦股价下降到或向下穿过某一特定价格便要求经纪人以市价出售股票的指令。鉴于投资者常常用其防止股价迅速下跌以便终止损失，人们通常又称之为**止损指令**（stop-loss order）。只要股价触及止损价且可以达成交易，职业交易员就会按照随后出现的市场价格执行指令。

> **终止指令/止损指令**
> 是指一旦股价下降到或向下穿过某一特定价格便要求经纪人以市价出售股票的指令。

且让我们看一个怎样止损的例子，假设你以 70 美元的价格购买了 100 股猫爪食品公司的股票。然而，你为该公司进入竞争性狗粮市场而焦虑，且担心公司可能会因此而亏损。因而你发出了一个一旦股价跌至 56 美元便出售股票的指令，这样，你的潜在损失便限定在 20%[=(70−56)÷70]。几个月之后，你从新闻媒体的财经专栏获悉，六个多月过去了，猫爪食品公司的狗粮市场占有率仍然不足 1%。于是，你主动与经纪人联系，经纪人告诉你，正是由于日前刊登在《华尔街日报》上的那篇文章导致猫爪食品公司股票价格戏剧性地下跌。你所持有的该公司股票已经以 55 美元的价格出售，而该股现价只有 49 美元，且相关出售交易清单正在寄往你家的途中。止损指令将你的损失控制在稍微高于 20%（70−55=15；15÷70=21.4%）的水平，并使每股损失减少了 6(=55−49) 美元。这样，止损指令将你的损失控制在 1 500(=100×70−100×55)美元；否则，你将损失 2 100(=100×70−100×49)美元。

你还可以运用止损指令保护你的利润。假设你以每股 60 美元的价格买了 100 股爱宝狗粮公司的股票，该股当前售价为 75 美元。不考虑佣金，你的账面利润为 1 500[=(75−60)×100]美元。为了保护这部分利润，你可以下达一个止损指令，要求你的经纪人在股价跌至 65 美元时出售股票。如果你的股票被出售，你会获得 500[=(65−60)×100]美元的实际利润。反之，如果爱宝狗粮股票不跌反涨，这可能是有关猫爪食品公司的负面消息所致，止损指令不会对你造成任何影响。一旦股价攀升，你还可以以一个更高的价格重置止损指令，以便锁定更多利润。

(4) 限时指令。

投资者可以通过多种方式在其股票买卖指令中添加时间限制。**成交-取消指令**（fill-or-kill order）要求经纪人立即以市价买卖股票，否则，指令作废。**当日指令**（day order）只在经纪公司收到指令当日的剩余交易时间内有效。除非特别说明，经纪人收到的所有指令均为当日指令。**当周指令**（week order）在指令发出当周周五闭市之前一直有效。**当月指令**（month order）在指令发出当月的最后一个交易日闭市之前有效。**开放指令**（open order），又称**除非撤单一直有效指令**［good-til-canceled (GTC) order］，在经纪人执行指令或投资者撤单之前一直有效。如果你下达了一个有效期大于一周的指令，你应当密切关注市场动态。一旦市场出现持续变化，应及时调整指令。

你知道吗？

股票、债券的投资大忌

基于他人的理财经验，误入以下歧途将铸成个人理财的大错：

1. 背离自己的投资理念进行投资。

2. 疏于基本面分析而进行股票投资。

3. 以保证金形式购买股票或卖空股票。

你知道吗？

股票、债券投资的税收效应

政府通过制定有利于投资者的税收政策鼓励投资。

股利和利息

股利所得税率较低。常规投资账户中的资金属于税后收入（在赚钱之后，你要缴纳所得税，因而你只能用税后收入进行投资）。利息、股利以及资本利得等年内所收到的任何收入都应交税。美国国税局将平价发行债券（包括通货膨胀保值证券）的所有增值均被视为利息收入。利息税按投资者边际税率计征。对于多数人而言，股利所得的最高税率为 15%；零税率适用于低收入纳税人。

资本利得和资本损失

资本利得税也较低。除非出售股票、债券、共同基金、不动产或其他投资工具，否则任何其他形式的资本利得均不需要纳税。当你出售一种投资时，例如股票，资本利得或资本损失可以通过分析该投资的出售价格以及你在该投资工具上的支出、佣金、手续费来计算。短期资本利得（持有期一年或不足一年）按普通收入税率计征。长期资本利得（持有期至少一年零一天）按优惠税率计征：最高联邦税率为15%，且处于10%～15%税级的纳税人不需要支付长期资本利得税。收藏投资（如集邮、钱币收藏）的长期资本利得税税率为28%。资本损失可以被用于抵扣资本利得甚至抵扣经常性收入。具体参见第四章。

□ 保证金买空和卖空：风险交易技术

对于想冒更高风险的投资者而言，有两种涉及信用交易的高级交易技术：使用保证金买空和卖空股票。使用保证金买空股票可以利用经纪人给予的信用额度，因而投资者可以用少量的现金有效掌控更多的股票。卖空投资者则可以出售其手中并未事先持有的股票。

保证金交易意味着凭借信用购买股票

为了进行信用交易，有些投资者除现金账户之外还在经纪人那里开设保证金账户。开设**保证金账户**（margin account）需要存入一定（2 000 美元或更多）的资金或证券，随后便可以以信用交易的方式买空经纪公司指定的其他证券。利用保证金账户购买证券，即**保证金购买**（margin buying），允许投资者利用杠杆增加收益。这意味着投资者可以从经纪公司那里借钱购买股票或债券。相对于仅凭自有资金购买股票，这将使你能够购买更多的股票或债券。经纪公司和美联储都会对信用交易进行监管。

> **保证金账户**
> 在经纪公司开设的账户，它需要存入一定的资金或证券，随后便可以以信用交易的方式购买经纪公司指定的其他证券。
>
> **保证金购买**
> 利用保证金账户购买证券；允许投资者利用杠杆增加收益或扩大损失。

保证金比率（margin rate）是指不能向经纪公司借款的那部分投资价值（或权益）所占的百分比，其最新规定是普通股价值的50%，即投资者必须自己支付投资价值的至少50%。其余部分可以向经纪人借款。所购证券及保证金账户中的其他资产被视为抵押品。

> **保证金比率**
> 由美联储制定的，不能向经纪公司借款的那部分投资价值（或权益）所占百分比——这一比率的最新数字介于25%和50%之间。

（1）保证金购买可以增加收益。

保证金购买常常被用来增加投资收益。例如，假设格林菲尔德计算机公司的普通股每股售价为80美元。购买100股该公司股票，你总共需要支付8 000美元。如果利用保证金账户，你只需支付4 000（=0.5×8 000）美元现金，剩余的4 000（=8 000−4 000）美元经纪公司会借给你。

出于简洁考虑，在这个例子中我们暂且忽略佣金，并假设经纪公司以10%的利率贷出资金。在该例中你的权益（市价扣除借入金额）为4 000美元。到年底，如果格林菲尔德计算机公司的股价由80美元上升到92美元，你可以出售这些股票，进而获得9 200美元的总收入，扣除4 000美元的初始投资、4 000美元的借款以及400美元的借款成本，你的实际收益为800美元。由于只用4 000美元的投资便获得800美元的收益，你的投资收益率为20%（=800÷4 000）。如果不进行保证金交易，而是直接投资8 000

美元，其投资收益率则只有15%[=(9 200−8 000)÷8 000]。采用这种方式，你可以凭借信用杠杆提高自己的投资收益率。拥有激进投资理念的人应该进行保证金交易，因为这会给你带来获得更高投资收益率的机会。

(2) 保证金购买也可能扩大损失。

然而，如果以保证金购买的证券价格下降，杠杆机制也会发挥作用。例如，一年后，如果以80美元购买的格林菲尔德计算机公司股票价格跌至70美元，你会每股损失10美元，100股股票总计亏损1 000美元。然而，你出售股票的毛收益只有7 000美元。如果你以50%的保证金比率购买股票，上述毛收益扣除投资成本（4 000美元）、保证金贷款（4 000美元）和贷款利息（400美元）（三项合计8 400美元）之后，你会面临1 400（=8 400−7 000）美元的净损失。这样，相对于4 000美元投资，1 400美元的损失意味着你将有−35%（=−1 400÷4 000）的收益率。同样是每股损失10美元（股价从80美元跌至70美元），如果不采用保证金方式购买，你的损失率则只有12.5%[=(8 000−7 000)÷8 000]。

(3) 追加保证金意味着情况很糟糕。

当股票价格跌至临界点（投资者权益低于所要求的最低百分比时），经纪公司会电话通知投资者。经纪公司客户代表将电话告知投资者立即追加额外抵押品（现金或其他证券），否则，投资者将面临强行平仓。上述程序即为**追加保证金**（margin call）。如果投资者不能及时追加额外现金或证券以确保保证金账户权益维持在所需水平，经纪公司将以市价出售你所购买的证券。这会马上导致切实的投资者损失。投资者必须偿还因此而导致的经纪公司的所有损失。追加保证金的制度设计旨在保护贷款给投资者购买证券的经纪公司的利益。

> **追加保证金**
>
> 如果股票价格跌至临界点（投资者权益低于所要求的最低百分比），经纪公司客户代表将电话告知投资者立即追加额外抵押品（现金或其他证券），否则，其用保证金买入的头寸就会面临强行平仓。

> **你知道吗？**
>
> **如何确定追加保证金的股票价格？**
>
> 可以利用式（14.3）确定追加保证金的股票价格。该公式也可在加曼/福格合作网站找到。
>
> $$\text{追加保证金的股票价格}=\frac{\dfrac{\text{欠经纪人的资金}}{1-\text{追加保证金要求比率}}}{\text{所买股票的数量}} \qquad (14.3)$$
>
> $$64=\frac{4\ 800/(1-0.25)}{100}$$

卖空意味着出售从经纪公司那里借来的股票

满怀价格将会上升的希望而购买证券——多数投资者的目标——被称为**买空**（buying long）。然而，你可能会问：证券价格下跌怎么办？你可以通过**卖空**（selling short）从证券价格下跌中牟利。借助这种交易技术，投资者可以出售其并不拥有的证券（从经纪公司那里借入），然后再以较低的价格购买相同数量的该种证券（还给经纪公司）。这样，投资者便可以从中获

> **买空**
>
> 满怀价格将会上升的希望而购买证券（特指保证金交易）。
>
> **卖空**
>
> 投资者可以出售其并不拥有的证券（从经纪公司那里借入），然后再以较低的价格购买相同数量的该种证券（还给经纪公司）。

利。因为经纪公司为投资者提供了某种程度的担保（如果需要），所以它要求投资者卖空时必须使用保证金账户。为此，在卖空期间，经纪公司会冻结保证金账户中投资者的部分或所有资金。许多经纪公司会持有卖空收入且不支付利息，直到客户**平仓**（cover the position），即买回卖空证券并交还经纪公司。

（1）卖空的例子。

> **平仓**
>
> 利用保证金账户交易的投资者买回卖空的证券或出售买空的证券。

例如，假设你认为未来几个月格林菲尔德计算机公司股票价格将出现实质性下跌。你获悉公司高管可能辞职且其竞争对手将会推出更具竞争力的新产品。基于上述判断，你命令你的经纪人以每股 80 美元的价格出售 100 股格林菲尔德计算机公司股票［共 80×100＝8 000（美元）］。假设该例中保证金比率为 50%，这意味着你需要支付 4 000(＝0.5×8 000）美元。这些股票是你的经纪人从其他投资者或经纪人那里借来的。几个月后，格林菲尔德计算机公司宣布，由于市场竞争激烈，公司利润将有所下降，其股价也随之下跌到 70 美元。现在是时候了，你指示你的经纪人以最新市场价格买入 100 股，并以买入的股票偿还当初借入的股票。于是，你净赚 1 000（＝8 000－7 000）美元，不考虑佣金，投资收益率为 25%（＝1 000÷4 000）。

（2）保证金卖空。

利用保证金购买方法的卖空的短线投资者可以从价格的小幅下跌中获取巨额利润。例如，假设你以 50%的保证金要求比率出售 100 股市价为 10 美元的股票，支付资金 500(＝0.5×1 000）美元。即使股票价格仅下跌 1 美元，你也可以获得可观的利润：以 10 美元出售 100 股的收入 1 000 美元减去以 9 美元购买 100 股的成本 900 美元，这意味着 100 美元的利润或 20%(＝100÷500）的收益率。仅仅在一两天内价格就会有如此大幅下降！这种快速、高效赚钱的可能性诠释了此类投资的诱惑力。

如果价格不降反升，保证金卖空也可能招致几乎无限的损失。例如，如果股价不仅没有下跌，而是由 10 美元一路攀升至 22 美元，损失将超过原始投资：以每股 10 美元出售 100 股收入 1 000 美元，减去以每股 22 美元购买 100 股的成本 2 200 美元，损失 1 200 美元，损失率为 440%(＝2 200÷500)。在证券价格攀升过程中，卖空投资者也会遭遇追加保证金问题。

由于卖空风险很高，所以仅有少数投资者敢于卖空股票。只有老练的投资高手才会运用保证金买空卖空。

概念测试 14.5

1. 概括折扣经纪人、在线经纪人与全能经纪人的区别。
2. 整手交易与零股交易经纪人的佣金有何不同？
3. 概括市价指令、限价指令、止损指令之间的差异。
4. 解释用保证金买空的含义及其如何导致投资者亏损。
5. 解释卖空的含义及其如何导致投资者亏损。

债券投资

如果你想定期获得投资金额一定比例的收益，那你就应该考虑投资债券。相对于股票而言，尽管债券的投资收益率较低，但你仍有充分的理由在自己的投资组合中合理配置债券。如此配置的主要原因之一便是降低市场风险。其他考虑还包括：定期得到虽然较低但相对稳定的预期现金流；从债券未来的增值中获得利润的可能性；合理配置各类资产的投资期限。有多种债券可供投资者选择。

> **学习目标 6**
> 描述如何投资债券。

投资级债券（investment-grade bond）不仅可以为投资者提供合理、稳定的定期收入（利息），而且还会偿还初始投资（本金）。在美国，发行债券的 23 000 家大公司中仅有 8%符合最高投资等级标准。债券通常以 1 000 美元**平价**［par value，又称**面值**（face value）］发行。在一般情况下，债券投资收益率低于平均水平，但与风险更高的股票或股票共同基金比较而言，其收益水平是合理的。在持有股票和现金的同时，持有一些债券可以实现投资组合的分散化。

> **投机级债券**
> 不仅可以为投资者提供合理、稳定的定期收入（利息），而且还会偿还初始投资（本金）。
>
> **投机级债券**
> 是由信用等级低或没有进行信用评级的公司（市政）发行的期限长、风险高、利率高的公司（市政）借据，又称垃圾债券或高收益债券。

投机级债券（speculative-grade bond）会支付更高的利率。这类债券常常被称为**垃圾债券**（junk bond）。它们是由信用等级低或没有进行信用评级的公司（市政）发行的期限长、风险高、利率高的公司（市政）借据。垃圾债券利率通常比国债利率高3.5%～8%。人们也称这类债券为**高收益债券**（high-yield bond）。它们的信用评级低于典型的投资级债券，因而具有较高的违约风险（不返还给债券投资者）。切记！正如图 14-4 所示，高收益必然伴随高风险。优质债券的**违约率**（default rate）小于 1%。典型的垃圾债券的违约率则为 8%～24%。要了解更多相关知识，参见 Bond Pickers（www.bondpickers.com）、www.defaultrisk.com 或通过谷歌搜索“高收益债券”。

> **你知道吗？**
>
> 债券投资网站
>
> 主要的证券投资网站包括：
>
> - 伯根资本债券交易网（www.buysellbonds.com/pages/index.html）；
> - JW Korth 商店 4 号债券（www.shop4bonds.com）；
> - 证券行业与金融市场协会（www.investinginbonds.com）；
> - 雅虎财经（http://finance.yahoo.com/bonds）。

高收益率=（信誉下降↓）或（期限处长↑）

图 14-4 就债券而言，高收益必然伴随高风险

鉴于拥有的金融工具过少会产生实质性金融风险，个人投资者尽可能不要购买单只垃圾债券。反之，个人投资者应该借助“高收益”债券共同基金（这类共同基金的投资组合中含有垃圾债券，参见第十五章）进行分散化以降低风险。

□ 公司债券、政府债券与市政债券

债券可以分为三种类型：公司债券、政府债券和市政债券。

公司债券支付合理收益

公司债券（corporate bond）是由公司发行的长期计息负债凭证。它是公司筹集资金的重要渠道之一。近来发行债券的数量是发行股票的数量的三倍。出于税收监管考虑，公司在为主要项目融资时经常宁愿发行长期债券而非发行股票。其原因之一在于：公司向债权人支付利息可以抵扣税费，而向普通股和优先股股东支付股利则无法享受税收抵扣。各州法律都要求公司按时支付债券利息。因此，陷入财务困境的公司必须在清偿短期负债之前优先支付债券持有人利息。

> **公司债券**
>
> 由公司发行的长期计息债务凭证。

相对于其他债券，公司债券利率最高。其违约风险则因发行人而异。为了帮助你评估证券投资工具的风险及潜在收益，独立咨询机构，例如穆迪、标准普尔和惠誉，会对债券风险进行评级。这些机构会根据自己的研究公布其对债券发行公司和市政机构的财务状况的客观、公正的评级。**债券评级**（bond rating）代表着外部人对发债机构品质或信誉的观点。它反映了发债机构将来偿还负债的可能性。对于每一只发行在外的债券而言，信用评级是持续进行的。原始债券被公开出售之后，其信用等级常常变化。投资者还可以利用**违约风险**［default risk，又称**信用风险**（credit risk）］数据。违约风险是指与不能定期收到利息以及到期不能偿还本金相关联的不确定性。债券评级目录可以在大型图书馆或在线找到。

> **债券评级**
>
> 一种外部人对发债机构品质或信誉的公正的观点。
>
> **违约风险/信用风险**
>
> 与不能定期收到利息以及到期不能偿还本金相关联的不确定性。

表 14-2 给出了穆迪和标准普尔所使用的债券信用评级。债券信用评级越高，其安全性可能越好，其违约风险也越低。债券信用评级越低，其票面利率或实际利率则越高。当债券价格低于其面值时，违约风险随之增加。较高的信用评级意味着人们对债券发行人有信心。如果有必要，你可以在债券到期之前随时出售它。相对同样期限的美国国债而言，投资级公司债券的收益率可能要高 1.5 个百分点。

表 14-2　债券信用评级总览

信用评级		相应的释义
穆迪	标准普尔	
Aaa	AAA	高级投资工具，能够按时支付利息并偿还本金。Aaa 级和 AAA 级债券一般是指“金边债券”，因为其发行人多年来已经用事实证明了自己的盈利能力，且从不间断地向其债券持有人支付利息。这类债券的风险最小
Aa	AA	
A	A	
Baa	BBB	中等投资工具，足以支付本金与利息。这类债券的保障既不是很好也不是很差。因此，它们具有一定的投机属性。穆迪评级高于 Baa 级的债券以及标准普尔评级高于 BBB 级的债券属于投资级；评级为 Ba 级、BB 级及其以下的债券为垃圾债券
Ba	BB	
	B	

续前表

信用评级		相应的释义
穆迪	标准普尔	
B	CCC	缺乏令人满意的投资属性，且随着信用等级的下降，偿还投资者的保障日益减少。偿还本金和利息的危险因素可能已经出现
Caa	CC	
Ca	C	
C	DDD	已经违约，且恢复投资信誉的前景十分渺茫
	DD	
	D	

美国政府债券代表着品质与安全

美国国债是世界上最安全的投资工具，因为美国政府绝不会违约。美国国债以“美国政府的诚实、信誉和征税能力”为强大支撑，能够确保及时还本付息。

美国政府债券分为两大类：（1）短期国债、中期国债和长期国债；（2）联邦政府代理发行的中期债券、长期债券和负债凭证。短期国债、中期国债和长期国债统称**国家债券**（treasury security）或**国债**（treasury）。联邦政府运用这些负债工具发行国家债券。国债有着极佳的流动性，买卖起来十分方便。以前发行的可流通国债可以通过经纪人在证券市场中买卖。新发行的国债可以通过国库直销计划（www. publicdebt. treas. gov）在线购买，新发国债以电子形式储存在那里。个人购买政府债券的最低金额为 100 美元。

> **国家债券**
>
> 又称国债，由联邦政府发行的债券，包括短期国债、中期国债和长期国债。

联邦政府债券利率低于公司债券利率，因为这类利率实际上就是无风险利率，其违约概率等于 0。保守的投资者常常为美国政府债券提供的确定性收益所吸引。投资者可以通过银行、经纪人购买或直接从财政部购买政府债券。投资者常常为了使其部分资产保值或分散化其资产组合而购买政府债券。虽然利息收入需要缴纳联邦所得税，但政府债券利息收入免缴州及地方所得税。

（1）短期国债、中期国债和长期国债。

短期国债（treasury bills）是指期限介于几天到 52 周的短期政府债券。短期国债通常折价发行。初始发行价与到期支付给你的利得（或面值）之间的差额即为利息。这些利息免缴州及地方所得税，但是在报告你的年内联邦应税收入时必须包括到期短期国债的利息收入。这类投资工具的收益，即利息，被称为**贴现收益**（discount yield）。例如，如果你用 9 925 美元购买了一份面值为 10 000 美元的期限为 26 周的短期国债，并一直持有到期，你将获得 75 美元的利息，年化收益率为 1.5%。投资者既可以将短期国债一直持有至到期，也可以在其到期前将它转让出去。在短期国债到期时，投资者既可以将其收益投资于其他短期国债，也可以将其赎回并将其作为本金存入自己的支票或储蓄账户。短期国债的最低购买金额为 100 美元。

> **短期国债**
>
> 期限为一年或小于一年的美国政府债券。
>
> **贴现收益**
>
> 初始发行价与到期支付的利得（或面值）之间的差额即为利息。

中期国债（treasury note）或**长期国债**（treasury bond)是一种期限中等（或很长）的固定本金和固定利率政府债券。中期国债的期限分为2年、3年、5年或10年，且每6个月支付一次利息。长期国债从10年到30年不等。中期国债和长期国债仅以电子记账的形式存在。由于借款期限更长，典型的中期国债和长期国债利率要高于短期国债。其利息收入要在你的年度联邦应税收入中报告。当这种债券到期时，其本金将被偿还给投资者。投资者既可将其持有到期，又可以随时将其出售。

中期国债/长期国债

固定本金、固定利率的中期（或长期）政府债券。中期国债期限小于10年；长期国债期限大于10年。

I债券

由美国政府发行的不可转让储蓄公债。这类债券收益率由两个部分组成：投资者购买债券时事先约定的固定利率；与通货膨胀绑定的半年调整一次的可变利率。这种利率支付安排主要是为了保护投资者的购买能力。

I债券（I bond）是由美国政府发行的不可转让储蓄公债。这类债券收益率由两个部分组成：投资者购买债券时事先约定的固定利率；与通货膨胀绑定的半年调整一次的可变利率。这种利率支付安排主要是为了保护投资者购买能力。这种债券以面值发行，即票面50美元的债券售价为50美元。在发行30年后，债券不再支付利息，当且仅当赎回时才会偿还本金。如果在其发行之后的第一个5年内赎回债券，你会损失最近3个月的利息；5年之后，不再进行罚息。储蓄公债的所有收益均免缴州及地方所得税，但其应缴联邦所得税，能享受延迟（具体而言，可以推迟至赎回债券或债券到期之时）缴纳的优惠政策。然而，为了教育支出而兑现I债券则无须缴纳联邦所得税。

理财要点

再投资风险

正如第十三章所言，**再投资风险**［reinvestment risk，又称**久期风险**（duration risk)］是指未来投资收益率不同于初始投资收益率的风险。其原因可能是利率不断下降，也可能是通货膨胀导致当初承诺的利息随着时间的推移不再值钱。

通货膨胀保值证券（Treasury Inflation-Protected Securities，TIPS）是指其本金随消费者物价指数(CPI）变化而变化的可转让政府债券。这种通货膨胀指数国债是唯一一种确保投资者收益率高于通货膨胀率的投资工具。通货膨胀保值证券（TIPS）有5年、10年、30年三种期限，并每半年向其持有者支付一次，直至债券到期。这种国债的利率在其发行时便事先设定，且永不变化。其本金则根据CPI的起伏波动每6个月进行一次调整。如果届时发生通货膨胀，即CPI上升，则本金随之增加。政府会以新的本金为基数向投资者账户支付利息。TIPS将固定利率用于经过通货膨胀调整的本金。因此，一旦通货膨胀贯穿国债的整个生命周期，其利息支付将呈逐期递增的格局。每期利息支付金额为经由通货膨胀调整的本金乘以二分之一的利率。

通货膨胀保值证券（TIPS）

随通货膨胀而增值的不可转让政府债券。这类面值为1 000美元的通货膨胀指数债券是唯一一种确保投资者收益跑赢通货膨胀的投资工具。

对于TIPS而言，每6个月所进行的因通货膨胀调整而增加的本金应当纳税，虽然投资者在债券到期之前并没有收到这笔财富。因此，像**零息债券**（zero-coupon bond）一样（参见下一个“专家建议”专栏），

零息债券/深度折价债券

折价发行的市政债券、公司债券及国债。这类债券不支付利息，但到期时会按面值全额回购。

TIPS 支付"虚拟应税利息收入"，以便投资者计算年度利息收益并支付联邦所得税。然而，投资者只能使用其他资金支付与该项收入相关的所得税。如果 TIPS 属于退休账户，那么除非提取，该笔收益无须纳税。

当 TIPS 到期时，联邦政府支付经通货膨胀调整的本金（如果初始本金金额更多，则支付初始本金）。如果在该债券赎回当年，其持有者支付高等教育学杂费，其利息则可以从联邦所得税应税收入中扣除。

美国政府储蓄债券（U. S. government savings bond）是由联邦政府以面值发行的不可转让附息债券。这是一种既可以获得利息收入又可以预防通货膨胀的低风险储蓄产品。

> **美国政府储蓄债券**
> 由联邦政府发行的不可转让计息债券。

> **EE 系列储蓄债券**
> 由联邦政府发行的不可转让计息债券。这类债券不支付利息，但到期时会按面值全额回购。

EE/E 系列储蓄债券（Series EE/E savings bond）是一种由联邦政府发行的、支付固定利息的、期限长达 30 年的非常安全的储蓄产品。一年之内购买 **EE 储蓄债券**（**EE** savings bond）的最大限额为 5 000 美元。电子 **EE** 储蓄债券在"国库直销"项目下以面值出售。纸质债券不复存在。**EE** 储蓄债券按面值的二分之一出售，不支付任何利息，但在其到期日可全额赎回。例如，100 美元面值的储蓄债券可以以 50 美元的价格买到。以半年为周期计算的利息已经包含在债券自身的价值中，投资者的收益来自在其到期日按其票面价值进行的回购。这种债券的利息免缴州及地方所得税。如果其回购收益被用于资助孩子的大学教育，则其利息收益无须缴纳联邦所得税。[**HH 系列储蓄债券**（series HH savings bond，已经停发）则是以面值发行，且只能用 EE 系列储蓄债券换购。HH 系列储蓄债券免缴州及地方所得税。]

（2）收益率略高于国债的机构债券。

> **机构债券**
> 政府扶持、股东所有的各类联邦机构（例如，房利美、房地美）发行的债券、票据和债务凭证。

政府扶持、股东所有的各类联邦机构发行的有上百种形式的债券、票据和负债凭证，我们称之为**机构债券**（agency bond）。房利美（联邦国民抵押贷款协会）和房地美（联邦住房贷款抵押公司）是这类机构的典型代表。这两家发行的机构债券占整个尚未到期投资级债券的比例接近 40%。这是两家政府特许经营机构，它们对住房和信用市场崩盘负有一定的责任。如今，它们已经收归联邦政府，继续出售债券，购买抵押物，将住房贷款打包成债券。

其他发行机构债券的政府特许经营机构包括：田纳西河谷管理局、联邦农业信贷银行、联邦住房贷款银行、政府国民抵押协会（吉利美）、学生贷款营销协会（萨利美）。每份机构债券表示抵押资产池中的一份利益。这类债券以 25 000 美元为单位出售给机构或个人投资者，投资者可以通过共同基金购买更小单位的这类资产。

这类债券以发债机构的资产和资源为支撑。虽然联邦政府并不为这些机构债券提供担保，但是当房利美、吉利美陷入危机时，政府却为其注入了数百亿美元。机构债券并不像政府债券那样广为人知，然而，它的收益率却比同期国债高 2‰到 4‰。

市政债券

正如我们在第四章所所讨论的那样，**市政债券**（municipal government bond，又称

munis）是由地方政府（城市、州、各个特区政府和政府职能部门）及其所属机构发行的长期债券。其收益被用于改善道路、桥梁、公园等公共设施或被用于持续性支出。穆迪债券信用记录对 20 000 多只市政债券进行了评级，还有两倍以上数量的相关债券未被评级。债券品级范围涵盖 AAA 级的州级公路债券到未被评级的地方政府公园管理部门发行的债券。

> **市政债券**
> 由地方政府（城市、州、各个特区政府和政府职能部门）及其所属机构发行的长期债券。

市政债券的利息收入无须缴纳联邦所得税。这是因为美国宪法规定市政债券免缴联邦所得税。由于利息免税，所以市政债券又称**免税债券**（tax-free bond/tax-exempt bond）。如果投资者居住在发行债券的州，市政公债的利息收入也免缴州及地方所得税。

市政债券承诺的收益率低于其他债券。然而，只要你的边际税率高于 25%，投资市政债券便有利可图。这是因为市政债券的税后收益率可能高于公司债券。有关各种投资工具税后收益率的比较可参见相关章节。

出售市政公债的资本利得应当纳税。折价买入的债券以高价出售或持有到期并由发行方以票面价值全额回购便会得到资本利得。溢价买入的债券也可能会涨价而形成资本利得。

> **专家建议**
>
> 零息债券支付虚拟利息
>
> **零息债券**［zero-coupon bond，或 zeros，又称**深度折价债券**（deep discount bonds）］是指并不按年度支付利息的市政债券、公司债券和政府债券。它们以面值的一定折扣销售给投资者，并可以在到期时按面值全额予以回购。例如，一只利率为 7%、面值为 1 000 美元、将于 2025 年赎回的零息债券，现在的售价可能为 258 美元。零息债券不能给投资者带来当期收入，因而投资者不必为利息收入再投资而操心。本应每半年支付一次的利息已经累积在债券自身中，投资者收益来自债券到期时按面值而进行的回购。就利息收益获取方式看，零息债券很像 EE 系列储蓄债券和短期国债。零息债券的有效期从几个月到 30 年不等。
>
> 为了帮助孩子支付大学教育费用，父母常常以孩子的名义持有各种类型的零息债券。支付给孩子的虚拟利息通常很少，所以几乎无须缴纳所得税。不同于其他零息债券，政府零息债券不可要求提前偿付。
>
> 由于可以确切地知道到期日将有多少收益，进行退休规划的人常常购买零息债券。虽然投资者在这类债券到期之前无法收到利息，但是仍然每年都要根据累积在债券中的利息缴纳所得税。不过，投资者可以通过在合格的延迟纳税退休计划中购买零息债券来规避所得税。
>
> **安妮·兰克扎克**
>
> 纽约罗切斯特门罗社区学院

□ 债券的特征

债券具有区别于其他投资工具的显著特征。

息票率

债券**息票率**［coupon rate，又称**息票**（coupon）］、**息票收益率**（coupon yield）、**票面利率**（stated inter-

> **息票率/息票/息票收益率/票面利率**
> 债券发行时印在其凭证上的利率。

est rate）都是指债券发行时印在其凭证上的利率。它反映了债券年内所付利息总额所占的比率。例如，莱斯莉·舍曼，一个来自威斯康星州沃基肖的退休教师，在上周买了一份期限为 20 年、面值为 1 000 美元、息票率为 7%的猫爪食品公司债券，该债券承诺每年向其支付 70 美元（债券每半年支付一次利息，每次支付 35 美元）。债券的缺点之一是这种投资工具不提供利息的自动滚存服务。因此，投资者只能为得到的利息寻找其他投资机会。

系列债券或偿债基金

债券在到期之前其利率维持不变，其面值则在到期时由负债人负责偿还。公司债券的有效期常常长达 20 年或 30 年。有时，债券也会分期偿还，即将债券按顺序编号，并按事先编号及规定的时间间隔安排债券到期时间表。这种投资工具被称为**系列债券**（serial bond）。许多债券通过每年向受托人支付资金而设立**偿债基金**（sinking fund），专门用于偿还部分负债本金。每种债券的具体条款都会被详细写入其**借贷契约**（indenture）。这是一种债权人集体与负债人签订的规定了到期日、利率及其他具体借贷条款的法律文本。

> **系列债券**
>
> 分期偿还的债券，即将债券按顺序编号，并按事先的编号及规定的时间间隔安排债券到期时间表。
>
> **偿债基金**
>
> 债券的特征之一是通过偿债基金每年向受托人支付资金，专门用于偿还部分债务本金。
>
> **借贷契约**
>
> 债权人集体与债务人签订的、详细规定了到期日、利率及其他具体借贷条款的法律文本。
>
> **有担保债券**
>
> 在借贷契约中用特定资产作为抵押品或由其他公司或政府机构对本金和利息的偿还进行担保的债券。
>
> **无担保债券/信用债券**
>
> 不指定抵押品、只由发债机构良好的信用或声誉背书的债券。

有担保债券或无担保债券

债券分为有担保债券或无担保债券。发行**有担保债券**（secured bond）的公司会在借贷契约中用特定资产作为抵押品或由其他公司或政府机构对本金和利息的偿还进行担保。一旦违约，受托人可以采取法律措施没收并出售这些资产。如遇破产，受担保债权人拥有第一顺序索取权。

无担保债券/信用债券（unsecured bond/debenture）是指不指定抵押品、只由发债机构良好的信用或声誉背书的债券。虽然看上去有担保债券比无担保债券更安全，但这种假设可能并不成立。许多信誉卓著的大公司所发行的无担保债券比一般公司所发行的有担保债券更安全。所有联邦政府债券都无担保，而是由美国政府来背书。

记名与发行

依据法律，如今所有发行在外的债券都是**记名债券**（registered bond），即要求记录债权人的姓名，以便在债券到期时以支票或电子转账的方式顺利支付债券本金与利息。相关支付会通知美国国税局。只有在债券记名人背书的前提下，记名债券才得以转让。

记账

如今，所有新发债券均为**记账形式**（book-entry form）。这意味着不再发行债券凭证，而是以发行机构

> **记名债券**
>
> 记录债权人的姓名，以便在债券到期时以支票或电子转账的方式顺利支付债券本金与利息。
>
> **记账形式**
>
> 不再发行债券凭证，而是以发行机构或债券经纪公司的名义设立账户，并在付息日将利息转入相应的账户。

或债券经纪公司的名义设立账户，并在付息日将利息转入相应的账户。过去，所有公司债券都是**无记名债券**［bearer bond，又称**附息债券**（coupon bond），因为债券所有者用息票兑换利息］。如今，有些这样的老式债券仍在交易。

可赎回

当利率大幅下跌时，发行人可能希望行使**赎回权**（call option）。例如，假设公司发行了每年支付 70 美元利息的债券（息票率为 7%）。当利率跌至 6%时，对该公司而言，7%的息票率可能意味着借款成本太高。如果该债券附有赎回条款，发行人便可依据契约中规定的具体日期与条件提前赎回债券。在这种情况下，发行人平价或溢价赎回债券（溢价常常是年利息的一部分）。大约 80%的长期债券被归为可赎回的。

> **赎回权**
>
> 借贷契约中允许发行人平价或溢价赎回债券（溢价常常是年利息的一部分）的条款。这样的债券被称为可赎回债券。

□ 评估债券价格与收益

在美国乃至世界资本市场中，多数金融风暴发端于美国信用市场。大量信用资产属于**有毒负债**（toxic debt）。它们由可疑资产支撑，且很快就会变为不蒙受巨大损失就不可能出售或定价的资产。标准普尔、穆迪、惠誉等债券评级公司根本不可能以合理、审慎的方式对其进行定价与评级。由此而引发的信用市场流动性缺失导致某些机构投资者破产，评级公司的信誉当然也会随之下降。此外，其他债券价格迅速飙升或下跌 25%以上。随着市场恢复正常，投资者才可以再一次利用利率、溢价、折价、即期收益率和到期收益率等经典指标评估债券价格及其潜在收益。

利率风险导致价值变化

特定日期的债券价格或价值受多重因素影响，具体包括：债券类型、息票率、市场有效性、市场需求、同类债券价格、发行人的潜在信用水平、剩余期限等。最为重要的是，债券价格会随着宏观经济即期**市场利率**（market interest rate）的变化而变化。经济形势、信贷供给与需求影响市场利率。市场利率是具有相似风险等级的各类政府债券和公司债券的即期长期利率和即期短期利率。

> **市场利率**
>
> 具有相似风险等级的各类政府债券和公司债券的即期长期利率和即期短期利率。

由投资者及美联储偶尔干预所决定的长期利率

长期利率在很大程度上取决于债券投资者基于其通货膨胀预期而做出的买卖决策。短期利率则由美联储操控。当通货膨胀率上升时，美联储通常提高利率，以抑制借款，这会降低商业及消费支出。当经济增速放缓时，美联储常常降低短期国债利率，以降低公司借款成本，进而刺激经济。美联储偶尔会购买长期抵押证券、中长期国债、汽车及信用卡贷款。为了增加流动性，美联储也会向冻结的信贷市场注入现金。这有助于降低长期利率。

你知道吗?

把坏习惯变成好习惯

你会这样做吗?	你应该这样做!
仅仅进行储蓄;	投资普通股和债券;
听信小道消息,投资热门股票;	只投资基本面良好的股票;
投资垃圾股;	垃圾股占投资股票的金额不要超过10%;
投资不足5只股票;	投资更多的股票或购买股票型基金;
无视利率的巨幅波动;	根据利率变化进行债券投资;
采纳经纪人的选股建议;	利用互联网搜寻股票;
只用全能经纪人;	在线买卖,以便节省佣金;
使用保证金购买、卖空;	绝不使用保证金购买、卖空,因为这样做太危险;
不进行债券投资。	购买一些通货膨胀保值证券。

你知道吗?

肖恩的成功故事

经过几年的不懈努力,肖恩成功地将其投资组合价值推升到140 000美元。2006年,他秉持激进的投资理念,其投资组合的配置为:10%现金、10%债券、80%股权。然而,在2007年10月的股市崩盘中,其投资蒙受了巨大冲击。由于违约,其债券价值从14 000美元跌至11 000美元。其投资组合中的股权,多数是高科技、小盘股、微盘股及股票型基金,也跌去了50%,从112 000美元跌至56 000美元。

为了防止其财富进一步减少,肖恩所做的第一件事便是压缩开支,不外出吃饭,不买DVD和大件电器。他虽然心惊胆战但却拒绝仓促割肉而彻底逃离市场,因此,在那些几乎所有的投资者沮丧的漫长岁月中,他坚持投资。次年11月,其投资组合中的股权部分几乎升值50%,从56 000美元升至84 000美元。尽管经济形势仍然摇摆不定,肖恩还是将其收益进行了再投资,在随后的几年中,伴随世界经济的缓慢增长与股票市场的复苏,他不断投资。这样,凭借在市场复苏中持续投资,肖恩不断收复失地,相对当初的高点,其投资组合价值仅仅下跌了10%。在2010年、2011年两年中,看着持续攀升的股票市场,肖恩脸上总是阳光灿烂。

□ 债券定价

正如第十三章所言,**利率风险**(interest rate risk)意味着:随着利率的上升,债券价格将随之下降,即以往发行的旧债券价格会下降。正是这种价值下降确保旧债券与新债券能够为投资者提供大致相同的收益率。债券通常具有**固定收益**(fixed yield,利息收入保持不变)、**可变价值**(variable value)。

例如,假设你持有一份还有20年就到期的面值为1 000美元、利率为6%、半年支付一次利息的30年期债券。如果一年以后宏观经济利率跃升至8%,

利率风险

债券价格随着利率的上升而下降(以往发行的旧债券的价格将因此而下降)的风险。

固定收益

利息收入始终保持不变,与债券价格无关。

可变价值

随着利率的变化,债券价格就会按溢价(高于其面值)或折价(低于其面值)交易,以便使其收益率与到期日和风险水平类似债券的即期收益率保持一致。

就不会有人愿意以 1 000 美元的价格购买你的利率为 6%的债券，因为你的债券每年只能获得 60 美元的收益。如果你想出售它，就不得不降价，或许要降到 802.80 美元。式（14.4）即为**债券价值计算公式**［value of bond formula，又称**债券售价计算公式**（bond selling price formula)］。如果现在类似债券的利率是 8%，贴现率即为 8%（或 4%，就 40 次利息支付每年贴现两次）。公式的任务便是计算利息支付与偿还总额的现值。为此，可以利用附录表 A-2 和附录表 A-4，在利率行找到 4%，向下找到期限 n 为 40 的交叉点。

$$
\begin{aligned}
\text{债券价值} &= \text{利息现值}+\text{偿还总额现值} \qquad (14.4)\\
&= \frac{\text{年度利息支付}}{2}\times PVIFA^{i,n}+\text{偿还总额}\times PVIF^{i,n}\\
&= 60/2\times PVIFA^{4\%,40}+1\,000\times PVIF^{4\%,40}\\
&= 30\times 19.792\,8+1\,000\times 0.208\,3\\
&= 593.78+208.30=802.08(\text{美元})
\end{aligned}
$$

其中，

i=新的年利率/2；

n=距离到期日的年数×2。

你知道吗?

投资债券的两个最佳时机

1. 如果预期利率上升，可能是因为经济运行中发生通货膨胀的可能性增加，也可能是因为预期美联储将采取提高利率的措施，债券价格肯定会随之下跌。此时，你应该只投资短期债券，以求获得少量收益，并在股权投资机会来临时将其出售。

2. 如果预期利率下降，可能是因为经济增速放缓，也可能是因为预期美联储将采取降低利率的措施，债券价格将会随之上升。此时，你应该购买不可赎回的长期债券。以后，当利率下降时，你的债券价格肯定会上升。

溢价

常规价格之外支付的金钱总额。

反之，如果新发债券利率下滑至 4%，你的利率为 6%的债券价格将应声上涨，或许会涨至 1 273.55 美元。因此，当其他债券利率只有 4%时，投资者情愿支付一个 273.55（=1 273.55－1 000）美元的**溢价**（premium），即在常规价格之外支付的金钱总额。切记，债券收益率与其价格变化方向相反——一个上升，另一个必然下跌。

在下列情况下，债券价格最易波动：(1) 初次发行时低于面值销售；(2) 票面利率较低；(3) 剩余有效期较长。持有债券到期的投资者可能会忽略上述因素。

溢价和折价

在初次发行时，债券可以利用以下三种方式之一发售：(1) 面值发售（凭证上标注债券价值、债券到期时投资者将会收到的金额）；(2) 低于面值折价发售；(3) 高于面值溢价发售。在债券发行之后，为了给所有愿意从最初持有者手中购买债券的投资者提供一个具有竞争力的实际收益率，其市场价格会不断变化。

例如，假设猫爪食品公司决定发行利率为8.8%的20年期债券。然而，当债券印制并准备发行时，同类高风险债券的市场利率却上升至9%。在这种情况下，为了提供具有竞争力的收益，猫爪食品公司就会以一个较小的折扣出售其债券。债券的折价和溢价反映了宏观经济利率的变化和债券期限的长短。

即期收益率

即期收益率（current yield）等于债券的固定年度利息支付除以债券价格。它是一个以百分比表示的当年利息支付（两次半年利息支付的总额）除以债券当期市场价格的指标。当你平价购买债券时，其即期收益率为债券息票率。例如，以1 000美元平价购买息票收益率为5.5%的债券，则其即期收益率即为5.5%。当由于利率或其他因素导致债券价格波动时，即期收益率也随之变化。例如，如果莱斯莉以940美元购买了面值为1 000美元、每年支付55美元利息的债券，该债券的即期收益率即为5.85%。式（14.5）为**即期收益率计算公式**（current yield formula）。

> **即期收益率**
> 债券的固定年度利息支付除以债券价格。

$$\text{即期收益率}=\frac{\text{固定年度利息支付}}{\text{债券价格}} \tag{14.5}$$

$$=\frac{55}{940}$$

$$=5.85\%$$

债券即期收益率基于购买价而非以后的成交价计算。许多债券的即期收益可在线获取或根据报纸刊登的当日市场报价计算。

与其他投资工具一样，债券投资总收益由当期收益与资本利得组成。在莱斯莉的案例中，虽然她仅仅为购买债券支出了940美元，但其却可以在债券到期（20年以后）时收到1 000美元。因此，其预期总收益率（实际收益率）会高于5.85%的即期收益率，但具体高多少，接下来讨论的到期收益率公式将给我们答案。

到期收益率

到期收益率（yield to maturity，YTM）是指如果一直将债券持有到期，其持有者所获得的实际年化总收益率。到期收益率是固定收益证券现金流的内部收益率。到期收益率反映了当期收益和债券购买价格预期面值的差额在债券剩余期限内的分摊情况。债券市场价格等于未来利息的现值与其到期时的面值的现值之和。

> **到期收益率**
> 它是指如果一直将债券持有到期，其持有者所获得的实际年化总收益率。

关于到期收益率，我们有如下三个一般性结论：

（1）如果以面值购买，债券到期收益率与其票面收益率相等；

（2）如果溢价购买，债券到期收益率低于其息票率；

（3）如果折价购买，债券到期收益率高于其息票率。

> **理财要点**
>
> **在线查阅债券绩效**
>
> 依托30 000多只公司债券，BondInfo网（www.nasdbondinfo.com/asp/bond_search.asp）为你提供各类债券指标以及评估市场整体走势、测算债券持有绩效的工具。

例如，因为莱斯莉以 940 美元折价购买了息票率为 5.5%的 20 年期债券，其到期收益率肯定会高于债券息票率，这是因为债券到期时她将收到 1 000 美元，这比其当初购买债券的支出多 60 美元。因为看起来类似的债券可能有不同的到期收益率，所以在考虑购买债券时应通过估算其到期收益率来确定其具体高多少。

式（14.6），引自加曼/福格合作网站，是折价或溢价购买债券时的**到期收益率公式**（YTM formula）。

$$\text{YTM}=\frac{I+(\text{FV}-\text{CV})/N}{(\text{FV}+\text{CV})/2} \tag{14.6}$$

其中：

I 为每年支付的利息；

FV 为债券面值；

CV 为债券当前价值（价格）；

N 为距离到期日的年数。

如果莱斯莉用 940 美元购买了息票率为 5.5%、期限为 20 年的债券，则其到期收益率的计算如下：

$$\begin{aligned}\text{YTM}&=\frac{55+(1\,000-940)/20}{(1\,000+940)/2}\\&=\frac{58}{970}\\&=5.98\%\end{aligned}$$

如果你打算买一只债券并一直持有到期，你应该比较债券的到期收益率，而非其即期收益率，这是因为到期收益率（YTM）很好地反映了影响其价格的所有因素。债券的即期收益率不是反映投资者年化总收益的有效指标。事实上，剩余有效期越短，即期收益率指标越离谱。正如上述计算结果所示，莱斯莉的息票率为 5.5%、即期收益率为 5.85%的 20 年期债券到期收益率为 5.98%。如果以相同的价格购买有效期只有 10 年的同一只债券，其到期收益率将是 6.29%；有效期为 5 年，到期收益率则为 6.90%；有效期为 2 年，到期收益率则为 8.76%。各类债券的确切的到期收益率可以在线获得，大型图书馆及经纪人办公室也会将其详细列示。

> **理财要点**
>
> **债券投资梯度**
>
> **梯度**（laddering）是买入-持有债券投资的一种模式。按照这种投资模式，你的债券组合中债券到期日的分布情况应当与你的资金周转时间分布情况相匹配。例如，你可能分别购买了 2 年、4 年、6 年、8 年、12 年、14 年、16 年、18 年、20 年后到期的债券。于是，你会每 6 个月收到一些债券利息，每 2 年收回一只到期债券的本金。

债券投资者要做的六项决策

如果对债券投资感兴趣，可以浏览证券行业与金融市场协会的网络资源（www.investingbonds.com）。该网站免费提供可以搜索的最新公司债券、政府债券、市政债券及抵押债券的发行和价格情况的数据库。债券投资者必须进行六项决策：

1. 决定信用等级。考虑国债/机构债券、投资级公司债券和市政债券、低于投资级的公司债券和市政债券。

2. 决定到期日。考虑自己的资金需求时间表：短期、中期或长期。短期债券虽然即期收益率最低，但其价格稳定。中期债券的收益率接近长期债券，且其价格具有较好的稳定性。

3. 考虑税后收益。假设风险相同，应选择税后收益较高的债券，因为免税证券可以提供较高的税后收益。各种投资工具的税后收益可参见相关章节。

4. 选择到期收益率最高的债券。假定债券的风险、有效期、税收等值等因素相似，明智的选择是选择到期收益率最高的债券。到期收益率可以用式(14.6)计算。

5. 考虑出售时机。当利率下降时，应当考虑债券的出售时机，因为当利率下降推升债券价值时你可以从中获利。如果债券评级严重下降也应该考虑出售债券，因为这可能意味着债券风险增加甚至违约。

6. 考虑投资债券基金。考虑是否投资债券基金而非单一债券是更明智的选择。相关主题将在第十五章讨论。

立刻行动！

通过阅读本章，你知道了更多关于个人理财的知识，那么通过下述举措开始行动吧：

1. 找出符合你的投资目标的三种股票类型（参见相关章节），并选出三只具体的股票。

2. 对这些股票的价格波动动态跟踪2个月。

在2个月后，对你所观察到的股价变化进行评估，看使其变化的主要诱因是股市总体变化（市场风险）还是公司自身的原因。

概念测试 14.6

1. 区分投资级债券和投机级债券。
2. 说明个人常常投资公司债券而不是国债的理由。
3. 概括国债、I债券和TIPS的差异。
4. 解释利率风险的含义，并说明如果个人要购买已经存在的债券进行债券投资，为了防范利率风险，应当使用哪个计算公式进行决策。

现在你有何建议？

现在，你读完了本章，并对股票、债券有了系统的了解。针对本章开篇谈到的凯特琳·迪亚斯一家的情况，你对以下问题有何建议：

1. 为了18年后的退休生活而投资？
2. 考虑到投资的时间跨度，凯特琳应持有蓝筹普通股和优先股而非其他普通股吗？
3. 持有市政债券而非公司债券是明智的吗？
4. 如果今天卖出，她持有的公司债券应该售价几何？
5. 何种投资适合为子女筹集教育基金？

本章要点

1. 理解如何将股票、债券用作投资工具。

个人投资者为公司提供资金以便增加销售、获得利润。投资者分享这些利润。

2. 依据普通股的主要特征对其进行分类。

普通股大致可以划分为收益股或成长股两大类。用于刻画股票特征的其他术语有：蓝筹股、价值股、投机股、科技股。根据股票市值的大小，习惯上将其划分为大盘股、中盘股和小盘股。

3. 描述股票定价的基本原理与基本方法。

要决定公司的基本价值，投资者应研究某些基本因素，例如，公司销售、资产、盈利、产品或服务、市场及管理。为此，投资者要考察市盈率（P/E）、市销率（P/S）等显性比率，以及股利支付、每股净资产等显性指标。为了与其他竞争性公司比较过去及预期未来盈利性，投资者还要利用β值估计公司价值。

4. 运用互联网进行普通股定价。

依据股票投资条件进行股票定价。这可能包括使用选股软件；搜集证券分析师的研究报告、公司年报、10-Q 报告和 10-K 报告、招股说明书；获取宏观经济与股票市场数据；使用资产组合跟踪仪服务。

5. 概述如何买卖股票。

证券交易要求以执业经纪公司为买卖中介。证券买卖既可以在线进行，也可以通过在经纪公司工作的场内经纪人来完成。许多人利用折扣经纪人和在线经纪人而不选择全能经纪人。股票指令包括市价指令、限价指令以及止损指令等类型。保证金购买和卖空属于高风险交易技术。

6. 描述如何投资债券。

投资级债券定期提供一份合理的确定性期间收入（利息），并退还初始投资（本金）。还可投资垃圾债券。公司债券通常有着比政府债券更高的收益率。利率风险会导致债券价值发生变化。

讨论

1. 今天就投资。在当前的经济条件下，你会给正在为投资股票还是债券而犹豫的长线投资者什么建议？

2. 三家好公司。列出三种你每周或每月都会购买的产品或服务以及销售这些产品或服务的公司。在你看来，这些公司是不是好的投资对象？

3. 两个有用指标。本章介绍了许多衡量股票业绩的指标。从中列出两个你在做出投资决策时可能会用到的指标。说明选择这两个指标的理由。

4. 你会购买吗？你刚刚获悉微软股票每股价格下跌了 5 美元。如果你有钱，你会买 100 股吗？给出买或者不买的三个理由。

5. 有趣的股票。观察普通股的三种基本类型和其他相关术语。基于你的风险承受能力，你对哪种类型的股票感兴趣？给出三个理由。

6. 信息来源。如果你有一个价值 20 000 美元的投资组合，给出你经常用来获取最新投资信息的三个信息来源。

7. 潜在收益率。你认为真的有人计算某项具体投资的潜在收益率吗？他们应该计算吗？如果应该，给出理由。

8. 利用信用投资。保证金购买和卖空都涉及利用信用。你会进行这种投资吗？给出两个理由。

9. 债券投资的乐趣。债券会引起你的投资兴趣吗？为什么？

计算

1. 量化指标。一只股票的市场售价为每股 15 美元。

(a) 如果该股票的市盈率（P/E）为 20，其每股盈余（EPS）是多少？

(b) 如果公司股利率为 5%，其每股股利是多少？

(c) 如果价账率为 1.5，且发行在外的股票为 100 000 股，公司的账面价值为多少？

2. 债券售价。如果同类债券市场利率下跌至 6%，面值为 1 000 美元、票面利率为 8%、15 年后到期的债券市价为多少？

3. 市场价格。如果同类债券市场利率上升至 10%，面值为 1 000 美元、票面利率为 8%、14 年后到期的债券市价为多少？

4. 等价应税收益率。对于适用 25%税率的纳税人而言，票面利率为 5.4%的市政债券的等价应税收益率为多少？（提示：参见相关章节。）

5. 等价应税收益率。对于适用 33%税率的纳税人而言，票面利率为 5.7%的市政债券的等价应税收益率为多少？（提示：参见相关章节。）

6. 收益率、价格和到期收益率。一只以 980 美元购买、息票率为 9.9%、15 年后到期的公司债券。

(a) 即期收益率为多少？

(b) 如果同类债券市场利率下跌了 1.9 个百分点，两年后该债券的市场售价为多少？

(c) 利用式（14.6）或加曼/福格合作网站中的公式计算该债券的到期收益率（YTM）。

7. 收益率、价格和到期收益率。一只以 1 100 美元购买、息票率为 8.2%、20 年后到期的公司债券。

(a) 即期收益率为多少？

(b) 如果同类市场利率上升了 1.8 个百分点，两年后该债券的市场售价为多少？

(c) 利用式（14.6）或加曼/福格合作网站中的公式计算该债券的到期收益率（YTM）。

8. β值的计算。迈克尔·马格里斯是一个来自犹他州奥瑞姆的单亲励志训练顾问。他对给定风险投资的潜在收益率感到好奇。迈克尔对三只具有不同β值的股票共投资了6 000美元（每只2 000美元）：股票A的β值为0.8；股票B的β值为1.7；股票C的β值为2.5。

(a) 如果一年后股市上涨了12%，每只股票的价值可能为多少？

(b) 如果一年后股市下跌了8%，每只股票的价值可能为多少？

9. 投资计算。晓和肖静建，一对来自马里兰州罗克维尔的新婚夫妇，决定为未来投资。晓是一家7-Eleven便利店的经理，肖是一名高中数学教师。这对夫妇从其薪酬中拿出3 000美元用于投资，且每月额外投资200～400美元，连续不断地投下去。两人都秉持稳健的投资理念，追求现金股利和价格提高。

计算下表中各个投资方案在5年内的收益，并将计算结果编制成如表14-1那样的表格。（提示：第一年年末，猫爪食品公司每股盈余为2.40美元、股利为0.66美元；老鹰包装公司每股盈余为2.76美元、股利为0.86美元。）

(a) 如果市盈率（P/E）适中，在5年以后猫爪食品公司和老鹰包装公司股票的预期市场价格为多少？

(b) 展示你对5年内两只股票预期价格增值过程的计算。

(c) 将两只股票的预期价格提高与预期现金股利相加，计算两只股票5年的总收益率。

(d) 计算每只股票的年化平均股利，并用这些数据计算每只股票的近似复合收益率。

(e) 假设猫爪食品公司的β值为2.5，老鹰包装公司的β值为2.8。如果一年内市场上涨了20%，猫爪食品公司和老鹰包装公司的股票价格可能为多少？

(f) 假设通货膨胀率大约为4%，优质公司的长期债券收益率为8%。给定该夫妇的投资理念不变，说明你为什么推荐（1）猫爪食品公司、（2）老鹰包装公司、（3）优质长期公司债券作为成长型投资工具。利用本章或加曼/福格合作网站相关知识计算潜在收益率以支持自己的观点。该夫妇适用25%的边际税率。

	猫爪食品公司	老鹰包装公司
当前价格（美元）	30.00	48.00
当前每股盈余（美元）	2.00	2.30
当前季度现金股利（美元）	0.15	0.18
当前市盈率	15	21
预期年化收益增长率（%）	20	20
预期现金股利增长率（%）	10	10

理财规划案例

□ 案例1　约翰逊夫妇想获得更高的投资收益率

近年来，哈利和贝琳达的投资运行得很好。虽然他们的投资组合中的现金已经高达

16 000 美元，但这部分资产只能通过货币市场账户获得 1%的收益。因此，他们一直在寻找收益率更高的债券投资工具。仔细观察下列表格，弄清八个投资方案，回答下列问题。由于发行日期分布广泛，息票率有所不同；由于旧债券比现在发行的债券支付更高的利息，其市场价格高于面值。

发债单位	债券面额（美元）	息票率（%）	有效期（年）	穆迪评级	市价（美元）	即期收益率（%）	YTM（%）
ABC 公司	1 000	7.0	4	Aa	1 400		
DEF 公司	1 000	7.5	20	Aa	1 550		
GHI 公司	1 000	5.9	12	Baa	1 250		
JKL 公司	1 000	7.8	5	Aaa	1 500		
MNO 公司	1 000	6.1	15	B	1 260		
PQR 公司	1 000	5.8	11	B	1 200		
中期国债	1 000	7.9	3	—	1 600		
市政债券	1 000	4.1	20	Aa	1 200		

（a）各投资方案的即期收益率为多少？利用式（14.5）或访问加曼/福格合作网站。（在表格的相应栏目中记下你的答案。）

（b）各投资方案的到期收益率（YTM）为多少？（在表格的相应栏目中记下你的答案。）你可以利用式（14.6）计算到期收益率或访问加曼/福格合作网站。

（c）已知约翰逊夫妇秉持稳健的投资理念，在六种公司债券中，你向他们推荐哪一种？为什么？

（d）假定约翰逊夫妇适用 25%的联邦边际税率，其投资市政债券的等价应税收益率是多少？在你看来，他们应该投资（c）中你推荐的债券还是投资市政债券？为什么？你可以用本书介绍的相关知识计算等价应税收益率。

（e）为了使约翰逊夫妇采取分散化措施保护其 16 000 美元现金资产，在八种备选投资方案中，你建议哪三种作为一个投资组合？你为什么建议这个投资组合？

□ 案例 2　维克托和玛丽亚夫妇对投资感到疑惑

由于维克托已经 59 岁，并考虑 5 年后退休，维克托、玛丽亚夫妇决定向他们的投资组合追加投资。多年来，他们一直秉持稳健的投资理念，将其资金投资于收益适中的股票、债券和共同基金。现在，他们的投资组合的价值是 320 000 美元，此外，他们还有价值 200 000 美元的出租物业。未来 5 年，他们计划每年投资 9 000 美元。

（a）为什么维克托、玛丽亚夫妇考虑用多余的资金购买普通股？

（b）如果维克托、玛丽亚夫妇以 50 美元的市价购买 β 值为 1.8 的股票，且一年后股市总体上涨 10%，8 000 美元投资的价值可能为多少？

（c）如果股市总体下跌 10%，该项投资又将价值多少？

□ 案例 3　朱莉娅·普赖斯寻求债券市场收益

由于在危机来临之前采取了充分分散化且重仓债券的投资策略，朱莉娅的投资在股市大萧条时期幸免于难。在大萧条姗姗到来之时，朱莉娅卖出一些股权，并将大部分钱投资于公司债券和国债。结果，三年过去了，由于低通货膨胀率和利率下降，朱莉娅的投资组合中的债券资产升值了 20%。由于对未来一两年的经济形势仍然持悲观态度，且认为利率要么维持低水平，要么进一步下跌，她并没有出售债券套取资本利得。正是基于上述想法，她正在考虑出售剩余的股权，并将出售股权的收入投入债券市场。就朱莉娅的想法给出你的意见。

□ 案例 4　激进的投资者寻求债券市场收益

凯莉・瓦尔科是位于艾奥瓦州牛顿一家药厂的医药代表。她是典型的激进的投资者。由于预期经济发展速度放慢，她认为在今后一两年中利率会下降。凯莉适用 25% 的边际税率，想在随后的几个月中通过债券买卖谋取利润。她就其 15 000 美元如何进行投资咨询你的意见。

(a) 如果凯莉购买公司债券或市政债券，她应该选择什么信用等级的债券？为什么？

(b) 凯莉要在两种面值为 1 000 美元的债券之间做出选择：息票率为 5.1%的公司债券和息票率为 3.2%的市政债券。哪种债券的税后收益率更高？［提示：参见式 (4.1)。］

(c) 如果凯莉以 960 美元的价格购买了期限为 30 年、息票率为 5.1%、面值为 1 000 美元的公司债券，其即期收益率是多少？［提示：用式 (4.1) 计算。］

(d) 如果在随后的 12 个月内同类债券的市场利率下跌 1%（从 5.1%下跌到 4.1%），(c) 中凯莉的公司债券售价大约是多少？(提示：使用加曼/福格合作网站。)

(e) 假定 12 个月后市场利率下跌 1%，如果凯莉出售其债券，其 15 000 美元投资的资本利得为多少？每半年支付一次的利息收益是多少？总收益是多少？分别以美元和年化收益率表示（不考虑交易成本）。

(f) 如果凯莉判断有误，一年内利率上涨了 1%，其所持公司债券售价可能是多少？(提示：使用加曼/福格合作网站。) 说明你建议其出售或不出售的理由。

□ 案例 5　兄弟俩的投资观

凯尔・布拉夫斯基是伊利诺伊州弗里波特的一名咨询顾问，近年来买了几只公司债券和政府债券，现在他的债券投资总额超过 40 000 美元。他偏爱具有抗通货膨胀能力的价值变化的投资工具。他的同胞弟弟艾克是一名高薪内科医生，通过在多个行业多只蓝筹股中的投资已经拥有超过 150 000 美元的资产。

(a) 分析凯尔对债券投资的态度。

(b) 分析艾克对股票投资的态度。

(c) 解释为什么兄弟俩有可能都愿意将其部分资金投资于通货膨胀保值证券 (TIPS)。

□ 案例 6　打算投资股票市场的大学生

田纳西州杰斐逊市的理查德・福特有 5 000 美元，且想将其投资于股票市场。理查德是一位享受奖学金的大学生，在其买房之前，5年内他既不打算动用这5 000美元，也不期盼任何股利收入。目前，他正考虑一只每股盈余（EPS）为1.5美元、售价为25美元的股票。去年，该公司盈利为900 000美元，支付的股利为250 000美元。

（a）你向理查德推荐哪类普通股？为什么？

（b）计算这只股票的市盈率（P/E）和股利率。给出上述信息和你的推荐建议。对理查德而言，该股是一个合适的购买对象吗？为什么？

（c）识别理查德预期总收益的构成，估计其每年可以从每个构成中得到多少收益。

自我理财

1. **你的股票偏好。**完成《我的个人理财规划师》中的工作表54：我所偏爱的股票，对7种类型的股票，选出你感兴趣的股票。要考虑你喜欢或不喜欢这些股票的什么特征，选出你在有生之年可能会投资的股票。

2. **比较作为投资工具的各种股票。**通过访问www.kiplinger.com，了解你感兴趣的三只公开交易的公司股票，或许是通用汽车、福特汽车和谷歌。完成《我的个人理财规划师》中的工作表55：作为投资工具的股票比较，记录每家公司各项业绩指标。

3. **债券类型偏好。**完成《我的个人理财规划师》中的工作表56：我所偏爱的债券，标出9类债券中你喜欢或不喜欢的一种特征，找出作为投资者你所感兴趣的债券。

4. **应税收入与免税收入。**完成《我的个人理财规划师》中的工作表57：应税收入与免税收入的比较，插入实际收益率、税率，并进行必要的计算。

5. **即期收益率。**完成《我的个人理财规划师》中的工作表58：我的债券投资的即期收益率，选择两只当前市价不同的现有债券，将其实际最新市价（或许是980美元和910美元）、每年利息支付（或许是70美元和80美元）填入表中，计算各自的即期收益率。

6. **债券现值。**完成《我的个人理财规划师》中的工作表59：我的债券投资现值，上网找出两只现有债券（或许分别是由通用汽车、福特汽车发行的）的最新市价，在相应栏目填入下列信息：每年利息支付、距离到期日的年数。在线找到同类债券的最新市场利率，或许是7%，进行必要的计算。

7. **债券到期收益率。**完成《我的个人理财规划师》中的工作表60：我的债券的到期收益率，上网寻找两只债券的下列信息：最新市场价格、面值、距离到期日的年数、每年利息支付。

网络资源

登录指定网页，完成下列练习。

1. **最新金融信息。**登录Kiplinger.com，选定与个人投资相关的前三则新闻。注意如何利用选定信息进行理性投资决策。

2. 股票行情。访问 www. Kiplinger. com，你可以找到大部分公开交易公司的股票行情。输入下列公司的代码：可口可乐（KO）、谷歌（GOOG）、微软（MSFT）和迪士尼（DIS）。基于每股盈余（EPS）、股利率、市盈率（P/E）对四家公司进行评估。就这些公司对投资者的相对吸引力而言，这些数据对你意味着什么？

3. 选股工具。访问雅虎财经网站，你可以在 http://screen. yahoo. com/stocks. html 找到一个选股工具。在 S&P500 成分股中搜索股价低于 50 美元的股票。多少公司的股票满足这一条件？再筛选市盈率（P/E）介于 0 和 20 之间的股票，多少公司的股票符合新标准？这一清单为何更长？你认可上述清单中的公司吗？

4. 在线交易。登录 E* Trade，一家在线经纪公司（hhtp://us. etrade. com/e/t/home）。找出该公司提供哪些服务，了解公司的投资与交易理念。

5. 近期国债价格。访问美国财政部网站（www. treasurydirect. gov），查看机构栏目，你会发现近期的中期国债和长期国债的拍卖情况。过去一年的拍卖结果表明市场对未来利率走势有着怎样的预期？（提示：比较具有类似有效期的长期国债与中期国债的拍卖利率。）

6. 债券评级。访问标准普尔公司网站（www. standardandpoors. com），查阅通用汽车、福特汽车的最新债券评级。总结你的发现。

7. 债券计算器。登录投资百科债券计算器，输入以下网址中给出的债券定价数据（www. investopedia. com/calculator/BondPrice. aspx）。写出你对这一工具的看法。

8. β 值。登录 CalculatorEdge（www. calculatoredge. com/finance/betas. htm），输入任意股票的基本信息，计算其 β 值。无风险利率选 2%或更低。

付诸行动

1. 回答 7 个问题。回顾专栏“你知道吗？投资者需要回答的 7 个问题”，写下你的答案。

2. 最新股票市场价值。利用诸如《华尔街日报》或一般的互联网资源，找出下列市场指数的最新值，说明过去 12 个月各自的市场表现如何：道琼斯工业平均指数（DJIA）、标准普尔 500 指数（S&P500 Index）、纳斯达克综合指数（NASDAQ Composite Index）、道琼斯威尔希尔 5000 指数（Dow Jones Wilshire 5000 Index）和道琼斯威尔希尔 2000 指数（Dow Jones Wilshire 2000 Index）。

3. 主流股票价格。找出下列股票的最新价值，说明过去 12 个月各只股票的市场表现如何：美国运通、美国电话电报、卡特彼勒、可口可乐、戴尔、默克、沃尔玛、迪士尼。

登录 www. cengagebrain. com 访问加曼/福格合作网站。

第十五章

投资共同基金

你在开玩笑?

阿曼达和丹尼尔是一对龙凤胎，他们都参与共同基金的投资。阿曼达主修金融。在过去的20多年中，她投资于管理共同基金，这种基金依靠专业的基金经理选股。丹尼尔在学校主修英语，他主要投资指数型基金，指数型基金通过买入并持有与指数构成相同的全部或部分代表性股票来获得收益，基金收益与所挂钩的指数收益一致。经过20年的投资，阿曼达的投资组合余额能否超过丹尼尔？超过的可能性是多少？

A. 0； B. 10%；

C. 20%； D. 30%。

答案是B或A，但肯定不是C和D。管理共同基金取得的收益一般不会超过市场总体收益。事实上，在80%的时间段里，共同基金的收益都低于市场指数的收益。因此，找到一个能打败市场的基金经理是一件极具挑战的事情!

学习目标

在学习完本章后，你应该能够：

1. 描述投资共同基金的特征、服务和优势。
2. 根据投资目标给共同基金分类。
3. 总结买卖共同基金的费用。
4. 建立评价和选择符合你的投资目标的共同基金的策略。

你有何建议？

戴维和萨拉·金特是一对30岁出头的夫妇，他们有一个2岁的孩子，并且住在市中心一个价格适宜的公寓里。戴维是一个图书馆主任，年薪为5万美元。萨拉是一个专卖店的商品采购员，年薪为59 000美元。他们非常节约：每月共定期存款1 000～2 000美元，现在已有价值12万美元的投资组合，每年收益率大概为3%。金特夫妇属于保守的投资者，希望在20年后退休。

> 就戴维和萨拉投资共同基金的问题，你有何建议：
> 1. 收回他们的定期存款，并将退休金投资于共同基金？
> 2. 投资成长与收益型共同基金，而不仅仅是收益型基金？
> 3. 购买免佣基金而不是有佣基金？
> 4. 购买目标日期共同基金而不是平衡共同基金？
> 5. 用雇主401（k）退休账户购买共同基金而不是像以前那样通过应纳税账户进行储蓄？

大多数投资者不愿意购买单只股票和债券，因为持有过少的投资，例如仅有两三只股票或债券，会带来较大的财务风险。通常，一般的投资者无法积累分散化的投资组合来减少单只持股失败带来的风险。投资者也经常没有能力和时间去研究单只证券以及管理这样的投资组合。为了避免这些问题，许多人通过共同基金投资于股票和债券市场，共同基金的特点就是购买上百种不同的股票和证券。共同基金为投资者开立账户和持续投资提供了便利。有一半的家庭通过共同基金进行投资。

你的未来五年

在未来五年中，你可以通过以下与共同基金的投资相关的行为来获得理财成功：

1. 将你的投资理念、预期收益与共同基金的投资目标相匹配。
2. 只投资免佣基金，因为这类基金的相关费用很低。
3. 通过合理的资产配置计划建立共同基金的长期投资组合。
4. 将基金红利进行再投资。
5. 根据雇主退休计划定期投资共同基金。

为什么投资共同基金？

学习目标1

描述投资共同基金的特征、服务和优势。

共同基金（mutual fund）是一家投资公司，通过将基金份额卖给投资者获得资金，然后进行投资来达到获得收益和成长，或两者兼有的经济目标。共同基金公司投资于不同的如股票、债券、短期货币市场工具和其他证券或资产的组合。

共同基金

一家投资公司，通过向投资者出售基金份额募资并将筹集的资金进行分散化投资，以达到获得收益或成长，或两者兼有的投资目标。

共同基金可能含有美国电话电报、IBM、西尔斯和猫爪食品公司（第十四章的例子）的普通股和债券。

结合在一起的股份或债券被称为**投资组合**（portfolio），如第十三章中提到的以及图15-1中的示例。共同基金公司拥有自身的投资，而共同基金投资者拥有共同基金公司。与公司股东不同的是，共同基金份额持有者没有运营公司的权力，但是拥有对资产池股权利润的剩余索取权。

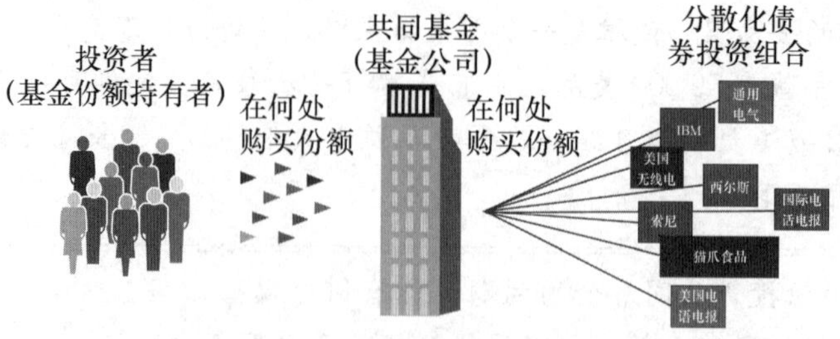

图15-1　共同基金如何运作？

□ 净资产价值是你为单位共同基金支付的价格

> **资产净值（NAV）**
> 共同基金的单位净值。

衡量投资者对资产的索取权的一种方式可以是净资产价值。**资产净值**（net asset value，NAV）是购买共同基金份额所支付的价格（不包括任何交易费用）。它是共同基金的单位份额价值。其计算方式是，将基金组合中的所有证券的价值相加，减去负债，再除以流通在外的股份总数。

$$\text{净资产价值}=\frac{\text{资产的市场价值}-\text{负债的市场价值}}{\text{股份总数}} \tag{15.1}$$

例如，某共同基金流通在外的股份有1 000万股，价值1亿美元，其负债为500万美元。则每股净资产价值为：

$$\begin{aligned}\text{净资产价值}&=\frac{100\ 000\ 000-5\ 000\ 000}{10\ 000\ 000}\\&=\frac{95\ 000\ 000}{10\ 000\ 000}\\&=9.5(\text{美元/每股})\end{aligned}$$

NAV的增长或下跌反映出共同基金公司持有投资的市场价值的变动。每天，这一价值会在美国证券交易所关闭后被计算，并且金融媒体会公布新的NAV。如果共同基金持有的资产价值增加，那么NAV也就增长。例如，如果共同基金持有IBM和通用电气的普通股，并且股价上涨，那么相关证券价值的增加就显示在基金股份的NAV中。投资组合价值的上涨带来NAV的增长就是价格增值。当投资者以高于他们购买此股份的净资产价格卖出股份时（除去交易费用），就获得了资本收益。

□ 红利收入和资本收益是来源于共同基金的投资者收入

> **共同基金红利**
> 从共同基金的投资收益中支付给投资者的收入。

共同基金红利（mutual fund dividend）是指共同基金的投资收益中支付给投资者的收入。这个红利既包括普通收入红利分配，也包括资本利得分配。**普通收**

入红利分配（ordinary income dividend distribution）是指共同基金对自身持有证券的股利收入和利息（月息、季息或年息）等进行分配。**资本利得分配**（capital gain distribution）是指基金在出售其投资组合中持有证券时实现的净收益（资本收益减去资本损失）。虽然全年只要当证券出售获利就会出现收益，但共同基金每年只进行一次资本利得分配。当基金支付了这些分配后，NAV 就减少了相应的价值。图 15-2 说明了共同基金收益的来源。

> **普通收入红利分配**
> 共同基金对自身持有证券的股利收入和利息（月息、季息或年息）等进行分配。
> **资本利得分配**
> 基金组合持有的证券在被出售之后实现的净收益。

持有共同基金份额的投资者的收益来源		
当前收入（持有股份获得的收益）		资本利得（出售股份获得的收益）
普通红利收入分配	资本利得分配	
共同基金通过股票获得股利，通过投资组合中持有的债券获得利息。每 3 个月（每个季度）进行分配	共同基金偶尔出售投资组合中的股票和债券。当证券售价高于买价时，获得资本利得。收益每年（年度）进行分配	当你出售共同基金的份额时，将会获得份额 NAV 的当前市场价。如果此价格高于买价，由于 NAV 增加你会获得资本利得，交易费用使收益相应减少

图 15-2　持有共同基金份额的投资者收益

□ 当卖掉共同基金份额时，你将实现资本利得

当你投资共同基金时，正如前文所述，你持有的股份将会为你提供当前收入。你可以选择拿走分配的红利或者通过购买基金中的额外份额进行再投资。然而，当你想卖掉全部或部分共同基金时，会发生什么事？最好的情况是共同基金价值大于购买时的价值。如果是这样，你将得到资本利得。

□ 共同基金投资的优势

本章重点介绍的共同基金的类型是**开放式共同基金**（open-end mutual fund）。开放式共同基金占所有基金的 90%以上，发行可赎回基金份额，投资者可以直接购买基金（或通过基金经纪人）而不用从股市投资者处购买。他们通常时刻准备出售新的所有权份额，并以基金当前的 NAV 买回之前出售的股份。开放式共同基金共有 11 000 多种，超过了纽约证券交易所上市的公司的股票种类（大约 2 800 种）。共同基金为投资者带来了多种优势。

> **开放式共同基金**
> 发行可赎回份额基金的投资，投资者可以直接购买基金或通过经纪人购买。

分散化投资

共同基金广泛投资于金融市场。它们可能拥有几百种不同的证券，这些证券同时以单位共同基金份额来表示。一个人即使拥有 500 美元或者 5 000 美元，也不可能进行如此分散化的投资。分散化的投资组合可以降低公司或部门破产时的风险。在第一章中我们讨论的**随机风险/非系统性风险**（random risk/nonsystematic risk）通过分散化投资可以大大被减少。当个人只对一个特定的标的进行投资（如只购买单家公司的股票）时，随机风险由此产生，这个特定的投资标的可能会由于未来不可控的因素或随机因素而表

现得很差。许多投资者发现，与持有单只股票或单只债券相比，通过持有共同基金来拥有股票和债券更容易实现分散化投资并分散风险。

可购买性

个人可以投资于门槛相对较低的共同基金，首次购买只需 250 美元或 1 000 美元。后续购买可能只需 50 美元。

专业管理

许多投资者缺乏知识和时间去买卖股票和债券。共同基金投资者喜欢由在证券交易委员会注册的专业投资顾问来管理他们的投资组合。一家基金管理公司可能控制数百万美元或数十亿美元的资产。**基金投资顾问**（fund investment adviser）可以获得最好的研究，然后他们进行选择，买卖证券并观察证券的走势，同时对投资组合的收益进行预测。基金投资顾问拥有最新的市场信息、专业的分析工具和可得的投资技术。基金投资顾问（基金经理、证券分析师和交易员）与个人投资者一样有着相同的投资目标，他们希望通过提高共同基金的资产净值来获得收益。

> **基金投资顾问**
> 基金经理、证券分析师以及共同基金的交易员能获得更好的研究；他们选择、购买、卖出并监控证券的表现；因此，他们监管着投资组合。

流动性

共同基金具有良好的流动性，这个概念我们在第五章和第十三章中讨论过。你可以很容易地将共同基金的份额转化为现金［**赎回**（redeem）］而不会产生损失，这是因为投资者可以将基金份额卖给投资公司。这只需拿起电话或在线就能实现。投资者得到的报价取决于投资组合的价值和资产净值（NAV）。

> **赎回**
> 投资者出售份额。

低交易成本

由于共同基金采用大规模交易的形式，与个人投资者相比，它们支付的交易佣金少很多。更低的交易成本有利于投资者获得更高的收益。个人直接从基金公司（或基金经纪人）处购买基金份额而不是在二级市场（如纽约证券交易所或纳斯达克股票市场）上向其他投资者购买。买卖基金份额的费用为资产净值加上基金征收的其他费用，而且这些费用往往较低。如果一些基金收取高额的购买和赎回费用，个人投资者就没必要去购买这些基金了。

简单的投资选择

选择一只共同基金比选择特定的股票或债券要容易得多。共同基金会说明自己的投资目标，投资者可以根据自己的目标选择合适的基金进行投资。投资者也可以使用共同基金筛选软件来选择满足一定投资目标的基金。这个话题将在本章后面介绍。

□ 独特的基金服务

共同基金提供大量的有价值的特殊服务，这些服务对投资者有益且极具吸引力。

便利性

共同基金对投资者来讲十分便利。共同基金的开户、基金份额的买卖和基金价格的查询较为简单。相关服务包括免费的电话查询、详细的交易记录以及提供各种活期存款和储蓄存款的替代品。基金拥有所有的交易文件和保存的记录，包括部分基金份额的会计记录，因此，当基金份额被出售时，投资者的应税损益的计算就会很方便。

轻松买卖基金份额

在共同基金公司开立共同基金账户和开支票账户一样简单。在初始投资后，投资者便可轻松购买更多的基金份额。基金份额可随时被出售，数额不限，或者通过出售相应数量的基金份额，投资者就可获取特定的现金。每份可按照交易日当天的收盘价格——基金的资产净值——在交易日结束时赎回。投资者可以通过电话、电报、传真、邮件或在线与基金公司进行基金份额的交易。

开具支票及电子汇兑

共同基金通常提供有息的货币市场共同基金，通过这种基金，投资者在进行投资决策时可选择积累资金、获得红利或持有资金。投资者可从货币市场基金中开具支票。货币市场基金专门投资于现金以及现金等价物。投资者可以电子汇兑的形式向共同基金及银行账户中存入或提取资金。

收入及资本利得的分配和自动再投资

> **自动再投资**
>
> 基金投资者可选择接受利息、红利和资本利得，或可选择将其自动再投资以购买额外的基金份额。

与其他大部分投资形式不同的是，共同基金的投资者可选择接受利息、红利和资本利得，或可选择将其自动再投资以购买额外的基金份额（通常无须支付佣金）。这种形式之所以被称为**自动再投资**（automatic reinvestment），是因为投资者是在以往收益的基础上获利，因此自动再投资能带来和复利相同的效果。根据需要投资者可购买零星的份额。自动再投资是共同基金最吸引投资者的优势之一。为了使所有资金实现充分投资，大多数份额持有人会明智地将从共同基金中获得的收入再次进行投资，详见图 15－3。

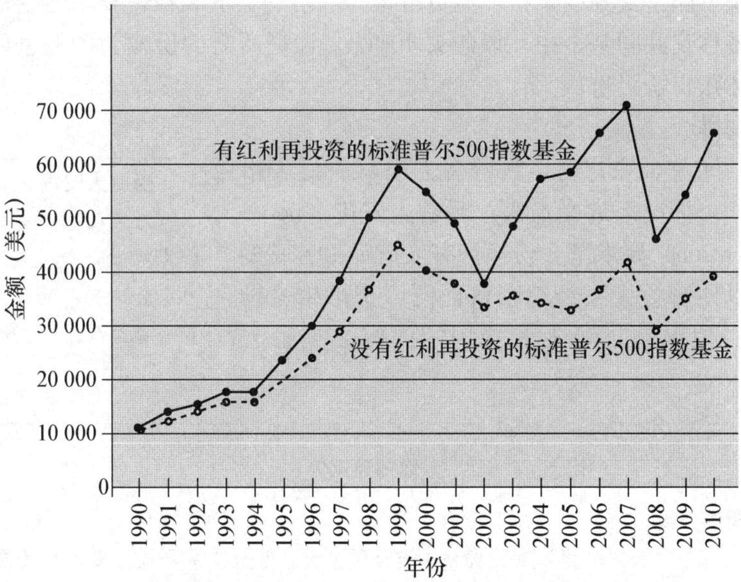

图 15－3　红利自动再投资的智慧

把收入再投资大大增加了份额所有权。图 15－3 显示了红利自动再投资获得的收益。将 10 000 美元的初始投资投入标准普尔 500 指数基金，因为红利的再投资，20 年后将获得 64 060 美元而不是 38 090 美元。标准普尔的首席投资策略师萨姆·斯托瓦尔曾说过：“过去 80 年来，在投资标准普尔 500 获得的总收益中，40%以上的收益来自红利再投资。因此，我认为参加自动再投资计划是长期积累财富的一个好方法，既简单又方便。”

资料来源：由标准普尔许可转载，版权所有者为麦格劳-希尔公司（2011）。

电话及网络的交易特权

交易特权［exchange privilege，又称**转换特权/转让特权/转移特权**（switching/conversion/transfer privilege)］指共同基金持有人有权按照一比一的比例将投资转移到由同一共同基金家族所管理的另外一只共同基金中。通过电话或在线进行基金间资金的转移，不会产生费用或只收取极少费用，这种费用被称为**转移费用**（exchange fee)，收费标准通常为每次转移花费 5 美元或 10 美元。共同基金家族指投资管理公司，此类公司向社会投资大众提供多种不同的共同基金，每种基金的投资目标不同。目前共有 400 多个**共同基金家族**（mutual fund family，登录 http://biz. yahoo. com/p/fam/a-b. html 获取相关信息)。

> **交易特权**
> 指共同基金持有人有权按照一比一的比例将投资转移到由同一共同基金家族所管理的另外一只共同基金中，也称转换特权、转让特权或转移特权。
> **转移费用**
> 指在同一共同基金家族管理下，转移基金所需的少量费用。
> **共同基金家族**
> 即投资管理公司，为投资大众提供多种不同的共同基金，每只基金都有不同的投资目标和投资准则。

自动投资

通过基金，投资者可定期按月或按季度使用自动从银行账户或工资转移到共同基金公司的资金进行支付。每月或每季度你的投资额可低至 25 美元。此为平均成本法的典型例证。在与基金公司沟通后，你可以改变投资选择且无须支付罚款。通过定期投资共同基金，你可以在长期建立一个大额的投资组合。

轻松建立退休计划

对于利用 401(k) 计划和个人退休计划（参见第十七章）为退休进行储蓄的人来说，共同基金可能是最好的选择。雇员可填写一份一页的表格，要求雇主每月把工资中的指定金额转移到共同基金中，以购买 401(k) 计划所需的份额。个人也可以填写表格来为个人退休账户购买份额。

受益人安排

在开立共同基金账户时，投资者需填写一份表格指定在自己死亡情况下的受益人。**受益人安排**（beneficiary designation）要求基金份额持有人指定一名或多名受益人，以便受益人不经遗嘱认证便可获得相关投资收益。有关遗嘱认证延迟和费用的内容参见第十八章。

> **受益人安排**
> 为了在基金份额持有人死亡后其收益能绕过遗嘱认证程序，为基金持有人的收益指定一个或多个受益人。

> **你知道吗？**
>
> 投资公司的分类
>
> 1940 年的《投资公司法案》对投资公司进行了分类。开放式共同基金是迄今为止数量最多的投资公司。其他四种投资公司类型如下所示：
>
> **1. 封闭式共同基金。**封闭式共同基金指基金规模在发行前已确定、在发行完毕后的规定期限内固定不变且不予回购的基金。这些公司的营运资金总额不变。封闭式共同基金既可以在交易所交易，也可以在场外交易市场进行买卖。在初次发行结束后，其价格主要取决于市场的供求情况而不是基金的表现。像普通股票和债券一样，封闭式共同基金的份额主要是在纽约证券交易所交易。

2. **房地产投资信托基金。房地产投资信托基金**（real estate investment trust，REIT）是一种特殊的封闭式共同基金。根据信托协议，REIT主要投资于房地产，如商务大楼和购物中心（被称为股权型REIT）、抵押贷款（被称为抵押型REIT）。混合型REIT则同时投资于以上两者。房地产投资信托基金没有预先确定的期限。房地产的流动性尽管相对较小，许多是非流动性的投资，但REIT主要在证券交易所进行交易。

3. **单位投资信托。单位投资信托**（unit investment trust，UIT）是指封闭式共同基金投资公司一次性公开发行的，具有固定数量的特定的基金单位份额。单位投资信托在一段时间内买入并持有一个非托管的固定收益证券投资组合，如一定期限的市政债券。期限可能是几个月也可能是50年。每单位都代表一定比例的特定投资组合的所有者权益，这个特定的投资组合可能包括10～50只证券。经纪人可以以每单位大约250～1 000美元的价格出售这些证券，尽管经纪人可能回购和转售，但这种证券的交易几乎没有。

4. **交易所交易基金。交易所交易基金**（exchange-trade fund，ETF）是一篮子被动管理的指数型基金（在本章的后面会介绍）。它是以构成某一指数的成分股为投资对象、依据构成指数的股票种类或比例、采取完全复制或抽样复制的方式进行被动投资的指数基金。实际上，ETF抛弃了基金经理，并将节省的资金转移给投资者。现在有标准普尔500指数ETF（名为Spider)、道琼斯工业平均指数ETF（名为Diamonds）和纳斯达克100指数ETF（名为Qubes）等900多种ETF。从在证券市场上市并由经纪人全天交易开始［主要在美国证券交易所（AMEX）交易］，ETF的价格就由市场自身来决定。ETF方便了投资者跟踪指数而无须购买指数型基金，ETF几乎适用于所有资产类别，从股票、债券到工业用的金属和大宗商品。

多种途径赎回获得收入

共同基金为份额持有者提供了多种**赎回选择**［withdrawal option，又称**系统性赎回计划**（systematic withdrawal plan)］。一旦参加了这个计划，最低的赎回额度为50美元。基金公司会定期（每月或每季度）把赎回款项转到你的账户（或你指定的账户）上。你可以通过以下方式定期赎回款项：(1) 每月获取一定金额；(2) 每月兑现一定量的基金份额；(3) 以现金形式获取最近的基金收入；(4) 获取基金资产的增值部分。

> **赎回选择/系统性赎回计划**
> 基金公司与希望定期从基金投资中得到收入的共同基金投资者达成的协议。

概念测试15.1

1. 解释共同基金资产净值的计算和使用。
2. 列出投资共同基金的五个优势。
3. 列出共同基金特有的五项服务。

共同基金的投资目标

大多数共同基金都是**管理基金**（managed fund)，这意味着专业的基金经理需采用特定的投资方法，不间断地评估和选择证券。积极的基金经理每天都会选择投资哪种股票和债券，然后在他们认为适当的时机卖出。基金经理赚取服务费，其最终做出的选择将对该基金业绩负责。

> **学习目标 2**
> 根据投资目标给共同基金分类。

> **管理基金**
> 这种基金聘请专业的基金经理人，这些基金经理经常使用特定的投资方法评估和买卖证券。

在投资任何特定的共同基金之前，你需要确定该基金的投资目标是否真正适合你自己的投资理念和理财目标。美国证券交易委员会要求公开披露基金的投资目标。根据投资目标的不同，共同基金可分为以下三类：收益型基金、成长型基金以及成长与收益型基金。每种类型基金的特征、风险和收益特点都不尽相同。基金的名称为其投资目标给出了提示。

□ 收益目标

有**收益目标**（income objective）的共同基金主要投资于定期支付固定收入（股利或利息）的证券，如货币市场基金、债券型基金等。

货币市场基金

共同基金公司和经纪公司提供**货币市场基金**（money market fund，MMF）。它们投资于高流动性、期限非常短（通常少于 60 天）且相对安全的证券，如大额可转让定期存单、政府债券和商业票据（即由公司发行的短期负债）。为了提高流动性，法规要求货币市场基金将其资产的 10%保留为现金或可在一天内轻松转换为现金。你可以开具支票或使用提款卡来访问货币市场基金账户。发行人将资产净值（每份基金份额的价格）保持在 1 美元。

> **免税货币市场基金**
> 将投资限制在 60 天或者更短的期限内的免税市政证券。
>
> **政府证券货币市场基金**
> 注重投资的安全性，仅投资由美国政府机构发行的短期国债和其他短期证券。
>
> **债券型基金**
> 目标是在赚取高于货币市场基金当前收益的同时，不产生非必要的风险，主要投资于能提供较高利息和资本增值的债券组合和低风险投资标的。

正如第五章所述，货币市场基金（已有 1 000 多只）比通过银行和信用合作社提供的账户支付更高的收益率。它们被视为非常安全的投资工具。**免税货币市场基金**（tax-exempt money market fund）是将投资限制在 60 天或者更短的期限内的免税市政证券。这些收益对投资者是免税的。**政府证券货币市场基金**（government securities money market fund）注重投资者所关注的安全性，仅投资由美国政府机构发行的短期国债和其他短期证券。

债券型基金

债券型基金［bond fund，又称**固定收益基金**（fixed-income fund)］的目标是在赚取高于货币市场基金当前收益的同时，不产生非必要的风险。这类基金主要投资于债券及其他相关投资组合，如优先股和支付高额股利的普通股。与此同时，债券型基金的价格会随着利率的变化而波动，从而取得一定的资本利得。债券型基金可以根据所拥有的投资组合和持有资产的期限进行分类。

- **短期公司债券型基金**投资于期限为 1～5 年的公司债券。
- **短期美国政府债券型基金**投资于期限为 1～5 年的国债。

- **中期公司债券型基金**投资于期限为5～10年的投资级公司债券。
- **中期政府债券型基金**投资于期限为5～10年的美国国债。
- **长期公司债券型基金**专门投资于期限为10～30年的投资级公司债券。
- **美国政府长期债券型基金**投资于期限为10年或10年以上的国债和零息债券。
- **抵押担保基金**投资于由美国政府机构，如房利美（联邦国民抵押贷款协会）和房地美（联邦住房贷款抵押公司）发行的抵押贷款支持证券。
- **垃圾债券型基金**投资于高风险、高收益的公司债券。
- **市政债券型（免税）基金**投资于收入免税的市政债券。同时投资于投资级的已存在的市政债券型基金和高收益的市政债券型基金。
- **单一州政府债券型基金**只投资于一个州发行的债券。
- **全球债券型基金**投资于外国公司和政府发行的债券。

□ 成长目标

以成长为目标的共同基金追求资本的长期增值。这类基金投资于具备高于平均增长潜力的公司普通股，这些公司可能无法支付定期红利但具备获得大量资本利得的潜力。成长型基金具有很大的风险敞口，具体反映在价格大幅的波动中。根据持有的资产和具体投资目标的不同，成长型基金可以分为以下几类。

积极成长型基金［aggressive growth fund，又称**最大资本利得型基金**（maximum capital gain fund）］寻求最大限度的长期资本增值。它又被称为**资本增值型基金**（capital appreciation fund），主要投资于价格波动幅度很大的投机性股票。它们可能采用高风险的投资技术，如举债杠杆、卖空、对冲和期权等。通过大量的买入和卖出来增加收益。

> **积极成长型基金**
>
> 投资于价格波动幅度较大的投机性股票，追求最大化的长期资本增值，也被称为最大资本利得型基金和资本增值型基金。

成长型基金（growth fund）通过投资于那些收入和收益增长率高于平均水平的公司的普通股以寻求长期资本增值，这些公司通常规模较大且知名度较高。该类型的公司（如沃尔玛、微软和可口可乐）往往倾向于将其收入的绝大部分进行再投资以促进未来增长。

> **成长型基金**
>
> 通过投资于那些收入和收益增长率高于平均水平的公司股票，以寻求长期资本增值。

成长与收益型基金（growth and income fund）投资于红利收入及价格升值潜力都很大的公司。

价值型基金（value fund）专注于那些基本稳健，但是不被市场青睐并价值被低估、价格较低（市盈率较低）的股票。

> **成长与收益型基金**
>
> 投资于红利收入及价格升值潜力都很大的公司；与积极成长型基金或成长型基金相比，它的风险较小。
>
> **价值型基金**
>
> 投资于那些基本稳健，但是不被市场青睐并且价值被低估的股票，那些股票往往基本面较好且价格较低（市盈率较低）。

大盘股基金（large-cap fund）投资于市值超过100亿美元的公司股票。

中盘股基金（midcap fund）投资于那些有望迅速增长、市值在20亿美元和100亿美元之间的中型公司股票。

小盘股基金［small-cap fund，又称**小公司成长型基金**（small company growth fund)］投资于那些呈现出强大增长潜力、市值在3亿美元和20亿美元之间、目前不太知名的公司。

微小盘股基金（microcap fund）投资于那些市值在5 000万美元和3亿美元之间、风险系数很高的公司。

行业基金（sector fund）将其投资集中在一个或多个行业，这些行业构成了经济的一个针对性部分，预计其有望或有可能迅猛增长，例如能源、生物技术、医疗保健、金融服务等行业。

区域基金（regional fund）投资于在全球特定地区的证券交易所上市的证券，例如环太平洋地区、澳大利亚或欧洲。

贵金属与黄金基金（precious metal and gold fund）投资于与黄金、白银和其他贵金属有关的证券。

全球基金（global fund）投资于在国外交易所上市的公司和在美国登记（通常是跨国公司）的成长股。

国际基金（international fund）投资于世界各地的外国股票。

新兴市场基金（emerging market fund）主要投资于新兴市场的股票，在经济规模较小但是正在成长的国家寻找股票。由于这些国家在政治上往往不太稳定，所以基金价格的波动较大。

你知道吗？

关于绝对收益型共同基金

绝对收益型共同基金（absolute-return mutual fund）是一种新的、非常复杂的基金投资形式，它通过使用不同于传统共同基金的投资管理技术，如卖空、期货、期权、商品、衍生品、套利、杠杆和非传统资产（包括外汇）等，承诺在任何市场上都能获得持续的收益，避免损失。大部分这类基金的名字中都有“绝对收益”的字样。专家认为这种基金很难进行分析，因为它们与对冲基金类似。很多人认为这种基金的承诺有点言过其实。

□ 成长与收益目标

以成长与收益为共同目标的基金寻求均衡的收益，这些收益由当前收入和资本利得组成。这些基金大量投资于普通股。这类基金的收益率目标在收益型基金和成长型基金之间，但是基金的风险比成长型基金要小。成长型基金有很多种类。

成长与收益型基金（growth and income fund）投资于有良好成长势头的公司，这些公司支付固定股利或上涨的股利。

股本收益型基金（equity-income fund）一般投资于有着长期支付高额股利历史的知名公司，因为这些公司比较注重收益和资金保本。

专家建议

只积极投资“闲钱”

一旦投资者制订了自己的理财计划，仅限于自身的“闲钱”，承受更大的风险是可以接受的。**闲钱**（fun money）是一笔投资资金，你可以承受其损失，失去这笔钱对你的投资组合不会造成严重的影响。例如，你可能会决定用特定的金额进行交易，如5 000美元，或是不超过投资组合的2%或3%的金额，并把这笔闲钱存入一个与长期投资相互隔离的单独账户中。要树立良好的心态，当这笔钱亏损时，告诉自己你喜欢这样的投资尝试，同时接受这笔钱已经不在的事实，尤其是在试图弥补损失时，避免产生“一定要赢回这笔钱”的不良心态。

投机性的投资和赌博没有太大的区别。闲钱投资最大的危险是你可能会成功。成功可以给你信心——“你是一个伟大的投资者”——尽管这可能是错误的幻觉。虽然你可能是下一个亿万富翁，就像沃伦·巴菲特一样，但这样的成功可能会诱惑你更激进地投资于更多的资产，同时可能会导致意想不到的灾难。

投资一些积极成长型共同基金可能会有很多乐趣，特别是当投资金额很小的时候。随着时间的推移，你需要一个严谨的投资计划，同时重点是投资组合的分散化。正如金融专栏作家简·布赖恩特·奎因所说，“日常生活所需的钱最好放在共同基金的分散化投资组合里，那里永远都不会出错。”

罗伯特·O. 维格雷

密苏里大学哥伦比亚分校

你知道吗?

稳定价值型基金只能由雇主提供

稳定价值型基金可通过雇主赞助的退休计划提供。这是一种特殊的基金品种。这种基金得名的部分原因是其购买了一份保单，该保单允许投资者以一定的价格赎回基金份额，而不用考虑整体的市场价格。因此，这给基金投资者提供了保障，投资者可以就此获得一定价值的基金净资产。稳定价值基金投资于高质量的中期债券，其中包括保险公司的**保障性投资合同**（guaranteed investment contract，GIC）。GIC保证购买者在预定的一段时间内保持固定利率或浮动利率，确保了资金收益。在过去的十年中，GIC的平均年收益率为5%，而货币市场基金的年收益率仅为2.6%。在经济衰退最严重的时期，尽管其他基金价值持续下滑，GIC基金价值仍然呈增长趋势。

社会责任型基金

它所投资的公司都达到了既定的道德行为标准。

平衡型基金/融合型基金

它保持股票和债券的固定组合，通常为60%的股票和40%的债券，这是为了获取平衡的收益和长期的资本利得。

资产配置基金

它投资于多种资产（通常为股票、债券和现金等价物，有时也包括国际资产、黄金和房地产）。这种基金定期买进卖出，以期降低风险和获得高于市场表现的报酬。

社会责任型基金（socially responsible fund）所投资的公司都达到了既定的道德行为标准。这些标准包括不断改进的员工关系、积极参与社会活动、保护环境、尊重人权和生产安全产品（以及消除烟草、枪支、酒精、赌博等“罪恶”产品）。其案例可见www.socialinvest.org。社会责任型基金中表现较好的基金包括帕纳塞斯职场基金（Parnassus Workplace Fund，代码为PWF）、苹果种子基金（The Appleseed Fund，代码为AF）、阿扎德伦理中盘股基金（Azzard Ethical Mid Cap，代码为AEMC）、马力诺青年投资者基金（Monetta Young Investor，代码为MYI）和万福玛利亚机会基金（Ave Maria Opportunity，代码为AMO）。

平衡型基金［balanced fund，又称**融合型基金**（hybrid fund）］保持股票和债券的固定组合，通常为60%的股票和40%的债券，这是为了获取平衡的收益和长期的资本利得。

混合型基金（blend fund）投资于股票和货币市场证券的组合，但是不投资于固定收益证券，如债券。

资产配置型基金（asset allocation fund）投资于多种资产（通常为股票、债券和现金等价物，有时也包括国际资产、黄金和房地产）。这种基金定期买进卖出，以期降低风险和获得高于市场表现的报酬。其所投资的资产基于风险的承受能力进行分类（激进型、稳健型和保守型）。

目标日期退休基金［target-date retirement fund，又称**生命周期基金**（life-cycle fund）］属于资产配置型基金，为投资者提供预设的投资组合，包括股票、债券和现金，这些都是以一定年龄段的投资者承受风险的能力为基础而提出的。这种基金通常以退休的年份命名，如"富达自由基金2030"。这些投资方式的目标对象是30岁、40岁、50岁、60岁和70岁的人士。目标日期退休基金在随着退休目标日期临近时将激进型资产转化为稳健型，进而保守型证券组合。它们寻求先增长，然后保留投资组合资产。对于退休投资来说，这是一种"一劳永逸"的方法。法规要求目标日期退休基金为投资者提供信息，以显示基金在生命周期内的计划。

> **目标日期退休基金/生命周期基金**
>
> 它为投资者提供预设的投资组合，包括股票、债券和现金，这些都是以一定年龄段的投资者承受风险的能力为基础，这种基金通常以退休的年份命名。

共同基金型基金（mutual fund fund）通过投资于其他共同基金来获取收益。这种基金提供了较高程度的分散化投资，但是费用高出平均水平。

指数型基金（index fund）是一种共同基金，其投资目标是通过买入并持有全部或具有代表性的证券组合来获得与特定市场指数一致的收益。因为基金经理没必要评估和选择个别证券，所以指数型基金又是一种**非管理基金**（unmanaged fund）。标准普尔500指数基金有效地反映了指数中公司的总体收益，主要是一些美国大盘股的收益。这种基金的年管理费较低，约为0.07%～0.3%。

> **非管理基金**
>
> 基金经理不用评估和选择证券，因此这种基金的管理费用较低，ETF和指数型基金都是非管理基金。

> **你知道吗？**
>
> ETF数量不断增加
>
> ETF是能够像股票一样在交易所进行交易的共同基金。现在ETF的数量不断增加，其部分原因在于先驱基金公司和其他一些公司取消了ETF的销售佣金。四分之一的投资者都在自己的投资组合里拥有ETF，部分原因在于其较低的费用（年平均基金管理费用为0.36%），低于其他类似的共同基金（平均管理费用为0.66%）。ETF中管理费用最低（0.07%）的是先驱全股票市场ETF（代码为VTSAX），它追踪3 000只股票。广泛市场ETF（代码为SCHB）追踪2 500只股票，年度管理费用为0.08%。**加强型ETF**（enhanced ETF）既跟踪指数，同时也投资有潜力的公司，因此是积极管理型ETF。

> **理财要点**
>
> ETF和指数型基金收取较低的费用
>
> ETF和指数型基金都以市场为投资标的，有较低的费用（通常是0.07%～0.3%），ETF的管理费用通常比指数型基金低。很少有个人投资者或基金经理的投资业绩能超过指数型基金。与其在干草堆里寻针，为什么不买下那堆干草？

概念测试15.2

1. 投资者如何使用货币市场基金进行投资？

2. 根据收益目标、成长目标以及收益与成长目标对共同基金进行区分并分别给出两个例子。

3. 区分资产配置型基金和目标日期退休基金。

4. 解释为什么投资者喜欢投资共同基金。

共同基金投资的费用

> **学习目标3**
> 总结买卖共同基金的费用。

> **持有者费用**
> 它是直接向基金投资者收取的特定交易费用，如购买费用、赎回费用和交易费用等。

个人投资共同基金需要支付的交易费用通常低于购买个股、债券和现金等价物证券的交易费用。**持有者费用**（shareholder fee）是直接向基金投资者收取的具体交易费用，用于特定交易，如购买费用、赎回费用和交易费用等。**年度基金运营费用**（annual fund operating expense）是正常的运营成本，通常在向份额持有者分配收益之前从基金资产中抽取。与共同基金投资相关的费用较多，有些可能会令人困惑；而有些费用则可以避免。

> **你知道吗？**
>
> **债券型基金的价值会下降**
>
> 在经济衰退期间和经济衰退之后的低利率往往会被较高利率所代替，因为在经济复苏时期，低利率通常会造成通货膨胀。当利率上升时，债券型共同基金的价值就会减少。债券型基金的投资者实际上拥有数以百计的不同期限的单只债券；因此，债券型共同基金所投资的债券有平均利率和平均到期日。
>
> 如果你投资了债券型基金，那么当利率上升时需要当心。如果利率变化一个百分点，那么债券的价值会变化一定数量的债券久期。比如一只债券型基金的平均久期为7年，利率上升1%，那么债券价值会减少7%。如果今天的利率在未来几年内将上升3%，那么债券型基金的净资产价值将减少21%，这是很有可能发生的事情。

□ 有佣基金与免佣基金

> **年度基金运营费用**
> 业务正常运营的成本，通常在向份额持有者发放收益之前从基金资产抽取。
>
> **有佣基金**
> 在基金购买时需要支付一定的销售费用，费用往往是支付给经纪人的佣金。

所有共同基金都可分为有佣基金和免佣基金。两种基金的区分依据是在购买股份时是否需要支付销售费用，或称佣金。

有佣基金通常收取交易费

对购买收取销售费用的基金被称为**有佣基金**（load fund）。有佣基金不是由共同基金公司直接投放到市场中向投资者出售的，而通常都是由股票经纪公司、银行及理财规划师发售的。销售费用指的是付给基金经纪人的佣金。

佣金，也称**前端费用**（front-end load），通常相当于投资总额的3%～8.5%；佣金的支付减少了可用于购买基金的金额。举例来说，假设你与股票经纪人讨论了猫狗食品联合共同基金（Conglomerate Cat and Dog Food Mutual Fund）的投资潜力后决定投资10 000美元。由于这种有佣基金收取的佣金比例为8.5%（美国证券交易委员会允许的上限），因此股票经纪人获得850（=10 000×0.085）美元的佣金。因此，实际上只剩9 150美元可被用于购买这种基金。这种佣金远高于股票交易费用，通常是证券购买价格的0.25%～2%。

> **前端费用**
> 个人在购买投资工具时需要支付的销售费用，减少了可用于购买基金的金额。

销售费用可以分为固定佣金和投资额百分比佣金两种形式。**固定佣金**（stated commission，在上文例子中的比例为8.5%）通常容易引起误解。相反，投资额百分比佣金是基于实际投资运作金额而得出的，因此是一个更为准确的数字。比例为8.5%的固定佣金实际上等于投资额的9.3%[=(10 000−9 150)/9 150]。如果投资者想将10 000美元全部投资于有佣基金，那么他实际需要支付10 930美元[由于10 930−(10 930×8.5%)=10 000(美元)]。10 000美元或更高的投资额经常在佣金上可获得折扣。

> **固定佣金**
> 销售费用，为总投资额的一定比例。

所谓的**低佣基金**（low-load fund）可能会收取1%～3%的销售费用。此类基金可由经纪人出售，也可通过邮件出售，有时还可通过位于购物中心内的共同基金零售商出售。大约一半的共同基金都收取佣金。

> **低佣基金**
> 此类基金收取1%～3%的销售费用，可由经纪人出售，也可通过邮件出售，有时还可通过位于购物中心内的共同基金零售商出售。

免佣基金

免佣基金（no-load fund）依照资产净值出售，不额外收取销售费用。此类共同基金公司允许投资者直接从共同基金公司购买基金，而无须通过经纪人、银行或理财规划师。有兴趣的投资者只需要在财经报纸、杂志和网络上寻找此类基金的广告，然后通过免费电话、网络或邮件的形式与基金公司取得联系。尽管某些基金在交易时收取0.25%或更低的“服务费”，但美国证券交易委员会还是允许将此类基金被称为“免佣”基金。这会让人感到迷惑！

> **免佣基金**
> 它允许投资者直接以基金资产净值（NAV）购买基金，不额外收取任何销售费用。

一些免佣基金收取12b-1费用

12b-1费用（12b-1 fee，以美国证券交易委员会有关允许收费的规章制度命名）是基金公司每年从基金资产中提取出来支付给基金承销商或经纪人的基金销售的费用，也包括用于广告、市场推广、分销和促销的费用。12b-1费用也称**分销费用**（distribution fee）。这项费用还需支付**尾随佣金**（trailing commission），即在未来几个月或未来几年中支付给销售人员的报酬。尽管一些基金不把12b-1费用称为“佣金”，因为它们不是预先收取的，但实际上12b-1

> **12b-1费用/分销费用**
> 一些免佣基金从基金资产中扣除的费用，用于支付销售人员报酬和其他费用。
>
> **尾随佣金**
> 在未来几个月或未来几年中支付给销售人员的报酬。

费用却具有和佣金相同的效果——大幅减少投资者的收益。超过 60%的基金收取 12b-1 费用，包括一些免佣基金。

这些**隐性费用**（hidden fee）不被称为销售费用，但每年都会降低持有者的盈利能力。12b-1 费用实际上是“永久的销售费用”，因为它是根据初始投资及每年红利再投资进行评估的。美国证券交易委员会对 12b-1 费用设置了 0.75%的上限，但同时也允许 0.25%的服务费用，因此费用总额可达到 1%。一些基金会在 4～8 年后停止收取 12b-1 费用。

一些免佣基金收取递延费用和赎回费用

大约 60%的免佣基金（以及很多有佣基金）都收取额外的交易费，如递延费用和赎回费用。**递延申购手续费用**［contingent deferred sales charge，又称**后端费用**（back-end load）］，是一种仅在基金出售时收取的销售佣金。递延申购手续费用通常按比例递减。在投资者持有基金期间，递延申购手续费用会按照每年 1%的比例递减。比如，如果投资者在基金申购一年内赎回，则基金可能会收取 6%的递延申购手续费用，然后该费用每年递减直至 6 年后收取比例为 0。

赎回费用［redemption charge，又称**退出费用**（exit fee）］与递延申购手续费用类似，但通常比递延申购手续费用收费低。基金收取赎回费用是为了减少过度频繁的基金交易。赎回费用的收取比例通常为赎回份额价值的 1%。投资持有期超过半年或一年后将免收赎回费用。长期投资者赎回基金时无须支付投资一年后即可免收的赎回费用。

> **理财要点**
>
> **12b-2 费用将取代 12b-1 费用**
>
> 美国证券交易委员会在 1980 年通过了 12b-1 费用方案，发现尽管基金费用在 30 年内几乎没有增加，但 12b-1 费用会使每年基金费用总额高达 1%。因此，SEC 又通过了 12b-2 费用方案［又称支付“分销活动”的**营销和服务费用**（marketing and service fee）］来代替 12b-1 费用方案，每年基金费用的上限为 0.25%。12b-2 费用方案从 2017 年开始分阶段实施。

> **递延申购手续费用/后端费用**
>
> 在基金出售时才收取的销售佣金，通常按比例递减。在投资者持有基金期间，费用会按照每年 1%的比例递减。
>
> **赎回费用/退出费用**
>
> 与递延申购手续费用类似，用来避免基金份额被过度频繁交易。

□ 共同基金分级

投资者购买的共同基金可分为多个等级：A 级、B 级和 C 级。A 级、B 级和 C 级都投资于同一个证券组合中，拥有相同的投资目标，但收费和支出模式不同。A 级基金收取前端费用。B 级基金为免佣基金，但收取 12b-1 费用和递延申购手续费用。C 级基金同样为免佣基金，收取 12b-1 费用和赎回费用。因此，对于共同基金等级的选择取决于投资者预期持有基金的时间长短。

> **理财要点**
>
> **低费用比率意味着高收益**
>
> 从长期来看，基金费用会极大地减少投资收益。假设一只股票型基金的年收益率为 7%，初始投资额为 10 000 美元。那么 20 年后的投资余额根据费用比率的不同而有所区别，具体如下：
>
> 1. 积极管理的共同基金（费率为 1.9%；投资余额为 29 190 美元）；
>
> 2. 指数型共同基金（费率为 0.7%；投资余额为 33 936 美元）；
>
> 3. 指数型 ETF（费率为 0.07%；投资余额为 38 193 美元）。

□ 怎样比较基金费用？

为了在预计持有期和预计收益的前提下比较不同

基金的费用，投资者可以参考美国金融业监管局的共同基金费用分析工具(http://apps.finra.org/investor_Information/ea /1/mfetf.aspx)。这个工具能够估计共同基金的价值和基金费用对投资的影响，还能帮你找到适合的基金和相关基金费用的可用折扣。

美国证券交易委员会要求共同基金能够（以简明英语）向投资者提供一份简明的基金投资说明书，其中包含能够帮助投资者做出投资决策所需的信息，该说明书应列在基金完整招股说明书的前面，其中必须包括一个**标准费用表**（standardized expense table），以说明基金费用和其他支出对基金投资可能造成的影响。同时，需要注意一下**费用比率**（expense ratio）是在基金公司管理下每单位基金资产的费用。分散化投资的股票型基金的平均费用比率为1.45%，指数型基金的平均费用比率为0.25%。

> **标准费用表**
> 美国证券交易委员会要求披露的基金信息，描述了标准化的共同基金收费标准，以便投资者能够准确地比较基金费用和其他支出费用对基金投资可能造成的影响。
>
> **费用比率**
> 在基金公司的管理下，每单位基金资产的费用。

□ 哪种最好：有佣基金还是免佣基金？低费用还是高费用？

最好的选择是投资于低费用的免佣基金。如果投资者投资高费用的有佣基金，那么他们的实际收益可能会比别人少。专家一致认为“对于基金投资来讲，高额的销售费用和管理费用无疑是一个巨大的浪费。”

销售佣金减少收益

有佣基金收取的销售佣金无疑会减少总收益。当为了说明销售费用的影响而调整投资结果时，免佣基金便显现出与生俱来的优势，因为投资者在投资中拥有更多的资金。

12b-1费用减少长期收入

每年的12b-1费用从长远来看是相当高的。如果投资者投资于某种共同基金十年，每年投资者基金资产的1%被用于支付该共同基金的服务管理费，那么投资者资产总额的10%左右将以尾随佣金的形式支付给基金公司，是一笔巨大的费用。

> **你知道吗？**
>
> 怎样获得共同基金的信息？
>
> 关于共同基金投资的信息有很多，目前关于共同基金的投资信息可以通过多种渠道获得。
>
> 相关网站
>
> - 雅虎财经(http://finance.cn.yahoo.com/funds)；
> - 傻瓜投资(www.foolfunds.com)；
> - 《吉普林个人理财》(www.kiplinger.com/guides/mutualfunds/)；
> - CNN财经(http://money.cnn.com/pf/funds/index.html)；
> - 商业周刊在线(http://www.businessweek.com/investor/ funds.html)；
> - 财智(www.smartmoney.com/investing/mutual-funds/)。

个人财经杂志

《吉普林个人理财》《金钱》《商业周刊》《消费者报告》《福布斯》《价值》。在《福布斯》的八月下半月刊、《金钱》的十月刊、《商业周刊》的二月下半月刊和《吉普林个人理财》的九月刊都会对各只基金的表现进行全面而详尽的分析。

财经媒体

《华尔街日报》《巴伦周刊》《投资者商业日报》以及《纽约时报》《今日美国》的商业版面。

在线新闻和报价服务

计算机在线、道琼斯新闻的个人投资者检索板块、Farcast、《个人日报》、Quote. com 和路透社等。

共同基金的相关出版物及网站

《晨星共同基金》《晨星免佣基金》《共同基金信息更新》《投资公司年鉴》《IBC/Donoghue 共同基金年鉴》《标准普尔》《Lipper 共同基金概况》《穆迪》《价值线共同基金调查》。其中，晨星(www. morningstar. com)和美国投资公司协会(www. ici. org)提供成千上万只基金的信息。有些信息收费，有些免费。

避免大额管理费用对于成功投资很重要

独立调查显示，超过五年期的低成本基金通常会带来比高成本基金更高的收益。即使是管理费用上很小的差别也会对长期收益产生重大影响。例如，期初投资为 50 000 美元，年收益率为 8%，投资期间为 20 年。当管理费用为 1.5%时，期末将得到176 182 美元；相比之下，在同一时间跨度内，当管理费用为 1%的时候，期末将得到 193 484 美元；当管理费用为 0.5%时，期末将得到 212 393 美元。如果投资期间变成 30 年，那么期末所得将分别为 330 718 美元、380 613 美元和 437 748 美元。从长期看，与高管理费用的基金相比，低管理费用的基金收益率高出了将近 33%。低管理费用带来的长期投资收益不可小觑。

概念测试 15.3

1. 举出关于有佣基金费用的三个例子。
2. 大部分投资者应该选择有佣基金还是免佣基金？
3. 总结佣金和费用对共同基金投资收益的影响。

选择要投资的共同基金

学习目标 4

建立评价和选择符合你的投资目标的共同基金的策略。

通常需要投资人自己动手选择要投资的共同基金。潜在的投资人可参考大量客观信息进行评估和挑选基金。为了解释选择基金的过程，让我们看看杰米·里克特的决策制定过程。她二十多岁，从事销售职业，年收入为 51 000 美元，居住在加利福尼亚州萨克拉曼多。图 15－4 阐释了选择共同基金的流程，表 15－1 显示的大盘股共同基金业绩，数据来自《吉普林个人理财》杂志。

1. 确定投资策略	保守 稳健 激进
2. 确定投资目标	目标 投资年限 收益 税收
3. 排除不适合投资目标的基金	收益型基金 成长型基金 收益与成长型基金 特殊的基金类型
4. 选择低佣基金或免佣基金	
5. 采纳相关投资建议	直接投资 对投资组合的审查
6. 根据你的投资准则筛选和比较基金	基金筛选工具 相关费用 基金表现 相关服务
7. 对基金的投资组合进行监控	在基金报价的基础上，对投资组合进行监控

图 15－4 共同基金的选择流程

表 15－1 共同基金的表现

20 家规模最大的股票型共同基金

基金排名/名称	代码	总资产[a]（十亿美元）	截至 1 月 7 日的总收益率（%）[b]			最大销售费用	免费电话
			1 年期	3 年期	5 年期		
1. American Gro Fund of America A[c]	AGTHX	161.8	10.7	−1.5	1.9	5.75%	800-421-0180
2. Vanguard Total Stck Mkt Idx Inv[c]	VTSMX	150.7	15.5	−0.1	2.5	无	800-635-1511
3. American EuroPacific Gro A[c]	AEPGX	109.0	6.6	−2.7	4.4	5.75%	800-421-0180
4. Vanguard 500 Index Inv[c]	VFINX	102.6	13.5	−1.4	1.8	无	800-635-1511
5. American Cptl Wrld Gro & Inc A[c]	CWGIX	81.3	5.2	−3.9	3.8	5.75%	800-421-0180
6. American Cptl Inc Builder A[c]	CAIBX	79.4	6.9	−2.7	3.8	5.75%	800-421-0180
7. Fidelity Contrafund[c]	FCNTX	75.5	16.3	−0.2	4.3	无	800-544-9797
8. American Inc Fund of America A[c]	AMECX	68.1	10.8	0.3	3.9	5.75%	800-421-0180
9. American Invstmt Co of America A[c]	AIVSX	62.1	9.2	−1.7	2.0	5.75%	800-421-0180
10. Vanguard Emerging Mkts Stock Idx[c]	VEIEX	59.5	14.5	0.3	10.7	0.25%[d]	800-635-1511
11. Franklin Income A[c]	FKINX	57.8	11.8	−2.7	5.6	4.25%	800-632-2301
12. Vanguard Wellington[c]	VWELX	53.9	9.8	2.2	5.3	无	800-635-1511

续前表

基金排名/名称	代码	总资产[a]（十亿美元）	截至1月7日的总收益率(%)[b]			最大销售费用	免费电话
			1年期	3年期	5年期		
13. American Washington Mutual A[c]	AWSHX	50.9	12.3	−2.2	1.7	5.75%	800-421-0180
14. American Balanced A[c]	ABALX	50.5	11.6	1.5	3.6	5.75%	800-421-0180
15. American Fundamental Inv A[c]	ANCFX	49.8	12.0	−1.7	3.8	5.75%	800-421-0180
16. BlackRock Global Allocation A[c]	MDLOX	48.7	7.8	2.0	6.8	5.25%[e]	800-441-7762
17. American New Perspective A[c]	ANWPX	46.0	10.7	−0.7	5.0	5.75%	800-421-0180
18. Dodge & Cox Intl Stock	DODFX	43.4	9.4	−3.1	3.8	无	800-621-3979
19. Dodge & Cox Stock	DODGX	43.0	11.9	−3.9	−0.3	无	800-621-3979
20. Fidelity Spartan 500 Index Inv[c]	FUSEX	40.9	13.6	−1.3	1.9	无	800-544-6666
S&P 500 WITH DIVIDENDS			13.6	−1.3	1.9		
MSCI EAFE			5.5	−5.9	1.8		

a. 包括各种类型的资产。
b. 3年期、5年期为年化收益率。
c. 排名不考虑费用结构以及最小初始投资。
d. 最大赎回费用。
e. 前端销售费用，适用于回购。MSCI EAFE是MSCI的欧洲、澳大拉西亚、远东指数。
资料来源：© 2011 Morningstar Inc.

共同基金在过去五年里的收益率表现说明了经济增长的疲软和2007年、2009年股市的暴跌。同时，表15-1中显示最近一年基金收益大大提高。投资者在选择共同基金时，不应仅仅考虑最近一年的基金表现，还要遵从以下建议。

□ 回顾你的投资理念和投资目标

杰米先回顾了她的投资理念和投资目标并开始选择基金。这些内容我们在第十三章就已研究过。杰米的投资理念较为稳健，她先写了一个书面的投资计划（见图13-6）。她现在感兴趣的投资目标是养老，她的投资期限为未来30年或更长时间。她预计年化收益率至少可以达到7%～8%。她并不关心个人所得税的问题，因为这些投资将在401（k）退休计划中进行，收益将免税。

杰米并没有大额银行存款或货币市场存款可用于投资。为了顺利开展退休计划，她决定每个月从薪水中拿出200美元用于投资来实现以成长为目标的共同基金。同时，401（k）退休计划提供了约20种基金和公司股票供其选择。

理财要点

共同基金评级的始末

许多投资者将晨星共同基金评级作为选择基金进行投资的指导。五颗星表示最好，一颗星表示最差（www.Morningstar.com或http://money.cnn.com/）。晨星评级较为保守，以历史为依据，定量测量过去的收益率并根据风险、成本和费用进行调整。而其他评级，如《吉普林个人理财》《金钱》等财经杂志的评级具有前瞻性和较强的主观性。

□ 排除不符合你投资目标的基金

杰米先回顾了所有的基金类型，并且平衡了各种基金的风险和收益，如图 15-5 所示。她希望排除不符合其退休投资目标的共同基金。

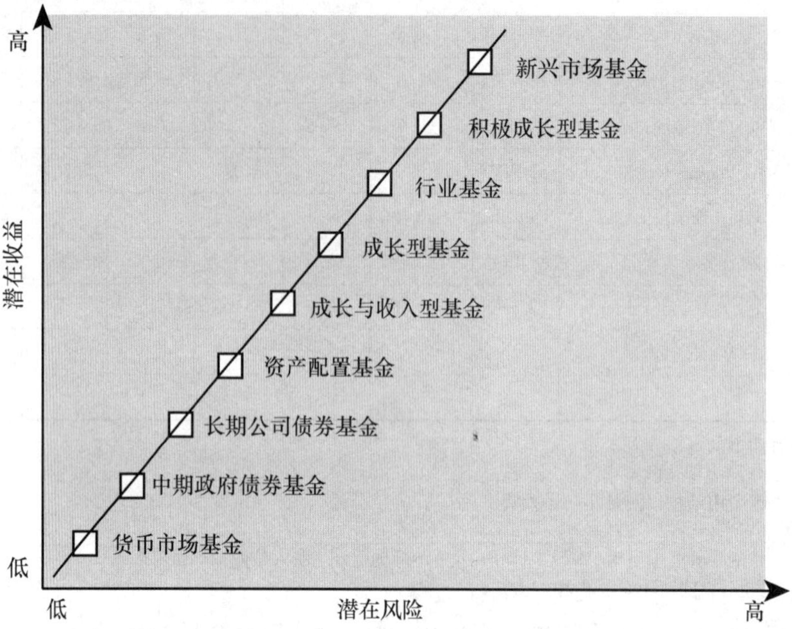

图 15-5　平衡共同基金的风险和收益

注意增加潜在的高收益也会增加投资者的风险。

杰米意识到，要想获取更高的收益潜力，投资者的资金风险也会相应增大。由此，她排除了以下几种基金：行业基金、新兴市场基金、积极成长型基金以及她所供职公司的股票。她还意识到，投资太过于保守会带来失败的风险，从而可能会无法实现其获得养老保障的目标。由此，杰米把货币市场基金也排除在外。

你知道吗？

把坏习惯变为好习惯

你会这样做吗？	你应该这样做！
仅有少量投资如股票和债券；	投资共同基金以实现分散化投资；
发现再投资红利和利息很困难；	投资基金以实现红利和利息的自动再投资；
购买有佣基金或 12b-1 费用高的基金；	投资免佣基金或 ETF；
对购买哪只基金犹豫不决；	使用免费的在线基金筛选工具；
发现监控自己的投资很困难。	免费在线管理基金投资组合。

□ 建立共同基金的投资组合

杰米最后决定根据自己的需要建立一个共同基金的投资组合，而不是简单地只投资于单只基金。在 www. kiplinger. com/tools/investment-portfolio-finder/index. html 上，杰米找到了由《吉普林个人理财》杂志推荐的 22 种投资组合，是分别为不同的生活状况和年龄段的投资者而专业定制的。这个网站可以实时更新投资组合的收益情况，她可以根据基准组合随时追踪她的投资组合的表现。

□ 选择低管理费用的免佣基金

有佣基金的销售佣金无疑会减少总收益。杰米认为，免佣基金有着先天的优势，投资者可以拥有更多的可用资金，因此她更中意免佣基金。由于她每月将 200 美元投入退休计划中，她意识到从长期来看，持续营销服务费用（12b-1 费用）的成本很高。出于同样的原因，她希望可以避免高额的管理费用。她并不在意后端费用和退出费用，因为这些费用随着时间的推移几乎可以忽略不计。杰米决定投资一种或多种有较低管理费用的免佣基金，这类基金的 12b-1 费用为零或较低。由于表 15－1 的信息有限，杰米决定上网查询相关信息。

你知道吗？

肖恩的成功故事

以下是肖恩成功的个人理财案例。他将 401（k）退休计划中的投入由 6%增加到 8%，因此到 12 月，共同基金账户中的余额将从90 000 美元增加到超过 100 000 美元。对于肖恩的退休计划来讲，这具有里程碑式的意义。同时，他的共同基金投资组合的收益率也从 2007—2009 年间的 2%上升到 2010—2011 年间的 10%以上。而且，他认为由于经济的复苏和失业率的下降，股价必将再次上涨；因此，他打算在明年的 1 月到 3 月之间将投资全部转移到股票型共同基金中。肖恩仍然看好市场行情，所以他将很快为未来进行充分的投资。

□ 获取投资信息和投资建议

由于杰米打算投资于免佣基金，她认为自己并不需要经纪人或理财顾问的服务。相反，她决定自己利用有着大量资源的先锋网站（www. vanguard. com）找资料——信息、教育和专业建议。先锋是美国最大的共同基金公司。杰米的公司为员工提供了参与安永、先锋、普信和其他公司所举办的投资和退休计划研讨会的机会。雇主提供的理财建议可能覆盖员工的整个财务状况，包括负债减免、进修规划、配偶的资产、不动产和其他投资。一旦杰米的退休资产累积到了 50 000 美元及以上，那么可能寻求额外的专业投资建议才是更为明智的选择。

杰米的退休计划中还有一项雇主提供的服务，就是退休计划参与者可以使用自动重新平衡退休资产[**有限管理的账户**（limited management account）的服务。基金公司每季度出售和购买她的共同基金，年费为其退休资产的 0.5%，使得她的投资组合重新平衡到特定的标准。最近有研究显示，与没使用这项服务的雇员相比，那些使用了这项服务的雇员，其投资的年均收益率高了近 2%。

有限管理的账户

基金公司在每季度都会调整退休账户中的资产以满足投资者的特定需求，同时基金公司会收取一定的费用。

□ 筛选、比较和选择符合你投资标准的基金

比较共同基金的以往成绩，有很多的标准可供考虑。其中可能包括费用、资产净值、首次投资最低购买额、基金规模、评级、过去的业绩（1 年、3 年、5 年或 10 年）、上行及下行市场中的最差及最佳表现（波动性）、基金经理任期及服务。杰米对股票型基金、国际基金以及债券型基金感兴趣，其管理费用较低、12b-1 费用为零或很低。

杰米开始在先锋网站（https://personal.vanguard.com/us/FundsMFSIntro?%20FROM=VAN）上搜索共同基金投资的相关信息，这个网站被认为是最优秀的共同基金网站之一，她在“搜索”栏输入基金特征即可开始。个人可以使用**基金筛选器**（fund screener）或**基金筛选工具**（fund-screening tool）筛选市场上所有的共同基金。其他共同基金的筛选工具可见下述网站：

- 雅虎财经（http://finance.yahoo.com/funds）；
- 吉普林（www.kiplinger.com/tools/fundfinder/fundsearch.php）；
- 富达（https://personal.fidelity.com/products/funds/mutual_funds_overview.shtml.cvsr）。

理财要点

怎样筛选积极管理的股票型共同基金

如果你想投资一只积极管理的股票型基金，以下是可以参考的筛选标准：一是基金经理有丰富的经验（有十年及以上的投资经验）；二是较低的年费（在 1% 以下）；三是年均换手率低（因为基金每年几乎会换掉其中的 100% 股票，排除那些换手率大于等于 25% 的基金）。在筛选过程中，你可以利用晨星的网站。

基金筛选器/基金筛选工具

允许投资者通过筛选基金来预测基金未来的表现。

你知道吗？

关于基金波动性的评价

波动性（volatility）描述了共同基金（或任何证券）在一段时间内价格上升或下降的趋势。用于衡量波动性的是**标准差**（standard deviation），这个指标描述了证券的历史收益率偏离长期平均收益率的程度，这种偏离在未来也可能重演。标准差是一个概率指标，而不是一种经济预测。投资的标准差越大，其价格在未来的波动性也就越大。高波动性表明较高的长期收益，但在经济衰退期间短期损失的可能性也就越大。其他常见的风险度量指标有 β 值、夏普比率和 R^2。出版物如《吉普林个人理财》《金钱》《晨星》《美国新闻和世界报告》都提供了共同基金的波动性评价。

你知道吗？

共同基金投资的税收结果

普通红利收入、资本利得和卖出共同基金获得的收入通常都需要缴税。

- 在定期投资账户中：
  - 当你购买与持有共同基金份额时，你需在获得红利和资本利得时缴税。
  - 当你卖出基金份额时，你需要为由于买卖差价（扣除交易费用）产生的资本利得缴税。

• 在年末（如 12 月）购买共同基金之前，你需要确定该基金是否已经进行过年终资本利得分配。如果你在基金的**登记日**（record date，由发行人确定的日期，以确定谁有资格收取红利）前购买基金，你将获得收入，那么需要为资本利得缴税。如果在登记日后购买则避免了这种情况，因为你不会收到分配的收入。

- 从免税市政债券型基金中获得的利息也免缴联邦所得税。
- 在退休账户［如 401(k) 或传统 IRA］中，税费将递延直至提取时再缴纳。

招股说明书/基金简介

招股说明书用通俗易懂的语言编写，描述了共同基金的投资目标及其通过何种手段实现目标。

杰米主要关注大盘股基金，包括在表 15－1 中列明的基金。她通过先锋基金筛选器研究基金。她在先锋网上可以看到每只感兴趣的基金的招股说明书。基金**招股说明书**［profile prospectus，又称**基金简介**(fund profile)］描述了共同基金的投资目标及其通过何种手段实现目标。招股说明书用通俗易懂的语言编写，它用了 2～4 页的篇幅简要介绍了美国证券交易委员会规定需披露的信息，该招股说明书回答了 11 个关键的投资问题，包括风险、费用和该基金前十年的投资表现的详细信息。

在阅读过基金细节、看了各项数据、比较过业绩之后，杰米决定将她的 200 美元分别投资于先锋总体股票市场指数型基金（代码为 VTSMX）和先锋新兴市场股票指数型基金（代码为 VEIEX），部分原因是它们费用比率很低（此外，通过她公司的退休计划进行投资，可以免除最低的初始投资费用）。杰米认为先锋 500 指数基金可以获得超出平均市场收益率的收益，如标准普尔 500 指数。杰西卡可能是正确的，但也可能判断失误。

你知道吗?

投资共同基金时你可能犯的错误

在进行个人理财时，你可能犯的错误：

1. 购买高费用的基金。
2. 取出红利而不是进行再投资。
3. 盲目追求“热门”基金。

杰米的下一步是联系公司的人力资源部，签署每月从她的工资中扣除 200 美元、再分别向这两只基金各投资 100 美元的文件。杰西卡还知道，每一美元的投资都能马上为她带来 50%的收益，因为她公司的政策是按 401（k）计划为其前 6%的收益再额外提供 50%的资金。因此，杰西卡的 401（k）计划在 12 个月内的余额将为 2 400 美元，另外还有公司补贴的 1 200 美元（这是她 2 400 美元的即时收益!）再加上资产净值的增益（希望没有损失）。明年杰米的 401（k）计划可能会超过 3 600 美元。第十七章对退休计划进行了解读。

□ 监控你的共同基金投资组合

监控你的投资组合是势在必行的，因为如果其他类似的基金表现更好，投资者不会希望把表现不好的共同基金长期保持在他们的投资组合中。在准备个人所得税申报时，细节方面的记录也很有用。如果杰西卡想在 401（k）计划之外投资相同或其他免佣基金，那么她可以直接从共同基金投资公司处购买基金，如基金家族公司（富达、普信）或任何其他共同基金公司（Gabelli、Neuberger 或 Calvert 等）。

在网上进行投资组合监控

通过上述评级很高的共同基金网站可以很简便地对共同基金投资组合进行监控。例如，可以通过雅虎的 http://finance.yahoo.com/funds/monitoring_funds 查看投资组合经理的能力。

在报纸上查看基金的报价

你可以于任何时候在上述财经网站上查看收盘价，也可以查看报纸中的报价。图 15-6 进行了举例说明。报纸对免佣基金的报价列出了基金名称、基金资产净值、前一天的净额变化以及年初至今的收益率。例如，其中就有富达投资公司的共同基金——平衡基金（简称 Balanc），其资产净值（NAV）为 15.14 美元，相较于前一个交易日，其净收益变化（NET CHG）为－0.20 美元，年初至今的年化收益率（YTD%RET）为 1.1%。

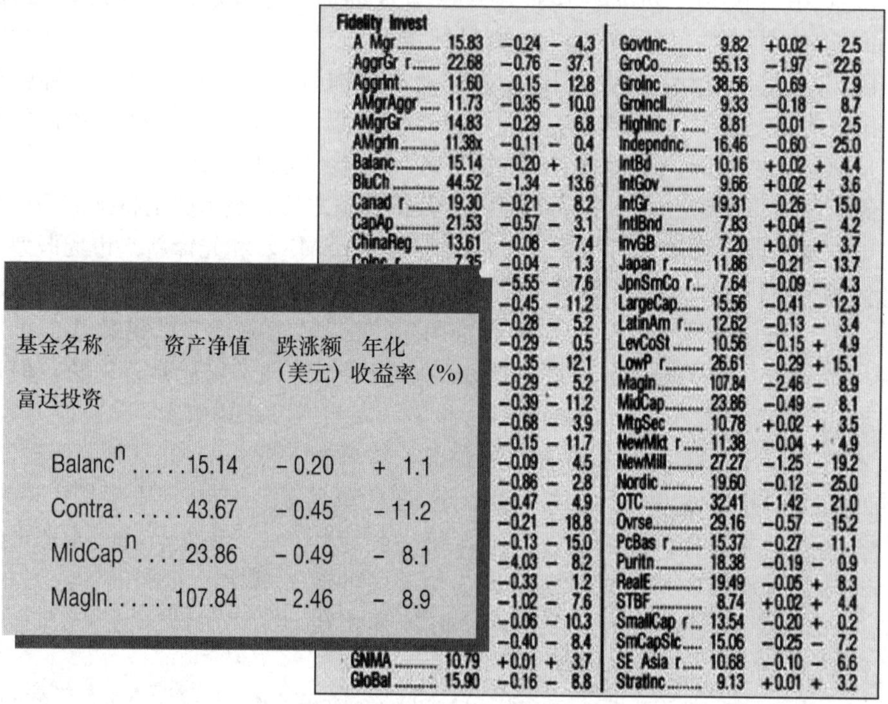

图 15-6 共同基金报价

（1）共同基金买入价。

> **共同基金买入价**
> 基金份额持有者赎回份额的价格，与 NAV 等值。

在共同基金中，基金资产净值也被称为**共同基金买入价**（mutual fund bid price）。基金份额持有人可按这一价格赎回基金份额，也就是说，公司愿意支付这一金额来回购基金份额。此外，如果其并非免佣基金，那么资产净值也是投资者将用于购买该基金所支付的每股金额。免佣基金在基金名称后加一个"n"以示区分。

> **共同基金卖出价/报价**
> 投资者购买共同基金的价格，为 NAV 和销售费用之和。

（2）共同基金卖出价。

共同基金的卖出价［（mutual fund ask price，又称**报价**（offer price）］是指投资者可以按

这一价格购买共同基金的份额。如果有销售费用，那么它就等于目前每股资产净值加上销售费用。如果你想购买或销售富达平衡基金的份额，这是一只免付佣金的共同基金（图 15－6 中带上标“n”的共同基金），那么它的价格就是每份 15.14 美元。基金名称后不带“n”的都是有佣基金。美国证券交易委员会要求报纸列明的共同基金中都要有适当的脚注，注明其他费用和支出。

立刻行动！

通过阅读本章，你知道了更多关于个人理财的知识，那么通过下述举措开始行动吧：

1. 确定共同基金吸引你的五种服务。

2. 明确自己的三个长期投资目标并以此为依据选择基金。

3. 选择表 15－1 中的一只基金并观察 1～2 个月之后跟进，有必要的话重新评估一下自己的选择。

概念测试 15.4

1. 解释为什么在选择共同基金进行投资时审视自己的投资理念和目标非常重要。

2. 考虑到具体情况，假设你有全职工作，那么你将如何消除不适合自己投资目标的基金？

现在你有何建议？

既然你已经阅读了关于共同基金的章节，就戴维和萨拉·金特投资共同基金的问题，你有何建议：

1. 收回他们的定期存款，并将退休金投资于共同基金？
2. 投资成长与收益型共同基金，而不仅仅是收益型基金？
3. 购买免佣基金而不是有佣基金？
4. 购买目标日期共同基金而不是平衡共同基金？
5. 用雇主 401（k）退休账户购买共同基金而不是像以前那样通过应纳税账户进行储蓄？

本章要点

1. 描述投资共同基金的特征、服务和优势。

共同基金是指基金公司通过向投资者卖出基金份额获得资金，并进行投资以实现基金的收益或成长的财务目标。资产净值（NAV）是指共同基金的单位净值。共同基金的优势在于分散化投资、可购买性和专业管理。基金提供的特殊服务包括基金份额的易于买卖、支票的开具和退休计划的制订等。

2. 根据投资目标给共同基金分类。

收益型基金主要投资于定期支付固定收入（股利或利息）的证券。成长型基金寻求资本的增值。成长与收益型基金寻求由经常性收入和资本利得组成的均衡收益。基金的名字往往暗示了基金的投资目标，如积极成长型基金。指数型基金和 ETF 较受投资者欢迎，因为这类基金能提供与其挂钩的指数同样的收益率。

3. 总结买卖共同基金的费用。

通过共同基金投资的人们在进行基金购买、赎回和交易等业务时需要支付相关的费用。他们还支付相关的年度基金运营费用，这些费用在基金收益被分配给份额持有者之前从基金资产中直接扣除。投资者可能会面对免佣基金和有佣基金、12b-1 费用、递延费用和赎回费用等。

4. 建立评价和选择符合你的投资目标的共同基金的策略。

选择适合自己投资目标的基金通常是一件费心的事，具体步骤包括：(1) 回顾你的投资理念和投资目标；(2) 排除不符合你投资目标的基金；(3) 建立共同基金的投资组合；(4) 选择低管理费用的免佣基金；(5) 获取投资信息和投资建议；(6) 筛选、比较和选择符合你投资标准的基金；(7) 监控你的共同基金投资组合的动向。

讨论

1. 在经济困难时进行投资。有一种观点认为“当经济动荡、资产被低估时，是进行投资的大好时机”。

2. 最有吸引力的基金投资。回顾共同基金的投资目标和各种基金的特点。基于你的投资理念和风险承受能力，如果你想几年后买房，哪种类型的基金最吸引你？理由是什么？

3. 两只基金。假设你几年前从大学毕业，有一份好工作，年薪是 55 000 美元。为退休做考虑，每月投资 300 美元于共同基金。你认为哪两只或多只基金构成的投资组合合适？请给出每个选择的理由。

4. 将钱放入基金。假设你的叔叔给你 50 000 美元并且只允许你投资于共同基金。基于你所在的年龄段和投资理念，确定你的投资目标，并解释你将如何在不同的基金中分散化你的投资。

5. 不错的选择。确定符合下列投资目标的共同基金类型：应急资金、房屋首付、为 2 岁孩子准备的大学基金和为 25 岁成人准备的退休基金，同时给出两个理由，说明你的每项建议都是合适的。

6. 免佣基金和有佣基金。哪一个对你来说是更好的选择，有佣基金还是免佣基金？请给出选择的理由。

计算

1. 利润和税收。在 10 个月前，来自得克萨斯州纳卡多奇斯的乔治·杰森投资了 1 000 美元购买了 100 份“不会输共同基金”——积极成长型免佣基金。乔治将利息进行再投资，现在他拥有 112 份基金。到目前为止，基金资产净值（NAV）从 10 美元上升到了 13.25 美元。

(a) 基金资产净值（NAV）增长的百分比是多少？

(b) 如果乔治以 13.25 美元的价格赎回一开始时购买的 100 份基金，他的资本利得将为多少？

(c) 假设乔治需要缴纳的所得税税率为 25%，那么在出售之前的 100 份基金时，支付的所得税为多少？

2. 共同基金的销售。 两年前，来自堪萨斯州伯克利的斯蒂芬妮·乔纳森将 1 000 美元投资于 125 份“不会输共同基金”。这只共同基金是积极成长型免佣基金，资产净值（NAV）为 8 美元。去年她又投资了两笔 500 美元，其中 50 份的买入价为 10 美元，40 份的买入价为 12.50 美元。斯蒂芬妮对所有的红利进行再投资。到目前为止，她的投资基金资产净值已经从 8 美元上升到 13.25 美元。今年年末，她以 13.25 美元的价格卖出 60 份基金。

(a) 斯蒂芬妮出售 60 份基金后的收益是多少？

(b) 根据美国国税局用基金的平均成本法推算平均成本，我们先要计算基金份额的平均价格。在这个例子中是 2 000 美元除以 215（=125+50+40）份。斯蒂芬妮支付的平均价格是多少？

(c) 为了计算确定斯蒂芬妮卖出份额的平均成本，你需要将她支付的平均价格乘以卖出的基金份额总数，在这个例子中是 60 份。斯蒂芬妮出售的 60 份基金的总成本是多少？

(d) 假如斯蒂芬妮需要对 60 份基金支付所得税，她之前 60 份基金的销售价格与成本之差是多少？

理财规划案例

□ 案例 1　约翰逊夫妇决定投资共同基金

在学习了本章并了解了共同基金以后，由于共同基金提供风险分散化和专业管理的特点，约翰逊夫妇认为共同基金是一种很好的投资方式。他们打算把 9 500 美元投资于共同基金，以后每月定期增加投资 300 美元。

虽然没有最终决定，但他们在这一点上已经有了一定的目标：

- 他们希望继续积蓄退休收入，并准备在 36 年后退休。
- 他们在 6～8 年内将需要大约 10 000 美元作为补充收入，因为他们打算要孩子，这样贝琳达可能会半年无法工作。
- 如果他们决定不要孩子，他们可能会买一辆豪车，这样，首付需要 10 000 美元。

了解到约翰逊夫妇拥有稳健的投资理念，生活开支合理，并且他们有一个完善的现金管理计划，通过回答下列问题，为他们的共同基金投资提供建议：

(a) 参考表 15-1 的股票型基金的表现。仅使用这些信息，假设你正在为约翰逊夫妇的退休计划推荐一些基金，你会推荐表中的哪两只基金？为什么？

(b) 可投资的资金总额为 9 500 美元，你将如何在这两只基金之间分配资金？为什么？

(c) 你会将每月的 300 美元投资额如何分配给这两只基金？为什么？

(d) 假如这两只基金都会在未来十年内增值。之后，熊市开始了，导致基金的资产净值与前一年相比下降了 25%。你会建议约翰逊夫妇出售基金份额吗？为什么？

(e) 假设这两只基金的资产净值在十年内每年增长 8%，那么十年后初始投资额为 9 500 美元的基金总价值为多少？（提示：使用附录表 A-1 或使用加曼/福格合作网站。）

□ 案例 2　维克托和玛丽亚的退休投资

维克托和玛丽亚计划在 15 年内退休。他们目前的投资组合分配如下：40%投资于成长型共同基金，40%投资于公司债券和债券型基金，20%投资于现金等价物。他们决定增加投资组合的风险，将 10%的现金等价物转化为有强劲增长可能性的共同基金。

(a) 在表 15-1 所列的共同基金中，你将推荐哪两只以满足埃尔南德斯夫妇的投资目标？为什么？

(b) 你会建议埃尔南德斯夫妇在退休后继续持有这两只基金的投资吗？为什么？

□ 案例 3　朱莉娅·普赖斯将投资共同基金

朱莉娅从学校毕业已经 25 年多了，专业是航天工程专业。她现在不仅在事业上取得了成功，而且在个人理财方面也游刃有余。她拿着高薪，拥有价值 50 000 美元的公寓和 300 000 美元的投资组合，其中包括 401 (k) 退休计划中的 200 000 美元。她现在想把投资在股票、债券和黄金上的 300 000 美元投资于共同基金。朱莉娅对未来的投资前景十分看好。在仔细研究之后，她打算把 300 000 美元投资于 ETF 和指数型共同基金，而不是积极管理的共同基金。请对她的设想提供一点建议。

□ 案例 4　根据经济预测匹配共同基金

格伦·威克勒是一名汽车销售员，在内华达州里诺工作了 10 年。他离婚了并需要抚养两个孩子。他对投资共同基金感兴趣。格伦想把他的 20 000 美元的储蓄投资于股票型共同基金，然后每月继续投资 200 美元并希望在大约 25 年后退休。他希望从表 15-1 中选出四只基金进行投资。

(a) 在表 15-1 中有两只指数基金是基于 S&P 500 指数。给出格伦一定需要投资于某种指数型基金的理由，请注意 Vanguard 500 Index Fund 的收益略低于 Fidelity Spartan 500 Index Fund。

(b) 鉴于在未来的 25 年中，格伦每年计划投资 2 400 美元，你会推荐两只指数基金 (Vanguard Total Stock Market Index Fund 和 Vanguard Emerging Markets Stock Fund) 中的哪一只？为什么？

□ 案例 5　为退休计划选择一只共同基金

埃塔梅·韦斯特布鲁克在马里兰州切斯特顿的一家公用事业公司工作，并独自抚养一个六岁的孩子。她愿意每年将 3 000 美元投资于一只共同基金并希望用投资收入来补充她的退休养老金。她的投资理念较为稳健，不希望投资过于保守，因为她的一些长辈都活到了八九十岁，她可能也会很长寿。通过回答以下问题为埃塔梅提供建议：

(a) 如果埃塔梅愿意每年将 3 000 美元投资于两只成长型共同基金，你会推荐哪两只基金？为什么？

(b) 如果埃特梅愿意每年将 3 000 美元投资于两只成长与收益型共同基金，你会推荐哪两只共同基金？为什么？

(c) 总结以上四只共同基金适合埃塔梅的原因。

自我理财

1. 你的共同基金偏好。复习“共同基金的投资目标”这一节，然后完成《我的个人理财规划师》中的工作表 61：我的共同基金偏好。在列出的每种基金中，你都要写出基金特征、吸引你的地方、你将来是否会投资它。

2. 对比共同基金投资。上网了解可能会吸引你的三只股票型基金，如先锋目标退休 2055 基金（代码为 VFFVX）、先锋目标退休 2050 基金（代码为 VFIFX）和斯巴达 500 投资基金（代码为 FUSEX）。之后通过记录要求的因素，完成《我的个人理财规划师》中的工作表 62：将共同基金作为投资进行比较。

3. 计算共同基金的收益。使用以上信息完成《我的个人理财规划师》中的工作表 63：计算共同基金的投资收益。在做出 5 年持有期等其他有关假设后，计算投资基金的收益和资本利得。

4. 评估投资收益。完成《我的个人理财规划师》中的工作表 64：评估我的投资成果（收益或损失）。可以用斯巴达 500 指数-投资级基金（代码为 FUSEX）作为一个例子，假设你两年前以 6.5 美元的价格投资了 3 000 美元，现价为 8.25 美元。

网络资源

登录指定网站，完成下列练习。

1. 你适合哪种 ETF？访问先锋投资网站查询有关 ETF 的信息（http://personal.vanguard.com/us/whatweoffer/etfs）。总结 ETF 适合自己或不适合自己的原因。

2. 共同基金信息。访问 CNNMoney，在 http://money.cnn.com/retirement/guide/investing_mutualfunds.moneymag/index.htm 找到“什么是共同基金”。回顾这十来篇短文，并将你在文章中读到的内容与你在本章中读到的内容进行比较，说出自己学到的两点新知识。

3. 美国金融业监管局（FINRA）关于共同基金的规定。访问美国金融业监管局的网站（www.finra.org/Investors/SmartInvesting/ChoosingInvestments/MutualFunds/），在这里你可以找到“选择投资：共同基金”。查看这部分信息，并与本章做对比，说出自己学到的两点新知识。

付诸行动

1. **比较社会责任型共同基金。**访问社会投资论坛，查询该论坛列出的几只社会责任型共同基金的相关信息(www. socialinvest. org/resources/mfpc)。总结你对这类基金投资收益的看法。

2. **回顾一些共同基金投资组合。**在吉普林投资组合构建的相关网站 www. kiplinger. com/tools/investment-portfolio-finder/index. html 上点击查询三种可能适合你的基金投资组合，总结你的发现。

3. **使用基金筛选器。**使用雅虎的基金筛选器(http://finance. yahoo. com/funds)，查询三只吸引你的基金，可以是在上述练习中的一些基金，并做一下总结。

4. **监控基金投资组合。**打开雅虎投资组合经理的网站 http://finance. yahoo. com/funds/monitoring_funds，在观看投资组合视频的同时阅读三篇有关投资建议的短文。总结使用其投资组合管理系统的感受。

登录 www. cengagebrain. com 访问加曼/福格合作网站。

第十六章

房地产与高风险投资

你在开玩笑?

两个朋友理查德·贝莱尔和戴夫·桑德斯都有着激进的投资理念。理查德主要投资于房地产，而戴夫投资于商品期货。作为长期投资者，他们都自认为是专家，但他们经常遭受损失。典型的投资者能从商品期货合约中获利的可能性是多少?

A. 50%；　　B. 30%；

C. 20%；　　D. 10%。

答案是D。在期货合约中，90%的个人投资者都是亏损的。被用来投资的资金应该仅限于个人能负担得起损失的那部分资金!

学习目标

在学习本章之后，你应该能够：

1. 展示你如何通过投资房地产赚钱。
2. 认识到如何在房地产投资中利用有利的税收待遇。
3. 计算正确的房地产支付价格并了解如何融资购房。
4. 评价投资房地产的缺点。
5. 总结投资于收藏品、贵金属和宝石的风险与挑战。
6. 解释为什么期权和期货是高风险投资。

你有何建议?

杰米·戴今年37岁，是加利福尼亚州长滩一家大公司的市场经理，每年收入为110 000美元。她每月节省800美元，超过了她对401（k）退休计划的贡献。她在401（k）计划中的资产价值已经达到了260 000美元。

自从在她年幼的时候，她的祖父给了她一些股票之后，杰米就喜欢上了投资并且享受努力得到的良好业绩。杰米是一个活跃的交易者，经常每3～4个星期进行一次交易，主要涉及石油、科技和处方药行业。每年她都会有一些损失和收益。她的私人资产组合当前价值160 000美元。杰米从未买卖过期权或期货合约，但是她的股票经纪人建议她考虑期权或期货合约。杰米还有一个朋友，她拥有几个可收取租金的住宅物业，曾经询问过杰米是否考虑作为下一个房地产投资的合伙人。

> 你对杰米在房地产和高风险投资有何建议：
>
> 1. 投资房地产？
> 2. 把一部分钱投入高风险投资，例如收藏品或黄金？
> 3. 投资期权和期货合约？

一套房子不仅是一砖一瓦，而且是一项投资，因为从历史角度看房价已经增长了很长一段时间。2005—2017年，美国住宅市场出现**房地产/房屋泡沫**（real estate/housing bubble）。房屋估价泡沫迅速增长直到它们无法再持续。之后房地产市场崩溃了，至今尚未恢复！在美国的一些地区，房价暴跌了20%、40%、50%甚至更多。数百万个取消赎回权的房屋“促销”价格同时拉低了其他房屋的价格。大约25%的抵押贷款持有者——1 100万～1 500万个房主——对房子的欠款比房子本身价值还要高。结果表明：（1）很多人拥有价值下降的房子；（2）由于价格较低，新购房者有购买机会。今天的房地产仍然是一种投资选择，一定比往年更具风险，但尽管如此它仍然收益丰厚。

那些寻求高收益并且愿意接受更高风险的投资者可以考虑拥有有形资产，例如收藏品、贵金属和宝石作为潜在投资对象。另一种高风险的选择是期权和期货合约。所有这些投资都涉及**高风险/投机投资**（high-risk/speculative investment），有时即使是在短时间内，这种投资所得到收益的波动性也会很大。它们只适合那些采取激进的投资理念的投资者。

> **你的未来五年**
>
> 在未来的五年中，你可以通过做以下与房地产和高风险投资有关的工作而获得理财成功：
>
> 1. 在决定投资房地产之前，仔细思虑此类投资的缺点。
> 2. 只投资现金流量为正的房地产。
> 3. 通过传统的住房抵押贷款进行融资，而非通过可变利率抵押贷款进行融资。
> 4. 使用价格租金比率和现金流法来计算房地产投资的正确价格。
> 5. 将你对收藏品、贵金属和宝石的投资限制在你的投资组合的10%以内，不要投资期权或期货合约。

> **房地产/房屋泡沫**
>
> 住房价格不可持续且迅速增长，之后价值会迅速下跌。
>
> **高风险/投机投资**
>
> 即使在短时间内，收益也具有潜在的很大的波动性的投资。

怎样通过投资房地产赚钱？

投资房地产和第九章中的购买自住房完全不同。投资房地产能够带来额外的收入，也有利于退休计划的展开。投资房地产不是一件复杂的事，但是投资者需要在税收、融资、保险和社区经济上有一定的敏感度。同时处理与租户的关系需要一种商业态度，而非把租户当作朋友。房地产投资是复杂的，他们比投资共同基金和股票的风险更大。

> **学习目标 1**
>
> 展示你如何通过投资房地产赚钱。

房地产（estate）是由土地及与土地永久相关的所有建筑物，也包括相应的与土地有关的权利，如农作物和采矿权等组成的资产。当一个投资者拥有实际的合法所有权时，房地产投资被称为**直接产权**（direct ownership）。例如，你可以单独投资或与其他投资者一起购买为居住设计的房地产，如住宅、复式公寓、公寓、移动房屋和分契式公寓大楼。你也可以投资商业房地产用于商业用途，如办公楼、医疗中心、加油站和汽车旅馆。你可能会购买未开发的土地或住宅基地，尽管它们的风险很大，而且常常给投资者造成损失。

> **房地产**
>
> 由土地及与土地永久相关的所有建筑物，也包括相应的与土地有关的权利，如农作物和采矿权等组成的资产。
>
> **直接产权**
>
> 当一个投资者拥有实际的合法所有权时，房地产投资被称为直接产权。

□ 问题 1：拥有房地产时能够产生经常性收入吗？

在如今的房地产市场上，房地产投资者要考虑的最重要的不是价格将在几年内上升从而获利。房地产泡沫繁荣的时期已经过去了！对于房地产投资者来说，现在关键的问题是，在等待房产增值的同时，租金收入是否足以维持收支平衡。

如果你投资房地产，但是你的支付超过租金收入，除了投资的现金流为负之外，你还会面临两大风险：（1）你是否能够继续每个月的支付；（2）当房产被出售时，你是否能够弥补这些现金流损失，你希望出售的价格比你支付的金额更高。一个或更多个错误将使你失去投资的钱，甚至更多。

知道价格租金比率

为了衡量投资房地产所带来的经常性收入，投资者先要知道**价格租金比率**（rent price ratio），即平

> **理财要点**
>
> **价格租金比率和租买计算器**
>
> 在价格租金比率以外，还有许多租买计算器，用来计算抵押贷款、税收、保险费、其他费用和房屋价格等。投资者只需输入所期望的价格增值就可以进行计算。以下网站可供参考：
>
> - 《纽约时报》价格租金比率（www. nytimes. com/interactive/2010/04/20/business/20100420-rent-ratios-table. html）；
> - BankingMyWay（www. bankingmyway. com/calculators/mortgages/rent-vs-buy）；
> - 《纽约时报》（www. nytimes. com/interactive/business/buy-rent-calculator. html？hp）；
> - 美国在线房地产（http://realestate. aol. com/buy-vs-rent-calculator。）

均住宅房地产价格与平均年租金的比值。价格租金比率衡量了相较于你购买房地产所付出的，你能得到的收入。在全国范围内，在房地产泡沫达到顶峰时，价格租金比率达到过15%，现在是11%。这个比率随着当地房地产价格的变化而波动，从7%到35%不等。对于投资者来讲，在给定地区的特定房地产中，这个比率越小，就越容易收回投资。例如，在加利福尼亚州的圣何塞，一套公寓每月租金为2 600美元，而售价可能高达890 000美元，那么价格租金比率为28.5[=890 000÷(2 600×12)]。

> **价格租金比率**
> 平均住宅房地产价格与平均年租金的比值。

$$价格租金比率=\frac{房产价格}{年租金} \tag{16.1}$$

$$28.5=890\,000\div(2\,600\times12)=890\,000\div31\,200$$

或者，在宾夕法尼亚州的匹兹堡，一套公寓每月租金为1 200美元，售价可能为165 000美元，那么价格租金比率为11.5［=165 000÷（1 200×12)］。如果未来房价不断上涨，具有较高价格租金比率的出租物业在未来卖出时将给投资者带来巨大的利润，但是这在如今的经济时期可能难以实现。

经常性收入来源于正的现金流

在房地产投资中，经常性收入采用正的现金流形式。对于产生收入的房地产投资，支付营运开支的钱往往来源于租金收入。如果该房屋有抵押贷款（这种情况经常出现），抵押贷款的本金及利息的支付也常常来源于租金收入。营运开支，如空置、税费、抵押贷款支付和房屋维修等则可能花费一半的租金收入甚至更多。

在支付所有经营开支后剩余的租金收入被称为**现金流**（cash flow）。现金流的金额——从现金收入中减去现金支出后所得的现金流量——取决于收到的租金金额、支付的费用金额和偿还抵押贷款所需的金额。投资者通常喜欢正的现金流，因为任何负的现金流都说明投资者要从自己的口袋中拿出钱来补偿一部分费用。

> **现金流**
> 支付所有营运费用后剩余的租金。

许多房地产投资都不会立即产生正现金流，即使它们可能通过房价上涨来提供潜在收益的可能性。然而，房价在有些市场中仍在下跌，而在其他市场中完全持平。因此，投资者在进行房地产投资时需要格外谨慎，因为他们购买的房地产可能在一定时间里会承受负的现金流，而且在卖出房产时也不一定会得到资本增值，因为房价到时可能会下跌。

计算租金收益率

投资者也计算房地产的**租金收益率**（rent yield），计算公式如式（16.2）所示。这个指标衡量了投资者每年在抵押贷款支付前从租金获得的收入占房屋买价的比率。大多数房地产租金的年收益率为4%左右，最低至1%或2%，最高可达8%或9%。房价越低，租金收益率越高。该公式假设租金收入的一半开支被用作偿债以外的支出。

> **租金收益率**
> 在偿还抵押贷款相关费用前，投资者每年的租金收入占房屋购买价格的比率；具体来说，为年租金除以2后再除以购买价格。

$$租金收益率=\frac{租金\div 2}{购买价格} \quad (16.2)$$

	圣何塞	匹兹堡
购买价格（美元）	890 000	165 000
年租金（美元）	31 200	14 400
年租金/2（美元）	15 600	7 200
租金收益率（%）	1.75	4.36

□ 问题 2：在卖出房地产时你能够盈利吗？

> **资本改善费**
> 它是指通过改变不动产从而增加不动产价值所产生的费用，这不仅仅包括维护和修理的费用。

> **修理费**
> 修理费通常在税前扣除，对于保持财产价值至关重要。

房地产投资所获得的**资本利得**（capital gain）来自价格升值，即房地产价格超过投资时的所有权成本。在房地产中，所有权成本包括原始购买价格及出售之前对房地产进行的任何资本改进的支出。**资本改善费**（capital improvement）是指通过改变不动产从而增加不动产价值所产生的费用，这不仅仅包括维护和修理的费用。安装游泳池以及增加一个新的房间都代表了资本的改善。

修理费（repair，通常是免税的，会抵消投资者的部分现金流收入）主要是为了维持房产价值所进行的支出。重新粉刷、修补屋顶漏水、固定管道的维修都是修理的实例。

举个例子，假设安德鲁·韦布，一位来自肯塔基州莫里的未婚教师，在五年前以继承的 120 000 美元买了一个小的出租屋作为投资。他修理漏水屋顶（修理）花了 1 000 美元，然后在今年以 160 000 美元的价格出售房产之前，以 10 000 美元的价格增加了一个新的棚屋和一些厨房橱柜（资本改善）。作为回报，安德鲁高兴地取得了 30 000 美元的资本利得（160 000 美元减去 120 000 美元的购买价格，再减去 10 000 美元资本改善费）。

从历史上看，住宅房地产的价值通常可以按预期每年 3%的速度增长，大致与通货膨胀率相当或者略高。在一些市场中，房价确实会上涨这么多甚至更多。然而，由于经济萧条和失业率持续上升，房地产市场将出现供过于求的情况，在先前十分热门的房地产市场中，价格可能会迅速下降，在很长一段时间里住房的价格可能每年下降 2%或 3%。这意味着住房价格在有些市场中会出现持续性紧缩的情况。

在一些特殊的环境中，投资者能从资本利得中获益。例如，由于新购物中心、新学校的建设或企业主的投资，可能会增加对住房的需求。然而，又由于离婚率上升、不动产抵押赎回权的丧失和企业主的迁出等，造成房地产价格的大幅下跌。

如果你不能充分预测你的未来投资，比如你推测当地房地产价格上涨，你就是在投机。使用抵押贷款投资房地产将带来更多的风险。房价的上升是房地产投资的巨大利润来源，但是你可以通过预期投资的租金收益超过预期的抵押贷款、房产税和维护成本从而减少房地产投资的风险。

□ 注意利用杠杆可以增加投资收益

正如我们在第十三章中所指出的，**杠杆**（leverage）包括使用借来的资金进行投资，目标是使得收益率超过贷款的税后成本。资金提供者通常允许投资者借入相当于房地产价格 75%～90%的资金。

假设安德鲁已经支付了 25 000 美元的定金，并用贷款支付余额，而不是支付现金购买房子，这会对他产生什么样的影响？在第一种情况中，安德鲁支付了 120 000 美元现金购买房产，并在 5 年期间获得了 25%（＝30 000÷120 000）的投资收益，每年约为 5%。在第二种情况下，他将获得 120%（＝30 000÷25 000）的明显收益，即每年约为 24%。由于抵押贷款本金的支付、利息费用和房产税以及修理费用等，实际的收益将降低，但仍然有一个两位数的收益率。如此高的潜在收益率正是房地产吸引众多投资者的原因。

贷款价值比率（loan-to-value ratio）衡量了房地产投资项目的杠杆率，等于负债除以房地产最初投资总额。例如，他在 120 000 美元的房地产投资中本金为 25 000 美元，那么安德鲁有 79%（＝95 000÷120 000）的贷款价值比率，或杠杆率为 79%。

> **贷款价值比率**
> 它衡量了房地产投资项目的杠杆率，等于负债除以房地产最初投资总额。

> **你知道吗？**
>
> 使用短售投资于丧失抵押品赎回权的房产
>
> **丧失抵押品赎回权**（foreclosure）是法律中的一个专业概念，指的是由于借款人无法正常支付贷款，抵押权人或其他留置权人，通常也是出借人将收回房地产并出售。在丧失抵押品赎回权之前，房主有三个选择：(1) 离开房产并尝试偿还贷款；(2) 宣布破产；(3) 将其短售。有时拖欠的余额比房产本身的价值更高，所以借款人常常玩消失。除非出借人修改相关贷款条款，否则出借人往往会因贷款不足向借款人追偿。
>
> 在**短售**（short sale）中，出借人将接受小于抵押贷款本息总和的金额，同时对借款人不再追究不足的金额。**不足金额**（deficiency amount）是指借款人所欠金额和短售所得之间的差额。当银行同意短售时，房主将雇用代理人来寻找买家。新的规定要求银行提供关于事先规定的有关短售的相关条款；在这种情况下容易找到提供合适价格的买家。出借人将同意承担损失，即使他们可能要求借款人支付一定补偿或分担部分亏损，被免除的相关债务可能需要缴纳所得税。对投资者来讲，虽然与银行谈判是一个麻烦和漫长的过程，但短售是一个很好的买入机会。

概念测试 16.1

1. 在投资房地产前，需要考虑的两个关键问题是什么？
2. 区分衡量经常性收入的两个指标：价格租金比率和租金收益率。
3. 举例说明在房地产投资中，怎样利用杠杆增加投资者的收益。

利用有利的税收待遇

> **学习目标 2**
> 认识到如何在房地产投资中利用有利的税收待遇。

美国国会通过《国内税收法典》规定的五种特殊的税收待遇，鼓励房地产投资。

□ 1. 折旧可减免税收

> **折旧**
> 它是指经过一段时间的正常磨损和老化而导致的资产价值的减少。

房地产的投资者只有了解房地产投资的“数字”才能获得成功。例如，假设约书亚·韩，一位来自美国西弗吉尼亚州凯泽的律师，投资了200 000美元购买一栋价值170 000美元的房子和30 000美元的土地。她将这些房产以每年24 000美元的价格租给一个租户。一开始时你可能会认为约书亚必须为24 000美元的租金收入缴纳所得税。然而这是错的，美国国税局允许纳税人从出租收入中扣除折旧。**折旧**（depreciation）是指经过一段时间的正常磨损和老化从而导致资产价值的减少。在资产的估计寿命内，每年人们可以从收入中减去代表资产折旧的比例金额。土地不可折旧。

约书亚可以在房产的估计寿命内扣除与房产成本相等的那一部分。美国国税局规定住宅资产折旧期为27.5年，其他非住宅资产折旧期可以达到39年。约书亚（根据表16-1）算出她每年可以从收入中扣除6 182（=170 000÷27.5）美元。表16-1显示了折旧对其所得税产生的影响，假设约书亚·韩支付的联邦和州的税率一共是36%。在这个例子中，折旧的税收抵扣使得她需要缴税的财产收入从24 000美元下降到17 818（=24 000−6 182）美元，从而投资收益率提高到9.29%。

表16-1　折旧减少了所得税并增加了投资者收入

			没有折旧	有折旧
总投资额	200 000美元	租金总收入（美元）	24 000	24 000
土地成本	−30 000美元	减去每年的折旧（美元）	0	6 182
房屋出租成本	170 000美元	应税收入（美元）	24 000	17 818
折旧期为27.5年时的折旧	6 182美元	所得税（联邦和州的综合税率为36%，美元）	8 640	6 414
	税后收益（美元）		15 360	17 586
	税后收益率（收益除以200 000美元，%）		7.68	8.79

> **你知道吗？**
>
> 在投资房地产前需要做的保护措施
>
> 1. 成立一个拥有你房地产投资的有限责任公司来保护你的个人资产，以防有人因你的租赁房产受伤起诉你。
> 2. 只考虑投资位于繁华地区的房地产，如离好学校、超市和公共交通较近的房地产。
> 3. 雇用一个在房地产投资方面经验丰富的会计。

4. 在投资房地产前做好融资选择。
5. 雇用一个检查员检查房地产的硬件设施。
6. 雇用一个有执照的承包商承包水管、电线等修理工作，而不是自己做。
7. 考虑雇用一个管理公司管理你的房地产，雇用成本是租金收入的 5%～10% 。
8. 拨出 5 000 美元作为应急基金以防发生未预料到的产权问题。

□ 2. 利息可抵扣税收

为了获得利润，房地产投资者必须先付出许多商业支出，包括抵押贷款利息、房地产税收、保费、公用事业、会计和法律成本、管理费用、业主协会费用、资本改善和修理费用等。这些成本中最大的通常是利息费用，因为房产通常是通过抵押贷款购买的。表 16－2 说明了利息支出对所得税的影响。假设约书亚贷款 175 000 美元购买价值 200 000 美元的投资性房地产。贷款期限为 15 年，年利率为 5%，月供为 1 383 美元（从表 9－4 得出）。每年在扣除 6 182 美元折旧和 16 596 美元的利息费用之后，她的应税收入减少到 1 222 美元。因为她的所得税负担只有 440 美元，约书亚的税后收益为6 964 美元，在杠杆投资的基础上收益率为 27.8%。

税法允许投资者抵扣利息费用（允许抵扣的金额取决于投资者的边际税率）。在支付抵押贷款利息 7 404(＝24 000－16 596) 美元后，利息的抵扣给了约书亚一定的现金流。实质上，16 596 美元的利息支付了 5 974［＝16 596×36%（联邦和州的所得税税率)］美元，其中没有给联邦和州政府的款项为 10 622(＝16 596 －5 974) 美元。

表 16－2 利息支付对所得税的额外影响

总租金收入	24 000 美元
减去年度折旧	－6 182 美元
小计	17 818 美元
减去年利息费用（抵押贷款利率为 5%，贷款总额为 175 000 美元）	－16 596 美元
应税收入	1 222 美元
支付利息后的现金流（24 000 －16 596）	7 404 美元
减去所得税（0.36×1 222）	－440 美元
税后收益（7 404 －440）	6 964 美元
税后收益率［6 964 ÷(200 000－175 000)］	27.8%

□ 3. 资本利得有极低的税率

房地产的资本利得通过增值来实现。对于大部分纳税人来说，长期资本利得的税率为 15%。

□ 4. 交换房产可以免税

另外一项特殊的税收待遇适用于一个地产投资者用同样的价钱将一座房产和另一座相似的房产进行交换时。如果交易双方在交易中都没有得到任何其他形式的财产或者收入，那么这项交易就被认为是一项**免税**

免税交易

在以房易房的实物交易中，如果在交易中没有获得额外财产或者收入，则不必缴税。

交易（tax-free exchange），又称 **1031 交易**（1031 exchange）。如果其中一个在交易中获得额外财产或者收入，那么只有这个人需要报告他的额外收入，作为需要上缴税收的一部分收入。例如，假设你在 5 年前用 220 000 美元买了一处住宅租赁房产，今天这处房产升值了。于是你用它换了你朋友的一所价值 280 000 美元的房产，同时也给了你朋友 10 000 美元。这时你朋友只需就 10 000 美元的收入缴税。相反，你也不必就资本利得 50 000（=280 000−10 000−220 000）美元缴税。

> **你知道吗？**
>
> 度假公寓不是一个好的投资选择
>
> 尽管最近度假公寓的价格已经下降了三分之一甚至更多，但是度假公寓的投资数量并没有增加。之前奥兰多一栋四室的度假公寓一周的租金为 2 000 美元，现在一晚上只有 80 美元。如果投资者要获利，必须每年出租 26～30 周，同时还要面对酒店业的竞争。聪明人只会租度假公寓而不会去购买。度假的人现在已经学会上网浏览照片、看之前租户的评论并且与房东讨价还价了。

□ 5. 关于度假屋出租收入的税收法规

假如你将你的度假屋在一年中出租的时间不多于 14 天，那么这笔收入可以免缴所得税，因为美国国税局不想要这笔钱。度假屋被认为是个人住房，因此可以像首套房一样，你可以从中抵扣住房抵押贷款利息和房产税。（同样的税收抵扣也适用于那些将首套住房出租少于或等于 14 天的情况，比如出租给来到你的城市参加大型运动会的人们。）

如果你出租的时间超过了 15 天或者百分之十的时间，不管多长，你都成了一个房东，并且将出租作为一项生意。超过 14 天期限的修理住房时间将不计入出租时间中。你可以抵扣租赁业务产生的费用，如抵押贷款利息、房产税、折旧、公用事业、修理费、保费、广告费、业主协会费和物业管理费以及汽车和其他差旅费。如果你积极参与物业管理（被定义为批准新租户、决定租赁条款或批准修理和资本改善），你可以根据按出租天数报告的租金收入水平抵扣租金支出。如果你的调整后总收入（AGI）少于 100 000 美元，那么你最多可以从任何收入来源（包括工资）中减去 25 000 美元的租房相关损失。随着你的调整后收入在 100 000 美元和 150 000 美元之间变动，25 000 美元的上限也随之调整。这种避税能力意味着那些投资于小规模房地产的人们可以得到巨大的回报。

概念测试 16.2

1. 总结在房地产投资中，折旧是如何减少收益的。
2. 简要说明房地产抵押贷款利息如何减少个人所得税。
3. 总结有关度假屋出租的特殊所得税规定。

房地产投资的定价和融资

在房地产投资中肯定会成为问题的是投资者支付了过高的价格和进行了错误的融资。

> **学习目标 3**
>
> 计算正确的房地产支付价格并了解如何融资买房。

□ 支付正确的价格

> **现金流折现法**
>
> 它是评估房地产投资现值或了解房地产投资适当价格的有效方法。这种方法通过强调税后现金流以及投资折现收益所反映的折现率，来计算房产价格。

现金流量折现法（discounted cash-flow method）是评估房地产投资现值或了解房地产投资适当价格的有效方法。这种方法通过强调税后现金流以及投资的收益率来反映折现率。现在有专门计算折现现金流的软件。你也可以依照表16－3的说明使用附录表A－2。

这种方法的原理是，假设有一套公寓的待售价格为210 000美元，你要求税后收益率达到10%。你估计5年内租金会以每年2%的速度递增。在支付所有费用后，你希望每年获得的税后现金流为4 000美元、4 100美元、4 200美元、4 300美元和4 400美元。考虑到价格上涨因素，你预计在承担所有费用后，可以以230 000美元的价格出售该房产。那么你现在应该花多少钱去购买那套房产？

表16－3解释了如何回答这个问题。在现值不变的基础上，5年后将以230 000美元的价格出售该房产，为了得到要求的10%的税后收益率，用预期的税后现金流乘以10%的现值系数。把所有现值相加获得房产的现值，在这个案例中，总现值为198 347美元。如果你想赚到10%的税后收益，那么210 000美元的要价就太高了。

表16－3　　用现金流折现法估算价格

	税后现金流（美元）	10%收益率处1美元对应的现值[a]	税后现金流的现值（美元）
1年	4 000	0.952 4	3 810
2年	4 100	0.907 0	3 719
3年	4 200	0.863 8	3 628
4年	4 300	0.822 7	3 538
5年	4 400	0.783 5	3 447
5年后的售价	230 000	0.783 5	180 205
房产的现值			198 347

a. 参见附录表A－2。

> **专家建议**
>
> 分时度假是理财灾难
>
> **分时度假**（timesharing）是指当事人在一定时期内独自占有度假物业的共同所有权或租赁权。分时度假不是一种投资，尽管它是同时进行投资和获得度假住房的一种方法。购房者可以花5 000～20 000美元购买一周或多周自主使用豪华度假屋的权利。分时度假购买者每拥有一周房屋就要支付200～300美元的年度修理费用。修理费用每年都在增加，偶尔还会有特殊的评估费用。
>
> 通过**私人契约分时度假**（deeded timesharing），买家在有限的房地产使用时间段内获得合法所有权或契约。买方成为抵押债权人，确保在任何破产程序期间继续使用该资产。他们也在那一周（或两周）确实拥有自己的物业。**非私人契约分时度假**（nondeeded timesharing）是购买有限的合法使用权，并预先计划在分时周期内如何使用该物业。这是一种长期租约、许可证或俱乐部会员

资格，允许使用酒店套房、公寓或其他住宿，使用权一般为20～25年。若该物业的真正所有者——开发商——出现破产等问题，债权人可冻结分时度假物业购买者（严格来说他们是租户）的处所。

分时度假的销售非常困难，合法经销商的销售佣金是价格的30%。来自度假村物业业主协会的调查显示，分时度假在被出售前已在市场上的使用时间是4.4年。在任何时候，60%的分时度假是待售的。分时度假卖家很少能收回其原始投资额的50%以上。正如一个观察者所说，"如果有人想卖给你分时度假，那就跑吧！"

在经济景气或不景气的时候，你可以在同一地区以较低的价格找到出租房。拥有分时度假的唯一好处是它迫使你每年休假，不管你将来住在哪里，假期都会在同一个地方度过。然而，一些分时计划允许业主将他们的财产与其他人交换。

洛丽·洛斯林格

内布拉斯加州奥马哈大都会社区学院

你的选择可以是协商压低价格，接受少于10%的收益，增加租金、希望5年后房产的售价会超过230 000美元，或考虑其他投资。现金流折现法是一种房地产价值评估的有效方法，因为它考虑了房产的售价、所得税的影响以及货币的时间价值。

> **理财要点**
>
> **发现房屋价格**
>
> 查询国内任可地方的房价，可以使用以下方式：雅虎房地产（http：//realestate. yahoo. com/Homevalues）、Zillow. com（www. zillow. com）、Trulia. com（www. trulia. com）/home _ prices/）以及Domania（www. domania. com）。只需输入网址即可获得估价。

□ 为房地产投资融资

与贷款购买自住房产相比，贷款投资房地产的费用更高，利率通常会高出传统购房者0.5%～1.5%。因为投资者并不住在房子中，所以这种投资风险更大。投资者需支付的最低首付款通常为房产价格的20%～25%。如第九章所述，大多数投资者都是通过传统的固定利率、定期抵押贷款为房地产投资融资，以获得可支付得起的房子。如果一个投资者付了大量的首付，那么他可能有资格获得可调整利率抵押贷款。

为了减少首付款并且获得较低的抵押贷款利率，一些房地产投资者会购买一处房产，在里面住一年，然后再把房子租出去，以此作为投资手段。另一种房地产投资方式是通过**卖方融资/业主融资**（seller financing/owner financing）完成的。当卖方愿意接受买方的本票以实现自融资贷款，买方按月支付抵押贷款时，就会出现这种情况。这种方式不涉及任何贷款机构。投资买方会因卖方融资而承担较高的利息。为得到比传统抵押贷款利率高出1.5%～2.5%的利率，卖方可能只接受很少的首付款，甚至不要首付款。对于投资者来说，业主融资的交易能够很快完成。

> **卖方融资/业主融资**
>
> 卖方愿意接受买方的本票以实现自融资贷款，买方按月支付抵押贷款。

进行房地产投资的最普遍方式是购买**血汗劳动房产**（sweat equity property）。这种方式是寻找一处需要修缮但具备升值潜力的房产。你可以以优惠的价格购买到该房产，但是需要花费时间对

> **血汗劳动房产**
>
> 找一处需要修缮但具备升值潜力的房产，以优惠的价格购买到该房产，花费时间对其进行清洁、刷漆及修缮，然后再进行出租或出售以赚取利润。

其进行清洁、刷漆及修缮，然后再进行出租或出售以赚取利润。

概念测试 16.3

1. 总结现金流折现法如何确定房地产投资的正确价格。
2. 就购买分时度假作为投资发表看法。
3. 列出三种针对房地产投资的融资方式。

房地产投资的缺点

> **学习目标 4**
> 评价投资房地产的缺点。

尽管房地产投资有利可图，但确实存在一些很明显的缺点。

- **经营风险**（business risk）。房地产投资很可能会亏损。例如，因一家大型公司的破产造成的本地经济衰退会影响房屋价格。城市区域划分的改变会造成房价的下跌。如果租金无法跟上社区成本的增长，那么这些社区中的工业和工作机会会转移到别处。
- **止赎**（foreclosure）。在一些社区有很多止赎的情况，因此其他的卖家必须降低价格来竞争，这就压低了所有可比住房的价值。无论住房所在区位或条件有多好，这都使以一个合理价格卖出住房变得比较困难。
- **非流动性**（illiquidity）。房地产价格昂贵，并且投资性房地产市场比证券市场小得多。因此，在销售中遇到困难是很常见的。可能需要几个月甚至一年或是更长的时间才能找到买家、安排融资并完成房地产投资的销售。
- **复杂性**（complexity）。与其他大多数投资相比，房地产投资需要投入更多的调查和研究，还需要在未来的财务细节上做出多项假设。

> **你知道吗？**
>
> **肖恩的成功故事**
>
> 肖恩逐渐变得贪婪但也随之聪明起来。他贪婪地增加了自己在股票型共同基金中的投资，但是由于股票市场行情的下跌，在年末他损失了总投资的10%。当他决定不再尝试快速获利时，他变得更聪明了，因而他决定在其他地方投资。肖恩决定参加401(k)计划并投资其他指数型基金。另外，他和哥哥预计房地产投资的年收益率是7%，因此他们一同买了学区房并付了首付，同时已经找到租客，他们的房地产投资已经产生正的现金流了。

- **初期投资大**（large initial investment）。对房地产进行直接投资通常需要数千美元，往往初始投资高达15 000美元、30 000美元、50 000美元甚至更多。
- **缺乏分散化**（lack of diversification）。房地产投资需要投入大量的资金，因此要想分散风险几乎是不可能的。
- **应对租户**（dealing with tenant）。你必须检查租赁申请者的信贷历史、犯罪记录、工作证明及参考其之前房东的经验。国家法律不允许将拖欠数月房租的租户赶出去，所以一旦选错了租户，你的房地产很快就会遭受经济损失。
- **需要进行耗时的管理**（time consuming management demand）。房地产投资管理需要时间对物业进行定期检查、与保险公司打交道、进行修理，还要追讨拖欠的租金。

● **低当期收益**（low current income）。费用支出可能会将现金流收益率降低到 2%以下，甚至在某一年会出现亏损。

● **成本不可预测**（unpredictable cost）。成本估算有时会出现问题。投资者无法掌控房地产征税估值的持续上涨，也无法预知中央空调什么时候会出现问题。

● **利率风险**（interest rate risk）。当利率上升时，买得起房子的人就会随之减少，这会给房屋价格和租金带来下行压力。

● **法律费用**（legal fee）。你需要房地产律师来协助你处理房地产购买、销售、验楼、分区问题、租户问题、保险纠纷、会计以及任何法律责任问题。产权保险对投资者来说是一项非常重要的支出，特别是当指控显示出借人可能没有正确检查卖方的法律文件时。

● **高转让成本**（high transfer cost）。在购买或出售房地产时，可能会产生高额的房屋转让成本，往往占房屋售价的 6%～7%，可能还需要加钱填补成本。

你知道吗?

房地产投资收入的税收结果

若你正在考虑投资房地产，你可以使用投资金额（购买金额或首付）开始估算可能的收益率。随后可与其他投资选择进行比较。由于一些房地产计算的假设可能不准确，因此房地产分析必须谨慎。

下表显示了南达科他州拉皮德城一处住宅物业的五年估价，该住宅靠近一所闻名的高中，其售价为 20 万美元。该大楼可以以 15 万美元的抵押贷款进行购买，因此买家需要支付 5 万美元首付，还要加上 8 000 美元的交易费。该物业每年总租金收入为 18 000 美元，预计年增长率为 5%，空置和租金未付率为 10%，房地产税为 7%，保费为 8%，维修费为 10%。假定抵押贷款 15 万美元的整个支付期限为 30 年，年利率为 6.5%。就所得税而言，土地价值为 20 000 美元，且该建筑 27.5 年以来一直在贬值。年度直线折旧计算金额为 6 546[＝(200 000 －20 000)÷27.5)]美元。

注意（D 行）通过租赁房产获益极具挑战性。前两年的总现金流预计为正（分别为 976 美元和 652 美元），但是随后三年的现金流预计为负（分别为－330 美元，－10 美元和－305 美元）。然而，由于所得税法允许折旧（E 行，6 546 美元）记录为房地产投资费用，即使这不是现金支出，投资者计算出五年预期所有权（第一年预计是－5 570 美元）的总应税亏损（F 行）。该损失可以从投资者的所得税中申报扣除。由于投资者支付了 30%的联邦和州所得税，故第一年的年度税收节省了 1 671 美元（G 行）。投资者不必把 1 671 美元花在政府税收上，而是可以把该款项用于帮助支付投资的经营费用。因此，净现金流收入（D 行）976 美元加上节税（G 行）1 671 美元产生税后净现金流增益为 2 647（＝1 671＋976）美元。

成功的房地产投资的估算　　单位：美元

	年				
	1	2	3	4	5
A. 总租金收入	18 000	18 900	19 845	20 837	21 879
减去空置和未付租金	1 800	1 890	1 985	2 084	2 188
B. 预计总收入	16 200	17 010	17 860	18 753	19 691

续前表

	年				
	1	2	3	4	5
C. 减去营业费用					
本金和利息（$P+I$）	11 376	11 376	11 376	11 376	11 376
房地产税（T）	2 600	2 782	2 977	3 185	3 408
保险（I）	800	864	933	1 008	1 089
维护费用	2 400	2 640	2 904	3 194	3 513
总营业费用	17 176	17 662	18 190	18 763	19 386
D. 总现金流	976	652	（330）	（10）	（305）
E. 减去折旧费用	（6 546）	（6 546）	（6 546）	（6 546）	（6 546）
F. 应税收入（或损失＝D－E）	（5 570）	（5 894）	（6 876）	（6 556）	（6 851）
G. 年节税额（边际税率为30%）	1 671	1 768	2 062	1 966	2 055
H. 税后净现金流收入或损失（G+D）	2 647	2 420	1 732	1 956	1 750

假设房屋每年增值4%，五年后房屋价值243 330（＝200 000×1.04×1.04×1.04×1.04×1.04）美元（K行）。如果以这个价格卖出，6%的交易佣金共14 599（＝243 330×0.06）美元，会减少净收入至228 731（＝243 330 －14 599）美元。

现在，我们可以得出**年粗略收益率**（crude annual rate of return），如第二个表格所示。粗略的收益率为对投资额收益率的粗略衡量，假定每年赚取的收益相同。在这个例子中的总收益是可观的。投资者现付投资额为首付5万美元以及交易费8 000美元，我们减去累计净现金流收入（N行）10 505美元（加上H行的所有数值，因为投资者已收到该金额），投资总额为（O行）47 495美元。投资者的资本利得（M行）为53 461美元。在进行分割后，确定获得的税前总收益率（R行）为112%，年粗略收益率（S行）为22.4%（＝112%÷5）。

年粗略收益率的估算

纳税额	
I. 购买价格（50 000美元首付；150 000美元贷款）	200 000美元
交易费用	8 000美元
小计	208 000美元
J. 减去累计折旧	32 730美元
纳税额（经过调整）	175 270美元
收入（付完房贷后）	
K. 售价	243 330美元
减去销售佣金	14 599美元
净收入	228 731美元
L. 减去纳税额	175 270美元
M. 应税所得（资本利得）	53 461美元
投资总额	
首付	50 000美元

交易费用	8 000 美元
N. 减去累计净现金流收入	（10 505 美元）
O. 投资总额	47 495 美元
年粗略收益率	
P. 投资总额	47 495 美元
Q. 应税所得（M 行的资本利得）	53 461 美元
R. 税前总收益率（=53 461÷47 495）	112%
S. 税前年粗略收益率（=112%÷5）	22.4%

概念测试 16.4

1. 总结为什么止赎和非流动性是房地产投资的缺点。
2. 阐述为什么房地产投资者需要花很多时间进行管理。

投资收藏品、贵金属和宝石

> **学习目标 5**
> 总结投资于收藏品、贵金属和宝石的风险与挑战。

> **投机者**
> 进行短期买卖以实现高额利润的人。

通常，投资者认为资产是他们希望长期持有的。在投资收藏品、贵金属和宝石时，投资者拥有非流动性实物资产，而不是纸上所代表的无形资产。虽然投资者购买某一资产可能是因其长期的投资潜力，但可能会在短期内赚取利润。**投机者**（speculator）希望在不久的将来，会有人以更高的价格购买某一资产，他们希望从市场波动中获利，从而经常进行买入和卖出。如果你把钱投进这些非流动性资产，把你的投机性投资限制在不超过投资组合的 5%，最好投资自己真正喜欢的东西。然而，不要把投资收藏品、贵金属和宝石当作自己储蓄退休计划的一部分。当你为退休进行投资时，你应该使用第十三章里的长期策略，而不应该指望投机。

□ 收藏品

> **收藏品**
> 它是一种文化产品，因其形美、年代、稀缺或流行而极具价值。例如，古董、邮票、罕见钱币、艺术品、棒球卡等。

收藏品（collectible）是一种历史文物，因其形美、年代、稀缺或流行而极具价值。其中包括棒球卡、海报、体育纪念品、枪、照片、绘画、印刷品、陶瓷、漫画书、手表、午餐盒、火柴盒、玻璃器皿、勺子、邮票、罕见钱币、艺术品、地毯、美酒、汽车和古董。收藏品市场因怀旧、数量有限以及迎合当下潮流而蓬勃发展。收藏品的价格往往滞后于其他投资品，而且会持续滞后。从长期来看，收藏品的投资收益不会超过股票的投资收益，但是投资收藏品会有很多乐趣。

通过收藏品赚钱不容易

投资收藏品取得成功的关键是对收藏品的质量进行投资——收藏品质量越高越好。把价值最高的收藏品看作蓝筹股。虽然购买收藏品的过程可能既有趣又容易，但从收藏品中获利可能就不是这样了。收藏品唯一的收益途径是价格升值，并且你必须卖出收藏品才能获利。如果收藏品给你带来乐趣，这可能让你很为难。如果出售，你将支付28%的收藏品所得税而不是15%的资本利得税。

> **理财要点**
>
> 在佳士得和苏富比的网站在线搜索收藏品价格
>
> 大型拍卖行佳士得（www.christies.com）和苏富比（www.sothebys.com）提供大量的绘画、照片、手表、酒、家具、钻石珠宝等收藏品。在它们的网站上可以看到目录，留下相关信息，那么你就可以通过电话或在线出价。

收藏品几乎必定会产生价值损失，包括作为收藏品或限量版销售但被大规模生产及销售的产品。你经常在电视、报纸和杂志上看到这些所谓的“收藏品”在做广告。另一个风险是从批发到零售的价差，这可能是50%或100%。如果你从经销商处购买，你就能会支付40%～50%的加价。你在拍卖会上花的钱通常能购买更多商品。不同收藏品及其不同的年份使其价格差别非常大。市场是变幻无常的。如果投资者需要将这种资产转换为现金，那么销售过程可能需要几天、几周或几个月，而且卖家还可能被迫接受一个更低的价格。收藏品行业充斥着伪造品、骗局和欺诈，特别是在体育纪念品领域。

网上买卖收藏品

你可以在互联网上购买收藏品，比如使用易趣网，在几分钟内，你就能买到在杂志、旧物商店、跳蚤市场和拍卖行找了好几年都没找到的东西。在互联网上购买收藏品既高效又便捷，而且很容易比对产品和价格。然而在购买之前检验它们是很难的。在谷歌搜索“收藏品”，但要注意，这是一种非常冒险的投资方式。

□ 黄金和其他贵金属

有一种诱惑是拥有黄金。观赏黄金、保存黄金和拥有黄金的感觉很好。拥有黄金是以一种独特的、私有的、个人的和便携的方式去持有一些真正的财富。然而，就投资而言，当你拥有黄金时，它不会产生当前收入。其价值仅由销售时的供求关系决定。因此，投资黄金是一种投机行为。除了黄金，其他种类的一些金属对投资者有类似的吸引力。

恐慌情绪推高了黄金价格

恐慌情绪推高了黄金价格。世界上一些恐慌的投资者会购买黄金，因为他们认为自己国家的经济即将崩溃，纸币会大幅贬值。那些购买黄金的投资者一般会比较关注高通货膨胀、利率的调高、纸币的过度印刷、经济的崩盘、可能的战争、过度的政府借贷、信用体系的崩溃和国际贸易战等问题。经济“大萧条”给投资者留下了阴影，恐慌的情绪会驱使投资者陷入“黄金热”的状态。在物价飞涨的环境中，之前被认为是疯子的黄金囤积者似乎是聪明的投资者。

黄金价格停滞不前，但最近金价飙升

早在1976年，美国遭遇了严重的通货膨胀，当时金价飞涨，从每盎司100美元涨到1980年的每盎司超过800美元。之后，金价迅速下跌到400美元，到2001年跌至每盎司280美元。这种过山车式的状态仍在持续，25多年来改变甚微，金价又开始持续上升，在2008年3月突破每盎司1 000美元，那时正值次贷危机最严重的时候，几个月以后金价急剧回落到每盎司700美元。在美国和世界经济形势不明朗的情况下，美元贬值，金价在2011年升至每盎司1 530美元以上。回过头看，金价在1980年达到每盎司800美元，考虑到通货膨胀的因素相当于现在的每盎司2 250美元，事实上，现在的金价还没达到30年前的高位。

单看最近十年的金价走势，黄金无疑是很有吸引力的投资品。如果你在1980年购买了10 000美元的黄金，到了2008年这些黄金的价值将是10 600美元。但是如果你在1980年购买10 000美元以标准普尔500指数为标的的共同基金，到了2008年你将拥有200 000美元，这显然是那些黄金推荐人员不希望投资者看到的。

预言家、阴谋论者和黄金推荐人员的恐惧和贪婪会不会使金价上升？或者黄金市场像美国房地产市场一样存在泡沫吗？就像其他投资一样，黄金也会暴跌。专家们对此看法不一，一些人认为从长期来看黄金是对付通货膨胀的利器，而另一些人说，在黄金市场泡沫破灭前需要卖出黄金。聪明的投资者在投机时也会谨慎行事。

□ 你可以通过多种方法投资黄金

初始投资黄金不宜在高位购入，尽管直接购买黄金是可行的。现在有许多投资黄金和其他贵金属的方法。

金块

金块（gold bullion）经常被视为较大的黄金“砖块”，是由人们设想出来的，重约28磅，存放在诺克斯堡。按照今天的价格，每块金块价值超过100 000美元。“金块”这个词只意味着精制并加盖重量的贵金属。金块传统上以1盎司和10盎司的金条方式进行买卖交易。作为金块的黄金是昂贵的。精炼、制造、运输金条都需要费用。一次销售收费5%～8%是常见的。此外，还有存储成本。当黄金被售出时，从投资者那里购买黄金的银行或经销商可能会坚持再一次检验黄金的质量，这对投资者来说就又增加了一项成本。由于金块交易不受联邦政府管制，投资者可能还要选择购买保险以防火、防盗、防诈骗。

> **金块**
> 一种精炼并加盖重量的贵金属。

金币

投资黄金的部分费用能够通过拥有现代**金币**（gold bullion coin）来避免，每枚金币含1金衡盎司（31.15克）纯金，由世界各地的造币厂发行。最流行的硬币是南非克鲁格金币、加拿大枫叶金币、美国之鹰金币。还有其他金币可供选择，包括英国君主金币、澳大利亚袋鼠金币和中国熊猫金币。金币的最小订单是10枚，买入和卖出时的佣金为2%～4%。这些金币不必检验纯度，它们是可携带的而且具有全球流动性。投资者需要储存金币并为金币投保。你可以通过访问 www. usmint. gov 得到美国之鹰金币零售商的详细信息。

> **金币**
> 每枚金币含1金衡盎司（31.15克）纯金，由世界各地的造币厂发行。

收藏性金币

人们购买收藏性金币，部分原因在于这些金币比较美观和稀有。收藏性金币投资者面临较高的价格，金币认证困难（通常需要支付费用聘请专门机构进行认证）并需要支付储藏和保险费用。主要的金币评级机构包括美国钱币协会认证服务（www.anacs.com）、钱币担保公司（www.ngccoin.com）和专业硬币认证服务（www.pcgs.com）。

黄金矿业股、共同基金和黄金 ETF

有些投资者希望借世界危机、经济恐慌和黄金价格上升通过少量的资本大赚一笔，那么他们就会选择黄金矿业股、与黄金相关的共同基金和 ETF 进行投机，比如你可能听说过霍姆斯特克金矿的解散，霍姆斯特克金矿地处南达科他州黑山北麓，是与 1876 年的淘金热息息相关的早期公司之一。如今，美国有少数几家黄金矿业公司，世界各地有几十家。

比较出名的与黄金有关的共同基金，包括凡·埃克国际投资者（代码为 INIVX）、USAA 贵金属和矿石（代码为 USAGX）、奥本海默黄金和特殊金属（代码为 OPGSX）以及先锋贵金属和矿业（代码为 VG-PM）。在 3 个月内黄金共同基金的价格可能迅速上升或下跌 50%。最大的黄金 ETF 是 SPDR 黄金份额（代码为 GLD）。其他比较有名的黄金 ETF 包括 iShares 纽约商品期货交易所黄金信托（代码为 IAU）以及市场矢量黄金矿业 ETF（代码为 GDX）等。

> **你知道吗？**
>
> 怎样通过货币交易投机
>
> 有些投资者对未来感到十分焦虑，他们常常同时持有美元和欧元，而不是持有黄金，这是因为持有这两种货币更加方便。人们可以通过**外汇交易**（foreign exchange trading，forex），根据美元、欧元、日元、英镑、瑞士法郎和其他外汇货币的汇率波动来进行投机。在外汇资本市场（www.FXCM.com），你可以花 300 美元开一个“迷你”账户来尝试交易，然后用保证金押注 200 倍。外汇交易是一项高风险的投资！

> **你知道吗？**
>
> 在房地产投资和高风险投资中的最大失误
>
> 基于别人的财务困境，在个人理财过程中，你可能犯以下错误：
>
> 1. 假设房地产价格会不断上升，利率却不会上升。
>
> 2. 没有额外的钱来支付租赁财产的修理费用、未预料到的资本改善费用和税收的增加等。
>
> 3. 将部分退休计划中的储蓄投资于收藏品或黄金。

□ 投资银、铂、钯和铑

其他一些金属也会吸引一些投资者。银、铂、钯和铑在工业上有用，偶尔也被用于首饰加工。这些金属的价值随需求变化而浮动。投资者可能会这样推断：因为钯被用于汽车生产，当中国和印度对汽车的需求增加时，金属的价格就会上涨。价格也可能下跌；去年白银价格在 4 天内下跌了 25%。这些贵金属的 ETF 包括 iShares 白银信托（代码为 SLV）、ETFS 物理铂（代码为 PPLT）以及 ETFS 物理钯份额（代码为 PALL）。

□ 珍贵的石头和宝石

珍贵的石头和宝石，如钻石、红宝石、蓝宝石和翡翠，也是高风险投资的实例。投资者购买的投资级宝石是“未镶嵌上首饰的宝石”，而不是一件件的珠宝首饰。批发公司，而不是珠宝商，出售最优质的宝石。宝石的鉴定过程可能被吹捧为一门科学，其实并非如此，而是经过良好培训的猜测工作。对一块石头的质量进行评估可能会得到两种结果，特别是对于小于1克拉的石头，结果很可能有10%～20%的差异。

初学投资者经常以零售方式购买，最终以零售方式尽力卖出。这种方法与聪明的投资——也就是低买高卖，截然相反。宝石的买卖佣金较高，转售较为困难。在销售中亏损20%～50%也比较常见。

你知道吗?

收藏品、贵金属和宝石的骗局比比皆是

一般的投资者无法区分天然钻石和人造钻石。收藏品、黄金、其他贵金属和宝石的价值部分取决于“专家”的权威度，他们评判投资价值，而投资者对专家的盲目信任会带来潜在的风险。当一项资产不能迅速产生可计量的现金流（如租金、利息或股利）时，资产价值就取决于供求，市场中的谣言会对供求造成影响。这些投资欺诈和骗局比比皆是，销售人员往往会编造价格会迅速攀升和一夜暴富的神话，以鼓励投资者进行购买。对短期投资者来讲，收藏品、贵金属和宝石不是明智的投资选择。

概念测试16.5

1. 找出一个可能成为有趣的投资的收藏品，同时说明它为什么获利困难。
2. 解释为什么有些投资者会购买黄金和其他贵金属，并说明哪种投资最吸引/最不吸引你。
3. 识别投资贵金属和宝石的一些风险。

投资期权和期货合约

衍生证券可应用于商品、股票、债券、利率、汇率和指数（如股市指数、消费者价格指数以及天气状况）等。在**衍生品/衍生证券**（derivative/derivative security）的基础上，人们能够更容易地交易或理财。投资者在选择衍生品时，通过对冲损失以降低风险，或通过投机来承担更多的风险。投资者的收益仅仅来自相关资产价格行为的变化。在普通衍生品工具中，最常见的两种是期权和期货合约。

学习目标6

解释为什么期权和期货是高风险投资。

期权

它是在未来某个特定时间以特定价格买入或卖出资产的权利的合约。

股票期权

期权持有者有权在规定的到期日之前以指定的价格（约定价格）买入或卖出某只股票一定的股份（通常为100股）的证券。

□ 期权允许你以约定价格买入或卖出资产

期权（option）是指在未来某个特定时间以特定价格买入或卖出资产的权利的合约。最常见的期权形式是**股票期权**（stock option）。①

① 回顾第十四章中提到的，有些雇主给予雇员股票期权，作为吸引和留住雇员的方法。如果期权对应的股票价格明显上涨，雇员可以行使期权，以之前约定的价格购买股票并以现在更高的价格卖出股票，从而获益。

期权由期权卖方提供

期权给予持有人（买方）在具体日期［**截止日期**（expiration date），通常为3个月、6个月或9个月］之前以指定的价格［**约定价格**（striking price）］买入或卖出某只股票一定的股份（通常为100股）的权利，而非义务。

期权卖方（option writer）通过证券经纪公司签订期权合约，并承诺以固定的成交价格买入或卖出特定的资产。作为回报，期权卖方将得到一笔期权费（期权本身的价格），表示可以按照期权买方的意愿买入或卖出该资产。一旦期权被签出和出售，期权在截止日期前可能被多次转手。**期权持有人**（option holder）是实际拥有该期权的人。期权卖方始终有责任回应期权合约持有者关于买卖资产的请求。

共有两种期权合约：**看涨期权**（call option）和**看跌期权**（put option）。看涨期权给予期权持有人（买方）从卖方处以约定价格买入标的资产的权利而非义务。看跌期权给予期权持有人（买方）从卖方处以约定价格卖出标的资产的权利而非义务。下列的专栏“如何理解期权合约?”解释了看涨期权和看跌期权买卖双方之间的关系。

大部分期权在到期日时没有被期权持有人行权，而期权卖方是唯一能从中获利的人。利润来自最初出售期权时产生的期权费。买卖期权是保守的和激进的投资者均可使用的投资方法。

期权卖方

出售期权合同，承诺以固定的约定价格买入或卖出一定的资产。

期权持有人

买入并持有期权的人。

看涨期权

看涨期权给予期权持有者权利，从期权卖方处在到期日前以约定价格买入期权对应的资产。

看跌期权

看跌期权给予期权持有者在期权到期日前，以约定价格把期权对应的资产卖给期权卖方的权利。

你知道吗?

如何理解期权合约?

期权给予期权买方以一定价格购买或卖出标的资产的权利。一份期权合约里包括期权买方和卖方，他们的关系如下图所示。

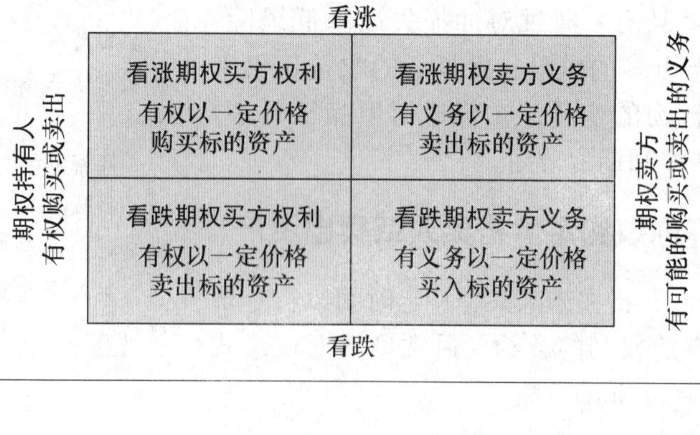

保守的卖方通过出售抛补看涨期权获利

拥有标的资产（股票）的保守的期权卖方可以卖出看涨期权，这是一种比较保险的获利途径。在卖出期权时，将该期权被称为**抛补期权**（covered option）是因为投资人持有基础股票［若投资人未持有该资产，则为**裸期权**（naked option），是一种投机头寸］。保守的期权卖方在高效使用期权的情况下，可使看涨期权每三个月产生1%～2%的额外收益，同时将风险降至最低。实际上，保守的期权卖方通过对冲来避免价格波动产生的损失，从而保护了自己的经济利益。

> **理财要点**
>
> 学习期权交易的网站
>
> 这些网站包括期权业委员会(www.optionscentral.com)、芝加哥期权交易所(www.cboe.com)、TradeKing (www.tradeking.com)以及optionsXpress(www.optionsxpress.com)。

你可以通过出售已持有的股票看涨期权获利，给予相应买方在较短时间内以固定的约定价格买入你所持股票的权利。下面将举例说明。

> **你知道吗?**
>
> 把坏习惯变成好习惯
>
> | 你会这样做吗？ | 你应该这样做！ |
> | --- | --- |
> | 避免房地产投资； | 计算一下看会不会盈利； |
> | 购买收藏品、贵金属和宝石； | 将此类投资限制在总投资的5%以内； |
> | 投资期权和期货以快速获利。 | 做好亏损的准备。 |

假设你持有1 000股以56美元买入的ABC股票(总投资额为56 000美元)，然后你以每股60美元的约定价格卖出看涨期权。期权价格为2美元，由此你立即获利2 000美元（不计佣金）。有可能出现以下三种情况：

1. 若股票价格在三个月内保持不变，期权到期。作为看涨期权的卖方，你将获得2 000美元的期权费。

2. 若股票价格上涨至65美元，持有人执行看涨期权并以60美元的价格买入股票。你将获利6 000美元（其中4 000美元为股票从56美元涨至60美元的升值收益，再加上2 000美元的期权费）。然而，你错过了可能带来更大利润的机会，因为你以60美元的价格卖出了股票。如果没有期权，你可以以每股65美元的价格出售股票。

3. 若股票价格跌至50美元，看涨期权的买方将不会行使期权，因为其市场价格低于约定价格。你将保留2 000美元的期权费，这将使你的损失从6 000[＝(56－50)×1 000] 美元降至4 000美元。

保守的投资者购买看跌期权以构建领式期权来降低风险

购买看跌期权以构建“领式”期权是一种放弃已有的股票的一些潜在收益以限制损失的方式。看跌期权允许合约持有人在一段时间内以特定的成交价格卖出资产，期限通常为三个月。例如，假设你以每股56美元的价格买入1 000股ABC股票（总投资为56 000美元)，你希望股票价格会上涨。然而如果股价下跌，你就有可能遭受损失。为了降低这种风险，你可以以接近股票购买价格的约定价格买入1 000股看跌期权——如以52美元的价格。期权合约的总价可能为2 000美元（每股2美元）。这时可能出现以下三种情况：

1. 股价三个月保持不变，看跌期权到期，你只亏损2 000美元。

2. 若股价涨至65美元，你就允许看跌期权到期，因为其高于约定价格价，而你只亏损2 000美元。相反，如果你以每股65美元的价格卖出股票，则将获利7 000(＝65×

1 000－56 000－2 000)美元。

3．若股价跌至 50 美元，你将行使看跌期权，以每股 52 美元的约定价格卖出股票，从而将损失从 6 000[＝(56－50)×1 000]美元降至 4 000[＝(56－52)×1 000]美元。

投机者尝试使用期权盈利

期权市场上激进的投资者试图通过两种方法盈利。第一，由于各个证券市场存续期通常为三个月，因此投资者希望增加期权的价值。例如，如果一只股票价格上涨，看涨期权的持有人可能将期权以高于最初支付的价格出售给另一个投资者。第二，投资者可能以约定价格行使期权，获得标的证券的所有权，并以高价卖出这些标的证券。

当投资者未拥有标的资产的时候，投资者会进行投机，正如他们卖出裸看涨期权或裸看跌期权一样。期权交易者可能遭受相当大的损失。例如，当期权的标的资产的市场价跌至约定价格以下时，看跌期权的卖方可能会受到损失。卖方可能不得不以高于市场价的价格从期权持有人处购买标的资产。卖出裸期权确实是一项高风险的投资！

理财要点

LEAP

LEAP 是一种长期股票预期证券。它是一种期权，与传统期权和指数型期权相比期限更长。同传统期权一样，股票相关的 LEAP 也有两种，即看涨期权和看跌期权，也就是说，给予期权购买者在未来买卖标的股票的权利。然而，LEAP 的到期时间更长，最长可以为两年半左右。

投机者买入购买选择权以加大杠杆

购买期权的诱惑在于期权持有人在规定的时间内能以少量的资本控制一项相对较大的资产。如果资产的市场价格上涨超过约定价格与期权费之和，则持有人能够获取丰厚的利润。例如，来自佛罗里达州的技术专家杰里米·迪特里希在 3 月购买了可口可乐公司股票的看涨期权，当时每股售价为 55 美元。约定价格为 60 美元，到期日为 3 月的第三个星期五，购买期权的价格（期权费）为每股 2 美元。期权合同成本为 200（＝2×100）美元。杰里米希望可口可乐公司的股价会上涨。他倾向于不直接购买这只股票，因为可口可乐公司的 100 股会花费他 5 500（＝55×100）美元甚至更多。

为了让杰里米能够在看涨期权交易中收支平衡，可口可乐公司的股票价格在看涨期权到期之前必须上涨至 62 美元，如式（16.3）所示。如果行使看涨期权，他可以以 60 美元的价格从期权卖方处购买股票，然后以目前 62 美元的市场价在市场上卖出（佣金忽略不计）。在这种情况中，他每股赚了 2（＝62－60）美元，与 2 美元的每股期权购买价相抵消。如果可口可乐公司的股票价格上涨至 65 美元，则杰里米每股会赚 3 美元，总共赚 300 美元。根据他 200 美元的投资，短期内收益率就会达到 150%（＝300÷200）。如果 3 月下旬股票价格下跌至不到 60 美元，200 美元的看涨期权将毫无价值地到期，他也会损失为购买期权而支付（投资）的金额。

专家建议

如何计算期权合约的盈亏平衡价格

投资者需要知道期权合约的盈亏平衡价格。在这个价位上，期权合约的费用和利润刚好相互抵消（或者通过对冲亏损来降低成本）。两种期权合约的盈亏平衡价格分别由式（16.3）和式（16.4）

计算得到。如果看跌期权的约定价格是52美元，期权合约的成本是2 000美元，标的资产为1 000股股票，那么通过计算可知盈亏平衡价格是50美元。如果看涨期权的约定价格是60美元，期权合约的成本是200美元，标的资产为100股股票，那么通过计算可知盈亏平衡价格是62美元。

看跌期权盈亏平衡价格＝约定价格－合约成本/标的股票数量　(16.3)

50＝52－2 000/1 000

看涨期权盈亏平衡价格＝约定价格＋合约成本/标的股票数量　(16.4)

62＝60＋200/100

当计算看跌期权和看涨期权盈亏平衡价格时，将所有交易成本计算在内是十分重要的。这些成本包括期权费和支付给经纪人的佣金。佣金将根据期权合约本身来支付，后续佣金可能与期权合约的执行和买卖相关。在看跌期权的例子中，低于50美元的股价会导致期权的执行，因此将会带来额外的、不可预料的佣金。这种可能性告诉我们：在规划时要充分考虑所有的和后续的交易成本。

约翰逊·福克斯

俄亥俄州立大学

你知道吗?

关于对冲基金

对冲基金（hedge fund）是使用非传统投资策略的高风险投资工具，其投资者往往十分富有。它们通常是全球性的公司，因此不受美国证券交易委员会的监管。对冲基金交易期权和大宗商品、做空、利用杠杆、进行风险套利、购买和出售货币等。同时，它们投资于价值被低估的证券，包括业绩不佳的、破产的或可能被兼并的公司的证券。

对冲基金可以在市场波动或不景气时赚钱。投资者是合作伙伴。对冲基金经理收取的费用占管理资产的2%～5%，占基金利润的20%～40%。在美国，8 000多只对冲基金都不向一般投资者开放。对冲基金的投资者仅限于“合格的投资者及购买者”，他们的收入超过20万美元，净资产超过100万美元且拥有超过500万美元的投资。相当多的对冲基金遭受了灾难性的损失并已破产。

出售期权

由于标的资产的市场价格的变动，当期权的市场价格迅速上涨时，你可能想出售看跌期权与看涨期权，以确保获利。或者，如果标的资产的市场价格下跌，你可以卖出期权，以防止进一步的损失。

□ 商品期货合约

期货合约（futures contract）与期权类似，因为它是一种（通常在合约规模、所交付产品的质量和交货日期方面）标准化的远期合约，并且在有组织的交易所进行交易。二者的不同之处在于期货合约要求持有者在指定的日期购买资产。如果持有者不想购买资产，则必须向其他投资者或实际使用资产的人出售合约。

期货合约

一种标准化的远期合约，规定了合同规模、所交付产品的质量和交货日期等。

期货合约通常集中在农产品、商业产品和矿业产品方面。有组织的商品市场包括：纽约咖啡和糖类交易所；纽约可可交易所；CME 集团（交易生猪、鸡蛋、土豆和牛）；芝加哥交易所（交易玉米、小麦、大豆、大豆油、燕麦、白银和胶合板）；国际货币市场（交易外币和美国国库券）；纽约商品交易所（交易黄金和白银）；纽约商品交易所（交易铂金）。

经济需求造就了期货市场

农民戴夫在伊利诺伊州种植了能产 10 000 蒲式耳的大豆作物，现在他想卖出其中的一部分，以确保实际收获大豆时获得确定的价格。同样，一家食品加工公司现在就需要购买大豆，以保护自己不受将来大豆价格急剧上涨的影响。同样，一家橘汁生产商现在可能希望以固定的价格锁定柑橘的供应，而不是冒着因冬季严寒而导致价格上涨的风险。这些经济需求造就了期货市场。

理财要点

你可以购买投资商品的 ETF

投资者可以从 75 多只交易所交易基金（ETF）中选择购买，包括投资谷物、黄金、白银、钢铁、镍和锂等大宗商品。大部分公司都将一小部分资产投资于期货，剩下的投资于国债。现在投资者购买比较多的 ETF 包括 iShares GSCI（代码为 GSG）、德意志银行商品指数代码为（DBC）、SPDR 黄金股（代码为 GLD）、iShares 纽交所黄金（代码为 IAU）等。

投机者可能在期货市场交易

期货市场的投机者希望标的资产的市场价格在合约到期之前上升（或下降），通常是在合约签订后的 3 个月到 18 个月。因为期货是高度杠杆化的产品，所以期货提供了非常高利润的潜力。根据不同的商品、市场的波动情况和经纪公司的保证金要求，投资者只需要支付合约签订金额的 5%～15%。有些合约甚至只需要 300 美元。每次交易的佣金平均约为 20 美元。

为了说明杠杆在购买期货合约中的作用，假设一位来自新泽西州友联的潜水教练员丹妮尔·安东尼于 7 月购买了 5 000 蒲式耳的小麦期货，其中，小麦期货单价为每蒲式耳 3.80 美元，期货总价值为 19 000（=3.80×5 000）美元，但是丹妮尔只付了 2 500 美元。小麦单价若上涨了 0.01 美元，丹妮尔将获利 50（=0.01×5 000）美元。若 7 月下旬小麦价格上涨了 0.50 美元，达到每蒲式耳 4.30 美元，丹妮尔可以通过卖出这批期货赚取 2 500（=0.5×5 000）美元，使她的总投资翻一番。理论上，她可以在 7 月下旬以每蒲式耳 3.80 美元（按照期货合约的规定）而不是 4.30 美元的价格购买小麦。作为一个投资者，丹妮尔想要的不是小麦而是通过卖出期货取得盈利。然而，另外的投资者，也许是面包公司，也可能通过购买期货取得低于市场价格的小麦。

丹妮尔也可能亏损。小麦价格若跌了 0.50 美元，达到每蒲式耳 3.30 美元，丹妮尔将损失 2 500 美元。如果小麦价格下跌，经纪人会要求丹妮尔补仓，追加期货保证金。若丹妮尔不追加投资，经纪人将依据合约卖出这批期货头寸，导致她真正亏损 2 500 美元。由于证券交易存在风险，证券经纪公司要求期货投资者至少拥有 50 000～75 000 美元的保险，其中不包括房屋保险与人寿保险。

期货是零和博弈

每宗商品期货交易都会有赚有赔，当商品价格上涨时，期货合约的买家盈利，而卖家亏损。当商品价格下跌时，结果则相反。据估计，期货市场 90%的期货投资者亏损；5%的投资者（主要是专业人士）获利；其余 5%的投资者不赚不赔。

投资者在进行期权或期货交易时，需要特别警惕瞬息万变的市场。期货交易是一种**零和博弈**（zero-sum game），所有投资者的财富总和保持不变；交易只是将财富重新分配给各个投资者。获得的财富值与亏损的财富值完全相等；因此，所有期货投资者的平均收益率为零。如果算上交易成本，那么收益实际上是负的。在期货和期权中，赔钱的人远远多于赚钱的人。几十年来的经验告诉人们，交易大宗商品期货无异于赌博。一般的投资者最好不要接触商品期货。

> **零和博弈**
>
> 所有投资者的财富总和不变；改变的只是每个人的资产份额。收益都必须由损失弥补，因此所有投资者的未来收益率为零。

你知道吗？

一定赔钱的买卖

如果你对投资不太了解，你可能会赔钱而且会亏很多。如果你是长期投资者，你可能会损失很多，请避免下列风险投资：

- 保证金交易；
- 卖空；
- 期权（看跌和看涨）；
- 商品期货（猪腩、橘子等）；
- 房地产有限合伙；
- 黄金、贵金属和收藏品；
- 电视购物投资计划；
- 分时度假。

立刻行动！

通过阅读本章，你知道了更多关于个人理财的知识，那么通过下述举措开始行动吧：

1. 想象一下，如果你有50 000美元可以拿去投资而且不用担心失去这笔钱，你会将其全部或部分投资于高风险项目吗？说明一下原因。

2. 在当地报纸上搜索购买房屋作为出租房产的机会，假设房地产是这项投资的一个选择。找出你所在地区的价格租金比率，同时评估一下针对某一特定房产的要价、抵押贷款利率和你能收到的租金等因素。

3. 计算一下房地产的净现值来决定你对某一房产的出价。

概念测试 16.6

1. 区分期权投资者的看涨期权和看跌期权。
2. 总结保守的投资者通过期权盈利的两种方式。
3. 解释投机性期权投资者为什么会损失大量资金。
4. 列举期货合约并不适合一般投资者的原因。

现在你有何建议？

在阅读完本章后，你对杰米在房地产和高风险投资方面有什么建议：

1. 投资房地产？
2. 把一部分钱投入高风险投资，例如收藏品或黄金？
3. 投资期权和期货合约？

本章要点

1. 展示你如何通过投资房地产赚钱。

投资房地产的关键问题在于："当你拥有房地产时，你能创造经常性收入吗?""当你卖出房地产时，你能通过资本利得获利吗?"为了回答以上问题，投资者需要计算价格租金比率和租金收益率。同时，认识到适当地利用杠杆有利于增加房地产投资的收益。

2. 认识到如何在房地产投资中利用有利的税收待遇。

美国国税局为投资者提供五项主要的税收优惠待遇，包括折旧可减免税收、利息可抵扣税收、合法的房地产免税交易、租赁和度假屋的特殊税收优惠以及资本利得的低税率。

3. 计算正确的房地产支付价格并了解如何融资购房。

现金流折现法是评估房地产投资价值或了解房地产投资价格的有效方法。这种方法考虑了房产的售价、所得税的影响和货币的时间价值。尽管传统的抵押贷款是最受欢迎的，但是还有许多为房地产融资的方法。

4. 评价投资房地产的缺点。

房地产投资存在许多缺点：初始投资额较大、缺乏多样性、应对租户、当期收入低、成本不可预测、缺少流动性和较高的转让成本等。

5. 总结投资于收藏品、贵金属和宝石的风险与挑战。

在投资收藏品、贵金属和宝石时，投资者拥有非流动性的实物资产，而不是用纸片代表的无形资产。由于这些投资不会支付利息或股利，所以投资者的唯一收益往往来自价格增值。由于价格取决于市场的供给和需求，所以卖家往往会炒作这些高风险投资品。投资者的品位和市场谣言也会影响价格。你应该选择从事真正的投资，而不是投机炒作。

6. 解释为什么期权和期货是高风险投资。

期权和期货是基于原生资产的金融衍生品，是市场参与者用来更容易地交易或管理资产的工具。虽然每个投资者都可以通过期权和期货套期保值，但是投机者更倾向于期货交易。在投资衍生品时，大部分投资者都会亏钱，而且亏损得很快。

讨论

1. 投资房地产。阐述什么会激励你投资房地产，尤其是在很多地区房价急速下降的时候。

2. 投资房地产的原因。假设你有 30 000 美元现金。说明你想用这笔钱投资房地产的原因，同时给出别人不投资房地产的两大原因。

3. 应付租户。你认为你能成功应付租户和掌握房地产投资所需的管理知识吗?

4. 房地产投资的缺点。介绍一下房地产投资的缺点，找出可能阻止你投资房地产的两个主要障碍，并说明怎样克服这两个障碍。

5. 投资分时度假。解释投资分时度假为什么并不算真正意义上的投资。投资者仍然进行这种投资的原因是什么?

6. 投资高风险产品。你认为占投资组合多少比例的资金可被用于高风险投资?请解释。

7. 期权和期货。期权和期货都是高风险投资，请说明投资这两种衍生品可能存在的风险。

计算

1. 价格租金比率。计算以下房地产投资的价格租金比率，按房屋价格和可能的年租金收入排列：

（a）400 000 美元/40 000 美元；（b）300 000 美元/36 000 美元；（c）200 000 美元/30 000 美元。

2. 杠杆收益率。唐尼以 300 000 美元的价格购买了一套出租房产，全额现金付款，一年之后以 320 000 美元的价格卖出。他的兄弟丹尼用自己的 60 000 美元购买了唐尼隔壁的房屋，但借了 240 000 美元，然后（在不考虑费用的情况下）同样以 320 000 美元的价格卖出。每个投资者的收益率是多少?

3. 房地产的收益。贾斯汀·尼古拉斯，一名来自伊利诺伊州马顿的电工，对房地产投资数字很感兴趣。他回顾了表 16-2 中的数据，并且税后潜在的 27.8%收益给他留下了深刻的印象。贾斯汀处于 25%的边际税率级别。回答下列问题，来帮助指导他的投资决策：

（a）在表 16-2 中替换贾斯汀 25%的边际税率（他的州没有州所得税）并计算应税收入和税后收益。

（b）为什么房地产对贾斯汀似乎是一个有利的投资?

（c）可以通过改变表 16-2 中哪个因素来增加贾斯汀的收益?

（d）计算贾斯汀的税后收益：假设他购买了房产，借了 175 000 美元的 30 年期抵押贷款，年利率为 7%，年利息成本为 13 971 美元。

4. 度假公寓投资。伊丽莎白·贝内特是一位来自密西西比州伊塔贝纳的餐饮管理者，她正在考虑以 265 000 美元的价格购买一套坐落在犹他州帕克城的度假公寓。伊丽莎白希望把公寓出租给别人来降低她的成本。回答下列问题来帮助伊丽莎白做出决定：

（a）伊丽莎白借了 210 000 美元的 30 年期抵押贷款，年利率为 6%，每年成本为 15 108 美元（见表 9-4）。她估计第一年抵押贷款会产生 14 000 美元的利息。除此之外，每月的费用还包括房产税（140 美元）、房主保险费（80 美元）和房主协会费用（100 美元）。这些成本中哪些是免税的？

（b）如果伊丽莎白处于 30%的联邦和州边际税率等级，如果她购买这套公寓，她将少支付多少税？

（c）考虑到她每年想自己使用公寓度假 10～12 天，在她合规地从税收中扣除租金损失之前，伊丽莎白不得不将其出租多少天？

（d）因为帕克城主要是一个冬季滑雪胜地，因此淡季几乎没有几个公寓租户；因此，伊丽莎白担心无法抵扣租金损失。假设她可以以 400 美元/天的价格出租公寓，总结美国国税局批准的可以用来生成一些免税收入的租金替代方案。计算伊丽莎白利用该计划可以获得的最大金额。

（e）计算伊丽莎白为购买公寓并进行最低限度出租以获得免税收入的年度净支出。列出按年计算的成本和总费用。之后，扣除所得税抵扣额和美国国税局允许扣减的天数的租金。

（f）如果每年自己在公寓住 10 天，伊丽莎白的费用是多少？如果住 15 天是多少？

理财规划案例

□ 案例 1　约翰逊夫妇考虑房地产投资

哈利和贝琳达正在考虑购买一处住宅作为投资。约翰逊夫妇希望实现 7%的税后总收益。他们正在考虑一处售价为 190 000 美元的房产，该房产能为他们带来 27 000 美元租金毛收入和 15 000 美元的营业收入净额。

（a）计算房地产的价格租金比率。

（b）假设税后现金流第一年为 8 000 美元，第二年为 8 400 美元，第三年为 8 800 美元，第四年为 9 200 美元，第五年为 9 600 美元，该房产的售价在五年内将达到 210 000 美元，计算该房产目前税后现金流的价值。请以类似表 16－3 的形式作答，使用附录表 A－2 或加曼/福格合作网站对未来的税后现金流折现。

（c）该房产目前的价格为 190 000 美元，约翰逊夫妇是否应该进行投资？向他们提供你的建议。

□ 案例 2　维克托和玛丽亚考虑套期保值期货

维克托和玛丽亚以每股 93 美元的价格投资了法玛西亚公司 200 股普通股。他们购买该股票的原因是该公司正在测试的一种新药可能会产生一项重大的医学突破。由于美国食品和药品监督管理局批准了这种新药，该股票的价值在 3 个月内已经上升了 8 美元。许多观察家认为如果新药研制成功，那么每股的价格可能会达到 120 美元。如果这种新药不像预期的那样具有突破性，股价可能会回落到 85 美元，甚至更低。埃尔南德斯夫妇对此是乐观的，但他们认为应当套期保值来适当规避风险。因此，他们决定购买两份 9 个月法玛西亚 100 股看跌期权，每份期权费为 3 美元，约定价格为每股 93 美元。

忽略佣金，回答下列问题。

(a) 当法玛西亚股价为多少时，埃尔南德斯夫妇才能维持盈亏平衡？

(b) 如果埃尔南德斯夫妇 6 个月后以 102 美元的价格将股份卖出，那么他们将获得多少利润？

(c) 每年的盈利百分比是多少？

(d) 如果在 6 个月内股票价格跌到了 85 美元，他们会损失多少？

□ 案例 3　朱莉娅·普赖斯尝试高风险投资

朱莉娅工作十分努力，在 50 岁时她就为自己的退休计划做好了储蓄和投资的准备。在应急储蓄之外，她在一个现金管理账户中多存了 15 000 美元。她拒绝了期权和期货投资，因为这两项投资的风险过大，她希望投资于黄金。她想知道今后的黄金价格是否会像过去十年一样继续上涨，而且她想投资古董家具。请为她提出一些投资建议。

□ 案例 4　房地产还是股票?

常俊河是俄亥俄州圣克莱尔维尔的高级研究分析师，多年来一直靠买卖高科技股盈利。最近她的一些股票投资却很不尽如人意，包括一家公司破产了。一位工作上的老朋友艾米丽建议她们两人一同投资房地产，由于预期一家大型制造公司计划增加劳动力，一些居民区的房地产价值一直在上升。艾米丽看中了三栋小办公楼和一些复式住宅作为可能的投资项目。

(a) 对比投资商业写字楼与投资住宅房地产的吸引力。

(b) 列举房地产投资的三个相关好处。

(c) 列举三个房地产投资者容易出错的地方。

□ 案例 5　从房地产投资到期权和期货投资

布兰登·威廉姆斯和詹森·理查森是长期合伙人，他们在俄克拉何马州劳顿一起投资房地产长达十年之久。尽管去年有一定损失，他们在许多交易中都有盈利。他们的房地产投资资产组合价值约 470 万美元，投资产生负债 290 万美元。詹森看了有关期权和期货投资的内容，上周还与证券经纪人讨论了投资的可能性。

(a) 解释为什么詹森可以通过在期权和期货合约上投资 10 万美元或 20 万美元盈利。

(b) 列举布兰登和詹森投资期权和期货合约可能面临的风险。

(c) 从投资者的角度解释为什么期货合约类似于高杠杆的房地产投资。

自我理财

1. 止赎和卖空。现在房地产市场上有很多止赎的例子，说明你可能会或可能不会投资房地产的原因，写下你的结论。

2. 在房地产投资前。浏览相关专栏“你知道吗？在投资房地产前需要做的保护措施”的内容，说一说在房地产投资前需要知道的信息并做一说在总结。写下你的结论。

3. 房地产投资的缺点。浏览一下“房地产投资的缺点”那一节的内容，说出不投资房地产的原因并做一下总结。写下你的结论。

4. 房地产 ETF。浏览 StockEncyclopedia. com 中的“房地产 ETF”(http://etf. stock-encyclopedia. com/category/real-estate-etfs-reits. html)并选择五个出售房地产 ETF 的公司，写一份报告比较这五种 ETF。

网络资源

登录指定网页，完成下列练习。

1. 搜索房地产价格。搜索附近的房地产价格，访问雅虎房地产(http://realestate. yahoo. com/Homevalues)。输入附近的五条街道，并汇总你的价格信息调查结果。

2. 搜索抵押贷款利率。搜索 15 年、20 年和 30 年的抵押贷款利率。你可以参考 LendingTree. com、Quickenloans. com、BankRate. com 和 Loan. com。就你的观察结果，写一份简要的报告。

3. 最近的金属价格。了解五种金属的价格，如金、银、镍、铝、钴、铜、铅、钯和铂等。你可以参考以下网站：About. com(http://metals. about. com/cs/utilities/l/blprices. htm)、Kitco(www. kitco. com/charts/)和美国黄金网(www. usagold. com/goldprice. html)。就你的观察结果，写一份简要的报告。

4. 价格租金比率。访问网站“20 金融一些小事”，查看美国各个城市的价格租金比率(http://20somethingfinance. com/rent-or-buy-home)。选择一个靠近你的大都市，记录其价格租金比率，对今后两年中可能的价格变化情况做一下预计。

5. 黄金 ETF。上网在谷歌或必应上查询“每盎司黄金的价格”。访问五个网站，包括维基百科的“黄金 ETF”，查看里面的内容，尤其是和对未来价格的预计。准备一份报告总结你的发现。

6. 收藏品网站。访问五个网站，搜索吸引你的一项收藏品，如硬币、玩具、手表或运动纪念品等。选择两个网站，将网站的信息和特征做一下对比，写一份简短的报告以供投资者参考。

7. 搜索对冲基金。上网搜索五只最大的对冲基金中的两只（五只最大的对冲基金包括 JP Morgan Chase、Bridgewater Associates、Paulson&Co.，Brevan Howard 和 Soros Fund Management)。写一份报告来对比这两只基金的表现、参与要求和投资收益。

付诸行动

1. 社区房地产价格。打电话给两名房地产经纪人，确定在过去的四五年里，社区周围的房地产价格是上升还是下降了，并询问其原因，同时询问一下校园附近以及离校园较远的房地产的价格。准备一份报告来说明房地产价格变化的原因。

2. 投资商业房地产。通过浏览报纸上的房地产专栏信息，搜索学校附近目前正在出售的商业地产。有多少复式公寓套房在出售？有多少单间在出售？选择一个并准备一份报告，用价格租金比率和租金收益率来分析房地产。

3. 房地产投资的税收。选择一处附近的商业地产，参考专栏“你知道吗？房地产投资收入的税收结果”，分析要缴纳的税收。做一个合理的假设并计算其金额。准备表格和报告来阐明你的发现。

登录 www.cengagebrain.com 访问加曼/福格合作网站。

第五部分

第十七章

退休计划

你在开玩笑?

琳赛·琼斯今年27岁，最近新找到了一份工作。她在上一份工作的401（k）退休计划中已经存了6 000美元，现在她将这些钱取出用来支付结婚相关的费用。假定利率为8%，对于取出的6 000美元，琳赛67岁退休时将会损失多少?

A. 6 000美元；　　B. 24 000美元；

C. 96 000美元；　　D. 130 000美元。

答案是D。将养老金用于随意项目的支出，而不把它存放在一个连续复利的递延纳税账户中，这种做法并不明智。这告诉我们要把养老金放在合适的地方。

学习目标

在学习完本章后，你应该能够：

1. 估计你的社保退休收入福利。
2. 计算你为退休所必须储蓄的现值。
3. 理解在避税账户中进行退休储蓄的原因。
4. 区分雇主提供的不同类型的避税退休计划。
5. 阐述各种个人建立的避税退休账户的类型。
6. 为退休做出明智的投资选择。
7. 阐述延续养老金的技术。

你有何建议?

32 岁的玛丽安娜·约翰逊先前已经工作了 8 年。在离职后，她的养老金保存在原公司的定额给付计划中，目前总共累积了 120 000 美元。在 4 年前，她离婚后再婚，并且在印第安纳州印第安纳波利斯的一家大型会展中心担任食品销售经理的助理，年薪为 80 000 美元。玛丽安娜每月需要为她的 401（k）退休计划存入 267 美元（她薪水的 4%），所在的公司需要按照与她薪水的 4%相同的比例存入同等的金额，这也就意味着她每月存入的总额是薪水的 8%。现在，玛丽安娜的 401（k）账户的余额是 21 000 美元。她的资金平均投资于三种共同基金：成长型基金、价值型基金和标准普尔指数型基金。

玛丽安娜的老公鲍勃是一个残疾人，他的大部分治疗费用来源于玛丽安娜的工作收入。鲍勃每月可以领取 1 000 美元的残疾保险，而且作为一个自由漫画家，他每年还可以另外赚取 5 000 美元。玛丽安娜希望她和鲍勃能在她 55 岁时退休。

对于玛丽安娜和鲍勃退休，你有何建议? 试从以下几个方面对其退休规划进行评估:

1. 在玛丽安娜和鲍勃制定退休储蓄目标的过程中，主要的步骤有哪些?
2. 鲍勃的净收入应该如何投资于个人避税退休账户?
3. 如果他们的退休储蓄目标是 1 000 000 美元，那么他们需要在未来的 23 年里额外存入多少钱?
4. 为了累积养老金，他们将选择怎样的投资策略?

新一代美国人比上一代更健康、享受着更优质的教育、更长寿。若想在退休之后安享晚年，靠的不是运气，而是投资计划和行动。明智的退休投资的首要准则是分散化。2008 年，股票市场崩溃，数百万的美国投资者损失了 40%～50%的投资资产，其中最严重的损失主要是因为没有进行分散化的投资。而有着良好的风险分散化投资组合的投资者只损失了大约 20%，并且在 2009 年市场复苏时，有着更优的收益。当你达到 50 岁或者 55 岁时，已经接近退休了，专家就会建议你投资更保守的资产来增强投资组合的安全性——但是不要太过于保守。

为退休进行规律性的投资，到了退休时，你每月很少的定投也会转变成一笔庞大的资金。如果你从 25 岁开始用工资的 10%进行投资，当你 65 岁的时候，你将累积 1 540 000 美元；就算只投资你工资的 6%，这个金额也有 924 000 美元。一般在 18 岁和 30 岁之间的工作者的这一比例平均是 5.3%。这些计算是基于初始

你的未来五年

在未来五年中，你可以通过以下相关的退休规划获得个人理财的成功:

1. 在雇主提供的同比例支付的退休计划中连续储蓄，金额至少与雇主支付的相等。
2. 通过共同基金和不超过你的投资组合 10%的公司股票，尽早进行分散化的储蓄。
3. 承担更多的风险，来增加获得更多养老金的可能性。
4. 通过罗斯 IRA 来补充雇主提供的退休计划。
5. 不要挪用你的养老金。最好不借用、不取出。当你换新工作时，将它移入新的雇主计划或者个人的滚存 IRA 中。

工资为 40 000 美元、工资年增长率为 3%、投资的年利率为 8%这些假定之上。虽然这些看似巨大的金额似乎很难达到，但实际上是有可能的。

退休（retirement）是一个时期——在这个时期中，你的大部分收入来源由原来的劳动收入（如工资）转向依靠雇主发起的退休计划的收益、私人储蓄和投资、社会保险或者临时工作收入（见图 17－1）。退休规划在这些年发生了很大的变化。以前雇主提供的年金是作为奖励提供给那些工作 30 多年的忠实员工的，但是现在情况不同了。相反，现在的大部分雇主提供自主的退休计划，让员工选择。这样一来，为养老金进行投资以及投资的风险就由雇主转嫁到了劳动者身上。因此，你必须根据自身的退休需求来选择合适的退休计划。

> **退休**
> 生命中的一个时期——在这个时期中，你的大部分收入来源由原来的劳动收入（如工资）转向依靠雇主提供的退休计划的收益、私人储蓄和投资、社会保险或者临时工作收入。

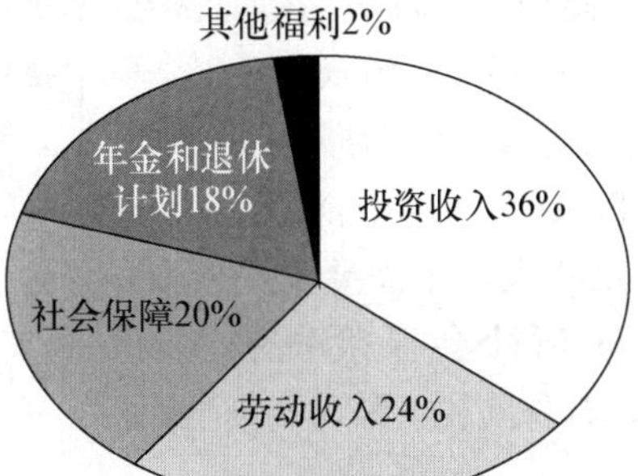

图 17－1　退休收入来源

为了能安享晚年，你需要建立一个充足的储蓄和投资账户来弥补其他形式的收入来源，如**社会保障退休福利**（Social Security retirement benefit）。为了不让你的努力白费，你必须根据你的退休资产做出正确的投资决策。通过各种各样的可行的退休计划和退休账户，你要及早储蓄，并且在你 30～40 年的工作年限里，用持续、规律的储蓄来充盈它们。通过复利，完全满足你人生第三个阶段的需求。

了解你的社会保障养老金

社会保障项目已经成为美国史上最成功的政府项目。社会保障金的资金来源于义务性的工资税，并且是由雇主和劳动者平等分摊的。社会保障的税收直接从工资中扣除，这就是**联邦社会保险税**［FICA tax，名字来源于**《联邦保险捐助法案》**（Federal Insurance Contributions Act）］。这些钱被放在社会保障信托基金账户中，并由**社会保障管理局**（Social Security Administration，SSA）将收益发放给需要的民众。

> **学习目标 1**
> 估计你的社保退休收入福利。

> **FICA 税**
> 它由劳动者和其雇主共同缴付，各自承担比例均为劳动者最高纳税年度收入的 6.2%。

□ 你的税负有利于社会保障和医疗福利

工资收入者需要向社会保障管理局支付联邦社会保险税和医疗保险税。联邦社会保险税根据**最高纳税年度收入**（maximum taxable yearly earning，MTYE）来确定。由于通货膨胀，MTYE的金额每年要进行调整，最近一年为106 800美元。联邦社会保险税的税率是12.4%，劳动者和其雇主各分担6.2%[①]。而自雇人士的税率为12.4%，是普通工资收入者的两倍。

> **最高纳税年度收入（MTYE）**
> FICA税适用的最大金额。

> **理财要点**
>
> **社会保障资金筹措**
>
> 根据社会保障管理局的受托人估算，该项项目支出将在2016年超过税收收入。通过建立社会保障联合信托基金来维持原来的福利政策，这些资金将在2037年被耗尽。大部分年轻人开始对社会保障项目产生怀疑，但是事实上这有办法解决。有效的且被各党派和各年龄段人士接受的简单办法就是提高工资待遇、提高工资税，进而改变福利的计算公式。

工资收入者和他们的雇主还需要支付劳动者工资1.45%的**医疗保险税**（medicare tax）。然而，这种MTYE制度并不适用于医疗保险税。大部分劳动者需要向社会保障管理局缴纳他们收入的7.65%（=6.2%+1.45%）。例如，一个人的收入为35 000美元，那么他需要缴纳的金额为2 678(=35 000×0.076 5)美元。同样，一个收入为110 000美元的人，则需要支付6 622（=106 800×0.062）美元的联邦社会保险税和1 595（=110 000×0.014 5）美元的医疗保险税，共计8 217美元。

□ 至少需要十年，你才有获取社会保障退休福利的资格

社会保障项目覆盖了美国90%的劳动者，尽管许多州政府的工作人员不被包括在内，但他们参加了州政府的退休规划。要想获得退休、抚恤以及残疾的社保福利，你必须在FICA税规定的工作中累积足够的信用。你累积信用的工作期间可以间断，在军队服务也可以获得信用。在一年里，你参加的涉及社会保障的工作达到一定的数量后，就会获得**社会保障信用**（Social Security credit）。例如，劳动者在（最近一年）的任意90天里，如果能挣得1 120美元就可以获得1个信用积分，如果能挣得4 480（=1 120×4）美元就可以获得最多的4个信用积分。每1个信用积分所需要的收入额会随着通货膨胀按年度进行提升。

> **医疗保险税**
> 它由劳动者和雇主分别缴纳，缴纳额为劳动者全部收入的1.45%。
>
> **社会保障信用**
> 通过支付FICA税进行累积的季度信用，从而获得赎回保障福利的资格。

你的信用积分决定了你的退休福利、残疾保障和抚恤金。表17-1表明了各种社会保障福利所需要的工作年限。社会保障管理局给出了4种福利的状态。

1. 全额保险

在**全额保险状态**（fully insured status）下，劳动者和他的家庭享有退休、抚恤和残疾福利的资格，这需要40个信用积分。一旦获得了足够的信用，即使劳动者不再继续劳动，资格也不会丧失。尽管可以接受

> **全额保险状态**
> 劳动者和他的家庭享有退休、抚恤和残疾福利的资格，这需要40个信用积分。一旦获得了足够的信用，即使劳动者不再继续劳动，该资格也不会丧失。

① 2011年，美国国会将FICA税的税率由6.2%下调至4.2%。

退休福利，但是全额保险状态并不意味着劳动者可以领取到规定的最大福利。

表 17-1　社会保障福利所需要的工作年限

福利类型	领取人	最短工作年限
退休和抚恤[a]	本人、配偶、孩子、62 岁及以上没有孩子的夫妇	10 年（在全额保险状态下）
全额保险	60 岁及以上的寡妇（鳏夫）、50～59 岁的残疾寡妇（鳏夫）、照顾 18 岁及以下孩子的寡妇（鳏夫）、受抚养的孩子 62 岁及以上受供养的寡妇（鳏夫）、50～61 岁受供养的残疾的寡妇（鳏夫）、62 岁受供养的夫妻	10 年（在全额保险状态下）
现时保险	照顾 18 岁及以下孩子的寡妇（鳏夫）、受抚养的孩子	死前三年中的前一年半（在现时保险状态下）
残疾	你和你的家属	如果你小于 24 岁，你需要在残疾前 3 年中工作 1.5 年；如果你是 24～31 岁，你需要工作的时间是你 21 岁到残疾这段时间的一半；如果你大于 31 岁，你需要在你残疾前 10 年里获得 5 年的信用积分
医疗		
住院治疗（A 部分：自动福利）	65 岁及以上者、其他一些人，如残疾人	参加社会保障退休项目者在 65 岁获得 A 部分资格；其他人需要每月缴纳保险费才能获得资格
医疗费用（B 部分：自愿福利）	拥有 A 部分资格的人，其他 65 岁以上者（需要每月缴纳保费）	先前没有在社会保障下的工作

a. 在全额保险和现时保险状态下，家属会被支付不超过 255 美元的死亡抚恤金。
资料来源：美国健康与人类服务部。

2. 现时保险

想要获得**现时保险状态**（currently insured status），你必须在最近的三年里挣得 6 个信用积分。这种状态会提供抚恤金和残疾保险，但是不发放退休福利。为了延续这种状态，劳动者必须每三年挣得 6 个信用积分，或者达到社会保障管理局规定的最低工作年限。

3. 传统保险

传统保险（traditionally insured）适用于达到 72 岁的劳动者，不需要（在 10 年里）累积 40 个信用积分。这些人能够获得有限制的退休福利。

4. 无保险

小于 72 岁，且拥有少于 6 个信用积分的劳动者**无保险**（not insured）。

> **理财要点**
>
> **不要仅仅依赖于社会保障**
>
> 你在工作的岁月中，如果投资足够明智，有机会拥有一笔庞大的投资收入，这样一来，社会保障这部分占你退休收入的比率会小于 20%。如果你的投资不顺利，那么你的退休收入可能 100%由社会保障提供。假定社会保障的真实收入在各种情况下相同。拥有最低总收入水平的退休者，他们的退休收入中超过 80%由社会保障提供。然而，拥有最高收入水平的退休者，他们的退休收入中社会保障的占比一般小于 20%。你要努力成为后一个群体中的一员。

□ 你可以获得社会保障退休福利的估计数据

社会保障管理局会公布**社会保障评估**（Social Security Estimate)，评估资料包括你的收入历史、你的雇主和你缴纳的社会保障税以及你的家庭在未来可以领取的社会保障福利。你能够在 www. ssa. gov/estimator/上查到这些信息。社会保障退休福利基于你工作收入最高的 35 年的平均值。在这些计算中，你的实际收入要根据你工作以来平均工资水平的变动进行首次调整，或者**指数化**（indexed）。之后，社会保障管理局再计算你收入最高的 35 年的月平均指数化收入。机构利用相关公式计算出你的**基本退休福利**［basic retirement benefit，又称**基本保险金额**（primary insurance amount）］。这是你在**全退休年龄**（full-benefit retirement age，现在是 67 岁）时能拿到的数额。

社会保障评估

社会保障管理局会公布社会保障评估资料，评估资料包括收入历史、缴纳的社会保障税以及可领取福利数目的估算。

理财要点

定期核实你的社会保障评估的准确性

你必须每年获取你的社会保障评估数据，并且确保社会保障管理局的记录实时更新和正确。你只有三年的时间改正任何出现的错误。

基本退休福利/基本保险金额

67 岁或者 1960 年后出生的全退休人士所能领取的社会保障福利的金额。

全退休年龄

能够领取全额社会保障福利的年龄；出生在 1960 年或者以后的，达到 67 岁。

关于什么时候领取社会保障退休福利，你有三种选择。

1. 在全退休年龄领取福利

一旦达到全退休年龄，你就有资格领取基本月退休福利。即使你仍然在全职或者兼职工作，你也可以开始累积这些福利。你的收入水平不会影响你的福利水平，但是它可能会影响你的社会保障税（这在本章后面会讨论）。

2. 在年轻时开始领取折扣的福利

你可以选择在 62 岁的时候就领取退休福利，不用管是不是为全退休年龄。然而，如果你这样做了，你每年领取的基本社会保障退休福利会减少大约 6%。假设全退休年龄是 67 岁，你 62 岁就领取退休福利，社会保障退休福利就会减少 30%（=5×6%）。如果你预计活不到 80 岁可以选择这种方式。6%的退休人士选择提前领取他们的社会保障退休福利。

想要提前领取社会保障退休福利的人需要注意，如果你的收入超过年度限制（这几年是 14 160 美元），得到的社会保障退休福利将会大打折扣。你的收入每多超过 2 美元，你的社会保障退休福利就会减少 1 美元。例如，某人每个月获得的社会保障退休福利为1 000 美元（每年为 12 000 美元），而他的收入是 15 000 美元，那么收入中超过 14 160 美元的部分会被征收 420[=(15 000−14 160)/2]美元罚金。因此，如果你挣得足够多，你的社会保障退休福利就有可能被完全征收。因此，在选择提前领取养老金之前要慎重考虑。①

3. 在更大的年纪领取超额的福利

你可以在你的全退休年龄达到之后，选择延迟领取福利。在这种情况下，你每年领取的福利大约可以多出 8%。在你开始领取之后，你依然可以继续工作。另外，你的工资收入不会影响福利水平，只可能影响在社会保障福利上缴纳的所得税。

① 当你达到你的全退休年龄时，在你的 1 月和你的生日到来之前你赚取的 37 680 美元可以不用缴纳罚金。超过这个金额，每 1 美元将被扣除 33 美分。在全退休年龄之后，工作就不会再被征收罚金了，并且福利也不会失去。一旦你达到了全退休年龄，你的福利可能被重新计算到一个更高的金额，以体现你增加的收入记录。

理财要点

在线计算器可以帮助你决定在 62 岁还是更迟再领取你的社会保障福利

你可以从 www.ssa.gov/OACT/ANYPIA/上下载一个程序来帮助估算社会保障福利。你可以分别计算提前、准时和延迟领取社会保障福利的日期，从而决定哪个选择最适合你。或者登录 Met Life's calculator 使用社会保障决策工具（www.metlife.com/individual/financial-tools/social-security-tool/index.htm）。这个计算器会考虑你现在的年龄、距离退休的年限、性别和预期寿命。

概念测试 17.1

1. 列举个人在工作期间为退休应该做出的理财规划，并且对延迟储蓄的成本做出评估。
2. 总结劳动者能够领取社会保障福利的条件。
3. 区别全额保险和现时保险状态下的福利状况。
4. 一个人的退休保障福利的价值受哪些因素影响?
5. 假设你的全退休年龄是 67 岁，解释你如果选择在那之前退休会有什么不同。

怎样计算你为退休所需要的储蓄现值?

学习目标 2

计算你为退休所必须储蓄的现值。

退休储蓄目标/退休养老金

为心目中的退休生活方式所累积的储蓄和投资的总额。

要想有一个成功的退休规划，你先要做的是设定一个目标。否则，就如同棒球传奇约吉·贝拉所说的那样，“如果你没有目标，最终你会越来越偏离”。你的**退休储蓄目标**［retirement savings goal，又称**退休养老金**（retirement nest egg）］，是你为心目中的退休生活所累积的储蓄和投资的总额。理财规划师认为人们需要退休前总收入的 80%～100%（包括社会保障福利）来保证退休后的费用和生活。这包括你所必须支付的所得税。虽然目标比较难达成，但也是你能成功完成的。如同美国储蓄教育委员会所说的那样，“你现在有能力去选择未来退休后的消费方式”。

合适的退休目标能帮助人们采取必要的储蓄和投资行动。如果你可以及早地为退休进行储蓄和投资，时间的复合价值可以帮你达成目标。如果你只愿花不到 15 分钟的时间去了解基本的储蓄思维，你得清楚自己的退休年龄以及查看美国储蓄教育委员会的那张粗略估算表（www.choosetosave.org/ballpark/）。

□ 规划退休的年度支出和收入

规划出你退休的年支出现值，并且了解你的收入来源，如此就可以回答下列问题——“你必须储蓄多少钱?”“你的退休储蓄目标是什么?”“你的退休储蓄额是多少?”为了计算这些数字，你可以使用计算工作表“估算你的退休储蓄目标的现值”。夫妇需要每人准备一个表格，而不是只计算共同的收入和储蓄额。你可以对你要做出的储蓄数目一无所知，仅仅去做数学计算。

计算工作表

估算你的退休储蓄目标的现值

这张表格将会帮助你计算每年需要的储蓄现值，从而你在退休时能实现财务自由。在这个例子中，假定一个人现在是35岁，希望在62岁时退休，他现在的收入是50 000美元，每年进行的储蓄和投资额是1 980美元，他没有在雇主发起的退休账户中投资。在他退休之后，预期每年的消费总计是40 000(＝50 000×0.80) 美元，是目前收入的80%，并且他在退休之后还能再活20年。消除通货膨胀影响后合理的投资收益率是3%，但对于一个典型的投资组合来说略显保守。如果投资的增长率小于3%，那么理财上的需求也会不同。这种方式简化了计算过程，并且可以用来估算退休需求的现值。如果出现持续的通货膨胀，那么储蓄的金额也会更高。

	例子（美元）	你的情况
1. 退休后需要的年度收入现值（运用估算的数值或者一个固定的比例，如70%或80%）	40 000	________
2. 估算社会保障养老金的现值	13 200	________
3. 估算雇主提供的年金收入的现值（假定你的工作和薪水都不变，养老金顾问估算出未来年金，或者做出自己的保守估计）	5 800	________
4. 社会保障退休收入和雇员年金现值的估算总计（第2行加第3行）	19 000	________
5. 退休时需要的额外收入现值（第1行减第4行）	21 000	________
6. 为了退休时的额外收入，你在退休时必须拥有的20年的现值（第5件，利用附录表A-4，假定投资收益率为3%，或者收益为14.877 5×21 000）	312 427	________
7. 计算你能获得的投资和储蓄收入的现值（把下列第7A～7D行相加，结果写在第7E行上）		
A. 雇主储蓄计划，例如401 (k)、SEP-IRA或分红计划	0	
B. IRA和Keoghs	24 000	
C. 其他投资，例如共同基金、股票、债券、不动产以及其他资产	13 000	
D. 如果你希望把家里的一部分财产计入储蓄，计入值是现值减去退休时的购入成本	0	
E. 总计的退休储蓄（第7A～7D行相加）	37 000	________
8. 现在的储蓄或投资在退休时的价值（利用附录表A-1，系数是2.221 3，所以也就是2.221 3×37 000）	82 188	________
9. 退休时需要的额外投资和储蓄（第6行减第8行）	230 239	________
10. 退休前每年要做出的储蓄（参照附录表A-3，系数是40.709 6，所以为230 239÷40.709 6）	5 656	________
11. 现在每年为储蓄和投资计划的缴费额	1 980	________
12. 为达到退休目标，你每年需要做出的额外储蓄金额（第10行减第11行）	3 676	________

□ 退休需求的描述

下面是一个例子，埃里克·麦克卡特曼今年35岁，单身，是科罗拉多州南方公园一家减肥健身中心的经理。他目前的年薪是50 000美元。他每月需要缴纳165美元（每年为1 980美元）到几年前设立的IRA中。埃里克希望在62岁退休。

1. 目前埃里克没有打算建立退休预算，他仅仅是把现在收入的80%作为以后退休的年收入（现值），即40 000（=50 000×0.80）美元。在工作表的第1行你可以看到这个数。如果埃里克想要提高退休后的生活质量，他增加上面所说的比例就可以了。

2. 埃里克登录了社会保障管理局网站估算自己福利的现值。在62岁时，他每月可以领取1 100美元（现值），也就是每年可以领取13 200美元的社会保障福利。埃里克把这个数字放在工作表的第2行。

> **你知道吗？**
>
> 关于女性和退休规划
>
> 女性很难从雇主那里得到退休福利。一方面是因为她们更愿意从事不提供退休计划的工作。另外，女性一般比男性挣得少。因此，她们较低的平均收入就导致女性领取的退休收入比男性少（女性大约每月为900美元，男性每月超过1 100美元）。然而，女性一般更长寿，所以女性更应该为退休做出储蓄规划。

3. 工作表的第3行是埃里克的期望年金收入，这一项类似于定额给付计划。通过与福利顾问讨论自己的年金问题，埃里克发现，如果自己这份工作一直做到退休，那么他退休后每年的期望收入大约是5 800美元。

4. 埃里克把第2行和第3行相加得到自己社会保障和年金的退休收入。这个数放在第4行，是19 000（=13 200+5 800）美元。

5. 观察这四行数字，你会发现埃里克还需要通过储蓄和投资收入来弥补21 000（=40 000−19 000）美元的退休年收入缺口。

6. 这里，埃里克只是考虑了他的年度需求和收入。因为他计划在62岁退休，根据他的预期寿命，退休后还有20年。（当然，如果埃里克在80岁仍然很健康，那么他需要储蓄得更多。）使用附录表A-4，并假定收益率是3%（大于通货膨胀率），那么现值系数是14.877 5。然后他计算出自己额外需要增加的收入是312 427（=14.877 5×21 000）美元。这是一个庞大的数目！而且这是现值，但是这个数字并没有阻碍埃里克储蓄的决心，因为他知道自己可以利用时间和复利来达到目标。

7. 埃里克现在的储蓄和投资是用来补偿312 427美元这一缺口的。他的401（k）账户中没有任何储蓄，但是在IRA中做了一些投资（24 000美元），再加上其他一些投资（13 000美元），总共是37 000美元，记在第7行。

8. 如果不动用这37 000美元，埃里克在退休之前可以一直获得利息和分红。因为离退休还有超过27年，埃里克可以参照附录表A-1，假定增长率是3%，那么终值系数是2.221 3，再乘以第7行的数字。埃里克的37 000美元在他退休时的价值是82 188美元，他把这个数字放在第8行。

9. 观察第6行到第8行，埃里克在退休时所需要的退休净值还需要额外的230 239（=312 427−82 188）美元。

10. 参照附录表 A-3，同样的利率和年限，埃里克发现系数是 40.709 6，用 230 239 除以这个系数，他发现自己在退休之前每年还需要 5 656 美元的储蓄和投资。

11. 埃里克把自己目前每年 1 980 美元的储蓄和投资记在第 11 行。

12. 埃里克通过观察第 10 行和第 11 行，可以知道为了达到退休目标，他现在每年额外储蓄的现值是多少。他每年的缺口总计为 3 676 美元。通过每月多储蓄 306（=3 676/12）美元就可以完成自己在第一步中设立的退休目标。

你知道吗？

在线养老金计算器

现在有很多在线养老金计算器，大部分是免费的，你只需要几分钟就可以完成计算。这些具有教育意义的工具能够促进你思考甚至为退休进行实际的投资行动。简单的计算器，例如富达的交互式网站（http://personal. fidelity. com/planning/retirement/content/myPlan/index. shtml），就可以引导你起步。

更复杂的计算器，例如 T. Rowe Price's（www. troweprice. com/ric），使用现代的投资组合理论（在第十三章讨论过）。它计算整个退休时期的月收入流，把现在和将来的投资都考虑进来，包括雇主提供的退休规划、其他退休账户和常规纳税账户、社会保障、其他收入来源、预测的退休后生存时间、退休前后的不同投资策略。

研究表明，那些规划储蓄额的人在退休后一般能实现财务自由。在你的假定中，可以用 5%的长期利率减去 3%的年通货膨胀率来计算，并尝试运用不同的计算器。

下面给出了其他几个网站：

- AARP(www. aarp. org/money/financial_planning/)；
- CNNMoney. com (http://money. cnn. com/pf/retirement/)；
- MSN Money(www. moneycentral. msn. com/retire/home. asp)；
- The Motley Fool（www. fool. com/Retirement/RetirementPlanning/RetirementPlanning01. htm)；
- SmartMoney. com (www. smartmoney. com/retirement/)；
- GenYWealth (www. genywealth. com/)。

□ 对埃里克退休目标的一点建议

埃里克需要继续目前正在进行的储蓄和投资，在此基础上再额外多储蓄一些，这样在自己职业生涯结束后才能够安享晚年。埃里克应该咨询一下自己的顾问，来获得公司新的 401（k）计划能得到的储蓄和投资金额。

埃里克为了能安享晚年，现在需要存更多的钱。他需要每年缴纳 3 676 美元，即每月 306 美元，存放在雇主的 401（k）计划账户中，这笔支出约占他工资收入的 7.3%。如果条件允许，他甚至可以再储蓄多点儿来提升晚年生活的质量。埃里克的老板也会缴纳相应的款项（将在后面讨论）到他的 401（k）计划账户中。

埃里克需要更多储蓄的原因之一是他准备在 62 岁时提前退休。然而，如果他在 67 岁时退休，他就可以每年少储蓄 1 500 美元，并且一直到 87 岁而不是 82 岁。这个决定他可以等到年纪大一点儿再去选择。如果他在 62 岁时身体仍然很健康，那么他就可以考虑延缓退休。人们一般会低估自己的退休年限，这是因为最初估计的预期寿命会随着年龄的增长而发生变化。在你 77 岁的时候，你可能有一个预期寿命，但是如果是在 70 岁，你的预期寿命是 87 岁。这仅仅是一个平均水平，有一半的 70 岁老人的预期寿命是 90 岁。

专家建议

分期累积预付购买法

庞大的退休储蓄目标使很多人望而生畏。为了缓解这种顾虑，你可以考虑一下下面的新思路。把你的养老金当作一件购买的商品，零售价格就是你的养老金净值。你可以从中扣除一些当作预期收入，这些收入来自社会保障，雇主提供的退休账户、个人退休账户和其他一些基金。这样你就会发现其中的区别（见“计算工作表”中的第 9 行），并用分期累积预付的方式购买。你额外的储蓄和投资金额就是购买养老金这个商品的分期累积预付款项。这个新的思路会让你豁然开朗。

丹尼斯·R. 阿克利

密歇根州堪萨斯城阿克利联合公司

额外的 3 676 美元现值是在基于埃里克的投资增长率比通货膨胀率高 3%的情况下计算的。随着他收入的增长，埃里克要继续每年存储收入的 7.3%来达到自己 62 岁退休时的目标。这样，在他退休时将会有一大笔钱，从而可以替代现在的工资收入。隔几年评估一次，这样埃里克就能清楚自己的理财情况，从而最终投资成功。

概念测试 17.2

1. 列举估算退休储蓄现值的步骤。
2. 在上述例子中，埃里克要怎么做来实现更多的储蓄？
3. 说说你对利用分期累积预付的方式购买养老金这一思路的看法。

在避税退休账户中投资更容易达到你的目标

你的普通投资账户上的资金是**税后资金**（after-tax money）。例如，在 25%税率水平下，某个人的税前收入是 1 000 美元，并考虑将这笔钱进行投资。他先要缴纳 250 美元的所得税，还剩下 750 美元的税后资金可进行投资。而且，在以后的年份里，一旦出现投资收入就需要缴纳所得税。然而，如果你是在**避税退休账户**（tax-sheltered retirement account）中投资的，情况就会大不一样。

学习目标 3

理解在避税账户中进行退休储蓄的原因。

税后资金

资金放在普通投资账户，缴纳所得税后剩下的资金。

避税退休账户

退休账户中投资资金的收入不缴纳所得税。

□ 第一个好处：你缴纳的款项可以抵扣你的税收

缴纳的款项可以从每年的应税收入中扣除。在这种情况下，你就不必为缴纳的款项缴税了。这就意味着你用**税前资金**（pretax money）进行投资，你缴纳到避税退休账户中的收入来源于你的税前工资。因此，相当于你获得了部分收入免税的权利。利用税收抵扣的优势体现在表 17-2 中。最大的缴纳复合金额（以后讨论）取决于你使用的避税账户的种类。

税前资金

在未征收所得税前的投资，因此，当年你直接获得了部分收入免税的豁免权。

递延纳税

个人不需要为收入（利息、红利、资本利得）立即缴纳所得税。

表 17-2　401（k）计划参与者的理财收益

	没有参加 404（k）计划（美元）	参加 401（k）计划（美元）
收入	60 000	60 000
缴纳额	0	3 600
应税收入	60 000	56 400
联邦所得税	9 600	8 700
州所得税	3 100	2 900
留存收入	47 300	44 800

萨曼莎·斯玛蒂参加了雇主提供的 401（k）退休计划，并且缴纳总收入 60 000 美元中的 3 600 美元。由于她的缴纳额是可抵税的，免缴 25%的联邦所得税。这让她少缴了 900（＝9 600－8 700）美元的税，同时还少缴了 200（＝3 100－2 900）美元州所得税。因此，净流出是 2 500（＝47 300－44 800）美元，萨曼莎可以得到 3 600 美元的投资，这相当于 30%[＝(3 600－2 500)/3 600]的投资收益。真是个好买卖！

□ 第二个好处：递延纳税的收入让你累积更多养老金

在避税退休账户中资金的收入累积了**递延纳税**（tax deferred，即前面章节中所说的延期纳税）。换句话说，只要你在退休账户中继续对资金进行投资，你就不必在收入（利息、红利、资本利得）发生时支付所得税。

如果你使用避税退休账户来投资，将会比你在个人纳税账户中投资获得更多的退休收入。这是因为你的整个存款都在免税账户中，你所有的投资收益也都继续在这个账户中持续增长。在下面这个例子中，假定是在 25%的联邦所得税税率下投资分散化的投资组合，包括股票、债券、共同基金，每年投资 3 000 美元，年收益率是 8%，持续 35 年。35 年是正常的最低工作年限。那些工作和储蓄更久的人当然会累积更多的资金。计算依据附录表 A-4。

理财要点

递延退休储蓄的成本

每年固定存入避税退休账户中 3 000 美元，在每年 8%的收益率水平下，30 年后就会累积到 340 000 美元。如果推后 10 年储蓄，只有 137 000 美元。因此，提前 10 年储蓄会给你带来 203 000 美元的额外退休收入。

你可以通过税后投资累积 334 300 美元，这是不避税的情形

每年投资 3 000 美元到个人需缴税账户中，这样坚持 35 年。因为 8%的投资收益率要缴纳年度所得税，所以有效的投资收益率是 6%[＝8%×(1－0.25)]。这样一来，35 年后的总额是 334 300 美元。个人需要投资的总额是 105 000 美元。

你可以通过税后投资累积 516 950 美元，这是避税的情形

每年投资 3 000 美元到个人避税账户中，这样坚持 35 年。诸如利息、红利、资本利得这些收入在被获得时都不用缴纳所得税，因此投资收益率就是 8%。在这样的情况下，35 年后的总额为 516 950 美元，个人需要投资的总额是 105 000 美元。401（k）计划和罗斯 IRA 计划都是这种投资类型的典型例子（以后讨论）。

通过年度税前资金投资累积 516 950 美元，这是避税情形

每年投资 3 000 美元的税前资金到避税账户中，坚持 35 年。把钱缴纳到退休账户中会减少你年度应税收入，因此投资者可以节省 750（=3 000×0.25）美元。这些钱不会被缴纳给政府，而是用来减少个人的投资支出。在同样的 8%投资收益率下，35 年后总额为 516 950 美元。相当于原来需要投入 105 000 美元，现在实际上只需要投入 78 750 美元，剩下的 26 250 美元进入了个人退休账户。401（k）计划和 IRA 计划是这种投资类型的例子（以后讨论）。

通过避税投资和本应进入个人退休账户的资金投资收益，你可以累积 646 188 美元

每年投资 3 000 美元税前资金到避税账户中，坚持 35 年。把钱缴纳到退休账户会减少你的年度应税收入，因此投资者可以节省 750（=3 000×0.25）美元。然而，现在投资这 750 美元来增加每年的缴纳额，那么现在每年的投资额就由 3 000 美元增长到 3 750 美元。每年 3 750 美元的投资（总投资额是 131 250 美元，其中 105 000 美元是投资者的资金，26 250 美元是应当进入个人退休账户的资金）可以带来 8%的收益率，35 年后这笔资金就会累积到 646 188 美元。

> **你知道吗？**
>
> **退休规划中税收的影响**
>
> 递延纳税退休计划，如 401（k）计划和传统 IRA 可以提供如下好处：
>
> - 你的缴纳额是可以抵扣纳税的，不需要缴纳联邦税、州政府税以及当地的所得税。
> - 在取出资金前，你退休账户中的收入都不用缴纳所得税。
> - 在取款时，适用你的边际税率缴纳所得税，在退休时缴纳的税比现在的税要少。
> - 其他的退休收入，如社会保障、年金、工资、利息、红利、资本利得，都需要缴纳所得税。
> - 当你死亡时，你的受益人会选择把你的 401（k）账户中的资产转入他的免税个人退休账户。

□ 第三个好处：你的取款可能免税

> **取款免税**
> 从退休账户中取钱不用缴税。

取款免税（tax-free withdrawal）是指从退休账户取钱不用缴税。美国国税局允许你从特定税后退休账户取款免税，例如罗斯 IRA（以后讨论）。**免税**（tax-free）意味着取款永远不用缴税。

概念测试 17.3

1. 区分税前资金投资和税后资金投资。
2. 对于 401（k）计划的净流出金额的逻辑给出你的看法。
3. 解释通过退休账户进行投资获得避税的投资收益的含义。

通过雇主提供的退休规划达到你的目标

> **学习目标 4**
> 区分雇主提供的不同类型的避税退休计划。

在前面的讨论中，你了解了避税计划带给退休储蓄的优势。这些计划是由许多公司提供的。小公司中接近三分之一的雇员会参与这个计划；大中型公司中约有四分之三的参与者。遗憾的是，一半的劳动者在18～30岁因为没有合理地进行储蓄规划，导致他们丧失了一大笔收益。因此，你要尽量避免成为其中一员。如果在你工作期间可以参加退休计划，好好利用它。如果不可以，那就需要设立一个个人建立的退休计划，这在本章后面会继续讨论。

□ 雇主提供的退休计划是政府规定的

> **雇主提供的退休计划**
> 由雇主提供的退休计划（又称附条件的规划）。
> **《雇员退休所得保障条例》(ERISA)**
> 规定公司必须对雇主提供的退休计划进行合理的说明和披露，包括定额供款计划、定额给付计划和现金余额计划。

雇主们一般会提供退休计划，退休计划有利于吸引和挽留有价值的员工。**雇主提供的退休计划**（employer-sponsored retirement plan）是由美国国税局规定的，又称**附条件的计划**（qualified plan），意味着它们有资格得到特殊的税收待遇。**《雇员退休所得保障条例》**（Employee Retirement Income Security Act，ERISA）没有要求公司提供退休计划，但是它会对现存的退休计划进行保障。《雇员退休所得保障条例》要求公司就这些退休计划，向参与员工做出合理的说明和信息披露。参与诸如401（k）这样的计划，能为你整个退休规划打下坚实的基础。

> **你知道吗?**
>
> **关于退休计划给低收入者和中等收入者带来的税收抵免**
>
> 刚参加工作者和低中收入者一般难以负担退休储蓄。国会为了发动这些劳动者提供了一个福利。调整后的个人总收入低于27 750美元或者联合申报的收入少于55 500美元的，可以申请不可退还的退休计划供款额度（又称储蓄者的税收抵免）。这项抵免在个人退休账户资金或者存入雇主提供的退休计划资金中超过2 000美元部分的10%和50%之间浮动。

> **可移植性**
> 在供职期间，雇员可以将自己账户中的资金保存在避税账户中，并可以将养老基金从账户中转移到其他账户中，而不用缴税或者罚金。

在避税退休账户中的资产，包括雇主缴纳的部分，其所有权都属于账户设立者。所有权就意味着劳动者有权选择如何投资或者取出这笔钱。退休规划的额外优势是可移植性。**可移植性**（portability）意味着在任职期间，雇员可以将这个账户中的资金转移到其他避税账户中，而不用缴税或者罚金。

《雇员退休所得保障条例》也对雇主提供的退休计划中关于资格、等待期和保留养老金权利方面进行管制。雇员只有先参加了雇主提供的退休计划，才有可能得到获得养老金的资格。《雇员退休所得保障条例》规定，在允许新的雇员加入公司退休计划之前，雇主可以允许最多一年的等待期。

养老金保留权（vesting）确保了退休计划参与者在被解雇、跳槽或者退休时，有权得到全额的资产。如果雇员没有达到养老金保留权的工作年限就离开了工作岗位，那么雇主缴纳的那部分会被退回退休计划中。劳动者对这部分资金没有任何索取权。一旦拥有了养老金保留权，劳动者就具备了获取自己账户所有财产的合法权利。要注意的是，不管你何时离职，对存入退休账户中的资金都具有养老金保留权。一些雇主允许即刻的养老金保留权，一旦投资者在退休账户中存入资金，劳动者就拥有了这笔钱。

《雇员退休所得保障条例》规定，劳动者必须在进行以下两个选择的规定之前行使养老金保留权：

- **既得养老金保留权**（cliff vesting）。雇员在三年的工作期内完全获得。
- **累积获得养老金保留权**（graduated vesting）。在两年的服务之后，你至少有索取金额 20%的权利，在随后的每年增加 20%，在第六年年底，你会完全获得养老金保留权。

> **理财要点**
>
> **受益人指定表**
>
> 当你开立一个退休账户时，必须签订一个**受益人指定表**（beneficiary designation form）。如果你在养老金发放之前死亡，这个文件就以合同的形式决定了谁将继承这笔钱。这个文件否定了任何的意愿性规定，使这笔钱独立于任何人的财产。

> **保留养老金权**
>
> 确保退休计划参与者在其被解雇、跳槽或者退休时，有权取得退休账户中的所有财产。
>
> **累积获得养老金保留权**
>
> 在两年的服务之后，你至少有权索取金额的 20%，在随后的每年增加 20%，在第六年年底，你可以完全获得养老金保留权。

□ 现在大多数是定额供款计划

定额供款退休计划（defined-contribution retirement plan，简称定额供款计划）由雇主提供，主要是在退休时提供一大笔养老金。它的特别之处在于，所有资金都存放在每个参与雇员的个人账户中。在这种退休计划中，最终的养老金就会包括自身在各种各样的个人账户中累积的资产（包括投资收入）。在**非付费退休计划**（noncontri-butory plan）中，由雇主承担所有的费用。在**付费退休计划**（contributary plan）中，这些钱则是由雇主和雇员一起分担的，或者全部由雇员承担。大部分退休计划是付费退休计划。这也是当下由雇主提供的最受欢迎的退休计划。

许多雇主选择**匹配性供款**（matching contribution），根据雇员选择性延迟缴付到自己退休计划账户中的资金金额，给出匹配的全额或者部分额度（有最高限制）。匹配性供款的上限可能是一个固定的金额，也可能是一个确定的百分比。例如，在你工资 3%的限额内，雇主按照 1∶1 的比例供款。一般是在工资 6%的限额内，按照 0.5∶1 来供款。当每次向退

> **定额供款退休计划**
>
> 退休规划的一种，主要是在退休时提供一大笔养老金。它的特别之处是，所有资金都存放在每个参与员工的个人账户中。
>
> **付费退休计划**
>
> 雇主提供的定额供款计划中最常见的形式，由雇主和雇员共同负担费用。
>
> **匹配性供款**
>
> 根据参与退休计划的雇员的供款情况，雇主提供全额或者部分的匹配性供款。

休账户供款时，你的雇主也在供款，你实际上就获得了退休储蓄的即时收益。如果你每年储蓄 4 000 美元，那么意味着雇主即时提供了 2 000 美元到你的账户中。这个概念在表17－3 中会有描述。在公司效益不好时，雇主可能会减少甚至取消供款。

表 17－3　没有雇主匹配性供款你会损失多少钱?

工资（70 000 美元）	雇员供款（美元）	2%工资的 100%匹配（美元）	4%工资的 100%匹配（美元）	6%工资的 100%匹配（美元）
雇员供款	2 800	2 800	2 800	4 200
雇主供款	0	1 400	2 800	4 200
年供款总计	2 800	4 200	5 600	8 400
30 年后的账户资金额（年收益率为 8%）	317 193	475 578	634 386	951 579

你应该在一个能提供匹配性供款的公司工作。例如，表中显示了在雇主 100%的供款下，经过 30 年雇员退休账户资金的情况。其资金在工资的 2%匹配情况下，可以从原来的 317 193 美元增加到 475 578 美元；在 4%匹配下，会增加到 634 386 美元。当把这个比例从 4%提高到 6%时，雇主 100%供款在 30 年后最终会使账户资金额接近 1 000 000 美元，年收益率为 8%。根据本表选择最佳的供款金额，这样能从你的雇主那里得到最大匹配性供款。毕竟所有的匹配性供款都是免费的。

在你选择这类退休计划后，你就必须从你的薪水中扣除一部分，作为你的延期收入。这些钱会存放在你的退休账户中。由于这些钱是在你取得之前存入退休账户的，因此不用缴纳所得税。定额供款退休计划也被称作**薪金扣减计划**（salary-reduction plan），因为作为供款的那部分收入并不被包括在雇员的总收入中。免税的供款在雇员的 W-2 表中是指定的。出于避税动机，定额供款计划可以看作从政府贷出的免息贷款，通过节省所得税来达到退休理财的目的。

> **理财要点**
>
> **你应该储蓄多少?**
>
> 在二十多岁的人中，只有一半的人有退休计划，如 IRA 或者 401（k）计划。在二十几岁就开始为退休做出储蓄和投资的人，每年应储蓄 12%～15%的税前收入，包括雇主的供款，这样才能达到自己的退休目标。对于那些在 30 岁末或者 40 岁才开始进行退休储蓄和投资的人，每年应该保留 20%～25%来达到目标，而且需要承担更高的风险。储蓄太少很可能意味着你要工作到 70 岁或者 75 岁。

每个雇员的供款由**被托管人**（trustee，通常是金融机构、银行或信托公司，它们负有资产保值的责任）保管。它们把这些资金投资于各种有价证券，包括共同基金，有时候还会购买雇主的股票。每个雇员的资金被放在独立的账户中进行管理。

提供定额供款退休计划的雇主要为员工建立**自动滚存计划**（automatic enrollment plan）。在员工登记之后，雇主可以控制不超过 3%的员工薪水，然后将这笔钱放入员工的个人账户中进行分散化投资。以后，雇主可能选择增加控制额度到 6%，或者达到公司允许的最大额。雇员有权自行退出这种“自动”计划，但是这就意味着放弃了一种优质的退休计划，所以这种行为并不可取。

定额供款计划也称**自我主导型**（self-direct）退休计划，因为雇员可以控制自己账户中的资金流向。个人选择投资到哪里、承担多大的风险、投资多少以及供款的频率。

> **自我主导型**
>
> 在定额供款计划中，雇员控制自己账户的资金，决定供款频率、供款数额、承担风险额度以及怎样投资。

随着时间的推移，这个账户的累积额等于供款额加上投资收入，再减去成本和损失。这个账户的供款额是固定的。在雇员取款前，退休账户的未来价值都是未知的。这种不确定性主要来源于投资的成功与否。在退休时，退休者就会有一大笔钱可以进行消费。

> **你知道吗?**
>
> 复利的力量
>
> 来自（1）及早储蓄、（2）合理的年度储蓄、（3）承担合理的投资风险的好处会被复利的力量放大，这让那些 20 多岁就进行退休储蓄的人在退休时有可能拥有 2 000 000 美元的退休资产。

定额供款计划的种类

目前市场上有很多由雇主提供的定额供款计划，包括 401（k）计划、403（b）计划、457 计划（其名称来源于美国国税局税务代码）以及 SIMPLE IRA 和 SIMPLE 401（k）计划。每个计划都适用于特定的工作群体。只有当你的雇主提供这些计划时，你才可以供款。

> **401（k）计划**
>
> 私人公司为雇员设计的定额供款计划。

> **理财要点**
>
> 如果你继承了一个 401（k）账户该怎么办?
>
> 如果你从某个人（除丈夫或妻子外）那里继承了一个 401（k）账户或者其他退休账户，你可以直接将它转移到继承的个人退休账户中。

401（k）计划［401（k）plan］是最有名的定额供款计划。它是为私人公司的雇员设计的。［你可以在 www. brightscope. com 上为你雇主的 401（k）计划打分。］非营利机构（大学、医院、宗教组织以及其他非营利机构）的正式员工是向 **403（b）计划**［403（b）plan］供款的，这个计划有着相同的供款限制。州和当地政府的雇员以及非教会控制的免税组织是向 **457 计划**（457 plan）供款的。只有雇员（非雇主）向 457 计划供款。提供 401（k）计划、403（b）计划和 457 计划的雇主也可能提供罗斯其他版本的退休计划，这些计划都是税后供款（而不避税），但是当你在退休取款时你就不用缴税了。当公司雇佣规模少于 100 人时，也许会设立员工**储蓄激励配套计划**（Savings Incentive Match Plan for Employees IRA，SIMPLE IRA）。雇员少于 25 人可以提供类似于 401（k）计划的**薪金扣减简易雇员年金计划**（Salary Reduction Simplified Employee Pension Plan，SARSEP）。每种类型的退休计划在规则上都有所不同。

供款限额

雇员每年向雇主提供的退休计划的供款额度存在上限。401（k）计划、403（b）计划、457 计划的上限是 16 500 美元；储蓄激励配套计划的限额是 11 500 美元。这些金额会随着通货膨胀每年提高。

追赶条款

追赶条款（catch-up provision）允许超过 50 岁的员工额外供款 5 500 美元，适用于几乎所有的雇主提供的退休计划。成千上万的延迟储蓄者，包括养育孩子后重新回到工作岗位的妇女，可以为退休存储更多的钱。

□ 定额给付计划是以前的标准

> **定额给付退休计划**
> 雇主提供的一种退休计划，能让你在退休后每月取得一笔特定的收入，该收入是基于一个预定的公式得出的。

雇主提供的第二种退休计划是**定额给付退休计划**（defined-benefit retirement plan，简称定额给付计划），能让你在退休后每月取得一笔特定的收入，该收入是基于一个预定公式得出的。定额给付计划一般被称作年金。**年金**（pension）是指作为养老金而定期支付的一笔钱。年金由社会保障管理局、其他政府机构或者一些雇主支付给退休人员，或者他们的家属。定额给付计划是上一代人的标准，但是现在只有不到1/5的雇主还在提供这个计划。这主要是因为401（k）退休计划成本更低。

定额给付计划的收益是基于你的工作年限、最后几年工资平均值以及比例来计算的。例如，一个雇员固定的年度退休收益等于工作年数乘以0.02，再乘以工作最后5年的平均工资。假定工作年限是20年，最后5年平均工资是48 000美元，那么年度收益是19 200（＝20×0.02×48 000）美元，或者是每月1 600美元。再举个例子，如果一个雇员有着30年的工龄，计算可得他可以获得最后5年平均工资的60%。假定平均工资是48 000美元，那么这个雇员每年可以获得28 800美元，或者每个月2 400美元。

由于是雇主出钱，这样一来，所有的投资风险就和是否有足够的钱来支付未来的收益有关。一些雇主会同时提供定额给付计划和定额供款计划。养老金保留权的条件和退休计划参与者的权利在所有的雇主发起的退休计划中均相同。

正常退休还是提前退休？

你越早退休，你从定额给付计划中得到的养老金就会越少。为了说明这个问题，假设你在65岁时退休可以获得28 800美元全额养老金。然而，如果你在58岁时退休，你的养老金每年可能减少5%；如果在62岁时退休，会减少3%。在定额给付计划中，越早退休，领取的养老金越少，这样是为了让他们的年金现值与退休较晚者相同。

采取提前退休方式的理财优势主要取决于预期寿命和养老金的贬值率。那些预期寿命比平均预期寿命短的人选择提前退休可能更有优势。大部分员工都可以自由选择工作年限，但是即使你在65岁才退休，公司也不会再增加你的养老金了。

残疾福利和抚恤金

> **残疾福利**
> 雇员在退休前残疾时所获得的大大减少的金额。

抚恤金和残疾福利代表对有配偶和孩子的雇员们的关爱，也是一种经济上的责任。个人的全额养老金是抚恤金和残疾福利的基础。如果雇员在退休之前残疾了，残疾福利可能被支付，也可能不会被支付给雇员。个人领取的抚恤金或者**残疾福利**（disability benefit）都必须少于自己的全额养老金。例如，如果你每月可以获得2 000美元的养老金，你的残疾福利可能每月只有1 100美元。

如果你的家属也可以获得抚恤金，那么发放的金额要根据你们的年龄来决定，而不仅仅取决于单个人的年龄，这样就导致了每月的支付额可能会有所不同。在前面的例子中，如果你健在的配偶比你年长5岁，那么他每月可能获得1 300美元，相反，如果他比你年轻5岁，那么这个金额可能就只有900美元了。

共同及遗属福利［joint and survivor benefit，又称**抚恤金**（survivor's benefit）］的领取资格是指在雇员死亡后，其健在的配偶可以持续地领取福利，金额不能低于死者养老金的50%。这个请求权可以随意愿而选择放弃，但只能在婚后进行。联邦法律规定：配偶或者前配偶要想拥有领取抚恤金的资格，就必须签署一份关于养老金的弃权声明书。这种**配偶同意要求**（spousal consent requirement）保护了健在的配偶的利益。如果一方真的限制了另一方对抚恤金的领取权，那么劳动者的退休福利就会增加。当劳动者死亡后，他的配偶就不会得到他的退休福利。所以除非你配偶自己有养老金，不然允许配偶有领取权通常是明智的。

> **共同及遗属福利/抚恤金**
>
> 在雇员死亡后，其健在的配偶可以持续地领取的福利；金额不能低于死者养老金的50%。
>
> **配偶同意要求**
>
> 联邦法律将会保护配偶或前配偶的领取养老金和年金的权利，除非他本人放弃这些权利。

□ 现金余额计划——一种混合的雇主提供的退休计划

一些雇主对他们现存的退休计划进行重建或修正，从而创造了第三种类型的雇主提供的退休计划，这是一种定额供款计划和定额给付计划的混合体。**现金余额计划**（cash-balance plan）是一种定额给付计划，它提供给参与者一个赚取利息的账户，通过每月存入工资的一定比例来获利。它的特别之处是在任何时点上，雇员的账户中都存在一定的货币储备。这个计划中所有的资金都来源于雇主。雇主在每个支付日会向雇员的现金余额计划账户存入雇员工资的5%。现金余额计划账户的利息支付是按照雇主保证的利率来计算的（可能是5%），所以雇主需要承担所有的投资风险。结果，账户的金额会呈现规律性增长。雇员可以计算出在5年或者25年后自己账户中的金额。

> **现金余额计划**
>
> 一种定额给付计划，它提供给参与者一个赚取利息的账户，通过每月存入工资的一定比例来获利。

许多大型雇主转向现金余额计划，部分原因是这样的成本更低。现金余额计划备受争议，因为这一计划对老员工并不有利。然而，在意识到这一点之后，现金余额计划为55岁和更年长的雇员提高了供款额，有的甚至提高了10%。年轻的雇员跳槽比较频繁，因此他们更喜欢养老金计划，其可以方便地随工作变动，而不是在几十年忠诚工作之后才获得持续支付的定额给付计划。

> **你知道吗?**
>
> **退休规划保险**
>
> 《雇员退休所得保障条例》(ERISA）建立了养老金担保公司（Pension Benefit Guaranty Corporation，PBGC；www.pbgc.gov)。国家的29 000个雇主提供的定额给付计划都得向养老金担保公司支付保险费。如果这些退休计划不能完成支付义务，那么养老金担保公司就要为4 400万名雇员赔偿每月4 500美元的最低收益。养老金担保公司接管了大约超过3 800个计划，但它不为定额供款计划担保，而为现金余额计划做出担保。

□ 雇主提供的其他退休计划

一些雇主向雇员提供补充性的储蓄计划。

员工持股计划（ESOP）

员工持股计划（employee stock-ownership plan,

> **员工持股计划**
>
> 雇主把享受免税待遇的公司股票委托给信托公司，再分配到雇员的个人账户中。

ESOP）是雇主把享受免税待遇的公司股票委托给信托公司，再分配到雇员的个人账户中。当雇员离开这个公司时，他们会得到股票，并且可以选择转卖。这样一来，养老金就来源于公司股票。如果公司的经营业绩好，那么雇员股票价格上涨可以获利；若公司经营不佳甚至破产，那么股票将会一文不值。（注意，ESOP不同于员工的认股权，这在第十四章也有说明，因为员工持股计划是一种激励，如同红利，雇员可以从公司股票中获利，而不用付任何钱。）

为了分散风险，专家建议雇员投资于公司股票的金额不要超过退休资产的10%。《养老金保护法案》规定，公司不得要求雇员购买公司股票来获得匹配性供款的资格。如果你的供款额同股票相匹配，你可以在三年后卖出这些份额。或者，你已经拥有了公司股票，那么在三年之后，你可以一次性卖出三分之一。

你知道吗？

哪种退休计划最“大方”？

只有定额给付养老金项目提供每月有保证的年金收入，但是可能会减少提前退休的养老金、抚恤金和残疾福利。现金余额计划和401（k）计划就不会这样。后者的参与者需要进入退休账户为残疾或抚恤金做出支付。

分红计划

分红计划（profit-sharing plan）是一种雇主提供的退休计划，公司以年终奖或者普通股股票的形式同雇员分享收益，并存入雇员的401（k）账户。分配水平可能会影响每个人的表现和公司的盈利水平。分配比率可能是固定的（可能是利润的10%），也可能是自由变化的。它可以每年变动。一些公司提供自助的分红退休计划，雇员可以定期以折扣价购买公司股票的份额。

分红计划

一种雇主提供的退休计划，公司以年终奖或者普通股股票的形式同雇员分享收益，并存入雇员的401（k）账户。

概念测试 17.4

1. 总结定额供款计划和定额给付计划的主要不同点。
2. 解释为什么定额供款计划被称作自我主导型退休计划。
3. 谈谈你对拥有匹配性供款的退休计划和没有匹配性供款的退休计划的理解和认识。
4. 区分员工持股计划和分红计划。

通过个人建立的退休账户来达到你的目标

学习目标 5

阐述各种个人建立的避税退休账户的类型

如果你没有机会参加雇主提供的退休计划，你可以自己制订。美国国税局的规定允许个人建立诸如个人退休账户（IRA）这样的自主型避税退休账户。即使你在工作上已经有了一个退休计划账户，你仍然可以通过向自己建立的一个或者多个计划供款来为退休准备更多的资金。这些计划包括个人退休账户（IRA）、罗斯个人退休账户（Roth IRA）、基奥计划（Keogh plan）和简易员工个人退休账户（SEP-IRA）。如果你在工作时没有权利参加 401（k）计划，那么考虑一下罗斯 IRA 或者传统 IRA。即使你参加了 401（k）计划，一旦你获得了全额的匹配款，那么为了退休、继续教育花费或者家庭开销而在罗斯 IRA 账户中进行储蓄的这种行为依然十分可取。

□ 个人退休账户（IRA）

个人退休账户（individual retirement account，IRA）是个人可以每年一次或者多次进行供款的退休账户。这些账户基于个人意愿来设立和供款。IRA 与那些在银行、信用社、经纪公司和共同基金开设的账户类似。IRA 不是某种投资，而是用来存放像股票、基金这类投资的账户。你可以将 IRA 中的资金投资于任何你想要的对象，包括艺术品、宝石、邮票、古董、地毯、金属、枪支、特种硬币和金属这些收藏品。你也可以随时改变你的投资方式。

> **个人退休账户（IRA）**
> 个人每年向这个可以延迟纳税的账户供款，并且可以决定怎样去投资这笔资金。

> **你知道吗？**
> 你几乎可以在任何机构开立一个个人退休账户
> **个人退休账户（IRA）**允许个人对资金投向进行选择。你可以在银行、信用社、储贷协会或共同基金公司开立账户。个人经常投资于股票型共同基金，特别是指数型共同基金。你可以在任何时候改变你的投资方案。你还可以选择对这个账户进行一次性供款或进行定期供款。

你可以在 IRA 中进行投资来增加自己的退休储蓄。IRA 同 401（k）计划有某些相同的地方，你不必为这个账户中的资本利得、利息和分红缴税。每年你可以在（传统或者罗斯）IRA 中最多投资 5 000 美元（随通货膨胀调整）。全额的最大供款额适用于收入不高于 107 000 美元的个人参与者（已婚参与者可以达到 169 000 美元），超过并未达到 122 000 美元（已婚者未达到 179 000 美元）的参与者更适用于减少的最大供款额，收入超过这个点，最大供款额将会为 0 美元。年龄超过 50 岁的参与者每年还可以增加缴费 1 000 美元。你应该尽量不要从 IRA 中取款。

为了投资这个账户，你会多一项供款，或者可以将从雇主退休计划账户、另外的 IRA 中获得的分红转移到目前的这个 IRA 中。纳税者甚至可以选择将他们纳税申报的分配部分或者退还的全部保证金存入 IRA。

传统 IRA 可以为投资避税

传统/常规 IRA（traditional/regular IRA）可以提供递延纳税。你的供款额是可以抵税的，这就意味着你可以利用供款额的部分或者全部来抵扣你的应纳税所得额。抵扣额度取决于你的收入（额度的限制是为了防止高收入者进行抵扣）以及你和配偶是否都参加了雇主提供的退休计划。你可以阅读下面的规定，看看自己是否具有抵扣资格：

> **传统/常规 IRA**
> 提供延迟纳税增长的账户；每年的供款额是可以进行税收抵免的。

1. 如果你在工作上没有参加退休计划，那么你可以投资一个传统 IRA，并且可以进行全额抵扣。

2. 如果你已婚，你没有积极参加雇主提供的退休计划，而你的配偶积极参加了，你可以完全抵扣供款额。

3. 如果你在工作上有了退休计划，只有当你经过调整的收入达到标准后，才可以进行全额或部分抵扣。供款额的可抵税性是否有效取决于你的调整后总收入（AGI）。对于个体纳税人，在收入达到 56 000 美元之后，可抵扣额度减少（在收入达到 66 000 美元时，额度就会变为 0 美元）；对于已婚纳税人，减少的起点是 90 000 美元（在收入达到 110 000 美元时变为 0 美元）。

4. 如果你的配偶不出去工作，你可以向**配偶 IRA**（spousal IRA）进行供款。夫妻均可以按照限额向账户投资，在二人的共同补偿额至少等于供款额的情况下，就可以全额进行抵扣。

> **配偶 IRA**
> 为不参加工作的配偶设立的账户；提供递延纳税的增长和税收抵扣。

从传统 IRA 中得到的分配，可能全部或者部分需要纳税。如果账户仅由税收抵扣收入进行供款，那么得到的分配就要全部纳税。如果你同时用了没有抵税的收入来供款，理论上这些先前缴过税的金额在你取钱时就不用再次纳税了。IRA 的供款记录你应当至少保存 40 年甚至更久，从而可以避免不必要的税收负担。这就意味着需要保存每年的账户活动记录。美国国税局要求，只有超过 70.5 岁才可以开始从传统 IRA 中取款。

> **你知道吗？**
>
> **肖恩的成功故事**
>
> 肖恩现年 52 岁，到目前为止一共做过四份工作，其中两份工作的雇主不提供退休计划。在这两份工作期间，他每月固定向罗斯 IRA 供款，并且投资一些低成本的共同基金。肖恩还参与了另外两份工作的雇主提供的退休计划。每年肖恩的总储蓄额大约是总收入的 12%，其中包括雇主的匹配性供款。当肖恩换工作时，他通常会将退休账户中的既得款转移到 IRA 中，现在 IRA 已经累积到 412 000 美元了。肖恩已经为目前的雇主工作了十年，他的 401（k）计划账户余额是 175 000 美元。他很谨慎地对自己的退休资金进行分散化投资。在那之前，他几乎全部投资于股票型基金，特别是指数型基金；在最近两年，通过关注高利率的债券基金，他开始将自己的一部分资金进行低风险操作。他现在的投资分布是大约 60% 股票、30% 债券以及 10% 货币市场基金。他的目标是在 65 岁退休时，投资结构变成 45% 股票、40% 债券以及 15% 货币市场基金。肖恩期望自己在退休时的养老金净值可以达到大约 2 000 000 美元。

不可抵税的罗斯 IRA 仍然可以提供免税增长

罗斯 IRA（Roth IRA）是一个不可抵扣的税后 IRA，提供重要的税收和退休计划优势。[类似于现存的罗斯 401（k）计划和 403（b）计划]。向罗斯 IRA 的供款是不能抵税的，但是账户中的资金却可以免税增长。只要你在 59.5 岁以后（或者在残疾之后）取款，而且此时你持有罗斯 IRA 至少 5 年，那么你在取款时就不用缴税。免税的取款可以被用来进行第一次家庭购买或者支付教育费用。然而，一旦你将资金从罗斯 IRA 中取出（它不是一笔贷款），那么就无法再返还回去了。罗斯 IRA 没有强制的取款时间计划表，账户里的资金可以被移交给继承人，并且免缴遗产税。

> **罗斯 IRA**
> 以税后收入进行供款的退休账户（因此它不是税收抵扣的），可以免税增长；在取款时无须缴税。

> **你知道吗?**
>
> 怎样在传统 IRA 和罗斯 IRA 之间进行选择?
>
> 共同基金网站提供了一张表供你查看隐含税收，从而决定传统 IRA 和罗斯 IRA 这两个方式哪个更适合你。你可以在 T. Rowe Price(http://individual.troweprice.com/public/Retail/Retirement/IRA)和富达投资(http://personal.fidelity.com/products/retirement/iraeval/popup.shtml)这两个网站上查看。结果是基于你现在的年龄、边际收入水平、预期年利率、距退休的年数、退休后年数以及边际税率计算的。
>
> 你可以将传统 IRA 转化成罗斯 IRA。如果你要这样做，就必须按照现在的边际税率在取款时缴纳所得税，再继续投资于罗斯 IRA。你可以用从传统 IRA 中取出的资金或者用其他资金来支付所得税。如果你小于 59.5 岁，此时取出资金你还需支付 10%的罚款。
>
> 许多网站可以帮助你决定进行罗斯账户的转换是否正确，例如先锋(https://personal.vanguard.com/us/insights/taxcenter/planning/is-a-roth-conversion-right)和富达(https://calcsuite.fidelity.com/rothconveval/app/launchPage.htm)。

□ 自雇人士的基奥计划和简易雇员退休账户

> **基奥**
>
> 为自雇人士和小公司老板设计的递延纳税退休账户。

基奥(Keogh，发音来自“Key-oh”)是为自雇人士和小公司老板设立的递延纳税退休账户。根据建立的基奥的类型(利润分红和货币购买)，个人最多可以储蓄收入的 25%，最高年供款额为 49 000 美元。如果收入来自自雇，那么在 70.5 岁之后仍然可以进行供款。基奥的资金可以投资于不动产，并且这个账户可以向简易员工退休账户进行转化。

简易员工退休账户(simplified employee pension-individual retirement account, **SEP-IRA**)是适用于想要在盈利年份进行储蓄的个体自雇业主和小公司老板的退休储蓄账户。SEP-IRA 在设立和维持上比基奥容易。SEP-IRA 的最大供款额和基奥一样。个人从事的副业收入就足以对这个账户进行持续供款。还有另外一种个人 401(k)计划，其所允许的最大供款额比基奥和 SEP-IRA 更大。

概念测试 17.5

1. 什么原因会导致有些人选择个人退休账户进行储蓄?
2. 列举传统 IRA 和罗斯 IRA 的两点不同。
3. 哪些人会选择基奥，而非 SEP-IRA 来为退休进行储蓄?

通过明智的投资选择和蒙特卡洛模拟来达到你的目标

当你想要为退休储蓄进行投资时，有两大类策略可供选择。积极的或“自主型”投资者可以按照自己的方法来管理退休资金投资组合。消极的或“放任型”投资者可以将自己的退休资产投资于指数型基金或者目标日期退休基金（均在第十五章讨论过），或者可以雇用一个专家来帮他投资。对于退休资产投资的专业建议是不难获取的，并且建议者通常采用蒙特卡洛模拟来帮助指导其推荐。

> **学习目标 6**
> 为退休做出明智的投资选择。

□ 把你的养老金投向何处?

当你开立任何类型的定额供款退休计划时，你可能会面临多种投资选择。在基于雇主的退休计划中，一般会选择共同基金和雇主公司的股票。在共同基金方面，至少有股票型基金、指数型基金、债券型基金和货币市场基金可供选择。有众多的基金类型供你投资。你可能关注比较多的是不同投资选择的投资收益率和费用问题。此外，你还有可能投资于自己公司的股票，也可能是年金（后面会讨论）。个人建立的退休账户，例如 IRA，一般会有更广泛的投资选择，包括个人公司的股票和贵金属。因此，我们应当把我们的资金投向何处?

> **理财要点**
>
> 你通过 IRA 或 401（k）账户投资，而不是投资于它们
>
> 许多人，包括一些金融专家，都在谈论投资于 IRA 或者 401（k）计划。事实上，你是通过这些账户来投资于多种多样的投资产品，例如共同基金、股票和债券。决定投资于何种理财产品是账户所有者的责任，并且是退休计划成功的关键。

在第十三章中，我们描述了理智的投资者利用的几个长期投资策略。退休投资中最著名的买入并持有哲学，是基于利用资产配置策略来进行分散化风险的平均成本法的。投资者不能任意地进入或者退出投资计划，因为退休投资一般来源于雇主提供的退休计划中的工资扣缴或者个人退休账户中的常规储蓄的资金，投资者需要使用平均成本法进行理智的投资。通过资产配置的方法来分散化风险需要更长久的计划。

在退休投资活动中一个重要的原则是要认识到当你离退休的日子越远，你越能接受更多的风险。太过于保守的投资策略虽然可以保证低的投资收益率，但是在退休时可以拿到的养老金也会较少。

下面是风险偏好者的例子。一个年轻的风险偏好者参与了长期的 401（k）或者 IRA 计划，他的投资理念很激进，趋向于将资金全部投资于股票型基金。然而，更稳健和理智的投资策略应该是，在股票型基金、债券型基金和货币市场基金上的投资比例分别是 60%、30%和 10%。作为一个年轻的投资者，你不必太过保守，因为你有足够的时间安全度过股票市场的起起落落。在你的投资目标发生改变之前，你可以保持一定的投资比例，但可能在接近退休的另一个 25 年或 30 年中你不会这样投资。

由于投资组合分散化的需要，你最好不要投资超过 10%的资金在公司的股票上。同样，除非你临近退休，否则都不要将超过 10%的资金投资于货币市场基金，因为它的投资收益率太低，难以保证你获得足够的收益。因此，在你的投资组合里尽可能选择多样的股票型基金和债券型基金。第十三章中关于长期投资的内容可以给你一些启示。

如果你只有 401（k）计划而没有其他退休资产了，你可以考虑投资于低成本的**目标日期退休基金**（target-date retirement fund，见第十五章）。这些基金的投资计划都是

随时变动的。你先选择自己的计划退休时间，例如 2050 年。基金将会把你的钱进行分散投资，自动地在投资组合中进行混合投资，并且随着你退休日期的临近，转换成保守的固定收益率投资。

参与雇主提供的退休计划的员工将有机会获得自动再平衡退休资产的服务。与自主型投资者不同，你可以签署一个**有限管理账户**（limited managed account）的服务合同。一旦你与雇主提供的服务提供方签订了合同，你和你的投资顾问将共同决定你的最优资产配置。然后，基金公司季度性地买入或卖出你的共同基金，就代表着你将资产配置调整到指定的比例。基金公司可能没有考虑到你的全部退休资产［包括配偶收入或者其他收入，不仅仅是 401（k）账户］。这些服务的费用一般由雇主进行支付或者补贴，年费通常不超过资产的 0.5%。

你知道吗？

为什么你要避免高成本的共同基金？

选择低成本或者超低成本基金进行退休投资，例如指数型基金和交易所基金，是个人增加退休储蓄收益的最有效的投资策略。下面是基于 T. Rowe 和《金钱》的研究计算的。假定你现在 30 岁，工资是 40 000 美元，投资你薪水的 6%，并且每 1 美元可以获得 0.5 美元的匹配款。你的薪水每年增长 3%，你的投资收益率是 8%。较低的基金成本可以迅速增加你的养老金净值。

共同基金花费的成本	65 岁退休时的养老金净值（美元）
高成本（1.5%）	664 000
中等成本（1.0%）	732 000
低成本（0.5%）	819 000
超低成本（0.25%）	852 000

□ 有价值的退休投资计划是基于蒙特卡洛模拟的

雇主提供的理财建议必须符合《养老金保护法案》的规定，包括告知雇员所有可能发生的利益冲突。所有的建议都是基于预计投资业绩进行的电脑模拟。蒙特卡洛模拟是对资产配置的长期投资策略和现代投资组合理论的一个评估，参照第十三章的讨论。

蒙特卡洛模拟

一种数学计算，用来找出在确定的风险水平下，可以达到最高的共同投资收益的投资组合。

蒙特卡洛模拟（Monte Carlo Simulation）得名于一个著名的赌场网址，可以通过成千上万、瞬息万变的证券市场，模拟出数千只共同基金和股票的业绩。这种模拟可以计算出自己实现理财目标的概率。这个复杂的资产配置的应用可以识别出投资者的风险容忍水平，然后找出在此风险水平下最高预期投资收益的投资组合。

这是基于多种股票、债券和短期投资资产类别的混合投资风险以及收益特征而进行的数学模拟。每个模拟测算出在优于或劣于预期投资收益的情况下，你所需要的储蓄额。在你选定一个给定的投资组合，并且建立一个取款账户之后，模拟结果会告知你在退休之后的余额。注意，这些计算都只是可能的情况，并非实际情况。

利用蒙特卡洛模拟，投资者对于自己现在的投资产生的养老金总额可以有更加真实的感受。投资者可能会看到，太过于保守的投资会阻碍他们达到自己的目标。通过测定不同退休计划供款水平的组合、分散化的投资组合、整体的组合风险、设定的退休年龄以及退休收入目标，蒙特卡洛模拟会呈现出这些因素的可能变动以及对你达到设定退休目标可能性的影响。一些投资者可能知道风险尚在可控范围内，然而其他的投资者可能需要储蓄更多或者工作更久。查看表 17－2 所描述的蒙特卡洛模拟计算。

> **理财要点**
>
> 记住，购买定期寿险，剩下的钱用来投资
>
> 保险公司喜欢推荐现金价值寿险作为退休储蓄的一种方式。它们称寿险是一种投资方式，但是这是一种被高估的退休储蓄方式。如果你需要寿险，购买定期寿险，而非现金价值寿险。然后利用节省下来的钱通过避税账户投资于共同基金。

表 17－2　来自金融引擎的蒙特卡洛模拟

（分析和建议都是基于假设的前提，只是为了阐释的目的。这些描述不能被当作合适的投资建议。）

按计划行事！

你对新策略的预测看起来很乐观。点击“下一步”按钮获得你的行动建议。

你的决策

	现在的	新的
供款额	3 400 美元/年	6 100 美元/年
雇主供款额	1 300 美元/年	1 300 美元/年
投资策略	现在的计划	建议
风险水平	保守（0.82）	激进（1.25）
退休年龄	65 岁	67 岁
目标收入	59 000 美元	59 000 美元
最小收入	42 000 美元	42 000 美元

展望你的 65 岁

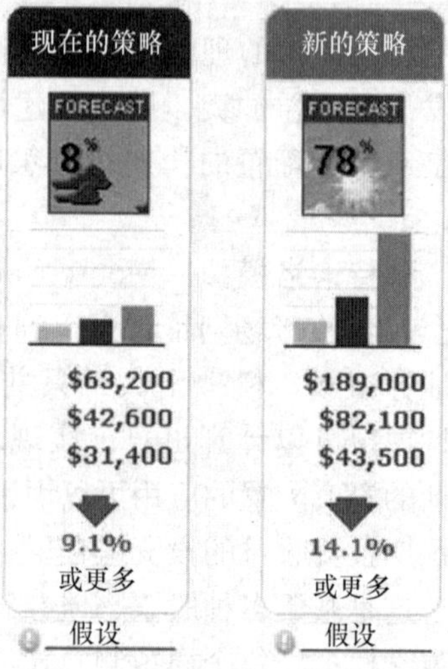

退休预测

恰巧你的投资和收益每年可以达到 59 000 美元。更多……

退休收入

估算你在 65 岁时的年收入。更多……

- 最大值——优异的业绩；[a]
- 中值——平均的业绩；
- 最小值——欠佳的业绩。

1 年的可能损失

在未来 12 个月中，你可能损失的金额。更多……

a. 有 5%的可能你得到的收入会少于最小值，与此同时，也有 5%的可能会超过最大值。下面显示的数字都是税前收入，并且对通货膨胀进行了调整。

你本人的投资建议是基于你的决策给出的。这也是给你提出投资建议的关键。

投资建议

	现在的策略（%）	新的策略（%）
401（k）账户		
红木货币市场	5	0
铂成长	17	10
柏树平衡基金	11	0
枫债券市场	13	13
红杉小盘股	25	0
花岗岩 S&P 500 指数	29	30
银成长与收益	0	23
栗子指数：500 指数	0	24

资料来源：Copyright © Financial Engines. Used with permission.

软件可以帮助投资者通过蒙特卡洛模拟创立有效的投资组合。软件可以在金融引擎、晨星、先锋和金融之声的网站上获得。许多雇主提供免费或者低成本的软件使用权作为员工福利［例如，金融之声（www. Financialsoundings. com）上的年服务费少于 15 美元］。服务包括退休预测、年度业绩报告、投资组合管理、电子快讯和理财投资信息。欲体验交互式的蒙特卡洛模拟，可以浏览网站 www. moneychimp. com/articles/risk/riskintro. htm。

当你采取了适当的退休计划以及适度的投资风险，毫无疑问，你的投资决策是明智的，并且你的账户金额在增长，这些足够支付你人生第三阶段的生活。

概念测试 17. 6

1. 你认为自己是“自主型”投资者还是“放任型”投资者？为什么？
2. 总结低成本的共同基金费用对于你成功的长期投资的重要性。
3. 谈谈你对退休规划中使用的工具——蒙特卡洛模拟的理解和认识。

避免取款时的罚金并且使你的养老金存续

学习目标 7

阐述延续养老金的技术。

当你的退休账户上累积了大额的养老金时，你该为此感到高兴。这些年，你牺牲了消费而将资金进行了理智的投资。然而，当退休储蓄结束时，退休计划并没有结束。另外一个重要的问题是，你要考虑怎样去支配这些钱，从而确保自己在退休阶段不会出现资金紧张。因此，你不能过早地取出资金，而是要理智地管理自己的资产。一旦你真的退休了，要计划好取款账户。你还可以考虑用你的一部分养老金去购买年金，或者在退休早期找一份兼职。

□ 过早取出你的避税养老金

对很多人来说，401（k）账户或者 IRA 中累积的资金代表了他们大部分的养老金。从退休账户提前取款或借一些钱来转移资金用途，都会使得这些钱失去原有的递延纳税增长。当你需要用钱时，你就会想要挪用退休资金。然而，随时挪用退休资金并不是美国国会建立享受税收优惠待遇的退休账户的初衷。更重要的是，过早取款其实就意味着你要延后退休，或者退休后生活水平降低。这两种情形你都不会希望出现。

一些无惩罚的取款是存在的

尽管你的雇主可能制定各种规则来限制取款，但是美国国税局对以下三种情形出现的取款不会进行罚款：

1. 用于医疗、大学教育和购房的支出。当你从 IRA（并非雇主提供的账户）取出资金用来支付超过你调整后收入的 7.5%的医疗费用、至少失业 12 周之后所需缴纳的保费，或者残疾时的费用时，美国国税局不会对这笔取款进行罚款。你还可以用它来支付认证的高等教育费用和少于 10 000 美元的首次置业费用，但是你必须为这些取款缴纳所得税。

2. 账户贷款。在你的雇主提供的退休账户中，你至多可以借用累积资金的一半，但是绝不能超过其 50%，或者不得超过 50 000 美元，以二者中较低的为准。借款人要支付利息，会直接打入个人账户中。贷款必须用税后收入来偿还借款。如果雇员换了雇主，他必须在 30 天内偿还未支付的借款给上个雇主。否则，这笔借款会被重新归类为取款，这会导致额外的税负和罚金。因此，最好不要从 IRA 借款。

3. 提前退休。如果提前退休（但是不要早于 59.5 岁）或者完全残疾，在此时取款不会受到惩罚。根据美国国税局发起的年金方式，你可以在不超过 5 年的时间中收到年度分红。你必须为取款缴税。

□ 美国国税局有 20%持有规定，以确保所得税的支付

> **托管滚存**
>
> 资金直接从先前雇主托管账户转移到新的托管账户而中间不发生需要雇员支付的行为，因此可以避免纳税和提前取款罚金。

美国国税局的 **20%持有规定**（20 percent withholding rule）的适用前提是参与者将税前存款的收益转移到退休账户中。这个规定对提前取款或者退休后取款的情形均适用。这笔钱转移到美国国税局，用来预付取款资金拖欠的部分所得税。你可以通过**滚动 IRA**（rollover IRA）来避免纳税，这个账户的设立就是为了接收这种资金。还有一个途径是**托管滚存**（trustee-to-trustee rollover）：资金直接从先前的雇主托管账户转移到新的托管账户，中间不需要向雇员支付。

假如先前的雇员的配额是 300 000 美元，那么只会得到 240 000 美元，另外的 60 000 美元则会由雇主替美国国税局持有。美国政府还规定，即使得到的资金只有 240 000 美元，雇员还是要在 60 天内将全部的 300 000 美元存放到另一个雇主的退休账户或者滚动 IRA 中，所以需要雇员自己弥补 60 000 美元的资金缺口。不遵守规定的人将需要缴纳大量的罚金。持有的 20%的金额将会在下一个税收年度里，通过所得税申

报表来要求退税。由于操作比较麻烦，聪明的人一般不会选择这种方式。美国国税局希望纳税人以这种方式转移养老金，从而先前没有纳税的钱会继续留在账户中，并且最终要缴税。

你知道吗?

把坏习惯变成好习惯

你会这样做吗?	你应该这样做!
推迟退休储蓄；	及早并且进行退休储蓄；
逃避风险；	接受风险，要知道你有足够的时间来应付股市的波动；
只投资于雇主的股票；	分散化你的投资，用于购买雇主股票的资金不超过投资组合的10%；
仅仅依赖于雇主的退休计划；	如果有必要，你可以向罗斯 IRA 供款来补充雇主提供的退休计划；
出于其他原因，从退休账户中取款或者借款。	不要轻易动用你的养老金。

注意提前取款的负面影响

如果违反规定从避税退休账户中直接取款，例如去购买汽车、度假、重新装修房子或者偿还信用卡欠款，将会发生如下三种不良后果：

1. 政府获得更多的税收。在 59.5 岁之前，取款将会被视为普通收入来征税。假设 35 岁的威廉·瓦克拥有 25 000 美元的避税退休账户资金，他从中取出 8 000 美元。如果他按 30%的税率来支付联邦政府的税收，那么他取出的 8 000 美元将会成为部分应税收入。这将使他多支付 2 400（=8 000×0.30）美元的所得税。

2. 交纳罚金。美国国税局会针对这种取款征收 10%的**提前取款罚金**（early withdrawal penalty)。因为威廉取出了 8 000 美元，因此他必须缴纳 800（=8 000×0.10）美元的罚金。

提前取款罚金

当提前从退休账户取款时，需要缴纳 10%的罚金。

3. 取出的资金不再复利。取款意味着这部分投资就不再进行累积了。这段可以进行复利的时间丧失，将会使得你的养老金净值缩水。威廉从账户中取出的 8 000 美元，会让他损失高达 80 502 美元的收益。(见附录表 A-1。)

从这个例子中可以看出，威廉提前取出的 8 000 美元，扣除税费和罚金之后得到的净值为 4 800（=8 000−2 400−800）美元。而且与此同时，他放弃了超过 8 000 美元的未来价值。18～34 岁的工作者中有超过 60%的人在换工作时全部取出了自己避税退休账户中的资金。其实这种行为既不明智也不划算。

你知道吗?

在你离职时怎样管理自己的养老金?

当跳槽或者退休时，你对自己的养老金有四种选择：

1. **留在原账户**。如果你不取出这些资金。你可以将养老金一直保留在原雇主的退休账户中。

2. **转移（1）**。你可以将原退休账户中的资金转移到新雇主提供的退休账户中。

3. **转移（2）**。你可以将原退休账户中的资金转移到滚存 IRA 中。

4. **取款**。你可以取出这笔资金，但是要缴纳所得税和罚金。

选择 2、3、4 都会导致**一次性分配**（lump-sum distribution），因为所有的资金被一次性从账户中转移出来。这种转移必须按照美国国税局的规定正确执行，否则纳税人可能要支付一大笔税费，甚至需要借款来支付。**滚存**（rollover）意味着将资金从一个避税账户转移到另外一个避税账户。这个程序主要是为了保护在避税账户中存入资金者的利益。

□ 计算出当你退休后，你的养老金可以维持的时间

当你临近退休，你将会面临这样一个问题：我的养老金可以维持多长时间？这个问题的答案取决于三个方面：（1）你累积的资金，（2）资金的真实投资收益率（消除通货膨胀的影响），（3）你每年从账户中取款的金额。

根据附录表 A-4 提供的系数，可以决定自己账户可以承受的每年的支出金额。下面是凯文和凯莉·诺伊的例子，他们是来自亚利桑那州的普莱斯考特的 63 岁的退休职员，希望自己的 500 000 美元的养老金能够维持 20 年。他们假定未来每年的投资收益率为 6%，并且通货膨胀率为 3%。在附录表 A-4 中的 20 年、3%（6%投资收益率减去 3%通货膨胀率）的收益率情况下，现值系数是 14.877 5。将 500 000 美元除以 14.877 5，可以计算出凯文和凯莉每年可取款 33 608 美元，也就是每月 2 800 美元，在这种情况下，这笔钱正好在 20 年内用完。因为他们在收益率中考虑了通货膨胀的影响，所以诺伊夫妇可以确保每年 3%的投资收益率，从而保证了养老金的购买力。然而，如果他们能够再活 30 年会怎么样？30 年对应的现值系数是 19.600 4，结果是每年 25 510 美元，也就是每月 2 126 美元，比上面的情形少了大约 700 美元。

你知道吗？

退休规划中最严重的理财误区

基于其他人的理财失败，在下列情况下，你可能出现个人理财上的错误：

1. 在你三十几岁的时候才开始储蓄，甚至拖到四十几岁。
2. 每月只储蓄很少的资金。
3. 投资于高成本的共同基金。

刚退休的人士常犯的一个错误是取款太快。在前面的例子中，诺伊夫妇每年的取款比例为 6.7%（=33 608/500 000）。因此，选择一个稍微低一点的取款率能够明显延长他们获取退休收入的年限。若每年取款 25 510 美元，也就是年取款率为 5%，他们可以将取款年限再延长 10 年。

理财要点

你什么时候应该购买年金？

当为退休储蓄时，有很多理由不去选择投资年金。年金可以在退休后随时购买，因此，当你有购买意愿时再做决定。此外，一些 401（k）计划通过共同基金或者类似于年金的保险公司提供有保证的退休收入，并且灵活性更好。

在退休初期，你必须谨慎，应该尽可能维持一个比较低的取款率，例如 4%，这样你的养老金才不会过快地被耗尽。这样你才能确保自己的养老金能够维持预定的年数。表 17-4 表明了在给定的取款率下，养老金能够维持的年限的概率。你可以看到，诺伊夫妇

初始的6.7%的取款率显著降低了他们养老金持续的可能。

表 17-4　养老金可以维持多久?

取款率（%）	养老金可支撑的年限的概率（%）		
	20年	30年	40年
3	99	99	93
4	99	86	68
5	93	61	41
6	74	35	18

你的取款率越高，养老金无法支撑你度过退休期的可能性就越大。以上的计算基于T. Rowe Price、先锋和其他一些退休规划网站的研究。上表显示了在不同的取款率水平以及分散化的组合投资可以获得长期的历史投资收益率条件下，养老金可以支撑度过退休期的可能性，同时还假定每年取款率会增长3%来消除通货膨胀的影响。

□ 你应当使用“年金”来保证一部分退休收入吗?

在接近退休和已经退休的这段时间，人们对养老金不足的担忧会越来越明显。当股票市场出现下跌或者出现高的通货膨胀率时，你怎样才能确保自己的生活水平不会受到显著影响？对比继续尽力管理自己的投资和取款计划，有些人选择用自己的一部分（例如1/3或者1/2）资金去购买年金。**年金**（annuity）是同保险公司签订的一份合约，在一生中或者特定时间段里，按照约定的时间间隔（通常是一个月）进行一系列的支付。对于购买了年金的退休人士来说，这意味着保险公司将会接受他们的一部分养老金。相应地，保险公司会承诺根据约定的时间向购买年金者［**年金接受者**（annuitant）］进行每月的支付。

> **年金**
> 同保险公司签订的一份合约，在固定或者变动的时间段里，按照约定的时间间隔（通常是一个月）进行一系列的支付。
>
> **即期年金**
> 一种年金，其资金通常来源于寿险支付的抚恤金或者定额供款计划账户，自购买一个月后开始支付。

如果你购买即期年金，你会得到即时的支付

退休者通常在退休不久后就会购买即期年金，在购买后的第一个月月末就会对购买者进行年金的支付。通常，用于购买年金的资金有以下几种来源：IRA转移、雇主的定额供款计划账户、现金价值保险或者抚恤金，以及其他储蓄和投资。

延期年金在未来的某段时间支付

另外一种年金是**延期年金**（deferred annuity）。这种年金要求的支付，是通过一段时间来进行的。参与者可以选择停止缴纳，然后立即开始领取收入，或者在以后的某个时间开始领取（例如在退休时）。延期年金是雇主退休计划中的一个常见选择，它提供了用部分401（k）供款换取年金养老金的机会。你可以通过自己的IRA或者其他自己管理的账户来购买延期年金。当你购买了延期年金后，你可以指定一个受益人。如果你在获得年金收入之前死亡，那么受益人就可以取得类似于寿险的抚恤金。要注意，如果年金接受者开始取得的是连续年金（后面会讨论）支付，那么这种死亡抚恤金就会停止

> **延期年金**
> 年金计划参与者在工作期间进行支付，在未来的时间领取收入，例如在退休时。

发放。

一旦你的年金支付开始，你就有多种收入选择

年金提供了多种收益分配方式。在下面的收入支付例子中，一个 70 岁的退休者购买了价值 100 000 美元的年金。**连续年金**（straight annuity）可能每月只提供 790 美元的收入，但是**分期固定年金**（installment-certain annuity）就不一样了。它在剩下的人生中每月支付 680 美元，但是如果领取的支付总额还未达到指定金额就身故了，那么受益人在某一时间段里（如这个例子中为 10 年）可以获得确定金额的收入。**联合生存年金**（joint-and-survivor annuity）则会以夫妻两人中寿命较长者的寿命为时间段，进行每月 640 美元的支付。

所有的年金都收取销售佣金和费用

所有的年金都会收取各种各样的费用，从而减少自己的支付额。年金费用的比率在 0.25%和 0.75%之间浮动，但是也会存在比较高的比率，如第一年的销售佣金可能超过 10%。付出高成本购买年金从而获得有保证的收益，还是承担潜在的高风险来管理自己的投资账户，投资者需要在二者之间进行权衡。美国教师退休基金会，作为拥有 3A 信用评级和低费用的行业领导者，最早提出了购买年金这个概念。

> **联合生存基金**
>
> 以夫妻两人中寿命较长者的寿命为时间段，进行每月支付。

> **可变年金**
>
> 可变年金的价值像共同基金那样起伏，通过保险合同支付一定金额的抚恤金。它达不到共同基金那样的效率，成本较高，收益较小。

> **立刻行动！**
>
> 通过阅读本章，你知道了更多关于个人理财的知识，那么通过下述举措开始行动吧：
>
> 1. 假定你的工作时间为 35 年或更久，年均工资为 35 000 美元或 50 000 美元，计算你的社会保障年收入。
>
> 2. 基于预期的收入（30 000 美元或 40 000 美元），计算你在 60 岁和 70 岁时的退休储蓄额。
>
> 3. 试着衡量一下自己是否已经通过雇主提供的退休计划或者个人建立的退休计划达到了投资的最大化。

可变年金有着更高的投资风险

年金有着一个固定或者可变的收益率。对于固定年金，保险公司保证给予你的投资资金某一特定的收益率。由于风险较小，固定年金的收益率也相对较小，约为 4%。保险销售员推销的更普遍的一种年金叫作**可变年金**（variable annuity）。这种年金的价值像共同基金那样起伏波动。**股票指数年金**（equity-indexed annuity，EIA）是可变年金的一种，它是同时拥有固定年金和可变年金特点的复杂金融工具。股票指数年金的收益变动比固定年金大，但是又小于可变年金。因此，股票指数年金的风险大于固定年金（但是潜在收益更大），小于可变年金（但是潜在收益更小）。股票指数年金提供了一个最低的有保证收益率，这个收益率是同市场指数利率相关联的。

保险销售员会更愿意推销可变年金，因为他们可以获得最高的佣金，而保险公司则可以收取最高的年金费用。投资者可能要等待 15～20 年，可变年金才会获得像共同基金那样的投资效率。当购买可变年金时，要全面了解费用、佣金以及各种合约的规定。

你必须购买延期基金作为退休计划吗？

许多人对年金着迷，是因为它可以提供一份预期的收入来源，从而避免退休期间资金不够。作为一种税收递延工具，延期年金是税后的，这意味着你的投资收益在领取之前都是避税的。尽管如此，在其他所有避税工具被最大化使用之前，投资者最好不要考虑投资于年金。这说明人们在累积养老金时，应该尽可能向 401（k）账户、传统 IRA 和罗斯 IRA 供款，供款额都应当达到法定最大值，大约每年总额为 20 000 美元。这些避税的退休账户收益远高于延期年金。另外，年金还有着数不清的限制条件、管理费用、佣金、交易费用、取款费用和罚金。延期年金同其他形式的税收递延退休储蓄账户一样，也要缴纳提前取款罚金和遵守持有规定。

□ 积极参与兼职工作

为你的退休生活做准备远比理财的内容要多。最快乐的退休人士会在身体和精神上都保持活力，积极参与各种各样的社交活动。因为各种原因，例如减少可能花光储蓄的担忧，一些人选择在退休早期参与兼职工作，而不是完全进入退休生活。参与工作的原因包括挣得额外收入、享受与工作伙伴的工作乐趣以及获得雇主提供的医疗福利。可以想象，退休人士参与兼职工作最好的理由就是保持活力，继续成为社会的一员。

概念测试 17.7

1. 列举提前从避税退休账户取款的三种负面影响。

2. 如果你有 900 000 美元的养老金净值，利率为 5%，你希望这笔钱能支撑消费 20 年，利用附录表 A-4，计算你每年的取款额。如果想维持 25 年，那么你每年要少取多少钱？

3. 如果在退休时将部分或者全部的养老金用来购买年金，有哪些利弊？谈谈你的看法。

4. 不参与雇主提供的养老金计划，而是把购买延期年金作为自己退休计划的一部分，有哪些不利的影响？

现在你有何建议？

由于你已经阅读了本章关于退休和养老金评估的内容，对于本章开始时玛丽安娜和鲍勃的案例，你有何建议：

1. 在玛丽安娜和鲍勃制定退休储蓄目标的过程中，主要的步骤有哪些？

2. 鲍勃的净收入应该如何投资于个人避税退休账户？

3. 如果他们的退休储蓄目标是 1 000 000 美元，那么他们需要在未来的 23 年里额外存入多少钱？

4. 为了累积养老金，他们将会选择怎样的投资策略？

本章要点

1. 估计你的社保退休收入福利。

社会保障项目的资金来自雇主和雇员缴纳的 FICA 税，资金会被放入信托基金账户，而获得的收益会被用来支付给现在项目的受益者。人们希望国会能采取行动维持社会保障项目的偿付能力。在收到退休福利之前，你必须完全处于社会保障项目之中。

2. 计算你为退休所必须储蓄的现值。

你的养老金净值是之前所有储蓄和投资的总和，它可以让你安享晚年。为了得到计算结果，你要计划好自己的退休年度花费和收入，然后再决定为了达到这个退休目标，你现在每年必须储蓄的金额。

3. 理解在避税账户中进行退休储蓄的原因。

在避税退休账户中进行储蓄有着巨大的税收优势。你的供款是可以抵税的，并且收益是递延纳税的；因此，你可以在退休时累积更多的钱。

4. 区分雇主提供的不同类型的避税退休计划。

三种主要的雇主提供的退休计划是定额供款计划、定额给付计划和现金余额计划。一些雇主还会向雇员的退休账户进行匹配性供款。雇员只有参与了雇主提供的退休计划，才能获得这些利益。

5. 阐述各种个人建立的避税退休账户的类型。

美国国税局的规定允许雇员建立个人的避税退休账户，包括传统的个人退休账户，即 IRA，对这个账户的供款是可以进行抵税的，但是取款时要缴税。罗斯 IRA 可以用税后收入进行供款，这样你就可以获得免税的资金复利，并且在取款时也不用缴税。基奥计划和简易员工退休账户一般属于自雇人士和小企业主的选择。

6. 为退休做出明智的投资选择。

雇主经常就退休资产提出理财建议，这些建议一般是基于蒙特卡洛模拟的。这些计算可以让你估算出达到自己的理财目标的概率。

7. 阐述延续养老金的技术。

你可以在税费上进行节省，尽可能不要在退休之前取款，从而确保养老金的最大化。然后，将重点放在如何选择自己的取款计划上，你可以考虑拿出部分养老金购买年金，或者在退休后的前期参加兼职。你可以通过一些表格和技术来计算自己的养老金可维持的年限。

讨论

1. 如今的退休投资。“现在的年轻员工在养老金的投资方向上面临更多的选择，这是一个不小的挑战。”你对这个评论有什么看法？

2. 为什么要计算？你是否认识一个明确自己目标养老金现值的人？列举两个理由

来说明人们为什么不喜欢进行计算，再列举两个理由来说明为什么设立一个理财目标是一种明智的行为。

3. 罗斯 IRA 或传统 IRA。如果你的雇主不提供退休计划，那么你应该建立何种个人退休账户，传统 IRA 还是罗斯 IRA？列举两个理由来说明你的选择。你认为在退休时，这个账户中可以累积多少钱？

4. 帮助人们计划。你认为哪类人更不喜欢提前进行计划，也不会在避税退休账户中储蓄？你要如何帮助这些人进行退休计划？

5. 退休规划误区。人们在制定退休规划时会犯各种错误，在所有错误中，你认为哪些可能对退休规划产生负面影响？列举出两个理由。

6. 怎样投资。如果你的 401（k）计划账户中有 10 000 美元，你将会怎样投资这笔资金？并说说理由。

计算

1. 避税收益。蒂莫西·克拉姆来自得克萨斯州康莫斯，他的纳税税级为 25%，考虑税收对投资的影响，假设他在 30 年里每年年底投资 2 000 美元，并且每年获得的投资收益率为 8%。

（a）如果投资收益是可避税的，那么账户的最终总额是多少？

（b）如果投资收益需要纳税，那账户的最终总额是多少？（提示：利用附录表A-3或者加曼/福格合作网站。）

2. 取款数额。凯尔和埃丽卡·佩吉特来自北卡罗来纳州埃隆，在他们雇主提供的退休账户中分别累积了 200 000 美元和 220 000 美元。如果他们账户中的资金在未来的 20 年内每年可以获得 6%的收益，那么在退休后他们每月分别可以领取多少钱？利用加曼/福格合作网站或者附录表 A-4 进行计算。

如果凯尔是一个激进的投资者，并且足够幸运，情况又会有什么不一样？假定他的 200 000 美元的养老金净值可以获得 8%的收益率，那么在未来的 20 年里，他每月可以领取多少钱？利用加曼/福格合作网站或者附录表 A-4 进行计算。

3. 必需的储蓄数额。克里斯蒂娜和内森·赖利来自罗得岛州新港，他们希望得到每年 40 000 美元的退休收入。他们预计在退休后可以再活 30 年。假定在消除税收和通货膨胀影响的情形下，这对夫妇的投资收益率为 3%，那么为了实现目标，他们需要储蓄和投资多少钱？利用附录表 A-4 或者加曼/福格合作网站来解决这个问题。

4. 年度收入。艾丽西亚和胡安·塞莱娜来自新泽西州尤宁，希望以 280 000 美元卖出他们的大房子，然后购买价值 150 000 美元的房子供退休时居住。在他们买了房子之后，他们打算将 130 000（=280 000−150 000）美元投资于普通股（忽略交易费用），并且可以获得 4%的税后收益率。他们每年大约可以获得多少收益？利用附录表 A-4 或者加曼/福格合作网站来解决这个问题。

5. 双胞胎的投资。凯瑟琳·阿克来自内布拉斯加州奥马哈，计划将 3 000 美元投资于一只共同基金，总共投资 25 年。她的双胞胎妹妹克里斯蒂娜也打算这样投资。不同的是，克里斯蒂娜通过雇主提供的退休计划进行投资，而不是用税后收入。如果两只共同基金账户都提供8%的收益率，那么在40年后，克里斯蒂娜的账户中会多出多少钱？如果克里斯蒂娜将节省下来的所得税也进行投资，那么她会获得多少钱？假定她们的所得税税率都为25%。利用附录表A-3或者加曼/福格合作网站来解决这个问题。

6. 累积的总额。詹娜·考利来自得克萨斯州达拉斯，每年将收入的9%存放在雇主提供的避税退休账户中。詹娜的老板对雇员存入账户中的每1美元会进行0.5美元的匹配性供款。詹娜每年的薪水是70 000美元，詹娜打算存入薪水的6%。如果她的每年投资加上雇主的匹配性供款可以获得7%的投资收益率，那么在28年后，她可以累积多少钱？在这个计划中，詹娜如何避免通货膨胀的影响？利用附录表A-3或者加曼/福格合作网站来解决这个问题。

7. 更加激进的投资。克利夫·王来自印第安纳州韦恩堡，希望在未来的30年里每年可以投资4 000美元。他的投资理念比较保守，只是希望获得3%的税后收益率。如果他采取更为激进的投资，这样可以获得的投资收益率为5%，那么他会多积累多少钱？利用附录表A-3或者加曼/福格合作网站来解决这个问题。

理财规划案例

□ 案例1 约翰逊夫妇的退休规划

威廉是哈利·约翰逊的爸爸。他最近因为身体健康问题不得不在63岁提前退休。因为身体状态不佳，威廉的经济处境不容乐观，因为他并没有为退休做好合理的规划。父亲糟糕的退休处境提醒了哈利和贝琳达，他们开始注意自己的退休规划。他们目前每年可以储蓄100 000美元，并且在退休后生活水平不会发生太大的改变。哈利和贝琳达现在都是27岁，最近收到的社会保障收益报告表明在67岁时他们每年可以收到28 000美元。尽管他们离退休还早，但他们知道，越早制订自己的退休计划，在退休时的净值就会越大。

(a) 贝琳达认为如果他们在通货膨胀调整后的退休收入可以达到现在收入的75%，他们可以维持目前的收入水平。假定通货膨胀率是4%，那么在他们67岁退休时，年收入必须高于社会保障金多少？（提示：利用附录表A-1或者访问加曼/福格合作网站。）

(b) 哈利和贝琳达均参与了定额供款计划。哈利的雇主每年供款1 170美元，贝琳达的雇主每年供款1 140美元，而他们俩一共可以供款4 620美元。假定收益率为7%，那么在40年后，他们的养老金净值是多少？（提示：利用附录表A-3或者访问加曼/福格合作网站。）

(c) 如果按问题(a)中的收入水平来算，他们的养老金可以支撑他们多少年的退休生活？假定消除税收和通货膨胀影响后的收益率为4%。（提示：利用附录表A-4或者访问加曼/福格合作网站。）

(d) 哈利的一个愿望是在55岁退休。如果他和贝琳达都在这个年龄退休，那么问题（a）、（b）、（c）的答案会变成怎样？

（e）在 55 岁时提前退休，对于这对夫妻的社会保障金有何影响？

（f）为了更好地满足退休时的收入需求，你对哈利和贝琳达有何建议？

□ 案例 2　维克托和玛丽亚的退休计划

61 岁的维克托和 59 岁的玛丽亚都会在今年年底退休。在 10 年前，维克托的零售管理工作的雇主将定额给付计划转变为定额供款计划，维克托通过这个计划提供的几种共同基金，投资了他薪水能提供的最大额度，但是他的雇主不提供匹配性供款。维克托的避税退休账户现在已经存有 144 000 美元了，这几年的收益率都是 9%。在先前的定额给付计划中，维克托可以领取每月 360 美元的单身养老金或者每月 240 美元的联合生存养老金。维克托在 8 年前投资于法玛西亚公司股票的 20 000 美元，现在已经涨到了 56 000 美元。

玛丽亚之前是一个牙科保健员，公司没有提供退休计划，但是她通过信用合作社存了 10 000 美元，后来她用这笔钱购买了零息票的债券，现在价值 28 000 美元。玛丽亚的第二份工作是担任法玛西亚公司的医药代表，在这份工作中，她总共供款 37 000 美元到自己的退休账户。同时法玛西亚公司进行了匹配性供款，现在这个账户价值 130 000 美元；它的年收益率在 6%和 10%之间波动。玛丽亚的母亲去年去世了，她继承了一栋市场价值为 170 000 美元的房子，每月可以获得租金 900 美元；这栋房子的市值是 180 000 美元。他们一共要缴纳税率为 30%的联邦和州所得税。

（a）计算埃尔南德斯夫妇资产的现值，不包括他们的住房，并且指出哪些资产来自避税账户。

（b）假设埃尔南德斯夫妇卖出他们的股票、债券和出租的物业，从而获得 238 000 美元的净收入（扣除了税收和交易费用）。如果这笔钱在他们预期的 20 年退休生活期间可以获得 7%的收益，那么他们每月可以取款多少？如果他们希望这笔钱可以维持至少 30 年，那么每月至多可以取款多少？如果 20 年间的收益率变为 6%，那么取款如何变化？如果退休的时间期限变成 30 年会怎样？

（c）维克托的 144 000 美元和玛丽亚的 130 000 美元的退休资金已经避税多年。这对夫妇把资金放在避税账户中可以获得哪些优势？给他们一个理由，说明在取款前要尽可能把资金放在避税账户中。

□ 案例 3　朱莉娅对退休的思考

朱莉娅目前刚过 50 岁。到目前为止，她一共有两份工作，两次都参与了雇主提供的定额供款计划。然而，在她辞掉第一份工作时，她将自己的退休账户资金转移到了新雇主的计划账户中，现在总额为 380 000 美元。目前，她又打算换一份工作。然而，这次的工作是在华盛顿的金融消费者保护机构。在开始这份政府工作之前，她有四个月的假期。联邦政府退休计划是定额给付计划，这就意味着她不能将私人部门的退休账户资金转移到政府的退休计划账户中，因此她必须决定是将资金继续留在原来的账户中，还是开立新的 IRA 来接收这笔资金。另外一个可行的方案是取出目前账户中的 240 000 美元，但是要支付所得税（可能联邦边际税率为 36%），然后将实得款项（大约 100 000

美元）投资于新的罗斯 IRA。对于她的这些思考，给出你的观点。

□ 案例 4　决定怎样投资养老金

艾米丽·博登来自特拉华州乔治城，今年刚大学毕业，在一家中型公司里工作。艾米丽的雇主提供了 401（k）定额供款计划，她与雇主可以在避税退休账户中存入资金。她必须从下面七项投资选择中选出一项或多项：（1）她自己公司的股票；（2）低风险的债券共同基金；（3）成长型股票基金；（4）积极成长型股票基金；（5）股票指数型基金；（6）货币市场基金；（7）年金。你会建议她选择投资哪几项？每项的投资比例是多少？解释你的原因。

□ 案例 5　计算为了达到退休目标所需要的年储蓄额

现年 40 岁且单身的杰西卡·安柏林来自加利福尼亚州维克多维尔，试图估算出在满足退休需求的情况下，她现在每年需要做出的储蓄。杰西卡现在的年收入是 30 000 美元。她预计退休时所需要的收入是现在收入的 80%。杰西卡预计可以获得每月 800 美元的社会保障金。利用正文中的“计算工作表”回答下列问题。

（a）杰西卡需要的退休年收入为多少？

（b）她每年期望的社会保障金是多少？

（c）杰西卡在工作期间每月可以从定额给付年金获得 500 美元，那么她的年收入是多少？

（d）她需要从自己的退休基金中每年领取多少养老金？

（e）如果她计划在 65 岁退休，并可以活到 90 岁，那么杰西卡需要储蓄的现值是多少？

（f）杰西卡的传统 IRA 中有 5 000 美元，假定增长率为 8%，那么当她退休时，IRA 的价值是多少？

（g）她还需要为退休额外储蓄多少钱？

（h）她需要每年储蓄多少来实现自己的目标？

□ 案例 6　提前退休和正常退休时的养老金

帕特里克·迪特里克来自田纳西州莫非斯堡，是 37 岁的单身人士，他最终在州政府工作期间获得了一份迟到的退休计划。基于他家族的健康史，他认为自己可以活到 85 岁。他想保持目前的生活方式不变，并希望通过储蓄复利的方式获得收益。现在，帕特里克的年收入为 44 000 美元，经过调整后的总收入为 43 000 美元，税后收入为 33 000 美元。在 67 岁退休之后，他预计每年可以获得退休保障金 10 000 美元，并且还可以从雇主的定额给付年金中获得 14 000 美元。如果他在 62 岁退休，他的年金收入会降低到大约 11 000 美元。迄今为止，帕特里克投资的金额大约为 10 000 美元。

（a）利用正文中的“计算工作表”，计算出如果他 62 岁退休，他每年需要额外储蓄的金额。

（b）如果他在 67 岁退休，那么上面题目中的金额会是多少？利用相同的工作表解决这个问题。

(c) 解释为什么帕特里克在 62 岁退休和在 67 岁退休，所需要储蓄的资金金额有着巨大的差异。

(d) 如果帕特里克每年还有额外的 4 000 美元用来投资，你会建议他将资金投资于传统 IRA 或者罗斯 IRA 吗？为什么？

自我理财

1. 经过通货膨胀调整后，退休所需的收入。根据你毕业后参加工作的预期工资水平，估算出你现在需要做出的储蓄以安享晚年。然后，假定在你 67 岁之前，每年的平均通货膨胀率为 3%。利用附录表 A－1，计算出你未来需要的金额以使退休生活达到预期。

2. 计算你的养老金净值。利用正文中的“计算工作表”和材料，或者《我的个人理财规划师》中的工作表 65：我估算出的个人退休储蓄目标的现值，估算出为达到这个目标每年必须进行的储蓄额。如果你还没有开始自己的职业生涯，利用工作表第一行中金额的一半水平进行估算。（访问行业的职业指导 www. bls. gov/oco/cg。）

3. 你的养老金可以支撑多久？如果你现在已经拥有了一笔养老金净值，或者每年向账户中存入资金，利用附录表 A－1（适用于净值的情况）和附录表 A－2（适用于每年存款）来估算出自己在退休时的总养老金净值。然后，利用正文的材料和《我的个人理财规划师》中的工作表 66：我的养老金可以支撑多久？基于上面第 1 条中你想要达到的目标，估算出自己的养老金可以维持的年限。

4. 关于雇主退休规划的一些问题。你现在是否在职？有资格参与雇主提供的退休计划吗？利用正文的材料和《我的个人理财规划师》中的工作表 67：关于雇主退休计划的一些问题，评价这个计划，决定是否参与这个退休计划。

网络资源

登录指定网页，完成下列练习。

1. 计算自己的养老金。访问美国社会保障管理局的网站，你会在 www. ssa. gov/planners/calculators. htm 发现一个快捷的养老金计算器，你可以利用它来计算自己的养老金现值。预期的毕业后年收入可以近似作为自己的收入额。当计算器给出答案以后，点击“收支平衡年龄”，你会发现在 67 岁开始领取养老金比在 62 岁时领取境况要好很多。

2. 401（k）费用的调查。访问美国劳工部的网站，你会在 www. dol. gov/ebsa/publications/undrstndgrtrmnt. html 上发现一篇关于 401（k）费用以及对退休储蓄影响的文章。就退休计划的费用问题，列举了六个雇员可能向他们雇主询问的问题。

3. 社会保障改革。访问美国退休者协会（American Association of Retired Persons，AARP）的网站，你会在 www. aarp. org/work/social-security/info-08-2009/

keeping_Social_Security_strong. html 上找到该协会对社会保障体系进行改革的一些观点。这些建议会怎样影响你的退休规划？你支持哪些观点？反对哪些观点？

付诸行动

1. **关于社会保障的观点。** 同五个没有学习个人理财课程的同学进行交谈，就社会保障能在多大程度上满足退休需求这个问题，问问他们的想法。然后问问他们除了社会保障之外的其他退休计划。把你的发现总结成一张表格，然后把这些观点和计划同本章学习到的内容进行比较。

2. **退休生活究竟是怎样的？** 调查退休超过一年的三个人或者三对夫妻，问问他们在退休之前怎样做好充足的财务准备，再让他们评价一下目前的退休财务状况。总结出他们的混合投资（共同基金、股票、债券、年金）在退休后是否发生了变化。总结一下他们的回答和经验，说说这些会对你产生怎样的影响。

3. **将近退休的感受。** 调查离退休还有 10～15 年的三个人或者三对夫妻，询问他们为退休做准备的步骤，以及每步怎样做。问问他们在接下来的 10 年里准备为退休接着做些什么。此外，再问问他们选择了哪种投资方式（共同基金、股票、债券）。总结他们的回答，然后说说这些对你的想法产生了什么影响。

4. **在职业生涯中早点进行退休储蓄。** 调查进入职业生涯不到 10 年的三个人或者三对夫妻，询问他们是否已经开始为退休进行储蓄了，如果还没有，询问原因。再问问他们已经选择了或者想要选择何种投资方式（共同基金、股票、债券）。总结他们的回答，说说他们的努力或者不足对你的影响。

5. **比较婴儿潮一代和千禧一代。** 研究表明，近 3/4 的年轻一代人都没有很好地为退休做准备。调查五个 30 岁以下的个人，问问他们是否觉得自己这一代人比婴儿潮那代人做了更好的退休准备以及为什么。总结一下他们的回答，说说他们的观点对你的退休规划产生了怎样的影响。

登录 www. cengagebrain. com 访问加曼/福格合作网站。

第十八章 遗产规划

你在开玩笑?

迈克尔和杰西卡，目前在科罗拉多州柯林斯堡同居。他们还没有结婚，但是有两个孩子。此外，在和前妻阿什莉十年的婚姻中，迈克尔还有一个7岁的孩子。不幸的是，有一天迈克尔因为车祸去世了，而他的个人退休账户里有20万美元的养老金，所以在迈克尔去世后谁最有可能得到这笔遗产?

A. 前妻阿什莉；　　B. 现阶段最重要的人杰西卡；

C. 第一任妻子或者第二任妻子的孩子；　D. 迈克尔的母亲。

答案是D，迈克尔的母亲。为什么？因为如果迈克尔跟其他未婚男子一样，从一开始工作就指定他的母亲作为养老金账户的受益人，而且其间没有变更受益人或指定其他受益人（比如前妻阿什莉），那么他的母亲就理所应当得到所有的遗产。然而，如果杰西卡和迈克尔不是在同居，而是已经结婚了，那么他的配偶在法律上就可能是第一继承人。虽然他的前妻没有权利继承他的退休金账户，但是前妻和她的孩子可能有权获得社会保障抚恤金。因此，上面这些说明，遗产规划，例如指定受益人，并不是老年人才应去做的事。

学习目标

在学习完本章之后，你应该能够：

1. 明确遗产通过合同和遗嘱转移的方式。
2. 明确如何使用信托进行遗产转移并减少遗产税。

3. 总结提前准备指示性文件的好处。

4. 列举简化遗产处理和转移需要了解的问题和文件。

5. 解释遗产税和继承税潜在的影响。

你有何建议?

34岁的奥兰多·莫利纳是一家专业芭蕾舞公司的教练，最近他又开始了一段新的婚姻。他和他的第一任妻子育有一个儿子，并且是其共同监护人。奥兰多的新婚妻子吉塞尔同样也是二婚。吉塞尔与她的前任丈夫两年前离婚了，他们之间有两个孩子，分别是吉米和乔恩。奥兰多和吉塞尔（她是一名现代舞的舞蹈编导）与许多夫妻一样共同拥有多种金融资产。这些资产包括银行账户、货币市场账户、共同基金账户、401（k）账户、罗斯IRA和终身人寿保单。目前的房价比前几年下降了，所以莫利纳一家决定在接下来一段时间买一个更大一点的房子。然而在他们新婚蜜月回来不久，奥兰多年仅56岁的父亲就中风了，且病情十分严重。经过治疗病情虽有所好转，但是奥兰多父亲至今仍住在疗养院并极有可能在那里度过余生。老父亲的病情带来的经济上和精神上的影响，使得莫利纳夫妇开始谈论家庭目前所处的经济状况。

从以下几方面考虑，你对奥兰多和吉塞尔夫妇就遗产规划方面的问题有何建议：

1. 应该指定金融资产的受益人吗?
2. 如何处理房屋、汽车和其他财产的联权共有?
3. 应该订立遗嘱吗?
4. 应该为孩子指定监护人吗?
5. 怎样使用生前指示性文件来避免遇到如奥兰多的父亲一样的境况?
6. 应该为孩子建立信托吗?

学习目标1

明确遗产通过合同和遗嘱转移的方式。

遗产

扣除所欠债务后你全部的所有物和金融资产。

遗产规划

制订计划以管理和分配你去世后的资产。

你的**遗产**（estate）包括扣除所欠负债后你拥有的所有财产和金融资产。当你去世后，你的所有债权人将收到你已死亡的消息，在还清所有债权人的负债后，遗产中的剩余部分才被分配给你的继承人。除非亲戚也是负债人一方，或是委托人，否则债权人没有合法权利对你健在的亲戚进行债务追偿。专家提醒当追债人给丈夫、妻子、孩子或其他家庭成员打电话催讨死去亲人所欠的负债时，简单点，直接挂掉电话。

如果你听取本书的建议，那你就会做出理智的支出、储蓄和投资、用保险保护你的资产和收入、捐赠、建立养老金净值并最终将其花完。这里讨论的是你现在如何将你的遗产转移给其他人的最终理财规划，而不是十年或二十年后才进行规划。**遗产规划**（estate planning）是指制订计划以管理和分配你去世后的资产。它需考虑你活着的家人的需要，确保你遗产的绝大部分转移给了你指定的受益人。遗产规划还涉及经济和法律方面的考虑，它的主要目标是使税收和法律成本最小化。保护和转移你的遗产是一个需要深思熟虑的过程，趁你年轻的时候按照基本的步骤进行遗产规划并不断加以更新，这才是明智之举。

你的未来五年

在未来的五年中，你可以通过以下相关的遗产规划达到你的理财目的：

1. 检查一下你的人寿保单、退休计划、银行账户、汽车和其他资产的受益人和所有权指定情况，以确保这些财产会根据你的意愿进行转移。

2. 写下你的遗嘱和最后的指示性文件。

3. 事先准备好指示性文件从而在你生活不能自理时方便其他人做出正确的决定。

4. 保证以每年一次的频率和你的配偶以及其他家庭重要成员讨论你的财务和遗产规划。

5. 告知一至两个亲密的家人以及朋友你的财产记录、生前指示性文件和遗嘱的放置地。

你的遗产如何进行转移？

你可能会穷尽一生努力工作，并且累积一定的资产。如果你去世了，你健在的家人不会对你的遗产进行分配。遗产的具体分配方案，要么在你生前制订，要么通过遗产认证进行。**遗产认证**（probate）是指通过指定的遗产认证法庭，允许你的债权人对遗产进行权利主张并确保已故者的遗产转移到合法的受益人手中。**遗产认证法庭**（probate court）将根据合理执行的有效遗嘱进行遗产分配，或者在没有遗嘱的情况下根据州法律转移给特定的人或机构。

□ 你的资产必须现在就被确定为非认证遗产

遗产认证

一种接受法庭监督的过程，其允许债权人对遗产进行权利主张，确保已故者的财产是按照正当的理由和有效的遗嘱转移给正当的受益人，或者在没有遗嘱的情况下根据州法律转移给特定的人或机构。

图 18-1 展示了在你去世后财产分配的各种不同方式。需要特别说明的是，**非认证遗产**（nonprobate property）不是通过遗产认证法庭进行转移的。非认证遗产包括通过合同转移给受益人的遗产，例如通过合同指定你退休计划的受益人或者通过联权共有中的生者享有权和另一个人共同拥有一项资产。同时，也可以通过信托（下一节会提到）来转移资产，而不必通过遗产认证法庭。把资产设立为非认证遗产的一个主要的好处就是节省时间，非认证遗产在你去世后立即可以进行转移，而认证遗产的转移通常需要经过 4～18 个月的时间，而且在没有遗嘱的情况下，这一时间将更长。因为遗产认证过程的费用会根据待分配的资产价值从遗产中扣除，所以绕过遗产认证法庭还可以节省金钱。由于遗产认证过程会公开记录并保存，绕过遗产认证法庭还可以保护隐私。

□ 绝大部分非认证遗产通过合同进行转移

拥有平均收入的人们应该通过合同避开遗产认证，来完成他们剩余资产的转移。通过合同来进行遗产转移是一个简便易行、能自行解决的过程，你只需花费几分钟时间来填写表格即可。

你所有的遗产	
在你死亡时，你的非认证遗产不用通过遗产认证法庭就可以被转移。这些转移可以通过以下途径完成：	你的认证遗产将通过遗产认证法庭进行转移，途径如下：
通过你生前订立的合同，例如： 人寿保险和退休计划指定的受益人； 联权共有中生者拥有的资产； 银行账户的死亡即付条款。 **通过订立指定在你死亡后会拥有你的财产的受益人的信托：** 在你生前订立的生前信托； 在你死后生效的遗嘱信托	你在你的遗嘱中列出 或者 如果你没有订立遗嘱，将根据你所在州的无遗嘱继承法规执行

图 18-1　如何分配你的遗产

1. 通过指定受益人进行转移

> **第一受益人**
>
> 在合同订立者死亡的情况下，在遗嘱、信托、退休计划或人寿保单中列明的第一个有权接收指定受益资产的人。
>
> **或有/第二受益人**
>
> 为了防止第一受益人率先死亡的情况而指定的受益人，也称第二受益人。

当你开立一个投资账户时，你需要填写一份关于指定受益人的表格。当更换受益人时，同样也需要填写一份表格来指定新的受益人。这些账户，例如 IRA、401（k）计划、基奥计划、养老金计划、银行和信用合作社账户、股票经纪账户，共同基金、年金以及人寿和残疾收入保单等在被开立时都需要指定你的受益人。**受益人**（beneficiary）是指接收受益资产的个人或机构。**指定受益人**（beneficiary designation）是一份由资产所有人签署的合法的表格，其中规定在资产所有人死亡的情况下，资产将被转移给某个个人或机构。表格中也可以填写**或有/第二受益人**（contingent/secondary beneficiary）来预防**第一受益人**（primary beneficiary）在表格填写完成后率先死亡的情况。如果某项特定的资产未指定受益人，或者指定的受益人及第二受益人都已死亡，该项财产将由遗产认证法庭进行分配。这里可以借鉴的经验是：在对第一受益人进行指定的同时，也要对或有受益人进行指定。

2. 通过指定财产所有权进行转移

> **带有遗属权的联权共有/联权共有**
>
> 是资产所有权共享的最常见形式，特别是对于夫妻双方而言，在该情况下，每一个人都拥有完整的资产，例如银行账户或房产，并在无需另一方同意的情况下，即可对财产进行处置。

带有遗属权的联权共有（joint tenancy with right of survivorship），又称**联权共有**（joint tenancy），特别是对于夫妻双方而言，是资产所有权共享的最常见形式。在这种情况下，每一个人都拥有完整的资产，例如银行账户或房产，并在无需另一方同意的情况下即可对财产进行处置。通过该种方式持有的资产包括银行账户、股票、债券、房地产、共同基金、政府债券和其他资产，在资产所有权一方死亡的情况下，健在的另一方所有者不是通过遗嘱条款而是通过法律获得对该项资产的所有权。简单来说，健在的一方在另一方死亡之前拥有个人完整的资产所有权，在另一方死亡后即获得资产的全部所有权。这里可以借鉴的经验是：如果你希望一项资产在你死亡后被立即转移给指定的人，你最好以联权共有这种形式持有它。

3. 通过设定“死亡即付指定”进行转移

有时，通过联权共有的形式持有某类资产很难令人满意。例如，两位均未婚的老姊妹，或许希望双方都可以使用用于支付丧葬费的个人储蓄账户里的资金，但不希望在生前进行双方账户共享。当然，她们也可以在遗嘱中指定另一方为继承人，然而这部分资金在遗嘱认证过程结束前都是被冻结的状态。为解决这一两难境遇，她们每人都可以通过开立**死亡即付指定**（payable-on-death designation）账户，指定另一方在自己死亡后获得账户资金。有了该账户，受益人只有在你死亡后才能动用该账户里的资金，在此之前，你可以自由动用该银行账户里的资金，也可以变更受益人或者注销该账户。被指定为受益人的一方需要向银行提供死亡证明和合法的身份证明后，才能动用该账户里的资金。在现实中，这种方式存在的唯一缺陷是在同一个账户中，你不能指定第二受益人。然而，这种缺陷也存在解决的方法，你可以为你所关心的不同的人设立多个不同的死亡即付指定账户。这里可以借鉴的经验是：对你单独享有控制权，同时又希望在死亡后能立即转移给特定一方的这种资产设立死亡即付指定账户。

> **理财要点**
>
> **网站上的遗产规划**
>
> 下面这些网站上有一些优质的关于遗产规划的资源：
>
> 美国律师协会（www. abanet. org/rppt/public/home. html）；
>
> 康奈尔法学院（http://topics. law. cornell. edu/wex/Estate_Planning）；
>
> 全国房地产规划者和理事会协会（www. naepc. org/default-public. web）；
>
> 标准运作联络部（www. nolo. com/legal-encyclopedia/wills-trusts-estates/）。

> **死后即付指定**
>
> 已故者在死亡前进行签名指定，授权除了联权共有者外的其他个人的一项无须通过遗嘱认证即有权使用指定账户，但被指定的受益人需要向银行提供死亡证明和合法的身份证明，才有权使用该账户里的资金。
>
> **认证遗产**
>
> 除了所有非认证遗产之外的财产。
>
> **遗嘱**
>
> 遗嘱是一份书面文件，立遗嘱者在其中写明他死亡后剩余的财产应如何进行分配。在没有遗嘱的情况下，财产将会按照州遗嘱认证法规进行分配。

□ 遗产的剩余部分可以通过订立遗嘱进行转移

你的**认证遗产**（probate property）是除了所有非认证遗产之外的财产。其包括以你的名义单独完整拥有的资产，也包括通过共同所有权所拥有的财产。如果是共同所有的财产，你的继承人可以获得你所拥有的份额，但不能获得你的共同所有人的那部分份额。订立一份遗嘱是在你死后对非认证遗产进行转移的最为明智的方式。除非你所有的遗产都是非认证遗产，或者都是通过合同进行转移，否则你都需要订立一份遗嘱。遗嘱不是遗产规划，它是在遗产规划其他方面都完成之后才订立的。

通过遗嘱转移给你合意的继承人

遗嘱（will）是一份书面文件，**立遗嘱者**（testator）在遗嘱中会写明他死亡后剩余的财产应如何进行分配。在遗嘱中，你指定一个人为**遗嘱执行人**［executor，又称**代理人**（personal representative）］。遗嘱执行人应该确认资产、集拢应收资金、清偿负债、获取人寿保险收益并对资产进行清算、准备文件领取社会保障丧葬津贴、准备最终所得税和遗产税申报表、在法庭允许下将剩余的资金余额和财产对受益人进行分配。一般不太适合让亲朋好友来执行这些职责，都是指定会计师或律师来完成这些职责。这是由于遗嘱执行人的任务很耗费时间，而且对无经验的人来说是比较困难的，所以需要雇用专家来完成。执行人最好居住在遗嘱认证所在的州，担任遗嘱执行人虽然不需要拥有法律背景，但必须诚实并且处事风格稳重成熟。执行这些复杂任务的费用大约占遗产价值的3%，或者遗嘱执行人也可以按小时来进行收费。

请律师草拟一份简单的遗嘱一般需要花费125～400美元。如果遗嘱里需要进行细微的改动，只需要一份**遗嘱附录**（codicil）对其进行说明，并不需要撤销现有的遗嘱。而对于大的变动，则需要撤销现有的遗嘱，重新拟定一份全新的遗嘱。

一份有效遗嘱具有权威性

如果你在死亡后留下了一份有效遗嘱，遗嘱认证法庭将会根据你的意愿对你的财产进行转移和分配。在法律上有权继承或在遗嘱中被指定继承某项资产的人即为遗产**继承人**（heir）。一份合法拟定、签署且有见证人的遗嘱是不会轻易被那些对既定的资产分配不满的人所更改的，所以这可以减少家庭纠纷的发生。如果你的资产状况很复杂，你应该让擅长遗产规划的律师帮你拟定一份遗嘱。

如果你有未成年的孩子，你需要任命一位监护人

如果你的孩子未成年，你需要在遗嘱中为每一个孩子指定一位合法的**监护人**（guardian）。这位监护人有责任照顾和抚养未满18周岁的孩子，并对其财产进行管理。你指定的监护人应该和你在抚养孩子方面有着同样的理念。全国银团专栏作家米歇尔·辛格尔特里建议，在选择监护人时，最好不要选择那些年纪太大、身体不太健康的人，也最好不要选择那些对孩子来说比较陌生的人。如果你未指定一个合法监护人，法庭会指定一个。

临终遗嘱可以提供一些指引

许多人在拟定遗嘱的时候会准备一份**临终遗嘱**（letter of last instruction），其中会包括以下内容：对葬礼的指示、器官捐献的愿望、讣告内容、亲朋好友的联系方式以及对健在亲朋好友有用的其他信息，如重要文件的位置。可能家人和其他人不受临终遗嘱里细节的法律约束，但这样一份遗嘱可以减轻他们在做决策时情感上的一些压力。临终遗嘱里也许会详细说明未在遗嘱中细说的几件珠宝或者艺术品留给特定的人，比起其货币价值，这些东西在情感寄托上会更有意义。如果遗嘱中已经包括了这些对不同事物的不同指示，一份遗

理财要点

在线起草遗嘱

人们通常都很清楚如何处置自己的财产，因此他们可以借助软件或在线程序起草比较简单的遗嘱。这类网站或软件有：Buildawill.com、LegacyWriter、LegalZoom、Kiplinger's Quicken WillMaker以及WillPower。

遗嘱附录

用来对遗嘱进行细微修改的合法说明。

继承人

被法律授权继承或根据遗嘱有资格继承遗产的人。

监护人

有责任照顾和抚养未满18周岁的孩子，并对其财产进行管理的人。

临终遗嘱

包括个人的偏好，如对葬礼的指示、器官捐献的愿望、讣告内容、亲朋好友的联系方式以及对健在亲朋好友有用的其他信息，如重要文件的位置。

嘱就足够了。

你的遗嘱原件和临终遗嘱必须放在一个安全的地方保存，例如带锁的文件柜、家里的保险箱或律师的办公室，而复件可以给某些家人或者朋友。

你知道吗?

如何将养老金转移给你的继承人?

无论开设哪一种退休账户，如 IRA 或 401（k）账户，都需要满足一个条件，那就是你必须填写表格，明确指定在你去世后的遗产受益人。第一受益人是指那些先得到指定利益的人，而第二受益人是指那些只能在第一受益人死后才能得到利益的人。退休账户资产或遗产的受益人包括你的配偶、孩子、父母、兄弟姐妹或者其他任何人。遗产的受益人可以不止一个，在有多个受益人的情况下可以通过简单的规定来明确每个受益人得到的财产份额，而且这并不需要平均进行分配。《雇员退休收入保障法案》要求退休计划的管理人需要按计划向文件中指定的受益人支付资金。

即便遗产仍在认证中，合法退休计划的指定受益人也可以获取资金。通常受益人可以采取三种方式获取资金：（1）一次性支取；（2）转入其他免税账户；（3）部分或全部放弃索取权，以便其余受益人获得相应资产。例如，如果你选择了**一次性全额支取**（lump-sum distribution，所有资金被一次性支付给受益人，而非逐月支付，且所支取的资金需要纳税），你也无须缴纳提前支取的罚金。然而，一次性取出遗产，你可能需要缴纳联邦和州所得税，这有可能使你进入更高的税级。

通过选择将养老金结转到其他免税账户，受益人在当年可以免缴所得税，但这种转移只能经由受托人与受托人之间的直接转账来实现。如果企图进行个人常规转账，他/她可能会失去这笔遗产，同时，美国国税局会将其视为财产分配，并且其总额需在当年就缴纳所得税。

没有谁能够一直获得退休账户中的资金。一般而言，当你年满 70.5 岁时，第二年 4 月 1 日你才可以开始领取养老金。继承人则可以按以下方式领取一段时间的退休金：（1）**五年支付计划**（five-year payment schedule）；（2）**预期寿命支付计划**（life expectancy payment schedule）。后者意味着受益人在其预期生命期内收到资金。在此情况下，每年都要利用美国国税局最新公布的**统一生命周期表**（Uniform Lifetime Table）计算当年**最低分配金额要求**（required minimum distribution，网址为 www.irs.gov/pub/irs-pdf/p590.pdf）。典型的死者原始账户持有人计划守则规定：受益人需要在 60 天内领取资产。因为雇主并不想为其已故雇员长期地管理账户。从退休计划中继承的资产通常很容易转移到其他账户或投资于共同基金、股票、债券和各种年金。

一次性全额支取

将已亡人退休账户里的所有资金一次性全额支付给受益人，而非逐月支付，且取出的资金需要纳税。

五年支付计划

受益人从继承的退休账户中获得分配的一种方式，所有的钱必须在账户原持有人去世后的五年内分配。

预期寿命支付计划

受益人从继承的退休账户中获得分配的一种方式，所有的钱必须在其预期寿命内分期分配。

统一生命周期表

每年需要从退休账户中提取年度分配款的人所使用的，由美国国税局提供的一种预期寿命表。

最低分配金额要求

当达到 70.5 岁后，符合资格的退休账户持有人必须在 4 月 1 日前开始从其退休账户中分配的金额。在随后的每一年中最低分配金额应重新计算。

当健在的配偶为受益人时

作为指定受益人，配偶可以一次性支取继承财产、依法纳税并持有遗产；也可以基于合理避税的考虑有选择地延迟继承。就个人退休账户而言，作为依然健在的配偶，你有两种选择：(1) 将已故亲人的账户资金转入你自己的个人退休账户，进行配偶展期；(2) 通过将户主改为自己而继续持有该账户，而非以受益人的名义继承。如果你是 401 (k) 财产的未亡配偶，你可以按照雇主的规定自主处置资产或提取现金。

当非配偶为受益人时

401 (k) 或 IRA 财产的非配偶受益人也可以选择一次性支取继承财产。然而，非配偶受益人不能出于避税的目的将继承财产转入已有的个人退休账户。不过，这类账户受益人可以为了自身利益，选择将继承财产转入一个在原账户名下新设的**继承个人退休账户** (inherited IRA)，且受益人拥有该账户的绝对控制权。只要受益人可以将其继承财产继续存在继承个人退休账户中，并在随后数年中受益人按美国国税局规定的最低金额支取资金，这笔继承财产便可以继续免税。

> **继承个人退休账户**
>
> 为了自身利益，由非配偶受益人专门为其从合法的退休账户中继承的财产新设的在原有账户持有人名下的一种个人退休账户，且受益人对该账户拥有绝对控制权。

经验之谈：更改受益人安排

通常，人们一旦签署了相关文件，选择将退休金留给亲人，一般不会进行更改。然而，在生活发生重大变化时，例如离婚、再婚或生儿育女，可能需要更改受益人。就 401 (k) 账户而言，如果雇员在更改受益人之前死亡，即使州法认为其子女是合法继承人，其前配偶也仍可以继承其退休账户上的全部资产。即便离婚判决的结果完全相反，离婚也无法剥夺前配偶作为指定受益人享有退休计划或人寿保单的权利，除非受益人更改了受益人。

你知道吗？

哈利·约翰逊的临终遗嘱和遗愿

1. 引言

本人，哈利·约翰逊，神志清醒，思想健全，特立此临终遗嘱。我的夫人是贝琳达·约翰逊，母亲是梅琳达·约翰逊。

2. 负债与消费支出

本人特此委托我的遗嘱执行人支付我的医疗费用、丧葬费用、遗产清算费用，并偿还本人所欠负债。

3. 资产分配

我把个人财产的一半以及所有私人物品留给我的妻子，把个人财产的四分之一留给我的母亲，其余四分之一财产捐赠给非营利组织——同道会。如果我的妻子贝琳达·约翰逊在我之前去世，就将本应由她继承的那份财产留给我的母亲梅琳达·约翰逊。

4. 受益人同时死亡

除了我的妻子之外，假如该遗嘱的任何受益人，包括依据该遗嘱而创建的信托受益人，在我死后的 60 天或遗产被分配之前死亡，我仍认为其为继承人。

5. 委托执行人和监护人

我委托我的岳父，马丁·安德森，作为遗嘱和遗产的执行人。假如他不能或者不愿接受此项委托，则我委托美洲银行信托部作为备用执行人。我的遗嘱执行人有权履行所有遗嘱条款，并负责偿还负债、履行义务、支付丧葬费用。

6. 执行人权利

遗嘱执行人有权收取欠款、买卖财产、偿还负债、缴纳基于我的遗产的相关税费。

7. 纳税

本人委托遗嘱执行人缴纳政府征收的所有税费。

8. 生效

本人特在这份仅有一页的临终遗嘱和遗愿上签字，特此证明，2012年1月31日。

签字　　　　日期

9. 见证人条款

应我们的要求，下列见证人当场签字，予以作证。

见证人1　　　　地址　　　　日期

见证人2　　　　地址　　　　日期

□ 未立遗嘱，州法律将决定你的财产分配

> **未立遗嘱**
>
> 已故者在生前没有留下有效的遗嘱即死亡。

如果你觉得现在立遗嘱还早，你觉得还没有必要对你的财产进行规划，还没有必要过早地安排死亡后你孩子的处境以及你珍爱的珠宝首饰，如果是这样，州法律会替你做这些决定。如果一个人在死亡后没有有效的遗嘱，已故者被称为拥有**未立遗嘱**（intestate）。未立遗嘱死亡会造成更多税费，也会给尚在的亲人带来更多法律、政治和情感上的折磨。遗产认证法庭会先确保已故者的负债、所得税和开支已得以付清，然后再根据州法律，对所有的财产进行分配并转移给合法继承人。如果所有的亲人都已经去世，那么根据相关法律，遗产会直接充公给州政府，已故者的朋友和慈善机构将得不到任何资产。

> **你知道吗？**
>
> 遗嘱里需包含的核查清单有：
>
> - 决定包含哪些资产。
> - 决定哪些资产由谁来继承。
> - 任命一个遗嘱执行人。
> - 为你的孩子选择一个监护人。
> - 选择某人对孩子继承的财产进行管理。
> - 在有见证人的情况下签署你的遗嘱。
> - 把你的遗嘱原件存放于律师的办公室或保险箱内。

财产分割的方式在不同的州之间存在着很大的差异。例如，某个州可能会对价值120 000美元的遗产做出以下分配：如果一个人未立遗嘱死亡，且亲属中只有配偶一人健在，配偶将得到全部的遗产。如果已故者有配偶还有孩子，那么配偶分得60 000美元，而剩余的部分由配偶和孩子均分。如果这二人没有结婚，孩子就得到全部的遗产。如果已故者还在其他的婚姻关系中育有孩子，遗产的一半归其配偶所有，剩余部分在其孩子中均分。如果已故者还有配偶和父母中的一方健在，配偶分到60 000美元和剩下遗产的一半，其余的给其父母一方。

如你所见，州法律对合法继承人的构成及继承人有权得到的遗产数量方面的条文规定既多又复杂。在前文提到的有关未立遗嘱死亡的分配案中，最为不公平的是，如果已故者没有孩子，其配偶也许会被要求与一位远房亲戚共同分配遗产。遗

憾的是，超过三分之二的成年人，包括育有未成年孩子的父母，都没有订立遗嘱。

□ 配偶对另一方的遗产享有合法权利

婚姻权利中的伙伴关系理论（partnership theory of marriage rights）是法律中的一种假设，这种假设认为已婚夫妇财富均享。因而，在婚姻存续期间所获得的以个人名义持有的财产（不包括通过馈赠和继承所获得的财产）均为夫妻双方共同财产。夫妻双方，若已故一方认为另一方不得继承其财产或者给其留下少于公平份额的财产，就会被认为是违背了伙伴关系。在此情况下，被单方面剥夺继承权的配偶，如果选择行使该权利，可以在遗产认证法庭上争夺对已故者的一部分遗产享有权。不论遗嘱中如何描述，所有州法律都规定夫妻中健在的一方有权对已故一方四分之一到二分之一的遗产享有权进行主张，剩余的部分才由其他继承人享有。

> **理财要点**
>
> **未婚同居者的遗产规划**
>
> 许多同居的恋人没有结婚就住在一起，并且没有谨慎的遗产规划，那么健在的另一方在恋人死后很有可能得不到任何遗产。而美国法律也没有提到有关未婚双方的遗产继承权利的问题。就算之前拟定了遗嘱，已故者的同居恋人和家人之间还是会存在遗嘱继承的争议，所以未婚同居双方之间应该利用受益人、设定死亡即付以及带有遗属权的联权共有和信托的优势将财产作为非认证遗产相互转移。

此外，在存在**社区财产法**（community property law）的州，法律明文规定：不论夫妻双方在婚姻存续期间获得的所有财产中双方的具体贡献有多少，即使只有一方对某项财产享有名义上的合法权，夫妻中幸存的一方也有权享有财产的一半。存在社区财产法的州对以离婚结束的婚姻关系，也保障相同的配偶权利。

概念测试 18.1

1. 什么是遗嘱认证？为什么人们应尽量避开遗嘱认证法庭？
2. 区分认证遗产和非认证遗产。
3. 如何使用合同进行遗产转移？列举三个例子。
4. 用一个例子说明未立遗嘱死亡对已故者遗产所产生的影响。
5. 总结夫妻之间相互享有对方遗产的合法权利。

使用信托进行遗产转移并减少遗产税

合法订立的信托合同可以节省你家人的时间、金钱以及麻烦。最好请求专门研究遗产规划中遗嘱的审慎订立、规划和执行策略及技巧的资深律师来帮助达到你的目的。

> **学习目标 2**
>
> 明确如何使用信托进行遗产转移并减少遗产税。

通过订立一份或多份信托合同，一部分遗产可以通过合同的形式转移给他人，这种方式既可以避免遗嘱认证过程，也可以减少或者免除联邦遗产税。所谓**信托**（trust），即你作为**委托人**（grantor）或信托设立人，与**受托人**（trustee），即你所指定的对一份信托合同中的资产享有控制和管理权的个人签订的一份合法协议。协议要求受托人必须从委托人的利益出发，诚信合理地管理资产，履行管理人员的职责。信托生效的时间，既可以是在委托人生前，也可以是在其死后。

信托

你作为委托人或信托设立人，与受托人，即你所指定的对一份信托合同中的资产享有控制和管理权的个人签订的一份合法协议。

委托人

信托的设立人，即将资产进行委托并订立信托的人，又称制定人、捐赠者或信托人。

受托者

你所指定的对一份信托合同中的资产享有控制和管理权的个人。

□ 谁应该考虑订立信托合同?

遗产的分配复杂、流动资产较少、希望保护其继承人隐私同时又担忧遗嘱分配会引起纠纷的人，或者居住地是在过程烦琐、收费高的州的人应该考虑签订信托合同。而信托合同的订立，可以保护健在者继承遗产的权益、减少遗产税、资助孩子完成教育、为房贷提供首付、为未成年人提供理财帮助、替年幼的孩子或残疾的老人管理财产，还可以为后代提供收入来源。

你知道吗?

为你的继承人将个人退休账户转换成罗斯个人退休账户

从你的个人退休账户中继承资产的继承人可能会将这些财产转移到他们自己的退休账户，但最终他们需要为他们的支款行为支付个人所得税。然而，如果在去世之前，你将你的个人退休账户转换成罗斯个人退休账户，将发生以下两件事：

1. 你必须对你的转换行为支付个人所得税；

2. 完全转移资金到罗斯个人退休账户中，你的继承人不用对他们的支款行为支付个人所得税。

□ 信托术语

下面所列的是和信托有关的一些术语：

- **委托人**：以特定的资产为客体订立信托合同的人，又称**设立人/捐赠者/信托人**（settler/donor/trustor）。
- **受托人**：从受益人的利益出发，并作为信托财产的受托管理人的单位和个人。
- **本金**：投入一份信托合同中的资产，又称**信托资产/基金**（trust estate/fund）。
- **受益人**：享有信托资产受益权的人，又称**受赠者**（donee）。
- **剩余受益人**：在信托协议终止后，由信托条例指定接受信托本金的人。

□ 生前信托由委托人健在时订立

信托分为两种：(1) **生前信托**（living trust）在委托人健在时生效；(2) 遗嘱信托（见下一节）在委托人死亡时生效。

生前信托

委托人健在时即可生效的信托。

可撤销生前信托

可撤销生前信托（revocable living trust）用来保护和管理个人资产。设立该信托的人在生前都享有在任何时间、不管出于何种理由修改信托条例或撤销信托的权利。因此，生前信托的委托人往往也是受托人。可撤销生前信托可以在委托人丧失行为能力或无法尽职时提供财产的有序管理及分配。

可撤销生前信托

委托人在生前享有随时对信托条例进行变更或取消信托的权利。

任命一个新的受托人也很容易。可撤销生前信托执行起来更像是一份遗嘱，具有权威性。同时，信托中的财产在委托人死亡时就成为其遗产的一部分。

使用不可撤销剩余资金慈善信托来增加你的现期收入

对于有意向捐赠一部分遗产给慈善机构来提高生前收入的人来讲，**不可撤销剩余资金慈善信托**（irrevocable charitable remainder trust）颇受人们欢迎。该信托可以为你定期，通常是终身，也有可能给你的配偶终身提供信托资产所产生的利息收入。而慈善机构最终收到的是在你（或者你的配偶）死亡后不可撤销剩余资金慈善信托的本金。例如，来自田纳西州杰斐逊市的寡妇艾米·路易斯安娜，通过订立不可撤销剩余资金慈善信托（将资产捐赠给国家野生动物联合会），使得她价值 60 000 美元的投资组合的税后收入从 1 800 美元提高到了 4 800 美元。据她的律师马修·保罗说，不可撤销剩余资金慈善信托对该项收入重新进行投资，为机构带来了更大的收益，当然，也为艾米提供了更多收益。

不可撤销剩余资金慈善信托比较适用于那些因拥有客观的资产而账面财富颇丰的人。捐赠带来的预计未来价值可以折现成现在的价值。这笔现值作为慈善所得，可以在艾米当期的所得税申报表中等额冲销，从而为其节省了不少税收。由于捐赠者在享有资产当期价值所带来的完全收益的同时还可以节省资本利得税，因此将资金捐赠给不可撤销剩余资金慈善信托是明智之举。

不可撤销生前信托

> **不可撤销生前信托**
>
> 在该信托下，委托人永久放弃了对一项资产的所有权和控制权、受益人变更权以及受托人变更权。

不可撤销生前信托（irrevocable living trust）是委托人对放弃一项资产的所有权和控制权所做的安排。通常这就相当于将资产捐赠给了信托。同时，委托人在健在时也不得修改和解除信托合同。在不可撤销的生前信托下，委托人放弃了三项基本权利：（1）财产控制权；（2）受益人变更权；（3）受托人变更权。由于不可撤销信托通常被认为是单独的税收实体，因此由信托来支付所有的所得税。该项信托中的资产避开了遗产认证环节，然而，在死亡后三年之内对信托进行的无偿转移可以被收回并重新成为已故者的遗产。

> **理财要点**
>
> 用于有特殊需求的孩子和成年人的信托
>
> 某些州已经在法律上通过了规定，如允许父母在信托中专门放置一份资产给有残疾的孩子或成年人，同时也能保留拥有他们公共优惠的权利，这就好像是医疗补助计划或福利，这种信托被称作**特殊需求信托**（special need trust）。这种信托适用于受益人有可能永远都无法拥有能力处置自身事务的情况，它通过补充流动资金提供了延长生命的途径，从而弥补了公共援助资金的不足。受托人做出所有有助于确保受益人健康、安全和享有福利的决定。如果没有特殊安排，来自信托的收入将不利于接受公共援助的有特殊需要的孩子。

> **你知道吗？**
>
> 与你的父母讨论金钱问题
>
> 父母通常不希望孩子知道他们拥有多少资产，你应该了解以下基础信息，以便对未来所碰到

的财务问题你能够做出合适的处理。

1. 包括社会保险在内，你的父母期望在他们的退休账户里存放多少钱？

2. 他们是否需要从孩子那里获得财务帮助？

3. 他们需要多少现金和投资？

4. 他们是否有指定的比较权威的律师、医疗护理委托书和遗嘱？

5. 他们现有的保险类型有哪些（如人寿、医疗、残疾、长期护理）？

6. 他们的保险和投资账户［如共同基金、佣金、个人退休、401（k）和养老金］的受益人能否按照他们的意愿进行更新？

7. 你父母的理财账户、密码、股票、保险箱和钥匙以及理财顾问、经纪人、会计师和律师的联系清单在哪里？

□ 遗嘱信托只有在委托人死亡时才生效

遗嘱信托（testamentary trust）是与遗产规划相关的信托的第二个大类。根据委托人的遗嘱条款或可撤销生前信托条款，遗嘱信托只有在委托人死亡后才开始生效。这类信托可以在委托人死亡后为继承人的利益提供金钱或资产管理，例如为健在的配偶及孩子提供收入来源，也可以在为其提供资产收入的同时，将一部分资产给予孙辈或曾孙辈，除此之外，还可以提供其他帮助。

遗嘱信托

根据委托人的遗嘱条款或可撤销生前信托条款，遗嘱信托只有在委托人死亡后才开始生效。这类信托可以在委托人死亡后，为继承人的利益提供金钱或资产管理。

概念测试 18.2

1. 列举出人们建立信托的原因。
2. 区分委托人和受托人。
3. 阐述生前信托和遗嘱信托的区别。
4. 解释不可撤销信托和可撤销信托之间的重要区别。

订立生前指示性文件以防丧失行为能力

美国宪法和州法律都规定，任何成年人都有权接受或拒绝医疗保健，包括生命维持治疗。因此，你有权要求或接受治疗，也有权在开始之前就拒绝接受治疗，或者在开始接受治疗后选择终止治疗。

学习目标 3

总结提前准备指示性文件的好处。

然而，如果你的意愿不在事前被书写下来，那么可能就无法达到你的意愿。这是因为很多事故和疾病，例如阿尔茨海默征、中风、癌症，这些致命疾病往往会给处于弥留之际的病人带来身体上的残疾和精神上的脆弱。85％的美国人在医院、康复机构或者疗养院中离世，而在此期间，他们无法做出对自身有利的决定。

生前指示（Advance directive）是指指示人对治疗的偏好和对决策代理人的指定。在指示人由于昏迷、痴呆、脑死亡或者其他严重的医疗状况而无法代表自己做出决定时，决策代理人可以根据其生前指示替其做出决定。这些文件可以为你保留最后的尊严，也为你爱的人难以抉择时减轻负担。实际上，这就相当于你签订了一份文件，文件中明确写明了在你丧失行为能力的情况下的意愿。然而，有五分之四的成年人并没有意识到需要订立生前指示性文件。

> **生前指示**
> 指示人对治疗的偏好和对决策代理人的指定。在指示人由于昏迷、痴呆、脑死亡或者其他严重的状况而无法代表自己做出决定时，决策代理人可以根据其生前指示替其做出决定。

生前指示分为三种：（1）医疗保健代理；（2）生前遗嘱；（3）对法律和经济事务的永久授权书。对于生前指示的考虑也引发了人们对于自身价值观和生活质量的思考。一旦你订立了生前指示，就应将复本给你的家人和你生命中值得托付的有责任感的人，在这种情况下，你在生前指示中的愿望才有可能按你的意愿被执行。

□ 医疗保健代理协议就是指定一个人做出医疗决定

医疗保健代理协议（health care proxy）是一份合法的文件，文件中由一个人指定另一个人在自己无法明确表达自己的意愿时代其做出医疗方面的决定。受托者需要确保医疗专家按照指示人的意愿行事。这个受托者被称为代理人或代理机构。

> **医疗保健代理协议**
> 医疗保健代理是一份合法的文件，文件中由一个人指定另一个人在自己无法明确表达自己的意愿时代其做出医疗方面的决定。受托者需要确保医疗专家按照指示人的意愿行事。

代理人在对待委托人的医疗事宜方面有着广泛的权威，也可以获取委托人所有的医疗记录。被任命为代理人的人实际上享有与委托人要求或拒绝某项治疗的相同的权利，而这应与委托人如果有能力传达自己的意愿时的决定一样。只要委托人还能自己做出决定，订立一份医疗保健代理协议并不会剥夺委托人自己做出医疗决定的权利。如果委托人重新获得了能够自己做出医疗相关决定的能力，代理人就不再行使代理责任了。如果出现冲突，医疗保健代理协议应服从生前遗嘱中的指示。

□ 生前遗嘱详细说明临终医疗治疗

如果你没有能够指定替你做出医疗决定的人或者你不想指定任何人，你可以选择事先拟定关于治疗的详细书面指示。**生前遗嘱**（living will）使你能够事先记录下你在突发状况或临终看护中对药物治疗的实际意愿。文件中也会写明你在得了绝症或永久丧失意识状态下无法参与自身医疗决策时的意愿。生前遗嘱可以减轻家人做出结束一个生命等痛苦决策时的压力，也可以避免在这样的决策制定过程中法院的卷入。

> **生前遗嘱/生前医疗指示书**
> 为了防止你在得了绝症或永久丧失意识状态下无法参与自身医疗的决策，这份合法文件能够使你事先记录下你在突发状况或临终看护中对药物治疗的具体意愿。

根据州法律，生前遗嘱也可以指定一个人，他拥有凌驾于其他任何人之上的优先的医疗决策权。由于类似的法律条文通常也被包含在一份单独的文件中，因此生前遗嘱有时也被称作**生前医疗指示书**（advance medical directive）。在一些州，生前遗嘱中也包含有关医疗保健代理协议的条款。

通用生前遗嘱

生前遗嘱的定义可以很宽泛也可以很具体，最常见的关于生前遗嘱的定义是其关于临终偏好的陈述："如果我有一天得了不治之症，或者处于一种不是在短期内死亡就是在一定程度上可以确定的永久无意识状态的状态，我不希望苟延残喘地活着。如果我无法参与自己的医疗决策制定，我授权看护我的医生替我做出保留或者撤回维持生命的治疗过程的决定，因为这些只是延长了我的死亡过程，并不能够真正减轻我的痛苦，也不能给我带来安慰。"

生前遗嘱中对于生命维持过程的详细定义

对于你拒绝治疗的指示，有时候即使是书面上的，也并不是很有效。为了避免医生或好意的亲属对字面进行不同的解释，生前遗嘱必须提到具体的环境。因而，你的指示中必须清楚地提到没有任何歧义的医疗决策。

指示人必须宣布自己在得了绝症或永久丧失意识状态下对于所列明的生命维持过程中的具体项目是否保留的意愿。这些项目包括使用止痛剂、使用抗生素、肾透析、化疗、人工供食、水合、手术以及在心跳呼吸停止时使用心肺复苏和呼吸机等生命维持器械。指示人是否愿意捐献器官也应该列明。生前遗嘱必须严格遵循所居住州法律中的规定。联邦法律要求医院必须明确告知病人拥有做出医疗决策的有关权利。

你知道吗?

把坏习惯变成好习惯

你会这样做吗?	你应该这样做!
不确定你的指定受益人;	检查雇主记录和投资账户;
只以自己的名义拥有房屋;	通过指定确立联权共有;
推迟订立遗嘱;	在网上订立一份遗嘱;
你的孩子没有指定的监护人;	在新遗嘱中讨论并确定监护人;
没有生前指示性文件;	在网上填写表格;
不知道关键文件的保存位置;	将保存位置告知他人;
拥有多项资产却没有信托协议。	与财产规划律师会面。

□ 用永久授权书任命某人来处理法律和私人经济事务

年过半百的人以及年轻人，如果在遭遇丧失行为能力的突发医疗状况前能事先订立好**永久授权书**（durable power of attorney)，这是理智的行为。永久授权书是一份文件，在该文件中，你可以任命某个人（又被称为实际代理人）来处理你法律和商业上的事务，并在文件上签字。它允许这个人在委托人丧失行为能力时代其处理银行业务、集拢社会保障支出、申请伤残证明、支付账单。除非委托人明确地撤回授权，否则只要委托人还活着，该文件就有效。

永久授权书

永久授权书是一份文件，在该文件中，你可以任命某个人（又被称为实际代理人）来处理你法律和商业上的事务，并在文件上签字。它允许这个人在委托人丧失行为能力时代其处理银行业务、集拢社会保障支出、申请伤残证明、支付账单。除非委托人明确地撤回授权，否则只要委托人还活着，该文件就有效。

这份文件必须详细列明代理人必须管辖的事务，并涵盖具体的机构（如银行、经纪公司）和账户名。事实上，永久授权书授予了代理人对你的经济事务绝对的管理权。因此，要选择一个值得信任并了解你的人。**有限/特殊授权书**（limited/special power of attorney）在范围上要比永久授权书小一些，它可以被限定于特定的某一种具体行为或特定的某一个时期，例如在房屋出售结束时替授权人签字或者管理授权人的投资账户。

选择一个你能完全信赖的人，给予其代理权，并让对方清楚你真实的意愿。专家建议不要将授权书给予你的看护人。要与家人商量你对于授权的安排，这样家人便会留心代理人潜在的不合规行为。当然，你也要明白，只要你有行为能力，就可以收回授权或者将它给予其他人。

有限/特殊授权书

在范围上要比永久授权书小一些，它可以被限定于特定的某一种具体行为或特定的某一个时期，例如在房屋出售结束时替授权人签字或者管理授权人的投资账户。

理财要点

未婚同居者的生前遗嘱

州法律已开始涉及未婚同居者遗嘱上的权利，爱人能够受到保护并且拥有一些合法权利。你可以这样做：订立一份永久授权书，在其中互相指定对方作为自己财务事务的代理人；订立一份医疗保健代理协议。

概念测试 18.3

1. 给出人们需要订立生前指示性文件的三个原因。
2. 医疗保健代理协议有何益处？阐明它与生前遗嘱的区别。
3. 生前遗嘱通常包括什么？为什么要写得越具体越好？
4. 永久授权书能提供什么？

处置和转移遗产清单

通过回答遗产规划的各类问题创建个人理财清单，并详细说明相关文件的存放地点，这将有助于简化遗产处置和转移。

学习目标 4

列举简化遗产处理和转移需要了解的问题和文件。

1. 最新遗嘱：放在哪了？有律师联系方式吗？理财顾问、保险代理人的联系方式是什么？
2. 授权书：订立生前遗嘱了吗？签订医疗保健代理协议了吗？签订永久授权书了吗？
3. 最后指示书：文件保存在何处？谁存有副本？
4. 丧葬安排：做好安排了吗？谁存有副本？
5. 信托：放在哪了？律师联系方式是什么？
6. 官方文件：出生年月是多少？婚前协议如何？婚姻状况如何？离婚情况如何？监护权如何？兵役情况如何？
7. 社会保障号码：你的是多少？配偶的是多少？孩子的是多少？
8. 计算机密码：计算机密码是什么？

9. 保险箱：放在何处？钥匙在哪？存有哪些书面记录？

10. 雇主：雇员利益明确吗？监事部门及人力资源部的联系方式是什么？

11. 人寿保险：有哪些保单？有雇主集体保单吗？第一受益人是谁？或有（第二）受益人是谁？代理人是谁？有关捐赠的具体细节明确了吗？

12. 抚恤金：有哪些潜在抚恤？有无老兵抚恤？

13. 退休账户：个人退休账户（IRA）如何？401(k) 账户如何？基奥计划如何？年金如何？雇主抚恤计划如何？密码是什么？

14. 社保和退伍军人管理局：有哪些现有或潜在的收益？有无退役文件？有无记录？

> **你知道吗？**
>
> 在遗产规划中你所做的最不正确的决定
>
> 根据其他人资产规划上的不幸案例，当你出现以下情况时，就意味着你做出了错误的决定：
>
> 1. 没有一份有效的遗嘱。
>
> 2. 没有签订一份生前指示性文件。
>
> 3. 没有更新你所签署的以合同形式转移资产给你的前任配偶、父母或兄弟姐妹的表格，如人寿保单、退休金账户、银行账户。

15. 医疗保险：覆盖哪些内容？有雇主医疗保险吗？

16. 残疾收入和长期医疗保险：有哪些保单？

17. 财务状况：包括艺术品收藏、祖传宝贝在内，资产负债情况如何？现金流量情况如何？遗产价值如何？

18. 预算：预算详情怎样？以前预算的执行情况如何？

19. 负债情况：信用卡情况如何？车辆贷款或租金情况如何？个人贷款、抵押贷款情况如何？密码是什么？

20. 现金管理：银行信息正确吗？支票呢？储蓄呢？货币市场呢？密码呢？存款凭证呢？

21. 房产：房产证在哪里？地契在哪里？是否有租赁财产？参保了吗？

22. 汽车或野营车：所有权凭证齐全吗？各种保单呢？

23. 投资资产：经纪账户开在哪家公司？共同基金账户呢？股票呢？债券呢？其他资产呢？是否有投资项目书面材料？密码是什么？

24. 商业股份：有协议吗？有家族企业权益吗？法律顾问是谁？

25. 报税单：去年报税单情况如何？先前年度的呢？今年情况如何？赠予和遗产税情况如何？

概念测试 18.4

1. 列出五个能在你去世后被你的遗属轻易找到的有关遗产规划的文件。
2. 列出五种你的遗属在你去世后可能需要具体信息才能主张权利的不同类型的资产。

遗产税和继承税

联邦遗产税（federal estate tax）是以已故者的财产在被转移给继承人之前或根据遗

嘱条款或州政府的未立遗嘱死亡法的规定进行财产分配之前的遗产（如房地产、股票、债券、股份等）为征税对象的税种。它是以已故者的遗产为课税对象，而不是以收到财产的受益人为课税对象的。

学习目标5

解释遗产税和继承税潜在的影响。

联邦遗产税

以已故者的财产在被转移给继承人之前或根据遗嘱条款或州政府的未立遗嘱死亡法的规定进行财产分配之前的遗产（如房地产、股票、债券、股份等）为征税对象的税种。

在美国所有的大额遗产中，只有3 500种要支付遗产税。税法规定个人遗产中最初的500万美元免征遗产税，这被称为基本免征额，同时超过500万美元的部分的税率为35%。法律为已婚夫妇提供了免税额的“可移植性”，允许其将夫妇中先死亡一方的500万美元遗产税免征额中未使用的额度加到尚存活一方的遗产税免征额上。于是一对已婚夫妇无论如何都可以在没有计划的情况下将1 000万美元的免征遗产税的遗产转移给他们的继承人。

你知道吗？

在你的遗产里指定人寿保险权利是不正确的

在政策上，人寿保险是可被直接支付给指定的受益人的，它在转移时不需要缴税。然而如果你的遗产里包含人寿保险权利，此时就要缴税，因为包含在遗产里的权利是需要缴纳联邦遗产税的。更进一步地说，如果你在生前保有所有权利益，例如变更受益人的权利或者违反法律进行借贷，出于遗产税的目的，这些收入仍被包含在你的遗产中。为解决这个问题，可在死亡前将人寿保单的所有权转移给其他人，例如受益人等。

专家建议

每个配偶都需要知道的十件事

以下是配偶需要知道的有关理财、遗产、税收和投资计划的内容。毕竟，我们在陷入麻烦的时候，知道总比不知道要好很多。

1. 掌握你当前的财务状况——资产、负债、净收入、家庭收入和支出。

2. 对于突发状况有事前计划。要确切地了解：当你的配偶遭遇残疾或者失业时你需要哪些资金来源来确保你的汽车、房屋、医疗保险足够应对你的状况。同时在手头上要留有足够的现金去支付扣除的金额。

3. 为你自己和你的配偶购买足额的人寿保单，以保证当你或你的配偶死亡后，你的配偶或你能承担支撑一个家庭（包括抚养小孩）的经济状况。要知道你配偶的老板提供什么样的福利，也要知道你的配偶或当你们同时死亡时谁是受益人。考虑将信托，而不是年幼的儿童指定为受益人。

4. 明确你的遗产文件（遗嘱、信托、监护人任命等）都反映了你现期对家人的愿望。

5. 理解你的个人所得税，寻求激进但是合法的策略来降低你的税负。不要签署你不明白的文件。

6. 制订书面投资计划并遵循它，了解你的投资的收益率以达到你所期望的目标，并按季度对结果进行监测。

7. 为了持续性地获得使你的家人能够维持经济独立的投资收益率，你要知道如何进行投资、何时买进何时卖出，不要期许任何人会比你更在意你的财产。

8. 为了支付你孩子的教育、房贷和养老金，你需要制订一份计划，当你的孩子进入高中时，完整填写联邦政府助学金免费申请表格，那时你就会了解政府对你的家庭应该为孩子大学教育做出怎样的贡献有什么样的要求。

9. 对雇主提供的和政府支持的福利计划有一个透彻的了解。如果这些福利不足以达成你的目标，那就换一份工作，因为没必要在一份工作上浪费时间。

10. 同你的孩子和其他家庭成员沟通，让他们了解关于财产、遗产税和投资计划的相关知识。记住：最昂贵的教育方式就是自身错误的经历。

洛林·迪克

迪克合伙公司，www. DeckerUSA. com

资料来源：Decker，Lorraine R.，CLU，ChFC，MSFS，President，Decker & Associates Inc.，“Ten Things Every Spouse Must Know About Finance，Estate Tax，and Investment Planning.” Copyright © 2009 by Decker & Associates Inc. Reprinted with permission.

遗产税法也已经与联邦捐赠、隔代资产移转税相统一，免征额都为500万美元。实际上，遗产税免征额和税率将会持续到2012年年底。然而，如果新法在2013年还没有被议会通过，那么一切就都会回到2001年的法规上（本书英文原书出版于2012年。——译者注），也就是说，遗产免征额为100万美元，税率为55%。

美国有17个州和哥伦比亚特区有**州遗产税**（state estate tax），但大多与联邦遗产税法一致。因此，如果联邦遗产税为零，这些州的遗产税也为零。

8个州对继承已故者财产的受益人征收**继承税**（inheritance tax）。根据受益人获得财产的多少和权利进行征收，税率从1%到20%不等。在这些州中，对配偶、子女及其他亲属所做的财产转移免税或支付较低的税率。尽管在财产被转移给受益人之前已从遗产中划出部分用于支付遗产税，而后才将剩余部分分配给受益人，受益人仍有责任支付继承税。

继承税

对继承已故者财产的受益人征收的税。只有8个州（康涅狄格州、印第安纳州、艾奥瓦州、肯塔基州、马里兰州、内布拉斯加州、新泽西州及宾夕法尼亚州）征收这种税。

立刻行动！

通过阅读本章，你知道了更多关于个人理财的知识，那么通过下述举措开始行动吧：

1. 列明你的继承财产清单，决定你死后谁能够继承这些财产。

2. 明确你拥有的所有银行和投资账户，同时通过变更合适的个人或选定其他参与者作为所有者来改变所有权形式。

3. 准备一份遗嘱。

概念测试18.5

1. 联邦遗产税对多少金额的遗产可免税？

2. 讨论州的遗产税和继承税对大多数人可能产生的影响。

现在你有何建议？

现在，你已读完遗产规划这一章。针对本章开篇时的各个问题，你将向奥兰多、吉塞尔夫妇提供何种理财建议：

1. 应该指定金融资产的受益人吗？

2. 如何处理房屋、汽车和其他财产的联权共有？
3. 应该订立遗嘱吗？
4. 应该为孩子指定监护人吗？
5. 怎样使用生前指示性文件来避免遇到如奥兰多的父亲一样的境况？
6. 应该为孩子建立信托吗？

本章要点

1. 明确遗产通过合同和遗嘱转移的方式。

在盘点你的所有财产与负债之后，你可以轻易地通过遗嘱或合同的方式转移大部分或所有遗产。未经法律程序认证的非认证遗产包括用合同的方式转移给健在的人的资产（例如，指定退休计划受益人或带有遗属权的联权共有的银行账户受益人）。

2. 明确如何使用信托进行遗产转移并减少遗产税。

通过签订一份或多份信托协议，部分遗产便可以以合同的方式转移给他人。这种遗产转移方式不仅避免了遗产认证，而且还可以少缴甚至免缴联邦遗产税。信托是你作为信托委托人或设立人与接受委托管理、控制信托资产的受托人之间的一种法律文件。与遗嘱信托一样，可撤销信托与不可撤销信托也可用于遗产规划中。

3. 总结提前准备指示性文件的好处。

事先准备好生前指示性文件可以在你失去行为能力的情况下使你的亲人免于承受两难抉择的纠结。这类文件包括：永久授权书、有限/特殊授权书、生前遗嘱及医疗保健代理协议。

4. 列举简化遗产处理和转移需要了解的问题和文件。

通过回答遗产规划的各类问题，创建一个个人理财清单，并详细说明相关文件的存放地点，这将有助于简化遗产处置和转移。

5. 解释遗产税和继承税潜在的影响。

联邦遗产税涉及 3 500 多种遗产，某些州还有自己的遗产税或继承税。

讨论

1. 大学生遗嘱。在校大学生真的有必要在其年轻时就订立遗嘱吗？为什么？如果未立遗嘱的大学生死亡，其常见资产应如何处置？

2. 挑选执行人。假设你和你的配偶或其他亲人同时死亡，你在挑选遗产执行人或孩子的监护人时应参照什么标准？

3. 订立生前遗嘱。假设你要签署一份生前遗嘱，你会在遗嘱中列出哪些特殊条款？

4. 订立临终遗嘱。明确临终遗嘱所涵盖的内容。

5. 为孙子创建信托。你认为父辈或祖父辈在为其子孙创建信托时附加继承人行为条款合适吗?

计算

1. 估算遗产规模。居住于佐治亚州富兰克林泉的斯普林斯的克里斯托弗·马科斯没有立下遗嘱便于2012年去世。出于联邦遗产税的认定，其认证遗产为1 200万美元。克里斯托弗的妻子阿曼达和三个孩子是其仅有的继承人。假设克里斯托弗所在的州遵循典型的遗产分割原则（一半归配偶，其余由孩子均分），回答下列问题：

(a) 其妻儿各分得多少美元?

(b) 假设阿曼达还有市场公允价值为40万美元的个人财产（除继承克里斯托弗的遗产之外)，同时她也在克里斯托弗死后不久去世，那么她的遗产总额为多少?

(c) 如果阿曼达在2012年去世时也没有订立遗嘱，那么她的待分资产为多少？假设她没有其他儿女。

(d) 假设阿曼达的遗产中有50 000美元被用于丧葬费用、90 000美元被用于遗产认证、500 000美元被用于支付未结清负债和抵押贷款，那么在扣除免征额之前，2012年阿曼达的应税遗产为多少？她必须支付多少遗产税?

(e) 如果她死于2013年而非2012年，且国会当年并没有调整相关法律，那么她又应缴纳多少遗产税?

2. 测算遗产税。加利福尼亚州海沃的劳拉·金与其年迈的奶奶海琼生活在一起。她的奶奶有两个盈利很高的价值数百万美元的汽车零配件商店。他们很想知道遗产税会对海琼有何影响。奶奶的身体一直很棒，所以劳拉希望奶奶至少再活20年。否则，她将被征收联邦遗产税。如果海琼的认证遗产价值750万美元，计算下列问题：

(a) 根据联邦遗产税法，其遗产金额是多少？如果她于2012年亡故，应缴的遗产税金额是多少?

(b) 在国会没有调整税法且海琼死于2013年的情况下，联邦遗产税的金额是多少?

理财规划案例

□ 案例1 贝琳达·约翰逊协助其叔叔进行遗产规划

贝琳达·约翰逊一直很受叔叔疼爱。她的叔叔瑞安·劳伦斯希望就遗产规划问题进行咨询。她的叔叔相信她对金融市场具有敏锐的判断力，因而一直让她负责处理一些投资。瑞安的资产净值为700万美元。当瑞安54岁的时候，为了能使遗产尽可能多地按照其意愿转移到其继承人名下，他开始考虑遗产规划问题。除了写下一些想法之外，瑞安并没有订立遗嘱。瑞安没有妻儿，只是希望能够供养母亲、四个外甥、贝琳达和一个残疾的妹妹。

(a) 在进行遗产规划之前，瑞安应该先做什么?

(b) 为什么说对于瑞安而言，为了赡养母亲、照顾妹妹，不可撤销生前信托是一个很好的选择？

(c) 瑞安还可在遗产规划上使用哪些类型的信托？

□ 案例 2　维克托和玛丽亚更新遗产规划

在今年退休后，维克托和玛丽亚发现他们的资产有 80 万美元之多，具体包括：维克托享有一半产权的房屋（9 万美元）、免税退休计划（14.4 万美元）、股票（5.6 万美元）和个人财产（5 万美元）；玛丽亚享有一半产权的房屋（9 万美元）、从母亲那里继承的房屋（12 万美元）、免税退休计划（11.2 万美元）、遗属抚恤计划现值（6 万美元，从维克托老板那里得到的养老金固定收益计划的遗属抚恤）、个人财产（5 万美元）和零息债券（2.8 万美元）。

(a) 向埃尔南德斯夫妇提供怎样为双方创建理财的永久授权书的建议。

(b) 维克托和玛丽亚都应该创建生前遗嘱吗？为什么？

(c) 维克托的老板为其购买了 10 万美元的定期人寿保险，且个人多年来累积购买了 5 万美元的终身人寿保险（保单现值为 3 万美元）。玛丽亚是这两份保单的第一受益人。假设两份保单都归维克托所有，你对优化这两份保单的所有权有何建议？

(d) 考虑这些遗产的总额，维克托的遗产需要缴纳联邦遗产税吗？

(e) 为了使遗产能够顺利转移给其成年子孙，向维克托和玛丽亚提供理财建议。

□ 案例 3　朱莉娅·普赖斯被遗产规划吓着了

玛丽·利基是朱莉娅同在一家工程公司工作的最要好的朋友，年仅 58 岁便死于乳腺癌。和朱莉娅一样，玛丽一直单身。后来，朱莉娅非常惊奇地获悉自己不仅是玛丽退休计划资产的第一受益人，而且玛丽还在遗嘱中将其部分资产留给自己。玛丽的慷慨让朱莉娅意识到自己要尽快做好遗产规划，因为不知何时就可能有一辆大巴撞向自己，结束自己的生命。除了玛丽赠给自己的财富外，朱莉娅还有大量储蓄和投资性资产，为此，她与公司人力资源部、律师以及遗产规划代理人进行了多次会面。朱莉娅知道，她需要核定自己的受益人、订立新遗嘱、填写各种生前指示表格、准备临终遗嘱，或许还要为弟弟路易斯以及他的两个孩子露丝和坦赞尼亚签署一份信托协议。根据朱莉娅的想法，提出你的建议。

□ 案例 4　一对夫妇正在考虑未立遗嘱死亡的可能后果

位于南达科他州苏福尔斯的梅利莎·梅里韦瑟是一名年收入 58 000 美元的 34 岁的警探。她和丈夫约书亚有两个还在上小学的孩子。他们不仅有一个温馨而舒适的家，而且还有两辆时髦新型汽车，梅利莎还有一辆雪地车。夫妇俩的老板都为其开设了 401（k）退休账户，同时还为他们提供了价值 50 000 美元的集体定期人寿保险，梅利莎还有一份 50 000 美元的个人定期人寿保险。夫妇俩还共享一个价值 5 000 美元的支票账户。目前，他们还没有立下遗嘱。

(a) 列出在没有遗嘱的情况下，梅利莎或约书亚突然死亡可能发生的四项负面影响。

(b) 在没有遗嘱的情况下，如果夫妇俩在意外事故中死亡，最严重的负面后果是什么？

(c) 如果梅利莎或约书亚死亡，哪种共享资产会自动转移给配偶？

(d) 在指定遗嘱执行人时，梅利莎和约书亚应关注其哪些素质？

(e) 一旦他们完成并签署了遗嘱，梅里韦瑟夫妇应将其原始文件和复印件保存在什么地方？

□ 案例 5　彩票赢家践行遗产规划

你的朋友布兰登刚刚宣布在上周的彩票抽奖中独中了 700 万美元大奖。布兰登今年 60 岁，离异，居住在俄亥俄州克莱斯维尔。他有两个成年孩子（尼克尔和希思）及四个孙子。尽管你并非律师，但既然已经知道你的朋友需要理财咨询，那请就以下问题提出遗产规划建议：

(a) 假设布兰登的应税遗产现在为 720 万美元，扣除 500 万美元的免税额之后，其剩余的遗产需按 35%纳税。如果他死于 2012 年，他应缴纳多少税金？给出具体数字，并提供遗嘱理财建议。

(b) 指出两种有助于布兰登节省遗产税的信托类型，归纳这些信托可以帮助布兰登达成的目标。

(c) 布兰登应当将什么条款写入临终遗嘱？提出你的建议。

自我理财

1. 受益人安排。假定你有一份收入不错的全职工作，包括一份在共同基金份额中已经累积数千美元的 401 (k) 退休计划。写出你想让谁成为这些资产的第一受益人。如果不止一位受益人，写出每位受益人的收益比例，同时注明或有受益人的名字。

2. 遗嘱、临终遗嘱和生前指示性文件。完成《我的个人理财规划师》中的工作表 68：我的遗嘱、临终遗嘱和生前指示性文件，并注明清单中 6 份文件的拟定日期、知情人或持有备份的人的姓名。

3. 受益人安排。完成《我的个人理财规划师》中的工作表 69：资产转移受益人安排，注明你现在拥有或在未来几年内预期拥有的各类资产的指定受益人。

网络资源

登录指定网页，完成下列练习。

1. 医疗保健代理协议。登录纽约州健康局网站（www.health.state.ny.us/professionals/patients/health_care_proxy），阅读有关代理人的信息，明确自己价值取向与理财意愿，选择代理人，并表明自己的各种意愿。然后，点击“指定你的医疗保健代理人”，打印表格并填写相关必要信息。找几位证人，签署表格，就你认为应该了解的重要内容做几份拷贝。尽管其清晰地表明了你的意愿，但这份医疗保健代理协议在纽约州是有效的，而在你所在的州则不一定有效。

2. 生前遗嘱。登录临终关怀之家网站（www. hov. org/health_care_decisions. aspx），点击“无偿生前遗嘱及医疗保健（医护）授权书”（英语或西班牙语）。打印表格，逐一填写相关必要信息。找几位证人，签署表格，就你认为应该了解的重要内容做几份拷贝。

3. 剩余资金慈善信托。找一个剩余资金慈善信托的例子，读懂捐赠人之所以捐赠背后的逻辑（www. futurefocus. net/crutexample. htm）。你对捐赠人和受赠人各有什么看法？

4. 遗嘱成本。用谷歌或微软必应搜索“准备遗嘱软件”，看看准备遗嘱的成本是多少。找三家允许你输入个人信息以便为你订立临终遗嘱或遗愿的收费公司，并针对你的发现撰写一份报告。

付诸行动

1. 个人信息书面报告。撰写一份有益于你的继承人的个人信息书面报告。一定要包括以下信息：雇主人力资源部的联系方式、社会保障号、开户银行与投资账户名称及号码、信用卡账户、车辆所有权证书、财产所有权、人寿保单、保险箱位置。将这些列成一份书面清单。

2. 临终遗嘱。编制一份财产清单，包括具有情感价值的资产。并写一份临终遗嘱告诉你的继承人谁将得到何种财产，签名并注明日期。你并不一定要提供见证人，但只要你希望就可以提供。

3. 监护人选择标准。假设你有孩子，并希望为孩子们指定监护人，以防在他们长大成人之前你便去世。列出一份在选择监护人时你和其他亲人可能考虑的标准清单。

4. 慈善捐赠。假设你有100万美元的财产，并得了不治之症。列出一份在你死亡后你想要捐赠的慈善组织的清单。

登录 www. cengagebrain. com 访问加曼/福格合作网站。

附录 A

现值表及终值表

个人理财中的许多问题都涉及不同时间点的货币价值。当调整至一致的时间点时，可以对这些价值进行直接且公平的比较。第一章介绍了基本的时间价值概念。本附录则提供了有关货币时间价值的更多详细内容。此外，本附录还列示了每 1 美元的终值及现值以便计算。

为避免不必要的复杂化，需做出以下四个假设：

1. 每个计划期为一年。
2. 只使用年利率。
3. 在每个年度，利率不变。
4. 利息为连续复利并在其后续期得到收益。

现值表及终值表的构建包含了如下调整。终值源于未来货币价值复利原则。现值源于货币价值折现（即与复利相反）并转换到较早的时点。

一般不需要精确区分利息是在期初还是期末得到支付/收入，也不需要知晓是否以每日或每季度代替年度进行复利（这些计算需要更多的表格数据）。以下现值表及终值表假设货币是在期末进行累积、收入、支付、复利等操作的。该表格可以进行个人理财中数学问题的计算，从而就他人告知你的财务事项进行确认（或拒绝）。

最重要的工作就是找到正确的表格。由此，我们对每张表格都进行了清晰的描述，其应用例题也在后面呈现。另外，部分数学公式也已列出并用计算器就可很容易地算出。

□ 利用附录表 A－1 的例题：一单位货币（1 美元）的终值

利用附录表 A－1，查找在一定时期及利率下的终值因子。

1. 你投资了 500 美元，利率为 15%，时长为 12 年。在第 12 年年末，你能得到多少钱？终值因子为 5.350；因此，解为 500×5.350，即 2 675 美元。

2. 你所在的街区的不动产价值以每年 5%的比率增长，如果你的房屋终值为 90 000 美元，7 年之后它将值多少钱？

终值因子为 1.407；因此，解为 90 000×1.407，即 126 630 美元。

3. 在接下来的 10 年里，你需要 40 000 美元来支付期末大额偿还最后一笔房屋贷款。现在你仅有 17 000 美元可供投资，那么年利率需为多少才能实现这 40 000 美元的需求？

40 000÷17 000=2.353。查看列时期（n）为 10 及行为 2.367（最接近）处，发现位于 9%栏下。因此，这 17 000 美元应以 9%的利率投资 10 年，才能使终值增长达到略高于 40 000 美元的水平。

4. 一个公寓建筑现价值 160 000 美元，且其价值每年增长 8%。如果持续如此，在多少年后其价值将达到 300 000 美元？

300 000÷160 000=1.875。从列为 8%处找到 1.851（最接近 1.875）。这一数字是对应于时期为 8 年的。因此，价值 160 000 美元的资产以每年 8%的速率增值，其终值将在略久于 8 年后达到 300 000 美元。

5. 现在你面临选择：现在就收到某个欲购买你的租赁财产的人支付的预付定金 15 000 美元，或者选择接受在 6 年后支付的价值 25 000 美元的个人票据。如果你预期收益率为 8%，哪种选择比较有利？

终值因子为 1.587；因此，在 8%的收益率下 15 000 美元的终值为 15 000×1.587，即 23 805 美元。由此可见，接受终值为 25 000 的票据较好。

6. 假设年通货膨胀率为 5%，现价值 20 000 美元的摩托车 4 年后将价值几何？

从列为 5%处找到 4 年的时期行，找到终值因子为 1.216。因此，解出为 20 000×1.216，即 24 320 美元。

7. 如果 5 年之后你需要 20 000 美元，那么在 10%的年收益率下你目前投资总额为多少才能实现这一目标？

20 000 美元除以终值因子 1.611（10%的年收益率，5 年），得到现在的投资总额为 12 415 美元。

8. 你现在有 5 000 美元且 9 年后需要 10 000 美元。那么收益率为多少才能实现这一目标？

用终值 10 000 美元除以现值总额 5 000 美元，得到终值因子为 2.0。在期限为 9 年的行中，找到终值因子 1.999（最接近 2.0）。发现其处于投资收益率为 8%的列，即收益率为 8%才能实现目标。

9. 若你的总投资额为 10 000 美元，年收益率为 7%，需要多少年才能得到 16 000 美元？

用终值 16 000 美元除以 10 000 美元的现值总额，计算得终值因子为 1.6；从列为 7%处找到 1.606（最接近）。横向按行找到投资时期为 7 年，即需要 7 年才能得到 16 000 美元。

另一种可用方法是假设在一定时期内进行投资（常为年）且每期以固定比率得到收益，利用计算器计算当前投资的终值 FV。其公式为

$$FV=PV(1.0+i)^n \tag{A.1}$$

其中

FV=终值；

PV=投资现值；

i=每期利率；

n=PV 进行投资的期数。

表 A-1

一单位货币的终值(1 美元在第 n 期期末的价值)
(已知现值总额计算复利终值)

n	1%	2%	3%	4%	5%	6%	7%	8%	9%	10%	11%	12%	13%	14%	15%	16%	17%	18%	19%	20%
1	1.010 0	1.020 0	1.030 0	1.040 0	1.050 0	1.060 0	1.070 0	1.080 0	1.090 0	1.100 0	1.110 0	1.120 0	1.130 0	1.140 0	1.150 0	1.160 0	1.170 0	1.180 0	1.190 0	1.200 0
2	1.020 1	1.040 4	1.060 9	1.081 6	1.102 5	1.123 6	1.144 9	1.166 4	1.188 1	1.210 0	1.232 1	1.254 4	1.276 9	1.299 6	1.322 5	1.345 6	1.368 9	1.392 4	1.416 1	1.440 0
3	1.030 3	1.061 2	1.092 7	1.124 9	1.157 6	1.191 0	1.225 0	1.259 7	1.295 0	1.331 0	1.367 6	1.404 9	1.442 9	1.481 5	1.520 9	1.560 9	1.601 6	1.643 0	1.685 2	1.728 0
4	1.040 6	1.082 4	1.125 5	1.169 9	1.215 5	1.262 5	1.310 8	1.360 5	1.411 6	1.464 1	1.518 1	1.573 5	1.630 5	1.689 0	1.749 0	1.810 6	1.873 9	1.938 8	2.005 3	2.073 6
5	1.051 0	1.104 1	1.159 3	1.216 7	1.276 3	1.338 2	1.402 6	1.469 3	1.538 6	1.610 5	1.685 1	1.762 3	1.842 4	1.925 4	2.011 4	2.100 3	2.192 4	2.287 8	2.386 4	2.488 3
6	1.061 5	1.126 2	1.194 1	1.265 3	1.340 1	1.418 5	1.500 7	1.586 9	1.677 1	1.771 6	1.870 4	1.973 8	2.082 0	2.195 0	2.313 1	2.436 4	2.565 2	2.699 6	2.839 8	2.986 0
7	1.072 1	1.148 7	1.229 9	1.315 9	1.407 1	1.503 6	1.605 8	1.713 8	1.828 0	1.948 7	2.076 2	2.210 7	2.352 6	2.502 3	2.660 0	2.826 2	3.001 2	3.185 5	3.379 3	3.583 2
8	1.082 9	1.171 7	1.266 8	1.368 6	1.477 5	1.593 8	1.718 2	1.850 9	1.992 6	2.143 6	2.304 5	2.476 0	2.658 4	2.852 6	3.059 0	3.278 4	3.511 5	3.758 9	4.021 4	4.299 8
9	1.093 7	1.195 1	1.304 8	1.423 3	1.551 3	1.689 5	1.838 5	1.999 0	2.171 9	2.357 9	2.558 0	2.773 1	3.004 0	3.251 9	3.517 9	3.803 0	4.108 4	4.435 5	4.785 4	5.159 8
10	1.104 6	1.219 0	1.343 9	1.480 2	1.628 9	1.790 8	1.967 2	2.158 9	2.367 4	2.593 7	2.839 4	3.105 8	3.394 6	3.707 2	4.045 6	4.411 4	4.806 8	5.233 8	5.694 7	6.191 7
11	1.115 7	1.243 4	1.384 2	1.539 5	1.710 3	1.898 3	2.104 9	2.331 6	2.580 4	2.853 1	3.151 8	3.478 5	3.835 9	4.226 2	4.652 4	5.117 3	5.624 0	6.175 9	6.776 7	7.430 1
12	1.126 8	1.268 2	1.425 8	1.601 0	1.795 9	2.012 2	2.252 2	2.518 2	2.812 7	3.138 4	3.498 5	3.896 0	4.334 5	4.817 9	5.350 3	5.936 0	6.580 1	7.287 6	8.064 2	8.916 1
13	1.138 1	1.293 6	1.468 5	1.665 1	1.885 6	2.132 9	2.409 8	2.719 6	3.065 8	3.452 3	3.883 3	4.363 5	4.898 0	5.492 4	6.152 8	6.885 8	7.698 7	8.599 4	9.596 4	10.699 3
14	1.149 5	1.319 5	1.512 6	1.731 7	1.979 9	2.260 9	2.578 5	2.937 2	3.341 7	3.797 5	4.310 4	4.887 1	5.534 8	6.261 3	7.075 7	7.987 5	9.007 5	10.147 2	11.419 8	12.839 2
15	1.161 0	1.345 9	1.558 0	1.800 9	2.078 9	2.396 6	2.759 0	3.172 2	3.642 5	4.177 2	4.784 6	5.473 6	6.254 3	7.137 9	8.137 1	9.265 5	10.538 7	11.973 7	13.589 5	15.407 0
16	1.172 6	1.372 8	1.604 7	1.873 0	2.182 9	2.540 4	2.952 2	3.425 9	3.970 3	4.595 0	5.310 9	6.130 4	7.067 3	8.137 2	9.357 6	10.748 0	12.330 3	14.129 0	16.171 5	18.488 4
17	1.184 3	1.400 2	1.652 8	1.947 9	2.292 0	2.692 8	3.158 8	3.700 0	4.327 6	5.054 5	5.895 1	6.866 0	7.986 1	9.276 5	10.761 3	12.467 7	14.426 5	16.672 2	19.244 1	22.186 1
18	1.196 1	1.428 2	1.702 4	2.025 8	2.406 6	2.854 3	3.379 9	3.996 0	4.717 1	5.559 9	6.543 6	7.690 0	9.024 3	10.575 2	12.375 5	14.462 5	16.879 0	19.673 3	22.900 5	26.623 3
19	1.208 1	1.456 8	1.753 5	2.106 8	2.527 0	3.025 6	3.616 5	4.315 7	5.141 7	6.115 9	7.263 3	8.612 8	10.197 4	12.055 7	14.231 8	16.776 5	19.748 4	23.214 4	27.251 6	31.948 0
20	1.220 2	1.485 9	1.806 1	2.191 1	2.653 3	3.207 1	3.869 7	4.661 0	5.604 4	6.727 5	8.062 3	9.646 3	11.523 1	13.743 5	16.366 5	19.460 8	23.105 6	27.393 0	32.429 4	38.337 6
21	1.232 4	1.515 7	1.860 3	2.278 8	2.786 0	3.399 6	4.140 6	5.033 8	6.108 8	7.400 2	8.949 2	10.803 8	13.021 1	15.667 6	18.821 5	22.574 5	27.033 6	32.323 8	38.591 0	46.005 1
22	1.244 7	1.546 0	1.916 1	2.369 9	2.925 3	3.603 5	4.430 4	5.436 5	6.658 6	8.140 3	9.933 6	12.100 3	14.713 8	17.861 0	21.644 7	26.186 4	31.629 3	38.142 1	45.923 3	55.206 1
23	1.257 2	1.576 9	1.973 6	2.464 7	3.071 5	3.819 7	4.740 5	5.871 5	7.257 9	8.954 3	11.026 3	13.552 3	16.626 6	20.361 6	24.891 5	30.376 2	37.006 2	45.007 6	54.648 7	66.247 4
24	1.269 7	1.608 4	2.032 8	2.563 3	3.225 1	4.048 9	5.072 4	6.341 2	7.911 1	9.849 7	12.239 2	15.178 6	18.788 1	23.212 2	28.625 2	35.236 4	43.297 3	53.109 0	65.032 0	79.496 8
25	1.282 4	1.640 6	2.093 8	2.665 8	3.386 4	4.291 9	5.427 4	6.848 5	8.623 1	10.834 7	13.585 5	17.000 1	21.230 5	26.461 9	32.919 0	40.874 2	50.657 8	62.668 6	77.388 1	95.396 2
26	1.295 3	1.673 4	2.156 6	2.772 5	3.555 7	4.549 4	5.807 4	7.396 4	9.399 2	11.918 2	15.079 9	19.040 1	23.990 5	30.166 6	37.856 8	47.414 1	59.269 7	73.949 0	92.091 8	114.475 5
27	1.308 2	1.706 9	2.221 3	2.883 4	3.733 5	4.822 3	6.213 9	7.988 1	10.245 1	13.110 0	16.738 6	21.324 9	27.109 3	34.389 9	43.535 3	55.000 4	69.345 5	87.259 8	109.589 3	137.370 6
28	1.321 3	1.741 0	2.287 9	2.998 7	3.920 1	5.111 7	6.648 8	8.627 1	11.167 1	14.421 0	18.579 9	23.883 9	30.633 5	39.204 5	50.065 6	63.800 4	81.134 2	102.966 6	130.411 2	164.844 7
29	1.334 5	1.775 8	2.356 6	3.118 7	4.116 1	5.418 4	7.114 3	9.317 3	12.172 2	15.863 1	20.623 7	26.749 9	34.615 8	44.693 1	57.575 5	74.008 5	94.927 1	121.500 5	155.189 3	197.813 6
30	1.347 8	1.811 4	2.427 3	3.243 4	4.321 9	5.743 5	7.612 3	10.062 7	13.267 7	17.449 4	22.892 3	29.959 9	39.115 9	50.950 2	66.211 8	85.849 9	111.064 7	143.370 6	184.675 3	237.376 3
40	1.488 9	2.208 0	3.262 0	4.801 0	7.040 0	10.285 7	14.974 5	21.724 5	31.409 4	45.259 3	65.000 9	93.051 0	132.781 6	188.883 5	267.863 5	378.721 2	533.868 7	750.378 3	1 051.66 8	1 469.772
50	1.644 6	2.691 6	4.383 9	7.106 7	11.467 4	18.420 2	29.457 0	46.901 6	74.357 5	117.390 9	184.564 8	289.002 2	450.735 9	700.233 0	1 083.657	1 670.704	2 566.215	3 927.357	5 988.914	9 100.438

□ 利用附录表 A-2 的例题：一单位货币（1 美元）的现值

利用这个表格，查找在一定时期和利率下的现值因子。

1. 你想为自己新生的孩子建立一只大学基金；你希望从现在算起 18 年后累积 30 000 美元。如果目前的投资机会收益率为 7%，则你总共需要投资多少才能实现这需要的 30 000 美元？

现值因子为 0.296；因此，解为 30 000×0.296，即 8 880 美元。

2. 你希望在 25 年后退休，同时一笔总投资可以届时涨到 250 000 美元。如果现在的投资收益率为 8%，则你需要投资多少才能实现这需要的 250 000 美元？

现值因子为 0.146；因此，解为 250 000×0.146，即 36 500 美元。如果利率为 8%，则终值为 250 000 美元的 25 年的投资现值为 36 500 美元。

3. 现在你面临选择：现在就收到某个欲购买你的租赁财产的人支付的预付定金 15 000 美元，或者选择接受在 6 年后支付的价值 25 000 美元的个人票据。如果你预期收益率为 8%，哪种选择比较有利？

现值因子为 0.630；因此，解为 25 000×0.630，即 15 750 美元。因为 6 年后收到的 25 000 美元的现值大于现在可收到的 15 000 美元，所以个人票据是个更好的选择。

4. 你拥有一张年利率为 8%、价值为 1 000 美元、距到期还有 5 年的债券。你想现在卖掉债券，即使相似债券的市场利率已升至 10%。该债券的市场折价为多少才能使新购买者实现 10%的收益率？

首先，按 10%的利率计算 5 年中未来每年 80 美元的利息支付的现值（利用附录表 A-4）：80×3.791，即 303.28 美元。其次，按 10%的利率计算 1 000 美元在 5 年后的未来本金偿还现值：1 000×0.621，即 621.00 美元。因此，市场价格为这两种现值之和（303.28+621.00），即 924.28 美元。

另一种可用方法是假设在未来某个时间一次性收到支付，利用计算器计算现值 PV。其公式即为终值公式（A.1）的变形，即

$$PV=\frac{FV}{(1.0+i)^n} \tag{A.2}$$

其中

PV=投资现值；
FV=终值；
i=每期利率；
n=PV 进行投资的期数。

表 A-2

一单位货币的现值(1 美元)
(已知终值总额计算折现现值)

n	1%	2%	3%	4%	5%	6%	7%	8%	9%	10%	11%	12%	13%	14%	15%	16%	17%	18%	19%	20%
1	0.9901	0.9804	0.9709	0.9615	0.9524	0.9434	0.9346	0.9259	0.9174	0.9091	0.9009	0.8929	0.8850	0.8772	0.8696	0.8621	0.8547	0.8475	0.8403	0.8333
2	0.9803	0.9612	0.9426	0.9246	0.9070	0.8900	0.8734	0.8573	0.8417	0.8264	0.8116	0.7972	0.7831	0.7695	0.7561	0.7432	0.7305	0.7182	0.7062	0.6944
3	0.9706	0.9423	0.9151	0.8890	0.8638	0.8396	0.8163	0.7938	0.7722	0.7513	0.7312	0.7118	0.6931	0.6750	0.6575	0.6407	0.6244	0.6086	0.5934	0.5787
4	0.9610	0.9238	0.8885	0.8548	0.8227	0.7921	0.7629	0.7350	0.7084	0.6830	0.6587	0.6355	0.6133	0.5921	0.5718	0.5523	0.5337	0.5158	0.4987	0.4823
5	0.9515	0.9057	0.8626	0.8219	0.7835	0.7473	0.7130	0.6806	0.6499	0.6209	0.5935	0.5674	0.5428	0.5194	0.4972	0.4761	0.4561	0.4371	0.4190	0.4019
6	0.9420	0.8880	0.8375	0.7903	0.7462	0.7050	0.6663	0.6302	0.5963	0.5645	0.5346	0.5066	0.4803	0.4556	0.4323	0.4104	0.3898	0.3704	0.3521	0.3349
7	0.9327	0.8706	0.8131	0.7599	0.7107	0.6651	0.6227	0.5835	0.5470	0.5132	0.4817	0.4523	0.4251	0.3996	0.3759	0.3538	0.3332	0.3139	0.2959	0.2791
8	0.9235	0.8535	0.7894	0.7307	0.6768	0.6274	0.5820	0.5403	0.5019	0.4665	0.4339	0.4039	0.3762	0.3506	0.3269	0.3050	0.2848	0.2660	0.2487	0.2326
9	0.9143	0.8368	0.7664	0.7026	0.6446	0.5919	0.5439	0.5002	0.4604	0.4241	0.3909	0.3606	0.3329	0.3075	0.2843	0.2630	0.2434	0.2255	0.2090	0.1938
10	0.9053	0.8203	0.7441	0.6756	0.6139	0.5584	0.5083	0.4632	0.4224	0.3855	0.3522	0.3220	0.2946	0.2697	0.2472	0.2267	0.2080	0.1911	0.1756	0.1615
11	0.8963	0.8043	0.7224	0.6496	0.5847	0.5268	0.4751	0.4289	0.3875	0.3505	0.3173	0.2875	0.2607	0.2366	0.2149	0.1954	0.1778	0.1619	0.1476	0.1346
12	0.8874	0.7885	0.7014	0.6246	0.5568	0.4970	0.4440	0.3971	0.3555	0.3186	0.2858	0.2567	0.2307	0.2076	0.1869	0.1685	0.1520	0.1372	0.1240	0.1122
13	0.8787	0.7730	0.6810	0.6006	0.5303	0.4688	0.4150	0.3677	0.3262	0.2897	0.2575	0.2292	0.2042	0.1821	0.1625	0.1452	0.1299	0.1163	0.1042	0.0935
14	0.8700	0.7579	0.6611	0.5775	0.5051	0.4423	0.3878	0.3405	0.2992	0.2633	0.2320	0.2046	0.1807	0.1597	0.1413	0.1252	0.1110	0.0985	0.0876	0.0779
15	0.8613	0.7430	0.6419	0.5553	0.4810	0.4173	0.3624	0.3152	0.2745	0.2394	0.2090	0.1827	0.1599	0.1401	0.1229	0.1079	0.0949	0.0835	0.0736	0.0649
16	0.8528	0.7284	0.6232	0.5339	0.4581	0.3936	0.3387	0.2919	0.2519	0.2176	0.1883	0.1631	0.1415	0.1229	0.1069	0.0930	0.0811	0.0708	0.0618	0.0541
17	0.8444	0.7142	0.6050	0.5134	0.4363	0.3714	0.3166	0.2703	0.2311	0.1978	0.1696	0.1456	0.1252	0.1078	0.0929	0.0802	0.0693	0.0600	0.0520	0.0451
18	0.8360	0.7002	0.5874	0.4936	0.4155	0.3503	0.2959	0.2502	0.2120	0.1799	0.1528	0.1300	0.1108	0.0946	0.0808	0.0691	0.0592	0.0508	0.0437	0.0376
19	0.8277	0.6864	0.5703	0.4746	0.3957	0.3305	0.2765	0.2317	0.1945	0.1635	0.1377	0.1161	0.0981	0.0829	0.0703	0.0596	0.0506	0.0431	0.0367	0.0313
20	0.8195	0.6730	0.5537	0.4564	0.3769	0.3118	0.2584	0.2145	0.1784	0.1486	0.1240	0.1037	0.0868	0.0728	0.0611	0.0514	0.0433	0.0365	0.0308	0.0261
21	0.8114	0.6598	0.5375	0.4388	0.3589	0.2942	0.2415	0.1987	0.1637	0.1351	0.1117	0.0926	0.0768	0.0638	0.0531	0.0443	0.0370	0.0309	0.0259	0.0217
22	0.8034	0.6468	0.5219	0.4220	0.3418	0.2775	0.2257	0.1839	0.1502	0.1228	0.1007	0.0826	0.0680	0.0560	0.0462	0.0382	0.0316	0.0262	0.0218	0.0181
23	0.7954	0.6342	0.5067	0.4057	0.3256	0.2618	0.2109	0.1703	0.1378	0.1117	0.0907	0.0738	0.0601	0.0491	0.0402	0.0329	0.0270	0.0222	0.0183	0.0151
24	0.7876	0.6217	0.4919	0.3901	0.3101	0.2470	0.1971	0.1577	0.1264	0.1015	0.0817	0.0659	0.0532	0.0431	0.0349	0.0284	0.0231	0.0188	0.0154	0.0126
25	0.7798	0.6095	0.4776	0.3751	0.2953	0.2330	0.1842	0.1460	0.1160	0.0923	0.0736	0.0588	0.0471	0.0378	0.0304	0.0245	0.0197	0.0160	0.0129	0.0105
26	0.7720	0.5976	0.4637	0.3607	0.2812	0.2198	0.1722	0.1352	0.1064	0.0839	0.0663	0.0525	0.0417	0.0331	0.0264	0.0211	0.0169	0.0135	0.0109	0.0087
27	0.7644	0.5859	0.4502	0.3468	0.2678	0.2074	0.1609	0.1252	0.0976	0.0763	0.0597	0.0469	0.0369	0.0291	0.0230	0.0182	0.0144	0.0115	0.0091	0.0073
28	0.7568	0.5744	0.4371	0.3335	0.2551	0.1956	0.1504	0.1159	0.0895	0.0693	0.0538	0.0419	0.0326	0.0255	0.0200	0.0157	0.0123	0.0097	0.0077	0.0061
29	0.7493	0.5631	0.4243	0.3207	0.2429	0.1846	0.1406	0.1073	0.0822	0.0630	0.0485	0.0374	0.0289	0.0224	0.0174	0.0135	0.0105	0.0082	0.0064	0.0051
30	0.7419	0.5521	0.4120	0.3083	0.2314	0.1741	0.1314	0.0994	0.0754	0.0573	0.0437	0.0334	0.0256	0.0196	0.0151	0.0116	0.0090	0.0070	0.0054	0.0042
40	0.6717	0.4529	0.3066	0.2083	0.1420	0.0972	0.0668	0.0460	0.0318	0.0221	0.0154	0.0107	0.0075	0.0053	0.0037	0.0026	0.0019	0.0013	0.0010	0.0007
50	0.6080	0.3715	0.2281	0.1407	0.0872	0.0543	0.0339	0.0213	0.0134	0.0085	0.0054	0.0035	0.0022	0.0014	0.0009	0.0006	0.0004	0.0003	0.0002	0.0001

□ 利用附录表 A-3 的例题：一系列等额货币的终值（每期 1 美元的年金）

利用这个表格，查找给定时期的终值因子和利率。

1. 你计划在 16 年后退休。为了给退休做准备，你参与了一个收益率为 8%、每年投资 7 000 美元的项目。这笔退休基金在第 17 年年初将价值多少？

你对基金的最后一次支付发生在第 17 年年末，所以沿着期限为 16 年的表格列浏览，直到找到与 8%的行的相交处。终值因子为 30.32. 因此，解为 7 000×30.32，即 212 240 美元。

2. 如果你向一个年收益率为 7%的退休金计划投入 2 000 美元，25 年后将价值多少？

终值因子为 63.250。因此，解为 2 000×63.250，即 126 500 美元。

3. 为退休做准备，你考虑每年向一个收益率为 7%、时长为 20 年的投资项目投资 3 000 美元或 4 000 美元。20 年后这笔投入的 1 000 美元将形成多少投资价值上的差异？

终值因子为 41.0。因此，解为 1 000×41.0，即 41 000 美元。

4. 在 6 年中，每年年末你都将收入 1 200 美元。假设利率为 7%，则在你收到最后一次支付时，这一收入的现金流总价值是多少？

最接近利率为 7%、时期为 6 年的终值因子是 7.153。因此，解为 1 200×7.153，即 8 584 美元。

5. 每年在 9%的利率基础上投入 1 200 美元，多少年后才能达到 11 000 美元的目标？

用终值 11 000 美元除以投资总额 1 200 美元找到终值因子为 9.17。沿着 9%的列找到 9.200（最接近）。再横向按行找到投资期限为 7 年。

6. 如果你计划每年投资 1 200 美元，投资 9 年，若要实现 15 000 美元的目标，收益率应该达到多少？

用终值目标 15 000 美元除以 1 200 美元得到终值因子为 12.5。横向按 9 年投资期限的行查找出终值因子为 12.49（最接近）。向上查表格的列发现需要 8%的收益率。

另一种可用的方法是用计算器算出等额支付现金流（年金）的终值总额 FV。其公式为

$$FV=\frac{[(1.0+i)^n-1.0]\times A}{i} \tag{A.3}$$

其中

FV=投资终值；

i=每期利率；

n=PV 进行投资的期数；

A=年金金额。

表 A－3

一系列等额货币的终值(每期期末支付 1 美元年金)
(用以计算收入支付现金流的复利终值)

n	1%	2%	3%	4%	5%	6%	7%	8%	9%	10%	11%	12%	13%	14%	15%	16%	17%	18%	19%	20%
1	1.000 0	1.000 0	1.000 0	1.000 0	1.000 0	1.000 0	1.000 0	1.000 0	1.000 0	1.000 0	1.000 0	1.000 0	1.000 0	1.000 0	1.000 0	1.000 0	1.000 0	1.000 0	1.000 0	1.000 0
2	2.010 0	2.020 0	2.030 0	2.040 0	2.050 0	2.060 0	2.070 0	2.080 0	2.090 0	2.100 0	2.110 0	2.120 0	2.130 0	2.140 0	2.150 0	2.160 0	2.170 0	2.180 0	2.190 0	2.200 0
3	3.030 1	3.060 4	3.090 9	3.121 6	3.152 5	3.183 6	3.214 9	3.246 4	3.278 1	3.310 0	3.342 1	3.374 4	3.406 9	3.439 6	3.472 5	3.505 6	3.538 9	3.572 4	3.606 1	3.640 0
4	4.060 4	4.121 6	4.183 6	4.246 5	4.310 1	4.374 6	4.439 9	4.506 1	4.573 1	4.641 0	4.709 7	4.779 3	4.849 8	4.921 1	4.993 4	5.066 5	5.140 5	5.215 4	5.291 3	5.368 0
5	5.101 0	5.204 0	5.309 1	5.416 3	5.525 6	5.637 1	5.750 7	5.866 6	5.984 7	6.105 1	6.227 8	6.352 8	6.480 3	6.610 1	6.742 4	6.877 1	7.014 4	7.154 2	7.296 6	7.441 6
6	6.152 0	6.308 1	6.468 4	6.633 0	6.801 9	6.975 3	7.153 3	7.335 9	7.523 3	7.715 6	7.912 9	8.115 2	8.322 7	8.535 5	8.753 7	8.977 5	9.206 8	9.442 0	9.683 0	9.929 9
7	7.213 5	7.434 3	7.662 5	7.898 3	8.142 0	8.393 8	8.654 0	8.922 8	9.200 4	9.487 2	9.783 3	10.089 0	10.404 7	10.730 5	11.066 8	11.413 9	11.772 0	12.141 5	12.522 7	12.915 9
8	8.285 7	8.583 0	8.892 3	9.214 2	9.549 1	9.897 5	10.259 8	10.636 6	11.028 5	11.435 9	11.859 4	12.299 7	12.757 3	13.232 8	13.726 8	14.240 1	14.773 3	15.327 0	15.902 0	16.499 1
9	9.368 5	9.754 6	10.159 1	10.582 8	11.026 6	11.491 3	11.978 0	12.487 6	13.021 0	13.579 5	14.164 0	14.775 7	15.415 7	16.085 3	16.785 8	17.518 5	18.284 7	19.085 9	19.923 4	20.798 9
10	10.462 2	10.949 7	11.463 9	12.006 1	12.577 9	13.180 8	13.816 4	14.486 6	15.192 9	15.937 4	16.722 0	17.548 7	18.419 7	19.337 3	20.303 7	21.321 5	22.393 1	23.521 3	24.708 9	25.958 7
11	11.566 8	12.168 7	12.807 8	13.486 4	14.206 8	14.971 6	15.783 6	16.645 5	17.560 3	18.531 2	19.561 4	20.654 6	21.814 3	23.044 5	24.349 3	25.732 9	27.199 9	28.755 1	30.403 5	32.150 4
12	12.682 5	13.412 1	14.192 0	15.025 8	15.917 1	16.869 9	17.888 5	18.977 1	20.140 7	21.384 3	22.713 2	24.133 1	25.650 2	27.270 7	29.001 7	30.850 2	32.823 9	34.931 1	37.180 2	39.580 5
13	13.809 3	14.680 3	15.617 8	16.626 8	17.713 0	18.882 1	20.140 6	21.495 3	22.953 4	24.522 7	26.211 6	28.029 1	29.984 7	32.088 7	34.351 9	36.786 2	39.404 0	42.218 7	45.244 5	48.496 6
14	14.947 4	15.973 9	17.086 3	18.291 9	19.598 6	21.015 1	22.550 5	24.214 9	26.019 2	27.975 0	30.094 9	32.392 6	34.882 7	37.581 1	40.504 7	43.672 0	47.102 7	50.818 0	54.840 9	59.195 9
15	16.096 9	17.293 4	18.598 9	20.023 6	21.578 6	23.276 0	25.129 0	27.152 1	29.360 9	31.772 5	34.405 4	37.279 7	40.417 5	43.842 4	47.580 4	51.659 5	56.110 1	60.965 3	66.260 7	72.035 1
16	17.257 9	18.639 3	20.156 9	21.824 5	23.657 5	25.672 5	27.888 1	30.324 3	33.003 4	35.949 7	39.189 9	42.753 3	46.671 7	50.980 4	55.717 5	60.925 0	66.648 8	72.939 0	79.850 2	87.442 1
17	18.430 4	20.012 1	21.761 6	23.697 5	25.840 4	28.212 9	30.840 2	33.750 2	36.973 7	40.544 7	44.500 8	48.883 7	53.739 1	59.117 6	65.075 1	71.673 0	78.979 1	87.068 0	96.021 7	105.930 6
18	19.614 7	21.412 3	23.414 4	25.645 4	28.132 4	30.905 7	33.999 0	37.450 2	41.301 3	45.599 2	50.395 9	55.749 7	61.725 1	68.394 1	75.836 4	84.140 7	93.405 6	103.740 3	115.265 9	128.116 7
19	20.810 9	22.840 6	25.116 9	27.671 2	30.539 0	33.760 0	37.379 0	41.446 3	46.018 5	51.159 1	56.939 5	63.439 7	70.749 4	78.969 2	88.211 8	98.603 2	110.284 6	123.413 5	138.166 4	154.740 0
20	22.019 0	24.297 4	26.870 4	29.778 1	33.066 0	36.785 6	40.995 5	45.762 0	51.160 1	57.275 0	64.202 8	72.052 4	80.946 8	91.024 9	102.443 6	115.379 7	130.032 9	146.628 0	165.418 0	186.688 0
21	23.239 2	25.783 3	28.676 5	31.969 2	35.719 3	39.992 7	44.865 2	50.422 9	56.764 5	64.002 5	72.265 1	81.698 7	92.469 9	104.768 4	118.810 1	134.840 5	153.138 5	174.021 0	197.847 4	225.025 6
22	24.471 6	27.299 0	30.536 8	34.248 0	38.505 2	43.392 3	49.005 7	55.456 8	62.873 3	71.402 7	81.214 3	92.502 6	105.491 0	120.436 0	137.631 6	157.415 0	180.172 1	206.344 8	236.438 4	271.030 7
23	25.716 3	28.845 0	32.452 9	36.617 9	41.430 5	46.995 8	53.436 1	60.893 3	69.531 9	79.543 0	91.147 9	104.602 9	120.204 8	138.297 0	159.276 4	183.601 4	211.801 3	244.486 8	282.361 8	326.236 8
24	26.973 5	30.421 9	34.426 5	39.082 6	44.502 0	50.815 6	58.176 7	66.764 8	76.789 8	88.497 3	102.174 1	118.155 2	136.831 5	158.658 6	184.167 8	213.977 6	248.807 5	289.494 5	337.010 5	392.484 2
25	28.243 2	32.030 3	36.459 3	41.645 9	47.727 1	54.864 5	63.249 0	73.105 9	84.700 9	98.347 1	114.413 3	133.333 9	155.619 6	181.870 8	212.793 0	249.214 0	292.104 8	342.603 5	402.042 4	471.981 1
26	29.525 6	33.670 9	38.553 0	44.311 7	51.113 5	59.156 4	68.676 5	79.954 4	93.324 0	109.181 8	127.998 8	150.333 9	176.850 1	208.332 7	245.712 0	290.088 3	342.762 6	405.272 1	479.430 5	567.377 3
27	30.820 9	35.344 3	40.709 6	47.084 2	54.669 1	63.705 8	74.483 8	87.350 8	102.723 1	121.099 9	143.078 6	169.374 0	200.840 6	238.499 3	283.568 8	337.502 4	402.032 3	479.221 1	571.522 3	681.852 7
28	32.129 1	37.051 2	42.930 9	49.967 6	58.402 6	68.528 1	80.697 7	95.338 8	112.968 2	134.209 9	159.817 3	190.698 9	227.949 9	272.889 2	327.104 1	392.502 7	471.377 8	566.480 8	681.111 6	819.223 3
29	33.450 4	38.792 2	45.218 8	52.966 3	62.322 7	73.639 8	87.346 5	103.965 9	124.135 4	148.630 9	178.397 2	214.582 7	258.583 4	312.093 7	377.169 7	456.303 2	552.512 0	669.447 4	811.522 8	984.067 9
30	34.784 9	40.568 1	47.575 4	56.084 9	66.438 9	79.058 2	94.460 8	113.283 2	136.307 5	164.494 0	199.020 9	241.332 7	293.199 2	356.786 8	434.745 1	530.311 7	647.439 0	790.947 9	966.712 1	1 181.882
40	48.886 4	60.402 0	75.401 3	95.025 5	120.799 8	154.762 0	199.635 1	259.056 5	337.882 4	442.592 5	581.826 0	767.091 4	1 013.704	1 342.025	1 779.090	2 360.757	3 134.522	4 163.212	5 529.829	7 343.856
50	64.463 2	84.579 4	112.796 9	152.667 1	209.348 0	290.335 9	406.528 9	573.770 1	815.083 4	1 163.908	1 668.771	2 400.018	3 459.507	4 994.522	7 217.714	10 435.65	15 089.50	21 813.09	31 515.33	45 497.17

□ 利用附录表 A-4 的例题：一系列等额货币的现值（每期 1 美元的年金）

利用这个表格，查找给定时期的现值因子和利率。

1. 你准备签订一份合约，合约规定未来 10 年的每年年末你将得到 1 000 美元收入。如果年利率为 7%，这一收入流的现值为多少？

现值因子为 7.024；因此，解为 1 000×7.024，即 7 024 美元。

2. 你预计当你退休时可从退休计划中得到 250 000 美元。如果投资收益率为 8%，且你还可再多活 20 年，则每年你可以从中取出多少钱从而使得 20 年后养老金刚好用完？

在 8%的收益率下，20 年的投资现值因子为 9.818。因此，解为 250 000÷9.818，即 25 463 美元。

3. 你得到一笔 60 000 美元的遗产，将它以 9%的收益率进行投资。如果你每年提出 8 000 美元对你的收入进行补贴，多少年后这笔钱将耗尽？

解出 n，60 000÷8 000=7.5。沿着 9%的列浏览直到找到现值因子 7.487，最接近 7.5。表格中的行表明它的期限为 13 年；由此可知，每年取出 8 000 美元，则约 13 年后这笔钱将耗尽。

4. 现有一个卖方提供融资的建筑销售投资项目。它规定贷款为 280 000 美元，期限为 20 年，且每年需要偿还 24 000 美元。如果当前利率为 10%，你应当从卖方融资购买还是从金融机构借款购买？

280 000÷24 000=11.667。浏览列（n）找到 20 年，接着横向从表格的行找到最接近 11.667 的 11.470。它属于 6%的列；因此，卖方融资提供了较低的利率。

5. 现在你有一个机会以 750 000 美元的价格买下一栋预期寿命为 20 年的大楼。查看财务细节时，你发现税前净租金收入为 90 000 美元。如果你想得到至少 15%的收益率，你应为这栋大楼付多少钱？

20 年、15%收益率的现值因子为 6.259，又有 90 000×6.259=563 310（美元），因此为了挣得 15%的收益率这个价格太高了。

另一种可用方法是用计算器算出支付现金流的现值 PV。其公式为

$$PV=\frac{[1.0-1.0/(1.0+i)^n]\times A}{i} \tag{A.4}$$

其中

PV=投资现值；

i=每期利率；

n=PV 进行投资的期数；

A=年金金额。

表 A-4

一系列等额货币的现值(每期期末收入 1 美元年金)
(用以计算收入支付现金流的折现现值)

n	1%	2%	3%	4%	5%	6%	7%	8%	9%	10%	11%	12%	13%	14%	15%	16%	17%	18%	19%	20%
1	0.990 1	0.980 4	0.970 9	0.961 5	0.952 4	0.943 4	0.934 6	0.925 9	0.917 4	0.909 1	0.900 9	0.892 9	0.885 0	0.877 2	0.869 6	0.862 1	0.854 7	0.847 5	0.840 3	0.833 3
2	1.970 4	1.941 6	1.913 5	1.886 1	1.859 4	1.833 4	1.808 0	1.783 3	1.759 1	1.735 5	1.712 5	1.690 1	1.668 1	1.646 7	1.625 7	1.605 2	1.585 2	1.565 6	1.546 5	1.527 8
3	2.941 0	2.883 9	2.828 6	2.775 1	2.723 2	2.673 0	2.624 3	2.577 1	2.531 3	2.486 9	2.443 7	2.401 8	2.361 2	2.321 6	2.283 2	2.245 9	2.209 6	2.174 3	2.139 9	2.106 5
4	3.902 0	3.807 7	3.717 1	3.629 9	3.546 0	3.465 1	3.387 2	3.312 1	3.239 7	3.169 9	3.102 4	3.037 3	2.974 5	2.913 7	2.855 0	2.798 2	2.743 2	2.690 1	2.638 6	2.588 7
5	4.853 4	4.713 5	4.579 7	4.451 8	4.329 5	4.212 4	4.100 2	3.992 7	3.889 7	3.790 8	3.695 9	3.604 8	3.517 2	3.433 1	3.352 2	3.274 3	3.199 3	3.127 2	3.057 6	2.990 6
6	5.795 5	5.601 4	5.417 2	5.242 1	5.075 7	4.917 3	4.766 5	4.622 9	4.485 9	4.355 3	4.230 5	4.111 4	3.997 5	3.888 7	3.784 5	3.684 7	3.589 2	3.497 6	3.409 8	3.325 5
7	6.728 2	6.472 0	6.230 3	6.002 1	5.786 4	5.582 4	5.389 3	5.206 4	5.033 0	4.868 4	4.712 2	4.563 8	4.422 6	4.288 3	4.160 4	4.038 6	3.922 4	3.811 5	3.705 7	3.604 6
8	7.651 7	7.325 5	7.019 7	6.732 7	6.463 2	6.209 8	5.971 3	5.746 6	5.534 8	5.334 9	5.146 1	4.967 6	4.798 8	4.638 9	4.487 3	4.343 6	4.207 2	4.077 6	3.954 4	3.837 2
9	8.566 0	8.162 2	7.786 1	7.435 3	7.107 8	6.801 7	6.515 2	6.246 9	5.995 2	5.759 0	5.537 0	5.328 2	5.131 7	4.946 4	4.771 6	4.606 5	4.450 6	4.303 0	4.163 3	4.031 0
10	9.471 3	8.982 6	8.530 2	8.110 9	7.721 7	7.360 1	7.023 6	6.710 1	6.417 7	6.144 6	5.889 2	5.650 2	5.426 2	5.216 1	5.018 8	4.833 2	4.658 6	4.494 1	4.338 9	4.192 5
11	10.367 6	9.786 8	9.252 6	8.760 5	8.306 4	7.886 9	7.498 7	7.139 0	6.805 2	6.495 1	6.206 5	5.937 7	5.686 9	5.452 7	5.233 7	5.028 6	4.836 4	4.656 0	4.486 5	4.327 1
12	11.255 1	10.575 3	9.954 0	9.385 1	8.863 3	8.383 8	7.942 7	7.536 1	7.160 7	6.813 7	6.492 4	6.194 4	5.917 6	5.660 3	5.420 6	5.197 1	4.988 4	4.793 2	4.610 5	4.439 2
13	12.133 7	11.348 4	10.635 0	9.985 6	9.393 6	8.852 7	8.357 7	7.903 8	7.486 9	7.103 4	6.749 9	6.423 5	6.121 8	5.842 4	5.583 1	5.342 3	5.118 3	4.909 5	4.714 7	4.532 7
14	13.003 7	12.106 2	11.296 1	10.563 1	9.898 6	9.295 0	8.745 5	8.244 2	7.786 2	7.366 7	6.981 9	6.628 2	6.302 5	6.002 1	5.724 5	5.467 5	5.229 3	5.008 1	4.802 3	4.610 6
15	13.865 1	12.849 3	11.937 9	11.118 4	10.379 7	9.712 2	9.107 9	8.559 5	8.060 7	7.606 1	7.190 9	6.810 9	6.462 4	6.142 2	5.847 4	5.575 5	5.324 2	5.091 6	4.875 9	4.675 5
16	14.717 9	13.577 7	12.561 1	11.652 3	10.837 8	10.105 9	9.446 6	8.851 4	8.312 6	7.823 7	7.379 2	6.974 0	6.603 9	6.265 1	5.954 2	5.668 5	5.405 3	5.162 4	4.937 7	4.729 6
17	15.562 3	14.291 9	13.166 1	12.165 7	11.274 1	10.477 3	9.763 2	9.121 6	8.543 6	8.021 6	7.548 8	7.119 6	6.729 1	6.372 9	6.047 2	5.748 7	5.474 6	5.222 3	4.989 7	4.774 6
18	16.398 3	14.992 0	13.753 5	12.659 3	11.689 6	10.827 6	10.059 1	9.371 9	8.755 6	8.201 4	7.701 6	7.249 7	6.839 9	6.467 4	6.128 0	5.817 8	5.533 9	5.273 2	5.033 3	4.812 2
19	17.226 0	15.678 5	14.323 8	13.133 9	12.085 3	11.158 1	10.335 6	9.603 6	8.950 1	8.364 9	7.839 3	7.365 8	6.938 0	6.550 4	6.198 2	5.877 5	5.584 5	5.316 2	5.070 0	4.843 5
20	18.045 6	16.351 4	14.877 5	13.590 3	12.462 2	11.469 9	10.594 0	9.818 1	9.128 5	8.513 6	7.963 3	7.469 4	7.024 8	6.623 1	6.259 3	5.928 8	5.627 8	5.352 7	5.100 9	4.869 6
21	18.857 0	17.011 2	15.415 0	14.029 2	12.821 2	11.764 1	10.835 5	10.016 8	9.292 2	8.648 7	8.075 1	7.562 0	7.101 6	6.687 0	6.312 5	5.973 1	5.664 8	5.383 7	5.126 8	4.891 3
22	19.660 4	17.658 0	15.936 9	14.451 1	13.163 0	12.041 6	11.061 2	10.200 7	9.442 4	8.771 5	8.175 7	7.644 6	7.169 5	6.742 9	6.358 7	6.011 3	5.696 4	5.409 9	5.148 6	4.909 4
23	20.455 8	18.292 2	16.443 6	14.856 8	13.488 6	12.303 4	11.272 2	10.371 1	9.580 2	8.883 2	8.266 4	7.718 4	7.229 7	6.792 1	6.398 8	6.044 2	5.723 4	5.432 1	5.166 8	4.924 5
24	21.243 4	18.913 9	16.935 5	15.247 0	13.798 6	12.550 4	11.469 3	10.528 8	9.706 6	8.984 7	8.348 1	7.784 3	7.282 9	6.835 1	6.433 8	6.072 6	5.746 5	5.450 9	5.182 2	4.937 1
25	22.023 2	19.523 5	17.413 1	15.622 1	14.093 9	12.783 4	11.653 6	10.674 8	9.822 6	9.077 0	8.421 7	7.843 1	7.330 0	6.872 9	6.464 1	6.097 1	5.766 2	5.466 9	5.195 1	4.947 6
26	22.795 2	20.121 0	17.876 8	15.982 8	14.375 2	13.003 2	11.825 8	10.810 0	9.929 0	9.160 9	8.488 1	7.895 7	7.371 7	6.906 1	6.490 6	6.118 2	5.783 1	5.480 4	5.206 0	4.956 3
27	23.559 6	20.706 9	18.327 0	16.329 6	14.643 0	13.210 5	11.986 7	10.935 2	10.026 6	9.237 2	8.547 8	7.942 6	7.408 6	6.935 2	6.513 5	6.136 4	5.797 5	5.491 9	5.215 1	4.963 6
28	24.316 4	21.281 3	18.764 1	16.663 1	14.898 1	13.406 2	12.137 1	11.051 1	10.116 1	9.306 6	8.601 6	7.984 4	7.441 2	6.960 7	6.533 5	6.152 0	5.809 9	5.501 6	5.222 8	4.969 7
29	25.065 8	21.844 4	19.188 5	16.983 7	15.141 1	13.590 7	12.277 7	11.158 4	10.198 3	9.369 6	8.650 1	8.021 8	7.470 1	6.983 0	6.550 9	6.165 6	5.820 4	5.509 8	5.229 2	4.974 7
30	25.807 7	22.396 5	19.600 4	17.292 0	15.372 5	13.764 8	12.409 0	11.257 8	10.273 7	9.426 9	8.693 8	8.055 2	7.495 7	7.002 7	6.566 0	6.177 2	5.829 4	5.516 8	5.234 7	4.978 9
40	32.834 7	27.355 5	23.114 8	19.792 8	17.159 1	15.046 3	13.331 7	11.924 6	10.757 4	9.779 1	8.951 1	8.243 8	7.634 4	7.105 0	6.641 8	6.233 5	5.871 3	5.548 2	5.258 2	4.996 6
50	39.196 1	31.423 6	25.729 8	21.482 2	18.255 9	15.761 9	13.800 7	12.233 5	10.961 7	9.914 8	9.041 7	8.304 5	7.675 2	7.132 7	6.660 5	6.246 3	5.880 1	5.554 1	5.262 3	4.999 5

附录 B 社会保障福利估量

美国社会保障管理局为你提供了退休后的基本福利，包括残疾福利及遗属福利。为了证明资格，对每一个福利项目你都需要得到一个信用号码。一旦确认你具有享受福利的资格，你所得到的福利水平是基于上一年《联邦保险捐款法案》规定的纳税，即一般所说的社会保障税。福利会随根据每年 10 月美国社会保障管理局发布的下一年的生活成本调整而上升。由于低通货膨胀，2010 年和 2011 年没有进行生活成本调整。本部分讨论和附录表 B-1 给出了作者利用 www. ssa. gov/planners/calculators. htm 中的计算器，对 2012 年不同收入水平的社会保障福利进行的估算。这些数据是针对一个 30 岁的工人的，但也同样适用于年长或年少 10 岁的工人们。

□ 社会保障退休福利

为了享受符合社会保障退休福利的资格，任何一个在 1928 年后出生的工人都必须取得 40 个信用积分。正如正文中所提及的那样，每年最多只可能得到 4 个信用积分。2011 年，一个工人的每一个信用积分可由社会保障税的 1 120 美元（这一数字每年会根据通货膨胀上调）收入获得。被抚养子女、照顾被抚养子女的配偶以及 62 岁退休的配偶（包括持续 10 年以上婚姻的前配偶）也可能以合格退休工人身份得到福利。

你可以使用附录表 B-1 来估算一个人社会保障退休福利的现值，假设退休人员之前的工作稳定，收入增长为平均水平，并且在全退休年龄时退休。如果有超过一个人在该退休人员的账户下享受福利（例如退休人员和他的配偶），第二个人的福利将是退休人员福利的一半，这样二人的总福利就比附录表 B-1 中的数字要高 50%。

□ 社会保障残疾福利

社会保障会向参保工人、18 岁以下被抚养子女（或仍然在读高中的 19 岁孩子）、需抚养 16 岁以下或残障的孩子的配偶以及 62 岁及以上年龄的配偶（离婚但没有再婚且婚史超过 10 年的亦可）支付残疾福利。该福利的金额取决于两个因素。第一个因素是残疾工人资格。为获取残疾福利资格，工人必须拥有至少 40 个社会保障信用积分，且其中至少 20 个信用积分获取应在前 10 年之内（以出生年为基础）。31 岁以下的工人必须取得至少 6 个信用积分或有比在 21 岁以后的可能的总信用积分一半还多 1 个信用积分，更多也可以。（例如，一个 26 岁的工人有 20 个信用积分，便有 5 年的时间可以再去获取 10 个信用积分。）第二个影响福利水平的因素是按 FICA 税规定的一个人在残疾前的收入。

你可以假设残疾的人员工作稳定且收入为平均水平，利用附录表 B－1 估算个人社会保障残疾福利。为了得到比附录表 B－1 更为明确的数据，可以联系美国社会保障管理局获取在第十七章中描述的你的社会保障单，或者登录 www. ssa. gov/mystatement/ 或 www. ssa. gov/planners/calculators. htm.

□ 社会保障遗属福利

社会保障会向 18 岁以下遗孤（或仍然在读高中的 19 岁孩子）、需抚养 16 岁以下遗孤的未亡配偶（离婚但没有再婚的也可）以及 60 岁及以上的未亡配偶（即使离婚但婚史至少有 10 年的亦可）支付福利金。这类项目中有两个重要因素。第一个因素是参保工人资格。拥有至少 40 个信用积分的死亡工人被认定是“完全保障”的。自 21 岁起尽可能获取了所有可得信用分数的工人也可以被完全保障。其他个人，如在前 13 个可获信用日程中获得 6 个信用积分，即被认定为“当期保障”。当期保障工人的遗属相较完全保障工人的遗属只能获得有限种类的福利。第二个因素是参保工人的收入水平，如附录表 B－1 所示。

你可以利用附录表 B－1 为遗属家庭成员估算社会保障遗属福利的月度价值。这张表是建立在已亡工人工作稳定且收入为平均水平的假设基础上的。

表 B－1　　三个主要社会保障项目的社会保障福利估算[a]

	现在的年收入（美元）					
	30 000	40 000	50 000	60 000	75 000	100 000
67 岁时按月支取的养老金的现值						
每月（美元）	1 276	1 543	1 816	1 943	2 195	2 516
每年（美元）	15 312	18 156	21 792	23 31 6	26 340	30 192
占收入的比例（%）	51	46	44	39	35	30
67 岁时按月支取的养老金的终值						
每月（美元）	4 772	5 743	6 743	7 623	8 327	9 501
每年（美元）	57 264	68 916	80 916	91 476	99 924	114 012
2012 年残疾时按月支取的残疾福利						
每月的个人福利（美元）	1 150	1 387	1 623	1 858	2 058	2 334
每年的个人福利（美元）	13 800	16 644	19 476	22 296	24 696	28 008
占收入的比例（%）	46	42	39	37	33	28

续前表

	现在的年收入（美元）					
	30 000	40 000	50 000	60 000	75 000	100 000
每月的最高家庭福利（美元）	1 955	2 358	2 759	3 159	3 499	3 968
每年的最高家庭福利（美元）	23 460	28 296	33 108	37 908	41 988	47 616
2012 年去世时的遗属福利						
每月的个人福利（美元）[b]	889	1 074	1 259	1 443	1 573	1 790
每年的个人福利（美元）	10 668	12 888	15 108	17 316	18 876	21 480
占收入的比例（%）	36	32	30	29	25	21
每月的最高家庭福利（美元）	1 974	2 676	3 005	3 368	3 671	4 179
每年的最高家庭福利（美元）	23 688	32 112	36 060	40 416	44 052	50 148

a. 作者利用美国社会保障管理局网站上的计算器对 2012 年一个 30 岁的工人情况进行的估算。
b. 一个 65 岁以上的未亡配偶可以得到的退休福利比这些数字高出近三分之一。

经济科学译丛						
序号	书名	作者	Author	单价	出版年份	ISBN
1	平狄克《微观经济学》(第九版)学习指导	乔纳森·汉密尔顿	Jonathan Hamilton	42.00	2020	978-7-300-28281-7
2	经济地理学:区域和国家一体化	皮埃尔-菲利普·库姆斯等	Pierre-Philippe Combes	56.00	2020	978-7-300-28276-3
3	公共部门经济学(第四版)	约瑟夫·E.斯蒂格利茨等	Joseph E. Stiglitz	96.00	2020	978-7-300-28218-3
4	递归宏观经济理论(第三版)	拉尔斯·扬奎斯特等	Lars Ljungqvist	128.00	2020	978-7-300-28058-5
5	策略博弈(第四版)	阿维纳什·迪克西特等	Avinash Dixit	85.00	2020	978-7-300-28005-9
6	劳动关系(第10版)	小威廉·H.霍利等	William H. Holley, Jr.	83.00	2020	978-7-300-25582-8
7	微观经济学(第九版)	罗伯特·S.平狄克等	Robert S. Pindyck	93.00	2020	978-7-300-26640-4
8	宏观经济学(第十版)	N.格里高利·曼昆	N. Gregory Mankiw	79.00	2020	978-7-300-27631-1
9	宏观经济学(第九版)	安德鲁·B.亚伯等	Andrew B. Abel	95.00	2020	978-7-300-27382-2
10	商务经济学(第二版)	克里斯·马尔赫恩等	Chris Mulhearn	56.00	2019	978-7-300-24491-4
11	管理经济学:基于战略的视角(第二版)	蒂莫西·费希尔等	Timothy Fisher	58.00	2019	978-7-300-23886-9
12	投入产出分析:基础与扩展(第二版)	罗纳德·E.米勒等	Ronald E. Miller	98.00	2019	978-7-300-26845-3
13	宏观经济学:政策与实践(第二版)	弗雷德里克·S.米什金	Frederic S. Mishkin	89.00	2019	978-7-300-26809-5
14	国际商务:亚洲视角	查尔斯·W.L.希尔等	Charles W. L. Hill	108.00	2019	978-7-300-26791-3
15	统计学:在经济和管理中的应用(第10版)	杰拉德·凯勒	Gerald Keller	158.00	2019	978-7-300-26771-5
16	经济学精要(第五版)	R.格伦·哈伯德等	R. Glenn Hubbard	99.00	2019	978-7-300-26561-2
17	环境经济学(第七版)	埃班·古德斯坦等	Eban Goodstein	78.00	2019	978-7-300-23867-8
18	管理者微观经济学	戴维·M.克雷普斯	David M. Kreps	88.00	2019	978-7-300-22914-0
19	税收与企业经营战略:筹划方法(第五版)	迈伦·S.斯科尔斯等	Myron S. Scholes	78.00	2018	978-7-300-25999-4
20	美国经济史(第12版)	加里·M.沃尔顿等	Gary M. Walton	98.00	2018	978-7-300-26473-8
21	组织经济学:经济学分析方法在组织管理上的应用(第五版)	塞特斯·杜玛等	Sytse Douma	62.00	2018	978-7-300-25545-3
22	经济理论的回顾(第五版)	马克·布劳格	Mark Blaug	88.00	2018	978-7-300-26252-9
23	实地实验:设计、分析与解释	艾伦·伯格等	Alan S. Gerber	69.80	2018	978-7-300-26319-9
24	金融学(第二版)	兹维·博迪等	Zvi Bodie	75.00	2018	978-7-300-26134-8
25	空间数据分析:模型、方法与技术	曼弗雷德·M.费希尔等	Manfred M. Fischer	36.00	2018	978-7-300-25304-6
26	《宏观经济学》(第十二版)学习指导书	鲁迪格·多恩布什等	Rudiger Dornbusch	38.00	2018	978-7-300-26063-1
27	宏观经济学(第四版)	保罗·克鲁格曼等	Paul Krugman	68.00	2018	978-7-300-26068-6
28	计量经济学导论:现代观点(第六版)	杰弗里·M.伍德里奇	Jeffrey M. Wooldridge	109.00	2018	978-7-300-25914-7
29	经济思想史:伦敦经济学院讲演录	莱昂内尔·罗宾斯	Lionel Robbins	59.80	2018	978-7-300-25258-2
30	空间计量经济学入门——在R中的应用	朱塞佩·阿尔比亚	Giuseppe Arbia	45.00	2018	978-7-300-25458-6
31	克鲁格曼经济学原理(第四版)	保罗·克鲁格曼等	Paul Krugman	88.00	2018	978-7-300-25639-9
32	发展经济学(第七版)	德怀特·H.波金斯等	Dwight H. Perkins	98.00	2018	978-7-300-25506-4
33	线性与非线性规划(第四版)	戴维·G.卢恩伯格等	David G. Luenberger	79.80	2018	978-7-300-25391-6
34	产业组织理论	让·梯若尔	Jean Tirole	110.00	2018	978-7-300-25170-7
35	经济学精要(第六版)	巴德,帕金	Bade, Parkin	89.00	2018	978-7-300-24749-6
36	空间计量经济学——空间数据的分位数回归	丹尼尔·P.麦克米伦	Daniel P. McMillen	30.00	2018	978-7-300-23949-1
37	高级宏观经济学基础(第二版)	本·J.海德拉	Ben J. Heijdra	88.00	2018	978-7-300-25147-9
38	税收经济学(第二版)	伯纳德·萨拉尼耶	Bernard Salanié	42.00	2018	978-7-300-23866-1
39	国际贸易(第三版)	罗伯特·C.芬斯特拉	Robert C. Feenstra	73.00	2017	978-7-300-25327-5
40	国际宏观经济学(第三版)	罗伯特·C.芬斯特拉	Robert C. Feenstra	79.00	2017	978-7-300-25326-8
41	公司治理(第五版)	罗伯特·A.G.蒙克斯	Robert A. G. Monks	69.80	2017	978-7-300-24972-8
42	国际经济学(第15版)	罗伯特·J.凯伯	Robert J. Carbaugh	78.00	2017	978-7-300-24844-8
43	经济理论和方法史(第五版)	小罗伯特·B.埃克伦德等	Robert B. Ekelund. Jr.	88.00	2017	978-7-300-22497-8
44	经济地理学	威廉·P.安德森	William P. Anderson	59.80	2017	978-7-300-24544-7
45	博弈与信息:博弈论概论(第四版)	艾里克·拉斯穆森	Eric Rasmusen	79.80	2017	978-7-300-24546-1
46	MBA宏观经济学	莫里斯·A.戴维斯	Morris A. Davis	38.00	2017	978-7-300-24268-2
47	经济学基础(第十六版)	弗兰克·V.马斯切纳	Frank V. Mastrianna	42.00	2017	978-7-300-22607-1
48	高级微观经济学:选择与竞争性市场	戴维·M.克雷普斯	David M. Kreps	79.80	2017	978-7-300-23674-2
49	博弈论与机制设计	Y.内拉哈里	Y. Narahari	69.80	2017	978-7-300-24209-5
50	宏观经济学精要:理解新闻中的经济学(第三版)	彼得·肯尼迪	Peter Kennedy	45.00	2017	978-7-300-21617-1
51	宏观经济学(第十二版)	鲁迪格·多恩布什等	Rudiger Dornbusch	69.00	2017	978-7-300-23772-5
52	国际金融与开放宏观经济学:理论、历史与政策	亨德里克·范登伯格	Hendrik Van den Berg	68.00	2016	978-7-300-23380-2
53	经济学(微观部分)	达龙·阿西莫格鲁等	Daron Acemoglu	59.00	2016	978-7-300-21786-4
54	经济学(宏观部分)	达龙·阿西莫格鲁等	Daron Acemoglu	45.00	2016	978-7-300-21886-1
55	发展经济学	热若尔·罗兰	Gérard Roland	79.00	2016	978-7-300-23379-6
56	中级微观经济学——直觉思维与数理方法(上下册)	托马斯·J.内契巴	Thomas J. Nechyba	128.00	2016	978-7-300-22363-6
57	环境与自然资源经济学(第十版)	汤姆·蒂坦伯格等	Tom Tietenberg	72.00	2016	978-7-300-22900-3
58	劳动经济学基础(第二版)	托马斯·海克拉克等	Thomas Hyclak	65.00	2016	978-7-300-23146-4

经济科学译丛

序号	书名	作者	Author	单价	出版年份	ISBN
59	货币金融学(第十一版)	弗雷德里克·S. 米什金	Frederic S. Mishkin	85.00	2016	978-7-300-23001-6
60	动态优化——经济学和管理学中的变分法和最优控制(第二版)	莫顿·I. 凯曼等	Morton I. Kamien	48.00	2016	978-7-300-23167-9
61	用Excel学习中级微观经济学	温贝托·巴雷托	Humberto Barreto	65.00	2016	978-7-300-21628-7
62	国际经济学:理论与政策(第十版)	保罗·R. 克鲁格曼等	Paul R. Krugman	89.00	2016	978-7-300-22710-8
63	国际金融(第十版)	保罗·R. 克鲁格曼等	Paul R. Krugman	55.00	2016	978-7-300-22089-5
64	国际贸易(第十版)	保罗·R. 克鲁格曼等	Paul R. Krugman	42.00	2016	978-7-300-22088-8
65	经济学精要(第3版)	斯坦利·L. 布鲁伊等	Stanley L. Brue	58.00	2016	978-7-300-22301-8
66	经济分析史(第七版)	英格里德·H. 里马	Ingrid H. Rima	72.00	2016	978-7-300-22294-3
67	投资学精要(第九版)	兹维·博迪等	Zvi Bodie	108.00	2016	978-7-300-22236-3
68	环境经济学(第二版)	查尔斯·D. 科尔斯塔德	Charles D. Kolstad	68.00	2016	978-7-300-22255-4
69	MWG《微观经济理论》习题解答	原千晶等	Chiaki Hara	75.00	2016	978-7-300-22306-3
70	现代战略分析(第七版)	罗伯特·M. 格兰特	Robert M. Grant	68.00	2016	978-7-300-17123-4
71	横截面与面板数据的计量经济分析(第二版)	杰弗里·M. 伍德里奇	Jeffrey M. Wooldridge	128.00	2016	978-7-300-21938-7
72	宏观经济学(第十二版)	罗伯特·J. 戈登	Robert J. Gordon	75.00	2016	978-7-300-21978-3
73	动态最优化基础	蒋中一	Alpha C. Chiang	42.00	2015	978-7-300-22068-0
74	城市经济学	布伦丹·奥弗莱厄蒂	Brendan O'Flaherty	69.80	2015	978-7-300-22067-3
75	管理经济学:理论、应用与案例(第八版)	布鲁斯·艾伦等	Bruce Allen	79.80	2015	978-7-300-21991-2
76	经济政策:理论与实践	阿格尼丝·贝纳西-奎里等	Agnès Bénassy-Quéré	79.80	2015	978-7-300-21921-9
77	微观经济分析(第三版)	哈尔·R. 范里安	Hal R. Varian	68.00	2015	978-7-300-21536-5
78	财政学(第十版)	哈维·S. 罗森等	Harvey S. Rosen	68.00	2015	978-7-300-21754-3
79	经济数学(第三版)	迈克尔·霍伊等	Michael Hoy	88.00	2015	978-7-300-21674-4
80	发展经济学(第九版)	A. P. 瑟尔沃	A. P. Thirlwall	69.80	2015	978-7-300-21193-0
81	宏观经济学(第五版)	斯蒂芬·D. 威廉森	Stephen D. Williamson	69.00	2015	978-7-300-21169-5
82	资源经济学(第三版)	约翰·C. 伯格斯特罗姆等	John C. Bergstrom	58.00	2015	978-7-300-20742-1
83	应用中级宏观经济学	凯文·D. 胡佛	Kevin D. Hoover	78.00	2015	978-7-300-21000-1
84	现代时间序列分析导论(第二版)	约根·沃特斯等	Jürgen Wolters	39.80	2015	978-7-300-20625-7
85	空间计量经济学——从横截面数据到空间面板	J. 保罗·埃尔霍斯特	J. Paul Elhorst	32.00	2015	978-7-300-21024-7
86	国际经济学原理	肯尼思·A. 赖纳特	Kenneth A. Reinert	58.00	2015	978-7-300-20830-5
87	经济写作(第二版)	迪尔德丽·N. 麦克洛斯基	Deirdre N. McCloskey	39.80	2015	978-7-300-20914-2
88	计量经济学方法与应用(第五版)	巴蒂·H. 巴尔塔基	Badi H. Baltagi	58.00	2015	978-7-300-20584-7
89	战略经济学(第五版)	戴维·贝赞可等	David Besanko	78.00	2015	978-7-300-20679-0
90	博弈论导论	史蒂文·泰迪里斯	Steven Tadelis	58.00	2015	978-7-300-19993-1
91	社会问题经济学(第二十版)	安塞尔·M. 夏普等	Ansel M. Sharp	49.00	2015	978-7-300-20279-2
92	博弈论:矛盾冲突分析	罗杰·B. 迈尔森	Roger B. Myerson	58.00	2015	978-7-300-20212-9
93	时间序列分析	詹姆斯·D. 汉密尔顿	James D. Hamilton	118.00	2015	978-7-300-20213-6
94	经济问题与政策(第五版)	杰奎琳·默里·布鲁克斯	Jacqueline Murray Brux	58.00	2014	978-7-300-17799-1
95	微观经济理论	安德鲁·马斯-克莱尔等	Andreu Mas-Collel	148.00	2014	978-7-300-19986-3
96	产业组织:理论与实践(第四版)	唐·E. 瓦尔德曼等	Don E. Waldman	75.00	2014	978-7-300-19722-7
97	公司金融理论	让·梯若尔	Jean Tirole	128.00	2014	978-7-300-20178-8
98	公共部门经济学	理查德·W. 特里西	Richard W. Tresch	49.00	2014	978-7-300-18442-5
99	计量经济学原理(第六版)	彼得·肯尼迪	Peter Kennedy	69.80	2014	978-7-300-19342-7
100	统计学:在经济中的应用	玛格丽特·刘易斯	Margaret Lewis	45.00	2014	978-7-300-19082-2
101	产业组织:现代理论与实践(第四版)	林恩·佩波尔等	Lynne Pepall	88.00	2014	978-7-300-19166-9
102	计量经济学导论(第三版)	詹姆斯·H. 斯托克等	James H. Stock	69.00	2014	978-7-300-18467-8
103	发展经济学导论(第四版)	秋山裕	秋山裕	39.80	2014	978-7-300-19127-0
104	中级微观经济学(第六版)	杰弗里·M. 佩罗夫	Jeffrey M. Perloff	89.00	2014	978-7-300-18441-8
105	微观银行经济学(第二版)	哈维尔·弗雷克斯等	Xavier Freixas	48.00	2014	978-7-300-18940-6
106	施米托夫论出口贸易——国际贸易法律与实务(第11版)	克利夫·M. 施米托夫等	Clive M. Schmitthoff	168.00	2014	978-7-300-18425-8
107	微观经济学思维	玛莎·L. 奥尔尼	Martha L. Olney	29.80	2013	978-7-300-17280-4
108	宏观经济学思维	玛莎·L. 奥尔尼	Martha L. Olney	39.80	2013	978-7-300-17279-8
109	计量经济学原理与实践	达摩达尔·N. 古扎拉蒂	Damodar N. Gujarati	49.80	2013	978-7-300-18169-1
110	现代战略分析案例集	罗伯特·M. 格兰特	Robert M. Grant	48.00	2013	978-7-300-16038-2
111	高级国际贸易:理论与实证	罗伯特·C. 芬斯特拉	Robert C. Feenstra	59.00	2013	978-7-300-17157-9

经济科学译丛

序号	书名	作者	Author	单价	出版年份	ISBN
112	经济学简史——处理沉闷科学的巧妙方法(第二版)	E. 雷·坎特伯里	E. Ray Canterbery	58.00	2013	978-7-300-17571-3
113	微观经济学原理(第五版)	巴德、帕金	Bade, Parkin	65.00	2013	978-7-300-16930-9
114	宏观经济学原理(第五版)	巴德、帕金	Bade, Parkin	63.00	2013	978-7-300-16929-3
115	环境经济学	彼得·伯克等	Peter Berck	55.00	2013	978-7-300-16538-7
116	高级微观经济理论	杰弗里·杰里	Geoffrey A. Jehle	69.00	2012	978-7-300-16613-1
117	高级宏观经济学导论:增长与经济周期(第二版)	彼得·伯奇·索伦森等	Peter Birch Sørensen	95.00	2012	978-7-300-15871-6
118	微观经济学(第二版)	保罗·克鲁格曼	Paul Krugman	69.80	2012	978-7-300-14835-9
119	克鲁格曼《微观经济学(第二版)》学习手册	伊丽莎白·索耶·凯利	Elizabeth Sawyer Kelly	58.00	2013	978-7-300-17002-2
120	克鲁格曼《宏观经济学(第二版)》学习手册	伊丽莎白·索耶·凯利	Elizabeth Sawyer Kelly	36.00	2013	978-7-300-17024-4
121	微观经济学(第十一版)	埃德温·曼斯费尔德	Edwin Mansfield	88.00	2012	978-7-300-15050-5
122	卫生经济学(第六版)	舍曼·富兰德等	Sherman Folland	79.00	2011	978-7-300-14645-4
123	现代劳动经济学:理论与公共政策(第十版)	罗纳德·G. 伊兰伯格等	Ronald G. Ehrenberg	69.00	2011	978-7-300-14482-5
124	宏观经济学:理论与政策(第九版)	理查德·T. 弗罗恩	Richard T. Froyen	55.00	2011	978-7-300-14108-4
125	经济学原理(第四版)	威廉·博伊斯等	William Boyes	59.00	2011	978-7-300-13518-2
126	计量经济学基础(第五版)(上下册)	达摩达尔·N. 古扎拉蒂	Damodar N. Gujarati	99.00	2011	978-7-300-13693-6
127	《计量经济学基础》(第五版)学生习题解答手册	达摩达尔·N. 古扎拉蒂等	Damodar N. Gujarati	23.00	2012	978-7-300-15080-8
128	计量经济分析(第六版)(上下册)	威廉·H. 格林	William H. Greene	128.00	2011	978-7-300-12779-8

金融学译丛

序号	书名	作者	Author	单价	出版年份	ISBN
1	个人理财(第11版)	E. 托马斯·加曼等	E. Thomas Garman	108.00	2020	978-7-300-25653-5
2	银行学(第二版)	芭芭拉·卡苏等	Barbara Casu	99.00	2020	978-7-300-28034-9
3	金融衍生工具与风险管理(第十版)	唐·M. 钱斯	Don M. Chance	98.00	2020	978-7-300-27651-9
4	投资学导论(第十二版)	赫伯特·B. 梅奥	Herbert B. Mayo	89.00	2020	978-7-300-27653-3
5	金融几何学	阿尔文·库鲁克	Alvin Kuruc	58.00	2020	978-7-300-14104-6
6	银行风险管理(第四版)	若埃尔·贝西	Joël Bessis	56.00	2019	978-7-300-26496-7
7	金融学原理(第八版)	阿瑟·J. 基翁等	Arthur J. Keown	79.00	2018	978-7-300-25638-2
8	财务管理基础(第七版)	劳伦斯·J. 吉特曼等	Lawrence J. Gitman	89.00	2018	978-7-300-25339-8
9	利率互换及其他衍生品	霍华德·科伯	Howard Corb	69.00	2018	978-7-300-25294-0
10	固定收益证券手册(第八版)	弗兰克·J. 法博齐	Frank J. Fabozzi	228.00	2017	978-7-300-24227-9
11	金融市场与金融机构(第8版)	弗雷德里克·S. 米什金等	Frederic S. Mishkin	86.00	2017	978-7-300-24731-1
12	兼并、收购和公司重组(第六版)	帕特里克·A. 高根	Patrick A. Gaughan	89.00	2017	978-7-300-24231-6
13	债券市场:分析与策略(第九版)	弗兰克·J. 法博齐	Frank J. Fabozzi	98.00	2016	978-7-300-23495-3
14	财务报表分析(第四版)	马丁·弗里德森	Martin Fridson	46.00	2016	978-7-300-23037-5
15	国际金融学	约瑟夫·P. 丹尼尔斯等	Joseph P. Daniels	65.00	2016	978-7-300-23037-1
16	国际金融	阿德里安·巴克利	Adrian Buckley	88.00	2016	978-7-300-22668-2
17	个人理财(第六版)	阿瑟·J. 基翁	Arthur J. Keown	85.00	2016	978-7-300-22711-5
18	投资学基础(第三版)	戈登·J. 亚历山大等	Gordon J. Alexander	79.00	2015	978-7-300-20274-7
19	金融风险管理(第二版)	彼德·F. 克里斯托弗森	Peter F. Christoffersen	46.00	2015	978-7-300-21210-4
20	风险管理与保险管理(第十二版)	乔治·E. 瑞达等	George E. Rejda	95.00	2015	978-7-300-21486-3
21	个人理财(第五版)	杰夫·马杜拉	Jeff Madura	69.00	2015	978-7-300-20583-0
22	企业价值评估	罗伯特·A.G. 蒙克斯等	Robert A. G. Monks	58.00	2015	978-7-300-20582-3
23	基于Excel的金融学原理(第二版)	西蒙·本尼卡	Simon Benninga	79.00	2014	978-7-300-18899-7
24	金融工程学原理(第二版)	萨利赫·N. 内夫特奇	Salih N. Neftci	88.00	2014	978-7-300-19348-9
25	投资学导论(第十版)	赫伯特·B. 梅奥	Herbert B. Mayo	69.00	2014	978-7-300-18971-0
26	国际金融市场导论(第六版)	斯蒂芬·瓦尔德斯等	Stephen Valdez	59.80	2014	978-7-300-18896-6
27	金融数学:金融工程引论(第二版)	马雷克·凯宾斯基等	Marek Capinski	42.00	2014	978-7-300-17650-5
28	财务管理(第二版)	雷蒙德·布鲁克斯	Raymond Brooks	69.00	2014	978-7-300-19085-3
29	期货与期权市场导论(第七版)	约翰·C. 赫尔	John C. Hull	69.00	2014	978-7-300-18994-2
30	国际金融:理论与实务	皮特·塞尔居	Piet Sercu	88.00	2014	978-7-300-18413-5
31	货币、银行和金融体系	R. 格伦·哈伯德等	R. Glenn Hubbard	75.00	2013	978-7-300-17856-1
32	并购创造价值(第二版)	萨德·苏达斯纳	Sudi Sudarsanam	89.00	2013	978-7-300-17473-0
33	个人理财——理财技能培养方法(第三版)	杰克·R. 卡普尔等	Jack R. Kapoor	66.00	2013	978-7-300-16687-2
34	国际财务管理	吉尔特·贝克特	Geert Bekaert	95.00	2012	978-7-300-16031-3
35	应用公司财务(第三版)	阿斯沃思·达摩达兰	Aswath Damodaran	88.00	2012	978-7-300-16034-4
36	资本市场:机构与工具(第四版)	弗兰克·J. 法博齐	Frank J. Fabozzi	85.00	2011	978-7-300-13828-2

Personal Finance，11e
E. Thomas Garman，Raymond E. Forgue

Cengage Learning Asia Pte. Ltd.
151 Lorong Chuan，#02-08 New Tech Park，Singapore 556741

本书封面贴有 Cengage Learning 防伪标签，无标签者不得销售。
北京市版权局著作权合同登记号　图字：01-2013-5780

图书在版编目（CIP）数据

个人理财：第11版/（ ）E. 托马斯·加曼，（ ）雷蒙德·E. 福格著；李义超译. --北京：中国人民大学出版社，2020.8
（金融学译丛）
书名原文：Personal Finance，11e
ISBN 978-7-300-25653-5

Ⅰ. ①个… Ⅱ. ①E… ②雷… ③李… Ⅲ. ①私人投资 Ⅳ. ①F830.59

中国版本图书馆CIP数据核字（2018）第059074号

金融学译丛
个人理财（第11版）
E. 托马斯·加曼
雷蒙德·E. 福格 著
李义超 译
Geren Licai

出版发行	中国人民大学出版社		
社　　址	北京中关村大街31号	**邮政编码**	100080
电　　话	010－62511242（总编室）		010－62511770（质管部）
	010－82501766（邮购部）		010－62514148（门市部）
	010－62515195（发行公司）		010－62515275（盗版举报）
网　　址	http://www.crup.com.cn		
经　　销	新华书店		
印　　刷	三河市恒彩印务有限公司		
规　　格	185 mm×260 mm　16开本	**版　　次**	2020年8月第1版
印　　张	42.5 插页1	**印　　次**	2020年8月第1次印刷
字　　数	1 000 000	**定　　价**	108.00元

Supplements Request Form (教辅材料申请表)

Lecturer's Details(教师信息)			
Name: (姓名)		Title: (职务)	
Department: (系科)		Sc School/University: (学院/大学)	
Official E-mail: (学校邮箱)		Lecturer's Address/Post Code: (教师通讯地址/邮编)	
Tel: (电话)			
Mobile: (手机)			

Adoption Details(教材信息) 原版□ 翻译版□ 影印版 □			
Title:(英文书名) Edition:(版次) Author:(作者)			
Local Publisher: (中国出版社)			
Enrolment: (学生人数)		Semester: (学期起止日期时间)	

Contact Person & Phone/E-Mail/Subject:
(系科/学院教学负责人电话/邮件/研究方向)
(我公司要求在此处标明系科/学院教学负责人电话/传真及电话和传真号码并在此加盖公章.)

教材购买由 我□ 我作为委员会的一部份□ 其他人□[姓名:] 决定。

Please fax or post the complete form to(请将此表格传真至):

CENGAGE LEARNING BEIJING
ATTN:Higher Education Division
TEL:(86) 10-82862096/ 95 / 97
FAX :(86) 10 82862089
EMAIL:asia. infochina@cengage. com
www. cengageasia. com
ADD: 北京市海淀区科学院南路 2 号
融科资讯中心 C 座南楼 12 层 1201 室 100190

Note: Thomson Learning has changed its name to CENGAGE Learning.

VERIFICATION FORM / CENGAGE LEARNING